प्रमाणवार्त्तिकम्
PRAMĀṆAVĀRTTIKAM

THE

PRAMĀṆAVĀRTTIKAM

OF

ĀCĀRYA DHARMAKĪRTI

With the Commentaries
SVOPAJÑAVṚTTI OF THE AUTHOR
AND
PRAMĀṆAVĀRTTIKAVṚTTI OF MANORATHANANDIN

Edited by
Prof. Dr. Ram Chandra Pandeya

MOTILAL BANARSIDASS
Delhi Varanasi Patna Bangalore Madras

आचार्यधर्मकीर्तेः

प्रमाणवार्त्तिकम्

ग्रन्थकर्तृविरचितया स्वोपज्ञवृत्त्या आचार्यमनोरथनन्दिकृतया
प्रमाणवार्त्तिकवृत्त्या च समुपेतम्

संस्कर्ता
प्रो० डा० रामचन्द्र पाण्डेयः

मोतीलाल बनारसीदास
दिल्ली वाराणसी पटना बंगलौर मद्रास

First Edition: *Delhi, 1989*

MOTILAL BANARSIDASS
Bungalow Road, Jawahar Nagar, Delhi 110 007

Branches
Chowk, Varanasi 221 001
Ashok Rajpath, Patna 800 004
24 Race Course Road, Bangalore 560 001
120 Royapettah High Road, Mylapore, Madras 600 004

ISBN: 81-208-0546-1 (Cloth)
ISBN: 81-208-0547-x (Paper)

PRINTED IN INDIA
BY JAINENDRA PRAKASH JAIN AT SHRI JAINENDRA PRESS, A-45 NARAINA INDUSTRIAL AREA, PHASE I, NEW DELHI 110 028 AND PUBLISHED BY NARENDRA PRAKASH JAIN FOR MOTILAL BANARSIDASS, DELHI 110 007.

PUBLISHER'S NOTE

It gives us great pleasure in placing the present publication in the hands of interested readers whom we are sorry to have kept waiting for a pretty long time. But we at the same time regret that one will miss a very important feature in this edition, namely, a detailed and critical Introduction which our illustrious Editor could not write due to his too many academic and administrative pre-occupations. Since the pressure of scholars for its early release kept on growing and we were running in loss by keeping it in cold storage for too long a time, we have been compelled to release the publication without waiting for the Introduction any more. We do hope that we shall be able to fill up the lacuna in our next reprint.

CONTENTS
विषयानुक्रमः

	पृष्ठाङ्काः
प्रथमः परिच्छेदः	
प्रमाणसिद्धिः	१-६२
द्वितीयः परिच्छेदः	
प्रत्यक्षम	६३-१६९
तृतीयः परिच्छेदः	
स्वार्थानुमानम	१७०-३५९
चतुर्थः परिच्छेदः	
परार्थानुमानम्	३६०-४२२
प्रमाणवार्तिककारिकार्धसूची	४२३-४५५
मनोरथनन्दिवृत्त्यन्तःपाति-उद्धरणसूची	४५६-४५७

प्रथमः परिच्छेदः

प्रमाणसिद्धिः

विधूतकल्पनाजालगम्भीरोदारमूर्तये ।
नमः समन्तभद्राय समन्तस्फरणत्विषे ।।१।।

विमुक्तावरणक्लेशं दीप्ताखिलगुणश्रियम् ।
स्वैकवेद्यात्मसम्पत्तिं नमस्यामि महामुनिम् ।।
स्वयमपि कृतिना महद्भिरन्यैरपि गमितो बहुविस्तरैर्न योऽयम् ।
तदपि च सुगमो न मद्विधानामिति विवृतिच्छलतः करोमि चिन्ताम् ।।
अहमपि न निजैकलाभलुब्धो न च परकृत्यरसाभिलाषमुक्तः ।
फलति पुनरियं परार्थवाञ्छाव्रततिरभीष्टफलानि पुण्यभाजाम् ।।

शास्त्रादावविघ्नेन तत्समाप्त्यर्थं भगवति प्रसादजनने श्रोतृजनानुग्रहार्थं च स्तुतिपूर्वकमाचार्यो नमस्कारश्लोकमाह ।

विधूतम् विध्वस्तम्, अनुत्पत्तिकधर्मतामापादितम् । **कल्पना** ग्राह्यग्राहकाध्यारोपः सैव **जालं** बन्धनहेतुत्वात् यासां ता विधूतकल्पनाजालाः । एतेन धर्मकाय उक्तः, द्वयशून्यताया धर्मधातुत्वात्, तदधिगमस्य धर्मकायत्वात् । **गम्भीरा**श्च खड्गश्रावकाद्यविषयत्वात् । **उदारा**श्च सकलज्ञेयसत्त्वार्थव्यापनादिति गम्भीरोदाराः । आभ्यां साम्भोगिकनैर्माणिककायावुक्तौ, तयोरेव स्वरूपत्वात् । विधूतकल्पनाजाला गम्भीरोदारा **मूर्तयो** यस्य स **विधूतकल्पनाजालगम्भीरोदारमूर्तिः** । एतेन स्वार्थसम्पदुक्ता त्रिकायलक्षणत्वात् तस्याः ।

समन्तम् निरवशेषम् । **भद्रम्** कल्याणं परार्थसम्पत्सम्भारलक्षणं यस्मादसौ **समन्तभद्रः** । अनया भगवन्नामव्युत्पत्त्या परार्थसम्पदभिहिता । **समन्ततः** स्फरन्तीति **समन्तस्फरण्यः** । त्विष इव **त्विषो** देशना यस्य स **समन्तस्फरणत्विट्** । वस्तुतत्त्वावभासनोपायता च त्विड्देशनयोः साधर्म्यम् । अनेन परार्थसम्पदुपायो दर्शितः । देशनाद्वारेण भगवता जगदर्थकरणात् । एतेन स्तुतिरुक्ता । असाधारणानां स्वपरार्थसम्पत्तितदुपायानामुपदर्शनात् । सर्वत्र **नमः** शब्दयोगाच्चतुर्थी । अनेन नमस्कारोऽभिहितः ।

यदा तु समन्तभद्रशब्दो रूढ्या बोधिसत्त्वविशेषे वर्तते, तदापि पदव्याख्यानं पूर्ववदेव । अयं तु विशेषः—विधूतकल्पनाजालत्वं बोधिसत्त्वभूम्यावरणप्रहाणतो वेदितव्यम् । गाम्भीर्यं तु खड्गश्रावकाविषयत्वात् । औदार्यं तु दशभूमीश्वरबोधिसत्त्वमाहात्म्यातिशयः । कायत्रयं तु बोधिसत्त्वानामप्यस्ति, प्रकर्षनिष्ठागमनात् तु भगवतां व्यवस्थाप्यते । देशना च प्रसिद्धैव तेषाम् ।। १ ।।

श्रोतृदोषबाहुल्याच्छास्त्रेण परोपकारमपश्यन् सूक्ताभ्यासभावितचित्ततामेवात्मनः शास्त्रारम्भकारणं दर्शयन् वक्रोक्त्या दोषतापनयनेन शास्त्रे श्रोतॄन् प्रवर्तयितुमाह—**प्रायो**

प्रायः प्राकृतसक्तिरप्रतिबलप्रज्ञो जनः केवलम्
नानर्थ्येव सुभाषितैः परिगतो विद्वेष्ट्यपीर्ष्यामलैः ।
तेनायं न परोपकार इति नश्चिन्तापि चेतश्चिरम्
सूक्ताभ्यासविवर्धितव्यसनमित्यत्रानुबद्धस्पृहम् ।।२।।

प्रमाणमविसंवादि ज्ञानमर्थक्रियास्थितिः ।
अविसंवादनं शाब्देऽप्यभिप्रायनिवेदनात् ।।३।।

भूयान्, बाहुल्येन वा । **जनः प्राकृतेषु** बहिःशास्त्रेषु । **सक्तिः** अभिष्वङ्गो यस्य स **प्राकृतसक्तिः** । अनेन कुप्रज्ञत्वं श्रोतृदोष उक्तः । **अप्रतिबला** शास्त्रार्थग्रहणं प्रत्यशक्ता । **प्रज्ञा** यस्यासाव**प्रतिबलप्रज्ञः** । अनेनाज्ञत्वमुक्तम् । **केवलं नानर्थ्येव सुभाषितैः** । किन्तु सुभाषिताभिधायिनं (प्रति) **ईर्ष्या**, परसम्पत्तौ चेतसो व्यारोषः । सैव **मल**श्चित्तमलिनीकरणात् । तैः **परिगतो** युक्तः सन् **विद्वेष्ट्यपि** । ईर्ष्यामलैरिति व्यक्त्यपेक्षया बहुवचनम् । अनेन यथाक्रममनर्थित्वममाध्यस्थ्यं चोक्तम् । तेन श्रोतृदोषकलापेन **अयमा**रिप्सितो वार्त्तिकाख्यो ग्रन्थः । परमुपकरोतीति **परोपकार** इति **नो**ऽस्माकं **चिन्तापि ना**स्ति । कथं तर्हि शास्त्रकरणे प्रवृत्तिः इत्याह—**चेतश्चिरं** दीर्घकालं **सूक्तस्याभ्यासेन विवर्द्धितव्यसनं** विस्तारिताभिष्वङ्गमिति हेतोर**त्र** वार्त्तिककरणे**ऽनुबद्धस्पृहं** जाताभिलाषम् । एतेन कुप्रज्ञतादिदोषजातमात्मनो बोधिताः श्रोतारस्तत्परिहारेण शास्त्रे प्रवर्तिता एव भवन्ति ।।२।।

अयमाचार्यो बृहदाचार्यीय**प्रमाणसमुच्चय**शास्त्रे वार्त्तिकं चिकीर्षुः स्वतः कृतभगवन्नमस्कारः तच्छास्त्रारम्भसमये **तदाचार्य**कृतभगवन्नमस्कारश्लोकं[1] व्याख्यातुकामः प्रथमं प्रमाणसामान्यलक्षणमाह—

ज्ञानं प्रमाणम् नाज्ञानमिन्द्रियार्थसन्निकर्षादि । कीदृशम् ? **अविसंवादि** । विसंवादनं विसंवादः वञ्चनम् । तद्योगाद् विसंवादि । न तथाऽदोऽ**विसंवादि** ।[2] विसंवादनमुक्तमित्यर्थः ।

किं पुनः ? इत्याह—**अर्थे**त्यादि । यथोपदर्शितार्थ**स्य क्रियायाः स्थितिः** प्रमाणयोग्यता अविसंवादनम् । अतश्च यतो ज्ञानादर्थं परिच्छिद्यापि न प्रवर्तते प्रवृत्तो वा कुतश्चित् प्रतिबन्धादेरर्थक्रियां नाधिगच्छति, तदपि प्रमाणमेव । प्रमाणयोग्यतालक्षणस्याविसंवादस्य सत्त्वात् । सैव प्रमाणयोग्यता कथमसत्यामर्थक्रियाप्राप्तौ निश्चीयत इति चेत् । यत् तावदसकृद्व्यवहाराभ्यासाद् दर्शनमात्रेणोपलक्षितभ्रमविविक्तस्वरूपविशेषं साधनाध्यक्षम्, तस्य स्वतः एव प्रमाणयोग्यतानिश्चयः, कृत्रिमाकृत्रिममणिरूप्यादितत्त्वनिश्चयवत् । अनुमानस्य च साध्यप्रतिबद्धजन्मनो व्यभिचाराशङ्काविरहात् । अर्थक्रियानिर्भासं तु प्रत्यक्षं स्वत एवार्थक्रियानुभवात्मकम् । न तत्र परार्थक्रियाऽपेक्ष्यत इति तदपि स्वतो निश्चितप्रामाण्यम् । अत एवार्थक्रियापरम्परानुसरणादनवस्थादोषोऽपि दुःस्थ एव । यत्त्वनभ्यस्तदशायां सन्दिग्ध-

---

1. cf. प्रमाणसमुच्चय of दिङ्नाग—

प्रमाणभूताय जगद्धितैषिणे प्रणम्य शास्त्रे सुगताय तायिने ।
कुतर्कसम्भ्रान्तजनानुकम्पया प्रमाणसिद्धिर्विधिवद् विधीयते ।. 1,1.

2. Printed texts अविसंवादनमुक्तमित्यर्थः । But being an explanation (इत्यर्थः) of अविसंवादि it means "free (मुक्त) from विसंवादन".

वक्तृव्यापारविषयो योऽर्थो बुद्धौ प्रकाशते ।
प्रामाण्यं तत्र शब्दस्य नार्थतत्त्वनिबन्धनम् ॥४॥

गृहीतग्रहणान्नेष्टं सांवृतम् धीप्रमाणता ।
प्रवृत्तेस्तत्प्रधानत्वात् हेयोपादेयवस्तुनि ॥५॥

विषयाकारभेदाच्च धियोऽधिगमभेदतः ।

प्रामाण्यम् उत्पत्तौ तस्यार्थक्रियाज्ञानाद् अनुमानाद्वा प्रामाण्यं निश्चीयते । एतच्चाविसंवादनं बाह्यार्थेतरवादयोः समानं प्रमाणलक्षणम् । **विज्ञाननये**ऽपि साधननिर्भासज्ञानानन्तरमर्थक्रियानिर्भासज्ञानमेव संवादः । अतो विज्ञप्तिमात्रत्वे प्रमाणेतरविभागव्यवहारोऽसङ्कीर्णः ।

ननु शब्दाद् गन्धरसस्पर्शान् चित्ररूपं च पश्यतो ज्ञानस्य परमार्थक्रियाज्ञानं नास्तीति तत् प्रमाणं न स्यात्, इत्याह—**शाब्दे** शब्दजनिते ज्ञानेऽपि शब्दाद् गन्धादिविषयेऽपि **अभिप्राय**स्याभिप्रेतार्थक्रियाया **निवेदनात्** प्रतिपादनात् प्रामाण्यम् । अर्थक्रिया हि क्वचित्स्वरूपप्रतिपत्तिरेव, क्वचित् ततोऽन्या यथासम्भवं व्यवहारविषयः । तत्प्रमाणं च प्रामाण्यमिति नाव्यापकं प्रमाणलक्षणम् ॥३॥

ननु शब्दस्यार्थप्रतिबन्धाभावान्न प्रामाण्यं स्यात्, इष्यते च अनुमानत्वात्, इत्याह—**वक्तुर्व्यापारो** विवक्षा तस्य **विषयो योऽर्थः** समारोपितबहीरूपो ज्ञानाकारः **प्रकाशते बुद्धौ** विवक्षात्मिकायाम् । **तत्र शब्दस्य प्रामाण्यं** लिङ्गत्वम् । शब्दादुच्चरिताद् विवक्षितार्थप्रतिभासी विकल्पोऽनुमीयत इत्यर्थः । तत्कार्यत्वात्- तच्छब्दस्य । **न पुनरर्थतत्त्वनिबन्धनम्** तत्प्रतिबन्धाभावात् ॥४॥

ननु घटोऽयम् इत्यादिज्ञानात् प्रवर्तमानस्य सम्बन्धोऽस्त्येवेति तत् प्रमाणं स्यात् इत्याह—**गृहीतग्रहणान्नेष्टं सांवृतं** दर्शनोत्तरकालं सांवृतं विकल्पज्ञानं प्रमाणं नेष्टम् । दर्शनगृहीतस्यैव ग्रहणात् तेनैव च प्रापयितुं शक्यत्वात् सांवृतमकिञ्चित्करमेव । कस्मात् पुनर्धियः **प्रमाणता**ेष्यते नेन्द्रियादेः ? **हेयोपादेयवस्तु**विषयायाः **प्रवृत्तेस्तत्प्रधानत्वात्** ज्ञानप्रधानत्वात् धिय एव प्रामाण्यम् । न हीन्द्रियमस्तीत्येव प्रवृत्तिः किं तर्हि ज्ञानसद्भावात् । साधकतमश्च प्रमाणम् तस्याव्यवहितव्यापारत्वात् ॥५॥

एवं फलार्थिनां प्रवृत्तिव्यवहारकारित्वेन धियः प्रामाण्यं प्रतिपादितम् । साम्प्रतमधिगमफलविभागकारित्वमाह—**धियो विषयस्येवाकारो विषयाकारः** नीलादिः । तस्य **भेदात्** विशेषाद**धिगमस्यार्थ**प्रतीतेर्**भेदाद्** विशेषाद् धिय एव प्रामाण्यम् । नीलस्वरूपं हि ज्ञानं नीलप्रतीतिः । अन्यादृशमन्यथा—इति धीरेव प्रमाणम् ।

ननु यथाधिगमसाधनमाकारस्तथेन्द्रियमपि, तदुत्पत्तेः । अत आह—**तस्याकारस्य भावेऽस्या**धिगमस्य **भावादेव** स आकारः साधनम् व्यवहितत्वात् । न त्विन्द्रियादि, तद्भावेऽपि ज्ञानानुत्पत्तावधिगमाभावात् ।

कश्चिदाह—सर्वज्ञानानामबाधितत्वलक्षणं प्रामाण्यं स्वतः एव सिध्यति । बाधकारणदोषज्ञानाभ्यां क्वचित् तदपोह्यते । यथा शुक्तिकायां रजतज्ञाने, चन्द्रद्वयदर्शने वा । तच्चेदमयुक्तम् यतः **स्वरूपस्य स्वतो गतिः**, न प्रामाण्यस्य । स्वतो हि प्रामाण्यस्याभिव्यक्तिर्वक्तव्या, न तूत्पत्तिः, ज्ञानात्मभूतस्य स्वस्मादुत्पत्तिविरोधात् । यदि च स्वतोऽबाधितत्वं प्रामाण्यमभिव्यक्त्या

भावादेवास्य तद्भावे स्वरूपस्य स्वतो गतिः ॥६॥

प्रामाण्यं व्यवहारेण शास्त्रं मोहनिवर्तनम् ।
अज्ञातार्थप्रकाशो वा स्वरूपाधिगतेः परम् ॥७॥

व्यवस्थापितम् न तस्य बाधकानां सहस्रेणापि बाधो युक्तः । अथ सम्भवति बाधके बाधकादर्शनं यत्र तत्राबाधितत्वमपोद्यते बाधकदर्शनेन । एवं तर्हि बाधकादर्शनान्नाबाधितत्वम् किं तर्हि बाधकाभावात् । तस्य चादर्शनादन्यन्न साधनम् । तच्चेदसाधनम्, नाबाधितत्वं नाम प्रामाण्यम् नाप्यस्य स्वतः सिद्धिः । अथ प्रथमं बाधकादर्शनात् प्रसक्तमबाधितत्वं बाधदर्शनादपोद्यत इति । किमत्रायुक्तम् ? ईदृश एव बाध्यबाधकभावः सर्वतः ।

कीदृशोऽत्र प्रसङ्गार्थः ? किं सत्त्वम्, उत सत्त्वनिश्चयः, सम्भावनामात्रं वा ? तत्र न तावदनयोः पक्षयोरपवादो युक्तः सतः केनचिदपि बाधितुमशक्यत्वात् । अन्त्येऽपि न स्वतोऽबाधितत्वनिश्चयः तद्विरुद्धत्वात् सम्भावनाया अनिश्चितमेव तत्राबाधितत्वम् । कथमन्यथोत्पद्यत इति चेत् ? न तर्हि स्वतः प्रामाण्यनिश्चय इति यत्रापि बाधदर्शनं नास्ति तत्राप्यनाश्वास एव । एवं च बाध्यबाधकभावः सदसत्तापक्षयोरसङ्गतो वेदितव्यः ॥६॥

यदि स्वरूपमात्रं स्वतो गम्यते, न प्रामाण्यम्, कथं तर्हि तदवगम्यम्, इत्याह—**प्रामाण्यं व्यवहारेण** अर्थक्रियाज्ञानेन । यस्य साधनज्ञानस्य तादात्म्यादनुभूतेऽपि प्रामाण्ये साशङ्का व्यवहर्तारोऽनभ्यासवशादनुत्पन्नानुरूपनिश्चयाः, तत्रार्थक्रियाज्ञानेन प्रामाण्यनिश्चयः । अन्यत्र तु विभ्रमशङ्कासङ्कोचादुत्पत्तावेव स्वरूपस्य प्रामाण्यस्य स्वतो गतिरित्युक्तम् ।

अथ वा—चक्षुर्विज्ञानेन रूपक्षण एको दृश्यते न भावी प्राप्यः, नापि स्पर्शः । तत् कथमन्यदर्शनमन्यप्राप्त्या प्रमाणम् ? एवं ह्यतिप्रसङ्गः स्यात् । अनुमानं च व्याप्तिग्रहणसापेक्षम् । व्याप्तिश्च प्रत्यक्षेण पुरोवर्तिरूपमात्रग्राहिणा कथं शक्यग्रहा ? देशकालव्यक्तिव्याप्त्या च व्याप्तिरुच्यते 'यत्र यत्र धूमस्तत्र तत्राग्निः' इति । प्रत्यक्षपृष्ठजश्च विकल्पो न प्रमाणम् । प्रमाणव्यापारानुकारी त्वसाविष्यते । यत्रायमध्यक्षव्यापारमतिक्रम्याधिकमारोपयति तत्र न प्रमाणम्; अमूलकत्वात् तस्य प्रमाणप्रमेयस्य । विजातीयव्यावृत्तेरध्यक्षेण दृष्टत्वादस्त्येव मूलमिति चेत् । न; सजातीयव्यावृत्त्या विशेषितत्वात् तस्याः । अन्यथा शाबलेयनाशम्प्रतियता प्रत्यक्षेण गोमात्रनाशो व्यवस्थाप्येत । अनुमानाच्च व्याप्तिग्रहणेऽनवस्थापत्तिः । अत आह—**स्वरूपस्य स्वतो गतिः** । स्वरूपमात्रं स्वतो गम्यते, न प्राप्यरूपसापेक्षं प्रामाण्यं नाम किञ्चिदस्ति । कथं तर्हि तद्व्यवस्था । इत्याह—**प्रामाण्यं व्यवहारेण** । सांव्यवहारिकस्येदं प्रमाणस्य लक्षणम् । संव्यवहारश्च भाविभूतरूपादिक्षणानामेकत्वेन संवादविषयोऽनविगीतः सर्वस्य । साध्यसाधनयोरेकव्यक्तिदर्शने समस्ततज्जातीयतयात्वव्यवस्थानं संवादमवधारयन्ति व्यवहर्तारः । तदनुरोधात् प्रामाण्यं व्यवस्थाप्यते । तत्त्वतस्तु स्वसंवेदनमात्रमप्रवृत्तिनिवृत्तिकम् ।

ननु यत्र तावदभ्यस्तसाधनज्ञानादिषु निरस्तभ्रमा व्यवहारिणस्तेषां स्वत एव प्रामाण्यनिश्चयः । यत्त्वनभ्यस्तसाधनं ज्ञानम् तस्यापि व्यवहारेणेति निष्फलं शास्त्रप्रणयनम् । इत्याह—(**शास्त्र**मित्यादि) । यदि व्यवहारतः प्रमाणस्वरूपसिद्धिः, परस्परविरोधीनि लक्षणशास्त्राणि न स्युः । तस्माच्छास्त्रेण लक्षणोपदर्शनात् तद्विषयः **संमोहो निवर्तनीयः** येन परलोकनिःश्रेयसादेर्व्यवहाराप्रसिद्धस्य सिद्धिर्भवति ।

तदेवमविसंवादनं प्रमाणलक्षणमुक्तम् । इदानीमन्यदाह—(**अज्ञाते**त्यादि) । प्रकाशनं

प्राप्तं सामान्यविज्ञानमविज्ञाते स्वलक्षणे ।
यज्ज्ञानमित्यभिप्रायात् स्वलक्षणविचारतः ॥८॥

तद्वत् प्रमाणं भगवानभूतविनिवृत्तये ।
भूतोक्तिः साधनापेक्षा ततो युक्ता प्रमाणता ॥९॥

नित्यं प्रमाणं[1] नैवास्ति प्रामाण्याद्वस्तुसद्गतेः ।

प्रकाशः, अज्ञातस्य अर्थस्य प्रकाशो ज्ञानम् तत् प्रमाणम् । अर्थग्रहणेन द्विचन्द्रादिज्ञानस्य निरासः । अज्ञातग्रहणेन सांवृतस्यावयव्यादिविषयस्य । पृथग् गृहीतानामेव रूपादीनामेकत्वेन विकल्पनात् । स्मरणं च पूर्वगृहीतार्थविकल्परूपत्वान्नाधिकग्राहि । गृहीते च प्राक्तनमेव प्रमाणम् । इदानीं तु स्मरणमप्रवर्तकम्, तस्यैव सन्देहात् ।

नन्वविसंवादादेवाज्ञातार्थप्रकाशो ज्ञातव्यः । अन्यथा पीतशङ्खज्ञानमपि प्रमाणं स्यात् । तथा चाविसंवादित्वमेव प्रमाणमस्तु किमनेनाभिहितेन ? स्यादेतद् यदि सम्भवित्वमात्रे लक्षणं स्यात्, किं तूद्दिष्टत्वेन । अन्यथा ज्ञानत्वसत्त्वादिकमपि लक्षणं स्यात् ।

नन्वविसंवादिभ्योऽज्ञातार्थप्रकाशकं ज्ञायते न तु ज्ञानत्वादिभ्य इति पूर्वस्यापेक्षणीयता लक्षणेन, न तु परेषामिति विशेषः । यद्येवम् तदाऽविसंवादित्वेऽप्यज्ञातार्थप्रकाशनमपेक्ष्यत एव, नान्यथा सांवृतस्य निरासः शक्यः कर्तुम् । तस्मादुभयमपि परस्परसापेक्षमेव लक्षणं बोद्धव्यम्

ननु स्वलक्षणप्रतीतेरूर्ध्वं सामान्यविषयं ज्ञानमज्ञातार्थप्रकाशकत्वात् प्रमाणं प्राप्तम् । तदेवाह—(**स्वरूपे**त्यादि) । प्रमाणमिति शेषः । अत्राह—**अज्ञातस्वलक्षणविषयं यज्ज्ञानं तत्प्रमाणम्** । न ज्ञातविषयमित्यभिप्रायान्नातिप्रसङ्गः ।

एवं तर्हि अनुमानमपि सामान्यविषयत्वात् प्रमाणं न स्यात् । नैतदस्ति । तदपि च स्वलक्षणमेवानित्यादिरूपतया विषयीकरोति ।

किं पुनरनधिगतस्वलक्षणविषयमेव प्रमाणमिष्टम् ? **स्वलक्षणविचारतो**ऽर्थक्रियार्थिभिः स्वलक्षणमेव प्रमाणेनान्विष्यते; तस्यैवार्थक्रियासाधनत्वात् । यदेव च तैरन्विष्यते तदेव शास्त्रे विचार्यते; सांव्यवहारिकप्रमाणाधिकारात् ॥७-८॥

यथोक्तद्विविधलक्षणयुक्तं यत् प्रमाणम् **तद्वद् भगवान् प्रमाणम्** । यथाभिहितस्य सत्यचतुष्टयस्याविसंवादनात्, तस्यैव परैरज्ञातस्य प्रकाशनाच्च । यद्येवम्, नमस्कारश्लोके प्रमाणभूताय इति किमर्थम् इत्याह—(अभूतेत्यादि) । **भूत**शब्दनिर्देशो**ऽभूत**स्य नित्यस्य **निवृत्त्यर्थम्** । नित्यं प्रमाणं नास्तीत्यर्थः ।

ततः साधनापेक्षा प्रमाणता युक्ता । भगवतश्च प्रामाण्यसाधनं वक्ष्यमाणम् ॥९॥

कस्मात् पुनर्नित्यं प्रमाणं नैवास्ति ? आह—**वस्तुनो**ऽर्थक्रियाकारिणः **सतो गतेः** ज्ञानस्य **प्रामाण्यान्नास्ति नित्यं प्रमाणम्** । अत्रैव कारणमाह—ज्ञेयस्य वस्तुनोऽर्थक्रियाकारित्वेनानित्यत्वात् **तस्या वस्तुसद्गतेरपि** तज्जन्याया अध्रौव्यादनित्यत्वात् ।

स्यादेतद्—अनित्यविषयमनित्यमेव ज्ञानं केवलम् । यस्य तत् ज्ञानं स ज्ञाता नित्यो भविष्यति । इत्याह—ज्ञानस्य **नित्यात्** ज्ञातु**रुत्पत्तेर्विश्लेषात्** । नित्यं हि सदैकरूपं यदि क्रमजन्मनां ज्ञानानामर्जनसमर्थम्, सकृदेव तानि कुर्यात् ।

---

१. नित्य ईश्वरादिर्नैयायिकाद्यभिमतो न प्रमाणम् ।

ज्ञेयानित्यतया तस्या अध्रौव्यात्क्रमजन्मनाम् ।।१०।।

नित्यादुत्पत्तिविश्लेषादपेक्षाया अयोगतः ।
कथञ्चिन्नोपकार्यत्वात् अनित्येऽप्यप्रमाणता ।।११।।

स्थित्वाप्रवृत्तिः संस्थानविशेषार्थक्रियादिषु ।

अथ समर्थमपि नित्यं क्रमसहकार्यपेक्षया क्रमेण करोति । तदयुक्तम्; **अपेक्षाया अयोगात्** । कस्मात् सहकार्यपेक्षा न युक्ता ? इत्याह—नित्यस्य सर्वदाऽविशिष्टस्वभावस्य परैः सहकारिभिः **कथञ्चिन्नोपकार्यत्वात्** क्व तदपेक्षा ? ततः सर्वज्ञानानि सकृदेव कुर्यादित्यवार्यः प्रसङ्गः ।

स्यादेतत्—सन्तानविशेषान्निसर्गसिद्धपरापरक्षणात्मकं साधनापेक्षाशून्यमनित्यमेव प्रमाणं भविष्यति। इत्याह—**अनित्येऽपि,** अपिशब्दान्नित्येऽपि, **अप्रमाणता,** साधनाभाव इत्यर्थः ।।१०-११।।

ननु सन्त्येव साधनानि यथा—स्थित्वाप्रवृत्तेः, संस्थानविशेषाद्, अर्थक्रियासाधनत्वात्, कार्यत्वादेश्च विमत्यधिकरणानि तनुभुवनकरणादीन्युपादानाद्यभिज्ञबुद्धिमत्पूर्वकाणि तुर्यादिवत् प्रासादादिवत् वास्यादिवत् घटादिवच्च—इत्येवमादीनि । स्थित्वाप्रवृत्त्यादयः तुरीतन्त्वादिषूपादानाद्यभिज्ञबुद्धिमत्पूर्वकत्वमात्रेणोपलब्धव्याप्तयोऽधिकरणसिद्धान्तन्यायेन[1] नित्यव्यापिसर्वज्ञनित्यबुद्ध्याश्रयात्मविशेषविशिष्टमेव पक्षे साध्यमुपनयन्ति धूम इव पर्वतवर्तिनं दहनम् । न ह्यनित्येन, अव्यापिना वा नानादेशकालकार्यजातं शक्यक्रियम् । नापि सर्वस्य कार्यस्योपादानकारणानि असर्वविद् वेदयितुं समर्थः । नाप्यनित्यया बुद्ध्याऽतीतानागतकालवर्ति वस्तुजातं ज्ञातुं शक्यम् । तद्वेदनाच्च सर्ववित् । न चैते हेतवोऽसिद्धाः धर्मिणि सत्त्वनिश्चयात् । न च विरुद्धाः, सपक्षे सत्त्वात् । नानैकान्तिकाः, साध्यसाधनयोर्व्याप्तिनिश्चयात् । न च कालात्ययापदिष्टाः, साध्यसाधनबाधनाभावात् । नापि प्रकरणसमाः, विपर्ययसाधकहेत्वभावादिति ।

अत्राह—**स्थित्वाप्रवृत्तिः संस्थानविशेषार्थक्रियादिषु** साधनेषूपादानाद्यभिज्ञबुद्धिमत्पूर्वकत्वे साध्ये **इष्टसिद्धिरस्माकम्** । वयमपि साधारणासाधारणचेतनालक्षणकर्मनिर्मितं जगद्विचित्रमिच्छामः । तत्साधयता च परेण साहाय्यकमनुष्ठितम् । येन साध्यगतेन विशेषेण विना धर्मिणि लिङ्गमनुपपन्नम् तस्यैवाधिकरणसिद्धान्तेन प्रतीतिः । यथा—पर्वतवर्तिनो धूमाद्वह्नेः पर्वतवर्तित्वस्य, न ह्यन्यदेशस्थेनाग्निना जन्यमानस्य धूमस्य पर्वतवर्तित्वमुपपद्यते । न त्वेवं नित्यत्वसर्वज्ञत्वव्यापित्वादि विना चेतनस्य तनुभुवनादिगतं स्थित्वाप्रवृत्त्यादिकमनुपपन्नम् । नित्यत्वादिविपर्यययोगिना चेतनेन क्रियमाणं तद् घटत एव ।

ननूक्तमेव "अनित्याव्यापिनः सर्वदेशकालवर्ति कार्यमकार्यम्, असर्वविदश्च सर्वोपादानाद्यभिज्ञता नास्ति" इत्यादिना । सत्यमुक्तम् । अयुक्तं तूक्तम्, कर्तुरेकत्वासिद्धेः । एकस्य कर्तुरनेकदेशकालं कार्यं कुर्वाणस्य तदुपादानादिकं जानानस्य नित्यत्वादिकमन्तरेण स्थित्वाप्रवृत्त्यादि नोपपद्यत इति स्यादपि तादृशस्याधिकरणसिद्धान्तेन प्रतिपत्तिः । अनेकेनापि तु नानादेशकालवर्तिना स्वस्वकार्यस्योपादानादि जानता क्रियमाणं स्थित्वाप्रवृत्त्यादि सङ्गतमेव । अत एवैकत्वस्यापि तत एव सिद्धिरयुक्ता, अनेकस्यापि हेतुत्वयोगात् । पक्षायोगव्यवच्छेद एव तु साध्यस्याधिकरणसिद्धान्तेन सिद्ध्यतु, न तु तदधिकः, वह्नेरिव चान्दनत्वादिः । नन्वनेक एव ते

---

१. Cf. न्यायसूत्र, 1.1.30.

इष्टसिद्धिरसिद्धिर्वा दृष्टान्ते संशयोऽथवा ॥१२॥

सिद्धं यादृगधिष्ठातृभावाभावानुवृत्तिमत् ।
सन्निवेशादि तद्युक्तं तस्माद् यदनुमीयते ॥१३॥

वस्तुभेदे प्रसिद्धस्य शब्दसाम्यादभेदिनः ।
न युक्तानुमितिः पाण्डुद्रव्यादिव हुताशने ॥१४॥

अन्यथा कुम्भकारेण मृद्विकारस्य कस्यचित् ।

चेतनावन्तोऽभिमताः न चोपादानादिकं तन्वादीनां ते जानन्ति, नापि तत्कर्तृत्वमात्मनो मन्यन्ते, तत्कथममी कर्तारः ? अथाधिपत्यमात्रेणैषां कर्तृत्वम्, न तूपकरणाद्यायोजनेन व्यापारेण यथा चन्द्रस्य चन्द्रकान्तद्रुतौ। तेनोपादानाद्यभिज्ञता कर्तृत्वाभिमानश्च नैषाम्। एवं तर्ह्युपादानाद्यभिज्ञचेतनपूर्वकत्वे साध्ये नेष्टसिद्धिर्वक्तव्या। यद्येवं भवत एव सूक्ष्मेक्षिका तदा चेतनापूर्वकत्वमात्रं साधय, दृष्टान्ते च कुम्भकारत्ववत् सदप्युपादानाद्यभिज्ञत्वप्रयोजकम् मन्यस्व।

सत्कथं परिहर्तव्यमिति चेत्। तत्किं कुम्भकारत्वमपरिहार्यम्? अप्रयोजकत्वाद् त्यज्यत इति चेत्। उपादानाद्यभिज्ञत्वेऽपि समानमेतत्। उपादानादिकमजानतोऽपि बुद्धिमतोऽनेकस्याधिष्ठानमात्रेणापि कार्याणामुत्पत्तियोगात्।

अथ नित्यत्वादिविशिष्टपुरुषपूर्वकत्वमेव साध्यम् तदा**ऽसिद्धि**र्दृष्टान्ते। साध्यशून्यो दृष्टान्त इत्यर्थः। न हि क्वचिद् दृष्टान्ते तादृशं साध्यमुपलब्धम् येन व्याप्तिः प्रतीयेत। असिद्धव्याप्तिकश्च हेतुरनैकान्तिक एव। स्थित्वाप्रवृत्तेः अर्थक्रियासमर्थत्वादिति हेत्वोः **संशयोऽथ वा** अनैकान्तिकत्वम् तेनैव त्वभिमतरूपेण। न ह्यसौ स्थित्वाप्रवर्तमानः कार्येष्वर्थक्रियाकारी वा तथा पुरुषाधिष्ठितः, अनवस्थाप्रसङ्गात्॥ १२॥

अथ वा—यादृशबुद्धिमत्पूर्वकं सन्निवेशादि दृष्टान्ते दृष्टं तस्य धर्मिण्यसिद्धिः। इत्याह—घटे दृष्टान्तधर्मिणि **सन्निवेशादि यादृशं** पृथुबुध्नोदरादि दृष्टैकव्यक्तिजात्या विशेषितम**धिष्ठातुः** पुंसोऽन्वयव्यतिरेकानुविधानवत् व्यवहारप्रगल्भपुरुषाणां तत्सिद्धान्तानुरोधरहितानां प्रत्यक्षबलेनानुरूपनिश्चयोत्पादात् **सिद्धं** निश्चितम्। **तस्मात्** सन्निवेशादपरत्रानुपलब्धपुरुषजन्मनि घटे **यद्** बुद्धिमदधिष्ठान**मनुमीयते तद् युक्तम्**। तस्यैव पुरुषकार्यत्वेन निश्चयात्। असन्निवेशव्यावृत्तं संनिवेशमात्रं तु सदपि न तत्कार्यतया प्रत्यक्षमुपस्थापयति। प्रत्यक्षव्यापारविवादे च पटुप्रचाराः व्यवहारिणः शरणम्। न हि कश्चिद् व्यवहारी घटं पुरुषकृतं पश्यन् शरावादि पर्वतादिकं वा तत्कृतमवधारयति। यदा तु शरावादीनपि तत उदयमासादयतः पश्यति तदा तानपि तत्कृतानवैति। अतः सन्निवेशविशेषं पुरुषकार्यं दृष्टवतः सन्निवेशमात्रात् तदनुमानमयुक्तम्॥ १३॥

एतदेवाह—**वस्तुभेदे** घटे **प्रसिद्धस्य** पुरुषपूर्वकत्वस्य सन्निवेश इति **शब्दसाम्यादभेदिनः** सन्निवेशमात्रात् पर्वतादौ **न युक्तानुमितिः पाण्डुद्रव्यादिव हुताशने**। यथा पाण्डुविशेषस्य धूमस्य कारणत्वेन दृष्टे वह्नौ पाण्डुशब्दसाम्यादभेदिनो यतः कुतश्चिद् पाण्डुद्रव्याद् धूमादेरनुमानमनुचितम् अतो यत्तद् बुद्धिमद्व्याप्तं सन्निवेशादि तद्धर्मिणि नास्तीत्यसिद्धिर्हेतूनाम् ॥१४॥

ननु सन्निवेशादिसामान्यादसन्निवेशादिव्यावृत्त्या हेतवो भविष्यन्ति। इत्यत आह—**अन्यथा**।

घटादेः करणात् सिध्येद् वल्मीकस्यापि तत्कृतिः ॥१५॥

साध्येनानुगमात् कार्ये सामान्येनापि साधने ।
सम्बन्धिभेदाद् भेदोक्तिदोषः कार्यसमो मतः ॥१६॥

जात्यन्तरे प्रसिद्धस्य शब्दसामान्यदर्शनात् ।
न युक्तं साधनं गोत्वाद् वागादीनां विषाणिवत् ॥१७॥

विवक्षापरतन्त्रत्वान्न शब्दाः सन्ति कुत्र वा ।
तद्भावादर्थसिद्धौ तु सर्वं सर्वस्य सिध्यति ॥१८॥

एतेन कापिलादीनाम्[1]अचैतन्यादि चिन्तितम् ।
अनित्यादेश्च चैतन्यं मरणात् त्वगपोहतः ॥१९॥

यदि साध्यव्याप्तं विशेषं त्यक्त्वा सामान्यं लिङ्गं क्रियते तदा **कुम्भकारेण कस्यचिद् घटादे**-**र्मृद्विकारस्य करणाद् वल्मीकस्यापि** मृद्विकारत्वात् **तेन** कुम्भकारेण **कृतिः** करणं **सिद्ध्येत्** ॥१५॥

स्यादेतत् न मृद्विकारत्वं कुम्भकारव्याप्तम्, तमन्तरेणापि वल्मीकस्योत्पत्तेः । यद्येवम्, बुद्धिमन्तरेणैतत् तन्वादि जायत इति तदपि पक्षो न स्यात् । अथ पक्षेण न व्यभिचारः । वल्मीकेऽप्ययं न्यायः समानः । तस्मात् सन्निवेशादिसामान्यं व्याप्त्यसिद्धेरनैकान्तिकमेव । न चैतत् कार्यसमं दूषणम्, यतः **साध्येना**नित्यत्वे**नानुगमाद्** व्यापनात् **कार्ये** कृतकत्वे **सामान्येनापि साधने** कृते **सम्बन्धिनोः** साध्यधर्मिदृष्टान्तधर्मिणो**र्भेदात्** सम्बद्धस्य साधनस्य **भेदोक्त्या** यदि साध्यधर्मिगतं कार्यत्वं हेतुः तदा नान्वयसिद्धिः । अथ दृष्टान्तगतं तदाऽसिद्धो हेतुरिति यो **दोषः** स **कार्यसमो मतः ।**

अत्र तु सन्निवेशादिसामान्यं न साध्यव्याप्तं सिद्धमिति विशेषेऽसिद्धत्वम्, सामान्ये चानैकान्तिकदूषणम्, न जात्युत्तरम् ॥१६॥

ननु सन्निवेशादिशब्दवाच्योऽर्थः कुम्भे बुद्धिमद्व्याप्तः प्रतीतः, स च तन्वादिष्वपि दृश्यते ततो विशेषे विकल्पो न युक्तः, इत्याह—**जात्यन्तरे** जातिविशेषे घटसन्निवेशादिमात्रेण **न युक्तं साधनं वागादीनां गोत्वात्** गोशब्दवाच्यत्वात् **विषाणिवत्** विषाणित्वस्येव न युक्तं साधनम्, विशिष्टजातेरेव विषाणव्याप्त्युपलब्धेः ॥१७॥

किञ्च—**विवक्षापरतन्त्रत्वान्न शब्दाः सन्ति कुत्र वा ?** सर्वत्रैव सन्ति । **तस्य** शब्दस्य **भावात् अर्थसिद्धौ** सत्यां **सर्वं** यथासमीहितं साध्यं **सर्वस्य सिद्ध्यति** ॥१८॥ उक्तमीश्वरसाधनस्य दूषणम् ॥

अमुमेव न्यायमन्यत्राप्यतिदिशन्नाह—**एतेन** शब्दसामान्यमात्रस्यार्थशून्यस्याहेतुत्वकथनेन यत् **कापिलादे**र्बुद्धिसुखादीनामनित्यत्वोत्पत्तिमत्वादिहेतुतो**ऽचेतनत्व**मिष्टम्, तथा **दिगम्बराणां चैतन्यं** तरूणां सर्वस्याः **त्वचोऽपोहतो**ऽपगतेर्मरणादभिमतम्, **तच्चिन्तितं** वेदितव्यम् । यथा ह्यप्रच्युतप्राच्यरूपस्य तिरोधानमनित्यत्वं **साङ्ख्यस्येष्टम् बौद्धस्य** तु निरन्वयविनाशित्वम् । तस्य यथाक्रममुपादाने प्रतिवाद्यसिद्धता वाद्यसिद्धता च । न तूभयसिद्धमनित्यत्वमस्ति किञ्चिदृते

---

१. सांख्यमतपर्यालोचनम् ।

वस्तुस्वरूपे सिद्धेऽयं न्यायः सिद्धे विशेषणम् ।
अबाधकमसिद्धावप्याकाशाश्रयवद् ध्वनेः ॥२०॥

असिद्धावपि शब्दस्य सिद्धे वस्तुनि सिध्यति ।
औलूक्यस्य यथा बौद्धेनोक्तं मूर्त्यादिसाधनम् ॥२१॥

तस्यैव व्यभिचारादौ शब्देऽप्यव्यभिचारिणि ।
दोषवत् साधनं ज्ञेयं वस्तुनो वस्तुसिद्धितः ॥२२॥

यथा तत्कारणं वस्तु तथैव तदकारणम् ।
यदा तत्कारणं केन मतं नेष्टमकारणम् ॥२३॥

शस्त्रौषधाभिसम्बन्धाच्चैत्रस्य व्रणरोहणे ।

शब्दसाम्याद् । तथा विज्ञानेन्द्रियायुर्निरोधलक्षणं मरणमिष्टं बौद्धसिद्धान्ते । तस्य च तरुष्वसिद्धिः, चेतनत्वस्यैव साध्यत्वात् । न ह्यसिद्धेषु तन्निरोधो युक्तः । शोषमात्रं तु तरुषु मरणमुपचारादुच्यते । यदि च मरणवाच्यत्वमात्रं हेतुः तदा तैलादिष्वपि तत्सत्त्वात् साधारणानैकान्तिकता ॥१९॥

नन्वेवं कृतकत्वादिकमपि हेतुर्न स्याद् आकाशगुणशब्दस्य धर्मो **बौद्धस्यासिद्धः**, अन्यथा चान्यस्य इत्यत आह—**वस्तुस्वरूपे सिद्धेऽयं न्यायः** यथोक्तासिद्धिचोदनालक्षणः । वस्तुस्वरूपे तु धर्मिणि हेतौ **सिद्धे विशेषणमसिद्धावप्यबाधकम्** । किमिव ? **आकाशाश्रयवद् ध्वनेः** । यथा शब्दस्याकाशगुणत्वं विशेषणमपि न बाधकम् । धर्मितायाः कृतकत्वादिहेतोर्वा विशेषणासिद्धावपि हि शब्दो धर्मी प्रत्यक्षासिद्धः, कृतकत्वादि चानुमानसिद्धम् तावतैव च साध्यसाधनभावो निर्विरोधः ॥२०॥

यत्र शब्दोऽप्यसिद्धः वस्तु तु सिद्धम् तत्र कथम् इत्याह—**असिद्धावपि शब्दस्य सिद्धे वस्तुनि** साधनाभिमते **सिध्यति** साध्योऽर्थः । **यथा औलूक्यस्य वैशेषिकस्य** परमाणूनामनित्यत्वसाधनार्थं **बौद्धेन मूर्त्यादिसाधनमुक्तं** शब्दासिद्धावपि सिध्यति । तथा हि **वैशेषिकस्या**सर्वगतं द्रव्यपरिमाणं मूर्तिरिष्टा, **बौद्धस्य** स्पर्शवति सा प्रसिद्धा । ततो नोभयसम्प्रतिपन्ना मूर्तिशब्दवृत्तिः, वाच्यभेदात् ॥२१॥

शब्दस्यासिद्धावपि च स्पर्शवत्त्वलक्षणोऽर्थो द्वयोरपि सिद्धः, स एव हेतुत्वेनाभिप्रेत इति भवति साधनम् । अतश्च **तस्यैवा**र्थस्य **व्यभिचारादौ** आदिशब्दादसिद्धत्वे विपर्ययव्याप्तौ च, **शब्देऽप्यव्यभिचारिणि दोषवत् साधनं ज्ञेयम्** । कस्मात्? **वस्तुनो** हेतोर्**वस्तुनः** साध्यस्य **सिद्धितः** । एवं साध्यव्याप्तार्थशून्यशब्दमात्रकाणीश्वरसाधनानि दोषवन्ति बोद्धव्यानि ॥२२॥

ननु किं पुनरीश्वरस्य बाधकं प्रमाणम्, इत्याह—**यथा** सदृशेन स्वभावेन **तद्** ईश्वराख्यं **वस्तु कारण**मिष्टं सर्गावस्थायाम्, **तथैव** तेनैव स्वभावेन सर्गात् प्राक् तन्न **कारणं केन** विशेषेण **मतम्** ? **न तु अकारणमिष्टम्** । कारणत्वं हि कारकावस्थाविशिष्टत्वेन व्याप्तम् । तदभावात् कारणत्वाभावः ॥२३॥

यदि पुनरकारकावस्थाविशिष्टोपीश्वरः कारणमुच्यते तदा **चैत्रस्य शस्त्रौषधयोः सम्बन्धाद्**

असम्बद्धस्य किं स्थाणोः कारणत्वं न कल्प्यते ॥२४॥

स्वभावभेदेन विना व्यापारोऽपि न युज्यते ।
नित्यस्याव्यतिरेकित्वात् सामर्थ्यं च दुरन्वयम् ॥२५॥

येषु सत्सु भवत्येव यत्तेभ्योऽन्यस्य कल्पने ।
तद्धेतुत्वेन सर्वत्र हेतूनामनवस्थितिः ॥२६॥

स्वभावपरिणामेन हेतुरङ्कुरजन्मनि ।
भूम्यादिस्तस्य संस्कारे तद्विशेषस्य दर्शनात् ॥२७॥

यथा विशेषेण विना विषयेन्द्रियसंहतिः ।
बुद्धेर्हेतुस्तथेदं चेन्न तत्रापि विशेषतः ॥२८॥

पृथक् पृथगशक्तानां स्वभावातिशयेऽसति ।
संहतावप्यसामर्थ्यं स्यात् सिद्धोऽतिशयस्ततः ॥२९॥

व्रणे व्रणरोहणे च वृत्तेऽ**सम्बद्धस्य** व्यापारद्वारेणाप्रत्यासन्नस्य **स्थाणोः किं कारणत्वं न कल्प्यते** ? निमित्तस्य समानत्वात् ॥२४॥

नन्वकारणावस्थातो व्यापारसमावेशादस्ति विशेषः कारणावस्थायाम्, इत्याह—**स्वभावभेदेन विना** न केवलं कारकत्वम् व्यापारोऽपि निर्व्यापारस्य नित्यस्य **न युज्यते ।**

किञ्च—**नित्यस्याव्यतिरेकित्वात् सामर्थ्यञ्च दुरन्वयं** दुरवगमम् । न ह्यस्तीति कारणम् अपि तु यदभावात् कार्याभावः स तत्कारणम् । अन्यथा आकाशादीनामपि हेतुत्वप्रसङ्गः ॥२५॥

अपि च—**येषु** कारणेषु **सत्सु यत्कार्यं भवत्येव तेभ्यः** कारणेभ्यो**ऽन्यस्य** पदार्थस्य **तत्कार्यहेतुत्वेन कल्पने सर्वत्र** कार्य**हेतूनामनवस्थितिः** प्राप्नोति अपरापरकल्पनया । तस्माद् दृष्टसामर्थ्या एव क्षितिबीजादयः कारणमङ्कुरस्य नेश्वरादिरदृष्टसामर्थ्यः ॥२६॥

ननु क्षित्यादिरप्यकारकावस्थातो न विशिष्टस्वभावः कारणावस्थायामङ्कुरस्य, इत्याह—उपसर्पणप्रत्ययाददृष्टसहकारिणः प्राप्तकार्योत्पादानुगुणातिशयो **भूम्यादिः स्वभावपरिणामेन** कार्यानुगुणातिशयतारतम्ययुक्तापरापरक्षणलक्षणेनान्त्यावस्थाप्राप्तो**ऽङ्कुरजन्मनि हेतु**र्भवति, न तु पूर्वपरैकरूपः क्रमाक्रमयोरर्थक्रियाविरोधात् । कुत एतदिति चेत् **तस्य** भूम्यादेः कर्षणपांसुप्रक्षेपादिना **संस्कारे तस्या**ङ्कुरस्य पुष्टतरादि**विशेषस्य दर्शनात्** ॥२७॥

ननु **यथा विशेषेण विना विषयेन्द्रियसंहति**रक्षेपक्रियाधर्मिणी **बुद्धेर्हेतु**र्भवति **तथेद**मीश्वरादि वस्तुविशेषं विना सहकारिसन्निधानेन कार्यं करोतीति **चेत्** । न **तत्रापि** विषयेन्द्रियादिसंहतौ प्रागवस्थावत उपसर्पणप्रत्ययजनिताद् विज्ञानजननशक्तक्षणप्रज्ञालक्षणाद् **विशेषात्** ॥२८॥

अन्यथा—**पृथक् पृथगशक्तानां** विषयेन्द्रियाणां **स्वभावातिशयेऽ**सति **संहतावप्यसामर्थ्यं स्यात्** ज्ञानार्जनं प्रति स्वरूपाभेदात् । उत्पद्यते च ज्ञानम् । **सिद्धोऽतिशयस्ततो** ज्ञानोत्पादात् ॥२९॥

तस्मात् पृथगशक्तेषु येषु सम्भाव्यते गुणः ।
संहतौ हेतुता तेषां नेश्वरादेरभेदतः ॥३०॥

प्रामाण्यञ्च परोक्षार्थज्ञानं यत्साधनस्य च ।
अभावान् नास्त्यनुष्ठानमिति केचित् प्रचक्षते ॥३१॥

ज्ञानवान् मृग्यते कश्चित् तदुक्तप्रतिपत्तये ।
अज्ञोपदेशकरणे विप्रलम्भनशङ्किभिः ॥३२॥

तस्मादनुष्ठेयगतं ज्ञानमस्य विचार्यताम् ।
कीटसंख्यापरिज्ञानं तस्य नः क्वोपयुज्यते ॥३३॥

हेयोपादेयतत्त्वस्य साभ्युपायस्य वेदकः ।
यः प्रमाणमसाविष्टो न तु सर्वस्य वेदकः ॥३४॥

दूरं पश्यतु वा मा वा तत्त्वमिष्टं तु पश्यतु ।
प्रमाणं दूरदर्शी चेदेत गृध्रानुपास्महे ॥३५॥

तस्मात् पृथगशक्तेषु येषु सम्भाव्यते गुणः स्वरूपान्तरोत्पादलक्षणः **संहतौ हेतुता तेषां** क्षणिकानाम्, **नेश्वरादेरभेदतः** ईश्वरप्रधानपुरुषादेरकारकाभिन्नस्वरूपत्वान्न हेतुत्वमित्युपसंहारः ॥३०॥ उक्तमीश्वरादिदूषणम् ॥

भगवतोऽपि साधनाभावादप्रामाण्यं परमतेनाशङ्क्यते—**प्रामाण्यञ्च परोक्षार्थज्ञानम्** न सर्वस्येष्यते, **तत्साधनस्याभावात् अनुष्ठानं** कस्यचिन्**नास्तीति** कथं तथाविधप्रमाणोपपत्तिः इति **केचित् जैमिनीयाः प्रचक्षते** ॥३१॥

अत्राह—न खलु व्यसनितया प्रमाणमन्विष्यते प्रेक्षावद्भिः, अपि तु स्वर्गापवर्गप्रधानपुरुषार्थप्रेप्सुभिः तद्विषय**ज्ञानवान् कश्चित् (मृग्यते)** अन्विष्यते **तदुक्त**स्योपायस्य **प्रतिपत्तये**ऽनुष्ठानार्थम् **अज्ञोपदेशकरणे विप्रलम्भनशङ्किभिः** विसंवादं सम्भावयद्भिः ॥३२॥

दुःखोपशमोपायोपदेष्टुर्ज्ञानं मृग्यते यतस्**तस्मादनुष्ठेयगतं** संसारदुःखप्रशमोपायं **ज्ञानमस्य** प्रमाणपुरुषस्य **विचार्यताम्**। अनुपयोगि **कीटसंख्यापरिज्ञानं तस्यो**पदेष्टुर्नोऽस्माकं न **क्व**चित् पुरुषार्थे **उपयुज्यते** इति न तद्विचार्यमिति प्रतिज्ञा, प्रत्युपकारापेक्षाक्षमं सर्वसत्त्वेषु। तस्माद् यदेवं प्रेक्षावतामनुष्ठेयं तद्विषयमुपदेष्टुं ज्ञानमुपयुक्तम् नान्यविषयम् ॥३३॥

तस्मा**द्धेय**तत्त्वस्य दुःखसत्यस्य **साभ्युपायस्य** समुदयसत्यान्वित**स्योपादेयतत्त्वस्य** निरोधसत्यस्य साभ्युपायस्य मार्गसत्यसहितस्य प्रमाणपरिशुद्धस्य **यो वेदकः असौ प्रमाणमिष्टः, न तु सर्वस्य** यस्य कस्यचिद्धि **वेदकः**। न खलु सकलज्ञानादार्यसत्यचतुष्टयदेशना अपि तु तज्ज्ञानवत्त्वात्, तदुपदेष्टृतयैव च प्रामाण्यमिष्यते ॥३४॥

तदेवाह—**दूरं पश्यतु वा मा वा** द्राक्षीत् **तत्त्वमिष्टं तु** आर्यसत्यचतुष्टयं **पश्यतु** तावतैव भगवान् **प्रमाणम्**। अन्यथाऽतत्त्वदर्श्यपि **प्रमाणं दूरदर्शी चे**दिष्यते एतागच्छत मुमुक्षवो **गृध्रानुपास्महे** दूरदर्शिनः, दीर्घश्रुतींश्च वराहानित्युपहसति ॥३५॥ उक्तमभिमतं प्रामाण्यम् ॥

साधनं करुणाऽभ्यासात् सा [1]बुद्धेर्देहसंश्रयात् ।
असिद्धोऽभ्यास इति चेन्नाश्रयप्रतिषेधतः ॥३६॥

प्राणापानेन्द्रियधियां देहादेव न केवलात् ।
सजातिनिरपेक्षाणां जन्म जन्मपरिग्रहे ॥३७॥

अतिप्रसङ्गात् यद् दृष्टं प्रतिसन्धानशक्तिमत् ।
किमासीत् तस्य यन्नास्ति पश्चाद् येन न सन्धिमत् ॥३८॥

न स कश्चित् पृथिव्यादेरंशो यत्र न जन्तवः ।
संस्वेदजाद्या जायन्ते सर्वं बीजात्मकं ततः ॥३९॥

नन्वीदृशस्य प्रमाणस्य किं साधनम् इत्याह—**साधनं करुणा** । दुःखाद् दुःखहेतोश्च समुद्धरणकामता करुणा । सा भगवतः प्रामाण्यस्य साधनम् । सैव करुणा (कथं जायते) इत्यत आह—**अभ्यासात् सा** । गोत्रविशेषात् कल्याणमित्रसंसर्गादनुशयदर्शनाच्च कश्चिन्महासत्त्वः कृपायामुपजातस्पृहः सादरनिरन्तरानेकजन्मपरम्पराप्रभवाभ्यासेन सात्मीभूतकृपया प्रेर्यमाणः सर्वसत्त्वानां समुदयहान्या दुःखहानाय, मार्गभावनया निरोधप्रापणाय च देशनां कर्तुं कामः स्वयमसाक्षात्कृतस्य देशनायां विप्रलम्भसम्भावनाच्चतुरार्यसत्यानि साक्षात् करोतीति भगवति साधनं कृपा प्रामाण्यस्य ।

बुद्धेर्देहसंश्रयादसिद्धोऽभ्यास इति चेत् "बुद्धिर्देहमाश्रिता कार्यत्वात्, प्रदीपमिव प्रभा", "शक्तिरूपत्वाद्वा, मद्यमिव मदशक्तिः", "गुणत्वाद्वा, पटमिव शुक्लता"—त्रेधाप्याश्रयविनाशे तस्य नाशात् कुतो जन्मान्तराणि, कथं वा तेष्वभ्यासः कृपादेः इति **चार्वाकाः** । तदेतन्न युक्तम्, **आश्रयप्रतिषेधतो बुद्धेः** । बुद्धिरहितः कायो नाश्रयः कारणत्वात्, गुणित्वात्, शक्तिमत्त्वाद्वा ॥३६॥

तत्र कारणत्वं प्रतिषेद्धुमाह—**प्राणो** वायुरूर्ध्वगः । तद्विपरीतोऽ**पानः** । **इन्द्रियाणि** चक्षुरादीनि । **धीर्**बुद्धिः । तासां **सजातिनिरपेक्षाणां** कारणभूतपूर्वसजातिप्राणादिपुञ्जनिरपेक्षाणां देहादेव केवलान्न **जन्म** भवति । कुतः इत्याह—**जन्मपरिग्रहेऽतिप्रसङ्गात्** । यदि महाभूतेभ्य एव केवलेभ्यः प्राणादीनां जन्मग्रहः तदा सर्वस्माद् भवेयुरिति सर्वं प्राणिमयं जगत् स्यात् । न चास्त्येतत् । तस्मात् पूर्वसजातिसापेक्षाणामेवाक्षादीनां देहाज्जन्मेति पूर्वजन्मप्रतिबन्धसिद्धिः ।

भाविजन्मपरम्परासिद्ध्यर्थमप्याह—**यत्** प्राणापानादिमध्यावस्थायां प्राणादीनामुत्पादशक्तियुक्तं **दृष्टं** तस्य **किमासीत्** प्रतिसन्धानकालेऽधिकं **यत् पश्चा**न्मरणकाले **नास्ति येन** तद्वैकल्यात् तदा न **सन्धिमत्** समग्राप्रतिबद्धकारणत्वात् प्रतिसन्धानं प्राप्तमित्यर्थः ॥३७-३८॥

स्यादेतत्—पूर्वसजातिहेतुकमिन्द्रियादि न भवति, किन्तु देहहेतुकमेवेदम् न चातिप्रसङ्गः, केषाञ्चिदेव भूतपरिणामानां देहात्मकानां तद्धेतुत्वात्, अन्येषाञ्च तद्विरुद्धस्वभावानामहेतुत्वात्, सुवर्णबीजाबीजपाषाणवत् । अत्राह—**न स कश्चित् पृथिव्यादेरंशः** प्रदेशो **यत्र जन्तवः संस्वेदजाद्याः**, आद्यशब्दाज्जरायुजाण्डजप्रभृतयः, **न जायन्ते । ततः सर्वं** भूतपरिणतिजातं प्राणादिजनने

---

१. चार्वाकमतपर्यालोचनम् ।

तत् सजात्यनपेक्षाणामक्षादीनां समुद्भवे ।
परिणामो यथैकस्य स्यात् सर्वस्याविशेषतः ॥४०॥

प्रत्येकमुपघातेऽपि नेन्द्रियाणां मनोमतेः ।
उपघातोऽस्ति भङ्गेऽस्यास्तेषां भङ्गश्च दृश्यते ॥४१॥

तस्मात् स्थित्याश्रयो बुद्धेर्बुद्धिमेव समाश्रितः ।
कश्चिन्निमित्तमक्षाणां तस्मादक्षाणि बुद्धितः ॥४२॥

यादृश्याक्षेपिका साऽसीत् पश्चादप्यस्तु तादृशी ।

बीजात्मकमिति नास्ति बीजविरुद्धस्वभावता कस्यचित् । सुवर्णासुवर्णबीजत्वं तु पाषाणादीनां सुवर्णपरमाणूनामेव सदसत्त्वाभ्यामिति विषमो दृष्टान्तः ॥३९॥

ननु भूतमात्रहेतुकत्वाविशेषेऽपि परिणामस्य यथा विशेषः सुवर्णपरमाणुमयत्वेतराभ्याम् तथा प्राणादिहेतुत्वाभ्यामपि स्यात् । उक्तमेवात्र सर्वत्र प्राणिनां दृष्टे सर्वं तद्बीजात्मकमिति नास्त्येवाबीजात्मकता कस्यचित् परिणामस्य । अत्रापि वा तुल्यः प्रसङ्गः—यदि भूतमात्रहेतुकोऽयं बीजपरिणामः सर्वस्तथा स्यात्, हेत्वविशेषे कार्यविशेषायोगात् ।

ननु भूतान्यप्यवान्तरानेकविविधविशेषभाञ्जि विचित्राः परिणतीर्जनयन्तीति न समानताप्रसङ्गः । न तावत् सविशेषो भूतमात्रात्, सर्वत्र प्रसङ्गात् । न चान्यतः, अन्यस्याभावात् । अस्माकं तु कर्मापि सहकारि सम्मतम्, तद्वैचित्र्यात् विचित्रं कार्यजातमुचितम् ।

शक्तिपक्षं निषेद्धुमाह—**तत्** तस्माद् भूतमात्रहेतुत्वात् **सजात्यनपेक्षाणामक्षादीनां समुद्भवे** स्वीक्रियमाणे **परिणामो यथैकस्य** देहस्यातद्भूतप्राणापानेन्द्रियचैतन्यशक्तितया तथा **सर्वस्य** लोष्टादेरपि **स्याद्** हेतोर**विशेषतः** । अत एव हि प्रसङ्गाद् गुणपक्षोऽपि प्रतिक्षिप्तो बोद्धव्यः । तस्मादाश्रयत्वमपि नास्ति, अनिन्द्रियस्य कायस्य कारणत्व-शक्तिमत्त्व-गुणवत्त्वानामयोगतः ॥४०॥

सेन्द्रियोऽपि कायो बुद्धेराश्रयो न युक्त इति वक्तुमाह—**इन्द्रियाणां प्रत्येकं** यथास्वं प्रत्ययैः **उपघातेऽपि** सति **मनोमते**र्विकल्पबुद्धेः **उपघातः** पटुमन्दतादिलक्षणो **नास्ति** । यद्धि यदाश्रितं तत् तद्विकारे विक्रियते, यथा—घटस्य दाहादौ तच्छुक्लत्वादि । तस्मान्न तदाश्रिता बुद्धिः ।

विपर्ययमेवाख्यातुमाह—भयशोकादिभि**रस्या** मनोबुद्धे**र्भङ्गे** विकारे (वा) सति **तेषा**मिन्द्रियाणां **भङ्गो** विकारश्च **दृश्यते** हर्षादिना च परिपुष्टिरिति विकल्पबुद्धिविकारविकारित्वादिन्द्रियाण्येव तदाश्रितानि ॥४१॥

तस्माद् बुद्धेः स्थिराश्रयः समानजातीयः **कश्चित्** सेन्द्रियः कायः स तर्हि तदाश्रितो भविष्यति । न स च **बुद्धिमेव समाश्रितो निमित्तञ्चाक्षाणाम्** । **तस्मादक्षाणि बुद्धितः**, न बुद्धिस्तेभ्यः ॥४२॥

ततो जन्मादौ **यादृशी** दृष्टात्मग्रहयोगिनी बुद्धि**राक्षेपिका** बुद्धीन्द्रियादीना**मासीत् पश्चादपि** मरणावस्थायामपि **तादृश्याक्षेपिका** भवतु । जन्मान्तरस्य शरीरान्तरसम्बद्धबुद्धीन्द्रियाद्युत्पादनलक्षणस्येति पूर्वोक्तनिगमनम् । ननु कायाश्रितत्वं मनसोऽप्युक्तं भगवता—"अन्योऽन्यानु-

तज्ज्ञानैरुपकार्यत्वादुक्तं कायाश्रितं मनः ॥४३॥

यद्यप्यक्षैर्विना बुद्धिर्न तान्यपि तया विना ।
तथाप्यन्योऽन्यहेतुत्वं ततोऽप्यन्योऽन्यहेतुके ॥४४॥

नाक्रमात् क्रमिणो भावो नाप्यपेक्ष्याऽविशेषिणः ।
क्रमाद् भवन्ती धीः कायात् क्रमं तस्यापि शंसति ॥४५॥

प्रतिक्षणमपूर्वस्य पूर्वः पूर्वः क्षणो भवेत् ।
तस्य हेतुरतो हेतुर्दृष्ट एवास्तु सर्वदा ॥४६॥

चित्तान्तरस्य सन्धाने को विरोधोऽन्त्यचेतसः ।
तद्वदप्यर्हतश्चित्तसन्धानं कुतो मतम् ॥४७॥

असिद्धार्थः प्रमाणेन किं सिद्धान्तोऽनुगम्यते ।

विधायित्वं कायमनसोः" इति वदता, तत्कथम् ? इत्याह—**तज्ज्ञानैः** कायविषयैर्ज्ञानैरूपादिग्राहिभि**रुपकार्यत्वात्** मनसः सुखोत्साहादिरूपेणोक्तं भगवता **कायाश्रितं मनो**विज्ञानम्, न साक्षात्तदुत्पत्तेः ॥४३॥

नन्विन्द्रियाणि विना न बुद्धिरिति युक्तमाश्रयत्वमेषाम् इत्याह—**यद्यप्यक्षैर्विना बुद्धिर्न** भवति, **तान्यप्यक्षाणि तया विना न** भवन्ति, भूतमात्रादुत्पत्तेः सर्वस्मादुत्पत्तिप्रसङ्गादित्युक्तेः । **तथाप्यन्योऽन्यहेतुत्व**मुक्तं भवति । **ततोऽप्यन्योऽन्यहेतुके** कायमनसी मध्यावस्थावत् अनादिताद‍ृक्प्रवाहवती—इति सिद्धः परलोकः ॥४४॥

किं च—**नाक्रमात् क्रमिणः** कार्यस्य **भावः** क्रमरहितत्वात् कारणस्य तन्निष्पाद्यानि कार्याणि सकृज्जायेरन् । क्रमवतः सहकारिणोऽपेक्ष्य क्रमाज्जनयिष्यतीति चेत् । **नाप्यविशेषिणः** स्थिरैकरूपस्य परैरनाधेयविशेषस्य परेषां सहकारिणामपेक्षाऽस्ति । तस्मात् **क्रमाद् भवन्ती धीः कायात् क्रमन्तस्यापि** कायस्य **शंसति** ॥४५॥

ततश्च—**प्रतिक्षणमपूर्वस्य** बुद्धीन्द्रियकायसमुदायस्य कार्यस्य **पूर्वः पूर्वः क्षण**स्तादृशो **हेतु**र्भवेत् अतः कारणादनन्तरस्य बुद्धीन्द्रियादे**र्हेतु**र्मध्यावस्थावद् **दृष्ट एव** बुद्धीन्द्रियादिकलापः **सर्वदा** ऐहिकजन्मादौ चामुत्रिकजन्मादौ **चास्तु** ॥४६॥

ननु यदि सविज्ञानकायत्वात् तथाभूतजननानुमानेन परलोकसिद्धिः तदा 'मरणचित्तत्वाच्चित्तान्तराप्रतिसन्धानमर्हच्चरमचित्तवत्' इति कस्मान्नानुमीयते, इत्याह—**चित्तान्तरस्य सन्धाने को विरोधोऽन्त्यचेतसो** मरणचित्तस्य ? न कश्चित् । तथा हि—न तावन्मरणचित्तेन चित्तान्तरसन्धानस्य सहानवस्थानलक्षणो विरोधः निवर्त्यनिवर्तकत्वाभावात् । नापि परस्परपरिहारस्थितिलक्षणः। अमरणचित्तव्यवच्छेदेन मरणचित्तस्यानवस्थानात्। **तद्वदप्यर्हतश्चित्तमसन्धानं कुतः** प्रमाणात् **मतं** येन दृष्टान्तः स्यात् ? न ह्यर्हन् भवतां सिद्धः तद्बाधनाय यत्नात् ॥४७॥

अथाभ्युपगम्यते तदा तस्य क्लेशविसंयोगकृतमसन्धानम् नान्यथा । स च न पृथग्जनानामिति कथं तेषां मरणचित्तमसन्धानम् ? क्लेशविसंयोगो हि प्रतिसन्धानविरोधी लक्ष्यते, न मरणचित्तम् । 'स्यादेतद्—भवत्सिद्धान्तसिद्धमर्हच्चित्तमसन्धानम् । तत एव दृष्टान्तसिद्धिः । अत्राह—

हेतोर्वैकल्यतस्तच्चेत् किं तदेवाऽत्र नोदितम् ॥४८॥

तद्धीवद् ग्रहणप्राप्तेर्मनोज्ञानं न सेन्द्रियात् ।
ज्ञानोत्पादनसामर्थ्यभेदान्न सकलादपि ॥४९॥

अचेतनत्वान्नान्यस्माद् हेत्वभेदात् सहस्थितिः ।
अक्षवद् रूपरसवद् अर्थद्वारेण विक्रिया ॥५०॥

सत्तोपकारिणी यस्य नित्यं तदनुबन्धतः ।
स हेतुः सप्तमी तस्मादुत्पादादिति चोच्यते ॥५१॥

असिद्धार्थो निश्चितार्थः **प्रमाणेन किं सिद्धान्तोऽनुगम्यते** ? तदनुरोधेन परलोकस्याभ्युपगमप्रसङ्गात् । अथ **हेतो**राश्वासप्रश्वासेन्द्रियपाटवादे**र्वैकल्यतो** मरणचित्तस्य **तद**प्रतिसन्धानमिति **चेत् किं तदेव** हेतुवैकल्यम**त्रा**प्रतिसन्धाने साधनत्वे **नोदितम्** ? दृष्टान्तविकलं तु मरणचित्तमुक्तम् । आश्वासादिहेतुत्वनिषेधं च वक्ष्यति ॥४८॥

कायश्च हेतुर्भवन् सेन्द्रियो वा स्याद् अनिन्द्रियो वा ? सेन्द्रियोऽपि प्रत्येकमिन्द्रियैः सहितः समस्तैर्वा ? तत्र प्रथमपक्षे तस्या इन्द्रिय**धिय** इव विकल्प्यमानेषु रूपादिषु स्पष्टतरस्य **ग्रहणस्य प्राप्तेः मनोज्ञानं न सेन्द्रियात्** । कायात् इन्द्रियजन्यस्य स्पष्टतयाऽभ्रान्तज्ञानादिषु व्याप्तिदृष्टेः । द्वितीयपक्षेऽप्याह—प्रत्येकमिन्द्रियाणां रूपादिग्रहणप्रतिनियत**ज्ञानोत्पादनसामर्थ्यभेदात्** दृष्टात् **न सकलादपी**न्द्रियकलापात् प्रतिनियतविषयाग्राहिणो मनोविज्ञानस्य सम्भवः । एकेन्द्रियवैकल्येऽप्यनुत्पादप्रसङ्गाच्च ॥४९॥

नाप्यनिन्द्रियो हेतुरित्याह—**अचेतनत्वान्नान्यस्माद**निन्द्रियात् केशनखादेरिव मनोज्ञानम् । नन्वचेतनत्वं किमिन्द्रियज्ञानरहितत्वं उत मनोज्ञानविमुक्तत्वम् ? तत्राद्यमिष्टमेव, इन्द्रियस्याभावे तज्ज्ञानाभावात् । अन्त्ये साध्याविशिष्टत्वं हेतोः, मनोज्ञानस्यैव साध्यत्वात् ? उच्यते—यथा स्पर्शादयः स्पर्शज्ञानेन चेतयन्ते न तथा नखकेशादय इत्यचेतनाः । चेतनाप्रतिबद्धं च मनोविज्ञानं तदभावे न स्यात् ।

ननु यदि न काय आश्रयः कथं सहस्थितिः, इत्यत आह—**हेतोः** कर्मसंज्ञितस्या**भेदात्** एकसामग्रीप्रतिबद्धत्वात् **सहस्थितिः**, न त्वाश्रयाश्रयिभावात् **अक्षवद् रूपरसवत्** । यथाऽक्षाणि रूपरसादयश्च परस्परमनाश्रयाश्रयिभूता अप्येकसामग्र्यधीनत्वात् सहस्थितिमन्तः । ननु यो यद्विकारेण विक्रियते स तदाश्रितः, यथा चक्षुरादिविकारेण विक्रियमाणं तज्ज्ञानं चक्षुराद्याश्रितम् । विषश्लेष्मादिना कायविकारे च विक्रियते मनोविज्ञानम्, अतस्तदाश्रितम् इत्याह—'तज्ज्ञानैरुपकार्यत्वात्' इत्यादिनोक्तमपि **अर्थद्वारेण विक्रिया** । आलम्ब्यमाना हि शस्त्रप्रहारादयो विकारयन्ति मानसम्, न त्वाश्रयत्वेन ॥५०॥

न चोपकारक इत्येवाश्रयः, किन्तु निर्वर्तकः तदाह—**यस्य सत्ता** निर्वर्त्यस्य **उपकारिणी** स हेतुः, स एवाश्रयः । कथमुपकारिणी ? **नित्यं तस्य** निर्वर्त्य**स्यानुबन्धतो**ऽनुवर्तनात् । यस्य तु कदाचिदुपकारकत्वम् असौ विशेषस्यैव **हेतु**र्न धर्मिणः, तदभावेऽपि तद्भावात् । चित्तमात्रप्रतिबद्धं च चित्तम्, तद्विशेषस्तु कायादिहेतुकः । अतो नायं हेतुः । न च तन्निवृत्त्या निवृत्तिश्चित्तस्य । नित्यानुबन्धितया हेतुत्वमभिप्रेत्य चास्मिन् सतीदं भवतीति **सप्तम्युच्यते तस्मा**दिति च पञ्चमी, तद्धेत्वनुबद्धां कार्यतां चाभिप्रेत्**योत्पादादिति चोच्यते** ॥५१॥

अस्तूपकारको वापि कदाचिच्चित्तसन्ततेः ।
वह्न्यादिवद् घटादीनां विनिवृत्तिर्न तावता ॥५२॥

अनिवृत्तिप्रसङ्गश्च देहे तिष्ठति चेतसः ।
तद्भावभावाद् वश्यत्वात् प्राणापानौ ततो न तत् ॥५३॥

प्रेरणाकर्षणे वायोः प्रयत्नेन विना कुतः ।
निर्ह्रासातिशयापत्तिर्निर्ह्रासातिशयात् तयोः ॥५४॥

तुल्यः प्रसङ्गोऽपि तयोः न तुल्यं चित्तकारणे ।
स्थित्यावेधकमन्यच्च यतः कारणमिष्यते ॥५५॥

न दोषैर्विगुणो देहो हेतुर्वर्त्यादिवद् यदि ।
मृते शमीकृते दोषे पुनरुज्जीवनं भवेत् ॥५६॥

ननु हेतुरुपकारकः कथञ्चिदुपकुर्वन् दृश्यते च कदाचिद् देहश्चित्तम्, अत आह—**अस्तूपकारको वापि कदाचिच्चित्तसन्ततेर्**देहो वह्न्यादिवद् घटादीनाम् । **न** च **तावतो**पकारकनिवृत्त्या **निवृत्तिः** । न हि वह्निर्घटस्यापाकमुपकारं कुर्वन्नपि स्वनिवृत्त्या निवर्तकः ॥५२॥

किञ्च—**अनिवृत्तिप्रसंगश्च देहे तिष्ठति चेतसः** । स्वजातिनिरपेक्षस्य देहमात्रहेतुकस्याविकलहेतोरनुत्पत्त्ययोगात् । ततो यावद्धेतुस्तावन्न मरणं भवेत् प्राणापानावपि चित्तकारणम् । तयोर्वैकल्यान्मरणावस्थायां न चित्तोत्पाद इति चेत्, आह—**तस्य** चित्तस्य **भावे भावात् प्राणापानौ** ततो भवतः । चित्त**वश्यत्वा**च्च तत एव तौ, **न** तु ताभ्यां **तच्चित्तम्**, विपर्ययात् ॥५३॥

एतद्धेतुद्वयसिद्ध्यर्थमाह—बहिरन्तश्च **प्रेरणाकर्षणे वायोर्**यथाक्रमं प्राणापानौ पुरुषस्य बुद्धिलक्षण**प्रयत्नेन विना कुतः** सम्भवतः ? तस्मात् तदधीनौ । किञ्च—यदि प्राणापानहेतुकं चित्तम् तदा चित्तस्य **निर्ह्रासातिशयापत्ति**रपकर्षोत्कर्षापत्तिः, **निर्ह्रासातिशयात् तयोः** प्राणापानयोः, कारणविशेषानुकारित्वात् कार्यविशेषस्य ॥५४॥

अपि च—**तयो**रपि प्राणापानयोर्देहे तिष्ठत्यनिवृत्ति**प्रसङ्गस्तुल्यः**, तद्धेतुत्वात् तयोः मरणकाले प्राणापानवैकल्याभावाच्चित्तानिवृत्तिप्रसङ्गस्तदवस्थः । स्यादेतत्—चित्तकारणेऽपि चित्ते स्वीक्रियमाणे मरणसमये चित्तानपायात् चित्तोत्पत्तौ यावद्देहे निवृत्तिप्रसङ्ग इत्याह—**न तुल्यं चित्तकारणे** चैतन्ये प्रसञ्जनम् । न खल्वनुवर्तकमेव कारणमिष्टं येन नित्यं तस्मिन्नाश्रये स्यात्, किं तर्हि **स्थित्यावेधकमन्यच्च** कर्माख्यं **कारणं यत इष्यते,** तस्मात् तेन कर्मणा यावत्कालं तद्देहे स्थितिराक्षिप्ता । तत ऊर्ध्वं हेत्वपायान्न प्रवर्तते, देहान्तरे तु वर्तत इत्यसमानत्वम् ॥५५॥

दोषैर्वातादिभि**र्विगुणी**कृतो **देहो न हेतु**श्चैतन्यस्य प्राणापानादेश्च **वर्त्यादिवत्** । **यदि** यथा विगुणीकृतो वर्त्यादिर्न दीपस्य हेतुः, तदा **मृते** शरीरे चैतन्यादिनाशान्मृतस्य शमीभवन्ति दोषा इति **शमीकृते दोषे** विकारविकारिण्यारोग्यलाभाद्धेतोर्देहस्य **पुनरुज्जीवनं** प्राणापानं चैतन्योत्पत्तिलक्षणं **भवेत्** ॥५६॥

निवृत्तेऽप्यनले काष्ठविकाराविनिवृत्तिवत् ।
तस्यानिवृत्तिरिति चेन्न चिकित्साप्रयोगतः ॥५७॥

अपुनर्भावतः किञ्चिद् विकारजननं क्वचित् ।
किञ्चिद् विपर्ययादग्निर्यथा काष्ठसुवर्णयोः ॥५८॥

आद्यस्याल्पोऽप्यसंहार्यः प्रत्यानेयस्तु यत्कृतः ।
विकारः स्यात् पुनर्भावः तस्य हेम्नि खरत्ववत् ॥५९॥

दुर्लभत्वात् समाधातुरसाध्यं किञ्चिदीरितम् ।
आयुःक्षयाद् वा दोषे तु केवले नास्त्यसाध्यता ॥६०॥

मृते विषादिसंहारात् तद्दंशच्छेदतोऽपि वा ।
विकारहेतोर्विगमे स नोच्छ्वसिति किं पुनः ॥६१॥

उपादानाविकारेण नोपादेयस्य विक्रिया ।
कर्तुं शक्याऽविकारेण मृदः कुण्डादिके यथा ॥६२॥

निवृत्तेऽप्यनले हेतौ **काष्ठविकार**स्याङ्गारादे**रविनिवृत्तिवत् तस्य** चैतन्यादिनिरोधस्या**निवृत्ति**र्निवृत्तिर्न भवति तद्दोषे मृतशरीरान्निवृत्तेऽपीति **चेत् न; चिकित्साप्रयोगतः** ॥५७॥

स्यादेतद्—यद्यनिवर्त्या दोषाणां विकाराः स्युः दृश्यन्ते चिकित्स्यमाना दोषविकारा ज्वरादयः । एतदेवाह—**किञ्चिद्** वस्तु **क्वचिद्** विकार्ये **विकार**स्य **जननं** जनकम**पुनर्भावतः । यथा** विकार्यस्यापुनर्भावो निर्विकारत्वं पुनर्न भवति, यथा—**अग्निः काष्ठे । किञ्चिदेव** तद्वि**पर्ययात्** यथा—अग्निः **सुवर्णे** ॥५८॥

तत्रा**द्यस्य** विकारस्या**ल्पोऽपि** विकारः श्यामतादिको**ऽसंहार्यो**ऽनिवर्तनीयः । **प्रत्यानेयो** निवर्तनीयस्तु **यत्कृतो विकार**स्तस्य विकार्यस्य **पुनर्भावः स्यात्** विकारनिवृत्त्या पूर्वावस्थापत्तिः। वह्निकृते द्रवत्वे निवृत्ते **हेम्नि खरत्ववत्** दृढत्वमिव ॥५९॥

ननु यदि निवर्तनीयो दोषविकारः तदा न कश्चिदसाध्यो विधिः स्यात्, इत्याह—यत्कि**ञ्चिदसाध्यं** व्याधिजातमुक्तं तत् **समाधातुः** सद्यो दोषशमनौषधरसायनादे**र्दुर्लभत्वात्**, कर्माक्षिप्त**स्यायुष**स्तच्छरीरसहचरचैतन्यादिस्थितिहेतोर्वा **क्षयात् । भूतमात्रवादिनः केवले दोषे तु** स्वीक्रियमाणे **नास्त्यसाध्यता** कस्यचिद् व्याधेः, भूतमात्रारब्धस्य दोषस्य चिकित्सादृष्टेः । विशेषकारिणश्च हेतोरभावात् ॥६०॥

तथा—विषादिना **मृते** प्राणिनि सति दंशस्थाने **विषादेः संहारात्** संगणनात् तस्य **दंश**स्थानस्य **च्छेदतोऽपि वा विकारहेतो**र्मरणहेतोर्विषादे**र्विगमात् स** मृतः **पुनः किं नोच्छ्वसिति ?** कस्मात् ? चैतन्यहेतोर्देहस्य विकारत्वात् युक्तमुच्छ्वसितुम् ॥६१॥

किं च—यद्युपादानं देहश्चित्तस्य **तदोपादानस्य** देहस्या**विकारेण** विकारं विनो**पादेयस्य** चित्तस्य **विक्रिया न कर्तुं शक्या** स्यात् । **यथा** कुण्डाद्युपादानभूताया **मृदो विकारेण** विना **कुण्डादिके** विकारः कर्तुमशक्यः ॥६२॥

अविकृत्य हि यद् वस्तु यः पदार्थो विकार्यते ।
उपादानं न तत् तस्य युक्तं गोगवयादिवत् ॥६३॥

चेतःशरीरयोरेवम् तद्धेतोः कार्यजन्मनः ।
सहकारात् सहस्थानमग्निताम्रद्रवत्ववत् ॥६४॥

अनाश्रयात् सदसतोर्नाश्रयः स्थितिकारणम् ।
सतश्चेदाश्रयो नास्याः स्थातुरव्यतिरेकतः ॥६५॥

व्यतिरेकेऽपि तद्धेतुस्तेन भावस्य किं कृतम् ।
अविनाशप्रसङ्गः स नाशहेतोर्मतो यदि ॥६६॥

तुल्यः प्रसङ्गस्तत्रापि किं पुनः स्थितिहेतुना ।
आ नाशकागमात् स्थानं ततश्चेद् वस्तुधर्मता ॥६७॥

कस्मादेवम् इत्याह—**हि** यस्मात् **अविकृत्य यद्वस्तु** किञ्चिद् **यः पदार्थो विकार्यते उपादानं न तत्तस्य** पदार्थस्य **युक्तम् गोगवयादिवत्** गोगवययोरिव नोपादानोपादेयभावः, एकस्याविकारेणापरस्य विकारात् ॥६३॥

चेतःशरीरयोरेवं शरीरमविकृत्यैव भयशोकादिना समनन्तरप्रत्ययविकारमात्रेण चेतसो विकारोत्पत्तेः नोपादानोपादेयभावः । यदि नाम देहोऽपि कथञ्चिदुपकारकश्चित्तस्यावस्थाविशेषहेतुत्वात् तथापि सन्तानहेतुत्वाभावात् नोपादानम् । अतस्तन्निवृत्त्या न चैतन्यनिवृत्तिः अवस्थाविशेष एव निवर्तेत ।

कथं तर्हि सहावस्थानं चेतःशरीरयोः इत्याह—**तस्य** चेतसः शरीरस्य च **हेतोः** पूर्वचित्तक्षणस्य कललादेश्च **सहकारात्** सहकारणात् **कार्ययो**श्चित्तदेहयो**र्जन्मन** उत्पादात् तयो **सहस्थानं** भवति । यथा—**अग्निताम्र**जन्मनोर्वह्निता**म्रद्रवत्वयोः** सहावस्थितिः ॥६४॥

ननु देहश्चित्तस्याश्रयस्ततः सहस्थितिः स्यात्, इत्याह—**अनाश्रयात् सदसतोर्नाश्रयः** । न ह्यकारणमाश्रयः, अतिप्रसङ्गात् । सतश्च निष्पन्नत्वात् नाश्रयः कश्चित् । असतोऽपि वा कारणं किञ्चित् स्यात् न त्वाश्रयः, स्वरूपस्यैवाभावात्। **सतः**स्थितिकारण**माश्रयश्चे**दिष्यते **नै**तदपि युक्तम्, **अस्याः स्थातुरव्यतिरेकतः**। न हि स्थितिर्नाम स्थातुः पदार्थात् भिन्ना यां कुर्वंत आश्रयत्वम् ॥६५॥

व्यतिरेकेऽपि वा स्वीक्रियमाणे **तद्धेतु**राश्रयः स्यात् । **तेन** चाश्रयाभिमतेन **भावस्य** स्थितिमतः **किं कृतं** येनासावाश्रयः..? स्यादेतद्—भावसम्बन्धिनी स्थितिर्भावं स्थापयति तेन तत्कर्तुराश्रयत्वम् इत्याह—(**अविनाशे**त्यादि ।) यदि स्थित्योत्पन्नया भावः स्थाप्यते तदा न कदाचिदस्य भावस्य विनाशः स्यात् । **नाशहे**तोर्मुद्गरादेर्मतो यदि **तुल्यः प्रसङ्गस्तत्रापि** । नाशोऽपि न तावद् भावादव्यतिरिक्तः क्रियते, तस्योत्पन्नत्वात् । व्यतिरिक्तेऽपि नाशे कृते भावस्तदवस्थ इति प्राग्वदुपलम्भादिप्रसङ्गः ।

किं च—यदि नाशहेतुना नाशः क्रियते तदा **किं पुनः** स्थितिहेतुना आश्रयेण ? यावन्नाशहेतुर्नापतति तावत् स्वयमेव स्थास्यति, आपतिताच्च तस्मान्नैष रक्षणक्षम इति किमनेन स्वीकृतेन ? **आ नाशकागमाद्धि** नाशकागमनं यावत् तत आश्रयात् **स्थानं** चेदिष्यते एवं तर्हि **वस्तुधर्मता नाशस्य** ।

नाशस्य सत्यबाधोऽसाविति किं स्थितिहेतुना ।
यथा जलादेराधार इति चेत् तुल्यमत्र च ॥६८॥

प्रतिक्षणविनाशे हि भावानां भावसन्ततेः ।
तथोत्पत्तेः सहेतुत्वादाश्रयोऽयुक्तमन्यथा ॥६९॥

स्यादाधारो जलादीनां गमनप्रतिबन्धतः ।
अगतीनां किमाधारैर्गुणसामान्यकर्मणाम् ॥७०॥

एतेन समवायश्च समवायि च कारणम् ।
व्यवस्थितत्वं जात्यादेर्निरस्तमनपाश्रयात् ॥७१॥

परतो भावनाशश्चेत् तस्य किं स्थितिहेतुना ।
स विनश्येद् विनाऽप्यन्यैरशक्ताः स्थितिहेतवः ॥७२॥

स्थितिमान् नाश्रयः सर्वः सर्वोत्पत्तौ च साश्रयः ।

यदि नश्वरो भावः तदाश्रयेण नाशकोपनिपातं यावत् स्थाप्येत । अन्यथा तु स्वयमेव स्थितिमान् किमाश्रयेण ? एवं **सत्यबाधोऽसाविति किं स्थितिहेतुना** ? विद्यमाने वस्तुनि स्वभावत्वात् अबाधः बाधरहितोऽसौ नाश इति किं स्थितिहेतुना स्वीकृतेनापि ? **यथा जलादेः** सत एवाधारो घटादिः तथा चित्तस्य देह **इति चेत् तुल्यमत्र च** प्रागुक्तं सकलम् ॥६६-६८॥

कथं तर्ह्याधारव्यवहारः समर्थनीय इत्याह—**भावानां** हि विनश्वरस्वभावतया **प्रतिक्षणविनाशे** यो भावः सहकारी **भावसन्ततेः, तथा** तादृश्याः स्वोपादानदेशाया **उत्पत्तेर्**निमित्तं **सहेतुत्वादाश्रयः** न **त्वन्यथा अयुक्तत्वात्** ॥६९॥

एवं सामान्येनाश्रयाश्रयिभावदूषणमभिधाय द्रव्यदूषणादौ विशेषे दूषणं वक्तुमाह—**स्यादाधारो जलादीनां** प्रसर्पणधर्माणां **गमनप्रतिबन्धतः** कुण्डादिः । **अगतीनां** निष्क्रियत्वात् **किमाधारैः** गुणिव्यक्त्यादिभि**र्गुणसामान्यकर्मणां** पदार्थानाम् ? ॥७०॥

एतेनाश्रयाश्रयिभावप्रतिषेधेन समवायोऽयुतसिद्धानामाधार्याधारभूतानामिहेति प्रत्ययहेतुः यथा व्यक्तिसामान्ययोः । **समवायिकारणं** च स्वसमवेतकार्यजनकम् यथा—आत्मादि बुद्ध्यादीनाम् । **व्यवस्थितत्वं जात्यादेः** । कासुचिदेव व्यक्तिषु गोत्वं वर्तते केषुचिदेव च देहाकारपरिणतेषु चैतन्यमित्यादि **निरस्तम्, अनपाश्रयादा**श्रयप्रतिषेधात्, तन्मूलत्वाच्चासां व्यवस्थानाम् ॥७१॥

उक्तमर्थं श्लोकत्रयेण संगृहणन्नाह—**परतो** मुद्गरादे**र्भाव**स्यानश्वरस्य **नाशश्चेत् तस्य किं स्थितिहेतुना**श्रयेण ? स्वयमनश्वरत्वादेव न नंक्ष्यति । अथ नश्वरस्वभावोऽसौ तदा **स विनश्येद् विनाप्यन्यैर्**नाशिहेतुभि**रशक्ताः** स्थितिहेतवो भावं नश्वरं स्थापयितुम्, नश्वरस्वभावस्यावश्यं नाशात् ॥७२॥

किञ्च—**स्थितिमान् नाश्रयः सर्वो** भावः । तत्र यो नाम कश्चिन्नित्याश्रयः यथा—सुखादिरात्माश्रितः, सर्वः स नित्यं स्थितिमान् स्यात्, स्थापकस्य सदा स्थितेः । कश्चिदनित्याश्रयः यथा—शुक्लत्वादिः कार्यद्रव्याश्रितः । **सर्वोत्पत्तावसर्वश्चोत्पद्यमानः साश्रयः** इति द्रव्या-

तस्मात् सर्वस्य भावस्य न विनाशः कदाचन ॥७३॥

स्वयं विनश्वरात्मा चेत् तस्य कः स्थापकः परः ।

स्वयं न नश्वरात्मा चेत् तस्य कः स्थापकः परः ॥७४॥

बुद्धिव्यापारभेदेन निर्ह्रासातिशयावपि ।

प्रज्ञादेर्भवतो देहनिर्ह्रासतिशयौ विना ॥७५॥

इदं दीपप्रभादीनामाश्रितानां न विद्यते ।

स्यात् ततोऽपि विशेषोऽस्य न चित्तेऽनुपकारिणि ॥७६॥

रागादिवृद्धिः पुष्ट्यादेः कदाचित् सुखदुःखजा ।

तयोश्च धातुसाम्यादेरन्तरर्थस्य सन्निधेः ॥७७॥

एतेन सन्निपातादेः स्मृतिभ्रंशादयो गताः ।

विकारयति धीरेव ह्यन्तरर्थविशेषजा ॥७८॥

दिरिपि साश्रयः । तदाश्रयोऽपि कपालादिः खण्डोऽवयविषु समवेतः । ते चान्येष्विति यावत्परमाणव आश्रयावधयः तेषां नित्यत्वात् तदाश्रितं द्व्यणुकं नित्यम् इत्यनया परम्परया गुणोऽपि नित्यः स्यात् इत्याह—**तस्मात् सर्वस्य भावस्य** बुद्ध्यादेः शुक्लादेश्च **न विनाशः कदाचन** प्राप्नोति ॥७३॥

किञ्च **स्वयं विनश्वरात्मा चेत्** भावस्तस्य **कः स्थापकः परः ?** आश्रयाभिमतो न कश्चित्, असामर्थ्यात् । **स्वयं न नश्वरात्मा चेत् तस्य कः स्थापकः परः ?** स्वयमविनाशितयैव स्थितेर्वैयर्थ्यात् स्थापकस्य ॥७४॥

पुनश्चित्तशरीरयोरुपादानोपादेयतां निषेद्धुमाह—**बुद्धिव्यापारभेदेन** मनोज्ञानस्याभ्यासविशेषेण **निर्ह्रासातिशया**वुपचयापचया**वपि प्रज्ञादेः** आदिशब्दान्मैत्रीकरुणावैराग्यादीनाम् **भवतो देहस्य निर्ह्रासातिशयौ विना** । तस्माद् बुद्धिरेवोपादानकारणम्, तद्विकारविकारित्वात् न देहः, विपर्ययात् ॥७५॥

इदमाश्रयविकारं विनापि विकारित्वं **दीपप्रभादीनामाश्रितानां न विद्यते,** तद्विकारविकारित्वात् । अथ देहादपि स्वस्थात् प्रज्ञादेरुत्कर्षो दृश्यत इति तद्विकारविकारित्वमस्त्येव इत्याह—**स्यात् ततो** देहाद**पि विशेषोऽस्य** प्रज्ञादेः, **न चित्तेऽनुपकारिणि** । चित्तं हि स्वस्थदेहोपकृतसौमनस्यमभ्यासविशेषवत् प्रज्ञादिकमुत्कर्षयति । न गुणेऽपि चित्ते देह एव ॥७६॥

अमुमेव न्यायं रागादावाह—यापि **रागादिवृद्धिः पुष्ट्यादेः** सापि न सर्वदा अपि तु **कदाचित्** । प्रकृत्या मन्दरागस्य प्रतिसंख्यानबलिनश्च पुष्टस्यापि रागावृद्धेः । यदापि भवति तदापि न केवलात् पुष्ट्यादेः किन्तु **सुखदुःखजा** । सुखाद् रागः, दुःखाद् द्वेषः इति न चित्तनिरपेक्षो रागादिहेतुर्देहः । **तयोश्च** सुखदुःखयो**र्धातुसाम्यादेरन्तरर्थस्या**नुग्राहकस्य अन्तःस्प्रष्टव्यविशेषस्यान्तरस्य स्पर्शज्ञानविषयीकृतस्य **सन्निधेर्**जन्म । सुखदुःखज्ञाने अपि विशिष्टविषयपूर्वं ज्ञानसापेक्षे एव, न देहमात्रजन्ये इत्यर्थः ॥७७॥

एतेनान्तरोक्तन्यायेन **सन्निपातादेः**, आदिग्रहणाज्ज्वरादेः, **स्मृतिभ्रंशादयो गता** व्याख्याताः । **धीरेव हि** पूर्विकाऽ**न्तरर्थविशेषाद्** धातुवैषम्याज्जाता तद्ग्राहिणीं चित्तसन्ततिं **विकारयति** स्मृतिप्रमोषाद्युपहतां करोति ॥७८॥

शार्दूलशोणितादीनां सन्तानातिशये क्वचित् ।
मोहादयः सम्भवन्ति श्रवणेक्षणतो यथा ॥७९॥

तस्मात् स्वस्यैव संस्कारं नियमेनानुवर्तते ।
तन्नान्तरीयकं चित्तमतश्चित्तसमाश्रितम् ॥८०॥

यथा श्रुतादिसंस्कारः कृतश्चेतसि चेतसि ।
कालेन व्यज्यतेऽभेदात् स्याद् देहेऽपि ततो गुणः ॥८१॥

अनन्यसत्त्वनेयस्य हीनस्थानपरिग्रहः ।
आत्मस्नेहवतो दुःखसुखत्यागाप्तिवाञ्छया ॥८२॥

दुःखे विपर्यासमतिः तृष्णा चाऽऽबन्धकारणम् ।
जन्मिनो यस्य ते न स्तो न स जन्माधिगच्छति ॥८३॥

गत्यागती न दृष्टे चेदिन्द्रियाणामपाटवात् ।
अदृष्टिर्मन्दनेत्रस्य तनुधूमागतिर्यथा ॥८४॥

यथा शार्दूलशोणितादीनां यथाक्रमं **श्रवणेक्षणतः सन्तानातिशये क्वचिद्** भीरुतमे **मोहादयः**, आदिशब्दाद् भयरोमहर्षादयः, विषयविकृतबुद्धिद्वारेणैव **सम्भवन्ति**। न हि मोहादीनां शार्दूलशोणितादय उपादानकारणानि; किन्तु विषयाः सन्तः परम्परयोपकारकाः। तथा रागस्मृतिभ्रंशादयोऽपि बोद्धव्याः। **तस्मात् स्वस्यैव संस्कारं नियमेनानुवर्तते। तन्नान्तरीयकं चित्त**मेषितव्यम्। **अतश्चित्तसमाश्रितं चित्तम्**, चित्तसंस्कारस्यैवानुवर्तनात्। देहसंस्कारं तु व्यभिचरति प्रतिसंख्यानबलिनामित्युक्तम् ॥७९-८०॥

चेतःशरीरयोर्भेदपक्षेणाश्रयाश्रयिभावोऽयुक्तः इति प्रतिपाद्य शक्तिपक्षेऽप्यभेदात्मके दोषमाह—**यथा श्रुतादिसंस्कारः कृतश्चेतसि** पुनर्यथाप्रबोधप्रत्ययं **चेतसि कालेन** क्रमभाविना **व्यज्यते** तथा **अभेदा**च्चित्तशरीरयोः **स्याद् देहेऽपि ततः** संस्कारप्रबोधकात् प्रत्ययात् **गुणो**ऽभिव्यक्तः। ततश्च देहं पश्यता श्रुतादिसंस्कारोऽपि तदात्मभूतो दृश्यो दृश्येत। तस्माद् देहस्याश्रयत्वप्रतिषेधात् तद्विनाशे चित्तविनाशो नेति जन्मपरम्परासु युक्तः कृपाभ्यासः ॥८१॥

कथं पुनर्जन्मपरिग्रह इत्याह—अनन्यसत्त्वनेयस्य ईश्वरप्रतिषेधात् **हीनस्थानपरिग्रहो** गर्भस्याश्रयत्वेन स्वीकारः। **आत्मस्नेहवतः** सतृष्णस्य दुःखे सुखमिति विपर्यासः, तस्य **दुःखसुख**योर्यथाक्रमं **त्यागाप्तिवाञ्छया**। सतृष्णो हि दुःखे सुखमिति विपर्यस्त आत्मनि विपर्यस्तः आत्मनि स्निग्धो जन्माक्षेपककर्मवशात् सुखहेतुं गर्भस्थानं मन्यमानः परिगृह्णाति ॥८२॥

ततश्च **दुःखे विपर्यासमतिः। तृष्णा चाबन्धकारणम्** आश्लेषहेतुर्**जन्मिनः**। तृष्णया आत्मस्नेहोऽप्याक्षिप्तो हेतुवद् वेदितव्यः। **यस्य** तून्मूलितात्मग्रहस्य **ते** विपर्यासस्तृष्णा च **न स्तो** न विद्येते **न स जन्माधिगच्छति** ॥८३॥

भाविजन्मन्यतीताच्च जन्मनो यथाक्रमं **गत्यागती न दृष्टे चेत् इन्द्रियाणामपाटवात्** सा **अदृष्टिरदर्शनं** ते सूक्ष्मस्यान्तराभवशरीरस्य। **मन्दनेत्रस्य** पुंसः **तनुधूमस्यागतिरदर्शनं यथा**। **न ह्यदृश्यस्यादर्शनादभावः** ॥८४॥

तनुत्वान्मूर्तमपि तु किञ्चित् क्वचिदशक्तिमत् ।
जलवत् सूतवद्धेम्नि नादृष्टेनासदेव वा ॥८५॥

पाण्यादिकम्पे सर्वस्य कम्पप्राप्तेर्विरोधिनः ।
एकस्मिन् कर्मणोऽयोगात् स्यात् पृथक् सिद्धिरन्यथा ॥८६॥

एकस्य चावृतौ सर्वस्यावृतिः स्यादनावृतौ ।
दृश्येत रक्ते चैकस्मिन् रागोऽरक्तस्य वाऽगतिः ॥८७॥

नास्त्येकसमुदायोऽस्मादनेकत्वेऽपि पूर्ववत् ।
अविशेषादणुत्वाच्च न गतिश्चेन्न सिध्यति ॥८८॥

ननु मूर्तं न मूर्तान्तरमनुप्रविशति प्रतिघातात्; मूर्तं चान्तराभवशरीरम् इत्यत आह—**तनुत्वान्मूर्तमपि तु किञ्चित् क्वचिन्मूर्तेऽशक्तिमद**प्रतिघातवत्, **जलवत्** घटे, **सूतवद् हेम्नि ।** जलसूतौ हि मूर्तावपि घटहेम्नी भिन्दन्तौ दृश्येते । अन्तराभवशरीरमशक्तिमत् न दृष्टमिति चेत् **नादृष्टेनासदेव वा** भवति तादृशमन्तराभवशरीरम् ॥८५॥

किञ्च—शरीरमुपादानं बुद्धेर्भवदेकमवयविरूपं वा स्यात् अनेकं परमाणुसञ्चयस्वभावं वा। तत्रावयविरूपं किमवयवा एव हस्तादयः उत तेभ्योऽन्यत् ? द्वयमपि प्रतिषेद्धुमाह—**पाण्यादिकम्पे सर्वस्य कम्पप्राप्तेः ।** यदि पाण्यादयोऽवयवा एव अवयव्येकरूपाः तदा पाण्यादेः कम्पे सति सर्वस्य पादादेरपि कम्पः प्राप्नोति । **एकस्मिंस्तस्मिन् कर्मणः** कम्पस्य **विरोधिनो**ऽकम्पस्या**योगात्** । एकं तु द्रव्यं तत्समवेतश्च कम्प इति सर्वं कम्पेत । अवयवानामेकावयविरूपत्वं हेतुः पराभ्युपगमसिद्धः, (तथा च) सर्वस्य कम्पप्रसङ्गः । न च कम्पोऽस्ति इति साध्याभावेनैकावयविरूपत्वाभावप्रसङ्गविपर्ययः । एवं वक्ष्यमाणावपि प्रसङ्गतद्विपर्ययौ वेदितव्यौ ।

अथावयवेभ्यो भिन्नोऽवयवी, अत एवैकस्मिन्नवयवे कम्पमाने नावयवान्तरस्य कम्पः । तदापि **स्यात् पृथक् सिद्धिः । अन्यथा** अवयवावयविनोर्भेदे पृथक् कम्पमानादवयवादकम्पमानस्यावयविनः समवेतस्य भेदेन तत्रैवावयवे सिद्धिः स्यात्, वस्त्रोदकवत् । अत्राप्यवयवावयविनोर्भेदः पराभ्युपगमसिद्धो हेतुः (तथा च) पृथक् सिद्धिः प्रसज्यते । साध्याभावे साधनाभावो विपर्ययः । एवं वक्ष्यमाणौ च प्रसङ्गविपर्ययौ ॥८६॥

अथाभेदपक्षे **एकस्यावयवस्यावृतौ सर्वस्यावृतिश्च स्या**दिति प्रसङ्गः । भेदपक्षमाश्रित्या**नावृतौ** चावयविनः स्वीक्रियमाणायामावृत एवावयवेऽनावृतोऽसौ **दृश्येतेति** प्रसङ्गः । अथाभेदपक्षे **रक्ते चैकस्मिन्न**वयवे सर्वत्रावयवे **रागो** दृश्येतेति प्रसङ्गः । भेदपक्षे तु रक्त **एवावयवे ऽरक्तस्य** चावयविनो वा**ऽगतिः** स्यादिति प्रसङ्गः ॥८७॥

सर्वत्र साध्याभावेन साधनाभावः प्रसङ्गविपर्ययः, तमाह—**नास्त्येक**स्मिन् नास्त्येकोऽवयवी **समुदायो**ऽवयवाना**मस्मात्** कम्पादिसाध्याभावात् । अवयवावयविनोर**नेकत्वेऽपि पूर्ववत् ।** अभेदपक्ष इव साध्याभावेन साधनाभावो विपर्ययः ।

अथ शरीरादौ प्रत्यक्षदृष्टे धर्मिणि कम्पाकम्पादिविरुद्धधर्माध्यासात् स्वतन्त्रहेतोरेकत्वप्रतिषेधः साधनीय इति अवयविनोऽभावात् परमाणुपुञ्जरूपं शरीरादि, तदपि परस्परसङ्गमावस्थातः पुञ्जावस्थाया**मविशेषाद्** विशेषाभावात् **अणुत्वाच्च** दर्शनानर्हसूक्ष्मतयापि शरीरादेर्न **गतिश्चेत्** न सिध्यति **अविशेषः ।**

अविशेषो विशिष्टानामैन्द्रियत्वमतोऽनणुः ।
एतेनावरणादीनामभावश्च निराकृतः ॥८९॥

कथं वा सूतहेमादिमिश्रं तप्तोपलादि वा ।
दृश्यं पृथगशक्तानामक्षादीनां गतिः कथम् ॥९०॥

संयोगाच्चेत् समानोऽत्र प्रसङ्गो हेमसूतयोः ।
दृश्यः संयोग इति चेत् कुतोऽदृश्याश्रये गतिः ॥९१॥

रसरूपादियोगश्च संयोग उपचारतः ।
इष्टश्चेद् बुद्धिभेदोऽस्तु पंक्तिर्दीर्घेति वा कथम् ॥९२॥

संख्यासंयोगकर्मादेरपि तद्वत् स्वरूपतः ।

परस्परासङ्गतेभ्यः परमाणुभ्योऽदृष्टसहकारिभ्यो दृश्यानामेवान्योऽन्यसंहतानामुत्पत्तेः, तेषां **विशिष्टानामैन्द्रियत्वम्**इन्द्रियग्राह्यत्वम् । **अत** ऐन्द्रियत्वाद**नणु**रिष्टः । इन्द्रियागोचरेष्वणुत्वं प्रसिद्धम्, तदेव तु हेतुकृतम् । पुञ्जीभूतास्तु दृश्यमाना नाणव उच्यन्ते किन्तु शरीरादिव्यपदेश्याः । यथा——तन्तवः पटावस्थायां न तन्तवः उच्यन्ते अपि तु पट इत्यसिद्धौ हेतू ।

एतेन परमाणूनां पूर्वावस्थातो विशिष्टत्वकथने**नावरणा**धारा**दीनामभावः** परैरसंहतावस्थायामिव यः प्रतिपादितः स **च निराकृतो** बोद्धव्यः । केचित् परमाणवः संहता जाता आवरणधारणादिक्षमा भवन्ति नान्ये ॥८८-८९॥

कथं वा **सूतहेमादिमिश्रं** पिष्टिकावस्थायां तेजःपरमाणुसञ्चयरूपं, **तप्तोपलादि वा** मिश्रं कथं **दृश्यम्** ? विजातीयानां द्रव्यानारम्भात् न तदवयवि द्रव्यम् । परमाणवश्च त्वन्मते न दृश्या इति न तेषां दर्शनं स्यात् । यदि च परमाणवः पृथगवस्थायां ज्ञानजनने शक्ता इति पुञ्जावस्था अपि तथा । तदा पृथग**शक्तानामक्षादीनां** ज्ञानजनने संहतौ **गति**र्ज्ञानं **कथम्** ? ॥९०॥

तस्मादनैकान्तिकमपि हेतुद्वयं नेन्द्रियादेर्ज्ञानजन्म किन्तु **संयोगात्** तदीयादिति **चेत्** **समानोऽत्र प्रसङ्गः** । यथा पृथगिन्द्रियादयः संयोगं न जनयन्ति तथा मिलिता अपि न जनयेयुः । **हेमसूतयोर्दृश्यः संयोगो** दृश्यत **इति चेत् कुतोऽदृश्याश्रये गतिः** ? हेमसूतपरमाणवो हि संयोगस्याश्रयाः, तेषामदृश्यत्वे कथं तदाश्रितस्य संयोगस्य दर्शनम् ? न हि कश्चित् पिशाचयोः संयोगमुपलभते । किञ्च—नानाद्रव्यारब्धपानकादिरपि संयोगो गुण एषितव्यः, तस्मिन् मृष्टं पानकस्वरूपं पानकमिति निर्गुणत्वाद् गुणानां विरुद्धः ॥९१॥

नानागुणिद्रव्येषु **संयोगो** रसरूपादयश्च समवेता इत्येकार्थसमवायात् तद्धर्मस्य पानकादि**षूपचारतो रसरूपादियोग इष्टश्चेत्** तर्हि क्षीरादौ पानकादौ च मुख्यामुख्यत्वेन स्पष्टास्पष्टतया मृष्टादि**बुद्धेर्भेदः** स्यात् । न हि माणवकेऽग्निबुद्धिरुपचारादग्नाविव भवति । **पंक्तिर्दीर्घेति वा कथं** ? पंक्तिषु समवेता पंक्तिः संख्यायां गुणे वा स्यात्, न च तत्र दैर्घ्यमस्ति, निर्गुणत्वात् **गुणानाम्** । नापि पंक्तिषु दैर्घ्यमस्ति येनैकार्थसमवायादुपचारः स्यात् ॥९२॥

एतच्चाभ्युपगम्योक्तम् । न तु संख्यादयः सन्ति तदाह—**संख्यासंयोगकर्मादेः** आदिशब्दाद्

अभिलापाच्च भेदेन रूपं बुद्धौ न भासते ॥९३॥

शब्दज्ञाने विकल्पेन वस्तुभेदानुसारिणा ।
गुणादिष्विव कल्प्यार्थे नष्टाजातेषु वा यथा ॥९४॥

मतो यद्युपचारोऽत्र स इष्टो यन्निबन्धनः ।
स एव सर्वभावेषु हेतुः किं नेष्यते तयोः ॥९५॥

उपचारो न सर्वत्र यदि भिन्नविशेषणम् ।
मुख्यमित्येव च कुतोऽभिन्ने भिन्नार्थतेति चेत् ॥९६॥

अनर्थान्तरहेतुत्वेऽप्यपर्यायः सितादिषु ।
संख्यादियोगिनः शब्दास्तत्राप्यर्थान्तरं यदि ॥९७॥

गुणद्रव्याविशेषः स्याद् भिन्नो व्यावृत्तिभेदतः ।
स्यादनर्थान्तरार्थत्वेऽप्यकर्माद्रव्यशब्दवत् ॥९८॥

विभागपरत्वसामान्यादेः **अपि तद्वत् स्वरूपतो** द्रव्यस्वभावाद् **भेदेनाभिलापाच्च** संख्यासंयोग इत्यादिकात् **बुद्धौ** द्रव्यग्राहिण्यां **रूपं न भासते** अभासमानं च दृश्यानुपलब्ध्या बाधितम् ॥९३॥

यदि संख्यादयो न सन्ति कथमेको घटः संयुक्तो महान् पततीत्यादि व्यपदिश्यते ? अर्थभेदाभावे पर्यायिता प्राप्नोति इत्याह—**शब्दज्ञाने** एको घट इत्यादिके **कल्प्यार्थे** कल्पितार्थे **विकल्पेन**, कीदृशेन ? **वस्तुभेदानुसारिणा** वस्तुनो भेदः विजातीयाद् व्यावृत्तिः, तां विषयत्वेनानुसरता **गुणादिष्विव,** यथा पङ्क्त्यादौ एका महती गच्छतीत्यादिशब्दज्ञाने । न हि तत्र संख्यादयः सन्ति; निर्गुणत्वाद् शब्दज्ञानवत् गुणानाम् । **नष्टाजातेषु वा यथा,** एको द्वौ बहवो नष्टा भविष्यन्ति वेति शब्दज्ञानवत् । नष्टमजातं च स्वयमेव नास्ति, किं पुनस्तत्र संख्यादयो भविष्यन्ति ? ॥९४॥

मतो यद्युपचारोऽत्र गुणादिषु संख्यादिव्यपदेशस्य **स** उपचार **इष्टो यन्निबन्धनो** गुणादिषु संख्याद्युपचारस्य हेतुर्यः **स एव सर्वभावेषु हेतुः किन्नेष्यते तयोः** शब्दज्ञानयोः, येन संख्यादयः कल्प्यन्ते प्रमाणबाधिताः ? ॥९५॥

उपचारो न सर्वत्र यदि । मुख्ये सत्युपचारो भवति न तु सर्वत्रैवासौ । **भिन्नविशेषणं मुख्यम्** । यत्र भिन्नं विशेषणमस्ति तन्मुख्यम्, अन्यत्रोपचारः । भिन्नविशेषणं मुख्यमित्येतदेव च **कुतो** निश्चितम् ? **अभिन्ने भिन्नार्थतेति चेत्** ॥९६॥

यदि संख्यादि भिन्नं नास्ति तदा घट एकः संयुक्तो महान् गच्छतीति शब्दानां पर्यायता स्यात्, न चास्ति । नन्व**नर्थान्तरहेतुत्वेऽप्यपर्यायः** । **सितादि**गुणेषु **संख्यादियोगिनः शब्दा** दृश्यन्ते । **तत्राप्यर्थान्तरं यदि** सितादौ संख्यादि तिष्ठति, ततस्तच्छब्दानामपर्यायतापत्तिः ॥९७॥

एवं च सति **गुणानां द्रव्याणां चाविशेषः स्यात्**, संकीर्णलक्षणत्वात् । क्रियावत् गुणवत् समवायिकारणं द्रव्यम् इति लक्षणस्य द्वयोरपि भावात् । कथं पुनरभिन्नार्थत्वेऽप्यपर्यायत्वम् इत्याह—विजातीयेभ्योऽनेकासंयुक्तादिभ्यो **व्यावृत्तेर्भेदात् भिन्नः** प्रत्ययश्चैको घटः, संयुक्तो घट इत्यादि । **अकर्म** द्रव्यम्, **अद्रव्यं** कर्मेति **शब्दाविव** भिन्नो व्यतिरिक्तार्थाभावेऽपि । न हि त्वन्मतेऽप्यकर्मद्रव्यशब्दयोरर्थो द्रव्यकर्मभ्यां भिन्नो वस्तुभूतोऽस्ति ॥९८॥

व्यतिरेकीव यच्चापि सूच्यते भाववाचिभिः ।
संख्यादितद्वतः शब्दैस्तद्धर्मान्तरभेदकम् ॥९९॥

श्रुतिस्तन्मात्रजिज्ञासोरनाक्षिप्ताखिलापरा ।
भिन्नं धर्ममिवाचष्टे योगोऽङ्गुल्या इति क्वचित् ॥१००॥

युक्ताङ्गुलीति सर्वेषामाक्षेपाद् धर्मिवाचिनी ।
ख्यातैकार्थाभिधानेऽपि तथा विहितसंस्थितिः ॥१०१॥

रूपादिशक्तिभेदानामनाक्षेपेण वर्तते ।
तत्समानफलाऽहेतुव्यवच्छेदे घटश्रुतिः ॥१०२॥

अतो न रूपं घट इत्येकाधिकरणा श्रुतिः ।
भेदोऽयमीदृशो जातिसमुदायाभिधायिनोः ॥१०३॥

रूपादयो घटस्येति तत्सामान्योपसर्जनाः ।

यदि न सन्ति संख्यादयः, कथं घटस्यैकत्वं संयोगो वा इत्यादिव्यपदेशः इत्याह—**व्यतिरेकीव** भेदवदिव **यच्चापि संख्यादितद्वतो** द्रव्याद् **भाववाचिभिः** द्रव्याभिधायिभिः **शब्दैः सूच्यते** घटस्यैकत्वमित्यादि **तत्** सूच्यमानमेकत्वादि**धर्मान्तर**स्य शुक्लत्वादेः **भेदकम्** । यद्यपि घटानेकत्वादयो भिन्ना वस्तुतः तथाप्येकत्वशुक्लत्वादयो घटात् परस्परं चानुवृत्त्यननुवृत्तिभ्यां कल्पितभेदाः ॥९९॥

तेषु यदैको धर्मः प्रतिपित्सितः, तदा भेदेन निर्दिष्टः स धर्मान्तरप्रतिक्षेपको भवति घटस्यैकत्वमित्यादि । तदा **तन्मात्र**स्यैकधर्ममात्रप्रतिपित्सोः प्रतिपाद्यस्यानुरोधेन च तथा संकेतवशात् प्रयुक्ता **श्रुतिः, अनाक्षिप्तो**ऽविषयीकृतो**ऽपरो**ऽ**खिलो** धर्मः यथासम्भवी यया सा तादृशी, धर्मिणो धर्मान्तरेभ्यश्च **भिन्नं** निष्कृष्ट**मिव धर्ममाचष्टे**, यथा—**अङ्गुल्या योग इति** ॥१००॥

यदा तु स एव धर्मान्तरसम्बन्धयोगो जिज्ञासितः तदा संकेताद् **युक्ताङ्गुलीति** श्रुतिः **सर्वेषां** धर्मान्तराणाम् **आक्षेपाद् धर्मिवाचिनी ख्याता** । **एक**स्य विजातीयव्यावृत्तिलक्षण**स्यार्थस्याभिधाने**ऽप्ययं विभागो युक्तः । यस्मात् तेन प्रकारेण **विहितसंस्थितिः** कृतव्यवस्था सा श्रुतिः संकेतेन ॥१०१॥

तदेवं धर्मवाचिन्यपि श्रुतिर्धर्मान्तरप्रतिक्षेपाप्रतिक्षेपाभ्यां धर्मवाचिनी, धर्मिवाचिनी वेति निर्दिष्टम् । इदानीं समुदायवाचिनीं दर्शयति । घटव्यपदेशभाजां **रूपादी**नामवान्तररञ्जनादि**शक्तिभेदानामनाक्षेपेण**, तेषां रूपादीनां यत् **समानं फल**मुदकाहरणादि तस्या**ऽहेतो**रश्वादे**र्व्यवच्छेदे** प्रतिपाद्ये **घटश्रुतिर्वर्तते** । उदकाहरणाद्यहेतुव्यावृत्तिं समुदायवाची घटशब्द आहेत्यर्थः ॥१०२॥

अतः समुदायाभिधायित्वात् **न रूपं घटः इत्येकाधिकरणा श्रुतिः** । रूपशब्दो ही धर्मवाची, घटशब्दस्तु समुदायाभिधायी—कथमनयोरेकार्थता **भेदोऽयमीदृशो जातिसमुदायाभिधायिनो**र्घटत्वघटशब्दयोश्च ज्ञेयः ॥१०३॥

समुदायाभिधायी चाप्रतिक्षिप्तधर्मान्तर एव भवतीति सौवर्णो घटः इत्यादि सामानाधिकरण्यम् । स च द्विविधः—अनेकवृत्तिः, अन्यथा च । तथा घटादिशब्दो विन्ध्याद्रिशब्दश्च ।

तच्छक्तिभेदाः ख्याप्यन्ते वाच्योऽन्योऽपि दिशानया ।।१०४।।

हेतुत्वे च समस्तानामेकाङ्गविकलेऽपि न ।
प्रत्येकमपि सामर्थ्ये युगपद् बहुसम्भवः ।।१०५।।

नानेकत्वस्य तुल्यत्वात् प्राणापानौ नियामकौ ।
एकत्वेऽपि बहुव्यक्तिस्तद्धेतोर्नित्यसन्निधेः ।।१०६।।

नानेकहेतुरिति चेन्नाविशेषात् क्रमादपि ।
नैकप्राणोऽप्यनेकार्थग्रहणान्नियमस्ततः ।।१०७।।

एकयाऽनेकविज्ञाने बुद्ध्याऽस्तु सकृदेव तत् ।
अविरोधात् क्रमेणापि माभूत् तदविशेषतः ।।१०८।।

यदि रूपादयः केवलाः, नास्त्यवयवी, तदा कथं घटस्य रूपादय इति सम्बन्धः इत्याह—**रूपादयो घटस्य इति** सम्बन्धवाचिन्या श्रुत्या **तत्सामान्योपसर्जना** घटत्वसामान्यविशेषितास्तेषां रूपादीनां **शक्तिभेदा** रञ्जनादयः **ख्याप्यन्ते**, घटव्यपदेशविषयसमुदायान्तर्गतं रञ्जनक्षमरूपं निष्कृष्योच्यत इत्यर्थः । **अन्योऽपि** चन्दनस्य गन्धः इत्यादिव्यपदेशो**ऽनया दिशा वाच्यः** । विस्तरस्तृतीयपरिच्छेद[1] एवास्य । तदेवमवयव्यादीनां प्रतिषेधात् पानकादिरिव परमाणुपुञ्जरूप एव देहः प्रत्यक्षेणेक्ष्यत इति स्थितम् ।।१०४।।

न चास्य बुद्धिहेतुत्वं युक्तमिति प्रकृतमनुबन्धं परमाणूनां समुदितानां प्रत्येकं बुद्धिहेतुत्वाभावं वक्तुमाह—यदि **समस्तानां** देहपरमाणूनां **हेतुत्वम्** तदाऽवयवच्छेदादिना **एकाङ्गविकलेऽपि** देहे **न** स्यात् बुद्धिः । न चैतदस्ति । अथ प्रत्येकं ते समर्थाः तदा **प्रत्येकमपि सामर्थ्ये** स्वीक्रियमाणे **युगपद् बहुसम्भवः** । परमाणुसंख्यानि ज्ञानानि युगपज्जायेरन्, सर्वेषां प्रत्येकं सामर्थ्यात् ।।१०५।।

अथ प्राणापानाभ्यां नियामकाभ्यामेकमेव ज्ञानमभिव्यज्यते, ततो न युगपदनेकाभिव्यक्तिः इत्यत आह—**तन्न** परमाणुसञ्चयात्मकत्वेन देहवत् प्राणापानयोरप्य**नेकत्वस्य तुल्यत्वात्** । तेषां प्रत्येकमभिव्यञ्जकत्वे युगपदनेकाभिव्यक्तिप्रसङ्गादेकज्ञानाभिव्यक्तौ **प्राणापानौ नियामकौ** न **युक्तौ** । **एकत्वेऽपि** प्राणस्य अपानस्य च **बहूनां** नानाकालभाविनां ज्ञानानां युगपदभि**व्यक्तिः** स्यात् । **तस्याभिव्यक्तेर्हेतोः** प्राणादेर्नित्यं **सन्निधेः** ।।१०६।।

युगपन्नानेकस्याभिव्यक्ति**हेतुः** प्राणादिरिति **चेत् न** स्याद्धेतुः, **अविशेषात् क्रमादपि** । किञ्च—**एकस्मिन्नपि प्राणेऽनेकेषामर्थानां ग्रहणा**दनेकाभिर्बुद्धिभिः एकः प्राणः एकां बुद्धिमभिव्यनक्ति इति, नायं **तत** एकप्राणा**न्नियमः** ।।१०७।।

एकया बुद्ध्याऽनेकविज्ञाने च स्वीक्रियमाणे**ऽस्तु सकृदेव तत्** यावद् ग्रहीतव्यग्रहणम् अविरोधात् । यद्येकस्या अनेकग्रहणं विरुध्यते, कतिचित्पदार्थग्रहणमप्येकदा न स्यात् । न विरुध्यते चेत् यावद्ग्रहीतव्यं गृह्णीयात् । अन्यथा **क्रमेणापि माऽभूद**नेकग्रहणम्, **तदविशेषतो** बुद्धेर्विशेषाभावात् ।।१०८।।

---

1. See प्रमाणवार्त्तिक 3.55 ff.

बहवः क्षणिकाः प्राणा अस्वजातीयकालिकाः ।
तादृशामेव चित्तानां कल्प्यन्ते यदि कारणम् ॥१०९॥

क्रमवन्तः कथं ते स्युः क्रमवद्धेतुना विना ।
पूर्वस्वजातिहेतुत्वे न स्यादाद्यस्य सम्भवः ॥११०॥

तद्धेतुस्तादृशो नास्ति सति वाऽनेकता ध्रुवम् ।
प्राणानां भिन्नदेशत्वात् सकृज्जन्म धियामतः ॥१११॥

यद्येककालिकोऽनेकोऽप्येकचैतन्यकारणम् ।
एकस्यापि न वैकल्ये स्यान्मन्दश्वसितादिषु ॥११२॥

अथ हेतुर्यथाभावं ज्ञानेऽपि स्याद् विशिष्टता ।
न हि तत् तस्य कार्यं यद् यस्य भेदान्न भिद्यते ॥११३॥

विज्ञानं शक्तिनियमादेकमेकस्य कारणम् ।
अन्यार्थासक्तिविगुणे ज्ञाने चार्थान्तराग्रहात् ॥११४॥

शरीरात् सकृदुत्पन्ना धीः स्वजात्या नियम्यते ।

बहवः क्षणिकाः प्राणा अस्वजातीयकालिका असहभाविनः । **तादृशामेव** क्षणिकानां बहूनामसहभाविनां **चित्तानां कल्प्यन्ते यदि कारणम्** तदा **क्रमवन्तः कथं ते** प्राणाः **स्युः क्रमवद्धेतुना विना** ? शरीरं तेषां हेतुः, तच्चाक्रमम् । न चाक्रमात् क्रमि कार्यं युक्तम् । **पूर्वस्वजातिहेतुत्वे न स्यादाद्यस्य** प्राणस्य **सम्भवः** ॥१०९-११०॥

न हि परलोकागतः प्राणोऽस्ति य आद्यस्य शरीरसम्बन्धिनो हेतुः स्यात् । एतदेवाह— **तद्धेतुस्तादृशो नास्ति**। **सति** च **तद्धेतावनेकता ध्रुवं प्राणानां, भिन्नदेशत्वात्** । देशभेदात् प्राणाः प्रतिदेशं भिन्नाः अतोऽनेकत्वात् प्राणानां प्रत्येकं समर्थानां तेभ्यो व्यञ्जकोऽनेकत्वात् । **अतो धियां जन्म सकृत्** स्यादिति प्रसङ्गः ॥१११॥

यद्येककालिकोऽनेकः प्राण **एकचैतन्यकारण**मिष्यते त**दैकस्यापि** प्राणस्य **मन्दश्वसितादिषु वैकल्ये** सति च **न स्याच्चैतन्यम्**, कारणानामसमग्रत्वात् ॥११२॥

अथ हेतुर्यथाभावं यथासम्भवं प्राणानां हेतुत्वं स्यात् तदा **ज्ञानेऽपि स्याद् विशिष्टता**। प्राणानामुपचयापचयाभ्यां ज्ञानमपि तादृशं स्यात् । **न हि तत्तस्य कार्यं** युक्तम् **यद्यस्य भेदान्न भिद्यते** ॥११३॥

त्वन्मतेऽपि धियां सकृज्जन्म कस्मान्न भवति इत्याह— **विज्ञानं शक्तिनियमादेक**विज्ञानमेकम् **शक्तेः** स्वकारणकृताया **नियमादेकस्य** विज्ञानस्य **कारण**मिति न सकृद् धियां जन्म । कुत एतत् इति चेदाह— **अन्यस्मिन्नर्थे आसक्त्या** पुनः पुनः प्रवृत्त्यात्मिकया **विगुणे** विषयान्तरसञ्चारिज्ञानोत्पादविरोधिनि **ज्ञाने** पूर्वके सति **विषयान्तरस्याग्रहणात्**, अविगुणे तु ग्रहणात् । तस्मात् ज्ञानकार्यं ज्ञानम्, तदन्वयव्यतिरेकानुविधानात् ॥११४॥

अथ शरीरात सकृत् प्रथममुत्पन्ना **धीः स्वजात्या नियम्यते, परत** एकस्या बुद्धेरेका बुद्धि-

परतश्चेत् समर्थस्य देहस्य विरतिः कुतः ॥११५॥

अनाश्रयान्निवृत्ते स्याच्छरीरे चेतसः स्थितिः ।
केवलस्येति चेच्चित्तसन्तानस्थितिकारणम् ॥११६॥

तद्धेतुवृत्तिलाभाय नाङ्गतां यदि गच्छति ।
हेतुर्देहान्तरोत्पत्तौ पञ्चायतनमैहिकम् ॥११७॥

तदङ्गभावहेतुत्वनिषेधेऽनुपलम्भनम् ।
अनिश्चयकरं प्रोक्तं इन्द्रियाद्यपि शेषवत् ॥११८॥

दृष्टा च शक्तिः पूर्वेषामिन्द्रियाणां स्वजातिषु ।
विकारदर्शनात् सिद्धमपरापरजन्म च ॥११९॥

शरीराद् यदि तज्जन्म प्रसङ्गः पूर्ववद् भवेत् ।

र्भवतीति न सकृज्जन्मप्रसङ्गः । ननु बुद्धिजनने प्रथमं **समर्थस्य देहस्य** पश्चाद् **विरतिः कुतः** येन बुद्धिर्नियामिका स्यात् परतः ? ॥११५॥

ननु यदि बुद्धेर्न देह आश्रयः तदा**ऽनाश्रयाद**श्रयाभावात् **निवृत्ते शरीरे केवलस्य चेतसः स्थितिः स्यादिति चेत्** स्यादेतत् । शरीरेण सह **चित्तसन्तानस्य स्थितिकारणं** दृष्टं सहायं यत्कर्म ॥११६॥

तद्यदि तस्य पारलौकिकस्य देहस्य **हेतु**रैहिकमन्त्यं पञ्चायतनं तस्य **वृत्तिः** पारलौकिक-देहजननाद्याभिमुख्यम्, तस्य **लाभाय** प्राप्तयेऽङ्**गतां** सहकारितां **न गच्छति** तदा केवलं चित्तं तिष्ठति, यथा विरूपे धातौ ।

कः पुनरामुत्रिकदेहहेतुः यस्य चित्तं सहकारि इत्याह—**हेतुर्देहान्तरोत्पत्तौ पञ्चायतनं** पञ्चेन्द्रियाणि **ऐहिक**मिदं जन्मभवम् ॥११७॥

यच्च **तयो**: कर्म ऐहिकपञ्चायतनयोर्यथाक्रम**मङ्गभावहेतुत्व**योः सहकारितोपादानत्वयो-**र्निषेधे** कर्तव्ये **अनुपलम्भनं** परैरुच्यते तद**निश्चयकर**मनैकान्तिकम् अदृश्यविषयत्वात् **प्रोक्तम्** । **इन्द्रियाद्यपि शेषवत्** । यदपीन्द्रियादि शरीरान्तरसम्बन्धीन्द्रियादि प्रतिसन्धातृ न भवतीन्द्रिय-त्वादेरिति शेषवदनैकान्तिकं बोद्धव्यम् । आदिशब्दात् प्राणापानत्वादि ज्ञानत्वादि च ॥११८॥

विरुद्धत्वमपि दर्शयति—**दृष्टा च शक्तिः पूर्वेषामिन्द्रियाणां स्वजातिषु** कर्तव्येषु, मध्या-वस्थायां तत इन्द्रियादित्वात् स्वजातिप्रतिसन्धातृत्वमेवैषां युक्तम् । मध्यावस्थायाञ्चपूर्वावस्थातः पाटवादि**विकारदर्शनात् सिद्धं** प्रतिक्षण**मपरापरजन्म** **च**ेन्द्रियादीनामिति नादृष्टान्तो हेतुः ॥११९॥

ननु शरीरादेवेन्द्रियादीनां जन्म इत्याह—**शरीराद् यदि** तेषामिन्द्रियादीनां **जन्म** तदा **पूर्ववद्** हेतुत्वे च समस्तानाम्[1] इत्यादिनोक्तः **प्रसङ्गो भवेत्** । **चित्ताच्चे**दिन्द्रियचित्तादीनां

---

1. प्रमाणवार्त्तिक. 1.105.

चित्ताच्चेत् तत एवास्तु जन्म देहान्तरस्य च ॥१२०॥

तस्मान्न हेतुवैकल्यात् सर्वेषामन्त्यचेतसाम् ।
असन्धिरीदृशं तेन शेषवत् साधनं मतम् ॥१२१॥

अभ्यासेन विशेषेऽपि लङ्घनोदकतापवत् ।
स्वभावातिक्रमो मा भूदिति चेद् आहितः स चेत् ॥१२२॥

पुनर्यत्नमपेक्षेत यदि स्याच्चास्थिराश्रयः ।
विशेषो नैव वर्धेत स्वभावश्च न तादृशः ॥१२३॥

तत्रोपयुक्तशक्तीनां विशेषानुत्तरान् प्रति ।
साधनानामसामर्थ्यान्नित्यं चानाश्रयस्थितेः ॥१२४॥

विशेषस्यास्वभावत्वाद् वृद्धावप्याहितो यदा ।
नापेक्षेत पुनर्यत्नं यत्नोऽन्यः स्याद् विशेषकृत् ॥१२५॥

जन्म, शरीराज्जन्मनि दोषदर्शनादिष्यते, तदा अन्त्यावस्थायामप्यविकलत्वाच्चित्तस्य **तत एवास्तु जन्म देहान्तरस्य** पञ्चायतनरूपस्यानागतस्य ॥१२०॥

यतश्चित्तमेव चित्तस्य हेतुः, तृष्णाकर्मसहायं च पञ्चायतनस्य **तस्मान्न हेतुवैकल्यात् सर्वेषामन्त्यचेतसामसन्धिः**। चित्तस्य पञ्चायतनस्य च हेत्ववैकल्यात् कार्योत्पादस्यावश्यम्भावित्वात्। **तेनेदृश**मन्त्यचित्तत्वादि **शेषवद**नैकान्तिकं **साधनं मतम्** ॥१२१॥

तदेवं चित्तमात्रप्रतिबद्धत्वाच्चित्तजन्मनो देहनिवृत्तावपि जन्मपरम्परासम्भवे युक्तः कृपाभ्यास इति अभ्यासात् सा[1] इति समर्थितम्।

नन्व**भ्यासेन विशेषेऽपि** सत्यल्पीयसि **स्वभाव**स्य कृपादेस्तद्विपक्षासङ्कीर्णत्वस्या**तिक्रमो** विपक्षाव्यवकीर्णस्वरसप्रवृत्तकृपादिमयता सात्मीभावो **मा भूत् लङ्घनोदकतापवत्**। न हि पुरुषोऽत्यर्थं लङ्घने कृताभ्यासो योजनमर्धयोजनं वा लङ्घयति, नाप्युदकमेकान्तं ताप्यमानं दहनीभवति, किन्तु प्रकृतिसिद्धात् लङ्घनात् स्पर्शाच्च विशेषमात्रं भवति यथा तथोत्कर्षमात्रं स्यात् कृपया, न तु सात्मीभाव **इति चेत्**, अत्राह—**आहितः स चेत्** विशेषः आधायकनिवृत्तावात्मलाभाय **पुनर्यत्न**मपेक्षेत। न स्वरसवाही स्यात्। लङ्घनं यथाभ्यस्तमपि पुनर्यत्नापेक्षयैव प्रवर्तते, न स्वरसवाहि। **यदि स्याच्चास्थिराश्रय** उदकतापवत् क्वाथ्यमानं ह्युदकं क्षीयत एव इत्यस्थिराश्रय उदकतापः पुनर्यत्नापेक्षी च स्वरसवाहित्वाभावात्। तदा **विशेषो नैव वर्धेत** प्रकर्षनिष्ठां न गच्छेत्। **तादृश**श्च विशेषो **नैव स्वभावः** प्रकृतिः, विशेषवद्धेतुसन्निधानव्यवधानसापेक्षत्वात् प्रवृत्तिनिवृत्त्योः ॥१२२-२३॥

तथा च—**तत्र** पूर्वदृष्ट एव विशेषे **उपयुक्तशक्तीनां साधनानां** यत्नादीनां पुनरपि **विशेषानुत्तरान् प्रत्यसामर्थ्यात्, नित्यं चानाश्रयस्थितेः** आश्रयस्थित्यभावात्, तादृशस्य **विशेषस्यास्वभावत्वात् वृद्धावपि** व्यवस्थितोत्कर्षतैव पुनर्यत्नापेक्षित्वेनास्थिराश्रयत्वेन व्यवस्थितोत्कर्षता व्याप्तेत्यर्थः।- **यदा** तु विशेष **आहितो नापेक्षेत पुनर्यत्नं** प्रागुत्पन्नस्यात्मनो लाभाय, अपि तु

---

1. प्रमाणवार्तिक 1.36

काष्ठपारदहेमादेरग्न्यादेरिव चेतसः ।
अभ्यासजाः प्रवर्त्तन्ते स्वरसेन कृपादयः ॥१२६॥

तस्मात् स तेषामुत्पन्नः स्वभावो जायते गुणः ।
तदुत्तरोत्तरो यत्नो विशेषस्य विधायकः ॥१२७॥

यस्माच्च तुल्यजातीयपूर्वबीजप्रवृद्धयः ।
कृपादिबुद्धयस्तासां सत्यभ्यासे कुतः स्थितिः ॥१२८॥

न चैवं लङ्घनादेव लङ्घनं बलयत्नयोः ।
तद्धेत्वोः स्थितशक्तित्वाल्लङ्घनस्य स्थितात्मता ॥१२९॥

तस्यादौ देहवैगुण्यात् पश्चाद्वदविलङ्घनम् ।
शनैर्यत्नेन वैगुण्ये निरस्ते स्वबले स्थितिः ॥१३०॥

कृपा स्वबीजप्रभवा स्वबीजप्रभवैर्न चेत् ।
विपक्षैर्बाध्यते चित्ते प्रयात्यत्यन्तसात्मताम् ॥१३१॥

स्वरसवाही भवति तदा **यत्नोऽन्यः** क्रियमाणो **विशेषकृत्** यथाभ्यासमुत्तरोत्तरविशेषाधायी भवति ॥१२४-१२५॥

काष्ठ-पारद-हेमादेरग्न्यादेरिव । यथा—अग्निना हेमचारणजारणादिना पुटपाकादिना यथाक्रमं काष्ठे पारदे हेम्नीव दरदाहः रूप्यरञ्जनसामर्थ्यंवर्णिकावृद्धय आहिताः स्वरसवाहिन्यः न पुनर्यत्नसापेक्षाः। तेषु यदा पुनर्वह्न्यादयो व्याप्रियन्ते तदा समधिकमङ्गारादिविशेषमादधति। तथा **अभ्यासजाः कृपादयः** पुनर्यत्नानपेक्षित्वात् स्थिराश्रयत्वाच्च **स्वरसेन** प्रवर्तन्ते ॥१२६॥

तस्मात् स्वरसवाहित्वात् **स तेषा**मभ्यासवतां पुंसा**मुत्पन्नो गुणः** कृपादिः **स्वभावो** जायते, मनसः प्रकृतिर्भवति । **तदुत्तरोत्तरो यत्नः** पूर्वपूर्वाभ्यासादपरापरः प्रयत्नः विशेषकृद् भवति, पूर्वप्रयत्नकृतस्य **विशेषस्य** सुस्थितत्वात् । आधिक्याधानमेवापरयत्नात् ॥१२७॥

यस्माच्च कारणात् **तुल्यजातीयात् पूर्वस्मात् बीजाद्** वासनागर्भसमनन्तरप्रत्ययात् **प्रवृद्धि**रुत्कर्षो यासां तास्तथा **कृपादिबुद्धयः तासां सत्यभ्यासे कुतः स्थिति**र्व्यवस्थितोत्कर्षता ? ॥१२८॥

न चैवं लंघनादेव लंघनम् यथा कृपादिभ्य एव कृपादयः तथा न लंघनादेव लंघनम् अपि तु बलयत्नाभ्याम् । **बलयत्नयोस्तद्धेत्वोः स्थितशक्तित्वात्** सामर्थ्यनियमात् **लंघनस्य स्थितात्मता,** व्यवस्थितोत्कर्षता भवति ॥१२९॥

यदि बलयत्नाभ्यामेव लङ्घनम् न स्वभावजातीयात्, तदाभ्यासात् प्रागपि तावत्परिमाणं स्यादित्याह—**तस्य** लङ्घयितुरा**दौ** अभ्यासात् पूर्वं **देहवैगुण्यात्** श्लेष्मादिकृतगौरवात् **पश्चाद्वद**भ्यासानन्तरमिव **अविलङ्घनम् । शनैर्यत्नेन** व्यायामादिना **वैगुण्ये निरस्ते स्वबले स्थितिः** शरीरस्य भवति। तेन पूर्वस्माल्लङ्घनं विशिष्यते, बलानुरूपस्थितिकञ्च ॥१३०॥

मनोगुणास्तु सत्यभ्यासे विपक्षानभ्यासे च प्रकर्षनिष्ठां गच्छन्ति तदाह—**कृपा स्वबीजप्रभवा** भूयोऽभ्यस्तस्वजातीयसंस्कारवत्समनन्तरप्रत्ययप्रसूता **अर्थबीजप्रभवैर्न चेत् विपक्षे** द्वेषादिभि**र्बाध्यते** स्वोत्पत्त्या व्याहन्यते **चित्ते** चित्तसन्ताने **प्रयात्यत्यन्तसात्मतां** विपक्षासङ्कीर्णसात्मतां प्रकृतिताम् ॥१३१॥

तथा हि मूलमभ्यासः पूर्वः पूर्वः परस्य तु ।
कृपावैराग्यबोधादेश्चित्तधर्मस्य पाटवे ॥१३२॥

कृपात्मकत्वमभ्यासाद् घृणावैराग्यरागवत् ।
निष्पन्नः करुणोत्कर्षः परदुःखाक्षमेरितः ॥१३३॥

दयावान् दुःखहानार्थमुपायेष्वभियुज्यते ।
परोक्षोपेयतद्धेतोस्तदाख्यानं हि दुष्करम् ॥१३४॥

युक्त्यागमाभ्यां विमृशन् दुःखहेतुं परीक्षते ।
तस्यानित्यादिरूपं च दुःखस्यैव विशेषणैः ॥१३५॥

यतस्तथा स्थिते हेतौ निवृत्तिर्नेति पश्यति ।
फलस्य हेतोर्हानार्थं तद्विपक्षं परीक्षते ॥१३६॥

साध्यते तद्विपक्षोऽपि हेतो रूपावबोधतः ।
आत्मात्मीयग्रहकृतः स्नेहः संस्कारगोचरः ॥१३७॥

हेतुर्विरोधि नैरात्म्यदर्शनं तस्य बाधकम् ।

तथा हि **मूलं** कारण**मभ्यासः पूर्वः पूर्वः परस्यो**त्तरस्य **कृपावैराग्यबोधादेश्चित्तधर्मस्य** मनोगुणस्य **पाटवे** प्रकर्षे न तूत्पत्तौ, तस्याऽसम्भवात् ॥१३२॥

ततः **कृपात्मकत्वमभ्यासाद्** भवति **घृणावैराग्यरागवत्** । यथा अभ्यासात् घृणा, क्वचिद्विषये वैराग्यम्, रागश्च सात्मीभवति तदेवमभ्यासात् कृपा प्रकर्षविशेषवती निष्पद्यत इति समर्थितमियता च जगद्धितैषित्वं च ॥१३३॥ व्याख्यातं कृपायाः प्रामाण्यसाधनत्वम् ॥

शास्तृत्वव्याख्यानाय दयां दर्शयितुमाह—

दयावान् बोधिसत्त्वः परदुःखं शमयितुकामः **दुःखहानार्थ**मात्मन **उपायेषु** दुःखशमनोपाये**ष्वभियुज्यते** । कस्मात् पुनः परदुःखशमनोपायेषु युज्यते इत्याह—**परोक्ष उपेयो** दुःखप्रशमः **तद्धेतु**श्च मार्गो यस्य तस्य **तदाख्यानं** यस्माद् दुष्करम् ॥१३४॥

तत्र साक्षात्करणे परीक्षणमङ्गम् तदाह—**युक्त्यागमाभ्याम**नुमानप्रवचनाभ्यां परस्परमविरुद्धाभ्यां **विमृशन्** विचारयन् **दुःख**स्य जन्मनो **हेतुं परीक्षते** मुमुक्षुः **तस्य** दुःखहेतोर**नित्यादिरूपम्**, आदिशब्दान्निवर्तनयोग्यतादिकं च परीक्षते। कथम् इत्याह—**दुःखस्यैव विशेषणैः** कादाचित्कत्वादिभिः ॥१३५॥

कस्मात् पुनर्दुःखस्य हेतोरनित्यत्वादि परीक्षणीयम् इत्याह—**यतस्तथा स्थिते हेतौ** नित्यत्वात् सदास्थिते हेतौ **फलस्य** दुःखस्य **निवृत्तिर्नेति पश्यति** जानाति, तस्मात् दुःखस्य **हेतोर्हानार्थं** च तस्या **विपक्षं परीक्षते** दुःखहेतुविरुद्धम् यस्याभ्यासाद् दुःखहेतुरपैति ॥१३६॥

साध्यते निश्चीयते **तद्विपक्षोऽपि हेतो रूपावबोधतः** । ज्ञाते हि हेतौ तद्विरोधी बोद्धुं शक्यः । **आत्मात्मीयग्रहाभ्यां कृतः स्नेहः संस्कारगोचरः** ॥१३७॥

अध्यात्मस्कन्धेषु तदुपकारकेषु च बाह्येषु स्नेहोऽस्य **हेतुः** । दुःखस्यात्मीयग्रहवतः स्निग्धस्य तृष्णया जन्मपरिग्रहात् । **तस्य नैरात्म्यदर्शनं विरोधि** विपरीतालम्बनाकारत्वात् **बाधकं**

बहुशो बहुधोपायं कालेन बहुनास्य च ॥१३८॥

गच्छन्त्यभ्यस्यतस्तत्र गुणदोषाः प्रकाशताम् ।
बुद्धेश्च पाटवाद्धेतोर्वासनाऽतः प्रहीयते ॥१३६॥

परार्थवृत्तेः खड्गादेर्विशेषोऽयं महामुनेः ।
उपायाभ्यास एवायं तादर्थ्याच्छासनं मतम् ॥१४०॥

निष्पत्तेः प्रथमं भावाद्धेतुरुक्तमिदं द्वयम् ।
हेतोः प्रहाणं त्रिगुणं सुगतत्वमनिःश्रयात् ॥१४१॥

दुःखस्य शस्तं नैरात्म्यदृष्टेश्च युक्तितोऽपि वा ।
पुनरावृत्तिरित्युक्तौ जन्मदोषसमुद्भवौ ॥१४२॥

आत्मदर्शनबीजस्य हानादपुनरागमः ।

विपक्षः । एतं दुःखहेतुं तद्विपक्षञ्चागमादुपश्रुत्य अनुमानान्निश्चित्य **बहुशः** अनेकशो **बहुधोपायमनेक**प्रकारं **कालेन च बहुनास्य** बोधिसत्त्वस्य **अभ्यस्यतो** भावयतः **तत्र** दुःखहेतौ तद्विपक्षे च **गुणदोषा** यथायोगं **प्रकाशतां गच्छन्ति**। अभ्यासाधीनो हि भाव्यमानबुद्ध्याकारविशदीभावः। **अतोऽ**भ्यासाद् **बुद्धेश्च पाटवाद्धेतो**रात्मग्रहस्य तृष्णायाश्च **वासना** कायवाग्बुद्धिवैगुण्यहेतुतः शक्तिलेशः प्रहीयते निःशेषमपैति ॥१३८-१३६॥

अयमेव वासनाहानिलक्षणः **खड्गः** प्रत्येकबुद्ध **आदिर्यस्य** श्रावकस्य तस्मात् सकाशात् **महामुनेः** सम्यक्सम्बुद्धस्य **विशेषः** स्वार्थसम्पत्तेः ।

नन्वेवमुपायाभ्यासो दर्शितः न शास्तृत्वम्, तस्योपदेष्टृत्वात् इत्याह—**उपायाभ्यास एवायं शासनं मतं तादर्थ्यात्**, शासनार्थत्वात् । कारणे कार्योपचारात् ॥१४०॥

सुगतत्वस्य फलस्य **निष्पत्तेः प्रथमं भावात्** तावदेतद् द्वयं हि हितैषित्वं शास्तृत्वं **हेतुरुक्तम्**, हेत्ववस्थाया अभिधानात् ।

सुगतत्वं व्याचिख्यासुराह—**हेतोः** समुदयस्य **प्रहाणं** निरोधः **सुगतत्वम्** तच्च **त्रिगुणं** गुणत्रययुक्तम् । सुशब्दस्य त्रिविधोऽर्थः प्रशस्तता सुरूपवत्, अपुनरावृत्तिः सुनष्टज्वरवत्, निःशेषता च सुपूर्णघटवत् ।

तत्र प्रशस्तं भगवान् ज्ञातवान् सुगतः इति प्रशस्तार्थमाह—**अनिःश्रयाद्** अनाश्रयणाद् **दुःखस्य शस्तं** सुगतत्वम् । तत् पुनर्दुःखानाश्रयणं **नैरात्म्यदृष्टेः**। आत्मदर्शी ह्यात्मनि स्निह्यन् तद्दुःखसुखपरिहारप्राप्तीच्छया जन्म दुःखरूपमादत्ते प्रहीणात्मदर्शनस्तु नैतादृश इति प्रहीणदुःखोपायो **युक्तितोऽपि वा** युक्तिपरिदृष्टेनोपायेन वा गमनात् तत्सुगतत्वं प्रशस्तम् ।

अथवा—अपुनरावृत्त्या गमनं सुगतत्वम्, तदाख्यातुमाह—**जन्मनो** रागादेश्च **दोषस्य समुद्भवौ** पुनः पुनः पुनरावर्तनात् **पुनरावृत्तिरित्युक्तौ** ॥१४१-१४२॥

नैरात्म्यभावनासात्म्ये तु **आत्मदर्शनस्य** जन्मप्रबन्ध**बीजस्य हानादपुनरागमो**ऽपुनरावृत्तिः । **तत्** पुनरात्मदर्शनबीजस्य हानं **भूतात्** सत्यात् नैरात्म्याद् **भिन्नात्मतया**ऽन्यत्वात् । न हि सात्मीभूतप्रतिपक्षस्य विपक्षबीजसम्भवः ।

तद्भूतभिन्नात्मतया शेषमक्लेशनिर्ज्वरम् ॥१४३॥

कायवाग्बुद्धिवैगुण्यं मार्गोक्त्यपटुतापि वा ।
अशेषहानमभ्यासाद् उक्त्यादेर्दोषसंक्षयः ॥१४४॥

नेत्येके व्यतिरेकोऽस्य सन्दिग्धो व्यभिचार्यतः ।
अक्षयित्वं च दोषाणां नित्यत्वादनुपायतः ॥१४५॥

उपायस्यापरिज्ञानादपि वा परिकल्पयेत् ।
हेतुमत्त्वाद् विरुद्धस्य हेतोरभ्यासतः क्षयात् ॥१४६॥

हेतुस्वभावज्ञानेन तज्ज्ञानमपि साध्यते ।
तायः स्वदृष्टमार्गोक्तिः वैफल्याद् वक्ति नानृतम् ॥१४७॥

दयालुत्वात् परार्थञ्च सर्वारम्भाभियोगतः ।

निःशेषं वा गमनात् सुगतत्वम् । तदाह—**कायवैगुण्यम्** अचापलेऽप्युत्प्लुत्य गमनादि, **वाग्वैगुण्यं** मानाभावेऽपि वृषलीवादादि, **बुद्धिवैगुण्यं** नित्यासमाधानादव्याकृतचित्तावस्थानम्—एतत् त्रयं **शेषम्** । सकलक्लेशोपक्लेशप्रशमाद**क्लेशम्** । **निर्ज्वरं** चादोषमूलत्वात् । **मार्गस्य** क्षणिकनैरात्म्यभावनादे**रुक्तावपटुतापि** वा शेषम्, तत्परित्यागा**दशेषहानमभ्यासादि**ति निःशेषगमनात् सुगतत्वम् ॥ दर्शितं त्रिगुणं सुगतत्वम् ॥

तदेवं सर्वज्ञस्य सम्भवानुमानं प्रतिपाद्य तद्बाधकं दूषयितुमाह—**एके जैमिनीयाः उक्त्या**देर्हेतो रथ्यापुरुषवत् रागादि**दोषसंक्षयः** कस्यचिन्नास्ति इत्याहुः । **व्यतिरेको** विपक्षाद् व्यावृत्तिः **अस्य** वक्तृत्वादिहेतोः **सन्दिग्धः, अतो व्यभिचार्य**नैकान्तिकोऽयमिति विस्तरतो विपञ्चयिष्यते ।

किञ्च—**अक्षयित्वं दोषाणां** यो मन्यते स **नित्यत्वा**द्वाऽऽकाशवत्, **अनुपायत** उपायाभावाद् वा, नष्टस्य पुनरुन्मज्जनवत् ॥१४३-१४५॥

उपायस्यापरिज्ञानाद् वा मूर्खस्य शब्दज्ञानवत् **परिकल्पयेत्** ।

एषां त्रयाणामपि हेतूनामसिद्धत्वं दर्शयति—**हेतुमत्त्वाद् विरुद्धस्य** । हेतुमत्त्वाद् दोषाणामनित्यत्वम्, ततोऽसिद्धं नित्यत्वं दोषाणाम् । **हेतो**रात्मदर्शनस्य विरुद्धस्य नरात्म्य**स्याभ्यासतः क्षया**दुपायाभावोऽप्यसिद्धः ॥१४६॥

हेतोरात्मदर्शनस्य **स्वभावज्ञानेन तत् ज्ञानमपि** तन्निवृत्त्युपायस्य तद्विपर्ययरूपस्य **ज्ञानञ्च साध्यते** । यथा दाने ज्ञाते तद्विपर्ययरूपत्वान्मात्सर्यस्य तद्विपक्षतावसीयत इति तृतीयोऽप्यसिद्धः ॥ प्रत्युक्तं सर्वज्ञस्य बाधनम् ॥

तायित्वं व्याख्यातुमाह—दुःखहेतुनिवर्तकत्वेन **स्वयं दृष्टस्य मार्गस्योक्ति**र्देशना तायः, कारणे कार्योपचारात् । तया हि सत्त्वान् तायते, तद्योगात् तायित्वम् । स च **वैफल्याद् वक्ति नानृतम्** । आत्मसुखाद्यभिलाषादिना कश्चिदसत्यं वदति, अज्ञानाद्वा प्रहीणात्मदर्शनस्य साक्षात्कृततत्त्वस्य तदुभयं नास्ति ॥१४७॥

विशेषतः सत्याभिधानहेतुरेव कृपाऽस्तीत्याह—**दयालुत्वाच्च परार्थञ्च सर्वस्य** मार्गाभ्यासादेरा**रम्भेऽभियोगतः** परार्थमेवोद्दिश्य भगवानभिसम्बुद्धः । कथं तस्य मिथ्याभिधानेन सत्त्ववञ्चना-

तस्मात् प्रमाणम् तायो वा चतुःसत्यप्रकाशनम् ॥१४८॥

दुःखं संसारिणः स्कन्धाः रागादेः पाटवेक्षणात् ।
अभ्यासान्न यदृच्छातोऽहेतोर्जन्मविरोधतः ॥१४९॥

व्यभिचारान्न वातादिधर्मः प्रकृतिसङ्करात् ।
अदोषश्चेत्तदन्योऽपि धर्मः किं तस्य नेक्ष्यते ॥१५०॥

न सर्वधर्मः सर्वेषां समरागप्रसङ्गता ।
रूपादिवददोषश्चेत् तुल्यं तत्रापि चोदनम् ॥१५१॥

आधिपत्यं विशिष्टानां यदि तत्र न कर्मणाम् ।

शङ्कापि ? **तस्मात्** तायित्वात् **प्रमाणं** भगवान् । यथादृष्टार्थप्रवक्तृत्वं हि संवादित्वमेवेति प्रथमप्रमाणलक्षणयोगात् प्रामाण्यमनेनोक्तम् ।

द्वितीयलक्षणयोगमप्याह—**तायो वा चतुःसत्यप्रकाशनम् ।** परैरज्ञातस्य सत्यचतुष्टयस्य प्रकाशनं वा तायः । तद्योगात् तायी प्रमाणं भगवानुक्तः ॥१४८॥

आर्यसत्येषु दुःखमाह—रूपवेदनासंज्ञासंस्कारविज्ञानाख्याः पञ्च **स्कन्धाः** । जन्ममरणप्रबन्धः **संसारः**, तद्वन्तःदुःखं तिसृभिर्दुःखताभिः ।

ननु यदि स्कन्धा एव प्रतीत्यसमुत्पन्नाः न तु कश्चित् सत्त्वो यः संसरति, तदा रागादयो यादृच्छिका अहेतवः स्युः इत्याह—**अभ्यासाद् रागादेः पाटवस्येक्षणात् ।** अभ्यासादेव ते भवन्ति **न तु यदृच्छातः** । न ह्यकारणाद् विशेषसम्भवः । नाप्यहेतुका रागादयोऽ**हेतो**र्हेतुरहितस्य **जन्मविरोधतः** । न ह्याकाशं कदाचिज्जायते ॥१४९॥

स्यादेतत्—वातप्रकृतिर्मोहवान्, पित्तप्रकृतिर्द्वेषवान्, श्लेष्मप्रकृती रागवानिति **वातादिधर्मो** दोषगणः इत्याह—**न व्यभिचाराद्** वातादिधर्मो रागादिः । वातप्रकृतिरपि न मोहबहुलः, पित्तप्रकृतिरपि न पटुद्वेषः, श्लेष्मप्रकृतिश्च नोद्भूतरागविशेषः कश्चिद् दृश्यते इति वातादिव्यभिचारिणो मोहादयो न तद्धेतवः । **प्रकृतिसंस्करादृदोषश्चेत्** संकीर्णप्रकृतयो हि पुरुषाः प्रत्येकं वातपित्तश्लेष्मणां सत्त्वात्, अतो दोषाणां न कारणव्यभिचारः । यद्येवम् **तस्याद्द्वेषादेरन्यो धर्मः** खरत्वादिः तस्य वातादेः **किं नेक्ष्यते** ? ॥१५०॥

अथ प्रत्येकं सर्वेषां रागादिर्धर्मः, ततो न व्यभिचारः इत्याह—**न सर्वधर्मः सर्वेषाम् समस्य रागस्य प्रसङ्गा**त् नानाप्रकृतिकत्वेऽपि रागादिहेतोः समानत्वात् । **रूपादिवददोषश्चेत्** यथा भूतमात्रहेतुकत्वेऽपि रूपादय उत्कृष्यन्ते अपकृष्यन्ते च क्वचित्, तथा रागादयोऽपीति चेत् **तुल्यं तत्र** रूपादा**वपि** चोदनं समत्वस्य ॥१५१॥

आधिपत्यं विशिष्टानां कर्मणां श्रुताश्रुतलक्षणानाम् **यदि तत्र** रूपादौ कार्ये नेष्यते भूतसहकारिणां कर्मणां वैशिष्ट्यात् रूपादिविशेष इत्यर्थः ।

स्यादेतत्—न दोषमात्राद् रागादयः अपि तु तेषां परिणामविशेषात्, यथा व्याधयः । ततो न समरागतादिप्रसङ्ग इत्याह—**विशेषेऽपि च दोषाणां** प्रकोपादिनाऽ**विशेषात्** रागादीनां न दोषपरिणामहेतुता ।

विशेषेऽपि च दोषाणामविशेषाद् असिद्धता ॥१५२॥

न विकाराद् विकारेण सर्वेषाम् न च सर्वजाः ।
कारणे वर्धमाने च कार्यहानिर्न युज्यते ॥१५३॥

तापादिष्विव रागादेर्विकारोऽपि सुखादिजः ।
वैषम्यजेन दुःखेन रागस्यानुद्भवो यदि ॥१५४॥

वाच्यं केनोद्भवः साम्यान्मदवृद्धिः स्मरस्ततः ।
रागी विषमदोषोऽपि दृष्टः साम्येऽपि नापरः ॥१५५॥

क्षयादसृक्स्रुतोऽप्यन्ये नैकस्त्रीनियतो मदः ।
तेनैकस्यां न तीव्रः स्याद् अङ्गं रूपाद्यपीति चेत् ॥१५६॥

न सर्वेषामनेकान्तान्न चाप्यनियतो भवेत् ।
अगुणग्राहिणोऽपि स्यात् अङ्गं सोऽपि गुणग्रहः ॥१५७॥

ननु अविशेषात् इत्यसिद्धो हेतुः, कफाद्युत्कर्षे रागाद्युत्कर्षदृष्टेः इत्याह—**नासिद्धता-ऽविशेषस्य**। तथा हि—**सर्वेषां** कफादीनां **विकारेणो**त्कर्षेण पीडया **विकारात्** द्वेषो भवति, न रागादयः। सर्वजत्वाददोष इति चेत् **न च सर्वजाः** समरागतादिप्रसङ्गादित्युक्तेः।

किञ्च—सन्निपातावस्थायां **कारणे** कफादिके **वर्धमाने कार्यस्य** रागादे**र्हानिर्न युज्यते, तापादिष्विव** तापादीनामिव पित्तादिवृद्धौ।

स्यादेतद्—दोषाणां साम्ये रागादयो भवन्ति, वैषम्ये तु द्वेषादयः ततो विशेषेऽपि दोषाणां न विशिष्यन्त रागादय इत्यसिद्धो हेतुः इत्याह—**रागादे**र्दोषसाम्यावस्थायां **विकारोऽपि** वृद्धिलक्षणो यः स **सुखादिजः** आन्तरधातुसाम्यस्पर्शप्रभवेण सुखादिना वर्धन्ते रागादयः।

वैषम्यजेन दुःखेन द्वेषस्योत्पादनात् तद्विरुद्धस्य **रागस्यानुद्भवो यदि** मतः, तदा **वाच्यं केन** हेतुना रागस्यो**द्भवः**। **साम्याद्** दोषाणां **मदस्य** शुक्रस्य **वृद्धिः, स्मरो** रागः।

शुक्रवृद्धेर्यदीष्टमेतदप्ययुक्तम्, यतः **रागी विषमदोषोऽपि** रागचरितः कश्चिद् **दृष्टः साम्येऽपि नापरः** प्रतिसंख्यानबली मन्दरागप्रकृतिर्वा दृष्टः ॥१५२-१५५॥

क्षयाच्छुक्रस्यासृक्स्रुतो रक्तं क्षरन्तो**ऽप्यन्ये** रागबहुला दृष्टा इति शुक्रमपि न रागहेतुः।

किञ्च—**नैकस्त्रीनियतो मदः**। न ह्येकां स्त्रियमपेक्ष्य शुक्रं शुक्रीभवति अपि तु सर्वाः। **तेन** साधारणत्वेन शुक्रस्य तज्जन्यो राग **एकस्यां** स्त्रियां **न तीव्रः** स्यात्, किन्तु साधारणः। **अङ्गं रूपाद्यपीति चेत्** रूपयौवनोपचारादि च सहकारि रागवृद्धेरिति चेत् **न** युक्तमेनत्, **सर्वेषां** रूपादीना**मनेकान्तत्वात्**, रूपादिरहितेष्वपि रागोत्कर्षदृष्टेः। किञ्च—यदि शुक्रं रूपादि च स्त्रियाः कारणं रागस्य तदा **न चाप्यनियतो**ऽविषयीकृतस्त्रीविशेषः साधारणो रागो न **भवेत्**, रूपादिसहकारिणोऽव्यापारात्। तथा रूपवत्या **अगुण**मशुभभावनाभावितं **गृह्णतोऽपि** रागः **स्यात्**, शुक्ररूपयोस्तद्धेत्वोः सद्भावात् **अङ्गं** निमित्तं **सोऽपि गुणग्रहः** ततो शुभां भावयतो न स्याद् रागः ॥१५६-१५७॥

यदि सर्वो गुणग्राही स्याद् हेतोरविशेषतः ।
यदवस्थो मतो रागी न द्वेषी स्याच्च तादृशः ।।१५८।।

तयोरसमरूपत्वान्नियमश्चात्र नेक्ष्यते ।
सजातिवासनाभेदप्रतिबद्धप्रवृत्तयः ।।१५९।।

यस्य रागादयस्तस्य नैते दोषाः प्रसङ्गिनः ।
एतेन भूतधर्मत्वं निषिद्धम् निःश्रयस्य च ।।१६०।।

निषेधान्न पृथिव्यादिनिःश्रिता धवलादयः ।
तदुपादायशब्दश्च हेत्वर्थः स्वाश्रयेण च ।।१६१।।

अविनिर्भागवर्तित्वाद् रूपादेराश्रयोऽपि वा ।
मदादिशक्तेरिव चेद् विनिर्भागः न वस्तुनः ।।१६२।।

शक्तिरर्थान्तरं वस्तु नश्येन्नाश्रितमाश्रये ।
तिष्ठत्यविकले याति तत्तुल्यं चेन्न भेदतः ।।१६३।।

यदि सर्वः शुभाशुभभावको **गुणग्राही स्यात्** गुणग्रहस्य **हेतो** रूपादेः सर्वान् **प्रत्यविशेषतः** ।
किञ्च—**यदवस्थः** श्लेष्मप्रकृतिस्थः पुरुषो **रागी मतः**, तदवस्थो **न द्वेषी स्यात्** ।।१५८।।

कुतः इत्याह—**तयो** रागद्वेषयो**रसमरूपत्वाद्** विरुद्धत्वात् तदुत्पादिकयोरवस्थयोरपि विरोधः । स्यादेतद्, रागोत्पादिकायामवस्थायां द्वेषो न भवत्येव इत्याह—**नियमश्चात्र नेक्ष्यते** । श्लेष्मावस्थो रागी न द्वेषी इति नात्र नियमः ।

तवापि कस्मादमी समरागप्रसङ्गादयो न दोषा भवन्ति इत्याह—**सजातिवासना** आत्मात्मीयग्रहमूलस्य सजातेः पूर्वपूर्वाभ्यस्तस्य रागादेर्वासनाः अपरापररागादिजनिकाः शक्तयः, तासां **भेदः** परस्परतः, तत्र **प्रतिबद्धा प्रवृत्तिः** जन्म येषां ते तथा **रागादयो यस्य** बौद्धस्य मते **तस्य नैते**ऽनन्तरमुक्ता **दोषा प्रसङ्गिनः** ।

एतेन वातादिधर्मत्वनिषेधेन **भूतधर्मत्वं निषिद्धं** रागादेर्बोद्धव्यम्, दोषाणां मरुत्तेजोऽम्भःस्वभावत्वात् ।

भवन्तु सभागहेतुकाः, पृथिव्याद्याश्रितास्तु स्युः, धवलादिवत् इत्याह—**निःश्रयस्याश्रयस्य निषेधाद्**, अनाश्रयात् सदसतोः (प्र० वा० १. ६५) इत्यादिना **न पृथिव्यादिनिःश्रिता धवलादयो**ऽपि, कुत एव रागादयः ?

कथं तर्हि भूतान्याश्रित्योपादाय रूपमुत्पद्यत इतीष्टम् इत्याह—**तदुपादायशब्दश्च** तानि भूतानि उपादाय शब्दश्च **हेत्वर्थः** । भूतानि हेतूकृत्योपादाय रूपमुत्पद्यत इत्यर्थः । स्वाश्रयेण भूतचतुष्केण **रूपादे**रेकसामग्र्यधीनत्वेन अविनिर्भागवर्तित्वाद् विभागेनानवस्थिते**राश्रयोऽपि वा** भूतचतुष्कम् ।

स्यादेतत्, सुराया **मदशक्तेः** आदिशब्दात् कनकादेरुन्मादशक्ते**रिवा**श्रितत्वेऽपि **विनिर्भागो** भूतैः सह चैतन्यस्य स्यात् । यथा मदशक्तिरहिता व्यापन्ना सुरा दृश्यते, एवं चैतन्यरहितानि भूतान्यपि स्युरिति चेत् **न वस्तुनः** सुरादेः **शक्तिरर्थान्तरम्** किन्तु वस्त्वेवार्थक्रियाशक्तं शुक्त्या-

भूतचेतनयोः भिन्नप्रतिभासावबोधतः ।
आविकारञ्च कायस्य तुल्यरूपं भवेन्मनः ॥१६४॥

रूपादिवत् विकल्पस्य कैवार्थपरतन्त्रता ।
अनपेक्ष्य यदा कार्यं वासनाबोधकारणम् ॥१६५॥

ज्ञानं स्यात् कस्यचित् किञ्चित् कुतश्चित् तेन किञ्चन ।
अविज्ञानस्य विज्ञानानुपादानाच्च सिध्यति ॥१६६॥

विज्ञानशक्तिसम्बन्धादिष्टं चेत् सर्ववस्तुनः ।
एतत् सांख्यपशोः कोऽन्यः सलज्जो वक्तुमीहते ॥१६७॥

अदृष्टपूर्वमस्तीति तृणाग्रे करिणां शतम् ।
यद् रूपं दृश्यतां यातं तद् रूपं प्राङ् न दृश्यते ॥१६८॥

शतधा विप्रकीर्णेऽपि हेतौ तद् विद्यते कथम् ।
रागाद्यनियमोऽपूर्वप्रादुर्भावे प्रसज्यते ॥१६९॥

द्यवस्थायां **नश्येत्** । असमर्थस्य चोत्पत्तिर्नाश्रितं शक्त्याद्य**विकल आश्रये तिष्ठति याति** अपैति । **तत्तुल्यं चेत् भूतचेतनयो**रप्यैकात्म्यम् तद्भूतचैतन्ये भूते नष्टे निश्चेतनं भूतान्तरमुत्पद्यत इति चेत् **न युक्त**मेतत्, भेदतो भूतचैतन्ययोः ।

कथम् इत्याह—**भिन्नप्रतिभासावबोधतः** । भिन्नाकारज्ञानविषयतया भिन्ने भूतचैतन्ये । नान्यथा क्वचिदपि भेदसिद्धिः । यदि च देहचित्तयोरैक्यम् तदा **आविकारञ्च कायस्य** यावन्न विक्रियते देहम् ताव**त्तुल्य**मेकाकारं **भवेन्मनो रूपादिवत्** ।

स्यादेतत्, एकरूपत्वेऽपि देहस्यार्थानां नानारूपत्वात् ज्ञानमपि तथा इत्याह—**विकल्पस्य कैवार्थपरतन्त्रता** येनार्थनानात्वात् कल्पनापि तथा स्यात्? अनपेक्षितसन्निधयः उपादानवशेन विकल्पाः प्रवर्तन्ते इति वासनाभेदादेषां भेदः ।

एव**ञ्चानपेक्ष्य यदा कार्यं** किञ्चिज्ज्ञानं **वासनाबोध**स्य प्रबोधस्य **कारणं** स्यात् ॥१५९-६५॥

कस्यचिदुत्पद्यमानस्य ज्ञानस्य तदा **तेन** प्रबोधकानुरोधेन **कुतश्चि**ज्ज्ञानादनन्तरं **किञ्चन ज्ञानं स्या**दिति सुस्थमस्य पक्षे । **अविज्ञानस्य** विज्ञानशून्यस्य लोष्टादे**र्विज्ञानानुपादानाच्च सिध्यति** विज्ञानादेव विज्ञानम् ॥१६६॥

सर्वस्य वस्तुनो विज्ञानशक्तिसम्बन्धादविज्ञानाद् विज्ञानोपादान**मिष्टं चेत्** एतद् विज्ञानस्य शक्तिरूपतयाऽवस्थानं **सांख्यपशोः कोन्यः सलज्जो वक्तुमीहते** यो ब्रूयाद्—**अदृष्ट**मपि **तृणाग्रे करिणां शतमस्तीति** ।

तथा हि—यदि शक्तिरभिव्यक्तिरूपाद् विज्ञानादन्या तदा विज्ञानत्वं सिद्धम्, अथान्यथा तदा **यद्रूपं** ज्ञानाख्यं **दृश्यतां यात**मभिव्यक्तावस्थायां **तद्रूपं प्राक्** शक्त्यवस्थायां **शतधापि विप्रकीर्णे** हेतौ न दृश्यते, कथं तद् विद्यत इति नाविज्ञानत्वमसिद्धम् ।

किञ्च—न चेत् परलोकादागच्छति चित्तसन्तानः तदाऽ**पूर्व**सत्त्व**प्रादुर्भावे रागाद्यनियम**श्चक्षुराद्यनियमवत् **प्रसज्यते** । यथा चक्षुःकरचरणश्यामतानियमः पुरुषे नेक्ष्यते कदाचित् कस्यचिदभावदर्शनात् तथा रागी रागितरो नीरागश्च कश्चित् स्यात् ॥१६७-१६९॥

भूतात्मताऽनतिक्रान्तः सर्वो रागादिमान् यदि ।
सर्वः समानरागः स्याद् भूतातिशयतो न चेत् ॥१७०॥

भूतानां प्राणिताऽभेदेऽप्ययं भेदो यदाश्रयः ।
तन्निर्ह्रासातिशयवत् तद्भावात् तानि हापयेत् ॥१७१॥

न चेद् भेदेऽपि रागादिहेतुतुल्यात्मताक्षयः ।
सर्वत्र रागः सदृशः स्याद्धेतोस्सदृशात्मनः ॥१७२॥

न हि गोप्रत्ययस्यास्ति समानात्मभुवः क्वचित् ।
तारतम्यं पृथिव्यादौ प्राणितादेरिहापि वा ॥१७३॥

औष्ण्यस्य तारतम्येऽपि नानुष्णोऽग्निः कदाचन ।
तथेहापीति चेन्नाग्नेरौष्ण्याद् भेदनिषेधतः ॥१७४॥

तारतम्यानुभविनो यस्यान्यस्य सतो गुणाः ।
ते क्वचित् प्रतिहन्यन्ते तद्भेदे धवलादिवत् ॥१७५॥

रूपादिवन्न नियमस्तेषां भूताविभागतः ।

भूतात्मताया अनतिक्रान्तः सर्वः पुमान् **रागादिमान् यदि** तदा **सर्वः समानरागः स्यात्**, भूतात्मताया अविशेषात् । **भूतानामवान्तरादतिशयतः** समानरागताप्रसङ्गो **न चेत् भूतानां प्राणिताया अभेदेऽप्ययं भेद** उत्कटमन्दरागत्वादिको **यदाश्रयो** यदवान्तरविशेषवत्कारणमाश्रित्य **तत्कारणं निर्ह्रासातिशयवत्** अपचयतारतम्यवत् **तद्भावाद्** रागादिमत्वात् **तानि** भूतानि **हापयेत्** भ्रंशयेदिति नीरागोऽपि कश्चित् सत्त्वः स्यात् ॥१७०-१७१॥

भेदे मन्दोत्कटरागादिजनकेऽवान्तरभूतविशेषेऽपि **रागादिहेतु**त्वेन या **तुल्यात्मता** सदृशता तस्याः **क्षयो न चेत् सर्वत्र** पुंसि **सदृशो रागादिः स्यात्, सदृशात्मनो हेतो**र्भावात् ॥१७२॥

न हि गोप्रत्ययस्यास्ति समानात्मभुवः सदृशकारणोत्पत्तेः **क्वचित्** शाबलेयादौ **तारतम्यम्**, अपि तु सर्वत्र समानतैव । **पृथिव्यादौ** सदृशे हेतौ **प्राणितादेरिह चार्वाकमतेऽपि वा** विशेषो न विद्यते ॥१७३॥

औष्ण्यस्य तारतम्येऽपि खादिराग्न्यादौ **नानुष्णोऽग्निः कदाचन । तथेह** रागादितारतम्येऽपि न वीतरागः कश्चिदिति चेत् कदाचन **नैतद्युक्तम्, अग्नेरौष्ण्याद् भेदस्य निषेधतः । नैतद्युक्तम्**, भास्वररूपोष्णस्पर्शादिरग्निरुच्यते तेनौष्ण्याभावेऽग्निरेव न स्यात् । रागादिस्तु भूतेभ्योऽन्यः, तदभावेऽपि तेषां भावात् ॥१७४॥

अतः सविशेषणं हेतुं दर्शयति—गुणेभ्यो**ऽन्यस्य यस्य सतो** धर्मिणो ये **तारतम्यानुभविनो गुणास्ते क्वचित्** धर्मिणि **प्रतिहन्यन्ते । तद्भेदे** भूतभेदे **धवलादिवत्** । न हि सर्वो भूतपरिणामः शुक्लः ॥१७५॥

स्यादेतद् भूतधर्मो रूपादिर्यथा अवश्यमभूत्वा भवति तथा रागोऽपि देहिनः स्यादित्याह— **रूपादिवन्न नियमो** रागादेः, **तेषां** रूपादीनां **भूताविभागतः** । न हि रूपादिसामान्यं विना

तत् तुल्यं चेन्न रागादेः सहोत्पत्तिप्रसङ्गतः ॥१७६॥

विकल्प्यविषयत्वाच्च विषया न नियामकाः ।
सभागहेतुविरहाद् रागादेर्नियमो न वा ॥१७७॥

सर्वदा सर्वबुद्धीनां जन्म वा हेतुसन्निधेः ।
कदाचिदुपलम्भात् तदध्रुवं दोषनिःश्रयात् ॥१७८॥

दुःखं हेतुवशत्वाच्च न चात्मा नाप्यधिष्ठितम् ।
नाकारणमधिष्ठाता नित्यं वा कारणं कथम् ॥१७९॥

तस्मादनेकमेकस्माद् भिन्नकालं न जायते ।
कार्यानुत्पादतोऽन्येषु सङ्गतेष्वपि हेतुषु ॥१८०॥

हेत्वन्तरानुमानं स्यान्नैतन् नित्येषु विद्यते ।

भूतानि वर्तन्ते । रागादेरपि तद्भूताविनिर्भागवर्तित्वं **तुल्यं चेत् नैतदस्ति, रागादेर्भूतैः सहोत्पत्तिप्रङ्गतो** विषयैः कादाचित्कसन्निधानैर्नियमितत्वात् ॥१७६॥

न सहोत्पादप्रसङ्ग इति चेद् आह—**विकल्प्यः** कल्पितः, **तद्विषयत्वाच्च** रागादेर्**विषया** रूपादयो ग्राह्यत्वान्न **नियामकाः** । किञ्च—अविज्ञानस्य विज्ञानहेतुत्वात् नेत्युक्तम् । त्वन्मते **सभागस्य** च **हेतोर्विरहाद् रागादेर्नियमो** देशकालस्वभावविषयो **न वा** स्याद्, अहेतुत्वात् ॥१७७॥

भूतान्येव हि हेतुरिति चेत् तर्हि **सर्वदा सर्वबुद्धीनां** सुखदुःखेच्छाद्वेषरागकृपादीनां **जन्म वा** स्यात्, **हेतो**र्भूतसङ्घातस्य **सन्निधेः** । तदेवं रागादेः पाटवेक्षणात्[1] इत्यादिना चतुर्णामरूपिणां स्कन्धानां सभागहेतुकत्वे साधिते साधितं संसारित्वमुपादानस्कन्धानाम्, अत एव दुःखमित्युक्ताः ।

दुःखसत्यञ्च—अनित्यतः, दुःखतः, शून्यतः, अनात्मतश्चेति चतुराकारमाख्यातुमाह—**कदाचिदुपलम्भाद्** दुःखम**ध्रुव**मनित्यम् । **दोषनिःश्रयात्** रागादिदोषाश्रयेणोत्पत्तेः ॥१७८॥

हेतुवशत्वाच्च । सर्वं परवशं दुःखम् इति न्यायात् **दुःखं** तत् । **न चात्मा**श्रयम् अनात्मनः आत्मविलक्षणत्वात् । **नाप्यधिष्ठितम्** । अधिष्ठातुरात्मनोऽभावात् । अनेन शून्यत इत्याख्यातम् ।

कस्मात् पुनरात्मा नाधिष्ठाता इत्याह—**नाकारणमधिष्ठाता** । अतिप्रसङ्गात् । **नित्यं वा** द्रव्यं **कारणं कथम्** ? तस्य क्रमयौगपद्याभ्यामर्थक्रियाविरहात् ॥ १७९॥

तस्मादनेकं भिन्नकालदृश्यमानं सुखदुःखादिकार्यं **नैकस्माज्जायते,** एकस्यानेककरणे समर्थस्य सकृदेव तत्क्रियाप्रसङ्गात् ।

किञ्च—**अन्येषु हेतुषु सङ्गतेषु** मिथो मिलितेष्**वपि कार्यानुत्पादतो हेत्वन्तरानुमानं स्यात्** । यथा रूपालोकमनस्कारेषु सत्स्वपि चक्षुर्विज्ञानमनुत्पद्यमानं चक्षुरनुमापयति । **नैतत्** कार्यानुत्पत्त्याऽनुमानं **नित्येषु विद्यते,** तेषामव्यतिरेकित्वात् ।

---

1. प्रमाणवार्त्तिक 1.149

कादाचित्कतया सिद्धा दुःखस्यास्य सहेतुता ॥१८१॥

नित्यं सत्त्वमसत्त्वं वा हेतोर्बाह्यानपेक्षणात् ।
तैक्ष्ण्यादीनां यथा नास्ति कारणं कण्टकादिषु ॥१८२॥

तथा कारणमेतत् स्याद् इति केचित् प्रचक्षते ।
सत्येव यस्मिन् यज्जन्म विकारे वापि विक्रिया ॥१८३॥

तत् तस्य कारणं प्राहुस्तत् तेषामपि विद्यते ।
स्पर्शस्य रूपहेतुत्वाद् दर्शनेऽस्ति निमित्तता ॥१८४॥

नित्यानां प्रतिषेधेन नेश्वरादेश्च सम्भवः ।
असामर्थ्यादतो हेतुर्भववाञ्छापरिग्रहः ॥१८५॥

यस्माद् देशविशेषस्य तत्प्राप्त्याशाकृतो नृणाम् ।
सा भवेच्छाप्त्यनाप्तीच्छोः प्रवृत्तिः सुखदुःखयोः ॥१८६॥

यतोऽपि प्राणिनः कामविभवेच्छे च ते मते ।

चतुराकारं दुःखं व्याख्याय समुदयतः, हेतुतः, प्रत्ययतः, प्रभवतश्च—इति चतुराकारं समुदयं व्याख्यातुमाह—**कादाचित्कतया दुःखस्य सहेतुता सिद्धा** ॥१८०-१८१॥

नित्यं सत्त्वमसत्त्वं वा हेतोर्भवति, यथाऽऽकाशस्य शशविषाणस्य **बाह्यानपेक्षणात्** । य एव च दुःखहेतुः स एव समुदयः । ननु **यथा कण्टकादिषु तैक्ष्ण्यादीनां कारणं नास्ति तथा कारणमेतत्** दुःखं **स्यात्**, तत् कुतः समुदय इति **केचित् स्वभाववादिनः प्रचक्षते** । ते एवं वक्तव्याः—**सत्येव यस्मिन्** वस्तुनि **यस्य जन्म** यस्य **विकारे सत्येव वा** यस्य **विक्रिया, तत्तस्य** जन्मिनो विकारिणश्च **कारणं प्राहुर्विद्वांसः** । **तज्जन्म** सत्येव बीजोदकपृथिव्यादिषु तदुत्कर्षादिविकारे च विकृतत्वं तेषां कण्टकादीनामप्यस्तीति तेऽपि सहेतुका एव । एवं स्कन्धा अपि ।

ननु स्पर्शे सति भवति चक्षुर्विज्ञानम्, असति च न भवति । न च तत् कारणम्, अतोऽतिव्याप्तिः इत्याह—**स्पर्शस्य** रूपाद्यविनिर्भागिनः सहकारिभावेन **रूपहेतुत्वात् दर्शने** चक्षुर्विज्ञा**नेऽस्ति निमित्तता** पारम्पर्येणेति नातिव्याप्तिः ॥१८२-१८४॥

एतच्च व्यतिरेकमभ्युपगम्योक्तम्, न तु रूपमुपदर्श्य स्पर्शाभावे नेत्रबुद्धेरभावः शक्यदर्शनः रूपस्पर्शयोरविनिर्भागवर्तित्वात् । तस्य च दुःखस्य **नित्यानां** क्रमाक्रमाभ्यामर्थक्रियायाम**सामर्थ्यात् प्रतिषेधेन** च **नेश्वरादेः** आदिग्रहणात् प्रधानपुरुषादेः कारणात् **सम्भव** उत्पादः । **अतो** नित्यादनुत्पत्तेर्दुःखस्य **हेतुर्भववाञ्छा** जन्मतृष्णा, जन्मस्थानावस्था सत्त्वाद्यभिलाषात्मिका ।

यस्माद् देशविशेषस्य परिग्रहः तत्प्राप्तितृष्णाकृतो नृणाम् । नृशब्दः प्राण्युपलक्षणः । ततो गर्भस्थानादानमपि तत्तृष्णाकृतमेव ॥

ननूक्तं **भगवता**—तत्र कतमस्समुदय आर्यसत्यम् ? पौनर्भविकी नन्दी रागसहगता तत्रतत्राभिनन्दिनी यदुत कामतृष्णा भवतृष्णा विभवतृष्णा च[1] इति तत् कथमेका भवतृष्णोच्यते

---

1. Cf. दीर्घनिकाय 2.22.

सर्वत्र चात्मस्नेहस्य हेतुत्वात् सम्प्रवर्तते ॥१८७॥

असुखे सुखसंज्ञस्य तस्मात् तृष्णा भवाश्रयः ।
विरक्तजन्मादृष्टेरित्याचार्याः सम्प्रचक्षते ॥१८८॥

अदेहरागादृष्टेश्च देहाद् रागसमुद्भवः ।
निमित्तोपगमादिष्टमुपादानं तु वार्यते ॥१८९॥

इमां तु युक्तिमन्विच्छन् बाधते स्वमतं स्वयम् ।
जन्मना सहभावश्चेत् जातानां रागदर्शनात् ॥१९०॥

सभागजातेः प्राक् सिद्धिः कारणत्वेऽपि नोदितम् ।
अज्ञानम् उक्ता तृष्णैव सन्तानप्रेरणाद् भवे ॥१९१॥

समुदयसत्यमिति अत्राह—यतः कारणात् प्राणिनः सुखदुःखयोः क्रमेणाप्त्यनाप्तीच्छोः **प्रवृत्तिः** गर्भस्थानपरिग्रहाय, अतः **सा भवेच्छापि कामविभवेच्छे च ते मते** । सुखप्राप्तीच्छा कामतृष्णा, दुःखवियोगेच्छा विभवतृष्णा । भवतृष्णायां सुखदुःखप्राप्तिपरिहारेच्छापूर्विकायां गर्भस्थानोपादानेच्छात्मिकायां द्वयोरपि संग्रहादविरोधः ।

समुदयस्य च समुदयात्मकत्वात् **सर्वत्र** विषयेऽसुखे सुखरहिते **सुखसंज्ञस्य** दुःखविपर्यस्तस्य, अनेनाशुचौ शुचिविपर्यासोऽपि कथितः । न ह्यशुचौ तथा मन्यमानस्य कस्यचित् सुखसंज्ञा आत्मस्नेहेनेति । **आत्मस्नेहस्य हेतुत्वा**दिति अहङ्कारममकारोत्थापितस्य । अनेनात्मनि आत्मस्नेहविपर्यास उक्तः । **सम्प्रवर्तत** इत्यनेनानित्यविपर्यासः सूचितः । न हि नित्यविपर्यासं विना फलार्थी प्रवर्तते ।

तदेवं चतुर्विपर्यासवासितमानस एवात्मस्नेहात् सुखदुःखप्राप्तिपरिजिहीर्षया प्रवर्तते । तथा गर्भस्थानेऽपि सुखदुःखप्राप्तिपरिहारेच्छैव तृष्णा । **तस्मात् तृष्णा भवस्याश्रयो** हेतुः । अनेन हेतुतः आख्यातम् ।

ननु **"विरक्तस्य जन्मादृष्टे"**[1] इत्या**चार्या** गौतमादयोऽपि सम्प्रचक्षते । **अदेहस्य रागदृष्टेश्च देहाद् रागसमुद्भवः** स्थितः ततो न देही वीतरागः अत्राह—**निमित्त**स्य सहकारणस्यो**पगमात्** देहोऽस्य रागस्य सहकारि कारण**मिष्टम्**, ततो नानिष्टमापद्यते । **उपादानं** तु देहो रागस्य **वार्यते** । राग एव तूपादानकारणम् । न च रागो जन्महेतुः । विरक्तस्य करुणया जन्मसम्भवात् । रक्तस्यापि तृष्णयैव जन्मग्रहः । अनेन प्रत्ययतः इति व्याख्यातम् ॥१८५-१८९॥

विरक्तजन्मादृष्टेः इतीमां **युक्तिमन्विच्छन् चार्वाकः स्वमतं स्वयं बाधते**, रागहेतुको देहः, तद्धेतुकश्च रागः इति अन्योऽन्यहेतुत्वात् जन्मप्रबन्धसिद्धेः । वीतरागाभ्युपगमाच्च स्वमतबाधास्य । **जन्मना सहभावो** रागादीनाम्, न पूर्वं रागोऽस्ति, **जातानां रागदर्शनात्** । अतो न रागो देहहेतुरिति **चेत्** नन्वेवं देहोऽपि न स्याद् रागहेतुः, सहभावात् । न चाहेतुकता । ततः **सभागात्** सजातीयाद् रागा**ज्जाते**रुत्पादात् **प्राग्** रागस्य **सिद्धि**रित्यायातम् ।

नन्वविद्या तृष्णा कर्म च जन्मकारणम् । तत् कथं तृष्णैव केवला समुदय उक्तः इत्याह—**कारणत्वेऽपि नोदितमज्ञान**मविद्या मोहापरसंज्ञकम् । **उक्ता तृष्णैव** । तयैव **सन्तानस्य** पञ्चस्कन्ध-

---

1. cf. न्यायसूत्र 3.1.25

आनन्तर्याच्च कर्मापि सति तस्मिन्नसम्भवात् ।
तदनात्यन्तिकं हेतोः प्रतिबन्धादिसम्भवात् ॥१९२॥

संसारित्वादनिर्मोक्षो नेष्टत्वादप्रसिद्धितः ।
यावच्चात्मनि न प्रेम्णो हानिः स परितस्यति ॥१९३॥

तावद् दुःखितमारोप्य न च स्वस्थोऽवतिष्ठते ।
मिथ्याध्यारोपहानार्थं यत्नोऽसत्यपि मोक्तरि ॥१९४॥

अवस्था वीतरागाणां दयया कर्मणाऽपि वा ।
आक्षिप्तेऽविनिवृत्तीष्टेः सहकारिक्षयादलम् ॥१९५ ॥

सन्ततेः **प्रेरणात्** । किमर्थम् ? **भवे** जन्मनिमित्तं **कर्मापि** हेतुत्वेऽपि नोक्तं, समुदयत्वेन **सति तस्मिन्नज्ञाने** कर्मणि च तृष्णाऽसम्मुखीभावेऽभावाज्जन्मनः । **आनन्तर्याच्च** तृष्णायाः । सतोरपि मोहकर्मणोस्तृष्णाया असम्मुखीभावे जन्मन आक्षेपकत्वा**सम्भवात्**, यथा—विमुक्तिं चित्तस्य । इत्युक्तः समुदयः ।

तदेतद् यथोक्तकारणस्वभावं दुःख**मनात्यन्तिकं** सम्भवदुच्छेदम्, दुःखहेतोस्तृष्णायाः **प्रतिबन्धस्य** सम्भाव्यमानत्वात् । **आदि**शब्दादविद्यादेः सहकारिणो वैकल्य**सम्भवात्** । अनेन निरोध एव नास्तीति वादिनः प्रति निरोधत इति कथितम् ॥१९०-१९२॥

ननु **संसारित्वादनिर्मोक्षो**, मुक्तिर्नास्ति कस्यचित् । तत् कथं निरोधसम्भावना ? **नैष** दोषः, **इष्टत्वात्** । को नाम मुक्तिं संसारिण इच्छति, **अप्रसिद्धित**स्तस्य ? न हि संसारी कश्चिदस्ति, किन्तु दुःखं केवलं हेतुबलात् प्रवर्तते, तदभावाच्च न भवतीति ब्रूमः ।

यदि संसारी कश्चिन्नास्ति, को मुक्त्यर्थी किमर्थं प्रवर्तते इत्याह—**यावच्चात्मनि** एकत्वाहङ्कारविषयेषु स्कन्धेषु **प्रेम्णः** स्नेहस्य **न हानिः, तावद् दुःखित**मात्मानमा**रोप्य स** प्राण्यभिमतो दुःखसन्तानः **परितस्यति** दुःखमास्ते । **न च** दुःखहेत्वपगमोपायाभ्यां स क्लेशं विना **स्वस्थोऽवतिष्ठते** । किन्तु **मिथ्याध्यारोप**स्य संसारित्वाध्यवसायस्य **हानार्थं यत्नोऽसत्यपि** कस्मिंश्चिदात्मादौ **मोक्तरि** । न हि यथावस्त्वेव व्यवहारः, किन्तु यथावसायश्च । यथा हि रज्जुरपि सर्पाध्यवसायविषयत्वात् परिहारविषयः एवम् अहमेव बद्धोऽहमेव मोक्ष्यामि इत्यध्यारोपान्मुक्त्यर्थं व्यायामः ॥१९३-१९४॥

भवत्वात्मग्रहविपर्यस्तानां सुखाद्यभिलाषात् प्रवृत्तिलक्षणा संसारे स्थितिः, उन्मूलितात्मग्रहयोनिसकलदोषराशयस्तु कस्मादासते इत्याह—**अवस्था वीतरागाणां दययापि कर्मणापि वा** । वीतमोहानामपि दुःखाद् दुःखहेतोश्च लोकमुद्धर्तुं कामतया स्थितिः । तावत्कालानुबन्धिशरीराक्षेपकेन कर्मणा वा स्थितिः ।

तदेवाह—**आक्षिप्ते** कर्मणा कार्ये**ऽविनिवृत्ते**र्निवृत्त्यभावस्ये**ष्टेः** ।

यद्येवम् जन्मान्तराक्षेपकस्य कर्मणः सद्भावात् भवान्तरं च स्याद् इत्याह—**सहकारिण** आत्मात्मीयादिविपर्यासज्ञानस्य तृष्णायाश्च **क्षया**न्नालं न शक्तं **कर्माक्षेप्तुमपरं** भवं **भवतृष्णाविलंघिनाम्** । तृष्णालङ्घिना नैरात्म्यदृष्टिरित्यात्मात्मीयादिमोहनिवृत्तिश्चोक्ता । अनेन सहकारिवैकल्यमुक्तम् ।

नाक्षेप्तुमपरं कर्म भवतृष्णाविलङ्घिनाम् ।
दुःखज्ञानेऽविरुद्धस्य पूर्वसंस्कारवाहिनी ॥१९६॥

वस्तुधर्मो दयोत्पत्तिर्न सा सत्त्वानुरोधिनी ।
आत्मान्तरसमारोपाद् रागो धर्मेऽतदात्मके ॥१९७॥

दुःखसन्तानसंस्पर्शमात्रेणैवं दयोदयः ।
मोहश्च मूलं दोषाणां स च सत्त्वग्रहो विना ॥१९८॥

तेनाद्यहेतौ न द्वेषो न दोषोऽतः कृपा मता ।
नामुक्तिः पूर्वसंस्कारक्षयेऽन्याप्रतिसन्धितः ॥१९९॥

अक्षीणशक्तिः संस्कारो येषां तिष्ठन्ति तेऽनघाः ।
मन्दत्वात् करुणायाश्च न यत्नः स्थापने महान् ॥२००॥

तिष्ठन्त्येव पराधीना येषां तु महती कृपा ।

ननु दया सत्त्वदर्शनात्, तच्च क्षीणं मुक्तानाम् । तत् कथं दयया स्थितिः इत्याह—**दुःख**स्यानित्यदुःखशून्यानात्मकाकारस्य **ज्ञाने** सत्य**विरुद्धस्य** द्वेषाभावात् सर्वत्राप्रतिहतस्य, **पूर्वसंस्कारवाहिनी** पूर्वाभ्यासप्रवृत्ता या **दयोत्पत्तिः** सा न **सत्त्वानुरोधिनी** सत्त्वदृष्टिवशा, किन्तु **वस्तु**नो दुःखस्य कृपाविषयतयाऽभ्यस्तस्य **धर्मः** । उन्मूलितात्मदृष्टीनामपि दुःखस्य कृपाविषयतयाऽभ्यस्तस्य सम्मुखीभावमात्रेण दयोत्पद्यत इत्यर्थः ।

एवं तर्हि रागोऽपि मुक्तानां स्याद् इत्याह—**आत्मान्तर**स्य स्थिरसुखात्मात्मीयरूपस्या**रोपात्** **धर्मे** स्कन्धमात्ररूपे**ऽतदात्मके** वस्तुनोऽस्थिरादिस्वभावे रागोऽभिष्वङ्गरूपो भवति ॥१९५-१९७॥

दयोदयस्तु दुःखसन्तानस्य संस्पर्शो दर्शनं तन्**मात्रेणैवं** भवति । न तत्र सत्त्वदर्शनापेक्षा ।

यथा दुःखदर्शनात् दयोत्पत्तिः तथापकारिणि द्वेषोऽपि स्याद् इत्याह—**मोहश्च मूल**मादिकारणं **दोषाणाम्** । **स च** मोहः **सत्त्वग्रहः** ।

उन्मूलितसत्त्वदृष्टेश्च **तेन** सत्त्वग्रहेण **विना आद्यहेता**वपकारिणि **न द्वेषो**ऽस्ति, आत्मनोऽदर्शनात् तदपकारभ्रान्त्यभावात् । अतो दोषमूलस्यात्मग्रहस्याभावादुत्पद्यमाना **कृपा न दोषो मता** ।

यदि पूर्वकर्मविधतस्तदैव न निर्वाणम् तदा सांसारिकतैव स्याद् इत्याह—**नामुक्तिः**, किन्तु मुक्तिरेव **पूर्वसंस्कारक्षये** पूर्वकर्मविधक्षये सत्य**न्यस्य** दुःखस्य हेतुवैकल्याद**प्रतिसन्धितः** ॥१९८-१९९॥

येषां पुनर्महाकृपाणां प्रणिधानपरिपुष्टस्य जन्माक्षेपककर्मणः **संस्कारोऽक्षीणशक्तिः तेऽनघा** सम्यक्सम्बुद्धाः यावदाकाशं **तिष्ठन्त्येव** । श्रावकाणां तु कर्मणो नियतकालस्थितिकदेहाक्षेपकत्वान्**मन्दत्वात् करुणाया यत्नश्च महान् स्थापने** नास्तीति न सदास्थितिः ॥२००॥

तिष्ठन्त्येव सर्वदा ते **पराधीनाः** परेषामुपकरणीकृतात्मानो महामुनयः, येषामकारणवत्सलानां **महती कृपा** ।

सत्कायदृष्टेर्विगमादाद्य एवाभवो भवेत् ॥२०१॥

मार्गे चेत् सहजाहानेर्न हानौ वा भवः कुतः ।
सुखी भवेयं दुःखी वा मा भूवमिति तृष्यतः ॥२०२॥

यैवाऽहमिति धीः सैव सहजं सत्त्वदर्शनम् ।
न ह्यपश्यन्नहमिति कश्चिदात्मनि स्निह्यति ॥२०३॥

न चात्मनि विना प्रेम्णा सुखकामोऽभिधावति ।
दुःखस्योत्पादहेतुत्वं बन्धो नित्यस्य तत् कुतः ॥१०४॥

अदुःखोत्पादहेतुत्वं मोक्षो नित्यस्य तत् कुतः ।
अनित्यत्वेन योऽवाच्यः स हेतुर्न हि कस्यचित् ॥२०५॥

बन्धमोक्षावप्यवाच्ये न युज्येते कथञ्चन ।
नित्यं तमाहुर्विद्वांसो यः स्वभावो न नश्यति ॥२०६॥

नन्वाद्य **एव मार्गे** दर्शनमार्गे **सत्कायदृष्टेर्विगमात्** स्रोतआपन्नस्य **भवो** जन्मान्तरबन्धो **न भवेदिति चेत् सहजाहानेर्न** । द्विधा हि सत्कायदृष्टिः—आभिसांस्कारिकी या स्कन्धव्यतिरिक्तात्माध्यवसायिनी, सहजा च । तत्र प्रथमा दर्शनमार्गे हीयते न द्वितीया, भावनामार्गहेया सा च मोहः तृष्णायाश्च हेतुरिति भवति जन्मप्रबन्धः । यदि तु पटुतरप्रज्ञस्याद्य एव मार्गो मार्गान्तरस्वभावः तदा **हानौ वा** सहजाया आत्मदृष्टेः **पुनर्भवः कुतः** ?

कीदृशं पुनस्तत् सहजसत्त्वदर्शनम् इत्याह—**सुखी भवेयं दुःखी वा मा भूवमिति तृष्यतः** कांक्षमाणस्य **यैवाहमिति धीः सैव सहजं सत्त्वदर्शनमु**च्यते । तदप्रहीणं स्रोतआपन्नस्येति कथं ज्ञायते इत्याह—**न ह्यपश्यन्नहमिति कश्चिदात्मनि स्निह्यति**, किन्तु पश्यन्नेव ॥२०१-२०३॥

न चात्मनि विना प्रेम्णा सुखकामः कश्चिद् गर्भस्थानादि**मभिधावति** । अभिधावति च गर्भस्थानमप्रहीणाभिसंस्कारिकः सत्त्वदृष्टिरपि स्रोतआपन्नः । तदस्याप्रहीणं सहजं सत्त्वदर्शनम् ।

ननु सत्यात्मनि बन्धमोक्षावेकाधिकरणौ युक्तौ, नेत्याह—**दुःखस्यो**पादानस्कन्धाना**मुत्पादहेतुत्वं बन्धः** । तत्कुतो नित्यस्य ? क्रमयौगपद्याभ्यामर्थक्रियाविरहात् ॥२०४॥

अदुःखोत्पादहेतुत्वं दुःखं प्रत्यहेतुता **मोक्षः, तच्च नित्यस्य कुतः** ? न हि पूर्वापरैकस्वभावस्य दुःखहेतोः पश्चादहेतुत्वं युक्तम् ।

स्यादेतत्—न नित्यस्य हेतुत्वं बन्धमोक्षौ च युक्ताविति नित्यत्वानित्यत्वाभ्यामवाच्यस्य पुद्गलस्य तौ भविष्यतः इति मन्वानं **वैभाषिकं** प्रत्याह—**अनित्यत्वेन योऽवाच्यः**, अनित्यत्वमुपलक्षणम्, नित्यत्वेनाप्यवाच्यः स **हेतुर्न हि कस्यचित्**, तस्यैवाभावात् । तथा हि यद्यसावनित्यो न भवति, स्यान्नित्यः ॥२०५॥

अथ नित्यो न भवति, स्यादनित्यः । अन्योऽन्याभावलक्षणत्वादनयोरेकविधिप्रतिषेधस्यापरप्रतिषेधविधिनान्तरीयकत्वात् न क्वचिद् वस्तुनि द्वयप्रतिषेधसम्भव इति पुद्गलस्याभावादहेतुत्वम् । अतो **बन्धमोक्षावप्यवाच्ये** पुद्गले **न युज्येते कथञ्चन** ।

अथ नित्यत्वेनावाच्यत्वान्न दोष इति चेत् नन्वेवमनित्य एवोक्तः स्यात् । तथा हि—**नित्यं तमाहुर्विद्वांसो यः स्वभावः** सर्वदा **न नश्यति** । स चेदीदृशो न भवत्यनित्य एव स्यात् ॥२०६॥

त्यक्त्वेमां ह्लेपणीं दृष्टिमतोऽनित्यः स उच्यताम् ।
उक्तो मार्गः तदभ्यासादाश्रयः परिवर्तते ॥२०७॥

सात्म्येऽपि दोषभावश्चेन्मार्गवत् नाविभुत्वतः ।
विषयग्रहणं धर्मो विज्ञानस्य यथास्ति सः ॥२०८॥

गृह्यते सोऽस्य जनको विद्यमानात्मनेति च ।
एषा प्रकृतिरस्यास्तन्निमित्तान्तरतः स्खलत् ॥२०९॥

व्यावृत्तौ प्रत्ययापेक्षमदृढं सर्पबुद्धिवत् ।
प्रभास्वरमिदं चित्तं प्रकृत्यागन्तवो मलाः ॥२१०॥

अत्रेमां पुद्गलदृष्टिं पुद्गलनैरात्म्यवादिनः संस्कारानित्यतावादिनश्च शास्तुः शिष्याणां **ह्लेपणीं** लज्जावर्धिनीं **त्यक्त्वाऽनित्यः स** पुद्गल **उच्यतां** येन बन्धमोक्षौ युज्येते । एकाकारो निरोधो व्याख्यातः । त्रय आकारा वक्ष्यन्ते ।

मार्गसत्यं चतुराकारं वक्तुमाह—**उक्तो मार्गः** शास्तृपदव्याख्यावसरे[1] नैरात्म्यदर्शनलक्षणः । **तस्याभ्यासादाश्रयः** क्लेशवासनाभूतमालयविज्ञानं **परिवर्तते**, क्लिष्टदशानिरोधात् क्लेशविसंयुक्तचित्तप्रबन्धात्मना परिणमति ।

अनेन मार्गत इति मार्गाकारो दर्शितः, क्लेशविसंयोगहेतुत्वात् ॥२०७॥

मार्गस्याभ्यासप्रकर्षात् **सात्म्येऽपि** प्रकृतित्वे च प्राप्ते पुनर्**दोषाणां** मोहादीनां **भावः** प्राप्नोति **चेत् मार्गवत्** । यथा बन्धावस्थायां दोषसात्म्येऽपि मार्गोऽभ्यासवशादाविर्भवति ।

अत्राह—**नाविभुत्वतः**, असामर्थ्यात् । मार्गसात्म्येऽपि स्थितस्य चेतसि न दोषाणामुत्पत्तुं सामर्थ्यमस्ति, तन्निदानभूतस्य सत्त्वदर्शनस्योन्मूलितत्वात् ।

अनेन शान्तत इति निरोधाकार उक्तः, दोषाणां सर्वथा शान्तत्वात् ।

सत्त्वदर्शनमेव पुनः कस्मान्न भवति इत्याह—**विषयग्रहणं विज्ञानस्य** तावत् सति ग्राह्यग्राहकभावो **धर्मः । यथा चास्ति स** स विषयस्तथा **गृह्यते** विज्ञानेन विषयिणा । **स** च विषयोऽ**स्य** विज्ञानस्य **जनको विद्यमानेनात्मना** यथावस्थितेन रूपेण ।

यथावस्थितवस्तुग्रहणञ्च आत्म**ैषा प्रकृतिः** स्वभावो ज्ञानस्य विषयिणः । यथास्वभावं स्वग्राहिज्ञानजननं च विषयस्य प्रकृतिः । **अस्याः** प्रकृतेस्त**ज्ज्ञानं निमित्तान्तरतः** आन्तरादविद्यारूपादागन्तुकाच्च विषयदोषादेः **स्खलद्** विषयग्रहणविपरीताकारं भवति ॥२०८-२०९॥

तच्च **व्यावृत्तौ** विषयविपरीतग्रहणाकारताया निवृत्त्यर्थं **प्रत्ययापेक्षं** भ्रान्तिनिवर्तककारणमपेक्षमाण**मदृढ**मस्थास्नु **सर्पबुद्धिवत्** । यथा सर्पबुद्धी रज्ज्वा भ्रान्तिनिमित्ता जाता रज्जुस्वरूपग्राहिणः प्रत्ययान्निवृत्ता न पुनरुद्भवतीति तथा भ्रान्तिनिमित्तनिरासात् दृष्टे नास्ति दृष्टिसम्भवः, ज्ञानस्य विषयस्वरूपग्रहणप्रवणत्वात्, विषयस्य च स्वाकारार्पणप्रवृत्तत्वात् ।

किञ्च—**प्रभास्वर**मनात्मभूतदोषसञ्चय**मिदं चित्तं प्रकृत्या** स्वभावेन । ये तु मनोदोषा दृश्यन्ते ते भ्रान्तिनिमित्तोपनीतत्वा**दागन्तवो**ऽस्वभावभूताश्चेतसः, तमस्तुहिनादय इव नभसः ॥२१०॥

---

1. Cf. प्रमाणवार्त्तिक I. 140.

तत्प्रागप्यसमर्थानां पश्चाच्छक्तिः क्व तन्मये ।
नालं प्ररोढुमत्यन्तं स्यन्दिन्यामग्निवद् भुवि ।।२११।।

बाधकोत्पत्तिसामर्थ्यगर्भे शक्तोऽपि वस्तुनि ।
निरुपद्रवभूतार्थस्वभावस्य विपर्ययैः ।।२१२।।

न बाधा यत्नवत्त्वेऽपि बुद्धेस्तत्पक्षपाततः ।
आत्मग्रहैकयोनित्वात् कार्यकारणभावतः ।।२१३।।

रागप्रतिघयोर्बाधा भेदेऽपि न परस्परम् ।
मोहाविरोधान्मैत्र्यादेर्नात्यन्तं दोषनिग्रहः ।।२१४।।

तत्प्रागपि तस्मान्नैरात्म्यदर्शनात् पूर्वमपि, ततः श्रुतिचिन्ताध्यवसानेऽप्यापातविष्कम्भनादुत्पत्तुम**समर्थानां** मलानां **पश्चा**न्मार्गनिष्पत्तौ **शक्ति**रुत्पत्तुं **क्व तन्मये** मार्गसात्म्ये स्वरूपे ?

एतदेवाह—**शक्तो**ऽप्युद्धतोऽपि मनोमलो **नालमत्यन्तं प्ररोढुं, वस्तुनि** चित्तसन्ताने, कीदृशे ? **बाधकोत्पत्तिसामर्थ्यगर्भे** सर्वदृष्टिबाधकस्य नैरात्म्यदर्शनस्य मार्गसत्यस्योत्पत्तिः, तस्यां सामर्थ्यं प्रभविष्णुत्वं, तद्गर्भे आनन्तर्यस्य गर्भे, तस्मिन् । **स्यन्दिन्यां भुवि अग्निवत् ।** यथा हि वह्निर्हेतुबलादुत्पन्नोऽपि स्यन्दिन्यां भुवि बाधकवत्यां नात्यन्तं प्ररोहति तथा मार्गोत्पत्तिसामर्थ्यगर्भे चेतस्युत्पन्ना अपि मला नात्यन्तं विरोहन्ति । सात्मीभूतमार्गे हेतुवैकल्यान्नोत्पद्यन्त एव ।

कथं च नैरात्म्यदर्शिनो मलोत्पत्तिराशंक्यते ? न तावद् हेतुसाकल्यात्, सत्त्वदृष्टेर्हेतुभूताया अभावात् नैरात्म्यदर्शनवत्, सत्त्वदर्शनं च भावनयोत्पन्नं हेतुरिति चेत् कुतस्तस्य भावना ? किन्नैरात्म्यस्य सोपद्रवत्वात् ? किञ्च—अभूतत्वेन भ्रमहेतुत्वात् ? अस्वभावेनोपहन्तुं शक्यत्वाद्वा ? एतत् त्रयमसङ्गतम् इत्याह—दोषराशेरुद्वेजकस्य प्रहाणेन **निरुपद्रवस्य,** प्रमाणसंवादित्वेन **भूतार्थ**स्य सत्यार्थस्य, अनारोपितत्वेन **स्वभावस्य** प्रकृतेर्नैरात्म्यस्य, अभिरुचितविषयस्य विपर्ययेष्वात्माद्याकारेष्वभ्यासे सोपद्रवत्वादिना **प्रयत्न** एव तावन्न सम्भवति प्रेक्षकस्य । सम्भवेऽपि वा **विपर्ययैः ।**

न बाधा नैरात्म्यस्य सात्मीभूतस्य स्वभावस्यास्ति, **बुद्धेस्तत्र** दोषप्रतिपक्षे गुणवति मार्गे **पक्षपातात् ।** न हि स्वभावः साक्षात्कृतोऽन्यथा कर्तुं शक्यः । अनेन प्रणीत इति निरोधाकारो दर्शितः ।

ननु यदि नैरात्म्यसात्मत्वदर्शनयोः परस्परभेदाद् बाधा तदा रागप्रतिघयोरपि स्याद् इत्याह—**आत्मग्रह एको योनिः** कारणं ययोस्तौ, तयोर्भावस्तस्मादेककारणत्वात् **रागप्रतिघयोर्भेदेऽपि न परस्परं** बाधा रूपरसयोरिव । तथा **कार्यकारणभावतो**ऽपि नान्योऽन्यं बाधा । तथा हि-यदैकस्मिन् रागस्तदा तदपकारिणि द्वेषः, यदा च क्वचिद् द्वेषस्तदा तदपकारिणि रागोऽपीति परस्परकार्यकारणभावान्नास्ति विरोधः चक्षुरादिबुद्धीनामिव ।

ननु द्वेषादिप्रतिपक्षा मैत्र्यादयो न च तानुच्छिन्दन्ति इत्याह—**मोहाविरोधान्मैत्र्यादेः ।** मैत्रीकरुणादयो मोहाविरोधिनः, अतश्च दोषकारणवैकल्या**न्नात्यन्तं** द्वेषादि**दोषाणां निग्रहो** मैत्र्यादेः । आपातविष्कम्भनमात्रं तु भवति, मोहस्यानपायात् ।

तन्मूलाश्च मलाः सर्वे स च सत्कायदर्शनम् ।
विद्यायाः प्रतिपक्षत्वाच्चैत्तत्वेनोपलब्धितः ॥२१५॥

मिथ्योपलब्धिरज्ञानं युक्तेश्चान्यदयुक्तिमत् ।
व्याख्येयोऽत्र विरोधो यः तद्विरोधाच्च तन्मयैः ॥२१६॥

विरोधः शून्यतादृष्टेः सर्वदोषैः प्रसिध्यति ।
नाक्षयः प्राणिधर्मत्वाद् रूपादिवदसिद्धितः ॥२१७॥

सम्बन्धे प्रतिपक्षस्य त्यागस्यादर्शनादपि ।

तन्मूलाश्च मलाः सर्वे प्रसूयन्ते ।

ननु सत्त्वदर्शनं दोषमूलम् न मोहः इत्याह—**स च** मोहः **सत्कायदर्शनम् ।**

ननु मोहोऽसम्प्रख्यानरूपः सत्त्वदृष्टिस्तु विपरीतार्थप्रतिपत्तिरूपा । तत् कथं मोह एव सत्त्वदर्शनम् इत्याह—**विद्यायाः प्रतिपक्षत्वात् ।** विद्याया नैरात्म्यदृष्टेर्विपक्षोऽविद्या । स चाप्रख्यानमात्रं वा रूपादि वा न भवति । निर्वाणेऽपि तयोर्भावात् । किन्तु **मिथ्योपलब्धिरज्ञान**मविद्या धर्मानृतवत्, विद्यायाः सदर्थत्वात् । **चैत्तत्वेनोपलब्धित**श्च चैत्तत्वेन करणेनोपलब्धिरूपत्वाच्च ।

आश्रयालम्बनाकारकालद्रव्यसमतादिभिः समं प्रयुक्ताः सम्प्रयुक्ताः इति सम्प्रयुक्तलक्षणम् । न चासम्प्रख्यानस्य नीरूपस्यालम्बनाकारयोग इति मिथ्याज्ञानमविद्या, उक्तेऽर्थे विरोधात् । **भगवता**ऽप्युक्तम्- याः काश्चन लोकव्यवहारोपपत्तयः सर्वास्ता आत्माभिनिवेशतो भवन्ति, आत्माभिनिवेशविगमतो न भवन्ति इत्यनेन सत्त्वदृष्टिरेव जन्महेतुरुक्ता, आत्माभिनिवेश लक्षणत्वात् तस्याः । **अतोऽन्यद**सम्प्रख्यानलक्षणमज्ञान**मयुक्तम्**, निर्वाणेऽपि तत्सत्त्वात् ।

ननु यद्यविद्या दृष्टिरेव तथा च दृष्टिसम्प्रयुक्ताऽविद्येति सम्प्रयुक्तार्थो न स्यात् । न सा तेनैव सम्प्रयुक्ता किन्तु सकलक्लेशानुगताऽविद्या । सत्कायदृष्टिस्तु तदेकदेशः, ततश्चागमविरोधः इत्याह—**अत्र** विद्यानिर्देशे आगम**विरोधो यः** प्रसजति स सामान्यविशेषभावेन भेदकल्पनया **व्याख्येयः** समर्थनीयः । यथा—पलाशयुक्तं वनमिति । दृष्टिस्वभावाऽविद्या प्राधान्येन क्लेशहेतुरित्युपदर्शनं च प्रयोजनम् ।

प्रकृतमाह—यतश्चैवमात्मदर्शनप्रभूताः सर्वक्लेशाः **तया** सत्त्वदृष्ट्या **विरोधाच्च शून्यतादृष्टेर्नै**रात्म्यदृष्टेः, **तन्मयैः** सत्त्वदृष्टिहेतुकैः **सर्वदोषैर्विरोधः सिद्ध्यति**, शीतविरुद्धस्याग्नेरिव तत्कार्ये रोमहर्षादिभिः । अतः सात्मीभूतनैरात्म्यानां न पुनर्दोषलेशोत्पत्तिः । अनेन निःशरणतः इति निरोधाकारो निर्दिष्टः, दोषेभ्यः सर्वथा निःशरणात् ।

स्यादेतद्—**अक्षयो** रागादिः **प्राणिधर्मत्वाद्रूपादिवत् । न** युक्तमेतद्, असिद्धितः । न हि प्राणी कश्चिदस्ति यद्धर्मा रागादयः सिद्ध्यन्ति । सत्त्वे दृष्टौ तु सत्यां केवलमुपलभ्यन्त इति प्रतीत्यसमुत्पादमात्रमेतत् ॥२११-२१७॥

तेषां **प्रतिपक्षस्य** नैरात्म्यदर्शनस्य **सम्बन्धे** सम्मुखीभावे **त्यागस्या**पातविष्कम्भणस्या**दर्शनादपि** सम्भवप्रतिपक्षत्वेनोच्छेदसम्भवात् नाक्षयित्वम् ।

स्यादेतत्—ताम्रादीनामग्नियोगाद् द्रवावस्थायां नष्टमपि काठिन्यं पुनः शीतसम्पर्कादुत्पद्यते । तद्वन्नष्टानामपि दोषाणां मार्गसात्म्ये पुनः कुतश्चिद्धेतोरुत्पत्तिः स्यात् । अत्राह—**न काठिन्य-**

न काठिन्यवदुत्पत्तिः पुनर्दोषविरोधिनः।
सात्मत्वेनानपायत्वात् अनेकान्ताच्च भस्मवत् ॥२१८॥

यः पश्यत्यात्मानं तत्रास्याहमिति शाश्वतः स्नेहः।
स्नेहात् सुखेषु तृष्यति तृष्णा दोषांस्तिरस्कुरुते ॥२१९॥

गुणदर्शी परितृष्यन् ममेति तत्साधनान्युपादत्ते।
तेनात्माभिनिवेशो यावत् तावत् स संसारे ॥२२०॥

आत्मनि सति परसंज्ञा स्वपरविभागात् परिग्रहद्वेषौ।
अनयोः सम्प्रतिबद्धाः सर्वे दोषाः प्रजायन्ते ॥२२१॥

नियमेनात्मनि स्निह्यंस्तदीये न विरज्यते ॥२२२॥

न चास्त्यात्मनि निर्दोषे स्नेहापगमकारणम्।
स्नेहः सदोष इति चेत् ततः किं तस्य वर्जनम् ॥२२३॥

वदुत्पत्तिः पुनर्दोषाणाम्। दोषविरोधिनो नैरात्म्यस्य **सात्मत्वेन** प्रकृतित्वेना**नपायात्**। न ह्यव्याहते विरोधिनि तद्विरुद्धस्योत्पत्तिरग्नाविव शीतकाठिन्यम्। कादाचित्कत्वादग्निनिवृत्तौ तद्विरोधिन्या द्रवतायाः स्वरसनिरोधादुत्पत्तेः। **अनेकान्ताच्च भस्मवद्**। यथा भस्मनि भूते पुनर्न काष्ठोत्पत्तिः तथा नैरात्म्यसात्मतायां न पुनर्नष्टानां दोषाणामुत्पत्तिरित्यनैकान्तिकता नष्टोत्पत्तेः ॥२१८॥

नन्वात्मभावनयापि मोक्षोऽस्ति। तत् किं नैरात्म्यभावनया? यदाहुः—आत्मा..मन्तव्यो निदिध्यासितव्यः[1] इत्यादि। अत्राह—

यः पश्यत्यात्मानं तत्रात्मन्य**स्य** द्रष्टु**रहमिति शाश्वतो**ऽनपायी **स्नेहो** भवति। **स्नेहा**दात्मस्नेहात् **सुखेषु तृष्यति**, तृष्णावान् भवतीति। **तृष्णा** च सुखसाधनत्वेनाध्यवसितानां वस्तूनां **दोषा**नशुचित्वादीन् **तिरस्कुरुते** प्रच्छादयति। दोषतिरस्करणात् **गुणदर्शी** शुचित्वेष्टत्वगुणान् पश्यन् **परितृष्यन् ममेति** ममेदं सुखम् इति गर्द्धमान**स्तस्य** सुखस्य **साधनानि** गर्भगमनादी**न्युपादत्ते। तेना**त्मदर्शनमूलत्वेन जन्मादेरात्मा**भिनिवेशो यावत् तावत् स** आत्मदर्शी **संसार** एव। न केवलं जन्मप्रबन्धः, तस्य दोषा अपि समस्ताः सन्तीत्याह—**आत्मनि सति** ततोऽन्यस्मिन् **परसंज्ञा** परबुद्धिर्भवति। **स्वपरविभागाच्च** कारणात् स्वपरयोर्यथाक्रमं **परिग्रहो**ऽभिष्वङ्गः, **द्वेषः** परित्यागस्तौ भवतः। **अनयो**रनुनयप्रतिषेधयोः **सम्प्रतिबद्धाः सर्वे दोषा** रागमात्सर्येर्ष्यादयः **प्रजायन्ते** ॥२१९-२२१॥

यद्यप्यात्मनि स्नेहवान्, तथाप्यात्मीये सुखसाधने वैराग्यान्न संसरतीति चेत् नैतद्युक्तम्, यत **आत्मनि स्निह्यन्** प्रीयमाण**स्तदीय** आत्मीये सुखसाधने **नियमेन न विरज्यते**ऽभिष्वजत्येव। तत् कथमात्मीयविरागान्मुक्तिः? आत्मस्नेहस्यात्मीयवैराग्यविरोधित्वात् ॥२२२॥

तमेव त्यजतीति चेत्। आह—यद्य**प्यात्मा निर्दोषः**, तथापि **स्नेहः सदोष इति चेत् ततः** सदोषत्वात् **किं** कर्तव्यम् **तस्य** स्नेहस्य **वर्जनम्**? ॥२२३॥

---

1. See बृहदारण्यकोपनिषद् 4,5,6

अदूषितेऽस्य विषये न शक्यं तस्य वर्जनम् ।
प्रहाणिरिच्छाद्वेषादेर्गुणदोषानुबन्धिनः ॥२२४॥

तयोरदृष्टिर्विषये न तु बाह्येषु यः क्रमः ।
न हि स्नेहगुणात् स्नेहः किन्त्वर्थगुणदर्शनात् ॥२२५॥

कारणेऽविकले तस्मिन् कार्यं केन निवार्यते ।
का वा सदोषता दृष्टा स्नेहे दुःखसमाश्रयः ॥२२६॥

तथापि न विरागोऽत्र स्वत्वदृष्टेर्यथात्मनि ।
न तैर्विना दुःखहेतुरात्मा चेत् तेऽपि तादृशाः ॥२२७॥

निर्दोषं द्वयमप्येवं वैराग्यान्न द्वयोस्ततः ।
दुःखभावनया स्याच्चेदहिदष्टाङ्गहानिवत् ॥२२८॥

अदूषितेऽस्य विषय आत्मनि **न शक्यं** तस्य **वर्जनम्** । न हि स्नेहः स्वगुणदोषाभ्यामुपादीयते त्यज्यते वा किन्तु विषयस्य । विषयश्च निर्दोष इति कथमस्य वर्जनम् ?

किञ्च—**इच्छाद्वेषादेर्गुणदोषानुबन्धिनो** यथाक्रमं विषयस्य गुणदोषानुवर्त्तिनः **प्रहाणिः** प्रहाण्युपायः ।

तयोर्गुणदोषयो**रदृष्टिर्विषये**ऽनन्योपायतादर्शनार्थमुपचारः । विषयगुणदोषादर्शने एवेच्छाद्वेषादिप्रहाण्युपाय इत्यर्थः ।

नन्वदृष्टोऽपि इच्छादिरनिच्छामात्रात् त्यज्यमानो दृश्यते इत्याह—**न तु बाह्येषु** वस्तुषु **यः क्रमो**ऽनिच्छामात्रकृतत्यागरूपः स आन्तरेष्वपि स्नेहादिषु युक्तः । बाह्याधीनं बाह्यमनिच्छया त्यक्तुं शक्यम्, आत्मदर्शनाधीनं तु न शक्यपरिहारम्, अविकलहेतुत्वेनोत्पत्तेः ।

किञ्च—**न हि स्नेहगुणात् स्नेहः** क्रियते **किन्त्वर्थस्य** विषयस्य **गुणदोषदर्शनात्** जायते ॥२२४-२२५॥

कारणेऽविकले तस्मिन् विषयगुणे **कार्यं** स्नेहः **केन निवार्यते** ? न केनचित् ।

का वा सदोषता दृष्टा स्नेहे येनायं वर्जयितव्यः ? **दुःखस्य समाश्रय**श्चेद् दोषः । तथा हि—आत्मनि स्निह्यन् तत्सुखसाधनेषु तृष्णावान् दुःखभूतं संसारमुपादत्ते ॥२२६॥

तथापि दुःखहेतुत्वेऽपि **न विरागोऽत्र** स्नेहे **यथात्मनि स्वत्वदृष्टेः** दुःखनिदानभूताया हेतावात्मनि न विरागः । यदि दुःखहेतौ विरागः तदा स्वत्वे दृष्टिद्वारेण सर्वं दुःखमिति तस्य हेतावात्मन्येव स युक्तः । न चास्त्येतत् ।

न तैः स्नेहबुद्धीन्द्रियादिभिरात्मीयै**र्विना दुःखहेतुरात्मा चेत् तेऽपि** स्नेहादयः **तादृशा** आत्मानमन्तरेण न दुःखहेतवः ॥२२७॥

एवं परस्परसापेक्षत्वे **निर्दोषं द्वयमपि** स्नेहादिरात्मा च **वैराग्यान्न द्वयोरपि ततः** कार्यम् । तथा च संसारो दोषाश्च दुर्वाराः, हेतुसाकल्यात् । प्रवृत्तिर्यदि स्नेहादिषु **दुःखभावनया**, हानिः स्यात्, **अहिदष्टस्याङ्गस्य हानिवत्** । यथा आत्मीयमप्यहिदष्टमङ्गं दुःखवशाद् विरज्य त्यज्यते अनुपभोगाश्रयत्वात् ॥२२८॥

आत्मीयबुद्धिहान्याऽत्र त्यागो न तु विपर्यये ।
उपभोगाश्रयत्वेन गृहीतेष्विन्द्रियादिषु ॥२२९॥

स्वत्वधीः केन वार्येत वैराग्यं तत्र तत् कुतः ।
प्रत्यक्षमेव सर्वस्य केशादिषु कलेवरात् ॥२३०॥

च्युतेषु सघृणा बुद्धिर्जायतेऽन्येषु सस्पृहा ।
समवायादिसम्बन्धजनिता तत्र हि स्वधीः ॥२३१॥

स तथैवेति सा दोषदृष्टावपि न हीयते ।
समवायाद्यभावेऽपि सर्वत्रास्त्युपकारिता ॥२३२॥

दुःखोपकारान्न भवेदंगुल्यामिव चेत् स्वधीः ।
न ह्येकान्तेन तद् दुःखं भूयसा सविषान्नवत् ॥२३३॥

विशिष्टसुखसङ्गात् स्यात् तद्विरुद्धे विरागिता ।
किञ्चित् परित्यजेत् सौख्यं विशिष्टसुखतृष्णया ॥२३४॥

आत्मीयबुद्धिहान्या तत्राहिदष्टाङ्गे **त्यागो न तु विपर्यये**, आत्मीय-बुद्धिसत्तायाम् । यस्मा**दुपभोगस्याश्रयत्वेन** कारणत्वेन **गृहीतेष्विन्द्रियादिषु स्वत्वे धी**रात्मीयत्वबुद्धिः **केन** हेतुना **वार्येत** ? न केनचित् । **तत्कुतस्तत्रो**पभोगसाधने स्वीयावयवे **वैराग्यं** येन त्यज्यते ? ततो यत् त्यज्यते आत्मीयबुद्धिहान्या एव । न चैवं स्नेहादिष्वात्मीयबुद्धिहानिरस्ति येनैषां त्यागः स्यात् ।

एतच्च **प्रत्यक्षमेव सर्वस्य** । **केशादिषु कलेवरात् च्युते**ष्वात्मीयबुद्धिविषयेषु **सघृणा बुद्धिर्जायते** जनस्य । **अन्य**त्राच्युतेष्वात्मीयबुद्धिविषयेषु **सस्पृहा** । दुःखभावनया आत्मीयबुद्धिरेव हीयत इति चेत् न युक्तमिदम् **समवायादिसम्बन्धजनिता हि** यस्मात् **तत्र** बुद्ध्यादौ **स्वधीः** । तथा चात्मनः सुखादिना समवायः सम्बन्धः, शरीरेण संयोगः, शरीराश्रितै रूपादिभिः संयुक्तसमवायः, श्रोत्रेन्द्रियेण संयोगश्चक्षुरादिभिः संयोगिसंयोग आत्मसम्बन्धः ॥२२९-२३१॥

स दुःखभावनायामपि **तथैवेति सा** स्वधीर्**दोषदृष्टावपि न हीयते** निमित्तस्यावैकल्यात् । अथ समवायादिर्नास्त्येव तदा **समवायाद्यभावेऽपि सर्वत्र** बुद्ध्यादाव**स्त्युपकारिता** तत्कृता ॥२३२॥

तत्र स्वधीरशक्यधारणा **दुःखोपकारात्** दुःखोपनिधानात् **न भवेद**हिदष्टाया**मङ्गुल्यामिव** स्नेहबुद्ध्यादौ **स्वधी**रिति **चेत् न ह्येकान्तेन** तत्स्नेहादि**दुःखं** दुःखहेतुः पर्यायेण सुखहेतुत्वादपि, किन्तु **भूयसा तद् दुःखम्**, सविषान्नवत् । परिणतिदुःखहेतुरपि विषान्नमापातसुखं च ॥२३३॥

ननु सविषमन्नं, सुखमिश्रश्च वैराग्यविषयः स्वहितकामानाम् । एवं स्नेहादिरपि स्याद् इत्याह—**विशिष्टे सुखे** सुखसाधने तदात्वपरिणामयोरनुग्रहीतरि विषादिदोषरहितभोजनादौ **सङ्गाद**भिष्वङ्गात् **स्यात् तद्विरुद्धे** सविषान्नादौ **विरागिता** ।

वैराग्याच्च **किञ्चित् सौख्यं** परिणतिदुःखबहुलं **परित्यजे**दात्मकामो **विशिष्टस्य सुखस्य** परिणामाविरुद्धस्य **तृष्णया** अभिलाषेण । यदा त्वात्मनि सति न किञ्चित् सुखैकरूपं सर्वं सुखं दुःखसंमिश्रं तदा क्व परिहारः, कस्मिन्ननुरागः स्वीकार्यः? न चेच्छया शक्यपरिहाराः स्नेहादयः, तत्कारणस्यात्मनोऽवैकल्यादित्युक्तम् ॥२३४॥

नैरात्म्ये तु यथालाभमात्मस्नेहात् प्रवर्तते ।
अलाभे मत्तकासिन्या दृष्टा तिर्यक्षु कामिता ।।२३५।।

यस्यात्मा वल्लभस्तस्य स नाशं कथमिच्छति ।
निवृत्तसर्वानुभवव्यवहारगुणाश्रयम् ।।२३६।।

इच्छेत् प्रेम कथम् प्रेम्णः प्रकृतिर्न हि तादृशी ।
सर्वथात्मग्रहः स्नेहमात्मनि द्रढयत्यलम् ।।२३७।।

आत्मीयस्नेहबीजं तु तदवस्थं व्यवस्थितम् ।
यत्नेऽप्यात्मीयवैराग्यं गुणलेशसमाश्रयात् ।।२३८।।

वृत्तिमान् प्रतिबध्नाति तद्दोषान् संवृणोति च ।
आत्मन्यपि विरागश्चेदिदानीं यो विरज्यते ।।२३९।।

नन्वनैरात्म्यपक्षेऽपि दुःखं सकलम्, तन्निरोधः परसुखम्, तत् क्वचित् तृष्णया प्रवृत्तिर्न स्यात् इत्याह—**नैरात्म्य**तत्त्वेऽध्यारोपादा**त्मस्नेहात्** सुखविपर्यासात् दुःखेष्वपि सुखतयाऽध्यवसितेषु विषयेषु **यथालाभं** प्राप्त्यनुक्रमेण प्रवृत्तिर्भवति, निर्वाणसुखव्युत्पत्त्यभावात् । व्युत्पत्तावपि तन्मार्गसात्मत्वाभावात् । सात्मीकृतमार्गास्तु क्वचिन्न प्रवर्तन्त एव । तथा **चालाभे मत्तकासिन्या** मत्तगजगामिन्या कामुकस्य **तिर्यक्षु कामिता दृष्टा** । बलवानात्मस्नेहो विशिष्टसुखसाधनस्यालाभे सुखाभासहेतौ च प्रवर्तयति ।।२३५।।

किञ्च—यदि बुद्धीन्द्रियशरीरादीनां दुःखहेतुत्वात् तेषु वैराग्यात् तत्त्यागात् कैवल्यमात्मन इष्टम् मुक्तिदशायां तदात्मभोगादिसकलपरिच्छेदाभावात् नाशाविशेषान्नाश **एवेष्टः** स्यात्, तच्चेदमयुक्तमित्याह—**यस्यात्मा वल्लभस्तस्य स कथं नाशमिच्छति** ? न नाशं कैवल्यमप्रतीतिविषयत्वादिच्छति ।

कथं पुनः केवलमात्मानमिच्छन् नाशमिच्छति इत्याह—**निवृत्तः सर्वस्यानुभवव्यवहारस्य समाश्रयम्** आश्रयणं यस्मात् तं नाशलक्षणाविशिष्टमित्यर्थः । नाशाविशिष्टञ्चात्मानं **कथं प्रेम** स्नेहातिशय **इच्छेत्** ? यस्मात् **प्रेम्णः प्रकृतिस्तादृशी** स्वविषयनाशैषणस्वभावा **न** भवति तस्मात् **सर्वथा आत्मग्रह आत्मनि स्नेहमलम**त्यर्थं **द्रढयति** ।।२३६-२३७।।

स आत्मग्रहश्चात्मोपकारिषु **आत्मीयस्नेहबीजं तदवस्थं व्यवस्थित**मिति तत्प्रतिबद्धानां दोषाणाञ्चानिवृत्तिः ।

स्यादेतद्—आत्मीये दोषदर्शनाद् वैराग्यमुत्पद्यते इत्याह—दोषदर्शनाद् **यत्नेऽपि** सति तावत्काल**मात्मीये**षु **वैराग्यं** यदुत्पन्नं तदात्मस्नेहो **वृत्तिमा**नात्मीयेषु **गुणलेश**स्य सुखसाधनत्वस्य **समाश्रयणात् प्रतिबध्नाति** । **तद्दोषांश्च** दुःखसाधनादीन् **संवृणोति** । तत् कुत आत्मस्नेहवत आत्मीये वैराग्ययोगः? आत्मस्नेहस्य सर्वदोषमूलत्वात् ।

आत्मन्यपि विरागश्चेद् बाध्यते ननूक्तमत्र—न चात्मनि निर्दोषे स्नेहापगमकारणमस्ति । भवतु तावत् तथापी**दानी**मत्रापि पक्षे **यो** यत्र **विरज्यते** तेन स तं **त्यजति यथात्मानम्** । न ह्यात्मनि

त्यजत्यसौ यथात्मानं व्यर्थाऽतो दुःखभावना।
दुःखभावनयाऽप्येष दुःखमेव विभावयेत् ।।२४०।।

प्रत्यक्षं पूर्वमपि तत् तथापि न विरागवान् ।
यद्यप्येकत्र दोषेण तत्क्षणं चलिता मतिः ।।२४१।।

विरक्तो नैव तत्रापि कामीव वनितान्तरे।
त्याज्योपादेयभेदे हि सक्तिर्येवैकभाविनी ।।२४२।।

सा बीजं सर्वसक्तीनां पर्यायेण समुद्भवे।
निर्दोषविषयः स्नेहो निर्दोषः साधनानि च ।।२४३।।

एतावदेव च जगत् क्वेदानीं स विरज्यते।
सदोषताऽपि चेत् तस्य तत्रात्मन्यपि सा समा ।।२४४।।

तत्राविरक्तस्तद्दोषे क्वेदानीं स विरज्यते।

विरक्तोऽपि तं त्यजति। तथात्मीयेऽपि विरक्तस्तं न त्यक्ष्यतीति **व्यर्था अतो दुःखभावना**, आत्मनो ऽत्यागात्। **दुःखभावनयापि एष** भावको **दुःखमेव** भाव्यमानं **विभावयेत्** प्रकाशयेत् ।।२३८-२४०।।

तच्च भावनातः **पूर्वमपि प्रत्यक्षमेव** दुःखमात्मस्नेहादिशस्त्रप्रहाराद्यनुभवकाले। **तथापि** प्रत्यक्षीकृतात्मस्नेहादिदुःखत्वेऽपि **न विरागवान्** तेषु कश्चित्तदा। ततो भावनाप्रकर्षेऽप्येवं स्यात्, साक्षात्करणत्वात् तस्य। तच्च न विरागहेतुः प्रागिव **यद्यप्येकत्रा**पराधकारिणि **दोषदर्श**नात् **तत्क्षणं** नियतकालमनुरागाच्च**चलिता मतिः**, विरागभजनात् ।।२४१।।

तथाप्यसौ **नैव तत्र** विरक्तः, सर्वथा पर्यायेण रागोत्पत्तेः। किं पुनः अन्यत्र **कामीव** क्वचित् कामिन्यां रागकारिण्यां विरक्तोऽपि **वनितान्तरेऽ** विरक्तः। तस्यामपि वा क्रमेण।

किञ्च—प्रतिघानुनयविषयत्वात् **त्याज्योपादेयभेदे हि** सति **सक्ति**रासक्ति**र्येवैक**स्मिन् **भाविनी** द्वेषविषयतया, अनुरागाविषयतया वा **सा** सक्ति**र्बीजं** कारणं **सर्वसक्तीनां, पर्यायेण** परिपाट्या **समुद्भव**निमित्तम्। तथा हि—क्वचिद् द्वेषासक्त्या तदनुकूलप्रतिकूलयोः प्रतिघानुनयौ भवतः। तथानुरागासक्त्यापि क्वचित् तयोरेवानुनयद्वेषौ भवतः। तदेवमात्मनो निर्दोषत्वात् **निर्दोषविषयः स्नेहो निर्दोषः** स्वयम् उपभोग**साधनानि** चेन्द्रियशरीरादीनि शब्दरसरूपादीनि निर्दोषाणि, आत्मादीनां सर्वेषां प्रत्येकं दुःखहेतुत्वाभावात् ।।२४२-२४३।।

एतावदेव च जगत्, त्रिभिर्जगतः संग्रहात्। **क्वेदानीं स** मोक्तुकामो **विरज्यते**? समुदाया-द्दोषदर्शनात् तत एव विरज्यते चेत् नन्वेवमात्मन्यपि वैराग्यं प्राप्तम्। न केवलं गुणवत्ता, **सदोषतापि चेत् तस्य** स्नेहेन्द्रियादेः, **तत्रात्मन्यपि** कैवल्येनेष्टे **सा** सदोषता **समा**, तस्यापि स्नेहा-दिदोषवत्त्वात् ।।२४४।।

एवं तर्ह्यात्मदोषमेव वैराग्यभावनाया जह्यादिति चेत् **तत्रा**त्मन्य**विरक्तस्तद्दोषे क्वेदानी**-मात्मदर्शनकाले **स मुमुक्षुर्विरज्यते**? यथा सदोषेऽप्यात्मन्यात्मदर्शनादविरक्तः तथा तद्दोषेऽपि स्नेहादात्मीयत्वदर्शनान्न विरज्यते।

गुणदर्शनसम्भूतं स्नेहं बाधितदोषदृक् ।।२४५।।

स चेन्द्रियादौ न त्वेवं बालादेरपि सम्भवात् ।
दोषवत्यपि सद्भावात् अभावाद् गुणवत्यपि ।।२४६।।

अन्यत्रात्मीयतायां वाऽप्यतीतादौ विहानितः ।
तत एव च नात्मीयबुद्धेरपि गुणेक्षणम् ।।२४७।।

कारणम् हीयते सापि तस्मान्नागुणदर्शनात् ।
अपि चासद्गुणारोपः स्नेहात् तत्र हि दृश्यते ।।२४८।।

तस्मात् तत्कारणाबाधी विधिस्तं बाधते कथम् ।
परापरप्रार्थनातो विनाशोत्पादबुद्धितः ।।२४९।।

इन्द्रियादौ पृथग्भूतमात्मानं वेत्ययं जनः ।
तस्मान्नैकत्वदृष्ट्यापि स्नेहः स्निह्यन् स आत्मनि ।।२५०।।

उपलम्भान्तरङ्गेषु प्रकृत्यैवानुरज्यते ।
प्रत्युत्पन्नात् तु यो दुःखान्निर्वेदो द्वेष ईदृशः ।।२५१।।

अपि च—**गुणदर्शनसम्भूतं स्नेहं बाधितदोषस्य दृक्** दृष्टिः ।।२४५।।

स च स्नेहजे**न्द्रियादावेवं** गुणदर्शनान्न दृष्टः । **बालादेरपि** गुणपरीक्षामभ्युपगम्य चक्षुरादावात्मीयत्वमात्रेण स्नेहस्य **सम्भवात्** । गुणदोषदर्शनात् न स्नेहभावाभावौ, किन्त्वात्मीयत्वदर्शनादर्शनात् तदन्वयव्यतिरेकानुविधानादिति । दर्शयति च स्वकीये चक्षुरादौ गुणविकले काणत्वादि**दोषवत्य**प्यात्मीयत्वपरामर्शात् स्नेहस्य **सद्भावादन्यत्र** परकीये नेत्रादौ दोषरहिते **गुणवत्यपि । आत्मीयतायाम**पि **वाप्यतीतादौ** केशनखादौ, आदिशब्दाल्लूनाङ्गुल्यादौ, वर्तमानेन स्नेह आत्मीयत्वेनादृष्टे**र्विहानितः** परित्यागात् । स्वत्वस्य **तत एव च** बालादेरपि भावात् । **आत्मीयबुद्धेरपि न गुणेक्षणं कारणम्** किन्त्वात्मदर्शनमेव ।

तस्माद् गुणदर्शनहेतुकत्वाभावात् **सा** आत्मीयबुद्धिरपि **अगुणस्य** दोषस्य **दर्शनान्न हीयते ।** कारणविरुद्धो हि धर्मी निवर्तकः कस्यचिद्, यथाग्नी रोमाञ्चविशेषस्य । आत्मदर्शनं हि स्नेहात्मीयदृगादेः कारणम्, न च तद्विरोधिनी दोषदृक् ।

अपि चासतां गुणानामारोपः तत्रात्मीये स्नेहाद्धि यस्माद् **दृश्यते तस्मात् तस्य** स्नेहादेः **कारणस्यात्मदर्शनस्याबाधी** अबाधको **विधिर्दीक्षा** दुःखभावनादिरूपः **तं** स्नेहादिं **बाधते कथम्** ? कारणानिवृत्त्या कार्यनिषेधस्य कर्तुमशक्यत्वात् ।

सांख्यास्तु मन्यन्ते—चेतनाचेतनयोः पुरुषप्रधानयोर्यावदैक्यं मन्यते पुरुषः तावत् स स्नेहवान् अमुक्तश्च, भेदप्रतीतौ न स्नेहो विमुक्तश्च इति । अत्राह—काणत्वादिदोषयुक्तस्य **परापरस्य** विशिष्टाविशिष्टस्य चक्षुःशरीरादिकस्य **प्रार्थनातः**, आत्मनश्चान्यस्यानभिलाषतः । **तस्मात् पृथग्भूतमात्मानमयम**मुक्तोऽपि **जनो वेत्ति** । तथा **विनाशोत्पादबुद्धितः** शरीरेन्द्रियादौ विपर्ययाच्चात्मनि भिन्नमात्मानं तेभ्यो **वेत्ति** । **तस्मान्नैकत्वदृष्ट्याऽपि स्नेहः**, किन्त्वात्म-

न वैराग्यम् तदाप्यस्य स्नेहोऽवस्थान्तरेषणात् ।
द्वेषस्य दुःखयोनित्वात् स तावन्मात्रसंस्थितिः ।।२५२।।

तस्मिन् निवृत्ते प्रकृतिं स्वामेव भजते पुनः ।
औदासीन्यं तु सर्वत्र त्यागोपादानहानितः ।।२५३।।

वासीचन्दनकल्पानां वैराग्यं नाम कथ्यते ।
संस्कारदुःखतां मत्वा कथिता दुःखभावना ।।२५४।।

सा च नः प्रत्ययोत्पत्तिः सा नैरात्म्यदृगाश्रयः ।
मुक्तिस्तु शून्यतादृष्टेस्तदर्थाः शेषभावनाः ।।२५५।।

अनित्यात् प्राह तेनैव दुःखं दुःखान्निरात्मताम् ।

दर्शनात् । **स** आत्मदर्शी **स्निह्यन्नात्मनि उपलम्भान्तरङ्गेषू**पभोगसाधनेष्विन्द्रियादिषु **प्रकृत्या** स्वभावे**नैवानुरज्यते । प्रत्युत्पन्नात्तु** वर्तमानात् **पुनर्दुःखान्निर्वेदो यः** स **न वैराग्यम्** किन्तु **द्वेष ईदृशः** । यस्मा**त्तदापि** निर्वेदावस्थायां **स्नेहोऽस्या**स्ति, न च विरक्तस्य स्नेहसम्भवः । तदस्तित्वमेव कुत इति चेत् **अवस्थान्तरस्य** दुःखहेतोर्निर्वेदकारिण्या अवस्थाया विलक्षण**स्यैषणात्** । न हिं स्नेहमन्तरेणैकत्यागादपरवाञ्छा । **द्वेषस्य दुःखस्य योनित्वात्** । **स** निर्वेदाख्यो द्वेषो यावद् दुःखमनुवर्तते **तावन्मात्रं** तावत्कालपरिमाणं **संस्थिति**रस्येति ।।२४६-२५२।।

तथा **तस्मिन्** दुःखे कारणनिरोधा**न्निवृत्ते पुनः स्वामेव प्रकृतिं** विषयेष्वविरागलक्षणां **भजते** सत्त्वदर्शी ।

कीदृशं तर्हि वैराग्यं युक्तम् ? आह—सत्त्वदृष्ट्यभावात् **सर्वत्र** विषये प्रतिकूलत्वानुकूलत्वाभ्यामनध्यवसिते **त्यागोपादान**यो**र्हानितो वासीचन्दनकल्पानां**, वासीचन्दनयोः कल्पाः सदृशा ये, वासीचन्दनकल्पा वा ये, तेषां साक्षात्कृतनैरात्म्यतत्त्वानाम**ौदासीन्य**मननुयप्रतिघरहितत्वं पुन**र्वैराग्यं नाम** आगमप्रसिद्धं **कथ्यते** ।

ननु यदि दुःखभावनया स्नेहादिहान्या न मुक्तिः तत् कथं **भगवतोक्ता** दुःखभावना इत्याह—**संस्कारदुःखतां मत्वा कथिता दुःखभावना** । न हि दुःखदुःखतामभिसन्धाय तद्भावनोक्ता, किं तर्हि संस्कारदुःखताम् ।।२५३-२५४।।

सैव किमुच्यते इत्याह—**सा च** संस्कारदुःखता **नो**ऽस्माकं सौगतानां **प्रत्ययोत्पत्ति**र्हेतुपारतन्त्र्यम् । सा प्रत्ययोत्पत्ति**र्नैरात्म्यस्य दृशो** दर्शनस्या**श्रयः** कारणम् ।

तथा हि हेतुफलभूताः क्षणक्षयिणो भावाः प्रवृत्तयो नात्मरूपाः नाप्यात्माधिष्ठिता इति संस्कारदुःखताभावना नैरात्म्यदर्शनानुकूला । सैव च मुक्तिहेतुरित्याह—**मुक्तिस्तु शून्यताया** निरात्मताया **दृष्टेः** । **शेषस्य** नित्यदुःखादे**र्भावनास्तदर्था** निरात्मदर्शनार्थाः ।।२५५।।

तेनैवानित्यदुःखभावनायाः शून्यताभावनानुकूलत्वेन **भगवान् अनित्याद्** अनित्यत्वाद् **दुःखं**, संसारिस्कन्धानां हानाद् **दुःखाद्** दुःखत्वान्नि**रात्मतामा**ह । तद्यथा—रूपं भिक्षवो नित्यमनित्यं वा ? अनित्यं भदन्त । यदनित्यं तद् दुःखं सुखं वा ? दुःखं भदन्त । यदनित्यं दुःखं विपरिणामधर्मकं कल्प्यं नु तदेव द्रष्टुः एतन्मम, एषोऽहमस्मि, एष मे आत्मेति ? नो हीदं

अविरक्तश्च तृष्णावान् सर्वारम्भसमाश्रितः ॥२५६॥

सोऽमुक्तः क्लेशकर्मभ्यां संसारी नाम तादृशः ।
आत्मीयमेव यो नेच्छेद् भोक्ताप्यस्य न विद्यते ॥२५७॥

आत्मापि न तदा तस्य क्रियाभोगौ हि लक्षणम् ।
तस्मादनादिसन्तानतुल्यजातीयबीजिकाम् ॥२५८॥

उत्खातमूलां कुरुत सत्त्वदृष्टिं मुमुक्षवः ।
आगमस्य तथाभावनिबन्धनमपश्यताम् ॥२५९॥

मुक्तिमागममात्रेण वदन्न परितोषकृत् ।

भदन्त[1] । इत्येवं हेतुफलभावनेनानात्मदर्शनमेव मुक्तेरुपाय इति कथितम् । **तदेवाचार्येणोक्तम्** ।

उक्तो मार्गः । तदभ्यासादाश्रयः परिवर्तत इति नास्ति विरोधः ।

य पुनरात्मदर्शी **सोऽविरक्त** एव । अविरक्तश्च **तृष्णावान्** हान्युपादानलक्षणान् कर्मप्रसवहेतून् **समाश्रितः** ॥२५६॥

सोऽमुक्तः क्लेशकर्मभ्यां आत्मदर्शनप्रवृत्तिकारणकाभ्यां **संसारी नाम** प्रसिद्धः **तादृशः** । तदेवमात्मनि सति नात्मीयत्यागः, तथाऽमुक्तिरित्युक्तम् । भवतु वाऽऽत्मीयत्यागः, तथाप्या**त्मीयमेव यो नेच्छेत्** तन्मतेऽस्यात्मीयस्य **भोक्ता न विद्यते**, भोग्यापेक्षत्वाद् भोक्तृत्वस्य ॥२५७॥

भोक्त्रभावे **आत्मापि ना**स्तीति प्रसङ्गात् । कुत इति चेत् **हि** यस्मात् **तस्या**त्मनः **क्रियाभोगौ लक्षणं**, कर्त्ता भोक्ता चात्मोच्यते । यदा चात्मीयमेव नास्ति किमर्थं कर्म कर्तव्यम्, किं वा भोक्तव्यम् ? कर्तृत्वभोक्तृत्वाभावादात्माभाव एव स्वीकृतः स्यात् । तस्मात् सत्यात्मनि आत्मीये तत्स्नेहादिसत्त्वेऽनुच्छेद एव संसारस्य । **तस्मात्** संसारादुद्विजमाना **मुमुक्षव उत्खातमूला**मुद्धृतकारणां **सत्त्वदृष्टिं कुरुत** ।

ननु किमस्या मूलम् इत्याह—**अनादिसन्तान**स्**तुल्यजातीयः** पूर्वपूर्वसत्त्वदर्शनस्वभावोऽविद्यारूपो **बीजं** कारणं यस्यास्तां सत्त्वदर्शनमविद्यास्वभावं पूर्वपूर्वमुत्तरोत्तरस्य सत्त्वदर्शनस्य हेतुरित्यर्थः ।

ननू**क्तमीश्वरेणा**गमे—अस्त्यात्मा, मोक्षश्चास्य दीक्षाविधिना इति तत्किमत्र चिन्त्यते, तत्कारणाबाधी विधिस्तं बाधते कथम्[1] इत्यादिनोक्तत्वात् ? अत्राह—**आगमस्य तथाभावस्य** प्रतिपादितार्थसंवादित्वस्य **निबन्धनं** हेतु**मपश्यतां** मुमुक्षूणा**मागममात्रेण मुक्तिं वदन् न परितोषकृद्** भवति ।

नन्वस्ति प्रामाण्यनिबन्धनमागमस्य दीक्षाविधिस्पृष्टस्यानारोहधर्मकत्वदर्शनम् । यथा हि बीजं दीक्षाविधिस्पृष्टं न प्ररोहति तथा पुमानपि दीक्षितो न पुनर्भवति इत्याह—**नालं** शक्तो **बीजादिषु संसिद्धो विधिर्दी**क्षायाः **पुंसामजन्मने तैलाभ्यङ्गाग्निदाहादेरपि** संसारान्**मुक्तिप्रसङ्गतः** ।

---

1. Cf. मध्यमनिकाय 3.9.55.
2. PV. 1.249.

नालं बीजादिसंसिद्धो विधिः पुंसामजन्मने ॥२६०॥

तैलाभ्यङ्गाग्निदाहादेरपि मुक्तिप्रसङ्गतः ।
प्राग् गुरोर्लाघवात् पश्चान्न पापहरणं कृतम् ॥२६१॥

मा भूद गौरवमेवास्य न पापं गुर्वमूर्त्तितः ।
मिथ्याज्ञानतदुद्भूततर्षसञ्चेतनावशात् ॥२६२॥

हीनस्थानगतिर्जन्म ततस्तच्छिन्न जायते ।
तयोरेव हि सामर्थ्यं जातौ तन्मात्रभावतः ॥२६३॥

ते चेतने स्वयं कर्मेत्यखण्डं जन्मकारणम् ।
गतिप्रतीत्योः करणान्याश्रयास्तान्यदृष्टतः ॥२६४॥

अदृष्टनाशादगतिः तत्संस्कारो न चेतना ।
सामर्थ्यं करणोत्पत्तेर्भावाभावानुवृत्तितः ॥२६५॥

तैलेनाभ्यक्तं बीजमग्निना च स्पृष्टं न प्ररोहति, तथा पुरुषोऽपि तैलाभ्यङ्गाग्निदाहाभ्यां न पुनर्भवेत् ।

स्यादेतत्—दीक्षायाः प्राक् पापगुरोरुत्तरं तुलया लाघवात् पापाभावोपलम्भ आगमप्रामाण्यनिबन्धनम् इत्याह—**प्राग् गुरोर्लाघवात् पश्चान्न पापहरणं कृतम्** । दीक्षायाः प्राग् गुरोः पश्चाल्लाघवात् दीक्षया न पापहरणमस्य दीक्षितस्य किन्तु **गौरवमेवास्य** कृतं सत् **मा भूदिति** कस्मान्न कल्प्यते ? लाघवं हि गौरवविरोधि दृश्यमानं तदभावमेव गमयेत्, न पापभावम् । पापमेव गुर्विति चेत् **न पापं गुरु, अमूर्त्तितो** मूर्त्तत्वाभावात् । मूर्त्तधर्मो हि गौरवं कथं पापस्यामूर्त्तस्य स्यात् ?

ननु त्वत्पक्षेऽपि नैरात्म्यदर्शने भूतेऽपि कस्मान्न जन्म इत्याह—**मिथ्याज्ञानं** दुःखे विपर्यासमतिः, **तदुद्भूतस्तर्षो** मिथ्याज्ञानप्रभवा तृष्णा, ताभ्यां सम्प्रयुक्ते **चेतने तद्वशाद्** या **हीनस्थानगतिस्तज्जन्मे**त्युक्तम् । अतः **तच्छिद्** अज्ञानतृष्णाच्छेदको नैरात्म्यदर्शी **न जायते**, कारणाभावात् ।

तदेवाह—**तयोरेवा**ज्ञानतृष्णयो**र्हि सामर्थ्यं जातौ** जन्मनिमित्तं, **तन्मात्रेण भावतः** । ते च दीक्षितस्यापि स्त इति स जायते ॥२५८-२६३॥

ननु कर्मापि जन्मकारणमिष्टम्, तत्कथमज्ञानतृष्णे एवोक्ते इत्याह—**ते चेतने** मिथ्याज्ञानतद्भूततर्षसञ्चेतने **स्वय**मात्मना पूर्वशुभाशुभकर्मसंस्कारसहाये **कर्म** कर्मस्वभावे **इत्यखण्डम**न्यूनं **जन्मकारण**मुक्तमिति न विरोधः ।

स्यादेतद्—**गतिप्रतीत्यो**रभिमतदेशगमनस्य ज्ञानस्य च **करणानी**न्द्रियाणि **आश्रयः** कारणम्, इन्द्रियेभ्य उत्पन्नेन ज्ञानेन विषयं परिच्छिद्य प्रवृत्तेः । **तानी**न्द्रियाणि **चादृष्टतः** शुभादिलक्षणाद्, दीक्षया चा**दृष्टनाशात्** तत्कार्याणां करणानामनुत्पत्तेर्विषयस्य परिच्छेदतृष्णयोरभावात् **अगति**र्जन्मस्थान इति नास्ति पुनर्भवो दीक्षितस्य। **तददृष्टं**चात्म**संस्कारो न चेतना** स्यात्, दीक्षितस्यापि सास्तीति जन्मापि स्यात् ।

दृष्टं बुद्धेर्न चान्यस्य सन्ति तानि नयन्ति किम् ।
धारणप्रेरणक्षोभनिरोधाश्चेतनावशाः ॥२६६॥

न स्युस्तेषामसामर्थ्ये तस्य दीक्षाद्यनन्तरम् ।
अथ बुद्धेस्तदाभावान्न स्युः सन्धीयते मलैः ॥२६७॥

बुद्धस्तेषामसामर्थ्ये जीवतोऽपि स्युरक्षमाः ।
निर्ह्रासातिशयात् पुष्टौ प्रतिपक्षस्वपक्षयोः ॥२६८॥

दोषाः स्वबीजसन्ताना दीक्षितेऽप्यनिवारिताः ।
नित्यस्य निरपेक्षत्वात् क्रमोत्पत्तिर्विरुध्यते ॥२६९॥

क्रियायामक्रियायाञ्च क्रिययोः सदृशात्मनः ।
ऐक्यञ्च हेतुफलयोर्व्यतिरेकस्ततस्तयोः ॥२७०॥

अत्राह—**बुद्धेर्भावाभावानुवृत्तितो**ऽन्वयव्यतिरेकानुवृत्त्या **करणानामेकस्माद्** देशादपरदेशसम्बद्धानामुत्पत्तेः कारणात् **सामर्थ्यं** बुद्धेरिन्द्रियजननं प्रति **दृष्टम् नान्यस्य** संस्काररूपस्यादृष्टस्य, तदन्वयव्यतिरेकानुविधानानुपलम्भात् । सा बुद्धिश्चास्ति देशान्तरसम्बद्धकरणजनिका दीक्षितस्य, तत् **किं तानि** करणानि गर्भस्थानं **नयन्ति** गच्छन्ति ? हेत्ववैकल्यात् भवितव्यम् ।

गमनेनावश्यं दीक्षयोपहता बुद्धिर्देशान्तरं नेतुमिन्द्रियाण्यशक्ता चेत् नन्वेवं **तस्य** मुमुक्षोर्**दीक्षानन्तरं** बुद्धेरसामर्थ्ये **तेषा**मिन्द्रियाणां स्वविषये व्यवस्थानं **धारणम्**, तत्रायोजनं **प्रेरणम्**, **क्षोभो** विकारः, स्वविषयान्निवर्तनं **निरोधः**, ते बुद्धिनिबन्धनवृत्तयो **न स्युः** ।

अथ बुद्धेस्तदा मरणकालेऽ**भावान्न स्युः** धारणप्रेरणादयः । अत्राह—**सन्धीयते** जन्यते **मलै**र्मिथ्याज्ञानैर्मिथ्याज्ञानात्मस्नेहादिभिर्बुद्धिर्मरणसमयेऽपीति कुतो बुद्ध्यभावः ॥२६४-२६७॥

अथ मला अपि दीक्षयोपहतसामर्थ्या न बुद्धिं सन्दधति, तदा **तेषां मलानामसामर्थ्ये** स्वीक्रियमाणे **जीवतोऽपि** दीक्षितस्य मला बुद्धिसन्धानं **प्रत्यक्षमाः स्युः** । दीक्षा मलानां बाधिकेत्यपि मिथ्या । तथा **प्रतिपक्षस्य** नैरात्म्यभावनायाः, **स्वपक्षस्या**योनिशोमनस्कारस्याभ्यासात् **पुष्टौ** सत्यां दोषाणां यथाक्रमं **निर्ह्रासा**दपचयात्, **अतिशया**दभिवृद्धे**र्दोषाः स्वकी**याद् **बीजात्** तुल्यजातीयकारणात् **सन्तानो** येषां ते **दीक्षितेऽपि** दोषबीजे परिपोषवत्य**निवारिताः** ।

स्यादेतद्, आत्मनोऽपि गर्भगतकरणादिजनने व्यापारः, स एव दीक्षया निरुद्ध इति न पुनर्जन्म इत्याह—**नित्यस्या**नुपकार्यतया **निरपेक्षत्वात्** करणादीनां **क्रमे**णो**त्पत्तिर्विरुध्यते,** समत्वहेतुसद्भावात् सकृदुत्पादप्रसक्तेः ॥२६८-२६९॥

इन्द्रियादेः **क्रियायामक्रियायां च सदृशात्मन**स्तुल्यरूपस्यात्मनस्तयोः कालयोस्ते ते विरुध्येते । **यद्यसौ** कार्यकरणस्वभावः तदा कार्यदेव क्रियाविरामोऽस्य विरुध्यते । एवमक्रियायामपि वाच्यम् । **किञ्च**—आत्मनः कर्मकर्तृता **हेतु**त्वम्, भोक्तृत्वञ्च **फलम्**, ते चात्मन एकरूपस्य रूपे इति हेतुफलाभेदप्रसङ्गः । **व्यतिरेको** भेदः, **तत** आत्मनस्**तयोः** कर्तृत्वभोक्तृत्वयोर्धर्मयोः ततो **नैक्य**प्रसङ्ग इति चेत् ॥२७०॥

कर्तृभोक्तृत्वहानिः स्यात् सामर्थ्यं च न सिध्यति ।
अन्यस्मरणभोगादिप्रसङ्गाश्च न बाधकाः ॥२७१॥

अस्मृतेः कस्यचित् तेन ह्यनुभूतेः स्मृतोद्भवः ।
स्थिरं सुखं ममाहं चेत्यादिसत्यचतुष्टये ॥२७२॥

अभूतान् षोडशाकारान् आरोप्य परितृष्यति ।
तत्रैव तद्विरुद्धार्थतत्त्वाकारानुरोधिनी ॥२७३॥

हन्ति सानुचरां तृष्णां सम्यग्दृष्टिः सुभाविता ।
त्रिहेतोर्नोद्भवः कर्मदेहयोः स्थितयोरपि ॥२७४॥

एकाभावाद् विना बीजं नांकुरस्येव सम्भवः ।

एवं **कर्तृत्वभोक्तृत्वहानिः स्यात्,** आत्मनोऽतत्स्वभावत्वात् । तत्सम्बन्धात् कर्ता भोक्ता च । अनुपकृतस्य सम्बन्धित्वेऽतिप्रसङ्गात् उपकृतत्वं वेदितव्यम् । तच्चाशक्यसाधनं यस्मान्नित्यस्याव्यतिरेकित्वात् **सामर्थ्यञ्च न सिध्यति ।**

ननु यद्यात्मा नास्ति, तदाऽन्येनानुभूतं कर्म च कृतमन्यः स्मरति भुङ्क्ते फलमिति स्यात्, तथा चातिप्रसङ्ग इत्याह—**अन्यस्य स्मरणभोगादिप्रसङ्गाश्च न बाधका** भवन्ति, **अस्मृतेः कस्यचित्** स्मर्तुरभावात् । एवं भोगोऽपि नास्ति, भोक्त्रभावात् । **तेन हि** तस्मात् स्मर्त्रभावात् कारणाद् विषयाणाम**नुभूतेः** सकाशात् स्मृतिरेव **स्मृतं** तस्यो**द्भवः** । वस्तुधर्मो ह्येष यदनुभवः पटीयान् स्मरणबीजाधानद्वारेण स्मरणं जनयति । शुभाशुभचेतनाश्च संस्कारा भोगाकारां संविदं प्रवर्त्तयन्ति । तत् किं स्मर्तृभोक्तृदुर्ग्रहेण ? तत्तदाकारः प्रतीत्यसमुत्पन्नो बुद्धिप्रबन्ध एव केवलः न तु संसारी नाम कश्चित् ।

यदि नास्त्यात्मा, कथं सकोपदृष्टिः संसारप्रवृत्तिर्वा इत्याह—**स्थिर**मक्षणिकं **सुखं** त्रिदुःखताविपरीतं **मम**ेत्यात्मीय**मह**मित्यात्माहंकार**श्चेति** दुःखसत्यस्य विपरीता आकारा इत्याद्यान् प्रतिसत्यं चतुरः कृत्वा **षोडशाकारानभूतान्** प्राक् यथोक्तभूताकारविपरीतान् **सत्यचतुष्टये** आरोपयतीति भ्रान्तिरेव सत्कायदृष्टिः स्वबीजप्रभवा । **आरोप्य** च किञ्चित् स्वसुखसाधनं च मन्यमानस्तदर्थं **परितृष्यति** । तृष्णया च जन्मस्थानोपादानमिति संसारप्रवृत्तिः ।

मार्गविपर्ययं संसारहेतुमुक्त्वा मार्गमाह—**तत्र** सत्यचतुष्टय **एव सम्यग्दृष्टि**र्नैरात्म्यदृष्टिः **तद्विरुद्धार्थतत्त्वाकारानुरोधिनी** । तेषां स्थिरसुखाद्याकाराणामविद्यारोपितानां विरुद्धोऽर्थस्तस्य तत्त्वानि भूता आकारा अनित्याऽसुखादयः षोडशाकारास्ताननुरोद्धुं शीलं यस्याः सा तथा । **सुभाविता** सादरनिरन्तरदीर्घकालाभ्यासप्राप्तवैशद्या **हन्ति तृष्णां** जन्महेतुं **सानुचरां** मात्सर्यादिपरिवाराम् ।

ननु तृष्णाक्षयेऽपि कर्मदेहयोर्जन्महेत्वोर्भावात् जन्म किं न भवति इत्याह—**त्रिहेतो**स्तृष्णाकर्मदेहहेतोर्जन्मनस्तृष्णायाः क्षये **कर्मदेहयोः स्थितयोरपि नोद्भवः** उत्पत्तिर्न भवति ॥२७१-२७४॥

एकाभावाद् हेतुसामग्र्यवैकल्यात् **विना बीजं** क्षित्युदकादिभावेऽपि **नाङ्कुरस्योद्**भवः ।

असम्भवाद् विपक्षस्य न हानिः कर्मदेहयोः ।।२७५।।

अशक्यत्वाच्च तृष्णायां स्थितायां पुनरुद्भवात् ।
द्वयक्षयार्थं यत्ने च व्यर्थः कर्मक्षये श्रमः ।।२७६।।

फलवैचित्र्यदृष्टेश्च शक्तिभेदोऽनुमीयते ।
कर्मणां तापसंक्लेशात् नैकरूपात् ततः क्षयः ।।२७७।।

फलं कथञ्चित् तज्जन्यमल्पं स्यान्न विजातिमत् ।
अथापि तपसः शक्त्या शक्तिसङ्करसंक्षयैः ।।२७८।।

क्लेशात् कुतश्चिद्धीयेताशेषमक्लेशलेशतः ।
यदीष्टमपरं क्लेशात् तत् तपः क्लेश एव चेत् ।।२७९।।

ननु त्रिहेतोर्जन्मन एकाभावेऽपि चेदनुत्पत्तिः तत्कि कर्मणो देहस्य वा क्षयो नाभ्यस्यते ? परे चाहुः—कर्मक्षयान्मुक्तिरिति अत्राह—**असम्भवाद् विपक्षस्य, न हानिः कर्मदेहयोरस्ति** ।।२७५।।

अशक्यत्वाच्च। सत्यपि वा विपक्षे तदभ्यासाद् देहकर्मनिवृत्तिरशक्यक्रिया । **तृष्णायां स्थितायां** तत्प्रचितस्यात्मग्रहवतो गर्भस्थानपरिग्रहे सति **पुनरुद्भवात्** देहस्य शरीरिणश्च तृष्णयैव प्रवृत्त्या सर्वत्र शुभाशुभप्रवृत्तेश्च ।

एवं तर्हि तृष्णा कर्म च क्षपयितव्यं मुमुक्षुणा इत्याह—**द्वयक्षयार्थं यत्ने च** क्रियमाणे **कर्मक्षये व्यर्थः श्रमः**। तृष्णाक्षयमात्राज्जन्माभावसिद्धेः, सदपि कर्मानुपयुक्तमित्यलं तत्क्षयप्रयासेन । न च कर्मक्षयः प्रतिपक्षाभावात् शक्य इत्युक्तम् । सन्तापक्लेशोपभोगात् पूर्वार्जितकर्मक्षयोऽपरस्य चाकारणम्, ततो मुक्तिरित्यपि मोहः ।।२७६।।

तथा हि—**कर्मणां फलवैचित्र्यस्य** नानागत्युपभोग्यानेकविधोपकरणसाध्यविविधसुखदुःखोपभोगप्रकारस्य **दृष्टेश्च शक्तिभेदः** सामर्थ्यनानात्वम**नुमीयते**। **ततो** नानाप्रकारफलजननसामर्थ्यात् कारणादे**करूपात्** फलात् **तापसंक्लेशान्न** कर्मणां **क्षयः** ।।२७७।।

सर्वेषां कर्मणां ताप एव फलमिति चेत् तस्य कर्मणो **जन्यं फलं कथञ्चित्** जुगुप्सादिभिरल्पं **स्यात् न** तु **विजातिमत्**। दानं दत्वा हिंसित्वा वा जुगुप्सुस्तयोः फलमल्पीयोऽनुभवति । कारणता न वा, अपादानात् । न तु शुभस्य दुःखमशुभस्य वा सुखं फलं भवितुमर्हति । **अथापि तपसः शक्त्या शक्तिसङ्करेण** तापक्लेशमात्रफलेन तानि हीयन्ते । तपःशक्त्या कर्मणां **संक्षयेण** वा जन्माभावः । यच्च किञ्चिदवशिष्टं तत् **क्लेशात् कुतश्चित्** केशोल्लुञ्चनादेः क्षीयते कर्मक्षयाच्च मुक्तिः अत्राह—**हीयेताशेषमक्लेशलेशतः**। यदि तपसा कर्मक्षयोऽशेषं कर्म हीयेताक्लेशतो विनैव केशोल्लुञ्चनादिदुःखात्, कर्मणः क्षीणत्वाद् । यथा नारकादि दुःखं न भवति तथाऽल्पीयोऽपि न स्यात् । शक्तिसाङ्कर्येऽपि लेशतः सन्तापक्लेशात् केवलात् कर्म हीयते । न दुःखान्तरानुबन्धी संसारप्रबन्धः तपस्विनः स्यात् ।

तपसः शक्त्या शक्तिसङ्करसंक्षयश्च तदा वक्तुं शक्यो **यदि स्यादिष्टं** क्लेशा**दपरमन्यत्** तपः नान्यथा । **क्लेश एव चेत् तत्** तपः । क्लेशरूपं तपः **कर्मफलं** (तपोऽवशेषितस्य कर्मणः फलमिष्टम्) **इत्यस्मात्** कर्मफलभूतात् तपसः **शक्तेः संकरादिकं** न युक्तम् । आदिशब्दात् संक्षयश्च ।

तत् कर्मफलमित्यस्मान्न शक्तेः सङ्कुरादिकम् ।
उत्पत्सुदोषनिर्घाताद् येऽपि दोषविरोधिनः ॥२८०॥

तज्जे कर्मणि शक्ताः स्युः कृतिहानिः कथं भवेत् ।
दोषा न कर्मणो दुष्टः करोति न विपर्ययात् ॥२८१॥

मिथ्याविकल्पेन विना नाभिलाषः सुखादपि ।
तायात् तत्त्वस्थिराशेषविशेषज्ञानसाधनम् ॥२८२॥

बोधार्थत्वाद् गमेः बाह्यशैक्षाशैक्षाधिकस्ततः ।
परार्थज्ञानघटनं तस्मात् तच्छासनं ततः ॥२८३॥

तस्य मते तु—**उत्पित्सोस्तृष्णादेर्दोषस्य निर्घातात् येऽपि दोषविरोधिनो** नैरात्म्याभ्यासादय उपायाः **तज्जे** तृष्णादिदोषप्रभवे **कर्मणि** कारणवारणद्वारेण व्याहन्तुं **शक्ता** न, प्राग्जनिते तस्योत्पन्नत्वात्। अतः **कृत**स्य कर्मणो **हानिः कथं भवेत्** ?

ननु यथा दोषेभ्यः कर्म तथा कर्मणो दोषाश्च भवन्तीत्यक्षीणकर्मणो न स्यात् मुक्तिः इत्याह—**दोषा न कर्मणो** भवन्ति, किन्तु दोषै**र्दुष्टः** प्राणी कर्मकरो भवति **न विपर्ययात्**। नादुष्टः कर्म करोति, नैरात्म्यदर्शिनस्तृष्णाभावात् क्वचित् प्रवृत्तिनिवृत्त्यसम्भवात् ॥२७८-२८१॥

ननु कर्मणः शुभात् सुखम्, सुखादभिलाषः, अभिलाषाच्च राग इति कर्मणो दोषजन्म इत्याह—यश्च **सुखादप्यभिलाषो** रागहेतुर्दृश्यते स च **मिथ्याविकल्पेन विना** स्थिरसुखमदीयाहङ्कारविकल्पनमन्तरेण **न** भवतीत्ययोनिशोमनस्कार एव दोषहेतुः, न कर्म। ततः सत्यपि कर्मण्युन्मूलितात्मदृष्टयो निर्दोषा निर्वान्ति। निर्वाणञ्च दुःखनिरोधलक्षणम् दुःखं परिज्ञाय तत्समुदयं मार्गभावनया प्रहाय प्राप्यते नान्यथेति चतुःसत्यप्रकाशक एव मुमुक्षूणामुपास्य इति तायित्वमुक्तम्।

तदेवमनुलोमतः प्रमाणभूताय इत्यादि पञ्च पदानि व्याख्याय प्रतिलोमतो लिङ्गलैङ्गिकत्वं दर्शयन्नाह—**ताया**च्चतुः सत्यप्रकाशलक्षणात् लिङ्गात् **तत्त्वस्थिराशेषविशेषज्ञानस्य** त्रिगुणस्य सुगतत्वस्य **साधनं** सिद्धिः। तत्त्वस्य क्षणिकनैरात्म्यस्य ज्ञानात् प्रशस्तम् अपुनरावृत्त्या च स्थिरं निःशेषं विशेषज्ञानं त्रिगुणं सुगतत्वं, **बोधार्थत्वाद् गमे**र्गतशब्दप्रकृतेः। न हि संवादिनोऽसाक्षात्कृतस्यार्थस्य उपदेशः शक्यक्रियः। न चानुमानेन ज्ञातस्योपदेश इति युक्तमुक्तम्। क्षणिकत्वनैरात्म्यादिविषयस्यानुमानस्य भगवदुपदेशमन्तरेणोत्पत्तिबीजाभावात्, अगृहीतोपदेशानामभावात्। न च नित्यपरोक्षस्यार्थस्य स्थैर्यादिविपर्ययाध्यवसायिनः कश्चिन्निश्चयोऽस्ति। तस्मात् प्रमाणसंवादिनः परोक्षार्थस्योपदेशस्तत्साक्षात्कारपूर्वक एवेति युक्तं तायित्वात् सुगतत्वानुमानं भगवतः। स च भगवान् तायः, सुगतत्वात् त्रिगुणात् गुणानुक्रमेण।

बाह्यशैक्षेभ्योऽधिकः। ये लौकिकभावनामार्गेण वीतरागा बाह्या अतत्त्वदर्शिनस्तेभ्यः तत्त्वदर्शित्वादधिकः। ये शैक्षाः अबाह्याः परिहाणिधर्माणस्तेभ्योऽपुनरावृत्त्या, ये **चाशैक्षाः** श्रावका अप्रहीणक्लेशवासना असाक्षात्कृतसर्वाकारवस्तवस्तेभ्यो निःशेषप्रतीत्या। तस्मात् सुगतत्वात **शासनं** शास्तृत्वमनुमीयते।

दयापरार्थंतन्त्रत्वम् सिद्धार्थस्याविरामतः ।
दयया श्रेय आचष्टे ज्ञानात् सत्यं ससाधनम् ॥२८४॥

तच्चाभियोगवान् वक्तुं यतस्तस्मात् प्रमाणता ।
उपदेशतथाभावस्तुतिस्तदुपदेशतः ॥२८५॥

प्रमाणतत्त्वसिद्ध्यर्थम् अनुमानेऽप्यवारणात् ।
प्रयोगदर्शनाद् वाऽस्य यत् किञ्चिदुदयात्मकम् ॥२८६॥

निरोधधर्मकं सर्वं तद् इत्यादावनेकधा ।
अनुमानाश्रयो लिङ्गमविनाभावलक्षणम् ॥

किं पुनः शासनम् इत्याह—**तच्छासनं** कारणे कार्योपचारात्, परार्थं **यज्ज्ञानं** सुगतत्वं तदर्थं **घटनं** व्यायामः बुद्धत्वसाधनमार्गाभ्यास इत्यर्थः । न ह्युपायमन्तरेणोपेयसम्भवः । **ततः** शासनाद् **दयापरार्थतन्त्रत्वं** परार्थप्रधानत्वं जगद्धितैषित्वमनुमीयते इत्यर्थः ।

ननु नावश्यं कारुणिकस्य मोक्षमार्गाभ्यासः, स्वार्थबुद्ध्यापि बाह्यानामिव सम्भवात्, तत् कथमुपायाभ्यासाद् दयानुमानम् इत्याह—**सिद्धार्थस्य** निष्पन्नमोक्षलक्षणात्मसंवादस्यापि सुगतस्य खड्गादिवत् परार्थक्रियातो**ऽविरामतो**ऽनिवृत्तेः, फलावस्थायां दयासद्भावाद्धेत्ववस्थायामपि तस्यास्तित्वमनुमानञ्च ।

जगद्धितैषित्वस्य सुगतत्व-शास्तृत्व-तायित्वसहितस्य प्रामाण्यसाधनत्वमाह—यतो **दयया** जगद्धितैषित्वेन **श्रेय आचष्टे** । निर्दयस्तु विसंवादनाभिप्रायोऽपि ब्रूयात् ।

सदयोऽप्यभूतज्ञो वक्ति इत्याह—**ज्ञानात्** सुगतत्वात् भूतमाचष्टे । तच्च ज्ञानं **ससाधनं** विद्यमानोपायाभ्यासं विद्यमानशास्तृत्वमित्यर्थः ॥२८२-२८४॥

तच्च सत्यचतुष्टयं विनेयानां **वक्तुमभियोगः** सादरसततप्रवृत्तिः, **तद्वान्** तायी चेत्यर्थः । **तस्मात्** कारुणिकत्वात्, सुगतत्वात्, शास्तृत्वात्, तायित्वाच्च भगवतः **प्रमाणता** । यथोपदर्शितार्थसंवादकता, अन्यैरज्ञातचतुःसत्यार्थप्रकाशकता वाऽनुमीयत इत्यर्थः । एवं चानुमानानुमेयव्यवहारे स्थिते प्रामाण्यात् तायित्वं हितैषित्वादुपायाभ्यासाच्च सुगतत्वं भवतीत्युक्तम् ।

कस्मात् पुनरनेकगुणसम्भारसम्भवेऽपि प्रामाण्येनैव भगवतः स्तुतिः इत्याह—**उपदेशस्य तथाभावः** संवादकत्वं प्रामाण्यम् तेन **स्तुतिराचार्येण** कृता । **तस्य** भगवत **उपदेशतः प्रमाणस्य तत्त्वं** लक्षणम्, तत्**सिद्ध्यर्थं** भगवद्देशनायाः प्रमाणविनिश्चयः, नोत्प्रेक्षामात्रेणेत्याख्यातुमित्यर्थः ।

ननु नीलसमङ्गी पुरुषो नीलं जानाति, नो तु नीलम् इति ब्रुवता भगवता प्रत्यक्षं दर्शितम्, अनुमानं नोक्तम् कथमागमात् प्रत्येतव्यम् इत्याह—**अनुमानेऽप्यवारणा**दिष्टिर्दर्शिता । शून्याः परप्रवादाः इत्यादिना शाब्दादेरेव निषेधात् । **प्रयोग**स्य परार्थानुमानरूपस्य **दर्शनाद्वा**ऽऽगमेऽस्यानुमानस्य निर्देशः कृत एव **भगवता** । तमेव प्रयोगमाह—**यत्किञ्चिदुदयात्मकं तत्सर्वं निरोधधर्मकम्**[1] **इत्यादावा**गमवाक्ये**ऽनेकधा** स्वभावादिलिङ्गजमनेकप्रकारमनुमानं दृश्यते ।

---

1. Cf. महावर्ग 1.7.16

व्याप्तिप्रदर्शनाद्धेतोः साध्येनोक्तश्च तत् स्फुटम् ।।२८७।।

कथं पुनरनेनानुमानमुक्तम् इत्याह––**अनुमानस्याश्रयः** कारणं **लिङ्गं** वक्तव्यम् अनुमान-निर्देशार्थमन्यथाऽशक्यत्वात् । किं लक्षणम् इत्याह––**अविनाभावः** साध्याव्यभिचारित्वम्, तल्**लक्षणं** यस्य तत्तथा ।

स चाविनाभावो लिङ्गं लक्षणं **हेतो**रुदयधर्मकत्वस्य **साध्येन** निरोधधर्मकत्वेन **व्याप्तेः प्रदर्शनात्** यत्किञ्चिदुदयधर्मकं तत् सर्वं निरोधधर्मकम् इत्यादिना **स्फुटः** प्रव्यक्तो दर्शित इत्यनुमानप्रामाण्यनिर्देशोऽपि भगवदुपज्ञमेव । तदेवं भगवानेव प्रमाणभूतस्तायी मुमुक्षुभिरुपास्यो नेतर इति दर्शनार्थ**माचार्येण** तस्य स्तुतिरुक्तेति युक्तम् ।।२८५-२८७।।

आचार्यश्रीमनोरथनन्दिकृतायां प्रमाणवार्त्तिकवृत्तौ प्रथमः परिच्छेदः

द्वितीयः परिच्छेदः

प्रत्यक्षम्

मानं द्विविधं विषयद्वैविध्यात् शक्त्यशक्तितः ।
अर्थक्रियायाम् केशादिर्नार्थोऽनर्थाधिमोक्षतः ।।१।।

प्रथमपरिच्छेदेन प्रमाणसामान्यलक्षणं व्यवस्थाप्य विशेषलक्षणमाख्यातुं द्वितीयपरिच्छेदारम्भः ।

विप्रतिपत्तयश्चात्र संख्यालक्षणगोचरफलविषयाः सन्ति । तत्र संख्याविप्रतिपत्तिनिराकरणार्थमाह—**मानं द्विविधम्** । यत्तत् प्रमाणमविसंवादित्वादज्ञातार्थप्रकाशकत्वात् सामान्यलक्षणमुक्तम् तद् द्विविधं प्रत्यक्षानुमानभेदेन । कस्माद् ? **विषयस्य** स्वलक्षण-सामान्यलक्षणरूपतया **द्वैविध्यात्** । शाब्दादिकमपि हि प्रमाणं भवत् सविषयं वक्तव्यम् । विषयश्च स्वसामान्यलक्षणादतिरिक्तो नास्ति । ततस्तद्विषयत्वे प्रत्यक्षानुमानतैव । नापि सामान्यविशेषात्मक एकोऽस्ति विषयः, परस्परविरुद्धयोरैकात्म्यायोगात् ।

ननु कथं विषयद्वैविध्यसिद्धिः ? न प्रत्यक्षात् नाप्यनुमानतः, यथाक्रमं स्वलक्षणसामान्यलक्षणत्वादनयोः । द्वाभ्यां द्वयसिद्धिरिति चेत्—ननु प्रत्यक्षस्य सामान्याविषयत्वे साध्यसाधनसम्बन्धाग्रहणादनुमानमेव न स्यात् । सामान्यविषयत्वे च प्रत्यक्षत्वादेव तत्सिद्धेर्विफलमनुमानस्य प्रामाण्यकल्पनम् ।

अत्रोच्यते—प्रत्यक्षमपि स्वलक्षणं विषयीकुर्वत् तत्सम्भवि विजातीयव्यावृत्त्युपकल्पितं सामान्यं पृष्ठविकल्पेन निश्चिन्वत् तद्विषयमपि, निश्चयविषयेण च प्रत्यक्षविषयव्यवस्था । एवं तर्हि स्वलक्षणविषयता न स्यादिति चेत् न । सजातीयव्यावृत्तत्वेनापि ततो निश्चयात् । द्वे च व्यावृत्ती स्वलक्षणे स्तो निश्चिते च प्रत्यक्षबलात् ।

न चैवमप्यनुमानस्य वैयर्थ्यम् । न हि सामान्यमित्येव प्रत्यक्षविषयः, परोक्षे तस्याप्रवृत्तेः । न च यदेकदा परोक्षं तत्सर्वदा तथा । स्वलक्षणं कदाचिदपरोक्षमप्यन्यदा परोक्षम्, एवं सामान्यमपि । ततोऽपरोक्षे तस्मिन्ननुमानवृत्तिरिति न कश्चिद्विरोधः । तस्मात् प्रत्यक्षत्वाद्वा विषयद्वैविध्यसिद्धिः, प्रत्यक्षानुमानाभ्यां वेत्युभयथाप्युपपन्नम् ।

विषयद्वैविध्यमेव कस्माद् इत्याह—**शक्त्यशक्तितोऽर्थक्रियायाम्** । स्वलक्षणस्यार्थक्रियाशक्तत्वात्, विजातीयव्यावृत्त्युपकल्पितस्य च सामान्यस्याशक्तत्वाद् विषयद्वैविध्यम् । न ह्येकस्य विरुद्धाविमौ धर्मौ युज्येते । यद्यनर्थक्रियाकारि सामान्यम् केशोण्डुकज्ञानप्रतिभासि केशाद्यपि सामान्यं स्यात् ? **न केशादिरर्थः** सामान्यरूपः, **अनर्थाधिमोक्षतः** । यत्र हि व्यवहर्तॄणामर्थाध्यवसायः सोऽर्थः स्वलक्षणं सामान्यं वा स्यात् । यत्र पुनरर्थबुद्धिरेव नास्ति स कथं सामान्यमुच्यताम् ? ।।१।।

सदृशासदृशत्वाच्च विषयाविषयत्वतः ।
शब्दस्यान्यनिमित्तानां भावे धीसदसत्त्वतः ॥२॥

अर्थक्रियासमर्थं यत् तदत्र परमार्थसत् ।
अन्यत् संवृतिसत् प्रोक्तम् ते स्वसामान्यलक्षणे ॥३॥

अशक्तं सर्वमिति चेद् बीजादेरङ्कुरादिषु ।
दृष्टा शक्तिः मता सा चेत् संवृत्या अस्तु यथा तथा ॥४॥

तथा **सदृशासदृशत्वाच्च** विषयद्वैविध्यम् । सदृशं सामान्यम्, सर्वव्यक्तिसाधारणत्वात् । असदृशं स्वलक्षणम्, सर्वतो व्यावृत्तत्वात् । अनयोश्चान्योऽन्यव्यवच्छेदरूपत्वात् न राश्यन्तरम् । ततो यदि कल्प्यमानं सदृशम् तदा सामान्यमेव तत् । अथासदृशम्, स्वलक्षणमेवेति द्वैविध्यमेव विषयस्य ।

तथा शब्दस्य **विषयाविषयत्वत**श्च द्वैविध्यम् । शब्दस्य विषयः सामान्यम् अविषयः स्वलक्षणम् । न च शब्दविषयाविषयाभ्यामन्योऽस्ति । सर्वस्य संग्रहात् द्वैविध्यमेव ।

तथा विषयाद**न्ये**षां **निमित्तानां** मनस्कारवत्सादृगुण्यसंकेतग्रहणानां **भावे** ग्राहिकाया **धियः** सामान्ये सत्त्वात् स्वलक्षणे चाभावात् विषयद्वैविध्यम् । यत्र विषयव्यतिरिक्तनिमित्तसद्भावे भवति बुद्धिः तत् सामान्यम् यत्र तु न भवति तत् स्वलक्षणम् । प्रकारान्तरञ्च न सम्भवतीति बुद्धिविषयाविषयत्वे सामान्यस्वलक्षणतैवेति द्वैविध्यमेव विषयस्य ।

तदेवार्थक्रियासामर्थ्यादिकं स्वलक्षणादौ योजयन्नाह—**अर्थक्रियायां** ज्ञानादिकायां स्वरूपोपधानेन **समर्थं यत् तदत्र** वस्तुविचारे **परमार्थसत्** । एवं यदसदृशं शब्दाविषयोऽन्यनिमित्तभावे ज्ञानाभावश्च तत् परमार्थसत् । अतोऽ**न्यदश**क्तं सदृशं शब्दविषयः, अन्यनिमित्तभावे बुद्धेर्विषयश्च तत् **संवृतिसत् प्रोक्तम्** । कल्पनामात्रव्यवहार्यत्वात् । **ते** परमार्थसंवृती **स्वसामान्यलक्षणे** स्वलक्षणसामान्यलक्षणे इष्टे ॥३॥

सर्वसमर्थकारित्वेनेष्टम**शक्तम्**, न किञ्चित् कर्तुं समर्थमिति **चेत् बीजादेः** कारणाभिमतस्या**ङ्कुरादौ** कार्यसम्मते **दृष्टा शक्ति**र्जननलक्षणा । बीजान्वयव्यतिरेकानुविधाय्यङ्कुरो दृश्यते । इदमेव कारणस्य शक्तत्वं यत् प्रागदृष्टस्य तद्भाव एव भावः ।

सा शक्तिः **संवृत्या मता चेत्** । कार्यकारणभावो हि व्यवहारमात्रतः **सिद्धः** । न परमार्थतः न तावत् प्रत्यक्षं तद्ग्रहणसमर्थम्, बीजाङ्कुरग्राहिणोः प्रत्यक्षयोः स्वविषयमात्रव्यवस्थापनात् केनान्वयव्यतिरेकग्रहणम् ? क्रमेण द्वयोर्गृहीतयोस्तद्बलभाविना स्मरणेन ग्रहणमिति चेत्—ननु केनान्वयव्यतिरेकौ गृहीतौ ? न प्रत्येकम्, बीजाङ्कुरज्ञानाभ्यां स्वस्वविषयग्रहणात् । नापि द्वाभ्याम्, ज्ञानयोर्ज्ञेययोश्च साहित्याभावात् । असाहित्ये बीजाङ्कुरमात्रस्य ग्रहणम्, नान्वयव्यतिरेकयोः क्रमग्रहणमेव कार्यकारणभावग्रहणम्, तत्तु घटकुलालयोरप्यस्ति इति चेत् न च क्रमोऽपि केनचिच्छक्यग्रहणः, प्रतियोग्यवेदनात् । पूर्वापरग्रहणमत एव नास्ति, स्वज्ञानेन वर्तमानताग्रहणाच्च । कार्यकाले च कारणं पूर्वमुच्यते, तदा च तदेव नास्ति । तदेतन्मृतस्यारोग्यम् । अथ यदैव बीजं तदैवाङ्कुरात् पूर्वम्, न तु पश्चाद् अस्य पूर्वत्वं सम्भवति ।

नन्वेवं पूर्वतया प्रतिभासोऽस्य प्राप्तः, न चैतदस्ति, अङ्कुरराहित्यं पूर्वत्वम्, तच्च गृह्यत एवेति चेत्—तादृशं पूर्वत्वमन्येषामप्यस्तीति तेऽपि कारणानि स्युः । किञ्च—पूर्वत्वं

सास्ति सर्वत्र चेद् बुद्धेर्नान्वयव्यतिरेकयोः ।
सामान्यलक्षणेऽदृष्टेः चक्षूरूपादिबुद्धिवत् ॥५॥

एतेन समयाभोगाद्यन्तरङ्गानुरोधतः ।
घटोत्क्षेपणसामान्यसंख्यादिषु धियो गताः ॥६॥

केशादयो न सामान्यमनर्थाभिनिवेशतः ।

वर्तमानकालात् प्राग्भावित्वमुच्यते । तद्यदि वस्तुनो रूपं तदा वर्तमानं कदापि न स्यात्, वर्तमानतातत्प्राग्भावित्वयोर्विरोधात् ।

स्यादेतद्—अङ्कुरवर्तमानतायाः प्राग्भावित्वं पूर्वत्वम्, तच्च बीजस्य वर्तमानत्वेनाविरुद्धमिति न तस्याभावः । एवं तर्हि बीजग्रहणे पूर्वताग्रहणं प्राप्तम् । न च बीजस्वरूपमिव पूर्वतामपि तद्ग्राहिणि ज्ञाने कश्चिदुपलभते ।

नन्वापेक्षिकमिदं पूर्वत्वम्, प्रतियोगिनोऽप्रतीतौ कथं प्रतीयताम् ? यद्येवम्, वस्तुतो नेदं केवलं भावान्तरापेक्षया व्यवह्रियत इत्यायातम् । न हि वस्तुरूपं सति वस्तुनि नास्ति, यच्चास्ति तेन वस्तुरूपावभासिनि ज्ञाने प्रतिभासितव्यमेव अन्यथा ज्ञानज्ञेययोर्विषयविषयितैव न स्यात् तस्मान्नाध्यक्षात् कार्यकारणताग्रहः । अतश्च नानुमानादपि । न हि सर्वदा परोक्षेऽर्थेऽनुमानवृत्तिः, व्याप्तिग्रहणपूर्वकत्वात् तस्य । नापि प्रत्यक्षबलभावि स्मरणं तद्ग्रहणप्रवणम् । न हि तत् स्वतन्त्रं प्रमाणम्, किन्तु प्रमाणव्यापारव्यवस्थापकम् । यदि यथानुभवं प्रवर्तते, नान्यथा न च कार्यकारणभावानुभवोऽनुभूत इत्युक्तम् । अतः स्मरणत्वमप्यस्य नास्ति; अनुभूतविकल्पस्य स्मरणत्वात् । ततो विकल्पमात्रमेतत्, न ततो वस्तुव्यवस्थेति संवृत्यैवाविचारितरमणीयया कार्यकारणभावव्यवहारः, न परमार्थतः ।

अस्तु यथा तथा । सांवृतमपि कार्यकारणभावमाश्रित्य साध्यसाधनादिव्यवहारसंवादसम्प्रत्ययात् समाप्तो लोकव्यवहारः । सांव्यवहारिकञ्च प्रमाणं तावतैव सुस्थम् ॥४॥

साऽर्थक्रिया सर्वत्र स्वलक्षणे सामान्येऽप्यस्ति **चेत् न सामान्यलक्षणे** । अस्तु तावदन्त्यस्य कार्यस्य **बुद्धेरप्यन्वयव्यतिरेकयोरदृष्टेः** । अन्त्यं हि भावानां कार्यं बुद्धिः । सापि यदन्वयव्यतिरेकौ नानुविधत्ते तस्य कुतोऽर्थक्रिया ? प्रत्यक्षं तावन्न सामान्यविषयम्, स्वलक्षणमात्रस्य प्रतिभासनात् । घट इत्यादिविकल्पबुद्धिस्तु सामान्यावसायात् तद्विषया । सापि समयाभोगादिमात्रादुत्पत्तेर्न सामान्यान्वयव्यतिरेकानुविधानमिव **चक्षूरूपादिबुद्धिवत्** । चक्षूरूपादिजबुद्धेः चक्षुराद्यन्वयव्यतिरेकानुविधानमिव सामर्थ्ये सति भावाद्, एकापायेऽप्यभावाच्च । नैवं सामान्यबुद्धिराभोगमात्रादुत्पत्तेः ॥५॥

एतेन सामान्यस्य ज्ञानमात्रकार्येऽप्यसामर्थ्यकथनेन **समयाभोगादेरन्तरङ्गस्यानुरोधतः** । **घटो**ऽवयवि द्रव्यम्, **उत्क्षेपणं** कर्म, **सामान्यं**, संख्या गुणसमवायः, आदिशब्दात् संयोगविभागादयः, तेषु या **धियो** विकल्पिका भवन्ति ता **गता** व्याख्याताः । न हि रूपादिव्यतिरिक्तं द्रव्यम्, अपरापरदेशिजन्यहस्तादिक्षणाद् भिन्नं कर्म, व्यक्तिव्यतिरेकि सामान्यं प्रत्यक्षबुद्धाववभासते । विकल्पबुद्धिरस्तु कल्पिका । सा च संकेतसंस्कारप्रबोधमात्रभाविनी नार्थाधीनेति न तेषां सामर्थ्यं समर्थयति ॥६॥

ननु यद्यर्थनिरपेक्षाणामन्यनिमित्तानां भावे यत्र बुद्धिस्तत्सामान्यम् तदा तैमिरिकबुद्धिप्रतिभासिनः केशादयोऽपि सामान्यं स्युः तेष्वपि धियोऽर्थनिरपेक्षचक्षुरादिमात्रनिमित्तत्वाद्

ज्ञेयत्वेन ग्रहाद् दोषो नाभावेषु प्रसज्यते ॥७॥

तेषामपि तथाभावेऽप्रतिषेधात् स्फुटाभता ।
ज्ञानरूपतयार्थत्वात् केशादीति मतिः पुनः ॥८॥

सामान्यविषया केशप्रतिभासमनर्थकम् ।
ज्ञानरूपतयार्थत्वे सामान्ये चेत् प्रसज्यते ॥९॥

तथेष्टत्वाददोषः अर्थरूपत्वेन समानता ।
सर्वत्र समरूपत्वात् तद्व्यावृत्तिसमाश्रयात् ॥१०॥

न तद् वस्त्वभिधेयत्वात् साफल्यादक्षसंहतेः ।

इत्याह—**केशादयस्तै**मिरिकप्रतिभासिनो **न सामान्यम् अनर्थाभिनिवेशतः** । न हि तेषु विषयबुद्धिर्व्यवहारिणाम् । विषये च सामान्यचिन्तेयम् । यदि ज्ञेयत्वेनाध्यवसायाभावान्न सामान्यम्, तदाऽभावोऽप्यनुपलब्धिविषयः सामान्यं न स्याद्, ततश्चानुपलब्धिरनुमानं न भवेदित्याह—**नाभावेषु**, सामान्यरूपत्वाभाव**दोषः प्रसज्यते, ज्ञेयत्वेन ग्रहात्** । यद्यप्यभावेऽर्थरूपताया अध्यवसायो नास्ति ज्ञेयतया त्वस्ति लोकस्य । तच्च ज्ञेयं यदर्थकारि तत् सामान्यमेव ॥७॥

यदि तु **तेषां** तैमिरिकगम्यानां केशादीनामपि **तथाभावे** ज्ञानान्तरेण ज्ञेयत्वे सामान्यरूपतेष्यते, तदाऽ**प्रतिषेधा**दिष्टमेवास्माकम् । तैमिरिकज्ञानगम्याः केशादय इति यदा बुद्ध्यन्तरेण परामृश्यन्ते तदा केशादयो ज्ञेयत्वेन सामान्यमिष्टा एव ।

यदि तैमिरिकदृष्टाः केशादयो न वस्तु, तदा स्फुटाभता न स्याद् इत्याह—**ज्ञानरूपतया** ज्ञानाकारतया केशादीना**मर्थत्वात्** स्वलक्षणत्वात् **स्फुटाभता** ।

यदि ज्ञानाकारतया केशादयः स्वलक्षणम् तदा सामान्यं कथम् इत्याह—**केशादीति पुन**र्विकल्पिका **मतिः** तैमिरिकोपलब्धकेशाद्यध्यवसायिनी **सामान्यविषया** । अयमर्थः—तैमिरिकदृष्टं केशादि सामान्यरूपेण व्यवस्यन्ती विकल्पिका बुद्धिरध्यवसायेन विषयेण सामान्यविषया । तैमिरिकधीस्तु स्वलक्षणविषया, बुद्ध्याकारस्य स्वलक्षणत्वात् ।

किं तर्हि निर्विषयम् इत्याह—तैमिरिक**केशप्रतिभासं** ज्ञानम**नर्थकम्**, बाह्यकेशाभावात् ।

ननु **ज्ञानरूपतयार्थत्वे** केशादीति विकल्पबुद्धिप्रतिभासिनि **सामान्ये** स्वलक्षणता **प्रसज्यते चेत् तथा** ज्ञानाकारतया सामान्यस्यापि स्वलक्षणताया **इष्टत्वाददोषः** ।

कथं तर्हि सामान्यरूपता इत्याह—**अर्थरूपत्वे**नाध्यवसीयमानज्ञेयरूपत्वेन **समानता**, न तु बुद्ध्याकारकत्वेन ।

कथं पुनरर्थरूपत्वेनापि समानता इत्याह—**सर्वत्र** व्यक्तिषु **तद्व्यावृत्तिसमाश्रयात्** विजातीयव्यावृत्त्याश्रयेण, दृश्यविकल्प्यैकत्वाध्यवसायादुपकल्पितस्य सामान्यस्य **समरूपत्वात्** साधारणरूपत्वादर्थत्वेन सामान्यमुच्यते ज्ञानाकारस्य सामान्यस्य सम्प्रति व्यतिरिक्तस्य च पूर्वं प्रतिषेधात् ॥८-१०॥

रूपादिस्वभावमेवाविशेषेण सामान्यं किं नेष्यते इत्याह—**तत्** सामान्यं **न वस्तु**रूपादिस्वभावम्, **अभिधेयत्वात्**, शब्दधर्मवत् सामान्यं शब्दज्ञानगोचरः । न च शब्दविषयो वस्तु ।

नामादिवचने वक्तृश्रोतृवाच्यानुबन्धिनि ॥११॥

असम्बन्धिनि नामादावर्थे स्यादप्रवर्त्तनम् ।
सारूप्याद् भ्रान्तितो वृत्तिरर्थे चेत् स्यान्न सर्वदा ॥१२॥

देशभ्रान्तिश्च न ज्ञाने तुल्यमुत्पत्तितो धियः ।
तथाविधाया अन्यत्र तत्रानुपगमाद् धियः ॥१३॥

बाह्यार्थप्रतिभासाया उपाये वाऽप्रमाणता ।
विज्ञानव्यतिरिक्तस्य व्यतिरेकाप्रसिद्धितः ॥१४॥

सर्वज्ञानार्थवत्त्वाच्चेत् स्वप्नादावन्यथेक्षणात् ।

कस्माद् इत्याह—**साफल्यादक्षसंहतेः** । यदि शब्दविषयो वस्तु भवेत् तदा रूपादिशब्दादेवार्थादेरपि रूपादिप्रतीतौ न किञ्चिदक्षैः, न चैवम् । ततो वस्तुविषयेणेन्द्रियज्ञानेन शब्दस्य न तुल्यविषयता । तथा चावस्तुत्वेव शाब्दज्ञानावभासिनः सामान्यस्य न रूपादिता ।

ननु रूपादयो न शब्दस्य विषयः किं तर्हि नामनिमित्ते विप्रयुक्तसस्कारसंज्ञे, ते विज्ञानाद् व्यतिरिक्ते **वैभाषिक**स्येष्टे । तदापि **नामादिवचन** इष्यमाणे किं तन्नामादिकं वक्तरि श्रोतर्यर्थे वा सम्बद्धमसम्बद्धमेव वा क्वचित् ? सर्वथा **वक्तृश्रोतृवाच्यानुबन्धिनि असम्बन्धिनि** वा **नामादौ** शब्देन चोदितेऽर्थेऽ**प्रवर्तनं स्याद्**, अचोदितत्वात् ।

भवतु तावदन्यसम्बन्धिनि असम्बन्धिनि वा नामादावर्थेऽप्रवर्तनम् अर्थसम्बन्धिनि तु कथमप्रवृत्तिः ? अचोदितत्वात् । न हि देवदत्ते प्रतिपादिते तत्पितरि प्रवृत्तिः । निमित्तस्यार्थ**सारूप्यात् तद्भ्रान्तितो**ऽर्थे प्रवृत्तिश्चेत् सम्भाव्यत एतत् । किन्तु **न स्यात् सर्वदा** । न हि यमलकयोर्नियमेन भ्रान्त्याऽन्यत्र प्रवृत्तिः, कदाचित् तत्रापि दर्शनात् । तथा **देशभ्रान्तिश्च** न स्यात् । वक्तृश्रोत्रादिसम्बन्धिनि नियतदेशे नामादौ प्रतिपादिते तदन्यदेशे घटादौ सारूप्यादपि न युक्ता प्रवृत्तिः ।

ननु त्वन्मतेऽपि ज्ञानाकारस्याभिधेयत्वात् कथं बाह्ये प्रवृत्तिः इत्याह—**न ज्ञाने** ज्ञानाकारे वाच्येऽर्थेऽप्रवर्तनं **तुल्यम्** । **धियस्तथाविधाया** बहिस्त्वेनाध्यवसिताकाराया **उत्पत्तितः** । शब्दजनिता हि बुद्धिर्वस्तुतः स्वांशालम्बनाप्यनाद्यविद्यावशाद् बहिर्विषया व्यवसीयत इति युक्तमर्थे प्रवर्तनम् ।

अन्यत्र नामादिविषयिणि ज्ञाने तदर्थाध्यवसायात् अथ प्रवर्तनं न युक्तम्, निराकारबुद्धिवादि**वैभाषिकमते** । बाह्यार्थप्रतिभासाया ज्ञानाकाराया **धियोऽनुपगमतः** ॥११-१३॥

यदि ज्ञेयाकारा बुद्धिः स्यात् स्यात् तत्प्रतीत्याऽभिमानात् प्रवृत्तिरपि । अप्रवृत्तिदोषदर्शनाद् **बाह्यार्थप्रतिभासाया** बुद्धे**रुपाये** स्वीकारे **वाऽप्रमाणता** नामादेः विप्रयुक्तसंस्कारस्य **विज्ञानव्यतिरिक्तस्य** । कथम् इत्याह—**व्यतिरेकाप्रसिद्धितः** । प्रतिभासमानस्याकारस्य ज्ञानत्वात् । न चेन्द्रियादिषु सत्स्वपि विज्ञानकार्यानुत्पत्तितोऽर्थ इव नामादिरपि शक्यव्यवस्थानः । न हि गृहीतसंकेतस्य शब्दश्रुतौ क्वचिदर्थाप्रतिपत्तिः ॥१४॥

नन्वस्ति प्रमाणम्, **सर्वस्य ज्ञानस्यार्थवत्त्वात्** । शाब्दमपि ज्ञानमर्थवदेव । न च रूपादयो विषय इति पारिशेष्यान्नामादिकमेवेति **चेत्** ? **स्वप्नादौ**, आदिशब्दात् तैमिरिकज्ञानादिषु,

अयुक्तम् न च संस्कारान्नीलादिप्रतिभासतः ॥१५॥

नीलाद्यप्रतिघातान्न ज्ञानं तद् योग्यदेशकैः ।
अज्ञातस्य स्वयं ज्ञानात् नामाद्येतेन वर्णितम् ॥१६॥

सैवेष्टार्थवती केन चक्षुरादिमतिः स्मृता ।
अर्थसामर्थ्यदृष्टेश्चेदन्यत् प्राप्तमनर्थकम् ॥१७॥

प्रवृत्तिः स्यादसम्बन्धेऽप्यर्थसम्बन्धवद् यदि ।
अतीतानागतं वाच्यं न स्यादर्थेन तत्क्षयात् ॥१८॥

सामान्यग्रहणाच्छब्दादप्रसङ्गो मतो यदि ।
तन्न केवलसामान्याग्रहणाद् ग्रहणेऽपि वा ॥१९॥

अन्यथा अर्थशून्यस्ये**क्षणात्** । सर्वज्ञानार्थवत्त्वाच्छाब्दस्य नामादिविषयत्वानुमान**मयुक्तम्** । स्वप्नविज्ञानमपि निमित्तविषयमेवेति चेद् आह—**न च संस्कारा**न्निमित्ताख्यात् स्वप्नज्ञानं **नीलादे**र्वर्णसंस्थानविशेषतः **प्रतिभासतः** । न च विप्रयुक्तसंस्कारो वर्णसंस्थानविशेषवान् ॥१५॥

नीलादिरेवासावर्थ इति चेत् स्वप्नप्रतिभासि **न नीलादि** वस्तु, **अप्रतिघातात्** । नीलादयो ह्यर्थाः स्वदेशे पदार्थान्तरस्य व्याघातकाः, स्वप्नोपलब्धास्तु नैवम्, पिहितद्वारावरकोदरसुप्तस्थानान्तरगमनात्, हस्तियूथादिदर्शनात् ।

किं तर्हि तद् इत्याह—**ज्ञानं तत्** नीलादि । **योग्यदेशकैः** स्वप्नायमानेन समानदेशैः पुरुषान्तरै**रज्ञातस्य स्वयं ज्ञानात्** । स्वयंवेद्यमसामान्यमिति ज्ञानलक्षणम् । तच्च स्वप्नदृष्टनीलादिषु व्यक्तम् ।

एतेन स्वप्नदृष्टस्य ज्ञानत्वसाधनेन **नामादि वर्णितम्** । नामादिकमपि तन्न भवति, योग्यदेशकैरज्ञातस्य स्वयं ज्ञानात् ज्ञानं तत् । तस्मान्नास्त्यर्थः सामान्यबुद्धिरिति ॥१६॥

अपि च—यैव रूपादिविषयत्वेनेष्टा **सैव चक्षुरादिमतिरर्थवती केन** हेतुना मता ? **अर्थस्य** रूपादेश्चक्षुरादिमतिजनने **सामर्थ्यदृष्टेश्चेत् अन्यत्** सामान्यविषयं विकल्पज्ञान**मनर्थकं प्राप्तम्** । न हि यथा चक्षुरादिबुद्धेरर्थव्यतिरेकाद् व्यतिरेकः तथा सामान्यबुद्धेर्व्यतिरेकः, आभोगमात्रेण भावात् ॥१७॥

न केवलं वक्तृश्रोतृसम्बन्धिनि **असम्बन्धेऽपि** नामादावर्थे प्रवृत्तिः स्यात् । **अर्थसम्बन्धवत्** नामाद्यर्थे प्रवृत्त्यर्थं **यदी**ष्यते तदा **अतीतानागतं** नामादि तदभिधायिनां शब्दानां **वाच्यं न स्यात्**—अभूत् मान्धाता भविष्यति शंखश्चक्रवर्त्तीति ।

कस्माद् इत्याह—**अर्थेना**तीतानागतेन सह तस्य नामादेः सम्बन्धो न स्यात्, **स्वरूपाभावात्** ॥१८॥

अथ **शब्दात् सामान्यग्रहणात्** तत्प्रतीत्या फलवन्त्यक्षाणीति तेषां वैफल्यस्या**प्रसङ्गो मतो यदि** तदेतन्न युक्तम् **केवलस्य** व्यक्तिशून्यस्य **सामान्यस्याग्रहणात्** । व्यक्तिव्यङ्ग्यं हि सामान्यं व्यञ्जकाग्रहणे कथं गृह्यते? केवलस्य **ग्रहणेऽपि वा अतत्समानताव्यक्तौ** । यत्प्रतीत्या यत्प्रतीयते तत् तस्य सामान्यं व्यङ्ग्यम् । स्वतन्त्रप्रतीतिस्तु न सामान्यं व्यङ्ग्यं वा ।

अतत्समानताव्यक्ती तेन नित्योपलम्भनम् ।
नित्यत्वाच्च यदि व्यक्तिर्व्यक्तेः प्रत्यक्षतां प्रति ॥२०॥

आत्मनि ज्ञानजनने यच्छक्तं शक्तमेव तत् ।
अथाशक्तं कदाचिच्चेदशक्तं सर्वदैव तत् ॥२१॥

तस्य शक्तिरशक्तिर्वा या स्वभावेन संस्थिता ।
नित्यत्वादपि किं तस्य कस्तां क्षपयितुं क्षमः ॥२२॥

तच्च सामान्यविज्ञानमनुरुन्धन् विभाव्यते ।
नीलाद्याकारलेशो यः स तस्मिन् केन निर्मितः ॥२३॥

प्रत्यक्षप्रत्ययार्थत्वान्नाक्षाणां व्यर्थतेति चेत् ।
सैवैकरूपाच्छब्दादेर्भिन्नाभासा मतिः कुतः ॥२४॥

न जातिर्जातिमद्व्यक्तिरूपं येनापराश्रयम् ।

तेनापराधीनप्रतीतित्वेन **नित्योपलम्भनं** सामान्यं प्राप्तम् । व्यक्तिसदसत्त्वयोरप्युपलब्धिः स्यात्, स्वप्रतीतौ व्यक्तिनिरपेक्षत्वात् । तथोपलभ्यस्वभावस्य सामान्यस्य **नित्यत्वाच्च** नित्यमुपलम्भनं भवेत् । **यदि व्यक्तेर्**विशेषात् **व्यक्तिर**भिव्यक्तिः सामान्यस्य **प्रत्यक्षतां प्रति** प्रत्यक्षभावनिमित्तमिष्टा । प्रत्यक्षभूतसामान्यविषया प्रतीतिर्व्यञ्जिकाया व्यक्तेर्भवति । अन्या तु सामान्यबुद्धिर्व्यञ्जकमन्तरेणापि ॥१९-२०॥

ननु **यत्** सामान्य**मात्मनि** प्रत्यक्षात्मक**ज्ञानजनने** व्यञ्जकव्यापारकाले **शक्तम्**, अन्यदापि **शक्तमेव तन्**नित्यैकस्वभावतयाऽनुपकार्यत्वात् । ततश्च केवलस्य सामान्यस्य प्रत्यक्षजननादक्षवैफल्यप्रसङ्गः । **अथाशक्तं तत् कदाचित्** केवलाद्यवस्थाया**श्चेत्** तदा **सर्वदैवाशक्तं** तदुपेयम्, एकस्य स्वभावद्वयायोगात्, स्वभावभेदलक्षणत्वाद् वस्तुभेदस्य ॥२१॥

एतदेव स्फुटयति—**तस्य** सामान्यस्य **शक्तिरशक्तिर्वा** स्वविषयज्ञानजननादौ **या स्वभावेन संस्थिता तां** शक्तिमशक्तिं वा **नित्यत्वाद**चिकित्स्यस्यानपनेयप्राचीनस्वभावस्य कोऽन्यः **क्षपयितुं क्षमः** ? ॥२२॥

किन्तु यत्तद्व्यक्तिनिरपेक्षमिष्टं **तच्च सामान्यविज्ञानमनुरुन्धन्** विषयभावेनानुवर्तमानो **यो विभाव्यते नीलाद्याकारलेशो**ऽसम्पूर्णस्फुटीभावः, **स तस्मिन्** सामान्यज्ञाने **केनार्थेन** निर्मितः ? न तावज्जात्या, तस्यास्तदसम्भवात् । नापि व्यक्त्या, तत्र तस्या अप्रतिभासनात् । ततश्च केवलसामान्यग्राहि तत् ज्ञानमिति न युक्तम् । विशेषग्रहणे चाक्षवैफल्यं तदवस्थम् ॥२३॥

स्यादेतत् । द्विविधो भावानां प्रत्ययः—प्रत्यक्षः अप्रत्यक्षश्च । तत्र शब्दादिभावेषु प्रत्ययोऽप्रत्यक्षः, प्रत्यक्षस्तु अक्षेभ्य इति न तद्वैफल्यम् अत्राह—**सैव** प्रत्यक्षाप्रत्यक्षाभासा **भिन्नाभासा मतिः, एकरूपात् शब्दादेः**, आदिशब्दाद् गन्धरसादेः **कुतः** ? एकरूपविषया च भिन्नप्रतिभासा चेति विरुद्धम् ॥२४॥

किञ्च—जातिर्जातिमतो रूपाद् भिन्ना अभिन्ना वा ? तत्र **न** तावद् **जातिर्जातिमदेव व्यक्तिरूपं** येन कारणेनापराश्रयमनन्यानुयायि **सिद्धम्**। न ह्येकस्या व्यक्ते **रूपमन्यत्रास्ति**।

सिद्धम् पृथक् चेत् कार्यत्वं ह्यपेक्षेत्यभिधीयते ।।२५।।

निष्पत्तेरपराधीनमपि कार्यं स्वहेतुतः ।
सम्बध्यते कल्पनया किमकार्यं कथञ्चन ।।२६।।

अन्यत्वे तदसम्बद्धं सिद्धाऽतो निःस्वभावता ।
जातिप्रसङ्गोऽभावस्य न अपेक्षाभावतस्तयोः ।।२७।।

तस्मादरूपा रूपाणां नाश्रयेणोपकल्पिता ।
तद्विशेषावगाहार्थैर्जातिः शब्दैः प्रकाश्यते ।।२८।।

तस्यां रूपावभासो यस्तत्त्वेनार्थस्य वा ग्रहः ।
भ्रान्तिः सा ऽनादिकालीनदर्शनाभ्यासनिर्मिता ।।२९।।

सर्वानुयायि च सामान्यमिष्टम् । व्यक्तेः सकाशात् **पृथक् चेत्** सामान्यम् अस्येदं सामान्यमिति भाविकसम्बन्धानुपपत्तिः । अपेक्षालक्षणः सम्बन्धश्चेत् नन्वपेक्षेति **कार्यत्वम्**उच्यते तत्सामान्यस्य नित्यस्यासम्भवति ।।२५।।

कार्यमपि निष्पत्तेर्नित्यत्वाद**पराधीनं** सर्वत्र निराशंसम् वस्तुतो न क्वचित् सम्बध्यते । केवलं **कल्पनया** कारणात्मनि **सम्बध्यते** । यत्तु **कथञ्चन** सामान्यम**कार्यं** तत् **किं** क्वचित् सम्भत्स्यते ? ।।२६।।

तस्माद् व्यक्तेः सकाशाद**न्यत्वे** तत् सामान्यम**सम्बद्धम्** । **अतोऽस्य निःस्वभावता सिद्धा,** व्यक्तिभ्यस्तत्त्वान्यत्वाभ्यां व्यवस्थापयितुमशक्यत्वात् । यद्यपि निःस्वभावा जातिः तथापि **नाभावस्य** शशविषाणादेरपि **जाते**र्जातिरूपतायाः **प्रसङ्गः** । न हि यो योऽभावः स जातिरुच्यते, किन्तु सामान्यं यत्तन्निःस्वभावम् ।

ननु निःस्वभावत्वे कथं सामान्यम् इत्याह—**अपेक्षाभावतस्तयोः** । शाबलेयागोव्यावृत्त्योः परस्परमपेक्षाभावतस्तद्व्यावृत्तिरेव सामान्यम्, न शशविषाणादिः । न हि तदपेक्षा क्वचिदस्ति । अतद्व्यावृत्तिस्तु निःस्वभावाप्यनुगामिप्रत्ययहेतुः सामान्यम्, अभावत्वमिव प्रागभावादिषु पदार्थत्वमिव द्रव्यादिषु ।।२७।।

तस्माद् वस्तुतो जातिर**रूपा** निःस्वभावा, **रूपाणां** शाबलेयादीनां **नाश्रयेणोपकल्पिता जातिः, शब्दैस्तद्विशेषावगाहार्थैः** । ते च ते विशेषाश्च तद्विशेषाः, तेषामवगाहः प्रवृत्तिविषयत्वेन व्यापनम् सोऽर्थः प्रयोजनं येषां तैः, सकृदेककार्यानेकप्रतिपत्त्यर्थं तदाश्रयेणोपकल्पिता जातिरतद्व्यावृत्तिलक्षणा शब्दैरभिधेया ।।२८।।

यदि जातिर्निःस्वभावा, कथं स्वभावविशिष्टा व्यवसीयते इत्याह—**तस्यां** जातौ **रूपस्य** **स्वभावस्यावभासो यस्तत्त्वेन** जातिस्वभावेन **वार्थस्य** यो **ग्रहो भ्रान्तिः सा,** जातेर्निःस्वभावत्वात् विशेषात्मकत्वाभावात् ।

किं तर्हि भ्रान्तेर्बीजम् इत्याह—**अनादिकालीना**नामनादिकालिकानां तथाभूताध्यवसायज्ञानानाम**भ्यासेन निर्मिता** ।।२९।।

अर्थानां यच्च सामान्यमन्यव्यावृत्तिलक्षणम् ।
यन्निष्ठास्त इमे शब्दा न रूपं तस्य किञ्चन ॥३०॥

सामान्यबुद्धौ सामान्येनारूपायामवीक्षणात् ।
अर्थभ्रान्तिरपीष्येत सामान्यं सापि अभिप्लवात् ॥३१॥

अर्थरूपतया तत्त्वेनाभावाच्च न रूपिणी ।
निःस्वभावतयाऽवाच्यं कुतश्चिद् वचनान्मतम् ॥३२॥

यदि वस्तुनि वस्तूनामवाच्यत्वं कथञ्चन ।
नैव वाच्यमुपादानभेदाद् भेदोपचारतः ॥३३॥

अतीतानागतेऽप्यर्थे सामान्यविनिबन्धनाः ।
श्रुतयो निविशन्ते सदसद्धर्मः कथं भवेत् ॥३४॥

उपचारात् तदिष्टं चेद् वर्त्तमानघटस्य का ।

यद्यन्यव्यावृत्तिः सामान्यम्, किं तस्य रूपम् इत्याह—**अर्थानां** विशेषाणां **यच्च सामान्यमन्यव्यावृत्तिलक्षणम् यन्निष्ठा** यद्विषयास्**ते इमे** सांकेतिकाः **शब्दास्तस्य रूपं** स्वभावो **न किञ्चन,** वस्तुतः कल्पितत्वात् ॥३०॥

ननु बुद्ध्याकारः स स्वभावः । स एव तर्हि सामान्यं भविष्यति इत्याह—**सामान्यबुद्धावरूपायां** ग्राह्यरूपरहितायामपि **सामान्येन** विजातीयव्यावृत्त्युपकल्पिताऽभेदेनाकारेण भेदेष्वर्थे**ष्ववीक्षणात् सामान्यमपि** यद् व्यवस्थाप्यते साऽप्य**र्थभ्रान्तिरिष्येत** विवेचकैः । न हि बुद्ध्याकारः सामान्यमुक्तम्, स्वलक्षणत्वात् ।

अर्थनिष्ठतया तु सामान्ये गृह्यमाणेऽर्थभ्रमः, तथा बुद्ध्याकारस्या**र्थ**रूपत्वेन व्यक्तिष्व**भिप्लवात्** अभिसम्बन्धात्, **तत्त्वेनार्थ**रूप**त्वेनाभावाच्च न रूपिणी** तथाभूतबाह्यविषयवती सामान्यबुद्धिः अतश्च ततश्च **निःस्वभावतया** सामान्यं भेदाभेदाभ्याम**वाच्यं** व्यक्तिभ्यः। स्वभावं हि भिन्नमभिन्नं वा स्यात् । **कुतश्चि**दसामान्यात् भेदेन **वचनात् यदि वस्तु**सामान्यं **मतम्** । यद्येवम् व्यक्तेरपि भेदाभेदाभ्यां वाच्यं स्यात् । यस्मान्न **वस्तूनामवाच्यत्वं कथञ्चन ।** तथा हि सामान्यं स्वरूपवत्त्वात् सामान्यान्तराद् भेदेनोच्यते, तथा व्यक्तेरपि तत्त्वान्यत्वाभ्यां यथासम्भवमुच्येत । तस्माद्यत् कुतश्चिदपि वस्तुनस्तत्त्वान्यत्वाभ्यामवाच्यं तदवस्त्विति सविशेषणो हेतुः । अथवा—निर्विशेषणे हेतौ नासिद्धिः, यतः सामान्यान्तरादपि सामान्यं भेदेन **नैव वाच्यम्, उपादानस्य** कर्कशाबलेयादे**र्भेदात्** तदाश्रयोत्पन्नबुद्ध्यालम्बनाश्वत्वगोत्वादीनां **भेदस्योपचारात्** ॥३१-३३॥

किञ्च—**अतीतानागतेऽप्यर्थे सामान्यविनिबन्धनाः** सामान्याश्रयाः **श्रुतयो निविशन्ते** व्यवतिष्ठन्ते, आसीत् घटो भविष्यति इत्यादयः । तदा चासतो घटस्य सामान्यं धर्म इत्युक्तं स्यात् । तच्च सामान्यं **सद् असतो**ऽतीतादे**धर्मः** कथं भवेत् ? न हि तैक्ष्ण्यं शशविषाणस्य भवति ॥३४॥

अथोपचारात् सद्असद्धर्म**त्वमिष्टं** सामान्यस्य न वस्तुत इति **चेत्** सति घटे **तद्धर्म**तादृष्टेरसत्यपि तस्मिन् सा कल्प्यत इत्यर्थः । ननु सामान्यसम्बन्धिनोऽपि (**वर्तमान-**) **घटस्याभावेना-**

प्रत्यासत्तिरभावेन या पटादौ न विद्यते ॥३५॥

बुद्धेरस्खलिता वृत्तिर्मुख्यारोपितयोः सदा ।
सिंहे माणवके तद्वद् घोषणाप्यस्ति लौकिकी ॥३६॥

यत्र रूढ्याऽसदर्थोऽपि जनैः शब्दो निवेशितः ।
स मुख्यस्तत्र तत्साम्याद् गौणोऽन्यत्र स्खलद्गतिः ॥३७॥

यथा भावेऽप्यभावाख्यां यथाकल्पनमेव वा ।
कुर्यादशक्ते शक्ते वा प्रधानादिश्रुतिं जनः ॥३८॥

शब्देभ्यो यादृशी बुद्धिर्नष्टेऽनष्टेऽपि दृश्यते ।
तादृश्येव सदर्थानां नैतच्छ्रोत्रादिचेतसाम् ॥३९॥

तीतादिघटलक्षणेन का **प्रत्यासत्ति**रुपचारनिबन्धनमस्ति **या पटादौ न विद्यते**, यदभावात् घटसम्बन्धिता सामान्यस्य पटे नोपचर्यते ? सादृश्यं प्रत्यासत्तिरिति चेत् । तन्न, सदसतोः सादृश्याभावात् । प्राक् तादृगासीदिति चेत् यदासीन्न तदा तदुपचारः, सम्बन्धस्य सत्त्वात् । यदा यन्नास्ति तदापि न सादृश्यम् । सति च किञ्चिदुपचर्येत नासति ॥३५॥

किञ्च—**मुख्यारोपितयो**रर्थयो**र्बुद्धे**र्ग्राहिकाया **अस्खलिता** दृढा **वृत्तिः** । तन्त्रादवृत्तिश्च **सदा** । यथा **सिंहे माणवके** च सिंहबुद्धेरस्खलिता स्खलिता च वृत्तिरिति । **लौकिक्यपि घोषणास्ति**, न केवलं प्रामाणिकी । न चातीतानागतघटादिबुद्धिः स्खलन्ती जायते, येनातीतानागतव्यक्तिधर्मता सामान्यस्यारोपिता स्यात् ॥३६॥

तस्माद् **यत्र** विषयेऽ**सदर्थो** वाच्यरहितोऽ**पि शब्दो रूढ्या** वाचकत्वेन **जनैर्निवेशितः** संकेतितः **स मुख्यः, तत्रार्थे तत्साम्यात्** । **तद्विषयसादृश्यादन्यत्र** स शब्दः **स्खलद्गति**रदृढतया प्रत्ययहेतुः **गौणः** । ततश्च सदर्थविषयत्वं मुख्यत्वम्, असदर्थविषयत्वञ्चामुख्यत्वमिति मुख्यगौणलक्षणमपास्तम्, संकेतवशेन नियमाभावात् ॥३७॥

यथा भावेऽपि पुत्रादौ तत्कार्यासमर्थत्वादसत्कल्पे**ऽभावाख्यां** शशविषाणं बन्ध्यासुत इत्यादिकां जनः कुर्यात्, तत्र भावेऽप्यमुख्योऽभावशब्दः, अभावे तु मुख्यः । तथा **यथाकल्पनमेव, सांख्याद्यभिमते** वस्तुतोऽ**शक्ते** प्रधानादौ **शक्ते वा** पुरुषादावनेककार्यसमर्थे तत्साम्यात् **प्रधानादिश्रुतिं जनः कुर्यात्** । स प्रधानशब्दोऽभाव एव मुख्यः, भावे चामुख्यः । तस्मात् सदसदर्थविषयता मुख्यगौणविषयतेति व्यभिचारि लक्षणम् ॥३८॥

यथासंकेतमेव तु शब्दवृत्तिरिति युक्तम्, न चैतद् वस्तुविषयत्वे न्याय्यम् । तथा हि—**शब्देभ्यो यादृशी** यादृशाकारा **बुद्धिः नष्टे** विषये **तादृश्येवानष्टेऽपि** विषये व्यापृतेन्द्रियस्य **दृश्यते** । न हि शब्दजनिता घटबुद्धिर्निमीलितनयनस्य नष्टेऽनष्टे वा घटे विशिष्यते, तुल्याकारत्वात् । व्यापृतेन्द्रियस्य तु शब्दं शृण्वतो या स्पष्टा बुद्धिः सा प्रत्यक्षैव, न शब्दकृता । तस्मादवस्तुविषयैव शाब्दी बुद्धिः ।

सदर्थानां वस्तुविषयाणां तु **श्रोत्रादी**न्द्रियजातानां **चेतसां नैतद्** विषयसदसत्ताकालयोः साम्यम्, शब्दबुद्धेरिवार्थाभावे इन्द्रियबुद्धेरनुत्पत्तेः ॥३९॥

सामान्यमात्रग्रहणात् सामान्यं चेतसोर्द्वयोः ।
तस्यापि केवलस्य प्राग् ग्रहणं विनिवारितम् ॥४०॥

परस्परविशिष्टानामविशिष्टं कथं भवेत् ।
तथा द्विरूपतायां वा तद् वस्त्वेकं कथं भवेत् ॥४१॥

ताभ्यां तदन्यदेव स्याद् यदि रूपं समं तयोः ।
तयोरिति न सम्बन्धो व्यावृत्तिस्तु न दुष्यति ॥४२॥

तस्मात् समानतैवास्मिन् सामान्येऽवस्तुलक्षणम् ।
कार्यं चेत् तदनेकं स्यान्नश्वरं च न तन्मतम् ॥४३॥

वस्तुमात्रानुबन्धित्वाद् विनाशस्य न नित्यता ।

ननु नष्टेऽनष्टेऽपि वस्तुनि ये शाब्दे चेतसी जायेते ताभ्यां **सामान्यमात्रस्य ग्रहणात्** तयो-**र्द्वयोश्चेतसोः सामान्यं** साम्यं ग्राह्यप्रतिभासकृतमस्ति। एतच्चायुक्तम्, यस्मात् **तस्यापि** सामान्यस्य **केवलस्य** व्यक्तिशून्यस्य **ग्रहणं प्राङ्निवारितम्** अतत्समानताव्यक्ती[1] इत्यादिना ॥४०॥

भिन्नं सामान्यं निषिध्य अभिन्नमपि निषेद्धुमाह—**परस्परविशिष्टानां** विशेषाणाम-**विशिष्टम**भिन्नं रूपं **कथं** भवेत्? अवश्यं हि व्यक्तीनां भेदः कथञ्चिदङ्गीकर्त्तव्यः, सत्त्वरजस्तम-सामिव, प्रकृतिचैतन्ययोरिव वा। अन्यथा सामान्यमेव न स्यात्, भिन्नानामभिन्नस्य रूपस्य तत्त्वात्। ये च भिन्नस्वभावास्ते नाभिन्ना भवितुमर्हन्ति, विरुद्धत्वात्। अथैकस्यापि समानम-समानं च द्वे रूपे **तथा द्विरूपतायां तद् वस्त्वेकं कथं भवेत्**? अन्यो हि समानादसमानः स्वभावः, अतश्च द्वे वस्तुनी स्याताम् न त्वेकं द्विरूपम् ॥४१॥

अथ द्वयोरेकं तद्रूपं सामान्यम् **यदि तयोर्**द्वयोः **समं** समानं **रूपं** तदा **ताभ्यामेवान्यदेव तत् स्यात्**। पृथग्भूतमेव सामान्यं भविष्यति, को दोष इति चेद् आह—**तयोस्**तत् सामान्य**मिति न सम्बन्धः**, उपकार्योपकारकत्वाभावात्। तथासम्बन्धेऽतिप्रसङ्गात्। अस्मन्मते **तु व्यावृत्तिः** सामान्यं **न दुष्यति**, अतत्कार्यव्यावृत्तेरवस्तुत्वात्। अन्यथाऽन्यानन्यत्वपक्षोक्तो दोषः ॥४२॥

यतः समानत्वेनावस्तुता **तस्मात् समानतैवास्मिन् सामान्ये अवस्तुलक्षणं** यत् सामान्यं तदवस्थितिव्याप्तिसिद्धेः। भेदेऽभेदे च वस्तुत्वायोगात् प्रकारान्तरस्य चाभावात्।

किञ्च—सामान्यं कार्यमकार्यं वा स्यात्? सम्बन्धिनीनां व्यक्तीनां **कार्यं चेत्** प्रतिव्यक्ति सामान्योक्ता**वनेकं स्यात्**। एकञ्च सामान्यमिष्टम्। अनेकत्वे सामान्यरूपतानाशः। **नश्वरञ्च न तत्** सामान्यं **मतम्**। कार्यत्वान्नश्वरञ्च तत् प्राप्नोति, कार्यत्वस्य नाशित्वेन स्वभावस्य व्याप्तेः ॥४३॥

किञ्च—**वस्तुमात्रानुबन्धित्वात् नाशस्य** वस्तुनो **न नित्यता** स्यात्। अनित्यताविरहे तु वस्तुविरहोऽपि, व्याप्याभावस्य व्यापकाभावनियतत्वात्।

---

1. PV. 2.20.

असम्बन्धश्च जातीनामकार्यत्वादरूपता ॥४४॥

यच्च वस्तुबलाज्ज्ञानं जायते तदपेक्षते ।
न संकेतं न सामान्यबुद्धिष्वेतद् विभाव्यते ॥४५॥

याप्यभेदानुगा बुद्धिः काचिद् वस्तुद्वयेक्षणे ।
संकेतेन विना सार्थप्रत्यासत्तिनिबन्धना ॥४६॥

प्रत्यासत्तिर्विना जात्या यथेष्टा चक्षुरादिषु ।
ज्ञानकार्येषु जातिर्वा यथान्वेति विभागतः ॥४७॥

कथञ्चिदपि विज्ञाने तद्रूपानवभासतः ।
यदि नामेन्द्रियाणां स्याद् द्रष्टा भासेत तद्वपुः ॥४८॥

अथ द्वितीयः पक्षः तदा **अकार्यत्वात् जातीनां** स्वव्यक्तिभिः सह **सम्बन्धश्च** न स्यात् । कार्यकारणभावाभावे तस्येदमिति सम्बन्धस्यानुत्पत्तिरित्युक्तम् कार्यत्वं ह्यपेक्षेत्यभिधीयते[1] इति । अत्रान्तरे कार्यत्वाज्जातीनाम**रूपता** निःस्वभावता । उत्पद्यमानं हि सस्वभावं भवेत्, नेतरत् नियामकाभावेन स्वभावाभावप्रसङ्गात् ॥४४॥

शाब्दप्रत्ययस्यावस्तुविषयतायामुपपत्त्यन्तरमाह—**यच्च ज्ञान**मिन्द्रियजं **वस्तु**नो रूपादे**र्बलाज्जायते तन्न संकेतमपेक्षते,** बालबधिरादेरपि भावात् । **सामान्यबुद्धिषु** त्वेतत् संकेतानपेक्षत्वं **न विभाव्यते**, संकेतग्रहणस्मरणापेक्षत्वात् । तस्मान्न वस्तुबलभाविन्यस्ताः, तथात्वे सतीन्द्रियार्थसन्निपाते क्षेपायोगात् ॥४५॥

यापि संकेतेन विना वस्तुद्वयेक्षणे शाबलेयं दृष्ट्वा बाहुलेयं पश्यतः **अभेदानुगमात्** स एवायम् इत्यभेदमध्यवस्यन्ती **बुद्धि**रुत्पद्यते, शाबलेयकर्कदर्शने तु नोत्पद्यते, **साऽर्थानां** शाबलेयादीनामसत्यपि सामान्ये या **प्रत्यासत्ति**रेकबुद्ध्यादिकार्यत्वं तन्नि**बन्धना** ॥४६॥

सामान्यं विनैककार्यतैव न स्याद् इत्याह—**प्रत्यासत्तिर्विना जात्या चक्षुरादिर्येषां** विषयालोकमनस्काराणां **तेषु ज्ञानकार्येषु** ज्ञानहेतुषु जात्यादि विना रूपज्ञानैककार्यजनकत्वं प्रत्यासत्ति**र्यथेष्टा । यथा वा** शाबलेयाद् बाहुलेयादीनां कर्कादीनां च तुल्ये भेदे यथा प्रत्यासत्त्या जात्यन्तरं विनैव **विभागतो जाति**रन्वेति शाबलेयबाहुलेयादिष्वेव गोत्वं समवेतम् न कर्कादिषु, सैवानुगामिप्रत्ययनिबन्धनमास्ताम् अलं जात्या ॥४७॥

इतश्च न वस्तु सामान्यम्, दृश्यत्वेनाभिमतस्य **तद्रूपस्य** स्वग्राहिणि **विज्ञाने कथञ्चिदप्यनवभासतः** । ननु सन्त्यपीन्द्रियाणि नोपलभ्यन्ते, ततोऽत्रानुपलम्भादसत्त्वं न । न हीन्द्रियाणि स्वग्राहिणि ज्ञाने प्रत्यवभासमानत्वात् सन्तीष्यन्ते, किं तर्हि सत्स्वपि विषयमनस्कारादिषु कदाचित् प्रवर्त्तते ज्ञानम्, कदाचिन्न—इति व्यभिचारबलादतीन्द्रियाणि कानिचिदिन्द्रियव्यपदेश्यानि व्यवस्थाप्यन्ते ।

---

1. PV. 2.25.

रूपवत्त्वात् न जातीनां केवलानामदर्शनात् ।
व्यक्तिग्रहे च तच्छब्दरूपादन्यन्न दृश्यते ॥४९॥

ज्ञानमात्रार्थकरणेऽप्ययोग्यमत एव तत् ।
तदयोग्यतयाऽरूपं तद्ध्यवस्तुषु लक्षणम् ॥५०॥

यथोक्तविपरीतं यत् तत् स्वलक्षणमिष्यते ।
सामान्यं त्रिविधम् तच्च भावाभावोभयाश्रयात् ॥५१॥

यदि भावाश्रयं ज्ञानं भावे भावानुबन्धतः ।
नोक्तोत्तरत्वाद् दृष्टत्वाद् अतीतादिषु चान्यथा ॥५२॥

भावधर्मत्वहानिश्चेत् भावग्रहणपूर्वकम् ।

यदि त्विन्द्रियाणामतीन्द्रियदर्शी **द्रष्टा नाम स्यात् भासेत रूपवत्त्वात्** तेषामिन्द्रियाणां **वपुः। जातीनां** तु दृश्याभिमतानां **केवलानां** व्यक्तिस्वरूपव्यतिरिक्तानाम**दर्शनाद**भाव एव, **व्यक्तिग्र**हे तस्या व्यक्तेः। **शब्दस्य** गौरित्यस्य **रूपादन्यत्** सामान्यं **न दृश्यते** ॥४८-४९॥

अत एवादृश्यमानत्वात् ज्ञानमात्रस्यार्थस्यार्थक्रियायाः **करणेऽप्ययोग्यमेव तत्**। अन्यथा हीयं भावानामर्थक्रिया यदुत स्वज्ञानजननम्। तत्राप्य**योग्यतया तत्** सामान्यम**रूपं** निःस्वभावम्। **हि** यस्मात् सर्वार्थक्रियायामशक्तत्वमवस्तुषु **लक्षणम्**। सर्वसामर्थ्यरहितं ह्यवस्त्विष्यते, तथा च सामान्यमिति न वस्तु ॥५०॥

यथोक्तात् सामान्याद् **विपरीतं यत्तत् स्वलक्षण**मुच्यते। इदञ्च वैपरीत्यम्—अनभिधेयत्वम् तत्त्वान्यत्वाभ्यां वाच्यत्वम्, असदर्थप्रत्ययाविशिष्टप्रतिभासाविषयत्वम्, असाधारणत्वम्, संकेतस्मरणानपेक्षप्रतिपत्तिकत्वम्, अन्यरूपविविक्तस्वरूपप्रतिभासवत्त्वम्, अर्थक्रियाक्षमत्वञ्च। एतद्युक्तं स्वलक्षणमिष्यते, एतद्विपर्ययस्यावस्तुत्वसाधनस्य सामान्यलक्षणत्वात्।

यच्चातत्कार्यव्यवच्छेदलक्षणमुक्तं **सामान्यम् तच्च त्रिविधं** बोद्धव्यम्, **भावाभावोभया-श्रयात्**। किञ्चिद् भावोपादानं सामान्यम्, यथा रूपादीन् भावानाश्रित्य कृतकत्वादिशब्दवाच्यं लिङ्गम्। अभावोपादानं यथा—उपलब्धिलक्षणप्राप्तस्यासतोऽनुपलब्धिः, अनुत्पत्तिमत्त्वादि च। तद्द्वयभावाश्रयं सामान्यं लिङ्गम्। उभयाश्रयमनुपलब्धिमात्रं ज्ञेयत्वादि च, भावाभावसाधारण-त्वात् ॥५१॥

यदि किञ्चित् सामान्यं **भावाश्रयं** तत् **ज्ञानं** तद्**भावे** भावविषयं प्राप्नोति, **भावानुबन्धतो** भावान्वयव्यतिरेकानुविधानात्। **नै**तद्युक्तम्, न तद् वस्त्वभिधेयत्वात्[1] इत्यादिनो**क्तोत्तरत्वात्**। निषिद्धं हि सामान्यस्य वस्तुत्वमनन्तरमेव प्रपञ्चेनेत्यनुमानबाधितत्वं प्रतिज्ञायाः। **दृष्टत्वात् अतीतादिषु चान्यथा** वस्तुव्यतिरेकेणैव—आसीद् घटो भविष्यति च इति सामान्यबुद्धिरुत्पद्यते। इत्यसिद्धतापि भावानुबन्धत इति हेतोः ॥५२॥

वस्तु विना सामान्यबुद्ध्युत्पादे **भावधर्मत्वहानिः** सामान्यस्य प्रसज्यते **चेत् भावस्य रूपा-देर्ग्रहणपूर्वकं** तस्य सामान्यस्य साधारणबाह्यरूपतयाऽध्यवसितबुद्ध्याकारलक्षणस्याध्यवसायेन **ज्ञानमित्ययम**वस्तुधर्मत्वलक्षणो**ऽदोषो** दोषो न भवति। न हि सामान्यं रूपादिरिव भावरूपतया ज्ञानविषय इति भावधर्म इष्टम्।

---

1. PV 2.11.

तज्ज्ञानमित्यदोषोऽयम् मेयं त्वेकं स्वलक्षणम् ॥५३॥

तस्मादर्थक्रियासिद्धेः सदसत्ताविचारणात् ।
तस्य स्वपररूपाभ्यां गतेर्मेयद्वयं मतम् ॥५४॥

अयथाभिनिवेशेन द्वितीया भ्रान्तिरिष्यते ।
गतिश्चेत् पररूपेण न च भ्रान्तेः प्रमाणता ॥५५॥

अभिप्रायाविसंवादादपि भ्रान्तेः प्रमाणता ।
गतिरप्यन्यथा दृष्टा पक्षश्चायं कृतोत्तरः ॥५६॥

मणिप्रदीपप्रभयोर्मणिबुद्ध्याभिधावतोः ।
मिथ्याज्ञानाविशेषेऽपि विशेषोऽर्थक्रियां प्रति ॥५७॥

किन्तु भाववासनाप्रबोधप्रसूतविकल्पकल्पितत्वात् परमार्थतो **मेयं त्वेकं स्वलक्षणम्**, तस्यैव रूपबुद्ध्युत्पादकत्वात् । सामान्यस्य तु कल्पितत्वात् सामर्थ्याभावात् स्वलक्षणमेकं प्रमेयम् ॥५३॥

तस्मादर्थक्रियासिद्धेः अर्थक्रियार्थिभिः **सदसत्ता**भ्यां तस्यैव **विचारणात्** असत्त्वमपि स्वलक्षणस्यैव विचिन्त्यते ।

यद्येकमेव प्रमेयम् तदाचार्येण प्रमेयद्वैविध्यं यदुक्तम्—न स्वसामान्यलक्षणाभ्यामन्यत् प्रमेयमस्ति इति तद् विरुद्ध्यते इत्याह—**तस्य** स्वलक्षणस्य प्रत्यक्षतः **स्व**रूपेणानुमानतः **पररूपेण** सामान्याकारेण **गतेर्मेयद्वयं मतम्**, न तु भूतसामान्यस्य सत्त्वात् ॥५४॥

या च **द्वितीया** पररूपेण गति**रयथाभिनिवेशेन भ्रान्तिरिष्यते** साऽनुमानं यथाऽर्थोऽस्ति यथा वा स्वाकारः तथा नाभिनिविशते, किन्तु स्वाकारं बाह्यसाधारणतया मन्यते ।

नन्वनुमानं **पररूपेण गतिश्चेत्** तदा भ्रान्तिरेव, **न च भ्रान्तेः प्रमाणते**ष्यते मृगतृष्णादेरिव ॥५५॥

अत्रोच्यते—**भ्रान्तेरपि प्रमाणता, अभिप्राय**स्य अर्थक्रियार्थिभिः ज्ञानगोचरतया अभिप्रायविषयीकृतस्यार्थक्रियासमर्थस्यार्थस्य **संवादात्** । अर्थक्रियार्थिनो हि तत्साधनसमर्थार्थप्रापकं प्रमाणमिच्छन्ति । **अन्यथा** पररूपेण **गतिरपि** काचिदभिप्रेतार्थसंवादिका **दृष्टे**ति प्रमाणमेव ।

नन्वनुमानं वस्त्वेव गृह्णत् प्रमाणमस्तु, किं भ्रान्तिरिष्यते इत्याह—**पक्षश्चायं** प्रागेव न तद् वस्त्वभिधेयत्वात् इत्यादिना[1] **कृतोत्तरः** ॥५६॥

ननु भ्रान्तमपि यद्यनुमानं प्रमाणम् तदा सर्वैव भ्रान्तिः प्रमाणं स्यात् इत्याह—**मणिप्रदीप**योर्ये **प्रभे** तयो**र्मणिबुद्ध्या** मणिरेवायम् इत्यध्यवसायेन तद्ग्रहणार्थं **धावतो मिथ्याज्ञान**स्य भ्रान्तत्वस्या**विशेषेऽपि विशेषोऽर्थक्रियां प्रति** । मणिप्रभायामप्यध्यवसायी मणिसाध्यामर्थक्रियां प्राप्नोति ॥५७॥

---

1. VP. 2.11.

यथा तथाऽयथार्थत्वेऽप्यनुमानतदाभयोः ।
अर्थक्रियानुरोधेन प्रमाणत्वं व्यवस्थितम् ॥५८॥

बुद्धिर्यत्रार्थसामर्थ्यादन्वयव्यतिरेकिणी ।
तस्य स्वतन्त्रं ग्रहणमतोऽन्यद् वस्त्वतीन्द्रियम् ॥५९॥

तस्यादृष्टात्मरूपस्य गतेरन्योऽर्थ आश्रयः ।
तदाश्रयेण सम्बन्धी यदि स्याद् गमकस्तदा ॥६०॥

गमकानुगसामान्यरूपेणैव तदा गतिः ।
तस्मात् सर्वः परोक्षोऽर्थो विशेषेण न गम्यते ॥६१॥

या च सम्बन्धिनो धर्माद् भूतिर्धर्मिणि ज्ञायते ।
सानुमानं परोक्षाणामेकान्तेनैव साधनम् ॥६२॥

न प्रत्यक्षपरोक्षाभ्यां मेयस्यान्यस्य सम्भवः ।
तस्मात् प्रमेयद्वित्वेन प्रमाणद्वित्वमिष्यते ॥६३॥

दीपप्रभायां तु मणिव्यवसायी तन्न प्राप्नोतीति **यथा तथा** त्रिरूपलिङ्गज**मनुमानम्** । **तदाभश्च** तन्न तथा, तयोः स्वाकारे बाह्याध्यवसायप्रवृत्तत्वात् **अयथार्थत्वेऽपि प्रमाणत्वं व्यवस्थितम्,** विशेषेणावस्थितम**र्थक्रियानुरोधेना**नुमानमेव प्रमाणम्, परम्परयाऽर्थादुत्पत्तेः तत्प्रापकत्वात् । नेतरद्, विपर्ययात् । तस्मात् प्रमेयद्वित्वम्, गतिभेदात् ॥५८॥

तयोर्लक्षणं ग्रहणं चाख्यातुमाह—**अर्थसामर्थ्या**ज्जायमाना **बुद्धिर्यत्रान्वयव्यतिरेकिणी** तत्स्वलक्षणम् । **तस्य ग्रहण**मपराश्रयं स्वरूप**ग्रहणम्**, स्वजन्ययाऽर्थस्वरूपया बुद्ध्या साक्षात्तस्य ग्रहणात् । अतः स्वलक्षणत्वा**दन्यद्वस्तु** यदन्वयव्यतिरेकौ नानुकरोति बुद्धिः, साक्षादप्रतिभासमानं केवलमध्यवसायविषयः तत्सामान्यलक्षणम**तीन्द्रियम्**, बुद्धिष्वप्रतिभासनात् ॥५९॥

कथं तत् प्रत्येतव्यम् इत्याह—**तस्य** सामान्यस्य स्वलक्षणविशेषेण स्वलक्षणविवेकेना-**दृष्टात्मरूपस्य गतेः** प्रतीतेः तस्मादन्यो**ऽर्थो** लिङ्गभूत **आश्रयः** सिद्धिनिमित्तं, **यदि** ततः प्रत्येतव्येनानग्निव्यवच्छेदादिना **तदाश्रयेण** च धर्मिणा **सम्बन्धी** सम्बन्धवान् **स्यात् तदा गमकः**, नान्यथा । अनेन साध्यप्रतिबन्धोऽन्वयव्यतिरेकरूपः पक्षधर्मता च लिङ्गस्योक्ता ॥६०॥

नन्वन्याश्रयेण च स्वरूपप्रतीतिर्भविष्यति, तथापि परोक्षता कथम् इत्याह—**तदा**ऽर्थान्तरात् प्रतीतिकाले **गमकं** पक्षसपक्षानुयायि लिङ्गम्, तदनुयायिना तद्व्यापकेन **सामान्यरूपेणैव** परोक्षोऽर्थो गम्यते, न तु सर्वतो व्यावृत्तेन विशिष्टेन रूपेण । **तस्मात् सर्वः परोक्षोऽर्थः** प्रतीयमानो **न विशेषेण** कथञ्चिद् **गम्यते** येन परोक्षताहानिः स्यात् ॥६१॥

या च सम्बन्धिनो धर्मादन्वयव्यतिरेकतो लिङ्गात् तदाश्रये **धर्मिणि ज्ञायते** परोक्षार्थ-प्रतीतिः **सानुमानम्**, त्रिरूपलिङ्गप्रभवत्वात् । तदेवानुमानं **परोक्षाणामेकान्तेनैव साधनम्**, प्रत्यक्षस्य तत्रावृत्तेः ॥६२॥

न च प्रत्यक्षपरोक्षाभ्यामन्यस्य प्रमेयस्य सम्भव इति दर्शितं प्राक् । **तस्मात् प्रमेयस्य द्वित्वेन प्रमाणद्वित्वमिष्यते** प्रमेयमधिगच्छत् प्रमाणमुच्यते ॥६३॥

त्र्येकसंख्यानिरासो वा प्रमेयद्वयदर्शनात् ।
एकमेवाप्रमेयत्वादसतश्चेन्मतं च नः ॥६४॥

अनेकान्तोऽप्रमेयत्वेऽसद्भावस्य निश्चयः ।
तन्निश्चयप्रमाणं वा द्वितीयम् नाक्षजा मतिः ॥६५॥

अभावेऽर्थबलाज्जातेरर्थशक्त्यनपेक्षणे ।
व्यवधानादिभावेऽपि जायेतेन्द्रियजा मतिः ॥६६॥

अभावे विनिवृत्तिश्चेत् प्रत्यक्षस्यैव निश्चयः ।
विरुद्धं सैव वा लिङ्गमन्वयव्यतिरेकिणी ॥६७॥

सिद्धं च परचैतन्यप्रतिपत्तेः प्रमाद्वयम् ।

तच्च द्विविधमिति तद्ग्राहकं द्वयमपि प्रमाणमेव, **प्रमेयद्वयस्य दर्शनात् । त्र्येकसंख्यानिरासो वा** बोद्धव्यः । तृतीयाद्रिकं न प्रमाणम्, तृतीयादिप्रमेयाभावात् । नाप्येकम्, द्वितीयस्य प्रमेयस्य तेनानधिगतेः । न हि प्रत्यक्षं स्वलक्षणसामर्थ्यात् तदाकारग्राहि जातं सामान्यं प्रत्येति, कल्पनागम्यत्वात् तस्य ।

ननु प्रत्यक्ष**मेकमेव** प्रमाणम्, **असतोऽप्रमेयत्वात्,** असच्च सामान्यम् अत्राह—असतोऽप्रमेयत्वं **मतं च नः** ॥६४॥

किमनिष्टमापद्यते ? स्वलक्षणमेव तु पररूपेण गतेः सामान्यलक्षणमिष्टम् । तच्च सदेवेति कथमप्रमेयम् ? ततस्तत्साधनमपि प्रमाणमेव । तथाऽसतो**ऽप्रमेयत्वे** साध्येऽसत्त्वादिति हेतुर**नेकान्तो**ऽपि । तथा हि परलोकादेरसत्तायाः **चार्वाके**णापीष्यत एव केनापि प्रमाणेन **निश्चयः ।**

अथवा—प्रमेयत्वाभावस्याप्यसत्त्वहेतुनैव निश्चय इति व्यक्तमनैकान्तिकत्वम् । **अतश्च** यत एव प्रमाणात् **तस्याभावस्य निश्चयः** तदेव **द्वितीयं प्रमाण**मनुमानम्, नाध्यक्षम् ।

कस्मादेवम् इत्याह—**नाक्षजा मतिरभावे** विषये प्रवर्तते, **अर्थस्य बलाज्जातेः ।** यद्बलेन प्रत्यक्षं प्रवर्तते तदेव प्रतिपद्यते । न चाभावस्य सामर्थ्यं नाम । यदि पुन**रर्थसामर्थ्यानपेक्षण**मस्य तदा ग्राह्यस्यार्थस्य शक्त्यनपेक्षणे तद्**व्यवधानादिभावेऽपीन्द्रियजा मतिर्जायेत,** न चैतदस्ति । ततोऽर्थसामर्थ्यापेक्षि नाभावविषयं भवितुमर्हति ॥६५-६६॥

स्यादेतत् । **प्रत्यक्षस्यैव** प्रवृत्तिर्भावे सत्त्वनिश्चयः, **विनिवृत्तिश्चाभावे निश्चयः,** न तु प्रमाणान्तरवृत्तिरिति चेत् । **विरुद्ध**मिदम्—यः प्रत्यक्षाभावान्निश्चयः स प्रत्यक्षादिति । न हि प्रत्यक्षतन्निवृत्त्योरैकात्म्यम् । तथा हि—अभावो भाव एव स्यात्, भावोऽपि चाभावः । न च प्रत्यक्षनिवृत्तावप्यवश्यमभावः, व्यवधानादिष्वर्थसत्त्वेऽपि तस्याभावात् । अथार्थान्वयव्यतिरेकानुविधायिनी प्रत्यक्षनिवृत्तिरेकज्ञानसंसर्गिपदार्थान्तरोपलब्धिरूपा भावनिश्चयहेतुः तदा **सैव** प्रत्यक्षनिवृत्तिरनुपलब्ध्याख्याऽ**न्वयव्यतिरेकिणी लिङ्ग**मिति तज्जा प्रतीतिरनुमानमेवेति कथं नाप्रत्यक्षं प्रमाणम् ? ॥६७॥

किञ्च—**परचैतन्यप्रतिपत्तेः प्रमाणद्वयं सिद्धम् ।** न हि प्रत्यक्षादर्वाग्दर्शनः परचैतन्यमवैति, किन्तु स्वसन्ताने बुद्धिपूर्वकत्वेनोपलब्धचेष्टादिदर्शनात् तदनुमानं परचित्तनिश्चये किमस्ती-

व्यवहारादौ प्रवृत्तश्च सिद्धस्तद्भावनिश्चयः ॥६८॥

प्रमाणमविसंवादात् तत् क्वचिद् व्यभिचारतः ।
नाश्वास इति चेल्लिङ्गदुर्दृष्टिरेतदीदृशम् ॥६९॥

यतः कदाचित् सिद्धाऽस्य प्रतीतिर्वस्तुनः क्वचित् ।
तदवश्यं ततो जातं तत्स्वभावोऽपि वा भवेत् ॥७०॥

स्वनिमित्तात् स्वभावाद् वा विना नार्थस्य सम्भवः ।
यच्च रूपं तयोर्दृष्टं तदेवान्यत्र लक्षणम् ॥७१॥

स्वभावे स्वनिमित्ते वा दृश्ये दर्शनहेतुषु ।
अन्येषु सत्स्वदृश्ये च सत्ता वा तद्वतः कथम् ॥७२॥

त्याह—परस्परप्रेषणाध्येषण**व्यवहारादौ प्रवृत्तेश्च सिद्धश्च** तस्याः परचैतन्यप्रतिपत्ते**र्भाव-निश्चयः** ॥६८॥

नन्वनुमानाभिमता प्रतीतिर्नास्त्येवेति न ब्रूमः, किन्तु प्रामाण्ये तस्या विप्रतिपद्यामहे इत्याह—**प्रमाणं तद**नुमानम्, **अविसंवादात्** । प्रत्यक्षमपि हि संवादकत्वात् प्रमाणम्, तच्चानुमानस्यापि समानम् । **क्वचिच्**छ्यामतादिसाधनार्थमुपात्ते तत्पुत्रादौ लिङ्गे **व्यभिचारतः** संवादे **नाश्वास इति चेत् लिङ्गस्य दुर्दृष्टि**र्भ्रान्तिः—अलिङ्ग एव लिङ्गबुद्धिः । तस्या **एत-ल्लिङ्गमीदृशं** व्यभिचारि भवतः प्रतिभाति । न खलु त्रिविधं लिङ्गं साध्यव्यभिचारि । यच्च व्यभिचारि तत् त्रिविधमेव न भवति ॥६९॥

एतदेवाह—**यतो वस्तुनो** धूमशिशपादेः लिङ्गा**दस्य** साध्यस्य वह्निवृक्षादेः **क्वचिद्** धर्मिणि **कदाचिदनुमान**काले प्रतीतिः **सिद्धा तद्** धूमादिकं **ततो** वह्न्यादे**रवश्यं जातम्** । तच्छिंशपादिकं तस्य वृक्षस्य **स्वभावोऽपि वा**ऽवश्यं **भवेत्** ॥७०॥

न च कार्यस्वभावयोः कारणव्यापकव्यभिचारः, यस्मात् **स्वस्य निमित्तात्** कारणाद् **विना, स्वभावाद्** व्यापकाद् **वा विनाऽर्थस्य** कार्यस्य व्याप्यस्य च **न सम्भवः**, तदुत्पाद्यत्वात् तद्रूप-त्वाच्च । ततस्तदाश्रयेणोत्पन्नानुमानप्रतीतिरव्यभिचारिण्येव । **यच्च** तयोर्धूमशिंशपयो **रूपं** साध्यकार्यस्वभावत्वस्याव्यभिचारनिमित्तं **दृष्टम् तदेवान्यत्रापि** हेतौ **लक्षणं** बोद्धव्यम् । न च तत्पुत्रत्वं श्यामत्वस्य कार्यं स्वभावो वा, ततो यद् व्यभिचारि तदलिङ्गमेव ॥७१॥

अनुपलब्धेरव्यभिचारं दर्शयितुमाह—प्रतिषेधस्य **स्वभावे स्वस्य** निषेध्यात्मनो **निमित्ते** कारणे **दृश्ये** दर्शनयोग्ये **दर्शन**स्य **हेतु**ष्विन्द्रियमनस्कारादिष्व**न्येषु सत्सु** विद्यमानेष्व**दृश्ये**ऽनुपलभ्य-माने **च तद्वतो** दृश्यानुपलम्भवतोऽभावस्य सत्ता वा **कथं** युज्येत ? न हि सत्स्वन्येषूपलम्भ-प्रत्ययेषु दृश्यस्य सतः कदाचिदनुपलम्भसम्भवः । तस्माद् दृश्यानुपलब्धिरर्थाभाव एव भवतीति तत्प्रभवाभावप्रतीतिरविसंवादिनी । तस्मात् साध्यप्रतिबद्धलिङ्गप्रसूतत्वात् त्रिविधलिङ्गजेऽप्य-नुमाने नास्त्यनाश्वासः ॥७२॥

अप्रामाण्ये च सामान्यबुद्धेस्तल्लोप आगतः।
प्रेत्यभाववद् अक्षैस्तत् पर्यायेण प्रतीयते ॥७३॥

तच्च नेन्द्रियशक्त्यादावक्षबुद्धेरसम्भवात्।
अभावप्रतिपत्तौ स्याद् बुद्धेर्जन्मानिमित्तकम् ॥७४॥

स्वलक्षणे च प्रत्यक्षमविकल्पतया विना।
विकल्पेन न सामान्यग्रहस्तस्मिंस्ततोऽनुमा ॥७५॥

प्रमेयनियमे वर्णानित्यता न प्रतीयते।
प्रमाणमन्यत् तद्बुद्धिर्विना लिङ्गेन सम्भवात् ॥७६॥

विशेषदृष्टे लिङ्गस्य सम्बन्धस्याप्रसिद्धितः।
तत् प्रमाणान्तरं मेयबहुत्वाद् बहुतापि वा ॥७७॥

एवमपि त्व**प्रामाण्ये सामान्यबुद्धे**रिष्यमाणे **तस्य** परोक्षस्यार्थस्यानुमानव्यवस्थाप्यमानस्य **लोपो**ऽभाव **आगतः**; **प्रेत्यभाववत्** परलोकस्येव। यदि हि प्रत्यक्षमेकं प्रमाणम्, तदा यत्र तन्न प्रवर्त्तते तस्याप्यभाव एव स्यात्, न चैतदस्ति। न हि **चार्वाको** देशान्तरस्थं स्वपितरमनुपलभमानस्तदभावं व्यवस्थापयितुमर्हति।

स्यादेतत्। नोपलभ्यमानमेवास्ति, किन्तु **पर्यायेण** परिपाट्याऽ**क्षैर्यत् प्रतीयते तद**प्यस्ति चेत्, पित्रादयश्चोपलब्धा उपलप्स्यन्ते चेति सन्त्येव ॥७३॥

तच्च न युक्तम्। **इन्द्रियाख्यायां शक्तौ, आदि**ग्रहणादाहारादेः क्षुदुपघातादिसामर्थ्ये च पर्यायेणापीन्द्रिय**बुद्धे**रसम्भवाद**भावप्रतीतौ** सत्यां प्रत्यक्षाया **बुद्धेर्जन्मानिमित्तकं स्यात्**। न हि दृष्टमात्रेभ्यो विषयालोकमनस्कारचक्षुर्गोलकेभ्योऽध्यक्षजन्म, सत्स्वपि तेष्वभावात् व्यतिरेकादतिरिक्तं किञ्चिददृश्यं कारणमिष्यते यस्येन्द्रियमिति व्यपदेशः। तस्य पर्यायेणापि नाध्यक्षं ग्राहकमस्तीत्यभावः स्यात्। ततश्चाकारणकं प्रत्यक्षजन्म प्राप्तम्। अहेतोश्च नित्यं सत्त्वमसत्त्वं वा स्यात् इत्युक्तम् ॥७४॥

स्यादेतत्। प्रत्यक्षादेव सामान्यप्रतीतिर्भविष्यति, किमनुमानेन इत्याह—**स्वलक्षणे च प्रत्यक्षमविकल्पतया** प्रवर्तते। **सामान्य**स्य तु **ग्रहो विकल्पेन विना न** भवति **ततः** कारणात् **तस्मिन्** सामान्ये**ऽनुमैव** विकल्पिका, नाध्यक्षमविकल्पकम् ॥७५॥

ननु प्रत्यक्षं स्वलक्षणविषयम्, अनुमानं सामान्यविषयम् इति **प्रमेयस्य नियमे** स्वीक्रियमाणे **वर्ण**स्य नीलादेर्विषयस्या**नित्यता**ऽनित्यसामान्यात्मता **न प्रतीयत** इति प्राप्तम्। न हि सामान्यविशेषात्मकं प्रमेयं विशेषमात्रविषयेणाध्यक्षेण सामान्यमात्रविषयेणानुमानेन वा प्रत्येतुं शक्यम्, प्रतीयते च, अतस्त**द्बुद्धिः प्रमाणमन्यत्** स्यात् न प्रत्यक्षम्, सामान्यस्य ग्रहणात्। नाप्यनुमानम् **विना लिंगेन सम्भवात्**, विशेषस्यापि ग्रहणाच्च ॥७६॥

तथा—**विशेषदृष्टे** प्रत्यक्षेणाग्निं दृष्ट्वा क्रमात्तमेव धूमाल्लिङ्गात् स एवायं वह्निः इति निश्चिनोत्यनुमानेन। **लिङ्गस्य** सम्बन्धा**सिद्धितः तत् प्रमाणान्तरं** स्यात्। न हि तत् प्रत्यक्षम्, लिङ्गबलादुत्पत्तेः। नाप्यनुमानम्, दहनधूमविशेषयोः सम्बन्धाग्रहणात्। तस्मात् **मेयानां**

प्रमाणानामनेकस्य वृत्तेरेकत्र वा तथा ।
विशेषदृष्टेरेकत्रिसंख्यापोहो न वा भवेत् ।।७८।।

विषयानियमादन्यप्रमेयस्य च सम्भवात् ।
योजनाद् वर्णसामान्ये नायं दोषः प्रसज्यते ।।७९।।

नावस्तुरूपं तस्यैव तथा सिद्धेः प्रसाधनात् ।
अन्यत्र नान्यसिद्धिश्चेन्न तस्यैव प्रसिद्धितः ।।८०।।

यो हि भावो यथाभूतो स तादृग्लिङ्गचेतसः ।
हेतुस्तज्जा तथाभूते तस्माद् वस्तुनि लिङ्गधीः ।।८१।।

लिङ्गलिङ्गिधियोरेवं पारम्पर्येण वस्तुनि ।

प्रत्यक्षं लक्षणं सामान्यम् । सामान्यविशेषाणां **बहुत्वाद् बहुतापि** वा **प्रमाणानां** स्यात् । **अनेकस्य** वा प्रमाणस्यै**कत्र** विषये **वृत्तेः** प्रमाणबहुता स्यात् । **यथैक**मेव स्वलक्षणं प्रत्यक्षेण, **विशेषदृष्टेन** चानुमानेन प्रतीयते । प्रमेयस्य द्वित्वग्रहणयोर्नियमे प्रमाणद्वित्वं स्यात्, नान्यथा । **त्र्येकसंख्याया अपोहो** य उक्तः, प्रमेयद्वित्वात् स **न वा भवेत्** ।।७७-७८।।

विषयस्य ग्रहणा**नियमात्** यदा ह्येकेनापि प्रमाणेनानेकं गृह्यते, तदा प्रमेयद्वित्वेऽप्येकमेव प्रमाणं स्यात् । प्रमेयद्वयाद**न्यस्य** च सामान्यविशेषस्य **मेयस्य सम्भवात्** त्र्यादिकं वा तद्ग्राहकं मानं भवेत् ।

अत्रोच्यते—विकल्पकेन ज्ञानेनानित्यतया **वर्णसामान्ये योजनादयं** सामान्यविशेषात्मक-प्रमेयग्राहकप्रमाणान्तराभ्युपगमलक्षणो **दोषो न प्रसज्यते** । न हि विशेषोऽनित्यतया योज्यते, विकल्पानामतद्विषयत्वस्योक्तेर्वक्ष्यमाणत्वाच्च । ।।७९।।

ननु वर्णसामान्यस्यावस्तुत्वात् तद्योजिताऽनित्यतादयोऽवस्तुधर्माः स्युः इत्याह—**नावस्तुनो रूप**मनित्यत्वादि **तस्यैव** वस्तुनस्**तथा**ऽनित्यत्वादिभिराकारैः **सिद्धेः** निश्चयस्य प्राक् **प्रसाधनात्** । अध्यवसायानुरोधेन हि विकल्पानां विषयव्यवस्था । यद्यपि चैते स्वाकारग्राहिणः तथापि **बाह्य**मेव विषयतया व्यवस्थाप्यन्ते, अनाद्यभ्यासविशेषात् । अनुमानं तु वस्तुप्रतिबद्धलिङ्गप्रभव-त्वाद् यथावस्थितमेव वस्तु व्यवस्यतीति वस्त्वेव क्षणस्थितिधर्मकमस्मात् सिद्धम् । ततो नावस्तुरूपमनित्यत्वादि ।

स्यादेतद् **अन्यत्र**ावस्तुनि सामान्येऽनित्यतादिसम्बन्धिनि सिध्यत्य**न्यस्य** वस्तुनोऽनित्य-रूपस्य **न सिद्धिरिति चेत् न**ैतद्युक्तम् । **तस्यैव** वस्तुनः तस्यैवानित्यरूपस्याध्यावसायवशेनानुमानात **प्रसिद्धितः** ।।८०।।

कथं पुनर्वस्त्वध्यवसायेऽपि तत्संवादकता इत्याह—**यो हि** साध्यधर्मो **यथाभूतः** कारण-व्यापकस्वभावः **स तादृशः**, कारणकार्यतया व्यापकव्याप्यतया गृहीतव्याप्तिकस्य **लिङ्गस्य चेतसः** परम्पराहेतुः । **तज्जा** तस्माल्लिङ्गचेतसो जाता **तथाभूते वस्तुनि** कारणव्यापकरूपे साध्यधर्मे **लिङ्गिधीः** । तस्मात् परम्परया साध्यप्रतिबन्धात् लिङ्गिधीः सत्येव वस्तुनि भवन्ती तत्संवादात् प्रमाणमेव ।।८१।।

ननु लिङ्गमपि लिङ्गिवत् सामान्यमेव, तथा धूमः कृतकं वेत्येव न लिङ्गम्, किं तर्हि वह्निकार्यतयाऽनित्यत्वव्याप्यतया च गृहीतम् । न च विशेषे व्याप्तिग्रहः, सामान्यञ्च नाध्यक्ष-

प्रतिबन्धात् तदाभासशून्ययोरप्यवञ्चनम् ॥८२॥

तद्रूपाध्यवसायाच्च तयोस्तद्रूपशून्ययोः ।
तद्रूपावञ्चकत्वेऽपि कृता भ्रान्तिव्यवस्थितिः ॥८३॥

तस्माद् वस्तुनि बोद्धव्ये व्यापकं व्याप्यचेतसः ।
निमित्तं तत्स्वभावो वा कारणम् तच्च तद्धियः ॥८४॥

प्रतिषेधस्तु सर्वत्र साध्यतेऽनुपलम्भतः ।
सिद्धि प्रमाणैर्वदतामर्थादेव विपर्ययात् ॥८५॥

दृष्टा विरुद्धधर्मोक्तिस्तस्य तत्कारणस्य वा ।
निषेधे यापि तस्यैव साऽप्रमाणत्वसूचना ॥८६॥

गम्यम्, विकल्पमात्रेण तत्प्रतीतावनाश्वासः । नैष दोषः, प्रत्यक्षेण कारणकार्ययोर्व्यावृत्तिद्वय-विशिष्टयोर्गृहीतयोर्विजातीयव्यावृत्त्याश्रयेणोत्पन्नविकल्पेन क्वचिदनुमानेन व्याप्ति गृहीतवतः पश्चाद् धूमकृतकत्वादिदर्शनात् ताद्रूप्ये कार्यव्याप्यबुद्धिर्लिङ्गबुद्धिः । सा च तत्प्रतिबन्धादनु-मानमेवेति नास्त्यनाश्वासः एतदेवाह—**लिङ्गलिङ्गिधियोरेव**मुक्तक्रमात् **पारम्पर्येण वस्तुनि प्रतिबन्धात् तयो**र्लिङ्गलिङ्गिनो**राभासः** साक्षात् स्वरूपप्रतिभासः **तच्छून्ययोरपि** लिङ्गलिङ्गि-वस्तुनि **अवञ्चनं** संवादनम् ॥८२॥

ननु लिङ्गबुद्धेरपि लिङ्गिबुद्धित्वात् पृथग् उपादानमनर्थकम् । नानर्थकम्, प्रत्यक्षमुद्-भूतविकल्पो वा तद्बुद्धिरिति विप्रतिपत्तिनिरासार्थत्वात् । यदि प्रमाणे लिङ्गलिङ्गधियौ, तदा प्रत्यक्षवदभ्रान्ते स्याताम् इत्याह—तयोर्द्वयोः **तद्रूपस्य** लिङ्गलिङ्गिरूपस्या**ध्यवसायात्** प्रवर्तने सति वस्तुनि परम्परया तत्प्रतिबद्धतया च **तद्रूप**स्या**वञ्चकत्वे** संवादकत्वे**ऽपि भ्रान्ति-व्यवस्थितिः कृता** । कस्माद् इत्याह—**तद्रूपशून्ययोः** । न हि लिङ्गलिङ्गिस्वरूपप्रतिभासिन्यौ धियाविमे, स्वप्रतिभासेऽनर्थेऽर्थाध्यवसायेन प्रवृत्तत्वात् ॥८३॥

तस्माद् वस्तुनि विधिना **बोद्धव्ये व्यापकं** साध्यम् । **व्याप्यचेतसो** लिङ्गबुद्धे**र्निमित्तं** परम्परया । यस्मात् **स्वभावो** वा **तद्** व्यापकम् व्याप्यस्य, यथाऽनित्यत्वं कृतकत्वस्य । **कारणं वा** दहनो धूमस्य । **तच्च** व्याप्यचेतस**स्तद्धियः** स्वभावकारणधियो निमित्तमिति तयाध्यवसि-तस्य संवादनियमः संवादित्वम् । एवं प्रत्यक्षस्यापि प्रामाण्यलक्षणम् ॥८४॥

प्रतिषेधस्तु यत्र साक्षान्निषेध्यानुपलब्धिः विरुद्धा ह्युपलब्धिर्वा दर्श्यते तत्र **सर्वत्रानुपल-म्भतः साध्यते**, यस्मात् **प्रमाणै**रर्थस्य **सिद्धि वदतामर्थात्** सामर्थ्यादेव **विपर्ययात्** प्रमाणाभावा-दर्थाभावः सिध्यति ॥८५॥

ननु विरुद्धाद्युपलब्धावनुपलम्भः कथं निषेधसाधकः इत्याह—**दृष्टा विरुद्धधर्मस्योक्तिर्या तस्य** निषेध्यस्य **तत्कारणस्य वा निषेधे** कर्तव्ये, यथा—नात्र शीतस्पर्शो न वा रोमहर्षयुक्तपुरुष-वानयं प्रदेशो वह्नेरिति, **सापि तस्यैव** निषेध्यस्यैवा**प्रमाणत्व**स्य प्रमाणरहितत्वस्य **सूचना** । विरुद्धस्य कारणविरुद्धत्वस्य चोपलम्भेन निषेध्यानुपलम्भ एव ख्याप्यते ॥८६॥

अन्यथैकस्य धर्मस्य स्वभावोक्त्या परस्य तत् ।
नास्तित्वं केन गम्येत विरोधाच्चेद् असावपि ॥८७॥

सिद्धः केनासहस्थानादिति चेत् तत् कुतो मतम् ।
दृश्यस्य दर्शनाभावादिति चेत् साऽप्रमाणता ॥८८॥

तस्मात् स्वशब्देनोक्तापि साऽभावस्य प्रसाधिका ।
यस्याप्रमाणं साऽवाच्यो निषेधस्तेन सर्वथा ॥८९॥

एतेन तद्विरुद्धार्थकार्योक्तिरुपवर्णिता ।
प्रयोगः केवलं भिन्नः सर्वत्रार्थो न भिद्यते ॥९०॥

विरुद्धं तच्च सोपायमविधायापिधाय च ।
प्रमाणोक्तिर्निषेधे या न साम्नायानुसारिणी ॥९१॥

अन्यथैकस्य विरुद्धादेर्धर्मस्य **स्वभावोक्त्या** सत्ताप्रतिपादनेन **परस्य** निषेध्यस्य **तन्नास्तित्वं** सिसाधयिषितं **केन** कारणेन **गम्येत**? न ह्यन्यसत्त्वेऽपरस्य सत्त्वाभावः, अतिप्रसङ्गात् । अनिषिद्धोपलब्धेरभावासिद्धेः ।

अथ यन्निषिध्यते यच्चोपदर्श्यते तयो**र्विरोधात्** सहानवस्थानलक्षणादेकभावेऽन्याभाव **इति चेत्**, नन्व**सावपि** विरोधः **केन** प्रकारेण **सिद्धः**? द्वयोः **सहानवस्थानाद्** विरोधः **सिद्धः इति चेत् तत्**सहानवस्थानं **कुतो** हेतो**र्मतं** येन विरोधव्यवस्था? अविकलकारणस्य **प्रवर्तमानस्य दृश्यस्या**न्यभावेऽ**दर्शना**त् सहानवस्थानगतिरि**रिति चेत्** ननु यदेवादर्शनं **साऽप्रमाणता** प्रमाणरहितताऽनुपलब्धिरित्यर्थः ॥८७-८८॥

यस्मादवश्यं परम्परयानुपलब्धेरेव प्रतिषेधः **तस्मात् स्वशब्दे**नानुपलम्भस्वरूपवाचकशब्दे**नोक्ता** स्वभावानुपलम्भादाव**पि**शब्दादनुक्तापि विरुद्धोपलब्ध्यादौ **सा**ऽनुपलब्धिर**भावसाधिका**, तस्या एव प्रतिपाद्यत्वात् । **यस्य** तु **चार्वाक**स्य **सा**ऽनुपलब्धिर**प्रमाणम्** प्रतिषेधे साध्ये **तेन सर्वथा निषेधोऽवाच्यः**, प्रत्यक्षस्य भावमात्रविषयत्वात्, प्रमाणान्तरस्य चाभावात् ॥८९॥

एतेन स्वभाव-तत्कारणविरुद्धोपलब्ध्योरनुपलब्धित्वप्रतिपादनेन **तयोः** स्वभाव-तत्कारणयो**र्विरुद्धार्थस्य कार्योक्तिरुपवर्णिता** बोद्धव्या, यथा—नात्र शीतस्पर्शो रोमहर्षवान् वा पुरुषो धूमादिति, अत्रापि निषेध्यानुपलम्भस्य परम्परया प्रतिपादनात् । उपलक्षणं चैतद् । व्यापकविरुद्धतत्कार्योपलब्धी अपि बोद्धव्ये, यथा—नात्र तुषारस्पर्शो वह्नेर्धूमादिति । एतासु स्वभावानुपलब्धिविरुद्धोपलब्ध्यादिषु **प्रयोगः** शब्दाभिधाव्यापारः परमनुपलम्भोपलम्भप्रतिपादकत्वेन भिद्यते । **सर्वत्रार्थो** निषेध्यानुपलम्भलक्षणो **न भिद्यते**, तस्यैव सर्वत्र प्रतिपाद्यत्वात् ॥९०॥

या पुनर्द्विविधेनापि विरोधेन **विरुद्धमर्थमभिधाय** यं कञ्चिदर्थमुपदर्श्यते **तन्निषेध्यं च सहा**भावनिश्चयो**पायेन** कारणव्यापककार्यानुपलम्भे वर्तमान**मविधाय**, अत एवा**पिधाय च** पिधानमिव पिधानं स्वरूपप्रतीतिविरोधित्वादनुपलम्भः, तमकृत्वा कारणाद्यनुपलम्भाप्रदर्शनात् तदुपलम्भसम्भावना न व्याहतैव । एवं निषेध्योपलम्भसम्भावनामनिवार्यान्यविधिना **निषेधे कर्तव्ये प्रमाणोक्तिर्या न सा आम्नायानुसारिणी** ॥९१॥

उक्त्यादेः सर्ववित्प्रेत्यभावादिप्रतिषेधवत् ।
अतीन्द्रियाणामर्थानां विरोधस्याप्रसिद्धितः ॥९२॥

बाध्यबाधकभावः कः स्यातां यद्युक्तिसंविदौ ।
तादृशोऽनुपलब्धेश्चेद् उच्यतां सैव साधनम् ॥९३॥

अनिश्चयकरं प्रोक्तमीदृक् चानुपलम्भनम् ।
तन्नात्यन्तपरोक्षेषु सदसत्ताविनिश्चयौ ॥९४॥

भिन्नोऽभिन्नोऽपि वा धर्मः स विरुद्धः प्रयुज्यते ।
यथाऽग्निरहिमे साध्ये सत्ता वा जन्मबाधनी ॥९५॥

यथा वस्त्वेव वस्तूनां साधने साधनं मतम् ।
तथा वस्त्वेव वस्तूनां स्वनिवृत्तौ निवर्त्तकम् ॥९६॥

एतेन कल्पनान्यस्तो यत्र क्वचन सम्भवात् ।

उक्त्यादेर्हेतोः **सर्वविदः प्रेत्यभाव**स्य परलोकस्य निषेधवत् । यथा—न सर्वज्ञत्वमस्य पुरुषस्य, वक्तृत्वात्, प्रेत्यभावः पुरुषत्वादित्यादि ।

कस्मात् पुनरियं विरुद्धोक्तिरेव न इत्याह—**अतीन्द्रियाणां** सर्वज्ञपरलोकादीना**मर्थानां** केनचित् वक्तृत्वादिना **विरोधस्याप्रसिद्धितः** । ज्ञानोत्कर्षापकर्षयोर्वचनापकर्षोत्कर्षादर्शनाद् विपर्ययदर्शनाच्च ॥९२॥

यदि चोक्तिसंविदौ सह स्याताम्, **क**स्तयोः परस्परं **बाध्यबाधकभावः** न हि ज्ञानवचनयोर्विरोधः सिद्धः, येनैकसत्त्वेऽपरस्याभावः । अविरोधोऽपि न सिद्ध इति चेत् सत्यम्, किन्तु संशयोऽपि । न वक्तृत्वमनैकान्तिकम् । **तादृशः** सर्वज्ञस्य वक्तु**रनुपलब्धेरभावश्चेत् उच्यतां** निषेधे साध्ये **सैवा**नुपलब्धिः **साधनम्**, नात्रान्यस्य शक्तिः ॥९३॥

किन्त्वी**दृ**गतीन्द्रियार्थविषय**मनुपलम्भनमनिश्चयकरं प्रोक्तम्**, सत्यप्यर्थे सम्भवात् । **तत्** तस्माद**त्यन्तपरोक्षेषु सदसत्तानिश्चयौ न** स्तः । सत्यपि प्रमाणावृत्तेः । प्रमाणनिवृत्तावप्यर्थाभावासिद्धेः । तस्मान्नानुपलब्धेः कुतश्चिदन्यस्मादभावसिद्धिः, किन्तु विरुद्धादेव ॥९४॥

स च विरुद्धो धर्मः क्वचिद् **भिन्नो** वा प्रयुज्यते, यथा—**अग्निरहिमे** हिमाभावे **साध्ये** । क्वचिद**भिन्नो वा,** यथा—**सत्ता** जन्मनो **बाधनी** महदादीनां जन्माभावप्रसङ्गः सत्त्वादिति । सत्ताजन्मनोश्चाभेदः सांख्याभ्युपगमादुच्यते, न तु परमार्थतस्तादात्म्यं विरुद्धयोरस्ति । **विरुद्धे** च सत्ताजन्मनी । प्रागसत्तया हि अभिव्यक्तिरूपताया लाभो जन्मोच्यते । सत्ता तु विद्यमानता । ततो येन रूपेण सत्त्वं न तेन जन्म, येन च जन्म तेन न सत्त्वमिति व्यक्तः परस्परपरिहारस्थितिर्विरोधः ॥९५॥

यथा च **वस्तूनां** साध्यानां **साधने साधनं** वस्त्वेव **मतम्**, नावस्तु, तथा **वस्त्वेव स्वस्य निवृत्तौ** वस्तूनां **निवर्त्तकम्** नावस्तु ॥९६॥

एतेन वस्तुनः साधनत्वप्रतिपादनेन **विकल्पनान्यस्तो धर्मः पक्षसपक्षान्यतरत्वादिः,** आदिशब्दात्सदुपगमादिश्च, **अपोदितः** प्रतिक्षिप्तो बोद्धव्यः । तादृशस्य साधनस्य **यत्र क्वचन** साध्ये

धर्मः पक्षसपक्षान्यतरत्वादिरपोदितः ॥९७॥

तत्रापि व्यापको धर्मो निवृत्तेर्गमको मतः ।
व्यापकस्वनिवृत्तिश्चेत् परिच्छिन्ना कथञ्चन ॥९८॥

यदप्रमाणताऽभावे लिङ्गं तस्यैव कथ्यते ।
तदत्यन्तविमूढार्थम् आगोपालमसंवृतेः ॥९९॥

एतावन्निश्चयफलमभावेऽनुपलम्भनम् ।
तच्च हेतौ स्वभावे वा दृश्ये दृश्यतया मते ॥१००॥

अनुमानादनित्यादेर्ग्रहणेऽयं क्रमो मतः ।
प्रामाण्यमेव नान्यत्र गृहीतग्रहणान्मतम् ॥१०१॥

सम्भवात् । न हि पक्षत्वं सपक्षत्वं वा जातिनियतम्, किन्तु वाञ्छाधीनमवस्तु । अतः समीहितसिद्धौ सर्वं सर्वस्य सिध्येत् ॥९७॥

तत्र वस्तुन्यपि **व्यापको धर्मः** कारणं स्वभावो वा व्याप्यस्य कार्यस्य स्वभावस्य **निवृत्तेर्गमको मतः । व्यापकस्य** कारणस्वभावस्य **स्वनिवृत्तिः कथञ्चन** साक्षात् परम्परया वा **परिच्छिन्ना चेत्** स्यात् ॥९८॥

तथा **यस्यार्थस्य** एकज्ञानसंसर्गिणोऽ**प्रमाणता** प्रमाणनिवृत्तिः, **तस्यैवाभावे**ऽभावव्यवहारे च साध्ये सा प्रमाणनिवृत्तिः स्वभावानुपलम्भाख्या **लिङ्गं कथ्यते । तत्** स्वभावानुपलब्धिलिङ्गम**त्यन्तविमूढार्थम्** । ये ह्यनुपलभ्यमानमपि दृश्यमसत्तया मोहान्न व्यवहरन्ति तान् प्रति व्यवहारसाधकं तल्लिङ्गम् । कस्मात् पुनरमूढार्थमपि तन्न इत्याह—**आगोपालमस्यार्थस्यासंवृतेर**मूढत्वात् प्रसिद्धेरित्यर्थः ॥९९॥

एतावत् त्रिविधं कारणव्यापकस्वभावा**नुपलम्भनम्, अभावे**ऽभावव्यवहारे च **निश्चयफलम्** । कारणविरुद्धोपलम्भादयस्तु कारणाद्यनुपलम्भोपलक्षणत्वात् त्रिविध एवान्तर्भूताः । **तच्चाभाव**निश्चयफलत्वमनुपलम्भस्य **हेतौ, स्वभावे** च व्यापके, निषेध्यरूपे च **दृश्यतया** दर्शनयोग्यतया **मते दृश्य**ऽनुपलभ्यमाने सति, नान्यथा ।

तदेवं त्रिविधलिङ्गजमनुमानं प्रमाणम्, वस्तुसंवादात् ततस्तत्प्रसिद्धस्यानित्यतादेर्न वस्तुधर्मतेति स्थितम् ॥१००॥

ननु अनित्योऽयं वर्णः इति स्वलक्षणे योजना, तत् कथम् योजनाद् वर्णसामान्ये[1] इत्युक्तम्? अत्राह—**अनुमानात्** परोक्षस्यानित्या**देर्ध**र्मस्य **ग्रहणे** वस्तुसामान्यमनित्यत्वेन गृह्यत इत्य**यं क्रमो मतः** । वर्णसामान्यं च प्रत्यक्षतः सिद्धम्, तद्बलभाविना विकल्पेन विजातीयव्यावृत्त्याश्रयेण व्यवस्थापनात् । यस्तु विनश्वरं वर्णं दृष्ट्वा अनित्योऽयम् इति विशेषविषयो ऽनुमानादन्य**त्र, तत्र प्रामाण्यमेव न मतम्, गृहीतग्रहणात्** ॥१०१॥

---

1. PV. 2.79.

नान्यास्यानित्यता भावात् पूर्वं सिद्धः स चैन्द्रियात् ।
नानेकरूपो वाच्योऽसौ वाच्यो धर्मो विकल्पजः ।।१०२।।

सामान्याश्रयसंसिद्धौ सामान्यं सिद्धमेव तत् ।
तदसिद्धौ तथास्यैव ह्यनुमानं प्रवर्तते ।।१०३।।

क्वचित् तदपरिज्ञानं सदृशापरसम्भवात् ।
भ्रान्तेरपश्यतो भेदं मायागोलकभेदवत् ।।१०४।।

तथा ह्यलिङ्गमाबालमसंश्लिष्टोत्तरोदयम् ।
पश्यन् परिच्छिनत्त्येव दीपादि नाशिनं जनः ।।१०५।।

भावस्वभावभूतायामपि शक्तौ फले दृशः ।
अनानन्तर्यतो मोहो विनिश्चेतुरपाटवात् ।।१०६।।

कथं गृहीतग्राहित्वम् इत्याह—**नान्या** भावाद् वर्णादेरनित्यता, तस्यैव क्षणक्षयिस्वभावत्वात् । **स च** भाव **ऐन्द्रियात्** प्रत्यक्षात् **सिद्धः**; **पूर्वं** विकल्पात् । ततस्तमेव यथागृहीतं विकल्पयन् विकल्पो गृहीतग्राही । यत एव नान्याभावादनित्यता, अत एवाभावो**ऽसौ** धर्मिधर्मरूपतया **चाऽनेकरूपः** । तथा **न वाच्योऽसौ** शब्दानां, धर्मिधर्मभावस्य तैर्वचनात्, तस्य च वस्तुन्यसम्भवात् ।

कस्तर्हि वाच्य इत्याह—**विकल्पजो** विजातीयाश्रयेण विकल्पकल्पितो **धर्मः** परस्परं यथासंकेतमसंकीर्णः शब्दानां **वाच्यः** ।।१०२।।

तस्मात् **सामान्यस्यानित्यादेराश्रयस्य** वर्णादेः प्रत्यक्षात् **संसिद्धौ सिद्धमेव तत् सामान्यम्** । यदि त्वभ्यासाद्यभावादनुरूपनिश्चयाभावादज्ञानम् तदा प्रत्यक्षात् **तदसिद्धावस्यैव** हि वर्णादे**स्तथा**ऽनित्यत्वेन तदव्यभिचारलिङ्गाद**नुमानं प्रवर्तते** ।।१०३।।

कस्मात् पुनर्गृहीतेऽप्यपरिज्ञानम् इत्याह—**क्वचिद**नित्यतादौ गृहीतेऽप्यनिश्चयभावाद**परिज्ञानम्** । पूर्वक्षणविनाशकाले तत्**सदृशस्यापरस्य सम्भवात्**, भावशून्यान्तरलक्षणाभावात्, स एवायम् इति **भ्रान्तेः** स्थैर्यग्राहिण्याः क्षणानां **भेदमपश्यतो**ऽनिश्चिन्वतः पुंसो दृष्टान्तमाह—**मायागोलकभेदवत्** । मायाकारदर्शितौ गोलकौ भिन्नावध्यक्षेण गृहीत्वापि सादृश्याल्लाघवाच्च विप्रलब्धबुद्धिरेकत्वेनाध्यवस्यति यथा तथा स्थिराध्यवसायः ।।१०४।।

ननु यदि क्वचिन्नाशो दृश्येत तदास्याहेतुकस्य स्वभावत्वात् क्षणक्षयिषु भावेषु एकताबुद्धेर्भ्रान्तित्वं भवेद् इत्याह—तथा हि **दीपादि**, आदिशब्दात् तुरङ्गादि । सन्तानविच्छेदकालेऽ**संश्लिष्टोत्तरोदय**मघटित उत्तरस्य उदयो जन्म यस्मिन् तमेकस्य स्वरसनिरोधित्वे परस्य कारणाभावादनुत्पत्तौ **नाशिन**मध्यक्षतः **पश्यन्नलिङ्गं** गमकलिङ्गरहितम**ाबालं** बालपर्यन्तं **जनः परिच्छिनत्त्येव** । ततः प्रागपि सतः स्वरसनिरोधात् सदृशापरापरक्षणप्रचये स एवायम् इति बुद्धिर्भ्रान्तिरेव ।।१०५।।

यथा **भावस्य** बीजादेः **स्वभावभूतायामपि** अङ्कुरादिजनिकायां **शक्तौ फले**ऽङ्कुरादौ **अनानन्तर्यतो दृशो** दर्शनात् **विनिश्चेतुः** पुंसो**ऽपाटवात् मोहो**ऽशक्तभ्रमः । तथा क्षणिकेषु भावेषु सदृशापरापरोत्पत्तेर्भावशून्यक्षणादर्शनाच्च स्थिरभ्रमः ।।१०६।।

तस्यैव विनिवृत्त्यर्थमनुमानोपवर्णनम् ।
व्यवस्यन्तीक्षणादेव सर्वाकारान् महाधियः ॥१०७॥

व्यावृत्ते सर्वतस्तस्मिन् व्यावृत्तिविनिबन्धनाः ।
बुद्धयोऽर्थे प्रवर्त्तन्ते भिन्ने भिन्नाश्रया इव ॥१०८॥

यथाचोदनमाख्याश्च सोऽसति भ्रान्तिकारणे ।
प्रतिभाः प्रतिसन्धत्ते स्वानुरूपाः स्वभावतः ॥१०९॥

सिद्धोऽत्राप्यथवा ध्वंसो लिङ्गादनुपलम्भनात् ।
प्राग्भूत्वा ह्यभवन् भावोऽनित्य इत्यभिधीयते ॥११०॥

यस्योभयान्तव्यवधिसत्तासम्बन्धवाचिनी ।
अनित्यताश्रुतिस्तेन तावन्ताविति कौ स्मृतौ ॥१११॥

प्राक्पश्चादप्यभावश्चेत् स एवानित्यता न किम् ।

तस्यैकत्वभ्रम**स्यैव निवृत्त्यर्थं** संवादिलिङ्गजस्य क्षणिकताविषयस्या**नुमान**स्यो**पवर्णनम्**, निश्चयारोपमनसोर्बाध्यबाधकभावतः[1] इति न्यायात् । ये तु **महाधियो** विपरीतव्यवसायानाक्रान्तप्रत्यक्षा योगिनः ते पदार्थस्य **ईक्षणादेव सर्वा**नाकारान् **व्यवस्यन्ति** निश्चिन्वन्ति ॥१०७॥

एवञ्च—**तस्मिन्नर्थे** वस्तुतो **भिन्ने** निरंशे **सर्वतः** सजातीयाद् विजतीयाच्च **व्यावृत्ते** यावन्त्यो व्यावृत्तयः सन्ति तावद्**व्यावृत्तिविनिबन्धना** निश्चयात्मिका **बुद्धयो भिन्नाश्रया इव** तत्तद्व्यावृत्तिमात्रविषयत्वेन भिन्नधर्मिधर्मादिगोचरा इव **प्रवर्त्तन्ते** ॥१०८॥

यथाचोदनं यथासंकेत**माख्याः** शब्दा**श्च** प्रवर्तन्ते । यत्र व्यावृत्तौ यः शब्दो विनिवेशितः स च तस्यां निश्चितायां प्रवर्तते । **स** भावो**ऽसति भ्रान्तिकारणे** यथाभ्यासं **स्वानुरूपाः** स्वव्यावृत्तिसमुचिताः **प्रतिभा** निश्चयबुद्धीः **स्वभावतः प्रतिसन्धत्ते** उत्पादयति । तस्मादभ्यासवतामीक्षणादेवानित्यादिनिश्चयः अन्येषां तु स्थिरापोहनार्थमनुमानमिति स्थितमेतत् ॥१०९॥

अन्ये त्**वाचार्याः** प्राहु—**अत्र** वर्णसन्तानविच्छेदकालेऽपि सन्तानविच्छेदलक्षणो **ध्वंसो**ऽनित्यता, न भावस्वभावात्मिका । स चानु**पलम्भनाल्लिङ्गात् सिद्धः** । नाध्यक्षाद्, भावविषयत्वात् तस्य ।

कस्मात् पुनर्ध्वंसोऽनित्यता इत्याह—**प्राग् भूत्वा** हि भावः पश्चा**दभवन्ननित्य इत्यभिधीयते** न तु भाव इत्येव । तथा ध्वंस एवानित्यता । सा चानुपलब्धिलिङ्गजाऽनुमानगम्या ॥११०॥

ननु प्राक्-पश्चादभावयोर्व्यवधायकः सत्तासम्बन्धोऽनित्यता, न प्रध्वंसाभाव इत्याह—**यस्य** **नैयायिकादेरुभयस्य** प्राक्-पश्चादभावस्यान्तस्य यो **व्यवधायकः सत्तासम्बन्धः, तद्वाचिन्यनित्यताश्रुतिरिष्टा**, तेन वादिना **तावन्ताविति कौ स्मृतौ** ? ॥१११॥

प्रागभावः पश्चादभावोऽपि चेत् स एव प्रागभावः पश्चादभावोऽनित्यता **किं नेष्यते** ? सत्ताविशेषणत्वेनापि तदभ्युपगमस्येष्टत्वात् । पटस्य घटे चाभाव इति **षष्ठ्यादिविभक्त्ययोगात्**

---

1. VP. 3.49.

षष्ठ्याद्ययोगादिति चेद् अन्तयोः स कथं भवेत् ॥११२॥

सत्तासम्बन्धयोर्ध्रौव्यादन्ताभ्यां न विशेषणम् ।
अविशेषणमेव स्यादन्तौ चेत् कार्यकारणे ॥११३॥

असम्बन्धान्न भावस्य प्रागभावं स वाञ्छति ।
तदुपाधिसमाख्याने तेऽप्यस्य च न सिध्यतः ॥११४॥

सत्ता स्वकारणाश्लेषकरणात् कारणं किल ।
सा सत्ता स च सम्बन्धो नित्यौ कार्यमथेह किम् ॥११५॥

यस्याभावः क्रियेतासौ न भावः प्रागभाववान् ।
सम्बन्धानभ्युपगमान्नित्यं विश्वमिदं ततः ॥११६॥

तस्मादनर्थास्कन्दिन्योऽभिन्नार्थाभिमतेष्वपि ।
शब्देषु वाच्यभेदिन्यो व्यतिरेकास्पदं धियः ॥११७॥

प्रध्वंसाभावः, नानित्यता । न हि भावाभावयोः संयोगादिः कश्चित् सम्बन्धोऽस्ति य उच्येत षष्ठ्यादिभिरिति चेत् एवं तर्ह्यन्तयोः स षष्ठ्यादियोगः **कथं भवेत्** ? अभावयोर्व्यवधिभूता सत्तेत्यादि ॥११२॥

किञ्च—**सत्ता** तत्**सम्बन्धे** परमते **ध्रौव्यादन्ताभ्यां** प्राक्प्रध्वंसाभावाभ्यां **न विशेषणं** स्याद् —अन्तद्वयविशिष्टा सत्ता, तत्सम्बन्धो वेति न हि नित्यस्य सर्वकालव्यापिनोऽन्तसम्भवः ।

कार्यकारणे अन्तावभिमते इति **चेत्** तदा ताभ्यां सत्तासम्बन्धयोर**विशेषणमेव स्यात्** ॥११३॥

यस्मात् **स** नैयायिकादि**र्भावस्यासम्बन्धात् प्रागभावं** सम्बन्धिनं **न** वाञ्छति । तथा च **तदुपाधिसमाख्या**ने प्रागभावविशेषणं कार्यकारणमिति समाख्यानं व्यपदेशो ययोस्ते तथा **ते** कार्यकारणे**ऽप्यस्य न सिध्यतः** । यस्य हि प्रागभावः स भवन् कार्यं स्यात् । न च तत्सम्बन्धो भावस्येति कार्याभावः । कार्याभावाच्च कारणाभावः, तदुत्पादकस्य कारणत्वात् ॥११४॥

किञ्च—जन्म **सत्ताश्लेषः** सत्तासमवायः **स्वकारणे**न समवायिना सह नित्यः, तयोः **करणात् किल** त्वयेष्टं **कारणम्** । **सा च सत्ता स च सम्बन्धो नित्यौ** द्वावपि **कार्यम्** । **अथेह** द्वयोर्मध्ये **किं** युक्तम् ? ॥११५॥

अपि च—**यस्याभाव**स्योत्पत्तेः प्रागभावः कारणै**रसौ क्रियते** । **न** च काश्चद् **भावः प्रागभाववान्** सम्बन्धवान्, **अनभ्युपगमात्** । **ततः** कार्याभावा**न्नित्यं विश्वमिदं** प्राप्तम् ॥११६॥

कथं तर्ह्यभावेन सम्बन्धः? न कथञ्चित् । किन्तु बुद्धिपरिकल्पित एवासौ इत्याह—**यस्माद्** वास्तवसम्बन्धाभ्युपगमे दोषः **तस्माद्** भावस्य प्रागभाव **इत्यभिन्नार्थ**त्वेना**भिमतेषु अपि** शब्दाद् भिन्नार्थाभिमतेषु च बीजस्याङ्कुरः इत्यादिषु **शब्देषु धियोऽनर्थास्कन्दिन्यः** कल्पितसम्बन्धविषया **वाच्यभेदिन्यः** संकेतानुरोधादुपकल्पितसम्बन्धिसम्बन्धलक्षणवाच्यभेदवत्यो **व्यतिरेकस्य** सम्बन्धिसम्बन्धस्या**पदं** निमित्तं भवन्ति अलं वास्तवसम्बन्धानुबन्धेन दोषाश्रयेण ॥११७॥

विशेषप्रत्यभिज्ञानं न प्रतिक्षणभेदतः ।
न वा विशेषविषयं दृष्टसाम्येन तद्ग्रहात् ॥११८॥

निदर्शनं तदेवेति सामान्याग्रहणं यदि ।
निदर्शनत्वात् सिद्धस्य प्रमाणेनास्य किं पुनः ॥११९॥

विस्मृतत्वाददोषश्चेत् तत एवानिदर्शनम् ।
दृष्टे तद्भावसिद्धिश्चेत् प्रमाणाद् अन्यवस्तुनि ॥१२०॥

तत्त्वारोपे विपर्यासस्तत्सिद्धेरप्रमाणता ।
प्रत्यक्षेतरयोरैक्यादेकसिद्धिर्द्वयोरपि ॥१२१॥

सन्धीयमानं चान्येन व्यवसायं स्मृतिं विदुः ।

तदेवम्—मेयबहुत्वाद् बहुतापि वा[1] इत्यत्र सानुषङ्गं प्रतिविहितम् । अनेकस्य वृत्तेरेकत्र वा यथा विशेषदृष्टेनेत्यत्राह—अग्निं दृष्ट्वा क्रमेण धूमाल्लिङ्गात् तस्यैव **विशेषस्य** स एवायं वह्निः इति यत् **प्रत्यभिज्ञानं न** तत् प्रमाणम्, **प्रतिक्षणं** भावस्य **भेदत** एकार्थसाध्यार्थक्रियायाः संवादाभावात् ।

स्यादेतत्—न यथादृष्ट एव विशेषो गृह्यते, किन्तु तत्सामान्यम् इत्याह—**न वा विशेषविषयं** तद्विशेषदृष्टमनुमानं वक्तव्यम्, प्राग्**दृष्ट**स्य विशेषस्य **साम्येन तस्योत्तरस्य ग्रहणात्** ॥११८॥

स्यादेतदत्र—यत्र दृष्टान्तदार्ष्टान्तिकयोर्भेदस्तत्र सामान्यतो दृष्टमनुमानम् । इह तु **तदेव** दार्ष्टान्तिकं **निदर्शनमिति सामान्याग्रहणं यद्यु**च्यते, तदा **निदर्शनत्वात् सिद्धस्य** निश्चितस्यास्य दार्ष्टान्तिकस्य **प्रमाणेन किं** कर्तव्यम् ? ॥११९॥

नाप्रसिद्धो दृष्टान्तः स चेत् सिद्धः किमनुमानेन ? गृहीतस्यापि **विस्मृतत्वात्** पुनरनुमानप्रतीता**वदोषश्चेत् ततो** विस्मृतत्वा**देवानिदर्शनम्** । न हि गृहीतविस्मृतस्य दृष्टान्तता । पूर्वप्रत्ययेन **दृष्टेऽर्थे प्रमाणाद्** विशेषदृष्टानुमानाद् य एव प्राग्दृष्टः स एवायमिति **तद्भावस्य** पूर्वस्य **सिद्धिश्चे**दिष्यते, नन्वयं तद्भावः किमन्यवस्तुनि साध्यते उत तत्रैव ? तत्रान्य**वस्तुनि** वर्तमाने **तत्त्व**स्यातीतवस्त्वात्मकस्या**रोपे** स्वीक्रियमाणे **विपर्यासो**ऽयथार्थत्वं स्यात् । न ह्यन्यस्यान्यात्मत्वमस्ति, यदशक्यप्रापणमुपदर्शयदप्रमाणं स्यात् ।

अथ तत्रैव तद्भावसिद्धिरिति द्वितीयः पक्षः तदा **तत्सिद्धे**रेकसिद्धेर्विशेषदृष्टस्यानुमानस्या**प्रमाणता,** गृहीतग्राहित्वात् । न ह्येकस्य निर्भागस्य किञ्चिदगृहीतं नाम । तथा हि—**प्रत्यक्षेतरयो**रध्यक्षानुमानविषययो**रैक्यात् द्वयोरपि** प्रत्यक्षे अनुमाने च **एकस्यार्थस्य सिद्धिः** ॥१२०-१२१॥

ततश्च दृष्टान्तग्राहिणैवाभ्रष्टस्मृतिसंस्कारेण प्रत्यक्षेण सिद्धत्वात् विफलमनुमानम् । प्रत्यक्षसंस्कारभ्रंशे तु नादृष्टान्तमनुमानमस्ति तस्माद् **अन्येना**तीतदर्शनेन एकविषयतया

---

1. VP. 2.77.

तल्लिङ्गापेक्षणान्नो चेत् स्मृतिर्न व्यभिचारतः ॥१२२॥

प्रत्यक्षं कल्पनापोढं प्रत्यक्षेणैव सिध्यति ।
प्रत्यात्मवेद्यः सर्वेषां विकल्पो नामसंश्रयः ॥१२३॥

संहृत्य सर्वतश्चिन्तां स्तिमितेनान्तरात्मना ।
स्थितोऽपि चक्षुषा रूपमीक्षते साक्षजा मतिः ॥१२४॥

पुनर्विकल्पयन् किञ्चिदासीन्मे कल्पनेदृशी ।
वेत्ति चेति न पूर्वोक्तावस्थायामिन्द्रियाद् गतौ ॥१२५॥

एकत्र दृष्टो भेदो हि क्वचिन्नान्यत्र दृश्यते ।
न तस्माद् भिन्नमस्त्यन्यत् सामान्यं बुद्ध्यभेदतः ॥१२६॥

तस्माद् विशेषविषया सर्वैवेन्द्रियजा मतिः ।

सन्धीयमानं घट्यमानं परं **व्यवसायं स्मृतिं विदुर्विद्वांसः**। गृहीतार्थविकल्पेन स्मृतित्वम्, तच्चेहाविकलम्। **तस्य** प्रतिपत्तव्यस्य चिह्नमव्यभिचारि **लिङ्गम्**। **तदपेक्षणान्नो चेद्विशे**षदृष्टमनुमानं **स्मृतिः**, सा तु लिङ्गनिरपेक्ष्या। **नैतद्युक्तम्, व्यभिचारतः**। तथा हि—यदि लिङ्गं त्रिरूपम् तदा व्याप्तिग्रहणविषयत्वेनैव तत्सिद्धेर्व्यर्थमनुमानम्। अथ न त्रिरूपम् तदा नाव्यभिचारनिश्चयः। तस्माद् विशेषदृष्टस्याप्रमाणत्वादेकत्रानेकवृत्तेरपि त्र्येकसंख्यापोहनाभावो निरस्तः। तस्मात् स्थितमेतत्—मानं द्विविधं मेयद्वैविध्यात् इति ॥१२२॥

इदानीमवसरप्राप्तां प्रत्यक्षस्य लक्षणविप्रतिपत्तिं निराकर्तुमाह—यत्तत्**प्रत्यक्षमि**ति प्रसिद्धं तत् **कल्पनाया अपोढं** द्रष्टव्यं, कल्पनार्थरहितमित्यर्थः। तच्चैतदीदृशं **प्रत्यक्षेणैव** स्वसंवेदनेनैव **सिध्यति**, कल्पनारहितस्यार्थस्य रूपस्य संवेदनस्यापरोक्षत्वात्। यदि तु कल्पनास्वभावत्वमस्य स्यात् तथैव प्रकाशेत, विकल्पस्यापरोक्षत्वात्। तथा हि—**प्रत्यात्मवेद्यः सर्वेषां** प्राणिनां **विकल्पो नामसंश्रयः** शब्दसंसर्गवान् स यदि स्याद्, उपलभ्य एव भवेत् ॥१२३॥

तस्मात् **संहृत्या**कृष्य **सर्वतो** विकल्पनीयाच्चिन्तां **स्तिमितेन** सर्वविकल्पविगमात् अविक्षिप्तेना**न्तरात्मना** चेतसा **स्थितोऽपि** पुरुषश्चक्षुर्विज्ञानेन **रूपमीक्षते, साक्षजा** निर्विकल्पा **मतिः** सर्वसंविदितैव ॥१२४॥

सन्त्येवेन्द्रियधियः कल्पनाः। तास्तु नोपलभ्यन्त इत्यप्यसत्। तथा हि—विकल्पावस्थाया ऊर्ध्वं **पुनर्विकल्पयन्** पुमान् **आसीन्मे कल्पनेदृशी इति वेत्ति, नेन्द्रियाद्**उत्पन्नायां **गतौ** बुद्धौ, संहृत्य इत्यादिना **पूर्वमुक्तावस्था** यस्यास्तस्यां, कल्पनां वेत्ति। यदि सा तत्र स्यात्, तत्संस्कारस्य स्मृतिर्जायेत। तस्मान्नास्तीति निश्चीयते ॥१२५॥

किञ्च—वाच्यवाचकाकारसंसर्गवती प्रतीतिः कल्पना। न चेन्द्रियविषयेऽनन्वयात् संकेतासम्भवाच्च शब्दयोजनास्ति। तथा हि—**एकत्र** देशादौ **न दृश्यते**, न चाननुयायिनि शब्दसंकेतः। सामान्यमनुयायीति चेत् **तस्माद्** भेदादन्य**द् भिन्नं** सामान्यं **नास्ति, बुद्धेरभेदतः** ॥१२६॥

यदि हि सामान्यमस्मादन्यत् स्यात्, द्व्याकारा बुद्धिर्भवेत्। विशेषमात्राकारैव तु प्रत्यक्ष-

न विशेषेषु शब्दानां प्रवृत्तावस्ति सम्भवः ॥१२७॥

अनन्वयाद् विशेषाणां सङ्केतस्याप्रवृत्तितः ।
विषयो यश्च शब्दानां संयोज्येत स एव तैः ॥१२८॥

अस्येदमिति सम्बन्धे यावर्थौ प्रतिभासिनौ ।
तयोरेव हि सम्बन्धो न तदेन्द्रियगोचरः ॥१२९॥

विशदप्रतिभासस्य तदार्थस्याविभावनात् ।
विज्ञानाभासभेदो हि पदार्थानां विशेषकः ॥१३०॥

चक्षुषाऽर्थावभासेऽपि यं परोऽस्येति शंसति ।
स एव योज्यते शब्दैर्न खल्विन्द्रियगोचरः ॥१३१॥

अव्यापृतेन्द्रियस्यान्यवाङ्मात्रेणाविभावनात् ।
न चानुदितसम्बन्धः स्वयं ज्ञानप्रसङ्गतः ॥१३२॥

बुद्धिरुपलभ्यते। तस्मात् **सर्वैवेन्द्रियजा मतिर्विशेषमात्रविषया**, अन्यस्यानुपलब्धेः। **न च विशेषेषु शब्दानां प्रवृत्तौ सम्भवोऽस्ति** ॥१२७॥

विशेषाणामनन्वयात् तत्र **संकेतस्याप्रवृत्तितः**। उत्तरकालं शब्दार्थप्रतिपत्त्यर्थं संकेतक्रिया। न च विशेषाः कालान्तरमनुवर्तन्ते। तस्माद् **य** एव **शब्दानां विषयो** व्यवच्छेदः **स एव तैः संयोज्येत**, न स्वलक्षणम् ॥१२८॥

तस्माद् **अस्यार्थस्येदं** वाचकम् **इति सम्बन्धे** वाच्यवाचकभावलक्षणे **यावर्थौ प्रतिभासिनौ तयोरेव** हि **सम्बन्धो** वक्तव्यः। यदा चार्थं दृष्ट्वा संकेतं तत्र प्रवर्तयति **तदेन्द्रियगोचरो**ऽर्थो **नास्ति** ॥१२९॥

संहृतेन्द्रियव्यापारस्य **तदा** संकेतसंकल्पकाले **विशदप्रतिभासस्यार्थस्याविभावनात्**। यदि तत्रार्थः प्रतिभाति तदेन्द्रियज्ञानवत् स्फुटः प्रतीयेत। न च प्रतिभासभेदेऽपि शब्देन्द्रियज्ञानयोरेकविषयत्वम्, **हि** यस्मा**द्विज्ञानस्याभासभेद** आकारभेदः **पदार्थानां** ग्राह्याणां **विशेषको** भेदकः। यदि तु प्रतिभासभेदेऽप्यर्थाभेदः तदा विश्वमेकं द्रव्यं स्यात् ॥१३०॥

स्यादेतत्। यदा स्वलक्षणमुपदर्श्य शब्दो निवेश्येत तदा स्वलक्षणमेव वाच्यवाचकम् इत्याह—**चक्षुषार्थावभासेऽपि** जाते, तथा श्रोत्राच्छाब्दावभासेऽपि, **यमर्थ**मन्यव्यवच्छेदं बुद्धिपरिवर्त्तिनं **परः** प्रतिपादकः **अस्यार्थ**स्यायं वाचकः **इति शंसति** कथयति, **स एवा**न्यव्यवच्छेदः **शब्दैर्योज्यते, न खल्विन्द्रियगोचरः** स्वलक्षणम्; अनन्वयात् तस्य। तद्दर्शनानन्तरं संकेतसंकल्पे च विनाशाच्च ॥१३१॥

तथा**ऽव्यापृतेन्द्रियस्यान्यवाङ्मात्रेण** स्वलक्षणा**विभावनात्** प्रत्यक्ष इव।

स्यादेतत्। संकेताविषयत्वेऽपि शब्दसंसृष्टमेव स्वलक्षणमध्यक्षं प्रकृत्या प्रत्येष्यति इत्याह—**न चानुदितसम्बन्धो** वाच्यवाचकभावो यस्य स शब्दः प्रत्यायको दृष्ट इति शेषः। तथाभ्युपगमे तु **स्वयं** संकेतमनपेक्ष्यैव श्रुताच्छब्दादर्थस्य ज्ञानप्रसङ्गतः ॥१३२॥

मनसो युगपद्वृत्तेः सविकल्पाविकल्पयोः ।
विमूढो लघुवृत्तेर्वा तयोरैक्यं व्यवस्यति ।।१३३।।

विकल्पव्यवधानेन विच्छिन्नं दर्शनं भवेत् ।
इति चेद् भिन्नजातीयविकल्पेऽन्यस्य वा कथम् ।।१३४।।

अलातदृष्टिवद् भावपक्षश्चेद् बलवान् मतः ।
अन्यत्रापि समानं तद् वर्णयोर्वा सकृच्छ्रुतिः ।।१३५।।

सकृत् सङ्गतसर्वार्थेष्विन्द्रियेष्विह सत्स्वपि ।
पञ्चभिर्व्यवधानेऽपि भात्यव्यवहितेव या ।।१३६।।

सा मतिर्नामपर्यन्तक्षणिकज्ञानमिश्रणात् ।

नन्विन्द्रियव्यापारसमकालम् अहिरहिः इति धारवाहि सविकल्पकमध्यक्षं प्रवर्तते । यदि तु तत्र विकल्पकमविकल्पकञ्च द्वयमिष्यते तदा विकल्पेन निर्विकल्पस्य व्यवधानाद् दर्शनं विच्छिन्नं स्यात्, न चैतदस्ति न युगपज्ज्ञानसम्भवः, अत्राह—**मनसः सविकल्पाविकल्पयोरे-**कस्मात् समनन्तराद्**युगपद् वृत्तेः** कारणात् **तयोरैक्यं विमूढः** प्रतिपत्ता **व्यवस्यति** । निर्विकल्पकं हि स्वलक्षणविषयम् । विकल्पश्च वस्तुतोऽतद्विषयत्वेऽप्यवसायानुरोधात् तद्विषयः । सहोत्पत्ति-श्चानुभवसिद्धत्वाद् दुरपह्नवा । ततः सहोत्पन्नयोरेकविषययोरैक्यभ्रम एषः । पराभिमतायां युगपदनुत्पत्तावपि सविकल्पाविकल्पोर्**लघुवृत्तेः** शीघ्रवृत्ते**र्वा** कारणात् तयोर्मूढमतिः प्रतिपत्ता ऐक्यं व्यवस्यति, अलातभ्रान्तौ चक्रमिव ।।१३३।।

यदि दर्शनमविकल्पम्, तदनन्तरं तु विकल्पः, पुनस्तदनन्तरं दर्शनम्, तदा **विकल्पेन व्यव-धानाद् विच्छिन्नं दर्शन् भवेत्**, न धारावाहीति **चेत्** नन्व**न्यस्य** परस्यापि गां पश्यतो निर्वि-कल्पेन प्रत्यक्षेण **भिन्नजातीय**स्याश्वादे**र्विकल्पे** जायमाने दर्शनं **कथम**विच्छिन्नम् । न ह्यश्ववाचक-शब्देन संयोज्य गौर्गृह्यते येनैकमेव सविकल्पं तदध्यक्षं भवेत् । एकत्वे वाश्वप्रतीतिर्न स्यात्, गोविषयत्वात् तस्य ।।१३४।।

स्यादेतत् । **अलात**स्य भ्रम्यमाणस्य नानादेशेषु लाघवात् भावपक्षबलवत्वाच्च दर्शन-प्रतिसन्धानेन चक्र**दृष्टिवत्** विजातीयव्यवकीर्यमाणस्य दर्शनस्यान्तरा अभावेऽपि **भावपक्षो बलवान् मत** इति दर्शनादविच्छेदबुद्धिरिति **चेत् अन्यत्रा**भावपक्षेऽपि **तद्** बलवत्त्वे लाघवसाम-र्थ्यात् **समानम्** । ततो दर्शनविच्छेदलाघवाद् विच्छेदधीरेवास्तु । सरो रस इत्यादौ **वर्णयोर्वा** लाघवात् **सकृत्श्रुतिः** प्राप्ता ।।१३५।।

कि ञ्च—**सकृत्** युगपत् **संगताः** स्वस्वगोचरीभूताः **सर्वेऽर्था** येषु ते**ष्विन्द्रियेषु** चक्षुरादिषु मनःपर्यन्तेषु **सत्स्वपीह** सङ्क्रान्तकान्तावदनप्रतिबिम्बस्य सहकारसुगन्धिनः शीतस्य भ्रमद्भ्रम-रोपगीतस्य स्वादुनो मधुनः सार्वगुणानुभवकाले प्रसरत्संकल्पजन्मनां यूनां या मतिः **पञ्चभि-**रिन्द्रियबुद्धिभि**र्व्यवधाने**ऽपि त्वत्पक्षे**ऽव्यवहितेव** समकालेव **भाति** ।।१३६।।

सेन्द्रियमतिर्नाम्नः शब्दस्य **पर्यन्तो** वर्णः, तस्य **क्षणिकं ज्ञानम्**, तेन **मिश्रणात्** सरो रस इत्यादिष्वविच्छिन्ना प्राप्नोति, विजातीयविज्ञानान्तरा व्यवधानात् । तथापि **विच्छिन्नाभा** क्रमवती । **तत्तु चित्र**माश्चर्यम् । यदि लाघवकृतः सकृद्ग्रहाभिमानः तदा वर्णज्ञाने स नितरां

विच्छिन्नाभेति तच्चित्रं तस्मात् सन्तु सकृद्धियः ॥१३७॥

प्रतिभासाविशेषश्च सान्तरानन्तरे कथम् ।
शुद्धे मनोविकल्पे च न क्रमग्रहणं भवेत् ॥१३८॥

योऽग्रहः सङ्गतेऽप्यर्थे क्वचिदासक्तचेतसः ।
सक्त्यान्योत्पत्तिवैगुण्याच्चोद्यं वै तद् द्वयोरपि ॥१३९॥

शीघ्रवृत्तेरलातादेरन्वयप्रतिघातिनी ।
चक्रभ्रान्तिं दृगाधत्ते न दृशां घटनेन सा ॥१४०॥

केचिदिन्द्रियजत्वादेर्बालधीवदकल्पनाम् ।
आहुर्बालाविकल्पे च हेतुं संकेतमन्दताम् ॥१४१॥

तेषां प्रत्यक्षमेव स्याद् बालानामविकल्पनात् ।

युक्तः, विजातीयाव्यवधानात् इन्द्रियज्ञानेषु तु न युक्तः, पञ्चभिर्व्यवधानात् । तस्मात् **सकृद्धियः सन्तु** । यथोक्तम्—मनसो युगपद्वृत्तेः[1] इति ॥१३७॥

अन्यथा—**सान्तरे** पञ्चभिरिन्द्रियज्ञानैर्व्यवहितत्वात्, **अनन्तरे** सरो रस इत्यादिके ज्ञाने विजातीयाव्यवधानात् **प्रतिभासस्याविशेषश्च** प्रसक्तः । स चानुभवबाधितत्वात् **कथमभ्युपगम** इति शेषः । यदि लघुवृत्तित्वात् सकृद्ग्रहः, तदा **शुद्धे** विजातीयाव्यवकीर्णे **मनोविकल्पे** च प्राबन्धिके **क्रमग्रहण**मनुभवसिद्धं **न भवेत्** ॥१३८॥

ननु यदि युगपत् ज्ञानोत्पत्तिः तदैकत्रासक्तं पुनरुत्पत्तिधर्मकं चेतो यस्य **तस्यासक्तचेतसः क्वचिदर्थे** स्वेन्द्रियेण **सङ्गतेऽ**पि **योऽग्रहो** विज्ञानानुत्पत्तिः स कथम्? आह—एकत्र **सक्त्या** विषयासञ्चारलक्षणया**न्यस्य** भिन्नविषयस्य ज्ञानस्यो**त्पत्तिवैगुण्यात्** । अविगुणो हि समनन्तर-प्रत्ययः स्वकार्यमारभते, न त्वासक्तिविगुणः । यच्चैत**च्चोद्यं** परिहृतमस्माभिः, **तद्द्वयोरपि** समानम् युगपद्विज्ञानानुत्पत्तिवादिनोऽपि मते सर्वत्रैवेन्द्रियसंगमे समाने क्वचिन्नेति कुतः? ॥१३९॥

तत्रासक्तिवैगुण्यमेव मनस उत्तरम् । तच्च समानमस्माकम् । अलातदृष्टिवदिति दृष्टान्त-स्यासिद्धिमाह—**शीघ्रा प्रवृत्ति**र्भ्रमणं यस्या**लातादे**स्तस्या**न्वये**नानुगमेन **प्रतिघात** उपहतत्वं तद्वती **दृग्** दृष्टिश्**चक्रा**कारां **भ्रान्ति**मिन्द्रियजां **धत्ते** । **न दृशां** भिन्नभिन्नदेशालातदर्शनानां **घटनेन** योजनया **सा** मानसी भ्रान्तिः, स्फुटप्रतिभासत्वात्, मानसस्य च विपर्ययात् । तस्माद् अहिरहिः इति विकल्पसमकालमध्यक्षं वस्तु स्फुटाभैवेति न तु विकल्प इति स्थितम् ॥१४०॥

केचिदाचार्यीयाः शङ्करस्वामिप्रभृतयः **इन्द्रियजत्वाद्**, **आदि**शब्दादमानसत्वानुभवाकार-प्रवृत्तत्वादेः हेतोः प्रत्यक्षबुद्धि**मकल्पनां बालधीवदाहुः** । दृष्टान्तसिध्यर्थम् । **बालस्याविकल्पे** विकल्पाभावे **च संकेतमन्दतां हेतुमाहुः** । वाच्यवाचकयोजना हि विकल्पः, सा च संकेत-पूर्विका, तदभावाद् बालस्य कल्पनाभावः ॥१४१॥

तेषामेवंवादिनां मते **बालानां प्रत्यक्षमेव** ज्ञानं **स्यात्**, न विचारकाणाम् । किं कारणम्?

---

1. PV 2.133

संकेतोपायविगमात् पश्चादपि भवेन्न सः ॥१४२॥

मनो व्युत्पन्नसंकेतमस्ति तेन स चेन्मतः ।
एवमिन्द्रियजेऽपि स्याद् शेषवच्चेदमीदृशम् ॥१४३॥

यदेव साधनं बाले तदेवात्रापि कथ्यताम् ।
साम्यादक्षधियामुक्तमनेनानुभवादिकम् ॥१४४॥

विशेषणं विशेष्यञ्च सम्बन्धं लौकिकीं स्थितिम् ।
गृहीत्वा सङ्कलय्यैतत् तथा प्रत्येति नान्यथा ॥१४५॥

यथा दण्डिनि जात्यादेर्विवेकेनानिरूपणात् ।
तद्वता योजना नास्ति कल्पनाप्यत्र नास्त्यतः ॥१४६॥

यदप्यन्वयि विज्ञानं शब्दव्यक्त्यवभासि तत् ।

अविकल्पनात् । भवतु, को दोष इति चेत् आह—**संकेतोपायस्य** विचारस्य **विगमात्** बालानां **पश्चादपि स** सङ्केतो **न भवेत्** । तदभावाद् विकल्पाभावश्च ॥१४२॥

जन्मान्तरागतं **व्युत्पन्नसंकेतं मनो**ऽस्ति बालानाम् **तेन** संकेतः तेषां **मतश्चेत् एवं** सती**न्द्रियजेऽपि** ज्ञाने **स्यात्** कल्पना, तन्निवर्तकहेत्वभिधानात् ततो दृष्टान्तासिद्धिरेव । **इद**मिन्द्रियजत्वादि **ईदृशं** निषेध्येन सहासिद्धविरोधं **शेषवच्चो**क्तम् ॥१४३॥

अथान्येन लिङ्गेनाव्यभिचारिणा बालज्ञानमविकल्पनं प्रसाध्य दृष्टान्तीक्रियते तदा **यदेवाव्यभिचारि बाले** बालस्येन्द्रियज्ञाने **साधनम्, तदेवात्र** व्युत्पन्नसंकेतानामिन्द्रियज्ञाने**ऽपि कथ्यताम्** किमिन्द्रियजत्वादिनोपन्यस्तेन ? व्युत्पन्नाव्युत्पन्नयो**रक्षधियाम**शब्दसंसृष्टत्वमात्रानुकरणेन **साम्यात्** । **अनेने**न्द्रियजत्वदूषणे**नानुभव आदि**र्यस्य मानसत्वादेस्त**दुक्तं** दोषवत्तया बोद्धव्यम् ॥१४४॥

अविकल्पसिद्धौ परमतं दूषयित्वा स्वयमुपपत्त्यन्तरमाह—**विशेषणं** व्यवच्छेदकं, **विशेष्यं** व्यवच्छेद्यं, तयोः **सम्बन्धं** यथासम्भवं समवायादिकं, **लौकिकीं** लोकप्रसिद्धां **स्थितिं** व्यवस्थां **च** । जात्यादिकं विशेषणम्, विशेष्यं द्रव्यादि, विशेषणविशेष्यशब्दयोश्च पूर्वापरनियम इति पृथक् प्रत्येकं स्वरूपेण **गृहीत्वा** तदन्तरमेतत् सर्वं **सङ्कलय्य** संयोज्य **तथा** विशेषणविशिष्टत्वेन **प्रत्येति** विशिष्टबुद्धिः, नान्यथा विशेषणाद्यग्रहणे ॥१४५॥

यथा दण्डिनि दण्डी इति विशिष्टबुद्धिः दण्डपुरुषतत्सम्बन्धादिग्रहणपूर्विका तदग्रहे च न भवति । **जातिरादि**र्यस्य गुणकर्मादेः स्वरूपस्य जात्यादिमतो **विवेकेनानिरूपणात् तद्वता** जातिमता **योजना** विशेषणविशेष्यभावो **नास्ति** । **अतो** योजनाविरहात् **अत्र** जातिमदादौ **कल्पनापि नास्ती**ति तस्माज्जात्यादियोजनात्मिका कल्पना नास्ति । शब्दयोजनात्मिका तु सम्भाव्येत । सापि स्वलक्षणे संकेताभावान्निरस्ता प्राक् ॥१४६॥

ननु यदि सामान्याभासः, तदा विभिन्नासु व्यक्तिषु कथमन्वयिप्रत्ययः इत्याह—**यदप्यन्वयि विज्ञान**मुत्पद्यते, **तच्च शब्द**स्य गौः इत्यादेर्**व्यक्तेश्**च वर्णसंस्थानविशेषस्य **आभास** आकारस्तद्वत् प्रतीयते न जात्याभासवत् ।

वर्णाकृत्यक्षराकारशून्यं गोत्वं हि वर्ण्यते ।।१४७।।

समानत्वेऽपि तस्यैव नेक्षणं नेत्रगोचरे ।
प्रतिभासद्वयाभावात् बुद्धेर्भेदश्च दुर्लभः ।।१४८।।

समवायाग्रहादक्षैः सम्बन्धादर्शनं स्थितम् ।
पटस्तन्तुष्विहेत्यादिशब्दाश्चेमे स्वयं कृताः ।।१४९।।

शृङ्गं गवीति लोके स्यात् शृंगे गौरित्यलौकिकम् ।
गवाख्यपरिशिष्टाङ्गविच्छेदानुपलम्भनात् ।।१५०।।

तैस्तन्तुभिरियं शाटीत्युत्तरं कार्यमुच्यते ।
तन्तुसंस्कारसम्भूतं नैककालं कथञ्चन ।।१५१।।

कारणारोपतः कश्चिद् एकापोद्धारतोऽपि वा ।

किं पुनः सामान्याभासमेव न इत्याह—**वर्णो** नीलादिरा**कृतिः** संस्थानम**क्षरं** गवादिशब्दः, तेषा**माकारो** यथा प्रतीतः तेन **शून्यं गोत्वं** हि सामान्यवादिभि**र्वर्ण्यते** ।।१४७।।

अतोऽन्वयिविज्ञाने यद्वर्णसंस्थानादि प्रतिभासते, न तत्सामान्यम् । **तस्यैव समानत्वे** वा स्वीक्रियमाणे **नेत्रगोचरे**ऽर्थे नाङ्गीकर्तव्यमी**क्षणम्** विकल्पप्रतिभासिनः **प्रतिभासद्वयस्य** स्फुटा-स्फुटवर्णसंस्थानवतो**ऽभावात्** । एकाकारमेव ज्ञानं यद्युभयाभासमङ्गीक्रियते, तदा **बुद्धेर्भेदः** प्रत्यक्षत्वाप्रत्यक्षत्वादिना **दुर्लभः** । यदपि स्पष्टप्रतिभासमध्यक्षम्, तदप्यनक्षजं स्यात्, अस्पष्ट-प्रतिभासत्वात् । एवमनक्षजमध्यक्षं स्यात्, स्पष्टप्रतिभासत्वात् । तस्माददृष्टेन सामान्यादिना **न** योजयतीत्यकल्पनमध्यक्षम् ।।१४८।।

किञ्च—**समवाय**स्यातीन्द्रियस्या**ग्रहादक्षै**रक्षभवैर्विज्ञानैर्जातितद्वतोः **सम्बन्धस्या**विशिष्ट-प्रतीत्या**ऽदर्शनं स्थितं** निश्चितम् । यद्बलेन यत्प्रतीतिस्तदग्रहे न युक्ता सा ।

यदि नास्ति समवायः तदा इह तन्तुषु पटः इत्यादयो बुद्धयो न स्युः इत्याह—**इह तन्तुषु पटः** इत्यादि **शब्दा इमे स्वयं** समयानुलोचनैः **कृताः**, न वस्तुपराधीनाः ।।१४९।।

तथा हि—**शृङ्गं गवि** तिष्ठति **इति लोके स्यात्**, प्रमाणप्रसिद्ध्योरनुरोधात् । **शृङ्गे गौः** इति तु तदुपकल्पितम**लौकिकम्**, प्रमाणप्रसिद्धिबहिर्भावात् ।

यद्यवयवेभ्यो न गौर्भिन्नः, तदा गवि शृङ्गमित्यपि न स्यात् इत्याह—**शृङ्गस्य गवाख्यैः परिशिष्टाङ्गैर्विच्छेदे**ऽस्य वियोगस्या**नुपलम्भनात्** शृङ्गं गवि इत्युच्यते, न त्ववयवातिरिक्तगो-सद्भावात् ।।१५०।।

ननु तन्तुषु पटः इति भवत्येव प्रतीतिरिति चेत् आह—**तैस्तन्तुभिः** पटावस्थाप्राग्भाविभिः **इयं शाटी** इति कारणभूततन्तू**त्तर**कालभावितन्तू**नां संस्कार**स्तुरीवेमकुविन्दकरादिसहकारी प्रभवावस्थाविशेषलाभः । तस्मात् स्वरसेन निरुध्यमानात् **सम्भूतं कार्यमुच्यते**, **न** तु तन्तुभिः **सहैककालं** कार्यं तन्तुपट इति **कथञ्चन** कथ्यते, कार्यकारणयोः समकालत्वाभावात् ।।१५१।।

यदि नास्ति तन्तुपटयोर्भेदः, तदा कथम् एते तन्तवः, पटश्चायम् इति व्यपदेशः इत्याह—**कारणा**नां तन्तूनामा**रोपतः** । **एक**स्य तन्तोर**पोद्धारतो** बुद्ध्या निष्कर्षणात् **वा कश्चिद्** व्यवहर्त्ता

तन्त्वाख्यां वर्तयेत् कार्ये दर्शयन् नाश्रयं श्रुतेः ॥१५२॥

उपकार्योपकारित्वं विच्छेदाद् दृष्टिरेव वा ।
मुख्यं यदस्खलज्ज्ञानमादिसंकेतगोचरः ॥१५३॥

अनुमानं च जात्यादौ वस्तुनो नास्ति भेदिनि ।
सर्वत्र व्यपदेशो हि दण्डादेर्नापि सांवृतात् ॥१५४॥

वस्तुप्रासादमालादिशब्दाश्चान्यानपेक्षिणः ।
गेहो यद्यपि संयोगस्तन्माला किन्नु तद् भवेत् ॥१५५॥

जातिश्चेद् गेह एकोऽपि मालेत्युच्येत वृक्षवत् ।

कार्ये पटे **तन्त्वाख्यां** तन्तुश्रुतिं **वर्तयेत्, श्रुतेराश्रयं** कारणं **दर्शयन्** । **न** तन्तुभ्यो व्यतिरिक्तः पटोऽस्ति, एवमाकारपरिणतास्तन्तवः पट इत्यर्थः ॥१५२॥

यदि तन्तवः केवलाः, न तेभ्यः पटोऽन्यः, तदा पटव्यपदेशो निर्निबन्धनः स्याद् इत्याह— तन्तूनां परस्परं शीताद्यपनोदक्षमं साहित्य**मुपकार्योपकारित्वम्** । अन्योऽन्यस्य **विच्छेदाद् दृष्टिरेव वा** पटव्यपदेशनिबन्धनमिति शेषः ।

यदि व्यतिरिक्तं व्यपदेशनिबन्धनं नास्ति तदा पटः इति व्यपदेशो न मुख्यः स्यात्, बाहीके गोव्यपदेशवद् इत्याह—**मुख्यं** तदुच्यते **यदादिसंकेत**स्य **गोचरः** न व्यतिरिक्त इत्येव । परस्पराविच्छेदावस्थेषु च पटश्रुतेः संकेतादस्खलद्गतिगोचरत्वान्मुख्यत्वम् । तस्मात् प्रत्यक्षतो जातेरनुपलम्भाद् योजनाविरहः ॥१५३॥

स्यादेतत्—विशिष्टप्रतीतिर्विशेषणप्रतीतिपूर्विका, यथा दण्डिप्रतीति । विशिष्टप्रतीतिश्च शाबलेयादिषु गौरिति, विशेषणञ्च शाबलेयादिषु गोत्वमेवेत्यनुमानतो जातिसिद्धिः इत्याह— **अनुमानं वस्तुनः** शाबलेयादे**र्भेदिनि जात्यादौ नास्ति** । न हि व्यक्तिव्यतिरिक्तं विशेषणमुपलभ्यते, शृङ्गाद्यवयवसन्निवेश एव त्वभिन्नो विशेषणमस्तु । तथा च नाभिमतसिद्धिः ।

दृष्टान्तासिद्धिमप्याह—**सर्वत्र** पुरुषादौ दण्डी इत्यादि**व्यपदेशोऽपि हि न दण्डादेर्वस्तुनः**, किन्तु **सांवृतात्** । दण्डस्वलक्षणस्य व्यपदेशे हेतुत्वे सर्वत्र पुरुषे स्यात् । सम्बन्धिन्येवान्यत्रेति चेत् तर्हि सम्बन्धो दण्डः, कारणं दण्डि, व्यपदेशस्य सम्बन्धश्च संयोगादिर्नास्तीति परं कार्यकारणभावः परिशिष्यते । तस्य निमित्तत्वे यथा दण्डी पुरुषः, तथा पुरुषी दण्डः इत्यपि स्यात्, समानत्वान्निमित्तस्य । तस्मात् कल्पितविशेषणभावनियमो दण्डः सम्बन्धी सांवृत एव विशेषणम् ॥१५४॥

किञ्च—षट्सु पदार्थेषु **वस्तु** वस्त्विति सर्वानुयायी शब्दः प्रासादेषु **प्रासादमालेति शब्दः**। गृहेषु बहुषु नगरमित्या**दिशब्दाश्चान्यानपेक्षिणो**ऽर्थान्तरभूतविशेषणरहिता इति व्यभिचारिता हेतोः । न हि पदार्थेषु व्यतिरिक्तं सामान्यं वस्तुतात्वमभ्युपगम्यते **वैशेषिकैः** । न च प्रासादो द्रव्यम्, विजातीयानां द्रव्यानारम्भात् । ततश्च मालागुणोऽपि **गेहो यद्यपि संयोगस्तस्य माला किन्नु तद् भवेत्** ? न भावगुणः, निर्गुणत्वात् गुणानाम् ॥१५५॥

जातिश्चेदभ्युपगम्यते **एको गेहो मालेत्युच्येत, वृक्षवत्** । यथा वक्षत्वजातियोगादेको वृक्षो

मालाबहुत्वे तच्छब्दः कथं जातेरजातितः ॥१५६॥

मालादौ च महत्त्वादिरिष्टो यश्चौपचारिकः ।
मुख्याविशिष्टविज्ञानग्राह्यत्वान्नौपचारिकः ॥१५७॥

अनन्यहेतुता तुल्या सा मुख्याभिमतेष्वपि ।
पदार्थशब्दः कं हेतुमन्यं षट्सु समीक्षते ॥१५८॥

यो यथा रूढितः सिद्धस्तत्साम्याद् यस्तथोच्यते ।
मुख्यो गौणश्च भावेष्वप्यभावस्योपचारतः ॥१५९॥

संकेतान्वयिनी रूढिर्वक्तुरिच्छान्वयी च सः ।
क्रियते व्यवहारार्थं छन्दःशब्दांशनामवत् ॥१६०॥

वृक्ष इत्युच्यते, एवमेकोऽपि गेहो माला स्यात् । तथा गेहमालानां **बहुत्वे तच्छब्दो** मालेत्यनुगामिशब्दः **कथं जातेर्**मालायाम् **अजातितो** जात्यन्तरविरहात् ? ॥१५६॥

किञ्च—महती प्रासादमालेति कथं व्यपदेशः ? महत्त्वं परिमाणं गुणः, तस्य मालायां न सत्त्वम् । न हि प्रासादमाला किञ्चिदित्युक्तम् । नापि संयोगलक्षणे प्रासादे महत्त्वम्, निर्गुणत्वात् गुणानाम् । काष्ठादिषु द्रव्येषु प्रासादारम्भकेषु महत्त्वसत्त्वाद् वृक्षेषु कुसुमसम्भवात् वनसंख्यालक्षणं कुसुमितमिति यथोच्यते तथा प्रासाद**मालादौ महत्त्वादिरौपचारिको यश्चेष्टः**, स चायुक्तः, काष्ठादिष्वपि तादृशस्य महत्त्वस्याभावात् ।

किञ्च—महान् पर्वतः इति **मुख्य**महत्त्वग्राहकज्ञानेनास्खलद्वृत्तित्वा**दविशिष्टेन ज्ञानेन ग्राह्यत्वात्** प्रासादमालामहत्त्वादि**रौपचारिको न** युक्तः । न हि माणवक इव सिंहबुद्धिर्महत्त्वबुद्धिश्च मालायां स्खलति ॥१५७॥

किञ्च—भिन्नविशेषणं मुख्यम्, अभिन्नविशेषणं चामुख्यमिति यदुच्यते तदप्ययुक्तमित्याह—**मुख्याभिमतेष्वपि** दण्ड्यादिष्व**नन्यहेतुता** भिन्नविशेषणनिमित्तरहितता **तुल्या**, गौणेन सर्वत्र व्यपदेशो हि दण्डादेरपि सांवृतात्[1] इत्युक्तेः ।

किञ्च—अनुयायी **पदार्थशब्दः षट्सु पदार्थेषु कमन्यं हेतुं** निमित्तं प्रवृत्तौ **समीक्षते** ? न हि षट्पदार्थातिरिक्तं किञ्चिदस्ति ॥१५८॥

तस्माद् **यो**ऽर्थो **यथा** येन प्रकारेण **रूढितः** आदिसंकेतानुसारेण **सिद्धः स मुख्यः । यश्च** तस्य मुख्यस्य **साम्यात् तथा**ऽमुख्यवाचकशब्देनोच्यते स **गौणः** ।

कुत एतद् इत्याह—**भावेष्वपि** कुपुत्रादिषु पुत्रादिरित्य**भावोपचारतः**। परमते तु भावे वृत्तत्वान्मुख्यत्वं भवेत् ॥१५९॥

स्यादेतद् । रूढ्यैव मुख्यता, किन्तु सापि भिन्ने विशेषणे सति इत्याह—न । **संकेतान्वयिनी** यथासंकेतं **रूढिः, स च** संकेतो **वक्तुः** संकेतयितुरि**च्छान्वयी व्यवहारार्थं क्रियते । छन्दसो** गायत्र्यादेः **शब्दांश**स्य प्रकृतिप्रत्ययादेर्**नामवत्** । न हि विशिष्टानुपूर्वीकेषु वर्णेषु पृथग्भूतं गायत्र्यादिशब्दनिमित्तं किञ्चिदस्ति, शब्दांशेषु वा अपि तु संकेतयितुरिच्छानुरोधादेव तथा व्यपदेशः ॥१६०॥

---

1. PV. 2.154

वस्तुधर्मतयैवार्थास्तादृग्विज्ञानकारणम् ।
भेदेऽपि यत्र तज्ज्ञानं तांस्तथा प्रतिपद्यते ॥१६१॥

ज्ञानान्यपि तथा भेदे भेदप्रत्यवमर्शने ।
इत्यतत्कार्यविश्लेषस्यान्वयो नैकवस्तुनः ॥१६२॥

वस्तूनां विद्यते तस्मात् तन्निष्ठा वस्तुनि श्रुतिः ।
बाह्यशक्तिव्यवच्छेदनिष्ठाभावेऽपि तच्छ्रुतिः ॥१६३॥

विकल्पप्रतिबिम्बेषु तन्निष्ठेषु निबध्यते ।
ततोऽन्यापोहनिष्ठत्वादुक्तान्यापोहकृत् श्रुतिः ॥१६४॥

व्यतिरेकीव यज्ज्ञाने भात्यर्थप्रतिबिम्बकम् ।
शब्दात् तदपि नार्थात्मा भ्रान्तिः सा वासनोद्भवा ॥१६५॥

तस्याभिधाने श्रुतिभिरर्थे कोंऽशोऽवगम्यते ।

यदि व्यक्तिभ्यो न भिन्नं सामान्यम्, तदा कथमनुगामी प्रत्यय इत्याह—**वस्तुधर्मतया** **प्रकृत्यैव** केचि**दर्थाः** परस्परं **भेदेऽपि तादृश**स्यानुगामिनोऽतत्कार्यव्यावृत्तिविषयस्य **विज्ञानस्य कारणम्** । **यत्र** येष्वर्थेष्वनुगामि **ज्ञानं तान**भेदिनोऽर्थान् **तथा** एकत्वेन प्रतिपद्यते, न त्वेकसामान्यबलात् तथा ज्ञानम् ॥१६१॥

स्यादेतत् । प्रतिव्यक्ति ज्ञानान्यपि भिन्नानीति कथमनुगामि ज्ञानम् इत्याह—**ज्ञानान्यपि** परस्परतो **भेदे तथा**ऽर्थवद्वस्तुधर्मितया **भेदप्रत्यवमर्शने** निमित्तम् ततो ज्ञानान्यपि तदेकपरामर्शगोचरतयाऽनुगामिप्रत्यया उच्यन्ते **इत्य**नेन प्रकारेण भेदिष्वर्थे**ष्वतत्कार्या**दर्थस्य **विश्लेषो** व्यवच्छेद**स्तस्यान्वयो** विद्यते, **न त्वेक**स्य **वस्तुनः** सामान्यस्य ॥१६२॥

वस्तूनां विशेषाणामन्वयो **विद्यते**, अनुपलम्भबाधितत्वात् तस्य । **तस्मात् तन्निष्ठा** व्यावृत्तिविषया **वस्तुनि श्रुतिः** प्रवर्तते ।

नन्वतत्कार्यव्यावृत्तिर्वस्तुनः स्वभावभूता, ततो व्यावृत्तिविषयत्वे वस्तुविषयतैव शब्दस्य स्यात् इत्याह—**बाह्य**स्य वस्तुनः **शक्ते**रतत्कार्याद् यो **व्यवच्छेद**स्तत्र **निष्ठा** विषयित्वं तस्या**भावेऽपि तच्छ्रु**तिर्व्यवच्छेदवाचिनी श्रुतिः ॥१६३॥

विकल्पानां **प्रतिबिम्बे**ष्वाकारेषु **तन्निष्ठे**षु तद्व्यावृत्तिवस्तुत्वेन व्यवस्थाविषयतया तद्व्यवहारव्यवस्थितिषु **संकेतकाले** निबध्यते । **ततो** विकल्पप्रतिबिम्बानां बाह्यव्यावृत्तात्मत्वेन व्यवहारविषयत्वादन्यापोहनिष्ठत्वात् कारणाद् **उक्ता श्रुति**र**न्यापोहकृत्** अन्यव्यावृत्ताकारविकल्पजननात् अन्यव्यावृत्तेषु प्रवर्तनाच्च शब्दोऽन्यापोहकृदुक्तः ॥१६४॥

ननु शाब्दे ज्ञाने ग्राह्यं बाह्यतयैव प्रतीयते, न ज्ञानाकारतया इत्याह—**शब्दादुत्पन्नज्ञानेऽर्थप्रतिबिम्बकं व्यतिरेकीव** भिन्नं बाह्यमिव **यदाभाति तदपि नार्थात्मा** बहिरर्थस्वरूपम्, किन्तु **भ्रान्तिः सा वासना**निर्मिता । यथा तैमिरिकदृष्टेषु केशादिषु बाह्यभ्रमः, एवं विकल्पाकारेऽपि बाह्यव्यवहारोऽविद्यावशादित्यर्थः ॥१६५॥

ज्ञानाकारस्तर्हि वस्तुभूतो वाच्यः स्यात् इत्याह—**तस्य** ज्ञानाकारस्य **श्रुतिभिरभिधानेऽर्थे**ऽतत्कार्यव्यावृत्ते शब्देनाचोदिते **कोंऽशोऽवगम्यते** ? न कश्चित् । **तदकार्यव्यावृत्तस्यार्थस्य**

तस्यागतौ च संकेतक्रिया व्यर्था तदर्थिका ।।१६६।।

शब्दोऽर्थांशं कमाहेति तत्रान्यापोह उच्यते ।
आकारः स च नार्थेऽस्ति तं वदन्नर्थभाक् कथम् ।।१६७।।

शब्दस्यान्वयिनः कार्यमर्थेनान्वयिना स च ।
अनन्वयी धियोऽभेदाद् दर्शनाभ्यासनिर्मितः ।।१६८।।

तद्रूपारोपगत्यान्यव्यावृत्ताधिगतेः पुनः ।
शब्दार्थोऽर्थः स एवेति वचने न विरुध्यते ।।१६९।।

मिथ्यावभासिनो वैते प्रत्ययाः शब्दनिर्मिताः ।
अनुयान्तीममर्थांशमिति चापोहकृत् श्रुतिः ।।१७०।।

तस्मात् संकेतकालेऽपि निर्दिष्टार्थेन संयुतः ।

शब्दादगतौ **च** सत्यां **संकेतक्रिया व्यर्था**, यस्मात् **तदर्थिका** अतत्कार्यव्यावृत्तार्थप्रतीतिफला सेष्यते ।।१६६।।

एवं तर्ह्यन्यापोहेऽपि संकेते कृते प्रवृत्तिरर्थेषु न स्यात्, तस्यार्थात्मत्वाभावाद् इत्याह—**शब्दोऽर्थांशं कमाहेति** प्रश्ने **तत्रान्यापोहो**ऽतत्कार्यव्यावृत्तिः सर्वविशेषसम्भविनी वाच्यतयो**च्यते**। अतोऽर्थांशात्मन्यन्यापोहे गृहीतसंकेतः शब्दादुच्चरितार्थं प्रतीत्य तत्र प्रवर्त्तित इति युक्तम् । यस्तत्राक्षाकारः **स चार्थे नास्ति, तं** बुद्ध्याकारं **वदन्** शब्दो**ऽर्थभाक्** बाह्यार्थाभिधायी कथमस्तु ? ।।१६७।।

किञ्च—**शब्दस्यान्वयिनोऽन्वयिनार्थेन कार्यं** व्यवहारकाले प्रतीतिलक्षणं प्रयोजनम् **। स च** बुद्ध्याकारः स्वलक्षण**दर्शनाभ्यासेन** वासनया **निर्मितोऽनन्वयी, धियो**ऽनन्वयिन्या **अभेदात्**।।१६८।।

ननु यद्यर्थः शब्दस्य न विषयः, तदा तदंशरूपोऽप्यन्यापोहः कथं वाच्यः इत्याह—**बुद्ध्याकारे तद्रूप**स्यार्थांशापोहस्या**रोपगत्या** एकत्वाध्यवसायेनान्य**व्यावृत्त**स्यार्थस्या**धिगतेः** शब्दार्थांशापोहः **शब्दार्थः** उच्यते, न तु सामान्याच्छब्दादर्थप्रतीतेः । यदि **पुन**र्बुद्ध्याकारस्य व्यावृत्तार्थत्वेन प्रतीतेः **स** बुद्ध्याकार **एव शब्दार्थ** इत्युपचारादुच्यते बुद्ध्याकारशब्दार्थवादिना तदैवं **वचने** किञ्चिदपि न **विरुध्यते**, बुद्ध्याकारस्यानन्वयिनः शब्दार्थत्वानिष्टेः ।।१६९।।

मिथ्यावभासिनो वा शब्दनिर्मिता एते प्रत्ययाः। तथा हि—न तावदर्थः शब्दबुद्धेर्विषयः, तत्स्वरूपानवभासतः, तत्र शब्दसंकेताभावाच्च । नापि बुद्ध्याकारः, तस्य वेदनेऽपि विषयत्वेनानध्यवसायात्, स्वलक्षणत्वात्, संकेताभावाच्च। न हि बुद्ध्याकारस्य बहिष्ट्वं बाह्यस्य वा बुद्ध्याकारत्वमस्ति, येन तथेति भासः सत्यप्रतिभासः स्यात् । तस्माद् वस्तुतोऽवस्तुप्रतिभासिनः शाब्दाः प्रत्ययाः ।

कथं तर्हीदानीमर्थांशापोहकृच्छ्रुतिरुक्ता इत्याह—**इम**मन्यापोह**मर्थांशं** शब्दा अतत्प्रतिभासित्वेऽपि **अनुयान्ति** वृत्तिविषयत्वेन व्यवस्थापयन्ति । अर्थदर्शनायातत्वेन परस्परं या तत्प्रतिबन्धना**दिति** चान्या**पोहकृच्छ्रु**तिरुक्ता ।।१७०।।

यस्माद् व्यवहारकालेऽन्यव्यवच्छेदप्रतीतिः शब्दात् **तस्मात् संकेतकाले**ऽप्यन्यापोहः श्रुतौ वाच्यतया सम्बध्यते, नान्यत् ।

स्वप्रतीतिफलेनान्यापोहः सम्बध्यते श्रुतौ ॥१७१॥

अन्यत्रादृष्ट्यपेक्षत्वात् क्वचित्तद्दृष्ट्यपेक्षणात् ।
श्रुतौ सम्बध्यतेऽपोहो नैतद् वस्तुनि युज्यते ॥१७२॥

तस्माद् जात्यादितद्योगा नार्थे तेषु च न श्रुतिः ।
संयुज्यतेऽन्यव्यावृत्तौ शब्दानामेव योजनात् ॥१७३॥

संकेतस्मरणोपायं दृष्टसंकलनात्मकम् ।
पूर्वापरपरामर्शशून्ये तच्चाक्षुषे कथम् ॥१७४॥

अन्यत्रगतचित्तोऽपि चक्षुषा रूपमीक्षते ।
तत्संकेताग्रहस्तत्र स्पष्टस्तज्जा च कल्पना ॥१७५॥

जायन्ते कल्पनास्तत्र यत्र शब्दो निवेशितः ।

नन्वर्थमुपदर्श्य संकेतः क्रियते, तत्कथमपोह उच्यते इत्याह—**निर्दिष्टेनार्थेनान्यव्यावृत्तेन** व्यवहारकाले **स्वस्य प्रतीतिः फलं** प्रयोजनं यस्य तेन संयुतोऽभेदाध्यवसायादेकत्वमुपनीतो-**ऽन्यापोहो** बुद्ध्याकारस्वभावः **श्रुतौ सम्बध्यते**, न त्वर्थ एव ॥१७१॥

तथा हि—संकेतस्या**न्यत्र** व्यवच्छेद्येऽवृक्षे**ऽदर्शनापेक्षत्वात्**, **क्वचिद**व्यवच्छेद्ये वृक्षैकदेशे **दृष्ट्यपेक्षणात् श्रुतावपोहः सम्बध्यत** इति निश्चीयते । **वस्तुनि** सामान्यादौ संकेतविषये **एतत्** व्यवच्छेद्याव्यवच्छेद्ययोर्दर्शनादर्शनापेक्षणं **न युज्यते** । वस्तुनि विधिमुखेन प्रतिपाद्ये किमन्यत्रादर्शनापेक्षया, अपेक्ष्यते च, ततोऽन्यव्यवच्छेद एव प्रतिपाद्यत इति गम्यते । अन्य-व्यवच्छेदः सामान्यादिकं चापेक्ष्यते विपक्षपरिहारेण प्रतिपत्त्यर्थमिति चेत् अलं तदा सामान्येन, अन्यव्यवच्छेदेनैव व्यवहारपरिसमाप्तेः ॥१७२॥

यतश्च जातिगुणक्रियादीनि विशेषणानि वस्तुग्राहिणि ज्ञाने नाभासन्ते, **तस्माज्जात्यादय-स्तेषां योगाश्चार्थे न** सन्ति, अतस्तेषु **श्रुतिश्च** नोपयुज्यते **अन्यव्यावृत्तावेव** प्रतीतिसिद्धायां **शब्दानां योजनात्** ॥१७३॥

तदेवं जात्यादिकल्पना तत्सम्बन्धकल्पना च नास्तीत्युक्तम् । शब्दकल्पनापि न सम्भवति इत्याह—शब्दकल्पनं हि पूर्वगृहीतस्य संकेतस्य स्मरणमुपायो यस्य **संकेतस्मरणोपायं** वाचक-त्वेन दृष्टस्य शब्दस्य संकलनं तथा योजनमात्मा यस्य तत् **दृष्टसंकलात्मकं** प्रसिद्धम् । **तच्च** **पूर्वस्य** संकेतकालदृष्टवाचकशब्दस्यापरस्य दृश्यमानार्थस्य **परामर्शो** वाच्यवाचकतायोजनम्, तेन **शून्ये** शब्दामिश्रवस्तुस्वरूपग्राहिणि **चाक्षुषे** ज्ञाने **कथं** सम्भाव्यते ? चाक्षुषं चाक्षजमात्रो-पलक्षणमिन्द्रियज्ञानमित्यर्थः ॥१७४॥

किञ्च—दृश्यमानादर्थाद**न्यत्रा**तीतादौ विकल्पनीये **गतचित्तः** प्रवृत्तविकल्पो**ऽपि** द्रष्टा **चक्षुषा** चक्षुर्विज्ञानेन **रूपमीक्षते** । **तस्य** दृश्यमानार्थस्य **संकेतः** संकेतविषयो वाचकं नाम तस्या-**ग्रहो**ऽस्मरणं **तत्र** चाक्षुषे ज्ञाने स्पष्टः । ततस्**तज्जा** वाचकनामस्मरणप्रभवा **कल्पना च** चाक्षुषे ज्ञाने नास्तीति शेषः ॥१७५॥

किञ्च—**तत्र** विषये शब्दयोजनात्मिकाः **कल्पना जायन्ते, यत्र** संकेतकाले **शब्दो निवेशितः** । न चेन्द्रियविषये शब्दसंकेत इति न तत् ज्ञानं शब्दयोजनात्मकं प्राक् । अथेन्द्रियविषय एव

तेनेच्छातः प्रवर्त्तेरन् नेक्षेरन् बाह्यमक्षजाः ॥१७६॥

रूपं रूपमितीक्षेत तद्धियं किमितीक्षते ।
अस्ति चानुभवस्तस्याः सोऽविकल्पः कथं भवेत् ॥१७७॥

तयैवानुभवे दृष्टं न विकल्पद्वयं सकृत् ।
एतेन तुल्यकालान्यविज्ञानानुभवो गतः ॥१७८॥

स्मृतिर्भवेदतीते च साऽगृहीते कथं भवेत् ।
स्याच्चान्यधीपरिच्छेदाभिन्नरूपा स्वबुद्धिधीः ॥१७९॥

अतीतमपदृष्टान्तमलिङ्गञ्चार्थवेदनम् ।
सिद्धं तत्केन तस्मिन् हि न प्रत्यक्षं न लैङ्गिकम् ॥१८०॥

तत्स्वरूपावभासिन्या बुद्ध्यानन्तरया यदि ।

शब्दनिवेशः तदा **तेन** शब्दविषयत्वेन कारणे**नेच्छातः प्रवर्तेरन्नक्षजाः** प्रत्ययविकल्पवत् । न चैतदस्ति । इच्छाप्रभवत्वे वा बाह्यार्थसन्निधानानपेक्षत्वात् **बाह्यमर्थं नेक्षेरन्नक्षजाः**, प्रत्ययविकल्पवत् ॥१७६॥

अपि च—सर्वविकल्पवादिनो मते **रूपमिति** प्रवृत्तविकल्पबुद्धी **रूपमीक्षेत तद्धियं** रूपधियमपि कल्प्यमानां **किमितीक्षते** ज्ञाता ? रूपबुद्ध्यनुभवो नास्तीति न युक्तम्, यस्मा**दस्ति चानुभवस्तस्याः** सर्वेषां प्रतिपत्तॄणाम् । न च रूप इव तद्बुद्धावपि कल्पनाऽनुभूयते । ततश्च रूपबुद्धेरनुभवो**ऽविकल्पः कथं भवेत्** ? ॥१७७॥

तयैव रूपबुद्ध्या रूपस्य स्वात्मनश्च**ानुभवे**ऽभ्युपगम्यमाने—रूपमिति रूपानुभव इति च **विकल्पद्वयं** सकृत् स्यात्, तच्च नास्ति, अनुभवबाधितत्वात् । **एतेन** सकृत्कल्पनाद्वयनिषेधेन **तुल्यकालेनान्येन** निर्विकल्प**ज्ञानेनानुभवो** रूपबुद्धे**र्गतो** निर्णीतोत्तरो बोद्धव्यः ॥१७८॥

उत्तरकालभाविना विकल्पज्ञानेनानुभव इति चेद् आह—**अतीते च** रूपानुभवे **स्मृतिः** पश्चात्तनेन विकल्पेन **च भवे**न्नानुभवः । **सा** स्मृतिर**गृहीते**ऽनुभवे कथं भवेत् ? यदि चातीतबुद्धिर्विकल्प्यते तदाऽ**न्यस्य** पुंसो **धियः परिच्छेदे**न परोक्षबुद्धिविकल्पात्मकेना**भिन्नरूपा** तथात्वेन **स्वबुद्धिधीः स्यात्** । अस्ति च परबुद्धिप्रतीतिविलक्षणस्वबुद्ध्यनुभवः । तस्मादविकल्प एवासौ ॥१७९॥

किञ्च—सविकल्पकप्रत्यक्षवादिना निर्विकल्पस्याप्यस्वसंवेदनवादिनो मते**ऽतीतमर्थवेदनं** न केवलमध्यक्षतो वर्तमानविषयत्वान्न सिध्यति, किन्त्वनुमानादपि यस्माद**लिङ्गं** लिङ्गरहितम् । तथा हि—धर्मिणो ज्ञानस्यासिद्धत्वात् लिङ्गमाश्रयासिद्धम् । अनुमानात् ज्ञानसिद्धिवादिनः कस्यचिज्ज्ञानस्याध्यक्षासिद्धत्वात् अनुमानसिद्धावनस्थानाद् **अपदृष्टान्तम्** । दृष्टान्तासिद्धौ न व्याप्तिसिद्धिरिति लिङ्गरहितमेवातीतं रूपादिदर्शनम् । **तत्** तस्मात् **केन** प्रमाणेन **सिद्धम्** ? **तस्मिन् हि** रूपादिदर्शने **न प्रत्यक्ष**मभिमतत्वादस्ति । **न** च **लैङ्गिक**मनुमानमुक्तक्रमादिति सकलमप्रतिपत्तिकमन्धमूकं जगत् प्राप्तमिति ॥१८०॥

अथ **तत्स्वरूपावभासिन्या**ऽतीतरूपादिबुद्धिरूपप्रतिभासिन्या तज्जन्ययाऽ**नन्तरया** धियाऽतीतबुद्धि**र्यदि गृह्येत सौत्रान्तिक**मते **रूपादिरिव** तदनुकारिण्या तदनन्तरया धिया तदा को दोषः

रूपादिरिव गृह्येत न स्यात् तत्पूर्वधीग्रहः ।।१८१।।

सोऽविकल्पः स्वविषयो विज्ञानानुभवो यथा ।
अशक्यसमयं तद्वदन्यदप्यविकल्पकम् ।।१८२।।

सामान्यवाचिनः शब्दास्तदेकार्था च कल्पना ।
अभावे निर्विकल्पस्य विशेषाधिगमः कथम् ।।१८३।।

अस्ति चेन्निर्विकल्पं च किञ्चित् तत्तुल्यहेतुकम् ।
सर्वं तथैव हेतोर्हि भेदाद् भेदः फलात्मनाम् ।।१८४।।

अनपेक्षितबाह्यार्था योजना समयस्मृतेः ।
तथानपेक्ष्य समयं वस्तुशक्त्यैव नेत्रधीः ।।१८५।।

संकेतस्मरणापेक्षं रूपं यद्यक्षचेतसि ।
अनपेक्ष्य न चेच्छक्तं स्यात् स्मृतावेव लिंगवत् ।।१८६।।

इत्याह—यदा चिरं बहुषु विषयेषु ज्ञानानि प्रवर्तन्ते तदा **तस्मादन्त्यात्** ज्ञानात् याः **पूर्वाः धियस्तासां ग्रहो न स्यादि**ति दोषः। अन्त्यबुद्धिजनितया हि धिया सैव गृह्यते, न त्वन्या इति स्यात्। अस्ति चानुभवस्तासाम् यद्बलेन चिरमहमद्राक्षम् इति भवति द्रष्टुः। तस्मात् **स्वविषयः** स्वरूपालम्बनो **विज्ञाना**नां पूर्वंभाविना**मनुभवोऽविकल्पः**, स यथा **तद्वदन्यदपि** ज्ञानमन्त्यमप्रतिबद्धवृत्ति **चाविकल्पकं** बोद्धव्यम्। यस्मात् सकलमेव स्वरूपम**शक्यसमयं** शब्दसंकेताविषयः ततश्च न विकल्पग्राह्यम् ।।१८१-१८२।।

किञ्च—विशेषसंकेताभावात् व्यवहारकालानुयायित्वाच्च **सामान्यवाचिनः शब्दाः, तैः** शब्दै**रेकार्था** एकविषया **च कल्पना** शब्दयोजनया शब्दार्थ एव कल्पना। परमते च **निर्विकल्पस्य** ज्ञानस्या**भावे विशेष**स्य विकल्पाविषयस्या**धिगमः** कथम्? न कथञ्चिदित्यर्थः। विशेषानुभवदर्शनाद**स्ति किञ्चिन्निर्विकल्पं** च ज्ञानं यथाहुर्मीमांसकादय इति **चेत्** एवं तर्हि **तेन** निर्विकल्पेन **तुल्यहेतुकं** चक्षूरूपमनस्कारादिसमानहेतुकं विशेषविषयं **सर्वं** ज्ञानं **तथैवा**विकल्पकमस्तु, न तु स्वलक्षणविषयमपि किञ्चित् सविकल्पकम्। **हि** यस्मा**द्धेतोर्भेदात् फलात्मनां भेदो** भवति। हेत्वभेदे तु फलाभेद एव युक्तः, नान्यथा क्वचिदप्येकजातीयता स्यात् ।।१८३-१८४।।

किञ्च—**योजना** कल्पना**ऽनपेक्षितबाह्यार्था,** बहिरर्थसंकेतविषयम**नपेक्ष्यैव, समयस्य** प्राग्गृहीतस्य **स्मृतेः** सकाशाद् भवति तावत्। **तथा समयमनपेक्ष्य वस्तुनः** स्वलक्षणस्य **शक्त्या** स्वाकारानुकारिविज्ञानजननसामर्थ्ये**नैव नेत्रधी**र्जायते यदि तदा को विरोधः? ।।१८५।।

स्यादेतद्। **रूपमक्षचेतसि** कर्तव्ये **संकेतस्मरणापेक्षं, तदनपेक्षं** पुनर्न **शक्त**मिति। एवं तर्हि श्रुतावेव रूपं शक्तमिति स्यात्, न त्विन्द्रियबुद्धौ, **लिङ्गवत्**। यथा हि लिङ्गं न लिङ्गबुद्धौ साक्षा**च्छक्तम्**, किन्तु लिङ्गलिङ्गिनोः सम्बन्धि**स्मृतावेव**, तथा संकेतस्मरणे रूपं निमित्तं स्यात्। न चागृहीतं स्मृतिप्रतिबोधकमिति निर्विकल्पकमस्य ग्रहणं प्राक्, ततः स्मृतिः, ततश्च योजनेति क्रमः ।।१८६।।

तस्यास्तत्संगमोत्पत्तेरक्षधीः स्यात् स्मृतेर्न वा ।
ततः कालान्तरेऽपि स्यात् क्वचिद् व्याक्षेपसम्भवात् ॥१८७॥

क्रमेणोभयहेतुश्चेत् प्रागेव स्यादभेदतः ।
अन्योऽक्षबुद्धिहेतुश्चेत् स्मृतिस्तत्राप्यनर्थिका ॥१८८॥

यथासमितसिद्ध्यर्थमिष्यते समयस्मृतिः ।
भेदश्चासमितो ग्राह्यः स्मृतिस्तत्र किमर्थिका ॥१८९॥

सामान्यमात्रग्रहणे भेदापेक्षा न युज्यते ।
तस्माच्चक्षुश्च रूपं च प्रतीत्योदेति नेत्रधीः ॥१९०॥

साक्षाच्च ज्ञानजनने समर्थो विषयोऽक्षवत् ।
अथ कस्माद् द्वयाधीनजन्म तत् तेन नोच्यते ॥१९१॥

कथं पुनरर्थसम्मुखीभावात् स्मृतिजन्म इत्याह—**तस्याः** स्मृतेस्**तस्**यार्थस्य स**ङ्ग**मेन सम्मुखीभावेनो**त्पत्तेः न** त्वक्षधीरर्थात् **स्यात्** । सा तु **स्मृतेर्**र्थजनितायाः स्यात्, **न वा** स्मृतेरपि भवेत् । स्मृत्यधीनतायां नार्थाधीनता । यच्च स्मरणं भावि, तन्नावश्यं भवतीति कदाचिन्न भवेदपि । ततः स्मृतेः **कालान्तरे**णापि **स्याद**ध्यक्षधीः । स्मृत्यनन्तरं **क्वचिद्** विषयान्तरे **व्याक्षेप**स्याशक्तिलक्षणस्य **सम्भवात्** । तन्निवृत्तौ सत्यां क्रमेण भवेत् ॥१८७॥

स्यादेतत् । प्रथममभिमुखीभवन्नर्थः स्मृतेर्हेतुः तत इन्द्रियज्ञानस्येति **क्रमेणोभयहेतु**रभिमत**श्चेत्** यद्येवम् पूर्वापरैकस्वभावसामर्थ्यस्य भावस्या**भेदत**स्तज्जन्यं द्वयमपि **प्रागेव** स्यात्, न क्रमतः ।

स्यादेतद् । भावानां क्षणिकत्वाच्**चान्यः** स्मृतिप्रबोधकः क्षणोऽन्यश्**चाक्षबुद्धेर्हेतुश्चेत्** तत्राद्येऽपि क्षणे वाचकशब्द**स्मृतिरनर्थिका** । यस्माद् **यथासमितस्य** शब्दवाच्यतयाऽर्थस्य **सिद्ध्यर्थं समयस्मृतिरिष्यते । भेदो** विशेषोऽ**समितः** संकेताविषयश्चाक्षधिया **ग्राह्यः** । **तत्र स्मृतिः** समयस्य **किमर्थिका** निष्प्रयोजना ॥१८८-१८९॥

सामान्ये कालान्तरानुवर्त्तिनि संकेतः स एव स्मर्यत इति चेद् आह—न । **सामान्यमात्रस्य ग्रहणे**ऽभ्युपगम्यमाने **भेद**स्य विशेषस्य संकेतविषयस्या**पेक्षा न युज्यते**, यथा—गौरित्युक्ते कीदृशो गौः इति । तस्मात् सामान्यवति विशेषे संकेतः । तेनैवार्थित्वाद् व्यवहारिणाम् । तथा च भेदश्चासमितो ग्राह्यः[1] इत्युक्तम् । **तस्माच्चक्षुश्च रूपं** च **प्रतीत्या**साद्यो**देति नेत्रधी**रित्यभ्युपगन्तव्यम् ॥१९०॥

व्यवधानेनापि रूपकारणता स्यादिति चेत् आह—**साक्षाच्च विषयो** रूपादिः स्वग्राहक**ज्ञानजनने समर्थो**ऽक्षवत्, न **व्यवधानेन** । स्मृत्यधीनतायां दोषस्योक्तत्वात् । तस्मादशब्दसंसृष्टार्थबलभावितद्रूपानुकारि प्रत्यक्षमनाविष्टाभिलापमविकल्पकमेव युक्तम् ।

अथ द्वयाधीनजन्म विषयेन्द्रियोत्पत्ति **तदि**न्द्रियज्ञानमिन्द्रियेणो**च्यते** व्यपदिश्यते प्रत्यक्षमिति प्रतिगतमक्षं प्रत्यक्षम्, इन्द्रियाश्रितमित्यर्थः । कस्मात् पुनर्विषयेण नोच्यते प्रतिविषयमिति ? ॥१९१॥

---

1 PV. 2.189

समीक्ष्य गमकत्वं हि व्यपदेशो नियुज्यते ।
तच्चाक्षव्यपदेशेऽस्ति तद्धर्मश्च नियोज्यताम् ॥१६२॥

ततो लिंगस्वभावोऽत्र व्यपदेशे नियोज्यताम् ।
निवर्त्तते व्यापकस्य स्वभावस्य निवृत्तितः ॥१६३॥

सञ्चितः समुदायः स सामान्यं तत्र चाक्षधीः ।
सामान्यबुद्धिश्चावश्यं विकल्पेनानुबध्यते ॥१६४॥

अर्थान्तराभिसम्बन्धाज्जायन्ते येऽणवोऽपरे ।
उक्तास्ते सञ्चितास्ते हि निमित्तं ज्ञानजन्मनः ॥१६५॥

अणूनां स विशेषश्च नान्तरेणापरानणून् ।
तदेकानियमज्ज्ञानमुक्तं सामान्यगोचरम् ॥१६६॥

अर्थैकायतनत्वेऽपि नानेकं दृश्यते सकृत् ।

न खलु व्यसनितया व्यपदेशो नियुज्यते अपि तु **गमकत्वं समीक्ष्य** परिभाव्य । **तच्च** गमकत्वमक्षेण **व्यपदेशे** प्रत्यक्षमित्यत्रा**स्ति** । **तस्य** गमकत्वस्य व्यापकस्य **धर्मो** व्याप्यभूतो **नियोज्यताम्** ॥१६२॥

ततो व्यापकाभावात् **व्यपदेशे** धर्मिणि **अत्र** गमकत्वे साध्ये **नियोज्यतां लिङ्गम्** । प्रतिविषयमिति व्यपदेशात् **व्यापकस्य** गमकत्वस्य **निवृत्तितो निवर्तते** नियोज्यतेति व्यापकानुपलब्ध्या तत्र नियोज्यत्वाभावः सिद्धः ॥१६३॥

ननु सञ्चितालम्बनाः पञ्च विज्ञानकायाः इति सिद्धान्तः । तत्रानेकार्थजन्यत्वात् स्वार्थे सामान्यगोचरम्[1] इति चोक्तम् । तथा च परमाणूनां **समुदायः** सञ्चित इत्युच्यते । **स** एव च **सामान्यं** मतः । **तत्र** च सामान्येऽक्षधीर्जायते । **सामान्यबुद्धिश्चावश्यं विकल्पेनानुबध्यते** अनुसीव्यते । तत् कथमविकल्पं प्रत्यक्षमुच्यते ? ॥१६४॥

अत्राह—**अर्थान्तराणां** परमाण्वन्तराणाम**भिसम्बन्धात्** सन्निधानविशेषेणोपसर्पणप्रत्ययेभ्यः पूर्वकेभ्यः परमसन्निहितेभ्योऽ**परे**ऽन्ये **येऽणवो जायन्ते ते सञ्चिता उक्ताः** सञ्चितालम्बना विज्ञानकायाः इत्यादौ। **ज्ञानजन्मन**स्त एव **हि निमित्त**मुक्ताः तत्रानेकार्थजन्यत्वात् इत्यादिना ॥१६५॥

अणूनां स च ज्ञानजननसामर्थ्यलक्षणो **विशेषोऽपरानणू**नव्यवधानवर्त्तिनो**ऽन्तरेण** विना **न** भवति । न हि प्रत्येकमणवो दृश्याः, किन्तु सहिता एव । **तत्** तस्मा**देक**स्मिन्न**र्थे** परमाणौ ज्ञानस्या**नियमात् सामान्यगोचरं** सञ्चितपरमाणुसंघातविषयं **ज्ञानमुक्तं** तत्त्ववादिना, न तु परमाण्वतिरिक्तसामान्यविषयम् । तत् कथं सामान्यविषयत्वात् सविकल्पत्वप्रसङ्गः ? ॥१६६॥

अथ एकेन्द्रियज्ञानजनकत्वात् नीलपीतादीना**मेकायतनत्वे** रूपायतनत्वसंग्रहे**ऽपि नानेकं** नीलादि **सकृद् दृश्यते,** किन्तु क्रमेण । तत् कथमणूनां बहूनामेकदा ग्रहणम् ? अत्रोच्यते—

---

1. Cf. प्रमाणासमुच्चय ।

सकृद्ग्रहावभासः किं वियुक्तेषु तिलादिषु ॥१९७॥

प्रयुक्तं लाघवञ्चात्र तेष्वेव क्रमपातिषु ।
किं नाक्रमग्रहस्तुल्यकालाः सर्वाश्च बुद्धयः ॥१९८॥

काश्चित् तास्वक्रमाभासाः क्रमवत्योऽपराश्च किम् ।
सर्वार्थग्रहणे तस्मादक्रमोऽयं प्रसज्यते ॥१९९॥

नैकं चित्रपतंगादि रूपं वा दृश्यते कथम् ।
चित्रं तदेकमिति चेदिदं चित्रतरं ततः ॥२००॥

नैकस्वभावं चित्रं हि मणिरूपं यथैव तत् ।
नीलादिप्रतिभासश्च तुल्यश्चित्रपटादिषु ॥२०१॥

तत्रावयवरूपं चेत् केवलं दृश्यते तथा ।

यदि नानेकमेकदा गृह्यते तदा **तिलादिषु वियुक्तेषु** विभिन्नदेशेषु **सकृद्ग्रहावभासो** युगपद्ग्रहणानुभवः **किं** कस्माद्धेतोः ? ॥१९७॥

ज्ञानानां लघुवृत्तित्वात् सकृद्ग्रहणभ्रमश्चेत् आह—**प्रयुक्तं** प्रतिक्षिप्तं **चात्र** सकृद्ग्रहावभासे **लाघवं** बुद्धीनाम्—अन्यत्रापि समानं तद् वर्णयोर्वा सकृच्छ्रुतिः[1] इत्यादिना । तथाप्युच्यते—**तेष्वेव** तिलादिषु हस्तादिभ्यः **क्रमपातिषु किं** कस्मान्नाक्रमग्रहणं भवति ? **सर्वाश्च बुद्धयः** सहावस्थितेषु सम्भवन्त्यस्तुल्यकालाः ॥१९८॥

ततः **तासु काश्चिदक्रमाभासाः** सहस्थितवस्तुविषयाः, **अपराश्च** बुद्धयः **क्रमवत्योऽ**युगपत्प्रतिभासाः **किं** भवन्ति याः क्रमपातिवस्तुविषयाः ? अस्ति चायं भेदः, **तस्मात् सर्वस्यार्थस्य** क्रमिणोऽक्रमिणश्च **ग्रहणोऽक्रमो**ऽयं लाघवाविशेषात् **प्रसज्यते** ॥१९९॥

किञ्च—**चित्रपतङ्गादि नैक**मनेकं नीलादि**रूपं वा दृश्यते** कथम् यदि नानेकमेकेन गृह्यते ? **चित्रं** नीलपीताद्यात्मकं **तत्** पतङ्गादिक**मेकमिति चेत् इदं** चित्रमेकं यदुच्यते तत् ततश्चित्रपतङ्गादपि **चित्रतर**माश्चर्यतरम् । चित्रमिति नानारूपाणि, तदेव पुनरेकमुच्यत इत्युपहसति ॥२००॥

तथा च **चित्र**मनेक**रूपं हि** यस्मात्, तस्मा**न्नैकं** पतङ्गादि । **यथैव** संस्थानविशेषेण सन्निविष्टानां बहूनां **मणीनां रूपं तच्चित्र**मनेकं नैकमवयवि द्रव्यम्, विजातीयानां द्रव्यानारम्भाद् ।

चित्रबुद्धिरेकत्वान्मुख्या पतङ्गे, मणिरूपादिषु पुनरुपचरितेति चेत् आह—**नीलादिप्रतिभासश्**चित्रप्रतिभासः, स **चित्रपट आदिर्येषां** मणिरूपादीनां तेषु, चित्रपतङ्गे च **तुल्यः** न त्वग्निमाणवकयोर्दहनबुद्धिरिव स्खलदस्खलद्वृत्तिर्लक्ष्यते ॥२०१॥

तत्र चित्रपटादिषु **केवलमवयवरूपं तथा** चित्रतया **दृश्यते** नावयवी, विजातीयानां द्रव्यानारम्भादिति चेत् चित्रपतङ्गादावपि **नीलादीनि निरस्य** पृथक्कृत्य तेभ्यो**ऽन्यच्चित्रमवयविरूपं**

---

1. PV 2. 135

नीलादीनि निरस्यान्यच्चित्रं चित्रं यदीक्षसे ॥२०२॥

तुल्यार्थाकारकालत्वेनोपलक्षितयोर्द्वयोः ।
नानार्था क्रमवत्येका किमेकार्थाऽक्रमापरा ॥२०३॥

वैश्वरूप्याद् धियामेव भावानां विश्वरूपता ।
तच्चेदनङ्गं केनेयं सिद्धा भेदव्यवस्थितिः ॥२०४॥

विजातीनामनारम्भादालेख्यादौ न चित्रधीः ।
अरूपत्वान्न संयोगश्चित्रो भक्तेश्च नाश्रयः ॥२०५॥

प्रत्येकमविचित्रत्वाद् गृहीतेषु क्रमेण च ।
न चित्रधीसङ्कलनमनेकस्यैकयाऽग्रहात् ॥२०६॥

नानार्थैका भवेत् तस्मात् सिद्धाऽतोऽप्यविकल्पिका ।
विकल्पयन्नेकमर्थं यतोऽन्यदपि पश्यति ॥२०७॥

यदीक्षसे त्वम् तच्चित्रमाश्चर्यम्, स्वसिद्धान्तानुरागभेषजविशोधितचक्षुरीक्षसे त्वमेव यदीदृशमवयविनम् परं नात्रान्येषामधिकारः ॥२०२॥

अपि च—**तुल्यार्थाकार**त्वेन तुल्य**कालत्वेन** च**उपलक्षितयोः** कृत्रिमाकृत्रिमपतङ्गविशेषणयो**र्द्वयोर्**मध्ये **एका** कृत्रिमपतङ्गविषया धी**र्नानार्था**। विजातीयात्मकद्रव्यानारम्भात् **क्रमवती** च, नीलानां बहूनां क्रमेण ग्रहणात् । **अपरा** अकृत्रिमपतङ्गविषया एकार्थावयविविषया, अत **एवाक्रमा** च **किं** कस्मादिष्यते ? द्वयोरपि समानता युक्ता, निमित्तस्य साम्यात् ॥२०३॥

किञ्च—**धियामेव वैश्वरूप्याद्** नानाकारत्वाद् **भावानां** ग्राह्याणां **विश्वरूपता** व्यवस्थाप्यते। चित्रस्यावयविन एकतास्वीकारे तद्बुद्धिषु प्रतिभासनानात्वं भेदव्यवस्थितावनङ्गं **चेत्** तदा भावानां **भेदव्यवस्थिति**रपह्नूयेतैव, **केनान्येन** निबन्धेन **सिद्धा** भविष्यति ? ॥२०४॥

अपि च—**विजातीनां** भिन्नजातीनां रागद्रव्याणां कार्यद्रव्या**नारम्भात् आलेख्यादौ चित्रधीर्न** स्यात् आलेख्यं संयोगस्तस्य चित्रं रूपमिति चेत् न **संयोगो**ऽपि **चित्रः**, तस्या**रूपत्वात्** । संयोगो गुणः, तथा रूपञ्च, न च गुणे गुणान्तरमस्ति ।

स्यादेतत् । यथा तरुषु संख्यालक्षणं वनं कुसुमितत्वं च, अत एकार्थसमवायात् वने-कुसुमितबुद्धिः, तथावयवेषु चित्रसंयोगयोः समवायात् चित्रं चित्रम् इति बुद्धिरुपचारादित्यादि**भक्ते**रुपचारस्य च संयोग **आश्रयो न** युक्तः । **प्रत्येक**मवयवाना**मविचित्रत्वात्** । नीलादिषु **क्रमेण** स्वबुद्धिभिर्गृ**हीतेषु** बुद्ध्यन्तरेण **चित्रसंकलनं** संक्षिप्य ग्रहणञ्च **न** युक्तम्, **एकया** धियाऽनेकस्या**ग्रहात्** ॥२०५-२०६॥

कथं नीलादीनामेकबुद्ध्या संकलनम् ? इष्टौ वा **तस्मात्** संकलनस्वीकारादे**वैका** बुद्धिर्ना**नार्था**ऽनेकविषया **भवेत्** । **अतो**ऽनेकार्थवेदनादपि बुद्धिर**विकल्पिका सिद्धा** । **यतः** शब्दयोजित**मेकमर्थं विकल्पयन्नान्यद**संयोजितमर्थान्तरमपि **पश्यति** द्रष्टा । न ह्येकदानेकशब्दयोजना । तस्मादर्थसञ्चयविषयत्वात् सामान्यविषयत्वम् । तथापि त्वविकल्पिते तेन विरोधः ॥२०७॥

चित्रावभासेष्वथषु यद्येकत्वं न युज्यते ।
सैव तावत् कथं बुद्धिरेका चित्रावभासिनी ।।२०८।।

इदं वस्तुबलायातं यद् वदन्ति विपश्चितः ।
यथा यथार्थाश्चिन्त्यन्ते विशीर्यन्ते तथा तथा ।।२०९।।

किं स्यात् सा चित्रतैकस्याम् न स्यात् तस्यां मतावपि ।
यदीदं स्वयमर्थानां रोचते तत्र के वयम् ।।२१०।।

तस्माम्नार्थेषु न ज्ञाने स्थूलाभासस्तदात्मनः ।
एकत्र प्रतिषिद्धत्वाद् बहुष्वपि न सम्भवः ।।२११।।

परिच्छेदोऽन्तरन्योऽयं भागो बहिरिव स्थितः ।
ज्ञानस्याभेदिनौ भिन्नौ प्रतिभासो ह्युपप्लवः ।।२१२।।

ननु **चित्रं** नानाकारोऽवभासो येषां पतङ्गादीनां **तेष्वर्थेष्वेकत्वं न युज्यते, यदि सैव** चित्रार्थग्राहिणी **बुद्धिश्चित्रावभासिनी** चित्राकारा **कथमेका** सम्मता? यथा चित्रत्वेऽपि बुद्धिरेका तथा कार्यद्रव्यञ्चैकं स्यात् ।।२०८।।

अत्राह—**इदं वस्तु**नोऽव्यभिचारिलिङ्गस्य **बलादायातं यद् वदन्ति विपश्चितो** बुद्धा भगवन्तः । किं तत् इत्याह—**यथा यथा** येन प्रकारेण एकत्वेनानेकत्वेन **वाऽर्था** नीलादयो बाह्यज्ञानात्मानो वा **विचिन्त्यन्ते तथा विशीर्यन्ते** । क्वचिदपि न व्यवतिष्ठन्त इति यावत् । न हि ज्ञानमेकं, नानाकारत्वात् तल्लक्षणत्वाच्च भेदस्य । नाप्यनेकम्, चित्रप्रतिभासानुपपत्तेः, परस्परमवेदनात्, अन्यस्य च ग्राहकस्याभावात् ।।२०९।।

ननु यदि **सा चित्रता** बुद्धा**वेकस्यां** स्यात् तया च चित्रमेकं द्रव्यं व्यवस्थाप्येत तदा **किं** दूषणं स्यात् ? आह—**न** केवलं द्र० ये, **तस्यां मतावप्येक**स्यां **न स्या**च्चित्रता, आकारनानात्वलक्षणत्वाद् भेदस्य । नानात्वेऽपि चित्रता कथम् ? अनेकपुरुषप्रतीतिवत् ।

कथं तर्हि प्रतीतिः इत्याह—**यदीद**मताद्रूप्येऽपि ताद्रूप्यप्रथन**मर्थानां** भासमानानां नीलादीनां **स्वयम**परप्रेरणया **रोचते, तत्र** तथाप्रतिभासे **के वयम**सहमाना अपि निषेद्धुम् ? अवस्तु च प्रतिभासते चेति व्यक्तमालीक्यम् ।।२१०।।

तस्मान्नार्थेषु बाह्येषु **न ज्ञाने** तद्ग्राहके **स्थूलाभासः** स्थूल आकारः सङ्गच्छते । **तदात्मनः** स्थूलस्वरूपस्यै**कत्रा**वयवे परमाणौ वा **प्रतिषिद्धत्वात् बहुष्वपि** तेषु **सम्भवो नास्ति**, मिलिता अपि हि त एव । ते च प्रत्येकं स्थौल्यविकल इति समुदिता अपि तथैव स्युः । तथा नीलाद्याकारेषु प्रत्येकं चित्रस्य स्थौल्यस्याभावात् समुदायेऽप्यभावः ।।२११।।

ननु सुखाद्यात्मकं स्वप्रकाशं विज्ञानमेकमिदमिति **योगाचार**मतमव्याहतम् इत्याह—**परिच्छेदो** ग्राहकाकारः सुखादेर**न्तर्**बहिर्देशे परिच्छेदा**दन्योऽयं भागो** ग्राह्यो नीलादि**र्बहिःस्थित इवा**भाति सर्वेषाम् । **हि** यस्मात् **ज्ञानस्याभेदिनौ भिन्ना**वाकारौ तत्त्वतो न युक्तौ । तस्मादन्तर्बहिर्देशसम्बन्धतया **प्रतिभास उपप्लवः**, न सत्यः ।।२१२।।

तत्रैकस्याप्यभावेन द्वयमप्यवहीयते ।
तस्मात् तदेव तस्यापि तत्त्वं या द्वयशून्यता ॥२१३॥

तद्भेदाश्रयिणी चेयं भावानां भेदसंस्थितिः ।
तदुपप्लवभावे च तेषां भेदोऽप्युपप्लवः ॥२१४॥

न ग्राह्यग्राहकाकारबाह्यमस्ति च लक्षणम् ।
अतो लक्षणशून्यत्वान्निःस्वभावाः प्रकाशिताः ॥२१५॥

व्यापारोपाधिकं सर्वं स्कन्धादीनां विशेषतः ।
लक्षणं स च तत्त्वं न तेनाप्येते विलक्षणाः ॥२१६॥

यथास्वम्प्रत्ययापेक्षादविद्योपप्लुतात्मनाम् ।
विज्ञप्तिर्वितथाकारा जायते तिमिरादिवत् ॥२१७॥

तत्र एकज्ञानात्मनि विरुद्धं द्वयं न युक्तमित्य**एकस्य** ग्राह्यत्वस्य ग्राहकत्वस्य वावश्याभ्युपगन्तव्येना**भावेन द्वयमप्यवहीयते,** अन्योन्यसापेक्षयोरेकाभावे पराभावस्य न्यायप्राप्तत्वात्। **तस्मात् तस्य** ज्ञानस्या**पि तत्त्वं तदेव या द्वये**न ग्राह्यग्राहकाकारेण **शून्यता** नाम ॥२१३॥

इयं च भावानां रूपवेदनादीनां **भेदसंस्थितिः तस्य** ग्राह्यग्राहकस्य **भेदः** स **आश्रयो** यस्या सा तथा। **तस्य** ग्राह्यग्राहकभावस्य भेदव्यवस्थानिबन्धन**स्योपप्लवभावे** मिथ्यात्वे **च तेषां** रूपादीनां **भेदोऽपि** तद्व्यवस्थापित **उपप्लवः** ॥२१४॥

न केवलं रूपादीनां भेदाभेदावुपप्लवः, लक्षणशून्यत्वान्निःस्वभावत्वमपीत्याह—रूपादीनां **ग्राह्यग्राहकाकाराभ्यां बाह्यं** भिन्नं **लक्षणं न चास्ति** । तथा हि—विषयतया किञ्चिन्निर्दिश्यते यथा रूप्यत इति कृत्वा रूपम् । किञ्चिद् विषयितया, विजानातीत्यादि व्युत्पत्त्या, यथा रूपिणः स्कन्धाः । न त्वेतद्व्यतिरिक्तं किञ्चिल्लक्षणमस्ति । **अतो लक्षणे**न ग्राह्यग्राहकत्वेन **शून्यत्वान्निःस्वभावाः** सर्वधर्माः **प्रकाशिता** भगवद्भिर्बुद्धैः ॥२१५॥

किञ्च बहिरर्थवादेऽपि लक्षणशून्यत्वात् निःस्वभावतां धर्माणामाख्यातुमाह—**स्कन्ध आदि**र्येषां धात्वायतनानां **तेषां** यल्ल**क्षणम्**—राशीभवन्तीति राश्यर्थः स्कन्धानाम्, कार्योत्पादकत्वेनाकारार्थो धातूनाम्, आयं तन्वन्तीत्यायद्वारार्थ आयतनानाम्,—**तत्सर्वं** लक्षणं **व्यापारोपाधिकं** व्यापार**विशेषण**म् । **स च** व्यापारो प्रतीतेर्भेदपक्षे **न तत्त्वम्** । अभेदेऽपि प्रागभावो भाव **एव** स्यात् । सच तत्त्वं न भवति, अशक्तं सर्वमिति चेत्[1] इत्यत्रोक्तक्रमात् । **तेन** व्यापारोपाधिकलक्षणायोगे**नापि विलक्षणा** निःस्वभावा **एते** स्कन्धादयः ॥२१६॥

कथं तर्हि बाह्यस्कन्धादिदेशना भगवताम् इत्याह—अनाद्य**विद्योपप्लुतात्मना**मप्रहीणाक्लिष्टज्ञानानां पुंसां यथास्वं यस्य भ्रमस्य य आत्मीयः प्रत्ययो **यथास्वम्प्रत्ययस्**तस्यापेक्षणमापेक्षः, तस्माद् **वितथौ** गाह्यग्राहका**कारो** यस्याः सा तादृशी **विज्ञप्तिर्जायते, तिमिरादिवत्** तिमिरादाविव, वितथाकारचन्द्रद्वयादिविज्ञप्तिः ॥२१७॥

---

1. PV. 2.4.

असंविदिततत्त्वा च सा सर्वापरदर्शनैः ।
असम्भवाद् विना तेषां ग्राह्यग्राहकविप्लवैः ॥२१८॥

तदुपेक्षिततत्त्वार्थैः कृत्वा गजनिमीलनम् ।
केवलं लोकबुद्ध्यैव बाह्यचिन्ता प्रतन्यते ॥२१९॥

नीलादिश्चित्रविज्ञाने ज्ञानोपाधिरनन्यभाक् ।
अशक्यदर्शनः तं हि पतत्यर्थे विवेचयन् ॥२२०॥

यद् यथा भासते ज्ञानं तत् तथैव प्रकाशते ।
इति नामैकभावः स्याच्चित्राकारस्य चेतसि ॥२२१॥

पटादिरूपस्यैकत्वे तथा स्यादविवेकिता ।

सा च विज्ञप्तिः सर्वै**रपरदर्शनै**रनुत्कृष्टदर्शनैरसंविदिता द्वयशून्यता तत्त्वं यस्याः सा**ऽसंविदिततत्त्वा** ।

कस्माद् इत्याह—**ग्राह्यग्राहकविप्लवैर्विना तेषा**मपरदर्शनानां विज्ञप्तेर**सम्भवात्** । ग्राह्य-ग्राहकोपप्लुतदर्शनत्वमेव चानुत्कृष्टदर्शनत्वम् ॥२१८॥

तद् भ्रान्तदर्शनानुरोधा**दुपेक्षिततत्त्वार्थै**रनवधारिततदद्वयविवेकैर्भगवद्भिर्बु**द्धैर्गजनिमीलनं कृत्वा** गजस्येव पार्श्वद्वयं पश्यतोऽपि नयननिमीलनकलया तत्त्वमपश्यन्तमिवात्मानं दर्शयद्भि-**र्लोक**स्याऽविद्योपहतस्य **बुद्ध्या** द्वयग्राहिण्या **बाह्यस्य चिन्ता** स्कन्धायतनादित्वेन **प्रतन्यते** । स्कन्धादिदेशनया हि लोकबुद्ध्यनुरोधप्रवर्त्तितपाषण्डग्राहनिवृत्तौ, मुख्यया यत्र मुमुक्षवोऽव-तार्यन्त इति देशनाक्रमः ॥२१९॥

अथ वा—चित्रत्वेऽपि बाह्यमेकं न युक्तम्, बुद्धिस्तु चित्राप्येकैवेति दर्शयितुमाह—**नीलादिश्चित्रे ज्ञाने ज्ञानोपाधि**रनुभवस्यात्मभूतः **अनन्यभाक्** आकारान्तरासहचरः केवलं इत्यर्थः । तादृशो**ऽशक्यदर्शनः** सहैवाकारान्तरवेदननियमात् । न हि चित्रे विज्ञाने समुत्पन्ने नीलं निरस्य पीतं शक्यदर्शनम् । तस्मादशक्यविवेचनत्वं तुल्ययोगक्षेमत्वं सहप्रतिभासनियतत्वं ज्ञानात्मनां नीलादीनामेकत्वम् । बाह्यात्मनां तु नैतत् सम्भवति, एकं पिधायापि द्रष्टुमन्यस्य शक्यत्वात् ।

ननु ज्ञानाकारोऽपि नीलः पीतानुभवकाले यदा नानुभूयते तदा शक्यविवेचन एव इत्याह—**तम**नुभूयमानात् पीतात् **विवेचयन्** भेदेन व्यवस्थापयन् प्रमाता **अर्थ** एव नीले **पतति** विवेचक-त्वेन । परोक्षं तदा नीलमर्थ एव । अपरोक्षतैव तु ज्ञानस्वभावः । अतो यद् विविच्यते तदज्ञानम् । यज्ज्ञानं तन्न विवेच्यत एव ॥२२०॥

तस्माद् **यज्ज्ञानं यथा** नीलाद्यात्मतया जातं सत् यथा **भासते** प्रकाशते, भासमानस्वभाव-त्वात् ज्ञानं **तथा तेनैव** स्वरूपेणानुभूयते सर्वैः प्रतिपत्तृभिः । न चोत्पन्नस्यापि ज्ञानस्य स्वप्रकाश-कस्याविदितः कश्चिदाकारोऽस्ति इत्यशक्यविवेचनत्वात् तुल्ययोगक्षेमत्वात् सहप्रतिभासनियमात् **चित्रस्य** नीलपीताद्या**कारस्य चेतसि** बुद्धा**वेकभावो नाम** भवेत् तदा को दोषः ? ॥२२१॥

ज्ञानवत् **पटादिरूपस्य एकत्वे**ऽभ्युपगम्यमाने **तथा** ज्ञानस्येवा**विवेकिता**ऽशक्यविवेचनत्वं स्यात् न चास्ति, नीलादीनां ग्रहणाग्रहणभेदस्य दर्शनात् ।

विवेकीनि निरस्यान्यदा विवेकि च नेक्षते ॥२२२॥

को वा विरोधो बहवः सञ्जातातिशयाः पृथक् ।
भवेयुः कारणं बुद्धेर्यदि नात्मेन्द्रियादिवत् ॥२२३॥

हेतुभावाद् ऋते नान्या ग्राह्यता नाम काचन ।
तत्र बुद्धिर्यदाकारा तस्यास्तद् ग्राह्यमुच्यते ॥२२४॥

कथं वाऽवयवी ग्राह्यः सकृत् स्वावयवैः सह ।
न हि गोप्रत्ययो दृष्टः सास्नादीनामदर्शने ॥२२५॥

गुणप्रधानाधिगमः सहाप्यभिमतो यदि ।
सम्पूर्णाङ्गो न गृह्येत सकृन्नापि गुणादिमान् ॥२२६॥

स्यादेतद् । अवयवा नीलाद्याः परस्परतोऽवयविनश्च भिन्नाः । तेषां भेदाद् विवेकेन ग्रहणम् । यस्त्वभिन्नोऽवयवी न तस्य विवेकेन ग्रहणम् इत्याह—**विवेकीनि** नीलाद्यवयवरूपाणि **निरस्य** पृथक्-कृत्वा **अन्यदा विवेकि** रूपं **च नेक्षते** । दृश्यसम्मतमनुपलभ्यमानं कथमभ्युपगमार्हम् ? ॥२२२॥

यच्चोच्यते—परमाणवः प्रत्येकमतीन्द्रियत्वात् सञ्चिता अपि न ज्ञानगोचराः[1] इति तत्राह—**यदि बहवः** परमाणव उपसर्पणप्रत्ययात् **सञ्जातातिशया** विज्ञानजननयोग्याः संहता उत्पन्नाः स्वग्राहि कार्यं **न बुद्धेः कारणं भवेयुः** तदा **को विरोधः**? **इन्द्रियादिवत्**। इन्द्रियादयः प्रत्येकं न बुद्धेर्हेतुः मिलितास्तु भवन्ति, तद्वदणवोऽपि स्युः । न हि परेषामिवास्माकं च नित्यैकस्वभावा अणवः । ते हि यथाप्रत्ययमतीन्द्रियाः सन्त ऐन्द्रिया अपि स्युः ॥२२३॥

ननु हेतुत्वेऽपि कथमणवोऽग्राह्याः इत्याह—**हेतुभावाद् ऋते** विना **ग्राह्यता नाम** या प्रसिद्धा सा **नान्या काचित्**, अपि तु हेतुतैव ग्राह्यता । एवं तर्हीन्द्रियादिकमपि हेतुत्वाद् ग्राह्यं स्याद् इत्याह—**तत्र** तेषु हेतुषु **बुद्धिर्यदाकारा** भवति **तस्या** बुद्धेस्**तद ग्राह्यम्**उच्यते अणुसञ्चयः। **सैव** च बुद्धिराकारमनुकरोति, नेन्द्रियादिः । तत् कथं तद्ग्राह्यम् ? ॥२२४॥

योऽप्याह—नानेकं सकृद् गृह्यते इति, तन्मतेऽ**वयवी स्वावयवैः** सास्नाककुदलाङ्गूलादिभिः **सह कथं वा ग्राह्यो** युक्तः ? न गृह्यत एवेति चेत् **न हि गौ**रवयविनः **प्रत्ययः सास्नादीनाम**वयवानाम**दर्शने** क्वापि **दृष्टः** ॥२२५॥

यदि सहाप्यभिमतो गुणप्रधानयोर्विशेषणविशेष्ययो**रधिगमः**, नोपाधीनामन्योऽन्यं विशेषणविशेष्यभूतानां द्रव्याणां वा तादृशानाम् एवं तर्हि विषाणी सास्नादिमानिति वा यदा गृह्यते तदा तेनैवावयवेन सम्बन्धव्यवसायादितरावयवसम्बन्धानवसायात् **सम्पूर्णाङ्गो**ऽवयवी **न गृह्येत । सकृद्** गृह्यते च । **नापि गुणादिमान्** गृह्येत । विषाणी गौः इति बुद्ध्या विषाणविशिष्टो **गौ**र्विषयीकृतः, न त्वन्ये गुणकर्मसामान्यादयः । ततश्च नीलादिरूपं गुणः, परिस्पन्दादि च कर्म वस्तुत्वादि च सामान्यं न गृह्येत । दृष्टविरुद्धं चैतत् ॥२२६॥

---

1. Cf. न्यायसूत्र, वात्स्यायनभाष्य, on 4.2.14.

विवक्षापरतन्त्रत्वाद् विशेषणविशेष्ययोः।
यदङ्गभावेनोपात्तं तत् तेनैव हि गृह्यते ॥२२७॥

स्वतो वस्त्वन्तराभेदाद् गुणादेर्भेदकस्य च।
अग्रहादेकबुद्धिः स्यात् पश्यतोऽपि परापरम् ॥२२८॥

गुणादिभेदग्रहणान्नानात्वप्रतिपद् यदि।
अस्तु नाम तथाप्येषां भवेत् सम्बन्धिसङ्करः ॥२२९॥

शब्दादीनामनेकत्वात् सिद्धोऽनेकग्रहः सकृत्।
सन्निवेशग्रहायोगादग्रहे सन्निवेशिनाम् ॥२३०॥

सर्वेषां गुणकर्मसामान्यावयवादीनां वस्तुतो विशेषणत्वात् सर्वग्रहणमिति चेत् आह— **विशेषणविशेष्ययोर्विवक्षापरतन्त्रत्वात्** पुरुषेच्छानुरोधात् न पारमार्थिकत्वम्। तथा विषाणी गौः इति गोर्विषाणमित्यादौ विपर्ययो विशेषणविशेष्ययोः प्रयोक्तुरिच्छावशेन दृश्यते। तस्माद् **यदेव ह्यङ्गभावेन** विशेषणभावेन स्वमनीषिकया प्रतिपादयितु**रुपात्तम् तेनैव** विशेषणेन विशिष्टं तद्विवक्षितं **गृह्यते** न तदितरैः,—तेषामविवक्षितत्वेनाविवक्षितत्वात्। ततश्च न सम्पूर्णाङ्गः, नापि गुणादिमान् गृह्येत ॥२२७॥

किञ्च—वस्तुनः **स्वतो वस्त्वन्तराद् भेदाभावात्**। वदन्ति हि स्वतो हि गौर्नागौः, गोत्वयोगात् गौः, तथा स्वतो हि शुक्लो नाशुक्लः, शुक्लत्वयोगात् शुक्ल इत्यादि। **भेदकस्य च गुणादेरग्रहात्** पदार्थैः सह। ततश्च **परापरमर्थजातं पश्यतोऽप्येकपदार्थत्वबुद्धिः स्यात्**। न हि द्रव्याणामन्योऽन्यस्य भेदका गुणजात्यादयस्तैः सह गृह्यन्ते येन भेदबुद्धिः स्यात्। द्रव्ये गृहीते पश्चाद् **गुणादी**नां **भेदा**नां विशेषाणां **नानात्वग्रहणं** द्रव्याणां यदीष्यते, **अस्तु नाम** पश्चाद् गुणादिग्रहणम्, **तथाप्येषां** गुणकर्मसामान्यादीनां **सम्बन्धिनः साङ्कर्यं** स्यात्।

स्वतो हि द्रव्यं भेदान्नोपलभ्यते, पश्चादुपलभ्यमानैस्तु गुणादिभिः सम्बन्धितयावगतैर्भेदेन तद् व्यवस्थापनीयम्। ततश्चैकत्रैकद्रव्ये गुणादयः सम्बन्धितया प्रतीयेरन्, भिन्नदेशानां गुणानां भिन्नदेशेषु योजनान्न सम्बन्धिसाङ्कर्यमिति चेत् न। देशभेदस्यापि विशेषणत्वात् सोऽप्येकस्येति स्यात्। एकस्य विरुद्धधर्मायोगात् प्रतीयमानार्थाः पश्चात् प्रतीयमानैरुपाधिभिर्भिन्ना व्यवस्थाप्यन्त इति चेत् नन्वेवमपि स्वतोऽर्थानां भेदाभावात्, भेदनिबन्धनैश्चोपाधिभिः सह वेदनाभावान्नाध्यक्षसिद्धा भेदव्यवस्थितिः स्यात्। किन्तु विरुद्धोपाधिसम्बन्धान्यथानुपपत्त्या कल्पनीया। तथा च प्रत्यक्षविरोधः।

अथ दृष्टेऽर्थे पश्चात्तनमध्यक्षमुपाधिग्राहकं तान् योजयेद् भेदग्राहकम्, कथमदृश्यमाने योजनोपाधीनां प्रत्यक्षकृता? विकल्पकृतैव तु स्यात्। तथा च व्यक्तं न भेददर्शनं स्यात्। विकल्पविषयस्याफुटत्वात्। दृष्टेऽर्थे पश्चादुपाधिः प्रतीयमानस्तस्यैव दृष्ट इति चेत् तस्येति किमुच्यते? न तावदनेकासु, उपाधिग्रहणात् पूर्वमनेकत्वस्याप्रतीतेः। एकं चेत् कथमुपाधिभिर्भेदनीयम्? अनवधृतैकानेकभावं वस्तुमात्रं तदिति चेत् तन्न तर्हि देशभेदादयोऽप्युपाधयः पश्चादुपलभ्यमाना योज्यन्ते, तदनन्तरं दृष्टत्वात्। ततश्चानिवार्यः सम्बन्धिसङ्करप्रसङ्गः ॥२२८-२२९॥

सांख्यमतेऽपि—**शब्दादीनां** सुखदुःखमोहात्मकतया **अनेकत्वात्** शब्दादिग्रहे **सकृदनेकग्रहः सिद्धः, सन्निवेशिनामग्रहे सन्निवेशस्य ग्रहायोगात्**। न ह्यङ्गुल्यग्रहणे मुष्टिग्रहणम् ॥२३०॥

सर्वतो विनिवृत्तस्य विनिवृत्तिर्यतो यतः ।
तद्भेदोन्नीतभेदा सा धर्मिणोऽनेकरूपता[1] ॥२३१॥

ते कल्पिता रूपभेदाद् निर्विकल्पस्य चेतसः ।
न विचित्रस्य चित्राभाः कादाचित्कस्य गोचरः ॥२३२॥

यद्यप्यस्ति सितत्वादि यादृगिन्द्रियगोचरः ।
न सोऽभिधीयते शब्दैर्ज्ञानयो रूपभेदतः ॥२३३॥

एकार्थत्वेऽपि बुद्धीनां नानाश्रयतया स चेत् ।
श्रोत्रादिचित्तानीदानीं भिन्नार्थानीति तत् कुतः ॥२३४॥

जातो नामाश्रयोन्योऽन्यः चेतसां तस्य वस्तुनः ।
एकस्यैव कुतो रूपं भिन्नाकारावभासि तत् ॥२३५॥

यदि प्रत्यक्षमविकल्पम् तदा कथं धर्मधर्म्यादिग्रहणम् इत्याह—**सर्वतः** परस्माद् **विनिवृत्तस्यार्थस्य यतो यतः** परस्माद् **विनिवृत्तिस्तैर्भे**दैर्व्यावृत्तिभि**रुन्नीता साऽनेकरूपता** धर्मिधर्मात्मकतया **धर्मिणोऽ**र्थस्य । सर्वतो व्यावृत्ते प्रत्यक्षेण गृहीते वस्तुनि तद्व्यावृत्त्यनुकारिणो विकल्पाः प्रत्यक्षदृष्टत्वेन धर्मिधर्मभावं व्यवस्थापयन्तीति प्रत्यक्षकृतः स उच्यते, न तु प्रत्यक्षप्रतिभासमानत्वात् ॥२३१॥

तथा हि—**ते** धर्मिधर्मादयो **रूपभेदाद्** बुद्ध्याकारविशेषा विजातीयव्यावृत्त्याश्रयेण **कल्पिता विचित्राभा** वस्तुबलभावित्वात् **कादाचित्कस्य विचित्रस्य** धर्मिधर्मभेदप्रतिभासरहितस्य निर्विकल्पस्य चेतसः प्रत्यक्षस्य **न गोचरः** । प्रत्यक्षं हि वस्तुसामर्थ्योत्पन्नं तदाकारमनुकुर्यात्, न विकल्पितम् ॥२३२॥

भवतु वा वस्त्वेव सामान्यम्, तथापि नासौ शब्दविकल्पविषयः इत्याह—**यद्यपि सितत्वादि** सामान्य**मस्ति** पटादौ धर्मिणि **यादृक्** सितत्वादिविशदाकार इन्द्रियस्य **गोचरः स** इन्द्रियज्ञानगोचरोऽर्थो**ऽभिधीयते न** शब्दैः । **ज्ञानयो**रिन्द्रियशब्दजनितयो **रूप**स्याकारस्य स्फुटास्फुटत्वेन **भेदतः** ॥२३३॥

बुद्धीनामिन्द्रियशब्दजनितानाम**एकार्थत्वे** एकविषयत्वे**ऽपि नानाश्रयतया** कारणभेदात्मकस्य आकारभेद**श्चेत् इदानी**मेवं स्थितौ **श्रोत्रादी**न्द्रिय**चित्तानि भिन्नार्थानि** शब्दरूपगन्धादिभिन्नविषयाणीति व्यपदिश्यते **तत् कुतः** प्रमाणादवधारितम् ? तान्यपि चित्तान्यभिन्नविषयत्वेऽपीन्द्रियाणामाश्रयभूतानां भेदात् भिन्नाकाराणीति किं न कल्प्यते ? ॥२३४॥

किञ्च—सामान्यादि**चेतसामाश्रयः** कारणमिन्द्रियं शब्दश्चेति **अन्योऽन्यो नाम जातः तस्यापि** सामान्यादे**र्वस्तुनः एकस्यैव रूपम्** । **तत् कुतो भिन्नाकारावभासि** स्फुटास्फुटावभासि स्फुटास्फुटप्रतिभासम् ? न हि स्वरूपेण भासमानमेकं भिन्नप्रतिभासं युक्तम् ॥२३५॥

---

1. Cf. प्रमाणसमुच्चय 1.5
धर्मिणोऽनेकरूपस्य नेन्द्रियाद् बोधसम्भवः ।
अनिर्देश्यं स्वसंवेद्यं रूपमिन्द्रियगोचरः ॥

वृत्तेर्दृश्यपरामर्शेनाभिधानविकल्पयोः ।
दर्शनात् प्रत्यभिज्ञानं गवादीनां निवारितम् ॥२३६॥

अन्वयाच्चानुमानं यदभिधानविकल्पयोः ।
दृश्ये गवादौ जात्यादेस्तदप्येतेन दूषितम् ॥२३७॥

दर्शनान्येव भिन्नान्यप्येकां कुर्वन्ति कल्पनाम् ।
प्रत्यभिज्ञानसंख्यातां स्वभावेनेति वर्णितम् ॥२३८॥

पूर्वानुभूतग्रहणे मानसस्याप्रमाणता ।
अदृष्टग्रहणेऽन्धादेरपि स्यादर्थदर्शनम् ॥२३९॥

क्षणिकत्वादतीतस्य दर्शनस्य न सम्भवः ।
वाच्यमक्षणिकत्वे स्याल्लक्षणं सविशेषणम् ॥२४०॥

यदप्युच्यते **परैः**—शाब्देन्द्रियज्ञानयोर्यदि नैकविषयत्वं तदा विषाणादिमन्तमन्यमर्थं गौरिति शब्दात् प्रतीत्य कालान्तरे व्यक्तिविशेषं दृष्टवतोऽयमसौ शब्दात् प्राङ्मया प्रतीतो गौरिति प्रत्यभिज्ञानमेकताध्यवसायि यदुत्पद्यते तन्न स्यात् इति। अत्राह—**अभिधानविकल्पयोर्दृश्य**स्याध्यक्षविषयस्य **परामर्शेन** विषयीकरणेन **वृत्तेः** पश्चाद् **दर्शनात्** स एवायम् शब्दनिर्दिष्टो गौरिति **प्रत्यभिज्ञानं** गवादीनां यदिष्यते **तन्निवारितं** बोद्धव्यम् । इन्द्रियशब्दज्ञानयोर्भिन्नाकारत्वेनैव विषयत्वाभावात् कथं तदेकताध्यवसायि वस्तुविषयं स्यात् ? ॥२३६॥

यच्च दृश्ये गवादावनेकत्राभिन्नाकारयोर**भिधानविकल्पयोरन्वया**दनुवृत्ते**र्जात्यादेरनुमानं** परैरुच्यते । **तदप्येतेना**भिधानविकल्पयोर्दृश्यत्वापरामर्शेन हेतुना **दूषितं** बोद्धव्यम् । न ह्यन्वयिनावपि शब्दविकल्पौ वस्तु स्पृशतः । तत् कथं ताभ्यां वस्तुनः सामान्यस्य सिद्धिः ? ॥२३७॥

यदि नास्ति सामान्यं तदा कथमस्तु प्रत्यभिज्ञानम् इत्याह—**दर्शनानी**न्द्रियज्ञाना**न्येव भिन्नानि** नानाक्षणविषयाण्यनेका**न्यपि स्वभावेन** प्रत्यभिज्ञानकारणस्वरूपेण स्वकारणप्रसूतेन कल्पनात्मकत्वाध्यवसायिनीं **प्रत्यभिज्ञानसंख्यातां** प्रत्यभिज्ञाननाम्ना प्रसिद्धां **कुर्वन्तीति वर्णितं** प्राक् । तस्मात् स्थितमेतत्—प्रत्यक्षमनिर्देश्यत्वादविकल्पमिति ॥२३८॥ उक्तमिन्द्रियप्रत्यक्षम् ॥

मानसमाख्यातुमाह (—**पूर्वानुभूते**त्यादि ।) तच्चेन्द्रियज्ञानानन्तरमिष्टम् । तेन सहैकविषयं भिन्नविषयं वा स्यात्, उभयथापि तु दोषः इत्याह—**पूर्वानुभूत**स्येन्द्रियज्ञानगृहीतस्य **ग्रहणे मानसस्य** स्वीक्रियमाणे**ऽप्रमाणता** स्यात्, अज्ञातार्थप्रकाशस्य प्रमाणत्वात् । इन्द्रियज्ञाना**दृष्टस्य ग्रहणे** पुनरिष्यमाणे**ऽन्धादेरपि** स्या**दर्थ**स्य रूपादे**र्दर्शनम्** ॥२३९॥

इन्द्रियज्ञानानुभूतविषयत्वेऽपि द्वौ विकल्पौ—सोऽर्थः क्षणिकः न वा ? प्रथमपक्ष इन्द्रियज्ञानविषयस्यार्थस्य पूर्वकालस्य सहभुवो वा **क्षणिकत्वादतीतस्य** नष्टस्य मानसेन दर्शने **दर्शनस्य** च **न सम्भवो**ऽस्ति । **अक्षणिकत्वे** वा अधिगतार्थाधिगन्तृत्वादप्रमाणं स्यात् । अथ मानसमधिगतार्थाधिगन्तृप्रमाणमिष्यते तदापि मानसस्य **सविशेषणं लक्षणं वाच्यं स्यात्** । यथाधिगतविषयत्वेऽपि कल्पनापोढमभ्रान्तं मानसं प्रत्यक्षमिति ॥२४०॥

निष्पादितक्रिये कश्चिद् विशेषमसमादधत् ।
कर्मण्यैन्द्रियमन्यद् वा साधनं किमितीष्यते ॥२४१॥

सकृद् भावश्च सर्वासां धियां तद्भावजन्मनाम् ।
अन्यैरकार्यभेदस्य तदपेक्षाविरोधतः ॥२४२॥

तस्मादिन्द्रियविज्ञानानन्तरप्रत्ययोद्भवम् ।
मनोऽन्यमेव गृह्णाति विषयं नान्धदृक् ततः ॥२४३॥

स्वार्थान्वयार्थापेक्षैव हेतुरिन्द्रियजा मतिः ।
ततोऽन्यग्रहणेऽप्यस्य नियतग्राह्यता मता ॥२४४॥

तदतुल्यक्रियाकालः कथं स्वज्ञानकालिकः ।
सहकारी भवेदर्थ इति चेदक्षचेतसः ॥२४५॥

असतः प्रागसामर्थ्यात् पश्चाच्चानुपयोगतः ।
प्राग्भावः सर्वहेतूनां नातोऽर्थः स्वधिया सह ॥२४६॥

किञ्च—**निष्पादिता क्रिया** यस्मिन् तत्र **कर्मणि विशेषं कञ्चिदसमादधत् ऐन्द्रियमि**न्द्रियज्ञान**मन्यद्वा** परश्वादि **साधनं किमितीष्यते** ? क्रियानिर्वर्तनं हि साधनव्यापारः, तच्चेन्निष्पन्नं किमन्यत् कुर्वत् तत् साधनं स्यात् ? ॥२४१॥

अपि च—**तस्मा**त् स्थिराद् **भावाज्जन्म** यासां तासां **सर्वासां धियां सकृद् भावश्च** स्यात्, न क्रमभावः । क्रमिसहकार्यपेक्षया क्रमेण स्थिरोऽप्यर्थः करोति बुद्धीरिति चेत् अतो**ऽन्यैः** सहकारिभि**रकार्यो भेदो** विशेषो यस्य स्थिरैकरूपस्य तस्य **तदपेक्षाया विरोधतः** ॥२४२॥

यत एवम् **तस्मादिन्द्रियविज्ञान**मेवा**नन्तरप्रत्यय**स्तस्मा**दुद्भवो** यस्य **तन्मनो** मानसं प्रत्यक्षं इन्द्रियप्रत्यक्षग्राह्याद् विषया**दन्यमेव विषयं गृह्णाति** । तत इन्द्रियज्ञानजन्यत्वात् मानसस्या**न्धा**नां चक्षुर्विज्ञानविकलानां **दृग्** दर्शनं स्वरूपस्य न भवति । गृहीतग्राहित्वं च विषयान्तरग्रहणादपास्तम् ॥२४३॥

यद्यन्यविषयग्राहकं मानसम् तदा भूतभविष्यद्ग्राहकमपि स्यात् इत्याह—**स्वार्थः** स्वकीयो विषयस्तस्मा**दन्वय** उत्पादो यस्या**र्थ**स्य **तदपेक्षैव इन्द्रियजा मति**र्मनोविज्ञानस्य **हेतु**रिष्यते । **ततोऽन्य**स्य विषयस्य **ग्रहणेऽपि** मनोविज्ञानस्येष्यमाणे नियत इन्द्रियज्ञानग्राह्योपादेयक्षण एव ग्राह्यो यस्य तद्भावो **नियतग्राह्यता** सा **मता** ॥२४४॥

ननु **स्वज्ञानेन** स्वावलम्बनज्ञानेन एक**कालिक**स्तुल्यकालिको**ऽर्थः** तेन सहकारिसम्मतेन्द्रियज्ञानेना**तुल्यः क्रियाकालो** यस्य भिन्नकालत्वात् **सोऽर्थः सहकारी कथमक्षचेतसो भवे**दि**ति चेत्** अत्राह—कार्योत्पत्तेः **प्रागसत**स्तत्रा**सामर्थ्यात्** । सदधिष्ठानं हि सामर्थ्यमसतः कथं स्यात् ? कार्योत्पत्तेः **पश्चात्** सतः कारणव्यापाराद्वा पश्चात् कार्यसमकालस्य सतो वा तत्रा**नुपयोगतो** व्यापाराभावात् । कार्यात् **प्राग्भावः सर्वहेतू**नामिति स्थितम् । विषयश्च ज्ञानानां नाकारणम्, अतिप्रसङ्गात् । **अतो** विषयः कारणात्मकः **स्वधिया** स्वालम्बनधिया **सह न** भवति । पूर्वभावित्वे च विषयस्य तत्कालेन्द्रियज्ञानसहकारिता युक्तिमती ॥२४५-२४६॥

भिन्नकालं कथं ग्राह्यमिति चेद् ग्राह्यतां विदुः ।
हेतुत्वमेव युक्तिज्ञा ज्ञानाकारार्पणक्षमम् ॥२४७॥

कार्यं ह्यनेकहेतुत्वेऽप्यनुकुर्वदुदेति यत् ।
तत् तेनाप्यत्र तद्रूपं गृहीतमिति चोच्यते ॥२४८॥

अशक्यसमयो ह्यात्मा रागादीनामनन्यभाक् ।
तेषामतः स्वसंवित्तिर्नाभिजल्पानुषङ्गिणी ॥२४६॥

अवेदकाः परस्यापि ते स्वरूपं कथं विदुः ।
एकार्थाश्रयिणा वेद्या विज्ञानेनेति केचन ॥२५०॥

तदतद्रूपिणो भावास्तवतद्रूपहेतुजाः ।
तत्सुखादि किमज्ञानं विज्ञानाभिन्नहेतुजम् ॥२५१॥

ननु प्रागभावभावित्वाद् **भिन्नकालं** वस्तु **कथं ग्राह्यमिति चेत् हेतुत्वमेव ज्ञाने आकारस्य** स्वानुरूपस्य**र्पणक्षमं ग्राह्यतां युक्तिज्ञा विदुः** । न हि सन्दंशायोगोलयोरिव ज्ञानपदार्थयोर्ग्राह्यग्राहकभावः, कथं तर्हि यदाकारमनुकरोति तद् ग्राह्यस्य ग्राहकमित्युच्यते ॥२४७॥

ननु यदि कारणं ग्राह्यम्, तदा समनन्तरप्रत्ययादिकं च तथा स्यात् इत्याह—**कार्यं हि** ज्ञानम**नेकहेतुत्वेऽपि** यत् कारणमाकारद्वारेणा**नुकुर्वदुदेति तत्** कारणमपि तद्रूपमुपरोपितस्वाकारं **तेन** कारणाकारेण **गृहीतमिति चोच्यते** । यथा पितृरूपं पुत्रेण गृहीतमिति कथ्यते॥ २४८॥ उक्तं मानसम ॥

स्वसंवेदनमाख्यातुमाह (—**अशक्यसमय** इत्यादि ।) रागद्वेषसुखदुःखादीनां सर्वचित्तचैत्तानामात्मसंवेदनं प्रत्यक्षम्, अविकल्पत्वात् । तथा हि—**रागादीनामात्मा** स्वरूप**मनन्यभाक्** नान्यं भजते, स्वरूपमात्रावस्थितेः । तस्माद**शक्यः समयः** संकेतोऽस्मिन् **अतः** संकेताविषयत्वात् **तेषां** रागादीनां **स्व**स्यात्मनः **संवित्तिः** प्रकाशो**ऽभिजल्पो** वाचकशब्दोल्लेखस्त**दनुषङ्गो** यस्यास्ति **सा** तथा **न** भवति । वाच्यं हि वाचकेन संयोज्येत न च रागाद्यात्मा वाच्यः, ततस्तत्प्रकाशो न शब्दसङ्गतः ॥२४६॥

ननु रागसुखादय आत्मगुणाः, **परस्य** बाह्यस्याप्य**वेदनाङ्**गज्ञातत्वात् **ते स्वरूपं कथं विदुः?** वेदकस्य कदाचित् स्ववेदनं सम्भाव्येत, अवेदकं च न क्वचिदुपयोगि ।

यदि न स्ववेदना रागादयः, तदा कथं वेदयन्ते इत्याह—एकोऽर्थ आत्मा आश्रयो रागादिभिः सह यस्यास्ति **तेनैकार्थाश्रयिणा ज्ञानेन वेद्या** रागादयः **इति केचन नैयायिकादयः** ॥२५०॥

अत्राह—**तद्रूपिणो** विवक्षितैकरूपवन्तो**ऽतद्रूपिण** इतररूपवन्तो **भावा** यथाक्रमं **तद्रूपाद्** दृष्टैकरूपाद् **हेतोः** सामग्रीलक्षणाज्जाता **अतद्रूपहेतुजाता** विलक्षणसामग्रीजाता भवन्तीति तावत् स्थितम् । **तत्** तस्मादिमं न्यायमुल्लङ्घ्य **विज्ञानेन** सहा**भिन्न** एको **हेतु**रिन्द्रियविषयमनस्कारादिसामग्रीलक्षणः, तस्मात् **जातं सुखादि किं** कस्मा**दज्ञानं** समानसामग्रीप्रसूतत्वात् द्वयमपि ज्ञानं स्यान्न वा किञ्चित् ॥२५१॥

सार्थे सतीन्द्रिये योग्ये यथास्वमपि चेतसि ।
दृष्टं जन्म सुखादीनां तत् तुल्यं मनसामपि ।।२५२।।

असत्सु सत्सु चैतेषु न जन्माजन्म वा क्वचित् ।
दृष्टं सुखादेर्बुद्धेर्वा तत् ततो नान्यतश्च ते ।।२५३।।

सुखदुःखादिभेदश्च तेषामेव विशेषतः ।
तस्या एव यथा बुद्धेर्मान्द्यपाटवसंश्रयाः ।।२५४।।

यस्यार्थस्य निपातेन ते जाता धीसुखादयः ।
मुक्त्वा तं प्रतिपद्येत सुखादीनेव सा कथम् ।।२५५।।

अविच्छिन्ना न भासेत तत्संवित्तिः क्रमग्रहे ।
तल्लाघवाच्चेत् तत्तुल्यमित्यसंवेदनं न किम् ।।२५६।।

न चैकया द्वयज्ञानं नियमादक्षचेतसः ।

अभिन्नहेतुकतामेव समर्थयितुमाह—यस्य यदात्मीयं जनकं तस्मिन्निन्द्रिये **सार्थे** सविषये **योग्ये** कार्योत्पादनं प्रति **चेतसि** समनन्तरप्रत्यये सति **सुखादीनामपि जन्म दृष्टम्। तद् यथास्व**मिन्द्रियादिषु योग्येषु सत्सु **जन्म**दर्शनं मनसां ज्ञानानाम**पि तुल्यम्**। अतस्तुल्यहेतुकत्वात् तुल्यजातीयतैव युक्ता, नान्यथा क्वचिदेकता स्यात् ।।२५२।।

तुल्यहेतुकत्वेऽपि संस्कारादेर्नियामकत्वात् सुखादिकमज्ञानं स्यात् इत्याह—**असत्स्व**िन्द्रियादिषु **सुःखादेर्बुद्धेर्वा जन्म न** क्वचिद् दृष्टम्। **सत्सु** च **एते**ष्विन्द्रियादिषु **अजन्म वा** सुखादेर्बुद्धेर्वा न क्वचिद् **दृष्टम्। तत्** तस्मात् **तत** इन्द्रियादेर्दृष्टसामर्थ्यात् कारणात् ते सुखबुद्धी जायेते। **अन्यतः** संस्कारादेर्न **ते** तस्य सामर्थ्यादर्शनात् ।।२५३।।

नन्वभिन्नहेतुकत्वे सुखदुःखादिभेदश्च न स्याद् इत्याह—**सुखदुःखादिभेदश्चा**वान्तरः **तेषा**मिन्द्रियादीना**मेव** हेतूनां **विशेषतो**ऽवान्तरात्। **यथा तस्या बुद्धे**रेवान्तरहेतुविशेषात् **मान्द्यपाटवसंश्रयाः** परस्परसम्भविनो भवन्ति। तस्मात् सुखादयो विज्ञानेनाभिन्नहेतुकत्वाद् विज्ञानस्वभावा एवेति स्थितम् ।।२५४।।

इदानीं परवेद्यतामेषां निषेद्धुमाह—**यस्यार्थस्य** स्त्र्यादेर्**निपातेन** सन्निधानेन **ते धीसुखादयो जाताः तं** कारणभूतमाकारार्पणक्षमं **मुक्त्वा सुखादीनेव** सहभाविनो विषयलक्षणरहितान् **सा** बुद्धिः **कथं प्रतिपद्येत**? अकारणस्य विषयत्वेऽतिप्रसङ्गात् ।।२५५।।

अथेन्द्रियज्ञानेन विषयग्रहः, तदनन्तरं मानसाध्यक्षेण सुखादिग्रह इति **क्रमग्रहे** स्वीक्रियमाणे तयोर्विषयसुखयोः **संवित्तिरविच्छिन्ना** यौगपद्येन **न भासेत**, अस्ति च युगपत्प्रतिभास**श्चेत् तल्लाघवं** प्रतिक्षणमेकैकत्वसंवेदनाभावस्यापि **तुल्यमित्यसंवेदनमेव** साहित्यस्य **किं न** भवति? ।।२५६।।

इन्द्रियबुद्ध्यैवेकया बाह्यसुखयोः सकृद् ग्रहणमिति चेत् आह—**न चैकया द्वयस्य ज्ञानं** सम्भवति, **अक्षचेतसो**र्बाह्यरूपादिग्रहण एव **नियमात्** नियतत्वात् सुखाद्यात्मगुणग्रहणाभावात्।

सुखाद्यभावेऽप्यर्थाच्च जातेस्तच्छक्त्यसिद्धितः ॥२५७॥

पृथक् पृथक् च सामर्थ्ये द्वयोर्नीलादिवत् सुखम् ।
गृह्येत केवलं तस्य तद्धेत्वर्थमगृह्णतः ॥२५८॥

न हि संवेदनं युक्तम् अर्थेनैव सह ग्रहे ।
किं सामर्थ्यं सुखादीनां नेष्टा धीर्येन तदुद्भवा ॥२५९॥

विनार्थेन सुखादीनां वेदने चक्षुरादिभिः ।
रूपादिः स्त्र्यादिभेदोऽक्ष्णा न गृह्येत कदाचन ॥२६०॥

न हि सत्यन्तरङ्गेऽर्थे शक्ते धीर्बाह्यदर्शनी ।
अर्थग्रहे सुखादीनां तज्जानां स्यादवेदनम् ॥२६१॥

धियोर्युगपदुत्पत्तौ तत्तद्विषयसम्भवात् ।
सुखदुःखविदौ स्यातां सकृदर्थस्य सम्भवे ॥२६२॥

सत्यान्तरेऽप्युपादाने ज्ञाने दुःखादिसम्भवः ।
नोपादानं विरुद्धस्य तच्चैकमिति चेन्मतम् ॥२६३॥

किञ्च—नाकारणं विषयः, **सुखाद्यभावे**ऽपि केवलाद**र्थादि**न्द्रियबुद्धे**र्जाते**रुत्पादात् । **तस्य** सुखादेरिन्द्रियबुद्धिजननं प्रति **शक्त्यसिद्धे**रविषयत्वम् ॥२५७॥

द्वयो रूपिसुखाद्योः **पृथग् पृथग्** ज्ञानोपपत्तौ **सामर्थ्ये** वाऽभ्युपगम्यमाने **नीलादिवत् केवलं सुखं गृह्येत** । अयुक्तं चैतत् । **न हि तस्य** सुखादे**र्हेतुमर्थं** स्त्र्यादिमगृह्णतः सुखस्य **संवेदनं युक्तम्** । **अर्थेनैव सह** सुखस्येन्द्रियधिया **ग्रहे** नास्ति दोष इति चेत् न । **सुखादे**रिन्द्रियबुद्धिजनने **किमस्ति सामर्थ्यम्** येन तस्याः स विषयः सन् सह गृह्येत ? **यद्** यस्मात् **तदुद्भवा** सुखादुद्भवा नेन्द्रिय**धीरिष्टा** तस्मान्न तद्ग्राहिका ॥२५८-२५९॥

ततश्च कथमर्थसुखयोः सहवेदनम् **अर्थेन विनैव चक्षुरादिभि**श्चक्षुरादिविज्ञानैः **सुखादीनां वेदने** चाभ्युपगम्यमाने **स्त्र्यादिभेदो** विशेषो **रूपादिः** सुखहेतु**रक्ष्णा** चक्षुर्ज्ञानेन **न कदाचन गृह्येत** ॥२६०॥

कस्मादेवम् इत्याह—**अन्तरङ्गे** सन्निहिते **अर्थे** क्षेत्रज्ञसमवेते सुखादौ **शक्ते** स्वग्राहिज्ञानोत्पादनक्षमे सति **न हि बाह्यदर्शनी धी**रर्थग्राहिणी युक्ता । बहिरङ्गो बाह्योऽर्थः । इन्द्रियालोकादिसहकार्यपेक्षणात् । सुखादिस्तु न तत्सापेक्ष इति तस्माज्जाता धीस्तमेव गृह्णीयात् । इन्द्रियधियाऽ**र्थग्रहे** स्वीक्रियमाणे **सुखादीनां तज्जाना**मर्थदर्शनप्रसूतानामर्थ**मवेदनं स्यात्** । इन्द्रियबुद्धिरर्थग्रह एवोपयुक्ता, तत्कालमन्या च धीर्नास्ति पश्चाद् ज्ञानान्तरकाले विषयबलभाविनः सुखादेरभाव इति कथं वेदनं विषयसुखग्राहिण्यो**र्द्वयो**रिन्द्रियबुद्धिमनोबुद्ध्यात्मिकयोः ? **तस्य** सुखहेतोर्दुःखहेतोश्च **विषयस्य सम्भवात् युगपदुत्पत्ता**वभिमतायां **सकृदर्थस्य** सुखदुःखहेतोः **सम्भवे** सति **सुखदुःखविदौ स्याताम्** ॥२६१-२६२॥

स्यादेतत् । न केवलमर्थे सति किं तर्हि **आन्तरे** समनन्तरप्रत्यये **ज्ञान उपादाने सति दुःखादिसम्भवः** । **तच्चोपादाना**पेक्षं ज्ञानं **विरुद्धस्य** सुखादेर्न (उपादानं) कारणं भवितुम-

तदज्ञानस्य विज्ञानं केनोपादानकारणम् ।
आधिपत्यं तु कुर्वीत तद्विरुद्धेऽपि दृश्यते ॥२६४॥

अक्ष्णोर्यथैक आलोको नक्तञ्चरतदन्ययोः ।
रूपदर्शनवैगुण्यावैगुण्ये कुरुते सकृत् ॥२६५॥

तस्मात् सुखादयोऽर्थानां स्वसंक्रान्तावभासिनाम् ।
वेदकाः स्वात्मनश्चैषामर्थेभ्यो जन्म केवलम् ॥२६६॥

अर्थात्मा स्वात्मभूतो हि तेषां तैरनुभूयते ।
तेनार्थानुभवख्यातिरालम्बस्तु तदाभता ॥२६७॥

कश्चिद् बहिःस्थितानेव सुखादीनप्रचेतनान्
ग्राह्यानाह न तस्यापि सकृद् युक्तो द्वयग्रहः ॥२६८॥

सुखाद्यभिन्नरूपत्वान्नीलादेश्चेत् सकृद् ग्रहः ।
भिन्नावभासिनोर्ग्राह्यं चेतसोस्तदभेदि किम् ॥२६९॥

हंतीति मतं चेत् अत्राह—**तद् विज्ञानमज्ञानस्य** सुखदुःखादे**रुपादानकारणं केन** हेतुना सम्मतम् समानजातीयं कारणमुपादानम्, नान्यत् । न च सुखादिज्ञानमिष्टं ज्ञानमज्ञानकार्ये **आधिपत्यं** सहकारित्वं **कुर्वीत** तदाधिपत्यं **विरुद्धेऽपि** कार्ये **दृश्यते** ॥२६३-२६४॥

यथा एक आलोको नक्तञ्चरस्य मनुष्यादेर**क्ष्णो रूपदर्शनस्य वैगुण्यावैगुण्ये** यथाक्रमं **सकृत् कुरुते** ॥२६५॥

यस्मादन्येन सुखादीनां वेदनं च घटते **तस्मात् सुखादयो** ज्ञानात्मानः **स्वस्मिन्** स्वरूपे प्रतिबन्धद्वारेण **संक्रान्तावभास**नशीलाश्च ये तेषा**मर्थानां वेदकाः** । आत्मनश्चापरोक्षत्वाद् वेदकाः । अर्थरूपस्यात्मनोऽपरोक्षतैव अर्थवेदनं स्ववेदनञ्च । न त्वन्यः कश्चिद् ग्रहणप्रकारः । तत**श्चैषां** सुखादीनामर्थसरूपाणा**मर्थेभ्यो जन्मैव केवलं** ग्रहीतृत्वम्, नापरः कश्चिद् व्यापारः ॥२६६॥

अत एव अर्थानुभवः कथं स्ववेदनम् ? अर्थज्ञानयोर्भेदात् । तद्वेदनयोश्च भेदश्च न्यायप्राप्तत्वाद् इति ब्रुवाणः प्रतिक्षिप्तः । तथा हि—**तेषां** सुखादीना**मर्थात्मा** अर्थाकारः प्रतिबिम्बिसंक्रान्त्या **स्वात्मभूतः** स्वभावभूतस्**तैः** सुखादिभि**रनुभूयते**, अपरोक्षत्वात् । **तेनो**पचारेणा**र्थस्य** परभूतस्य प्रतिबिम्बहेतोर**नुभवस्य ख्यातिः** प्रसिद्धिः । ततश्च ज्ञानस्या**लम्बो**ऽर्थालम्बनं **तदाभता** अर्थाकारत्वं विचार्यमाणमवशिष्यते न तु पारमार्थिकमालम्ब्यालम्बकत्वं नाम ॥२६७॥

इदानीं **सांख्य**मतमुत्थापयन्नाह—**कश्चिद् बहिःस्थितानेव** न त्वात्मसमवायिनः, प्रधानपरिणामजत्वेन सुखदुःखमोहस्वभावत्वात्, अर्थान**प्रचेतनान्** आत्मन एव चेतनत्वाद् बुद्धिदर्पणे जडात्मनि स्वच्छेऽर्थचेतनयोः प्रतिबिम्बसंक्रान्तिद्वारेण च्छायापत्त्या चेतनस्य **ग्राह्यानाह** । **तस्यापि** मते **द्वयस्य** सुखस्य नीलादेश्च **सकृद् ग्रहो** नियमेन **न युक्तः**, कदाचिद् रूपनिरपेक्षमपि रूपसुखमनुभूयेत ॥२६८॥

सुखादेरभिन्नरूपत्वान्नीलादेः सकृन्नियमेन **ग्रहश्चेत् भिन्नावभासिनो**र्भिन्नाकारयोः सुखनील**चेतसोर्ग्राह्यं तत् किमभेदि** इष्यते ? सुखदुःखादीनां नीलपीतादीनाञ्च भिन्नमनोग्राह्याणामेकत्वमेवं स्यात् ॥२६९॥

तस्याविशेषे बाह्यस्य भावनातारतम्यतः ।
तारतम्यश्च बुद्धौ स्यान्न प्रीतिपरितापयोः ॥२७०॥

सुखाद्यात्मतया बुद्धेरपि यद्यविरोधिता।
स इदानीं कथं बाह्यः सुखाद्यात्मेति गम्यते ॥२७१॥

अग्राह्यग्राहकत्वाच्चेद् भिन्नजातीययोः पुमान् ।
अग्राहकः स्यात् सर्वस्य ततो हीयेत भोक्तृता ॥२७२॥

कार्यकारणतानेन प्रत्युक्ताऽकार्यकारणे ।
ग्राह्यग्राहकताभावाद् भावेऽन्यत्रापि सा भवेत् ॥२७३॥

तस्मात् त आन्तरा एव संवेद्यत्वाच्च चेतनाः ।
संवेदनं न यद् रूपं न हि तत् तस्य वेदनम् ॥२७४॥

किञ्च—यदि नीलाद्येव सुखाद्यात्मकम्, तदा **तस्य बाह्यस्य** सुखदुःखाद्यात्मतया**ऽविशेषे** विशेषाभावे रुच्यरुचिविषयतया **भावनायास्तारतम्यतः** । तारतम्यञ्च **बुद्धौ प्रीतिपरितापयोर्न स्यात्** । न हि ग्राह्याविशेषे तज्ज्ञानं विशिष्यते ॥२७०॥

बुद्धेरपि प्रधानपरिणामरूपाया भावनातारतम्यात् **सुखाद्यात्मता**विशेषाद् बाह्याविशेषेऽपि प्रीतिपरितापतारतम्यस्या**विरोधिते**ष्यते **यदि, इदानी**मन्याभ्युपगमे **बाह्योऽर्थः स सुखाद्यात्मेति कथं गम्यते** ? अनुभूयमानं सुखमन्यत्रासम्भवद् बाह्ये व्यवस्थापनीयम् ॥२७१॥

यदा तु बुद्धिरपि सुखात्मिका, तदा किं बाह्यसुखकल्पनया ? बाह्यमहतोरसुखरूपत्वाच्च **भिन्नजातीययोर्ग्राह्यग्राहकत्वा**भावात् सुखाद्यात्मता बाह्यस्य गम्यत इति **चेत् पुमान्** चेतनो निर्गुणत्वादसुखादिरूपो ग्राह्यस्याचेतनस्य सुखाद्यात्मकस्य **सर्वस्य** भिन्नजातीयत्वात् **अग्राहकः स्यात्** । **ततो**ऽग्राहकत्वात् **भोक्तृतास्य हीयेत** । अनुभविता हि भोक्तोच्यते, अनुभवाभावे कथं भोक्ता ? बुद्धिसुखयोर्ग्राह्यग्राहकाभावात् ॥२७२॥

नाकारणं विषय इति कार्यकारणता ततो ग्राह्यस्य सुखाद्यात्मकत्वात् तत्कार्यया बुद्ध्यापि सुखाद्यात्मिकया भवितव्यमिति परैरुक्ता **कार्यकारणता,** साने**नातिप्रसङ्गेन प्रत्युक्ता** । तथा हि—भोक्तापि ग्राहक इति स च कार्यसुखाद्यात्मकः कथं स्यात् ? अपि च—**अकार्यकारणे** **बुद्धिसुखे ग्राह्यग्राहकतायाः** कार्यकारणतानिबन्धनाया **अभावात् ग्राह्यग्राहकत्वाभावात्** । कार्यकारणभावस्य च **भावे**ऽभ्युपगम्यमाने**ऽन्यत्रा**त्मविषययो**रपि सा** कार्यकारणता स्यात्, ग्राह्यग्राहकताया भावात् ॥२७३॥

यस्मात् सुखादेर्बाह्यस्य भावनातस्तारतम्यानुयोगयोगः, **तस्मात्सुखादय आन्तरा** ज्ञानस्वभावा अबाह्या अभ्युपगन्तव्याः । किञ्च—**संवेद्यत्वाच्च** हेतोस्ते **चेतनाः** । तथा हि संवेदनं **यद्रूपं** यद्विषयस्वरूपं न भवति **तत् संवेदनं तस्य** विषयस्य **वेदनं तस्मान्न** भवति । न ह्यविषयस्वरूपं प्रतिविषयं भेदव्यवस्थां कर्तुमर्हतीति साकारं ग्राहकम् । तथा च साकारं ज्ञानमेव सुखमस्तु, तदुपधायकं तु बाह्यमयुक्तम्, भावनाविशेषेण सुखादिवेदनस्याविशेषदर्शनात्, बाह्याधीनत्वे च तदयोगात् ॥२७४॥

**अतत्स्वभावोऽनुभवो बौद्धांस्तान् सन्नवैति चेत् ।
मुक्त्वाऽध्यक्षस्मृताकारां संवित्तिं बुद्धिरत्र का ॥२७५॥**

**तांस्तानर्थानुपादाय सुखदुःखादिवेदनम् ।
एकमाविर्भवद् दृष्टं न दृष्टं त्वन्यदन्तरा ॥२७६॥**

**संसर्गादविभागश्चेदयोगोलकवह्निवत् ।
भेदाभेदव्यवस्थैवमुच्छिन्ना सर्ववस्तुषु ॥२७७॥**

**अभिन्नवेदनस्यैक्यं यन्नैवं तद् विभेदवत् ।
सिध्येदसाधनत्वेऽस्य न सिद्धं भेदसाधनम् ॥२७८॥**

**भिन्नाभः सितदुःखादिरभिन्नो बुद्धिवेदने ।
अभिन्नाभे विभिन्ने चेद् भेदाभेदौ किमाश्रयौ ॥२७९॥**

**तिरस्कृतानां पटुनाऽप्येकदाऽभेददर्शनात् ।
प्रवाहे वित्तिभेदानां सिद्धा भेदव्यवस्थितिः ॥२८०॥**

स्यादेतद् । भावनातस्तारतम्ययोगिनस्तान् बुद्ध्यात्मकसुखादीन् **अतत्स्वभावोऽ**मुख्याद्याकारो**ऽनुभवः सन्नवैति** प्रत्येतीति **चेत् संवित्तिमध्यक्षा**कारां हर्षविषादाकारां **स्मृताकारा**मतीतसुखादिकल्पनारूपां सौमनस्यलक्षणां **मुक्त्वा अत्र** संवेदनावसरे **का** परा **बुद्धिर**नुभूयते, यस्याः सुखाद्यात्मकत्वमध्यवसायात्मकत्वं चेष्यते ? ॥२७५॥

तांस्तानर्थांनिष्टाननिष्टा**नुपादाया**श्रित्यै**कं सुखदुःखादिवेदनमाविर्भवद् दृष्टम्, अन्यद्** बुद्धिरूप**मन्तरा** विषयसंवेदनयोरन्तराले **न दृष्टम्** ॥२७६॥

बुद्धिचेतनयोः **संसर्गादयोगोलकवह्**न्योरिवा**विभागो** भेदानुपलब्धिरिति **चेत् एवं** भिन्नाकारानुभवेऽप्यभेदकल्पनायां **सर्ववस्तुषु भेदाभेदव्यवस्थो**च्छिन्ना स्यात् ॥२७७॥

तथा हि—**अभिन्न**मेकाकारं **वेदनं** यस्य **तस्यैक्यं यन्नैवं** भिन्नवेदनं **तद् विभेदवत्** सिध्येत् । **अस्यै**काकारज्ञानस्याभेदं **प्रत्यसाधनत्वे** तद्विपरीतभिन्नाकारवेदनं **भेदसाधनमसिद्धम्** ॥२७८॥

सांख्यस्य तु **सितदुःखादि**र्भिन्नाकारोऽभिन्न इष्टः । **बुद्धिवेदने** त्व**भिन्नाभे विभिन्ने** इष्टे **चेत् भेदाभेदौ किमाश्रयौ** किन्निमित्तौ ते व्यवस्थापनीयौ ? ॥२७९॥

ननु वेदनाचेतनासंज्ञादीनां चैत्तानां महाभूमिकादीनां सकृदुत्पन्नानां भेदः परस्परं प्रतीयते, अथ चास्ति, तद्वद् बुद्धिसुखयोरपि स्याद् इत्याह—**पटुना** सुखदुःखादीनां वेदनास्कन्धसंगृहीतेन चैत्तेन **तिरस्कृताना**मभिभूतानां संज्ञादीना**मेकदाऽभेददर्शनात् प्रवाहे** चित्तसन्ताने सुखाद्यभावकाले स्वरूपेणोपलक्षितानां **भेदव्यवस्थितिः सिद्धा** । रवेरुदये तारका अनुपलक्षिता अपि निशायामुपलक्ष्यमाणा भेदेन व्यवस्थाप्यन्त एव । तस्माज्ज्ञानात्मानः स्ववेदनाश्च सुखादय इति ॥२८०॥ आख्यातं स्ववेदनम् ॥

प्रागुक्तं योगिनां ज्ञानं तेषां तद् भावनामयम् ।
विधूतकल्पनाजालं स्पष्टमेवावभासते ॥२८१॥

कामशोकभयोन्मादचौरस्वप्नाद्युपप्लुताः ।
अभूतानपि पश्यन्ति पुरतोऽवस्थितानिव ॥२८२॥

न विकल्पानुबद्धस्यास्ति स्फुटार्थावभासिता ।
स्वप्नेऽपि स्मर्यते स्मार्तं न च तत् तादृगर्थवत् ॥२८३॥

अशुभा पृथिवीकृत्स्नाद्यभूतमपि वर्ण्यते ।
स्पष्टाभं निर्विकल्पञ्च भावनाबलनिर्मितम् ॥२८४॥

तस्माद् भूतमभूतं वा यद् यदेवातिभाव्यते ।
भावनापरिनिष्पत्तौ तत् स्फुटाकल्पधीफलम् ॥२८५॥

तत्र प्रमाणं संवादि यत् प्राङ् निर्णीतवस्तुवत् ।
तद् भावनाजं प्रत्यक्षमिष्टम् शेषा उपप्लवाः ॥२८६॥

योगिज्ञानमाख्यातुमाह—**प्राक्** प्रथमपरिच्छेदे **योगिनां ज्ञानं** सत्यविषयमुक्तम् । **तेषां** योगिनां **भावनामयं** भावनाहेतुनिष्पत्तिकं **तत् ज्ञानं** सत्यस्वरूपविषयत्वेन **विधूतकल्पनाजालम्**, अविकल्पत्वाच्च **स्पष्टं** विशदज्ञेयाकार**मेवावभासते** ॥२८१॥

भावनाभवं कथं स्पष्टम् इत्याह—कामश्च **शोकश्च** भयं च तैरुन्मादाश्चौरस्वप्नादयश्चेति **कामशोकभयोन्मादचौरस्वप्नादिभिरुपप्लुता** भ्रान्तास्ते**ऽभूतान**प्यर्थान् भावनावशात् **पुरतोऽवस्थितानिव पश्यन्ति**, यस्मात् तदनुरूपां प्रवृत्तिं चेष्टन्ते ॥२८२॥

भवतु भावनाजं स्पष्टम्, अविकल्पं तु कथम् इत्याह—**न विकल्पेनानुबद्धस्य** संस्तुतस्य ज्ञानस्य **स्फुटार्थावभासिताऽस्ति ।**

ननु विप्लववशात् विकल्पकमपि स्वप्ने स्पष्टाभं ज्ञानं भवति इत्याह—**स्वप्नेऽपि स्मार्तं** स्मरणं किञ्चिदुत्पद्यते । **न च** तत्प्रबोधावस्थायां **तादृगर्थवद्** यादृशो निर्विकल्पेनानुभूतोऽर्थस्तादृशार्थेन युक्तं स्मर्यते, किं तर्हि अस्पष्टार्थमेव स्वप्नस्मरणं स्मर्यते ॥२८३॥

नन्वभूतार्थभावनाबलजं भवतापि स्पष्टाभमविकल्पं च सिद्धान्ते नेष्यते इति तेन सह विरोधः इत्याह—**अशुभा** विनीलकविपूयकास्थिसंकलादिका **पृथ्वीकृत्स्नादि** भूमयत्वादि **अभूतमसत्यमपि भावनाबलेन निर्मितं स्पष्टाभं निर्विकल्पकं** चास्माभि**र्वर्ण्यत** इति नास्ति सिद्धान्तविरोधः ॥२८४॥

यतो भावनाया भाव्यस्पष्टतायामाधिपत्यम्, **तस्माद् भूत**मार्यसत्यादि **अभूतम**शुभादि **यद् यदेवात्यन्तं भाव्यते, तद्** भाव्यमानं **भावनायाः** सादरनिरन्तरदीर्घकालप्रवर्तितायाः **परिनिष्पत्तौ स्फुटाकल्पधीः** सा फलं यस्य तत्तथा ॥२८५॥

तत्र भावनाबलभाविषु स्पष्टनिर्विकल्पेषु **यत् संवादि** उपदर्शितार्थप्रापकं **तद् भावनाजं प्रत्यक्षं प्रमाणमिष्टम्** । किमिवेत्याह—**प्राक्** प्रथमपरिच्छेदे **निर्णीतं वस्तु** सत्यचतुष्टयं तस्मिन्निव । यथा आर्यसत्यविषयं भावनाबलजं संवादित्वात् प्रत्यक्षं प्रमाणम्, एवमन्यदपीदृशम् । **शेषा अयथार्था उपप्लवा** भ्रमाः, यथा—अशुभाः पृथ्वीकृत्स्नादिप्रत्ययाः ॥२८६॥

शब्दार्थग्राहि यद् यत्र तज्ज्ञानं तत्र कल्पना ।
स्वरूपं च न शब्दार्थस्तत्राध्यक्षमतोऽखिलम् ॥२८७॥

त्रिविधं कल्पनाज्ञानमाश्रयोपप्लवोद्भवम् ।
अविकल्पकमेकं च प्रत्यक्षाभं चतुर्विधम्[1] ॥२८८॥

अनक्षजत्वसिद्ध्यर्थमुक्ते द्वे भ्रान्तिदर्शनात् ।
सिद्धानुमादिवचनं साधनायैव पूर्वयोः ॥२८९॥

संकेतसंश्रयान्यार्थसमारोपविकल्पने ।
न प्रत्यक्षानुवृत्तित्वात् कदाचिद् भ्रान्तिकारणम् ॥२९०॥

कल्पनापि स्वसंवित्ताविष्टा नार्थे विकल्पनात्[2] इति व्याख्यातुमाह—**शब्दार्थग्राहि** अन्यव्यवच्छेदस्य ग्राहकं **यज्ज्ञानं यत्र** विषये **तज्ज्ञानं तत्र कल्पनो**च्यते । ज्ञानानां **स्वरूपञ्च** स्वलक्षणात्मकम्, **न शब्दस्यार्थो** विषयः । **अतो**ऽवाच्यत्वात् तत्र स्वरूपे**ऽखिलं** ज्ञानमविकल्पत्वा**दध्यक्षम्** ॥२८७॥ उक्तं चतुर्विधं प्रत्यक्षम् ॥

प्रत्यक्षाभासमिदानीं वक्तव्यम् । **त्रिविधं कल्पनाज्ञानं** प्रत्यक्षाभम्—मरीचिकायां जलाध्यवसायि भ्रान्तिज्ञानम्, संवृतौ विसंवादिव्यवसायसांवृतज्ञानम्, पूर्वदृष्टैकत्वकल्पनाप्रवृत्तं लिङ्गानुमेयादिज्ञानम् । **अविकल्पकञ्च एकं प्रत्यक्षाभम्** । कीदृशम्? **आश्रयस्ये**न्द्रियस्**योपप्लव**स्तिमिराद्युपघातस्तस्मा**दुद्भवो** यस्य तत्तथा । एवञ्च **चतुर्विधञ्च प्रत्यक्षाभासम्** ॥२८८॥

नन्वविकल्पकं प्रत्यक्षम् । ततस्त्रयमपीदं सविकल्पकत्वादेकः प्रत्यक्षाभासः, तत् किम्—भ्रान्तिज्ञानं मृगतृष्णिकायां जलावसायि, संवृतिसतो द्रव्यादेर्ज्ञानम्, अनुमानं लिङ्गज्ञानम्, आनुमानिकं लिङ्गिज्ञानम्, स्मार्तं स्मृतिः, आभिलापिकं चेति विकल्पप्रभेद **आचार्यदिङ्नागे**नोक्तः इत्याह—**द्वे** सांवृतारोपितयोः कल्पनाज्ञाने**ऽनक्षजत्व**स्यानिन्द्रियत्वस्य **सिद्ध्यर्थं** भेदेनो**क्ते** । परेषां तयोरक्षजत्व**भ्रान्तिदर्शनाद्**—घटोऽयं द्वौ, कम्पत इत्यादि, जलमिदमिति च व्यवसायात्मकमिन्द्रियप्रत्यक्षमेव प्रतिपद्यत इति परो मन्यते, तन्निरासार्थं द्वयोरुपादानम् । अनिन्द्रियत्वेन स्मृतिबलभावित्वेन **सिद्धं** च **तदनुमादि** च तस्य **वचनं पूर्वयोः** सांवृतारोपितकल्पनयोरेवानक्षजत्वसाधनाय । तथा हि—यत् पूर्वानुभूतसमयस्मृतिभावि न तत् प्रत्यक्षम्, यथा अनुमानादि । अनुभूतसमयस्मृतिसापेक्षा चावयविजलादिकल्पना इति विरुद्धोपलब्धिरुक्ता ॥२८९॥

ननु सांवृतारोपितकल्पनायाः कथं प्रत्यक्षताशङ्का इत्याह—बहूनां रूपादीनामेकार्थकारित्वख्यापनार्थं घट इत्यादिशब्दनिवेशः स संश्रयो हेतुर्यस्याः सा **संकेतसंश्रया** कल्पना दृश्यमानान्मरीचिनिचयादेरन्यस्य जलादेरारोपितस्य कल्पना, **अन्यार्थकल्पना** । ते एते कल्पने प्रत्यक्षानन्तरभावित्वेन **प्रत्यक्षानुवृत्तित्वा**दात्मन्यपि **कदाचिद**विमर्शकानां प्रत्यक्षता**भ्रान्तिकारणं** भवतः ॥२९०॥

---

1. Cf. प्रमाणसमुच्चय 1.8.

भ्रान्तिसंवृतिसत् ज्ञानमनुमानानुमानिकम् ।
स्मार्ताभिलापिकं चेति प्रत्यक्षाभं सतैमिरम् ॥

2. Cf. प्रमाणसमुच्चय 1.7.

यथैवेयं परोक्षार्थकल्पना स्मरणात्मिका ।
समयापेक्षिणी नार्थं प्रत्यक्षमध्यवस्यति ॥२९१॥

तथानुभूतस्मरणमन्तरेण घटादिषु ।
न प्रत्ययोऽनुयंस्तच्च प्रत्यक्षात् परिहीयते ॥२९२॥

अपवादश्चतुर्थोऽत्र तेनोक्तमुपघातजम् ।
केवलं तत्र तिमिरमुपघातोपलक्षणम् ॥२९३॥

मानसं तदपीत्येके तेषां ग्रन्थो विरुध्यते ।
नीलद्विचन्द्रादिधियां हेतुरक्षाण्यपीत्ययम् ॥२९४॥

पारम्पर्येण हेतुश्चेदिन्द्रियज्ञानगोचरे ।
विचार्यमाणे प्रस्तावो मानसस्येह कीदृशः ॥२९५॥

किं वैन्द्रियं यदक्षाणां भावाभावानुरोधि चेत् ।
तत् तुल्यं विक्रियावच्चेत् संवेयं किं निषिध्यते ॥२९६॥

अतो **यथैवेयम**नुमानानुमानिकादिपरोक्षा**र्थकल्पना** पूर्वं गृहीत**समयापेक्षिणी** सती **स्मरणा**दिरूपा **प्रत्यक्षं** प्रत्यक्षविषय**मर्थं नाध्यवस्यति**, किन्तु कल्पितमेव गृह्णाति तथा संकेतकालं व्यवहारलाघवार्थं कल्पितस्य द्रव्यादेरनुमानभूतस्य पश्चात् **स्मरणमन्तरेण घटादिषु** घटोऽयम् इत्याद्येकवस्त्ववसायी **प्रत्ययो न** भवति। **तच्च** संकेतितमारोपितं चार्थ**मनुयन्** घटोऽयं, जलमिति च प्रत्ययः **प्रत्यक्षात्** प्रत्यक्षत्वात् **परिहीयते** तस्य वस्तुविषयत्वात् संकेतापेक्षस्य च विपर्ययात् ॥२९१-२९२॥

सतैमिरम् इति **चतुर्थो** हेत्वाभासः कल्पनारहितत्वेनातिप्रसक्तायाः प्रत्यक्षताया **अपवादः**। अभ्रान्तत्वस्य लक्षणैकदेशत्वोपलक्षणत्वं च, न तु कल्पनापोढत्वनिराकृतस्योदाहरणमिदम्। **केवलं** सतैमिरमित्यत्र **तिमिरं** सबाह्यो**पघात**स्य ज्ञानविकृतिहेतो**रुपलक्षणम्**। तेनान्येन्द्रियविकारजमिन्द्रियजं च निर्विकल्पं प्रत्यक्षाभासं सिध्यति ॥२९३॥

तद् द्विचन्द्रादिज्ञान**मपि मानसं** मनोभ्रम **इत्येके आचार्याः**। **तेषा**मेवंवादिनां **नीलद्विचन्द्रादिधियामक्षाण्यपि हेतु**रित्येतदर्थवाचको **ग्रन्थो विरुध्यते**। ग्रन्थः पुनर**यम्**—यावच्चक्षुरादीनामप्यालम्बनत्वप्रसङ्गः। तेऽपि हि परमार्थतोऽन्यथा विद्यमाना नीलाद्याभासस्य द्विचन्द्राद्याभासस्य च ज्ञानस्य कारणीभवन्ति। इति ॥२९४॥

स्यादेतत्। मानसस्य प्रत्यक्षस्यैन्द्रियं **पारम्पर्येण हेतुः**, तेन विरोधाभावश्**चेत्**, **वादविधिप्रकरणे इन्द्रियज्ञान**स्य प्रत्यक्षस्य **गोचरे विचार्यमाणे मानसस्य** विकल्पस्य **इहावसरे कीदृशः प्रस्तावः** येन परम्परया तद्धेतुरिन्द्रियमुच्यते ? ॥२९५॥

तिमिरज्ञानं भ्रममनिच्छितोऽपि **किं** कीदृश**मैन्द्रियज्ञान**मिष्यते, **यदक्षाणां भावाभाव**योर**नुरोधि** स्वभावाभावाभ्यामनुवर्तकं तदैन्द्रियमिति **चेत् तत्** इन्द्रियभावाभावानुरोधित्वं तैमिरिकज्ञानस्यापि **तुल्यम्**। न हीन्द्रियव्यापारमन्तरेण तैमिरिकज्ञानमुत्पद्यते। इन्द्रियविकारेण **विक्रियावत्** ज्ञानमैन्द्रियं **चेत्** द्विचन्द्रादिज्ञानानां तिमिरादीन्द्रियविकारेण विक्रिया, **संवेय**मभूतार्थोपदर्शनात्मिका भ्रान्तत्वनिमित्तमुक्ताऽस्माभिः **किं निषिध्यते** ? ॥२९६॥

सर्पादिभ्रान्तिवच्चास्याः स्यादक्षविकृतावपि ।
निवृत्तिर्न निवर्तेत निवृत्तेऽप्यक्षविप्लवे ॥२९७॥

कदाचिदन्यसन्ताने तथैवार्प्येत वाचकैः ।
दृष्टस्मृतिमपेक्षेत न भासेत परिस्फुटम् ॥२९८॥

सुप्तस्य जाग्रतो वापि यैव धीः स्फुटभासिनी ।
सा निर्विकल्पोभयथाऽप्यन्यथैव विकल्पिका ॥२९९॥

तस्मात् तस्याविकल्पेऽपि प्रामाण्यं प्रतिषिध्यते ।
विसंवादात् तदर्थं च प्रत्यक्षाभं द्विधोदितम् ॥३००॥

क्रियासाधनमित्येव सर्वं सर्वस्य कर्मणः ।
साधनं न हि तत् तस्य साधनं या क्रिया यतः ॥३०१॥

यदि च द्विचन्द्रादिधीर्मानसी भ्रान्तिः, तदा सर्पोचितदेशे मन्दमन्दालोके रज्ज्वादौ संस्थानसाम्यग्रहात् उत्पन्नायाः **सर्पादिभ्रान्ते**रिव मरीचिषु जलभ्रान्तेरिव यथा प्रत्यक्षं विचारात्, **अस्या** द्विचन्द्रभ्रान्ते**रक्षविकृतावपि** सा **निवृत्तिः** स्यात् । अक्षविप्लवो हि न तस्या हेतुः, ततश्च सत्यपि तस्मिन् विमर्शान्निवर्तते सर्पबुद्धिरिव । तथा हि—**अक्षविप्लवेऽपि** तिमिरादौ **निवृत्तेऽपि** तत्त्वमविचारयतो **न निवर्तेत** तद्द्विचन्द्रबुद्धिः । अक्षविप्लवस्य तत्कारणत्वाभावात्, अकारणनिवृत्तौ च निवृत्त्ययोगात् ॥२९७॥

किञ्च—यथानुभवं समदेशकालस्यान्यस्य चित्तसन्ताने यथा अहिरहिः इत्युपदर्शनेन सर्पभ्रान्तिरर्प्यते, तथा द्विचन्द्रादिभ्रान्तिरपि तस्या **वाचकैः** शब्दै**रर्प्येत**, सामग्रीतुल्यत्वात्, तिमिरस्य चाहेतुकत्वात् । अपि च—यथा मरीचिषु तरङ्गजलसमासु पूर्वदृष्टजलस्मरणसापेक्षा जलभ्रान्तिः तत्र द्विचन्द्रादिभ्रान्तिरपि मानसीत्वात् **दृष्ट**चन्द्रद्वय**स्मृतिमपेक्षेत** । न चेयं स्मरणसापेक्षा, चक्षुर्विस्फारणमात्रेण स्फरणात् । तथा मानसीत्वात् **परिस्फुटं** सुव्यक्तग्राह्याकारा **न भासेत** जलादिभ्रान्तिरिव ॥२९८॥

तस्मात् **सुप्तस्य जाग्रतोऽपि वा यैव धीः स्फुटावभासिनी** व्यक्तग्राह्याकारा, **सा निर्विकल्पा**ऽभ्युपगन्तव्या । **अन्यथैव** ह्यस्फुटावभासिनी धी**रुभयथा** सुप्तस्य जाग्रतोऽपि वा **कल्पिका** युक्ता ॥२९९॥

यत एवम् **तस्मात्** कल्पनापोढम् इत्युक्ते तिमिरज्ञानस्या**विकल्पे** निर्विकल्पत्वेऽपि सति **प्रामाण्यं** प्रत्यक्षात्मकं प्राप्तं सतैमिरम् इत्यपवादेन **विसंवादात् प्रतिषिध्यते**, संवादलक्षणत्वात् प्रामाण्यस्य । **तदर्थ**मुपप्लुतज्ञाननिवृत्त्यर्थं **चा**चार्यदिङ्नागेन **प्रत्यक्षाभं** संक्षेपतो **द्विधोक्तम्**—सविकल्पमविकल्पञ्च ॥३००॥

॥ उक्तं प्रत्यक्षाभम् ॥

प्रमाणफलव्यवस्थां कर्तुमाह—**क्रियायाः साधनं** हेतुरि**त्येव न हि सर्वं** कारणं **सर्वस्य कर्मणः** क्रियायाः **साधनं** करणम् किं तर्हि **तद्वस्तु तस्य** कर्मणः **साधनं** करणम् । **या क्रिया यतः** पदार्थादव्यवधानेन भवति सा तस्याः कारणमुच्यते । ततश्चेन्द्रियादेः प्रमितिं प्रत्यव्यवहितसाधकत्वाभावान्न प्रमाणम् ॥३०१॥

तत्रानुभवमात्रेण ज्ञानस्य सदृशात्मनः ।
भाव्यं तेनात्मना येन प्रतिकर्म विभज्यते ॥३०२॥

अनात्मभूतो भेदोऽस्य विद्यमानोऽपि हेतुषु ।
भिन्ने कर्मण्यभिन्नस्य न भेदेन नियामकः ॥३०३॥

तस्माद् यतोऽस्यात्मभेदादस्याधिगतिरित्ययम् ।
क्रियायाः कर्मनियमः सिद्धा सा तत्प्रसाधना ॥३०४॥

अर्थेन घटयत्येनां न हि मुक्त्वार्थरूपताम् ।
अन्यः स्वभेदाज्ज्ञानस्य भेदकोऽपि कथञ्चन ॥३०५॥

तस्मात् प्रमेयाधिगतेः साधनं मेयरूपता ।

किं तर्हि प्रमाणमस्ति इत्याह—**तत्र** रूपादौ कर्मणि **ज्ञानस्यानुभवमात्रेणा**नुभवात्मनः **सदृशात्मनस्**तुल्यरूपस्य **तेनात्मना** स्वरूपेण प्रतिविषयं व्यतिरेकिणा भाव्यम्, **येन प्रतिकर्म** प्रतिविषयज्ञानं **विभज्यते**—नीलस्येदम्, पीतस्येदमिति । अन्यथानुभवमात्रतया सर्वत्र विषये सदृशं ज्ञानं प्रतिविषयं कथं भेदेन व्यवस्थापयितुं शक्येत ? ॥३०२॥

स्यादेतद् । इन्द्रियादेर्हेतोः सव्यापारतादिलक्षणो विशेषो ज्ञानानां भेदेन नियामक इत्याह—**हेतुष्वि**न्द्रियादिषु **भेदो** विशेषः सव्यापारतादिलक्षणो **विद्यमानोऽप्यस्य** ज्ञानस्यानुभवमात्रात्मतयाऽ**भिन्नस्य भिन्ने कर्मणि** नीलादौ ग्राह्ये **भेदेन नियामको न** युक्तः । कस्माद् इत्याह—**अनात्मभूतः** । ज्ञानास्वरूपत्वादिन्द्रियस्य विशेषः प्रतिकर्म न भेत्तुमर्हति ॥३०३॥

तस्मादस्य ज्ञानस्या**त्मभेदात् यतोऽस्या**र्थस्येयम**धिगतिरिति क्रियाया** अधिगतेः **कर्मणि** वेद्ये **नियमः । सा** क्रिया **तत्प्रसाधना** तत्करणाऽभ्युपगन्तव्या ॥३०४॥

स्यादेतद् । इन्द्रियादिरेव स्वभेदाद् भेदको ज्ञानस्य प्रतिविषयमधिगतेर्नियामकः ततश्चानुभवात्मत्वादविषय एवासिद्धः इत्याह—**एनाम**धिगति**मर्थरूपताम**र्थसरूपतां **मुक्त्वा न ह्यन्यः** कश्चिदिन्द्रियादिः **स्वभेदात् कथञ्चन** केनापि प्रकारेण **ज्ञानस्य भेदकोऽप्यर्थेन** ज्ञेयेन **घटयति** योजयति—नीलस्येयमधिगतिः, पीतस्य चेयमित्यादि । तथा हि—यद्यपि प्रत्यर्थं प्रतीन्द्रियञ्च ज्ञानानामस्ति भेदः तथापि विषयसारूप्याभावे स एव विशेषोऽशक्यनिर्देशः । अथ विशेषोऽप्यधिगतेरेव व्यवस्थाप्यत इति चेत् ननु तस्या एव व्यवस्थापकमिष्यते । न चाव्यवस्थिते व्यवस्थापके व्यवस्थाप्यसिद्धिः ।

ननु न सर्वत्र परशुव्यापारदृष्टिपूर्विकाच्छिदासिद्धिः, छिदादर्शनादपि परशुव्यापारव्यवस्थितेः । एवमिहाप्यधिगतिपूर्विकायां प्रमाणस्थितौ न दोषः ? असमानमेतत्, तथा हि—परशुच्छिदयोः कार्यकारणभावविशेषः क्रियाकरणभावः । अधिगतिज्ञानात्मभूतविशेषयोस्तु व्यवस्थाप्यव्यवस्थापकभाव एषितव्यः । उभयोरपि ज्ञानस्वरूपात्मत्वात् । तत्र कारणमज्ञातमपि स्वकार्यं निर्वर्तयतीति कार्यदर्शनाच्च तद्व्यवस्था युक्तैव । व्यवस्थापकस्तु नानुपलक्षितो व्यवस्थाप्यव्यवस्थायां क्षमते । न ह्यप्रतीतं कल्प्यमानमाश्वस्त्यं व्यवस्थापयति ॥३०५॥

तस्मात् प्रमेयाधिगतेः फलभूतायाः व्यवस्थाप्यायाः **साधनं** प्रमाणं **मेयरूपता** । अथ न सारूप्यम् तस्य प्रतिविषयं भिन्नस्य सूपलक्षणत्वात् । सारूप्यात् पुनरन्यत्र **साधने** तस्याः

साधनेऽन्यत्र तत्कर्मसम्बन्धो न प्रसिद्धचति ॥३०६॥

सा च तस्यात्मभूतैव तेन नार्थान्तरं फलम् ।
दधानं तच्च तामात्मन्यर्थाधिगमनात्मना ॥३०७॥

सव्यापारमिवाभाति व्यापारेण स्वकर्मणि ।
तद्वशात् तद्व्यवस्थानादकारकमपि स्वयम् ॥३०८॥

यथा फलस्य हेतूनां सदृशात्मतयोद्भवात् ।
हेतुरूपग्रहो लोकेऽक्रियावत्त्वेऽपि कथ्यते ॥३०९॥

आलोचनाक्षसम्बन्धविशेषणधियामतः ।
नेष्टं प्रामाण्यमेतेषां व्यवधानात् क्रियां प्रति ॥३१०॥

सर्वेषामुपयोगेऽपि कारकाणां क्रियां प्रति ।
यदन्त्यं भेदकं तस्यास्तत् साधकतमं मतम् ॥३११॥

सर्वसामान्यहेतुत्वादक्षाणामस्ति नेदृशम् ।

क्रियायाः **कर्मसम्बन्धः** नीलस्येयमधिगतिः, पीतस्य चेत्यादि **न सिध्यति** इन्द्रियाधिगतिविशेषस्य सम्भवेऽप्यनुभवमात्रात्मकज्ञानस्याविशेषकत्वायोगात् । ज्ञानगतस्यापरिविशेषस्य लक्षणभेदेनानुपलक्षणात् ॥३०६॥

सा चाधिगतिरनुभवस्वभावा **तस्य** ज्ञानस्या**त्मभूतैव । तेन** प्रमाणा**न्नार्थान्तरं फलम्** । प्रमेयमेव फलमित्यर्थः ।

ग्राह्यग्राहकभावोऽपि भाक्त एवेति दर्शयितुमाह—**तच्च** ज्ञानमात्म**नि तामर्थ**सरूपतां **दधानं** बिभ्रद् **अर्थ**स्या**धिगमनात्मना**ऽधिगमलक्षणेन **व्यापारेण सव्यापारमिव स्वकर्मणि** ग्राह्ये **आभाति** । व्यापारमपि वस्तुतो**ऽकारकमपि स्वयं तद्वशा**न्मेयसारूप्यवशात् **तस्या**धिगमस्य **व्यवस्थानात्** ॥३०७-३०८॥

यथा लोकेऽपि हेतूनां सदृशात्मतया सदृशरूपतयो**द्भवात् फलस्याक्रियावत्त्वेऽपि** हेतुरूपग्रहणव्यापाराभावेऽपि **हेतुरूपग्रहः** कथ्यते—पितू रूपं गृहीतं सुतेनेत्यादि । अतोऽर्थरूपतां मुक्त्वाऽधिगतिसाधनमन्यदयुक्तम् ॥३०९॥

अत आलोचनस्यार्थालोचनमात्रस्य जात्यादिविशिष्टनिश्चयफलं प्रति, **अक्षसम्बन्धस्य** इन्द्रियार्थसन्निकर्षस्यालोचनफलं प्रति, **विशेषण**स्य वेद्यविशेष्यबुद्धिफलं **प्रति प्रामाण्यं** साधनत्वं **नेष्टम् एते**षामालोचनार्थसम्बन्धविशेषणज्ञानानां **क्रिया**यामधिगतिविषयसारूप्येण **व्यवधानात्** ॥३१०॥

व्यवस्थानेऽपि साधकतमत्वं स्यादिति चेत् आह—**सर्वेषां कारकाणां** साक्षात् पारम्पर्येण **क्रियां प्रत्युपयोगेऽपि** तेषु मध्ये **यत्** कारक**मन्त्यं** कारकान्तरेणाव्यवहितव्यापारं सत् क्रिया**भेदकं तत् तस्याः साधकतमं मतम्** नान्यत् ॥३११॥

तथा हि—**अक्षाणां** ताव**दीदृशं** साधकतमत्वं **नास्ति, सर्वसामान्यहेतुत्वात्** । सर्वज्ञानसाधारणहेतुत्वात् अवान्तराधिगतिभेदकत्वानुपपत्तेः । **तेषा**मिन्द्रियाणां प्रमादाविलत्वादि**भेदेऽपि**

तद्भेदेऽपि ह्यतद्रूपस्यास्येदमिति तत् कुतः ॥३१२॥

एतेन शेषं व्याख्यातं विशेषणधियां पुनः ।
अताद्रूप्ये न भेदोऽपि तद्वदन्यधियोऽपि वा ॥३१३॥

नेष्टो विषयभेदोऽपि क्रियासाधनयोर्द्वयोः ।
एकार्थत्वे द्वयं व्यर्थं न च स्यात् क्रमभाविता ॥३१४॥

साध्यसाधनताभावः सकृद्भावे धियोंऽशयोः ।
तद्व्यवस्थाश्रयत्वेन साध्यसाधनसंस्थितिः ॥३१५॥

सर्वात्मनापि सम्बद्धं कैश्चिदेवावगम्यते ।
धर्मैः स नियमो न स्यात् सम्बन्धस्याविशेषतः ॥३१६॥

ज्ञानस्या**तद्रूपस्य** विषयसारूप्यरहितस्य **इदमस्य** ग्राहकमिति ग्राहकत्वं यदिष्यते **तत् कुतः** ? ॥३१२॥

एतेनाक्षाणामसाधनत्वदर्शनेन **शेष**मालोचनार्थसम्बन्धादि **व्याख्यातम्** । तदप्यर्थसारूप्यरहितमसाधनम् सारूप्ये च स्वीकर्तव्ये तदेवाव्यवहितत्वात् साधनमस्तु । **विशेषणधियां पुनर**यमधिको दोषः । **अताद्रूप्ये** विशेषणसारूप्याभावे विशेष्यधियः सकाशाद् **भेदोऽपि न** स्यात्, द्वयोरप्याकाररहितत्वेन भेदस्थित्यनुपपत्तेः । ततश्चैका प्रमाणम्, अन्या च फलमिति कुतः ? अथ सारूप्यं विशेषणधियो भेदकमिष्यते, एवं च सति तदेव प्रमाणं फलं च स्यात् अर्थसरूपत्वादधिगतिरूपत्वाच्च । **तद्वद्** विशेषणबुद्धेरिव **अन्यबुद्धे**र्विषयसारूप्यम्, फलात्मकं **वे**ष्यताम् ॥३१३॥

किञ्च—**क्रियासाधनयोर्विषयभेदोऽपि नेष्टः** सर्वस्य । न ह्यन्यत्र परशुव्यापारः, छिदा चान्यत्र । इह तु विशेषणे प्रमाणव्यापारः क्रिया च विशेष्य इति भिन्नविषयता कथमष्टि ?

अथैतद्दोषतया **द्वयोः** क्रियासाधनयोः क्रमभाविनोरे**कार्थत्वे** एकविषयत्वे च स्वीक्रियमाणे **द्वयं** भिन्नं प्रमाणं फलं च **व्यर्थम्** । विशेषणज्ञानं प्रमाणं फलं चास्तु, विषयस्वरूपत्वादधिगमस्वभावाच्च । ततः परं तु विशेष्यज्ञानमधिगताधिगन्तृत्वादनुपयुक्तम् । **न चै**कविषययोर्ज्ञानयोः **क्रमभाविता**स्ति, विषयस्य तज्जननशक्तस्य क्रमेण स्वकार्यजननविरोधात् ॥३१४॥

सकृदुत्पत्तावेव विशेषणविशेष्यधियोः प्रमाणफलता भविष्यतीति चेत् आह—**सकृद् भावे साध्यसाधनतायाः अभावः**, कार्यकारणभावविशेषत्वेन तस्या इष्टत्वात् ।

नन्वेवमाकाराधिगमयोरेकज्ञानत्वेऽपि प्रमाणफलतानुपपन्ना इत्याह—**धियोंऽशयो**राकाराधिगमलक्षणयोः **साध्यसाधनसंस्थितिः** क्रियाकरणव्यवस्था, **तद्व्यवस्थाश्रयत्वेना**कारवशेनाधिगतिविशेषव्यवस्थानात् । नास्त्यत्र कार्यकारणात्मकः क्रियाकरणभावः, किन्तु व्यवस्थाप्यव्यवस्थापकभावः । स च तादात्म्येऽप्यविरुद्धः ॥३१५॥

अर्थसन्निकर्षोऽपि न प्रमाणम् इत्याह—बाह्यं **सर्वात्मना** सर्वैराकारैरिन्द्रियादिभिः **सम्बद्धमपि कैश्चिदेव धर्मै**र्नीलत्वादिभि**र्गम्यते**, न त्वणुपुञ्जत्वादिभिः । **स** एष ग्रहणस्य **नियमो न स्यात्** । **सम्बन्धस्या**पि गतिस्थितिहेतोर**विशेषतः** ॥३१६॥

तदभेदेऽपि भेदोऽयं यस्मात् तस्य प्रमाणता ।
संस्काराच्चेदताद्रूप्ये न तस्याप्यव्यवस्थितेः ॥३१७॥

क्रियाकरणयोरैक्यविरोध इति चेद् असत् ।
धर्मभेदाभ्युपगमाद् वस्त्वभिन्नमितीष्यते ॥३१८॥

एवम्प्रकारा सर्वैव क्रियाकारकसंस्थितिः ।
भावस्य भिन्नाभिमतेष्वप्यारोपेण वृत्तितः ॥३१९॥

काऽर्थसंविद् यदेवेदं प्रत्यक्षं प्रतिवेदनम् ।

यस्मादिन्द्रियसन्निकर्षादेः प्रामाण्यमयुक्तम् **तत्** तस्माद**भेदेऽपि** सन्निकर्षाद्यविशेषेऽपि यस्मान्नियामकात् तज्ज्ञानस्या**यं भेदः**—नीलस्येदं ज्ञानम्, पीतस्य चेदमित्यादि, **तस्य प्रमाणता** युक्ता । स च आकार एवेति स एव प्रमाणम् । ज्ञानजातज्ञानहेतोः **संस्काराज्ज्ञान**स्य कैश्चिदेव धर्मैर्ग्रहणनियम इति **चेत् न तस्य** संस्कारस्याप्य**ताद्रूप्ये** विषयासरूपत्वे**ऽव्यवस्थितेः** ॥३१७॥

यदाकारं ज्ञानं स्यात् तस्यानुभवः संस्कारश्च भवेत् तस्माच्च ग्रहणप्रतिनियमः । अनुभवस्थित्यभावे तु सर्वमव्यवस्थितम् । **क्रियाकरणयो**रधिगमाकारयो**रैक्**यात्म्ये **विरोधः इति चेत् असदे**तत् **धर्मभेदस्य** व्यावृत्त्युपकल्पितस्या**भ्युपगमात्** । अनाकारव्यावृत्तिः प्रमाणम्, अनधिगतिव्यावृत्तिश्च फलमिति नानयोरैक्यम् ।

कथं तर्ह्युक्तम्—सा च तस्यात्मभूतैव तेन नार्थान्तरं फलम्[1] इति ? आह—परमार्थतो ज्ञानात्मकं **वस्त्वभिन्नमितीष्यते**, न तु कल्पितधर्मद्वारेणापि ॥३१८॥

किं पुनस्तत्त्वत एव साधनाद् भिन्नाधिगतिश्छिदादिवन्नेष्यते इत्याह—**सर्वैव क्रियाकारकयोः संस्थिति**र्व्यवस्था **एवम्प्रकारा** कल्पितैव, **भिन्नाभिमतेष्वपि** दारुपरश्वादिषु क्रियाकरणभावस्या**रोपेण वृत्तितः** । न हि तत्रापि कार्यकारणवस्तुद्वयव्यतिरिक्ता क्रियास्ति । द्विधाभूतं काष्ठमेवातद्व्यावृत्त्या भेदान्तरप्रतिक्षेपेण छिदेत्युच्यते । तत्कारणेषु च पुरुषकरपरश्वादिषु सामग्र्यन्तरवर्त्तिनः कराच्छिदायाः अनुत्पत्तेः परशोरसाधारणं सहकारित्वमुपदर्शयितुमतद्व्यावृत्त्या करणव्यपदेशः, न तु क्रियाकरणत्वमन्यदेव कार्यकरणाभ्याम् । अधिगमाकारयोस्तु व्यवस्थाप्यव्यवस्थापकभावः क्रियाकरणभावः, यथा—यः कम्पते सोऽश्व इति ॥३१९॥ उक्ता प्रमाणफलव्यवस्था ॥

इदानीं **योगाचारो** वेद्यवेदकभावमपश्यन् **सौत्रान्तिकं** पृच्छति—**काऽर्थस्य संवित्** ज्ञानमुच्यते ?

अत आह—**यदेवेदं प्रत्यक्ष**मनुभवसिद्धं **प्रतिवेदनं** नीलाद्याकारेण प्रतिनियतं वेदनम् प्रतिसन्ताननियतं वा सैवार्थसंविदुच्यते ।

ननु **तत्** प्रतिनियतं वेदनमनुभूयमान**मर्थस्य वेदनं केन** हेतुनोच्यते ? स्वप्रकाशात्मकत्वात् स्ववेदनमेव तद्युक्तम्, नार्थवेदनम् । तस्य सर्वदा परोक्षत्वात् । **ताद्रूप्यादर्थ**सरूपत्वात् ज्ञानमर्थ-

---

1 PV. 2.307

तदर्थवेदनं केन ताद्रूप्याद् व्यभिचारि तत् ॥३२०॥

अथ सोऽनुभवः क्वास्य तदेवेदं विचार्यते ।
सरूपयन्ति तत् केन स्थूलाभासं च तेऽणवः ॥३२१॥

तन्नार्थरूपता तस्य सत्यां सा व्यभिचारिणी ।
तत्संवेदनभावस्य न समर्था प्रसाधने ॥३२२॥

तत्सारूप्यतदुत्पत्ती यदि संवेद्यलक्षणम् ।
संवेद्यं स्यात् समानार्थं विज्ञानं समनन्तरम् ॥३२३॥

इदं दृष्टं श्रुतं वेदम् इति यत्रावसायधीः ।
न तस्यानुभवः सैव प्रत्यासत्तिर्विचार्यते ॥३२४॥

दृश्यदर्शनयोर्येन तस्य तद् दर्शनं मतम् ।
तयोः सम्बन्धमाश्रित्य द्रष्टुरेष विनिश्चयः ॥३२५॥

वेदनमिति चेत् **तदर्थ**सारूप्य**व्यभिचारि**, द्विचन्द्रकेशोण्डुकज्ञानाद्याकारस्यार्थमन्तरेणापि भावात् ॥३२०॥

अथानुभाव्याभावे **सोऽनुभवः** प्रत्यात्मवेद्यो**ऽस्य** ज्ञानस्य न कर्मणि व्यवस्थापनीयः। न हि कर्मरहिता क्रिया **क्व**चिदस्ति ।

अत्राह—यदुच्यते व्यवहर्तृभिः इदमनेनानुभूयते इति, **तदेवेद**मस्माभि**र्विचार्यते** ।

ज्ञानं स्वप्रकाशमुपलभ्यते प्रकाशश्चोच्यत इत्ययुक्तम्। यच्चार्थसारूप्यमनुभवनिबन्धनमुक्तं तदप्यसम्भवीति दर्शयन्नाह—**ते** परस्परं भिन्ना **अणवः** तज्ज्ञानं **स्थूलाभासं** स्थूलाकारं **केन** रूपेण **सरूपयन्ति**? यदणुस्वरूपमस्थूलमस्ति न तत् ज्ञानारूढम्, यच्च ज्ञानारूढं स्थौल्यं नाणुषु तदस्ति ॥३२१॥

तस्मात् तुल्यज्ञानस्य **नार्थरूपता**ऽस्ति। सत्यां वाऽर्थरूपतायां **व्यभिचारिणी सा** द्विचन्द्रज्ञानादिषु। ततश्च **तत्संवेदनभावस्या**र्थसंवेदनत्वस्य **प्रसाधने**षु साऽर्थरूपता **न समर्था**। न केवलादर्थसारूप्यादर्थसंवेदनत्वम्, येन व्यभिचारः स्यात् किं तर्हि सारूप्यतदुत्पत्तिभ्याम्। ते च द्विचन्द्रज्ञानादीनां न स्तः, चन्द्रद्वयस्याभावात् तदुत्पत्तेरयोगात् ॥३२२॥

एतदेवाह—**तेन** ग्राह्येण **सारूप्यम्**, **तस्मादुत्पत्तिः स्वयंवेद्यस्य लक्षणं यदि** सम्मतम्, तदापि **समनन्तरं ज्ञान**मुत्तरज्ञानेन **समानार्थं** समानग्राह्यं **संवेद्यं स्यात्**, तत्सरूपतदुत्पत्त्योः सम्भवात् ॥३२३॥

स्यादेतत्। सारूप्यतदुत्पत्तिमत्त्वेऽपि **इदं दृष्टं श्रुतं वेदम्** इति **यत्रावसायधी**रुत्पद्यते **तस्य सोऽनुभवः**, नान्यस्य। न च समनन्तरप्रत्यये दृष्टश्रुताद्यवसायो भवति तन्न ग्राह्योऽसौ।

अत्राह—दृश्यदर्शनयोः **सैव प्रत्यासत्तिर्विचार्यते**ऽस्माभिः ॥३२४॥

येन प्रत्यासत्तिसम्भवेन **तस्य** बाह्यस्य **तज्ज्ञानं दर्शनं मतम् तयोर्दृश्यदर्शनयोः सम्बन्धं** प्रत्यासत्ति**माश्रित्य द्रष्टुः** पुरुषस्य इदं दृष्टं श्रुतं वेदम् इत्यर्थ**निश्चयः**। तत्सारूप्यतदुत्पत्तिलक्षणा च प्रत्यासत्तिः समनन्तरप्रत्ययेऽपि समानेति तन्निबन्धनो दृष्टश्रुताद्यवसायोऽपि तत्र स्यादित्यर्थः ॥३२५॥

आत्मा स तस्यानुभवः स च नान्यस्य कस्यचित् ।
प्रत्यक्षप्रतिवेद्यत्वमपि तस्य तदात्मता ॥३२६॥

नान्योऽनुभाव्यस्तेनास्ति तस्य नानुभवोऽपरः ।
तस्यापि तुल्यचोद्यत्वात् स्वयं सैव प्रकाशते ॥३२७॥

नीलादिरूपस्तस्यासौ स्वभावोऽनुभवश्च सः ।
नीलाद्यनुभवात् ख्यातः स्वरूपानुभवोऽपि सन् ॥३२८॥

प्रकाशमानस्तादात्म्यात् स्वरूपस्य प्रकाशकः ।
यथा प्रकाशोऽभिमतस्तथा धीरात्मवेदिनी ॥३२९॥

तस्याश्चार्थान्तरे वेद्ये दुर्घटौ वेद्यवेदकौ ।
अवेद्यवेदकाकारा यथा भ्रान्तैर्निरीक्ष्यते ॥३३०॥

विभक्तलक्षणग्राह्यग्राहकाकारविप्लवा ।
तथा कृतव्यवस्थेयं केशादिज्ञानभेदवत् ॥३३१॥

तस्माद् वेद्यरहितस्तस्य ज्ञानस्य **स** नीलादिरूप **आत्मा अनुभवः । स चा**नुभवो **नान्यस्य कस्यचिद्** बाह्यस्य । **तस्य** ज्ञानस्य **प्रत्यक्षप्रतिवेद्यत्वमपि** यदुच्यते सा **तदात्मता** परोक्षानुभवात्मता ॥३२६॥

यथा च स्वरूपादन्यो बुद्ध्या **अनुभाव्यो नास्ति**, तथा **तस्य** ज्ञानस्य **चापरोऽनुभवो नास्ति, तस्य** ज्ञानग्रहणस्या**पि तुल्यार्थचोद्यत्वात्** । स ह्यन्यत्वनिबन्धनो ग्राह्यग्राहकभावः, तच्चानुपपन्नमित्युक्तम् । तत् तस्मात् तज्ज्ञानमपरोक्षतयोत्पन्नं **स्वयं प्रकाशते**, नान्येन प्रकाश्यते ॥३२७॥

कथं तर्हि नीलाद्यनुभवप्रसिद्धिः इत्याह—**तस्य** ज्ञानस्य **नीलादिरूपोऽसौ स्वभावोऽनुभवः** प्रकाशात्मकश्**च सः** । तेन **स्वरूपानुभवोऽपि सन्नीलाद्यनुभवात्** तथा सम्प्रसिद्धिः ॥३२८॥

यथा प्रकाशस्तादात्म्यात् प्रकाशात्मकत्वात् परनिरपेक्षः **प्रकाशमानः स्वरूपस्य प्रकाशकोऽभिमतः, तथा धीः** परनिरपेक्षा प्रकाशात्मनोत्पन्ना प्रकाशमाना **आत्मवेदिनी**ति उपचारादुच्यते ॥३२९॥

चकारो हेतौ । यस्मात् **तस्या** धियो**ऽर्थान्तरे वेद्ये वेद्यवेदका**कारौ **दुर्घटौ**, तस्माद् वस्तुतो**ऽवेद्यवेदकाकारा** सा बुद्धिर्नीलप्रकाशात्मनोत्पन्ना तथा प्रकाशते । न तु तत्र कश्चिद् ग्राह्यस्य ग्राहकस्य चाकारः समस्ति ।

कथं तर्हि ग्राह्यग्राहकप्रतिभासव्यवसायो इत्याह—**भ्रान्तै**रप्रहीणद्वयवासनाविप्ल**वैर्यथा विभक्तलक्षणौ ग्राह्यग्राहकाकारा**वेव **विप्लवौ** यस्याः सा तादृशी **निरीक्ष्यते** विभाव्यते भ्रान्तदर्शनानुरोधेन, **तथा** ग्राह्यग्राहकभेदेन **कृतव्यवस्था** सा । नीलादिबहिर्देशं ग्राह्यम् आन्तरञ्च संवेदनं ग्राहकमिति विप्लव एषः, **केशादिज्ञानभेदवत्** । न हि केशोण्डुकज्ञानविशेषस्य ग्राहकवद् ग्राह्यः केशावयवोऽस्ति, किं तर्हि केशाभासः प्रकाश एव केवलः ॥३३०-३३१॥

यदा तदा न सञ्चोद्यग्राह्यग्राहकलक्षणा ।
तदान्यसंविदोऽभावात् स्वसंवित् फलमिष्यते ॥३३२॥

यदि बाह्योऽनुभूयेत को दोषो नैव कश्चन ।
इदमेव किमुक्तं स्यात् स बाह्योऽर्थोऽनुभूयते ॥३३३॥

यदि बुद्धिस्तदाकारा साऽस्त्याकारविशेषिणी ।
सा बाह्यादन्यतो वेति विचारमिदमर्हति ॥३३४॥

दर्शनोपाधिरहितस्याग्रहात् तद्ग्रहे ग्रहात् ।
दर्शनं नीलनिर्भासं नार्थो बाह्योऽस्ति केवलम् ॥३३५॥

कस्यचित् किञ्चिदेवान्तर्वासनायाः प्रबोधकम् ।

विप्लववशाच्च ग्राह्यग्राहकभेदेन बुद्धिर्यदा व्यवस्थाप्यते **तदा न सञ्चोद्यग्राह्यग्राहकलक्षणा** सा। न हि वस्तुतो ग्राह्यग्राहकभावः सम्भवति। न च विप्लववशाद् वस्तुव्यवस्था, केशद्विचन्द्रादेरपि तत्त्वप्रसङ्गात्। यदा च न ग्राह्यग्राहकता विज्ञप्तिमात्रतायाम्, **तदान्यस्य** ग्राह्यस्य **संविदो** ज्ञानस्या**भावात् स्वसंवित् फलमिष्यते** ॥३३२॥

ननु यदि बाह्योऽर्थो ज्ञानेनानुभूयते तदा को दोषः येन स्वसंवित् फलमिष्यते? आह—**यद्यनुभूयते** तदा **नैव कश्चन दोषः**। अनुभव एव तु बाह्यस्य नास्तीत्युच्यते तदा **इदमेव किमुक्तं स्यात्—बाह्योऽर्थो** ज्ञानेना**नुभूयते** इति? ॥३३३॥

यदि बुद्धिस्तदाकारा वा बाह्यसरूपेत्युच्यते सत्यमस्ति **सा** बुद्धि**राकारविशेषिणी** नीलानीलाद्याकारविशेषयुक्ता। किन्तु **सा** बुद्धि**र्बाह्या**दर्थाज्जायेत, **अन्यतो** वासनाप्रतिनियमाद् **वा इति विचारमिदमर्हति**। न तावद् बुद्धिव्यतिरेकिणार्थः कश्चिद्धेतुतयोपलभ्यते, बुद्धिस्वरूपमात्रवेदनात्। कादाचित्कतया तु कारणं तस्याः किञ्चिद् व्यवस्थापनीयम्। तच्च बाह्यम्, वासना वा स्यात्, उभयथाप्युपपत्तेः ॥३३४॥

तत्र **दर्शनेन** ज्ञानेनो**पाधि**ना विशेषणेन **रहितस्य** नीलादेर**ग्रहात् तस्य ग्रहे** च नीलस्य **ग्रहात्** सहैव नीलधियोर्वेदनात् **दर्शनं नील**ादि**निर्भासं** नीलाकारं व्यवस्थितम्। यत् तावत् नीलादिकं बाह्यमित्युच्यते तद् ज्ञानेन सहोपलम्भनियमात् तदभिन्नस्वभावम्, द्विचन्द्रादिवत्।

कस्तर्हि नास्ति इत्याह—**बाह्यो** नीलादिर**र्थः केवलं नास्ति**, तत्साधकत्वेनाभिमतस्याध्यक्षस्यासामर्थ्यात् ॥३३५॥

एवं तर्हि ज्ञानस्य गजाद्याकारस्यालोकादिनिमित्तान्तरसद्भावेऽपि देशकालादिप्रतिनियमदर्शनाद् अर्थो व्यवस्यति इत्याह—**कस्यचि**ज्ज्ञानस्य गजाद्याकारस्य **किञ्चिदेव** ज्ञान**मन्तर्वासनायाः** समनन्तरप्रत्ययान्तरवर्त्तिन्या नियतज्ञानजननयोग्यतालक्षणायाः, **प्रबोधकं** कार्योत्पादनाभिमुख्यकारकम्। **ततः** प्रबोधकवशात् **धियां** नियताकारतया **विनियमः, न बाह्यार्थव्यपेक्षया सः।** को हि विशेषो बाह्यो वा नियामकः प्रतिभासस्य, प्रबुद्धवासनाविशेषः समनन्तरप्रत्ययो वा? तत्र वासनायाः सामर्थ्यं स्वप्नादावुपलब्धम्, न तु बाह्यस्य (तस्य) नित्यपरोक्षत्वात्। न तथापि परोक्षस्य बाह्यस्य साधकस्याभावेऽपि नाभावस्थितिरिति चेत् प्रतिभासमानं ज्ञानं

ततो धियां विनियमो न बाह्यार्थव्यपेक्षया ॥३३६॥

तस्माद् द्विरूपमस्त्येकं यदेवमनुभूयते ।
स्मर्यते चोभयाकारस्यास्य संवेदनं फलम्[1] ॥३३७॥

यदा निष्पन्नतद्भाव इष्टोऽनिष्टोऽपि वा परः ।
विज्ञप्तिहेतुर्विषयस्तस्याश्चानुभवस्तथा ॥३३८॥

यदा सविषयं ज्ञानं ज्ञानांशेऽर्थव्यवस्थितेः ।
तदा य आत्मानुभवः स एवार्थविनिश्चयः ॥३३९॥

यदीष्टाकार आत्मा स्यादन्यथा वानुभूयते ।
इष्टोऽनिष्टोऽपि वा तेन भवत्यर्थः प्रवेदितः ॥३४०॥

विद्यमानेऽपि बाह्येऽर्थे यथानुभवमेव सः ।
निश्चितात्मा स्वरूपेण नानेकात्मत्वदोषतः ॥३४१॥

बाह्यं तु न प्रतिभासत एवेति तावतैवाभिमतसिद्धेः साधकप्रमाणरहितपिशाचायमानबहिरर्थ-निषेधे नास्माकमादरः । यदि तु तन्निषेधनिर्बन्धो गरीयान्, सांशत्वानंशत्वकल्पनया परमाणु-प्रतिषेधे **आचार्यीयः** पर्येषितव्यः ॥३३६॥

यस्माद् बाह्योऽर्थो नानुभूयते, **तस्मादेकं** विज्ञानमविद्योपप्लुतत्वात् **द्विरूपं** बोधरूपं नीलादिरूपञ्चा**स्ति । यत्** यस्माज्ज्ञानमे**वं** द्वयाकारतयाऽ**नुभूयते** स्ववेदनेन यथानुभवं कालान्तरे **स्मर्यते च** । तथा चान्यस्य संवेदनाभावात् **उभया**द्याकार**स्य** नीलाद्यनुभवरूपस्य **संवेदनं फलम्** । तदेवं प्रमेयो ग्राह्याकारः, प्रमाणं ग्राहकाकारः, फलं स्वसंविदिति दर्शितं भवति ॥३३७॥

यदा बहिरर्थवादेऽपि **परो** बाह्योऽर्थ **इष्टोऽनिष्टोऽपि वा निष्पन्नतद्भावो** भावनावशाद् व्यवस्थितेष्टानिष्टभावसरूपाया **विज्ञप्तेर्हेतुः** सन् **विषयो** भवति तदा **तस्या** विज्ञप्ते**स्तथा** इष्टानिष्टाकारेणा**नुभवो** विषयस्य चानुभव उच्यते । तेन विषयसारूप्यं प्रमाणमर्थसंवित् फलमुक्तम् ॥३३८॥

अथ वा **विज्ञानवादे**ऽप्यविरुद्धमित्याह—**यदा ज्ञानस्यांशे** आकारे विप्लववशाद् **अर्थस्य व्यवस्थितेर्ज्ञानं सविषय**मिष्टम् तदा **य** आत्मनो ज्ञानाकारस्या**नुभवः स एवार्थस्य निश्चयः** संवेदनमिष्यते । ततश्च **विज्ञानवादे**ऽप्यर्थाकारः प्रमाणमर्थसंवित् फलमविरुद्धम् ॥३३९॥

बहिरर्थनयेऽपि बुद्धिवेदनस्यैवार्थवेदनत्वात् तथा **यदीष्टाकारो**ऽस्या बुद्धेर**ात्मा**ऽ**नुभूयते अन्यथा**ऽनिष्टाकारो **वा,** तदा तेन ज्ञानेनेष्टोऽनिष्टो **वार्थः प्रवेदितो** भवति, नान्यथा ॥३४०॥

यस्माद् **विद्यमानेऽपि बाह्येऽर्थे यथानुभव**मनुभवाकारानतिक्रमेण **स** बाह्योऽर्थो **निश्चितात्मा** व्यवस्थाप्यते, **नार्थस्वरूपेण** । यथा सम्भविना निश्चितात्मा व्यवतिष्ठते । इष्टानिष्टत्वेन पुरुषाभ्यामेकस्यार्थस्य ग्रहणाद**नेकात्मत्वदोषः** प्रसज्यते ॥३४१॥

1. Cf. प्रमाणसमुच्चय 1, 9-11.

यदि बाह्यं न विद्येत कस्य संवेदनं भवेत् ।
यद्यगत्या स्वरूपस्य बाह्यस्यैव न किं मतम् ॥३४२॥

अभ्युपायेऽपि भेदेन न स्यादनुभवो द्वयोः ।
अदृष्टावरणात् स्यात् चेन्न नामार्थवशा गतिः ॥३४३॥

तमनेकात्मकं भावमेकात्मत्वेन दर्शयत् ।
तददृष्टं कथं नाम भवेदर्थस्य दर्शकम् ॥३४४॥

इष्टानिष्टावभासिन्यः कल्पना नाक्षधीर्यदि ।
अनिष्टादावसन्धानं दृष्टं तत्रापि चेतसाम् ॥३४५॥

तस्मात् प्रमेये बाह्येऽपि युक्तं स्वानुभवः फलम् ।
यतः स्वभावोऽस्य यथा तथैवार्थविनिश्चयः ॥३४६॥

तदर्थाभासतैवास्य प्रमाणं न तु सन्नपि ।
ग्राहकात्माऽपरार्थत्वाद् बाह्येष्वर्थेष्वपेक्षते ॥३४७॥

यस्माद् यथा निविष्टोऽसावर्थात्मा प्रत्यये तथा ।
निश्चीयते निविष्टोऽसावेवमित्यात्मसंविदः ॥३४८॥

अनेकात्मकत्वस्याभ्युपाये स्वीकारेऽपि **द्वयोः** पुरुषयोर्**भेदे**नेष्टत्वेनैकस्यान्यस्य चानिष्टत्वे**नानुभवो न स्यात्**। द्व्याकारत्वाद् वस्तुनस्तथैव प्रतीतिप्रसक्तिः, **अदृष्टे**न सुखदुःखवेदनीयेन कर्मणा**वरणात्**। द्वितीयस्याकारस्य एकात्मत्वेन प्रतिभासः स्यादिति **चेत्** एवं सत्य**र्थवशा गति**र्ज्ञानमिति **नाम** प्रसिद्धं **न स्यात्**, अदृष्टवशेनेष्टानिष्टाकारयोः प्रतीतेरुपदर्शनात् ॥३४२-३४३॥

किञ्च—**भावमनेकात्मकमेकात्मकत्वेनै**काकारतया **दर्शयददृष्टम् तत् कथमर्थस्य दर्शकं नाम भवेत्**? तदेव हि दर्शकमस्य यत् तत्स्वरूपं प्रतिभासयति। न चैकाकारोऽर्थः, ततस्तत्प्रतीतिः नार्थप्रतीतिः ॥३४४॥

यथावस्थितवस्तुग्राहिण्य**क्षधी**स्तदनन्तर**मिष्टानिष्टावभासिन्यः कल्पना** अयथार्थाः, तेनानेकात्मकत्वदोषप्रसङ्ग इति **यदी**ष्यते तत्रैन्द्रियत्वेऽप्य**निष्टादौ** आदिशब्दात् कामलादौ, **चेतसा**मिन्द्रियज्ञानानाम**सन्धान**मर्थाकाराननुविधानं **दृष्टम्**। तस्मादिन्द्रियबुद्धिरयथार्थाकारा न भवतीति नास्ति ॥३४५॥

तस्मान्न केवलं स्वरूपे, **बाह्येऽपि प्रमेये स्वानुभवः फलं युक्तम्। यतः** कारणात् **स्वभावोऽस्य** ज्ञानस्य **यथा** प्रतिभाति **तथैव** स्वार्थस्य **विनिश्चयः** सिध्यति ॥३४६॥

तत् तस्माद् **बाह्येष्वर्थेषु** ग्राह्येष्व**स्य** ज्ञानस्या**र्थाभासता**ऽर्थाकारतै**व प्रमाण**मपेक्षते, **न त्वन्वयिग्राहकात्मा** ग्राहकाकारः, **अपरार्थत्वात्** आत्मविषयत्वात् तस्य ॥३४७॥

यस्मात् कारणा**द्यथा** इष्टत्वेनानिष्टत्वेन वार्थस्यात्माकारः **प्रत्यये निविष्टः, तथा**ऽर्थो **निश्चीयते**। तस्मादर्थाकारः प्रमाणम्। **असा**वर्थाकार **एव**मिष्टानिष्टत्वेन बुद्धौ निविष्ट **इत्यात्मसंविदः** स्वसंवेदनान्**निश्चीयते** ॥३४८॥

इत्यर्थसंवित् सैवेष्टा यतोऽर्थात्मा न दृश्यते ।
तस्माद् बुद्धिनिवेश्यार्थः साधनं तस्य सा क्रिया ॥३४९॥

यथा निविशते सोऽर्थो यतः सा प्रथते तथा ।
अर्थस्थितेस्तदात्मत्वात् स्वविदप्यर्थविन्मता ॥३५०॥

तस्माद् विषयभेदोऽपि न स्वसंवेदनं फलम् ।
उक्तं स्वभावचिन्तायां तादात्म्यादर्थसंविदः ॥३५१॥

तथावभासमानस्य तादृशोऽन्यादृशोऽपि वा ।
ज्ञानस्य हेतुरर्थोऽपीत्यर्थस्येष्टा प्रमेयता ॥३५२॥

यथाकथञ्चित् तस्यार्थरूपं मुक्त्वावभासिनः ।
अर्थग्रहः कथम् सत्यं न जानेऽहमपीदृशम् ॥३५३॥

इति तस्मात् **सैवा**त्मसंविद**र्थसंविदिष्टा यतः** स्वरूपाद् बहिर्भूतो**ऽर्थात्मा न दृश्यते** बुद्ध्याकार एव तु वेद्यते । अतस्तद्वेदनदर्शनमेवार्थवेदनम् । यस्माच्चार्थसारूप्यवशेनार्थाधिगति-व्यवस्था, **तस्माद् बुद्धिनिवेश्यार्थो**ऽर्थप्रतिबिम्बं **साधनं** प्रमाणम् । **तस्य** प्रमाणस्य **सा**धिगतिः **क्रिया** फलमिष्यते ॥३४९॥

यतः कारणात् **यथार्थो** ज्ञानात्मनि **निविशते तथा सा** स्वसंवित्तिः **प्रथते** ख्याति । तस्मा**दर्थस्य स्थिते**रधिगते**स्तदात्मत्वात्** परमार्थतः **स्वविदपि** सती **अर्थविद् मता** । स्वसंवेदनमेवार्थ-वेदनमुपचारादुच्यत इति तादात्म्यमनयोः ॥३५०॥

यस्मादर्थाकार एव प्रमाणम् प्रतीतिसाधनत्वात्, फलञ्च प्रतीयमानम् **तस्मात्** प्रमाणफल**योर्विषयभेदोऽपि** नास्ति । यथा परमते आलोचनविशेषणज्ञानादीनामेकार्थापेक्षिण्यावेव हि सारूप्यप्रतिपत्ती प्रमाणफलत्वं प्रतिलभेते ।

यद्यर्थसंवेदनं फलम्, तदा, स्ववित्फलं कथमुक्तम् इत्याह—अर्थसंवेदनस्य वस्तुतः **स्वभाव-चिन्तायां स्वसंवेदनं फलमुक्तम् । अर्थसंविदस्तादात्म्यात्** स्वसंवेदनात्मत्वात् । न स्वाकारप्रतीते-रन्यास्त्यर्थप्रतीतिः, स्वरूपेण तस्याः प्रतीतेः ॥३५१॥

ननु यदि यथार्थं नानुभवः तदा स्ववासनाप्रबोधकमनुवर्तमानस्य ज्ञानस्यार्थो बाह्योऽस्ती-त्येतदेव कुतः इत्याह—**तथा** इष्टानिष्टाकारेणा**वभासमानस्य ज्ञानस्यार्थोऽपि तादृशोऽन्यादृशो वा हेतुरित्यर्थस्य प्रमेयतेष्टा सौत्रान्तिक**मते । सारूप्यस्य परमार्थतः सरूपयन्ति तत् केन स्थूलाभासं च तेऽणवः[1] इति प्रतिषेधात् ॥३५२॥

यदि सारूप्याभावस्तदा **तस्य** ज्ञानस्या**वभासिनो यथाकथञ्चि**दिष्टानिष्टादिना **भासमानमर्थ-रूप**मर्थाकारं **मुक्त्वा कथं** केन प्रकारेणा**र्थ**स्य **ग्रहः** स्यात् ? न **ह्यर्थः** स्वरूपेण दृश्यते । तत्स्वरूपबुद्धिवेदनादर्थग्रहव्यवस्था । सारूप्यमेव चेन्न सम्भवति कथमर्थग्रह इति मन्यते **सौत्रान्तिकः** ।

योगाचारस्तु तस्य साहाय्यकं मन्यमान आह—**सत्यं न जानेऽहमपीदृशम्**—अर्थग्रहः कथमिति ॥३५३॥

---

1. PV. 2.321.

अविभागोऽपि बुद्ध्यात्मविपर्यासितदर्शनैः ।
ग्राह्यग्राहकसंवित्तिभेदवानिव लक्ष्यते ॥३५४॥

मन्त्राद्युपप्लुताक्षाणां यथा मृच्छकलादयः ।
अन्यथैवावभासन्ते तद्रूपरहिता अपि ॥३५५॥

तथैव दर्शनात् तेषामनुपप्लुतचक्षुषा ।
दूरे यथा वा मरुषु महानल्पोऽपि दृश्यते ॥३५६॥

यथानुदर्शनं चेयं मेयमानफलस्थितिः ।
क्रियतेऽविद्यमानापि ग्राह्यग्राहकसंविदाम् ॥३५७॥

अन्यथैकस्य भावस्य नानारूपावभासिनः ।
सत्यं कथं स्युराकारास्तदेकत्वस्य हानितः ॥३५८॥

अन्यस्यान्यत्वहानेश्च नाभेदो रूपदर्शनात् ।
रूपाभेदं च पश्यन्तो धीरभेदं व्यवस्यति ॥३५९॥

कथं तर्ह्यसत्यर्थे ग्राह्यग्राहकफलभेदः इत्याह—परमार्थतो**ऽविभागो** भेदरहितो**ऽपि बुद्ध्यात्म**-द्वयवासनया **विपर्यासितं** विभागेनोपदर्शितं **दर्शनं** येषां तैरतत्त्वदर्शिपुरुषै**र्ग्राह्यग्राहकसंवित्ती**नां परस्परं **भेदस्तद्वानिव लक्ष्यते** ॥३५४॥

अत्र दृष्टान्तमाह—यथा **मृच्छकलादयो मन्त्रा**दिभिरु**पप्लु**तयथार्थज्ञानहेतुकृत**मक्षं** येषां तेषा**मन्यथा** सुवर्णादित्वे**नैवावभासन्ते** । तेन सुवर्णादिना **रूपेण रहिता अपि** वस्तुतः ॥३५५॥

कस्मात् पुनर्मन्त्रादिसामर्थ्यात् सुवर्णादितामेव यातं मृत्खण्डमिति नाभ्युपगम्यते इत्याह—मन्त्रादिना**ऽनुपप्लुतचक्षुषा**न्येन पुंसा **तेषां** मृच्छकलादीनां यथोपहताक्षेण ते दृश्यन्ते **तथैव दर्शनात्** मृदात्मत्वेनैव दर्शनात् सुवर्णादित्वेन निष्पत्तिकल्पनमयुक्तम् । **यथा मरुषु दूरेऽल्पोऽपि महान् दृश्यते,** तद्देशस्थैरल्पत्वेनैव भावस्य दर्शनात् ॥३५६॥

तस्माद् **ग्राह्यग्राहकसंविदां** परमार्थतो**ऽविद्यमानापि मेयमानफलस्थितिर्यथादर्शनं क्रियते** । ग्राह्याकारो मेयः, ग्राहकाकारो मानम्, संवित्तिः फलमिति व्यवस्थाप्यते ॥३५७॥

अन्यथा यदि वस्तुतो ग्राहकादिविभागो दृश्यते, त**देकस्य भावस्य** ज्ञानात्मनो **नानारूपाव-भासिनो**ऽनेकाकारप्रतिभासवन्त **आकारा** ग्राह्यादिकाः **कथं सत्यं स्युः** ? **तस्यै**कज्ञानात्मन **एकत्वस्य हानितः** । न ह्येकं प्रतिभासमानानेकाकारात्मकं भवितुमर्हति, प्रतिभासेन सर्वेषां भेदेन व्यवस्थापनात् ॥३५८॥

अनेकमेव तर्हि ज्ञानं परिच्छेदादित्वेन स्यात् इत्याह—न चानेकं ज्ञानं एकमेवेष्टव्यम् । वस्तुतो भिन्नस्याभेदे इष्यमाणे ग्राह्यादेः परस्परतो**ऽन्यस्यान्यत्वहानेः** । यदा हि भेदप्रतिभासेऽप्येकत्वमिष्टम्, तदा भेद एव न व्यवस्थितः, ततश्च सुखदुःखादयो नीलपीतादयश्च परस्परं न भिद्येरन्, प्रतिभासभेदस्य तत्साधनत्वात्, अन्यस्य च तत्साधनस्याभावात् ।

एवं तर्ह्येकं तावत् ज्ञानं नानाकारं स्यादिति शङ्कायां नकारं काकाक्षिवत् सम्बन्धयन्नाह—**नाभेदो** ज्ञानस्याभिबुद्धस्य **रूपस्य** दर्शनात् । **रूपाभेद**ञ्चाद्र्यादौ **पश्यन्ती धीरभेदं व्यवस्यति** । न च ग्राह्यग्राहकादिषु भिन्नाभासेष्वभेदप्रतिभासः ॥३५९॥

भावा येन निरूप्यन्ते तद्रूपं नास्ति तत्त्वतः ।
यस्मादेकमनेकं च रूपं तेषां न विद्यते ॥३६०॥

साधर्म्यदर्शनाल्लोके भ्रान्तिर्नामोपजायते ।
अतदात्मनि तादात्म्यव्यवसायेन नेह तत् ॥३६१॥

अदर्शनाज्जगत्यस्मिन्नेकस्यापि तदात्मनः ।
अस्तीयमपि या त्वन्तरुपप्लवसमुद्भवा ॥३६२॥

दोषोद्भवा प्रकृत्या सा वितथप्रतिभासिनी ।
अनपेक्षितसाधर्म्यदृगादिस्तैमिरादिवत् ॥३६३॥

तत्र बुद्धेः परिच्छेदो ग्राहकाकारसम्मतः ।
तादात्म्यादात्मवित् तस्य स तस्य साधनं ततः ॥३६४॥

तत्रात्मविषये माने यथारागादि वेदनम् ।
इयं सर्वत्र संयोज्या मानमेयफलस्थितिः ॥३६५॥

तस्माद् **भावा** ग्राह्यादयो **येन** रूपेण ग्राह्यत्वादिना **निरूप्यन्ते** अनुभूयन्ते **तद्रूपं तत्त्वतस्तेषां नास्ति । यस्मादेकं** रूपमनेकञ्च **रूपं तेषां न विद्यते ।** वस्तु भवदेकमनेकं वा स्यात् । न च ग्राह्याद्यभाव एकोऽनेको वा युक्तः । तस्मादुपप्लव एवायम् ॥३६०॥

ननु **लोके साधर्म्यदर्शनादतदात्मनि तादात्म्यव्यवसायेन भ्रान्तिर्**वितथाकारा **बुद्धिर्जायते** इति **नाम** प्रसिद्धम् । **इह विज्ञप्तिनये तत्** साधर्म्यदर्शनं नास्ति, **एकस्यापि तदात्मनो** भूताकारस्य **जगत्यदर्शनात्** । अत्राह—साधर्म्यदर्शनाद् या मानसी भ्रान्तिः, **इयमप्यस्ति । या** पुनर**न्तरुपप्लवसमुद्भवा** अविद्याप्रभवा, **सा प्रकृत्या दोषोद्भवा** अविद्या तिमिरादिहेतुका **वितथप्रतिभासिन्य**भूताकारा **अनपेक्षितसाधर्म्यदृगादिस्तैमिरादिवत्** । यथा तिमिरज्ञानमिन्द्रियदोषादनपेक्षितसाधर्म्यमेव जायते तथा ग्राह्यादिभ्रान्तिरपीत्यर्थः । जायमानमेव हि ज्ञानं वासनासामर्थ्यादनुभवाननुभवत्वेनान्तर्बहिर्देशत्वेन सुखादि नीलादि दर्शयति । एवं तर्हि बहिरर्थोपदर्शनशक्तमेव स्वदर्शनहेतुबलात् कस्मान्नेष्यत ज्ञानमिति चेत् न । स्वप्नादावविद्याया असद्ग्राह्याकारोपदर्शनसामर्थ्योपलब्धेः । आकारातिरिक्तबहिरर्थस्यादर्शनान्न ज्ञानस्य तदुपदर्शनसामर्थ्यकल्पना न्याय्येत्यास्तां तावदिदम् ॥३६१-३६३॥

विज्ञप्तिमात्रतायां प्रमाणफलव्यवस्थापनार्थमाह—**तत्र** विज्ञप्तिमात्रतायां **बुद्धेः ग्राहकाकारसम्मतः परिच्छेद** आकार **आत्मवित् तस्य** ग्राहकाकारस्य फलम् । **तादात्म्यात्** परिच्छेदस्वभावत्वात् स्वसंवित्तिः फलं वेति सूत्रे स्वाभासं विषयाभासञ्च ज्ञानमुत्पद्यते । तत्र यत् स्वसंवेदनं तत् फलं विषयः परिच्छेदात्मक एव हि ग्राहकाकारः, स एव चात्मवेदनम् । **ततः** परिच्छेदवशेनात्मवेदनव्यवस्थानात् **स** परिच्छेदस्तस्यात्मविदः फलभूतायाः **साधनं** प्रमाणम् ॥३६४॥

तत्र एवं सत्यात्म**विषये माने** स्वसंवेदने प्रमाणे **यथारागादि वेदनं** मानमेयफलात्मकम् । **इयं मानमेयफलस्थितिः सर्वत्र** विज्ञप्तिनयेऽपि **संयोज्या** ॥३६५॥

तत्राप्यनुभवात्मत्वात् ते योग्या स्वात्मसंविदि ।
इति सा योग्यता मानमात्मा मेयः फलं स्ववित् ॥३६६॥

ग्राहकाकारसंख्याता परिच्छेदात्मतात्मनि ।
सा योग्यतेति च प्रोक्तं प्रमाणं स्वात्मवेदनम् ॥३६७॥

सर्वमेव हि विज्ञानं विषयेभ्यः समुद्भवद् ।
तदन्यस्यापि हेतुत्वे कथञ्चिद् विषयाकृति ॥३६८॥

यथैवाहारकालादेर्हेतुत्वेऽपत्यजन्मनि ।
पित्रोस्तदेकस्याकारं धत्ते नान्यस्य कस्यचित् ॥३६९॥

तद्धेतुत्वेन तुल्येऽपि तदन्यैर्विषये मतम् ।
विषयत्वं तदंशेन तदभावे न तद् भवेत् ॥३७०॥

अनर्थाकारशङ्का स्यादप्यर्थवति चेतसि ।
अतीतार्थग्रहे सिद्धे द्विरूपत्वात्मवेदने ॥३७१॥

तथा हि—**तत्रापि** रागादिवेदनेऽपि **ते** रागादयो**ऽनुभवात्मत्वात् स्वात्मनः संविदि योग्या इति** तस्मात् **सा** स्ववेदन**योग्यता** रागादीनां **मानमात्मा मेयः फलं स्ववित्** ॥३६६॥

ननु रागादिष्टात्मसंवेदनं फलभूतं मानमुक्तम्, इह तु ग्राहकाकारो योग्यतालक्षणं प्रमाणमुच्यत इति व्याहतमिति शङ्कायामुत्तरम्—या **ग्राहककारसंख्याता परिच्छेदात्मता सा आत्मनि** संवेदने **योग्यता चेति** तस्माद् रागादिषु **स्वात्मसंवेदनं प्रमाणं प्रोक्तम्** । न हि स्ववेदनं फलभूतमिह विवक्षितम्, किन्तु योग्यता । तस्मादभिन्नार्थतैव ॥३६७॥

ननु स्वाभासं तावदस्तु ज्ञानम्, परिच्छेदस्वभावत्वात् । विषयाभासं तु कथम् ? यथा विषयः कारणं तथा चक्षुरादिरपीति तदाकारतापि स्याद् इत्याह—**सर्वमेव हि ज्ञानं विषयेभ्यः समुद्भव**दुत्पद्यमानं **तेभ्यो** विषयेभ्यो**ऽन्यस्ये**न्द्रियादे**रपि हेतुत्वे कथञ्चित्** स्वकारणायातविषयगतशक्तिभेदाद् **विषयाकृति** भवति, नेन्द्रियाद्याकारम् ॥३६८॥

यथैवापत्यजन्मनि पित्रोर्मातापित्रो**राहारकालादेश्च हेतुत्वेऽपि तदेकस्य** पित्रोर्मध्ये एकस्य पितुर्मातुर्वा**कारम**पत्यं **धत्ते, अन्यस्या**हारकालादेश्च **कस्यचित् न** ॥३६९॥

यत एवम्, तत् तस्मात् **ततो** विषया**दन्यैरि**न्द्रियादिभि**र्हेतुत्वेन तुल्ये** सदृशे**ऽपि विषये** रूपादौ **विषयत्वं** ग्राह्यत्वम्, **तेन** स्वाकारार्पकत्वे**नांशेन** विशेषणं मतम् । यस्मादाकारार्पकत्वं विषयलक्षणमवस्थितम्, तस्मात् **तस्या**कारार्पकत्वस्य**भावे तद्वि**षयत्वमिन्द्रियादिषु **न भवेत्** ॥३७०॥

किञ्च—**अर्थवति चेतस्यनार्थका**रता अर्थाकाररहितता **शङ्का स्यादपि** । दृश्यमानस्याकारस्यार्थत्वेनैव सम्भाव्यमानत्वात् । **अतीतस्यार्थस्य ग्रहे** विकल्पात्मके त्वर्थस्याभावात्, अर्थाभासतया च **द्विरूपत्वम्**, तथा चापरोक्षत्वादा**त्मसंवेदनं** चेति द्वे अपि स्तां **सिद्धे** । न हि असन्नेवार्थो दृश्यते । ततोऽर्थाकारता सा ज्ञानस्यैव । तथाऽर्थेन च परोक्षत्वाभावात् स्वाभासञ्च तत् । न चान्येन ज्ञानेन तद् वेद्यते, वेद्यवेदकभावस्य निषिद्धत्वात् । अतः स्ववेदनमेव तत् ॥३७१॥

नीलाद्याभासभेदित्वान्नार्थो जातिरतद्वती।
सा चानित्या न जातिः स्यान्नित्या वा जनिका कथम् ॥३७२॥

नामादिकं निषिद्धं प्राङ् नायमर्थवतां क्रमः।
इच्छामात्रानुरोधित्वादर्थशक्तिर्न सिध्यति ॥३७३॥

स्मृतिश्चेदृग्विधं ज्ञानं तस्याश्चानुभवाद् भवः।
स चार्थाकाररहितः सेदानीं तद्वती कथम् ॥३७४॥

नार्थाद् भावस्तदाभावात् स्यात्तथानुभवेऽपि सः।
आकारः स च नार्थस्य स्पष्टाकारविवेकतः ॥३७५॥

व्यतिरिक्तं तदाकारं प्रतीयादपरस्तदा।
नित्यमात्मनि सम्बन्धे प्रतीयात् कथितं च न ॥३७६॥

स्यादेतद्। अतीता व्यक्तिरसत्त्वान्न विकल्पविषयः, जातिस्तु सत्त्वात् स्याद् इत्याह— अतीतविकल्पस्य **नीलाद्याभासभेदित्वात्** वर्णसंस्थानाद्याकारविशेषवत्वात् **न जातिरतद्वती** वर्णाद्याकाररहितार्थो विषयः।

किञ्च—जातिर्विषयीभवन्ती अनित्या वा भवेत्, नित्या वा। **सा चानित्या जातिर्न स्यात्**, नित्यलक्षणत्वात् तस्याः। **नित्या वा बुद्धेर्जनिका कथं** स्यात्? नित्यस्य क्रमयौगपद्याभ्यां विरहात् ॥३७२॥

नामनिमित्ते विप्रयुक्तः संस्कारो विषयश्चेद् इत्याह—**नामादिकं** विषयत्वेन **निषिद्धं प्राक्**, नामादिवचने वक्तृश्रोतृवाच्यानुबन्धिनि[1] इत्यादिना। किञ्च—**अर्थवतां** सविषयाणां चक्षुर्विज्ञानादीनाम**यं क्रमो**ऽर्थसामर्थ्येन विनोत्पाद इति नास्ति। मनोविज्ञानानां त्वर्थसन्निधानानपेक्षाणा**मिच्छामात्रानुरोधित्वात्** जनिका**र्थशक्तिर्न सिध्यति**। न चाहेतुरर्थो ग्राह्यः, अतिप्रसङ्गात् ॥३७३॥

भवत्वतीतार्थालम्बनं विज्ञानं विषयाकारम्, अनुभवस्तु मा भूद् इत्याह—**ईदृग्विध**मतीतविकल्पनात्मकं **ज्ञानं च स्मृतिः। तस्याश्चानुभवाद् भव** उत्पादः। न हि अनुभवमन्तरेण स्मृतिः। **स चा**नुभवो भवन्मते**ऽर्थाकाररहितः। इदानी**मस्मिन्नभ्युपगमे **सा** स्मृतिस्त**द्वत्य**र्थाकारवती **कथम**स्तु? यद्यनुभवारूढो नार्थाकारः कथमसौ विदितः, अविदितस्य का स्मृतिः? ॥३७४॥

अर्थात् स्मृतिरुत्पद्यत इति चेत् आह—**नार्थाद् भावः**, तस्य **तदा** स्मृतिकाले**ऽभावाद**तीतार्थस्य। यथा चार्थादुत्पद्यमानायाः स्मृतेरर्थाकारो भवति, **तथाऽनुभवे**ऽप्यर्थादुत्पद्यमाने **सोऽर्थाकारः** स्यात्।

अपि च—स्मृत्यारूढः **सो**ऽस्पष्टश्चाकारो **नार्थस्या**नुभवारूढात् **स्पष्टादर्थाकाराद् विवेकतो** भेदात् ॥३७५॥

यदि च बुद्धिव्यतिरिक्तोऽर्थ एव मनोविज्ञानग्राह्यः तदा बुद्धे**र्व्यतिरिक्त**मेकेन विकल्प्यमानं **तदाकारमपरो**ऽपि योग्यदेशस्थः प्रमाता प्रतीयात्। परोपलभ्यतां निषेद्धुं **नित्यमात्म**न्यस्य विकल्प्यस्यार्थस्य **सम्बन्धे** वा स्वीक्रियमाणे यदा स्वयमनुचिन्तयितुं परस्मै कथ्यते तदा कथञ्चित् **परो न प्रतीयात्**, प्रत्येति च कथितम् ॥३७६॥

---

1. PV 2.11

एकैकेनाभिसम्बन्धे प्रतिसन्धिर्न युज्यते ।
एकार्थाभिनिवेशात्मा प्रवक्तृश्रोतृचेतसोः ॥३७७॥

तदेकव्यवहारश्चेत् सादृश्यादतदाभयोः ।
भिन्नात्मार्थः कथं ग्राह्यस्तदा स्याद्धीरनर्थिका ॥३७८॥

तच्चानुभवविज्ञानेनोभयांशावलम्बिना ।
एकाकारविशेषेण तज्ज्ञानेनानुबध्यते ॥३७९॥

अन्यथा ह्यतथारूपं कथं ज्ञानेऽधिरोहति ।
एकाकारोत्तरं ज्ञानं तथा ह्युत्तरमुत्तरम् ॥३८०॥

तस्यार्थरूपेणाकारावात्माकारश्च कश्चन ।
द्वितीयस्य तृतीयेन ज्ञानेन हि विविच्यते ॥३८१॥

अर्थकार्यतया ज्ञानस्मृतावर्थस्मृतेर्यदि ।

प्रतीत्यर्थम**एकेनैकेन** वक्त्रा श्रोत्रा च भिन्नस्य भिन्नस्य अर्थस्या**भिसम्बन्धे** चापि स्वीक्रियमाणे **प्रवक्तृश्रोतृचेतसोः प्रतिसन्धिरेकार्थाभिनिवेशात्** यदेवानेन कथितं तदेव मया प्रतीतम्, यदेव मया कथितं तदेवानेन ज्ञातम् इत्यभिन्नार्थाध्यवसायरूपो **न युज्यते** ॥३७७॥

वक्तृश्रोतृसम्बन्धिनोस्त**योरर्थयोरेकव्यवहार** एकत्वावसायः **सादृश्याच्चेत्** तदुभयदर्शने सादृश्यम् न चात्र दर्शनम् । भवतु वा तथापि **अतदाभयो**र्भिन्नात्मसम्बन्धार्थाप्रतिभासिनोर्वक्तृश्रोतृचेतसो**र्भिन्नात्मार्थः कथं ग्राह्यः**? यदा चार्थाभेदो नास्ति तदा भिन्नार्थाध्यवसायिनी **धी**र्वक्तृश्रोत्रो**रनर्थिका स्यात्**, यथार्थबुद्धेरभावात्, यथाबुद्धि चार्थाभावात् ॥३७८॥

भवतु तावदेवं स्मृतिः, विषयाकारानुभवज्ञानं त्वनाकृति स्यात् इत्याह—**तच्चानुभव**विषयेण स्मरणेना**नुबध्यते**ऽनुगम्यते, स्मर्यते इति यावत् । कीदृशेन ? **उभयांशावलम्बिना** ज्ञेयप्राचीनज्ञानगतविषयाकारानुभवरूपधर्मद्वयविषयेण । कथमनुबध्यते इत्याह—**एक**स्माद-विवादसिद्धा**दनुभवाकाराद् विशेषो** विषयाकारस्तेन स्मरण**ज्ञानेन** हि विज्ञानमर्थाकारानुभवाकारविशिष्टमेव स्मर्यते, ततस्तादृशमेव तत् ॥३७९॥

अन्यथाऽतथारूपमाकारद्वयरहितमनुभवज्ञानं स्वग्राहिणि स्मरण**ज्ञाने कथं** द्व्याकारमधि**रोहति**? अधिरूढं च ततो द्व्याकारं तत् । **तथा ज्ञानमुत्तरमुत्तरं** बुद्धिपूर्वज्ञानालम्बनमे**काकारोत्तरमेकेनैके**नाकारेणाधिकं प्रतीयते । अर्थज्ञानेन तदालम्बक एकोऽर्थाकारः प्रतीयते, तदालम्बनेन तु विषयभूतज्ञानाकारस्तदालम्बकश्च स्वाकारः ॥३८०॥

यस्मात् **तस्य द्वितीयस्य** ज्ञानस्य तौ द्वावाकारा**वर्थरूपेण** विषयभावेन तदालम्बक **आत्माकारश्च कश्चन तृतीयेन** द्वितीयज्ञानालम्बकेन **हि** यस्माद् **विविच्यते** अवधार्यते, तस्मादर्थाकारं स्ववेदनं च ज्ञानमभ्युपगन्तव्यम् ॥३८१॥

अथ निराकारमेव ज्ञानमर्थस्य कार्यमनुभवरूपम**र्थकार्यतया ज्ञानस्मृतौ** विशेषणत्वेना**र्थस्य स्मृतेः** स्मर्यमाणस्यार्थस्य **भ्रान्त्या** ज्ञानात्मनि **सङ्कलनं** सम्बन्धनं **यदि** स्यात्, तदा को दोषः ?

भ्रान्त्या सङ्कलनं ज्योतिर्मनस्कारे च सा भवेत् ॥३८२॥

सर्वेषामपि कार्याणां कारणैः स्यात् तथा ग्रहः ।
कुलालादिविवेकेन न स्मर्येत घटस्ततः ॥३८३॥

यस्मादतिशयाज् ज्ञानमर्थसंसर्गभाजनम् ।
सारूप्यात्तत् किमन्यत् स्याद् दृष्टेश्च यमलादिषु ॥३८४॥

आद्यानुभयरूपत्वे ह्येकरूपे व्यवस्थितम् ।
द्वितीयं व्यतिरिच्येत न परामर्शचेतसा ॥३८५॥

अर्थसंकलनाश्लेषां धीर्द्वितीयावलम्बते ।
नीलादिरूपेण धियं भासमानां पुरस्ततः ॥३८६॥

अन्यथा ह्याद्यमेवैकं संयोज्येतार्थसम्भवात् ।
ज्ञानं नादृष्टसम्बन्धं पूर्वार्थेनोत्तरोत्तरम् ॥३८७॥

आह—अर्थवज्ज्योतिष आलोकस्य मनस्कारस्य च ज्ञानहेतुत्वात् तत्कार्यज्ञाने स्मर्यमाणे **सा** स्मृति**र्ज्योतिर्मनस्कारे** आलोकसमनन्तरप्रत्यययोरपि स्यात् । तत्र भ्रान्त्या अर्थाकारमिवालोकमनस्काराकारमपि सङ्कलनीयम्, न त्वर्थाकारमेव नियमेन सङ्कलयितुं युक्तम् ॥३८२॥

यदि चार्थकार्यं भ्रान्त्या स्मर्यते तदा **सर्वेषामपि कार्याणां कारणैः** सह **तथा ग्रहः** कारणात्मत्वेन ग्रहणं **स्यात्** । ततश्च घटकुलालादिकार्यं **कुलालादेर्विवेकेन** भेदेन **न स्मर्येत** ॥३८३॥

अथास्त्येव कश्चिदालोकादिभ्यो विषयस्य ज्ञानात्मन्यारोपणीयो विशेषः, ततस्तदाकारावग्रहेण स्मर्यते, नान्यथा इत्याह—**यस्माद**र्थारोपिता**दतिशयात् ज्ञानमर्थसंसर्ग**स्यार्थसंश्लेषस्य **भाजनं** पात्रं भवति । अर्थेन **सारूप्यादन्यत् किं तत् स्यात्** ? सारूप्यादन्यस्यातिशयस्योपलक्षणत्वायोगात् । **यमलादिषु** सारूप्याद् भ्रान्त्या तथार्थनिश्चयस्य **दृष्टेश्च** ॥३८४॥

किञ्च—**आद्य**स्यार्थज्ञानस्या**नुभयरूपत्वे**ऽर्थाकाररहितत्वात् अनुभवै**करूपत्वे** तदालम्बकं **द्वितीयं** ज्ञानमेकस्मिन् रूपेऽनुभवात्मनि **व्यवस्थितं परामर्शचेतसा** ज्ञानज्ञानालम्बकेन तृतीयज्ञानेन **न व्यतिरिच्येत**, न विषयज्ञानग्राहकतया भेदेन गृह्येत । स्वाभासमात्रत्वेन सर्वस्याविशेषात् ॥३८५॥

यतो बुद्धेरनाकारत्वे दोषोऽयम् **ततः पुरो**ऽर्थस्य **धियं** नीलादिरूपेण **भासमानां द्वितीया धीरर्थसंकलन**स्यार्थाकारावग्रहस्या**श्लेषः** संसर्गो यस्याः सा ताम**वलम्बते** ॥३८६॥

अन्यथा यद्यनाकारं ज्ञानमर्थकार्यतया भ्रान्त्याऽर्थाकारं स्मर्यत इत्याश्रीयते तदा**द्यमेकमर्थज्ञानं** स्मृत्यार्थेन **संयोज्येत**, अर्थात् **सम्भवात्** तस्य । **न उत्तरोत्तरं ज्ञानं पूर्व**स्य ज्ञानस्या**र्थेना**कारणभूतेना**दृष्टसम्बन्धं** संयोज्येत ।

तस्मात् स्थितमेतत्—ज्ञानानां विषयसारूप्यानुभवरूपत्वाभ्यां द्व्याकारत्वम्, ततश्च सहोपलम्भनियमोऽर्थविज्ञानयोः । अर्थाकारताया अर्थोपलम्भात्, अनुभवरूपतायाः स्ववेदनत्वात् ॥३८७॥

सकृत् संवेद्यमानस्य नियमेन धिया सह ।
विषयस्य ततोऽन्यत्वं केनाकारेण सिध्यति ॥३८८॥

भेदश्च भ्रान्तविज्ञानैर्दृश्येतेन्दाविवाद्वये ।
संवित्तिनियमो नास्ति भिन्नयोर्नीलपीतयोः ॥३८९॥

नार्थोऽसंवेदनः कश्चिदनर्थं वापि वेदनम् ।
दृष्टं संवेद्यमानं तत् तयोर्नास्ति विवेकिता ॥३९०॥

तस्मादर्थस्य दुर्वारं ज्ञानकालावभासिनः ।
ज्ञानादव्यतिरेकित्वम् हेतुभेदानुमा भवेत् ॥३९१॥

अभावादक्षबुद्धीनां सत्स्वप्यन्येषु हेतुषु ।
नियमं यदि न ब्रूयात् प्रत्ययात् समनन्तरात् ॥३९२॥

बीजादङ्कुरजन्माग्नेर्धूमात् सिद्धिरितीदृशी ।
बाह्यार्थाश्रयिणी यापि कारकज्ञापकस्थितिः ॥३९३॥

तथा च—**धिया सह नियमेन सकृत्संवेद्यमानस्य विषयस्य ततो** धियोऽ**न्यत्वं** भेदः **केनाकारेण** प्रकारेण **सिध्यति** ? भिन्नयोः सहोपलम्भनियमायोगात् ॥३८८॥

यदि विषयज्ञानयोरभेदः तदा ग्राह्यग्राहकतया भेदः कथं प्रतिभाति इत्याह—**भेदश्च** वासनावशात् **भ्रान्तमु**पप्लुताकारं **ज्ञानं** येषां तैरर्वाग्दर्शिभि**र्दृश्येत इन्दाविवाद्वये** एकरूपे द्वैतं तिमिरोपहतबुद्धिभिः ।

भेदेऽपि कस्मान्न सहोपलम्भनियमः इत्याह—**भिन्नयोर्नीलपीतयोः संवित्तिनियमो नास्ति ।** ततो यत्रास्ति तत्राभेद एव ॥३८९॥

तथा हि **नार्थो**ऽनुभवमन्तरेण **कश्चिद्** दृष्टः, **वेदनं** चार्थाकारं विना न **दृष्टं संवेद्यमानम् । तत्** तस्मात्त**योर**र्थतदुपलम्भयो**र्नास्ति विवेकिता** ॥३९०॥

तस्मात् ज्ञानकालावभासिनोऽर्थस्य, अर्थज्ञानयोरपि सहसंवित्ति**ज्ञानादव्यतिरेकित्वम**भिन्नत्वं दुर्वारमित्युपसंहारः ।

स्यादेतत् । **सत्स्वप्यन्येष्वि**न्द्रियादिषु **हेतुष्वक्षबुद्धीनामभावाद् हेतुभेदस्य** तदतिरिक्तस्य कारणविशेषस्या**नुमा भवेत्** । कारणसाकल्ये सति तन्मात्रसाध्यस्य कार्यस्यानुत्पादायोगात् । यश्चासौ कारणभेदः स बाह्योऽर्थो भविष्यतीति मन्यते परः । एवमप्यनुमानगम्यो बहिरर्थो भवेन्न प्रत्यक्षो यथेष्यते, किन्तु व्यतिरेकसामर्थ्यादपि तदार्थः सिध्येत । यदि **योगाचारो** नानार्थ-प्रतिभासिनीनां धियामुत्पादक्रमस्य **नियमं** यथाप्रत्ययं प्रबुद्धवासनागर्भात् **समनन्तरप्रत्ययान्न ब्रूयात्** ॥३९१-३९२॥

ननु बाह्यार्थाभावे **बीजादङ्कुरस्य जन्मेतीदृशी** एवंजातीया **यापि** प्रतीतिसिद्धा **कारक-स्थितिः । धूमात्** कार्यात् कारणस्याग्नेः **सिद्धि**रितीदृशी यापि **ज्ञापक**हेतु**स्थितिः** तदुच्छेदः स्यात्, हेतुफलभावाश्रयस्य बाह्यस्यैवाभावात् ॥३९३॥

सापि तद्रूपनिर्भासा तथा नियतसङ्गमाः ।
बुद्धीराश्रित्य कल्प्येत यदि किं वा विरुध्यते ॥३९४॥

अनग्निजन्यो धूमः स्यात् तत्कार्यात् कारणे गतिः ।
न स्यात् कारणतायां वा कुत एकान्ततो गतिः ॥३९५॥

तत्रापि धूमाभासा धीः प्रबोधपटुवासनाम् ।
गमयेदग्निनिर्भासां धियमेव न पावकम् ॥३९६॥

तद्योग्यवासनागर्भ एव धूमावभासिनीम् ।
व्यनक्ति चित्तसन्तानो धियं धूमोऽग्नितस्ततः ॥३९७॥

अस्त्येष विदुषां वादो बाह्यं त्वाश्रित्य वर्ण्यते ।
द्वैरूप्यं सहसंवित्तिनियमात् तच्च सिध्यति ॥३९८॥

अत्राह—**सा** कारकज्ञापकस्थितिरपि **तद्रूपनिर्भासा** बीजाङ्कुरधूमाग्निप्रतिभासवासनाप्रतिनियमात् । **तथा** क्रमविशेषेण **नियतः सङ्गम** उत्पादो यासां ताः **बुद्धीराश्रित्य यदि कल्प्येत** तदा **किं वा विरुध्यते**? न किञ्चित् । यथा हि बीजप्रतिभासं ज्ञानं स्वहेतोः प्रबुद्धाङ्कुरज्ञानवासनापाटवमङ्कुरज्ञानं जनयति, एवं धूमज्ञानमग्निज्ञानमुत्पादयति । तावतैव च ज्ञापकव्यवस्थाया अविरोधः ॥३९४॥

नन्वस्ति विरोधः । तथा हि—धूमज्ञानादग्निज्ञानोत्पादेऽ**नग्निजन्यो धूमः स्यात्** । अग्निप्रतिभासस्य प्रागविद्यमानत्वात् विपर्ययः स्यात् । **तत्** तस्मात् **कार्यात् कारणे गतिर्न स्यात्**। अग्निज्ञानं प्रति धूमज्ञानस्य **कारणतायां वा** कारणात् कार्ये **एकान्ततो**ऽसन्दिग्धा **कुतो गतिरि**ति ? ॥३९५॥

अत्राह—**तत्र** धूमादग्न्यनुमानेऽ**पि धूमाभासा धी**रग्निवासनाप्रतिबद्धा एकसामग्र्यधीनतयाऽ**ग्निनिर्भासां धियमेव** धूमज्ञानादेव **प्रबोधेन पटु**जननोन्मुखा **वासना** शक्तिर्यस्यास्तां **गमयेत्, न पावकं** बाह्यरूपम्, सर्वदाऽदर्शनात् ॥३९६॥

अग्निवासनाधूमज्ञानयोर्हेतुफलतामाख्यातुमाह—**तस्या**ग्निप्रतिभासस्य **योग्या** जननसमर्था **वासनागर्भः** स्वभावभूता यस्य चित्तसन्तानस्य स **चित्तसन्तानो धूमावभासिनीं धियं व्यनक्ति** उत्पादयति । **ततोऽग्नित एव धूमो** भवतीति न कार्यकारणताविपर्ययः । न च कारणात् कार्यानुमानम्, अग्निवासनाप्रभवत्वात् धूमाग्निज्ञानयोः । धूमज्ञानात् प्रबुद्धाग्निवासनाद्वारेणाग्निज्ञानानुमितिरेकसामग्र्यधीना ॥३९७॥

एवं तर्हि **विज्ञाननय** एव सर्वव्यवस्थानमविरोधात् कथम**आचार्येण** बहिरर्थापेक्षया ज्ञानद्विरूपतोक्ता इत्याह—**अस्त्येष** सर्वव्यवस्थासु विज्ञप्तिमात्रताप्रतिपादको **विदुषां** न्यायदर्शिनां **योगाचाराणां वादः । सौत्रान्तिकै**रिष्टं **बाह्यमर्थमाश्रित्य** ज्ञानस्य **द्वैरूप्यमाचार्येण वर्ण्यते । तच्च** द्वैरूप्यं **सहसंवेदननियमात्** सहोपलम्भनियमात् **सिध्यति,** भेदेऽपि सति तदभावात् ॥३९८॥

ज्ञानमिन्द्रियभेदेन पटुमन्दाविलादिकाम् ।
प्रतिभासभिदामर्थे बिभ्रदेकत्र दृश्यते ।।३९९।।

अर्थस्याभिन्नरूपत्वादेकरूपं भवेन्मनः ।
सर्वं तदर्थमर्थाच्चेत् तस्य नास्ति तदाभता ।।४००।।

अर्थाश्रयेणोद्भवतस्तद्रूपमनुकुर्वतः ।
तस्य केनचिदंशेन परतोऽपि भिदा भवेत् ।।४०१।।

तथा ह्याश्रित्य पितरं तद्रूपोऽपि सुतः पितुः ।
भेदं केनचिदंशेन कुतश्चिदवलम्बते ।।४०२।।

मयूरचन्द्रकाकारं नीललोहितभास्वरम् ।
सम्पश्यन्ति प्रदीपादेर्मण्डलं मन्दचक्षुषः ।।४०३।।

तस्य तद्बाह्यरूपत्वे का प्रसन्नेक्षणेऽक्षमा ।
भूतं पश्यंश्च तद्दर्शी कथं चोपहतेन्द्रियः ।।४०४।।

शोधितं तिमिरेणास्य व्यक्तं चक्षुरतीन्द्रियम् ।

द्वैरूप्यसिद्धावुपपत्त्यन्तरं वक्तुमाह—**इन्द्रियस्य भेदेन** प्रसादोपघातादिना विशेषेण पुरुषार्थे **ज्ञानं पटुमन्दाविलादिकां प्रतिभासभिदां बिभ्रत्** दधत् **दृश्यते** ।।३९९।।

तस्य ज्ञानस्यार्थाच्चेन्नास्ति **तदाभता**ऽर्थाकारता, तदार्थ**स्याभिन्नरूपत्वात् तदर्थं** तद्विषयं **सर्वं मनो**वेदन**मेकरूपं भवेत्**, न पटुमन्दाविलतादिभिन्नम् । ज्ञानस्य स्वगताकारभेदानभ्युपगमात्, अर्थस्यैकरूपत्वात्, प्रतिभासभेदविरोधात् । अस्ति चायम् । तस्मादर्थरूपता, अनुभवरूपता चेति द्वैरूप्यसिद्धिः ।।४००।।

नन्वर्थरूपतायामप्यर्थस्यैकरूपत्वात् तत्सरूपं ज्ञानमेकाकारं स्यात्, न प्रसन्नाविलादिरूपम् इत्याह—**अर्थस्य** सरूपस्या**श्रयेणोद्भवतस्तस्य** ज्ञानस्य **तद्रूप**मर्थाकार**मनुकुर्वतः केनचिदंशेना**-कारेण पटुमन्दत्वादिना **परतो** वासनादेर**पि** कारणाद् **भिदा भवेत्** ।।४०१।।

तथा हि पितरमाश्रित्य तद्रूपः पित्राकारोऽ**पि सुतः** उत्पन्नः **केनचिदंशेना**कारेण **कुतश्चित्** कर्मादेर्हेतोः पितुः सकाशात् **भेदम**न्यादृशत्व**मवलम्बते,** पितापुत्रयोः सर्वथा साम्याभावात् ।।४०२।।

द्वैरूप्यसिद्धावुपपत्त्यन्तरमाह—**मयूरचन्द्रकाकार**मन्तरा **नीललोहितभास्वरं** दीप्तं **प्रदीपादेर्मण्डल**मविद्यमानमेव **मन्दचक्षुषः सम्पश्यन्ति**। दीपस्य तादृशस्वरूपाभावात् । ज्ञानस्यानुभवात्मनः स आकार इति द्वैरूप्यसिद्धिः ।।४०३।।

अथ तादृशं वस्त्वेवोत्पन्नं दृश्यत इति न ज्ञानाकारः इत्याह—**तस्य** मण्डलस्य **तद्बाह्यरूपत्वे**ऽभ्युपगम्यमाने **प्रसन्नेक्षणे** द्रष्टरि **का**ऽ**क्षमा** द्वेषः येनास्मै नात्मानमुपदर्शयेत् ? यद्वस्तूपहतेन्द्रियेण दृश्यते, तदनुपहतेन्द्रियेण सुतरां दृश्यते। **भूतं** सत्यं **च पश्यन् तद्दर्शी** मण्डलदर्शी **कथमुपहतेन्द्रियः** अपरैरदृश्यं मण्डलं **पश्यतोऽस्य** मन्दचक्षुष्ट्वेन नष्टस्य **तिमिरेण व्यक्तं चक्षुः शोधित**मित्युपहसति । किन्तु तैमिरिकस्यातीन्द्रियार्थदर्शनक्षमं तच्चक्षुरन्यस्यातैमिरिकस्य

पश्यतोऽन्याक्षदृश्येऽर्थे तदव्यक्तं कथं पुनः ।।४०५।।

आलोकाक्षमनस्कारादन्यस्यैकस्य गम्यते ।
शक्तिर्हेतुस्ततो नान्योऽहेतुश्च विषयः कथम् ।।४०६।।

स एव यदि धीहेतुः किं प्रदीपमपेक्षते ।
दीपमात्रेण धीभावादुभयं नापि कारणम् ।।४०७।।

दूरासन्नादिभेदेन व्यक्ताव्यक्तं न युज्यते ।
तत् स्यादालोकभेदाच्चेत् तत्पिधानापिधानयोः ।।४०८।।

तुल्या दृष्टिरदृष्टिर्वा सूक्ष्मोंऽशस्तस्य कश्चन ।
आलोकेन न मन्देन दृश्यतेऽतो भिदा यदि ।।४०९।।

एकत्वेऽर्थस्य बाह्यस्य दृश्यादृश्यभिदा कुतः ।
अनेकत्वेऽणुशो भिन्ने दृश्यादृश्यभिदा कुतः ।।४१०।।

अक्षदृश्येऽर्थे प्रदीपे **कथं पुनरव्यक्तमस्फुटं** यदतीन्द्रियं पश्यति तत् सर्वं दृश्यं सुतरां पश्यति ।।४०४-४०५।।

किञ्च—**आलोकाक्षमनस्कारादन्यस्य** दीपस्य **एकस्य** मण्डलज्ञानजनने **शक्तिर्गम्यते**, तन्मात्रभावेन भावात् । **ततो** दीपा**दन्यो** मण्डलो **न हेतुः**, **अहेतुश्चासौ** मण्डलज्ञानस्य **कथं विषयः**, अतिप्रसङ्गात् ? ।।४०६।।

स मण्डल **एव** मण्डलग्राहिण्या **धियो हेतुर्न** दीपो **यदीष्यते**, तदा मण्डलं **किं** कस्मात् **प्रदीपमपेक्षते** ? न ह्यहेतोरपेक्षा, अतिप्रसङ्गात् ।

दीपो मण्डलं च मण्डलबुद्धिहेतुः इत्याह—**उभयं न कारणम्**, **दीपमात्रेण** मण्डल**धियो भावात्** ।।४०७।।

यदि चार्थ एव साकारो ग्राह्यः, ज्ञानं त्वनाकारम्, तदार्थस्य **दूरासन्नादिना भेदेन** विशेषेण **व्यक्ताव्यक्तं न युज्यते**, एकात्मनः पदार्थस्य स्वरूपेण दृश्यमानत्वात् दूरासन्नस्थाभ्यां समानः प्रतीयेत । ज्ञानस्वगताकारभेदानभ्युपगमात् । व्यवधानाव्यवधानयोरा**लोक**स्य मान्द्यामान्द्य**भेदात् तद्** व्यक्ताव्यक्तं वस्तु स्यादिति चेत् दूरस्थितौ **तस्या**लोकस्य **पिधानमपिधानं** चाऽभ्युपगन्तव्यं तयोस्तुल्ययोः ।।४०८।।

सर्वस्य प्रतिपत्तु**र्दृष्टिरदृष्टिर्वा तुल्या** अर्थस्य स्यात्, दूरस्थस्य रजोनीहारादिभिरुपहतत्वात् **मन्देनालोकेन** तस्य दृश्यार्थस्य **सूक्ष्मोंऽशो**ऽवयवः **कश्चन न दृश्यते । अतः** सन्निकृष्टाद् व्यक्तिं दृश्यमानादर्थादव्यक्तत्वेन **भिदा यद्**युच्यते तदापि द्वयी कल्पना ।।४०९।।

योऽसौ स्थवीयान् दृश्यते स एकः, अनेको वा ? **तत्रैकत्वेऽर्थस्य बाह्यस्या**भ्युपगम्यमाने **दृश्यादृश्यभिदा** कुतः शङ्किता ? एवं दृश्यमदृश्यमेव वा स्यादेकान्तेन । **अनेकत्वे** दृश्यस्यार्थस्याभ्युपगम्यमाने**ऽणुशो भिन्ने**ऽस्मिन् **दृश्यादृश्यभिदा कुतः** ? न ह्यणुष्वपि स्थूलसूक्ष्मभेदः, येन किञ्चिदुपलभ्येत किञ्चिन्नेति विभागः ।।४१०।।

मान्द्यपाटवभेदेन भासो बुद्धिभिदा यदि ।
भिन्नेऽन्यस्मिन्नभिन्नस्य कुतो भेदेन भासनम् ।।४११।।

मन्दं तदपि तेजः किमावृतेरिह सा न किम् ।
तनुत्वं तेजसोऽप्येतदस्त्यन्यत्राप्यतानवम् ।।४१२।।

अत्यासन्ने च सुव्यक्तं तेजस्तत् स्यादतिस्फुटम् ।
तत्राप्यदृष्टमाश्रित्य भवेद् रूपान्तरं यदि ।।४१३।।

अन्योन्यावरणात् तेषां स्यात् तेजोविहतिस्ततः ।
तत्रैकमेव दृश्येत तस्यानावरणे सकृत् ।।४१४।।

पश्येत् स्फुटास्फुटं रूपमेकोऽदृष्टेन वारणे ।
अर्थानर्थौ न येन स्तस्तददृष्टं करोति किम् ।।४१५।।

अथैकरूपेऽप्यर्थे **भास** आलोकस्य **मान्द्यपाटवभेदेन** स्पष्टास्पष्टतया भेदो **बुद्धेर्यदी**ष्यते, तदाप्य**न्यस्मि**न्नालोके पटुमन्दतया **भिन्नेऽभिन्नस्या**र्थस्य स्वरूपेण दृश्यमानस्य **कुतो भेदेन** स्पष्टास्पष्टतया भासनं युक्तम् ? ।।४११।।

किञ्च—व्यवहितवस्त्वन्तरालवर्त्ति **तेजो मन्दं किं** कस्माद्धेतोः ? रजोनीहारादिभिस्तद्देश-वर्त्तिभि**रावृते**रालोको मन्द इति चेत् **इह** सन्निहितवस्त्वन्तरालवर्त्तिन्यालोके **सा** रजोनीहारादिभिरावृतिः **किं न** भवति ? तनुत्वादावरकस्य नीहारादेर्नावृतिश्चेत् तत् **तनुत्वं तेजसोऽपि** सन्निहितवस्त्वन्तरालवर्तिनो**ऽस्तीति** सन्निहितं च वस्तु न स्फुटं प्रतीयते, तथाऽन्यत्र दूरस्थं वस्तु स्फुटं प्रतीयेत । दूरस्थे वस्तुन्यावरकालोकयोः समान**मतानवम्**, समीपस्थे च समं तानवमिति न स्यात् प्रतीतिभेदः ।।४१२।।

किञ्च—लोचनस्या**त्यासन्ने** शलाकादौ **सुव्यक्तं तेज** आवरकस्य तनुत्वादिति **तदत्या**सन्नं शलाकादिक**मतिस्फुटं स्यात्** । न च मनागव्यवहितमिवात्यासन्नं वस्तु स्फुटमीक्ष्यते । **तत्र** दूरात्यासत्तिभेदेन व्यक्ताव्यक्तदर्शने**ऽप्यदृष्टं** धर्माधर्ममा**श्रित्या**पेक्ष्य **रूपान्तरं** व्यक्ताव्यक्तं जायत इति **यद्यु**च्यते ।।४१३।।

तदा **तेषां** व्यक्ताव्यक्तानां रूपाणा**मन्योन्यस्यावरणात्** कदाचित् कस्यचिदुपलम्भो भवतीति वक्तव्यम् । **तत** एकोपलम्भकालेऽपरोपलम्भहेतो**स्तेजसो विहति**रावृतिरिति च **स्यात्** । अन्यथाऽनावृते तस्मिन्नपरस्याप्युपलब्धिः स्याद्, अवैकल्यात् सामग्र्याः । **तत्रा**परोपलम्भहेतोरालोकस्यावरणे सति **एकमेव** व्यक्तमव्यक्तस्वरूपं दूरासन्नादिदेशस्थितैः प्रतिपत्तृभिः सर्वै**र्दृश्येत**, **न** त्वेकेन व्यक्तम् इतरेण चाव्यक्तमिति स्यात् । **तस्या**दृष्टोत्पन्नरूपस्य परस्पर**मनावरणे** तेजसश्चानावरणे **सकृत् स्फुटास्फुटं रूपं पश्येदेकः** प्रतिपत्ता । दृश्यरूपद्वयस्य दर्शनहेतोश्चालोकस्यानावरणा**ददृष्टेन** द्वितीयस्य रूपस्यावरणे व्यक्तमव्यक्तमेव वा रूपमेकं दृश्यत इति चेत् **येन** द्वितीयरूपावरणेन कृतेन पुंसो**ऽर्थानर्थाव**दृष्टकार्यौ **न स्तः** सम्भवतः, **तदा**वरण**मदृष्टं** कर्तुं **किं** कस्मात् करोति ? शुभाशुभलक्षणं ह्यदृष्टमर्थानर्थफलम् । यत् पुनरनुभवस्वभावं तद् दृष्टफलमेव भवति ।।४१४-४१५।।

तस्मात् संविद् यथाहेतु जायमानार्थसंश्रयात् ।
प्रतिभासभिदां धत्ते शेषाः कुमतिदुर्नयाः ॥४१६॥

ज्ञानशब्दप्रदीपानां प्रत्यक्षस्येतरस्य वा ।
जनकत्वेन पूर्वेषां क्षणिकानां विनाशतः ॥४१७॥

व्यक्तिः कुतोऽसतां ज्ञानादन्यस्यानुपकारिणः ।
व्यक्तौ व्यज्येत सर्वोऽर्थस्तद्धेतोर्नियमो यदि ॥४१८॥

नचापि कल्पना ज्ञाने ज्ञानं त्वर्थावभासतः ।
तं व्यनक्तीति कथ्येत तदभावेऽपि तत्कृतम् ॥४१९॥

नाकारयति चान्योऽर्थोऽनुपकारात् सहोदितः ।
व्यक्तोऽनाकारयन् ज्ञानं स्वाकारेण कथं भवेत् ॥४२०॥

वज्रोपलादिरप्यर्थः स्थिरः सोऽन्यानपेक्षणात् ।
सकृत् सर्वस्य जनयेज्ज्ञानानि जगतः समम् ॥४२१॥

यस्मात् सर्वमनन्तरोक्तमसङ्गतम्, **तस्मादर्थसंश्रयाज्जायमाना संवित्** बुद्धिर्**यथाहेतु** वासनाप्रबोधहेत्वनतिक्रमेण **प्रतिभास**स्याकारस्य व्यक्ताव्यक्तादे**र्भिदां धत्ते** बिभर्तीति न्याय्यम्। तदितरे पुनरालोकभेदोपन्यासाद्याः **शेषाः कुमतिदुर्नयाः** परवादिनां कुमतीनां दुर्विमर्शाः ॥४१६॥

किञ्च—अनाकारेण ज्ञानेनार्थः क्षणिकोऽक्षणिको वा व्यज्येत, तत्र—क्षणिकानां **ज्ञानशब्दप्रदीपा**दीनां स्वविषयस्य **प्रत्यक्ष**स्याप्रत्यक्षस्य **वा** ज्ञानस्य **जनकत्वेन** हेतूनां **पूर्वेषां** ज्ञानकाले विनाशतः, **असतां ज्ञानात् कुतो व्यक्तिः**? यदाऽर्थस्तदा न ज्ञानम्, यदा ज्ञानं तदा नार्थ इति कुतो व्यङ्ग्यव्यञ्जकभावस्तयोः ?

अथ शब्दादयो ज्ञानेन सह द्वितीयं स्वोपादेयक्षणं जनयन्ति, स एव तेन ज्ञानेन व्यज्यते, नेतरद् इत्याह—स्वकारणा**दन्यस्य** सहोत्पन्नस्या**नुपकारिणो व्यक्ति**विवक्षायां **सर्वोऽर्थः** समानकालेन ज्ञानेन व्यज्यतामनुपकारकत्वाविशेषात् । **तस्मात्** सहोत्पादकात् **हेतो**रनुपकारकत्वाविशेषेष्वपि सहोत्पन्न एवार्थो ज्ञानेन **व्यज्यत** इति **नियमो यदि** कल्प्यते **तदैषापि कल्पना न** युक्ता, **ज्ञाने** व्यञ्जकत्वस्य सहोत्पन्नेन्द्रियादिव्यञ्जकत्वप्रसङ्गात् । अस्माकं मते तु साकारं **तेनार्थेन कृतं ज्ञान**मिति ज्ञानस्य काले तस्यार्थस्या**भावेऽप्यर्थावभासतो**ऽर्थाकारात् संवेद्यमानात् तमर्थं **व्यनक्तीति कथ्येत**, अन्यस्यार्थव्यक्तिप्रकारस्यायोगात् ॥४१७-४१९॥

सहोत्पन्नस्यापि तर्हि स्वाकारज्ञानेन व्यक्तिः स्याद् इत्याह—कारणादन्यस्या**न्यश्चार्थः सहोत्पन्नो** ज्ञानेन **नाकारयति स्वाकारेण** विशेषयति, **अनुपकारात्** । न ह्यनुपकारकाकारेण विशिष्यते, अतिप्रसङ्गात् । यश्चार्थो ज्ञानं नाकारयति, स **कथं व्यक्तो भवेत्** ? ॥४२०॥

अक्षणिकस्याप्यर्थस्य व्यक्तिं निषेद्धुमाह—यो **वज्रोपलादिः स्थिरोऽर्थः सोऽपि** ज्ञानोत्पादनस्वभावत्वेनान्यस्य सहकारिणोऽनुपकारकस्या**नपेक्षणात् सकृत्सर्वस्य जगतः** स्वग्राहकाणि **ज्ञानानि सम**मेककालं **जनयेत्** ॥४२१॥

क्रमाद् भवन्ति तान्यस्य सहकार्युपकार्यतः ।
आहुः प्रतिक्षणं भेदं स दोषोऽत्रापि पूर्ववत् ॥४२२॥

संवेदनस्य तादात्म्ये न विवादोऽस्ति कस्यचित् ।
तस्यार्थरूपताऽसिद्धा साऽपि सिध्यति संस्मृतेः ॥४२३॥

भेदेनाननुभूतेऽस्मिन्नविभक्ते स्वगोचरैः ।
एवमेतन्न खल्वेवमिति सा स्यान्न भेदिनी ॥४२४॥

न चानुभवमात्रेण कश्चिद् भेदो विवेचकः ।
विवेकिनी न चास्पष्टभेदे धीर्यमलादिवत् ॥४२५॥

द्वैरूप्यसाधनेनापि प्रायः सिद्धं स्ववेदनम् ।
स्वरूपभूताभासस्य तदा संवेदनेक्षणात् ॥४२६॥

धियाऽतद्रूपया ज्ञाने निरुद्धेऽनुभवः कथम् ।
स्वं च रूपं न सा वेत्तीत्युत्सन्नोऽनुभवोऽखिलः ॥४२७॥

न चैतदस्ति, क्रमेणोत्पादात् **क्रमाद् भवन्ति** जायमानानि **तानि** वज्रादिज्ञानान्**यस्य** वज्रोपलादेः **सहकारिणामुपकारात्** स्वभावान्तरलक्षणात् **प्रतिक्षणं भेद**मन्यस्वभावता**माहुः**। यथा च **पूर्ववत्** शब्दादिष्विवात्र वज्रादिष्वपि क्षणिकेषु विज्ञानात् पूर्वकालभाविषु **सो**ऽव्यक्ति-**दोष**प्रसङ्गस्तदवस्थः ॥४२२॥

पुनर्बुद्धेरर्थाकारसिद्ध्यर्थमाह—**संवेदनस्य तादात्म्ये**ऽनुभवरूपत्वे **कस्यचिद्** विदुषो **वादो नास्ति। तस्य** संवेदनस्या**र्थरूपता** विवादा**दसिद्धा सा**ऽर्थाकारतापि **संस्मृते**रर्थाभासानुभवस्य सम्यक् स्मरणात् **सिध्यति** ॥४२३॥

अस्मिन्नर्थसंवेदनेन **भेदेनाननुभूते स्वस्य गोचरै**रर्थैः स्वाकारसमर्पणद्वारेण**विभक्ते** परस्परतो भेदेन व्यवस्थापिते **एत**ज्ज्ञान**मेवं** घटग्राहकम्, **न खल्वेवं** नैव घटग्राहकमिति। **सा** संवेदनस्मृति-**र्भेदिनी** विभागवती **न स्यात्** ज्ञानेन सह ॥४२४॥

न चानुभवमात्रेणावान्तरभिन्नेन प्रतिज्ञानं **कश्चिद् भेदो** विद्यमानोऽपि परस्परं **विवेचको** भेदव्यवस्थापनहेतुः। तथाविधा**स्पष्टे भेदे** सत्यपि **धीः** स्मृतिरूपा **विवेकिनी न** भवति। किन्त्वेकबोधाध्यवसायिनी प्रत्यभिज्ञैव स्यात्, **यमलादिवत्**। यमलयोरर्थान्तरभेदसद्भावेऽप्येको दृश्यमानो नापरस्माद् भेदेनावसीयते, किन्त्वेकत्वेनैव प्रत्यभिज्ञायते। तस्मादर्थाकारानुभवा-कारतया बुद्धिर्द्विरूपैव ॥४२५॥

ज्ञानानां **द्वैरूप्यसाधनेनापि प्रायो** बाहुल्येन **स्ववेदनं** ज्ञानं **सिद्धम्**। तथा ज्ञानस्य **स्वरूप-भूतस्याभासस्या**कारस्य **तदा** द्विरूपज्ञानोत्पत्तिकाले **संवेदना**दनुभूते**रीक्षणात्** ॥४२६॥

ज्ञानान्तरेण सरूपेण ज्ञानमर्थवद्वेद्यते इति चेत् तदा **धियाऽतद्रूप**तयाऽग्राह्यज्ञानस्वरूपया **निरुद्धे** ग्राह्ये **ज्ञाने कथमनुभवः**? स्वकाले ज्ञानं न वेद्यते, ग्राहककाले ग्राह्यस्यैवाभाव इति कथं बुद्धिवेदनम्? **स्वं च रूपं** त्वन्मते **सा** बुद्धि**र्न वेत्ती**त्य**नुभवोऽखिलो**ऽर्थस्य ज्ञानस्य **चोत्सन्नः**

बहिर्मुखं च तज्ज्ञानं भात्यर्थप्रतिभासवत् ।
बुद्धेश्च ग्राहिका वित्तिर्नित्यमन्तर्मुखात्मनि ॥४२८॥

यो यस्य विषयाभासस्तं वेत्ति न तदित्यपि ।
प्राप्ता का संविदन्यास्ति ताद्रूप्यादिति चेन्मतम् ॥४२९॥

प्राप्तं संवेदनं सर्वसदृशानां परस्परम् ।
बुद्धिः सरूपा तद्विच्चेत् नेदानीं वित् सरूपिका ॥४३०॥

स्वयं सोऽनुभवस्तस्या न स सारूप्यकारणः ।
क्रियाकर्मव्यवस्थायास्तल्लोके स्यान्निबन्धनम् ॥४३१॥

स्वभावभूततद्रूपसंविदारोपविप्लवात् ।
नीलादेरनुभूताख्या नानुभूतेः परात्मनः ॥४३२॥

स्यात्। ज्ञानप्रकाशो ह्यर्थप्रकाशः, स च स्वपरकालयोर्नास्तीति प्रकाशो न स्यात् सर्वस्य ॥४२७॥

किञ्च—अस्यार्थस्य ग्राह्यस्य **प्रतिभासवद**ाकारवत् **तद्** बाह्यग्राहकं **ज्ञानं बहिर्मुखं** बाह्यतया प्रति**भाति**, यथा नीलादिज्ञानम्। **बुद्धेश्चात्मनि ग्राहिका वित्तिर्नित्यं** सर्वकाल**मन्तर्मुखा**ऽबाह्यतया ग्राहकत्वेन प्रतिभाति। तदेतत् स्ववेदनतायामेवोपपन्नम् ॥४२८॥

यदि तु बुद्ध्यन्तरग्राहिका बुद्धिः स्यात्, तदा नीलादिवत् स्मर्यमाणातीतस्वबुद्धिवच्च ग्राहकाकारत्वाद् बहिष्ट्वेनावभासेत। तथा स्ववेदनताऽभावे **यो विषयस्याभास** आकारो **यस्य** ज्ञानस्य **तं** स्वाकारार्पकं विषयं **तदा**कारवत् ज्ञानं **न वेत्तीति** प्राप्तम्। विषयस्वरूपस्यात्मनो वेदने हि विषयवेदनं तत्परोक्षतया अर्थोऽपि परोक्षः स्यात्। यतोऽर्थस्वरूपधीवेदना**दन्या का संविदर्थस्यास्ति ? ताद्रूप्याद्** विषयसारूप्यादस्वसंवेदनादर्थस्य **संविदिति चेन्मतम्** एवं सति **सर्वे**षां यमलकादीनां **सदृशानां परस्परं संवेदनं प्राप्तम्**। न सदृश इत्येवानुभवः। **सरूपा तद्वि**दर्थस्य संवेदनं **चेत् इदानी**मस्मिन्नभ्युपगमे **सरूपिका विन्न** भवति। सारूप्यं वेदनलक्षणं न भवति, किन्त्वनुभवरूपता, सत्यपि सारूप्ये यमलकादीनामनुभवत्वात्। नापि सारूप्यवाहितानुभवमात्रं वेदनम्, किन्तु स्वसंवेदनं सारूप्यम् ॥४२९-४३०॥

यदि सारूप्यवशाद् वेदनम्, तदा बुद्ध्यात्मनापि सारूप्याद् वेदनं स्यात्, तथा ग्राह्यग्राहकयोर्भेद एव प्राप्तः इत्याह—**तस्या** बुद्धेः **सोऽनुभवो**ऽपरोक्षत्वं **स्वयं** स्वरूपेण तथोत्पत्ते**र्न सारूप्यकारणः सो**ऽनुभवो बुद्धेः।

एवं तर्हि बाह्येऽप्यर्थे बुद्धिसारूप्यं निष्फलम् इत्याह—**तदर्थं**सारूप्यं **क्रियाया** अर्थादनुभूतेः, **कर्मणो** बाह्यस्य **व्यवस्थाया निबन्धनं लोके** बहिरध्यवसायिनि **स्यात्**। न ह्यस्य सारूप्यमन्तरेण इयमस्य संवित्तिः इति शक्यं व्यवस्थापयितुम् ॥४३१॥

यस्या बुद्धेः **स्वभावभूत**स्य **रूपस्य** विषयाकारस्य **संविदो** बहिरर्थेष्वा**रोपः** स एव **विप्लवो** भ्रान्त्युपनीतत्वात् तस्मा**न्नीलादे**र्वस्तुतोऽदृश्यमानस्याप्य**नुभूताख्या**नुभवव्यवहारो लोकस्य, **न** पुनर्ज्ञानात् **परात्मनो**ऽर्थस्य साक्षाद**नुभूते**रर्थानुभवव्यवहारः ॥४३२॥

धियो नीलादिरूपत्वे बाह्योऽर्थः किम्प्रमाणकः ।
धियोऽनीलादिरूपत्वे स तस्यानुभवः कथम् ॥४३३॥

यदा संवेदनात्मत्वं न सारूप्यनिबन्धनम् ।
सिद्धं तत् स्वत एवास्य किमर्थेनोपनीयते ॥४३४॥

न च सर्वात्मना साम्यमज्ञानत्वप्रसङ्गतः ।
न च केनचिदंशेन सर्वं सर्वस्य वेदनम् ॥४३५॥

यथा नीलादिरूपत्वान्नीलाद्यनुभवो मतः ।
तथानुभवरूपत्वात् तस्याप्यनुभवो भवेत् ॥४३६॥

नानुभूतोऽनुभव इत्यर्थवद्धि विनिश्चयः ।
तस्माददोष इति चेत् नार्थेऽप्यस्त्येष सर्वदा ॥४३७॥

कस्माद् वाऽनुभवे नास्ति सति सत्तानिबन्धने ।
अपि चेदं यदाभाति दृश्यमाने सितादिके ॥४३८॥

परमार्थतस्तु **धियो नीलादिरूपत्वे** स्वसंवेद्ये तदाकारार्पको **बाह्योऽर्थः** स्वरूपेणादृश्यमानः **किम्प्रमाणकः**? न ह्याकारद्वयं वेद्यते, येनैको बाह्यस्य अपरो ज्ञानस्येति स्यात् ।

बाह्य एवाकारवान्, धीस्तु निराकारेति प्रत्यक्षसिद्धोऽर्थः स्याद् इत्याह—**धियोऽनीलादिरूपत्वे सोऽ**र्थाकाररहितो**ऽनुभवस्तस्य** नीलस्य ग्राहक इति **कथं** शक्यव्यवस्थापनः ? अनुभवमात्रात्मतया सर्वत्र ज्ञानेऽविशेषात् । विशेषव्यवस्थानशक्त्या **यदा संवेदनात्म**कत्वमपरोक्षत्वं **न सारूप्यनिबन्धनम्** यदा **स्वत एव** प्रकाशात्मतयोत्पत्तेस्**तत्** संवेदनात्मत्वं **सिद्धम्** । ततश्चा**र्थेनास्य** ज्ञानस्य **किमुन्नीयते** येन तस्य तद्वेदनमित्युच्यते ? न हि ज्ञानस्य स्वप्रकाशेऽर्थापेक्षा । न च स्वस्माद्व्यतिरिक्तं तेन वेद्यते, तत् कथमर्थवेदनमनेनेत्युच्यते ? ॥४३३-४३४॥

किञ्च—ज्ञानं **सर्वात्मना** वा एकदेशेन वाऽर्थस्य सरूपं यत् तद्ग्राहकं स्यात् ? तत्र **न** तावत् सर्वेण जडत्वादिना **साम्यम्, अज्ञानत्वप्रसङ्गतः । न च** जडयोर्ग्राह्यग्राहकभावः **केनचिदंशेन** वस्तुत्वनीलत्वादिना, **सर्वं** ज्ञानं **सर्वस्या**र्थस्य **संवेदनं** स्यात् । सर्वं वा नीलज्ञानं सर्वस्य नीलस्य वेदनं स्यात् ॥४३५॥

यथा नीलादिरूपत्वात् ज्ञानं **नीलादी**नाम**नुभवो मतः तथा** किम**नुभवरूपत्वात् तस्यानु**भवस्यार्थाविषयस्यापि पूर्वकस्योत्तरं ज्ञान**मनुभवो** न **भवेत्** ॥४३६॥

नानुभवे**ऽनुभूतोऽ**नुभव **इत्यर्थव**दर्थ इव गृहीते **विनिश्चयो** भवति । **तस्माद**नुभवस्याप्यनुभवो ग्राह्यः कः स्यादित्यय**मदोष इति चेत्** न केवलमनुभवे **अर्थे**ऽप्ये**षो**ऽनुभूतत्वनिश्चयः **सर्वदा नास्ति** । न हि धारावाहिन्यर्थज्ञानेऽर्थेषु प्रतिक्षणमनुभूतनिश्चयः । ततश्चार्थोऽपि नानुभूतः स्यात् ॥४३७॥

कस्माद्वाऽनुभवेऽनुभूतनिश्चयस्य **सत्तानिबन्धने** सारूप्ये तदुत्पादे च **सति नास्ति** सत्तानिश्चयः ? अर्थेऽप्यनुभूतनिबन्धने सारूप्यतदुत्पत्ती एव ते तज्ज्ञानेऽपि समाने ? **अपि च**

पुंसः सिताद्यभिव्यक्तिरूपं संवेदनं स्फुटम् ।
तत् किं सिताद्यभिव्यक्तेः पररूपमथात्मनः ॥४३९॥

पररूपेऽप्रकाशायां व्यक्तौ व्यक्तं कथं सितम् ।
ज्ञानं व्यक्तिर्न सा व्यक्तेत्यव्यक्तमखिलं जगत् ॥४४०॥

व्यक्तेर्व्यक्त्यन्तरव्यक्तावपि दोषप्रसङ्गतः ।
दृष्ट्या वाज्ञातसम्बन्धं विशिनष्टि तया कथम् ॥४४१॥

यस्माद् द्वयोरेकगतौ न द्वितीयस्य दर्शनम् ।
द्वयोः संसृष्टयोर्दृष्टौ स्याद् दृष्टमिति निश्चयः ॥४४२॥

सरूपं दर्शनं यस्य दृश्यतेऽन्येन चेतसा ।
दृष्टाख्या तत्र चेत् सिद्धं सारूप्येऽस्य स्ववेदनम् ॥४४३॥

अथात्मरूपं नो वेत्ति पररूपस्य वित् कथम् ।

स्वसंवेदनानभ्युपगमे **सितादिके दृश्यमाने, यदिदं सिताद्यभिव्यक्तिरूप**मन्तःप्रकाशमानं **संवेदनं स्फुटं पुंसः** प्रतिपत्तुराभाति, **तत् किं सिताद्यभिव्यक्तेः पररूपम्**, अथात्मभूतमिति विकल्पौ ? सतस्तत्त्वान्यत्वाव्यक्तिक्रमात् ॥४३८-४३९॥

पररूपेऽभ्युपगम्यमाने संवेदनं यत् प्रकाशते तन्न सितादिव्यक्तिरूपमित्य**प्रकाशायां** शुक्लादि**व्यक्तौ सितं कथं व्यक्तम्** ? **ज्ञानं** हि **व्यक्तिर्न** च **सा व्यक्ता** सितादिके दृश्यमाने दृश्यत इत्य**व्यक्तमखिलं जगत्**प्राप्तम् ॥४४०॥

सिताद्यभिव्यक्तिरेषितव्या, तथा हि—अर्थ**व्यक्तेर्व्यक्ति**रापद्यमाना न व्यक्ता स्यात् । अथ व्यक्तिरेव न सिध्येत, तस्याः स्वप्रकाशत्वेऽर्थव्यक्तिरपि तथास्तु । अथार्थव्यक्ति**र्व्यक्तेर्व्यक्त्यन्तराद्** उत्तरकालभाविवेदनाद् **व्यक्ति**रेवं तस्याश्चान्यत इत्यनवस्था दुर्वारा ।

किञ्च—**दृष्ट्या** धियाऽसंविदितया सहा**ज्ञातसम्बन्धम**र्थं **कथं विशिनष्टि** प्रतिपत्ता—दृष्टोऽयमिति ? ॥४४१॥

कथमर्थो दृष्ट्याऽज्ञातसम्बन्धः इत्याह—**यस्माद् द्वयो**रर्थज्ञानयोर्मध्ये **एकस्य गतौ** दर्शनकाले **न द्वितीयस्य दर्शन**मस्ति । तथा हि—न पदार्थो दृश्यते, न तदा बुद्धिरुपलभ्यते, तदुपलम्भस्य भावित्वात् । यदा च बुद्धिरुपलभ्यते न तदाऽन्यः, अतीतत्वात् । तस्माद् **द्वयो**रर्थज्ञानयोः **संसृष्टयो**रेकोपलम्भात् **दृष्टौ** सत्यां **दृष्टमि**दमि**ति निश्चयः** । ततोऽन्योपलब्धिः स्वोपलब्धिरूपैव ॥४४२॥

स्यादेतत् । **यस्या**र्थ**स्य सरूपं** समानाकारं **दर्शनं** ज्ञानम**न्येन चेतसा दृश्यते तत्रा**र्थे **दृष्टाख्या** दृष्टव्यवहार इति **चेत्** अत्राह—**अस्य** ज्ञानस्यार्थेन सह **सारूप्ये सिद्धे स्वसंवेदनं** ज्ञानं **सिद्धम्** । तथा हि—अर्थाकारस्तावत् ज्ञानकाले परिस्फुटं वेद्यमानो ज्ञानस्यात्मा चेत् ज्ञानमप्यर्थाकारवदपरोक्षमेव स्वभावत इति नान्यवेद्यम् ॥४४३॥

अथ ज्ञान**मात्मरूपं न वेत्ति पररूपस्य** बाह्यरूपस्य **वित् कथम्**? न ह्यर्थाकारज्ञानवेदनमन्तरेणार्थवेदनम् इत्युक्तम् ।

सारूप्याद् वेदनाख्या च प्रागेव प्रतिवर्णिता ॥४४४॥

दृष्टयोरेव सारूप्यग्रहोऽर्थं च न दृष्टवान् ।
प्राक् कथं दर्शनेनास्य सारूप्यं सोऽध्यवस्यति ॥४४५॥

सारूप्यमपि नेच्छेद् यस्तस्य नोभयदर्शनम् ।
तदार्थो ज्ञानमिति च ज्ञाते चेति गता कथा ॥४४६॥

अथ स्वरूपम् सा तर्हि स्वयमेव प्रकाशते ।
यत् तस्यामप्रकाशायामर्थः स्यादप्रकाशितः ॥४४७॥

एतेनानात्मवित्पक्षे सर्वार्थादर्शनेन ये ।
अप्रत्यक्षां धियं प्राहुस्तेऽपि निर्वर्णितोत्तराः ॥४४८॥

आश्रयालम्बनाभ्यासभेदाद् भिन्नप्रवृत्तयः ।
सुखदुःखाभिलाषादिभेदा बुद्धय एव ताः ॥४४९॥

सारूप्यमात्रेणार्थवित्तिर्भविष्यतीति चेत् **सारूप्यादनुभावात्मतारहिताद् वेदनाख्या** वेदनव्यवहृतिश्च **प्रागेव** प्राप्तं संवेदनं सर्वसदृशानां परस्परम्[1] इत्यनेन **प्रतिवर्णिता** प्रत्युक्ता ॥४४४॥

किञ्च—**दृष्टयोरेव** कयोश्चित् **सारूप्यग्रहो** दृष्टः, यथा यमलकयोः । **न च** कश्चिद् द्रष्टा ज्ञानात् **प्रागर्थं दृष्टवान्**, तत् **कथं दर्शनेन** सहास्यादृष्टस्यार्थस्य **स** द्रष्टा **सारूप्यमध्यवस्यति** निश्चिनोति ? ॥४४५॥

किञ्च—**सारूप्यमपि** शब्दात् स्वसंवेदनं **यो** वादी **नेच्छेत् न तस्योभय**स्यार्थस्य ज्ञानस्य **च दर्शनं** संगच्छते, सारूप्याभावेऽर्थवेदनाऽयोगात् । स्ववेदनाभावे च न ज्ञानसंवेदनम्, अन्येन तद्ग्रहस्य निषिद्धत्वात् । यदा चैवम् **तदार्थो ज्ञानमिति** भेदः । ते च **ज्ञाते चेति कथा**पि **गते**ति कृत्स्नं जगदन्धमूकं भवेत्, प्रतीतिनिबन्धनत्वादस्य व्यवहारस्य ॥४४६॥

अथ यदेतत् सिताद्यभिव्यक्तिरूपं स्फुटसंवेदनमाभाति तद् बुद्धेः स्वरूपम् । **सा** बुद्धि**स्तर्हि स्वयमेवा**परोक्षतया **प्रकाशते** । **यद्य**स्मादस्यां बुद्धाव**प्रकाशायां** परोक्षाया**मर्थोऽप्रकाशितः स्यात्** । प्रकाशते चार्थ इति बुद्धिरप्यपरोक्षस्वभावेति स्वसंवेदनसिद्धिः ॥४४७॥

अनात्मवित्पक्षे स्वसंवेदनाभावे **एतेना**नन्तरमुपदर्शितेन **सर्वस्यार्थस्यादर्शनेन** दर्शनाभावप्रसङ्गेन **ये जैमिनीया अप्रत्यक्षां धिय**मर्थापत्तिगम्या**माहुः तेऽपि निर्वर्णितोत्तरा** दत्तोत्तरा बोद्धव्याः । तथा हि—अर्थदर्शनान्यथानुपपत्त्या बुद्धिर्व्यवस्थापनीया । अर्थदर्शनमेव तु बुद्धिपरोक्षतायामसङ्गतमिति न तदन्यथानुपपद्यमानं बुद्धिं कल्पयितुमलम् ॥४४८॥

अपि च—**आश्रय**स्येन्द्रियस्या**लम्बन**स्य सुखादिवेदनीयस्या**भ्यास**स्य च यथावृत्तस्य **भेदाद्** विशेषात् **सुखदुःखाभिलाषादिभेदा भिन्नप्रवृत्तयो** नानाकाराः संविदितरूपा जायन्ते, **बुद्धय एव च ताः** । बोधस्वभावत्वात् ज्ञानेनाभिन्नहेतुकत्वाच्च ॥४४९॥

---

1. PV. 2.430.

प्रत्यक्षाः तद्विविक्तं च नान्यत् किञ्चिद्विभाव्यते ।
यत्तज्ज्ञानं परोऽप्येतान् भुञ्जीतान्येन विद् यदि ॥४५०॥

तज्जा तत्प्रतिभासा वा यदि धीर्वेत्ति नापरा ।
आलम्बमानस्यान्यस्याप्यस्त्यवश्यमिदं द्वयम् ॥४५१॥

अथ नोत्पद्यते तस्मान्न च तत्प्रतिभासिनी ।
सा धीर्निर्विषया प्राप्ता सामान्यं च तदग्रहे ॥४५२॥

न गृह्यत इति प्रोक्तम् न च तद्वस्तु किञ्चन ।
तस्मादर्थविभासोऽसौ नान्यस्तस्या धियस्ततः ॥४५३॥

सिद्धे प्रत्यक्षभावात्मविदौ गृह्णाति तान् पुनः ।
नाध्यक्षमिति चेदेष कुतो भेदः समार्थयोः ॥४५४॥

ततः **प्रत्यक्षाः**। न च सामान्येन वेदनमिति स्ववेदनतैव । **न च तेभ्यः** सुखादिभ्यो **विविक्तं** भिन्नमन्यत् **किञ्चिद्** बुद्धिस्वरूपं **विभाव्यते** उपलभ्यते **यत् तत्** प्रत्यक्षं **ज्ञानं** स्यात् ।

किञ्च—**अन्येन** ज्ञानेनान्यस्य ज्ञानस्य **वित्** वेदनं **यदी**ष्यते, तदा भोक्तृसन्तानवर्त्तिन **एतान्** सुखादीन् **परः** प्रतिपत्ताऽलभ्यमानो भुञ्जीत सुखाद्युपभोगवान् भवेत् भोक्तृपुरुषवत् ॥४५०॥

तस्मात् सुखादे**र्जाता तत्प्रतिभासा** सुखादिप्रतिभासा **वा** तान् सुखादीन् **वेत्ति** भोक्तृत्वेन, **नापरा** काचिद् बुद्धिरिति **यदी**ष्यते, तदा भोक्तृसन्तानवर्त्तिनः सुखादी**नालम्बमानस्यान्यस्य** पुरुषान्तरज्ञान**स्येदं** तज्जत्वं तत्प्रतिभासित्वं **द्वय**मालम्बनीयसुखाद्यपेक्षया**प्यवश्यमस्ति** । ततः सोऽपि भोक्ता स्यात् ॥४५१॥

अथान्यस्य धीर्भोक्तृसुखादेः सकाशान्**नोत्पद्यते,** नापि **तत्प्रतिभासिनी**ष्यते, तदा **सा धीर्नि-र्विषया प्राप्ता**। ग्राह्यस्य पररूपस्याभावेऽपि प्रकाशमाना स्वप्रकाशैव स्यात् ।

स्यादेतत् । भोक्तुः सुखं यद्यपि स्वरूपेण परबुद्ध्या न गृह्यते, तत् सामान्यमात्रं तु गृह्यते इति भोक्तृत्वनिरालम्बनत्वयोरभावः इत्याह—**तस्य** भोक्तृसुखविशेष**स्याग्रहे** तत्समवायि **सामान्यं न गृह्यत इति प्रोक्तम्**—अतत्समानताव्यक्ती तेन नित्योपलम्भनम्[1] इत्यादिना ।

न च तत् सामान्यं **किञ्चन वस्तु** । तथा हि—उपगतस्यानुपलम्भबाधितत्वात् **तस्मादन-**न्तरोक्ताद् युक्तिकलापात् **अर्थावभासोऽसौ** स्फुटं प्रकाशमानस**तस्याः** परोक्षत्वेनेष्टाया **धियो नान्यः,** किन्तु तद्रूप एव ॥४५२-४५३॥

ततोऽर्थाभासज्ञानयोस्तादात्म्यात् **प्रत्यक्षभावात्मविदौ** प्रत्यक्षत्वस्वसंवित्ती **सिद्धे,** ज्ञानस्या-परोक्षतया परनिरपेक्षप्रकाशत्वाच्च ।

स्यादेतत् । स्वसन्तानवर्त्ति**नः** सुखादीनध्यक्षमालम्बते, ततः प्रीतिपरितापादियोगाद् भोक्तृता । अन्यस्य **पुनस्तान्** सुखादीन् **नाध्यक्षं गृह्णाति,** किन्तु बुद्धिमात्रम्, ततः प्रीतिपरिता-पाद्यभावात् न भोक्तृत्वमिति चेत् **समार्थयो**रेकविषययोः स्वपरसन्तानवर्त्तिनोर्ज्ञानयो**रेष**

---

1. PV 2.20

अदृष्टैकार्थयोगादेः संविदो नियमो यदि ।
सर्वथान्यो न गृह्णीयात् संविद्भेदोऽप्यपोदितः ।।४५५।।

येषां च योगिनोऽन्यस्य प्रत्यक्षेण सुखादिकम् ।
विदन्ति तुल्यानुभवास्तद्वत् तेऽपि स्युरातुराः ।।४५६।।

विषयेन्द्रियसम्पाताभावात् तेषां तदुद्भवम् ।
नोदेति दुःखमिति चेत् न वै दुःखसमुद्भवः ।।४५७।।

दुःखस्य वेदनं किन्तु दुःखज्ञानसमुद्भवः ।
न हि दुःखाद्यसंवेद्यं पीडानुग्रहकारणम् ।।४५८।।

भासमानं स्वरूपेण पीडा दुःखं स्वयं यदा ।
न तदालम्बनं ज्ञानं न तदैवं प्रयुज्यते ।।४५९।।

प्रत्यक्षाप्रत्यक्षलक्षणः **कुतो भेदः**, सुखस्वरूपविषयत्वात् द्वयमपि प्रत्यक्षमप्रत्यक्षं वा स्यात् ? ।।४५४।।

अदृष्टाच्छुभाशुभादिलक्षणा**देकार्थ**समवायादेर्वा निमित्तात् स्वसन्तानवर्त्तिसुखग्राहिकायाः **संविदो नियमो** भोगरूपत्वावधारणम्, तेनान्यस्य न भोक्तृतेति **यदी**ष्यते, तदा दृष्टेनैकार्थसमवायेन वा नियमितं सुखादि **अन्यो न गृह्णीया**देवेत्यस्तु । स्वरूपप्रतिभासे भोक्तृत्वस्याप्रतिषेधात् । न हि आत्मसमवायितामात्रेण सुखादेर्भोगः किं तर्हि उपलम्भेन । स च परस्याप्यस्तीति भोक्ता स्यात् । एकस्य विषयस्य **संविद्भेदो** ग्रहणभेदो**ऽपि** व्यक्ताव्यक्ततया **अपोदितो** निराकृतः । ततः स्वरूपप्रतिभासस्यैकप्रकारत्वात् ।।४५५।।

येषां च परेषां कारणादीनां **योगिनोऽन्यस्य सुखादिकं प्रत्यक्षेण** योगबलोत्पन्नेन **विदन्ती**ति मतम्, तेषां मते परेण सुखिना दुःखिना च सह **तुल्यानुभवा** योगिन इति **तद्वत्** दुःखिपुरुषवत **ते** योगिनो**ऽप्यातुरा** दुःखपीडिताः **स्युः** ।।४५६।।

विषयेन्द्रिययोः **सम्पात**स्य संसर्गस्या**भावात् तदुद्भवं** विषयेन्द्रियसंसर्गजं **दुःखं तेषां** योगिनां **नोदेती**ति चेत् **न वै** नैव **दुःखस्य समुद्भव** उत्पत्तिः । **दुःखस्य वेदनं** दुःखित्वम्, **किन्तु दुःख**विषय**ज्ञानसमुद्भवो** दुःखिता । **न हि दुःखम्**, **आदि**शब्दात् सुखम्, **असंवेद्यम्** अज्ञायमानं **पीडानुग्रह**योः **कारणं** भवति, येन दुःखसुखयोरुत्पत्ती दुःखितासुखिते स्याताम् ।।४५७-४५८।।

ननु बौद्धस्यापि मते योगिनः सुखाद्याकारेण ज्ञानेन परदुःखमालम्बमानाः कस्मादातुरा न भवन्ति, दुःखिन इव योगिनोऽपि दुःखाकारं स्वसंवेदनञ्च ज्ञानमिति न कश्चिद् विशेषः इत्याह—**दुःखं स्वयं** परनिरपेक्षप्रकाशं **स्वरूपेण** प्रकाशस्वभावेन **भासमानं पीडा । तत्** तस्मादुत्पन्नं तत्सरूपं **तदालम्बनं** योगिनो ज्ञानं **न** पीडेति यदा बौद्धैरिष्यते **तदैवं** योगिनोऽपि परदुःखालम्बका दुःखिनः स्युरिति **न युज्यते**, येनायं भेदः ।।४५९।।

भिन्ने ज्ञानस्य सर्वस्य तेनालम्बनवेदने ।
अर्थसारूप्यमालम्ब आत्मा वित्तिः स्वयं स्फुटा ॥४६०॥

अपि चाध्यक्षताऽभावे धियः स्याल्लिङ्गतो गतिः ।
तच्चाक्षमर्थो धीः पूर्वो मनस्कारोऽपि वा भवेत् ॥४६१॥

कार्यकारणसामग्र्यामस्यां सम्बन्धि नापरम् ।
सामर्थ्यादर्शनात् तत्र नेन्द्रियं व्यभिचारतः ॥४६२॥

तथार्थो धीमनस्कारौ ज्ञानं तौ च न सिध्यतः ।
नाप्रसिद्धस्य लिङ्गत्वं व्यक्तिरर्थस्य चेन्मता ॥४६३॥

लिङ्गं सैव ननु ज्ञानं व्यक्तोऽर्थोऽनेन वर्णितः ।
व्यक्तावननुभूतायां तद्व्यक्तत्वाविनिश्चयात् ॥४६४॥

अथार्थस्यैव कश्चित् स विशेषो व्यक्तिरिष्यते ।
नानुत्पादव्ययवतो विशेषोऽर्थस्य कश्चन ॥४६५॥

तदिष्टौ वा प्रतिज्ञानं क्षणभङ्गः प्रसज्यते ।
स च ज्ञातोऽथ वाऽज्ञातो भवेज्ज्ञातस्य लिङ्गता ॥४६६॥

तेन **सर्वस्य ज्ञानस्यालम्बनवेदने भिन्ने** भिन्नलक्षणे । तथा हि—**अर्थसारूप्यमालम्ब** आलम्बनार्थः **आत्मा स्वयं** परनिरपेक्षः, **स्फुटा वित्तिर्वे**दनार्थः ॥४६०॥

अपि च—धियोऽध्यक्षताऽभावे लिङ्गतो गतिः स्यात् । तच्च लिङ्गं भव**दक्ष**मिन्द्रिय**मर्थो** विषयो **धी**रनन्तरा **पूर्व**को **मनस्कारो वा भवेत्** ॥४६१॥

यस्मात् **कार्यकारणसामग्र्यामस्या**मेभ्योऽपरमात्मनः संयोगादि**सम्बन्धि ना**स्ति, **सामर्थ्यादर्शनात् । तत्र** तेष्विन्द्रियं तावन्न लिङ्गम्, **व्यभिचारतः**, सत्यपि तस्मिन् ज्ञानाभावात् ॥४६२॥

तथार्थोऽपि ज्ञानव्यभिचारान्न लिङ्गम् । **धीमनस्कारौ** बोधस्वभावत्वात् **ज्ञानम् । तौ च** लिङ्गज्ञानात् प्राङ **न सिध्यतः**, ज्ञानस्यानुमेयत्वात् । **न चाप्रसिद्धस्य** निश्चितस्य **लिङ्गत्वम्** । सत्तामात्रेण लिङ्गत्वेऽतिप्रसङ्गात् । **अर्थस्य व्यक्तिः** स्फुटता **बुद्धेर्लिङ्गं मता चेत् ननु सैव व्यक्तिर्ज्ञान**मर्थप्रकाशलक्षणत्वात् । न च तदेव लिङ्गि चेति युक्तम् । **अनेन** व्यक्तेर्लिङ्गत्वकथनेन **व्यक्तोऽर्थो वर्णितः** प्रतिक्षिप्तः । तथा हि—**व्यक्तौ** बुद्धिरूपाया**मननुभूताया**मर्थसम्बन्धिन**स्तद्व्यक्तत्वस्य** व्यक्तिव्यक्तत्वस्या**विनिश्चया**न्न लिङ्गत्वम्, सत्तामात्रेण लिङ्गत्वेऽतिप्रसङ्गात् ॥४६३-४६४॥

अथार्थस्यैव स्वभावभूतः **स कश्चित्** स्वाभाव**विशेषो व्यक्तिरिष्यते**, न ज्ञानम् तदप्यर्थस्य स्थिरैकरूपत्वा**दनुत्पादव्ययवतो विशेषो** व्यक्तिरूपः **कश्चन न** सङ्गतः ॥४६५॥

तस्य विशेषस्ये**ष्टौ वा प्रतिज्ञान**मर्थस्य पूर्वस्वभावनाशे सति स्वभावान्तरोत्पादात् **क्षणभङ्गः प्रसज्यते । स चार्थ**स्वभाव**विशेषो ज्ञातोऽज्ञातो वा भवेत्** लिङ्गं ज्ञानस्य । तत्र **ज्ञातस्य यदि**

यदि ज्ञानेऽपरिच्छिन्ने ज्ञातोऽसाविति तत् कुतः ।
ज्ञातत्वेनापरिच्छिन्नमपि तद् गमकं कथम् ॥४६७॥

अदृष्टदृष्टयोऽन्येन द्रष्ट्रा दृष्टा न हि क्वचित् ।
विशेषः सोऽन्यदृष्टावप्यस्तीति स्यात् स्वधीगतिः ॥४६८॥

तस्मादनुमितिर्बुद्धेः स्वधर्मनिरपेक्षिणः ।
केवलान्नार्थधर्मात् कः स्वधर्मः स्वधियोऽपरः ॥४६९॥

प्रत्यक्षाधिगतो हेतुः तुल्यकारणजन्मनः ।
तस्य भेदः कुतो बुद्धेर्व्यभिचार्यन्यजश्च सः ॥४७०॥

रूपादीन् पञ्च विषयानिन्द्रियाण्युपलम्भनम् ।
मुक्त्वा न कार्यमपरं तस्याः समुपलभ्यते ॥४७१॥

तत्रात्यक्षं द्वयं पञ्चस्वर्थेष्वेकोऽपि नेक्ष्यते ।

लिङ्गतेष्यते तदा **ज्ञानेऽपरिच्छिन्ने** तदुपाधि**र्ज्ञातोऽसाव**र्थो लिङ्ग**मिति** यदिष्टं **तत् कुतः** उपपद्यते? अथाज्ञातस्य लिङ्गता तदा **ज्ञातत्वेनापरिच्छिन्नमपि तद्**वस्तु **कथं गमकं** लिङ्गम्? सत्तामात्रेण गमकत्वेऽतिप्रसङ्गादित्युक्तम् । न च ज्ञानादर्शने दृष्टता युक्ता ॥४६६-४६७॥

हि यस्माद**दृष्टा दृष्टि**र्ज्ञानं येषां तेऽर्थाः **क्वचिदन्येन द्रष्ट्रा** दृष्टा इति **न** निश्चयविषयाः स्युः । अथार्थस्यैव **विशेषः** कश्चिद् बुद्धिकृत आस्ते तेन बुद्ध्यनुमानम् इत्याह—**स** विशेषोऽर्थ**स्यान्येन** पुरुषेण **दृष्टावप्यस्तीति** पुरुषान्तरस्यातद्व्यापृतेन्द्रियस्य तस्मादर्थगतविशेषात् **स्वधीगतिः स्यात्** ॥४६८॥

अथ धर्मस्य साधारणत्वात् तस्य बुद्ध्यव्यभिचारात् **तस्मात् केवलादर्थधर्मात् स्वधर्मनिरपेक्षिणो**ऽनुमातृपुरुषात्मभूतज्ञाननिरपेक्षाद् **बुद्धेरनुमितिर्न** सम्भवति । सर्वस्यैव तस्मात् स्वबुद्ध्यनुमानप्रसङ्गात् । अथात्मधर्म एव स कश्चिद् बुद्धेर्गमक इति चेत् आह—**स्वस्यात्मनो धर्मः** स्वबुद्धेरात्मसम्बन्धिन्या बुद्धेरपरोऽन्यः **कः प्रत्यक्षाधिगतो हेतुः** स्यात्? न ह्यप्रतीतस्य हेतुता । न च बुद्धेः प्रत्यक्षतेष्यते । तद्व्यतिरिक्तश्च कश्चिदात्मधर्मो न प्रत्यक्ष इति न स्याद् बुद्ध्यनुमानम् । किञ्च—आत्मधर्मोऽसौ बुद्ध्या सममेककारणो वा स्यात् भिन्नकारणो वा? तत्र बुद्ध्या सह **तुल्यात् कारणाज्जन्म** यस्य **तस्या**त्मधर्मस्य **बुद्धेः** सकाशात् **कुतो भेदः**? अभिन्नहेतुकत्वेऽभिन्नतैव युक्ता । अथान्यहेतुकोऽसौ तदा**न्यजश्च स** व्यभिचारी स्यात् । एकसामग्र्यधीनयोरेकदर्शनादपरानुमानमव्यभिचारि, नान्यथा ॥४६९-४७०॥

उक्तमेवार्थं संगृह्णन्नाह—**रूपमादि**र्येषां तान् शब्दगन्धरसस्पर्शान् **पञ्च विषयान्** पञ्चे**न्द्रियाणि** चक्षुःश्रोत्रादीनि **उपलम्भनं** ज्ञानं **मुक्त्वा तस्या** बुद्धे**र्न कार्यमपरं समुपलभ्यते**, इयतैव सर्वस्य संग्रहात् ॥४७१॥

तत्र तेषु मध्ये **द्वय**मिन्द्रियं ज्ञानं चा**त्यक्ष**मतीन्द्रियम्, इन्द्रियस्य ज्ञानान्यथानुपपत्त्या व्यवस्थापनात्, ज्ञानस्य त्वन्मतेऽप्रत्यक्षत्वात् । रूपादिषु **पञ्चस्वर्थेषु एकोऽपि नेक्ष्यते, बुद्धेर-**

रूपदर्शनतो जातो योऽन्यथा व्यस्तसम्भवः ।।४७२।।

यदेवमप्रतीतं तल्लिङ्गमित्यतिलौकिकम् ।
विद्यमानेऽपि लिङ्गे तां तेन सार्धमपश्यतः ।।४७३।।

कथं प्रतीतिर्लिङ्गं हि नादृष्टस्य प्रकाशकम् ।
तत एवास्य लिङ्गात् प्राक् प्रसिद्धेरुपवर्णने ।।४७४।।

दृष्टान्तान्तरसाध्यत्वं तस्यापीत्यनवस्थितिः ।
इत्यर्थस्य धियः सिद्धिः नार्थात् तस्याः कथञ्चन ।।४७५।।

तदप्रसिद्धावर्थस्य स्वयमेवाप्रसिद्धितः ।
प्रत्यक्षां च धियं दृष्ट्वा तस्याश्चेष्टाभिधादिकम् ।।४७६।।

परचित्तानुमानं च न स्यादात्मन्यदर्शनात् ।
सम्बन्धस्य मनोबुद्धावर्थलिङ्गाप्रसिद्धितः ।।४७७।।

प्रकाशिता कथं वा स्यात् बुद्धिर्बुद्ध्यन्तरेण वः ।
अप्रकाशात्मनोः साम्याद् व्यङ्ग्यव्यञ्जकता कुतः ।।४७८।।

प्रत्यक्षत्वात् । **यो** यावद् दृश्यमानो **अन्यथा** ज्ञानमन्तरेण **व्यस्तसम्भवः** प्रतिक्षिप्तसत्त्वो विषयस्य **रूपदर्शनतो** बुद्धे**र्जातो**ऽभ्युपगम्यते ।।४७२।।

यच्चैवं बुद्धिनान्तरीयकतया**ऽप्रतीतम्, तद्** बुद्धे**र्लिङ्गमित्यतिलौकिकं** लोकातिक्रान्तम् ।

किञ्चाभ्युपगम्योच्यते—**विद्यमानेऽपि** कस्मिंश्चिल्लि**ङ्गे** कदाचिद् बुद्धिं **तां तेन** लिङ्गेन **सार्धम**पश्यतोऽप्रतिपत्तेः तस्माल्लिङ्गात् **कथं** बुद्धि**प्रतीतिः** ?

लिङ्गं ह्यन्वयरहितम**दृष्टस्यार्थस्य न प्रकाशकं** युक्तम्, **तत एव लिङ्गादस्य** ज्ञानस्यान्वयसिद्ध्यर्थमात्मन्यनुमानात् । **प्राक् प्रसिद्धे**र्निश्चयस्यो**पवर्णने** वाऽभिधीयमाने **तस्या**न्वयसाधकस्या**प्य**नुमानस्य **दृष्टान्तान्तरे**णानुमान**साध्ये**न साध्यत्वमि**त्यनवस्थितिः** स्यात् । तथा चैकस्यासिद्धौ सर्वस्यासिद्धिः प्रसज्यते । **इति** तस्माद**र्थस्य धियः** सकाशात् **सिद्धिर्नार्थात् तस्या** धियः **कथञ्चन** सिद्धिरिति न्याय्यम् ।।४७३-४७५।।

तस्मात् **तस्या** धियो**ऽप्रसिद्धावर्थस्य स्वयमेवाप्रसिद्धितः** कथं लिङ्गता ? स्वप्रकाशत्वात् **प्रत्यक्षां धियं तस्याश्च चेष्टाऽभिधा** आदिर्यस्य सुखप्रसादवैवर्ण्यादेस्तं **दृष्ट्वा** गृहीतव्याप्तिकस्यान्यसम्बन्धिचेष्टादिदर्शनात् **परचित्तानुमानञ्चेष्टं न स्यात्,** बुद्धेरा**त्मनि** स्वसन्ततौ चेष्टादिभिः सह **सम्बन्धस्यादर्शनात्** ।

अपि च—वासनामात्रबलभाविन्यां **मनोबुद्धौ** विकल्पबुद्धौ विषयभूतस्यार्थस्याभावात् **अर्थस्य लिङ्गस्यासिद्धितो** बुद्ध्यन्तराल्लिङ्गादनुमानं स्यात् ।।४७६-४७७।।

कथं वा बुद्ध्यन्तरेणाप्रत्यक्षेण **बुद्धिः प्रकाशिता स्यात्** ? **वो** युष्माकं दर्शनं यस्माद**प्रकाशात्मनो**र्लिङ्गलिङ्गिनोरसिद्धत्वेन **साम्यात् व्यङ्ग्यव्यञ्जकता कुतः** ? ।।४७८।।

विषयस्य कथं व्यक्तिः प्रकाशे रूपसंक्रमात् ।
स च प्रकाशस्तद्रूपः स्वयमेव प्रकाशते ॥४७९॥

तथाभ्युपगमे बुद्धेर्बुद्धौ बुद्धिः स्ववेदिका ।
सिद्धान्यथा तुल्यधर्मा विषयोऽपि धिया सह ॥४८०॥

इति प्रकाशरूपा नः स्वयं धीः सम्प्रकाशते ।
अन्योऽस्यां रूपसंक्रान्त्या प्रकाशः सन् प्रकाशते ॥४८१॥

सादृश्येऽपि हि धीरन्या प्रकाश्या न तया मता ।
स्वयं प्रकाशमाना ऽर्थस्तद्रूपेण प्रकाशते ॥४८२॥

यथा प्रदीपयोर्दीपघटयोश्च तदाश्रयः ।
व्यङ्ग्यव्यञ्जकभेदेन व्यवहारः प्रतन्यते ॥४८३॥

विषयेन्द्रियमात्रेण न दृष्टमिति निश्चयः ।

यद्यप्रकाशात्मनोर्न व्यङ्ग्यव्यञ्जकता तदार्थज्ञानयोरपि कथं व्यङ्ग्यव्यञ्जकताभाव इति **विषयस्य कथं व्यक्ति**रिति ? उत्तरमाह—**प्रकाशे** स्वसंविदिते ज्ञाने विषयस्य **रूपसंक्रमात** सारूप्यसम्भवात् ज्ञानेनार्थः प्रकाशित इत्युच्यते । **स च प्रकाशस्तद्रूपो** विषयस्वरूपः **स्वयमेवा**-परोक्षप्रकाशात्मनोत्पन्नः **प्रकाशते**, न त्वन्येन प्रकाश्यते ॥४७९॥

स्यादेतद् । बुद्धिरपि बुद्ध्यन्तरसरूपोत्पन्ना प्रकाशमाना बुद्धेर्व्यञ्जिका मतेति चेत् आह—**बुद्धेः** प्रकाश्यायाः **बुद्धौ** व्यञ्जिकायां **तथा** संक्रान्तसारूप्यप्रकाशद्वारेण वेदनाभ्युपगमे व्यञ्जिका **बुद्धिः स्वसंवेदिका सिद्धा** । धीसरूपाया बुद्धेः स्वप्रकाशत्वे पूर्वबुद्धिः प्रकाशिता स्यात् । **अन्यथा** स्वप्रकाशत्वानभ्युपगमे **विषयोऽप्य**प्रकाशस्वभावतया **धिया सह तुल्यधर्मे**ति सोऽपि बुद्धेर्व्यञ्जकः स्यात् । सरूपयोर्धीविषययोरन्योन्यं व्यञ्जकता भवेत् ॥४८०॥

इति तस्मान्नोऽस्माकं मते **धीः स्वय**मात्मना प्रकाशरूपोत्पन्ना सती **प्रकाशते,** न त्वन्येन प्रकाश्यते इति युक्तम् । **अन्यः** पुनरन्योऽ**स्यां** बुद्धौ प्रकाशायां **रूपसंक्रान्त्या** प्रकाशः **सन् प्रकाशते**। ततोऽर्थवेदनव्यवहारः ॥४८१॥

सादृश्ये सारूप्येऽ**पि** सति **तया** सरूपया धियाऽ**न्या** पूर्विका **धीर्न प्रकाश्या मता,** प्रकाश-स्वभावस्य परेण प्रकाशायोगात् । किन्तु **स्वयं** प्रकाशस्वभावतया **प्रकाशमाना प्रकाशत** इत्यभ्युपेयम् ।

एवं तर्ह्यर्थस्याप्रकाशात्मनः कथं प्रकाशता इत्याह—**अर्थः** सारूप्यसंक्रान्तेस्**तद्रूपेण** ज्ञानरूपेण प्रकाशते, न तु साक्षात् स्वरूपेण ॥४८२॥

दृष्टान्तमाह—**यथा प्रदीपयोः** प्रकाशात्मनोर्न प्रकाश्यप्रकाशकभावः, तथा बुद्ध्योरपि । यथा **दीपघटयोः** प्रकाशाप्रकाशस्वभावयोरेकः प्रकाशकोऽन्यः प्रकाश्यः, तथा ज्ञानार्थयोरपि । **तदाश्रयो**ऽप्रकाशप्रकाशात्मनिष्ठो **व्यङ्ग्यव्यञ्जकभेदेन व्यवहारो** लोके **प्रतन्यते** ॥४८३॥

यतश्च **विषयमात्रेण इन्द्रियमात्रेण** वेदं **दृष्टमिति न निश्चयः, तस्माद्** यतस्तद्व्यतिरिक्ता-

तस्माद् यतोऽयं तस्यापि वाच्यमन्यस्य दर्शनम् ।।४८४।।

स्मृतेरप्यात्मवित् सिद्धा ज्ञानस्याऽन्येन वेदने ।
दीर्घादिग्रहणं न स्याद् बहुमात्रानवस्थितेः ।।४८५।।

अवस्थितावक्रमायां सकृदाभासनान्मतौ ।
वर्णः स्यादक्रमोऽदीर्घः क्रमवानक्रमां कथम् ।।४८६।।

उपकुर्यादसंश्लिष्यन् वर्णभागः परस्परम् ।
आन्त्यं पूर्वस्थितादूर्ध्वं वर्धमानो ध्वनिर्भवेत्[1] ।।४८७।।

अक्रमेण ग्रहादन्ते क्रमवद्धीश्च नो भवेत् ।

ज्ज्ञानादिदं दृष्टमिति निश्चयः, **तस्यापि** विषयेन्द्रियाभ्या**मन्यस्य** ज्ञानस्य **दर्शन**मपरोक्षत्वं **वाच्य**मिति बुद्धिपरोक्षतावादो न युक्तः ।।४८४।।

स्वसंवित्तिसिद्ध्यर्थमुपपत्त्यन्तरमाह—**ज्ञानस्या**तीतस्य **स्मृतेरप्यात्मवित्** स्वसंवित्तिः **सिद्धा**। प्रतीतमेव हि स्मर्यते यथार्थः ।

स्यादेतत्—ज्ञानं प्रतीतमन्येन चेतसा, न स्वसंवेदनेन इत्याह—**अन्येन** ज्ञानेन पूर्वकस्य ज्ञानस्य **वेदने**ऽभिधीयमाने **दीर्घादेः** स्वरस्य **ग्रहणं न स्यात्**, क्षणिकस्य ज्ञानस्य एकाण्वत्ययकाल-मात्रस्थायिनोऽनेकक्षणनिर्वर्त्यासु **बह्वीषु मात्रासु** दीर्घादिनिर्वर्तनिकासु ग्राहकत्वे**नावस्थितेः**। न ह्येकक्षणमात्रस्थायि ज्ञानमनेकक्षणकलापनिर्वर्तनीयमात्रासञ्चयात्मकं दीर्घादिकं शक्नोति ग्रहीतुम्, किन्त्वकाराद्येकैकमात्रावयवलेशं गृह्णाति । तद्ग्राहकत्वेन द्वितीयज्ञानेन तत् प्रतीयते। एवमपरापरैर्ज्ञानैरवयवलेशग्राहकैः स्वस्वग्राहकज्ञानान्तरितैर्ग्रहणक्रमे केन मात्राग्रहणम्, मात्राप्रचयदीर्घादिग्रहणं वा स्यात् ? ।।४८५।।

अथानेकमात्राकालमेकैव बुद्धिरस्तीत्युच्यते, तदानेककाल**मवस्थितौ** सत्या**मक्रमायां मतौ** सर्वमात्राणां **सकृदाभासना**द्दीर्घादि**वर्णोऽक्रमः स्यात्**, प्रतीतिनिबन्धनत्वाद् वस्तुव्यवस्थायाः। तथा चा**दीर्घो** भवेत् । न ह्येककालमुच्चैरुच्चार्यमाणोऽप्येकमात्रिको दीर्घः ।

ननु क्रमवन्तो वर्णा अवयवक्रमेणोत्पद्यमाना दीर्घादिबुद्धिमुत्पादयिष्यन्ति इत्याह—**क्रमवान् वर्णभागः** स्वस्वकालस्थायी **परस्परमसंश्लिष्यन्न**सम्बध्यमानो दीर्घबुद्धि**मक्रमां कथमुपकुर्या**दुत्पाद-येत् ? क्रमवति ज्ञेये ज्ञानमपि तथैव युक्तम् ।

अथोत्पन्ना वर्णावयवा अन्त्यावयवोत्पत्तिपर्यन्तमनुवर्तन्ते, ततः क्रमग्रहणं सर्वग्रहणं चास्तीति युक्तं दीर्घादिग्रहणम् इत्याह—**आ अन्त्य**मन्त्यं वर्णावयवं यावत् **पूर्व**पूर्वेषां वर्णावयवानां क्रमोत्पन्नानां **स्थितौ** सत्यां प्रथमवर्णावयवा**दूर्ध्वं** पूर्वोत्पन्नस्यानुवृत्तावपूर्वस्य चापरस्योत्पत्तौ **वर्धमानो ध्वनिर्भवेत्**, न चैतदस्ति, अवयवक्रमग्रहणेन दीर्घबुद्धेरुत्पादात् ।।४८६-४८७।।

स्यादेतत् । क्रमेणोत्पन्नानामवयवानामन्त्यावयवकाले ग्रहणमिति न वर्धमानध्वनिर्भवति, पूर्वं कस्यचिद् ग्रहणाभावाद् इत्याह—**अक्रमेण ग्रहणा**दन्त्यवर्णनिष्पत्तिकाले च तद्ग्राहिका **क्रमवती धीर्नो भवेत्**, ततश्च न दीर्घग्रहणम् । न ह्येककालमनेकैरुच्चार्यमाणेऽनेकस्मिन्नकारादौ दीर्घबुद्धिर्भवेत् ।

---

1. Cf. वाक्यपदीय 1.84.

धियः स्वयं च न स्थानं तदूर्ध्वविषयास्थितेः ॥४८८॥

स्थाने स्वयं न नश्येत् सा पश्चादप्यविशेषतः ।
दोषोऽयं सकृदुत्पन्नाक्रमवर्णस्थितावपि ॥४८९॥

सकृद्यत्नोद्भवाद् व्यर्थः स्याद् यत्नश्चोत्तरोत्तरः ।
व्यक्तावप्येष वर्णानां दोषः समनुषज्यते ॥४९०॥

अनेकया तद्ग्रहणे यान्त्या धीः सानुभूयते ।
न दीर्घग्राहिका सा च तन्न स्याद् दीर्घधीस्मृतिः ॥४९१॥

पृथक् पृथक् च बुद्धीनां संवित्तौ तद्ध्वनिश्रुतेः ।
अविच्छिन्नाभता न स्याद् घटनं च निराकृतम् ॥४९२॥

एकैकबुद्धिः सकृदुत्पन्ना क्रमेणावयवान् गृह्णन्त्यन्त्यावयवग्रहणकाले दीर्घग्राहिकेति चेत् आह—**धियो**ऽवयवग्राहिकायास्तस्मादेकावयवग्रहणा**दूर्ध्वं** पूर्वगृहीतस्य **विषयस्यास्थिते**र्हेतो**र्न स्थानं** स्थितिर्युक्ता ॥४८८।

अथ विषयानवस्थानेऽपि **स्वयम**विनश्वरस्वभावतया बुद्धेः **स्थाने** वा स्वीक्रियमाणे **पश्चाद**न्त्यावयवग्रहणानन्तरमप्यविनश्वरस्वभावतया**ऽविशेषतो न नश्येत्** । बुद्धेः सकृदुत्पन्नायाश्चिरावस्थाने यो **दोषः** सर्वदा विनाशप्रसङ्गः उक्तः, **अयं सकृदुत्पन्नानामक्रमाणां वर्णानां** क्रमग्राहिविज्ञानोत्पत्तिकालं यावदव**स्थिताव**प्युच्यमानायां बोद्धव्यः । यदि सकृदुत्पन्ना अप्यविनश्वरस्वभावतया कञ्चित् कालमनुवर्तन्ते तदा चिरमपि तत्स्वभावाप्रच्युतेरनुवर्तेरन् ॥४८९॥

किञ्च—**सकृत्** कृताद् यत्नात् ताल्वादिव्यापारात् वर्णानामुत्पन्नत्वा**दुत्तरोत्तरो यत्नश्च व्यर्थः स्यात्** ।

योऽपि मन्यते—प्रयत्नप्रेरितेन वायुना स्तिमितस्य वायोराकाशसंयुक्तस्य संयोगविभागकृता शब्दस्याभिव्यक्तिर्भवति इति, तं प्रत्याह—**वर्णानां** वायवीयसंयोगविभागद्वारेणाभि**व्यक्ता-वपी**ष्यमाणायामयमनन्तरोक्तोऽक्रमाणां सकृदभिव्यक्तेरुत्तरो यत्नः प्राणप्रेरणादिको व्यर्थः स्यादिति **दोषः समनुषज्यते** ॥४९०॥

स्यादेतद्—**अनेकया** धिया **तस्यानेकाश्रयात्मकस्य वर्णस्य **ग्रहणे** कृते पश्चाद् **याऽन्त्या** धीरन्त्यावयवग्राहिका **सा** बुद्ध्यन्तरेणा**नुभूयते** । तथा दीर्घादिबुद्धिर्भविष्यति चेत् नन्वेवं पूर्वासां बुद्धीनामनेकावयवग्राहिकाणां न बुद्ध्यन्तरेण ग्रहः, नापि स्वसंवेदनेन वित्तिः । या चानुभूयते साऽन्त्यावयवग्राहिका धीः । **सापि** हि **न दीर्घादिवर्णग्राहिका** । **तत्** तस्माद्**दीर्घधी-स्मृतिर्न स्यात्** ॥४९१॥

न ह्यगृहीतमेव स्मर्यते, वर्णावयवग्राहिकाणां **बुद्धीनां पृथक् पृथक्** स्वस्वग्राहिणीभिः बुद्धिभिः **संवित्ता**विष्यमाणायां च **तद्ध्वनिश्रुते**र्दीर्घादिवर्णबुद्धे**रविच्छिन्नाभता** निरन्तरप्रतिभासता **न स्यात्**, अन्तरान्तरा बुद्धिग्राहिणीभिर्बुद्धिभिरवयवग्राहिबुद्धीनां व्यवधानात् । स्वग्राहिकाभिर्बुद्धिभिर्व्यवधानेऽपि बुद्धीनां लघुवृत्तित्वात् **घटनम**व्यवधानाध्यवसानं **निराकृतम्**—अन्यत्रापि

विच्छिन्नं श्रृण्वतोऽप्यस्य यद्यविच्छिन्नविभ्रमः ।
ह्रस्वद्वयोच्चारणेऽपि स्यादविच्छिन्नविभ्रमः ॥४६३॥

विच्छिन्ने दर्शने चाक्षादविच्छिन्नाधिरोपणम् ।
नाक्षात् सर्वाक्षबुद्धीनां वितथत्वप्रसङ्गतः ॥४६४॥

सर्वान्त्योऽपि हि वर्णात्मा निमेषतुलितस्थितिः ।
स च क्रमादनेकाणुसम्बन्धेन नितिष्ठति ॥४६५॥

एकाण्वत्ययकालश्च कालोऽल्पीयान् क्षणो मतः ।
बुद्धिश्च क्षणिका तस्मात् क्रमाद् वर्णान् प्रपद्यते ॥४६६॥

इति वर्णेऽपि रूपादाववविच्छिन्नावभासिनी ।
विच्छिन्नाप्यःयथा बुद्धिः सर्वा स्याद् वितथार्थिका ॥४६७॥

समानं तद्[1] इत्यादिना । यथावयवग्राहिका बुद्धयो लघुवृत्तयः, तथा तद्ग्राहिबुद्धिकाले तदभावोऽपि लघुवृत्तिरिति बुद्ध्यवच्छेदवर्णविच्छेदोऽपि मन्येतेत्युक्तं प्राक् ॥४९२॥

किञ्च—**विच्छिन्नं शृण्वतोऽपि** लघुवृत्तेर्**यद्यविच्छिन्नभ्रमः**, **तदा ह्रस्वद्वयोच्चारणेऽपि** लघुवृत्तेर**विच्छिन्नविभ्रमः स्यादिति** दीर्घबुद्धिर्भवेत् ॥४९३॥

वर्णावयवानामक्षा**दिन्द्रियाद् विच्छिन्ने** स्वबुद्धिभिर्व्यवहिते च वस्तुतो **दर्शनेऽक्षादविच्छिन्न**स्य दर्शनस्या**धिरोपण**मारोप **इति न युक्तम्** । एवं **सर्वासामक्षबुद्धीनां** रूपादिग्राहिणीनां **वितथत्वप्रसङ्गतो** न किञ्चिदभ्रान्तं स्यात् ॥४९४॥

बुद्धेर्बुद्ध्यन्तरेण गृहीतावविच्छेदप्रतिभासो नास्तीति सोपपत्तिकमाख्यातुमाह—**सर्वे**षां दीर्घादीनामेकमात्रिकत्वा**दन्त्यो वर्णात्मा**ऽकारादिः **निमेषेण** नयननिमीलनेन **तुलिता** परिमिता **स्थितिर्**यस्य स तथा । **स** चाक्षिनिमेषकालस्थाय्यकारादिर**नेके**षामाकाशतमःसंज्ञितानां पक्ष्ममालाद्वयवर्त्तिनामणूनां **सम्बन्धे**नाक्रणेन निमेषकालसंज्ञितेन **क्रमाद्** भूयः क्षणव्यवधानान्**नितिष्ठति** परिसमाप्यते । एतेन अन्त्योऽपि वर्णोऽनेकक्षणस्थायी इत्युक्तम् ॥४९५॥

एकस्याणोरत्यय आक्रमणं स **कालः** परिमाणं यस्य तादृशश्च **कालोऽल्पीयान्** लघुतमो भेत्तुमशक्यः **क्षणो** भवेत् । तावत्कालमात्रस्थास्नुतया **बुद्धिश्च क्षणिका । तस्मात्** क्षणिकत्वाद् बुद्धिः **क्रमात्** पुनर्धीर्व्यवहिता भूयसी भवन्ती **वर्णान् प्रतिपद्यते** । तत् कथमविच्छिन्नवर्णग्रहः सङ्गतः ? ॥४९६॥

इति तस्माद् **वर्णेऽपि रूपादावपि** बुद्धिस्तद्ग्राहिकया**ऽन्यया** धियाऽन्तरिता वस्तुतो **विच्छिन्नाप्यविच्छिन्नावभासिनी** कुतश्चिन्निमित्ताद् भवन्ती **सर्वा वितथार्थिका** शून्या भ्रान्तिः **स्यात्** ॥४९७॥

---

1 PV. 2.135

घटनं यच्च भावानामन्यत्रेन्द्रियविभ्रमात् ।
भेदालक्षणविभ्रान्तं स्मरणं तद् विकल्पकम् ॥४९८॥

तस्य स्पष्टावभासित्वं जल्पसंसर्गिणः कुतः ।
नाक्षग्राह्येऽस्ति शब्दानां योजनेति विवेचितम् ॥४९९॥

विच्छिन्नं पश्यतोऽप्यक्षैर्घटयेद् यदि कल्पना ।
अर्थस्य तत्संवित्तेश्च सततं भासमानयोः ॥५००॥

बाधके सति सन्न्याये विच्छिन्न इति तत् कुतः ।
बुद्धीनां शक्तिनियमादिति चेत् स कुतो मतः ॥५०१॥

युगपद् बुद्ध्यदृष्टेश्चेत् तदेवेदं विचार्यते ।
तासां समानजातीये सामर्थ्यनियमो भवेत् ॥५०२॥

यच्च भावानां सदृशापरापरेषामुत्पद्यमानानां स एवायम् इत्येकत्वघटनं **तद्** भावानां परस्परतो **भेदालक्षणेन विभ्रान्तं विकल्पकं** ज्ञानं **स्मरणम्** । **अन्यत्रेन्द्रियविभ्रमात्** । अतः पुनरलातादिषु भ्राम्यमाणेषु चक्राद्याकारं ज्ञानमुत्पद्यते, असाविन्द्रियभ्रमो निर्विकल्पक एव ॥४९८॥

तस्य विकल्पस्य **जल्पसंसर्गिणः** शब्दसंसर्गवतः **स्पष्टावभासित्वं** ज्ञेयाकारवैशद्यं कुतः ? यस्मादक्षग्राह्ये स्वलक्षणे **शब्दानां** संकेताग्रहणात् वाचकत्वेन **योजना** नास्तीति **विवेचितं** प्राक् ॥४९९॥

अथाक्षैरिन्द्रियज्ञानैः स्वज्ञानव्यवहितैरपरापरमर्थं **विच्छिन्नं पश्यतोऽपि** ज्ञानानुचरी **कल्पना** तदेवेदम् इत्येकत्वेन **घटयेदिति यद्** उच्यते, तदा विच्छिन्नदर्शनमेव नास्तीति वक्तुमाह —**अर्थस्य** ग्राह्यस्य **तत्संवित्तेश्च** विजातीयाव्यवकीर्णत्वात् **सततं भासमानयोरनयोरविच्छेद**-भासनस्य **बाधके सं**श्चासौ **न्याय**श्च तस्मिन् प्रमाणभूते बाधके सतीत्यर्थः । ते अर्थसंवित्ती ज्ञानज्ञानेन **विच्छिन्ने इति** यदुच्यते **तत्कुतः ? बुद्धीनामेकैकबुद्धिजननशक्तिनियमात्** । न ग्राह्य-बुद्ध्या सह तद्ग्राहिका बुद्धिर्भवति । ततो विच्छिन्नतयाऽर्थदर्शनमिति **चेत् स** युगपद् ज्ञानानु-त्पादः **कुतो** हेतोर्**मतः** ? ॥५००-५०१॥

युगपद् बुद्ध्योरुत्पन्नयोर**दृष्टेश्चेत्** यद्यदर्शनं प्रमाणं विच्छिदेस्यापि तदस्तीति, सोऽप्ययुक्तो-ऽभ्युपगमः । अथ विच्छेदादर्शनेऽपि विचारात् सा सिध्यति, तदा **तदेवेदं** युगपद् बुद्ध्यदर्शन-मपि बाध्यतया न युगपद् बुद्ध्युत्पादबाधनासमर्थमिति **विचार्यते**, तत् किमस्योपन्यासेन ?

ननूक्तं भगवता—अस्थानमेतत् यद् द्वे चित्ते युगपत् सम्प्रतिपद्येयाताम् इति, तत्कथम् इत्याह—**तासां** बुद्धीनां विकल्पिकानामिन्द्रियजानाञ्च **समानजातीय** एकस्मिन् ज्ञाने कर्तव्ये **सामर्थ्यनियम**स्तथा भगवता प्रतिपादितो **भवेत्** । ततो ग्राह्यग्राहकमसमानजातीयं बुद्धिद्वयमपि सह जायेत । समानजातीयं तु न सह जायते ॥५०२॥

तथा हि सम्यग्लक्ष्यन्ते विकल्पाः क्रमभाविनः ।
एतेन यः समक्षेऽर्थे प्रत्यभिज्ञानकल्पनाम् ॥५०३॥

स्पष्टावभासां प्रत्यक्षां कल्पयेत् सोऽपि वारितः ।
केशगोलकदीपादावपि स्पष्टावभासनात् ॥५०४॥

प्रतीतभेदेऽप्यध्यक्षा धीः कथं तादृशी भवेत् ।
तस्मान्न प्रत्यभिज्ञानाद् वर्णाद्येकत्वनिश्चयः ॥५०५॥

पूर्वानुभूतस्मरणात् तद्धर्मारोपणाद् विना ।
स एवायमिति ज्ञानं नास्ति तच्चाक्षजे कुतः ॥५०६॥

न चार्थज्ञानसंवित्त्योर्युगपत् सम्भवो यतः ।
लक्ष्येते प्रतिभासौ द्वौ नार्थार्थज्ञानयोः पृथक् ॥५०७॥

न ह्यर्थाभासि च ज्ञानमर्थो बाह्यश्च केवलः ।
एकाकारमतिग्राह्ये भेदभावप्रसङ्गतः ॥५०८॥

तथा हि विकल्पाः क्रमभाविनः सम्यग् लक्ष्यन्ते । इन्द्रियज्ञानानि च समानजातीयानि क्रमवन्ति च दृश्यन्ते, विकल्पेन्द्रियज्ञाने चक्षुःश्रोत्रादिज्ञाने च सहोत्पद्यन्ते ।

एतेन विकल्पाविकल्पयोः सहोत्पादेन **यो मीमांसकः समक्षे** प्रत्यक्षेऽर्थे स एवायम् इत्येकत्वविषयां **प्रत्यभिज्ञानाख्यां कल्पनां स्पष्टप्रतिभासां प्रत्यक्षां** प्रमाणं **कल्पयेत्**, सोऽपि निवारितः ।

विकल्पो हि विकल्पितार्थगोचरत्वादस्पष्टप्रतिभास एव विशदप्रतिभासेनेन्द्रियज्ञानेन सहभावित्वात् स्पष्टग्राह्यारोपोऽध्यवसीयते ।

किञ्च—एकत्वमन्तरेणापि प्रत्यभिज्ञानं दृश्यत इति दर्शयन्नाह—लूनपुनर्जाते **केशादौ**, मायाकारदर्शिते **गोलकादौ**, क्षणविनाशि**दीपादौ**, **स्पष्टावभासनात्** प्रत्यक्षात् **प्रतीते भेदे** सा प्रत्यभिज्ञा **तादृशी** एकत्वाध्यवसायिनी दृश्यमानाध्यक्षा **धीः कथं भवेत्** ? प्राप्नोति च प्रत्यभिज्ञा प्रत्यक्षवादिनो मते, **तस्मान्**नास्ति **प्रत्यभिज्ञानाद् वर्णाद्येकत्वनिश्चयः** ॥५०३-५०५॥

यस्मात् **पूर्वानुभूत**स्यार्थस्य **स्मरणात् तद्धर्म**स्य विद्यमानत्वे**नारोपणात् विना स एवायम् इति ज्ञान**मेकत्वविषयं **नास्ति । तच्च** पूर्वानुभूतस्मरणं तद्धर्मारोपणं **चाक्षजे** वर्तमानवस्तुबलभाविनि **कुतः** सम्भवति ? ॥५०६॥

स्यादेतद् । **अर्थज्ञानयो**र्युगपत्सम्भवे सत्यविच्छिन्नं वर्णादिदर्शनं स्याद् इत्याह—**न चार्थज्ञानयोर्य संवित्ती** तयो**र्युगपत्सम्भवो**ऽस्ति, **यतो**ऽर्थस्यार्थज्ञानस्य **द्वौ प्रतिभासौ पृथग् न** भेदेन **लक्ष्येते** ॥५०७॥

न ह्यर्थाभासि तत् **ज्ञानम्, अर्थो बाह्यश्च केवलो** बुद्धिव्यतिरिक्त इति द्वौ प्रतिभासौ सम्भवतः ।

स्यादेतत् । अर्थज्ञानयोर्भिन्नावेव प्रतिभासौ केवलं तदुत्तरया विकल्पबुद्ध्या एकत्वेन गृह्येते । अत्राह—**एकाकारया मत्या** विकल्पिकया **ग्राह्ये**ऽर्थज्ञानयोर्ज्ञाने यदि, तदा तयो**र्भेदस्याभावप्रसङ्गत** एकत्वमेवाभ्युपगन्तव्यम्, अर्थज्ञानज्ञानयोः प्रतिभासभेदाभावात् ॥५०८॥

सूपलक्षेण भेदेन यौ संवित्तौ न लक्षितौ ।
अर्थार्थप्रत्ययौ पश्चात् स्मर्येते तौ पृथक् कथम् ॥५०९॥

क्रमेणानुभवोत्पादेऽप्यर्थार्थमनसोरयम् ।
प्रतिभासस्य नानात्वचोद्यदोषो दुरुद्धरः ॥५१०॥

अर्थसंवेदनं तावत् ततोऽर्थाभासवेदनम् ।
न हि संवेदनं शुद्धं भवेदर्थस्य वेदनम् ॥५११॥

तथा हि नीलाद्याकार एक एकं च वेदनम् ।
लक्ष्यते न तु नीलाभे वेदने वेदनं परम् ॥५१२॥

ज्ञानान्तरेणानुभवो भवेत् तत्रापि हि स्मृतिः ।
दृष्टा तद्वेदनं केन तस्याप्यन्येन चेद् इमाम् ॥५१३॥

मालां ज्ञानविदां कोऽयं जनयत्यनुबन्धिनीम् ।
पूर्वा धीः सैव चेन्न स्यात् सञ्चारो विषयान्तरे ॥५१४॥

तां ग्राह्यलक्षणप्राप्तामासन्नां जनिकां धियम् ।
अगृहीत्वोत्तरं ज्ञानं गृह्णीयादपरं कथम् ॥५१५॥

अर्थश्चार्थप्रत्ययश्चार्थार्थप्रत्ययौ **सूपलक्षेण भेदेन संवित्तावनुभवे न लक्षितौ । तौ पश्चात्** कालान्तरे **पृथग्** भेदेन अयमर्थः, अर्थज्ञानं चेदम् इति कथं स्मर्येते ? युगपदर्थज्ञानतज्ज्ञानयोरुत्पादे प्रतिभासनानात्वप्रसङ्गात् ॥५०९॥

अर्थार्थमनसोः क्रमेणानुभवोत्पादेऽपीष्यमाणेऽयं **प्रतिभासस्य नानात्वचोद्य**लक्षणो **दोषो दुरुद्धरः**, द्वयप्रतिभासस्य क्रमेणाभ्युपगमात् ॥५१०॥

न चार्थज्ञानं ज्ञानं च कदाचिद् भेदेन प्रतीयते । तथा हि—**नीलाद्याकारः एको** ग्राह्यतया **एकं** च तद्ग्राहकं **वेदनं लक्ष्यते, न तु नीलाभे वेदने** पृथग् ग्राहकं **परं वेदनं** लक्ष्यते । तस्माज्ज्ञानस्य विदितस्यान्येनानुभवासम्भवे स्ववेदनमेव तदिति व्यवतिष्ठते ॥५११-५१२॥

किञ्च—नीलादिविषयस्य ज्ञानस्य **ज्ञानान्तरेणानुभवो भवेत् । तत्रापि** ज्ञानज्ञानेऽपि **हि स्मृतिर्दृष्टा ।** यदा ज्ञानान्तरालम्बकं ज्ञानं क्रमेण स्मर्यते न चागृहीतं स्मर्यते इति **तस्य** ज्ञानज्ञानस्य **वेदनं** वक्तव्यम् । तत् **केना**स्तु वेदनम् ? यदि स्वसंवेदनेन तदा पूर्वकस्यापि तथा स्थितिः, व्यर्थमन्येन वेदनाङ्गीकरणम् । **तस्याप्यन्येन चेद्** वेदनम् तदा ज्ञानवृत्तीनाम**िमां मालामनुबन्धिनीं** प्रबन्धप्रवृत्तां **को जनयति** ? न तावदर्थेन्द्रियादिसामग्री, तस्या अर्थज्ञानमात्रजननव्यापारत्वात् । **सैव** ग्राह्या **धीः पूर्वि**का स्वग्राहिकां धियं **जनयति**, सा च स्वग्राहिकामिति प्रबन्धप्रवृत्तिरिति **चेत्** एवं सति स्वकारणग्रहणप्रवणत्वाद् **विषयान्तरे** ज्ञानादन्यस्मिन्नर्थे **संचारो** ग्राहकत्वेन प्रवृत्ति**र्न स्यात्** ॥५१३-५१४॥

तथा हि—**जनिकां धियमासन्नां ग्राह्यलक्षणप्राप्तामगृहीत्वोत्तरं ज्ञानमपरं** विषयं **कथं गृह्णीयात्** ? ॥५१५॥

आत्मनि ज्ञानजनने स्वभावे नियतां च ताम्।
को नामान्यो विबध्नीयाद् बहिरंगेऽन्तरङ्गिकाम् ॥५१६॥

बाह्यः सन्निहितोऽप्यर्थस्तां विबध्नन् हि न प्रभुः।
धियं नानुभवेत् कश्चिदन्यथार्थस्य सन्निधौ ॥५१७॥

न चासन्निहितार्थास्ति दशा काचिदतो धियः।
उत्खातमूला स्मृतिरप्युत्सन्नेत्युज्ज्वलं मतम् ॥५१८॥

अतीतादिविकल्पानां येषां नार्थस्य सन्निधिः।
सञ्चारकरणाभावाद् उत्सीदेदथचिन्तनम् ॥५१९॥

आत्मविज्ञानजनने शक्तिसंक्षयतः शनैः।
विषयान्तरसञ्चारो यदि सैवार्थधीः कुतः ॥५२०॥

शक्तिक्षये पूर्वधियो न हि धीः प्राग्धिया विना।

प्रत्यासन्नेनार्थेन प्रतिबद्धशक्तित्वात् पूर्वा धीरर्थग्राहकमेव ज्ञानं जनयति, न स्वग्राहकमिति चेत् आह—**आत्मनि विज्ञानजनने** स्वग्राहकज्ञानोत्पादके **स्वभावे नियतां** व्यवस्थितां **च तामिमामन्तरङ्गिकाम**न्यनिरपेक्षत्वात् **को नामान्यो**ऽर्थो **बहिरङ्गे** स्वज्ञानजनने चक्षुर्मनस्काराद्यपेक्षित्वाद् **विबध्नीयात्** स्वग्राहकज्ञानजननप्रवृत्तां तिरस्कुर्यात्, येन विषयान्तरसञ्चारो धियः स्यात् ? ॥५१६॥

तस्माद् **बाह्यः सन्निहितोऽप्यर्थस्तां** स्वग्राहकजनने शक्तां धियं **विबध्नन्** प्रतिहातुं **न प्रभुः** शक्तः। **अन्यथा** यद्येवं नाभ्युपगम्यते, तदा**र्थस्य सन्निधौ** तज्ज्ञानस्यैवोत्पादनात् ज्ञानज्ञानस्यानुत्पादा**द्धियं कश्चिन्नानुभवेत्** ॥५१७॥

न च काचिद्दशाऽसन्निहितार्थास्ति यत्र ज्ञानज्ञानमुत्पद्येत नार्थज्ञानमिति न स्यादनुभवो बुद्धेः। तस्माद् **धियः स्मृतिरप्युत्खातमूला उत्सन्ना**। बुद्धिस्मरणस्य हि मूलं बुद्ध्यनुभव इति ज्ञानाननुभवे कुतः स्मरणमिति ज्ञानान्तरेण ज्ञानानुभववादिना**मुज्ज्वलं मत**मित्युपहसति ॥५१८॥

किञ्च—**येषामतीता**द्यर्थविषयाणां **विकल्पानामर्थस्य सन्निधिर्ना**स्ति यः पूर्वकस्य ज्ञानस्य स्वग्राहकज्ञानजननशक्तिं प्रतिबध्नीयात् येन विषयान्तरग्राहिणो विकल्पाः स्युः। तत्र **सञ्चारकरण**स्यार्थस्य विकल्पविषयस्या**भावात्** कस्यचिदतीतादे**रर्थस्य चिन्तनं** विकल्पन**मुत्सीदेत्** ॥५१९॥

स्यादेतत्। तज्ज्ञानानामात्मनि ग्राहक**ज्ञानजनने शनैः** क्रमेण स्वग्राहकज्ञानजनिकायाः **शक्तेः संक्षयतः** तथाभूतज्ञानानुत्पत्तौ **विषयान्तरे सञ्चारो** ज्ञानप्रवृत्ति**र्यदि** कथ्यते, तदा **पूर्वधियः शक्तिक्षये** सति **सैवार्थ**ग्राहिका **धीः कुतो** जायते ? **न हि** प्राग्धिया पूर्विकां धियं समर्थां **विनो**त्तरमर्थज्ञानमुत्पद्यते।

यदि च साऽशक्तत्वात् स्वग्राहिकां धियं कर्तुमसमर्था, अर्थधियमपि न कुर्यात्। तथा हि—**अन्यस्मिन्नर्थे आसक्ति**रभिष्वङ्गः, तया **विगुणे पूर्वे विज्ञाने** तदुत्तरस्य **ज्ञानस्योदयागतेः**

अन्यार्थासक्तिविगुणे ज्ञाने ज्ञानोदयागतेः ॥५२१॥

सकृद्विजातीयजातावप्येकेन पटीयसा ।
चित्तेनाहितवैगुण्यादालयान्नान्यसम्भवः ॥५२२॥

नापेक्षेतान्यथा साम्यं मनोवृत्तेर्मनोऽन्तरम् ।
मनोज्ञानक्रमोत्पत्तिरप्यपेक्षा प्रसाधनी ॥५२३॥

एकत्वान्मनसोऽन्यस्मिन् सक्तस्यान्यागतेर्यदि ।
ज्ञानान्तरस्यानुदयो न कदाचित् सहोदयात् ॥५२४॥

समवृत्तौ च तुल्यत्वात् सर्वदान्यागतिर्भवेत् ।
जन्म वात्ममनोयोगमात्रजानां सकृद् भवेत् ॥५२५॥

एकैव चेत् क्रियैकः स्यात् किं दीपोऽनेकदर्शनः ।

जन्माप्रतीतेः पूर्वबुद्धेः सामर्थ्यादुत्तरबुद्धेर्जन्मेति निश्चीयते। ततः समर्था पूर्वबुद्धिः स्वग्राहिणीमेव धियं जनयेत्, तत्र परापेक्षाविरहात् ॥५२०-५२१॥

ननु आलयविज्ञानात् सकृत् षट् प्रवृत्तिविज्ञानानि जायन्ते इतीष्यते, ततस्तान्यर्थाशक्तिवैगुण्येऽपि पूर्वचेतस आलयज्ञानान्तरं जायेरन्, आलयज्ञानस्याव्याहतशक्तित्वाद् इत्याह—**सकृद्विजातीया**नां प्रवृत्तिज्ञानानां **जातावप्या**लयज्ञानादिष्टाया**मेकेन** चित्तेन स्वविषयासक्तेन **पटीयसा** विषयान्तरज्ञानजननं प्रत्या**हित**मारोपितं **वैगुण्यं** यस्य तस्मा**दालयादन्यस्य** विषयान्तरग्राहिज्ञानस्य **सम्भवो** न भवति ॥५२२॥

न ह्यालयज्ञानमित्येव प्रवृत्तिज्ञानानि भवन्ति, किन्तु मनस्कारसाद्गुण्यमपेक्षन्ते। **अन्यथा** यद्येवं नेष्यते तदा **मनस**ः समनन्तरप्रत्ययस्य **वृत्तेः साम्य**मर्थान्तरानासक्तत्वेनानुकूल्यमुत्पित्सु **मनोऽन्तरं नापेक्षे**त, अपेक्षते च, ततो मनस्कारानुकूलतासापेक्षादालयात् ज्ञानोत्पत्तिः। **तथा मनोज्ञाना**नां विकल्पानां **क्रमेणोत्पत्ति**र्युगपदनुत्पादोऽप्युत्तरज्ञानानां पूर्वज्ञा**नापेक्षा प्रसाधनी।** अविगुणपूर्वज्ञानानपेक्षायामालयादिन्द्रियज्ञानानीव विकल्पज्ञानान्यपि सह जायेरन् ॥५२३॥

अणुपरिमाणस्य नित्यस्यै**कस्य मनसोऽन्यस्मि**न्निन्द्रिये **सक्तस्यान्य**त्रेन्द्रियान्तरेऽ**गते**रगमना-दिन्द्रियान्तरजस्य **ज्ञानान्तरस्यानुदयो यदि** सम्मतः, सोऽपि **न** युक्तः। **कदाचिद्** नर्तकीदृष्ट्यवस्थादिष्वनेकविषयसन्निपाते चक्षुरादिज्ञानानां **सहोदयात्** ॥५२४॥

यदा च न पटीयान् कश्चिद् विषयः प्रत्युपतिष्ठते, पुरुषस्य च न क्वचिद् विशेषेणेच्छा भवति, तदा अर्थपुरुषेच्छायाः **समा**यां साधारणायां **वृत्तौ** च मनस एकेन्द्रियसम्बद्धस्य **तुल्यत्वाद्** विषयान्तरे प्रेरकाभावाद् उदासीनत्वात् **सर्वदा** तदिन्द्रियज्ञानोत्पत्तौ सत्यामन्य**स्ये**न्द्रियान्तरज्ञानज्ञेय**स्यागतिर्भवेत्** प्रतीतिर्न स्यात्। अस्ति च क्वचिदनासक्तस्य विषयान्तरेष्वेकस्याप्यनेकार्थदर्शनम्। **आत्ममनोयोगमात्रजानां** विषयनिरपेक्षाणां सुखादिज्ञानानामिन्द्रियमनोयोगविशेषस्य नियामकस्याभावात् **सकृद् वा जन्म** स्यात् ॥५२५॥

न हि रूपादिबुद्धीनामिव सुखादिबुद्धीनामिन्द्रियमनोयोगविशेषात् प्रतिनियमः शक्यो वक्तुम्, एकस्मान्मनस **एकैव** सुखादिबुद्धिलक्षणा **क्रिया** जायते, न च द्वे इति **चेत्** यद्येवम्,

क्रमेणापि न शक्तं स्यात् पश्चादप्यविशेषतः ॥५२६॥

अनेन देहपुरुषावुक्तौ संस्कारतो यदि ।
नियमः स कुतः पश्चात् बुद्धेश्चेदस्तु सम्मतम् ॥५२७॥

न ग्राह्यतान्या जननाज्जननं ग्राह्यलक्षणम् ।
अग्राह्यं न हि तेजोऽस्ति न च सौक्ष्म्याद्यनंशके ॥५२८॥

ग्राह्यताशक्तिहानिः स्यात् नान्यस्य जननात्मनः ।
ग्राह्यताया न खल्वन्यज्जननं ग्राह्यलक्षणे ॥५२९॥

किं कस्माद् **दीप** एकोऽ**नेकदर्शनो**ऽनेकद्रष्टृज्ञानजनकः ? द्रष्टुरनेकत्वादेकोऽप्यनेकज्ञानजनक इति चेत् ज्ञेयस्यानेकत्वात् तद्ग्राहकानेकज्ञानजनकोऽपि स्यादिति समानम् ।

किञ्च—मनो नित्यमेकदापि सर्वज्ञानजननशक्तं न वा ? शक्तं चेत्, सर्वज्ञानानि सकृत् कुर्यात् । अशक्तं चेत्, **क्रमेणापि** तज्जनने **न शक्तं स्यात्** । पूर्वावस्थितस्याशक्तस्य रूपस्य **पश्चादप्यविशेषतो** विशेषाभावात् ॥५२६॥

अनेन मनसः शक्तत्वाशक्तत्वविकल्पाद् दोषद्वयेन **देहपुरुषौ** शरीरात्मानाव**ुक्ता**वुक्तोत्तरौ । तयोरपि तथाविकल्पे तथादोषसद्भावात् ज्ञानजातज्ञानहेतोः **संस्कारतो** बुद्धीनामसकृद् भाव**नियमो यदी**ष्टः, तदा संस्कारस्य **कुतः पश्चा**दुत्पन्नो बुद्धीर्नियमयेत् । **बुद्धेः** पूर्विकाया उपपद्यत **इ**ति चेत् **अस्तु** पूर्वस्या बुद्धेर्वासनासंज्ञकस्य संस्कारः स बुद्ध्यात्मनो जन्म **सम्मतम**स्माकम् । तथा च यदुक्तम्—न हि धीः प्राग् धिया विना[1] इति तदेव प्रसाधितं स्यात् । ततश्च बुद्धेर्बुद्ध्यन्तरजन्मनः सामर्थ्यादुत्तरया धिया पूर्वबुद्धिर्गृह्येतेति न स्याद् विषयान्तरसञ्चारोऽस्याः ॥५२७॥

स्यादेतत् । बुद्धेरुपादानतामात्रं बुद्ध्यन्तरं प्रति न तद्ग्राह्यता, ततो विषयान्तरसञ्चारो भवेद् इत्याह—**न** बुद्ध्यन्तर**जननादन्या** तद्**ग्राह्यता** । किं तर्हि **जननमेव ग्राह्यस्य लक्षणम्** । तच्चेदस्ति कुतो ग्राह्यताया अभावः ? **न हि तेजो** ज्योतिर्बुद्धेर्जनकतयाऽ**ग्राह्यमस्ति** । तस्मादिदमेव बुद्धिं प्रति ग्राह्यत्वं ग्राह्यस्य यत्तत् ज्ञानं नाम ।

ननु च तेजसो बुद्धिजनकस्य सूक्ष्मो व्यवहितः सन्निहिततरश्च कश्चिदवयवो यथा न गृह्यते तथा जनिकापि बुद्धिर्न गृह्येत इत्याह—**अनंशके** निरवयवे ज्ञाने **सौक्ष्म्यं** सूक्ष्मत्वं **ना**स्ति । **आदि**शब्दात् स्वसन्तानवर्तित्वाव्यवधानात्यासत्त्यादयश्चानुपलम्भहेतवो न सन्ति ॥५२८॥

स्यादेतत् । ज्ञानस्य द्वे शक्ती—ज्ञानजननशक्तिः, ग्राह्यताशक्तिश्च, तत्र क्रमेण ग्राह्यताशक्तिहानौ जननशक्तिमात्रमवतिष्ठते इत्याह—**अन्यस्य** ज्ञानकार्यभूत**जननात्मनो** जनकस्वभावस्य पूर्वज्ञानस्य **ग्राह्यताशक्तिहानिर्न स्यात्**, जननस्य ग्राह्यलक्षणत्वात् तस्य च सत्त्वात् । तथा हि—**ग्राह्यलक्षणे**ऽक्षविद्युपलभ्यमाने **न खलु ग्राह्यताया अन्यत्** साक्षा**ज्जननम्** । यदेवोत्तरोत्तरज्ञानस्य साक्षाज्जननं तदेव तद्ग्राह्यत्वम् । ततो जननसत्त्वे नास्ति ग्राह्यत्वहानिः ॥५२९॥

---

1. PV. 2.521.

साक्षान्न ह्यन्यथा बुद्धे रूपादिरुपकारकः ।
ग्राह्यतालक्षणादन्यस्तद्भावनियमोऽस्य कः ॥५३०॥

बुद्धेरपि तदस्तीति सापि सत्त्वे व्यवस्थिता ।
ग्राह्युपादानसंवित्ती चेतसो ग्राह्यलक्षणम् ॥५३१॥

रूपादेश्चेतसश्चैवमविशुद्धधियं प्रति ।
ग्राह्यलक्षणचिन्तेयमचिन्त्या योगिनां गतिः ॥५३२॥

तत्र सूक्ष्मादिभावेन ग्राह्यमग्राह्यतां व्रजेत् ।
रूपादि बुद्धेः किं जातं पश्चाद् यत् प्राङ् न विद्यते ॥५३३॥

सति स्वधीग्रहे तस्माद् यैवानन्तरहेतुता ।
चेतसो ग्राह्यता सैव ततो नार्थान्तरे गतिः ॥५३४॥

न ह्यन्यथा साक्षाज्जननादन्येन प्रकारेण रूपादिर्दृश्यमानो बुद्धेर्ग्राहिकाया उपकारकः । परस्परोपकारिणोऽपि ग्राह्यत्वे रूपकारणग्रहणमपि स्यात् । अनुपकारकस्य ग्राह्यत्वे सर्वग्रहणप्रसङ्गः । तस्मा**दस्य** रूपादे**र्ग्राह्यतालक्षणाद्** देशाद्यविप्रकर्षिणः साक्षाज्जनकत्वा**दन्यःकस्तद्भावनियमो** ग्राह्यत्वनियमः ? ॥५३०॥

तत् साक्षाज्जनकत्वलक्षणं ग्राह्यत्वं **बुद्धेरप्यस्तीति सा**ऽप्युत्तरबुद्धिजनिका, तथैव तद्ग्राह्यत्वे **व्यवस्थिता ।** रूपादिषु कारणत्वेऽपि देशाद्यविप्रकर्षश्चक्षुराद्युपयोगं चापेक्ष्य तद्ग्राह्यतेष्यते । **चेतसस्तु** देशादिविप्रकर्षाभावाच्चक्षुराद्युपयोगाभावाच्च **ग्राहिणो** ज्ञानस्यो**पादान**मुपादानकारणता **संवित्तिर**नुभवात्मता ते **ग्राह्यलक्षणम्** । स्वसंवेदनस्वभावतायां सत्यामुपादानकारणतोत्तरबुद्धिग्राह्यतेत्यर्थः ॥५३१॥

ननु सूक्ष्मव्यवहितासन्नरूपाद्यनुपादानं च ज्ञानं चेन्न ग्राह्यम्, तदा कथं योगिनां तेषां ग्रहणम् इत्याह—**रूपादे**रसूक्ष्मस्याव्यवधानादिविशिष्टस्य बुद्धिकारणत्वम्, **चेतसश्चा**नुभवात्मत्वे सत्युपादानता ग्राह्यत्वमिति **एवमनेन** प्रकारेण **ग्राह्यलक्षणचिन्तेयं** प्रक्रान्ता **अशुद्धधियं** वासनोपप्लुतबुद्धिमदर्वाग्दर्शिनं जनं प्रति, न तु विशिष्टबुद्धीन् योगिनः प्रति । यस्माद् **योगिनां** सूक्ष्मव्यवहितपरचित्तादि**गतिरचिन्त्या** । भावसत्तामात्रं योगिज्ञानापेक्ष्यं ग्राह्यलक्षणमित्यर्थः ॥५३२॥

तत्रैतादृशे ग्राह्यलक्षणद्वये स्थिते सति **रूपं** स्थूलमव्यवधानादिभावे सति **ग्राह्यं** सत् पश्चात् **सूक्ष्मादिभावेनाग्राह्यतां व्रजेदि**ति युज्यत एवैतत् । **बुद्धे**रेकदा ग्राह्यायाः **पश्चाद**ग्रहणकाले **किं** सूक्ष्मत्वाद्यग्राह्यताकारणं **जातं यत् प्रा**गुपलम्भकाले **न विद्यते** ? न हि स्वसन्तानवर्तिनश्चेतसो निरवयवस्य सर्वदा किञ्चिदुपलम्भकारणमस्ति । तादृशस्य यद्यनुपलम्भः कदाचिन्नोपलभ्येत, उपलभ्यते चेत् कदाचित् सर्वदोपलम्भप्रसङ्गः ॥५३३॥

तस्माच्चित्तान्तरेण **स्वधीग्रहे सति चेतसो यैवानन्तरहेतुता** बुद्ध्यन्तरं प्रति, **सैव ग्राह्यता ।** सा च नापैति । **तत** उत्तरोत्तरबुद्धेः पूर्वपूर्वबुद्धिग्रहणमेव व्यापार **इत्यर्थान्तरे न** स्याद् **गतिः** ॥५३४॥

नानेकशक्त्यभावेऽपि भावो नानेककार्यकृत् ।
प्रकृत्यैवेति गदितम् नानेकस्मान्न चेद् भवेत् ॥५३५॥

न किञ्चिदेकमेकस्मात् सामग्र्याः सर्वसम्भवः ।
एकं स्यादपि सामग्र्योरित्युक्तं तदनेककृत् ॥५३६॥

अर्थं पूर्वञ्च विज्ञानं गृह्णीयाद् यदि धीः परा ।
अभिलापद्वयं नित्यं स्याद् दृष्टक्रममक्रमम् ॥५३७॥

पूर्वापरार्थभासित्वाच्चिन्तादावेकचेतसि ।
द्विर्द्विरेकं च भासेत भासनादात्मतद्धियोः ॥५३८॥

विषयान्तरसञ्चारे यद्यन्त्यं नानुभूयते ।
परानुभूतवत् सर्वाननुभूतिः प्रसज्यते ॥५३९॥

ननु भावा अनेकशक्तियोगादनेककार्यकारिणः, एकशक्तियोगादेककार्यकारिणः । तत् ज्ञानस्य ग्राह्यताशक्तिरप्यन्या, अन्या च जननशक्तिः । ततो ग्राह्यताशक्तिहानादपि जनशक्तिर्भविष्यति इत्याह—**नानेकशक्त्यभावेऽपि** भावव्यतिरिक्तानेकासां शक्तीनामेकस्याश्च शक्तेरभावेऽपि **भावः** स्वहेतोर्नानेककार्यकारणस्वभावतयोत्पन्नो **नानेककार्यकृत् प्रकृत्यैव** भवतीति **गदितम्** । ननु **नानेकं कार्यमेकस्मात्** कारणान्न **भवेत्**, सिद्धान्तविरोधादिति **चेत्** सत्यमेतत् । **न किञ्चित्** कार्यम**एकस्मात्** कारणाज्जायते किन्तु **सामग्र्या** जन्म । अनेकोपादानसहकारिभावसञ्चयात्मिकायाः **सर्वस्यै**कस्यानेकस्य च कार्यस्य **सम्भवः** । कथं तर्ह्येकमनेकस्य हेतुरुच्यते ? इत्याह—चक्षूरूपालोकमनस्कारादिषु जायमानरूपक्षणेन्द्रियज्ञानकार्यद्वयापेक्षयाऽवान्तरभिन्नसामग्र्योरेकस्य रूपस्योपादानसहकारिभावेनोपयोगाद् एकस्मादप्यनेकं कार्यं जायत इति तद् **एकमनेक**कार्य**कृ**दित्युच्यते, न त्वेकस्मादसहायादनेकं कार्यं जायते इत्यभिप्रायात् ॥५३५-५३६॥

स्यादेतत् । **धी**र्जायमाना **पूर्वं च विज्ञानमर्थं** च तत्कालसन्निपतितं **यदि गृह्णीयात्**, तदा विषयान्तरसञ्चारः सम्भवेत् । अत्राह—पूर्वगृहीतस्य वर्णस्य **चिन्तादौ**, आदिशब्दात् प्रत्यक्षेऽपि, **एक**स्मिन् **चेतसि दृष्टः क्रमो** यस्य तत् **दृष्टक्रममभिलापद्वयं** वर्णद्वयं **नित्यमक्रमं स्यात्** युगपत् प्रतीयेतेत्यर्थः ।

किं कारणम् ? इत्याह—**पूर्वापरार्थभासित्वात्** । चिन्तादिज्ञानेन हि पूर्ववर्णग्राहकज्ञानं गृह्येत इति तत्प्रतिभासी वर्णो गृह्येत, तत्कालोपनिपतितश्चान्यो वर्ण इति क्रमोपलभ्ययोर्युगपद्ग्रहणप्रसङ्गः ।

एकं च वर्णा**दि**र्**द्विर्द्विर्भा**सेत् । **आत्मतद्धियोर्भासनात्** । तद्दर्शने तज्ज्ञानदर्शने तु तद् दृष्टमिति द्विधा दर्शनप्रसङ्गः ॥५३७-५३८॥

अथ विषयज्ञाने वृत्ते तज्ज्ञाने चोत्पन्ने विषयदर्शनस्य निष्पन्नत्वात् ज्ञानान्तरं विषयान्तरग्राहकमिति स्याद् विषयान्तरसञ्चार इत्यभिमते **यद्यन्त्यं** ज्ञानं ज्ञानानुभवितृ **नानुभूयते**, तदा **सर्वस्या**र्थस्य तत् ज्ञानस्य **चाननुभूतिः प्रसज्यते, परानुभूतवत्**, पुरुषान्तरानुभूतार्थतज्ज्ञानयोरिव ॥५३९॥

आत्मानुभूत प्रत्यक्षं नानुभूतं परैर्यदि ।
आत्मानुभूतिः सा सिद्धा कुतो येनैवमुच्यते ॥५४०॥

व्यक्तिहेत्वप्रसिद्धिः स्यात् न व्यक्तेर्व्यक्तमिच्छतः ।
व्यक्त्यसिद्धावपि व्यक्तं यदि व्यक्तमिदं जगत् ॥५४१॥

ननु **आत्मनाऽनुभूतमर्थतज्ज्ञानं प्रत्यक्षं न परैरनुभूतमिति यद्युच्यते** नन्वात्मज्ञानाननुभवेऽर्थ-ज्ञानस्याननुवात्, तदनुभवाभावे चार्थानुभवासिद्धेरा**त्मानुभूतिः सा कुतः सिद्धा, येनैवमुच्यते** —आत्मानुभूतं प्रत्यक्षं न परानुभूतमिति ? ॥५४०॥

ननु चक्षुरादावनर्थभूते चक्षुरादिना रूपाद्यनुभूतमिति यथा, तथा ज्ञानाननुभवेऽप्यर्थो ज्ञात इति भविष्यति इत्याह—अर्थ**व्यक्तिहेतो**श्चक्षुरादेरर्थदर्शनेऽप्य**प्रसिद्धि**रव्यक्तिः **स्यात्** । यतो न कारणदर्शनपूर्वकं कार्यदर्शनम् । **न** तु **व्यक्ते**रुपलब्धे**र्व्यक्तमर्थमिच्छतो** व्यक्त्यसिद्धि-र्युक्ता । **यदि पुनर्व्यक्तेरसिद्धावपि व्यक्तं** वस्तूच्यते, तदा सर्व**मिदं जगद् व्यक्तं** स्यात्, अव्यक्तव्यक्तिकत्वेन विशेषाभावात् । तथा हि—अर्थो न सत्तामात्रेण प्रतीत उच्यते, प्रतिपत्तिसंयोगात् । नापि ज्ञानसत्तामात्रेण, परचित्तज्ञानेनापि संवेदनप्रसङ्गात् । किन्तु ज्ञानानुभवेनार्थप्रतीतिर्वाच्या । न चान्येन संवेदनं ज्ञानस्योपपद्यत इति स्वप्रकाशमेव स्वभाव-तस्तद्वक्तव्यमिति स्वसंवेदनसिद्धिः ॥५४१॥

इत्याचार्यश्रीमनोरथनन्दिकृतायां प्रमाणवार्तिकवृत्तौ
प्रत्यक्षपरिच्छेदो द्वितीयः

तृतीयः स्वार्थानुमानपरिच्छेदः

स्वोपज्ञवृत्तिसहितः

पक्षधर्मस्तदंशेन व्याप्तो हेतुस्त्रिधैव सः ।
अविनाभावनियमाद्धेत्वाभासास्ततोऽपरे ॥१॥

स्व०

विधूतकल्पनाजालगम्भीरोदारमूर्त्तये ।
नमः समन्तभद्राय समन्तस्फुरणत्विषे ॥

प्रायः प्राकृतसक्तिरप्रतिबलप्रज्ञो जनः केवलः
नानर्थ्येव सुभाषितैः परिगतो विद्वेष्ट्यपीर्ष्यामलैः ।
तेनायं न परोपकार इति नश्चिन्ताऽपि चेतश्चिरं
सूक्ताभ्यासविवर्द्धितव्यसनमित्यत्रानुबद्धस्पृहम् ॥

अर्थानर्थविवेचनस्यानुमानाश्रयत्वात् तद्विप्रतिपत्तेस्तद्व्यवस्थापनायाह—

पक्षो धर्मी, अवयवे समुदायोपचारात् । प्रयोजनाभावादनुपचार इति चेत् न । सर्वधर्मिधर्मप्रतिषेधार्थत्वात् तदेकदेशत्वात्तदुपचारयोग्यधर्मिधर्मप्रतिपत्त्यर्थम् । तथा च चाक्षुषत्वादिपरिहारः ।

धर्मवचनेनापि धर्म्याश्रयसिद्धौ धर्मिग्रहणसामर्थ्यात् प्रत्यासत्त्या साध्यधर्मिसिद्धिरिति चेत् न । दृष्टान्तधर्मिणोऽपि प्रत्यासत्तेः । तदंशव्याप्त्या दृष्टान्तधर्मिणि सत्त्वसिद्धेः । धर्मिवचनात्

म०

प्रत्यक्षमाख्याय अवसरप्राप्तमनुमानमिदानीं वक्तव्यम् । तच्च द्विविधम्—स्वार्थम् परार्थञ्च । तत्र स्वार्थमिदानीं वक्तव्यम्, एतत्पूर्वकत्वात् परार्थस्य ।

तल्लिङ्गे च विप्रतिपत्तयः सन्तीति तासां निराकरणेन तद्व्यवस्थापनार्थमाह—**पक्षो** धर्मिधर्मसमुदायोऽनुमेयः । तदेकदेशत्वादुपचारेण धर्मी पक्ष उक्तः । तस्य **धर्मः**, अनेन पक्षधर्मत्वमुक्तम् । धर्मिधर्मो हेतुरित्यनुमाने सर्वस्य धर्मिधर्मो हेतुः स्यादित्युपचाराश्रयणम् । तथा चाक्षुषत्वादिः शब्दे धर्मिणि न हेतुः । **तदंशेन** पक्षस्य धर्मेण सिसाधयिषितेन **व्याप्तो हेतुर्बोद्धव्यः** ।

द्विविधा चेयं व्याप्तिः व्यापकव्याप्यधर्मतया । तत्र व्याप्ये सति व्यापकस्यावश्यम्भावस्तस्य व्याप्तिः । व्याप्यस्य च व्यापक एव सति भावो नाम तस्य व्याप्तिः । आभ्यां यथाक्रममन्वय-

स्व०

साध्यधर्मिपरिग्रहः। सिद्धे पुनर्वचनं नियमार्थमाशङ्क्येत। सजातीय[1] एव सत्त्वमिति सिद्धेऽपि विजातीयव्यतिरेके साध्याभावे असत्त्ववचनवत्। सामर्थ्यादर्थगतौ प्रतिपत्तिगौरवपरिहारार्थं च पक्षवचनम्। पक्षस्य धर्मत्वे तद्विशेषणापेक्षस्यान्यत्रानानुवृत्तेरसाधारणतेति चेत् न। (अ)-योगव्यवच्छेदेन विशेषणाद्—यथा चैत्रो धनुर्द्धरः। नान्ययोगव्यवच्छेदेन—यथा पार्थो धनुर्द्धरः इत्याक्षेप्स्यामः।

तदंशस्तद्धर्मः, वक्त्रभिप्रायवशात् न तदेकदेशः। पक्षशब्देन समुदायावचनात्।

व्याप्तिर्व्यापकस्य तत्र भाव एव, व्याप्यस्य वा तत्रैव भावः। एतेनान्वयव्यतिरेकौ यथास्वं प्रमाणेन निश्चितावुक्तौ, पक्षधर्मश्च।

त एते कार्यस्वभावानुपलब्धिलक्षणास्त्रयो हेतवः। यथाऽग्निरत्र धूमात्। वृक्षोऽयं शिंशपात्वात्। प्रदेशविशेषे क्वचिन्न घट उपलब्धिलक्षणप्राप्तस्यानुपलब्धेः। यदि स्यादुपलभ्य-सत्त्व एव स्यात्, नान्यथा। तेनोपलब्धिलक्षणप्राप्तसत्त्वस्येत्युक्तं भवति।

तत्र द्वौ वस्तुसाधनावेकः प्रतिषेधहेतुः। स्वभावप्रतिबन्धे हि सत्यर्थोऽर्थं न व्यभिचरति, तदात्मत्वात्। तदात्मत्वे साध्यसाधनभेदाभाव इति चेत् न। धर्मभेदपरिकल्पनादिति वक्ष्यामः। तथा चाह—सर्वं एवायमनुमानानुमेयव्यवहारो बुद्ध्यारूढेन धर्मधर्मिन्यायेन इति। भेदो धर्मधर्मितया बुद्ध्याकारकृतो नार्थोऽपि, विकल्पभेदानां स्वतन्त्राणामनर्थाश्रयत्वात्। तत् कल्पितविषयादर्थप्रतीतावनर्थप्रतिलम्भ एव स्यात्। कार्यस्यापि स्वभावप्रतिबन्धः, तत्स्वभावस्य तदुत्पत्तेरिति। एतौ द्वावनुमेयप्रत्ययौ साक्षादनुत्पत्तेरतत्प्रतिभासित्वेऽपि तदुत्पत्तेस्तदव्यभिचारि-णाविति प्रमाणं प्रत्यक्षवत्। प्रत्यक्षस्यापि ह्यर्थाऽव्यभिचार एव प्रामाण्यम्, तदभावे भाविनस्त-द्विप्रलम्भात्। अव्यभिचारश्चान्यस्य कोऽन्यस्तदुत्पत्तेः। अनायत्तरूपाणां सहभावनियमा-भावात् ॥१॥

म०

व्यतिरेकावुक्तौ। व्याप्यसद्भावे व्यापकस्य सत्त्वनियमस्यान्वयरूपत्वात्, व्यापकाभावे व्याप्या-भावस्य च व्यतिरेकरूपत्वात्। एतेन त्रिरूपत्वं हेतोर्लक्षणमुक्तम्।

त्रिधैव त्रिप्रकार एव कार्य-स्वभाव-अनुपलम्भभेदेन स हेतुः। यथा—अग्निरत्र धूमात्; वृक्षव्यवहारयोग्योऽयं शिंशपात्वात्; नेह प्रदेशे घट उपलब्धिलक्षणप्राप्तस्यानुपलब्धेः। इति संख्यानियम उक्तः।

कस्मात् पुनस्त्रिविध एव हेतुः? इत्याह—**अविनाभावस्य** साध्याव्यभिचारित्वस्य त्रिविध एव हेतौ **नियमात्** नियतत्वात् संयोग्यादिषु चाभावात् सत्येवाविनाभावे हेतुत्वम्। स च व्याप्त्या कथितः। अनेन संख्यानियमकारणमुक्तम्।

॥ हेतव उक्ताः ॥

के पुनर्हेत्वाभासाः इत्याह—हेतुवदाभासन्त इति **हेत्वाभासा** हेतुप्रतिरूपकाः। **ततस्त्रि-विधाद्धेतोरपरेऽ**न्ये संयोग्यादयः। अविनाभावे सति हेतुत्वम्, स च तादात्म्यात् तदुत्पत्तेश्च, ये तु तद्विकलाः तेऽविनाभावविरहात् हेत्वाभासा इत्यर्थः ॥१॥

---

1. Cf. तत्र यः सन् सजातीये द्वेधा चासंस्तदत्यये।
स हेतुर्विपरीतोऽस्माद्विरुद्धोऽन्यत्वनिश्चयः ॥
दिङ्नाग—प्रमाणसमुच्चय, 3.

कार्यं स्वभावैर्यावद्भिरविनाभावि कारणे।
हेतुः स्वभावे भावोऽपि भावमात्रानुरोधिनि ॥२॥

अप्रवृत्तिः प्रमाणानाम् अप्रवृत्तिफलाऽसति।

स्व०

यदि तदुत्पत्तेः कार्यं गमकम्, सर्वथा गम्यगमकभावः सर्वथा जन्यजनकभावात्। न, तदभावे भवतस्तदुत्पत्तिनियमाभावात्। तस्मात्—

कार्यं स्वभावैर्यावद्भिरविनाभावि कारणे

तेषां हेतु तत्कार्यत्वनियमात्। तैरेव धर्मैर्ये तैर्विना न भवन्ति।

अंशेन जन्यजनकत्वप्रसङ्ग इति चेत् न। तज्जन्यविशेषग्रहणेऽभिमतत्वात्, लिङ्गविशेषोपाधीनां च सामान्यानाम्। अविशिष्टसामान्यविवक्षायां व्यभिचारान्नेष्यते।

स्वभावे भावोऽपि भारमात्रानुदोधिनि ॥२॥

हेतुरिति वर्त्तते। तादात्म्यं ह्यर्थस्य तन्मात्रानुरोधिन्येव नान्यायत्ते। तद्भावे भूतस्य पश्चाद्भावनियमाभावात्, कारणानां कार्यव्यभिचारात् ॥२॥

अप्रवृत्तिः प्रमाणाना

मनुपलब्धिः।

अप्रवृत्तिफलाऽसति

सज्ज्ञानशब्दव्यवहारप्रतिषेधफलोपलब्धिपूर्वकत्वात्तेषामिति। इदं सदसत्प्रतिषेधविधिहेतोस्तुल्यं रूपम्। तथा हि सत्त्वमुपलब्धिरेव—वस्तुयोग्यतालक्षणा, तदाश्रया वा ज्ञानप्रवृत्तिस्ततः सज्ज्ञानशब्दव्यवहारप्रवृत्तेः। असतां चासत्त्वमनुपलब्धिः।

म०

यदि तदुत्पत्त्या गम्यगमकभावः तदा धूमत्वविशेषवत् सामान्यधर्माः पार्थिवत्वादयोऽपि गमकाः स्युः। तथाऽग्नेः सामान्यधर्मवच्चान्दनत्वादयोऽपि विशेषधर्मा गम्याः स्युः, सर्वथा कार्यकारणभावाद्? इत्याह—**कार्यं स्वभावैर्यावद्भि**र्विशिष्टैर्धूमत्वादिभिर**विनाभावि** विना न भवतीति **कारणे** कारणविषयेऽवधारितम्। तैरेव विशिष्टैः स्वभावैर्हेतुर्न साधारणैः पार्थिवत्वादिभिः अग्निमन्तरेणापि तेषां भावात्। तथा कारणेऽधिकरणे यावद्भिः स्वभावैरग्नित्वादिभिः सामान्यधर्मैरविनाभावि कार्यं धूमादि निश्चितं तेषां सामान्यधर्माणां हेतुः, न विशेषधर्माणां चान्दनत्वादीनाम्, तान्यन्तरेणापि धूमादेर्दर्शनात्। यदि धूमत्वविशेषितं पार्थिवत्वं हेतुः क्रियते, तदेष्टमेव, व्यभिचाराभावात्। यदि च कारणगतचान्दनत्वादिविशेषजनितो धूमस्य विशेषः शक्यो निश्चेतुम्, तदा चान्दनत्वादयो गम्या इष्यन्ते। न हि कार्यकारणभावः सत्तामात्रेण गम्यगमकभावनिमित्तम्, किन्तु निश्चयापेक्षः। स च यावन्निश्चीयते तथा गम्यगमकभावः।

भावोऽपि स्वभावोऽपि **हेतुः स्वभावे** साध्ये। कीदृशे? हेतो**र्भावः** केवलो **भावमात्रं** तदनु**रोद्धु**मनुर्वात्ततुं शीलमस्येति भावमात्रानुरोधि तस्मिन्। यस्य सत्तामात्रेण यो धर्मोऽवश्यं भवति न हेत्वन्तरमपेक्षते, तस्मिन् साध्ये स्वभावाख्यो हेतुः, नान्यत्र, यथा—वस्त्रत्वं रागे। एवं च विधिसाधनत्वं कार्यस्वभावयोर्दर्शितम् ॥२॥

इदानीं तृतीयहेतोः प्रतिषेधफलत्वमाह—प्रमाणनिवृत्तिरूपाऽनुपलब्धिर**सति** सद्व्यवहारातिक्रान्तत्वादसदविशिष्टे देशकालस्वभावविप्रकृष्टे सुमेर्वादौ सज्ज्ञानशब्दव्यवहाराणां प्रवृत्तिप्रतिषेधो**ऽप्रवृत्तिस्तत्फला**। एतच्चाप्रवृत्तिफलत्वं दृश्यादृश्यानुपलब्ध्योः साधारणम्, ज्ञानपूर्वकत्वात्। सज्ज्ञानशब्दव्यवहारस्य ज्ञानाभावे तदभावस्य न्यायप्राप्तत्वात्।

असज्ज्ञानफला काचिद् हेतुभेदव्यपेक्षया ॥३॥

विरुद्धकार्ययोः सिद्धिरसिद्धिर्हेतुभावयोः ।

स्व०

असज्ज्ञानफला काचिद् हेतुभेदव्यपेक्षया ॥३॥

हेतुरनुपलब्धिर्भेदोऽस्याः विशेषणमुपलब्धिलक्षणप्राप्तं सत्त्वम् । अत्रानुपलब्धेर्लिङ्गादसत्तायामुपलब्धेरभावोऽप्यन्यथाऽनुपलब्ध्या साध्य इत्यनवस्थानादप्रतिपत्तिः स्यात् । अथोपलब्ध्यभावो विनानुपलब्ध्या स्यात्तथा सत्ताभावोऽपि स्यादपार्थिकानुपलब्धिः । अथान्योपलब्ध्याऽनुपलब्धिसिद्धिरिति प्रत्यक्षसिद्धानुपलब्धिः । तथान्यसत्तया असत्ता किन्न सिध्यति । यदा पुनरेवंविधानुपलब्धिरेवासतामसत्ता, तदा सिद्धेऽपि विषये मोहाद्विषयिणोऽज्ञानशब्दव्यवहारानप्रतिपद्यमानः विषयप्रदर्शनेन समये प्रवर्त्यते । यथा गौरयं सास्नादिसमुदायात्मकत्वादिति । तथा च दृष्टान्ताऽसिद्धिचोदनाऽपि प्रतिव्यूढा । विषयप्रतिपत्तावप्यप्रतिपन्नविषयिणां दर्शनात् । एवमनयोरनुपलब्ध्योः स्वविपर्ययहेत्वभावभावाभ्यां सद्व्यवहारप्रतिषेधफलत्वं तुल्यम् । एकत्र संशयादन्यत्र विपर्ययात् ।

तत्राद्या सद्व्यवहारनिषेधोपयोगात् प्रमाणमुक्ता । न तु व्यतिरेकदर्शनादावुपयुज्यते, संशयात् । द्वितीया त्वत्र प्रमाणं निश्चयफलत्वात् ॥३॥

सा च प्रयोगभेदात्—

विरुद्धकार्ययोः सिद्धिरसिद्धिर्हेतुभावयोः ।

दृश्यात्मनोरभावार्थाऽनुपलब्धिश्चतुर्विधा ॥४॥

यावान् कश्चित् प्रतिषेधः स सर्वोऽनुपलब्धेस्तथाऽपि द्विधा क्रियेत । कस्यचिद्विधिना निषेधेन वा । विधौ विरुद्धो वा विधीयेताऽविरुद्धो वा । अविरुद्धस्य विधौ सहभावविरोधाभावादप्रतिषेधः । विरुद्धस्याप्यनुपलब्धिनिषेधस्य अनुपलब्धिरूपत्वात् तत्राप्यर्थान्तरनिषेधे कार्य-

म०

दृश्यानुपलब्धेः फलान्तरमाह—**काचित्** प्रमाणनिवृत्ति**रसज्ज्ञान**मभावज्ञानं तत्**फला** । कथम् इत्याह—**हेतु**रनुपलम्भः, तस्य **भेदो** विशेषणम्, उपलब्धिलक्षणप्राप्तविषयत्वम्, तस्य **व्यपेक्षया** काङ्क्षया । उपलब्धिलक्षणप्राप्तानुपलब्धिरित्यर्थः ।

ननु यद्यनुपलब्ध्याऽभावः साध्यते, तदोपलब्ध्यभावोऽपि तत एवेत्यनवस्थानादभावाप्रतिपत्तिः स्यात्, दृष्टान्तश्च न स्याद्, अन्यस्याभावसाधनस्याभावादनुपलब्धेश्चानवस्थाप्राप्तत्वात् । अथ पदार्थान्तरोपलब्धिरेवानुपलब्धिः, तयाऽध्यक्षसिद्ध्याऽभावः साध्यते, तस्मान्न दोषः । यद्येवम्, अर्थान्तरादपि किन्नाभावः साध्यते ? तदपि ह्यनुपलब्धिरूपं प्रत्यक्षसिद्धं च । को वान्योपलम्भाभावेन सम्बन्धः ?

उच्यते—एकज्ञानसंसर्गि वस्त्वन्तरम् तदुपलब्धिश्चानुपलब्धिर्विवक्षिता उपलब्धेरन्यत्वादभक्ष्यास्पर्शनीयवत् । स एवाभावः, तदतिरिक्तस्य विग्रहवतोऽभावस्याभावात् । तस्मात् तादात्म्यभावानुपलम्भयोः सम्बन्धः ।

एवं तर्ह्यनुपलब्धिसिद्धिरेवाभावसिद्धिः । किं साध्यते? सत्यम्, नाभावः साध्यः, सिद्धत्वादस्य । किं तर्हि विषयोपदर्शनेन विषयी व्यवहारः साध्यते । यथा—गोव्यवहारविषयोऽयं सास्नादिसमुदायात्मकत्वात् ॥३॥

दृश्यात्मनोरभावार्थानुपलब्धिश्चतुर्विधा ।।४।।

तद्विरुद्धनिमित्तस्य योपलब्धिः प्रयुज्यते ।

स्व०

कारणमन्तरेण विरोधाऽप्रतिपत्तिः । तथा ह्यपर्यन्तकारणस्य भवतोऽन्यभावेऽभावाद्विरोधगतिः । सा चानुपलब्धेः । अन्योन्योपलब्धिपरिहारस्थितिलक्षणता वा विरोधो नित्यानित्यत्ववत् । तत्राप्येकोपलब्ध्याऽनुपलब्धिरेवोच्यते । अन्यथाऽनिषिद्धोपलब्धेरभावासिद्धेः । एकस्य निषेधेनान्याभावसाधने सिद्धैवानुपलब्धिर्निषेधस्यानुपलब्धिरूपत्वात् । तत्राप्यर्थान्तरनिषेधे कार्यकारणयोरनुभयस्य वा । तत्रानुभयस्याप्रतिबन्धात् । तदभावेऽन्येन भवितव्यमिति कुत एतत् ? कार्यानुपलब्धावपि नावश्यं कारणानि तद्वन्ति भवन्तीति कुतस्तदभावः । तस्मात् कारणानुपलब्धिरेवाभावं गमयति । स्वाभावानुपलब्धिस्तु स्वयमसत्त्वैव, तत्र केवलं विषयी साध्यते । अस्यामपि यदा व्यापकधर्मानुपलब्ध्या व्याप्याभावमाह तदाऽभावोऽपीति ।

इयं प्रतिषेधविषयानुपलब्धिः प्रयोगभेदेन चतुर्विधा भवति । विरुद्धसिद्ध्या यथा न शीतस्पर्शोऽत्राग्नेः । एतेन व्यापकविरुद्धसिद्धिरुक्ता वेदितव्या । यथा न तुषारस्पर्शोऽत्राग्नेः । विरुद्धकार्यसिद्ध्या यथा न शीतस्पर्शोऽत्र धूमात् । हेत्वसिद्ध्या यथा नात्र धूमोऽनग्नेः । स्वभावाऽसिद्ध्या यथा नात्र धूमोऽनुपलब्धेः । एतेन व्यापकस्वभावाऽसिद्धिरुक्ता यथा नात्र शिंशपा वृक्षाभावात् ।

सर्वत्र चास्यामभावसाधन्यामनुपलब्धौ दृश्यात्मनामेव तेषां तद्विरुद्धानां च सिद्धिरसिद्धिश्च वेदितव्या, अन्येषामभाव-विरोधासिद्धेः ।।४।।

यदि विरुद्धकार्योपलब्ध्याप्यभावसिद्धिः, तत्कारणोपलब्ध्या किं न सिद्ध्यति ?

म०

सा च प्रयोगभेदाद**नुपलब्धिश्चतुर्विधा** । कथम् इत्याह—**विरुद्धञ्च कार्यञ्च** विरुद्धकार्ये, कार्यञ्च प्रत्यासत्तेर्विरुद्धस्यैव बोद्धव्यम्, तयोः **दृश्यात्मनोर्हेतुभावयोः** कारणस्वभावयोश्च दृश्यात्मनोर्यथाक्रमं **सिद्धिरु**पलब्धिः, **असिद्धिर**नुपलब्धिश्च ।

विरुद्धोपलब्धिर्यथा—नात्र शीतस्पर्शोऽग्नेः । व्याप्यव्यापकयोर्वस्तुतस्तादात्म्यात् । व्यापकविरुद्धोपलब्धिरप्यनेनैवोक्ता भवति । यथा—नात्र तुषारस्पर्शोऽग्नेः । विरुद्धकार्योपलब्धिर्यथा—नात्र शीतस्पर्शो धूमात् । कारणानुपलब्धिर्यथा—नात्र धूमोऽनग्नेः । स्वभावानुपलब्धिर्यथा—नात्र धूमोऽनुपलब्धेः । अनेन व्यापकानुपलब्धिरप्युक्ता, यथा—नात्र शिंशपा वृक्षाभावात् ।

चतुर्विधाऽप्यनुपलब्धिरभावार्था प्रतिषेधफला । तत्र स्वभावानुपलब्धिः स्वयमेव प्रतिषेध्याभावरूपतया सिद्धाऽभावव्यवहारसाधनी । इतरास्तु निषेध्याभावाव्यभिचारिण्यस्तदभावमभावव्यवहारं च साधयन्ति, तस्यासिद्धत्वात् ।।४।।

यदि विरुद्धाकार्योपलब्ध्याऽभावसिद्धिः तदा विरुद्धकारणोपलब्ध्यापि किं न साध्यते इत्याह—**तद्विरुद्धनिमित्तस्य** निषेध्यस्य (शीतस्पर्शवह्नेः) विरुद्धकारणस्य (काष्ठस्य) **योपलब्धिः प्रयुज्यते**, यथा—न शीतस्पर्शोऽत्र काष्ठादिति, **सा** निषेध्यस्य विरुद्धस्य च ये **निमित्ते तयोर्विरुद्धत्वाभावे व्यभिचारिणी** अनैकान्तिकी । विरोधे तु निमित्तयोरिष्यत एव, यथा—नास्य

निमित्तयोर्विरुद्धत्वाभावे सा व्यभिचारिणी ॥५॥

इष्टं विरुद्धकार्येऽपि देशकालाद्यपेक्षणम् ।
अन्यथा व्यभिचारि स्यात् भस्मेवाशीतसाधने ॥६॥

हेतुना यः समग्रेण कार्योत्पादोऽनुमीयते ।
अर्थान्तरानपेक्षत्वात् स स्वभावोऽनुर्वर्णितः ॥७॥

स्व०

तद्विरुद्धनिमित्तस्य योपलब्धिः प्रयुज्यते ।
निमित्तयोर्विरुद्धत्वाभावे सा व्यभिचारिणी ॥५॥

यथा न शीतस्पर्शोऽत्र काष्ठादिति । निमित्तयोः पुनर्विरोधे गमिकैव । यथा नास्य रोमहर्षादिविशेषाः सन्निहितदहनविशेषत्वात् । एतेन तत्कार्यादपि तद्विरुद्धकार्याभावगतिरुक्ता वेदितव्या । यथा न रोमहर्षादिविशेषयुक्तपुरुषवानयं प्रदेशो धूमात् । इयं च हेत्वसिद्ध्यैव तद्विरुद्धसिद्धिः प्रागेव निर्दिष्टा ।

इतीयं प्रयोगभेदादष्टधानुपलब्धिः ॥५॥

तत्र येयं विरुद्धकार्योपलब्धिरुक्ता तत्र—

इष्टं विरुद्धकार्येऽपि देशकालाद्यपेक्षणम् ।
अन्यथा व्यभिचारि स्यात् भस्मेवाशीतसाधने ॥६॥

यः तर्हि समग्रेण हेतुना कार्योत्पादोऽनुमीयते, कथं त्रिविधे हेतावन्तर्भवति ?

हेतुना यः समग्रेण कार्योत्पादोऽनुमीयते ।
अर्थान्तरानपेक्षत्वात् स स्वभावोऽनुर्वर्णितः ॥७॥

असावपि यथा संनिहितान्नान्यमपेक्षत इति तन्मात्रानुबन्धी स्वभावो भावस्य । तत्र हि केवलं समन्तात् कारणात् कार्योत्पत्तिसंभवोऽनुमीयते । समग्राणां कार्योत्पादनयोग्यतानुमानात् । योग्यता च सामग्रीमात्रानुबन्धिनी स्वभावभूतैवानुमीयते ॥६-७॥

म०

रोमहर्षादिविशेषाः सन्ति, सन्निहितदहनविशेषत्वात् । रोमहर्षतदभावयोर्विरोधः, तत्कारणयोश्च शीतदहनयोरिति युक्तेयमनुपलब्धिः । तथा निषेध्य-(रोमहर्ष)-विरुद्ध-(ताप)-कारण-(दहन) कार्यो-(धूमो)पलब्धिर्यथा—न रोमहर्षयुक्तपुरुषवानयं प्रदेशो धूमादिति ॥५॥ उक्ताऽष्ट-विधानुपलब्धिः ॥

अनया दिशाऽपरा अपि बोद्धव्याः । **विरुद्धकार्ये** विरुद्धकार्योपलब्धावपि विषये निर्देशात् **देश**स्य सन्निहितस्य **काल**स्य वर्त्तमानस्य क्वचिदतीता**पेक्षणमि**ष्टम् **अन्यथा व्यभिचारि स्या**ल्लिङ्गम् । उदाहरणमाह—**भस्मेवाशीत**स्य शीताभावस्य **साधने** । यथा—नासीत् क्वचित् शीतस्पर्शः, नास्ति वात्र भस्मन इति भस्मानैकान्तिकम् । देशविशेषेऽतीतकालापेक्षया तु स्याद्धेतुः—नासीदत्र शीतस्पर्शो भस्मन इति ॥६॥

ननु **हेतुना समग्रेण यः कार्योत्पादोऽनुमीयते स** कस्मिन् हेतावन्तर्भवति इत्याह—**स स्वभाव**हेतु**रनुर्वर्णितः** । न हि समग्राद्धेतोः कार्यसम्भवोऽनुमीयते, किं तर्हि कार्याजनयोग्यत्वम् । तच्चा**र्थान्तरानपेक्षत्वा**द्धेतुसाकल्यमात्रानुबन्ध्येवेति तस्मिन् साध्ये हेतुसाकल्यं स्वभाव-हेतुरेव ॥७॥

सामग्रीफलशक्तीनां परिणामानुबन्धिनि।
अनैकान्तिकता कार्ये प्रतिबन्धस्य सम्भवात् ॥८॥

एकसामग्र्यधीनस्य रूपादे रसतो गतिः।
हेतुधर्मानुमानेन धूमेन्धनविकारवत् ॥९॥

शक्तिप्रवृत्त्या न विना रसः सैवान्यकारणम्।

स्व०

किं पुनः कारणसामग्र्याः कार्यमेव नानुमीयते ?

सामग्रीफलशक्तीनां परिणामानुबन्धिनि।

अनैकान्तिकता कार्ये प्रतिबन्धस्य सम्भवात् ॥८॥

न हि समग्राणीत्येव कारणद्रव्याणि स्वकार्यं जनयन्ति। सामग्रीजन्मनां शक्तीनां परिणामापेक्षत्वात् कार्योत्पादस्य। अत्रान्तरे च प्रतिबन्धसंभवात् न कार्यानुमानम्। योग्यतायास्तु द्रव्यान्तरानपेक्षत्वात् न विरुध्यतेऽनुमानम्। उत्तरोत्तरशक्तिपरिणामेन कार्योत्पादनसमर्थेयं कारणसामग्री, शक्तिपरिणामप्रत्ययस्यान्यस्यापेक्षणीयस्याभावादिति। पूर्वसजातिमात्रहेतुत्वात शक्तिप्रसूतेः। सामग्र्या योग्यताऽनन्यापेक्षिणीत्युच्यते ॥८॥

या तर्ह्यकार्यकारणभूतेनान्येन रसादिना रूपादिगतिः, सा कथं ? नैष दोषः। सापि—

एकसामग्र्यधीनस्य रूपादे रसतो गतिः।

हेतुधर्मानुमानेन धूमेन्धनविकारवत् ॥९॥

तत्र हेतुरेव तथाभूतोऽनुमीयते। प्रवृत्तशक्तिरूपोपादानकारणसहकारिप्रत्ययो हि रसहेतू रसं जनयति। इन्धनविकारविशेषोपादानहेतुसहकारिप्रत्ययाग्निधूमजननवत् ॥९॥

तथा हि—

शक्तिप्रवृत्त्या

स्वकारणस्य फलोत्पादनं प्रत्याभिमुख्येन।

न विना रसः सैवान्यकारणम्।

म०

कस्मात् पुनः कार्यमेव नानुमीयते इत्याह—**कार्ये**ऽनुमेयेऽ**नैकान्तिकता** हेतुसाकल्यस्य। कीदृशे ? **सामग्र्याः फलञ्च** ताः **शक्तयश्च** तासां **परिणामः** कार्योत्पादानुगुणस्तारतम्ययोगी क्षणप्रबन्धः, **तदनुबन्धिनि** तदपेक्षिणि। अत एव **प्रतिबन्धस्य सम्भवा**दित्युक्तम् ॥८॥

न खलु कार्यहेतवो मिलिता इत्येव भवति, किन्त्वेषां विशेषमपेक्षते। अत्रान्तरे च शक्तिव्याघातो मन्त्रतन्त्रादिना वैकल्यं च सम्भवतीति कार्यस्यावश्यभावान्न तदनुमानम्। या च **रसतो** मधुरादिकात् **रूपादेः**, आदिशब्दाद् गन्धस्य च, **एकसामग्र्यधीनस्य** रसादिना सहैकसामग्र्यायत्तस्य **गतिः**, सा कथम् इत्याह— **हेतुधर्मानुमानेन** रसकारणस्य धर्मो रसादिसहचररूपजनकत्वम्, तदनुमानेन रसाद् रूपादिगतिः। न हि कार्यं रसः कारणमन्तरेण। कारणं चास्य रससहकारि रूपजनकम्, पुञ्जात् पुञ्जोत्पत्तेः। अतस्तस्मिन्ननुमितेऽनुमितमेव रूपम्। **धूमेन्धनविकारवत्**। धूमाद्धेतुधर्मानुमानेनेन्धनविकारस्याङ्गारादेर्धूमसहचरस्येवानुमानम् ॥९॥

एतदेव स्फुटयन्नाह—रसहेतोः **शक्तिप्रवृत्त्या** शक्त्याभिमुख्येन **विना न रस** उत्पद्यते। **सैव** रसहेतोः शक्तिप्रवृत्तिरन्यस्य रूपादेः **कारणं** इतरसमानकालरूपादिजनकत्वेन रसहेतो-

इत्यतीतैककालानां गतिस्तत्कार्यलिङ्गजा ॥१०॥

हेतुना योऽसमग्रेण कार्योत्पादोऽनुमीयते ।
तच्छेषवदसामर्थ्याद् देहाद् रागानुमानवत् ॥११॥

स्व०

रूपोपादानहेतूनां प्रवृत्तिकारणम् । साऽपि रसोपादानकारणप्रवृत्ती रूपोपादानकारणप्रवृत्तिसहकारिणी । तस्माद्यथाभूताद्धेतो रस उत्पन्नस्तथाभूतमनुमापयति ।

इति

तत्रापि

अतीतैककालानां गतिः

नानागतानां व्यभिचारात् ।

तत्

तस्मादियं

कार्यलिङ्गजा ।

तेन नान्यो हेतुर्गमकोऽस्ति । अप्रतिबद्धस्वभावस्याविनाभावनियमाभावात् ।

एतेन पिपीलिकोत्सरणमत्स्यविकारादेर्वर्षाद्यनुमानमुक्तम् । तत्रापि भूतपरिणाम एव वर्षहेतुः पिपीलिकादिसंक्षोभादिहेतुरिति ॥१०॥

हेतुना त्वसमग्रेण यत्कार्यमनुमीयते ।
शेषवत्तदसामर्थ्याद् देहाद्रागानुमानवत् ॥ ११ ॥[1]

समग्राण्येव हि कारणानि योग्यतामप्यनुमापयन्त्यसमग्रस्यैकान्तासामर्थ्यात् । यथा देहेन्द्रियबुद्धिभ्यो रागाद्यनुमानम् । आत्मात्मीयाभिनिवेशपूर्वका हि रागादयः, अयोनिशोमनस्कारपूर्वकत्वात् सर्वदोषोत्पत्तेः । देहादीनां हेतुत्वेऽपि न केवलानां सामर्थ्यमस्तीति विपक्षवृत्तेरदृष्टावपि शेषवदनुमानात् संशयः ॥११॥

म०

रतीतस्य हेतोरेककालानां रससहचराणां च रूपादीनां **गतिस्तस्य** रसरूपहेतोः **कार्याद्** रसा**ल्लिङ्गाज्जाता** ।

एवं पिपीलकोत्सरणादिदर्शनात् वर्षापिपीलिकादिक्षोभहेतोर्भूतपरिणामविशेषस्यानुमानात् वर्षानुमानं कार्यलिङ्गजं वेदितव्यम् । नदीपूरादेर्वर्षकार्यत्वं व्यक्तमेव ॥१०॥

यः पुनर्**हेतुनाऽसमग्रेण कार्योत्पादः** कार्योत्पादनयोग्यत्व**मनुमीयते, तच्छेषवद**नैकान्तिक**मसामर्थ्यात्** । समर्थं हि कार्योत्पादनयोग्यम्, न च व्यग्राणां समर्थता । **देहात्** बुद्धीन्द्रियादेश्च हेतो **रागानुमानवत्** । देहादीनां कथञ्चिद् रागहेतुत्वेऽपि नायोनिशोमनस्काररहितानां कारणत्वम्, सहितानामेव हेतुत्वात् । ततः केवलाद् देहाद् रागानुमानमनैकान्तिकम् ॥११॥

---

1. मनोरथनन्दिन् reads this Kārikā as :
हेतुना योऽसमग्रेण कार्योत्पादोऽनुमीयते ।
तच्छेषवदसामर्थ्याद् देहात् रागानुमानवत् ॥

विपक्षेऽदृष्टिमात्रेण कार्यसामान्यदर्शनात् ।
हेतुज्ञानं प्रमाणाभं वचनाद् रागितादिवत् ॥१२॥

स्व०

तथा

विपक्षेऽदृष्टिमात्रेण कार्यसामान्यदर्शनात् ।
हेतुज्ञानं प्रमाणाभं वचनाद्रागितादिवत् ॥ १२ ॥

न हि रागादीनामेव कार्यं स्पन्दनवचनादयः, वक्तुकामतासामान्यहेतुत्वात् । सैव राग इति चेत् इष्टत्वान्न किंचिद्बाधितं स्यात् । नित्यसुखात्मात्मीयदर्शनाक्षिप्तं सास्रवधर्मविषयं चेतसोऽभिष्वङ्गं रागमाहुः । नैवं करुणादयोऽन्यथाऽपि संभवादिति निवेदयिष्यामः । अत्र यथा रक्तो ब्रवीति तथा विरक्तोऽपीति वचनमात्रादप्रतिपत्तिः । नापि विशेषात् । अभिप्रायस्य दुर्बोधत्वात् । व्यवहारसङ्करेण सर्वेषां व्यभिचारात् । प्रयोजनाभावादव्याहार इति चेत् न, परार्थत्वात् । न युक्तो वीतरागत्वादिति चेत् न, करुणयाऽपि प्रवृत्तेः । सैव राग इति चेत् इष्टम्, अविपर्याससमुद्भावान्न दोषः । असत्यप्यात्मग्रहे दुःखविशेषदर्शनमात्रेणाभ्यासबलोत्पादिनी भवत्येव करुणा । तथा हि सत्त्वधर्मालम्बनादयो मैत्र्यादय इष्यन्ते । एताश्च सजातीयाभ्यासवृत्तयो न रागापेक्षिण्यः । नैवं रागादयो विपर्यासाभावेऽभावात् । कारुणिकस्यापि निष्फल आरम्भो विपर्यासादिति चेत् न, परार्थस्यैव फलत्वेनेष्टत्वात् । इच्छालक्षणत्वात् फलस्य ।

सर्वथाऽभूताऽसमारोपान्निर्दोषः । तदन्येन दोषवत्त्वसाधने न किंचिदनिष्टम् ।

वक्तर्यात्मनि रागादिदर्शनेनान्यत्र तदनुमानेऽतिप्रसङ्गः । व्यभिचारादनन्यानुमाने इहाव्यभिचार इति को निश्चयः ? कारणगुणवक्तुकामते हि वचनमनुमापयेत् । रागोत्पादनयोग्यतारहिते वचनादर्शनात् तदनुमानेऽतिप्रसङ्ग उक्तः । रागस्यानुपयोगे कथं तच्छक्तिरुपयुज्यते ? शक्त्युपयोगे हि स एवोपयुक्तः स्यात् । तच्च नास्तीत्युक्तम् ।

तस्मान्नान्तरीयकमेव कार्यं कारणमनुमापयति, तत्प्रतिबन्धात् । नान्यद्विपक्षेऽदर्शनेऽपि । सर्वदर्शिनो हि दर्शनव्यावृत्तिः सर्वत्राभावं गमयेत् । क्वचित्तथादृष्टानामपि देशकालसंस्कारभेदेनान्यथा दर्शनाद्, यथाऽऽमलक्यः क्षीरावसेकेन मधुरफला भवन्ति । न चैवं बहुलं दृश्यन्ते । तेनैवं स्याद्युक्तं वक्तुम्—मादृशो वक्ता रागीति, रागोत्पत्तिप्रत्ययविशेषेणात्मदर्शनायोनिशोमनस्कारेण योगात् । तदाऽप्यपार्थको वचनोदाहारः तस्माद्विपक्षाऽदृष्टिहेतुः ॥१२॥

म०

तथा—**विपक्षेऽदृष्टिमात्रेण कार्यसामान्यस्य** क्वचिद् धर्मिणि **दर्शनात् हेतुज्ञानं** यत् **प्रमाणाभं** सन्दिग्धविपक्षव्यावृत्तिकं तद् **वचनाद् रागितादिवत्** । यथा वचनस्य वीतरागेऽदर्शनात् क्वचिद् दर्शनाद् रागानुमानमनैकान्तिकम् । न हि रागवचनयोः कार्यकारणभावः सिद्धः, वक्तुकामताहेतुत्वात् तस्य । सा च वीतरागस्य करुणया सम्भवति । यद्यपि वक्तरि रागो दृश्यते, तथापि क्वचिद् वक्तुकामतासत्त्वेऽपि रागाभावे वचनाभावासिद्धेर्न तत्कार्यतासिद्धिः । उपलखण्डाद् वक्तुकामतानिवृत्तेरेव वचनाभावः, न तु रागाभावात् ततो वीतरागात् सन्दिग्धोऽस्य व्यतिरेकः ॥१२॥

न चादर्शनमात्रेण विपक्षेऽव्यभिचारिता ।
सम्भाव्यव्यभिचारित्वात् स्थालीतण्डुलपाकवत् ॥१३॥

यस्यादर्शनमात्रेण व्यतिरेकः प्रदर्श्यते ।
तस्य संशयहेतुत्वाच्छेषवत् तदुदाहृतम् ॥१४॥

हेतोस्त्रिष्वपि रूपेषु निश्चयस्तेन वर्णितः ।
असिद्धविपरीतार्थव्यभिचारिविपक्षतः ॥१५॥

स्व०

न चादर्शनमात्रेण विपक्षेऽव्यभिचारिता ।
संभाव्यव्यभिचारित्वात् स्थालीतन्दुलपाकवत् ॥ १३ ॥

न हि बहुलपक्वदर्शनेऽपि स्थाल्यन्तर्गमनमात्रेण पाकः सिध्यति, व्यभिचारदर्शनात् । एवं तु स्यात्—एवंस्वभावा एततसमानहेतवः पक्वा इति । अन्यथा तु शेषवदेतदनुमानं व्यभिचारि ॥१३॥

किं पुनरेतच्छेषवत् ?

यस्यादर्शनमात्रेण व्यतिरेकः प्रदर्श्यते ।
तस्य संशयहेतुत्वाच्छेषवत्तदुदाहृतम् ॥ १४ ॥

स तस्य व्यतिरेको न निश्चित इति विपक्षे वृत्तिराशङ्क्येत । व्यतिरेकसाधनस्यादर्शनमात्रस्य संशयहेतुत्वान्न हि सर्वानुपलब्धिर्गमिका ।

तस्मादेकनिवृत्त्याऽन्यनिवृत्तिमिच्छता तयोः कश्चित् स्वभावप्रतिबन्धोऽप्येष्टव्यः । अन्यथाऽगमको हेतुः स्यात् ॥१४॥

हेतोस्त्रिष्वपि रूपेषु निश्चयस्तेन वर्णितः ।
असिद्धविपरीतार्थव्यभिचारिविपक्षतः ॥ १५ ॥

न ह्यसति प्रतिबन्धेऽन्वयव्यतिरेकनिश्चयोऽस्ति । तेन तमेव दर्शयन्निश्चयमाह । तत्रान्वयनिश्चयेन—विरुद्धतत्पक्षाणां निरासः । व्यतिरेकस्य अनैकान्तिकस्य तत्पक्षस्य च

म०

न च विपक्षे हेतोर**दर्शनमात्रेण** साध्याभावप्रयुक्तसाधनाभावनिश्चयरहितेन साध्या**व्यभिचारिता** साध्यते, **सम्भाव्यव्यभिचारित्वात्** । यदि विपक्षाद्धेतुनिवृत्तिनिश्चय एवं व्यभिचारशङ्कानिरासः, स तु नास्तीति तस्याप्यभावः । **स्थालीतण्डुलपाकवत्** स्थाल्यन्तर्गतानां तण्डुलानां पाकस्येवानुमानम्, तदितरेषां पाकादर्शनात् शेषवत् ॥१३॥

किं पुनः शेषवदित्युच्यते इत्याह—**यस्य** लिङ्गस्या**दर्शनमात्रेण** विपक्षे **व्यतिरेकः प्रदर्श्यते,** न तु कारणव्यापकनिवृत्त्या, **तस्य संशयहेतुत्वात्** साध्यानिश्चायकत्वात् **शेषवत् तदुदाहृतम्** । सन्दिग्धविपक्षव्यावृत्तिकत्वं शेषवदुच्यते, प्रतिबन्धाभावादित्यर्थः ॥१४॥

तेन प्रतिबन्धस्यावश्याभ्युपगन्तव्यत्वेन **हेतोस्त्रिष्वपि रूपेषु** पक्षधर्मान्वयव्यतिरेकेषु **निश्चय** आचार्यदिग्नागेन **वर्णितः** । कथमुक्त इत्याह—**असिद्धस्य विपरीतार्थस्य** विरुद्धस्य **व्यभिचारिणो**ऽनैकान्तिकस्य **विपक्षेण** । तत्रासिद्धत्वविपक्षेण पक्षधर्मत्वस्य निश्चय उक्तः, विरुद्धविपक्षेणान्वयस्य, अनैकान्तिकविपक्षेण व्यतिरेकस्य ॥१५॥

व्यभिचारिविपक्षेण वैधर्म्यवचनं च यत् ।
यद्यदृष्टिफलं तच्च तदनुक्तेऽपि गम्यते ।।१६।।

न च नास्तीति वचनात् तन्नास्त्येव यथा यदि ।
नास्ति स ख्याप्यते न्यायस्तदा नास्तीति गम्यते ।।१७।।

स्व०

शेषवदादेः । द्वयोरित्येकसिद्धप्रतिषेधः । प्रसिद्धवचनेन संदिग्धयोः शेषवदसाधारणयोः सपक्षविपक्षयोरपि । ।।१५।।

अन्यथा ह्यसति प्रतिबन्धेऽदर्शनमात्रेण व्यतिरेके

व्यभिचारिविपक्षेण वैधर्म्यवचनं च यत् ।

यदाह—एष तावन्न्यायो यदुभयं वक्तव्यं विरुद्धानैकान्तिकप्रतिपक्षेण इति । साधर्म्यवचनं विरुद्धप्रतिपक्षेण वैधर्म्यवचनमनैकान्तिकप्रतिपक्षेण ।

यद्यदृष्टिफलं तच्च

यदि तेन विपक्षेऽदर्शनं ख्याप्यते

तदनुक्तेऽपि गम्यते ।। १६ ।।

नहि तस्य प्रागदर्शनभ्रान्तिर्या वचनेन निवर्त्येत । स्मृतिर्वाचादर्शने क्रियत इति चेत् दर्शनं खल्वप्रतीयमानमनङ्गमिति युक्तं तत्र स्मरणाधानम् । अदर्शनं तु दर्शनाभावः । स दर्शनेन बाध्येत । तदभावे तु सिद्ध एवेत्यपार्थकं तत्सिद्धये वचनम् ।।१६।।

न वै अनुपलभमानस्य तावता नास्तीति भवति । तदर्थं वचनमिति चेत्—

न च नास्तीति वचनात्तन्नास्त्येव यथा यदि ।
नास्ति स ख्याप्यते न्यायस्तदा नास्तीति गम्यते ।। १७ ।।

यद्यनुपलभमानो नास्तीति न प्रत्येति वचनादपि नैव प्रत्येष्यति । तदप्यनुपलम्भमेव ख्यापयति । न चैकानुपलम्भोऽन्याभावं साधयति, अतिप्रसङ्गात् । न च तेन नास्तीति वचनात्तथा

म०

न ह्यसति प्रतिबन्धे विपक्षाद् व्यतिरेकः शक्यनिश्चयः, उक्तश्च निश्चयः, ततः प्रतिबन्धोऽप्याचार्येणेष्ट इति प्रतीयते । अन्यथा प्रतिबन्धानिष्टौ **व्यभिचारिणो**ऽनैकान्तिकस्य **विपक्षेण वैधर्म्य**स्य व्यतिरेकस्य **वचनं यदा**चार्यस्य । एष तावन्न्यायः—यदुभयं वक्तव्यं विरुद्धानैकान्तिकप्रतिपक्षेण इति । उभयमन्वयव्यतिरेकौ । **तच्च यद्यदृष्टिफल**मदर्शनमात्रफलं **तद**दर्शनमात्र**मनुक्तेऽपि** व्यभिचारिविपक्षेण व्यतिरेको **गम्यते,** हेतुत्रैरूप्यनिर्देशादेव विपक्षेऽदर्शनमात्रस्य गतत्वात् । तस्माद् वैधर्म्यवचनेन विपक्षे हेत्वभावः कथ्यते । स चादर्शनमात्रेण न सिध्यति ।।१६।।

नास्तीति वचनादेव सिध्यतीति चेत् **न च नास्तीति वचनादेव** तत्साधनं विपक्षे **नास्त्येवे**ति युक्तम्, तदपि ह्यनुपलम्भमेव ख्यापयति । स च सर्वस्माद्विपक्षाद्धेत्वभावप्रतीतावशक्तः । कथं तर्हि इत्याह—**यथा** येन प्रकारेण साध्यसाधनयोः प्रतिबन्धे सति साध्याभावेन साधनं विपक्षे **नास्ति स न्यायो यदि ख्याप्यते** व्यभिचारिविपक्षेण वैधर्म्योक्त्या, **तदा नास्तीति गम्यते,** नान्यथा ।।१७।।

यद्यदृष्टौ निवृत्तिः स्याच्छेषवद् व्यभिचारि किम्।
व्यतिरेक्यपि हेतुः स्यान्न वाच्याऽसिद्धियोजना ॥१८॥

स्व०

भवति, अतिप्रसङ्गात्। तत्कथं वैधर्म्यवचनेनानैकान्तिकपरिहारः ? तस्माद् व्यावृत्तिमिच्छता तत्र न्यायो वक्तव्यो यतोऽस्य व्यावृत्तमिति (निश्चयो) भवति ॥१७॥

ननु तदभावेऽनुपलम्भात् सिद्धा व्यावृत्तिः।

यद्यदृष्ट्या[1] निवृत्तिः स्याच्छेषवद्व्यभिचारि किम्।

यथा पक्वान्येतानि फलानि, एवंरसानि वा, रूपाविशेषात्, एकशाखाप्रभवत्वाद्वा उपभुक्तवत्। अत्रापि विवक्षिताऽशेषपक्षीकरणे हेतोः साध्याभावेऽनुपलम्भोऽस्तीति कथं व्यभिचारः ?

प्रत्यक्षबाधाशङ्का व्यभिचार इत्येके। न, पक्षीकृतविषयेऽभावात्। कदाचिद् भवेदिति चेत् तथाशङ्कायामतिप्रसङ्गोऽन्यत्राप्यभावनियमाभावात्। वृत्तं प्रमाणं बाधकम्। अवृत्तबाधने सर्वत्रानाश्वासः।

व्यतिरेकस्तु सिद्ध एव साधनमिति तथाभावनिश्चयमपेक्षते। अनुपलम्भात्तु क्वचिदभावसिद्धावप्यप्रतिबद्धस्य तदभावे सर्वत्राभावासिद्धेः। संशयादव्यतिरेको व्यभिचारः शेषवतः।

किंच

व्यतिरेक्यपि हेतुः स्यात्

नेदं निरात्मकं जीवच्छरीरम्, अप्राणादिमत्त्वप्रसङ्गादिति। निरात्मकेषु घटादिषु दृष्टादृष्टेषु प्राणाद्यदर्शनात्तन्निवृत्त्याऽऽत्मगतिः स्यात्। अदृश्यानुपलम्भादभावासिद्धौ घटादीनां नैरात्म्यासिद्धेः प्राणादेरनिवृत्तिः। अभ्युपगमात् सिद्धम् इति चेत् कथमिदानीमात्मसिद्धिः ? परस्याप्यप्रमाणिका कथं नैरात्म्यसिद्धिः ? अभ्युपगमेन च सात्मकानात्मकौ विभज्य तत्राभावेन गमकत्वं कथयता आगमिकत्वं चात्मनि प्रतिपन्नं स्यात्, नानुमेयत्वम्। तस्माददर्शनेऽप्यात्मनो निवृत्त्यसिद्धेः नास्ति कुतश्चित् निवृत्तिः। तन्निवृत्तौ क्वचिन्निवृत्तावपि प्राणादीनामप्रतिबन्धात् सर्वत्र निवृत्त्यसिद्धेरगमकत्वम्।

म०

किञ्च—**यद्यदृष्टौ** विपक्षाद्धेतोर्**निवृत्तिः स्यात् शेषवत्** सन्दिग्धविपक्षव्यतिरेकं **व्यभिचारि किमिष्टमाचार्येण** ? एवं च—सरसान्येतानि फलानि रूपाविशेषादिति सर्वस्य तादृग्रूपस्य पक्षीकृतत्वात् न व्यभिचारदर्शनम्, विपक्षे चादर्शनमस्तीति प्राप्तमदर्शनमात्राद् व्यतिरेकवादिनो हेतुत्वमस्य।

व्यतिरेक्यपि हेतुः स्यात्। नेदं निरात्मकं जीवच्छरीरमप्राणादिमत्त्वप्रसङ्गादिति बौद्धं प्रति सात्मकस्य कस्यचिदसिद्धेरन्वयाभावात्, निरात्मकेभ्यश्च पटादिभ्यो निवृत्तेः प्राणादिर्व्यतिरेकी, स हेतुः स्यात्, अदर्शनाद् व्यतिरेकसिद्धेः, अनिष्टश्चा**चार्येण**।

किञ्च—वादिप्रतिवादिनोरसिद्धस्यान्यतरासिद्धस्य सन्दिग्धस्याश्रयासिद्धस्य असिद्धस्य च निरासं पक्षधर्मत्वनिश्चयेन प्रतिपाद्य, अन्वयव्यतिरेकनिश्चयवचनेन सपक्षविपक्षयोर्हेतोरन्वयस्य व्यतिरेकस्य च विपरीताया **असिद्धे**श्चतुर्विधाया **योजना आचार्येण**—सपक्षे सन्नसन्नित्येवमादि-

---

1. मनोरथः—यद्यदृष्टौ।

विशेषस्य व्यवच्छेदहेतुता स्याददर्शनात् ।
प्रमाणान्तरबाधा चेन्नेदानीं नास्तितादृशः ॥१६॥

तथाऽन्यत्रापि सम्भाव्यं प्रमाणान्तरबाधनम् ।

स्व०

याऽप्यसिद्धियोजना—तथा सपक्षे सन्नसन्नित्येवमादिष्वपि यथायोगमुदाहार्यम् इत्येवमादि—साऽपि—

न वाच्याऽसिद्धियोजना ॥ १८ ॥

अनुपलम्भ एव संशयाद्, उपलम्भे तदभावात् । अनुपलम्भाच्च व्यतिरेक इति संशयितोऽनिवार्यः स्यात् । यथायोगवचनादनिवारित एवेति चेत् न, य एव तूभयनिश्चितवाची इत्यादिवचनात् । तेनानुपलम्भेऽपि संशयादनिर्वृत्ति मन्यमानस्तत्प्रतिषेधमाह ॥१८॥

किंच

विशेषस्य व्यवच्छेदहेतुता स्याददर्शनात् ।

श्रावणत्वस्यापि नित्यानित्ययोरदर्शनाद् व्यावृत्तिरिति तद्व्यवच्छेदहेतुता स्यात् । न हि तद्व्यावृत्तेरन्यद्व्यवच्छेदनम् । अव्यवच्छेदस्तु कुतश्चिद् व्यावृत्तेरेवानिश्चयात् । यो हि यत्र नास्तीति निश्चितः, स भवंस्तदभावं कथं न गमयेत् ?

प्रमाणान्तरबाधा चेत्

अथापि स्यादुभयव्यवच्छेदे प्रमाणान्तरं बाधकमस्ति । अन्योन्यव्यवच्छेदरूपाणामेकव्यवच्छेदेनान्यविधानादप्रतिषेधः, विधिप्रतिषेधयोर्विधानात् (विरोधात्) ।

नेदानीं नास्तिताऽदृशः ॥ १६ ॥

नैवमदर्शनं प्रमाणम्, बाधासंभवात् ॥१६॥

तथाऽन्यत्रापि संभाव्यं प्रमाणान्तरबाधनम् ।

लक्षणयुक्ते हि बाधासंभवे तल्लक्षणमेव दूषितं स्यादिति सर्वत्रानाश्वासः । अनुमानविषयेऽपि प्रत्यक्षानुमानविरोधदर्शनादनाश्वासप्रसङ्ग इति चेत् न, यथोक्तेऽभावात् । संभविनश्चातल्लक्षणत्वात् । विरुद्धाव्यभिचार्यवचनमिति चेत्, अनुमानविषयेऽवचनादिष्टम् । विषयं चास्य निवेदयिष्यामः ।

म०

ष्वपि यथायोगमुदाहार्यम् इत्यादिना निर्दिष्टा सापि **न वाच्या**, अदर्शनस्य व्यतिरेकनिश्चयहेतुत्वे सन्दिग्धव्यतिरेकस्य हेतुत्वात् ॥१८॥

अपि च—**विशेषस्या**साधारणस्य श्रावणत्वादेर्नित्येऽनित्ये च**ादर्शना**दुभयतो व्यावृत्तेः शब्दे धर्मिणि **द्वयव्यवच्छेदनहेतुता स्यात्** । **प्रमाणान्तरबाधा चेत्** अन्योन्यव्यवच्छेदरूपयोरेकप्रतिषेधस्यापरविधिनान्तरीयकत्वात् उभयव्यवच्छेदोऽनुमानबाधितः । **नेदानीं** बाधसम्भवे **नास्तिताऽदृशः** । एवं **तर्ह्य**दृष्टेरभावनिश्चयो नास्तीति वक्तव्यम् ॥१६॥

यथा श्रावणत्वेनोभयव्यावृत्ततया निश्चितेन प्रसाध्यमानस्योभयव्यवच्छेदस्य प्रमाणान्तरेण बाधा, **तथाऽन्यत्रापि** विपक्षाद्धेतोर्व्यतिरेकेऽपि **सम्भाव्यं प्रमाणान्तरबाधनम्**, अदर्शनमात्रस्य निमित्तस्य समानत्वात् । तथा **दृष्टाऽयुक्तिरदृष्टेश्च स्यात् स्पर्शस्याविरोधिनी** । दृष्टेषु

दृष्टाऽयुक्तिरदृष्टेश्च स्यात् स्पर्शस्याविरोधिनी ॥२०॥

देशादिभेदाद् दृश्यन्ते भिन्ना द्रव्येषु शक्तयः ।
तत्रैकदृष्ट्या नान्यत्र युक्तस्तद्भावनिश्चयः ॥२१॥

स्व०

किं च

दृष्टाऽयुक्तिरदृष्टेश्च स्यात् स्पर्शस्याविरोधिनी ॥ २० ॥

यदि ह्यनुपलम्भेनाभावः सिध्येत् । यदाह—यद्यदर्शनमात्रेण दृष्टेभ्यः प्रतिषेधः क्रियते न च सोऽपि युक्तः इति । कथमयुक्तोऽत्राप्यनुपलम्भादभावसिद्धेः ? ननूपलब्धिलक्षणप्राप्तेः स्पर्शस्य युक्त एव प्रतिषेधः । न युक्तः, दृश्यतत्स्वभावविषयमात्राप्रतिषेधात् । पृथिव्यादि सामान्येन गृहीत्वा अयं निषेधमाह । तत्र च तूलोपलपल्लवादिषु तद्भावेऽपि स्पर्शभेददर्शनादस्यापि क्वचिद्विशेषे संभवाशङ्कया भवितव्यमिति सर्वत्रादर्शनमात्रेणायुक्तः प्रतिषेध इत्येवमाचार्यीयः कश्चिदनुपलम्भादभावं ब्रुवाण उपालब्धः ॥२०॥

अपि च ।

देशादिभेदाद् दृश्यन्ते भिन्ना द्रव्येषु शक्तयः ।
तत्रैकदृष्ट्या नान्यत्र युक्तस्तद्भावनिश्चयः ॥ २१ ॥

यदि कथंचिद्विपक्षे दर्शनमात्रेणाप्रतिबद्धस्यापि तदव्यभिचारः, क्वचिद्देशे कानिचिद्द्रव्याणि कथंचिद् दृष्टानि पुनरन्यथाऽन्यत्र दृश्यन्ते । यथा काश्चिदोषधयः क्षेत्रविशेषे विशिष्टरसवीर्यविपाका भवन्ति, नान्यत्र, तथा कालसंस्कारभेदात् । न च तद्देशैस्तथा दृष्टा इति सर्वास्तत्त्वेन तथाभूताः सिध्यन्ति, गुणान्तराणां कारणान्तरापेक्षत्वात् । विशेषहेत्वभावे तु स्यादनुमानम् । यथाऽदृष्टकर्तृकमपि वाक्यं पुरुषसंस्कारपूर्वकमिति, वाक्ये तु विशेषाभावात्, सर्वप्रकाराणां पुरुषैः करणदर्शनात् ।

नैवमसंभवद्विशेषहेतवः पुरुषाः । येन वचनादेः किंचिन्मात्रसाधर्म्यात् सर्वाकारसाम्यमनुमीयेत, सर्वगुणेषु विशेषदर्शनात्, संस्कारभेदेन विशेषप्रतिपत्तेः तद्वदन्यस्यापि संभवात् । असंभवानुमाने च बाधकहेत्वभावात्, वैराग्यादृष्टेः । अदृष्टेन च बाधकभावासिद्धेः, रागाद्यव्यभिचारिकार्याभावात्, संभवेऽपि विशेषाणां द्रष्टुमशक्यत्वात्, तादृशां चाप्रतिक्षेपार्हत्वात् ।

म०

पृथिव्यादिष्वपाकजस्यानुष्णाशीतस्पर्शस्य अयुक्तिर्योगाभावः । अदृष्टेरदर्शनाद् **वैशेषिक**स्येष्टानुपलम्भाद् व्याप्त्या निवृत्त्या निश्चयादा**चार्येण** प्रतिक्षिप्ता च यद्यदर्शनमात्रेण दृष्टेभ्यः प्रतिषेधः क्रियते, न च सोऽपि युक्तः इत्यादिनाऽविरोधिनी विरोधरहिता स्यात् । **एवमाचार्यीयः** कश्चन प्रतिबन्धमनभ्युपगच्छन् विरोधादुपालब्धः ॥२०॥

सम्प्रति परान् प्रत्याह—**देशादिभेदात्** देशकालसहकारिभेदात् **दृश्यन्ते भिन्ना** नानाप्रकारा **द्रव्येषु शक्तयः । तत्रै**कस्मिन् देशादावे**कस्य** द्रव्यस्य शक्तिविशेषवतो **दृष्ट्याऽन्यत्र** देशादौ **तस्य** शक्तिविशेषवतो द्रव्यस्य **भावनिश्चयो न युक्तः** प्रतिबन्धमन्तरेण । न ह्येकत्र यथौषधयो दृष्टास्तथैवान्यत्रापि ताः शक्यन्ते व्यवस्थापयितुम्, क्षेत्रादिविशेषाद् विशिष्टतररसवीर्यादिदर्शनात् ॥२१॥

आत्ममृच्चेतनादीनां योऽभावस्याप्रसाधकः ।
स एवानुपलम्भः किं हेत्वभावस्य साधकः ॥२२॥

तस्मात् तन्मात्रसम्बद्धः स्वभावो भावमेव वा ।

स्व०

नैवं वाक्यानि, दृश्यविशेषत्वात्, अदृश्यत्वेऽप्यदृष्टविशेषाणां विजातीयत्वोपगमविरोधात्, तद्विशेषाणामन्यत्रापि शक्यक्रियत्वात् । प्रत्यक्षाणां शब्दानामप्रत्यक्षस्वभावाभावात् । भ्रान्तिनिमित्ताभावाद्बाधकाभावाद् भ्रान्त्यसिद्धेः । पुरुषेषु विशेषदर्शनस्य बाधकत्वादसमानम्, परभावभूतस्य च वाक्यविशेषस्यातद्विशेषत्वात् । तदभिन्नस्वभावानां सर्वेषां पुरुषक्रिया, न वा कस्यचित् ॥२१॥

किंच,

आत्ममृच्चेतनादीनां योऽभावस्याप्रसाधकः ।
स एवानुपलम्भः किं हेत्वभावस्य साधकः ॥ २२ ॥

अनुपलम्भं चास्य प्रमाणयतः आत्मवादो निरालम्बः स्यात्, अप्रत्यक्षत्वादात्मनस्तत्कार्यासिद्धेः । इन्द्रियादीनां तु विज्ञानकार्यस्य कादाचित्कत्वात् सापेक्षसिद्ध्या प्रसिद्धिरुच्यते— किमप्यस्य कारणमस्तीति । न त्वेवंभूतमिति ।

नैवं सुखादि कार्यं प्रसाधितं कञ्चिदर्थं पुष्णाति, येन केनचित् कारणवत्त्वाभ्युपगमात् । तथा चानुपलम्भ एव आत्मनः स्यात् । तं तेन प्रत्याचक्षाणः किमिति प्रतिव्यूढोऽनुपलम्भस्यासाधनत्वादिति कथमसाधनं व्यतिरेकं साधयेत् ? मृदः खल्वपि कश्चिच्चैतन्यमनुपलभ्यमानमपीच्छन्नदर्शनाद्वचनादेः व्यावृत्तिमाह । दध्यादिकं चापरः क्षीरादिष्वपरार्थेषु संघातत्वादर्शनाद्व्यतिरेकम् । को ह्यत्र नियमः संहतैरवश्यं परार्थैर्भवितव्यमिति ? अस्त्येवोपलम्भो दध्यादीनां क्षीरादिष्वनुमानम्, अशक्तादनुत्पत्तेः ।

अथ केयं शक्तिः । स एव भावः, उतान्यदेव किंचित् ? स एव चेत् तथैवोपलभ्येत, विशेषाभावात् । अन्यच्चेत् कथमन्यभावे तदस्ति ? उपचारमात्रं तु स्यादित्ययमेषां परस्परव्याघातः ॥२२॥

म०

किञ्च—**आत्ममृच्चेतनादीनां योऽभावस्याप्रसाधकः** । आत्मनोऽनुपलभ्यमानस्य च योऽनुपलम्भोऽभावस्याप्रसाधको **वैशेषिक**स्येष्टः, तथा मृदश्चेतनायाः स्वभावभूताया योऽनुपलम्भोऽभावाप्रसाधकश्**चार्वाक**स्येष्टः, तथा क्षीरादौ दध्याद्यभावस्य योऽनुपलम्भोऽप्रसाधक इष्टः **सांख्य**स्य, **स एवानुपलम्भः किं** कस्माद् विपक्षे **हेत्वभाव**स्येष्टः (साधकः) **वैशेषिका**दिभिः ? यथा घटादौ प्राणादिमत्त्वाभावो **वैशेषिक**स्य, वक्तृत्वाभावो विपक्षे **चार्वाक**स्य, सङ्घातत्वाभावो वा विपक्षे **सांख्य**स्यानुपलम्भादिष्टः ॥२२॥

उक्तः परेषाञ्च न्यायव्याघातः, परस्परविरोधश्च ॥

यस्माददर्शनमात्रात् न व्यतिरेकसिद्धिः **तस्मात् तन्मात्रसम्बद्ध**स्तत्साधनं केवलं तन्मात्रं तेन सम्बद्धः । हेतुसत्तामात्रेण कारणान्तरापेक्षारहितेन सम्बन्धो यस्येत्यर्थः । **स्वभावो** व्यापको

निवर्तयेत् कारणं वा कार्यमव्यभिचारतः ॥२३॥

अन्यथैकनिवृत्त्याऽन्यविनिवृत्तिः कथं भवेत् ।
नाश्ववानिति मर्त्येन न भाव्यं गोमताऽपि किम् ॥२४॥

सन्निधानात् तथैकस्य कथमन्यस्य सन्निधिः ।
गोमानित्येव मर्त्येन भाव्यमश्ववताऽपि किम् ॥२५॥

तस्माद् वैधर्म्यदृष्टान्ते नेष्टोऽवश्यमिहाश्रयः ।

स्व०

तस्मात्तन्मात्रसंबद्धः स्वभावो भावमेव वा ।
निवर्तयेत्

यथा वृक्षः शिंशपाम्, शाखादिमद्विशेषस्यैव कस्यचित्तथा प्रसिद्धेः। स तस्य स्वभावः। स्वं च स्वभावं परित्यज्य कथं भावो भवेत्, स्वभावस्यैव भावत्वादिति तस्य स्वभावप्रतिबन्धादव्यभिचारः।

कारणं वा कार्यमव्यभिचारतः ॥ २३ ॥

कारणं निवर्त्तमानं कार्यं निवर्त्तयति। अन्यथा तत् तस्य कार्यमेव न स्यात्। सिद्धस्तु कार्यकारणभावः स्वभावं नियमयतीत्युभयथा स्वभावप्रतिबन्धादेव निवृत्तिः ॥२३॥

अन्यथैकनिवृत्त्याऽन्यविनिवृत्तिः कथं भवेत् ।
नाश्ववानिति मर्त्येन न भाव्यं गोमताऽपि किम् ॥ २४ ॥
सन्निसाधनात्तथैकस्य कथमन्यस्य सन्निधिः ।
गोमानित्येव मर्त्येन भाव्यमश्ववताऽपि किम् ॥ २५ ॥

तस्मात् स्वभावप्रतिबन्धादेव हेतुः साध्यं गमयति । स च तद्भावलक्षणस्तदुत्पत्तिलक्षणो वा । स एवाविनाभावो दृष्टान्ताभ्यां प्रदर्श्यते ॥२४-२५॥

तस्माद्वैधर्म्यदृष्टान्ते नेष्टोऽवश्यमिहाश्रयः ।
तदभावे च तन्नेति वचनादपि तद्गतेः ॥ २६ ॥

म०

धर्मो निवर्त्तमानो **भावं** व्याप्यमेव **वा निवर्त्तयेत्**, यथा—वृक्षत्वं शिंशपाम्, वृक्षविशेषत्वाच्छिंशपायाः । **कारणं वा** निवर्त्तमानं कार्यं निवर्त्तयति, **अव्यभिचारतः** । न हि व्याप्यं कार्यं च व्यापकेन कारणेन विना भवतः, तत्स्वभावत्वात्, तदधीनत्वाच्चेति ॥२३॥

तादात्म्यतदुत्पत्ती अवश्यमाश्रयणीये, **अन्यथैकस्य** साध्यस्य **निवृत्त्याऽन्यस्य** साधनस्य **विनिवृत्तिः** कथं भवेत् ? स्वतन्त्रत्वात् । न हि मर्त्योऽश्वरहित इति गोरहितोऽपि भवति ॥२४॥

तथा, **तथा सन्निधानादेकस्य** हेतोः **कथमन्यस्य** साध्यस्य **सन्निधिः ? गोमानित्येव मर्त्येन भाव्यमश्ववताऽपि किम् ?** गवाश्वस्य परस्परमप्रतिबद्धत्वादेकभावे नान्यभावः । तथा शिंशपावृक्षादावपि स्यात् ॥२५॥

यस्मात् कारणव्यापकनिवृत्त्या कार्यव्याप्यनिवृत्तिर्दर्शनीया विपक्षे **तस्माद् वैधर्म्यदृष्टान्ते नेष्टोऽवश्यमिहाश्रयः** वस्तुभूतो धर्मी । **तस्य** कारणव्यापकस्य साध्यस्या**भावे च तत्कार्य**व्याप्यं

तदभावे च तन्नेति वचनादपि तद्गतिः ॥२६॥

तद्भावहेतुभावौ हि दृष्टान्ते तदवेदिनः ।
ख्याप्येते विदुषां वाच्यो हेतुरेव हि केवलः ॥२७॥

तेनैव ज्ञातसम्बन्धे द्वयोरन्यतरोक्तितः ।
अर्थापत्त्या द्वितीयेऽपि स्मृतिः समुपजायते ॥२८॥

स्व०

यतः

तद्भावहेतुभावौ हि दृष्टान्ते तदवेदिनः ।
ख्याप्येते

दृष्टान्ते हि साध्यधर्मस्य तद्भावस्तन्मात्रानुबन्धेन तत्स्वभावतया ख्याप्यते । यः कृतकं स्वभावं जनयति, सोऽनित्यस्वभावं सन्तं जनयतीति प्रमाणं दृष्टान्तेनोपदर्श्यते । अन्यथैकधर्म-सद्भावात् तदन्येनापि भवितव्यमिति नियमाभावात् साधनस्य साध्यव्यभिचाराशङ्का स्यात् । तेन च प्रमाणेन साध्यधर्मस्य तन्मात्रानुबन्धः ख्याप्यते । स्वकारणादेव कृतकः तथाभूतो जातो यो नश्वरः क्षणस्थितिधर्मा, अन्यतस्तस्य तद्भावनिषेधात् । हेतुभावो वा, तस्मिन् सत्येव भावादिति दृष्टान्तेन प्रदर्श्यते अर्थान्तरस्य । तथा प्रसिद्धे तद्भावे हेतुभावे वा नित्यत्वाभावे कृतकत्वं न भवति, दहनाभावे च धूमः । तथा हि स तस्य स्वभावो हेतुर्वा कथं स्वं स्वभावं हेतुं वा अन्तरेण भवेदित्याश्रयमन्तरेणापि वैधर्म्यदृष्टान्ते प्रसिध्यति व्यतिरेकः ।

येषां पुनः प्रसिद्धावेव तद्भावहेतुभावौ तेषां—

विदुषां वाच्यो हेतुरेव हि केवलः ॥ २७ ॥

यदर्थो दृष्टान्त उच्यते सोऽर्थः सिद्ध इति किं तद्वचनेन? तदा तत्प्रदर्शनेऽपि किं वैधर्म्य-दृष्टान्ताश्रयेणेति मन्यमान आश्रयं प्रतिक्षिपति स्म ॥२६-२७॥

म०

साधनं **नेति वचनादपि** तस्य साध्याभावे साधनाभावस्य **गतिः** । वस्तुनि वस्तुनिवृत्तिः सन्दिग्धा, वस्तुसम्बन्धाविरोधात् । अवस्तुनि तु वस्तुसत्ता विरुध्यते, निवृत्तिस्तु युक्ता । अतः स धर्मिण-मन्तरेणापि वाङ्मात्रतोऽपि गम्यत एव ॥२६॥

यतः **तद्भावहेतुभावौ दृष्टान्ते ख्याप्येते** तस्य साधनस्य भावस्तादात्म्यं हेतुभावश्च ख्याप्येते । वैधर्म्यदृष्टान्ते साध्यनिवृत्त्या साधननिवृत्तिकथनेन तयोस्तादात्म्यतदुत्पत्तिप्रतिबन्धम-जानतो या ह्यन्यनिवृत्त्येतरनिवृत्तिः, सा वस्तुभूतमाश्रयमन्तरेणापि शक्यते निर्देष्टुम् । ये तु प्रतिबन्धं विदन्ति तेषां **विदुषां हेतुरेव केवलो वाच्यः** न दृष्टान्तः, तत्र दर्शनीयस्य प्रतिबन्धस्य सिद्धत्वात् ॥२७॥

यस्माद् दृष्टान्ते प्रतिबन्धः कथ्यते, **तेनैव** कारणेन **ज्ञातसम्बन्धे** हेतौ साधर्म्यदृष्टान्तयो-**रन्यतरस्योक्तितोऽर्थापत्त्या** सामर्थ्येन **द्वितीयेऽपि स्मृतिः समुपजायते** इति न तस्य निर्देशः कर्तव्यः । तथा हि—यत् कृतकं तदनित्यं, यथा घटः इति तादात्म्ये निर्ज्ञाते नित्यत्वाभावे कृतकत्वाभावः सामर्थ्यादाकाशादौ गम्यते । तथा वैधर्म्यदृष्टान्तेन तादात्म्ये कथिते सामर्थ्यादन्वयो घटादौ गम्यते ॥२८॥

हेतुस्वभावाभावोऽतः प्रतिषेधे च कस्यचित् ।
हेतुः, युक्तोपलम्भस्य तस्य चानुपलम्भनम् ॥२९॥

स्व०

तेनैव ज्ञातसंबन्धे द्वयोरन्यतरोक्तितः ।
अर्थापत्त्या द्वितीयेऽपि स्मृतिः समुपजायते ॥ २८ ॥

यदाह—अर्थापत्त्या वा अन्यतरेणोभयप्रदर्शनात् इति । तत्रापि दृष्टान्तेन तद्भावहेतुभावप्रदर्शनं मन्यमानोऽर्थापत्त्यैकवचनेन द्वितीयसिद्धिमाह । तथा हि यत्कृतकं तदनित्यमित्युक्ते अनर्थान्तरभावे व्यक्तमयमस्य स्वभावस्तन्मात्रानुबन्धी प्रमाणदृष्टस्तद्भावनियमादिति ज्ञाततद्भावस्यार्थापत्त्याऽनित्यत्वाभावे कृतकत्वं न भवतीति भवति । न हि स्वभावस्याभावे भावो भवत्यभेदात् । अन्यथा तद्भावे भवतीत्येव न स्यात् । तथा तदभावे न भवतीत्युक्ते तत एव तद्भावतावेदिनः । तथा ह्ययमस्य स्वभावो येन तदभावे न भवत्यन्यथाऽयोगादिति तत्तत्स्वभावताप्रतिपत्त्या अन्वयस्मृतिर्भवति ।

तत्र यथा—यत्र धूमस्तत्राग्निरित्युक्ते कार्यं धूमो दहनस्य, येन धर्मेऽवश्यमग्निर्भवति । अन्यथाऽर्थान्तरस्य तदनुबन्धनियमाभावात् स्वातन्त्र्यं भावस्य स्यात् । अतस्तदभावेऽपि स्वभावावैकल्यान्नाभावः । कार्ये त्ववश्यं कारणं भवति । इदमेव हि कारणस्य कारणत्वम् यदर्थान्तरभावे स्वभावोपधानम् । कार्यस्यापि तद्भाव एव भावः । तच्चास्ति धूमे । तस्मात् कार्यं धूम इत्यन्वयेन विदिततत्कार्यत्वस्य दहनाभावे न भवतीत्यर्थाद् व्यतिरेकप्रतिपत्तिर्भवति । तथाऽसत्यग्नौ धूमो नास्तीत्युक्तेऽग्निर्धूमे भवत्यवश्यमित्यर्थादन्वयप्रतिपत्तिः । अन्यथा हि तदभावे किं न भवेदिति ।

ननु च नित्यानित्यार्थकार्यत्वाभावेऽपि श्रवणज्ञानं न भवति तदभावे । न वै न भवति, तयोरेव ततः संशयात् । अन्यथाऽभावेन निश्चितात् कथं तद्भावपरामर्शेन संशयः स्यात् ? केवलं तु भावनिश्चयाभावात् नास्तीत्युच्यते ।

यदा पुनर्दृष्टान्तेन नाग्निधूमयोः कार्यकारणभावः प्रदर्श्यते तदा यत्र धूमस्तत्राग्निः इत्येव न स्यात्, प्रतिबन्धाभावात् । कुतः अग्न्यभावे धूमो नास्ति इत्यर्थाद् व्यतिरेकसिद्धिः, तथा वैधर्म्येणाभावासिद्धेरन्वयसिद्धिः ? तस्माद् दृष्टान्तेनायमेव यथोक्तः स्वभावप्रतिबन्धः प्रदर्श्यते एकसद्भावेऽन्यस्य सिद्ध्यर्थं तदभावेऽसम्भवात् ॥२८॥

हेतुस्वभावाभावोऽतः प्रतिषेधे च कस्यचिद् ।
हेतुः

तावेव हि निवर्त्तमानौ स्वप्रतिबद्धं निवर्तयत इति कस्यचिदर्थस्य प्रतिषेधमपि साधयितुम् ।

म०

एवं साधनभावे साध्यस्यावश्यं भावः, यदि साध्याभावे हेत्वभावः । तथा साध्याभावे हेत्वभावस्तदा भवति यदि साधनभावेऽवश्यं साध्यभावः । एवं कार्यानुपलम्भयोरपि योज्यम् ।

यतः कारणव्यापकनिवृत्तिभ्यां कार्यव्याप्यनिवृत्तिः, **अतो हेतोः स्वभावस्य** व्यापकस्य**ाभावः। कस्यचित्** कार्यस्य व्याप्यस्य च **प्रतिषेधे**ऽभावे, अभावव्यवहारे च **हेतुः** । तथा **तस्य** प्रतिषेध्यस्य **युक्तोपलम्भस्य** उपलब्धिलक्षणप्राप्तस्या**नुपलम्भनं प्रतिषेधे** प्रतिषेधव्यवहारे हेतुः, तस्य स्वयमेवाभावरूपत्वात् ॥२९॥

इतीयं त्रिविधोक्ताऽप्यनुपलब्धिरनेकधा ।
तत्तद्विरुद्धाद्यगतिगतिभेदप्रयोगतः ॥३०॥

कार्यकारणभावाद् वा स्वभावाद् वा नियामकात् ।
अविनाभावनियमोऽदर्शनान्न न दर्शनात् ॥३१॥

अवश्यंभावनियमः कः परस्यान्यथा परैः ।

स्व०

कामेन हेतोर्व्यापकस्य वा स्वभावस्य निवृत्तिर्हेतुत्वेनाख्येया। अप्रतिबन्धे हि कथमेकस्य निवृत्तिरन्यस्य निवृत्तिं साधयेत् ।

युक्तोपलम्भस्य तस्य चानुपलम्भनम् ॥ २९ ॥

प्रतिषेधहेतुः प्रतिषेधविषयव्यवहारहेतुस्तद्धेतुरित्युक्तम् । स्वयं तथाभूतानुपलम्भस्य प्रतिषेधरूपत्वात् हेतुव्यापकानुपलब्धिरुभयस्यापि हेतुरिति ॥२९॥

इतीयं त्रिविधाऽप्युक्ताऽ[1]नुपलब्धिरनेकधा ।
तत्तद्विरुद्धाद्यगतिगतिभेदप्रयोगतः ॥ ३० ॥

त्रिविध एव हि प्रतिषेधहेतुः । उपलभ्यसत्त्वस्य हेतोस्तथानिश्चयो व्यापकस्य स्वात्मनश्चानुपलब्धिरिति । स प्रयोगवशेन तत्तद्विरुद्धाद्यगतिगतिभेदप्रयोगतोऽनेकप्रयोग उक्तः । तस्यागत्या तद्विरुद्धगत्या विरुद्धकार्यगत्येत्यादिभेदप्रयोगैः । यथोक्तं प्राक् ॥३०॥

कार्यकारणभावाद्वा स्वभावाद्वा नियामकात् ।
अविनाभावनियमोऽदर्शनान्न न दर्शनात् ॥ ३१ ॥
अवश्यंभावनियमः कः परस्याऽन्यथा परैः ।
अर्थान्तरनिमित्ते वा धर्मे वाससि रागवत् ॥ ३२ ॥

इत्यन्तरश्लोकौ ॥३१-३२॥

म०

इति निर्दिष्टक्रमेणे**यमनुपलब्धिः** कारणव्यापकस्वभावानुपलब्धिभेदेन **त्रिविधाऽप्यनेकधा** बहुप्रकारा, **तत्तद्विरुद्धाद्यगतिगतिभेदप्रयोगतः** । ते च कारणव्यापकस्वभावास्तेषां विरुद्धादयश्च तत्तद्विरुद्धादयः, आदिशब्दाद् विरुद्धकार्यादयश्च, विरुद्धादीनामुपलब्धयश्च तासामन्योन्यं भेदो नानात्वं तस्य प्रयोगतः शब्दस्याभिधाव्यापारात् । यथोक्तं प्राक् । सैषाऽनेकप्रकाराऽपि त्रिविधानुपलब्धिः संगृहीतेत्यर्थः ॥३०॥

उक्तमर्थं श्लोकाभ्यां संगृह्णन्नाह—**कार्यकारणभावात्** तदुत्पत्तेर्वा **नियामकात्** साधनस्य साध्याव्यभिचारकारणात्, **स्वभावात्** तादात्म्याद् वा नियामकाद**विनाभावनियमः**। साध्याव्यभिचारित्वनियमः साधनस्य । विपक्षे हेतोर**दर्शनात् न** सपक्षे **न दर्शनात्**, दर्शनादर्शनयोर्व्यभिचारिण्यपि हेतौ सम्भवात्, नियमहेत्वभावाच्च ॥३१॥

अन्यथा तादात्म्यतदुत्पत्त्योरव्यभिचारनिबन्धनयोरस्वीकारे **परस्य** साध्यस्य **परैः** साधनैः **कोऽवश्यम्भावनियमः** ? न कश्चित् । उत्पादकादन्योऽर्थोऽर्थान्तरं तन्निमित्ते **वा धर्मे** स्वभावभूते

1. मनोरथः—त्रिविधोक्ताप्यनुपल०

अर्थान्तरनिमित्ते वा धर्मे वाससि रागवत् ॥३२॥

अर्थान्तरनिमित्तो हि धर्मः स्यादन्य एव सः ।
पश्चाद् भावान्न हेतुत्वं फलेऽप्येकान्तता कुतः ॥३३॥

स्व०

अपि च

अर्थान्तरनिमित्तो हि धर्मः स्यादन्य एव सः ।

न हि तस्मिन्निष्पन्नेऽनिष्पन्नो भिन्नहेतुको वा तत्स्वभावो युक्तः । अयमेव खलु भेदो भेदहेतुर्वाऽभावानां विरुद्धधर्माध्यासः कारणभेदश्च । तौ चेन्न भेदकौ, न कस्यचित् कुतश्चिद् भेद इत्येकं द्रव्यं विश्वं स्यात् । ततश्च सहोत्पत्तिविनाशौ, सर्वस्य च सर्वत्रोपयोगः स्यात् । अन्यथैकमेव न स्यात् । नामान्तरं वा, अर्थमभ्युपगम्य तथाऽभिधानात् ।

नन्वनर्थान्तरहेतुत्वेऽपि भावकालेऽनित्यताऽनिष्पत्तेस्तुल्याऽतत्स्वभावता । न वै काचिदन्याऽनित्यता नाम या पश्चान्निष्पद्येत । स एव हि भावः क्षणस्थितिधर्मानित्यता । वचनभेदेऽपि धर्मधर्मितया निमित्तं वक्ष्यामः । तां पुनरस्य क्षणस्थितिधर्मतां स्वभावं स्वहेतोरेव तथोत्पत्तेः पश्यन्नपि मन्दबुद्धिः सत्तोपलम्भेन सर्वदा तथाभावशङ्काविप्रलब्धो न व्यवस्यति । सदृशपरोत्पत्तिविप्रलब्धो वा, अन्त्यक्षणदर्शिनां निश्चयात् । पश्चादस्यानुपलब्ध्या स्थितिप्रतिपत्तेः निश्चयकाल इति तदाऽनित्यता व्यवस्थाप्यते । कार्योत्पादनशक्तेः कारणस्वभावत्वेऽप्यदृष्टतत्कार्यस्य कारणदर्शनेऽप्यप्रतिपन्नतद्भावस्य कार्यदर्शनात् तत्प्रतिपत्तिवत् । अन्यथाऽर्थान्तरमेवानित्यता स्याद् अन्यनिमित्तत्वेऽनिमित्तत्वे वा । तथा च भावस्तद्वान्न स्यात्तदनुपयोगात् । उपयोगे वा स एवास्य स्वात्मभूतोऽनित्यतेति किमन्यया ? स्वभावेन वा चलस्यार्थान्तरयोगेऽपि तद्भावानुपपत्तेः ।

स चार्थान्तराद्भवन्ननित्यताख्योऽन्यो वा धर्मः हेतुः फलं वा स्यात्, अहेतुफलस्यासंबन्धात्, तत्र भावानुमानस्यासंभवात् ।

पश्चाद्भावान्न हेतुत्वं फलेऽप्येकान्ततः कुतः ॥ ३३ ॥

स हि निष्पन्ने भावेऽर्थान्तरतः पश्चाद्भवत्कथं तस्य हेतुः स्यात् ? फलस्यापि नावश्यं हेतोः भाव इति तद्भावहेतोरनैकान्तिकत्वम् । तन्नार्थान्तरनिमित्तो धर्मो भावेऽवश्यंभावीत्यननुमानम् ॥३३॥

म०

कोऽवश्यम्भावनियमः । **वाससि रागवत्** यथा अर्थान्तरनिमित्तस्य रागस्य वस्त्रे नावश्यम्भावनियमः ॥३२॥

वस्त्रोत्पादकाद**र्थान्तरनिमित्तो** रागद्रव्यकारणो **हि धर्मो** रागः प्रागुत्पन्नाद् वस्त्रा**दन्य एव** स्यात्, भिन्नकालत्वात्, भिन्नहेतुकत्वाच्च । इत्थमपि यद्येकत्वम् विश्वमेकं भवेत् । ततश्च सहोत्पत्तिनाशौ स्याताम् । सर्वत्र सर्वं चोपयुज्येत एकत्वाभिमानस्तु सदृशापरापरोत्पत्तेर्भ्रान्त्या । तस्य चार्थान्तरनिमित्तस्य धर्मस्य वस्त्रोत्पादात् **पश्चाद् भावान्न हेतुत्वं** वस्त्रं प्रति । अतः कारणतयाऽपि नास्यानुमानम् । रागोत्पत्तौ वस्त्रं सहकारि कारणम्, अतः कार्यतया रागानुमानं चेत् **फलेऽपि** कारणादनुमीयमाने **एकान्तता कुतः** ? न ह्यवश्यं कारणानि कार्यवन्ति भवन्ति ॥३३॥

कार्यं धूमो हुतभुजः कार्यधर्मानुवृत्तितः ।
तस्याभावे तु स भवन् हेतुमत्तां विलङ्घयेत् ॥३४॥

नित्यं सत्त्वमसत्त्वं वाऽहेतोरन्यानपेक्षणात् ।
अपेक्षातश्च भावानां कादाचित्कस्य सम्भवः ॥३५॥

स्व०

यदि तर्हि दर्शनादर्शने नान्वयव्यतिरेकगतेराश्रयः कथं धूमोऽग्निं न व्यभिचरतीति गम्यते ? यस्मात्—

कार्यं धूमो हुतभुजः कार्यधर्मानुवृत्तितः ।

येषामुपलम्भे तल्लक्षणमनुपलब्धं यदुपलभ्यते । तत्रैकाभावेऽपि नोपलभ्यते. तत् तस्य कार्यम् । तच्च धूमेऽस्ति ।

स भवंस्तदभावेऽपि[1] हेतुमत्तां विलङ्घयेत् ॥ ३४ ॥

सकृदपि तथादर्शनात् कार्यः सिद्धः, अकार्यत्वेऽकारणात् सकृदप्यभावात् । कार्यस्य च स्वकारणमन्तरेण भावेऽहेतुमत्त्वैव स्यात् । न हि यस्य यमन्तरेण भावः स तस्य हेतुर्भवति । भवति च धूमोऽग्निमन्तरेण । तन्न तद्धेतुः स्यात् । अन्यहेतुकत्वान्नाऽहेतुकत्वमिति चेत् न, तत्रापि तुल्यत्वात् । तदभावेऽप्यग्नौ भवतीति । कथं वा ततोऽन्यतो वा तज्जननस्वभावाद्भवेत् ? स्वयमतत्स्वभावस्याजननात् तस्याऽहेतुता स्यात् ।

न वै स एव भवति तादृशस्य भावात् । अन्यादृशाद् भवत्कथं तादृशः ? तादृशाद् भावाद्धि स तादृशः स्यात् । अन्यादृशादपि तादृशो भावे तच्छक्तिनियमाभावात् न हेतुभेदो भेदक इत्यकारणं विश्वस्य वैश्वरूप्यं स्यात् । सर्वं वा सर्वस्माज्जायेत ।

तस्मात् कारणभेदाभेदाभ्यां कार्यभेदाभेदौ । तन्न धूमोऽर्थाद् दृष्टाकारविजातीयाद् भवति, अहेतुत्वप्रसङ्गात् ॥३४॥

तथा च—

नित्यं सत्त्वमसत्त्वं वाऽहेतोरन्यानपेक्षणात् ।
अपेक्षातो हि भावानां कादाचित्कत्व[2]संभवः ॥ ३५ ॥

म०

यदि दर्शनादर्शने नान्वयव्यतिरेकबुद्धिहेतुर्धूमोऽग्निं न व्यभिचरतीति न स्यात् प्रतिपत्तिः इत्याह—**कार्यं धूमो हुतभुजः कार्यधर्मस्य** कारणान्वयव्यतिरेकानुविधायित्वस्य त्रिविधदर्शनादर्शननिश्चितस्या**नुवृत्तितः । स धूमस्तस्याग्नेरभावे तु भवन् हेतुमत्तां विलङ्घयेद**तिक्रामयेत् ॥३४॥

अहेतुत्वे च धूमस्य नित्यं सत्त्वमाकाशस्येव स्यात्, असत्त्वं शशविषाणादेरिव, **अहेतोरन्यापेक्षणाभावात् । अपेक्षातश्च भावानां कादाचित्कस्य सम्भवः** । ततो यद्यहेतुर्भावः, तदा नित्यं स्यात् । असदेव वा स्याद्, हेत्वभावात् । तस्माद् धूमस्य कादाचित्कत्वदर्शनात् हेतुमत्त्वम् । अग्न्यन्वयव्यतिरेकानुविधानदर्शनात् तत्कार्यत्वञ्च । यश्च यस्य कार्यं स तं न व्यभिचरति, तदधीनस्वरूपत्वात् ॥३५॥

---

1. मनोरथः—तस्याभावे तु स भवन् ।
2. मनोरथः—कादाचित्कस्य

अग्निस्वभावः शक्रस्य मूर्धा यद्यग्निरेव सः ।
अथानग्निस्वभावोऽसौ धूमस्तत्र कथं भवेत् ॥३६॥

धूमहेतुस्वभावो हि वह्निस्तच्छक्तिभेदवान् ।
अधूमहेतोर्धूमस्य भावे स स्यादहेतुकः ॥३७॥

स्व०

स हि धूमोऽहेतुर्भवन्निरपेक्षत्वान्न कदाचिन्न भवेत् । तद्भावे वैकल्याभावादिष्टकालवत् । तदाऽपि वा न भवेत्, अभावकालाविशेषात् ।

अपेक्षया हि भावाः कादाचित्का भवन्ति । भावाभावकालयोस्तद्भावयोग्यतायोग्यता-योगात् । तुल्ययोग्यताऽयोग्यतयोर्हि देशकालयोस्तद्वत्तेतरयोर्नियमायोगात् ।

सा च योग्यता हेतुभावात् किमन्यत् ? तस्मादेकदेशकालपरिहारेणान्यदेशकालयोर्वर्त्तमानो भावस्तत्सापेक्षो नाम भवति । तथाहि तथावृत्तिरेवापेक्षा । तत्कृतोपकारानपेक्षस्य तन्नियमा-योगात् । तन्नियतदेशकालत्वाद् धूमो यत्र दृष्टः सकृत्, वैकल्ये च पुनर्न दृष्टस्तज्जन्योऽस्य स्वभावः, अन्यथा सकृदप्यभावात् । स तत्प्रतिनियतोऽन्यत्र कथं भवेत् ? भवन् वा न धूमः स्यात् । तज्जनितो हि स्वभावविशेषो धूम इति ।

तथा हेतुरपि तथाभूतकार्यजननस्वभावः । तस्यान्यतोऽपि भावे न स तस्य इति सकृदपि तन्न जनयेत् । न वा स धूमः, अधूमजननस्वभावाद् भावात् । तत्स्वभावत्वे च स एवाग्नि-रित्यव्यभिचारः ॥३५॥

अग्निस्वभावः शक्रस्य मूर्द्धा यथाग्निरेव सः ।
अथानग्निस्वभावोऽसौ धूमस्तत्र कथं भवेत् ॥ ३६ ॥
धूमहेतुस्वभावो हि वह्निस्तच्छक्तिभेदवान् ।
अधूमहेतोर्धूमस्य भावे स स्यादहेतुकः ॥ ३७ ॥

इति संग्रहः ।

कथं तर्हीदानीं भिन्नात् सहकारिणः कार्योत्पत्तिः यथा चक्षूरूपादेर्विज्ञानस्य । न वै किंचिदेकं जनकं तत्स्वभावम् । किं तु सामग्री जनिका तज्जननस्वभावा । सैवानुमीयते । सैव च सामग्री स्वभावस्थित्याऽऽश्रयः कार्यस्य । अत एव सहकारिणामप्यपर्यायेण जननम् ।

यदपि किंचिद्विजातीयाद् भवद् दृष्टं गोमयादेः शालूकादिः तत्रापि तथाभिधानेऽप्यस्त्येव स्वबीजप्रभवात् स्वभावभेदः, हेतुस्वभावभेदात् । यथा कदली बीजकन्दोद्भवा स्फुटमेव तादृश लोको विवेचयति, आकारभेदात् ।

तस्मान्न सुविवेचिताकारं कार्यं कारणं व्यभिचरति ॥३६-३७॥

म०

अतश्च—**अग्निस्वभावः शक्रस्य मूर्धा** वल्मीकः । **यद्यग्निरेव सः** तदा न हि वह्निस्वरूपतां विहायान्यद् वह्ने रूपम् । अथान्यथा प्रतीयमानत्वादन**ग्निस्वभावोऽसौ** तदा **धूमो** वह्नेर्जन्य-स्वभावस्**तत्र** शक्रमूर्ध्नि **कथं भवेत्** ? न हि वह्निजन्योऽन्यस्माद् भवितुमर्हति, तदधीनत्वात् । ततः शक्रमूर्ध्नो धूमोत्पत्तिरिति भ्रान्तिरेषा, वह्नेरेव तद्देशवर्तिनोऽनुपलक्षितादुत्पत्तिः ॥३६॥

किञ्च—**धूमहेतुस्वभावस्तच्छक्तिभेदवान्** धूमजननशक्तिविशेषयुक्तो वह्निः प्रतीतः ।

अन्वयव्यतिरेकाद् यो यस्य दृष्टोऽनुवर्तकः ।
स्वभावस्तस्य तद्धेतुरतो भिन्नान्न सम्भवः ॥३८॥

स्वभावेऽप्यविनाभावो भावमात्रानुरोधिनि ।
तदभावे स्वयम्भावस्याभावः स्यादभेदतः ॥३९॥

सर्वे भावाः स्वभावेन स्वस्वभावव्यवस्थितेः ।

स्व०

अन्वयव्यतिरेकाद् यो यस्य दृष्टोऽनुवर्त्तकः ।
स्वभावस्तस्य तद्धेतुरतो भिन्नान्न संभवः ॥ ३८ ॥

इति संग्रहश्लोकः ।

तस्मात् सकृदपि दर्शनादर्शनाभ्यां कार्यकारणभावसिद्धेर्भवति ततस्तत्प्रतिपत्तिः । नान्यथा अन्वयव्यतिरेकयोर्निःशेषदर्शनादर्शनायत्तत्वात्, क्वचिदमूर्तत्वे नित्यत्वदर्शनेऽप्यन्यत्रान्यथा दृष्टेः, क्वचिन्नित्यत्वाभावेऽपि अदृष्टस्य पुनर्दृष्टेरिति ॥३८॥

भवतु कार्यस्य कारणेनाविनाभावस्तदुत्पत्तेः । स्वभाव इदानीं कथमविनाभावः ?

स्वभावेऽप्यविनाभावो भावमात्रानुरोधिनि ।

यो हि भावमात्रानुरोधी स्वभावस्तत्राविनाभावो भावस्येष्यते ।

तदभावे स्वयं भावस्याभावः स्यादभेदतः ॥ ३९ ॥

य एव भावो भावमात्रानुरोधी स्वभाव इत्युच्यते, स एव स्वयं वस्तुतो भावः । स चात्मानं परित्यज्य कथं भवेत् ? ॥३९॥

य एव तर्हि कृतकः स एवानित्यः, भेदाभावात् प्रतिज्ञार्थैकदेशो हेतुः स्यात् । नैष दोषः । **यस्मात्**—

सर्वे भावाः स्वभावेन स्वस्वभावव्यवस्थितेः ।
स्वभावपरभावाभ्यां यस्माद् व्यावृत्तिभागिनः ॥ ४० ॥

म०

अधूमहेतोरदहनात् धूमस्य भावे स धूमो**ऽहेतुकः स्यात्** । हेतुं प्रमाणनिश्चितमन्तरेणैवोत्पादात् । अहेतुत्वे च नित्यं सत्त्वमसत्त्वं वा स्यात्[1] इत्युक्तम् ॥३७॥

स्यादेतत् । शालूकादि स्वबीजाद् विजातीयाच्च गोमयादेर्दृश्यते, तत् कथमवह्नेर्धूमोत्पादेऽहेतुत्वप्रसङ्गः इत्याह—**अन्वयव्यतिरेकाद् यः स्वभावो यस्यानुवर्त्तको**ऽपेक्षको **दृष्टः तस्य** स्वभावस्य **तद**नुवर्त्यमानं **हेतुः । अतो भिन्नाद्** विजातीया**न्न सम्भवः** कस्यचित् । यद्धि शालूकादिस्वबीजप्रभवं यच्च विजातीयप्रभवम्, तयोः सदृशत्वप्रतीतावपि न तादृशत्वम्, रसवीर्यविपाकभेदात् । यदि तु हेतुभेदेऽप्यभेदः, विश्वात्मकं द्रव्यं स्यादित्याद्युक्तं प्रसज्येत ॥३८॥

स्वभावेऽपि हेतावविनाभावः । क्व ? साध्ये **भावमात्रानुरोधिनि** साधनस्वरूपमात्रानुवर्तिनि व्यापके । यथा—कृतकत्वस्यानित्यत्वे । यतस्तस्य व्यापकस्या**भावे भावस्य** व्याप्यस्य कृतकत्वादेः **स्वयमभावः स्यात्, अभेदत** ऐकात्म्याद् वस्तुतः ॥३९॥

यदि य एव कृतकः स एवानित्यः भेदाभावात्, तदा प्रतिज्ञार्थैकदेशो हेतुः स्यादित्याह—**सर्वे भावाः स्वभावेन स्वस्वभावव्यवस्थितेः** आत्मात्मीयरूपव्यवस्थितत्वात् । **स्वभावपर-**

---

1. PV 3.35.

स्वभावपरभावाभ्यां यस्माद् व्यावृत्तिभागिनः ॥४०॥

तस्माद् यतो यतोऽर्थानां व्यावृत्तिस्तन्निबन्धनाः ।
जातिभेदाः प्रकल्प्यन्ते तद्विशेषावगाहिनः ॥४१॥

तस्माद् विशेषो यो येन धर्मेण सम्प्रतीयते ।

स्व०

तस्माद्यतो यतोऽर्थानां व्यावृत्तिस्तन्निबन्धनाः ।
जातिभेदाः प्रकल्प्यन्ते तद्विशेषावगाहिनः ॥ ४१ ॥
तस्माद्यो येन धर्मेण विशेषः संप्रतीयते[1] ।
न स शक्यस्ततोऽन्येन तेन भिन्ना व्यवस्थितिः ॥ ४२ ॥

सर्व एव हि भावाः स्वरूपव्यवस्थितयः । ते नात्मानं परेण मिश्रयन्ति, तस्मादपरत्वप्रसङ्गात् । यद्येषामभिन्नमात्मभूतं रूपम्, न तत्तेषाम्, तदानीं तेषामभावात् । तदेव हि स्यात्, तस्यैव भावात् तद्व्यतिरिक्तस्यान्यस्याभावात् तस्यैव च पुनर्भेदविरोधात् । तच्चात्मनि व्यवस्थितममिश्रमेव । अर्थान्तरमयनैकसंबन्धेऽपि न तत्तेषां सामान्यम्, अतद्रूपत्वात्, द्वित्वादिसंयोग-कार्य-द्रव्येष्वपि प्रसङ्गात् । न हि संबन्धिनाऽप्यन्येनान्ये समाना नाम तद्वन्तो नाम स्युः । भूतवत् कण्ठे गुणेन । नाभिन्नप्रत्ययविषया भूतवत् । तदात्मानमेव हि बुद्धिः संसृजन्ती सामान्यविषया प्रतिभासते नैकसंबन्धिनाविति, भूतवत् । तद्दर्शिन्याः सा भ्रान्तिरिति चेत् तद्दर्शनीति कुतः ? निर्बीजभ्रान्त्ययोगादिति चेत् त एव तदेककार्या बीजम्, संख्या-संयोग-कार्यद्रव्यादिमत्सु भूतादिष्वभावात् च । तन्न, तत्र सामान्यबुद्धौ निवेशाभावात् सामान्यमन्यत् । सति वा तस्यापि स्वात्मनि व्यवस्थानादमिश्रणमेवान्येन । तस्मादिमे भावाः स्वजातीयाभिमता-

म०

भावाभ्यां सजातीयाद् विजातीयाच्च **व्यावृत्तिभागिनो यस्मान्न** केनचिन्मिश्राः **तस्माद् यतो यतो**ऽस्वरूपादर्थात् **व्यावृत्तिरर्थानां तन्निबन्धनाः** तत्तद्व्यावृत्तिनिमित्ता **जातिभेदास्तद्विशेषावगाहिनः** तत्स्वलक्षणाश्रयाः **कल्प्यन्ते** शब्दैः स्ववाच्यतया ॥४०-४१॥

यतः शब्दः काश्चिद् अर्थक्रियाः कुर्वन्नतत्कारिणो शब्दादकृतकान्नित्यादेश्च व्यावृत्त इति तत्तद्व्यवच्छेदप्रतिपादनार्थं शब्दकृतकानित्यत्वाद्या जातयोऽनन्यशब्दवाच्यतया कल्प्यन्ते **तस्मात्** स्वभावाभेदेऽपि कृतकत्वानित्यत्वादीनां **येन धर्मेण** नाम्नाऽनित्य इत्यनेन **यो विशेषो** नित्याद् व्यावृत्तिः **सम्प्रतीयते न स विशेषः शक्यस्ततो**ऽनित्यशब्दा**दन्येन** कृतकशब्देन प्रत्येतुम् । **तेन** कारणेन साध्यसाधनयोर्**भिन्ना व्यवस्थितिः** ।

यद्यपि शब्द एव कृतको नित्यश्च, तथाऽप्यशब्दव्यावृत्ततया निश्चितो धर्मी कृतकतया च हेतुः, अनित्यतया चासिद्धः साध्यः । ततो धर्मिसाध्यसाधनानां भेदः कल्पितः न तु तान्येव कल्पितानि, तेषां सत्त्वात् । ततः कल्पितधर्मिणि कल्पितात् साधनात् कल्पितस्य साध्यस्य

---

1. मनोरथः—तस्माद् विशेषो यो येन धर्मेण सम्प्रतीयते.

न स शक्यस्ततोऽन्येन तेन भिन्ना व्यवस्थितिः ॥४२॥

एकस्यार्थस्वभावस्य प्रत्यक्षस्य सतः स्वयम् ।
कोऽन्यो भागो न दृष्टः स्याद् यः प्रमाणैः परीक्ष्यते ॥४३॥

स्व०

दन्यस्माच्च व्यतिरिक्ताः, स्वभावेनैकरूपत्वात् । यतो यतो भिन्नास्तद्भेदप्रत्यायनाय कृतसन्निवेशैः शब्दैः, ततस्ततो भेदमुपादाय स्वभावाभेदेऽप्यनैकधर्माणः प्रतीयन्ते । तेऽपि शब्दाः सर्वभेदानाक्षेपेऽप्येकभेदचोदनात् तत्स्वलक्षणनिष्ठा एव भवन्ति । तदेकस्मादपि तस्य भेदोऽस्तीति ।

तस्मादेकस्य भावस्य यावन्ति पररूपाणि तावत्यस्तदपेक्षया व्यावृत्तयः, तदसंभविकार्यकारणस्य तद्भेदात् । यावत्यश्च तद्व्यावृत्तयः तावत्यश्च श्रुतयोऽतत्कार्यकारणपरिहारेण व्यवहारार्थाः । यथा प्रयत्नानन्तरीयकः शब्दः श्रावण इत्यतत्कारणकार्यपरिहारार्थम् । तस्मात् स्वभावाभेदेऽपि येन धर्मेण नाम्ना यो विशेषो भेदः प्रतीयते न स शक्योऽन्येन प्रत्याययितुमिति नैकार्थाः सर्वशब्दाः ।

तन्न प्रतिज्ञार्थैकदेशो हेतुरिति ॥४०-४२॥

कथं पुनरेतद् गम्यते—व्यवच्छेदः शब्दलिङ्गाभ्यां प्रतिपाद्यते विधिना न वस्तुरूपमेवेति ? प्रमाणान्तरस्य शब्दान्तरस्य च प्रवृत्तेः । तथाहि—

एकस्यार्थस्वभावस्य प्रत्यक्षस्य सतः स्वयम् ।
कोऽन्यो न दृष्टो भागः[1] स्याद्यः प्रमाणैः परीक्ष्यते ॥ ४३ ॥

एको ह्यर्थात्मा । स प्रत्यक्षः असिद्धे धर्मिणि साधनासंभवात् । यथाऽनित्यत्वे साध्ये शब्दः तस्य प्रत्यक्षेणैव सर्वाकारसिद्धिः, तदन्यस्यासिद्धस्याभावात् । भावे वाऽतत्स्वभावत्वम् । न हि यो यदैकयोगक्षेमो न भवति स तत्स्वभावो युक्तः । तन्मात्रनिबन्धनत्वाद् भेदव्यवहारस्य अन्यथाऽभावप्रसङ्गादित्युक्तम् ।

तस्मात् प्रत्यक्षे धर्मिणि तत्स्वभावसाकल्यपरिच्छेदात् तत्रानवकाशा प्रमाणान्तरवृत्तिः स्यात् ॥४३॥

म०

सिद्धिमाचक्षाणः प्रत्याख्यातः । तस्मान्न प्रतिज्ञार्थैकदेशो हेतुः, साध्यसाधनयोर्भिन्नव्यवच्छेदरूपत्वात् ॥४२॥

कस्मात् पुनर्व्यवच्छेदः शब्दलिङ्गाभ्यां प्रतिपाद्यत इतीष्यते, न तु वस्त्वेव विधिरूपेण इत्याह—**एकस्यार्थस्वभावस्य स्वयम**ात्मना **प्रत्यक्षस्य सतः कोऽन्यो भागो न दृष्टः स्यात् यः प्रमाणैः परीक्ष्यते** निर्णीयते । यदि प्रमाणान्तरैः शब्दान्तरैश्च वस्त्वेव विषयीकर्तव्यम् तदा तत् प्रत्यक्षेण शब्दान्तरेण च दृष्टमेवेति व्यर्थानि प्रमाणानि स्युः ॥४३॥

---

1. मनोरथः—कोऽन्यो भागो न दृष्टः स्याद्.

नो चेद् भ्रान्तिनिमित्तेन संयोज्येत गुणान्तरम् ।
शुक्तौ वा रजताकारो रूपसाधर्म्यदर्शनात् ॥४४॥

तस्माद् दृष्टस्य भावस्य दृष्ट एवाखिलो गुणः ।
भ्रान्तेर्निश्चीयते नेति साधनं सम्प्रवर्तते ॥४५॥

वस्तुग्रहेऽनुमानाच्च धर्मस्यैकस्य निश्चये ।

स्व०

नो चेद् भ्रान्तिनिमित्तेन संयोज्येत गुणान्तरम् ।
शुक्तौ वा रजताकारो रूपसाधर्म्यदर्शनात् ॥ ४४ ॥

यदि दृष्टसर्वतत्त्वस्यापि भावस्य तथानिश्चयप्रतिरोधिना भ्रान्तिनिमित्तेन गुणान्तरं न संयोज्येत । यथा शुक्तौ रजताकारः । न हि शुक्तौ द्वे रूपे—समानं विशिष्टं च, तथा प्रतिपत्तिप्रसङ्गात् । अप्रतिपत्तौ वा विवेकेन द्वित्वविकल्पायोगात्, अतिप्रसङ्गाच्च । तस्मात् पश्यन् शुक्तिरूपं विशिष्टमेव पश्यति । निश्चयप्रत्ययवैकल्यात्त्वनिश्चिन्वन् तत्सामान्यं पश्यामीति मन्यते । ततोऽस्य रजतसमारोपः । तथा सदृशापरापरोत्पत्त्या अलक्षितनानात्वस्य तद्भावसमारोपात् स्थितिभ्रान्तिः । यावन्तोऽस्य परभावास्तावन्त एव यथास्वं निमित्तभाविनः समारोपा इति तद्व्यवच्छेदकानि भवन्ति प्रमाणानि सफलानि स्युः । तेषां तु व्यवच्छेदफलानां नाप्रतीतवस्त्वंशप्रत्यायने प्रवृत्तिः तस्य दृष्टत्वाद् । अनंशस्य चैकदेशेन दर्शनायोगात् ॥४४॥

तस्माद् दृष्टस्य भावस्य दृष्ट एवाखिलो गुणः ।
भ्रान्तेर्निश्चीयते नेति साधनं संप्रवर्त्तते ॥ ४५ ॥

इति संग्रहश्लोकः ।

तस्मान्नादृष्टग्रहणाय दृष्टे प्रमाणान्तरवृत्तिः ॥४५॥

वस्तुग्रहेऽनुमानाच्च धर्मस्यैकस्य निश्चये ।
सर्वधर्मग्रहोऽपोहे[1] नायं दोषः प्रसज्यते ॥ ४६ ॥

म०

त्वन्मतेऽपि प्रत्यक्षेण दृष्टे धर्मिणि प्रमाणान्तरवैफल्यं स्यात् । नेत्याह—**दृष्टे सर्वथा** वस्तुनि **नो चेद् भ्रान्तिनिमित्तेन** सादृश्यादिना **संयोज्येता**रोप्येत **गुणान्तरं** धर्मान्तरमसदेव **शुक्तौ वा** शुक्ताविव **रूपसाधर्म्यदर्शनात्** भ्रान्तिनिमित्ताद् **रजताकारः** तदा सर्वथा वस्तुनिश्चयात् प्रमाणान्तरशब्दान्तरवैफल्यं स्यात् ॥४४॥

एतदेवाह—**तस्माद् दृष्टस्य भावस्य दृष्ट एवाखिलो गुणः** धर्मः तथापि **भ्रान्ते**र्विपरीताकारारोपिकाया **न निश्चीयत इ**त्यारोपितव्यवच्छेदार्थं **साधनं** शब्दान्तरं च **सम्प्रवर्तते** ॥४५॥

न केवलं प्रत्यक्षाद् वस्तुग्रहे साधनान्तरशब्दान्तरवैफल्यम् किन्त्वनुमानादपीत्याह—**वस्तुग्रहेऽनुमानाच्च धर्मस्यैकस्य** कृतकत्वादेः प्रत्ययभेदाभेदित्वादिकृते **निश्चये सर्व**स्यानित्यत्वादे**र्ग्रहः** स्यात्, एकरूपत्वात्, कृतकत्वादिसाधनान्तरवैयर्थ्यम् **अपोहे** त्वन्यव्यवच्छेदे शब्दलिङ्गविषये स्वीक्रियमाणे **नायं** प्रमाणान्तरादिवैफल्य**दोषः प्रसज्यते** । न खलु प्रत्यग्रदृष्टं

---

1. मनोरथः—सर्वग्रहो ह्यपोहे तु.

सर्वग्रहो ह्यपोहे तु नायं दोषः प्रसज्यते ॥४६॥

तस्मादपोहविषयमिति लिङ्गं प्रकीर्तितम् ।
अन्यथा धर्मिणः सिद्धावसिद्धं किमतः परम् ॥४७॥

क्वचित् सामान्यविषयं दृष्टे ज्ञानमलिङ्गजम् ।
कथमन्यापोहविषयं तन्मात्रापोहगोचरम् ॥४८॥

स्व०

न केवलं प्रत्यक्षदृष्टे प्रमाणान्तरावृत्तिः क्वचित् यदानुमानमपि वस्तु विधिना प्रत्याययति न व्यवच्छेदकृत् तदेकधर्मनिश्चये तदव्यतिरेकात् सर्वधर्मनिश्चय इति प्रमाणान्तरावृत्तिः । न हि तस्मिन्निश्चिते तदात्माऽनिश्चितो युक्तः । यदा पुनरनुमानेन समारोपव्यवच्छेदः क्रियते तदा नैकसमारोपव्यवच्छेदादन्यव्यवच्छेदः कृतो भवतीति तदर्थमन्यत् प्रवर्तेत ।

ननु नावश्यं विपर्यासपूर्वक एवाप्रतीतनिश्चयो भवति । यथा अकस्माद् धूमादग्निप्रतिपत्तिः । न हि तत्रानग्निसमारोपः संभाव्यते । तन्न सर्वत्र व्यवच्छेदः क्रियते । उक्तमत्र—धर्मिप्रतिपत्तावभेदात् सर्वप्रतिपत्तिः भेदे वा असंबद्धस्य तत्राप्रतिपत्तिरिति । तस्मात्तत्रापि तद्दर्शिनः तत्स्वभावानिश्चयः । कुतः ? विपर्यासात् । स च तं प्रदेशं तद्विविक्तेन रूपेण निश्चिन्वन्नग्निसत्ताभावनाविमुखया बुद्ध्या कथमविपर्यस्तो नाम ? तदाकारसमारोपसंशयरहितश्च तत्प्रतिपत्तौ न लिङ्गमनुसरेत् । न तस्यान्वयव्यतिरेकयोराद्रियेत ॥४६॥

तस्मादपोहविषयमिति लिङ्गं प्रकीर्त्तितं ।
अन्यथा धर्मिणः सिद्धावसिद्धं किमतः परम् ॥४७॥

इति संग्रहश्लोकः ।

क्वचिद् दृष्टेऽपि यज्ज्ञानं सामान्यार्थं विकल्पकम् ।
असमारोपितान्यांशे तन्मात्रापोहगोचरम् ॥[1] ४८ ॥

म०

वस्त्वन्तरं शब्दलिङ्गाभ्यां विषयीक्रियते, किन्त्वन्यव्यवच्छेदः । एकस्मिंश्च व्यवच्छेदे सिद्धेऽप्यसिद्धं व्यवच्छेदान्तरं लिङ्गान्तरतः शब्दान्तरतश्च साध्यत इति न कश्चिद् दोषः ॥४६॥

तस्मादाचार्येणापोहविषयं लिङ्गमिति प्रकीर्तितम् । लिङ्गमुपलक्षणम्, शब्दश्च । **अन्यथा** यदि वस्तुविषयं लिङ्गम्, तदा **धर्मिणः** सर्वात्मना प्रत्यक्षतः **सिद्धौ किमतो** धर्मिणः **परमसिद्ध**मस्ति यत्प्रसाधकं लिङ्गं प्रमाणं स्यात् ? ॥४७॥

ननु **क्वचिन्**नीलादावसमारोपितोऽन्यो विपरीतांशो यस्मिन् तस्मिन् प्रत्यक्षेण **दृष्टे यज्ज्ञानमलिङ्गजं** विकल्पकं **सामान्यविषयं** भवति, तदारोपाभावात् **कथमन्यापोहविषयम्** ? आह—**तन्मात्र**स्यानीलमात्रस्या**पोहो** विजातीयाद् व्यावृत्तिर्व्यवच्छेदः स **गोचरो** यस्य तत् तथा । नीलविकल्पस्यानीलव्यवच्छेद एव विषय इत्यर्थः ॥४८॥

---

1. मनोरथः—क्वचित् सामान्यविषयं दृष्टे ज्ञानमलिङ्गजम् ।
कथमन्यापोहविषयं तन्मात्रापोहगोचरम् ॥

निश्चयारोपमनसोर्बाध्यबाधकभावतः ।
समारोपविवेकेऽस्य प्रवृत्तिरिति गम्यते ।।४९।।

यावन्तोंऽशसमारोपास्तन्निरासे विनिश्चयाः ।
तावन्त एव शब्दाश्च तेन ते भिन्नगोचराः ।।५०।।

अन्यथैकेन शब्देन व्याप्त एकत्र वस्तुनि ।
बुद्ध्या वा नान्यविषय इति पर्यायता भवेत् ।।५१।।

स्व०

यद्रूपादिदर्शनानन्तरमलिङ्गं निश्चयज्ञानं भवति, तत्कथमसति समारोपे भवद् व्यवच्छेदविषयं भवति ? समारोपविषयेऽभावात् । यत्र ह्यस्य समारोपो यथा स्थिरः सात्मक इति वा न तत्र भेदे निश्चयो भवति ।।४८।।

निश्चयारोपमनसोर्बाध्यबाधकभावतः ।

न हि सर्वतो भिन्नो दृष्टोऽपि भावस्तथैव प्रत्यभिज्ञायते, क्वचिद् भेदे व्यवधानसंभवात् । यथा शुक्तेः शुक्तित्वे । यत्र तु प्रतिपत्तुर्भ्रान्तिनिमित्तं नास्ति तत्रैवास्य तद्दर्शनाविशेषेऽपि स्मार्तो निश्चयो भवति ।

समारोपनिश्चययोर्बाध्यबाधकभावाभावात् निश्चयस्य—

समारोपविवेकेऽस्य प्रवृत्तिरिति गम्यते ।। ४९ ।।

तद्विवेक एव चान्यापोहः । तस्मात्तदपि तन्मात्रापोहगोचरम् । न वस्तुस्वभावनिश्चयात्मकम् । तथा हि कस्यचिन्निश्चयेऽप्यन्यस्याप्रतिपत्तिदर्शनात् । तत्स्वभावनिश्चये च तस्यायोगात् ।।४९।।

यावन्तोंऽशसमारोपास्तन्निरासे विनिश्चयाः ।
तावन्त एव शब्दाश्च तेन ते भिन्नगोचराः ।। ५० ।।

अन्यथैकेन शब्देन व्याप्त एकत्र वस्तुनि ।
बुद्ध्या वा नान्यविषय इति पर्यायता भवेत् ।। ५१ ।।

इत्यन्तरश्लोकौ ।

म०

कस्मादेवम् इत्याह—**निश्चयारोपमनसोर्बाध्यबाधकभावतः । समारोपस्य विवेके** व्यवच्छेदे**ऽस्य** निश्चयस्य **प्रवृत्तिरिति गम्यते** ।।४९।।

तस्माद्—**यावन्तोंऽश**स्य धर्मस्य **समारोपास्तस्य** निरासनिमित्तं **विनिश्चयाः शब्दाश्च तावन्त एव । तेन ते** निश्चयाः शब्दाश्च **भिन्न**व्यवच्छेद**गोचराः । अन्यथा** यदि शब्दनिश्चयौ सर्वात्मना वस्तु विषयीकुरुतः तद**ैकेन शब्देन बुद्ध्या वा** विकल्पिकया **व्याप्ते** सर्वात्मना विषयीकृते **वस्तुन्येकत्र नान्यो**ऽप्रतिपन्नो **विषयो**ऽस्तीति **पर्यायता** शब्दानां स्यात्, विकल्पानां च एकविषयता भवेत् ।।५०-५१।।

यस्यापि नानोपाधेर्धीर्ग्राहिकाऽर्थस्य भेदिनः।
नानोपाध्युपकाराङ्गशक्त्यभिन्नात्मनो ग्रहे ॥५२॥

सर्वात्मनोपकार्यस्य को भेदः स्यादनिश्चितः।
तयोरात्मनि सम्बन्धादेकज्ञाने द्वयग्रहः ॥५३॥

स्व

यस्यापि नानोपाधेः धीर्ग्राहिकाऽर्थस्य भेदिनः।

योऽपि मन्यते भिन्ना एवोपाधयः परस्परमाश्रयाच्च। तन्निबन्धनाः श्रुतयः तदाधारेषु प्रवर्तन्ते, तत्रैव वा। तदयमप्रसङ्ग इति। तस्यापि—

नानोपाध्युपकाराङ्गशक्त्यभिन्नात्मनो ग्रहे ॥ ५२ ।

सर्वात्मनोपकार्यस्य को भेदः स्यादनिश्चितः।

यद्यप्युपाधयो भिन्ना एव शब्दज्ञानान्तराणां निमित्तमर्थे, स तु तैस्तद्वानेक एवोपलीयते। तस्य नानोपाधीनामुपकाराश्रयशक्तिस्वभावस्य स्वात्मन्यभेदात्। सर्वात्मना ग्रहणे क एवोपाधिभेदोऽनिश्चितः स्यात्, सर्वोपाध्युपकारकत्वेन ग्रहणात्? न ह्युपकारकत्वमन्यदेव तस्य स्वरूपेण गृह्यमाणस्यागृहीतं नाम। अतो यदैवास्य स्वभावेन ग्रहणं तदेवोपकारकत्वेनापीति।

तयोरात्मनि संबन्धादेकज्ञाने द्वयग्रहः ॥ ५३ ॥

म०

ननु द्रव्यादुपाधयः परस्परं च भिन्नाः, तन्निमित्ता विकल्पाः शब्दाश्च तेषु तदाधारे वा द्रव्ये वर्त्तन्ते इत्याह—**यस्यापि नैयायिकादे**र्मते **नानोपाधे**र्द्रव्यत्वाद्यनेकधर्मविशिष्टस्य अत एवोपाधिभेदाद् **भेदिनोऽर्थस्य ग्राहिका** विधिरूपेण **धीः**। तस्यापि मतेन **नानाप्रकाराणामुपाधीनामुपकारस्याङ्गं** याः **शक्तय**स्ताभ्यो**ऽभिन्नात्मन** उपाधिमतो द्रव्यस्य निश्चयज्ञानेन **ग्रहे सर्वात्मना** कृते सत्यु**पकार्य**स्योपाधिकलापस्य मध्ये **को भेद** उपाधिविशेषः **स्यादनिश्चितः**। यथा द्रव्यमेकमुपाधिमुपकरोति तथा परानपि। तत एकोपाध्युपकारकत्वे विधिरूपेण गृह्यमाणे सर्वोपाध्युपकारकत्वं गृह्येत। तथा च सर्वोपाधिग्रहणप्रसङ्गः। न हि यत्सापेक्षं यद्रूपं तदग्रहणे तद् ग्रहीतुं शक्यम्।

ननु धूमापेक्षं वह्नेः कारणत्वम् न च तद्ग्रहे धूमग्रहः नैतद्युक्तम्, तथा हि—किं पुनः कारणत्वमिष्टं वह्नेर्यद्यविद्यमानत्वाद् धूमात् पूर्वकालभाविता। धूमासाहित्यं वर्तमानकालसत्ता। न तद् धूमापेक्षम्, स्वकारणात् तथोत्पत्तेः, धूममन्तरेणैव च भावात्। न च तद्ग्रहे धूमग्रहः, विरुद्धत्वात्। न हि धूमग्रहणे तस्मात् प्राग्भावित्वस्य तदसाहित्यस्य च ग्रहणम्। अथ धूमस्यायं हेतुरिति निश्चयविषयत्वं कारणत्वमिष्टम् तदाऽस्त्येवेदृशकारणत्वस्य ग्रहे धूमप्रतीतिः, उभयप्रतीत्याकारत्वादस्य निश्चयस्य द्वयान्वयव्यतिरेकग्रहणसापेक्षत्वाच्च।

ननु च गृहीततदुत्पत्तेरग्निमात्रदर्शनात् कारणत्वप्रतीतिः, न च तदा धूमप्रतीतिः।

(सिद्धान्तवाद्याह—) न च तत्र प्रत्यक्षात् कारणत्वस्य प्रतीतिः, किं त्वग्निरूपमात्रस्य अन्यथा सर्वस्य तद्दर्शिनः कारणत्वप्रतीतिप्रसङ्गः। किन्तु व्याप्तिग्रहसापेक्षा आनुमानिकी तत्प्रतीतिः। तथा हि—गृहीततदुत्पत्तेरेवेयं भवति, नान्यस्य। तदुत्पत्तिग्रहे च यदेवं रूपं

धर्मोपकारशक्तीनां भेदे तास्तस्य किं यदि ।
नोपकारस्ततस्तासां तदा स्यादनवस्थितिः ॥५४॥

स्व०

आत्मभूतस्योपाधितद्वतोरुपकार्योपकारकभावस्य ग्रहणादेकज्ञाने द्वयोरपि ग्रहणमिति । एकोपाधिविशिष्टेऽपि तस्मिन् गृह्यमाणे सर्वोपाधीनां ग्रहणम्, तद्ग्रहणनान्तरीयकत्वादुपाधिमद्ग्रहणस्य । अन्यथा तथापि न गृह्येत । न ह्यन्य एवान्योपकारको यो न गृहीतः स्यात् । न चाप्युकारके तथागृहीते उपकार्याग्रहणं तस्याप्यग्रहणप्रसङ्गात् स्वस्वामित्ववत् ।

तस्मादर्थान्तरोपाधिवादेऽपि समानः प्रसङ्गः ॥५०-५३॥

अथापि स्याद् भिन्ना एव शक्तयः शक्तिमतो याभिरुपाधीनुपकरोति । ततो नायं प्रसङ्ग इति ।

धर्मोपकारशक्तीनां भेदे तास्तस्य किं यदि ।
नोपकारस्ततस्तासां तदा स्यादनवस्थितिः ॥ ५४ ॥

यदि प्रत्युपाध्युपकारकत्वानि तस्य न स्वात्मभूतान्येव, नापि तत उपकारमनुभवन्ति, किं तस्येति ता उच्यन्ते ? उपकारे वा स्वात्मभूताभिरयमेकः शक्तिभिः शक्तीरुपकुर्वन्नेकोपाधिनापि गृह्यमाणः सर्वात्मना गृह्यत एव । तथा ह्युपाधिग्रहणे तदुपकारिण्याः शक्तेर्ग्रहणम् । तद्ग्रहणे तदुपकारी भावः स्वात्मभूतसकलशक्त्युपकारो गृहीतः सर्वाः शक्तीर्ग्राहयति, तांश्चोपाधीनिति तदवस्थः प्रसङ्गः ।

म०

तदेतत्कारणम् इति गृहीता व्याप्तिः । अनुमानप्रतीतौ च धूमकारणं वह्निरिति व्यवच्छेदद्वयमन्योन्यसापेक्षं प्रतीयत एव इत्यलं तत्प्रसङ्गेन । न ह्यनुत्खातितकार्यैः कारणत्वनिश्चयः । अत्यन्तमभ्यासाच्च व्याप्तिग्रहसंस्कारस्य प्रबुद्धत्वादपेक्षा नास्तीत्यतत्त्वविवेकिनां नानुमानत्वप्रबोधः । न ह्यनुमानमहमित्युत्पन्नमनुमानमुच्यते, किन्तु त्रिरूपलिङ्गजमनुमेयविषयं कारणत्वज्ञानं च तादृशमेव । द्रव्यं तु येनैव रूपेण एकमुपाधिमुकरोति तेनैवापरानपीत्येकोपाध्युपकारकत्वे गृह्यमाणे नानेकोपाध्युपकारकत्वस्य ग्रहणात्सर्वोपाधिग्रहणप्रसङ्गः, परस्परसापेक्षत्वात् । ततश्च तयोरुपाधिकलापतदुपकारकत्वयोरात्मनि सम्बन्धाद् द्रव्यस्य सम्बन्धादेकस्योपाध्युपकारकत्वस्य **ज्ञाने द्वयस्य ग्रहः** स्यात् । एकनियता प्रतीतिर्न भवेदित्यर्थः ॥५२-५३॥

अथ द्रव्यादुपाध्युपकारिकाः शक्तयो भिन्ना एव, द्रव्यग्रहणे तासामग्रहणात् न सर्वोपाधिग्रहणप्रसङ्गः इत्याह—**धर्मा**णामुपाधीनां **उपकार**स्य निमित्तभूतानां **शक्तीनां** द्रव्याद् **भेदे** स्वीक्रियमाणे **ताः** शक्तयस्**तस्य** द्रव्यस्य किं कस्मात् ? **यदि नोपकारस्ततो** द्रव्यात् **तासां** शक्तीनामुपकारमन्तरेण सम्बन्धेऽतिप्रसङ्गात् । अथ तासां शक्तीनां द्रव्येणोपकारः क्रियते स्वरूपेण, तदा शक्त्युपकारत्वस्य ग्रहणाच्छक्तीनां ग्रहः । तद्ग्रहाच्च सर्वोपाधिग्रहप्रसङ्गस्तदवस्थः ।

स्यादेतत् । शक्तीरपि भिन्नाभिः शक्तिभिरुपकरोति **तदा स्यादनवस्थितिः** । तथा हि—यास्ताः शक्त्युपकारिकाः शक्तयस्ता द्रव्यस्योपकारद्वारा यदीष्टाः तदा स्वरूपेणोपकारकत्वे सर्वोपाधिग्रहप्रसङ्गभयादन्याः शक्तय एष्टव्याः । तथा चानवस्था व्यक्ता ॥५४॥

एकोपकारके ग्राह्ये नोपकारास्ततोऽपरे ।
दृष्टे तस्मिन्नदृष्टाश्च तद्ग्रहे सकलग्रहः ।।५५।।

यदि भ्रान्तिनिवृत्त्यर्थं गृहीतेऽप्यन्यदिष्यते ।
तद्व्यवच्छेदविषयं सिद्धं तद्वत् ततोऽपरम् ।।५६।।

स्व०

अथ ता अपि शक्त्युपकारिण्यः शक्तयो भिन्ना एव भावात् । एवमुपाधीनां तच्छक्तीनां चापरापरास्वेव शक्तिष्वपर्यवसानेन घटनात् स एकस्ताभिः कदाचिदप्यगृहीतः तदुपकारात्मा तद्वत्त्वेन न गृह्येत । यदि पुनः केवलानेवोपाधीन् शब्दज्ञानान्युपलीयेरन् तदा तस्यासमावेशात् न भवति तत्प्रतिपत्तिमुखेन सर्वप्रतिपत्तिः, तदापि तस्य शब्दैरनाक्षेपान्न स्यात् तत्र प्रवृत्तिरिति व्यर्थः शब्दप्रयोगः स्यात् । अर्थक्रियाश्रयो हि सर्वो विधिप्रतिषेधाभ्यां व्यवहारः । उपाधयश्च तत्रासमर्थाः । समर्थश्च नैवोच्यत इति किं शब्दप्रयोगैः? ततश्चोपाधयो नोपाधयः स्युः । क्वचित् प्रवृतौ हि कस्यचित् प्रधानस्याङ्गभावात् तदपेक्षया तथोच्यन्ते । तस्य शब्दैरनाक्षेपान्न कस्यचिदङ्गभूता इति किमुपाधयः? लक्षितलक्षणाददोष इति चेत् समानः प्रसङ्गः । स तावत्तैरुपाधिभिर्नान्तरीयकतयोपलक्ष्यमाण एकेनाप्युपलक्षणेन सर्वात्मनोपलक्षित इति तदवस्थः प्रसङ्गः । को ह्यत्र विशेषः शब्दा वैनमुपलक्षयेयुः, तल्लक्षिता वोपाधयः? स तावत्तदानीं निश्चीयते सर्वोपकारक इति न किंचिदेतत् ।।५४।।

तस्मात्—

एकोपकारके ग्राह्ये नोपकारास्ततोऽपरे ।
दृष्टे तस्मिन्नदृष्टा ये तद्ग्रहे सकलग्रहः ।। ५५ ।।

इति संग्रहश्लोकः ।

यदि भ्रान्तिनिवृत्त्यर्थं गृहीतेऽप्यन्यदिष्यते ।

स्यादेतत्—निर्भागस्य वस्तुनो ग्रहणे कोऽन्यस्तदा न गृहीतो नाम? स तु भ्रान्त्या नावधार्यत इति प्रमाणान्तरं प्रवर्त्तते । यद्येवम्—

तद्व्यवच्छेदविषयं सिद्धं तद्वत्ततोऽपरम् ।। ५६ ।।
भ्रसमारोपविषये वृत्तेः

म०

उक्तमर्थं संगृह्णन्नाह—**एकस्योपाधेरुपकारके** द्रव्ये **ग्राह्ये**ऽभिमते **तत** एकोपाध्युपकारकद्रव्यस्वभावा**दपरे** उपाध्यन्तराणा**मुपकार**का उपकारशक्तिभेदा **दृष्टे तस्मिन्ने**कोपाध्युपकारके द्रव्ये**ऽदृष्टा ये** ते न सन्ति । एकमेव हि रूपं सर्वोपाध्युपकारकम्, अतस्तस्यैकोपाधिमतो **ग्रहे सकलो**पाधि**ग्रहः** स्यात् ।।५५।।

सर्वात्मना विकल्पेन **गृहीतेऽपि** वस्तुनि भ्रान्त्या तथा न निश्चय इति **यदि भ्रान्तिनिवृत्त्यर्थमन्यत्** प्रमाणान्तर**मिष्यते तद्** भ्रान्तिनिवर्त्तकादपरं **व्यवच्छेदविषयं सिद्धम्**, भ्रमारोपितत्वापोहविषयत्वाद् । ततो भ्रान्तिनिवर्त्तका**दपरं** यत् पूर्वमुत्पन्नं वस्तुविषयमिष्टं **तद्व**दपोहविषयं **सिद्धम्** ।।५६।।

असमारोपविषये वृत्तेरपि च निश्चयैः ।
यन्न निश्चीयते रूपं तत् तेषां विषयः कथम् ॥५७॥

प्रत्यक्षेण गृहीतेऽपि विशेषेंऽशविवर्जिते ।
यद्विशेषावसायेऽस्ति प्रत्ययः स प्रतीयते ॥५८॥

स्व०

तर्हि भ्रान्तिनिवृत्त्यर्थं प्रवृत्तं प्रमाणमन्यव्यवच्छेदफलमिति सिद्धमन्यापोहविषयम् । तद्वदन्यदपि, असमारोपविषये वृत्तेः । यत्रास्य समारोपो न तत्र निश्चय इति समारोपाभावे च वर्त्तमानोऽन्यापोहविषयः सिद्धः ।

अपि च निश्चयैः ।

यन्न निश्चीयते रूपं तत्तेषां विषयः कथम् ॥ ५७ ॥

इयमेव खलु निश्चयानां स्वार्थप्रतिपत्तिः यत्तन्निश्चयनम् । तच्चेदाकारान्तरवदनिश्चितं कथं तैर्गृहीतम् ?

कथमिदानीमनिश्चीयमानं प्रत्यक्षेणापि गृहीतं नाम ? न प्रत्यक्षं कस्यचिन्निश्चायकम् । तद् यमपि गृह्णाति तन्न निश्चयेन किं तर्हि ? तत्प्रतिभासेन । तन्न निश्चयानिश्चयवशात् प्रत्यक्षस्य ग्रहणाग्रहणे । नैवं निश्चयानाम्, किंचिन्निश्चिन्वतोऽप्यन्यत्रानिश्चयेन प्रवृत्तिभेदाद् ग्रहणाग्रहणम् । तस्मात्तदेवास्य ग्रहणं यो निश्चयः, अन्यथैकाकारेऽपि तन्न स्यात् ॥५५-५७॥

किं पुनः कारणम्—सर्वतो भिन्ने वस्तुनि रूपेऽनुभवोत्पत्तावपि तथैव न स्मार्तो निश्चयो भवति ? सहकारिवैकल्यात् । ततश्च

प्रत्यक्षेण गृहीतेऽपि विशेषेंऽशविवर्जिते ।

यद्विशेषावसायेऽस्ति प्रत्ययः स प्रतीयते ॥ ५८ ॥

यद्यप्यंशरहितः सर्वतो भिन्नस्वभावोऽनुभूतः, तथापि न सर्वभेदेषु तावता निश्चयो भवति, कारणान्तरापेक्षत्वात् । अनुभवो हि यथाविकल्पाभ्यासं निश्चयप्रत्ययान् जनयति । यथा

म०

कस्माद् इत्याह—अविद्यमानान्य**समारोपे विषये वृत्तेः** । विकल्पो हि व्यवच्छेदविषयं निश्चिन्वन् तद्विपक्षसमारोपविषये न भवति, किन्तु तद्व्यवच्छेदनिश्चयारोपमनसोर्बाध्यबाधकभावत इत्युक्तम् ।

अपि च—**निश्चयैरे**काकारप्रवृत्तेर्**यद् रूपं न निश्चीयते तत्तेषां विषयः कथ**मुच्यते ? निश्चितम् चाप्रतिपन्नं चेति विप्रतिषिद्धम् । यदि कृतकत्वनिश्चयेऽनित्यत्वाद्यपि निश्चितं कथं तस्याप्रतिपत्तिः ? कृतकत्वस्यापि वा मा भूत् ॥५७॥

एवं तर्हि प्रत्यक्षगृहीते वस्तुनि निश्चयानिश्चयौ न स्याताम् इत्याह—**प्रत्यक्षेण गृहीतेऽपि विशेषे** स्वलक्षणे सर्वतो व्यावृत्ते**ंऽशै**र्भागै**र्विवर्जिते यस्य विशेष**स्य व्यवच्छेदस्या**वसायेऽस्ति प्रत्ययः** सहकारी प्रकरणाभ्यासपाटवादिः, **स प्रतीयते**, नेतरः । न खल्वस्मन्मते प्रत्यक्षं निश्चयात्मकम्, नाप्यनुभवमात्राधीनो निश्चयो येन सर्वथा निश्चयप्रसङ्गः । किन्तु यत्र व्यवच्छेदेऽभ्यासादयः सहकारिणः प्रत्यक्षस्य सन्ति स निश्चीयते, नान्य इति युक्तो विभागः ॥५८॥

तत्रापि चान्यव्यावृत्तिरन्यव्यावृत्त इत्यपि ।
शब्दाश्च निश्चयाश्चैव निमित्तमनुरुन्धते ॥५९॥

द्वयोरेकाभिधानेऽपि विभक्तिर्व्यतिरेकिणी ।
भिन्नमर्थमिवान्वेति वाच्यलेशविशेषतः ॥६०॥

स्व०

रूपदर्शनाविशेषेऽपि कुणपकामिनीभक्ष्यविकल्पाः । तत्र बुद्धिपाटवम्, तद्वासनाभ्यासः, प्रकरणमित्यादयोऽनुभवात् भेदनिश्चयोत्पत्तिसहकारिणः । तेषामेव च प्रत्यासत्तितारतम्यादिभेदात् पौर्वापर्यम् । यथा जनकत्वाध्यापकत्वाविशेषेऽपि पितरमायान्तं दृष्ट्वा—पिता मे आगच्छति इति, न उपाध्यायः इति । सोऽपि भवन्निश्चयोऽसति भ्रान्तिकारणे भवति ।

तस्मान्नानुभूत इत्येव सर्वाकारनिश्चयः ॥५८॥

तत्रापि चान्यव्यावृत्तिरन्यव्यावृत्त इत्यपि ।
शब्दाश्च निश्चयाश्चैव सङ्केत[1]मनुरुन्धते ॥ ५९ ॥

तत्राप्यन्यापोहेन व्यावृत्तिरन्या । अन्य एव व्यावृत्तः, तद्व्यावृत्तेर्निवर्त्तमानस्य तद्भावप्रसङ्गात् । तथा च व्यावृत्तेरभावः । तस्माद्यैव व्यावृत्तिः स एव व्यावृत्तः । शब्दप्रतिपत्तिभेदस्तु सङ्केतभेदात् । न वाच्यभेदोऽस्ति ॥५९॥

ननु च वाच्यविशेषाभावात् संकेतभेदोऽप्ययुक्तः, द्वयोरेकाभिधानात् । तथा च व्यतिरेकिण्या विभक्तेरयोगः, तस्या भेदाश्रयत्वात् ।

द्वयोरेकाभिधानेऽपि विभक्तिर्व्यतिरेकिणी ।
भिन्नमर्थमिवान्वेति वाच्यलेशविशेषतः ॥ ६० ॥

न वै शब्दानां काचिद्विषयस्वभावायत्ता वृत्तिः, इच्छातो वृत्त्यभावप्रसङ्गात् । ते यथा व्यतिरिक्तेऽव्यतिरिक्ते वा प्रयोक्तुमिष्यन्ते, तथा नियुक्तास्तमप्रतिबन्धेन प्रकाशयन्ति । तेन

म०

तत्रापि चान्यापोहेऽपि शब्दविकल्पविषये**ऽन्यव्यावृत्तिरन्यव्यावृत्त इत्यपि** ये **शब्दाश्च निश्चयाश्चैव** भिन्नविषया इव प्रवर्त्तन्ते, न ते व्यावृत्तिव्यावृत्तयोर्वास्तवभेदनिबन्धनाः, किं तर्हि संकेतमेव भेदव्यवहारव्यवस्थापकं वक्ष्यमाण**निमित्तमनुरुन्धते**ऽनुवर्त्तन्ते । यदि गोरन्या गोव्यावृत्तिः, तदा यथा गौरगोरश्वादेर्व्यावृत्तः तथाऽगोव्यावृत्तेरपि व्यावृत्तः । ततश्चाश्वादिवद् गौरगौरेव स्यात् । यो ह्यगोव्यावृत्तेर्व्यावृत्तः सोऽगौर्यथाश्वादिर्गौश्च तथेति स्यात् । तथाऽगोव्यावृत्तिरपि न प्राप्नोति, सर्वस्यैवागोत्वात् । गोरगोरन्यत्वे हि तस्माद् व्यावृत्तिः स्यात् । यदा तु गौरेव नास्ति, तदा कस्य कस्माद् व्यावृत्तिः ? तस्मान्न व्यावृत्तिव्यावृत्तयोर्वस्तुतो भेदः ॥५९॥

ततश्च—**द्वयो**र्व्यावृत्तिव्यावृत्तयो**रेक**स्यार्थस्या**भिधानेऽपि** वस्तुतो **विभक्तिः** षष्ठ्यादि**र्व्यतिरेको** वाच्यभेदः तद्वती । व्यावृत्तस्य व्यावृत्तिरिति **भिन्नमिवार्थमन्वे**त्यनुगच्छति वाचकत्वेन, **वाच्यस्य लेशविशेषतो**ऽल्पभेदात् ॥६०॥

---

1. मनोरथः—निमित्तमनु०

भेदान्तरप्रतिक्षेपाप्रतिक्षेपौ तयोर्द्वयोः ।
पदं संकेतभेदस्य ज्ञातृवाञ्छाऽनुरोधिनः ॥६१॥

भेदोऽयमेव सर्वत्र द्रव्यभावाभिधायिनोः ।
शब्दयोर्न तयोर्वाच्ये विशेषस्तेन कश्चन ॥६२॥

स्व०

गौर्गोत्वमित्येकाभिधानेऽपि कस्यचिद्विशेषस्य प्रत्यायनार्थं कृते संकेतभेदे व्यतिरिक्तार्था विभक्तिरर्थान्तरमिवादर्शयन्ती प्रतिभात्यनर्थान्तरेऽपि तथाप्रयोगदर्शनाभ्यासात् । न तावता सर्वत्र भेदः अन्यत्रापि पुरुषेच्छावशात् प्रवृत्तस्य प्रतिबन्धाभावात् । यथैकं क्वचिदेकवचनेन ख्याप्यते । तदविशेषेऽपि गौरवादिख्यापनार्थं बहुवचनेन ॥६०॥

प्रयोजनाभावात्तु संकेतभेदो न स्यात्, तदप्यस्त्येव । तथाहि—

भेदान्तरप्रतिक्षेपाप्रतिक्षेपौ तयोर्द्वयोः ।
संकेतभेदस्य पदं[1] ज्ञातृवाञ्छाऽनुरोधिनः ॥ ६१ ॥

यदाऽयं प्रतिपत्ता तदन्यव्यच्छेदभावानपेक्षः पिण्डविशेषेऽश्वव्यवच्छेदमात्रं जिज्ञासते, तथाभूतज्ञापनार्थं तथाकृतसंकेतेन शब्देन प्रबोध्यते—अनश्वत्वमस्यास्तीति । यदा पुनर्व्यवच्छेदान्तरानिराकाङ्क्षः तं ज्ञातुमिच्छति तदा परित्यक्तव्यवच्छेदान्तरे तत्रैवाश्वव्यवच्छेदे तथाप्रकाशनाय प्रयुञ्जते—अनश्वोऽयमिति । अत एव पूर्वत्र प्रतिक्षिप्तभेदान्तरत्वाच्छब्दवृत्तेः न सामानाधिकरण्यम्, विशेषणविशेष्यभावो वा—गोत्वमस्य शुक्लमिति । तन्मात्रविशेषेण बुद्धेस्तदाश्रयभूतायाः एकत्वेनाप्रतिभासनात्, निराकाङ्क्षत्वाच्च । द्वितीये तु भवति । तथा संकेतानुसारेण संहृतसकलव्यवच्छेदधर्मैर्विभागवत एकस्यैव संदर्शनेन प्रतिपत्तिभासनात् व्यवच्छेदान्तरसापेक्षत्वाच्च ॥६१॥

म०

साङ्केतिकादभिन्नेऽप्यर्थे किमर्थं संकेतभेदः, कश्च वाच्यविशेष इत्याह—**भेदान्तरस्य** प्रतिपाद्यमानाद् व्यवच्छेदादन्यस्य व्यवच्छेदस्य **प्रतिक्षेपः**, सामानाधिकरण्यस्य स्वभावोऽ**प्रतिक्षेपः** तत्सम्भवः तौ, **तयोर्द्वयो**र्व्यावृत्तिव्यावृत्तशब्दयोः **संकेतभेदस्य ज्ञातृवाञ्छानुरोधिनः पदं** कारणम् । ज्ञाता हि कदाचित् गोरनश्वत्वं निष्कृष्टधर्मान्तरसम्बन्धयोग्यत्वं जिज्ञासते, तदा गोत्वमस्य इत्युच्यते, न तु गोत्वमस्य शुक्लम् इति । यदा तु व्यावृत्तिरेवानिष्कृष्टधर्मान्तरसम्बन्धयोग्या जिज्ञासिता भवति, तदा व्यावृत्तशब्दसंकेतः, यथा—गौरयम् इति । धर्मान्तरसामानाधिकरण्यं च गौः शुक्लः इत्यादि ॥६१॥

भेदोऽयमेव संकेतकृतो धर्मान्तरप्रतिक्षेपाप्रतिक्षेपप्रतिपत्तिफलो **द्रव्यभावाभिधायिनो**र्धर्मिधर्मवाचिनोः **शब्दयोर्न** वास्तवः । **तेन तयोर्वाच्ये** निश्चयविषये **न कश्चन विशेषः**, भेदान्तरप्रतिक्षेपाप्रतिक्षेपाभ्यामेकस्यैव प्रत्यायनात् ॥६२॥

---

1. मनोरथः—पदं संकेतभेदस्य.

जिज्ञापयिषुरर्थं तं तद्धितेन कृताऽपि वा ।
अन्येन वा यदि ब्रूयात् भेदो नास्ति ततः परः ॥६३॥

तेनान्यापोहविषये तद्वत्पक्षोपवर्णनम् ।
प्रत्याख्यातं पृथक्त्वे हि स्याद् दोषो जातितद्वतोः ॥६४॥

स्व०

भेदोऽयमेव सर्वत्र द्रव्यभावाभिधायिनोः ।
शब्दयोर्न तयोर्वाच्ये विशेषस्तेन कश्चन ॥ ६२ ॥

तस्मान्न सर्वत्र धर्मधर्मिवाचिनोः शब्दयोर्वाच्येऽर्थे निश्चयप्रत्ययविषयत्वेन कश्चिद्विशेषः। एकस्तमेव प्रत्याययन् प्रतिक्षिप्तभेदान्तरः प्रत्याययति, अन्योऽप्रतिक्षेपेणेत्ययं विशेषः ॥६२॥

जिज्ञापयिषुरर्थं तं तद्धितेन कृताऽपि वा ।
अन्येन वा यदि ब्रूयाद्भेदो नास्ति ततोऽपरः[1] ॥ ६३ ॥

एतावन्तमेव च भेदं संदर्शयन् तद्धितेन वा दर्शयेत् पाचकत्वमिति, कृताऽपि वा पाक इति। अन्येन वा तथाभूतज्ञापनाय स्वयंकृतेन समयेन। न पुनस्तथाभिधानमात्रेणार्थान्तरमेव तद्भवति। तथाभूतस्यैव ज्ञापनाय शब्दस्य कृतसंकेतत्वात्।

ननु च पाचकत्वमिति संबन्ध उच्यते, न पाक एव। न वै पाकेनान्य एव कश्चित् पाचको नामाभिधीयते यादृशो वर्ण्यते। यत् पुनरस्याभिधेयं तत् कथितम्। तदेव पाचकत्वेनापीति अलमप्रतिष्ठितैर्मिथ्याविकल्पैः। यथा च नार्थान्तरभूता क्रियाऽस्ति तत्समवायो वा तत्प्रत्याययिष्यामः ॥६३॥

तेनान्यापोहविषये तद्वत् पक्षोपवर्णनम् ।
प्रत्याख्यातं पृथक्त्वे हि स्याद्दोषो जातितद्वतोः ॥ ६४ ॥

यदाहुः अन्यापोहेऽपि शब्दार्थतद्विशिष्टाभिधानात् तद्वत्पक्षोदितः सर्वः प्रसङ्गः समानः इति तदप्यनेन प्रतिव्यूढम्। तत्र ह्यर्थान्तरमुपादायान्यत्र प्रवर्त्तमानो ध्वनिरस्वातन्त्र्यादिदोषैरुपद्रूयते। न चार्थान्तरमन्यव्यावृत्तिः व्यावृत्तात्, द्वयोरेकाभिधानादित्युक्तम्। कथमिदानीमेकस्य व्यावृत्तस्यान्याननुगमाद् अन्यव्यावृत्तिः सामान्यम् ? तद्बुद्धौ तथाप्रतिभासनात्। न वै किंचित्

म०

तथा व्यवहर्त्ता **जिज्ञापयिषुरर्थं तं** साङ्केतिकं भेदं **तद्धितेन कृताऽपि वा**—पाचकत्वमस्य, पाचकोऽयम् पाकः, पाक्यो वेत्यादि, **अन्येन वा** स्वयंकृतेन समयेन **यदि ब्रूयात्**, तथाऽपि **ततो** भेदप्रतिपादकात् तद्धितादे**र्भेदः परो** वास्तवो **नास्ति** ॥६३॥

तेन व्यावृत्तिव्यावृत्तयोरभेदे**नान्यापोहविषये** जातिमान् शब्दवाच्य इति पक्षः, **तद्वत् पक्ष**-भूर्दोषोऽन्यापोहेऽपि स्यादिति तद्दोषो**पवर्णनं प्रत्याख्यातम्**, तद्वत्। पक्षो हि जातिमभिधाय शब्दस्तद्वति वर्त्तत इति तद्वचने स्वातन्त्र्यमस्य न स्यात्, सामानाधिकरण्यं च न भवेत्, गौः शुक्लः इति जातेरशुक्लत्वात्। न चोपचाराश्रयेण स्वातन्त्र्यं सामान्याधिकरण्यं चास्खलद्गतियुक्तमित्यादि **जातितद्वतो पृथक्त्वे हि स्याद् दोष** एषः, न तु व्यावृत्तिव्यावृत्तिमतोर्भेद इति नात्र तत्पक्षोक्तदोषः ॥६४॥

---

1. मनोरथः—ततः परः.

येषां वस्तुवशा वाचो न विवक्षापराश्रयाः ।
षष्ठीवचनभेदादि चोद्यं तान् प्रति युक्तिमत् ।।६५।।

यद् यथा वाचकत्वेन वक्तृभिर्विनियम्यते ।
अनपेक्षितबाह्यार्थं तत् तथा वाचकं वचः ।।६६।।

स्व०

सामान्यं नास्ति । शब्दाश्रया बुद्धिरनादिवासनासामर्थ्यादसंसृष्टानपि धर्मान् संसृजन्ती जायते तस्याः प्रतिभासवशेन सामान्यं सामानाधिकरण्यं च व्यवस्थाप्यते असदर्थाऽप्यर्थानां संसर्गभेदाभावात् । तस्य सर्वस्य तत्कार्यंकारणतयाऽन्येभ्यो भिद्यमाना अर्थाः समाश्रयो ध्वनिश्चानिष्टपरिहारेण प्रवर्त्तयतीत्यन्यापोहविषय उक्तः ।

तत्रानपेक्षितबाह्यतत्त्वो बुद्धिप्रतिभासवशादेकोऽनेकव्यावृत्तः शब्दैर्विषयीक्रियते तदनुभवाहितवासनाप्रबोधजन्मभिर्विकल्पैरध्यवसिततद्भावार्थैः । तत्रैव चायं धर्मधर्मिव्यवहारः परस्परं तत्त्वान्यत्त्वाभ्यामवाच्यः प्रतन्यते । न ह्यन्यो धर्मो धर्मिणोऽर्थान्तरानभिधानात् । नापि स एव । तद्वाचिनामिव धर्मवाचिनामपि व्यवच्छेदान्तराक्षेपप्रसङ्गात् । तथा चेष्टाऽप्रत्यायनात् संकेतभेदाकरणमित्येतच्छब्दार्थेऽवाच्यत्वं धर्मधर्मिणोः । वस्तुनि तु स्वलक्षणे सामान्यलक्षणमवाच्यमभावात् ।।६४।।

ननु च धर्मधर्मिणोरभेदे भेदे वा दृष्टाः षष्ठ्यादिविभक्तयः, धर्मबहुत्वात् । तत्र दृष्टो वचनभेदश्च धर्मिणि न स्यात् । उक्तमत्र शब्दानां स्वातन्त्र्याभावादिति । अपि च—

येषां वस्तुवशा वाचो न विवक्षापराश्रयाः ।
षष्ठीवचनभेदादि चोद्यं तान् प्रति युक्तिमत् ।। ६५ ।।

यदि नामैते शब्दाः पुरुषैः क्वचित् प्रणिनीषिता अपि न शक्यन्ते प्रणेतुं वस्तुप्रतिबन्धाद् धूमादिवत्, तदायं उपालम्भः स्यात्—कथं षष्ठ्यादय इति ? ।। ६५ ।।

यदा पुनः

यद्यथा वाचकत्वेन वक्तृभिर्विनियम्यते ।
अनपेक्षितबाह्यार्थं तत्तथा वाचकं वचः ।। ६६ ।।

न हि व्यतिरेके षष्ठी, बाहुल्ये जसादयः इत्येतदपि पुरुषाभिप्रायनिरपेक्षं वस्तुसंनिधिमात्रेण स्वयं प्रवृत्तम् । ते तु तत्र तथा प्रयुञ्जति इति ततस्तथाप्रतीतिर्भवति । एवमन्यत्रापि कथंचित् तै प्रयुक्ताः तथैव प्रतीतिहेतवो भवन्तीति किमुपालम्भः ?

म०

यदि व्यावृत्तितद्वतोर्न भेदः तदा गोर्गोत्वं शुक्लत्वसास्नादिमत्त्वादयश्चेति षष्ठीवचनभेदादि न प्राप्नोति इत्याह—**येषां** बाह्यानां मते **वस्तुवशा** वस्त्वायत्ता **वाचो न विवक्षापर आश्रयः** कारणं यासां तास्तथा, **षष्ठीवचनभेदादि चोद्यं तान् प्रति युक्तिमत्** ।।६५।।

अस्माकम्—**यद्वचो यथा** धर्मान्तरस्य प्रतिक्षेपेणाप्रतिवाचकत्वेन **वक्तृभिर्विनियम्यते** विशेषेण व्यवस्थाप्यते**ऽनपेक्षितबाह्यार्थं** संकेतमात्रानुरोधित्वात् **तद्वचस्तथा वाचक**मिष्टमिति न चोद्यावकाशः ।।६६।।

दाराः षण्णगरीत्यादौ भेदाभेदव्यवस्थितेः ।
खस्य स्वभावः खत्वं चेत्यत्र वा किं निबन्धनम् ॥६७॥

स्व०

तत्र वाच्येषु पुरुषायत्तवृत्तीनां शब्दानामवस्तुसंदर्शिनां यथाभ्यासं विकल्पप्रबोधहेतूनां प्रवृत्तिचिन्ता, तद्वशाद्वस्तुव्यवस्थापनं च केवलं जाड्यख्यापनम् ।

तथाकृतव्यवस्थाः शब्दाः धर्मधर्म्यादिषु न पुनर्व्यतिरेकवस्तुभेदादिति कुत एतत् ? तथाव्यवहाराऽयोगात् । न हि धर्मधर्मिणोर्भेदे तत्त्वरूपत्वे वा सामान्यतत्संबन्धसामानाधिकरण्यविशेषविशेष्यभावा युज्यन्ते, शब्दानां वा, यथा वस्तुवृत्ताविति वक्ष्यामः ॥६६॥

यश्चायं सर्वत्र वस्तुकृतमेव शब्दप्रवृत्तिभेदमिच्छति, तस्य

दाराः षण्णगरीत्यादौ भेदाभेदव्यवस्थितेः ।
खस्य स्वभावः खत्वं वेत्यत्र वा किं निबन्धनम् ॥ ६७ ॥

यदैकाऽपि स्त्री दाराः एकमपि सिकताद्रव्यं सिकता इति व्यवहारः, तत्र किं बाहुल्यं येनैवं भवति ? शक्तिभेद इति चेत् सर्वत्रोत्सन्नमिदानीमेकवचनम्, एकशक्तेरभावात् । यत्नश्च व्यर्थः । वस्त्वभेदादन्यत्रैकवचनमिति चेत् ? इहाप्यस्तु । तदयं निर्वस्तुको नियमः क्रियमाणः स्वातन्त्र्यमिच्छायाः शब्दप्रयोगे ख्यापयति ।

षण्णगरीति च कथं बहुष्वेकवचनम् ? न हि नगराण्येव किंचित्, कुतस्तेषां समाहारः ? प्रासादपुरुषादीनां विजातीयानामनारम्भात् कुतस्तत्समुदायो द्रव्यम् ? असंयोगाच्च न संयोगः । प्रासादस्य च स्वयं संयोगात्मकस्य परेणासंयोगाच्च । तत एव संख्याभावः । तत्संयोगपुरुषविशिष्टा सत्ता नगरमिति चेत् ? किमस्या निरतिशयाया विशेषणम् ? सत्तायाश्चैकत्वात् नगरबहुत्वेऽपि नगराणीति बहुवचनं न स्यात् । द्वयस्य परस्परसहिततेति चेत् अनुपकार्योपकारकयोः कः सहायीभावः ? पुरुषसंयोगसत्तानां च बहुत्वान्नगरमिति कथमेकवचनम् ? तथाभूतानां क्वचिदर्थेऽभिन्ना शक्तिरस्ति । सा निमित्तमिति चेत् न, शक्तेर्वस्तुरूपाव्यतिरेकात् । व्यतिरेके वाऽनुपकार्यस्य पारतन्त्र्यायोगादिति । उपकारे वा शक्त्युपकारिण्या अपि शक्तेर्व्यतिरेक इत्यनवस्थितेरप्रतिपत्तिः । तदव्यतिरेके वा आद्यायामपि प्रसङ्ग इति यत्किंचिदेतत् ।

खस्य स्वभावः खत्वमिति व्यतिरेकाश्रया षष्ठी न स्यात् । न हि तत्र सामान्यमस्ति । नापि विभुत्वादयो गुणास्तथोच्यन्ते, अर्थान्तरस्य तत्स्वभावत्वायोगात्, तेषां च निःस्वभावत्वप्रसङ्गात् । तस्याप्यर्थान्तरस्वभावत्वेऽतिप्रसङ्गः । तथा चाप्रतिपत्तिः ।

एवं षट्पदार्थवर्गादियोऽपि वाच्याः । न हि तत्र सामान्यं संख्या संयोगो वा संभवति । कथमिदानीमसत्यतिशये खस्य स्वभाव इति न खमित्येव । खस्यार्थान्तरसाधारणरूपापरामर्शेन खशब्दप्रवृत्तिनिबन्धनं रूपं तथा जिज्ञासायामेवमुच्यते ।

म०

यस्य तु वास्तव एव शाब्दो व्यवहारः, तस्य **दाराः षण्णगरीत्यादौ,** आदिशब्दात् गृहा विशंतिरित्यादौ च, यथाक्रममभिन्ने भिन्ने च वस्तुतो **भेदाभेदयो**र्बहुवचनैकवचननिमित्तयो**र्व्यवस्थितेः, खस्य स्वभावः खत्वं** चेत्यत्र धर्मिधर्मभेदस्य **किं वा निबन्धनं** निमित्तम् ? न किञ्चन । न ह्येकस्याः स्त्रिया बहुत्वम्, षण्णां नगराणां वा एकत्वम्, आकाशस्य स्वभावो भिन्नः, सामान्यं वास्ति, अथ चास्ति शब्दवृत्तिः । ततः कल्पित एव तद्विषयो वक्तव्यः ॥६७॥

परहूपं स्वरूपेण यया संव्रियते धिया ।
एकार्थप्रतिभासिन्या भावानाश्रित्य भेदिनः ॥६८॥

तया संवृतनानात्वाः संवृत्या भेदिनः स्वयम् ।
अभेदिन इवाभान्ति भावा रूपेण केनचित् ॥६९॥

तस्या अभिप्रायवशात् सामान्यं सत् प्रकीर्तितम् ।
तदसत् परमार्थेन यथा सङ्कल्पितं तया ॥७०॥

स्व०

ननु सर्वतो व्यावृत्तस्य रूपस्याभिधानं न संभवति । न चैतदेव रूपं बुद्धौ समर्प्यते, अनतीन्द्रियत्वप्रसङ्गात् केवलमयं तथाभूतं प्रत्याययिष्यामीति शब्देन श्रोतर्यसंसृष्टतत्स्वभावं विकल्पप्रतिबिम्बमर्पयति । यदाह अदृष्टार्थेऽर्थविकल्पमात्रम् इति । नैवं प्रतिपाद्यप्रतिपादकाभ्यां स्वलक्षणं प्रतिपन्नं प्रतिपादितं वा भवति । स्वर्गादिश्रवणेऽपि तदनुभाविनामिव प्रतिभासाऽभेदप्रसङ्गात् ।

तस्मादयमप्रतिपद्यमानोऽपि भावस्वभावं तथाभूत एव विकल्पप्रतिबिम्बे तदध्यवसायी संतुष्यति, तथाभूतत्वादेव शब्दार्थप्रतिपत्तेः । तेनैतदेवमुच्यते स्वरूपमाहेति । न पुनः स्वरूपप्रतिभासस्यैव विज्ञानस्य जननात् ।

कथं तर्हीदानीमेकान्तव्यावृत्तरूपेषु भावेषु सामान्यं नाम तेषामसंसर्गात्, अन्यस्य च भावात् ? उक्तं यादृशं सामान्यम्—असंसृष्टानामेकासंसर्गस्तद्व्यतिरेकिणां समानतेति ॥६६॥

अपि च—

पररूपं स्वरूपेण यया संव्रियते धिया ।
एकार्थप्रतिभासिन्या भावानाश्रित्य भेदिनः ॥ ६८ ॥
तया संवृतनानात्वाः संवृत्या भेदिनः स्वयम् ।
अभेदिन इवाभान्ति भावा रूपेण केनचित् ॥ ६९ ॥
तस्या अभिप्रायवशात् सामान्यं सत् प्रकीर्त्तितम् ।
तदसत् परमार्थेन यथा संकल्पितं तया ॥ ७० ॥

म०

यदि सर्वतो व्यावृत्तस्वभावा भावाः, न तेषु सामान्यमस्ति, कथं गोत्वमित्यादिसामान्यप्रतीतः इत्याह—**भेदिनः** सर्वतो व्यावृत्तान् **भावानाश्रित्य** परम्परापातेभ्य उत्पद्य **यया धिया एकार्थप्रतिभासिन्या** एकार्थाध्यवसायस्वाकारया **स्वरूपेण** स्वप्रतिभासेन **परेषां** स्वलक्षणानां **रूपं** सर्वतो व्यावृत्तं **संव्रियते** प्रच्छाद्यते, सा बुद्धिः संवृतिरुच्यते ॥६८॥

तया संवृत्या स्वयमात्मना **भेदिनः** स्वस्वभावव्यवस्थिता **भावाः संवृतनानात्वाः** स्थगितभेदाः **केनचिद् रूपेण** विजातीयव्यावृत्त्युपकल्पितेन गोत्वादिना**ऽभेदिन इवाभान्ति** ॥६९॥

तस्या बुद्धेः सामान्यरूपतयाऽध्यवसिताकाराया **अभिप्रायवशात् सामान्यं सत् प्रकीर्तितम्**, विजातीयव्यावृत्तेर्वस्तुष्वभावात् । **तदुप**कल्पितं गोत्वादि सामान्यरूपेण बुद्ध्याकारमध्यवस्यन्ति व्यवहर्तारः । अध्यवसायानुरोधेन च सामान्यं सदित्युच्यते । **यथा** वस्तुत्वेन **तत्** सामान्यं **तया** संवृतिबुद्ध्या कल्पितम् तथा**ऽसत् परमार्थतः** ॥७०॥

व्यक्तयो नानुयन्त्यन्यदनुयायि न भासते ।
ज्ञानादव्यतिरिक्तं वा कथमर्थान्तरं व्रजेत् ॥७१॥

स्व०

बुद्धिः खलु तदन्यव्यतिरेकिणः पदार्थानाश्रित्योत्पद्यमाना विकल्पिका स्ववासनाप्रकृतिमनुविदधती भिन्नमेषां रूपं तिरोधाय प्रतिभासमभिन्नमात्मीयमध्यस्य तान् संसृजन्ती संदर्शयति । सा चैकसाध्यसाधनतया अन्यविवेकिनां भावानां तद्विकल्पवासनायाश्च प्रकृतिः यदेवमेषा प्रतिभाति । तदुद्भवा सा चेयं संवृतिः संव्रियतेऽनया स्वरूपेण पररूपमिति । ते च तया संवृतभेदाः स्वयं भेदिनोऽप्यभेदिन इव केनचिद्रूपेण प्रतिभान्ति । तदेषां बुद्धिप्रतिभासमनुरुन्धानैः बुद्धिपरिवर्त्तिनामेव भावानामकारविशेषपरिग्रहाद्बहिरिव स्फुरतां सामान्यमित्युच्यते ।

कथमिदानीमन्यापोहः सामान्यम् ? स एव खल्वन्यापोहः । तमेव गृह्णती सा प्रकृतिविभ्रमात् विकल्पानां वस्तुग्राहिणीव च प्रतिभाति । सा हि तदन्यविवेकिष्वेव भावेषु भवन्ती विवेकविषयेति गम्यते ।

ननु बाह्याः विवेकिनः । न च तेषु विकल्पवृत्तिरिति कथं तेषु भवति ? व्याख्यातार एवं विवेचयन्ति । न तु व्यवहर्तारः । ते तु स्वालम्बनमेवार्थक्रियायोग्यं मन्यमानाः दृश्यविकल्प्यावर्थावेकीकृत्य प्रवर्तन्ते। तदभिप्रायवशादेवमुच्यते । तथा तत्कारितयाऽतत्कारिभ्यो भिन्नान् शब्देन प्रतिपादयन्ति वक्तारः। तत्त्वचिन्तकास्तु प्रतिभासभेदादिभ्यो नाभेदमनुसन्धत्ते ॥६८-७०॥

यदि प्रतिपत्त्रभिप्रायोऽनुविधीयते तदा अन्यापोहोऽपि सामान्यं मा भूत् । न ह्येवं प्रतिपत्तिरिति । न वै केवलमेवमप्रतिपत्तिः व्यक्तिव्यतिरिक्ता व्यतिरिक्तनित्यव्यापिताद्याकारैरपि न प्रतिपत्तिः । केवलमभिन्नाकारा बुद्धिरुत्पद्यते । तस्याः क आश्रय इत्यन्यापोह उच्यते । तस्य वस्तुषु भावादविरोधात् । व्यवहारस्य च शब्दाश्रयस्य तथादर्शनात् । न पुनर्वस्तुभूतं किंचित् सामान्यं नामास्ति यथेयं बुद्धिः प्रतिभाति । यस्माद्—

व्यक्तयो नानुयन्त्यन्यदनुयायि न भासते ।

न हीमा व्यक्तयः परस्परमन्वाविशन्ति, भेदाभावेन सामान्यस्यैवाभावप्रसङ्गात् । अन्यच्च न ताभ्यो व्यतिरिक्तं किंचित्तथा बुद्धौ प्रतिभाति । अप्रतिभासमानं च कथमात्मनाऽन्यं ग्राहयेत् व्यपदेशयेद्वा। न च तैस्संबद्धमेकमित्येव सामान्यं भवत्यतिप्रसङ्गादित्युक्तम्। अभिन्नाभिधानप्रत्ययनिमित्तमेकं सामान्यम्, न सर्वमिति चेत् कथमन्यतोऽन्यत्र प्रत्ययवृत्तिः ? तत्संबन्धात् इति चेत् संख्या कार्यद्रव्यादिष्वपि प्रसङ्गः । असामान्यात्मकत्वान्नेति चेत् ननु स एवायं विचार्यते कोऽयं सामान्यात्मेति ? तत्र सति संबन्धे प्रत्ययवृत्तिः । ततः सामान्यमिति । अत्रोच्यते । अनेकसंबन्धेभ्यः कार्यद्रव्यादिभ्यो निमित्तसंभवात् प्रत्ययवृत्तिः । ततश्च सामान्यात्मता। अन्यथाऽन्यत्रापि मा भूद्विशेषाभावात् । यथा च द्रव्यगुणसामान्यानां रूपसंकर इति ।

एवं तर्हि बुद्धेरेव प्रतिभासो ज्ञानरूपत्वात्सन्नेव सामान्यम् । तन्न । यस्मात्

म०

तदेवासत्त्वमाह—**व्यक्तयस्तावन्न** परस्पर**मनुयन्ति,** भेदात् । तास्व**नुयायि** च **अन्यत्** किञ्चिन् **न भासते,** व्यक्तिमात्रवेदनात् । यच्च **ज्ञानादव्यतिरिक्त**माकारस्वरूपं **तत् कथमर्थान्तरं** ज्ञानान्तरं **वा व्रजेत्** ? स्वलक्षणरूपत्वादस्य ॥७१॥

तस्मादर्थरूपस्य ज्ञानरूपस्य च सामान्यस्य योगान्**मिथ्याविकल्पोऽयमर्थ**शून्य एष विकल्पोऽयम**र्थेष्वेकात्मतायाः** सामान्यरूपताया **ग्रहः । अस्य** चैकात्मतया प्रतिभासिनो मिथ्याविकल्पस्य

तस्मान्मिथ्याविकल्पोऽयमर्थेष्वेकात्मताग्रहः ।
इतरेतरभेदोऽस्य बीजं संज्ञा यदर्थिका ॥७२॥

एकप्रत्यवमर्शार्थज्ञानाद्येकाथसाधने ।
भेदेऽपि नियताः केचित् स्वभावेनेन्द्रियादिवत् ॥७३॥

स्व०

ज्ञानादव्यतिरिक्तं च कथमर्थान्तरं व्रजेत् ॥ ७१ ॥

ज्ञानस्य रूपं कथमर्थानां सामान्यम्, तस्य तेष्वभावात् ? तद्भावाध्यवसायात् तथा भ्रान्त्या व्यवहार इति चेत् तत्र तथाज्ञानोत्पत्तेः किं निबन्धनम् ? अनाश्रयस्य चोत्पत्तौ सर्वत्र स्यात् । अथवा ज्ञानादव्यतिरिक्तमेकस्मात् कथमन्यस्य पुनर्ज्ञानस्य रूपं स्यात् व्यक्त्यन्तरभाविनः ? ततश्च ज्ञानान्तरं व्यक्त्यन्तरं वा अव्याप्नुवत् कथं सामान्यं स्यात् ? ॥७१॥

तस्मान्मिथ्याविकल्पोऽयमर्थेष्वेकात्मताग्रहः ।

न ह्यर्थाः व्यतिरिक्तेनाव्यतिरिक्तेन वा केनचिदात्मना समानाः । तथैषां ग्रहणं मिथ्याविकल्प एव ।

इतरेतरभेदोऽस्य बीजं संज्ञा यदर्थिका ॥ ७२ ॥

यस्य प्रत्यायनार्थं संकेतः क्रियते—अभिन्नसाध्यान् भावानतत्साध्येभ्यो भेदेन ज्ञात्वा तत्परिहारेण प्रवर्तेतेति । सोऽयमितरेतरभेदस्तस्यैकत्वप्रतिभासिनो मिथ्याविकल्पस्य बीजम् । तमेव गृह्णन्नेष विकल्पः स्ववासनाप्रकृतेरेवं प्रतिभाति ॥७२॥

कथं पुनर्भिन्नानामभिन्नं कार्यम्, येन तदन्येभ्यो भेदादभेद इत्युच्यते ? प्रकृतिरेषां भावानां यद्

एकप्रत्यवमर्शार्थज्ञानाद्येकार्थसाधने ।
भेदेऽपि नियताः केचित् स्वभावेनेन्द्रियादिवत् ॥ ७३ ॥

यथेन्द्रियविषयालोकमनस्कारा आत्मेन्द्रियमनर्थतत्सन्निकर्षा वा असत्यपि तद्भावनियते सामान्ये रूपविज्ञानमेकं जनयन्ति एवं शिंशपादयोऽपि भेदाः परस्परानन्वयेऽपि प्रकृत्येवैकमेकाकारं प्रत्यभिज्ञानं जनयन्ति, अन्यां वा यथाप्रत्ययं दहनगृहादिकां काष्ठसाध्यामर्थक्रियाम् । न तु भेदाविशेषेऽपि जलादयः, श्रोत्रादिवद्रूपादिज्ञाने ॥७३॥

म०

बीजं हेतुरितरस्मादतत्कार्यकारिणो **भेदो** व्यावृत्तिः । **यदर्थिका संज्ञा** शब्दोऽपि विजातीयव्यावृत्तौ संकेत्यते, तद्विषयश्च ॥७२॥

कथं पुनर्भिन्नानामभिन्नं कार्यम् इत्याह—**एकप्रत्यवमर्श** एकाकाराध्यवसायोऽर्थज्ञानं रूपादिज्ञानं च तदादिर्यस्य ज्वरहरणादेः, तस्यैकार्थस्य **साधने** करणे **स्वभावेन** प्रकृत्या स्वहेतुदत्तया **भेदेऽपि** भेदाविशेषेऽपि **केचिद्** बाहुलेयादयो **नियताः**, न कर्कादयः, **इन्द्रियादिवत्** । यथा चक्षूरूपालोकमनस्कारादय एव भेदाविशेषेऽपि रूपविज्ञानं जनयन्ति, न श्रोत्रशब्दादयः ॥७३॥

ज्वरादिशमने काश्चित् सह प्रत्येकमेव वा।
दृष्टा यथा वौषधयो नानात्वेऽपि न चापराः ।।७४।।

स्व०

ज्वरादिशमने काश्चित् सह प्रत्येकमेव वा।
दृष्टा यथा वोषधयो नानात्वेऽपि न चापराः ।। ७४ ।।

यथा गुडूचीमुस्तादयः सह प्रत्येकं वा ज्वरादिशमनलक्षणमेकं कार्यं कुर्वन्ति न तत्र सामान्यमपेक्षन्ते भेदेऽपि, तत्प्रकृतित्वात्। न तदविशेषेऽपि दधित्रपुषादयः ।।७४।।

स्यादेतत्—सामान्यमेव किंचित्तासु तथाभूतासु विद्यते। तत एव तदेकं कार्यमिति तदयुक्तम्।

अविशेषात्

सामान्यस्य।

न सामान्यं

तत्कार्यकृत्। तस्यापि

अविशेषप्रसङ्गतः।

तासां क्षेत्रादिभेदेऽपि

यदि हि सामान्यात् ज्वरादिशमनं कार्यं स्यात्, तस्याविशेषाद्व्यक्तीनां क्षेत्रादिभेदेऽपि चिरशीघ्रप्रशमनादयो विशेषाः गुणतारतम्यं च न स्यात्। विशेषे वा सामान्यस्य स्वभावभेदात् स्वरूपहानम्।

ध्रौव्याच्च

सामान्यस्य।

अनुपकारतः ।। ७५ ।।

यदि ह्युपकुर्यादनाधेयविशेषस्यानन्यापेक्षणात् सकृत् सर्वं स्वकार्यं जनयेत्। न वा तज्जननस्वभावम्। व्यक्तयस्तु कालदेशसंस्कारवशेन विशिष्टोत्पत्तयो विशेषवत् कार्यं कुर्युरित्यविरोधः। तद्वदर्था अपि केचित् स्वभावभेदेऽप्येकप्रत्यभिज्ञानादिकार्यक्रियां कुर्वन्तस्तदकारिभ्यो भेदादभिन्ना उच्यन्ते। एकेन वाऽनेको जनितोऽतज्जन्येभ्यो भेदात्।

किं पुनरनेन भेदलक्षणेन सामान्येन स्वलक्षणं समानमिति प्रत्येयम्, अथान्यदेव? किं चातः? यदि स्वलक्षणं कथं विकल्पस्य विषयः? अन्यतो वा कथमर्थक्रिया? स्वलक्षणे चानित्यत्वाद्यप्रतीतेरताद्रूप्यम्। तेषां चावस्तुधर्मता।

म०

एतदेव दृष्टान्तान्तरेण द्रढयन्नाह—**ज्वरादिशमने** कर्त्तव्ये **काश्चित्** गुडूच्यादयः **सह** परस्परं **प्रत्येकं वा दृष्टाः। नानात्वेऽपि न चापराः।** यथा गुडूचीमुस्तादयो भिन्नाः, तथा त्रपुषादयोऽपि। तथापि काश्चिज्ज्वरं शमयन्ति, न सर्वाः। एवं शाबलेयादय एकप्रत्यवमर्शं कुर्वन्ति न कर्कादयः ।।७४।।

स्यादेतत्—तास्वोषधीषु सामान्यं किञ्चिदस्ति यत् ज्वरादिशमनं करोति तन्नैष दृष्टान्त इत्याह—**अविशेषात्** सामान्यस्याक्रियावस्थातः क्रियावस्थायां **न सामान्यं** काञ्चिदर्थक्रिया-

**अविशेषान्न सामान्यमविशेषप्रसङ्गतः ।
तासां क्षेत्रादिभेदेऽपि ध्रौव्याच्चानुपकारतः ।।७५।।**

स्व०

नैष दोषः, ज्ञानप्रतिभासिन्यर्थे सामान्यसामानाधिकरण्यधर्मधर्मिव्यवहारात् । यदेतत् ज्ञानं वस्तुस्वभावग्राहिणानुभवेनाहितां वासनामाश्रित्य विकल्पकमुत्पद्यते, अतद्विषयमपि तद्विषयमिव, तदनुभवाहितवासनाप्रभवप्रकृतेरध्यवसिततद्भावस्वरूपम्, अभिन्नकार्यपदार्थप्रसूतेः अभिन्नाकारार्थग्राहीव तदन्यभेदपरमार्थसमानाकारम् ।

तत्र योऽर्थाकारः प्रतिभाति बाह्य इव एक इवानर्थक्रियाकार्यपि तत्कारीव, व्यवहाराणां तथाऽध्यवसायप्रवृत्तेः, अन्यथा प्रवृत्त्ययोगात् । तदर्थक्रियाकारितया प्रतिभासनात् तदकारिभ्यो भिन्नमिव । न च तत् तत्त्वम्, परीक्षानङ्गत्वादिति प्रतिपादयिष्यामः । तेऽर्था बुद्धिनिवेशिनः । तेन समाना इति गृह्यन्ते, कुतश्चिद् व्यावृत्ता इति प्रतिभासनात् । न स्वलक्षणं तेन, तत्राप्रतिभासनात् ।

त एव कुतश्चिद् व्यावृत्ताः पुनरन्यतोऽपि व्यावृत्तिमन्तोऽभिन्नाश्च प्रतिभान्तीति । स्वयमसतामपि तथा बुद्ध्या उपदर्शनात् मिथ्यार्थ एव सामान्यसामानाधिकरण्यव्यवहारः क्रियते । सर्वश्चायं स्वलक्षणानामेव दर्शनाहितवासनाकृतो विप्लव इति । तत्प्रतिबद्धजन्मनां विकल्पानामतत्प्रतिभासित्वेऽपि वस्तुन्यविसंवादो मणिप्रभायामिव मणिभ्रान्तेः । नान्येषां तद्भेदप्रभवे सत्यपि यथादृष्टविशेषानुसरणं परित्यज्य किंचित्सामान्यग्रहणेन विशेषान्तरसमारोपात्, दीपप्रभायामिव मणिबुद्धेः ।

तेन न विकल्पविषयेष्वर्थेष्वर्थक्रियाकारित्वम् । नापि स्वलक्षणस्यानित्यत्वाद्यभावः । यस्मान्नानित्यत्वं नाम किंचिदन्यच्चलाद्वस्तुनः । क्षणप्रत्युपस्थानधर्मतया तस्य हि तथाभूतस्य ग्रहणादेतदेवं भवति—अनित्योऽयम्, अनित्यत्वमस्य इति च । तद्धर्मतामेवावतरन्तो विकल्पा नानैकधर्मव्यतिरेकान् संदर्शयन्ति । न च ते निराश्रयास्तद्भेददर्शनाश्रयत्वात् । नावस्तुधर्मता, तत्स्वभावस्यैव तथाख्यातेः । वस्तुनस्तु नानैकव्यतिरेकग्रहो विभ्रमः स्यात् । तस्यैकानेककार्यकारिणस्तज्जिज्ञासासु तथाभावख्यापनाय तथाकृतिस्थितित्वान्न वस्तुभेदात् । तस्यैकस्यानेकत्वायोगात् । अनेकस्य चैकत्वायोगाद् व्यतिरिक्तस्य च निषेधात् । तेषां प्रकृतिभेदात् यथावस्तुशब्दार्थाभ्युपगमे सामानाधिकरण्यायोगात् ।

तदुपाधेरेकस्याभिधानाददोष इति चेद् अनुपकारिणि पारतन्त्र्यायोगाद् अनुपाधिः । पारतन्त्र्ये च जन्यजनकभावात् सहानवस्थितेर्द्वयोरनभिधानम् । एकस्य बुद्ध्याध्याहारे न वस्तुविषयः शब्दः स्यात् । बुद्धिप्रतिभासविषयत्वे च सर्वं तथैवास्तु, तथा भिन्नोपाधिमतः एकग्रहणेऽप्रतिभासनात् ।

म०

मुपकल्पयति । **तासां** गुडूच्यादिव्यक्तीनां **क्षेत्रादिभेदे**ऽपि सामान्यस्य कार्यिणोऽविशिष्टत्वात् ज्वरशमनादेः कार्यस्या**विशेषप्रसङ्गतः** चिरक्षिप्रप्रशमनाद्यभावासक्तेः । **ध्रौव्याच्चानुपकारतः** । सामान्यस्य नित्यत्वात् अन्येभ्यः सहकारिभ्य उपकाराभावात् सकृत् तत्कार्याणि स्युः ।।७५।।

तत्स्वभावग्रहाद् या धीस्तदर्थे वाऽप्यनर्थिका।
विकल्पिकाऽतत्कार्यार्थभेदनिष्ठा प्रजायते ॥७६॥

तस्यां यद्रूपमाभाति बाह्यमेकमिवान्यतः।
व्यावृत्तमिव निस्तत्त्वं परीक्षानङ्गभावतः ॥७७॥

स्व०

उपकार्योपकारिणोरप्युपाधितद्वतोः सहावस्थानाददोष इति चेत्? न। निष्पन्नस्य पारतन्त्र्याभावादनुपाधित्वम् नानिष्पन्नस्य, स्वरूपासिद्धेः। सर्वथाऽसत् पारतन्त्र्यमिति कल्पनारोपितं कृत्वा व्यवहारे सर्वथा सैव किं न बुद्धिरनुविधीयते। एकशब्दप्रमाणेन विषयीकरणे वस्तुबलादशेषाक्षेपात्तदन्यवैयर्थ्यं च न स्यात्। बुद्धिप्रतिभासस्य निर्वस्तुकत्वात् वस्तुसामर्थ्यभाविनामप्रसङ्गः।

तदभिन्नमेकाकारविषयीकरणेऽप्यनिश्चितान्याकारमाकारान्तरसाकाङ्क्षबुद्धिग्राह्यं भिन्नशब्दार्थोपसंहारेऽप्यभिन्नं बुद्धौ प्रतिभातीति सामान्यविशेषणविशेष्यभावसामानाधिकरण्यानि यथाप्रतीति न विरुध्यन्ते। धर्मधर्मिभेदोऽप्यस्यानेकार्थभेदसंभवे तदेकार्थभेदविधिप्रतिषेधजिज्ञासायां तदेव वस्तु प्रतिक्षिप्तभेदान्तरेण धर्मशब्देन संबोध्य बुद्धेस्तथाप्रतिभासनात् व्यतिरिक्तं धर्ममिवाविशेषेणापरमस्य स्वभावं धर्मितया व्यवस्थाप्य प्रदर्श्यते। तावता चांशेन धर्मधर्मिणोर्भेदात् भेदवती बुद्धिः प्रतिभाति। न वस्तुभेदाद् यथोक्तदोषात् तथाभूतभेदबाहुल्यचोदनया वचनभेदः साध्यसाधनभेदश्च तत्स्वभावसमाश्रयैः धर्मप्रतिभासभेदैस्तत्स्वभावप्रतिपत्तये क्रियत इति ॥७५॥

तत्स्वभावग्राहाद् या धीस्तदर्थे वाऽप्यनर्थिका।
विकल्पिकाऽतत्कार्यार्थभेदनिष्ठा प्रजायते ॥ ७६॥

तस्यां यद्रूपमाभाति बाह्यमेकमिवान्यतः।
व्यावृत्तमिव निस्तत्त्वं परीक्षानङ्गभावतः ॥ ७७ ॥

म०

अपोहविषयत्वे शब्दविकल्पयोः सामान्यं विशेषणविशेष्यभावं धर्मिधर्मभावं च व्यवस्थापयितुमाह—**तस्यो**त्पलादेः शब्दादेश्च स्वलक्षणस्य **स्वभावग्रहा**दूर्ध्वं **या विकल्पिका धीः प्रजायते** वस्तुतो**ऽनर्थिकाऽपि तदर्थेव** स्वलक्षणविषयेवाऽध्यवसायानुरोधात् परमार्थतो**ऽतत्कार्येभ्यः अर्थेभ्यो भेदो** व्यावृत्तिस्तत्र **निष्ठा**ऽवस्थानं यस्याः सा तथा, विजातीयव्यावृत्तिविषयेत्यर्थः ॥७६॥

तस्यां विकल्पबुद्धौ **यद् रूपं** य आकारो दृश्यविकल्पयोरेकत्वाध्यवसायाभ्यासदार्ढ्यादबाह्यमपि **बाह्यमिव**, असाधारणमप्ये**कमिव**, सर्वव्यक्तिषु सदृशवृत्तेः। यथा यथा व्यक्तयो दृश्यन्ते तथा तथैवाध्यवसायाद् **व्यावृत्तमिव**, विजातीयव्यावृत्तवस्त्वभेदेन निश्चयात्। न च तद्व्यावृत्तम्, गोरूपत्वप्रसङ्गात्। अत एव **निस्तत्त्वं** निःस्वरूपम्, यथाभूतरूपतिरोधानेनान्यथाध्यवसायात्। तथा च **परीक्षाया** विचारस्यान**ङ्गभावा**दनाश्रयान्निस्तत्त्वम्। तत् द्विविधं त्वर्थो ज्ञानं वा। न चैतत् तथा। यतः कारणात् तेन कल्पितेन सामान्यरूपेण **तेऽर्था** एकार्थक्रियाकारिणोऽतत्कार्येभ्यो **व्यावृत्तस्वभावा ज्ञाननिविष्टा** विकल्पबुद्ध्यारूढा **अभिन्ना इवाभान्त्यु**त्पलत्वादिना शब्दत्वादिना च।

अर्था ज्ञाननिविष्टास्त एवं व्यावृत्तरूपकाः ।
अभिन्ना इव चाभान्ति व्यावृत्ताः पुनरन्यतः ।।७८।।

त एव तेषां सामान्यसमानाधारगोचरैः ।
ज्ञानाभिधानैर्मिथ्यार्थो व्यवहारः प्रतन्यते ।।७९।।

स च सर्वः पदार्थानामन्योन्याभावसंश्रयः ।
तेनान्यापोहविषयो वस्तुलाभस्य चाश्रयः ।।८०।।

यत्रास्ति वस्तुसम्बन्धो यथोक्तानुमितौ यथा ।
नान्यत्र भ्रान्तिसाम्येऽपि दीपतेजो मणौ यथा ।।८१।।

स्व०

अर्था ज्ञाननिविष्टास्ते यथा व्यावृत्तिरूपिणः[1] ।
तेनाभिन्ना इवाभान्ति[2] व्यावृत्ताः पुनरन्यतः ।। ७८ ।।

त एव तेषां सामान्यसमानाधारगोचरैः ।
ज्ञानाभिधानैर्मिथ्यार्थो व्यवहारः प्रतन्यते ।। ७९ ।।

स च सर्वः पदार्थानामन्योन्याभावसंश्रयः ।
तेनान्यापोहविषयो वस्तुलाभस्य संश्रयः [3]।। ८० ।।

यत्रास्ति वस्तुसंबन्धो यथोक्तानुमितौ यथा ।

म०

एतेन सामान्यव्यवस्थोक्ता । त एवैकजात्यवसितादन्यतो नीलात् नित्याच्च नीलम् इत्यादिविकल्पाकारेण एकेन तत्कारिताव्यावृत्तरूपताध्यवसायविषयेण विशेषिता **व्यावृत्ता आभान्ति**—नीलोत्पलमिति शब्दस्यानित्यत्वमिति ।।७७-७८।।

तेषामुभयव्यावृत्तिविशेषितानां विकल्पारूढानामर्थानां **सामान्ययोर्विशेषणविशेष्यभूतयोः**, धर्मधर्मिरूपयोश्च सामानाधिकरण्यं **समानाधारः**, भावप्रधानत्वान्निर्देशस्य, स **गोचरो** येषां **तैर्ज्ञानाभिधानै**र्विकल्पशब्दैर्विशेषणविशेष्यभावस्य धर्मिधर्मभावस्य **व्यवहारो मिथ्यार्थः प्रतन्यते** विस्तार्यते ।।७९।।

स च ज्ञानाभिधानलक्षणो विशेषणविशेष्यभावादिव्यवहारः **सर्वः पदार्थानां** तदतत्कार्य-कारिणामन्योन्यस्य इतरेतरस्या**भावो** व्यवच्छेदः **संश्रयो** विषयो यस्य स तथा । **तेन** व्यवच्छेद-विषयत्वेनान्यापोह**विषयो** व्यवस्थाप्यते । **वस्तुनो लाभस्य** प्राप्तेश्**चाश्रयो** निमित्तं स व्यवहारो भवति ।।८०।।

---

1. मनोरथः एवं व्यावृत्तरूपकाः
2. मनोरथः अभिन्ना इव चाभान्ति
3. मनोरथः चाश्रयः

तत्रैककार्योऽनेकोऽपि तदकार्यान्यताश्रयः ।
एकत्वेनाभिधाज्ञानैर्व्यवहारः प्रतार्यते ॥८२॥

ततोऽनेककृदेकोऽपि तद्भावपरिदीपने ।
अतत्कार्यार्थभेदेन नानाधर्मा प्रतीयते ॥८३॥

यथाप्रतीति कथितः शब्दार्थोऽसावसन्नपि ।
सामानाधिकरण्यं च वस्तुन्यस्य न सम्भवः ॥८४॥

स्व०

नान्यत्र भ्रान्तिसाम्येऽपि दीपतेजो मणौ यथा ॥ ८१ ॥

तत्रैककार्योऽनेकोऽपि तदकार्यान्यताश्रयः ।
एकत्वेनाभिधाज्ञानैः व्यवहारः प्रतार्यते ॥ ८२ ॥

तथाऽनेककृदेकोऽपि तद्भावपरिदीपने ।
अतत्कार्यार्थभेदेन नानाधर्मा प्रतीयते ॥ ८३ ॥

यथाप्रतीतिकथितः शब्दार्थोऽसावसन्नपि ।
सामानाधिकरण्यं च वस्तुन्यस्य न संभवः ॥ ८४ ॥

म०

यत्र व्यवहारे **वस्तुनः सम्बन्धः** परम्परया तदुत्पत्तेरस्ति **यथोक्तानुमितौ** यादृशी साध्यप्रतिबद्धकार्यस्वभावानुपलम्भलिङ्गजानुमितिरुक्ता, तत्र **यथा** परम्परया वस्तुसम्बन्धाद् वस्तुप्राप्तिः, **नान्यत्र भ्रान्तिसाम्येऽपि दीपतेजो मणौ यथा ।** कुञ्चिकाविवरदेशस्थे दीपतेजसि भ्रान्त्या समारोपिते मणौ परम्परयाऽपि वस्तुसम्बन्धाभावान्न प्राप्तिः । एवं यद्यपि सार्वस्य विकल्पस्य स्वप्रतिभासेऽनर्थेऽर्थाध्यवसायेन वृत्तेर्भ्रान्तित्वम्, तथापि यो वस्तुसम्बन्धवान् स तत्प्रापको नेतर इति युक्तो विभागः ॥८१॥

ननु यदि ज्ञाननिविष्टानामर्थानां सामर्थ्यादिव्यवहारः, तदा बाह्येषु स न स्याद् इत्याह—**तत्र** गवाश्वादिव्यक्तिषु मध्ये**ऽनेकोऽपि** शाबलेयबाहुलेयादिरे**क**मभेदावसायादि**कार्यं** यस्य, **ज्ञानाभिधानैः**, कीदृशैः ? **तद्**ब्राहाद्यकार्यं **कार्यं** न भवति येषां कर्कादीनां तेभ्यो**ऽन्यतां** तद्व्यवच्छेदः स **आश्रयो** विषयो येषां तै**रेकत्वेन व्यवहारः प्रतार्यते** प्राप्यते । शाबलेयादिविजातीयव्यावृत्तौ व्यावृत्त्याश्रयैः शब्दज्ञानैरेकत्वेन व्यवह्रियते इत्यर्थः ॥८२॥

ततश्चैकोऽपि दीपादिरालोकान्धकारापनयनवर्तिदाहाद्य**नेककार्यकृत् तद्** **भाव**स्यानेककार्यकारित्वस्य **परिदीपन**निमित्त**मतत्कार्यार्थे**भ्य एकैककार्यसमर्थेभ्यो **भेदेन** व्यवच्छेदेन **नानाधर्मा** प्रतीयते शब्दविकल्पैः । यथा—अनालोककारिभ्यो भेदादालोककृदनन्धकारहन्तृभ्यो भेदादन्धकारहन्ता दीप उच्यत इत्यादि ॥८३॥

तदेवं **यथाप्रतीति** संव्यवहारानतिक्रमेण **शब्दार्थः** सामान्यलक्षणः **सामानाधिकरण्यं** विशेषणविशेष्यभावश्च, च-शब्दात् **कथितोऽसन्नपि** परमार्थतः, यतो **वस्तुन्यस्य** शब्दार्थस्य

धर्मधर्मिव्यवस्थानं भेदोऽभेदश्च यादृशः ।
असमीक्षिततत्त्वार्थो यथा लोके प्रतीयते ॥८५॥

तं तथैव समाश्रित्य साध्यसाधनसंस्थितिः ।
परमार्थावताराय विद्वद्भिरवकल्प्यते ॥८६॥

संसृज्यन्ते न भिद्यन्ते स्वतोऽर्थाः पारमार्थिकाः ।
रूपमेकमनेकं च तेषु बुद्धेरुपप्लवः ॥८७॥

भेदस्ततोऽयं बौद्धेऽर्थे सामान्यं भेद इत्यपि ।
तस्यैव चान्यव्यावृत्त्या धर्मभेदः प्रकल्प्यते ॥८८॥

स्व०

धर्मिधर्मव्यवस्थानं भेदोऽभेदश्च यादृशः ।
असमीक्षिततत्त्वार्थो यथा लोके प्रतीयते ॥ ८५ ॥

तं तथैव समाश्रित्य साध्यसाधनसंस्थितिः ।
परमार्थावताराय विद्वद्भिरवकल्प्यते ॥ ८६ ॥

संसृज्यन्ते न भिद्यन्ते स्वतोऽर्थाः पारमार्थिकाः ।
रूपमेकमनेकं च तेषु बुद्धेरुपप्लवः ॥ ८७ ॥

भेदस्ततोऽयं बौद्धेऽर्थे सामान्यं भेद इत्यपि ।
तस्यैव चान्यव्यावृत्त्या धर्मभेदः प्रकल्प्यते ॥ ८८ ॥

म०

सामान्यादेः पारमार्थिकस्यासम्भवः, सर्वतो व्यावृत्तस्य वस्तुमात्रस्याध्यक्षेणोपलम्भात् । तद्व्यावृत्त्याश्रयेण कल्प्यमानं सामान्यं तत्सामानाधिकरण्यं चावस्त्वेव ॥८४॥

तथा **धर्मधर्मिणोर्व्यवस्था** नियमः, शब्दो धर्म्येव कृतकत्वं धर्म एव, तयो**र्भेदः**—शब्दो धर्मी कृतकत्वं धर्म इति, **अभेदश्च**—कृतकोऽनित्यश्च शब्द इत्यादि **यादृशो** धर्मान्तरप्रतिक्षेपाप्रतिक्षेपाभ्यामुक्तो**ऽसमीक्षिततत्त्वार्थो**ऽलक्षिततत्त्वो **यथा लोके प्रतीयते, तं** धर्मिधर्मादिविभागं **तथैव समाश्रित्य साध्यसाधनसंस्थितिर्विद्वद्भिरवकल्प्यते । परमार्थे** वस्तुस्वभावभूते क्षणिकत्वादाव**वताराय** लोकस्य वस्तुत्वक्षणिकत्वयोर्भेदः परः कल्पितः । वस्तु तु क्षणिकमेव, तच्च साध्यसाधनकल्पनया शक्यं प्रत्येतुम् ॥८५-८६॥

कस्मात् पुनर्वस्तुनि सामान्यधर्मिधर्मादि नास्ति इत्याह—**पारमार्थिका अर्थाः स्वतः** स्वरूपेण **न संसृज्यन्ते**, यतः सामान्यं वस्तु स्यात् । नापि **भिद्यन्ते** कृतकत्वशब्दत्वादिना, यतो धर्मिधर्मभेदो भवेत् । यत्तु **तेषु रूपमेकं** गोत्वाद्यनुयायि, **अनेकं च** शब्दकृतकत्वादि व्यवह्रियते । असौ **बुद्धे**रनादिवासनोपहताया **उपप्लवो** मिथ्योपदर्शनम् ॥८७॥

ततो**ऽयं** विशेषः इदं **सामान्यम्** इति **भेदः**, इदं साध्यमिदं साधनम् **इत्यपि भेदो बौद्धे** बुद्धिपरिकल्पिते**ऽर्थे** न वस्तुनि । कथं तर्हि स्वलक्षणे कृतकत्वादिभेद इत्याह—**तस्यैव** स्वलक्षणस्यान्यस्मादकृतकादे**र्व्यावृत्त्या** तदाश्रयेण **धर्मभेदः प्रकल्प्यते** ॥८८॥

साध्यसाधनसंकल्पे वस्तुदर्शनहानितः ।
भेदः सामान्यसंसृष्टो ग्राह्यो नात्र स्वलक्षणम् ॥८९॥

समानभिन्नाद्याकारैर्न तद् ग्राह्यं कथंचन ।
भेदानां बहुभेदानां तत्रैकस्मिन्नयोगतः ॥९०॥

तद्रूपं सर्वतो भिन्नं तथा तत्प्रतिपादिका ।
न श्रुतिः कल्पना वाऽस्ति सामान्येनैव वृत्तितः ॥९१॥

शब्दाः संकेतितं प्राहुर्व्यवहाराय स स्मृतः ।
तदा स्वलक्षणं नास्ति संकेतस्तेन तत्र न ॥९२॥

स्व०

साध्यसाधनसंकल्पे वस्तुदर्शनहानितः ।
भेदः सामान्यसंसृष्टो ग्राह्यो नात्र स्वलक्षणम् ॥ ८९ ॥

समानभिन्नाद्याकारैर्न तद् ग्राह्यं कथंचन ।
भेदानां बहुभेदानां तत्रैकस्मिन्नयोगतः ॥ ९० ॥

तद्रूपं सर्वतो भिन्नं तथा तत्प्रतिपादिका ।
न श्रुतिः कल्पना चास्ति सामान्येनैव वृत्तितः ॥ ९१ ॥

इति संग्रहश्लोकाः ।

किं पुनः कारणं स्वलक्षणे शब्दा न प्रयुज्यन्ते ? यस्मात्—

शब्दाः संकेतितं प्राहुर्व्यवहाराय स स्मृतः ।
तदा स्वलक्षणं नास्ति संकेतस्तेन तत्र न ॥ ९२ ॥

म०

कस्मात् कल्पितभेदद्वारेण साध्यसाधनभाव इष्टः, न वस्तुभेदेन इत्याह—**साध्यसाधनसंकल्पे** इदं साध्यम्, इदं साधनम् इति विकल्पे क्रियमाणे **वस्तुदर्शनस्य हानितः** कल्पित एव **भेदः**। न खलु विकल्पे वस्तुदर्शनमस्ति, कल्पितगोचरत्वात् तस्य । आलोचनाज्ञानं वस्तुविषयं न किञ्चित् तद् विभजति ।

नन्वाचार्यदिग्नागस्य **भेदः सामान्यसंसृष्टो ग्राह्य** इष्टः । **अत्र** भेदः सामान्यसंसृष्टः प्रतीयते इत्यस्मिन् वचने न **स्वलक्षणं ग्राह्य**तया निर्दिष्टम्, किन्त्वध्यवसेयतया ॥८९॥

कस्मादेवम् इत्याह—**समानभिन्नाद्याकारैः** सामान्याकारधर्मिधर्मभेदाकारसामानाधिकरण्याद्याकारैश्च तत् स्वलक्षणं **कथंचन ग्राह्यं न** भवति । किं कारणम् इत्याह—**भेदानां** धर्माणां कृतकत्वादीनां **बहुभेदाना**मनेकप्रकाराणां **तत्र** स्वलक्षण **एकस्मिन्नयोगतः** ॥९०॥

तस्मात् **तस्य** स्वलक्षणस्य **रूपं सर्वतः** सजातीयविजातीयाद् **भिन्नम्**। **तथा** तेन सर्वतो भिन्नेन रूपेण **तत्प्रतिपादिका श्रुतिः कल्पना वा** नास्ति, **सामान्येनैव** कल्पितेन रूपेण शब्दविकल्पयो**र्वृत्तितः** ॥९१॥

अपि प्रवर्त्तेत पुमान् विज्ञायार्थक्रियाक्षमान् ।
तत्साधनायेत्यर्थेषु संयोज्यन्तेऽभिधाक्रियाः ॥९३॥

तत्रानर्थक्रियायोग्या जातिस्तद्वानलं स च ।
साक्षान्न योज्यते कस्मादानन्त्याच्चेदिदं समम् ॥९४॥

स्व०

न हि शब्दा असंकेतितमर्थं प्रकाशयन्ति । संकेतश्च व्यवहारार्थं क्रियतेऽपि नामेतः शब्दात् कृतसंकेतादुत्तरकालमिममर्थं प्रतिपद्येतेति । न च प्राक्कृतसंबन्धस्यैकत्र स्वलक्षणे शब्दस्य पश्चात् प्रयोगो युक्तः, तस्य देशकालव्यक्तिभेदानास्कन्दनात् । तस्मान्न स्वलक्षणे समयः ॥९२॥

सामान्यं तर्हि व्यतिरिक्तमव्यतिरिक्तं वा शब्दैरभिधीयते । तन्न व्यवहारकालाभावादोषः नेतदस्ति । यस्मात्—

अपि प्रवर्तेत पुमान् विज्ञायार्थक्रियाक्षमान् ।
तत्साधनायेत्यर्थेषु संयोज्यन्तेऽभिधायकाः[1] ॥ ९३ ॥

न खलु वै व्यसनमेवैतल्लोकस्य यदयमसंकेतयन्नप्रयुञ्जानो वा शब्दान् दुःखमासीत । किं तर्हि ? सर्वं एवास्यावधेय आरम्भः फलार्थः, निष्फलारम्भस्योपेक्षणीयत्वात् ।

तदयं क्वचिन्नियुञ्जानः किञ्चित्फलमेवेहितुं युक्तः । तच्च सर्वमिष्टानिष्टप्राप्तिपरिहार-लक्षणम् । तेनायमिष्टानिष्टसाधनासाधनं ज्ञात्वा तत्र प्रवृत्तिं निवृत्तिं च कुर्यां कारयेयं वेति शब्दान् नियुञ्जीत नियोगे वाद्रियेत, अन्यथोपेक्षणीयत्वात् ॥९३॥

तत्रानर्थक्रियायोग्या जातिः

न हि जातिः क्वचिद्वाह्दावुपतिष्ठते । न च तादृशं प्रकरणमन्तरेण लोके शब्दप्रयोगो व्यवहारेषु ।

व्यक्तेरशक्यचोदनत्वात् लक्षितलक्षणार्थं जातिचोदनेति चेत्, अशब्दचोदिते सत्यपि संबन्धे कथं प्रवर्तेत ? न हि कश्चिद्दण्डं छिन्धीत्युक्ते दण्डिनं छिनत्ति । नाप्यसंभवाद् व्यक्तौ प्रवृत्तिः । एवं ह्यसंबद्धप्रलापी स्यात् । न ततोऽन्यत्र प्रवृत्तिर्बलीवर्ददोहचोदनावत् ।

म०

किं पुनः स्वलक्षणमेव शब्दैर्नोच्यते इत्याह—**शब्दाः संकेतितमर्थमाहुः**, न यं कञ्चित् । **स** संकेतो **व्यवहाराय स्मृतः** । संकेतितमर्थं शब्दादुच्चरितात् प्रतिपद्येयम् इति संकेतग्रहणम् । **तदा** व्यवहारकाले च **स्वलक्षणं** संकेतविषयो **नास्ति तेन तत्र** स्वलक्षणे **संकेतो न** युक्तः ॥९२॥

एवं तर्हि सामान्ये व्यवहारकालानुयायिनि संकेतः स्याद् इत्याह—**अपि प्रवर्तेत पुमान्** शब्दाद् **विज्ञायार्थक्रियाक्षमान् तस्या** अर्थक्रियायाः **साधनायेति** एतदर्थम**र्थेषु संयोज्यन्ते** संकेत्यन्ते शब्दाः, न व्यसनितया ॥९३॥

तत्रैवं सत्य**नर्थक्रियायां योग्या**ऽर्थक्रियायां शक्ता **जाति**रिति न तत्र सङ्केतो युक्तः । **तद्वान्** जातिमान् विशेषो**ऽलं** शक्तोऽर्थक्रियायामिति तत्र संकेत इति चेत्, **स** विशेषश्च **साक्षात्** सङ्केते **कस्मान्न योज्यते**, किं जातिव्यवधिस्वीकारेण, अनर्थक्रियाकारित्वादस्याः, स्वलक्षणस्य च

---

1. मनोरथः अभिधाक्रियाः

तत्कारिणामतत्कारिभेदसाम्ये न किं कृतः ।
तद्वद्दोषस्य साम्याच्चेदस्तु जातिरलं परा ॥९५॥

स्व०

न चार्थान्तरचोदनेनार्थान्तरस्य लक्षणम् । न हि संबन्धे सत्यपि दण्डशब्दाद्दण्डिनि प्रतिपत्तिः । अनियतसंबन्धत्वात्तत्र नेति चेत्, तत्तुल्यं जातावपि, व्यक्तीनामपाये केवलायाः जातेरवस्थानात् । भ्रात्रादिशब्दास्तु संबन्धिशब्दत्वादाक्षिपेयुः परम् । न तथा गोत्वादिश्रुतयः संबन्धिवाचिन्यः, अपेतव्यक्तीनामपि जातीनां तच्छ्रुतिभ्यो नित्यमनुगमनप्रसङ्गात् । सर्वदा तत्संबन्धयोग्यताप्रतीतेरिष्टमेवेति चेत्, सर्वदा तर्हि गोशब्दादप्रवृत्तिः, सहितासहितावस्थयोर्विशेषेणानाक्षेपात् । व्यक्तिसंबन्धिन्या जातेश्चोदनाददोष इति चेत्, सापि तर्हि तद्विशेषणत्वेनाऽवस्थिता व्यक्तिराक्षिप्तैवेति तद्वानभिधेयः स्यात् ।

न च जातिव्यक्त्योः कश्चित् सम्बन्धोऽन्योन्यमजन्यजनकत्वेनाऽनुपकारात् । ततो लक्षणमप्ययुक्तम् । तस्मान्न जातिशब्दनिवेशनं फलाभावात् ।

एवं तर्हि

तद्वानलं

अर्थक्रियास्विति तत्र शब्दो नियोक्ष्यते ।

स च ।

साक्षान्न योज्यते कस्माद्

यदि व्यक्तौ शब्दनिवेशनं फलवत् । स च शब्दः कस्मान्न साक्षाद् व्यक्तिष्वेव नियुज्यते । किं तत्रान्येन व्यवधिना ?

आनन्त्याच्चेदिदं समम् ॥ ९४ ॥

स्यादेतत्—आनन्त्याद् व्यक्तीनामशक्यः शब्देन संबन्धः कर्तुम् । एवं सतीदमानन्त्यं तद्वत्यपि समानम् । जात्यापि हि विशिष्टा व्यक्तय एव वक्तव्या इत्यकृतसंबन्धस्यानभिधानादवश्यं तत्र संबन्धः करणीयः । स च न शक्यते । तत्सम्बन्धिनि करणात्तत्रापि कृत एवेति चेत्, उक्तमत्र—कृतादन्यत्राप्रतीतिः । न च संबन्धोऽस्तीति ॥९४॥

अपि च

तत्कारिणामतत्कारिभेदसाम्ये न किं कृतः ।

यामर्थक्रियामधिकृत्यायमर्थे शब्दान्नियुङ्क्ते तत्कारिणामर्थानामन्येभ्यो भेदात् तत्रैव चैषामभेदे किं न शब्दः प्रयुज्यते ?

तद्वद्दोषस्य साम्याच्चेदस्तु जातिरलं परा ॥९५ ॥

म०

विपर्ययात् ? व्यक्तीनामानन्त्यान्न तत्र शक्य **इति चेत्, इदमानन्त्यं समं** जातिमद्व्यक्तिष्वपि ॥९४॥

किञ्च—यामर्थक्रियामुद्दिश्य शब्दनियोगस्त**त्कारिणा**मर्था**नाम**त**त्कारिभ्यो** यो **भेदो** व्यवच्छेदः, तदेव **साम्यं** सामान्यमन्यापोहः, साधारणत्वात् । तत्र **किं** संकेतो **न कृतः** ? सामान्यवदपोहोऽपि साधारणोऽनर्थक्रियाकारी स्वलक्षणसम्बन्धात् तदुपलभ्यरूपश्च । **तद्वद्दोषस्य** जातिमति संकेतविषये आनन्त्यात् संकेताकरणस्य **साम्याच्चेदस्तु** दोषः, समानत्वात् । द्वयोरस्य

तदन्यपरिहारेण प्रवर्तेतेति च ध्वनिः ।
उच्यते तेन तेभ्योऽस्याव्यवच्छेदे कथं च सः ॥९६॥

व्यवच्छेदोऽस्ति चेदस्य नन्वेतावत् प्रयोजनम् ।
शब्दानामिति किं तत्र सामान्येनापरेण वः ॥९७॥

स्व०

स्यादेतत्—अन्यव्यावृत्तेऽपि शब्दार्थे व्यावृत्तिविशिष्टस्य तद्वतोऽभिधानात् न तद्वत्पक्षाद्विशेषः। को ह्यत्र विशेषो व्यावृत्तिर्जातिर्व्यावृत्तिमान् जातिमानिति। अस्तु नाम तद्वद्दोषो जातिरन्या मा भूत्। जातिमपि ह्यप्यभ्युपगच्छताऽवश्यं भावानां भेदोऽभ्युपगन्तव्यः। तदभावे तस्या अप्यभावप्रसङ्गात्। स चैकस्माद् भेदस्तदन्येषामभेदस्तद्विशिष्टेष्वर्थेषु प्रतिपत्तिरस्तु, सर्वथा दोषपरिहारस्य कर्तुमशक्यत्वात्, अर्थान्तराभ्युपगमे प्रयोजनाभावात्। तदर्थस्यान्येन साधनात् तदभ्युपगमस्य चावश्यंभावित्वात् ॥९५॥

अपि च

तदन्यपरिहारेण प्रवर्त्तेतेति च ध्वनिः ।
उच्यते तेन तेभ्योऽस्याव्यवच्छेदे कथं च सः ॥ ९६ ॥

शब्दं ह्येष प्रयुञ्जानोऽर्थेष्वनिष्टपरिहारेण प्रवर्त्तेतेति प्रयुङ्क्ते। तत्रान्यत्र च प्रवृत्त्यनुज्ञायां तन्नामग्रहणवैयर्थ्यात्। प्रवृत्तिनिवृत्त्यनुज्ञायां चैकचोदना नादरादवचनमेव स्याद् अन्यव्यावृत्तानभिधाने। तस्मादवश्यं शब्देनान्यव्यवच्छेदश्चोदनीयः। स चाभिन्नस्तदन्येष्विति जातिधर्मोऽप्यस्ति। तन्नियताभ्युपगमं नियतचोदनं जात्यर्थप्रसाधानं च परित्यज्यार्थान्तरकल्पनमनर्थनिर्बन्ध एव। यथाकल्पनमस्यायोगात्। न वै व्यवच्छेदो न क्रियते। प्रवृत्तिविषयं तु कथयद्भिर्जातिरुक्ता ॥९६॥

व्यवच्छेदोऽस्ति चेदस्य नन्वेतावत् प्रयोजनम् ।
शब्दानामिति किं तत्र सामान्येनापरेण वः ॥ ९७ ॥

ननूक्तं प्रवृत्तिविषयः प्रदर्श्यत इति। उक्तमिदमयुक्तं तूक्तम्। तथा हि न सा प्रवृत्तियोग्येति निवेदितमेतत्। तद्द्वारेणाचोदितेऽवृत्तिरप्युक्ता। तद्वच्चोदनेऽपि व्यवधानम्। जातितद्वतोः

म०

जातिः **पराऽलमनुपयुक्ता** । जातिमभ्युपेत्यापि विजातीयव्यवच्छेदोऽवश्याश्रयणीयः। यदि गौरश्वादिभ्यो न व्यवच्छिन्नः तदाऽश्व एव स्यात्। यश्चैकस्य व्यवच्छेदः स सर्वस्य। स एव सङ्केतविषयोऽस्तु, किं प्रमाणबाधितजातिस्वीकारेण? अत एव तद्वद्दोषोऽपि न सम्भवति। अभ्युपगम्य तु साम्प्रतमापादितम् ॥९५॥

किञ्च—**तस्मादेकार्थक्रियाकारिणोऽन्यस्य परिहारेण** शब्दात् **प्रवर्तेतेति ध्वनिरुच्यते। तेन** ध्वनिना **तेभ्यो**ऽतत्कारिभ्यो**ऽस्य** तत्कारिणो**ऽव्यवच्छेदे** व्यवच्छेदेऽक्रियमाणे **कथं स** श्रोता प्रतिनियतपदार्थार्थी प्रवर्तेत, विषयानभिधानात् ॥९६॥

अथ शब्दैर्व्यवच्छेदः क्रियत एव, प्रवृत्तिविषयस्तु जातिरुच्यत इत्याह—**अस्य** जातिमतो **व्यवच्छेदोऽस्ति चेत् नन्वेतावद**न्यव्यवच्छेदेन प्रवर्त्तनं **शब्दानां प्रयोजन**मिष्ट**मिति सामान्येनापरेण किं** कार्यं **वः**? तदन्तरेण च शब्दादन्यव्यवच्छेदाभिधानेऽपि प्रवृत्तिसम्भवात् ॥९७॥

ज्ञानाद्यर्थक्रियां तां तां दृष्ट्वा भेदेऽपि कुर्वतः ।
अर्थांस्तदन्यविश्लेषविषयैर्ध्वनिभिः सह ॥९८॥

स्व०

प्रवृत्तिविषयत्वे व्यावृत्तितद्वन्तौ किं नेष्येते ? व्यावृत्तेरवस्तुत्वेनाऽसाधनत्वाच्चेत् । तत्तुल्यं जातेः । तद्वतः साधनाददोष इति चेत् तुल्यं तद्व्यावृत्तिमतः ।

अवस्तुग्राही च व्यावृत्तिवादिनां शाब्दः प्रत्ययः । विभ्रमवशादकारकेऽपि कारकाध्यवसायी प्रवर्तयति । वस्तुसंवादस्तु वस्तूत्पत्त्या तत्प्रतिबन्धे सति भवत्यन्यथा नैवास्ति । वस्तूत्पत्तेरभ्रान्तिरिति चेत्, न, अतत्प्रतिभासिनस्तदध्यवसायात् । मणिप्रभायां मणिभ्रान्तिदर्शनेन व्यभिचारात् । भ्रान्तेरवस्तुसंवाद इति चेत्, न, यथोक्तेनैव व्यभिचारात् । वितथप्रतिभासो हि भ्रान्तिलक्षणम् । तन्नान्तरीयकतया तु संवादो न प्रतिभासापेक्षी ।

वस्तुनि तु यथाभावमर्पितचेतसः प्रवृत्तौ ग्राह्यस्य सामान्यस्यानर्थक्रियायोग्यत्वाद् अप्रवृत्तिः । अन्यत्र च प्रवृत्तावतिप्रसङ्गात् । तद्वद्ग्रहणे चासामर्थ्यवैयर्थ्यादयः प्रोक्ताः । जातिग्रहणेऽपि संबन्धाच्छिलष्टाभासा बुद्धिः प्रवर्तयतीति चेत् तदा न जातिर्न तद्वान् एकस्यापि स्वभावस्थितेरग्रहणादिति परवाद एवाश्रितः स्यात् ॥९७॥

एवं तर्ह्यन्वयिनः कस्यचिदर्थस्याभावात् प्रकृतिभिन्नेष्वर्थेषु तदेवेदमिति प्रत्यभिज्ञानं न स्यात् । नैष दोषः । यस्मात्

ज्ञानाद्यर्थक्रियां तां तां दृष्ट्वा भेदेऽपि कुर्वतः ।
अर्थांस्तदन्यविश्लेषविषयैर्ध्वनिभिः सह ॥ ९८ ॥
संयोज्य प्रत्यभिज्ञानं कुर्यादप्यन्यदर्शने ।

उक्तमेतत्—भेदेऽपि भावास्तुल्यार्थक्रियाकारिणः, चक्षुरादिवदिति । तामेकां ज्ञानादिकामर्थक्रियां तेषु पश्यतो वस्तुधर्मतयैवान्येभ्यो भिद्यमाना भावास्तद्व्यावृत्तिविषयध्वनिसंसृष्टं तदेवेदमिति स्वानुभववासनाप्रबोधेन संसृष्टभेदं मिथ्याप्रत्ययं जनयन्ति । अन्यथा न भेदसंसर्गवती बुद्धिः स्याद्यथा दण्डिषु । न हि तत्रैव दण्डयोगेऽप्यन्यत्र स एवायम् इति । किं तर्हि ? तदिह इति । न चैवं प्रत्यभिज्ञानम् । किं तर्हि तदेवेदम् इति । तन्न तदेकमनेकत्र पश्यतोऽपि भेदसंसर्गवद्युक्तम् । विभ्रमबलात्तु तथा ज्ञाने न विरोधः ।

निमित्ताभावाद्विभ्रमोऽयुक्त इति चेत् त एव भावास्तदेकार्थकारिणोऽनुभवद्वारेण प्रकृत्या विभ्रमफलाया विकल्पवासनाया हेतुत्वान्निमित्तम् । मरीचिकादिष्वपि जलादिभ्रान्तेस्तावेवा-

म०

यदि नास्ति जातिः, तदा भिन्नस्वभावेषु भावेषु स एवायं गौः इत्यादि प्रत्यभिज्ञानं न स्याद् इत्याह—**ज्ञानमादिर्यस्या** बाह्याद्य**र्थक्रियाया**स्तामेकाकारपरामर्शविषयां **भेदेऽपि** नानात्वेऽपि **कुर्वतोऽर्थान् दृष्ट्वा तदन्य**स्माद् यो **विश्लेषः** स **विषयो** येषां तै**र्ध्वनिभिः सह संयोज्य** स एवायं गौः, इत्यादि**प्रत्यभिज्ञानं** पूर्वदृष्टादर्थाद् विलक्षणस्य **दर्शनेऽपि कुर्यात्**, तदन्यविश्लेषस्य सर्वत्र साम्यात् ।

किञ्च—यदि नानात्वात् प्रत्यभिज्ञानमयुक्तम्, तदा **परस्यापि न सा** प्रत्यभिज्ञा **बुद्धिः सामान्यादेव केवलादिष्टा**, किन्तु सामान्यविशेषाभ्याम् ॥९८-९९॥

संयोज्य प्रत्यभिज्ञानं कुर्यादप्यन्यदर्शने ।
परस्यापि न सा बुद्धिः सामान्यादेव केवलात् ॥६६॥

नित्यं तन्मात्रविज्ञाने व्यक्त्यज्ञानप्रसङ्गतः ।

स्व०

भिन्नाकारपरामर्शप्रत्ययनिमित्तानुभवजननौ भावौ कारणं भिन्नावपि । न हि तत्रान्यदेव किंचित् सामान्यमस्ति, यत्तथा प्रतीयते । सत्त्वे वा सदर्थग्राहिणी बुद्धिर्भ्रान्तिर्न स्यात् ।

अभूताकारसमारोपाद् भ्रान्तिरिति चेत् न तर्हि सा तत्सामान्यग्राहिणी । यमेव खल्वाकारमियमारोपयति, स एवास्य विषयः, अविषयीकृतस्याशक्यसमारोपात्, आकारान्तरवत् । स च तत्र नास्तीत्यसामान्यम् । सति सामान्यग्रहणे तदारोपः, नान्यथाऽतिप्रसङ्गादिति चेत् । सत्येककार्यकारिग्रहण इति किं नेष्यते ? अवश्यं चेच्छतापि सामान्यं व्यक्तीनामेककार्यजननशक्तिरेष्टव्या । ततस्ता एवान्येभ्यो भिद्यमानास्तादृशं प्रत्ययं जनयन्तीति किमत्र सामान्येन ? यथाभावमेवासंसृष्टभेदं किं न प्रत्येति चेत् ? अशक्तिरेषा विकल्पानामविद्याप्रभवात् ।

न वै बाह्यापेक्षा एव भ्रान्तयो भवन्ति । किन्तु विप्लवादान्तरात्, केशादिविभ्रमवत् । अविद्योद्भवाद्विप्लवत्वे चक्षुर्विज्ञानादिष्वपि प्रसङ्गः, न, तस्या विकल्पलक्षणत्वात् । विकल्प एव ह्यविद्या । सा स्वभावेनैव विपर्यस्यति । न चैवमिन्द्रियज्ञानानि विकल्पकानि । न वा तेष्वप्येष दोषोऽद्वयानां द्वयनिर्भासादिति वक्ष्यामः ।

सर्वेषां विप्लवेऽपि प्रमाणतदाभासव्यवस्था आश्रयपरावृत्तेरर्थक्रियायोग्याभिमतसंवादनात् । मिथ्यात्वेऽपि वा प्रशमानुकूलत्वात्, मातृसंज्ञादिवत् । मरीचिकायां जलज्ञानस्यान्यस्य च विभिन्नाभावोत्पत्तेर्विभ्रमस्य चाविशेषेऽप्यभिप्रेतार्थक्रियायोग्यायोग्योत्पत्तेः अर्थसंवादेतरौ ।

अयोग्यात् कथमुत्पत्तिरिति चेत् विकल्पानामर्थप्रतिबन्धनियमाभावात् । न हि विकल्पा यथार्थमेव जायन्ते । सति मरीचिकादर्शने जलभ्रान्तिरिति तदुद्भवेत्युच्यते, न यथास्वभावमजलविवेकिनार्थेन स्वभावानुकारप्रत्यर्पणेन जननात् । सा तु विशेषलक्षणाऽपाटवात् प्रत्ययापेक्षिणा स्ववासनाप्रबोधेन जन्यते । तस्माद् भिन्नजन्मनो विकल्पविभ्रमात् तदेवेदमिति प्रत्यभिज्ञानम् । न तद्व्यतिरिक्तस्य सामान्यस्य दर्शनात्, नाव्यतिरिक्तस्य व्यक्तिवदनन्वयाद् ।

अपि च

परस्यापि न सा बुद्धिः सामान्यादेव केवलात् ॥ ६६ ॥

न हि परोऽप्येनां बुद्धि केवलं सामान्यभाविनीं वक्तुमर्हति ॥९९॥

नित्यं तन्मात्रविज्ञाने व्यक्त्यज्ञानप्रसङ्गतः ।

यदि हि नित्यमनया बुद्ध्या सामान्यमेव गृह्येत, अप्रतीतैव व्यक्तिः स्याद् अनेन ज्ञानेन ।

म०

कस्माद् इत्याह—**नित्यतया तस्य सामान्यमात्रस्य विज्ञाने व्यक्त्यज्ञानप्रसङ्गतः ।**

यदा सामान्यज्ञानस्य न विशेषो विषयः, तदा **कदाचिदगृहीतस्य सम्बन्धस्य** सामान्येन **तद्वतो** विशेषस्य **तद्वत्तानिश्चयः** इदमस्य सामान्यम् इति ज्ञानं न स्यात् । ततस्तद्वत्ताव्यवहारः **कथं** त्वन्मते ?

तदा कदाचित् सम्बद्धस्यागृहीतस्य तद्वतः ॥१००॥

तद्वत्तानिश्चयो न स्याद् व्यवहारस्ततः कथम् ।
एकवस्तुसहायाश्चेद् व्यक्तयो ज्ञानकारणम् ॥१०१॥

तदेकं वस्तु किं तासां नानात्वं समपोहति ।
नानात्वाच्चैकविज्ञानहेतुता तासु नेष्यते ॥१०२॥

अनेकमपि यद्येकमपेक्ष्याभिन्नबुद्धिकृत् ।
ताभिर्विनापि प्रत्येकं क्रियमाणां धियं प्रति ॥१०३॥

स्व०

तदा कदाचित् संबद्धस्यागृहीतस्य तद्वतः ॥१००॥
तद्वत्तानिश्चयो न स्याद् व्यवहारस्ततः कथम् ।

यदा सामान्यग्राहिणो विज्ञानस्य न भेद आलम्बनभावेनोपयुज्यते, तदा न तौ कदाचिदपि श्लिष्टौ गृहीताविति इदमस्य सामान्यम्, अयं वा तद्वान् इति न स्यात् । तथा च तत्प्रतिपत्त्या तद्वति प्रतिपत्तिर्न स्यादर्थान्तरवत् ।

एकवस्तुसहायाश्चेद् व्यक्तयो ज्ञानकारणम् ॥१०१॥

स्यादेतत्—भवन्ति व्यक्तयस्तस्यालम्बनभावेन कारणं न तु केवलाः । यदा पुनरासामेकं सहकार्यस्ति तदा तत्सहिता गृह्यन्त इति ॥१००-१०१॥

तदेकं वस्तु किं तासां नानात्वं समपोहति ।
नानात्वाच्चैकविज्ञानहेतुता तासु नेष्यते ॥१०२॥

किं चैतेषां भेदानां तेनैकेन नानात्वं निराक्रियते । नानात्वं हि तेष्वेकज्ञानाकारणत्वे कारणमुच्यते ॥१०२॥

अनेकमपि यद्येकमपेक्ष्याभिन्नबुद्धिकृत् ।

न ब्रूमोऽनेकमेकं प्रत्ययं न जनयति भेदादिति । न भेदो जननविरोधी । किं तर्हि कैवल्यम् । तेनैकसहिता जनयन्त्येव । एवं तर्हि—

ताभिर्विनाऽपि प्रत्येकं क्रियमाणां धियं प्रति ॥१०३॥

म०

एकं वस्तु सामान्यं तत्स**हायाश्चेद् व्यक्तयो ज्ञान**स्य प्रत्यभिज्ञानस्य **कारण**मिष्यन्ते **तदेकं** सामान्यं **वस्तु किं तासां** व्यक्तिनाममिश्रस्वभावानां **नानात्वं समपोहति** ? येन प्रत्यभिज्ञानहेतुत्वे **नानात्वाच्चै**कस्य प्रत्यभिज्ञाज्ञानस्य **हेतुता तासु** त्वया **नेष्यते** । तच्चेत् तथैव न स्यात् प्रत्यभिज्ञानम् ॥१००-१०२॥

अनेकमपि व्यक्तिरूपं **यद्येकं** सामान्य**मपेक्ष्याभिन्नबुद्धिकृत्** प्रत्यभिज्ञानकारीष्यते **ताभि**र्व्यक्तिभिः **प्रत्येकं विनै**कैकया प्रेरितेन सामान्येनैकेन **क्रियमाणां धियं** प्रत्यभिज्ञां प्रतिभासां व्यक्तीनां **सामर्थ्यं नेति** तथा **धिया तासामग्रहः** । केवलं सामान्यग्रहणे च तद्वत्ता निश्चयो न स्यादिति दुष्परिहरम् ।

तेनैकेनापि सामर्थ्यं तासां नेत्यग्रहो धिया ।
नीलादेर्नेत्रविज्ञाने पृथक् सामर्थ्यदर्शनात् ॥१०४॥

शक्तिसिद्धिः समूहेऽपि नैवं व्यक्तेः कथञ्चन ।
तासामन्यतमापेक्ष्यं तच्चेच्छक्तं न केवलम् ॥१०५॥

तदेकमुपकुर्युस्ताः कथमेकां धियं च न ।

स्व०

तेनैकेनापि सामर्थ्यं तासां नेत्यग्रहो धिया ।

कथमिदानीं व्यक्तीनां तत्र ज्ञाने सामर्थ्यगतिः ? प्रत्येकं तासामभावेऽपि तद्भावादसति सामान्ये भावादितरथा च भावात् । नैष दोषः । यथा नीलादिष्वेकापायेऽपि चक्षुर्विज्ञानं भवतीति न समूहेऽपि तेषामसामर्थ्यम्, तथेहापि प्रत्येकमेकापाये भवतीति न सर्वदाऽसामर्थ्यम् ।

विषम उपन्यासः । तथाहि—

नीलादेर्नेत्रविज्ञाने पृथक् सामर्थ्यदर्शनात् ॥१०४॥
शक्तिसिद्धिः समूहेऽपि नैवं व्यक्तेः कथंचन ।

नीलादीनां चक्षुर्विज्ञाने प्रत्येकमपि सामर्थ्यं दृष्टमिति समूहेऽपि शक्तिरविरुद्धा । तथा न कदाचिद् व्यक्तयः सामान्यनिरपेक्षा अन्वयि विज्ञानं जनयन्ति । तस्मादसमर्था एव व्यक्तयस्तत्रेति न गृह्येरन् ।

तासामन्यतमापेक्षं तच्चेच्छक्तं न केवलम् ॥१०५॥

अथापि स्यान्न वेमरहितः कुविन्दः पटं करोति । प्रत्येकं वेमाभावेऽपि कुविन्दः करोतीति न तत एवोत्पत्तिः । तथा न केवलमेकैकव्यक्त्यपाये विज्ञानोत्पत्तावपि सामान्यं तद्धेतुः । तासां व्यक्तीनामेकां कांचिदपेक्ष्य विज्ञानमुत्पादयतीति ॥ १०३-५ ॥

एवं सति

कथमेकामु[1]पकुर्युस्ताः कथमेकां धियं च न ।

भिन्नानां ह्यर्थानामेकार्थोपक्रिया विरोधिनीति सर्वोऽयमारम्भः । ताश्चेद्व्यक्तयो भिन्ना अप्येकं सामान्यमुपकुर्वन्ति कः पुनरासां विज्ञानेनापराधः कृतो यत्तन्न कुर्वन्ति ? किं तेनासामन्तगुंडुना सामान्येन ? यथा भिन्नानामप्येकसामान्योपकारशक्तिरेवं तदेवैकं विज्ञानं कुर्वन्तु ।

म०

ननु यथा नीलादीनामेकैकापायेऽपि चक्षुर्विज्ञानं दृष्टं तत्समुदायेऽपि दृश्यते, एवं यद्यपि प्रत्येकं व्यक्तीनां व्यभिचारः, तथापि यदा सत्त्वं तदा विषयत्वम् इत्याह—**नीलादेर्नेत्रविज्ञाने** कार्ये **पृथक्** प्रत्येकं **सामर्थ्यदर्शनात्** ॥१०३-१०४॥

शक्तिसिद्धिः समूहेऽपि युक्ता । **एवं व्यक्तेर्न्न** प्रत्यभिज्ञानजनने सामर्थ्यं **कथञ्चन** दृष्टम्, येन समुदायेऽपि सामर्थ्यकल्पना स्यात् ।

---

1. मनोरथः तदेकमुप०

कार्यं च तासां प्राप्तोऽसौ जननं यदुपक्रिया ॥१०६॥

अभिन्नप्रतिभासा धीर्न भिन्नेष्विति चेन्मतम् ।
प्रतिभासो धिया भिन्नः समाना इति तद्ग्रहात् ॥१०७॥

स्व०

किं च

कार्यंश्च[1] तासां प्राप्तोऽसौ जननं यदुपक्रिया ॥१०६॥

न ह्यनतिशयमात्मानमस्य पूर्ववद् बिभ्रतः कश्चिदुपकारको नामातिप्रसङ्गात् । अर्थान्तरजननेऽपि तस्य किं तेन ? तस्य तदाश्रयत्वेऽनुपकारिणः कोऽयमाश्रयाश्रयिभावोऽतिप्रसङ्गो वा ? उपकारेऽपि तत्रैव तत्प्रतिबन्ध इति किमन्यस्तत्करणात्तदुपकारी ? तदपेक्षस्याश्रयस्य तदुपयोगेऽनुपकार्यत्वे केयमपेक्षा नाम ? तदुत्पत्तिधर्मा स्वभावप्रतिबन्धादपेक्षते नाम । अनाधेयातिशयात्मा च परान् अपेक्षते चेति व्याहतमेतत् । तस्माद्यः कश्चित् कस्यचित् क्वचित् प्रतिबन्धः स सर्वो जन्यतायामेवान्तर्भवति, परभावोत्पादने तदनुपकारात् । अकिंचित्करस्य चानुपकारात् ।

तस्माद् व्यक्त्युपकृतस्य सामान्यस्य विज्ञानजनने व्यक्तमस्य तत्कार्यताऽनुषज्यते । केवलस्य तत्सामर्थ्ये व्यक्तीनां क्वचिदप्यत्र सामर्थ्याऽसिद्धेरग्राह्यत्वम् । समर्था व्यक्तयः, ज्ञाने प्रतिभासनादिति चेत् कथमसिद्धोपकाराणां प्रतिभास इति ? स एव सामान्याभ्युपगमे चिन्त्यते । यस्मान्नानुपकारको विषयोऽतिप्रसङ्गात् । नाऽविषयस्य विज्ञाने प्रतिभासः । अनुपकारकस्याविषयत्वेऽतीतानागतादीनामविषयत्वमसतामुपकारासामर्थ्यादिति चेत् भवन्तु नाम तज्ज्ञानानि निर्विषयाणि, निर्विषयत्वेऽपि तदनुकारी प्रतिभासः । तद्रूपानुभवाहितवासनोत्पत्तेरात्मभूत एव विज्ञानस्य । भावाभावानुविधानाच्च सामर्थ्यम्, न प्रतिभासनाद् । अप्रतिभासिनोऽपि व्यक्तिव्यतिरेकेण सामान्यस्य भावात् । प्रतिभासिनामपि केशादिविप्लवानामभावाद् ॥१०६॥

अभिन्नप्रतिभासा धीर्न भिन्नेष्विति चेन्मतम् ।

न ब्रूमोऽनेकमेककार्यंकृन्न भवतीति । किं तर्हि न भिन्नेषु पदार्थेष्वपिततदाकारा बुद्धिरभिन्नप्रतिभासिनी स्यात् । न वै सामान्यग्राहिणीषु स्वलक्षणप्रतिभासः । तदभावेऽपि तासां

म०

तासां व्यक्तीनामन्य**तमापेक्ष्यं तत्** सामान्यं प्रत्यभिज्ञाने **शक्तं न केवलमिति चेत् तत्** सामान्य**मेकं कथं ता** व्यक्तय **उपकुर्युः**? **न त्वेकां धियमनु**पक्रियमाणस्य समवेतत्वेऽतिप्रसङ्गाद् व्यक्तिभिः सामान्यमुपकर्तव्यम् । तथा धीरप्येकोपकर्तव्या । यच्च सामान्यादिरुपक्रियते व्यक्तिभिः **कार्यं च तासां प्राप्तोऽसौ यद्यस्माद्रुपक्रिया जननमेव** । न ह्युपक्रियमाणादन्यस्मिन्नुपकाराख्ये वस्तुनि कृतेऽपि तस्य किञ्चित् । तत्सम्बन्धाच्चेत्, सम्बन्धो भिन्न एवेति किं तस्य जातम् ? अभिन्ने तूपकारे स एव कृतः स्यात् । तथाजननमेवोपकारः ॥१०६॥

एकसामान्याभावेऽ**भिन्नप्रतिभासा** एकाकारा **धीर्न भिन्नेष्विति चेन्मतम्** ननु **प्रतिभासो धिया भिन्नो**, नैकाकारः, **समाना इमा इति** तासां व्यक्तीनां **ग्रहात्** । न हि भूतकण्ठगुणवदेकं सामान्यं

---

1. मनोरथः कार्यं च

कथं ता भिन्नधीग्राह्याः समाश्चेदेककार्यता ।
सादृश्यं ननु धीः कार्यं तासां सा च विभिद्यते ॥१०८॥

स्व०

भावात्, आकारान्तरेण च स्वज्ञाने प्रतिभासनात्, अनेकाकारायोगादेकस्यातिप्रसङ्गाच्च । तस्मान्नेयं भिन्नार्थग्राहिण्यभिन्ना प्रतिभाति तदुद्भवा । अतत्प्रतिभासिन्यप्यध्यवसायविभ्रमात् व्यवहारयति लोकम् । स तु तस्यां प्रतिभासमान आकारो नार्थेष्वस्त्यन्यत्र भेदादभेदिनः । स चारूपः । तमेवैषा गृह्णती तया विप्लवत इत्युक्तं प्राक् ।

अपि च—वस्तुसामान्यवादिनोऽपि भिन्ना एव व्यक्तयः ।

कथं तास्वभिन्नाभासा बुद्धिरिति तुल्यं चोद्यम् । न तुल्यम् । तत्राभिन्नस्य सामान्यस्य सद्भावात् ननु तत्र तस्याभासः ततोऽपि न लक्ष्यते । सा हि वर्णसंस्थानप्रतिभासवतीति भाव्यते । न चेदृशं सामान्यम् । न च ततो व्यतिरिक्तः कश्चिदभिन्न आकारोऽस्ति ।

आकृतिसामान्यवादिनोऽपि विशेषवत्तस्या व्यत्तिरेकादर्थान्तरे वृत्तिरिति भेदान्नाभिन्नः प्रतिभासो युज्यते ।

अथवाऽस्तु

प्रतिभासो धियां भिन्नः समाना इति तद्ग्रहात् ॥१०७॥

नैव तास्वभिन्नः प्रतिभासोऽस्ति समाना इति ग्रहणात् । न ह्येकस्मिन् प्रतिभासे समाना इति युक्तम् । किं तर्हि तदेवेति । द्वयस्य ग्रहणाददोष इति चेत् तथापि तदिह इति स्यान्न समाना इति । तदेव तासां साम्यमिति चेत् कथमन्योन्यस्य साम्यम् ? तत्संबन्धादिति चेत् न । अप्रतिबद्धस्य संबन्धायोगात्, अतिप्रसङ्गाच्च ॥१०७॥

कथं ता भिन्नधीग्राह्याः समाश्चेत्

ननु समाना इति ग्रहणादास्वभिन्नः प्रतिभासः । न चैतद्दर्शने भिन्नाभिन्नयोः प्रतिभासनात् समाना इति प्रतीतिः । किं तर्हि ?

एककार्यता ।

सादृश्यम्

न हि वयमर्थज्ञाने द्वावाकारौ पश्यामः । अपश्यन्तश्च कथमर्थद्वयकल्पनेनात्मानमेव विप्रलम्भामहे । एककार्यास्तु व्यक्तयः कल्पनाविषयतामुपयान्त्यस्तथाऽनया विभ्रमात् मिश्रीक्रियन्त इत्यनवद्यमेतत् ।

ननु धीः कार्यं तासां सा च विभिद्यते ॥१०८॥

म०

सर्वानुयायि व्यक्तिव्यतिरिक्तं प्रतिभाति, किन्तु गौर्गौः इति सामान्यमवसीयते । तच्च भेदाधिष्ठानमेव ॥१०७॥

ननु **समाश्चेद्** व्यक्तयो व्यवसीयन्ते, **कथं ता भिन्नधीग्राह्याः** ? न खलु समत्वमेकत्वम्, किन्त्वे**ककार्यता सादृश्यम्** । न हि स एवायं तदत्र वा इति निश्चयः, अपि तु अयमपि गौः इत्यध्यवसायः । तथा चैकार्थक्रियाकारित्वमेव सादृश्यम् । **ननु धीः कार्यं तासां** व्यक्तीनाम्, **सा च** प्रतिव्यक्ति **भिद्यते**, तत् कथमेकार्थक्रियाकारित्वं सादृश्यम् ? ॥१०८॥

एकप्रत्यवमर्शस्य हेतुत्वाद् धीरभेदिनी ।
एकधीहेतुभावेन व्यक्तीनामप्यभिन्नता ॥१०९॥

सा चातत्कार्यविश्लेषस्तदन्यस्यानुवर्तिनः ।
अदृष्टेः प्रतिषेधाच्च संकेतस्तद्विदर्थिकः ॥११०॥

स्व०

प्रतिभावम् । तद्वत्तत्प्रतिभासिनो विज्ञानस्यापि भेदात् कथमेककार्याः ? ॥१०८॥

तद्धि तासां कार्यं तच्च भिद्यते । यदप्युदकाहरणादिकमेकं घटादिकार्यं तदपि प्रतिद्रव्यं भेदाद्भिद्यत एवेति नैकं भेदानां कार्यमस्ति । नैष दोषः । यस्मात्—

एकप्रत्यवमर्शस्य हेतुत्वाद्धीरभेदिनी ।
एकधीहेतुभावेन व्यक्तीनामप्यभिन्नता ॥१०९॥

निवेदितमेतद्यथा—न भावानां स्वभावसंसर्गोऽस्तीति। तत्र संसृष्टाकारा बुद्धिर्भ्रान्तिरेव । तां तु भेदिनः पदार्थाः क्रमेण विकल्पहेतवो भवन्तो जनयन्ति । स्वभावत इति च । स त्वेषामभिन्नो भेद इत्युच्यते, ज्ञानादेः कस्यचिदेकस्य करणादतत्कारिस्वभावविवेकः । तदपि प्रतिद्रव्यं भिद्यमानमपि प्रकृत्यैकप्रत्यवमर्शस्याभेदावस्कंदिनो हेतुर्भवदभिन्नं ख्याति । तथाभूत-प्रत्यवमर्शहेतोरभेदावभासिनो ज्ञानादेरर्थस्य हेतुत्वाद् व्यक्तयोऽपि संसृष्टाकारं स्वभावभेदपरमार्थं स्वभावत एकं प्रत्ययं जनयन्तीत्यसकृदुक्तमेतत् ।

तस्मादेककार्यतैव भावानामभेदः ॥१०९॥

सा चातत्कार्यविश्लेषः

एव ।

तदन्यस्यानुर्वातनः ।

वस्तुनः ।

अदृष्टेः प्रतिषेधाच्च

न हि दृश्यं विभागेनाप्रतिभासमानमस्तीत्युक्तमेतत् । सति वा क्वचिदनाश्रितं कथं ज्ञानहेतुरिति ? प्रतिषेधस्य च विधानात्तत्कल्पना युक्तेति ।

तस्मात्

संकेतः

अपि

तद्विदर्थिकः ॥११०॥

म०

अत आह—यद्यपि प्रतिव्यक्ति भिन्ना, तथाप्येकप्रत्यवमर्शस्य **हेतुत्वाद् धीरभेदिन्ये**काऽभिधीयते । तथाविधायाश्चैकस्या धियो **हेतुभावेन व्यक्तीनामभिन्नतो**च्यते ॥१०९॥

सा चाभिन्नताऽतत्कार्येभ्यः पदार्थेभ्यो **विश्लेषो** व्यवच्छेदस्तत्कारिणां वस्तुभूतजातिरेव किं नेष्यते इत्याह—**ततो** व्यवच्छेदा**दन्यस्यानुवर्तिनः** सामान्यस्य वस्तुसतो**ऽदृष्टेः** स्वभावानुपलब्ध्या **प्रतिषेधाच्च** । अतश्च **संकेतस्तद्विदर्थिक**स्तस्य व्यवच्छेदस्य विदर्थो यस्यास्ति स तथा ॥११०॥

अतत्कारिविवेकेन प्रवृत्त्यर्थतया श्रुतिः।
अकार्यकृति तत्कारितुल्यरूपावभासिनीम् ॥१११॥

धियं वस्तुपृथग्भावमात्रबीजामनर्थिकाम्।
जनयन्त्यप्यतत्कारिपरिहाराङ्गभावतः ॥११२॥

वस्तुभेदाश्रयाच्चार्थे न विसंवादिका मता।

स्व०

एव युक्तः। योऽयमन्योन्यं विवेको भावानां तत्प्रतीतय एव संकेतोऽपि क्रियमाणः शोभेत ॥११०॥

अतत्कारिविवेकेन प्रवृत्त्यर्थतया श्रुतिः।

यदि हि न तत्प्रतीत्यर्थः संकेतस्तस्य व्यवहारकालेऽप्यसंस्पर्शान्नान्यपरिहारेण प्रवर्तेत। न हि तेषां तेभ्यो विवेकः शब्देन चोदित इति।

सा च श्रुतिः

अकार्यकृतितत्कारितुल्यरूपावभासिनीम् ॥१११॥

धियं वस्तुपृथग्भावमात्रबीजामनर्थिकाम्।
जनयन्त्यप्यतत्कारिपरिहाराङ्गभावतः ॥११२॥

वस्तुभेदाश्रयाच्चार्थे न विसंवादिका मता।
ततोऽन्यापोहविषया तत्कर्त्राश्रितभावतः ॥११३॥

एकस्वभावरहितेष्वर्थेषु तमध्यारोप्योत्पद्यमानां मिथ्याप्रतिभासत्वादकार्यकारिणमपि कार्यकारिणमिवाध्यवस्यन्ती वस्तुपृथग्भावमात्रबीजां समानाध्यवसायां मिथ्याबुद्धिं श्रुतिर्जनयन्त्यपि, तदन्यपरिहाराङ्गभावात्। परमार्थतस्तद्व्यतिरेकिषु पदार्थेषु न विसंवादिकेत्युच्यते। तथा हि स तेषु व्यतिरेको भूतः सर्वथाऽव्यतिक्रमणीयत्वात्। नैको व्यतिरिक्तोऽव्यतिरिक्तो वा, सर्वथाऽयोगात्। तस्य समावेशने वस्तुनि दूरोत्सृष्टमेव वस्तु स्यात्, शब्दज्ञानाभ्यां तद्विषयाभिमतस्य तस्याभावात्। अन्यस्य च वस्तुधर्मस्य कस्यचिदसंस्पर्शात्। तत एव च सा श्रुतिरन्यापोहविषयेत्युच्यते, अन्यव्यावृत्तेष्वर्थेषु व्यावृत्तिभेदमुपादायाविशेषेण निवेशनात्। व्यवहारेऽप्यन्यपरिहारेण प्रवर्तनात् ॥१११-११३॥

म०

संकेतश्चातत्कारिविवेकेन **प्रवृत्त्यर्थतया** प्रवृत्तिप्रयोजनत्वेन कृतः। ततश्च **श्रुतिरपि धियं जनयन्त्यर्थेन विसंवादिकेति** सम्बन्धनीयम्।

कीदृशीं धियम्? स्वाकारेऽ**कार्यकृति** कार्यकारणासमर्थे **तत्कारितुल्यरूपावभासिनी**मेकार्थक्रियाकारिसर्ववस्तुसाधारणैकरूपाध्यवसायिनीम्। वस्तुनस्तत्कारिणोऽतत्कारिभ्यश्च **पृथग्भाव** एव केवलः स **बीजं** कारणं यस्यास्तामनर्थिकामर्थशून्यां परमार्थतः।

कथमविसंवादिका तर्हि सा इत्याह—**अतत्कारिणां** विजातीयानां **परिहारस्याङ्गभावतः** कारणत्वात् तद्व्यवच्छेदस्य विषयत्वात् तत्र प्रवृत्तिः।

ततोऽन्यापोहविषया तत्कर्त्राश्रितभावतः ।।११३।।

अवृक्षव्यतिरेकेण वृक्षार्थग्रहणे द्वयम् ।
अन्योन्याश्रयमित्येकग्रहाभावे द्वयाग्रहः ।।११४।।

सङ्केतासम्भवस्तस्मादिति केचित् प्रचक्षते ।
तेषामवृक्षाः संङ्केते व्यवच्छिन्ना न वा यदि ।।११५।।

व्यवच्छिन्नाः कथं ज्ञाताः प्राग्वृक्षग्रहणादृते ।
अनिराकरणे तेषां संकेते व्यवहारिणाम् ।।११६।।

स्व०

अवृक्षव्यतिरेकेण वृक्षार्थग्रहणे द्वयम् ।
अन्योन्याश्रयमित्येकग्रहाभावे द्वयाग्रहः ।।११४।।
संकेतासंभवस्तस्मादिति केचित् प्रचक्षते ।

यद्यवृक्षेभ्यो भेदो वृक्षस्तस्यावृक्षग्रहणमन्तरेण तथा ग्रहीतुमशक्यत्वात्, अविज्ञातवृक्षेणावृक्षस्यापि तद्व्यवच्छेदरूपस्यापरिज्ञानात् बुद्धावनारूढेऽर्थे न संकेतः शक्यत इत्येके ।

तेषामवृक्षाः संकेते व्यवच्छिन्ना न वा

ये एवमेकं वस्तु सामान्यमभ्युपगम्येतरेतराश्रयमन्यव्यवच्छेदेन संकेते चोदयन्ति, तेषां तत्रापि संकेतकरणेऽवृक्षा व्यवच्छिन्ना न वा ?

यदि ।।११५।।

व्यवच्छिन्नाः कथं ज्ञाताः प्राग् वृक्षग्रहणादृते ।

न हि तदा प्रतिपत्ता वृक्षं वेत्ति, नावृक्षम् । तज्ज्ञानायैव तदर्थितयोपगमात् । सोऽजानानः कथमवृक्षव्यवच्छेदं प्रतिपद्येत संकेते । अप्रतिपत्तौ चापरिहृततदन्यनिवेशिनः शब्दात्—

अनिराकरणे तेषां संकेते व्यवहारिणाम् ।।११६।।

म०

वस्तुभेदाश्रयाच्च वस्तुविषयस्य परम्परया हेतुत्वात् तत्र प्रवर्तयन्ती श्रुतिरर्थेन **विसंवादिका मता । ततोऽन्यापोहविषया, तत्कर्त्राश्रितभावतः** तत्कार्यकर्तृवस्त्वाश्रितत्वात् ।।१११-११३।।

ननु संकेतकालेऽ**वृक्षव्यतिरेकेण वृक्षार्थस्य ग्रहणे द्वयमन्योन्याश्रयं** वृक्षोऽवृक्षश्चान्यापेक्ष इत्येकस्य वृक्षस्यावृक्षस्य चाव्यवस्थितत्वाद् **ग्रहाभावे द्वयाग्रहः** प्राप्तः । निश्चिते हि वृक्षे तदभावः शक्यो निश्चेतुम्, अवृक्षत्वे च निश्चिते वृक्षो निश्चेय इत्येकानिश्चयाद् द्वयानिश्चयः ।।११४।।

संकेतासम्भवस्तस्मादिति केचित् जैमिनीयाः प्रचक्षते । तेषामेवंवादिनां जातावपि **संकेते** क्रियमाणेऽ**वृक्षा व्यवच्छिन्नाः** न वा ? **यदि व्यवच्छिन्ना** इष्यन्ते, **कथं** संकेतात् **प्राक् ज्ञाता वृक्षाग्रहणादृते** संकेताद् वृक्षस्याज्ञातत्वात् अवृक्षाः **कथं ज्ञाताः** ? अथ न व्यवच्छिन्नाः, तदा**निराकरणे तेषां संकेते** व्यवहा**रिणां** व्यवहारकाले **तेषामवृक्षाणां परिहारेण न स्यात् प्रवृत्तिः वृक्षभेदवद्** । यथा वृक्षविशेषाणां वृक्षसंकेतेऽव्यवच्छिन्नत्वात् प्रवृत्तिविषयत्वम्, एवमवृक्षाणामपि स्यात् ।

न स्यात् तत्परिहारेण प्रवृत्तिर्वृक्षभेदवत् ।
अविधाय निषिध्यान्यत् प्रदर्श्यैकं पुरः स्थितम् ॥११७॥

वृक्षोऽयमिति संकेतः क्रियते तत् प्रपद्यते ।
व्यवहारेऽपि तेनायमदोष इति चेत् तरुः ॥११८॥

अयमप्ययमेवेति प्रसङ्गो न निवर्तते ।

स्व०

न स्यात्तत्परिहारेण प्रवृत्तिर्वृक्षभेदवत् ।

न हि संकेते पराव्यवच्छेदेन निवेशिताच्छब्दात् व्यवहारे तत्परिहारेण वृत्तिर्युक्ता, शिंशपादिभेदवत् ।

अथापि स्यात्—

अविधाय निषिध्यान्यत् प्रदर्श्यैकं पुरः स्थितम् ॥११७॥
वृक्षोऽयमिति संकेतः क्रियते तत्प्रपद्यते ।
व्यवहारेऽपि तेनायमदोष इति चेत्

न वै वस्तुसामान्यवादिना कस्यचिद् व्यवच्छेदेन किंचिद्विधीयते । किं तर्हि ? एकमग्रतो व्यवस्थितं वस्तु संदर्श्य वृक्षोऽयमिति संकेतः क्रियते । संकेतकाले तथा दृष्टमेवायमर्थं तत् संबन्धिनं च व्यवहारेऽपि प्रतिपद्यत इत्यसमानः प्रसङ्गः ॥

नासमानो यस्मात्तत्रापि

तरुः ॥११८॥

अयमप्ययमेवेति प्रसङ्गो न निवर्तते ।

एकं प्रदर्श्य अयं वृक्षः इति ब्रुवाणोऽयमप्ययमेवेत्युभयीं गतिं नातिवर्तते । तयोश्च स एव दोषः ।

न दोषो दृष्टविपरीतस्य सुज्ञानत्वात् । एकं हि कंचित् पश्यतोऽन्यत्र तदाकारविवेकिनीं बुद्धिमनुभवतः ततोऽन्यदिति यथाऽनुभवं तद्विवेचनो वैधर्म्यनिश्चय उत्पद्यते । स ह्ययमेव वृक्ष इति प्रदर्श्य व्युत्पादितो यत्रैतन्न पश्यति तमेवावृक्षं स्वयमेव प्रतिपद्यते । नेदं व्यवच्छेदवाचिनः संभवति, एकत्र दृष्टस्य रूपस्य क्वचिदनन्वयाद् । दर्शनेन प्रतिपत्तौ व्यक्त्यन्तरेऽपि न स्यात्तथा प्रतीतिः ।

एवं तर्हि तत्रापि तुल्यमेव तत् । यस्माद्

म०

नन्वेकं शाखादिमन्तं **पुरःस्थितं प्रदर्श्य** तस्मादन्य**दविधाय निषिध्य च, वृक्षोऽयमिति** च **संकेतः क्रियते** वस्तुसामान्यादिभिः, **तत्** संकेतविषयं सामान्यं तत्सम्बन्धिबाह्यलक्षणं **व्यवहारे प्रपद्यते, तेनायम**नन्तरोक्त**दोषो न** भवतीति **चेत्**? अत्र **चायमपि** शाखादिमांस्त**रुरयमेव** तरुरितिपूर्वको वृक्षाव्यवच्छेद**प्रसङ्गो न निवर्तते** । अत्र चोक्त एव दोष इति द्वयोरप्येकाग्रहात् द्वयासम्भवात् सङ्केतासम्भवः समानः । इदानीं परिहर्तुमाह—**एकप्रत्यवमर्शाख्ये ज्ञाने भेदाविशेषेऽपि केचिदेव भावा एकाकाराध्यवसायहेतवः, नेतरे ।**

एकप्रत्यवमर्शाख्ये ज्ञाने एकत्र हि स्थितः ॥११९॥

प्रपत्ता तदतद्धेतूनर्थान् विभजते स्वयम् ।
तद्बुद्धिवर्तिनो भावान् भातो हेतुतया धियः ॥१२०॥

अहेतुरूपविकलानेकरूपानिव स्वयम् ।
भेदेन प्रतिपद्येतेत्युक्तिर्भेदे नियुज्यते ॥१२१॥

स्व०

एकप्रत्यवमर्शाख्ये ज्ञान एकत्र हि स्थितः ॥११९॥

प्रतिपत्ता[1] तवतद्धेतूनर्थान् विभजते स्वयम् ।

निवेदितमेतत् प्राग् यथैते भावाः प्रकृतिभेदिनोऽपि विज्ञानादिकमेकं कार्यं केचित् कुर्वन्ति नान्य इति । तानयं तत्र स्वयमेव तद्धेतूनतद्धेतूंश्च विभज्य प्रत्येति ।

तस्य—

तद्बुद्धिवर्तिनो भावान् भावो[2] हेतुतया धियः ॥१२०॥

अहेतुरूपविकलानेकरूपानिव स्वयम् ।
भेदेन प्रतिपद्येतेत्युक्तिर्भेदे नियुज्यते ॥१२१॥

तं तस्याः प्रतियती धीः भ्रान्त्यैकं वस्त्ववेक्षते ।

तेषां प्रकृत्येव प्रत्ययवशात्तथाभूतविकल्पकारणानामन्वयात्तद्द्रष्टुर्बुद्धौ विपरिवर्त्तमानांस्तज्ज्ञानहेतुतया तदन्यव्यावृत्त्या वा तथाभूतानपि तथाध्यवसितानविभक्तबाह्याध्यात्मिकभेदान् प्रतिपत्ता प्रतिपत्तिमनुसृत्य एते वृक्षाः इति स्वपरविकल्पेष्वेकप्रतिभासानादर्श्य विकल्पविज्ञाने व्यवस्थितस्तद्विज्ञानहेतून् भेदेन प्रतिपद्येतेत्युक्तिमतद्धेतुभ्यो भेदे नियुङ्क्ते । तं तस्याः प्रतिपद्यमाना बुद्धिर्विकल्पिका भ्रान्तिवशादेवैकवस्तुग्राहिणीव प्रतिभाति । न पुनरेकं वस्तु तत्र दृश्यमस्ति । यस्य दर्शनादर्शनाभ्यां भिन्नदर्शनेऽप्येष वृक्षावृक्षविभागं कुर्वीत । तस्य शाखादिप्रतिभासविभागेन दण्डवद्दण्डिन्यग्रहणात् । अगृहीतस्य चापरप्रविभागेनानुपलक्षणात् ।

आकृतेरप्येकत्र दृष्टाया अन्यत्र द्रष्टुमशक्यत्वात् । तदतद्वतोर्वृक्षावृक्षत्वे व्यक्तिरेकैव वृक्षः स्यात् ।

म०

तत्रैकस्मिन्नेकाकारज्ञानाध्यवसाये स्थितः प्रतिपत्ता पुरुषस्**तवतद्धेतूनर्थान् विभजते स्वयं** यानेकाकारपरामर्शविषयबुद्ध्यादिहेतूनध्यवस्यति, याश्चान्यथा तान् यथाक्रमं तद्धेतूनतद्धेतूंश्च भेदेन व्यवस्थापयति । संकेतात् प्रागेव **तद्बुद्धिवर्तिन** एकाकारपरामर्शविषयान् **भावान्** शाखादिमतो **धिय** एकाकाराया **हेतुतया भातः** प्रतिभासमानो **न हेतो**रेकाकारबुद्ध्यकारणस्य शाखादिमत्त्वरहितस्य **रूपेण विकलान्** परमार्थभिन्नानप्येक**रूपानिव स्वयम**ात्मना संकेतयिता मन्यमानः प्रतिपाद्योऽपि तानतत्कारिभ्यः शाखादिमत्त्वरहितेभ्यो **भेदेनासङ्करेण प्रतिपद्येतेति उक्तिः** शब्दो भेदेऽन्यापोहे **नियुज्यते** ॥११५-१२१॥

1. मनोरथः प्रपत्ता.
2. मनोरथः भातो.

तं तस्या प्रतियती धीः भ्रान्त्यैकं वस्त्ववेक्षते ।
क्वचिन्निवेशनायार्थे विनिवर्त्य कुतश्चन ॥१२२॥

बुद्धेः प्रयुज्यते शब्दस्तदर्थस्यावधारणात् ।
व्यर्थोऽन्यथा प्रयोगः स्यात् तज्ज्ञेयादिपदेष्वपि ॥१२३॥

व्यवहारोपनीतेषु व्यवच्छेद्योऽस्ति कश्चन ।

स्व०

भवतु नाम घटादिशब्देष्वर्थान्तरव्यवच्छेदः। अथ ज्ञानादिपदेषु कथम्? न ह्यज्ञेयं किंचिदस्ति यतो भेदः स्यात्। ततो भेदेन विषयीकरण एव तस्य ज्ञेयत्वात्। नैष दोषो यस्मात्

क्वचिन्निवेशनायार्थे विनिवर्त्य कुतश्चन ॥१२२॥

बुद्धेः प्रयुज्यते शब्दस्तदर्थस्यावधारणात् ।
व्यर्थोऽन्यथा प्रयोगः स्यात् तज्ज्ञेयादिपदेष्वपि ॥१२३॥

व्यवहारोपनीतेषु व्यवच्छेद्योऽस्ति कश्चन ।

शब्दं हि प्रयुञ्जानः सर्वोऽन्वयव्यतिरेको नातिवर्त्तते, तस्य प्रवृत्तिनिवृत्त्यर्थत्वात्। यदि ह्ययं न कस्यचित् कुतश्चिन्निवर्तयेत् प्रवर्तयेद्वा बुद्धिं यथाभूतानुज्ञानात् सर्वव्यवहारेषु न किंचिद् व्याहरेद् व्याहारस्यावधारणानन्तरीयकत्वात्। यथा घटेनोदकमानय इति। यदि घटेनाञ्जलिना वोदकानयनं यथाकथंचिदभिमतं स्यात् उदकमानय इत्येव वक्तव्यं स्यात् न घटेनेति। तथा पाशुना वान्येन वा येन केनचिदानीतेनार्थ आनय इत्येव स्यादनाक्षिप्तकरणकर्मकम् एवमानयनमन्यद्वा किंचिदनुष्ठानमननुष्ठानं वाभिमतं तदा आनय इत्यपि न ब्रूयात्, व्यर्थत्वाद्वचनस्य। तथा व्यवहारोपनीतानां ज्ञेयादिशब्दानामपि केनचिद्व्यवच्छेद्येन भवितव्यम्, अनन्याशङ्कमानो वा किं परस्मादुपदेशमपेक्षते। अश्रोतृसंस्कारं च ब्रुवाणः कथं नोन्मत्तः स्यात्? तत्संस्कारायैव शब्दानां कृतसङ्केतत्वात्। अव्यवहारोपनीतश्च नैव कश्चित् ज्ञेयादिशब्दोऽस्ति, वाक्यगतस्य पदस्यार्थचिन्तनात्।

म०

तं भेदं **तस्या** उक्तेरुच्चारिताया वाच्यतया **प्रतियती धी**र्विकल्पिका प्रकृति**भ्रान्त्या एकमिव वस्त्वीक्षते**। तस्मात् **कुतश्चना**कार्यकारिणोऽर्थाद् **विनिवर्त्य क्वचि**देकार्थक्रियाकारिण्य**र्थे बुद्धेर्निवेशनाय शब्दः प्रयुज्यते**। तदर्थस्य **शब्दार्थस्यावधारणात्**। घटेनोदकमानय इत्यादौ प्रतिपदमवधारणमिष्टम्। **व्यर्थोऽन्यथा प्रयोगः स्यात्**। यदि येन केनचिदानयनमिष्टम्, उदकमानय इत्युच्येत। यदि शब्दानां व्यवच्छेदो वाच्यः तदा ज्ञेयादिपदानां सर्वस्य ज्ञेयत्वेन व्यवच्छेद्याभावादर्थो न स्याद् इत्याह— यस्माद् व्यवच्छेदमन्तरेण न शब्दप्रयोगः **तत्** तस्मा**ज्ज्ञेयादिपदेष्वपि** कुतश्चित् प्रकरणाद् **व्यवहारोपनीतेषु** विशेषविषयेषु **कश्चन** तदितरोऽस्ति, कल्पितो वा।

यो यस्मादतत्कारिणो भिद्यते, तमतत्कारिणं विनिवर्त्य भिद्यमानानां तद्बुद्धे तत्कारिभेदे समानाकारभासिनि निवेशनं च शब्दानाम्।

निवेशनं च यो यस्माद् भिद्यते विनिवर्त्य तम् ॥१२४॥

तद्भेदे भिद्यमानानां समानाकारभासिनि ।
स चायमन्यव्यावृत्त्या गम्यते तस्य वस्तुनः ॥१२५॥

कश्चिद् भाग इति प्रोक्तो रूपं नास्यापि किञ्चन ।
तद्गतावेव शब्देभ्यो गम्यतेऽन्यनिवर्तनम् ॥ १२६ ॥

न तत्र गम्यते कश्चिद् विशिष्टः केनचित् परः ।
न चापि शब्दो द्वयकृदन्योन्याभाव इत्यसौ ॥१२७॥

स्व०

क्व पुनरेते शब्दाः प्रयुज्यन्त इति प्रयोगविषयचिन्तायामन्यापोह उच्यते । अनिर्दिष्टप्रयोगं तु ज्ञेयशब्दस्य कोऽर्थ इति प्रश्ने न कश्चिदर्थः । ततः क्वचिदप्रतिपत्तेः । तथा घटादिशब्दानामपि । यापि क्वचित् प्रकरणे केवलशब्दश्रवणात् प्रतिपत्तिर्दृष्टप्रयोगविषयानुसारेण साकाङ्क्षत्वादपरिसमाप्ततदर्था विप्लव एव घटादिशब्दे । तादृशो ज्ञेयादिशब्देष्वपि यथादर्शनमस्त्येव ।

तस्मात् सर्व एव शब्दप्रयोगः कुतश्चिद् बुद्धिं विनिवर्त्य क्वचिन्निवेशनार्थस्तत्साफल्यात् ॥

निवेशनं च यो यस्माद्भिद्यते विनिवर्त्य तम् ॥१२४॥

**तद्भेदे भिद्यमानानां समानाकारभासिनि ।
स चायमन्यव्यावृत्त्या गम्यते तस्य वस्तुनः ॥१२५॥**

**कश्चिद्भाग इति प्रोक्तो रूपं नास्यापि किंचन ।
तद्गतावेव शब्देभ्यो गम्यतेऽन्यनिवर्तनम् ॥१२६॥**

**न तत्र गम्यते कश्चिद्विशिष्टः केनचित् परः ।
न चापि शब्दो द्वयकृदन्योन्याभाव इत्यसौ ॥१२७॥**

म०

स चायमन्यव्यवच्छेदः प्रोक्त आचार्येण अन्यव्यावृत्त्याऽन्यव्यावृत्तत्वेन **गम्यते तस्य वस्तुनः कश्चिद् भागो** धर्म इत्यर्थवाचकेन शब्दोऽर्थान्तरनिवृत्तिविशिष्टानेव भावानाह इत्यादिना ग्रन्थेन । न त्वन्यव्यावृत्तिर्नाम काचिदन्या, तद्विशिष्टं च वस्तु वाच्यमिति । किन्त्वाक्षिप्तव्यावृत्तिको धर्म एव कश्चित् कल्पितभेदो बहिरध्यवसायविषयः शब्दवाच्यः । वस्तुतो **रूपं नास्यापि किञ्चनास्ति ।**

शब्देभ्यस्तस्य धर्मस्य नीलादेर्**गतावेव गम्यतेऽन्यस्य निवर्तनम्,** असङ्करप्रतीतिसामर्थ्यात् ॥१२२-१२६॥

न तत्र शाब्द्यां बुद्धौ **कश्चिन्**नीलादिः **केनचिद्** व्यावृत्त्यादिना **विशिष्टः परो गम्यते । न चापि शब्दो द्वयस्य** व्यावृत्तिवचनस्य तद्विशिष्टवचनस्य मुख्यतः **कृत्** कर्त्तासङ्कीर्णधर्मं वदन् सामर्थ्यात् व्यावृत्तिं चाह । तदेवाह—**अन्योन्याभाव इति** । यस्मात् परस्पराभावरूपः सर्वो धर्मस्तस्मात् तद्वचने व्यावृत्तिरपि सामर्थ्यादुक्ता ।

अरूपो रूपवत्त्वेन दर्शनं बुद्धिविप्लवः ।
तेनैवापरमार्थोऽसावन्यथा न हि वस्तुनः ॥१२८॥

व्यावृत्तिर्वस्तु भवति भेदोऽस्यास्मादितीरणात् ।
एकार्थश्लेषविच्छेद एको व्याप्रियते ध्वनिः ॥ १२९॥

अरूपो रूपवत्त्वेन दर्शनं बुद्धिविप्लवः ।

निवेश्यमानोऽप्येष शब्दो यो यस्माद्भिद्यते तं विनिवर्त्य भिद्यमानानां भेदे समानरूपप्रतिभासिनि आक्षिप्ततदन्यव्यावृत्तिर्निवेश्यते । स एव चायम्—अर्थान्तरव्यावृत्त्या तस्य वस्तुनः कश्चिद्भागो गम्यते । शब्दोऽर्थान्तरनिवृत्तिविशिष्टानेव भावानाह इत्यादिना निर्दिष्टः । स हि तं भेदं कथयन्नर्थान्तरव्यवच्छेदमाक्षिपन्नेव वर्तते, एकगतभेदस्य चोदनायास्तदन्यव्यावृत्त्याक्षेपनान्तरीयकत्वात् । स एव भेदस्तद्व्यावृत्त्या गतो भागस्तद्गतेस्तदुपाधित्वात्तद्विशिष्टो गत इत्युच्यते । न पुनरर्थान्तरनिवृत्तिर्विशेषणभूता केषांचिदर्थानां यया विशिष्टाः शब्दैश्चोद्यन्ते दण्डिवत् । द्वयोर्हि भिद्यमानयोर्भेदस्योभयगतत्वात् । एकगतभेदाभिधानेऽपि नान्तरीयकस्तदन्याक्षेपो भवतीति न तयोर्विशेषणविशेष्यभावः । एकभेदाभिधानेऽप्यन्यव्यावृत्तिगतेरन्वयव्यतिरेकचोदनया व्यवहाराङ्गतां शब्दानां दर्शयन्—तद्व्यावृत्त्या गम्यते तद्विशिष्टो वा इत्याह । अत एव च शब्दस्य न द्वौ व्यापारौ—तदन्यव्यावर्तनं स्वार्थाभिधानं च । स्वार्थाभिधानस्य तदन्यव्यावृत्तिगतेः, स्वार्थस्य भेदरूपत्वात् । न ह्यन्वयोऽव्यतिरेकः, अनन्वयो वा व्यतिरेकः, एकान्वयस्य परिहार्याभावे निष्फलचोदनत्वात् । तथैकपरिहारस्य क्वचित् स्थित्यभावे । स चायं भेदोऽरूपः । रूपवत्त्वेन त्वस्य दर्शनं केवलं बुद्धिविप्लव एव ।

तेनैवापरमार्थोऽसावन्यथा न हि वस्तुनः ॥१२८॥

व्यावृत्तिर्वस्तु भवति भेदोऽस्यास्मादितीरणात् ।

रूपं हि परमार्थः । भेदश्चेद्रूपं स्यात्—तत् तद्रूपं स्यादतद्रूपं वा ?ताद्रूप्ये तदेवेति नान्यस्ततो भिद्येत । न हि तस्य रूपमन्यस्य स्यात् ॥१२४-१२८॥

न तदेव भेदस्य रूपम् । रूपं चासौ ततोऽन्यदेव स्यात् । ततश्च भावस्तस्माद्व्यावर्तेत ततोऽस्मात्तस्य भेद इति न स्यात् । यत् खलु यद्भेदाद्व्यावर्तते तदेव तद्भवतीति सोऽस्य भेद इति च न स्यात् । न ह्यन्योऽन्यस्य भेदो भवतीति संबन्धाभावात् । सति वा स कार्य-

म०

यश्चायं भेदोऽसावरूपो रूपवत्त्वेन यत् तद्दर्शनमस्य स **बुद्धिविप्लवः । तेनैव** बुद्धिविप्लवे**नापरमार्थो**ऽसत्योऽसौ भेदः । **अन्यथा** परमार्थत्वे व्यावृत्ति**र्वस्तुनो** न स्यात् ॥१२७-१२८॥

तच्चायुक्तम् । न हि वस्तुनो **व्यावृत्तिर्वस्तु भ**वितुमर्हति । **अस्मादेव** वृक्षादस्य वृक्षस्य **भेद इतीरणाद्** विकल्पनात् । भेदस्य वस्तुत्वे भिद्यमाना शिंशपेव वा भेदः स्यात्, वस्त्वन्तरं वा ? न तावच्छिंशपा, धवादेरवृक्षाद् भेदाभावप्रसङ्गात् । न हि शिंशपास्वभावलक्षणो भेदो धवादेरस्ति, येन तेऽप्यवृक्षस्य भेदाः स्युः । सर्वत्र एव हि भिद्यमानाभावास्तदात्मन इति चेत्? न तर्ह्येको भेदस्तत्कारिणामतत्कारिभ्यो यः शब्दवाच्यः । व्यक्तिस्वभावस्य तु भेदस्य संकेताविषयत्वादवाच्यतैव ।

लिङ्गं वा तत्र विच्छिन्नं वाच्यं वस्तु न किञ्चन ।
यस्याभिधानतो वस्तुसामर्थ्यादखिले गतिः ॥१३०॥

भवेन्नानाफलः शब्द एकाधारो भवत्यतः ।
विच्छेदं सूचयन्नेकमप्रतिक्षिप्य वर्तते ॥१३१॥

स्व०

कारणभाव इति रूपं तज्जनितं भेद इत्यविशेषात् सर्वकार्याणि स्वकारणानां व्यावृत्तयः स्युः । रूपान्तरत्वे च भेदस्य ततोऽप्यस्य भेद इति भेदोपाधित्वाद् द्रव्यान्तरवन्न भेदः स्यात् ।

न हि भेदोपाधिरेव भेदोऽयमत इति विशेषनिर्देशात् । ततश्चोपाध्यभावे भेदस्यैवाभावः स्यात् । तस्मान्न व्यतिरिक्तस्तदन्यगत्यभावाच्च वस्तुतो न परमार्थः ।

कथं तर्ह्यभिन्नस्य वस्तुनः शब्देन चोदने तस्यैवान्यतोऽपि भेदादनंशस्यैकभेदचोदने सर्वभेदगतेस्तत्र शब्दप्रमाणान्तराणि व्यर्थानि न स्युः ? यस्मात्—

एकार्थश्लेषविच्छेदे एको व्याप्रियते ध्वनिः ॥१२९॥
लिङ्गं वा तत्र विच्छिन्नं वाच्यं वस्तु न किंचन ।
यस्याभिधानतो वस्तुसामर्थ्यादखिले गतिः ।
भवेन्नानाफलः शब्द एकाधारो भवत्यतः ।

उक्तं प्राग्यथा संसृष्टबाह्याध्यात्मिकभेदा बुद्धिः स्वमेवाभावं व्यवहारमर्थक्रियायोग्यमध्यवसाय शब्दार्थमुपनयति तत्र इति । तत्रैव च ते शब्दाः तैस्तैर्भ्रान्तिकारणैः संसृष्टरूपाइवाभान्ति यथासंकेतं विच्छेदाय व्याप्रियन्ते । न चैकसाध्यं व्यवच्छेदमन्यः करोति, संकेतप्रतिनियमात् । न तु विच्छिन्नं किंचिद्वस्त्वाक्षिप्यते, यस्याभिधानाद्वस्तुबलेनाखिले गतिः स्यात्, शब्दानां बुद्धिविल्पवविषयत्वात् । तत्र चावस्तुनि वस्तुसामर्थ्याभावात् । तथाभूतार्थदर्शनद्वारेणायं नानैकधर्मभेदाभेदप्रतिभासविप्लवानुसारी व्यवहार इति तस्य तत्प्रतिबन्धे सति तदव्यभिचारस्ततो वितथादप्यन्ते तथाभूत एव वस्तुनि ज्ञानसंवादात् । न पुनर्भिन्नाकारग्राहिणां ज्ञानशब्दानामेकवस्तुविषयत्वात् नानाफलः शब्द एकाधारः, व्याघातात् । यथावर्णिते तु बुद्धिप्रतिभासाश्रये न दोष इति ।

म०

अथ वस्त्वन्तरं भेदः ? तदा तस्माद् भेदाख्यानाद् वस्त्वन्तराद् भिद्यमानस्य शिंशपादेर्भेदो वक्तव्यः । अन्यथा वस्त्वन्तरत्वायोगात् । एवं चावृक्षव्यावृत्तेर्व्यावृत्तत्वात् शिंशपादिरवृक्षः, कर्कादिवत् । भेदस्य च वृक्षाद् भिन्नत्वं भेदान्तरोपाधिकमेवेति द्रव्यान्तरवर्णभेदः स्यात् । न ह्यन्योन्यस्य भेदः, सम्बन्धाभावेनातिप्रसङ्गात् । सति सम्बन्धे कार्यकारणभाव एवासौ । ततः सर्वं कार्यं स्वकारणस्य भेदः व्यावृत्तिः स्यात् । तस्माद् योऽयं भेदः शब्दव्यवहारविषयोऽनुयायी स कल्पितोऽपरमार्थः । स्वस्वभावव्यवस्थितास्तु भावाः पारमार्थिको भेदः ।

ननु यदि वस्त्वेकरूपम्, तदैकेन शब्देन लिङ्गेन वा वस्तुनि प्रतिपादिते शब्दप्रमाणान्तरवृत्तिर्न स्यात् । **एकस्य** नित्यत्वादेर**र्थस्य श्लेषः** सम्बन्धस्तस्य **विच्छेदे** व्यावृत्तावे**को ध्वनि**र्**लिङ्गं वा व्याप्रियते । तत्र** ध्वनौ लिङ्गे वा **विच्छिन्नं** सर्वतो व्यावृत्तं **न किञ्चन वाच्यम**स्ति । एका व्यावृत्तिः शब्देन लिङ्गेन वा प्रतिपाद्यते, न वस्त्वित्यर्थः ।

यदान्यत् तेन स व्याप्त एकत्वेन च भासते ।
सामानाधिकरण्यं स्यात् तदा बुद्ध्यनुरोधतः ॥१३२॥

वस्तुधर्मस्य संस्पर्शो विच्छेदकरणे ध्वनेः ।
स्यात् सत्यं स हि तत्रेति नैकवस्त्वभिधायिनि ॥१३३॥

बुद्धावभासमानस्य दृश्यस्याभावनिश्चयात् ।
तेनान्यापोहविषयाः प्रोक्ताः सामान्यगोचराः ॥१३४॥

शब्दाश्च बुद्धयश्चैव वस्तुन्येषामसम्भवात् ।

स्व०

विच्छेदं सूचयन्नेकमप्रतिक्षिप्य वर्त्तते ॥१३१॥
यदान्यत् तेन स व्याप्त एकत्वेन च भासते ।
सामानाधिकरण्यं स्यात् तदा बुद्ध्यनुरोधतः ॥१३२॥
वस्तुधर्मस्य संस्पर्शो विच्छेदकरणे ध्वनेः ।
स्यात् सत्यं स हि तत्रेति नैकवस्त्वभिधायिनि ॥१३३॥
बुद्धावभासमानस्य दृश्यस्याभावनिश्चयात् ।
इत्यन्तरश्लोकाः ।
तेनान्यापोहविषयाः प्रोक्ताः सामान्यगोचराः ॥१३४॥
शब्दाश्च बुद्धयश्चैव वस्तुन्येषामसंभवात् ।

यदि हि विधिरूपेण वस्त्वेव शब्दैर्विकल्पैर्वा विषयीक्रियते सोऽयं सर्वार्थसर्वाकारप्रतीतिप्रसङ्गोऽसामानाधिकरण्यादयश्चेति मन्यमानः प्रणेता न्यायशास्त्रस्यान्यापोहविषयावेतौ प्राह ।

म०

यस्य वस्तुनोऽभिधानतो **वस्तुसामर्थ्यादखिले** कृतकानित्यादिवस्तुरूपे **गतिर्भवेत्**, येन शब्दप्रमाणान्तरवैयर्थ्यं स्यात् । **अतः शब्दो** भूयान्नानाफलोऽनेकधर्मप्रतीतिफल **एकाधार** एकधर्मिनिष्ठो **भवति** ।

साध्यसाधनभावादिमाख्याय सामानाधिकरण्यं दर्शयितुमाह—**विच्छेदम्** नीलादिव्यवच्छेदमेकैकं नीलादिशब्दः **सूचयन् यदाऽप्रतिक्षिप्यान्य**दनुत्पलव्यवच्छेदादौ **वर्तते**, तद्वाचकशब्दप्रयोगे सति **तेन व्याप्तः** शिष्ट **एकत्वेन च भासते, तदा सामानाधिकरण्यं स्यात्** । नीलोत्पलम् इत्युभयव्यावृत्तिविशिष्टैकवस्त्वध्यवसायिकाया **बुद्धेरनुरोधतः** ॥१२९-१३२॥

किञ्च—**ध्वनेर्विच्छेदकरणे** व्यावृत्तिप्रतिपादकत्वेऽवस्थिते **वस्तुधर्मस्य** नीलादेः **संस्पर्शः** प्रवृत्तिविषयत्वं स्यात् । **स** विच्छेदो **हि** यस्मात् **तत्र** वस्तुनि **सत्यं** सन् तस्मात् सूचने तद्वती प्रवृत्तिर्युक्ता । **एकं** सामान्यं **वस्तु तदभिधायिनि** तु ध्वनौ न वस्तुसंस्पर्शः ॥१३३॥

हेतुमाह—**बुद्धावभासमानस्य दृश्यस्य** सम्मतस्य तस्य स्वभावानुपलब्धेर**भावनिश्चयात्** । न वस्तुनि सत्त्वमिति कथं तत्प्रतिपादिकायाः श्रुतेर्वस्तुनि वृत्तिः? **तेन** व्यवच्छेदस्य वस्तुनि

एकत्वाद् वस्तुरूपस्य भिन्नरूपा मतिः कुतः ॥१३५॥

अन्वयव्यतिरेकौ वा नैकस्यैकार्थगोचरौ ।
अभेदव्यवहाराश्च भेदे स्युरनिबन्धनाः ॥१३६॥

सर्वत्र भावाद् व्यावृत्तेर्नैते दोषाः प्रसङ्गिनः ।
एकाकार्येषु भावेषु तत्कार्यपरिचोदने ॥१३७॥

स्व०

तथाहि—

एकत्वाद्वस्तुरूपस्य भिन्नरूपा मतिः कुतः ॥१३५॥

अन्वयव्यतिरेकौ वा नैकस्यैकार्थगोचरौ ।

तदेकमनंशं वस्तु कथं भिन्नाकाराभिर्बुद्धिभिर्विषयीक्रियेत, आकारभेदाश्रयत्वाद्भेदस्य । तस्य चाभेदात् । तदात्मनोऽपि सामान्यस्य तदेकयोगक्षेमत्वात् । तदयमन्योन्यार्थपरिहारेणैकविषययोः वृत्त्यभावात् सामानाधिकरण्यादिर्न स्यात् ।

न च वस्त्वात्मन एकस्य तत्रैव वृत्तिरवृत्तिश्च युक्ता, व्याघातात् । न चान्यत्रावर्तमानं सामान्यं स्यात् । सामान्यस्य वृत्तिर्न । विशेषस्येति चेत्? न, भेदाभावात् । तद्ध्येकरूपं सामान्यं वा भवेद्विशेषो वा । न ह्यसति रूपभेदेऽयं विभागो युक्तः, सति वा अव्यतिरेको न स्यादित्युक्तम् । तदयमविभागोऽन्वियाद्वा न वा ? न पुनरन्वयी अनन्वयी च ।

योऽपि भिन्नमेव सामान्यमाह, तस्यापि—

अभेदव्यवहाराश्च भेदे स्युरनिबन्धनाः ॥१३६॥

यथास्वं शब्दा भिन्नमर्थमभिदधानाः कथमेकार्थबुद्ध्याश्रयाः स्युः, अर्थान्तराभिधायिनश्चानाक्षेपका निराकाङ्क्षत्वात् कथं विशेषणविशेष्यभावाश्रयाः ? ॥१२९-१३६॥

सर्वत्र भावाद् व्यावृत्तेर्नैते दोषाः प्रसङ्गिनः ।

यथा ह्येकस्तस्माद्भिन्नस्तथान्योऽपीति भेदस्यासामान्यदोषोऽपि नास्ति । परिशिष्टाभावस्तु प्रागेवोक्तः ।

अपि च—

एकाकार्येषु भेदेषु[1] तत्कार्यपरिचोदने ॥१३७॥

म०

सत्त्वेन **सामान्यगोचराः शब्दाः बुद्धयश्च** कल्पिका **अन्यापोहविषया आचार्येण प्रोक्ताः**—अपोहशब्दलिङ्गाभ्यां प्रतिपाद्यते इति ब्रुवता । न तु भूतसामान्यविषयाः । **वस्तुन्येषां** नीलत्वादीनामनुपलब्धिबाधितत्वेनासम्भवात् ।

यदि वाच्यम् **तदैकत्वाद् वस्तुरूपस्य** तस्मिन् **भिन्नरूपा** अनित्यकृतकत्वाद्या **मतिः कुतः** ? एकत्वाद् विषयस्यैकरूपवद् बुद्धिर्युक्ता, विशेषश्च सर्वतो व्यावृत्त इति तदात्मभूतं सामान्यमपि तथा स्यात् । ततश्चैकस्य सामान्यस्यान्वयव्यतिरेकानुवृत्त्यननुवृत्ती **एकार्थगोचरौ** व्यक्त्यन्तरविषयौ न सम्भवतः । तथा हि—सामान्यं व्यक्त्यन्तरानुयायि न व्यक्तिः इति वदता व्यक्त्यभिन्नात्मनः सामान्यस्यान्वयव्यतिरेकौ विरुद्धावभ्युपगतौ स्याताम्, तच्चायुक्तम् ।

1. मनोरथः भावेषु.

गौरवाशक्तिवैफल्याद् भेदाख्यायाः समा श्रुतिः ।
कृता वृद्धैरतत्कार्यव्यावृत्तिविनिबन्धना ॥१३८॥

न भावे सर्वभावानां स्वस्वभावव्यवस्थितेः ।
यद् रूपं शाबलेयस्य बाहुलेयस्य नास्ति तत् ॥१३९॥

अतत्कार्यपरावृत्तिर्द्वयोरपि च विद्यते ।
अर्थाभेदेन च विना शब्दाभेदो न युज्यते ॥१४०॥

तस्मात् तत्कार्यतापीष्टा तत्कार्यादेव भिन्नता ।
चक्षुरादौ यथा रूपविज्ञानैकफले क्वचित् ॥१४१॥

स्व०

गौरवाशक्तिवैफल्याद्भेदाख्यायाः समा श्रुतिः ।
कृता वृद्धैरतत्कार्यव्यावृत्तिविनिबन्धना ॥१३८॥

न भावे सर्वभावानां स्वस्वभावव्यवस्थितेः ।
यद्रूपं शाबलेयस्य बाहुलेयस्य नास्ति तत् ॥१३९॥

अतत्कार्यपरावृत्तिर्द्वयोरपि च विद्यते ।
अर्थाभेदेन च विना शब्दाभेदो न युज्यते ॥१४०॥

तस्मात्तत्कार्यताऽपीष्टाऽतत्कार्यादेव भिन्नता ।
चक्षुरादौ यथा रूपविज्ञानैकफले क्वचित् ॥१४१॥

म०

अथ वा—व्यक्त्यात्मनो व्यक्तिरूपवद् **भेदे** च सामान्यस्या**भेदव्यवहारा अनिबन्धनाः स्युः**, एकस्यानुयायिनोऽभावात् ।

अस्मन्मते तु **सर्वत्र** व्यक्तिषु **भावाद् व्यावृत्तेः** सजातीयाद् विजातीयाच्चैते **दोषा** भिन्नाभासबुद्धिविषयत्वाभावान्वयव्यतिरेकादिविरुद्धधर्माध्यासा **अप्रसङ्गिनो** भवन्ति । शब्दविकल्पानां भिन्नभिन्नव्यावृत्तिविषयत्वाद् विजातीयव्यावृत्त्याश्रयेणान्वयबुद्धिविषयत्वात्, सजातीयव्यावृत्त्याश्रयेण व्यतिरेकबुद्धिविषयत्वाच्चेति ।

कस्मात् पुनरन्यव्यावृत्तौ शब्दसंकेतो न स्वलक्षणः इत्याह—**एककार्येष्वेकत्वाध्यवसाय**विषयकार्यकारिषु **भावेषु तत्कार्यपरिचोदन**निमित्तं प्रतिव्यक्ति **भेदाख्याया** भिन्नस्य **शब्दस्य** योजनेन संकेतक्रियाया व्यक्त्यानन्त्याद् **गौरवाद्, अशक्तेर्वैफल्याच्च समा** एका **श्रुतिरतत्कार्येभ्यो या व्यावृत्तिस्तन्निबन्धना** तदाश्रया **वृद्धैः कृता** संकेतिता, **न भावे** स्वलक्षणे ।

कस्माद् इत्याह—**सर्वभावानां स्वस्वभावव्यवस्थितेः** कारणतः । **यद्रूपं शाबलेयस्य बाहुलेयस्य नास्ति तद्** रूपम् ॥१३४-१३९॥

अतत्कार्येभ्यः परावृत्तिश्च द्वयोः शाबलेयबाहुलेययो**रपि विद्यते** । ततस्तत्रैव संकेतः, न स्वलक्षणे ।

अविशेषेण तत्कार्यचोदनासम्भवे सति ।
सकृत् सर्वप्रतीत्यर्थं कश्चित् सांकेतिकीं श्रुतिम् ॥१४२॥

कुर्याद्दृतेऽपि तद्रूपसामान्याद् व्यतिरेकिणः ।

स्व

अविशेषेण तत्कार्यचोदनासंभवे सति ।
सकृत् सर्वप्रतीत्यर्थं कश्चित् सांकेतिकीं श्रुतिम् ॥१४२॥

कुर्यादृतेऽपि तद्रूपसामान्याद् व्यतिरेकिणः ।

योऽपि मन्यते—कथमभिन्नमर्थमन्तरेण बहुष्वेका श्रुतिस्तेषामसामान्यात् । एकवृत्तेरन्यत्र प्रत्ययाजननात् । अप्रत्यासत्तिके च प्रत्ययोत्पादेऽतिप्रसङ्गात् तेषु चैकशब्दनिवेशनवैफल्यादेकार्थनियोगाभावात् । भिन्नस्वभावानां पृथग्नियोगे च तथा चोदितानां विभागापरिज्ञानादिति ।

तस्याप्येकमस्तीत्येव लोकेन शब्दो निवेशनीयस्तद्वैकमेनां श्रुतिं वस्तुशक्त्यैव ध्वनयतीति । नास्त्येतत् । किं तर्हि केनचित् प्रयोजनेन केनचिच्छब्दः क्वचिन्निवेश्यते ? तत्र यद्यनेकमेकत्रोपयुज्येत तदवश्यं तत्र चोदनीयम् । तस्य पृथक् पृथक् चोदनेति गौरवं स्यात् । न चास्यानन्यसाधारणं रूपं शक्यं चोदयितुम् । नाप्यस्यायासस्य किंचित् साफल्म् । केवलमनेन तत्र योग्यास्तेऽर्थाश्चोदनीयाः । त एकेन वा शब्देन चोद्येरन्, बहुभिर्वेति स्वातन्त्र्यमत्र वक्तुः ।

तदियमेका श्रुतिर्बहुषु वक्त्रभिप्रायवशात् प्रवर्त्तमाना नोपालम्भमर्हति । न चेयमशक्यप्रवर्तना, इच्छाधीनत्वात् । यदि हि न प्रयोक्तुरिच्छा कथमियमेकत्रापि प्रवर्त्तेत ? इच्छायां वा क एनां बहुष्वपि प्रतिबद्धुं समर्थः ?

प्रयोजनाभावात् अप्रवर्त्तनमिति चेत् ? उक्तमत्र—प्रयोजनं भिन्नेष्वप्येकस्मात् प्रतीतिरप्रयोजनभेदेनेति, न पुनः स्वभावस्यैकत्वात् । यथास्वं व्यवस्थितस्वभावानां भावानामन्योन्यरूपसंश्लेषात् कथमेकस्वभावनिमित्तः शब्दो भिन्नेषु भवेदित्युक्तं प्राक् ।

अतत्प्रयोजनव्यावृत्तिस्तु भिन्नानामप्यविरुद्धेति स एवार्थाभेदः शब्दाभेदस्य कारणं भवतु । तेनेमे तत्प्रयोजना इत्यतत्प्रयोजनेभ्यो भिन्ना एवोक्ताः । न पुनरेषामन्या तत्कार्यता । अन्यत्रान्यतो भेदाद्यथा चक्षूरूपालोकमनस्कारेष्वात्मेन्द्रियमनोर्थतत्सन्निकर्षेषु वा रूपविज्ञानैककार्येषु

म०

स्वलक्षणान्येव तर्ह्यभिन्नस्य शब्दस्य वाच्यानि स्युः इत्याह—**अर्थस्याभेदेन च विना शब्दस्याभेदो न युज्यते,** अतिप्रसङ्गात् ॥१४०॥

एवं तर्हि एककार्यतैव भिन्नशब्दवाच्या स्याद् इत्याह—**तस्मादर्थाभेदाच्छब्दाभेदः,** कार्यं च प्रतिव्यक्ति भिन्नमिति **तत्कार्यताप्येककार्योच्यते, साप्यतत्कार्याद् भिन्नतैव,** स चापोहः ।

अतत्कार्यव्यावृत्तौ संकेतक्रियां द्रढयितुं दृष्टान्तमाह—**यथा चक्षुरादावनेकत्र क्वचिद् रूपविज्ञानफले** विषयभूते**ऽविशेषेण** सामान्येन **तस्य** चक्षुरादिकार्य**स्य** कारणवाचकैकशब्दद्वारेण **चोदनायाः** परेभ्यः प्रकाशनायाश्चक्षुरालोकादिष्वेकसामान्यभावेऽपि **सम्भवे सति कश्चित्** सन्धेयव्यवहाररुचिः **सकृत् सर्वस्य** चक्षुरादेः **प्रतीत्यर्थं सांकेतिकीं श्रुतिं कुर्यात्,** कुतो रूपं विज्ञानमिति **ऋते** विना**ऽपि तद्रूपाद्** रूपविज्ञानजनकात् **सामान्याच्चक्षुरादिव्यतिरेकिणः** ?

एकवृत्तेरनेकोऽपि यद्येकश्रुतिमान् भवेत् ।।१४३।।

वृत्तिराधेयता व्यक्तिरिति तस्मिन्न युज्यते ।

स्व०

तत्कार्यसामान्यचोदनासंभवे कुतो रूपविज्ञानमिति । व्यवहारलाघवार्थं कश्चित् सांकेतिकीं श्रुतिं निवेशयेत् सरो रूपविज्ञानहेतुः शरो वेति । अपि नाम सर्वेषां तद्धेतूनां सकृत् प्रतीतिर्यथा स्यादिति न चात्रानुगामि किंचिद्रूपमस्ति केवलं तदर्थतया ते भावा अतदर्थेभ्यो भिन्ना इति भेद एवैषामभेदः ।

एवंजातीयाश्च सर्वे समूहसन्तानावस्थाविशेषशब्दा ये समस्ताः किंचिदेकं कार्यं कुर्वन्ति तेषां तत्र विशेषाभावात् अपार्थिका विशेषचोदनेति सकृत् सर्वेषां नियोजनार्थमेकमयं लोकः शब्दं तेषु नियुङ्क्ते घट इति । तेऽपि सजातीयावन्यतश्च भेदाविशेषेऽपि तत्प्रयोजनाङ्गतया तदन्येभ्यो भिद्यन्त इति अमेदात् ततोऽविशेषेण प्रतीयन्ते । तत्र घटस्य रूपादय इत्यपि घट-स्वभावा रूपादय उदकधारणविशेषादिकायसमर्था इति यावत् । सामान्यकार्यसाधनप्रसिद्धेनात्मना रूपादिशब्दैः सिद्धाः विशिष्टकार्यसाधनाख्येन विशेषेण विशिष्टास्त एवमुच्यन्ते । न पुनरत्रान्यत् किंचिद्यथावर्णितलक्षणं द्रव्यमस्ति, तस्य तादृशस्यानुपलम्भात् ।

एकवचनमपि तदेकशक्तिसूचनार्थम्, संकेतपरतन्त्रं वा ।

तथा ये हेतुफलविशेषभूताः किंचिदेकं साधयन्ति, साध्यन्ते वा तेऽपि सकृत् प्रत्यायनार्थं व्रीह्यादिशब्दैः कृतसंकेताः कथ्यन्त इति पूर्ववद्वाच्यम् । येऽपि पृथक् समस्ता वा क्वचिदुपयुज्यन्ते ते अवस्थाविशेषवाचिभिः शब्दैः सकृदेव प्रत्यायनार्थं ख्याप्यन्ते—सनिदर्शनाः सप्रतिघा वेति तदन्येभ्यो भेदसामान्येन । यथैककार्यास्तत्कार्यचोदनायां तदन्याभेदेन घटादिशब्दैः कृतसमयास्तथा कारणापेक्षयाऽप्यनेक एकेन व्यवहारार्थमेव यथा शाबलेयो बाहुलेयः प्रयत्नानन्तरीयकः कृतको वेति । तथा तत्कार्यप्रतिषेधेनाप्यचाक्षुषः शब्दो नित्योऽनात्मा वेति । तत्कारणप्रतिषेधेनापि—अस्वामिकः शून्य इत्येवं यथायोगमन्यदपि वाच्यम् । शून्यादिशब्देषु यथाकल्पनं समीहिताकारं बुद्धावारोप्य तद्व्यवच्छेदेन व्यपदेशः क्रियते । बुद्धिसमीहासंदर्शितविभागत्वात् सर्वस्य शब्दार्थस्य । अप्रतिपक्षदोषोपक्षेपादयोऽपि दुर्मतिविस्पन्दितानीत्युपेक्षणीयः ।

अथ—

एकवृत्तेरनेकोऽपि यद्येकश्रुतिमान् भवेत् ।।१४३।।

न केवलमेककार्यास्तदन्यभेदाविशेषादेकशब्देनोच्यन्तेऽपि त्वेकवृत्त्याऽप्यनेक एकशब्देनोच्येत को विरोधः स्यात् ? उक्तमत्र—तस्योपलभ्याभिमतस्यानुपलब्धेरभावोऽनुपलभ्यतायां च तद्दर्श-नाश्रयाः व्यपदेशप्रत्यभिज्ञानादयो न भवेयुरित्यादि ।।१३६-१४३।।

अपि च

म०

अथैकस्य सामान्यस्य **वृत्तेरनेकोऽ**पि विषयो **यद्येकश्रुतिमान् भवेत्**, तदा को दोषः ? ननु केयं व्यक्तिरिष्टा, किमाधेयता **उत व्यक्तिरभिव्य**क्तिरिति ? एतद् द्वयमपि **तस्मिन्** सामान्ये **न युज्यते** । कथम् इत्याह—**नित्यास्या**नाधेयातिशयस्याविशिष्ट रूपस्य केनचि**दनुपकार्यत्वात् नाधारः** कश्चित् । न ह्यनुपकारक आधारः, अतिप्रसङ्गात् ।

नित्यस्यानुपकार्यत्वान्नाधारः प्रविसर्पतः ॥१४४॥

शक्तिस्तद्देशजननं कुण्डादेर्बदरादिषु ।
न सम्भवति साऽप्यत्र तदभावेऽप्यवस्थितेः ॥१४५॥

स्व०

वृत्तिराधेयता व्यक्तिरिति तस्मिन्न युज्यते ।

यदेतदेकमनेकत्र वर्त्तमानमेकां श्रुतिं वर्त्तयति तस्य केयं वृत्तिराधेयता वा स्यात् यथा कुण्डे बदराणि वर्त्तन्त इति । व्यक्तिर्वा तैरभिव्यक्तेः ? यद्याधेयता

नित्यस्यानुपकार्यत्वान्नाधारः

नित्यं हि सामान्यमिष्यते । अनित्यत्वे परापरोत्पत्तेरनेकत्वाद् भेदवदेकप्रत्ययायोगात् । नित्यस्य च किं कुर्वाण आधारः स्यात् ? तस्य तत्र समवायादाधार इति चेत् ? कोऽयं समवायो नाम ? अपृथक्सिद्धानामाश्रयाश्रयिभावः । तदेवेदमनुपकारकस्य आश्रयत्वं न संभावयामोऽतिप्रसङ्गात् ।

तस्मात् समवायसंयोगैकार्थसमवायादयोऽपि वस्तुसंबन्धाः कार्यकारणभावात् न व्यतिरिच्यन्ते । परस्परमन्यतो वाऽनुपकारिणामप्रतिबन्धस्य चासंबन्धात् । यद्यप्येकार्थसमवायिनां परस्परमनुपकारस्तत एकस्मादुपकारेण भाव्यमभावे यथोक्तदोषप्रसङ्गात् । अतः स्वोपकारकद्वारेणैवापरमपि बुद्धया संघट्य ख्याप्यते । तस्मात्तत्रापि कार्यकारणभावकृत एव प्रतिबन्धः । तदयमाश्रयः सामान्यस्य स्वात्मन्यनुपकुर्वाणोऽनपेक्षस्याधार इति याचितकमण्डनमेतत् ॥

कथं तर्हीदानीमजनकं कुण्डं बदराणामाधारः ?

प्रविसर्पतः ॥१४४॥

शक्तिस्तद्देशजननं कुण्डादेर्बदरादिषु ।

प्रकृत्यैव गुरुणो द्रव्यस्यासमानदेशकार्योत्पादनधर्मणःसमानदेशकार्योत्पादनभाव आधारकृतः । तस्मात्तत्पूर्वक्षणसहकारि कुण्डं तत्रैव बदरकार्यं जनयदाधार इत्युच्यते । अन्यथा इह कुण्डे बदराणि इत्यपि न स्यात् । न वै तदुपकारकृतोऽयं व्यपदेशः । किंतर्हि संयोगकृतः ? किं पुनः स तयोरेव संयोगः ताभ्यां जननात् समवायाद्वा ? स किमत्रैव न समवैति जन्यते वा ? तस्यासामर्थ्यात् । तदसमर्थं पृथक् । तत्र तत्सहितमपि तादृशमेवेत्यनुपकारकत्वान्न संयोगेन तद्वत् स्यात् । सहितस्य तदन्योपकाराद् विशेषोत्पत्तेः सामर्थ्यम् । कोऽयमजन्यजनभूतानामनुपकारः ? स्वरूपस्य सिद्धेरकार्यत्वात् पररूपक्रियायामपि तत्रानुपकारात् । उभयथा कारकस्याकिंचित्करत्वेनानुपकारकत्वादित्युक्तप्रायम् ।

तस्मात् सर्व एव वस्तुसंबन्धा जनकस्यैवोपयोगविशेषवशात् प्रविभागेन कार्यकारणभावात् व्यवस्थाप्यन्ते । तदयं कुण्डादीनामप्याधारभावो बदरादिषु जननशक्तिरेव ।

म०

ननु बदरस्यानुपकारकमपि कुण्डमाधारः इत्याह—**बदरादिषु** गुरुतया **प्रविसर्पतो** विसर्पणात् प्रतिक्षणमसमानदेशोत्पत्तेः **कुण्डादेः** सहकारिणः **तद्देशजननं** बदरोपादानदेशजननं **शक्तिः** कारणत्वमाधारता । **सापि** शक्तिलक्षणाधारताऽ**त्र** सामान्ये **न सम्भवति**, जन्यत्वाभावात् । सामान्यस्य स्थितिं कुर्वन् विशेष आधारः स्याद् इत्याह—**तस्य** विशेषस्या**भावेऽप्यवस्थितेः** ॥१४१-१४५॥

न स्थितिः साप्ययुक्तैव भेदाभेदविवेचने ।

स्व०

न संभवति साप्यत्र

न ह्ययं जननविशेषलक्षणं आधारभावः सामान्ये सामान्याश्रयस्य संभवति, तस्याऽजन्यत्वात् ।

तदभावेऽप्यवस्थितेः ॥१४५॥

न स्थितिः

अथापि स्यात् स्थापक आश्रयः सामान्यस्य । ततः स्थितिहेतुत्वादाधारो न जननादिति । तदयुक्तम् । तस्य तदभावेऽपि स्थानात् । पतनधर्माणां हि भावानां पातप्रतिबन्धादजनकोऽपि स्थापको भवेत् । अत्रापि यदि कश्चित् प्रतिबन्धं न पर्यनुयुञ्जीत । स हि पातप्रतिबन्धो नार्थान्तरमेव यः स्थापयित्वा क्रियेत । अर्थान्तरत्वे तत्रैवास्योपयोग इतिः कः पततः प्रतिबन्धः ? प्रतिबन्धादपातेऽपि तुल्यः पर्यनुयोगोऽनवस्था वा ।

तस्मात् पाताभावः पातप्रतिबन्धः । स कथं केनचित् क्रियेत ? अभावं करोतीति हि नाभावो नाम कश्चित् कार्यः । तस्य कथंचित् कार्यरूपत्वेऽभावायोगात् । तस्माद् भावक्रियाप्रतिषेधनिर्देश एषः । भावं न करोतीति यावत् । तथा चायं न किंचित् करोतीति अकिंचित्करश्च कः कस्य स्थापको नाम ? तेनाऽयं केनचिदप्रतिबद्ध इति न कदाचित्तिष्ठेत् । तस्मात् पातप्रतिबन्ध इत्यपि क्षणिकानां भावानामुपादानसमानदेशोत्पादनमुच्यते ।

अस्तु नामाजननं पातिनां तत्प्रतिबन्धस्तत्करणाद्गतिमतो द्रव्यस्य कश्चित् स्थापकोऽप्यस्तु । सामान्यस्याक्रियस्य किंलक्षणां स्थितिं कुर्वाणः स्थापकः स्यात् ? स्थितिर्हि तस्य स्वरूपाप्रच्युतिरेव । सा च नाश्रयायत्ता नित्यत्वात् ।

साप्ययुक्तैव भेदाभेदविवेचने ।

अस्तु नामाश्रयहेतुका स्थितिः । सा सामान्यादन्या वा स्यादनन्या वा ? अन्या चेत् तामेव स आश्रयः करोति । सा चाप्रतिबद्धा सामान्य इति किं सामान्यस्याश्रयेण ? प्रतिबन्धे वा कः प्रतिबन्धः इति वाच्यम् । स्थितिकारणं चेत् तत्रापि तुल्यः प्रसङ्गोऽनवस्था च । तत उपकारानवधारणात् तस्येयं स्थितिरित्यप्रतीतिः । जननं चेत् किमाश्रयेणाऽनुपकारिणाऽपेक्षितेन? अपेक्षेति हि तत्प्रतिबन्धः । स चानाधेयविशेषस्य सामान्यस्यायुक्त इति केवलं जनयेदिति नास्त्यन्यः स्थितिहेतुः ।

म०

न स्थितिर्विशेषात् सामान्यस्य, स्वरूपातिरिक्तायाः स्थितेर्निष्क्रियत्वेनाभावात् स्वरूपस्थितिः । तच्च प्रत्येकं व्यक्त्यपायेऽप्यस्तीति नासौ ततः । अस्तु वा स्थितिः, **साऽप्ययुक्तैव भेदाभेदविवेचने** क्रियमाणे । तथा हि—आश्रयहेतुका स्थितिः सामान्यभिन्ना अभिन्ना वा स्यात् ? भिन्ना चेत्, तस्याः कारणत्वादाश्रयः स्यात् न तु सामान्यस्य स्थितिः, सम्बन्धात् । सामान्यस्यापि चेद् भेदे सति कोऽनयोः सम्बन्धः ? न कार्यकारणभावः, स्थितेराश्रयादुत्पत्तेः ।

विज्ञानोत्पत्तियोग्यत्वायात्मन्यन्यानुरोधि यत् ।।१४६।।

तद् व्यङ्ग्यं योग्यतायाश्च कारणं कारकं मतम् ।
प्रागेवास्य च योग्यत्वे तदपेक्षा न युज्यते ।। १४७ ।।

सामान्यस्याविकार्यस्य तत्सामान्यवतः कुतः ।

स्व०

अभेदे वा स्थितेः सामान्यात्, स्वरूपमेव तत्तस्य । तच्च नित्यमस्तीति न स्थितिरस्य केनचित् क्रियते । तस्मान्न सामान्यस्याधारोऽस्ति । तन्नाधेयतास्य वृत्तिः ।

अथ पुनः सतोऽपि सामान्यस्याव्यक्तस्य व्यक्त्या ज्ञानकारणत्वात् तद्व्यक्तिस्तत्र वृत्तिः स्यात् । न युक्तमेवं भवितुं यस्मात्

विज्ञानोत्पत्तियोग्यत्वायात्मन्यन्यानुरोधि यत् ।।१४६।।

तद्व्यङ्ग्यं योग्यतायाश्च कारणं कारकं मतम् ।
प्रागेवास्य च योग्यत्वे तदपेक्षा न युज्यते ।।१४७।।

सामान्यस्याविकार्यस्य तत्सामान्यवतः कुतः ।

न खलु वै कारकाद्व्यञ्जकस्य कश्चिद्भेदः । स्वविषयविज्ञानोत्पादनसमर्थमपरं सजातीयोपादानापेक्षमनपेक्षं च जनयद्भावमेव व्यञ्जक उच्यते । परत्र तु ज्ञानजननशक्तिरनाक्षिप्ता जन्यस्येति जननमात्रेण कारकत्वम् । यो हि यतो विज्ञानोत्पादनयोग्यतां प्रतिलभते, स चेन्न तस्य जन्यः स्यात्, सास्यस्वभावभूता योग्यता प्रागेवास्तीति न विज्ञानजनने तमपेक्षेत । परभूतायां चास्यां सैव ततो भवतीति स्थितिप्रसङ्गः ।

म०

सामान्यादुत्पत्तौ वा न व्यक्तिराधारः स्यात्, स्थितिहेतुत्वाभावात् । सामान्यं च नित्यत्वादकार्यमेव । न चान्यः सम्बन्धोऽस्ति, निराकरणात् । एवं गमनप्रतिबन्धादिष्वपि वाच्यम् ।

तदेवं न तावदाधेयता वृत्तिः । व्यक्तिरपि न युक्ता । **यत् स्वरूपेण** स्थितमेव सामान्यं स्वविषय**विज्ञानोत्पत्तियोग्यत्वायात्मन्यन्यानुरोधि** परापेक्षं **तद्व्यङ्ग्यमुच्यते** । यच्च **योग्यतायाः** स्वरूपभूतायाः **कारकम्** तत् **कारणं मतम्** । व्यतिरिक्तयोग्यताकरणे तु न स्यात् सामान्यस्योपलब्धिः, उपलम्भायोग्यस्वभावत्वात् । योग्यतासम्बन्धेऽप्यनुपलभ्यस्वभावानपायात् तदवस्थोऽनुपलम्भः ।

अथ व्यञ्जकाभिमतैर्विशेषैर्न योग्यता क्रियते, तदा सा प्रागेवास्तीति स्यात् । तथा च **प्रागेवास्य योग्यत्वे तदपेक्षा** व्यञ्जकापेक्षा **न युज्यते** ।।१४६-१४७।।

तत् तस्मात् **सामान्यवतो** विशेषस्य सकाशात् **सामान्यस्याविकार्यस्य** व्यक्तिरपि **कुतः** सम्भवति ?

अञ्जनादेरिव व्यक्तेः संस्कारो नेन्द्रियस्य च ।।१४८।।

प्रतिपत्तेरभिन्नत्वात् तद्भावाभावकालयोः ।

स्व०

तस्माद्व्यञ्जको न तं करोति नाप्यन्यमिति अकिंचित्करश्चापेक्षते इति व्याहतमेतत् ।

नन्वजनका अपि कार्यत्वाद्धूमादयो व्यञ्जकाः । सत्यम् व्यञ्जकाः न तु धूममपेक्ष्याग्नि-रात्मनि ज्ञानं जनयति । तथाभूतस्याग्नेः साक्षादजनकत्वात् । केवलमुपादानबलेनैव हि तत्र ज्ञान-मुत्पद्यते, न विषयबलेन । असत्यपि तस्मिन् भावात्, परम्परया लिङ्गानुसारेण । नापि सामान्य-लक्षणावभासिनां प्रत्ययानां संनिहितविषयता विषयबलेन उत्पत्तिर्वेति निवेदितमेतन्निवेद-यिष्यते च ।

तस्माद्ये विषयाः साक्षादुपयोगेन विज्ञानं जनयन्तस्तत्र परमपेक्षन्ते, तेऽवश्यं तत आत्मानं प्रतिलभन्ते । न चायमात्मप्रतिलम्भः सामान्यस्य नित्यस्य कुतश्चित् संभवति । तस्मान्न तत् केनचिद्व्यङ्ग्यम् ।

न वै योग्यताप्रतिलम्भः सामान्यस्य व्यक्तिं ब्रूमः । किं तर्हि स्वाश्रयसमवायम् । स्वाश्रय-समवेतं हि तदात्मन्यन्यत्र वा विज्ञानहेतुरिति । उक्तमत्र—अजन्यजनकयोः कोऽयमाश्रया-श्रयिभावलक्षणः समवाय इति ? स्वाश्रयसमवायापेक्षो विज्ञानहेतुः । तेन जन्य एव स्यात्, तद्धेतोः स्वभावस्य प्रागभावात्, पश्चात्ततो भावात् । नित्यं तत्स्वभावसद्भावे प्रागपि समवाया-द्विज्ञानोदयप्रसङ्गात् ।

न वै व्यक्तिः सामान्यस्य संस्काराद्व्यञ्जिका । किं तर्हि तद्ग्राहिण इन्द्रियस्य । सोऽपि—

अञ्जनादेरिव व्यक्तेः संस्कारो नेन्द्रियस्य च ।।१४८।।

प्रतिपत्तेरभिन्नत्वात्तद्भावाभावकालयोः ।

सस्कृतमञ्जनादिभिरिन्द्रियं प्रतिपत्तौ किंचिदतिशयमासादयति स्पष्टास्पष्टभेदात्, अतत्कारिणश्चातत्संस्कारकत्वात् । नैवं व्यक्तेरिन्द्रियस्य कस्यचित् संस्कारस्तद्भावाभाव-कालयोस्तत्प्रतिपत्ति प्रत्यविशेषात् । विषयसंस्कारस्त्विन्द्रियाऽविशेषेऽपि तद्विशेषाधानादुपकारी स्यात्, नेन्द्रियसंस्कारः । प्रागदृश्ये दर्शनशक्त्याधानादुपकारक इति चेत् सोऽतीन्द्रियमर्थं दर्शयन् कथं न प्रतिपत्तेर्भेदकः? एकप्रतिनियमे च सामान्यान्तरस्य दर्शको न स्यात् ।

म०

अथ न सामान्यस्य संस्काराद् व्यक्तिर्व्यञ्जिका, किन्त्विन्द्रियस्य, अञ्जनवद् इत्याह—**अञ्जनादेरिवेन्द्रिस्य न संस्कारो व्यक्तेः** सकाशात्, तत्**प्रतिपत्ते**स्तस्या व्यक्ते**र्भावाभावकालयोर-भिन्नत्वात्** । न हि यथेन्द्रियस्याञ्जनसंस्कारभावाभावयोरर्थप्रतिपत्तेः स्पष्टास्पष्टलक्षणो विशेषः, तथा व्यक्तिभावाभावकालयोः सामान्यप्रतीतेः सर्वदा तुल्याकारत्वात् तस्याः ।

व्यञ्जकस्य च जातीनां जातिमत्ता यदीष्यते ।।१४९।।

प्राप्तो गोत्वादिना तद्वान् प्रदीपादिः प्रकाशकः ।
व्यक्तेरन्याथ वानन्या येषां जातिरतु विद्यते ।। १५० ।।

स्व०

व्यक्त्या चेन्द्रियसंस्कारात्तद्दर्शने तद्व्यङ्ग्येषु सामान्येषु कदाचिदनिश्चयो न स्यात् एकनिश्चयो वा, तस्या अविभागायास्तेषु विशेषाभावात्। व्यक्तेर्यदीन्द्रियसंस्कारो यदि नेन्द्रियसंस्कारः सामान्यस्य विज्ञानजननस्वभाव इति स्वभावादच्युतेरनपेक्ष्यैवेन्द्रियसंस्कारं विज्ञानं जनयेत्।

संस्कृतेन्द्रियसहकारित्वात् केवलमसमर्थमिति चेत् कोऽयमनाधेयातिशयस्य सहकारार्थः? अनित्या हि भावाः सहकारिणो विशिष्टात्मलाभास्तमपेक्षेरन्। यो ह्येषां जनक आत्मा, स तदैव ततो भवतीति जन्यतैवैषां परस्परतोऽपेक्षा। सामान्यं पुनरनासाद्य परं नित्यं तत्स्वभावं किमितीन्द्रियमपेक्षते? न हि तस्य केवलस्य यो न तत्स्वभावः स पुनः कथंचिद्भावी। व्यक्तेरिन्द्रियसंस्कारः, तत्सहकारि सामान्यं विज्ञानहेतुरित्यपि पारम्पर्येण व्यक्तेः कार्यमेव सामान्यमुक्तं स्यात्।

अपि च—

व्यञ्जकस्य च जातीनां जातिमत्ता यदीष्यते ।।१४९।।

प्राप्तो गोत्वादिना तद्वान् प्रदीपादिः प्रकाशकः।

यो हि यद्विषयविज्ञानहेतुः स तस्य व्यञ्जकः। विज्ञानहेतुत्वं गोत्वादिषु प्रदीपादेरप्यस्ति, तेजःसंस्कारापेक्षिणश्चक्षुषोऽर्थप्रतिपत्तेः। ततः प्रदीपादयो गोत्वादिना तद्वन्तः स्युः। न हि व्यक्तेरपि ज्ञानहेतुतां मुक्त्वाऽन्या काचिदभिव्यक्तिः सामान्यस्य, स्वभावातिशयस्याधातुमशक्यत्वात्। समवायोऽभिव्यक्तिरिति चेत् उक्तोत्तरमेतत्तस्य समवायायोगादिति। समवायमात्रं हि व्यक्त्या सहास्य जातं नान्यः कश्चिद्विशेष इति पूर्ववत् पश्चादपि न ज्ञानहेतुः स्यात्। समवायादेव विज्ञानहेतुत्वे स्वाश्रयसमवायिनामन्येषामपि दृश्यतापत्तिः। तस्मात् ज्ञानहेतुतैव व्यञ्जकत्वम्। तच्च तुल्यं प्रदीपादाविति स एव प्रसङ्गः।

तन्नाधेयता न व्यक्तिवृत्तिः सामान्यस्येति। अवृत्तेर्नानेकत्र ज्ञानहेतुः।

म०

किञ्च—**व्यञ्जकस्य** विशेषस्य **जातीनां जातिमत्ता यदीष्यते**, तदा **गोत्वादिना** सामान्येन **प्रदीपादि**स्तस्य **प्रकाशकः तद्वान्** सामान्यवान् **प्राप्तः**, व्यञ्जकलक्षणत्वात् तद्वतः। तस्मान्न वृत्तिरभिव्यक्तिरपि। तत् कथमेकवृत्तेरनेकोऽप्येकशब्दवान् स्यात्?

किञ्च—**व्यक्तेरन्या अथ वाऽनन्या** अव्यतिरिक्ता येषां **वैशेषिकसांख्यादीनां जातिर्विद्यते** एवेति मतम्, तेषां मते **व्यक्तिष्वपूर्वासु कथं सामान्यबुद्धयः स्युः?**

तेषां व्यक्तिष्वपूर्वासु कथं सामान्यबुद्धयः।
एकत्र तत्सतोऽन्यत्र दर्शनासम्भवात् सतः ॥ १५१ ॥

अनन्यत्वेऽन्वयाभावादन्यत्वेऽप्यनपाश्रयात्।

स्व०

अत एव

व्यक्तेरन्याऽथवाऽनन्या येषां जातिस्तु विद्यते ॥ १५० ॥

तेषां व्यक्तिष्वपूर्वासु कथं सामान्यबुद्धयः।

विद्यत एवेत्यवधारणार्थस्तुशब्दः। विद्यमानो हि पदार्थः स्वसामर्थ्येनान्यस्य बुद्धिं जनयन् स्वरूपानुकारिणीं तत्संबन्धमपेक्षते, अन्यथातिप्रसङ्गात्। स च सामान्यस्य सतः तत्त्वान्यत्वपक्षयोर्न संभवतीति।

एकत्र दृष्टस्यान्यत्र[1] दर्शनासंभवात्

सा हि बुद्धिरेकभाविनी व्यक्त्यन्तरमेवमास्कन्देत्, भूतग्राहिणी यदि तत्र दृष्टं किंचिदन्यत्र पश्येत्। तच्च

सतः ॥ १५१ ॥

अनन्यत्वेऽन्वयाभावाद् अन्यत्वेऽप्यनपाश्रयात्।

न संभवति।

स्वभावो हि भावान्न तत्त्वमन्यत्वं वा लङ्घयेत्, रूपस्यातद्भूतस्यान्यत्वाव्यतिक्रमात्। इदमेव खलु रूपस्यान्यत्वं यन्न तत्। आकारान्तरवदविशेषात्। तच्चेत् सामान्यस्य रूपमनन्यत् तदेव तद्भवति। अतत्त्वे वस्त्वन्तरवदन्यत्वप्रसङ्गात्। न चैकव्यक्त्यात्मनो व्यक्त्यन्तरान्वादेशो व्यक्त्यन्तरत्वप्रसङ्गात्। ततो नाव्यतिरेकिणः सामान्यादन्वयिनी बुद्धिः स्यात्। नापि व्यतिरेकिणस्तस्य क्वचिदनाश्रयणात्। अन्यस्यापि व्यङ्ग्यव्यञ्जकभावादेः संबन्धस्य केनचिदनुपकार्यस्याप्रतिबन्धेनाभावात्। असंबन्धाच्च ज्ञानोत्पत्तावतिप्रसङ्गात्। तदयमेकवस्तुदर्शनं नैकवृत्तेः प्रत्ययस्यान्यत्र वृत्तिमिच्छंस्तत्त्वान्यत्वे नातिक्रामतीत्युक्तमेतत्।

तस्मादियमर्थेष्वेकरूपा प्रतीतिर्विकल्पवासनासमुत्थिता भ्रान्तिरेव। भावभेदो वासनाप्रकृतिश्चास्या आश्रय इति निर्लोठितमेतत्।

म०

तथा हि—**अनन्यत्वे एकत्र** व्यक्तौ **तदात्मनः सतः** सामान्यस्या**न्यत्र** व्यक्त्यन्तरे**ऽन्वयाभावात् दर्शनासम्भवात्** कथं सामान्यबुद्धिः? **अन्यत्वे**ऽपि जाते**रनपाश्रयादु**क्तयुक्त्याऽऽश्रयत्वाभावात् न व्यक्तिष्वपूर्वासु तन्निबन्धना धीः स्यात्।

अपि च—सामान्यं स्वाश्रयगतं वा कल्प्यते सर्वगतः वा आकाशादिवत्? तत्र प्रथमपक्षं दूषयितुमाह—एकव्यक्तिस्थितिं सामान्यं व्यक्त्यन्तरमुत्पद्यमानं निष्क्रियत्वान्न **याति**। **न तत्र**

1. मनोरथः एकत्र तत्सतोऽन्यत्र

न याति न च तत्रासीदस्ति पश्चान्न चांशवत् ॥ १५२ ॥

जहाति पूर्वं नाधारमहो व्यसनसन्ततिः ।

स्व०

कथं तर्हीदानीं प्रधानेश्वरादिकार्यशब्दाः भावेष्वतद्भूतभेदेष्वभेदेन वर्त्तन्ते ? तेऽपि यथासंकेतवासनोपस्कृतत्वाच्चित्तसंततेः सर्वार्थदर्शनेष्वनपेक्ष्यापि तद्भेदं तथाध्यवसायात्तथाभूतकल्पितव्यवच्छेदेन विकल्पविज्ञानप्रतिभासिन्यर्थे उपादानबलप्रभवविकल्पसमुत्थिताः प्रवर्तन्ते । न हि तेषु तथा सत्सु किंचिद्व्यतिरिक्तमव्यतिरिक्तं वा सामान्यमस्ति । तथाभावकल्पनया तु तदन्यभेदः प्रतिपत्त्रभिप्रायवशात् स्यात् । तदभिप्रायवशादेव सामान्यं किं नेति चेत् तेनावश्यं हि तत्र भेदो नान्तरीयकत्वादेष्टव्यः । स एव सामान्यकार्ये पर्याप्त इति निष्प्रयोजना सामान्यकल्पना ।

यदि सत्स्वसत्सु भावेषु सामान्यबुद्धिर्नेयमर्थवती केवलं विप्लव एवेति नास्माकमस्या विषयनिरूपणं प्रति कश्चिदादरः । क्वचिदविसंवादोऽस्या वस्तुनि कार्यकारणभावप्रतिबन्धात्, न तथाभूतग्राह्यसमावेशात्, प्रत्यक्षवत् । अतथाभावेऽपि भावादिति निवेदयिष्यामो निवेदितं च । भेदविषयत्वं पुनरस्या बहुलं भिन्नपदार्थदर्शनबलेन तेषु भावाध्यवसायात् । तथाभावकल्पनायामेवापरत्र भावात् ।

अपि चायं सामान्यमर्थान्तरं कल्पयन् स्वाश्रयमात्रगतं कल्पयेत्, सर्वगतं वाकाशादिवत् । तत्र यदि स्वाश्रयमात्रगतं घटत्वादिशून्येषु प्रदेशेषु घटाद्युत्पत्तौ कथं तेषु भिन्नदेशद्रव्यवर्त्तिनः सामान्यस्य संभवो यस्मात्तत्पूर्वद्रव्यादुत्पित्सुद्रव्यं

न याति

निष्क्रियत्वोपगमात् । न ह्यन्यवृत्तेर्भावस्य ततोऽविचलतो भिन्नदेशेन भावेन तदुभयान्तरालाऽव्यापिनो योगो युक्तः । प्राक् स

न च तत्रासीदस्ति पश्चात्

न च तत्रोत्पन्नो न कुतश्चिदायात इति क इमं व्याघातभारमुद्वोढुं समर्थोऽन्यत्र जाड्यात्? अपि च

न चांशवत् ॥ १५२ ॥

जहाति पूर्वं नाधारम्

उत्पित्सुदेशाद्भिन्नदेशम् । तयोश्च वर्त्तत इति ।

अहो व्यसनसन्ततिः ।

भिन्नदेशयोर्हि भावयोः संबन्धी द्विधा भवेत् । नानावयवात्मतयान्योन्याभ्यामवयवाभ्यां तत्संबन्धादालोक-रज्जवंश-दण्डादिवत् । न हि सावयवत्वमन्तरेण भिन्नदेशाभ्यां युगपत् कस्यचिद्योगो युक्तस्तस्य द्वितीयात्माऽभावात्, एकात्मनश्च तत्प्रदेशवर्त्तिसंबन्धरूपत्वात् । अन्यथा तत्संबन्धायोगात् एकस्याधेयस्य तत्र स्थानं तत्र तदैव तेनैवात्मनाऽस्थानमिति तत् स्थिताऽस्थितात्मनोरेकस्य विरोधादयुक्तमेतत् ।

अन्यत्र वर्त्तमानस्य ततोऽन्यस्थानजन्मनि ॥ १५३ ॥

स्वस्मादचलतः स्थानाद् वृत्तिरित्यतियुक्तिमत् ।
यत्रासौ वर्त्तते भावस्तेन सम्बध्यतेऽपि न ॥ १५४ ॥

तद्देशिनञ्च व्याप्नोति किमप्येतन्महाद्भुतम् ।
व्यक्त्यैवैकत्र सा व्यक्ताऽभेदात् सर्वत्रगा यदि ॥ १५५ ॥

स्व०

सर्वत्र सर्वदा सर्वाकारस्थितात्मेति चेत् तत्र तत्स्वभावदर्शनाश्रयः प्रत्ययः सर्वत्र सर्वाकारः स्यात् । तथा च गामप्यश्व इति प्रतीयात् । अश्वस्थितात्मना द्रव्यत्वेन संबन्धात् । तत्स्वभावप्रतिपत्त्या च तथा निश्चयात् । तस्य चैकस्याऽदृष्टाकारान्तराऽभावात् । तस्मान्नानवयवमनेकदेशे युगपदाधीयते ।

पूर्वाधारत्यागे तु भिन्नदेशेऽपि वर्त्तेत । स च नाभिमतः ।

अन्यत्र वर्त्तमानस्य ततोऽन्यस्थानजन्मनि ॥ १५३ ॥

स्वस्मादचलतः स्थानाद्वृत्तिरित्यतियुक्तिमत् ।
यत्रासौ वर्त्तते भावस्तेन संबध्यतेऽपि न ॥ १५४ ॥

तद्देशिनं च व्याप्नोति किमप्येतन्महाद्भुतम् ।
इत्यन्तरश्लोकौ ॥

यस्य तु सर्वगतं सामान्यं तस्यापि

व्यक्त्यैवैकत्र सा व्यक्त्या[1]ऽभेदात् सर्वत्रगा यदि ॥ १५५ ॥

म०

व्यक्त्युत्पत्तिदेशे प्रागासीत्, व्यक्तिमात्रनिष्ठत्वात् । **अस्ति च पश्चादुत्पत्तेः** सामान्यम्, सामान्यशून्याया व्यक्तेः स्थित्यनुपगमान्न **चांशवत्** । न हि सामान्यं सावयवम्, येन क्वचिदेकेनावयवेन समवेतं सद् अवयवान्तरैरुत्पद्यमानव्यक्तिभिः सम्बध्यते । **न च पूर्वोत्पन्नमाधारं जहाति** । उत्पित्सुव्यक्त्यन्तरेण सम्बन्धार्थमन्यत्र स्थितस्यापरसम्बन्धस्तद्देशागमनं किल न युज्यत **इत्यहो व्यसनसन्ततिः** स्वाश्रयगतसामान्यवादिनाम् ।

किञ्च—**अन्यत्र** पूर्वस्थितायां व्यक्तौ **वर्तमानस्य** सामान्यस्य **स्वस्मात् स्थाना**दाश्रया**दचलतः ततः** पूर्वव्यक्तेरन्यत्र **स्थाने जन्म** यस्य तत्र द्रव्ये **वृत्तिरित्यतियुक्तिमत्** । न हि व्यक्त्यन्तरस्थितस्य व्यक्त्यन्तरमनागच्छतस्तेन सहानुत्पद्यमानस्य च तत्सम्बन्धो युक्तः ।

तथा—**यत्र** देशे**ऽसौ** शाबलेयादि**र्भावो वर्तते, तेन** देशेन सामान्यं **न सम्बध्यते,** स्वव्यक्तिनिष्ठत्वात् तस्य ॥१४८-१५४॥

---

1. मनोरथः व्यक्ता

सर्वत्र दृश्येताभेदात् सापि न व्यक्त्यपेक्षिणी ।
व्यञ्जकस्याप्रतीतौ न व्यङ्ग्यं सम्यक् प्रतीयते ॥ १५६ ॥

विपर्ययः पुनः कस्मादिष्टः सामान्यतद्वतोः ।

स्व०

जातिर्दृश्येत सर्वत्र

न जातेर्नित्यायाः काचिद्वयक्तिररिति निषिद्धमेतत् । तस्मान्नित्यमनपेक्षितपरोपकारा दृश्येत वा, न वा कदाचित्, तस्मिन् स्वभावे व्यवस्थानात् । स्वभावान्तरस्य कुतश्चिदनुत्पत्तेः । अभ्युपगम्याऽपि व्यक्तिं व्यापिन्येकत्र व्यक्त्या भेदाभावाद्व्यक्तैव सर्वत्रेति व्यक्तिशून्येष्वपि देशेषु दृश्येत ।

न च सा व्यक्त्यपेक्षिणी[1] **।**

यदि व्यक्त्यपेक्षिणी स्यात्,

व्यञ्जकाप्रतिपत्तौ हि न व्यङ्ग्यं संप्रतीयते[2] **॥ १५६ ॥**

विपर्ययः पुनः कस्मादिष्टः सामान्यतद्वतोः ।

योऽपि हि

स्वाश्रयेन्द्रियसंयोगापेक्षप्रतिपत्तिकम् ।
सामान्यमाश्रयशून्येषु देशेषु न दृश्यते ॥

इति प्रतिसमादधीत तस्याप्यस्त्येवेन्द्रियाश्रयसंयोग उपकारक इति । ततस्तद्दर्शी यथास्थिता पश्येत् । न हि तस्यां दृश्यमानायां रूपमदृष्टं तदीयं युक्तम् ।

व्यक्तिव्यङ्ग्यत्वात् सामान्यस्य व्यञ्जकरहितेषु प्रदेशेष्वदर्शनमित्यपि मिथ्या । तथा-भूतस्य व्यङ्ग्यव्यञ्जकभावस्य तत्राभवात् । स्वप्रतिपत्त्या परप्रतिपत्तिहेतुर्हि व्यञ्जकः प्रदीपादिः स्वरूपशून्ये देशे स्वव्यङ्ग्यं न दर्शयति नैवं व्यक्तिर्विपर्ययात् । कथं हि सा व्यञ्जिका च स्यात् सामान्यस्य, तत्प्रतिपत्तिद्वारेण च दृश्या स्यात् ? व्यङ्ग्या च सैवं प्रसज्यते । प्रदीप-घटवत् कथंचित्तत्प्रतिपत्तिमन्तरेणादृश्यरूपत्वात् ।

म०

तद्देशिनं सामान्यसम्बन्धरहितो देशो यस्य तं विशेषं च **व्याप्नोतीति किमपि महाद्भुत-मेतद्** दुर्बुद्धिविलपितेषु ।

अथ **सर्वत्रगा** जातिरिष्यते, **तदैकत्रैव** देशे **व्यक्त्या व्यक्ता सा** जातिः **सर्वत्र** देशे **दृश्येत, अभेदात्** । एकव्यक्तिव्यक्तं रूपं सर्वत्र विद्यमानमभिन्नमित्युपलब्धिप्रसङ्गः । व्यङ्ग्यव्यञ्जक-भावश्चायुक्त इत्युक्तम् ।

1. मनोरथः सर्वत्र दृश्येताभेदात् सापि न व्यक्त्यपेक्षणी
2. मनोरथः व्यञ्जकस्याप्रतीतौ न व्यङ्ग्यं सम्यक् प्रतीयते

पाचकादिष्वभिन्नेन विनाप्यर्थेन वाचकः ॥ १५७ ॥

भेदान्न हेतुः कर्मास्य न जातिः कर्मसंश्रयात् ।

स्व०

अपि चानेन किमसंभवदभिसमीक्ष्यैवं बह्वायासः सामान्यवाद आश्रितः ? परस्परतो भेदाद्व्यतिरेकिणीषु व्यक्तिष्वन्वयिनः प्रत्ययस्यायोगात् । कथमिदानीं

पाचकादिष्वभिन्नेन विनाप्यर्थेन वाचकः ॥ १५७ ॥

पाचकपाठकादिष्वन्योन्यमनन्वयिष्वपि शब्दप्रत्ययानुवृत्तिरस्ति पाचकः पाठकः इति । न हि तेष्वन्यदेकमभिन्नमस्ति येन भिन्नास्तथा प्रतीयेरन् ॥ १४६–१५७ ॥

कर्मास्ति चेत् व्यक्तिभ्य एव तर्हि स प्रत्ययोऽस्तु । किमिदानीं कर्मणान्येन वा ? भिन्नमभिन्नप्रत्ययहेतुर्न भवतीत्येकं सामान्यमिष्टम् । तद्यदि भिन्नमपि कर्माभिन्नं प्रत्ययं जनयेत् व्यक्तिभिः कोऽपराधः कृतो येन तास्तथा नेष्यन्ते ? तासामेकरूपत्वात् अस्येदम् इति व्यतिरेकप्रतीतिरतदाकारविशेषवती च न स्यादिति चेत् उक्तमत्र यथा व्यतिरेको विशेषप्रत्ययाश्च यथास्वमर्थान्तरविवेकादिति ।

तस्माद्व्यक्तिवत्

भेदान्न हेतुः कर्मास्य

पाचकाद्यभेदप्रत्ययस्य ।

तत्कर्मजातिरभेदाद्धेतुरिति चेत्

न जातिः कर्मसंश्रयात् ।

न ह्यर्थान्तरसंबन्धिनी जातिरर्थान्तरे प्रत्ययहेतुः । गोत्वमिव कर्कादिषु पाचककर्मसु च कर्मजातिः । न च तानि कर्माणि पाचकशब्देनाभिधीयन्ते । किं तर्हि ? तत्कर्माश्रयो द्रव्यम् ।

म०

भवतु वा, तथापि **न सा** जाति**र्व्यक्त्यपेक्षिणी** । तथा हि—**व्यञ्जकस्य** प्रदीपादेर**प्रतीतौ न व्यङ्ग्यं** घटादिः **सम्प्रतीयत** इति तावत् स्थितम् । **सामान्यतद्वतोः पुनः कस्माद् विपर्यय इष्टः** ? यदि व्यक्तिः सामान्यस्य व्यञ्जिका तदा व्यक्तेर्ग्रहे सामान्यं न गृह्येत । इह तु सामान्यस्य व्यङ्ग्यस्य प्राग्ग्रहणम्, ततस्तद्विशिष्टत्वेन व्यक्तिर्गृह्यत इति किमिष्यते, व्यञ्जकाग्रहे व्यङ्ग्याग्रहणात् ?

किञ्च—यदि सामान्यमेवाभिन्नाभिधानहेतुः न व्यक्तयः, तदा **पाचकादिष्वभिन्नेनार्थेन** पाचकत्वादिसामान्येन **विनैव** त्वन्मतेऽपि पाचकादिशब्दः कथं **वाचकः** ? ॥१५५-१५७॥

प्रत्ययश्चानुयायी, कर्म पचनादि तद्धेतुरिति चेत् आह—**भेदान्न हेतुः कर्मापि** । कर्मापि कर्तापि प्रतिव्यक्त्येकस्यामपि पौर्वापर्येण भिन्नमेव, तत् कथं व्यक्तिवदेकाभिधानहेतुः ? कर्मसामान्यं हेतुश्चेद् आह—अस्य कर्मणो **जाति**र्नाभिन्नाभिधानहेतुः, तस्याः **कर्मसंश्रयात्** । कर्मणि समवेतत्वात् तत्रैवाभिधानहेतुता स्यात्, न द्रव्ये ।

श्रुत्यन्तरनिमित्तत्वात् स्थित्यभावाच्चकर्मणः ॥ १५८ ॥

असम्बन्धान्न सामान्यं नायुक्तं शब्दकारणात् ।
अतिप्रसंगात् कर्मापि नासत् ज्ञानाभिधानयोः ॥ १५९ ॥

स्व०

तस्य कर्मसामान्यस्य

श्रुत्यन्तरनिमित्तत्वात्

पाकः पाक इति हि ततः स्यात्, न पाचक इति तस्य कर्मनिमित्तत्वे प्रोक्तम् । किं च

स्थित्यभावाच्च कर्मणः ॥ १५८ ॥

न ह्यनित्यं कर्म सर्वदाऽस्ति । तस्य च प्रत्ययस्य कर्मनिमित्तत्वे निरुद्धे कर्मणि न पाचक इत्युच्येत, पचत एव कर्मसद्भावात् ॥ १५८ ॥

तत एव

असंबन्धान्न सामान्यं नायुक्तं शब्दकारणम्[1] ।

अतिप्रसङ्गात्

विनष्टे हि कर्मणि तत्सामान्यं न कर्मणि न कर्त्तरीति संबद्धसंबन्धोऽप्यस्य नास्तीत्यसंबन्धान्न शब्दज्ञानहेतुः, अन्यथाऽतिप्रसङ्गः स्यात् ।

अतीतमनागतं वा निमित्तीकृत्य तयोः प्रवृत्तिरिति चेत्

कर्मापि नासत् ज्ञानाभिधानयोः ॥ १५९ ॥

म०

अथ कर्मसामान्यं कर्मणि सम्बद्धम्, तच्च द्रव्य इति परम्परया तत्सम्बद्धम्, तन्निमित्तः शब्दो द्रव्ये वर्तते इत्याह—**श्रुत्यन्तरस्य** पाचकादिशब्दादन्यस्य पाक इत्यादिशब्दस्य **निमित्तत्वात्** कर्मणो द्रव्ये पाचकशब्दवृत्तौ नास्ति निमित्तता परम्परयापि । तथा नित्यत्वात् **स्थित्यभावाच्च कर्मणस्**तस्मिन्निवृत्ते पाचकादिप्रतिपत्तिर्न स्यात् । अपचत्यपि तद्व्यपदेशो दृश्यते ॥१५८॥

नित्यत्वात् कर्मसामान्यस्य पाचकव्यपदेशे हेतुश्चेद् आह—**असम्बन्धात्** । द्रव्येण कर्मसामान्यस्य न सम्बन्धः साक्षात्, तत्रासमवायात् । नापि परम्परया, कर्मणा तत्समवेतस्य नष्टत्वात्, समवायिना सामान्येन सम्बन्धाभावात् । **न सामान्यं शब्दस्य** पाचकादेः **कारणान्नायुक्तम्** किन्त्वयुक्तमेव **अतिप्रसङ्गात्** । कर्मत्वस्य सम्बन्धव्यतिरेकेण व्यपदेशहेतुत्वे सर्वत्र तथात्वप्रसङ्गः ।

1. मनोरथः कारणात्

अनैमित्तिकतापत्तेः न च शक्तिरनन्वयात्।
सामान्यं पाचकत्वादि यदि प्रागेव तद् भवेत् ॥ १६० ॥

व्यक्तं सत्तादिवन्नो चेन्न पश्चादविशेषतः।

स्व०

निमित्तम्। तयोः

अनैमित्तिकतापत्तेः

असद्धि निरुपाख्यं कथं निमित्तं स्यात्? कार्यकारणलक्षणत्वाद्वस्तुतत्त्वस्य। तत्प्रच्युताऽसंप्राप्तरूपमतीतानागतं कर्मानिमित्तम्, अन्यच्च व्यक्त्यादिकं नेष्टमित्यनिमित्ते ते स्याताम्। तथा च न जातिसिद्धिस्तस्या ज्ञानाभिधानयोर्निमित्तत्वेनेष्टत्वात्।

शक्तिः पाचकादिशब्दनिमित्तम्, न कर्म, न सामान्यमिति चेत्

न च शक्तिरनन्वयात्।

न हि शक्तिर्नाम किंचिदन्यदेव पाचकादीनाम्, तस्या एव पाकाद्यर्थक्रियोपयोगेन द्रव्ययानुपयोगित्वप्रसङ्गात्। तस्यां तस्योपयोग इति चेत् किमिदानीं शक्त्या? शक्त्युपयोगाय शक्त्यन्यतरस्य व्यतिरेकिणोऽभ्युपगमेऽतिप्रसङ्गात् द्रव्यमेवोपयुज्यत इति वाच्यम्। तस्योपयोगे शक्तावर्थक्रियायामेवोपयुज्यत इति किं नेष्यते? किमन्तरालेऽनर्थिकया शक्त्या? तस्माच्छक्तिरिति द्रव्यमेव तत्कार्यम्। तच्च नान्वेतीति ततोऽन्वयी शब्दो न स्यात्।

सामान्यं पाचकत्वादि यदि प्रागेव तद्भवेत् ॥ १६० ॥

व्यक्तं सत्तादिवन्नो चेन्न पश्चादविशेषतः।

म०

अपचत्यपि पुरुषेऽतीतानागतं कर्म तद्व्यपदेशनिमित्तमिति चेत् आह—**न कर्मासदपि ज्ञानाभिधानयोर्हेतुः, अनैमित्तिकताया आपत्तेः** हेतुं विना भावतोऽहेतुकत्वप्रसङ्गात्। अतीतानागतं च कर्माविद्यमानत्वादसदेव।

पाकादिनिर्वर्त्तिका शक्तिः पाचकादिव्यपदेशहेतुरिति चेत् आह—**शक्तिर्हि** द्रव्यादभिन्ना, भिन्ना वा प्रतिपन्ना? अभिन्ना चेत् तदा द्रव्यवद**नन्वयान्न** चान्वयिनोऽन्वयिशब्दहेतुता। अथ भिन्ना तदाऽनुपकारकयोः सम्बन्धानुपपत्तेर्द्रव्येणोपक्रियमाणा शक्तिस्तत्सम्बन्धिनीति वक्तव्यम्। अत्रापि द्रव्यं शक्त्यन्तरेण स्वयमेवासमर्थस्वभावतया शक्तिमुपकरोतीति वाच्यम्। आद्येऽनवस्था, द्वितीये तु कार्यमेव किं न करोतीत्यलं शक्तिस्वीकारेण।

अभिन्नाभिधाने निमित्तं सामान्यमेव पाचकत्वादि यदीष्यते, तदा पाकादिक्रियातः **प्रागेव तत् पाचकत्वादि सामान्यं** द्रव्योत्पत्तावेव व्यक्तं **भवेत्। नो चेत्** प्रागव्यक्तं न **पश्चा**दपि **व्यक्तं** स्याद्, **अविशेषतो** विशेषाभावात्। नित्यैकरूपस्य सामान्यस्य **क्रियायाः** कर्मणः पाकादि न उपकारः, तदपेक्षस्य द्रव्यस्य पाचकत्वादिसामान्यव्यञ्जकत्वे चेष्यमाणेऽविकारिणः स्थिरस्य

क्रियोपकारापेक्षस्य व्यञ्जकत्वेऽविकारिणः ॥ १६१ ॥

नापेक्षातिशयेऽप्यस्य क्षणिकत्वात् क्रिया कुतः ।

स्व०

अथापि पाचकत्वमिति सामान्यमेव किंचिद् भवेत । सत्यर्थे तत्समवायस्याऽकादाचित्कत्वात् सत्त्वादिवत् प्रागेव व्यक्तं स्यात् । यावन्ति हि सामान्यान्यर्थे समवायधर्माणि तानि सहोत्पादेनास्य समवयन्तीति समयः । तद्व्यतिक्रमेण तस्य पश्चादप्यविशेषात् न तत्समवायः स्यात् । तत्संबन्धिस्वभाववैगुण्याद्धि स तस्य प्राङ् नासीत् । तत्रैव चास्य स्वभावे स्थितस्य पश्चाद् भवतीति दुरन्वयमेतत् ।

क्रियोपकारापेक्षस्य व्यञ्जकत्वेऽविकारिणः ॥ १६१ ॥

नापेक्षातिशयेऽप्यस्य क्षणिकत्वात् क्रिया कुतः ।

कर्मोपकारकमपेक्ष्य पाचकत्वं द्रव्येण व्यज्यत इति चेत् स्थिरस्वभावस्यानतिशयादविशेषाधायिनि कापेक्षा ? अतिशये वा क्षणिकत्वात् कर्मणः प्रतिक्षणं स्वभावभूतस्यान्याऽन्यस्यातिशयोत्पत्तेस्तदपि क्षणिकं स्यात् । ततः स्वोत्पत्तिस्थानविनाशिनः क्रिया कुतो यदपेक्षं व्यञ्जकं स्यात् ।

कथं तर्हीदानीमसत्यभिन्ने वस्तुनि ज्ञानशब्दयोरन्वयिनोर्वृत्तिः ? यथा पाचकादिषु । ननु तदेव चिन्त्यते कथं तेष्वपीति । चिन्तितमेतत् यथा तेषु न संभवतीति तत् किमिदानीमनिमित्ते ते स्याताम्? नाऽनिमित्ते किं तर्हि न बाह्यतत्त्वनिमित्ते । यथास्वं वासनाप्रबोधाद्विकल्पोत्पत्तिः, ततः शब्दाः । न पुनर्विकल्पाभिधानयोर्वस्तुसत्तासमाश्रय इत्युक्तप्रायमेतत् । यथास्वं समयवासनावशाद्विरोधिरूपसमावेशेनाऽपरापरदर्शनेऽप्यन्वयिनोस्तयोर्दर्शनात् । न च तत्र तन्निबन्धनः कश्चित् स्वभावोऽस्ति परस्परविरोधिनोर्युगपदेकत्र समावेशायोगात् । अनियमेन तर्हि स्यात् । न ह्यनिमित्तं भवत् क्वचिद् भवति क्वचिन्न भवतीति नियममर्हति । न खलु वैतदनिमित्तं वासनाविशेषनिमित्तत्वात् । बाह्यं तु तथाभूतं दृश्यं नास्तीति ब्रूमः । न चासति तस्मिन्न भवितव्यम्, सुप्ततैमिरिकोपलब्धेष्वर्थेषु, अभावेषु च समयवासनारोपितरूपविशेषेषु च तथा विकल्पोत्पत्तेः । न च ते सत्सूत्पद्यन्त इति सर्वत्र सर्वाकाराः, विभागेनैव तथोपलब्धानां विकल्पनात् । उक्तं चात्र किंचिदस्माभिः—प्रकृत्यापि केचिदेकज्ञानकार्याः स्वभावभेदादिति ।

म०

द्रव्यस्यापेक्षा नास्ति । अतिशये वा प्रागवस्थातः स्वीक्रियमाणे क्षणिकत्वं स्यात् । **क्षणिकत्वा**दुत्पत्त्यनन्तरविनाशित्वात् **क्रिया** कर्म **कुतः** सम्भवति ? उत्पत्त्यनन्तरं स्थितौ हि कर्म कुर्यात् । सा च क्षणिकस्य नास्तीति न तेनोपकारोऽपि ।

वस्तुभूतसामान्यवादिनोऽपि व्यक्तीनां **तुल्ये भेदे** परस्परमेकार्थकरणादिकया **यया प्रत्यासत्त्या क्वचिद्** व्यक्तौ शाबलेयबाहुलेययोर्जाति **प्रसर्पति नान्यत्र** कर्कादौ, **सैव** प्रत्यासत्तिर**भिन्नस्य शब्दज्ञानस्य निबन्धनमस्तु**, किं प्रमाणान्तरबाधितजातिस्वीकारेण ?

तुल्ये भेदे यया जातिः प्रत्यासत्त्या प्रसर्पति ॥ १६२ ॥

क्वचिन्नान्यत्र सैवास्तु शब्दज्ञाननिबन्धनम् ।
न निर्वृत्तिं विहायास्ति यदि भावान्वयोऽपरः ॥ १६३ ॥

एकस्य कार्यमन्यस्य न स्यादत्यन्तभेदतः ।
यद्येकात्मतयानेकः कार्यस्यैकस्य कारकः ॥ १६४ ॥

स्व०

अपि च

तुल्ये भेदे यया जातिः प्रत्यासत्त्या प्रसर्पति ॥ १६२ ॥

क्वचिन्नान्यत्र सैवास्तु शब्दज्ञाननिबन्धनम् ।

इत्यन्तरश्लोकः ।

न निर्वृत्तिं विहायास्ति यदि भावान्वयोऽपरः ॥ १६३ ॥

एकस्य कार्यमन्यस्य न स्यादत्यन्तभेदतः ।

यद्येते भावा व्यावृत्तिं मुक्त्वा स्वभावेन केनचिदन्वयिना शून्याः, नैषां बहूनामेकं कार्यं स्यात् । यो हि तस्य स्वभावो जनको न हि सोऽन्यस्यास्ति । योऽस्ति न स जनकः, व्यतिरेकस्य निःस्वभावत्वात् । यज्जनकं तदेव वस्तु । तज्जनकं चापरत्र नास्तीति नापरं जनयेत् । न हि तस्य स्वभावो यो जनकः सोऽन्यस्यापि । यदि स्यात् स तेन स्वभावेन ततोऽभिन्नः स्यादित्यस्ति स्वभावान्वयः ।

यद्येकात्मतयाऽनेकः कार्यस्यैकस्य कारकः ॥ १६४ ॥

म०

सांख्याः प्राहुः—**यदि निर्वृत्तिं** विजातीयव्यवच्छेदं **विहाय भावानां** सत्त्वरजस्तमःसाम्यावस्थास्वभावप्रकृत्यात्मना द्वय एकरूपोऽन्वयोऽपरो नास्ति, तदैकस्य **कार्यम**ङ्कुरो**ऽन्यस्य** क्षित्यादेर्न **स्यात्**, बीजक्षित्यादीनाम**त्यन्तभेदतः** । अङ्कुरकारकं यद् रूपं बीजस्य तच्चेत् क्षित्यादेर्नास्ति न स्यादसौ तत्कारकः, अस्तित्वे चैकरूपान्वयः ।

सिद्धान्तवाद्याह—**यद्येकात्मतयाऽनेको** बीजसलिलादिः **कार्यस्या**ङ्कुर**स्यैकस्य कारकः**, तदाङ्कुरकारक **आत्माऽनुयायी** । **एकत्रापि** बीजेऽन्यत्र **वास्तीति व्यर्थाः सहकारिणः स्युः**, एकत्र विद्यमानेनैव तेनात्मना कार्योत्पत्तेः ।

सहकारिणामभावेऽपि बीजसत्त्वेऽभिन्नं **तत्** प्रधानं कर्तृ **रूपं नार्पति**, नित्यत्वात् । व्यक्तिसत्त्वाच्च **विशेषाः खलु** नूनमपायिनः, न प्रधानम्, एकस्य सहकारिणो विशेषस्यापायेऽपि **फलस्याभावात्** । **विशेषेभ्यस्तस्य** कार्यस्य **उद्भवो** निश्चीयते, न प्रधानात् । विशेषस्यान्वयव्यतिरेकानुविधानात्, सामान्यस्य विपर्ययात् ।

आत्मैकत्रापि वा सोऽस्तीति[1] व्यर्थाः स्युः सहकारिणः ।

नापैत्यभिन्नं तद् रूपं विशेषाः खल्वपायिनः ॥ १६५ ॥

एकापाये फलाभावाद् विशेषेभ्यस्तदुद्भवः ।

स पारमार्थिको भावो य एवार्थक्रियाक्षमः ॥ १६६ ॥

स्व०

आत्मैकत्रापि सोऽस्तीति[1] व्यर्थाः स्युः सहकारिणः ।

यद्येकस्वभावत्वादनेक एकस्य कारकः, स तेषामभिन्नस्वभाव एकसंनिधानेऽप्यस्तीत्यवैकल्यात्, कारणस्यैकोऽपि जनकः स्यात् ।

यस्मात्

नापैत्यभिन्नं तद्रूपं विशेषाः खल्वपायिनः ॥ १६५ ॥

न हि तस्याभिन्नस्य स्वभावस्यार्थान्तरे विशेषोऽस्ति, विशेषे वाऽभेदहानेः । स च तत्राप्यस्तीति नैकस्थितावपि तस्याऽपायोऽस्ति । ये तु विशेषास्तेषां सहस्थितिनियमाभावात् स्यादपायः । न च ते जनका इष्टाः । सहकारिणामेकस्वभावतया जनकत्वाभ्युपगमात् । ततो जनकस्य स्थानाद्, अस्थायिनश्चाजनकत्वादेकस्थितावपि कार्योत्पत्तिः स्यात् । न च भवति ॥ १५९-१६५ ॥

अत :

एकापाये फलाभावाद्विशेषेभ्यस्तदुद्भवः ।

तत्कार्यमनेकसहकारिसाधारणमेकविशेषापायेऽपि न भवति । पुनरविकलेषु सर्वेषु विशेषेषु भवति । न त्वविकलेप्यभिन्ने रूपे । कार्यं हि कुतश्चिद्भावधर्मि यन्न भवति तत्तस्य वैकल्यात् । न चाऽभिन्नस्य रूपस्यैकस्थितावपि वैकल्यमस्ति, अविकलेऽपि तस्मिन्नभवत्तस्याजनकात्मतां सूचयति । यत्साकल्यवैकल्याभ्यां च भावाभाववत् तत एवोत्पत्तिस्तस्मिन् सति नियमेन भवतः । ततस्तदन्यस्मादुत्पत्तिकल्पनायामतिप्रसङ्गात् । तस्माद्विशेषा जनका न सामान्यम् । अतस्त एव वस्तु ।

यस्मात्

स पारमार्थिको भावो य एवार्थक्रियाक्षमः ॥ १६६ ॥

म०

स एव पारमार्थिको भावो योऽर्थक्रियाक्षमः । स च विशेषोऽर्थक्रियाक्षमो **नान्वेति,** परस्परं भेदात् । **योऽन्वेति** प्रधानाख्यो: भावः **न तस्मात् कार्यस्य सम्भवः ।**

यद्येकरूपाननुगमः तदा विशेषेष्वपि केचिज्जनयन्ति, नापर इति कुतोऽयं विभागः इत्याह— **येनैकरूपान्वये** सहकारि वैकल्यप्रसङ्गः **तेन कारणेनात्मना** स्वरूपेण बीजजलशिलानलादीनां

1. मनोरथः वास्तीति ।

स च नान्वेति योऽन्वेति न तस्मात् कार्यसम्भवः ।
तेनात्मनापि भेदे हि हेतुः कश्चिन्न चापरः ॥ १६७ ॥

स्वभावोऽयमभेदे तु स्यातां नाशोद्भवौ सकृत् ।

स्व०

इदमेव हि वस्त्ववस्तुनोर्लक्षणं यदर्थक्रियायोग्यतायोग्यता चेति वक्ष्यामः ॥ १६६ ॥

स च

अर्थक्रियायोग्योऽर्थो

नान्वेति योऽन्वेति न तस्मात् कार्यसंभवः ।

तस्मात् सर्वं सामान्यमनर्थक्रियायोग्यत्वादवस्तु । वस्तु तु विशेष एव, तत एव तन्निष्पत्तेः ।

स्वभावानन्वयात्तर्ह्येकस्य जनकं रूपमन्यस्य नास्तीत्यजनकः स्यात् । जनकत्वे वा भेदाविशेषात् सर्वो जनकः स्यात् । नैतदस्ति यस्मात्

तेनात्मना भिन्नमपि[1] हेतुः कश्चिन्न चापरः ॥ १६७ ॥

स्वभावोऽयम्

एकस्य जनकादात्मनो भिद्यमानाः सर्वे समं जनका न वा कश्चिदिति स्यादेतत् यद्येषां न विशेषः संभवेत् । ततो भेदाविशेषेऽपि कुतश्चिदात्मातिशयात् कश्चिज्जनको नापरः । स हि तस्य स्वभावो, नापरस्य । न हि स्वभावो भावानां पर्यनुयोगमर्हति—किमग्निर्दहत्युष्णो वा नोदकम् इति । एतावत्तु स्यात्—कुतोऽयं स्वभाव इति । निर्हेतुकत्वेऽनपेक्षिणो नियमाभावेनातिप्रसङ्गात् । तस्मात् स्वभावोऽस्य स्वहेतोरित्युच्यते । तस्यापि तज्जननात्मता तदन्यस्मादित्यनादिहेतुपरम्परा । भिन्नानां हि कश्चिद्धेतुर्नान्यः स्वभावादित्यत्र न किंचिद्बाधकम् ।

अभेदे तु स्यातां नाशोद्भवौ सकृत् ।

अभेदात् स्वभावेनैव विश्वस्य स्वात्मवत् विभागोत्पतिस्थितिनिरोधादयो न स्युः, तथोपलक्षणादभेदस्य । इदमेव हि भेदाभेदयोर्लक्षणम्—एकाकारस्यापि व्यतिरेकोऽव्यतिरेकश्च, विरोधिनोरेकात्मन्यसंभवात् ।

म०

भेदेऽपि कश्चित् क्षितिसलिलबीजादिरङ्कुरस्य **हेतुर्न चापरः** शिलानलादिः । **हि** यस्मात् **स्वभावोऽयम**ङ्कुरजननशक्तः, तदितरश्च प्रमाणादृष्टः । बीजादीनां शिलादीनाञ्च नात्र पर्यनुयोगावतारः । कुत उत्पन्न इति चेत् ? स्वहेतोः । सोऽपि कस्मात् तज्जनक इति चेत् स्वहेतोः । तत्रापि प्रश्ने तदेवोत्तरम् । अनादिश्च हेतुफलपरम्परा, एकरूपानुगमाद् । विशेषाणा**मभेदे तु** स्वीक्रियमाणे **सकृ**देकस्य **नाशोद्भवौ स्याताम्** । विशेषान्तरयोर्यथासम्भवं नाशे जन्मनि च तदपरस्य विशेषस्य तदभिन्नरूपतया नाशोद्भवौ स्याताम् ।

1. मनोरथः तेनात्मनापि भेदे हि ।

भेदोऽपि तेन नैवं चेत् य एकस्मिन् विनश्यति ॥ १६८ ॥

तिष्ठत्यात्मा न तस्यातो न स्यात् सामान्यभेदधीः ।
निवृत्तेर्निःस्वभावत्वात् नास्थानस्थानकल्पना ॥ १६९ ॥

उपप्लवश्च सामान्यधियस्तेनाप्यदूषणा ।

स्व०

भेदोऽपि तेन नैवं चेत्

न वै सर्वाकाराऽव्यतिरेकं ब्रूमो येनैवं स्यात् । कश्चिदस्यात्मा भिन्नो नान्य इति भेदान्न सहोत्पत्त्यादयः ।

एवं तर्हि

य एकस्मिन् विनश्यति ॥ १६८ ॥

तिष्ठत्यात्मा न

तस्य

भेदः । स्थानास्थानयोरेकात्माश्रयत्वे कोऽन्यो धर्मो भेदक इति नानात्वमेव क्वचिन्न स्यात् । सर्वाकारविवेकाविवेकिनोर्वाऽर्थयोरभ्युपगमान्नाम केवलं नेष्टं स्यात्, न वस्त्वित्युक्तम् । तदिमे नैकयोगक्षेमा भावाः भिन्ना एव ।

अतो न स्यात् सामान्यभेदधीः ।

तदिदमर्थान्तरमनायत्तमजन्यत्वाद्—अस्येदं सामान्यं भेदो वेति व्यपदेशं नार्हति । अन्यापोहेऽप्येष तुल्यः प्रसङ्ग इति चेत् । न तुल्यो यतो

निवृत्तेर्निःस्वभावत्वान्नास्थानस्थानकल्पना ॥ १६९ ॥

न ह्यन्यापोहो नाम किंचित् । तस्य च स्वभावानुषङ्गिण्यः स्वभावस्थितिप्रच्युतिकल्पना न कल्पन्ते ॥ १६७-१६९ ॥

उपप्लवश्च सामान्यधियस्तेनाप्यदूषणा ।

निर्विषयमेव खल्विदं मिथ्याज्ञानं यदनेकत्रैकाकारमिति न तद्विषयस्याभावात् स्थितिरस्थितिर्वा ।

म०

अथ परस्परं विशेषाणामेकान्तेन नाभेदः, किं तर्हि **भेदो** विशेषरूपतया । **तेन भेदेनैवं** सकृन्नाशोद्भवप्रसङ्गो **न चेत्** यद्येक**स्मिन्** विशेषे **विनश्यति तिष्ठत्यात्मा**ऽनुयायी प्रधानाख्यः । तदा स **तस्य** विशेषस्यात्मा **न** भवति । न हि यस्मिन् विनश्यति यो न नष्टः स तस्य स्वभावः, विरुद्धधर्माध्यासलक्षणत्वादभेदस्य । **अतः** परस्परं सर्वथा भेदान्न **स्यात् सामान्यभेदधीः** । अन्वयि सामान्यम्, अनन्वयी भेद उच्यते । यदा च सामान्यमभेदाद् भिन्नम् तदाऽनुगामि व्यक्तिस्वरूपं न सामान्यम् । न च तदात्मको भेदः, अतस्तद्बुद्धिरपि न भवेत् ।

यत् तस्य जनकं रूपं ततोऽन्यो जनकः कथम् ॥ १७० ॥

भिन्ना विशेषा जनकाः अस्त्यभेदोऽपि तेषु चेत् ।
तेन तेऽजनकाः प्रोक्ताः प्रतिभासोऽपि भेदकः ॥ १७१ ॥

स्व०

यत्पुनरेतदुक्तं तज्जनको हि स तस्य स्वभावः

यत्तस्य जनकं रूपं ततोऽन्यो जनकः कथम् ॥ १७० ॥

इति । तत्र न ब्रूमोऽन्यस्य तज्जनकं रूपं नास्तीति । किं तर्हि यदेकस्य तज्जनकं तदन्यस्य नेति । अन्योऽपि स्वरूपेणैव जनको न पररूपेणातत्त्वात् । ते यथा स्वं भिन्नाश्च तज्जनकाश्च स्वभावेनेति कोऽत्र विरोधः ? एकरूपविकलस्तु तद्रूपो न स्यात्, नातत्कार्यः । तेनैव च तत्कार्यं कर्त्तव्यमिति कोऽत्र न्यायः ?

अपि च

भिन्ना विशेषा जनकाः

इत्युक्तम् । न च ते विशेषास्तेनात्मना परस्परमनुयन्ति । यदेकस्य जनकं रूपमन्यस्य तन्नास्ति । न च तावताऽजनकाः ।

अस्त्यभेदोऽपि तेषु चेत् ।

स्यादेतत्—सत्यं विशेषा जनकाः । न पुनस्तेषां विशिष्टमेव रूपम्, किं त्वभिन्नमपि । तदेकशक्तियोगाज्जनकाः ।

तेन तेऽजनकाः प्रोक्ताः

सत्यपि सामान्ये रूपे न तेन ते जनकाः तस्य अनपायादेकस्थितावपि कार्योत्पत्तिप्रसङ्गादित्युक्तं प्राक् ।

किं च

प्रतिभासोऽपि भेदकः ॥ १७१ ॥

म०

नन्वन्यनिवृत्तावपि समानमेतत् । भावे नश्यति अन्यनिवृत्तिर्नश्यति न वा ? यदि नश्यति न स्याद् व्यक्त्यन्तरे तद्बुद्धिः । अथ न नश्यति तदाऽत्यन्तभेदात् सामान्यभेदबुद्धिर्न स्याद् इत्याह—**निवृत्तेर्निःस्वभावत्वात् न स्थानास्थानयोः** स्थितिनिवृत्त्योः **कल्पना** युक्ता । कल्पिता ह्यन्यनिवृत्तिः निःस्वभावा । सा किं भावाद् भिन्नाऽभिन्ना वेति न युक्ता कल्पना । न हि शशविषाणं भिन्नमभिन्नं वेति युक्तं कल्पयितुम् । **उपप्लवो** मिथ्यात्वञ्च **सामान्यधियो** विषयाभावात् । **तेनाप्यदूषणा** ।

ननूक्तम्—यदि भावाः सर्वथा भिन्नाः तदा **यत्तस्य** बीजस्य **जनकं रूपं** न तदन्यस्य क्षित्यादेः इति **ततोऽन्यो जनकः कथमि**ति ? अत्रोत्तरमप्युक्तम् । अभिन्नरूपान्वयव्यतिरेकानु-

अनन्यभाक् स एवार्थस्तस्य व्यावृत्तयोऽपरे ।
तत् कार्यकारणं चोक्तं तत् स्वलक्षणमिष्यते ।। १७२ ।।

तत्त्यागाप्तिफलाः सर्वाः पुरुषाणां प्रवृत्तयः ।
यथा भेदाविशेषेऽपि न सर्वं सर्वसाधनम् ।। १७३ ।।

तथा भेदाविशेषेऽपि न सर्वं सर्वसाधनम् ।

स्व०

अनन्यभाक्

उत्पत्तिस्थितिविनाशादिभेदश्चेत्यपिशब्दात् । योऽयमभिन्नान् सर्वार्थान् मन्यते तस्यायमर्थेषु बुद्धिप्रतिभासभेदो विरुद्धधर्माध्यासश्च न स्यात् । सति वा तस्मिन्नभेदेऽपि न कश्चिद्भेदः स्यात् । तथा चायं प्रविभागो न स्यादेकात्मवत् । तस्मादयं भिन्नप्रतिभासादिविशेष एव । न चात्रापरमभिन्नं प्रतिभासं पश्यामो यद्बलेनाभेदप्रतीतिः स्यात् । अतो विशेष एव ।

स एवार्थस्तस्य व्यावृत्तयोऽपरे ।
तत् कार्यकारणं चोक्तं तत् स्वलक्षणमिष्यते ।। १७२ ।।

तत्त्यागाप्तिफलाः सर्वाः पुरुषाणां प्रवृत्तयः ।

यदर्थक्रियाकारि तदेव वस्त्वित्युक्तम् । स च विशेष एव । यत् पुनरेतत् सामान्यं नाम तत्तस्यैवापरस्माद् भेदः । न हि तस्यार्थत्वे दृश्यस्य रूपानुपलक्षणं युक्तम्, तदुपलक्षणकृतत्वाद् भेदेष्वभिन्नप्रत्ययस्य ।

अपि च

यथाऽभेदाऽविशेषेऽपि न सर्वं सर्वसाधनम् ।। १७३ ।।

तथा भेदाऽविशेषेऽपि न सर्वं सर्वसाधनम् ।

यदुक्तम् —कथं तज्जनकस्वभावाद्भिन्नोऽस्य जनकः स्यात् ? जनकत्वे वाऽविशेषात् सर्वो जनकः स्यादिति । उक्तमत्र—यद्यविशेषः स्यात् स्यादेतदिति । यथा चास्य स्वयमभेदवादिनोऽभेदाविशेषेऽपि न सर्वः सर्वस्य जनकस्तथा भेदाविशेषेऽपि भविष्यति ।

म०

विधानाभावाद् **भिन्ना विशेषा** एव **जनकाः**, तदन्वयव्यतिरेकानुविधानात् कार्यस्य । सर्वं एव ते तत्कार्यस्योत्पादकतयोत्पन्नास्तदुत्पादयन्ति ।

तेषु विशेषेष्वन्वयिना रूपेणा**भेदोऽप्यस्ति तेनैव तेऽजनका** इति चेत् तेनान्वयिरूपेण ते विशेषा अजनकाः **प्रोक्ताः**, एकत्रापि विशेषे तद्भावात् सहकारिवैफल्यप्रसक्तेः । तदन्वयव्यतिरेकादर्थविधानाद्, विशेषस्य विपर्ययाच्चेति ।

किञ्च—**प्रतिभासोऽप्यनन्यभाग् भेदकः** । विशेषाणामसंकीर्णरूपव्यवस्थापनात् । अपिशब्दादुत्पत्तिस्थितिविनाशादयश्च समानाः । ततश्च विशेष **एवार्थः** पारमार्थिकः ये **त्वपरे** सामान्यादयो धर्माः, ते **तस्य** शेषस्य विजातीयाद् **व्यावृत्तयः** कल्पिता अनर्थक्रियाकारिणः ।

भेदे हि कारकं किञ्चिद् वस्तुधर्मतया भवेत् ॥ १७४ ॥

अभेदे तु विरुध्येते तस्यैकस्य क्रियाक्रिये ।
भेदोऽप्यस्त्यक्रियातश्चेद् न कुर्युः सहकारिणः ॥ १७५ ॥

पर्यायेणाथ कर्तृत्वं स किं तस्यैव वस्तुनः ।

स्व०

अथवा

भेदे हि कारकं किंचिद्वस्तुधर्मतया भवेत् ॥ १७४ ॥

अभेदे तु विरुध्येते तस्यैकस्य क्रियाक्रिये ।

भेदमात्राविशेषेऽपि स्वहेतुप्रत्ययनियमितस्वभावत्वात् केचिदेव कारकाः स्युर्नान्ये तत्स्वभावत्वादित्यत्र नैवं किंचिद्विरुद्धमस्ति । एकत्वे तु तस्य तत्रैव तथा कारकत्वमकारकत्वं चेति व्याहतमेतत् ।

भेदोऽप्यस्त्यक्रियातश्चेन्न कुर्युः सहकारिणः ॥ १७५ ॥

न वै सर्वाकाराऽविवेकं ब्रूमो भेदस्यापि भावात् । तस्मात् कश्चिदकारकोऽपीति । तथापि कथंचित् भेदात् सहकारिणोऽकारकाः स्युः ।

पर्यायेणाथ कर्तृत्वं स किं तस्यैव वस्तुनः ।

अथापि स्यात्—नैव कश्चिदकारकोऽस्ति । सर्वेषां सर्वत्र पर्यायेणोपयोगात्, शक्तेर्वा विपरिणतायास्तन्निवेशिन्याः रूपान्तरेणोपयोगादिति । स एव खल्वयं पर्यायो भेदाश्रयः एकस्य कथम् ? परिणामो वा व्यतिरेकिण्याः ? विशेषे वा कथंचिदेकत्वहानिरिति यत् किंचिदेतत् ।

म०

अर्थक्रियाकारि तु यद्रूपं तत्कार्यकारणं **चोक्तम् । तत् स्वलक्षणमिष्यते । तस्य त्यागाप्तिस्तत्फलाः पुरुषाणामर्थानर्थप्राप्तिपरिहारैषिणां प्रवृत्तयः सर्वाः ।**

किञ्च—**सांख्यस्यापि** मते **यथाऽभेदस्य** प्रधानात्मतया सर्वभावेष्वविशेषेऽपि न **सर्वं** व्यक्तं **सर्वस्य कार्यस्य साधनं** हेतुः, **तथा भेदाविशेषेऽपि** न **सर्वं** क्षितिबीजानलशिलादिकं **सर्वस्य** तापाङ्कुरादेः **साधनम्** ।

विशेषान्तराद् **भेदे हि** सति **वस्तुधर्मतया** वस्तुस्वभावत्वात् **किञ्चिद्** वस्तु **कारकं भवेत्,** न सर्वमिति युक्तम् । स्वहेतुबलायातत्वाद् भिन्नशक्तिकत्वस्य ॥ १५९-१७४ ॥

अभेदे तु सर्वभावानां **विरुध्येते तस्यैकस्याङ्कुरादेः क्रियाक्रिये,** बीजरूपतया प्रधानमङ्कुरकारकम्, अकारकं च दहनरूपतया । विप्रतिषिद्धं चैतत् कथमेकस्य युक्तम् ?

व्यक्तीनां मिथो व्यक्तिरूपतया भेदोऽप्यस्ति । व्यक्त्यन्तरसाध्यस्य कार्य**स्याक्रियातश्चेत्** तदा भेदात् **सहकारिणः** कार्यं न **कुर्युः** । एकस्य यः कारकः स्वभावः तस्यान्यत्र भावात् ॥ १७५ ॥

अत्यन्तभेदाभेदौ तु स्यातां तद्वति वस्तुनि ॥ १७६ ॥

अन्योन्यं वा तयोर्भेदः सदृशासदृशात्मनोः ।
तयोरपि भवेद् भेदो यदि येनात्मना तयोः ॥ १७७ ॥

भेदः सामान्यमित्येतद् यदि भेदस्तदात्मना ।
भेद एव तथा च स्यान्निःसामान्यविशेषता ॥ १७८ ॥

स्व०

किं च

अत्यन्तभेदाभेदौ हि स्यातां तद्वति वस्तुनि ॥ १७६ ॥

अन्योन्यं वा तयोर्भेदः सदृशासदृशात्मनोः ।

भावाश्चेदभिन्नेनात्मना स्वात्मभूतेन भेदिनः तद्वन्तः स्युस्तदभिन्नस्वभावात्मत्वाद् भेदस्यापि कुतः परस्परं भेदः, ? अथ न स तस्य समान आत्मा । तथा तदात्मना तेनापि न तथा युक्तं भवितुम् । तथाभावे ह्यतद्धर्मा स्यात् । न ह्ययं प्रवृत्तिनिवृत्तिमान् स्वभाव एको युक्तः ।

न सर्वात्मना भेद एव

तयोरपि भवेद्भेदो यदि

न हि क्वचिदस्यैकान्तिको भेदोऽभेदो वा, विवेकेन व्यवस्थापनात्—सामान्यं विशेष इति ।

येनात्मना तयोः ॥ १७७॥

भेदः सामान्यमित्येतद्यदि भेदस्तदात्मना ।
भेद एव

म०

अथ कारकैकस्वभावानुगमात् सहकारिणां **पर्यायेण कर्तृत्वम् स** पर्यायस्तस्यान्वयिन **एकस्य वस्तुनः किं** कस्माद् युक्तः ? न ह्येकं वस्तु कार्यं कुर्वत् पर्यायेण न करोतीति युक्तं व्यपदेष्टुम्, तेनैव क्रियमाणत्वात् । सहकारिणां बहूनां पर्यायेण क्रिया सम्भाव्यते । तेषु चैकस्य कारकं रूपमन्यत्र नास्तीति न ते कुर्युः । सर्वेषां च स्वहेतुबलायात एककार्यकारकः स्वभावोऽस्माभिरिव **सांख्यै**र्नेष्यते ।

किञ्च—**तद्वति** सामान्यविशेषवति **वस्तुनि** स्वीक्रियमाणे**ऽत्यन्त**मेकान्तेन सामान्यविशेषयो**र्भेदाभेदौ स्याताम्** । सामान्यस्वरूपत्वाद् भेदस्य सामान्यमेव भवेन्न भेदः । भेदात्मत्वात् सामान्यस्य भेद एव भवेत् न सामान्यम् ॥ १७६ ॥

अथ तयोः कथञ्चन भेदोऽप्यस्तीति चेद् आह—**तयोः** सामान्यविशेषयोः **सदृशासदृशात्मनोः** साधारणासाधारणस्वरूपयोर**न्योन्यं भेद** एव **वा** भवेत्, न कथञ्चिदेकत्वम् ।

भेदसामान्ययोर्यद्वद् घटादीनां परस्परम् ।
यमात्मानं पुरस्कृत्य पुरुषोऽयं प्रवर्तते ॥ १७९ ॥

तत्साध्यफलवाञ्छावान् भेदाभेदौ तदाश्रयौ ।
चिन्त्येते स्वात्मना भेदो
व्यावृत्त्या च समानता ॥ १८० ॥

स्व०

यदि सामान्यविशेषयोर्यमात्मानमाश्रित्य सामान्यं विशेष इति स्थितिस्तेनात्मना भेदस्तदा भेद एव । यस्मात्तौ हि तयोः स्वात्मानौ । तौ चेद्व्यतिरेकिणौ व्यतिरेक एव सामान्यविशेषयोः, स्वभावभेदात् । स्वभावो हि भाव इति ।

तथा च स्यान्निःसामान्यविशेषता ॥ १७८ ॥

भेदसामान्ययोर्यद्वद् घटादीनां परस्परम् ।

व्यतिरेके च भेदसामान्ययोर्न भेदः सामान्यवान्, न सामान्यं भेदवत्, संबन्धाभावात् परस्परं घटादिवदित्युक्तम् ।

अपि च

यमात्मानं पुरस्कृत्य पुरुषोऽयं प्रवर्त्तते ॥ १७९ ॥

तत्साध्यफलवाञ्छावान् भेदाभेदौ तदाश्रयौ ।
चिन्त्येते स्वात्मना भेदो व्यावृत्त्या च समानता ॥ १८० ॥

म०

एतदेव स्फुटयितुं पूर्वपक्षयति न सर्वात्मना भेदः **तयोः** सामान्यविशेषयोरपि कथञ्चिद् **भेदो भवेद् यदि** । अन्यथा सामान्यविशेषभावानुपपत्तिः । अत्राह **येनात्मना** स्वरूपेण साधारणेन चासाधारणेन च **तयोः** सामान्यविशेषयो**र्भेदः सामान्यं** विशेष **इत्येतद्** व्यवस्थाप्यते । **तेनात्मना** साधारणासाधारणेन **यदि भेदः** तथा **भेद एव** तयोः स्यात् भिन्नलक्षणत्वात् ।

तथा च निःसामान्यविशेषता सामान्यविशेषरूपताऽभावः **सामान्यविशेषयो**रभिमतयोः **स्यात् । यद्वद् घटादीनां** विशेषाणां **परस्परं** न सामान्यविशेषता । विशेषः स्वलक्षणरूपम्, अनुगामि सामान्यम्, तदेवानुगामि विशेष उच्यते । यदि तु तयोर्भेद एव, न सामान्यविशेषभावः स्यात् ।

अपि च—**अयं** व्यवहारी **पुरुषो यमर्थ**स्यात्मानं स्वभावं **पुरस्कृत्य** प्रवृत्तिविषयत्वेन ग्रहं कृत्वा **तत्साध्यफलवाञ्छावान्** अर्थसाध्यफलसमीहायुक्तः सन् **प्रवर्त्तते तदाश्रयौ** तदर्थविषयौ भेदाभेदौ शास्त्रकारै**श्चिन्त्येते** । न त्वर्थक्रियाऽनुपयुक्तसामान्यविषयौ । तेषां चार्थक्रियाकारिणां पुरुषप्रवृत्तिविषयाणामर्थानां **स्वात्मना** स्वरूपेण **भेदः** ।

अस्त्येव वस्तु नान्वेति प्रवृत्त्यादिप्रसङ्गतः ।
एतेनैव यदह्रीकाः किमप्यश्लीलमाकुलम् ॥ १८१ ॥

प्रलपन्ति प्रतिक्षिप्तं तदप्येकान्तसम्भवात् ।
सर्वस्योभयरूपत्वे तद्विशेषनिराकृतेः ॥ १८२ ॥

स्व०

अस्त्येव वस्तु नान्वेति प्रवृत्त्यादिप्रसङ्गतः ।

सर्वं एव गौरश्वाद्भिन्नोऽभिन्नो वेति भेदमभेदं वा पृच्छन् विशेषमेव भावस्य स्वभावाख्यमधिकृत्य प्रवर्त्तते । स एव हि तथोच्यते । द्रव्यत्वादयस्तु न तत्र शब्दचोदिताः, यथास्वं पृथगभिधानात् । अर्थस्य तदव्यभिचारात्ततो गतिः स्यात् निर्लोठितं चैतद् **आचार्येण** ।

तदयं गवादिशब्दप्रत्युपस्थापितमर्थं भिन्नमभिन्नं वा पृच्छन्नर्थान्तरोपक्षेपेण तत्र किमिति द्विमुखबुद्धिः क्रियते ? तस्माद्योऽस्यात्माऽनन्यसाधारणोऽयं पुरस्कृत्य पुरुषो विशिष्टार्थक्रियार्थी प्रवर्त्तते, यथा गोर्वाहदोहादौ, नान्यसंभविनोऽर्थस्य, यथा युद्धप्रवेशः, स एव स्वभावो यथास्वं शब्दचोदितः, न द्रव्यत्वादिसामान्यम्, तच्चोदनया तदा प्राप्तुमनभिप्रेतत्वात्, गवादिसमावेशात्, तदात्मभूतानां चानन्वयेन तत्रानुभयरूपत्वात् । तमेव चायं भावं प्रकारैः पर्यनुयुङ्क्ते । तस्य भेदे द्रव्यत्वाद्यभेदोऽस्याबाधक एव । सर्वत्र स्वभाव एब भेदस्याभ्युपगमात्, सामान्यस्य च व्यावृत्तिलक्षणस्य । स्वभावभूतस्य च सामान्याभेदेऽप्युक्तम् । स्वात्मनैवाभेदे तु तस्वभावनिबन्धनार्थक्रियार्थी समं द्वयोरपि प्रवर्त्तेत । एकोऽपि तामर्थक्रियां तत्स्वभावत्वादेव करोति, तदन्यस्यापि तत्तुल्यमिति सोऽपि किन्न करोति ?

एतेनैव यदह्रीकाः किमप्यश्लीलमाकुलम् ॥ १८१ ॥

प्रलपन्ति प्रतिक्षिप्तं तदप्येकान्तसंभवात् ।

यदयमह्रीकः—स्यादुष्ट्रो दधि स्यान्नेति किमप्यश्लीलमयुक्तमहेयोपादेयमपरिनिष्ठानादाकुलं प्रलपति, तदप्यनेन निरस्तं स्वभावेनैकान्तभेदात् ।

तदन्वये वा

सर्वस्योभयरूपत्वे तद्विशेषनिराकृतेः ॥ १८२ ॥

म०

कथं तर्ह्येकबुद्धिशब्दविषयता इत्याह—विजातीयाद् **व्यावृत्त्या च सा समानताऽस्त्येव** । स्वस्वभावनियतं तु स्वलक्षणं **वस्तु नान्वेति** । सर्वत्र **प्रवृत्त्यादिप्रसङ्गतः** । अग्निरपि सलिलस्वभाव एवेति सलिलार्थी तत्रापि प्रवर्तेत । तस्मात् स्थितमेतत्—न किञ्चित् किमप्यन्वेतीति ।

एतेन सांख्यमतनिराकरणेनैवाह्रीका **दिगम्बरा यत्** स्यादुष्ट्रो दधि वस्तुत्वात्, न वा स्यादुष्ट्रो विशेषरूपतया इति **किमप्ययुक्ततया** हेयोपादेयविषयापरिनिष्ठाना**दाकुलं प्रलपन्ति तदपि प्रतिक्षिप्तम्, एकान्तस्य** भेदस्य **सम्भवात्** ।

चोदितो दधि खादेति किमुष्ट्रं नाभिधावति ।
अथास्त्यतिशयः कश्चिद् येन भेदेन वर्त्तते ॥ १८३ ॥

स एव दधि सोऽन्यत्र नास्तीत्यनुभयं परम् ।
सर्वात्मत्वे च सर्वेषां भिन्नौ स्यातां न धीध्वनी ॥ १८४ ॥

स्व०

चोदितो दधि खादेति किमुष्ट्रं नाभिधावति ।

तथा ह्युष्ट्रोऽपि स्याद् दधि, नापि स एवोष्ट्रो येनान्योऽपि स्यादुष्ट्रः । तथा दध्यपि स्यादुष्ट्रः नापि तदेव दधि येनान्यदपि स्याद् दधि । तदनयोरेकस्यापि कस्यचित्तद्रूपाभावस्याभावात्, स्वरूपस्य वा तद्भाविनः स्वनियतस्याभावात् न कश्चिद्विशेष इति दधि खादेति चोदित उष्ट्रमपि खादेत ।

अथास्त्यतिशयः कश्चिद्येन भेदेन वर्त्तते ॥ १८३ ॥

स एव दधि सोऽन्यत्र नास्तीत्यनुभयं परम् ।

अथानयोः कश्चिदतिशयोऽस्ति येनायं तथा चोदितः क्षीरविकार एव प्रवर्त्तते नान्यत्र । स एवातिशयोऽर्थक्रियार्थिप्रवृत्तिविषयो दधि । तत्फलविशेषोपादानभावलक्षितस्वभावं हि वस्तु दधीति । स च तादृशः स्वभावोऽन्यत्र नास्तीति प्रवृत्त्यभावादर्थिनः । तस्मात्तन्नोभयरूपमित्येकान्तवादः ।

अपि च

सर्वात्मत्वे च सर्वेषां भिन्नौ स्यातां न धीध्वनी ॥ १८४ ॥

म०

आकुलत्वमेवाख्यातुमाह—**सर्वस्य** वस्तुन **उभयरूपत्वे** स्वपररूपत्वे सति **तद्विशेषस्य** दध्येव दधि नोष्ट्रः, उष्ट्र एवोष्ट्रो न दधीत्यस्य भेदस्य **निराकृतेः, दधि खादेति चोदितो** नियोज्यः **किमुष्ट्रं** प्रति **नाभिधावति** ।

अथास्ति दध्नः सकाशाद् उष्ट्रस्यातिशयो विशेषः **कश्चिद् येन** विशेषेण चोदितेन **भेदेन** प्रतिनियमेन दधिशब्दात् दध्न्येव, उष्ट्रशब्दादुष्ट्र एव **प्रवर्त्तते** । एवं तर्हि **स** विशेष **एवान्यत्रा**सम्भवी उष्ट्रो विशेषो **दधि**लक्षणे**ऽन्यत्र** वस्तुनि **नास्तीति** सर्वं वस्त्व**नुभयं** न स्वपररूपम् किन्तु **परमेव** परस्मात् ।

किञ्च—**सर्वेषां** भावानां **सर्वात्मत्वे च भिन्नौ धीध्वनी न स्याताम्** । एकविषयत्वात् । तयोर्धीध्वन्योर**भेदात् भेद**संहारवादस्यासम्भवः स्यात् । उष्ट्राद् भिन्नं दधि इति भेदव्यवहारः, दध्येवोष्ट्रः इति च तदात्मतोपसंहारव्यवहारश्च बुद्धिशब्दयोरभेदान्न स्यात् । न हि बुद्धिशब्दयोर्भेदव्यवहारो युक्तः, तन्निबन्धनत्वात् तस्य । तदभावेऽपि भावे चातिप्रसङ्गात् । भेदप्रतीत्योर्भावात् तादात्म्योपसंहारश्च कथम्, तदधीनत्वात् तस्य ।

भेदसंहारवादस्य तदभेदादसम्भवः ।

स्व०

भेदसंहारवादस्य तदभावादसंभवः ।

सोऽयमह्रीकः क्वचिदप्येकमाकारं प्रतिनियतमपश्यन् विभागाभावाद् भावानां कथमसंसृष्टाऽन्याकारवत्या बुद्ध्याऽधिमुच्येतार्थानभिलपेद्वा ? ततो भेदाग्रहात् तत्संहारवादो न स्यात्—स्यादुष्ट्रो दधि स्यान्नेति ।

अथ पुनरसंसृष्टावाकारौ प्रतिपद्य संहरेद् । एकरूपसंसर्गिण्या बुद्धेः क्वचित् प्रतिनियमात्तत्प्रतिभासकृत एतयोः रूपयोः स्वभावभेदोऽपि स्यात्, एकानेकव्यवस्थितेः प्रतिभासविषयत्वात् । तथा च नैकस्तदुभयरूप स्यादिति मिथ्यावाद एषः ।

स्थितमेतन्न भावानां कश्चित् स्वभावान्वयोऽस्ति । भेदलक्षणमेव तु सामान्यम् । अथ च प्रकृत्या केचिदेकज्ञानादिफलाः केचिन्नेति ।

भवतु नाम भावानां स्वभावभेदः सामान्यम् । येषां तु निरुपाख्यानां स्वभाव एव नास्ति तत्र कथं स्वभावभेदविषयाः शब्दाः ? तेष्ववश्यं शब्दप्रवृत्त्या भाव्यम्, कथंचिदव्यवस्थापितेषु विधिप्रतिषेधायोगात् । तथा च सर्वत्रायमन्वयव्यतिरेकाश्रयो व्यवहारो न स्याद्—उष्णस्वभावोऽग्निर्नानुष्ण इत्यपि, स्वभावान्तरस्यासतः कथंचिदव्यवस्थापनात् सर्वथा प्रतिपत्तेरग्निस्वभावस्याप्रतिपत्तिरिति व्यामूढं जगत् स्यात् ।

स्यादेतत्—न तत्र कस्यचिदसतो निषेधः । अनुष्णं सदेवार्थान्तरं निषिध्यत इति । कथमिदानीं सदसन्नाम ? न ब्रूमः सर्वत्रासत् । तत्र नास्तीति देशकालधर्मनिषेध एव सर्वत्र भावेषु क्रियते, न धर्मिणः । तन्निषेधे तद्विषयशब्दप्रवृत्त्यभावात् । अनिर्दिष्टविषयस्य नञो ऽप्रयोगात् । सोऽपि तर्हि देशादिप्रतिषेधः कथम् ? यस्मात्तत्रापि न देशादीनां प्रतिषेधो नाप्यर्थस्य ।

संबन्धो निषिध्यत इति चेत् ननु तन्निषेधेऽपि तुल्यो दोषोऽनिषेधाद् असति शब्दाप्रवृत्तिरित्यादि । असतो वास्य निषेधे तद्धर्मिणोऽपि निषेधः । न वै संबन्धस्य नास्तीति निषेधः । किं तर्हि ? नेह घटो नेदानीं नैवमित्युक्तो नानेन संबंधोऽस्ति, नैतद्धर्मा वेति प्रतीतिः । तथा च संबन्धो निषिद्धो भवति । तथापि कथं निषेधो यावदस्य संबन्धो धर्मो वा नास्तीति मतिर्न भवति । न चास्याः कथंचिद्भावे संभवः, अभावेषु तथा भावात् । तस्मात् संबन्धाभावप्रतीतेः नायमिहेत्याद्या प्रतीतिः स्यात् । तदभावे न स्यात् । प्रतीतौ वा तदभावस्य यथाप्रतीतिमतस्तत्प्रभवाः शब्दाः केन निवार्यन्ते ? स एव हि शब्दानां न विषयो यो न वितर्काणाम् । ते चेत् प्रवृत्ताः को वचनस्य निषेद्धा ?

न ह्यवाच्यमर्थं बुद्धयः समीहन्ते । संबन्धस्य तु स्वरूपेणानभिधानमुक्तम्, अभिधाने संबन्धित्वेन बुद्धावुपस्थानात् यथाभिप्रायमप्रतीतिः । तदयं प्रतीयमानोऽपि संबंधिरूप एवेति स्वरूपेण नाभिधीयते । तस्मान्नाभाववत् संबन्धेऽपि प्रसङ्गः ।

म०

उक्तं तावद् भावादिशब्दानां व्यवच्छेदविषयत्वम् ।

ये ऽप्यभावादिशब्दा **अभावस्य स्वरूपाभावात्** तेऽपि **रूपाभिधायिनो** वस्तुवाचका नाश-

रूपाभावादभावस्य शब्दा रूपाभिधायिनः ॥ १८५ ॥

नाशंक्या एव सिद्धास्तेऽतो व्यवच्छेदवाचकाः ।
उपाधिभेदापेक्षो वा स्वभावः केवलोऽथ वा ॥ १८६ ॥

उच्यते साध्यसिद्ध्यर्थं नाशे कार्यत्वसत्त्ववत् ।

स्व०

अपि चायमभावमभिधेयं ब्रुवाणं प्रति प्रतिविदधन्नब्रुवाणः कथं प्रतिविदध्यात् ? वचने चास्य कथमभावोऽनुक्तः ? अथाभावमेव नेच्छेत् तेनावचनम् । तदेवेदानीं कथमभावो नास्तीति? यत् पुनरेतद् अर्थनिषेधेऽनर्थकशब्दाप्रयोगात् निर्विषयस्य नञोऽप्रयोगः इत्यत्रोत्तरं वक्ष्यते । तस्मात् सन्त्यभावेऽपि शब्दाः ।

तेषु कथं स्वभावभेद इति ? तत्रापि

रूपाभावादभावस्य शब्दा रूपाभिधायिनः ॥१८५॥

नाशङ्क्या एव सिद्धास्ते व्यवच्छेदस्य वाचकाः ।

वस्तुवृत्तीनां शब्दानां किं रूपमभिधेयमाहोस्विद्भेद इति शङ्काऽपि स्यात् । अभावस्तु विवेकलक्षण एव, निमित्तीकर्तव्यस्य कस्यचिद्रूपस्याभावात् । तद् भावेऽभावायोगात्, तद्भावलक्षणत्वाद् भावस्य । तस्मादयमेव स मुख्यो विवेकः । तस्य तथाख्यायिनः शब्दाः किं विवेकविषया इत्यस्थानमेवैतदाशङ्कायाः ।

तस्मात् सिद्धमेतत्—सर्वे शब्दाः विवेकविषयाः विकल्पाश्च । एते एकवस्तुप्रतिशरणा अपि यथास्वमवधिभेदोपकल्पितैर्भेदैः भिन्नेष्विव प्रतिभातसु बुद्धौ विवेकेषूपस्थापनाद्भिन्नविषया एव । तेन स्वभावस्यैव साध्यसाधनभावेऽपि न साध्यसाधनसंसर्गः ।

तन्न प्रतिज्ञार्थैकदेशहेतुरिति ।

स चायं हेतुत्वेनापदिश्यमानः

उपाधिभेदापेक्षो वा स्वभावः केवलोऽथवा ॥१८६॥

उच्यते साध्यसिद्ध्यर्थं नाशे कार्यत्वसत्त्ववत् ।

अपेक्षितपरव्यापारो हि स्वभावनिष्पत्तौ भावः कृतकः । तेनेयं कृतकश्रुतिः स्वभावाभिधायिन्यपि परोपाधिमेनमाक्षिपति ।

म०

ङ्क्या एव । सम्भवद् वस्तु वाच्यं स्यान्न वेति चिन्त्येतापि । यत्र तु वस्त्वेव नास्ति तत्र का चिन्ता ? **अतस्ते** भावादिशब्दा **व्यवच्छेदस्य** भावव्यावृत्तेर्**वाचकाः सिद्धाः** । तस्मात् स्थितमेतत्—स्वभावहेतोर्वस्तुतः साध्यात्मकत्वेऽपि न प्रतिज्ञार्थैकदेशो हेतुः, साध्यसाधनधर्मिध्वनिविकल्पानां भिन्नव्यवच्छेदविषयत्वात् । न च साध्यादीनां कल्पितत्वम्, भेदस्य कल्पनात् । शब्दत्वेन निश्चितो धर्मी, सत्त्वेन च हेतुः, क्षणिकत्वेन निश्चितः साध्यः—इत्यकल्पिता एव धर्म्यादय इत्युक्तम् ।

सत्तास्वभावो हेतुश्चेत् सा सत्ता साध्यते कथम् ॥ १८७ ।

अनन्वयो हि भेदानां व्याहतो हेतुसाध्ययोः ।
भावोपादानमात्रे तु साध्ये सामान्यधर्मिणि ॥ १८८ ॥

न कश्चिदर्थः सिद्धः स्यादनिषिद्धं च तादृशम् ।

स्व०

एतेन प्रत्ययभेदभेदित्वादयो व्याख्याताः ।

एवमुपाधिभेदापेक्षः क्वचित्तत्स्वभावहेतुरुच्यते । क्वचिदनपेक्ष्य सामान्येन यथा अनित्यत्व एव सत्त्वम् । क्वचित् स्वभावभूतधर्मविशेषपरिग्रहेण तथा तत्रैवोत्पत्तिः । अनया दिशाऽन्येऽपि स्वभावहेतुप्रविभागा द्रष्टव्याः ।

सत्तास्वभावो हेतुश्चेन्न[1] सत्ता साध्यते कथम् ॥ १८७ ॥

अनन्वयो हि भेदानां व्याहतो हेतुसाध्ययोः ।

यदि सत्त्वमनित्यत्वेऽन्यत्र वा हेतुः स्यात् साध्यमपि कस्मान्नेष्यते ? तत् किलैवं प्रसाध्यमानं विशेषीभवतीति । न च विशेषः साधयितुं शक्यतेऽनन्वयात् । यथाह—प्रमाणविषयाऽज्ञानात् इति । सोऽयं विशेषो न साध्य एव व्याहन्यते । किं तर्हि हेतावपि तुल्यदोषत्वात् । न हि हेतुरनन्वयः सिद्धेरङ्गम्, ततः संशयात् ।

नैष दोषो यस्मात्

भावोपादानमात्रे तु साध्ये सामान्यधर्मिणि ॥ १८८ ॥

न कश्चिदर्थः सिद्धः स्यात् अनिषिद्धं च तादृशम् ।

न सर्वथा सत्तासाधने विशेषः साधितो भवति । भावमात्रविशेषणोऽस्ति कश्चिद्धर्मीति प्रसाधयतोऽनिर्दिष्टस्वभावविशेषस्य कस्यचित् सत्तामात्रे विरोधाभावात् नेह सत्तासाधनप्रतिषेधः'

म०

स चायं **स्वभावो** हेतुः **क्वचिदुपाधिभेदो** विशेषणविशेषो भिन्नः, अभिन्नो वा **तदपेक्षः** **केवलो** विशेषणरहितः शुद्धः **अथ वा साध्यसिद्ध्यर्थमुच्यते, नाशे कार्यत्वसत्त्ववत्** । नाशे साध्ये कार्यत्वं भिन्नविशेषणापेक्षः स्वभावः, तज्जन्मन्यपेक्षितपरव्यापारस्य कार्यत्वात् । एवं प्रत्ययभेदभेदित्वादयो द्रष्टव्याः । उत्पत्तिमत्त्वं पुनरभिन्नविशेषणमुत्पत्त्या स्वभावभूतया कल्पितभेदया विशेषणात् । सत्त्वं तु केवलं नाश एव साध्ये स्वभावः, विशेषणानुपादानात् ।

ननु **सत्तास्वभावो हेतुश्चेदभिमतः** सामान्यरूपो विशेषस्यानन्वयात्, तदा **सा सत्ता** प्रधानाख्या सर्वव्यक्तिव्यापिनी **कथं साध्यते** चेतनत्वादिहेतोः ? अथ **भेदानां** परस्परमत्यन्तं भेदेनानन्वयान्न साध्यते तदा सोऽयं भेदाना**मनन्वयो हि हेतुसाध्ययोर्व्याहतः** ।

अर्थानन्वयिनः साध्यता न युक्ता, तथा साधनतापि, तत् कथं सत्त्वं साधनम् ? तस्मात् सत्ता सामान्यं साध्यं च साधनं चानन्वयात् स्यात् ।

---

1. मनोरथः— हेतुश्चेत् सा

उपात्तभेदे साध्येऽस्मिन् भवेद्धेतुरनन्वयः ॥ १८६ ॥

सत्तायां तेन साध्यायां विशेषः साधितो भवेत् ।

स्व०

किन्तु सर्वथास्ति कश्चिदिति कंचनाऽस्य भेदमपरामृशन् ब्रुवाणः कं स्वार्थं पुष्णाति? तस्मादनेनोपात्तभेद एव साध्यः ।

उपात्तभेदे साध्येऽस्मिन् भवेद्धेतुरनन्वयः ॥ १८९ ॥

सत्तायां तेन साध्यायां विशेषः साधितो भवेत् ।

स हि धर्मी प्रधानलक्षण एको नित्यः सुखाद्यात्मकोऽन्यो वेति यथाकथंचिदपि विशेषितस्तत्तत्स्वभावः साधितो भवति । स च तथा नान्वेति । यदपि सत्तामात्रमन्वेति न तेन सिद्धेन किंचित् । नन्वेवमग्न्यादिष्वपि प्रसङ्गः । तत्रापि नाग्निसत्तामात्रे कश्चिद्विवादः । विशिष्टाधारविशेषणस्य त्वभिमतस्याऽनन्वयादसिद्धिः । न वै स आधारस्तं विशेषीकरोति । तदयोगव्यवच्छेदेन विशेषणादित्युक्तम्, वक्ष्यते च ।

तस्मात्तत्र सामान्यमेव साध्यते तदयोगव्यवच्छेदेन । न तथेहापि क्वचित् सत्तायाः साधकं प्रधानादिशब्दवाच्यस्यैवार्थस्य क्वचिदभावात् । निर्विशेषणैव सा । कथमभावः? ज्ञेयाभिधेयप्रमेयत्वैः सोऽपि सिद्ध एव प्रधानार्थः । तत् किमिदानीं ज्ञेयमस्तीति सिद्धिरस्तु ? तथापि किं सिद्धं स्यात् ? अन्यत्र तु तदेवाग्निसामान्यं तत्रासिद्धमिति साध्यते । ननु तत्रापि तदयोगविरहिणा सामान्येनान्वयो न सिद्ध एव । न वै कश्चित्तथाभूतेनार्थेनाऽन्वयं करोति प्रतिपादयता हि परं धूमोऽग्निनान्तरीयको दर्शनीयः—यत्र धूमस्तत्राग्निरिति । स तथाग्निमात्रेण व्याप्तः सिद्धो यत्रैव स्वयं दृश्यते तत्रैवाग्निबुद्धिं जनयति । तत्र साध्यनिर्देशेन न किंचित् । तत्र दर्शनात् संबन्धाख्यानमात्राच्चेष्टसिद्धेस्तदनिर्देशे कथं तद्विशिष्टेनान्वयः । तदयमग्न्यविनाभावी सिद्धोऽर्थादेवाग्नेस्तत्प्रदेशायोगं व्यवच्छिनत्तीति स तथा साध्य उच्यते । न पुनस्तथास्योपन्यास-

म०

अत्राह—**भावः** सत्ता सा उपादानं विशेषणं यस्य स भावोपादानः । स एव केवलस्तन्मात्रं तस्मिन् **साध्ये सामान्यधर्मिणि** सामान्यधर्मवति **न कश्चिदर्थः** प्रधानसिद्धिलक्षणः **सांख्यस्य सिद्धः स्यात्** सत्त्वमात्रविशेषणस्य धर्मिणः साधनात् । **अनिषिद्धं च तादृशं** साध्यम्, भेदानां सत्त्वस्येष्टत्वात् ।

अथैकसुखाद्यात्मकमित्यप्रधानविशेषणविशेषितं सत्त्वं साध्यम् । **तत्रोपात्तभेदे साध्येऽस्मिन्** सत्त्वे **भवेद्धेतुरनन्वयो**ऽन्वयरहितः । प्रधानस्य क्वचिदन्वयासिद्धेः । सामान्यमेव पुनः किं न साध्यते ? सामान्ये साध्ये सिद्धसाधनदोषात् । **सत्तायां साध्यायामिष्टायां तेन** वादिना **विशष** एवाभिमतः **साधितो भवेत्** । अत्र चानन्वयदोष उक्तः ।

अस्माकं तु—**अपरामृष्टो**ऽनध्यवसितस्तस्य वस्तुनो **भेदो** यस्मिन् तस्मिन् **वस्तुमात्र तु साधने तन्मात्रव्यापिनः साध्यस्यानित्यत्वस्यान्वयो न विहन्यते** । अतः साधनत्वं सत्त्वस्य युक्तम् ।

अपरामृष्टतद्भेदे वस्तुमात्रे तु साधने ॥ १६० ॥

तन्मात्रव्यापिनः साध्यस्यान्वयो न विहन्यते।

नासिद्धे भावधर्मोऽस्ति व्यभिचार्युभयाश्रयः ॥ १६१ ॥

धर्मो विरुद्धोऽभावस्य सा सत्ता साध्यते कथम्।

स्व०

पूर्वकोऽन्वयः, साध्योक्तेरिहानङ्गत्वात्। तत्पूर्वकत्वे वा कः प्रतिज्ञां साधनादपाकरोति? तथा चाह—

लिङ्गस्याव्यभिचारस्तु धर्मेणान्यत्र दर्श्यते।

तत्र प्रसिद्धं तद्युक्तं धर्मिणं गमयिष्यति।

तस्मान्नाग्न्यादिसाधनवत् सत्तासाधनमप्यनवद्यमिति।

अपरामृष्टतद्भेदे वस्तुमात्रे तु साधने ॥ १६० ॥

तन्मात्रव्यापिनः साध्यस्यान्वयो न विहन्यते।

साधने पुनः सत्त्वे स्वभावविशेषाऽपरिग्रहेण वस्तुमात्रव्यापिनि साध्यधर्मे नान्वयव्याघातः। न हि तत्रावश्यं विशेषपरिग्रहः कार्यः। तन्मात्राश्रयेऽपि साधनसामर्थ्यात् न साध्यत्वे, वैफल्यात्।

अपि च

नासिद्धे भावधर्मोऽस्ति व्यभिचार्युभयाश्रयः ॥ १६१ ॥

धर्मो विरुद्धोऽभावस्य सा सत्ता साध्यते कथम्।

सत्तायां हि साध्यायां सर्वस्तद्धेतुर्न त्रयीं दोषजातिमतिवर्त्तते—असिद्धं व्यभिचारं विरोधं च। तत्र यदि भावधर्मो हेतुरुच्यते स कथमसिद्धसत्ताके स्यात्? यो हि भावधर्मं तत्रेच्छति

म०

ननु धूमादग्निसाधनेऽपि समानमेतत्। तथा हि—यदि धूमादग्निसत्तामात्रं साध्यते तदा सिद्धसाध्यता, अथ पर्वतेऽस्तीति साध्यते तदाऽन्वयासिद्धिः। नैतदस्ति। न हि पक्षायोगव्यवच्छेदस्तमग्निं विशेषीकरोति; अनग्निव्यावृत्तस्य साधनात्। सत्तासाधने तु तद् (सत्त्व) विशेष एव प्रधानाख्यः साध्यः।

किञ्च—सत्तायां साधनमचेतनत्वादीष्टं सद्भावधर्मः अभावधर्मः, उभयधर्मो वा भवेत्। तत्र साधनात् प्रागसिद्धे भावे भावधर्मो नास्तीत्यसिद्धाऽसौ। **उभयाश्रयो** भावाभावधर्मश्च **व्यभिचार्य**नैकान्तिकः न ह्युभयधर्म एकान्तेनैकसत्तां गमयति अमूर्तत्वमिव वस्तुताम्। १६१॥

सिद्धः स्वभावो गमको व्यापकस्तस्य निश्चितः ॥ १९२ ॥

गम्यः स्वभावस्तस्यायं निवृत्तो वा निवर्तकः ।

स्व०

स कथं तं भावं नेच्छेत् । स्वभाव एव हि कयाचिदपेक्षया धर्म इति व्यतिरेकीव धर्मिणो निर्दिश्यते । न हि धर्मधर्मिवाचिनोः शब्दयोर्वाच्ये कश्चिद्विशेषोऽस्तीत्युक्तमेतत् ।

अथ पुनरुभयधर्मं ब्रूयादनाश्रितवस्तुनोऽप्यर्युदासेन व्यतिरेकमात्रस्याभावेऽप्यविरोधात् । यथा न भवति मूर्त्त इत्यमूर्त्तत्वं निरुपाख्येऽपि स्यात् । निरुपाख्यस्याभावात् न प्रतिषेधविषयेति चेत् तत् किमिदानीं विधिविषयोऽस्तु ? तदपि नेति चेत् कथमिदानीं न प्रतिषेधविषयः, विधिनिवृत्तिरूपत्वात् प्रतिषेधस्य ? तदेतद्व्यवच्छेदमात्रं द्वयोरपि संभवद्विपक्षप्रचाराशङ्काविच्छेदेन लभ्यं गमकत्वं कथमात्मसात् कुर्यात् ? स च स्वयं स्ववाचा उभयधर्मतां ब्रुवाणः सतोऽन्यत्राप्यस्य वृत्तिं भाषते, सत्तायां वा व्यभिचारमिति कथं नोन्मत्तः ?

अभावधर्मं तु भावमात्रव्यापिनोऽर्थस्य व्यवच्छेदं हेतुं सत्तायां वदतोऽस्य विरुद्धो हेतुः स्यात्, तस्य भावे क्वचिदसंभवात्, अभाव एव भावव्यवच्छेदस्य भावात् ।

तदयं त्रिप्रकारोऽपि धर्मः सत्तासाधने न हेतुलक्षणभाक् । न चान्या गतिरस्ति तस्मान्न सत्ता साध्यते । साधनत्वे पुनरस्याः सामान्येन तन्मात्रव्यापिनि वस्तुधर्मे सिद्धसत्ताके धार्मिणि नासिद्धिः । तेन च साध्यधर्मेण व्याप्तिर्यदि कथंचिन्निश्चीयेत न विरोधव्यभिचाराविति नायं प्रसङ्गः । अनिश्चितायां तु व्याप्तौ धर्मिसमाश्रये वा तत्स्वभावतया गमको न कश्चिद् गमकः स्यात् ।

अत एव स्वधर्मेण व्याप्तः

सिद्धः स्वभावो गमको

वाच्यः । न हि प्रकाशतया प्रकाशयन् प्रदीपस्तद्रूपाप्रतिपत्ता स्वामर्थक्रियां करोति ।

व्यापकस्तस्य निश्चितः ॥ १९२ ॥

गम्यः स्वभावः

तद्धर्मनिश्चयादेव निश्चितो व्यापकत्वेन तस्य धर्मिणो धर्मो गम्यः ।

तस्यायं निवृत्तो वा निवर्त्तकः ।

म०

अभावस्य तु धर्मो विरुद्धः असत्त्वसाधनात् । ततस्त्रिविधदोषदुष्टत्वात् साधनस्य **सा सत्ता कथं साध्यते ?**

साधनपक्षे तु सत्ता धर्मिणि सिद्धत्वान्नासिद्धा । अनित्यताव्याप्तिप्राप्तेः विरोधव्यभिचारौ चापास्तौ । तस्माद् व्याप्य**स्वभावः** साध्यात्मतया **सिद्धो निश्चितो गमकः तस्य** व्याप्यस्य **व्यापकः स्वभावः** सिद्धो **गम्यः**, व्यापकस्य तत्र भाव एव, व्याप्यस्य च तत्रैव भाव इत्युभयधर्मरूपाया व्याप्तेः सिद्धत्वात् ।

अतश्चायं व्यापकः **स्वनिवृत्तौ** तस्य व्याप्यस्य **निवर्त्तकः** । अनेन साधर्म्यवैधर्म्यप्रयोगावुद्दिष्टौ ।

अनित्यत्वे यथा कार्यमकार्यं वाऽविनाशिनि ॥ १९३ ॥

अहेतुत्वाद् विनाशस्य स्वभावादनुबन्धिता ।
सापेक्षाणां हि भावानां नावश्यम्भावितेक्ष्यते ॥ १९४ ॥

स्व०

तस्य व्याप्यस्य धर्मस्यायं निवर्त्तको व्यापकधर्मः स्वयं निवर्त्तमानः । एवं ह्ययमस्य व्यापकः सिद्धो भवति यद्यस्याऽभावे न भवेत् ।

तदनेन द्विविधस्यापि साधनप्रयोगस्य गमकतालक्षणमुक्तं वेदितव्यम् । द्विविधो हि प्रयोगः साधर्म्येण वैधर्म्येण च । यथाहुरन्ये—अन्वयी व्यतिरेकी चेति । नानयोर्वस्तुतः कश्चिद्भेदोऽस्त्यन्यत्र प्रयोगभेदात् । साधर्म्येणापि हि प्रयोगेऽर्थाद्वैधर्म्यगतिः । असति तस्मिन् साध्येन हेतोरन्वयाऽभावात् । तथा वैधर्म्येऽप्यन्वयगतिरसति तस्मिन् साध्याभावे हेत्वभावस्य संदेहादिति विस्तरेण वक्ष्यामः ।

अनित्यत्वे यथा कार्यमकार्यं वाऽविनाशिनि ॥ १९३ ॥

अनेनोदाहरणमनयोर्दर्शयति । तत्रान्वयी—यत् किंचित् कृतकं तत् सर्वमनित्यं यथा घटादयः । शब्दश्च कृतक इति कृतकस्याऽनित्यत्वेन व्याप्तिं प्रदर्श्य शब्दस्य च कृतकत्वे कथिते सामर्थ्यादिवानित्यः शब्दः इति । तस्मान्नावश्यमिह पक्षनिर्देश इत्ययमन्वयिनः प्रयोगः ।

व्यतिरेक्यपि नानित्यत्वाभावे कृतकत्वं भवति । शब्दश्च कृतक इति सिद्धतत्स्वभावतया तदभावे न भवतः कृतकत्वस्य च भावख्यातौ तदात्मनः सतो भाव इति सामर्थ्यात् निवृत्तिः । तस्मात्तन्नियमं प्रसाध्य निवृत्तिर्वक्तव्या । सा चेत् सिध्यति, तदात्मनियममर्थादेव सूचयतीति सिद्धोऽन्वयः ॥ १९३ ॥

कथमिदानीं कृतकोऽवश्यमनित्य इति प्रत्येतव्यो येनैवमुच्यते । यस्मात्

अहेतुत्वाद्विनाशस्य स्वभावादनुबन्धिता ।

न हि भावा विनश्यन्तस्तद्भावे हेतुमपेक्षन्ते । स्वहेतोरेव विनश्वराणां भावात् । तस्माद्यः कश्चित् कृतकः स प्रकृत्यैव नश्वरः ।

तथा हि

सापेक्षाणां हि भावानां नावश्यंभावितेक्ष्यते ॥ १९४ ॥

म०

उदाहरणमाह—**अनित्यत्वे** साध्ये **कार्यं** हेतुः **यथा** यत् कृतकं तदनित्यं तथा घटः कृतकश्च शब्द इति साधर्म्यप्रयोगः । **अकार्य**मकार्यस्वभावो वा**ऽविनाशिनि** नाशाभाव इति । अनित्यत्वनिवृत्तौ कृतकत्वनिवृत्तिर्यथा आकाशे, कृतकश्च शब्द इति वैधर्म्यप्रयोगः । कथं पुनर्गम्यते सत्त्वमात्रानुबन्धिनी नश्वरता इत्याह—**अहेतुत्वात्** अहेतुकृतत्वाद् **विनाशस्य स्वभावाद्** वस्तुसत्तामात्रेणा**नुबन्धिता** ।

कस्मादेवम् इत्याह—**सापेक्षाणां भावनां हि** यस्मा**दवश्यम्भाविता नेक्ष्यते**, रागस्येव वाससि । ततश्च कश्चिद् घटो न विनश्येदपि ॥ १९२-१९४ ॥

बाहुल्ये ऽपि हि तद्धेतोर्भवेत् क्वचिदसम्भवः ।
एतेन व्यभिचारित्वमुक्तं कार्याव्यवस्थितेः ॥ १९५ ॥

सर्वेषां नाशहेतूनां हेतुमन्नाशवादिनाम् ।

स्व०

निरपेक्षश्च भावो विनाशे । सापेक्षत्वे हि घटादीनां केषांचिन्नित्यतापि स्यात् । येन

बाहुल्येऽपि हि तद्धेतोर्भवेत्[1] क्वचिदसंभवः ।

यद्यपि बहुलं विनाशकारणानि सन्ति तेषामपि हि स्वप्रत्ययाधीनसन्निधित्वान्नावश्यं संनिधानमिति कश्चिन्न विनश्येदपि । न ह्यवश्यं हेतवः फलवन्तस्तेषां वैकल्यप्रतिबन्धसंभवात् ।

एतेन व्यभिचारित्वमुक्तं कार्याव्यवस्थितेः ॥ १९५ ॥

सर्वेषां नाशहेतूनां हेतुमन्नाशवादिनाम् ।

इत्यन्तरश्लोकः ।

तदयं भावोऽनपेक्षस्तद्भावं प्रति तद्भावनियतः, असंभवत्प्रतिबन्धैव कारणसामग्री सकला कार्योत्पादने ।

नन्वनपेक्षिणामपि केषांचित् क्वचिन्नावश्यं तद्भावः, भूमिबीजोदकसामग्र्यामपि कदाचिदङ्कुरानुत्पत्तेः । न, तत्रापि सन्तानपरिणामापेक्षत्वात् । नैवं भावस्य काचिदपेक्षा । तत्राप्यन्त्यसामग्री याऽव्यवहिता कार्योत्पत्तेः सा फलवत्येव । सैव च तत्राङ्कुरहेतुः, अन्यस्तु पूर्वः परि-

म०

विनाशकानां हेतूनां बाहुल्यादवश्यमिति चेत् **बाहुल्येऽपि तस्य** नाशकस्य **हेतोः क्वचिद्** घटादा**वसम्भवः** स्यात्, तद्व्याघातकानामपि बाहुल्यात् ।

एतेन नाशहेतूनां प्रतिरोधसम्भवेन **हेतुमन्नाशवादिनां** मतेन नाशहेतूनां मुद्गरादीनां **सर्वेषां** नाशे कार्येऽनुमापयितव्ये **व्यभिचारित्वमुक्तं** बोद्धव्यम्, **कार्याव्यवस्थितेः** विनाशहेतोर्विनाशस्योत्पत्तिनियमाभावात् ।

कथं पुनर्विनाशस्याहेतुता इत्याह—**असामर्थ्याच्च तद्धेतो**र्विनश्वरस्य वा भावस्य विनाशः क्रियते नाशहेतुना । तत्र विनश्वरस्य स्वयमेव विनाशादलं नाशहेतुना । अविनश्वरस्य नाशं कर्तुं न कश्चित् समर्थः । च शब्दात् क्रियाप्रतिषेधः स्यात् । तथा हि—अभावो यदि पर्युदासो, भावान्तरं कपालादिकम्, तदा तस्य मुद्गरादिहेतुतेष्यत एव । तदुत्पादेऽपि घटस्य न किञ्चिदिति प्राग्वदुपलब्ध्यादिप्रसङ्गः । तस्मादभावं करोति भावं न करोतीति स्यात् । तथा चाकर्तृरहेतुतैव ।

---

1. मनोरथः बाहुल्येऽपीति चेत् तस्य हेतोः

असामर्थ्याच्च तद्धेतोर्भवत्येव स्वभावतः ॥ १९६ ॥

स्व०

णामस्तदर्थ एव । न च तां तत्र कश्चित् प्रतिबन्धुं समर्थः, एकत्र भावे विकारानुत्पत्तेः । उत्पत्तौ वैकत्वहानेः । तदात्मनश्चाप्रच्युतस्य तदुत्पादनं प्रति वैगुण्यं कारणस्याकुर्वाणस्य प्रतिबन्धहेतोरप्रतिबन्धकत्वात् ।

ननु च यवेबीजादयोऽपि शाल्यङ्कुरे जन्ये न सापेक्षाः, तदुत्पत्तिप्रत्ययानां कदाचित्तत्रापि संनिधानात् । कथं न सापेक्षाः ? यावता स एवैषां स्वभावो नास्ति यस्तदुत्पादनः शालिबीजस्येति । अतस्तत्स्वभावापेक्षा । एवं तर्हि कृतकानामपि केषांचित् सतां वा स एव स्वभावो नास्ति, यो विनश्वरः । तस्मात्तत्स्वभावापेक्षत्वान्न विनश्वराः । शालिबीजादीनां स स्वभावः स्वहेतोरिति यो न तद्धेतुः सोऽतत्स्वभावः स्यात् । नियतशक्तिश्च स हेतुस्वरूपेण प्रतीत एव । न च स्वभावनियमो नामाकस्मिको युक्तोऽनपेक्षस्य देशकालद्रव्यनियमाऽयोगात् । तथाऽत्रापि नियमहेतुर्वक्तव्यो यत इमे केचिदनश्वरात्मानो भावा जाताः । न चात्र कश्चिन्नियामकः स्वभावस्यास्ति ।

सर्वजन्मिनां विनाशसिद्धेर्जन्मिस्वभावो नाशीति चेत् न वै जन्म नाशिस्वभावस्य हेतुः । न चाऽहेतोः स्वभावनियमः । तस्मान्नात्र कश्चिद्धेतोः स्वभावप्रविभागः । तदभावात् फलस्यापि नास्तीत्यसमानम् ।

सेयं निरपेक्षता विनाशस्य क्वचित् कदाचिच्च भावविरोधिनी तदभावं स्वभावेन साधयति । यो हि भावो निरपेक्षः स यदि कदाचिद्भवेत् क्वचिद्वा तत्कालद्रव्यापेक्ष इति निरपेक्ष एव न स्यादित्युक्तम् । स तर्हि नश्वरः स्वभावो निरपेक्ष इत्यहेतुकः स्यात् । नाहेतुकः, सत्ताहेतोरेव भावात् तथोत्पत्तेः। सतो हि भवतस्तादृशस्यैव भावात् ।

नावश्यं सतः कुतश्चिद्भाव इति चेत् आकस्मिकी तर्हि सत्तेति । नेयं कस्यचित् कदाचित् क्वचिद्विरमेत् । तद्धि किंचिदुपलीयेत न वा यस्य यत्र किंचित् प्रतिबद्धमप्रतिबद्धं वा । सेयं सत्ताऽप्रतिबन्धिनी चेत् नियमवती स्यात् । तस्मान्नेयमाकस्मिकी क्वचित् ।

कथं तर्हीदानीमहेतुको विनाश उक्तः ? जातस्य तद्भावेऽन्याऽनपेक्षणात् । उक्तं चात्र न विनाशो नामाऽन्य एव कश्चिद्भावाद् भाव एव हि नाशः । स एव ह्येकक्षणस्थायी जातः इति । तमस्य मन्दाः स्वभावमूर्ध्वं व्यवस्यन्ति, न प्राक्, दर्शनेऽपि पाटवाभावादिति । तद्वशेन पश्चाद्व्यवस्थाप्यते । विकारदर्शनेनेव विषमज्ञैः ।

तदयं सत्ताव्यतिरेकेण नान्यत् किंचिद्विनाशोऽपेक्षत इति तद्व्यापि ।

कथं पुनरेतद् गम्यते निरपेक्षो विनाश इति ?

असामर्थ्याच्च तद्धेतोः

अभावकारिणः क्रियाप्रतिषेधाच्चेति चशब्दात् । कथमसामर्थ्यम् ? सिद्धे हि भावे कारको न तं करोति । नाप्यन्यक्रियायां तस्य किंचिदिति तदतद्रूपाकरणाच्चाकिंचित्करो नापेक्ष्यते ।

कथं क्रियाप्रतिषेधः ? विनाश इति हि भावाभावं मन्यन्ते । तदयं विनाशहेतुरभावं करोतीति प्राप्तम । तत्र यद्यभावो नाम कश्चित् कार्यः स्यात् स्वभावः, स एव भाव इति

यत्र नाम भवत्यस्मादन्यत्रापि स्वभावतः ।
या काचिद् भावविषयाऽनुमितिर्द्विविधैव सा ॥ १९७ ॥

स्वसाध्ये कार्यभावाभ्यां सम्बन्धनियमात् तयोः ।
प्रवृत्तेर्बुद्धिपूर्वत्वात् तद्भावानुपलम्भने ॥ १९८ ॥

स्व०

नाभावः स्यात् । तस्मादभावं करोतीति क्रियाप्रतिषेधोऽस्य कृतः स्यात् । तथाऽप्ययमकिंचित्करः किमित्यपेक्षत इति सिद्धा विनाशं प्रत्यनपेक्षा भावस्य ।

तस्माद्

भवत्येव स्वभावतः ॥ १९६ ॥

यत्र नाम भवत्यस्मादन्यत्रापि स्वभावतः ।

सोऽयं क्वचिद्भवन्दृष्टोऽनपेक्षत्वात् स्वभावत एव भवति तथाऽन्यत्रापि स्वभावभावी विशेषाभावाविशेषादिति ।

या काचिद्भावविषया द्विधैवानुमितिस्ततः[1] **॥ १९७ ॥**

स्वसाध्ये कार्यभावाभ्यां संबन्धनियमात्तयोः ।

तस्माद् द्विप्रकारैव वस्तुविषयानुमितिः कार्यलिङ्गा स्वभावलिङ्गा च । यथास्वं व्यापिनि साध्ये तयोरेव प्रतिबन्धाल्लिङ्गयोर्लिङ्गिनि यथोक्तं प्राक् ।

प्रवृत्तेर्बुद्धिपूर्वत्वात्तद्भावानुपलम्भने ॥ १९८ ॥

म०

तस्माद् विनाशहेतोरयोगादेव विनाशः **स्वभावतः** स्वहेतो**र्भवति अस्मा**दिति भावो हेतुः । **यत्र नाम** विनाशो भवतीति मुद्गरात् कपालोत्पत्तौ लोकाभिमानः । तत्र विनाशकायोगात् स्वहेतोरेव विनश्वरस्वभावतयोत्पत्तेर्द्वितीये क्षणे न भवतीति वक्तव्यम् । तस्मादहेतुत्वव्यवस्थाना**दन्यत्रापि** यत्र विसदृशानुत्पत्त्या विनाशोत्पत्त्यभिमानो नास्ति तत्रापि स्वभावतः स्वहेतोरेव विनश्यतीति विनाश एकक्षणस्थायी भावो जायते ।

तथाविधे च भावमात्रानुरोधिनि विनाशे सत्त्वं हेतुरव्यभिचारः । कार्यस्य कारणे तदधीनत्वादित्युक्तम् । तदेवाह—**या काचिद् भावविषयानुमितिः सा द्विविधैव कार्यभावाभ्यां** हेतुभ्यां कारणव्यापकविषया भवन्ती **तयोः** कार्यस्वभावयोरेव, **स्वसाध्ये सम्बन्धस्य नियमात्** । अन्यस्यां तु साध्येऽनापत्तेरतदात्मत्वाच्च नाव्यभिचारनियमः ।

---

१ मनोरथः विषयाऽनुमितिर्द्विविधैव सा ।

प्रवर्त्तितव्यं नेत्युक्ताऽनुपलब्धेः प्रमाणता ।
शास्त्राधिकारेऽसम्बद्धा बहवोऽर्था अतीन्द्रियाः ॥ १९९ ॥

अलिङ्गाश्च कथं तेषामभावोऽनुपलब्धितः ।
सदसन्निश्चयफला नेति स्याद् वाऽप्रमाणता ॥ २०० ॥

स्व०

प्रवर्तितव्यं नेत्युक्ताऽनुपलब्धेः प्रमाणता ।

तृतीयस्तु हेतुरनुपलब्धिरविशेषेण क्वचिदर्थे गमक इत्युच्यते ।

सन्निश्चयशब्दव्यवहारप्रतिषेधे हि सर्वैवानुपलब्धिर्लिङ्गम् । सन्निश्चयाद्धि शब्दव्यवहाराः प्रवर्तन्ते । तस्मात्ते प्रवत्तिरित्युक्ताः । तथा ह्यनुपलब्धिरेवासत्त्वमित्युक्तम् । तच्च प्रतिपत्तृवशान्न वक्तृवशात् । तावद्धि स भावोऽस्य नास्ति यावदत्राप्रतिपत्तिः, सताऽपि तेन तदर्थाकरणात् । वस्तुतस्त्वनुपलभ्यमानो न सन्नासन्, सतामपि स्वभावादिविप्रकर्षात्कदाचिदनुपलम्भात् तस्याऽसत्स्वपि तुल्यत्वात् । तदेतत्प्रतिपत्तुः प्रमाणाभावान्निवृत्तं सत्त्वमनुपलब्धिलक्षणं स्वनिमित्तान् शब्दव्यवहारान् निवर्त्तयति ।

तेन याऽपीयमनुपलब्धिरुपलब्धिलक्षणप्राप्तानां वस्तुतोऽप्यसत्त्वरूपा, अप्रवृत्तियोग्यत्वात्, तस्या अप्येतत्तुल्यम्

प्रामाण्यमत्र विषयेऽसन्निश्चयफलाऽपि सा ॥[1] **१९९ ॥**

असत्तायामपीयं प्रमाणमेव न ह्यस्ति संभवो यदुपलब्धियोग्यः सकलेष्वन्येषु कारणेषु सन्नोपलभ्येत ॥ १९९ ॥

न पुनः पूर्वाऽसत्तासाधनी यस्मात्

शास्त्राधिकारेऽसंबद्धा बहवोऽर्था अतीन्द्रियाः ।
अलिङ्गाश्च कथं तेषामभावोऽनुपलब्धितः ॥ २०० ॥

म०

अनुपलब्धेरप्युपलब्धिनिवृत्तिमात्रलक्षणायाः प्रामाण्यमाख्यातुमाह—सज्ज्ञानशब्दव्यवहाराणां **प्रवृत्तेर्बुद्धिपूर्वकत्वात् तस्या बुद्धेर्भावानुपलम्भने** कारणाभावत् **प्रवर्तितव्यं नेति** सामर्थ्यात् सिध्यति न हि कारणाभावं कार्यं युक्तम् । अतो**ऽनुपलब्धे**रुपलब्धिनिवृत्तिरूपायाः प्रवृत्तिनिषेध साध्ये **प्रमाणतोक्ताचार्येण** । न पिशाचादिकं घटादिकं सदिति वक्तव्यमनुपलब्धेरिति सद्व्यवहारप्रतिषेधमात्रं साध्यते, न त्वसत्त्वव्यवहारः ।

यत्र तर्हि प्रत्यक्षानुमानयोः शास्त्रस्य निवृत्तिः, तस्याभाव एव साधयितुं युक्तः इत्याह—**शास्त्राधिकारेऽसम्बद्धाः** । अनेन शास्त्राविषयत्वमाह । **बहवोऽर्था** अनियतकारणोपनिपातजन्याः

---

1. Not found in मनोरथ; but Malavaniya reads it.

प्रमाणमपि काचित् स्याद् लिङ्गातिशयभाविनी ।
स्वभावज्ञापकाज्ञानस्यायं न्याय उदाहृतः ।। २०१ ।।

स्व०

सोऽयमसत्तां साधयन्नुपलब्धिमात्रेण सर्वार्थानां प्रमाणत्रयनिवृत्त्या साधयेत् । तत्र न शास्त्रनिवृत्तिरभावसाधनी, तस्य क्वचिदनधिकारे प्रवृत्तेः । शास्त्रं हि प्रवर्तमानं कंचित् पुरुषार्थ-साधनमुपायमाश्रित्य प्रवर्त्ततेऽन्यथाऽसंबद्धप्रलापस्याप्रामाण्यात् । तत्र च प्रकरणे बहवोऽर्था नावश्यं निर्देश्याः यथा—प्रत्यात्मनियताः काश्चित् पुरुषाणां चेतोवृत्तयः अनियतनिमित्तभाविन्यः कालदेशव्यवहिता वा प्रकरणानुपयोगिनो द्रव्यविशेषाः । न तान् शास्त्रं विषयीकरोति । न च तथाविप्रकृष्टेषु स्वसामर्थ्योपधानात् ज्ञानोत्पादनशक्तिरस्ति । न चावश्यमेषां कार्योपलम्भो येनानुमीयेरन् । न च ते प्रमाणत्रयनिवृत्तावपि न सन्तीति शक्यन्ते व्यवसातुम् । तस्मान्न सर्वा-नुपलब्धिः साधनी निवृत्तिनिश्चयस्य ।। २०० ।।

तदियम्

सदसन्निश्चयफला नेति स्याद्वाऽप्रमाणता ।

नैवेयमनुपलब्धिः प्रमाणं व्यवसायफलत्वात् प्रमाणानाम् । न हि प्रवृत्तिनिषेधेऽपीयं निःशङ्कपरिच्छेदं चेतः करोति । संशयादपि क्वचिल्लोकस्य प्रवृत्तेः । तथात्वे तन्निरवद्यं यदि निश्चयपूर्वं व्यवहरेदिति सेयमप्रवृत्तिफला प्रोक्ता ।

प्रमाणमपि काचित् स्याल्लिङ्गातिशयभाविनी ।। २०१ ।।

अत्र न सर्वानुपलब्धिरप्रमाणम् । काचित् प्रमाणमपि लिङ्गविशेषभाविनी यथोदाहृता प्राक् ।। २०१ ।।

म०

सूक्ष्मा दुर्लक्षभेदा मनोवृत्तयो जन्मिनाम्, देशफलव्यवहिता वाऽनुत्पन्ना द्रव्यविशेषा **अतीन्द्रियाः**। अनेन प्रत्यक्षाविषयतामाह। **अलिङ्गाच्चाननुमेयतामाह**। **तेषामर्थानां** प्रत्यक्षानुमानशास्त्र-निवृत्तिलक्षणाया **अनुपलब्धितः कथमभावः** साधयितुं युक्तः, सत्यप्यनुपलम्भे तेषां सत्त्व-सम्भवात् ? अत ईदृश्यनुपलब्धिः **सतोऽसन्निश्चयफला नेति अप्रमाणता** वाऽस्याः **स्यात्** ।। २०० ।।

सत्त्वप्रतिषेधे साध्ये **काचित्** त्वनुपलब्धिर्लिङ्गजा प्रतीतिरस्मिन्नेव साध्ये प्रमाणमपि **स्याल्लिङ्गातिशयभाविनी** लिङ्गविशेषप्रभवा। यथोक्तं प्राक्—हेतुभेदव्यपेक्षया[1] इति । उप-लब्धिलक्षणप्राप्तानुपलब्धिः लिङ्गजेत्यर्थः ।

यत् पुनरुक्तम्—अप्रमाणमनुपलब्धिः इति । यस्य कस्यचित् **स्वभावस्य ज्ञापकस्य** लिङ्गस्य चाज्ञानस्यानुपलब्धेरयं **न्याय उदाहृतः** । न हि स्वभावो नोपलभ्यत इत्येव नास्ति देशकालस्वभावविप्रकृष्टानामदर्शनेऽपि सत्त्वाविरोधात् । ततो नास्ति विरक्तं चेत इत्याद्ययुक्तम् ।

---

1. PV 3.5.

कार्ये तु कारकाज्ञानमभावस्यैव साधकम् ।
स्वभावानुपलम्भश्च स्वभावेऽर्थस्य लिङ्गिनि २०२ ॥

स्व०

यत् पुनरुक्तमप्रमाणमनुपलब्धिरिति

स्वभावज्ञापकाज्ञानस्यायं न्याय उदाहृतः ।

यस्य कस्यचित् स्वभावो नोपलभ्यते देशादिविप्रकर्षात् न स तदनुपलम्भमात्रेणासन्नाम यथोक्तं प्राक्। यो पि ज्ञापकस्य लिङ्गस्याभावादतीन्द्रियः प्रतिक्षिप्यतेऽर्थः, स्वभावविशेषो वा, यथा नास्ति विरक्तं चेतः, देवता विशेषा वा, नास्ति दानहिंसाविरतिचेतसामभ्युदयहेतुतेति प्रत्यक्षेऽप्यर्थे फलस्यानन्तर्याभावादतत्फलसाधर्म्याद्विपर्यस्तोऽपवदेतापि । न तावता तदभाव एव, व्यवहितानामपि हेतोः फलानामुत्पत्तिदर्शनात्, मूषिकाऽलर्कविषविकारवत् तद्भावे विरोधाभावादत्रानुपलब्धिमात्रमप्रमाणम् ।

भावे किं प्रमाणमिति चेत् अत एव संशयोऽस्तु, भवेद्वा प्रमाणमित्यप्रतिक्षेपः । तदत्र केषांचिदर्थानां स्वभावानां वा दर्शनपाटवाभावात् कारणानां कार्योत्पादननियमाभावाच्च भवेत् ज्ञापकसिद्धिः । नेयता तदभावः, पुनः पर्यायेण केषांचिदभिव्यक्तेः ॥

कार्ये तु कारकाज्ञानमभावस्यैव साधकम् ॥ २०२ ॥

स्वभावाऽभावे साध्ये यदनुपलम्भ एवाऽप्रमाणमुच्यते, कारकानुपलम्भस्तु प्रमाणमव । नह्यस्ति संभवो यदसति कारणे कार्यं स्यात् ।

ननु कदाचित् कारणविनाशेऽपि कार्यस्थितिर्दृष्टा । न ब्रूमः कारणस्थितिकालभाविकार्यमिति । हेतुरहिता तु भावोत्पत्तिर्नास्तीत्युच्यते । न च तथा स्थायी भावस्तदुपादानः । पारम्पर्यात् तु सन्तानोपकारात् तत्कार्यव्यपदेशः । यद्यस्य कथंचिदभावः सिध्येत् तत्फलं नास्तीति निश्चीयते ॥ २०२ ॥

स्वभावानुपलम्भश्च स्वभावेऽर्थस्य लिङ्गिनि ।

म०

न च कारणमित्येव कार्याण्यव्यवधानतो भवन्ति । ततो नास्ति दानहिंसाविरतिचेतनानामभ्युदयहेतुता फलानन्तर्याभावादित्ययुक्तम् ॥ २०१॥

कारकाज्ञानं तु कार्येऽभावस्यैव साधकम्, न ह्यसति कारणे कार्यसम्भवः ।

तथार्थस्य व्यापकतया निश्चितस्य **स्वभावस्यानुपलम्भश्च स्वभावे** व्याप्ये **लिङ्गिन्य**सत्तया साध्ये साधनम् ॥ २०२ ॥

तदा च कारणव्यापकानुपलब्धी गमिके, **यदि केनचिद्धेतुनो**पलब्धिलक्षणप्राप्तानुपलम्भेनान्येन वा **तयोः** कारणव्यापकयोर**भावः प्रतीयेत** न तूपलम्भाभावमात्रेण, सन्दिग्धासिद्धत्वात् ।

तदभावः प्रतीयेत हेतुना यदि केनचित् ।
दृश्यस्य दर्शनाभावकारणासम्भवे सति ।। २०३ ।।

भावस्यानुपलब्धस्य भावाभावः प्रतीयते ।
विरुद्धस्य च भावस्य भावे तद्भावबाधनात् ।। २०४ ।।

तद्विरुद्धोपलब्धौ स्यादसत्ताया विनिश्चयः ।

स्व०

स्वभावाभाव एव लिङ्गिनि । स्वभावानुपलम्भोऽपि कश्चित्प्रमाणमेव यद्यनुपलभ्यमानो व्यापकः स्वभावोऽस्य सिद्धः स्यात् । यथा वृक्षत्वं शिंशपायाः ।

तदभावः प्रतीयेत हेतुना यदि केनचित् ।। २०३ ।।

यद्यस्य स्वभावस्य व्यापकस्य वाभावः कुतश्चिद् गमकाद्धेतोः सिध्येत्, सोऽयमसन्नेव स्वं कार्यं व्याप्यं वा निवर्त्तयति । तदभावासिद्धौ निवर्त्त्येऽपि संशयात् ।।

कथमिदानीं भावस्य स्वयमनुपलब्धेरभावसिद्धिः ?

दृश्यस्य दर्शनाभावकारणाऽसंभवे सति ।
भावस्यानुपलब्धस्य भावाभावः प्रतीयते ।। २०४ ।।

भावो हि यदि भवेद् यथास्वं ग्राहकेण करणेनोपलभ्य एव भवेत् । स दर्शनप्रतिबन्धिषु व्यवधानादिष्वसत्सूपलभ्यत एवानुपलब्धस्त्वसन्निति निश्चीयते । तादृशः सत उपलम्भाऽव्यभिचाराद् । अयमेव हेतुहेतुव्यापकयोरभावेऽपि वेदितव्यः ।। २०४ ।।

विरुद्धस्य च भावस्य भावे तदभावबाधनात् ।
तद्विरुद्धोपलब्धौ स्यादसत्ताया विनिश्चयः ।। २०५ ।।

म०

स्वभावानुपलम्भमाह—**दृश्यस्य** वस्तुनो **दर्शनाभावस्य** यत् **कारणं** व्यवधानेन्द्रियवैकल्यादि, **तस्यासम्भवे सति भावस्यानुपलब्धस्य भावाभावः** स्वभावानुपलब्धेः प्रतीयते ।

विरुद्धस्य निवर्त्तकस्य वह्न्यादेर्**भावस्य भावे तस्य** सलिलादेर्निवर्त्यस्य **भावबाधनात् । तद्विरुद्धोपलब्धौ** सत्यामसत्ताया **विनिश्चयः स्यात् ।**

नन्वनुपलब्धेरभावसाधने को दृष्टान्तः व्योमकुसुमादिरिति चेत् अत्रापि यद्यनुपलब्धेरभावसिद्धिः तदा दृष्टान्तरापेक्षायामनवस्थाप्रसङ्गः । तदनपेक्षायां तदनुपलब्धिरभावाख्यं प्रमाणमस्तु? असम्बद्धमेतत् न ह्यभावोऽनुपलब्ध्या साध्यते । अनुपलब्धिरेव ह्यभावः स च सिद्ध एव । तथापि तु मूढस्तमव्यवहरन् निमित्तोपदर्शनेन व्यवहार्यते । तथा च भावोऽभावस्य दृष्टान्तः, तयोः स्वनैमित्तिकप्रवर्त्तनस्य सिद्धत्वात् ।

अनादिवासनोद्भूतविकल्पपरिनिष्ठितः ॥ २०५ ॥

शब्दार्थस्त्रिविधो धर्मो भावाभावोभयाश्रयः ।
तस्मिन् भावानुपादाने साध्येऽस्यानुपलम्भनम् ॥ २०६ ॥

स्व०

यो हि भावो येन सह नावतिष्ठते, तदुपादानयोरन्योन्यवैगुण्याश्रयत्वेनारम्भविरोधात्, तयोर्विरुद्धयोरेकस्य भावेऽप्यन्याऽभावगतिर्भवति यथोक्तं प्राक् ।

इदमनुपलब्धेर्न पृथग्व्यवस्थाप्यते, तत एव विरोधगतेः । विरोधाच्चाभावसाधनात् ।

भवतु नामैवंविधाया अनुपलब्धेरभावगतिः । सा पुनः कथमनुमानम्? कथं च न स्यात्? दृष्टान्तानपेक्षणात् । न ह्यस्यां कश्चिद् दृष्टान्तोऽस्ति । किं न निरुपाख्यं व्योमकुसुमादि-दृष्टान्तः? तदसत् कथमवगन्तव्यम्, येनैवं स्यात्? अनुपलब्धेरेवेति चेत् तत्र कथमदृष्टान्तिका सत्तासिद्धिः ? सदृष्टान्तत्वे वाऽनवस्थाप्रसङ्गः । तथा चाप्रतिपत्तिः । तन्निरुपाख्याऽभाव-सिद्धिवदन्यत्रापि दृष्टान्ताऽनपेक्षणादननुमानम् ।

शृण्वन्नपि देवानांप्रियो नावधारणपटुः । निमित्तं ह्यसच्छब्दव्यवहाराणामुपलभ्यानुप-लब्धिः । सा स्वसन्निधानात् स्वनिमित्तानेतान् साधयतीति स्वनिमित्तसामग्रीयोग्यसंनिधानः सर्वोऽत्र दृष्टान्तः । असत्ता पुनरत्रानुपलब्धिरेव । अत एवेयं कारणात् कार्यानुमानलक्षणेति स्वभावहेतावन्तर्भवतीति वक्ष्यामः ।

सच्छब्दव्यवहारप्रतिषेधेऽपि प्रमाणनिवृत्त्या निमित्तवैकल्याऽभाविनोङ्कुरादयो दृष्टान्तो न केवलं निरुपाख्यम् । निरुपाख्येऽपीयमेव प्रवृत्तिर्निषिध्यते । अनुपलब्धिलक्षणाऽसत्तासिद्धैव । सोऽयं मूढो निमित्तं तदभावं वाभ्युपगम्य प्रवृत्तिनिवृत्ती विलोपयन् यथाभ्युपगमं प्रतिपाद्यते निरुपाख्यवदन्यद्वेति ।

स एव तावदुपलब्ध्यभावः कथं सिद्ध इति चेत् एतदुत्तरत्र वक्ष्यामः ।

अन्यत्रापि ह्यनुमाने साध्यधर्मेण व्याप्तं साधनमिच्छन् किमिति दृष्टान्तेन प्रत्याय्यो व्याप्यनिर्देशादेव व्याप्नुवतः सिद्धेः? निश्चितार्थस्यापि स्मृत्यर्थो दृष्टान्त इति चेत् तदितरत्र समा-नम् । सोऽयमन्यत्रानुपलम्भमात्रादसद्व्यवहारं प्रतिपद्यमानोऽपीह व्यामूढ इति स्मार्यते ॥२०५॥

अथ यदिदं न सन्ति प्रधानादयोऽनुपलब्धेरिति तत्र कथमसद्व्यवहारविधिः, सद्व्यव-हारनिषेधो वा? कथं च न स्यात्? तदर्थप्रतिषेधे धर्मिवाचिनोऽप्रयोगादभिधानस्य निर्विष-यस्य च प्रतिषेधस्यायोगात् । नैष दोषो यस्माद्

म०

ननु यदिदम्—न सन्ति प्रधानादयोऽनुपलब्धेः इति तत्र कथम् सद्व्यवहारविधिः, सद्व्यवहारप्रतिषेधो वा प्रधानादिशब्दवाच्यस्य प्रतिषेधे तच्छब्दाप्रयोगात्?

अत्राह—**अनादि**विकल्पाभ्यास**वासना**त **उद्भूतविकल्पे परिनिष्ठितः** प्रतिभासमानः **शब्दार्थो** धर्मी **त्रिविधः** । कथम् इत्याह—तद्विषयत्वात् । तत्र **भावो**पादानो विकल्पः—पटादिः, **अभावो**पादानः—शशविषाणादिः, **उभयो**पादानः प्रधानेश्वरादिः ।

तथा हेतुर्न तस्यैवाभावः शब्दप्रयोगतः ।
परमार्थैकतानत्वे शब्दानामनिबन्धना ॥ २०७ ॥

न स्यात् प्रवृत्तिरर्थेषु दर्शनान्तरभेदिषु ।
अतीताजातयोर्वापि न च स्यादनृतार्थता ॥ २०८ ॥

स्व०

अनादिवासनोद्भूतविकल्पपरिनिष्ठितः ।
शब्दार्थस्त्रिविधो धर्मो भावाभावोभयाश्रितः ॥ २०६ ॥

तस्मिन् भावानुपादाने साध्येऽस्यानुपलम्भनम् ।
तथा हेतुर्न तस्यैवाभावः शब्दप्रयोगतः ॥ २०७ ॥

निवेदितमेतद्यथा नैते शब्दाः स्वलक्षणविषयाः, अनादिवासनाप्रभवप्रतिभासिनमर्थं विषयत्वेनात्मसात् कुर्वन्ति। वक्तुः श्रोतुश्च तद्विकल्पभाजः, यथाप्रतिभासिवस्तुप्रतिपादनसमीहाप्रयोगात्, तदाकारविकल्पजननाच्च । न चोपादानकार्यप्रत्ययाऽप्रतिभासि रूपं शक्यं तद्विषयत्वेनावसातुम् । स तु विकल्पः सदसदुभयप्रत्ययाहितवासनाप्रभव इति तत्प्रतिभास्याकाराध्यवसायवशेन च भावाभावोभयधर्म्म इत्युच्यते। तदत्र धर्मिणि व्यवस्थिताः सदसत्त्वं चिन्तयति किमयं प्रधानशब्दप्रतिभास्यर्थो भावोपादानो न वेति तस्य भावानुपादानत्वे साध्ये स एव प्रत्यात्मवेद्यत्वादप्रतिक्षेपार्होऽर्थो धर्मी। न च स एवार्थः स्वलक्षणमिति शक्यं वक्तुम्, असंप्राप्तनिरुद्धयोरप्यर्थयोस्तस्यानपायात् । वस्तुविपरीताकाराभिनिवेशिष्वपि तीर्थान्तरीयप्रत्ययेषु भावात् ॥ २०७ ॥

परमार्थैकतानत्वे शब्दानामनिबन्धना ।
न स्यात् प्रवृत्तिरर्थेषु दर्शनान्तरभेदिषु ॥ २०८ ॥

म०

तस्मिन् शब्दार्थे प्रधानादौ **भावानुपादाने** भावभूतप्रधानाश्रये **साध्येऽस्य** प्रधानादेस्**तथा** बाह्यभावाश्रयत्वेना**नुपलम्भनं हेतु**र्व्यवहारसाधनः **न तु तस्य** शब्दार्थ**स्यैवाभावः**, प्रधानादि**शब्दस्य** तत्प्रतिपादकस्य **प्रयोगतः ।**

यदि तु वस्त्वेव शब्दविषयः तदा **परमार्थैकतानत्वे** परमार्थैकपरवृत्तित्वे **शब्दानामर्थेषु दर्शनान्तरभेदिषु** प्रतिदर्शनं भिन्नाभ्युपगमेन नित्यत्वानित्यत्वत्रिगुणमयत्वादिकल्पितभेदेषु **अनिबन्धना**, परमार्थनिबन्धनरहिता **प्रवृत्तिर्न स्यात्** । न हि परस्परविरुद्धा बहवो धर्मा एकत्र सन्ति ।

अतीताजातयोर्वाप्यसतोर्नं स्याच्छब्दवृत्तिः । **न च कस्याश्चिद्** वाचो**ऽनृतार्थता** स्यात् । अर्थमन्तरेण शब्दाभावात् । यस्मादेते दोषा वस्तुविषयत्वे वाच इति तस्मा**देषा बौद्धार्थविषया** कल्पितार्थगोचरा **मता ।**

वाचः कस्याश्चिदित्येषा बौद्धार्थविषया मता ।
शब्दार्थापह्नवे साध्ये धर्माधारनिराकृतेः ॥ २०९ ॥

न साध्यः समुदायः स्यात् सिद्धौ धर्मश्च केवलः ।
सदसत्पक्षभेदेन शब्दार्थानपवादिभिः २१० ॥

वस्त्वेव चिन्त्यते ह्यत्र प्रतिबद्धः फलोदयः ।
अर्थक्रियाऽसमर्थस्य विचारैः किं परीक्षया ॥ २११ ॥

स्व०

अतीताऽजातयोर्वापि न च स्यादनृतार्थता ।
वाचः कस्याश्चिदित्येषा बौद्धार्थविषया मता ॥ २०९ ॥

इति संग्रहश्लोकौ ॥

तस्य च यथासमीहितरूपानुपादानत्वे साध्ये तथानुपलम्भोऽस्य धर्मोऽस्तीति न साधनधर्माऽसिद्धिः । न पुनरत्रायमेव शब्दविकल्पप्रतिभास्यर्थोऽपह्नूयते, तस्य बुद्धावुपस्थापनाय शब्दप्रयोगात्, तदभावे तदयोगात् ॥ २०८-२०९ ॥

अपि च

शब्दार्थापह्नवे साध्ये धर्माधारनिराकृतेः ।
न साध्यः समुदायः स्यात् सिद्धौ धर्मश्च केवलः ॥ २१० ॥

यदि हि शब्दार्थ एवापोद्येत प्रधानशब्दवाच्यस्य धर्मिण एव निराकरणात् निराधारः साध्यधर्मः स्यात् । तदयमाधारव्यवच्छेदानपेक्षो न विवादाश्रय इति नोपन्यसनीय एव स्यात् ॥ २१० ॥

किं च

सदसत्पक्षभेदेन शब्दार्थानपवादिभिः ।
वस्त्वेव चिन्त्यते ह्यत्र प्रतिबद्धः फलोदयः ॥ २११ ॥

म०

यश्च शब्दार्थः तस्य भावानुपादानत्वं साध्यते, न तु स एव निषिध्यते । अन्यथा **शब्दार्थस्यापह्नवे साध्ये धर्माधारस्य** धर्मिणो **निराकृतेः समुदायः साध्यो न स्यात्** । धर्मिधर्मसमुदायश्चानुमेयः । धर्म एव केवलः साध्यते इति चेत् **सिद्धो धर्मश्चा**भावादिः **केवलः** किमर्थं साधनीयः । प्रधानादिविकल्पस्य भावानुपादानत्वं तु न सिद्धम्, तदेव साध्यं युक्तम् ।

किञ्च—**सदसत्पक्षभेदेन वस्त्वेव** व्यवहारिभिः **शब्दार्थानपवादिभिः चिन्त्यते,** नावस्तु । **हि** यस्माद् **अत्र** वस्तुनि **फल**स्यार्थक्रियाया **उदयः प्रतिबद्धः** ।

ततश्च—**अर्थक्रियायामसमर्थस्य** शब्दार्थादे**र्विचारैः** सदसत्पक्षचिन्ताभिस्तदर्थिनामर्थक्रियार्थिनां **किम्** ? न किंचित् प्रयोजनम् । **षण्ढस्य** नपुंसकस्य **रूपे वैरूप्ये वा कामिन्या** वृषस्यन्त्या योषितः **किं परीक्षया** ?

षण्ढस्य रूपे वैरूप्ये कामिन्याः किं परीक्षया ।
शब्दार्थः कल्पनाज्ञानविषयत्वेन कल्पितः ।। २१२ ।।

धर्मो वस्त्वाश्रयासिद्धिरस्योक्तो न्यायवादिना ।
नान्तरीयकताऽभावाच्छब्दानां वस्तुभिस्सह ।। २१३ ।।

स्व०

अर्थक्रियाऽसमर्थस्य विचारैः किं तदर्थिनाम् ।[1]
षण्ढस्य रूपवैरूप्ये कामिन्याः किं परीक्षया ।। २१२ ।।

न हि शब्दार्थः सन्नसन् वा कंचित् पुरुषार्थं तु उपरुणद्धि समादधाति वा । यथाऽभिनिवेशमतत्त्वात् । यथातत्त्वं चासमीहितत्वात् । तस्मादयं प्रवर्तमानः सर्वदा सदसच्चिन्तायामवधीरितविकल्पप्रतिभासो वस्त्वेवाधिष्ठानीकरोति, यत्रायं पुरुषार्थः प्रतिबद्धः यथाग्नौ शीतप्रतीकारादिः । न ह्यत्र शब्दार्थः समर्थस्तदनुभवाप्तावापि तदभावात् । तदयमर्थक्रियार्थी तदसमर्थं प्रति न दत्तानुयोगो भवितुं युक्तः । न हि वृषस्यन्ती षण्ढस्य रूपवैरूप्यपरीक्षायामवधत्ते ।। २११-२१२ ।।

यत् पुनरेदुक्तम्—कल्पितस्यानुपलब्धिः धर्मः इति तस्य कोऽर्थः ?

शब्दार्थः कल्पनाज्ञानविषयत्वेन कल्पितः ।
धर्मो वस्त्वाश्रयाऽसिद्धिरस्योक्तो न्यायवादिना ।। २१३ ।।

कल्पनाविषयत्वाच्छब्दार्थ एव कल्पितस्तस्य वस्त्वाश्रयानुपलब्धिर्धर्म इत्यभिप्राय इति ।

यदुक्तम्—न प्रमाणत्रयनिवृत्तावपि भावाभावसिद्धिः इति तन्मा भूदन्यत्र प्रमाणनिवृत्तौ निवृत्तिः, तयोरसकलविषयत्वात् । आगमः पुनर्न किंचिन्न व्याप्नोति । तन्निवृत्तिः कथं न गमिकेति ? उक्तमत्र—नागमेषु सर्वार्था उपनिबध्यन्ते, अप्रकरणापन्नत्वादिति ।। २१३ ।।

म०

यत् पुनराचार्य**णो**क्तम्—कल्पितस्यानुपलब्धिधर्मः इति, तस्य कोऽर्थः ?

कल्पनाज्ञानस्य विषयत्वेन कल्पित इष्टः प्रधानादिशब्दार्थः । **अस्य** कल्पितस्य **वस्त्वाश्रयासिद्धि**र्वस्त्वधिष्ठानत्वानुपलब्धि**र्धर्मो न्यायवादिना**चार्येणोक्तः ।

ननु यदुक्तम्—प्रमाणत्रयनिवृत्तावपि नार्थाभावनिश्चयः इति, तन्मा भूत प्रत्यक्षानुमानयोरसर्वविषयत्वात् तन्निवृत्त्याऽभावनिश्चयः । आगमस्तु सर्वविषय इति तन्निवृत्तौ युक्तोऽर्थासत्त्वनिश्चयः इत्याह—**नान्तरीयक**तया अविनाभावस्या**भावाद् वस्तुभिः सह शब्दानाम्, ततः** शब्देभ्यो **नार्थस्य सिद्धि**र्निश्चयः । किं तर्हि तेभ्यो गम्यते इत्याह—**वक्तुरभिप्रायस्य** विवक्षायास्ते शब्दाः **सूचकाः**, तदन्वयव्यतिरेकानुविधायित्वात् । न च विवक्षा यथार्थं

---

1. मनोरथः किं परीक्षया

नार्थसिद्धिस्ततस्ते हि वक्त्रभिप्रायसूचकाः ।
आप्तवादाविसंवादसामान्यादनुमानता ॥ २१४ ॥

सम्बद्धानुगुणोपायं पुरुषार्थाभिधायकम् ।
परीक्षाधिकृतं वाक्यमतोऽनधिकृतं परम् ॥ २१५ ॥

स्व०

अपि च

नान्तरीयकताऽभावाच्छब्दानां वस्तुभिः सह ।
नार्थसिद्धिस्ततस्ते हि वक्त्रभिप्रायसूचकाः ॥ २१४ ॥

न हि शब्दा यथाभावं वर्त्तन्ते यतस्तेभ्योऽर्थकृतिर्निश्चीयेत । ते हि वक्तुर्विवक्षावृत्तय इति तन्नान्तरीयकास्तामेव गमयेयुः । न च पुरुषेच्छाः सर्वा यथार्थभाविन्यः । न च तदप्रतिबद्धस्वभावो भावोऽन्यं गमयति ॥

यत्तर्हीदम्

आप्तवादाऽविसंवादसामान्यादनुमानता ।

इत्यागमस्यानुमानत्वमुक्तम्, तत् कथम् ? नायं पुरुषोऽनाश्रित्यागमप्रामाण्यपासितु समर्थोऽप्रत्यक्षफलानां केषांचित् प्रवृत्तिनिवृत्त्योर्महानुशंसाऽपायश्रवणात् तद्भावे विरोधादर्शनाच्च तत्सति प्रवर्त्तितव्ये वरमेवं प्रवृत्त इति परीक्षया प्रामाण्यमाह ।

तच्च

संबद्धानुगुणोपायं पुरुषार्थाभिधायकम् ।
परीक्षाधिकृतं वाक्यमतोऽनधिकृतं परम् ॥ २१५ ॥

संबन्धो वाक्यानामेकार्थोपसंहारोपकारः । दशदाडिमादिवाक्यानामिवानुपसंहार एवान्यथा वक्तुर्वैगुण्यमुद्भावयेत् । अशक्योपायफलानि च शास्त्राणि फलार्थी नाद्रियेत विचारयितुम्, अपुरुषार्थफलानि च विषशमनाय तक्षकफणारत्नालङ्कारोपदेशवत्, काकदन्तपरीक्षावच्च । तद्विपर्ययेणोपसंहारवच्छक्योपायं पुरुषार्थाभिधायि च शास्त्रं परीक्षेतान्यत्रावधानस्यैवायुक्तरूपत्वात् । तद्यदि परीक्षायां न विसंवादभाक् प्रवर्तमानः शोभते ॥ २१५ ॥

म०

भवति, येन परम्परया तत्संवादः स्यात् विसंवादाभिप्रायादज्ञानाद् वान्यथापि विवक्षासम्भवात् ।

यद्येवम्, सर्वमेव वचनं प्रवृत्तिकामानां परीक्षार्हं स्यात् । कश्च संवादार्थः, कथं **चाप्तवादसामान्यादनुमानतास्याचार्येणो**क्ता इत्याह—**सम्बद्ध**वाक्यानां परस्पराभिसम्बद्धानामेकार्थोपसंहारात् न च दशदाडिमादिवाक्यमिवैकार्थानभिधायि अनुगुणोपायं शक्यानुष्ठानोपेयसाधनम्, न तु विषशमनतक्षकफणारत्नालङ्कारोपदेशकमिव । **पुरुषार्थ**स्य स्वर्गस्या**भिधायकम्**, न तु काकदन्तपरीक्षोदेपशकमिव **परीक्षायां** प्रवृत्त्यर्हविषय**मधिकृतं वाक्यम् । अतः परमनधिकृतम्**, अनवधानार्हत्वात् ॥ २०३-२१५ ॥

प्रत्यक्षेणानुमानेन द्विविधेनाप्यबाधनम् ।
दृष्टादृष्टार्थयोरस्याविसंवादस्तदर्थयोः ॥ २१६ ॥

आप्तवादाविसंवादसामान्यादनुमानता ।
बुद्धेरगत्याभिहिता निषिद्धाप्यस्य गोचरे ॥ २१७ ॥

स्व०

कः पुनरस्याविसंवादः ?

प्रत्यक्षेणानुमानेन द्विविधेनाप्यबाधनम् ।
दृष्टादृष्टार्थयोरस्याऽविसंवादस्तदर्थयोः ॥ २१६ ॥

प्रत्यक्षेणाऽबाधनं प्रत्यक्षाभिमतानां तथाभावः । यथा नीलादिसुखदुःखनिमित्तोपलक्षणरागादिबुद्धीनाम् । अतथाभिमतानां चाऽप्रत्यक्षता। यथा शब्दादिरूपसंनिवेशिनां सुखादीनाम्, द्रव्यकर्मसामान्यसंयोगादीनां च । तथा नागमापेक्षाऽनुमानविषयाभिमतानामननुमेयानां च तथाभावः । यथा चतुर्णामार्यसत्यानाम्, आत्मादीनां च । आगमापेक्षानुमानेऽपि—यथा रागादिरूपम्, तत्प्रभवं चाधर्ममभ्युपगम्य तत्प्रहाणाय स्नानाग्निहोत्रादेरनुपदेशः । सेयं शक्यपरिच्छेदाऽशेषविषयशुद्धिरविसंवादः ॥ २१६ ॥

आप्तवादाविसंवादसामान्यादनुमानता ।
बुद्धेरगत्याभिहिता परोक्षेऽप्यस्य[1] गोचरे ॥ २१७ ॥

तस्यास्यैवंभूतस्याप्तवादस्याविसंवादसामान्याददृष्टव्यभिचारस्य प्रत्यक्षानुमानागम्येऽप्यर्थे प्रतिपत्तेस्तदाश्रितत्वात् तदन्यप्रतिपत्तिवदविसंवादोऽनुमीयते । ततः शब्दप्रभवाऽपि सती न शब्दवदभिप्रायं निवेदयत्यैवेत्यर्थाविसंवादादनुमानमपि ॥ २१७ ॥

म०

अस्य च परीक्षार्हस्य वाक्यस्या**विसंवादः तदर्थयो**रागमाभिधेययो**र्दृष्टादृष्टयोः** प्रत्यक्षाप्रत्यक्षयोर**र्थयोः प्रत्यक्षेणानुमानेन** च **द्विविधेने**ति वस्तुबलभाविनाऽऽगमाश्रयेण **चाबाधनम्**, अन्येषाञ्च बाधनं नाम। यथा प्रत्यक्षत्वेन शब्दादित्रिगुणमयत्वद्रव्यकर्मसामान्यसंयोगादीनां च तेन बाधनम् । अनुमेयत्वेनेष्टानां चतुरार्यसत्यानां वस्तुबलप्रवृत्तेनानुमानेनाबाधनं सिद्धिरेव, अननुमेयत्वेनेष्टानां चात्मेश्वरादीनामनुमानेन बाध एव । अत्यन्तपरोक्षाणां रागादिहेतुकाधर्मप्रहाणादीनामागमाश्रयानुमानेनाबाधनं सिद्धम् । एवं रागादिहेतुत्वेनेष्टस्य हेतुत्वानुपरोधिनः स्नानोपवासाग्निहोत्रादेः प्रहाणोपायतयाऽनुपदेशात् हेतुव्याघातस्योपायत्वेनोपदेशाच्चैवंविधमबाधनमविसंवाद इष्टः ।

तस्यै**वम्भूतस्याप्तवादस्या**दृष्टव्यभिचारस्या**विसंवादसामान्यात्** प्रत्यक्षानुमानागम्येऽप्यर्थे उत्पन्नाया बुद्धेरविसंवादा**दनुमानता** चा**चार्यदिग्नागेनाभिहिताऽगत्या**। अत्यन्तपरोक्षेष्वर्थेषु दार्नाहिंसाचेतनादिष्वर्थानर्थश्रवणादागमप्रामाण्यमनाश्रित्य स्थातुमसामर्थ्यादितद्भावे विरोधा-

1. **मनोरथः निषिद्धादप्यस्य**

हेयोपादेयतत्त्वस्य सोपायस्य प्रसिद्धितः ।
प्रधानार्थाविसंवादादनुमानं परत्र वा ॥ २१८ ॥

पुरुषातिशयापेक्षं यथार्थमपरे विदुः ।
इष्टोऽयमर्थः प्रत्येतुं शक्यः सोऽतिशयो यदि ॥ २१९ ॥

स्व०

अथवाऽन्यथाऽऽप्तवचनस्याऽविसंवादादनुमानत्वमुच्यते ।

हेयोपादेयतत्त्वस्य सोपायस्य प्रसिद्धितः ।
प्रधानार्थाऽविसंवादादनुमानं परत्र वा ॥ २१८ ॥

हेयोपादेयतदुपायानां तदुपदिष्टानामवैपरीत्यमविसंवादो यथा चतुर्णामार्यसत्यानां वक्ष्यमाणनीत्या तस्यास्य पुरुषार्थोपयोगिनोऽभियोगार्हस्य विसंवादात्, विषयान्तरेऽपि तथात्वापगमो न विप्रलम्भाय, अनुपरोधात् निष्प्रयोजनवितथाभिधानवैफल्याच्च वक्तुः । तदेतदगत्योभयथाऽप्यनुमानत्वमागमस्योपवर्णितम् । वरमागमात् प्रवृत्तावेवं प्रवृत्तिरिति । न खल्वेवमनुमानमनपायमनान्तरीयकत्वादर्थेषु शब्दानामिति निवेदितमेतत् ॥ २१८ ॥

पुरुषातिशयापेक्षं यथार्थमपरे विदुः ।

यथार्थदर्शनादिगुणयुक्तपुरुष आप्तः । तत्प्रणयनमविसंवाद इत्यन्ये ।

इष्टोऽयमर्थः शक्येत ज्ञातुं सोऽतिशयो यदि ॥ २१९ ॥

सर्व एवायमागममनागमं वा प्रवृत्तिकामोन्वेषते प्रेक्षापूर्वकारी न व्यसनेन अपि नामातोऽनुष्ठेयं ज्ञात्वा प्रवृत्तोऽर्थवान् स्यामिति । स शक्यदर्शनाऽविसंवादप्रत्ययेनान्यत्रापि प्रवर्त्तेत एवंप्रायत्वाल्लोकव्यवहारस्य ॥ २१९ ॥

म०

भावाच्च सत्यां प्रवृत्तौ वरमेवं प्रवृत्तिरित्यगत्याऽनुमानतोक्ता, न तु वस्तुतो वचनानामर्थेषु नान्तरीयकत्वाभावात् ॥ २१६-२१७ ॥

किं वा—**हेयस्य** दुःखसत्यस्य **उपादेयस्य** निरोधसत्यस्य **सोपायस्य** यथाक्रमं समुदयसत्यस्य समार्गसत्यस्य चागमोक्तवस्तुबलप्रवृत्तेनानुमानेन **प्रसिद्धितो** निश्चयात् सत्यचतुष्टयाधिगमस्य निर्वाणहेतुत्वेन **प्रधानार्थस्याविसंवादात्** । **परत्रा**त्यन्तपरोक्षेऽप्यर्थे भगवद्वचनादुत्पन्नं ज्ञानमनुमानं युक्तमिति **वा** पक्षान्तरम् ॥ २१८ ॥

अपरे नैयायिकादयः **पुरुषस्यातिशयापेक्षं** यथाभूतार्थदर्शि तदाख्यातापुरुषप्रणीतं वचनं **यथार्थं** सत्यार्थं प्रतिजानीयुः ।

सिद्धान्तमाह—पुरुषातिशयप्रणीतं वचनं प्रमाणम् **इतीष्टोऽयमर्थो यदि, पुरुषाणां सोऽतिशयो** ज्ञातुं **शक्यः** स्यात् ॥ २१९ ॥

अयमेवं न वेत्यन्यदोषा निर्दोषतापि वा ।
दुर्लभत्वात् प्रमाणानां दुर्बोधेत्यपरे विदुः ॥ २२० ॥

सर्वेषां सविपक्षत्वान्निर्ह्रासातिशयश्रिताम् ।
सात्मीभावात् तदभ्यासाद् हीयेरन्नास्रवाः क्वचित् ॥ २२१ ॥

स्व०

पुरुषपरीक्षया तु प्रवृत्तावप्रवृत्तिरेव, तस्य तथाभूतस्य ज्ञातुमशक्यत्वात्, नानिष्टेः, तादृशामवितथाभिधानात् । तथाहि

अयमेवं न वेत्यन्यदोषाऽनिर्दोषताऽपि वा ।
दुर्लभत्वात् प्रमाणानां दुर्बोधेत्यपरे विदुः ॥ २२० ॥

चैतसेभ्यो हि गुणदोषेभ्यः पुरुषाः सम्यग्मिथ्याप्रवृत्तयः । ते चातीन्द्रियाः स्वप्रभवकायवाग्व्यवहारानुमेयाः स्युः । व्यवहाराश्च प्रायशो बुद्धिपूर्वमन्यथाऽपि कर्तुं शक्यन्ते, पुरुषेच्छावृत्तित्वात्, तेषां च चित्राभिसन्धित्वात् । तदयं लिङ्गसंकरात् कथमनिश्चिन्वन् प्रतिपद्येत ? ॥ २२० ॥

अथ किं नैव स तादृशः पुरुषोऽस्ति यो निर्दोषः ?

सर्वेषां सविपक्षत्वात् निर्ह्रासातिशयश्रिताम् ।
सात्मीभावात् तदभ्यासाद्धीयेरन्नास्रवाः क्वचित् ॥ २२१ ॥

स तु प्रहीणास्रवो दुर्ज्ञानः । दोषा हि निर्ह्रासातिशयधर्माणो विपक्षाभिभवोत्कर्षापकर्षं साधयन्ति ज्वालादिवत् । ते हि विकल्पप्रभवाः सत्यप्युपादाने कस्यचिन्मनोगुणस्याभासादपकर्षिणस्तत्पाटवे निरन्वयविनाशधर्माणः स्युर्ज्वालादिवदेव । तेन स्यादपि निर्दोषः ॥ २२१ ॥

म०

किन्तु **अयं** पुमान् **एवं** दोषवान् **न वा** निर्दोष इत्यन्यस्य **दोषा निर्दोषतापि वा प्रमाणानां दुर्लभत्वात् दुर्बोधेत्यपरे सौगता विदुः** । दुर्बोधा इति अन्यदोषा इत्यनेन लिङ्गवचनविपरिणामेन सम्बन्धनीयम् ॥ २२० ॥

तत्किमशक्योच्छेदा दोषा न इत्याह—**सर्वेषामास्रवाणां** रागादीनां प्रतिपक्षसम्मुखीभावाभावयोर्निर्ह्रासातिशयावुपचयापचयो श्रयन्त इति निर्ह्रासातिशयं **श्रितास्तेषां सविपक्षत्वात्** प्रतिपक्षसम्भवात् **तस्य** प्रतिपक्षस्या**भ्यासात् सात्मीभावादास्रवा क्वचि**च्चित्तसन्ताने **हीयेर**न्निति खलु निर्दोषपुरुषापलापः क्रियते किन्तु तदवधारणोपायो नास्तीत्युच्यते । इच्छाधीनस्य व्याहारस्यान्यथापि कर्तुं शक्यत्वात् न ततस्तथार्थनिश्चयः ॥ २२१ ॥

निरुपद्रवभूतार्थस्वभावस्य विपर्ययैः ।
न बाधा यत्नवत्त्वेऽपि बुद्धेस्तत्पक्षपाततः ॥ २२२ ॥

सर्वासां दोषजातीनां जातिः सत्कायदर्शनात् ।

स्व०

कथं निर्दोषो नाम ? यावता दोषविपक्षसात्मत्वेऽपि दोषसात्मनो विपक्षोत्पत्तिवत् यथाप्रत्ययं दोषोत्पत्तिरपि । नायं दोषः यस्मात्

निरुपद्रवभूतार्थस्वभावस्य विपर्ययैः ।
न बाधा यत्नवत्त्वेऽपि बुद्धेस्तत्पक्षपाततः ॥ २२२ ॥

न हि स्वभावो यत्नेन विना निवर्त्तयितुं शक्यः । श्रोत्रियकापालिकघृणावत् । यत्नश्च प्राप्यनिवर्त्त्ययोः स्वभावयोर्गुणदोषदर्शनेन क्रियेत । तच्च विपक्षसात्मानः पुरुषस्य दोषेषु न संभवति । तस्य निरुपद्रवत्वात् । सर्वदोषहानेः १, पर्यवस्थानजन्मप्रतिबद्धदुःखस्य विवेकात् २, प्रशमसुखरसस्यानुद्वेजनाच्च ३ । अभूतार्थं खल्वप्युपादानबलभाविसन्तानस्य विपर्ययोपादानान्न स्यात् न तु भूतार्थवस्तुबलोत्पत्तेः । अभूतार्थश्च दोषाः न प्रतिपक्षसात्म्यबाधिनः । तस्मान्न पुनर्दोषोत्पत्तिः । यत्नेऽपि बुद्धेर्गुणपक्षे पातेन प्रतिपक्ष एव यत्नाधानात् परीक्षावतो विशेषेणादुष्टात्मनः ॥ २२२ ॥

कः पुनरेषां दोषाणां प्रभवो यत्प्रतिपक्षाभ्यासात् प्रहीयन्ते ?

सर्वासां दोषजातीनां जातिः सत्कायदर्शनात् ।
साऽविद्या तत्र तत्स्नेहस्तस्माद् द्वेषादिसंभवः ॥ २२३ ॥

न हि नाहं न ममेति पश्यतः परिग्रहमन्तरेण क्वचित् स्नेहः । न चाऽननुरागिणः क्वचिद् द्वेषः । आत्मात्मीयानुपरोधिनि, उपरोधप्रतिघातिनि च तदभावात् । तस्मात्

म०

अथ सात्मीभूतप्रतिपक्षस्य मार्गाभ्यासान्निर्दोषतायामपि सत्यां विपक्षाभ्यासात् पुनर्दोषोत्पत्तिः इत्याह—**निरुपद्रवस्य** दोषराशेरुद्वेजकस्य प्रहाणात्, **भूतार्थस्य** प्रमाणपरिदृष्टार्थविषयत्वात्, **स्वभावस्या**नारोपितत्वात् मार्गसात्म्यस्य विपक्षेण **न बाधा, यत्नवत्त्वेऽपि** । यत्न एव तावन्न सम्भवति विपक्षाभ्यासे दोषदर्शनात् । यत्नवत्त्वेऽपि तु **बुद्धेस्तत्र** मार्गसात्म्येऽभिरुचिविषयत्वेन **पक्षपाततो** न बाधा । न हि रज्ज्वां निवृत्तसर्पभ्रमः सर्पं भावयितुं यतते कश्चित्, भूतार्थस्य दर्शनात् ॥ २२२ ॥

कः पुनर्दोषाणां हेतुर्यत्प्रहाणादमी प्रहीयन्ते इत्याह—**सर्वासां दोषजातीनां** दोषप्रकाराणां **जाति**र्जन्म **सत्कायदर्श**नादात्माभिनिवेशात् ।

नन्वविद्याहेतुकाः क्लेशा भगवतोक्ताः इत्याह—**साऽविद्या** । सत्कायदर्शनमेवाविद्याऽन्यत्रोच्यत इति नास्ति विरोधः । तत्र सत्कायदर्शने सति **तेष्वा**त्मीयेषु **स्नेहः** । **तस्माद**ात्मीयेषु

साऽविद्या तत्र तत्स्नेहस्तस्माद् द्वेषादिसम्भवः ॥ २२३ ॥

मोहो निदानं दोषाणामत एवाभिधीयते ।
सत्कायदृष्टिरन्यत्र
तत्प्रहाणे प्रहाणतः ॥ २२४ ॥

गिरां मिथ्यात्वहेतूनां दोषाणां पुरुषाश्रयात् ।
अपौरुषेयं सत्यार्थमिति केचित् प्रचक्षते ॥ २२५ ॥

स्व०

समानजातीयाभ्यासजमात्मदर्शनमात्मीयग्रहं प्रसूते । तौ च तत्स्नेहम् । स द्वेषादिति सत्कायदर्शनजाः सर्वे दोषाः । तदेव चाऽज्ञानमित्युच्यते ॥ २२३ ॥

मोहो निदानं दोषाणामत एवाभिधीयते ।
सत्कायदृष्टिरन्यत्र तत्प्रहाणे प्रहाणतः ॥ २२४ ॥

मोहं दोषनिदानमाहुरमूढस्य दोषानुत्पत्तेः । पुनरन्यत्र सत्कायदृष्टिम् । तच्चैतत् प्रधाननिर्देशे सति स्यात्, अनेकजन्मनां दोषाणामेकोत्पत्तिविरोधात् । न च द्वयोः प्राधान्ये एकैकनिर्देशः परभागभाक् । उभयथाप्येकनिर्देशे न विरोधः । प्राधान्यं पुनस्तदुपादानत्वेन तत्प्रहाणे दोषाणां प्रहाणात् । तस्मात् संभवति सत्कायदर्शनजन्मनां दोषाणां तत्प्रतिपक्षनैरात्म्यदर्शनात् प्रहाणम् । स तु क्षीणदोषो दुरन्वयो यदुपदेशादयं प्रतिपद्येत ॥ २२४ ॥

मा भूत् पुरुषाश्रयं वचनमागमः प्रणेतुर्दुरन्वयत्वात् ।

गिरां मिथ्यात्वहेतूनां दोषाणां पुरुषाश्रयात् ।
अपौरुषेयं सत्यार्थमिति केचित् प्रचक्षते ॥ २२५ ॥

न खलु सर्व एवागमः संभाव्यविप्रलम्भः । विप्रलम्भहेतूनां दोषाणां पुरुषाश्रयादपौरुषेयं सत्यार्थमित्येके । कारणाभावो हि कार्याभावं साधयति ॥ २२५ ॥

म०

स्नेहात् तदपकारिषु **द्वेषादीनां सम्भव** इति दोषोत्पत्तिक्रमः । अतो नैरात्म्यदर्शनं मार्गो युक्तः, सत्कायदृष्टिप्रतिपक्षत्वात् ॥ २२३ ॥

यतश्च सत्त्वदृष्टिरविद्या **अत एव मोहो**ऽविद्या **दोषाणां निदानमभिधीयते** भगवता अविद्याहेतुकाः सर्वे क्लेशाः इति । **पुनरन्यत्र** प्रदेशे सत्कायदृष्टिर्दोषनिदानम् अभिधीयते ।

नन्वन्येऽपीन्द्रियविषया योनिशोमनस्कारादयो दोषहेतवः । तत् किमविद्या सत्कायदृष्टी एवाभिहिते इत्याह—**तस्य** मोहस्य सत्कायदृष्टिलक्षणस्य **प्रहाणे** दोषाणां **प्रहाणतः** प्राधान्यात् स एवोक्तः, नेतर इत्यर्थः ॥ २२४ ॥

गिरां सत्यत्वहेतूनां गुणानां पुरुषाश्रयात् ।
अपौरुषेयं मिथ्यार्थं किं नेत्यन्ये प्रचक्षते ॥ २२६ ॥

अर्थज्ञापनहेतुर्हि संकेतः पुरुषाश्रयः ।
गिरामपौरुषेयत्वेऽप्यतो मिथ्यात्वसम्भवः ॥ २२७ ॥

स्व०

य एवंवादिनस्तानेव प्रति

गिरां सत्यत्वहेतूनां गुणानां पुरुषाश्रयाद् ।
अपौरुषेयं मिथ्यार्थं किं नेत्यन्ये प्रचक्षते ॥ २२६ ॥

यथा रागादिपरीतः पुरुषो मृषावादी दृष्टस्तथा दयाधर्मतादिगुणयुक्तः सत्यवाक् । तद्यथा वचनस्य पुरुषाश्रयात् मिथ्यार्थता, तथा सत्यार्थताऽपीति । स निवर्तमानस्तामपि निवर्तयतीत्यानर्थक्यं स्यात् । विपर्ययो वा । न हि शब्दाः प्रकृत्याऽर्थवन्तः, समयात्ततोऽर्थख्यातेः कायसंज्ञादिवत् । अप्रातिकूल्यं तु योग्यता, समये तदिच्छाप्रणयनात्, निसर्गसिद्धेष्विच्छावशात् प्रतिपादनायोगात् । तेऽनर्थकाः पुरुषसंस्कारादर्थवन्तः स्युः । तत्संस्कार्यतैव चैषां पौरुषेयता युक्ता नोत्पत्तिः तत एवार्थविप्रलम्भात् । उत्पन्नोऽप्यन्यथा समितो नोपरोधी, तदन्यपुरुषधर्मवत् । तदयं निवर्तमानः स्वकृतसमयसंभवामर्थप्रतिमां निवर्त्तयति । तत्कुतस्तन्निवृत्त्या सत्यार्थता ?

अथ पुनरुत्पत्तिरेव पौरुषेयता, न समयाख्यानम्

अर्थज्ञापनहेतुर्हि संकेतः पुरुषाश्रयः ।
गिरामपौरुषेयत्वेऽप्यतो मिथ्यात्वसंभवः ॥ २२७ ॥

किं ह्यस्यापौरुषेयतया यतो हि समयादर्थप्रतिपत्तिः स पौरुषेयो वितथोऽपि स्यात् । शीलसाधनस्वर्गवचनं तदन्यथासमयेन विपर्यासयेत्तेनान्यथार्थमपि प्रकाशनसंभवात् स एव दोषः ।

म०

वेदप्रामाण्यं निराचिकीर्षन् परमतमुत्थापयति—**गिरां** वाचां **मिथ्यात्वस्य हेतूनां दोषाणा**मज्ञानविसंवादाभिप्रायादीनां वा **पुरुषस्याश्रयादा**श्रयणत्वात् **अपौरुषेयं** वाक्यं मिथ्यात्वहेतोः पुरुषदोषस्याभावात् **सत्यार्थमिति केचित् जैमिनीयाः प्रचक्षते** ॥ २२५ ॥

तानेव प्रति **गिरां सत्यत्वस्य हेतूनां** दयाधर्मपरत्वादीनां **गुणानां पुरुषस्याश्रयादपौरुषेयं** वाक्यं सत्यताहेतोः पुरुषगुणस्याभावात् **मिथ्यार्थं किं न** भवतीत्य**न्ये सौगताः प्रचक्षते** ॥ २२६ ॥

किञ्च—संकेतमन्तरेणापौरुषेयादपि वाक्यादर्थप्रतीतेरभावात् **अर्थज्ञापनहेतुरिह संकेतः** स्वीकर्तव्यः । स च पुरुषकृतत्वात् **पुरुषाश्रयः**।अतः संकेतस्य पुरुषाश्रयत्वात् **गिरामपौरुषेयत्वेऽपि मिथ्यात्वस्य सम्भवः** । संकेतवशेन वाचोऽर्थं ब्रुवते । स च दोषाश्रयेण पुरुषेण क्रियत इति तासां न विसंवादशङ्कानिरासः, पौरुषेयवाक्यवदिति व्यर्थमपौरुषेयत्वकल्पनम् ॥ २२७ ॥

सम्बन्धापौरुषेयत्वे स्यात् प्रतीतिरसंविदः।
संकेतात् तदभिव्यक्तावसमर्थान्यकल्पना ॥ २२८ ॥
गिरामेकार्थनियमे न स्यादर्थान्तरे गतिः ।

स्व०

सम्बन्धाऽपौरुषेयत्वे स्तात् प्रतीतिरसंविदः ।

स्यादेतत्—अकार्यसंबन्धा एव शब्दाः । न तेऽर्थेषु पुरुषैरन्यथा विपर्यस्यन्ते तेनादोष इति। किमिदानीं संकेतेन ? स हि संबन्धो यतोऽर्थप्रतीतिः । स चेदपौरुषेयो नायं समयमपेक्षेत । अप्रतीत्याश्रयो वा कथं संबन्धः ?

संकेतात्तदभिव्यक्तावसमर्थाऽन्यकल्पना ॥ २२८ ॥

न वै संबन्धो विद्यमानोऽप्यनभिव्यक्तः प्रतीतिहेतुः । संकेतस्त्वेनमभिव्यनक्ति । स तर्हि सिद्धोपस्थायी किमकारणं पोष्यते ?

नन्वियान् संबन्धस्य व्यापारो यदर्थप्रतीतिजननम् । तत् समयेनैव कृतमिति । नाऽयोग्ये समयः समर्थ इति योग्यता तत्संबन्धश्चेत् तत् किं वै शब्दः संबन्धोऽस्तु । समर्थं हि रूपं शब्दस्य योग्यता, कार्यकरणयोग्यतावत् । सा चेदर्थान्तरं किं शब्दस्येति संबन्धो वाच्यः । योग्यतोपकार इति चेत् न । नित्यायाः निरतिशयत्वात् । तत्राप्यतिप्रसङ्गादुपकारसिद्धेः । योग्यतायां च स्वतो योग्यत्वेऽर्थ एव किं नेष्यते ?

समयस्तर्हि कथं शब्दार्थसंबन्धः ? पुरुषेषु वृत्तेः । नामिश्राणां सिद्धानां कश्चित् संबन्धोऽभेदप्रसङ्गात्, अनपेक्षणाच्च । अर्थविशेषसमीहाप्रेरिता वाग् अत इदम् इति विदुषः स्वनिदानाभासिनमर्थं सूचयतीति बुद्धिरूपवाग्विज्ञप्त्योर्जन्यजनकभावः संबन्धः । ततः शब्दात् प्रतिपत्तिरविनाभावात् । तदाख्यानं समयः, ततः प्रत्यायकसंबन्धसिद्धेः संबन्धाख्यानात् न तु स एव संबन्धः ॥ २२८ ॥

अस्तु वान्य एव नित्यः संबन्धस्तेन

गिरामेकार्थनियमे न स्यादर्थान्तरे गतिः ।

म०

अथ शब्दार्थयोः सम्बन्धो न पौरुषेयः, किन्तु स्वाभाविकः । ततो न मिथ्यात्वसम्भवः । तदा **सम्बन्धापौरुषेयत्वे**ऽपीष्यमाणे **स्यादर्थानां प्रतीतिः असंविदो**ऽविद्यमानसंकेतप्रतीतेः पुंसः । न चेच्छब्दार्थयोः सांकेतिको वाच्यवाचकतासम्बन्धः, किन्तु स्वाभाविकः । तदाऽगृहीतसङ्केतोऽपि श्रुताच्छब्दादर्थं प्रतिपद्येतेति ।

अथ संकेतात् सतोऽपि तस्य सम्बन्धस्याभिव्यक्तिः प्रदीपादिवद् घटादेः । अतो नागृहीतव्यञ्जकस्य व्यङ्ग्यप्रतीतिः । तदा **संकेतात्** तस्य सम्वन्धस्या**ऽभिव्यक्ता**विष्यमाणायां संकेताद**न्यस्य** सम्बन्धस्य कल्पनाऽसमर्था सम्बन्धव्यवस्थापनाय। संकेतादेव वाच्यवाचकभावस्याकल्पितस्य घटमानत्वात्, हस्तसंज्ञादेरिवार्थप्रतिपादनस्य ॥ २२८ ॥

अनेकार्थाभिसम्बन्धे विरुद्धव्यक्तिसम्भवः ॥ २२९ ॥

अपौरुषेयतायाश्च व्यर्था स्यात् परिकल्पना ।
वाच्यश्च हेतुर्भिन्नानां सम्बन्धस्य व्यवस्थितेः ॥ २३० ॥

स्व०

न हि तेन संबन्धेनाऽसंबद्धेऽर्थे प्रतीतिर्युक्ता, तस्य वैफल्यप्रसङ्गात् । दृष्टश्चेच्छावशात् कृतसमयः सर्वः सर्वस्य दीपकः ।

अनेकार्थाभिसंबन्धे विरुद्धव्यक्तिसंभवः ॥ २२९ ॥

अथ मा भूद् दृष्टविरोध इति सर्वे सर्वस्य वाचकाः । तथा न सर्वः सर्वसाधनः, असंकरात् कार्यकारणतायाः । तत्र प्रतिनियतसाधनेऽभिमतेऽर्थे सर्वसाध्यसाधनसाधारणस्य शब्दस्येष्टव्यक्तिमेव समयकारः करोतीति कुत एतत् ?

सोऽनियतो नियमं पुरुषात् प्रतिपद्यते तदा

अपौरुषेयतायाश्च व्यर्था स्यात् परिकल्पना ।

अपि नामाऽसंकीर्णमेवाऽर्थं जानीयामिति संकरहेतुः पुरुषोऽपाकीर्णः । तत्र यादृशाः पुरुषैः क्वचित् प्रयुक्ताः संकीर्यन्ते, ते तादृशा एव सर्वार्थसाधारणाः सन्तः क्वचित्तैर्विनियमिताः, तत्त्वापरिज्ञानात् । प्रकृत्यैव वैदिका नियता इति चेत् नोपदेशमपेक्षेरन् । अन्यथा च संकेतेन न प्रकाशयेयुः । व्याख्याविकल्पश्च न स्यात् । उपदेशस्य चेष्टसंवादः शक्यविकल्पे नास्तीति व्यर्थं वाऽपौरुषेयता ।

वाच्यश्च हेतुर्भिन्नानां संबन्धस्य व्यवस्थितेः ॥ २३० ॥

अर्था हि बाहया न रूपं शब्दस्य, नापि शब्दोऽर्थानाम्, येनाभिन्नात्मतया व्यवस्थाभेदेऽपि नान्तरीयकता स्यात् । कृतकत्वाऽनित्यत्ववत् । नाऽप्येते विवक्षाजन्मानो ध्वनयः, अजन्मानो

म०

किञ्च—वाचा किमेकेनार्थेन सह वाच्यवाचकसम्बन्धः अथानेकैः ? तत्र **गिरामेकस्मिन्नर्थे** वाचकतया **नियमे** सति संकेतवशादन्यत्रार्थे **न स्याद् गतिः**, दृश्यते च विवक्षातोऽनेकार्थाभिधानम् ।

अनेकैरर्थैर्वाचकत्वा**भिसम्बन्धे विरुद्ध**स्यार्थस्य **व्यक्तेः** प्रतीतेः **सम्भवः** स्यात् । अग्निष्टोमः स्वर्गस्य साधनम् इति विपर्ययोऽप्यवसीयेत । ततश्चाप्रवृत्तिरेव स्यात् स्वर्गार्थिनः ॥२२९॥

अथानेकार्थाभिधाय्यपि शब्दः पुरुषेण संकेतादभिमतार्थाभिधायित्वेन नियम्यते । तदा **अपौरुषेयतायाश्च व्यर्था परिकल्पना स्यात्**, तदभ्युपगमेऽपि पुरुषस्वातन्त्र्याभ्युपगमात् । तदार्थेभ्यो **भिन्नानां** शब्दानां तैः सह **सम्बन्धस्य व्यवस्थितेः हेतुश्च वाच्यो** येनाव्यभिचारः । न हि शब्दार्थयोस्तादात्म्यम्, भेदात् । नापि तदुत्पत्तिः, अर्थमन्तरेणापि विवक्षातः शब्दोत्पत्तेः अन्यथा चाव्यभिचाराभावात् ॥ २३० ॥

असंस्कार्यतया पुम्भिः सर्वथा स्यान्निरर्थता ।
संस्कारोपगमे मुख्यं गजस्नानमिदं भवेत् ॥ २३१ ॥

सम्बन्धिनामनित्यत्वान्न सम्बन्धेऽस्ति नित्यता ।
नित्यस्यानुपकार्यत्वादकुर्वाणश्च नाश्रयः ॥ २३२ ॥

स्व०

वा विवक्षाव्यङ्ग्याः नार्थायत्ताः । तत् कथमिदानीं तत्प्रतिनियमसंसाध्यं तदन्वयं साधययुः ? न ह्यप्रतिबद्धस्तत्साधन इति ॥ २३० ॥

असंस्कार्यतया पुंभिः सर्वथा स्यात् निरर्थता ।
संस्कारोपगमे मुख्यं गजस्नानमिदं भवेत् ॥ २३१ ॥

इति संग्रहश्लोकः ॥

अपि च । शब्दार्थयोः संबन्धो नित्यो वा स्यादनित्यो वा ? यद्यनित्यः पुरुषेच्छावृत्तिरवृत्तिर्वा? अपुरुषाधीनत्वे पुरुषाणां यथाभिप्रायं देशादिपरावृत्त्या तेन प्रतिपादनं न स्यात् । इच्छायामप्यनायत्तस्य कदाचिदयोगात् पर्वतादिवत् । अयमेव नित्यत्वेऽपि दोषस्तस्य स्थिररूपस्य परावृत्त्ययोगादिति समं सर्वावस्थानेऽपीष्टप्रतिनियमाऽभावात् । ततो विशेषप्रतिपत्तिर्न स्यादिति पूर्ववत् प्रसङ्गः । इच्छावृत्तो पौरुषेयत्वमिति विप्रलम्भशङ्का ॥ २३१ ॥

अपि च

संबन्धिनामनित्यत्वान्न संबन्धेऽस्ति नित्यता ।

पराश्रयो हि संबन्धो प्रतिबन्धे तयोः संबन्धिताऽयोगात् । स चाश्रयोऽनित्यः । अपायेऽस्य संबन्धस्याप्यपायोऽन्यथा नाश्रितः स्यात् । ततो न नित्यः ।

तदाश्रयार्थश्च वक्तव्यः ।

नित्यस्यानुपकार्यत्वादकुर्वाणश्च नाश्रयः ॥ २३२ ॥

जातेर्वाच्यत्वादि दोष इति चेत् न । तद्वचने प्रयोजनाभावादिति निर्लोठितमेतत् । सर्वत्र च जात्यसंभवादयोगो यथा यादृच्छिकेषु व्यक्तिवाचिषु । सर्वदा जातिचोदने विशेषान्तरव्युदासेन प्रवृत्त्ययोगाच्च । तस्मादन्वयव्यतिरेकिणो भावस्य भावाभावो संबन्धः ॥ २३२ ॥

म०

उक्तमर्थं संगृह्णन्नाह—यदि संकेतनिरपेक्षाणां स्वत एव वाचकत्वं शब्दानाम्, तदा **पुंभिरसंस्कार्यतया** संकेतद्वारेणानियम्यतया **सर्वथा निरर्थता स्यात्**, सङ्केतनिरपेक्षाच्छब्दादर्थप्रतीतेरभावात् । एतद्दोषभावात् **संस्कारस्योपगमे** स्वीकारे **इदम**पौरुषेयत्वं **मुख्य**मनुपचरितं **गजस्नानं** भवेत् । गजो हि स्नानेन पङ्कमपनीय पुनस्तेनात्मानं लिम्पति । तथा पौरुषेयत्वं सम्बन्धस्य स्वीकृत्यापि पुनः सङ्केते पुरुषापेक्षेति व्यक्तं साम्यम् ॥२३१॥

अर्थैरतः स शब्दानां संस्कार्यः पुरुषैर्धिया ।
अर्थैरेव सहोत्पादे न स्वभावविपर्ययः ॥ २३३ ॥

शब्देषु युक्तः
सम्बन्धे नायं दोषो विकल्पिते ।
नित्यत्वादाश्रयापायेऽप्यनाशो यदि जातिवत् ॥ २३४ ॥

स्व०

अर्थैरतः स शब्दानां संस्कार्यः पुरुषैर्धिया ।

तावेव भावाभावो आश्रित्याऽसंसृष्टावपि संसृष्टौ पुरुषस्य व्यवहारभावनातः प्रतिभात इति पौरुषेयो भावानां संश्लेषः ।

किं च, आश्रयविनाशान्नष्टे संबन्धे स शब्दः पुनरसंबन्धत्वान्नापूर्वेण योज्येत । उत्पन्नोत्पन्नाश्च भावाः स्थितसंबन्धाभावादसंबन्धिनोऽवाच्याश्च स्युः ।

तत्रापि

अर्थैरेव सहोत्पादे

कल्प्यमाने

न स्वभावविपर्ययः ॥ २३३ ॥

शब्देषु युक्तः

अथ मा भून्नष्टसंबन्धस्य शब्दस्यार्थान्तरे वैगुण्यमर्थानां च अवाच्यतेत्युत्पन्नोऽर्थः संबन्धवान् यद्युत्पद्येत, संबन्ध उत्पन्नोऽपि न शब्दे स्यात् । तस्य तेनाऽसंबन्धिस्वभावस्य स्वभावविपर्ययमन्तरेण तद्भावायोगात् । अर्थेन सहोत्पन्नस्य चाऽन्यतःसिद्धस्यानुपकारिणि शब्देऽसमाश्रयाच्च । तस्यापि तदुत्पत्तिसहकारित्वे समर्थस्य नित्योत्पादनप्रसङ्गः, अनपेक्षत्वान्नित्यस्यानुपकारात् । असामर्थ्येऽपि पश्चादपि स्वभावाऽत्यागादशक्तिः । वस्तुभूते तु

संबन्धे नायं दोषो विकल्पिते ।

न हि भावश्लेषापेक्षी पुरुषभावनाप्रतिभासी तदपेक्षालक्षणः संबन्धः । सोऽयं नित्यानामप्यपरावर्त्तयन् स्वभावं कुतश्चित् स्वयमुत्प्रेक्ष्य घटयेदिति तेऽपि तथा स्युर्न च च्यवनधर्माणः ।

म०

तथा **सम्बन्धिनामर्थानामनित्यत्वात् सम्बन्धे नित्यता नास्ति** । न ह्याश्रयापाये भवत्याश्रितम् ।

किञ्च—**नित्यस्य** सम्बन्धस्यानुपकार्यत्वात् **अकुर्वाणो**ऽनुपकुर्वाणः शब्दोऽर्थश्चाश्रयो न युक्तः । यतः स्वाभाविकसम्बन्धानुपपत्तिः । **अतः** सम्बन्धो **ऽर्थैः** सह **शब्दानां पुरुषैर्व्य**वहर्तृभिरर्थप्रतिपादनाभिप्रायान्वयव्यतिरेकानुविधानमाश्रित्य **धिया** कल्पिकया **संस्कार्यो** व्यवस्थाप्यः ।

नित्येष्वाश्रयसामर्थ्यं किं येनेष्टः स चाश्रयः ।
ज्ञानोत्पादनहेतूनां सम्बन्धात् सहकारिणाम् ॥ २३५ ॥

तदुत्पादनयोग्यत्वेनोत्पत्तिर्व्यक्तिरिष्यते ।
घटादिष्वपि युक्तिज्ञैः
अविशेषेऽविकारिणाम् ॥ २३६ ॥

स्व०

यदुक्तम्—आश्रयापायेनाश्रितसंबन्धविनाशादनित्यः स इति । तत्र

नित्यत्वादाश्रयापायेऽप्यनाशो यदि जातिवत् ॥ २३४ ॥

नित्येष्वाश्रयसामर्थ्यं किं येनेष्टः स आश्रयः ।

श्रूयत एतन्नित्या जातिराश्रयिता च, नाप्याश्रयेण सह नश्यतीति । केवलं नित्येष्वाश्रयसामर्थ्यं न पश्यामो येनासावाश्रयः, कृतस्य करणाभावात्, अकारकस्य चानपेक्षत्वात् ।

व्यक्तिरुपकारो जातेः, संबन्धस्य चाश्रयात् । तेनाश्रय इति चेत्

ज्ञानोत्पादनहेतूनां संबन्धात् सहकारिणाम् ॥ २३५ ॥

तदुत्पादनयोग्यत्वेनोत्पत्तिर्व्यक्तिरिष्यते ।
घटादिष्वपि युक्तिज्ञैरविशेषेऽविकारिणाम् ॥ २३६ ॥

व्यञ्जकैः स्वैः कृतः कोऽर्थो व्यक्तास्तैस्ते यतो मताः ।

सहकारिणः सकाशादुपादानापेक्षात् ज्ञानजननयोग्यक्षणान्तरोत्पत्तिरेव घटादीनामभिव्यक्तिः । अन्यथाऽनपेक्ष्य तदुपकारं ज्ञानोत्पादनप्रसङ्गात् । सामर्थ्यकारिणश्च जनकत्वात् । तस्य च तदात्मकत्वात् । अर्थान्तरत्वे च भावानुपकारप्रसङ्गात् । सामर्थ्याच्च ज्ञानोत्पत्तेर्नित्यं घटादीनामग्रहणापत्तेरनालोकापेक्षग्रहणप्रसङ्गादनपेक्षात्मानुपकारात् । तदिमे स्वविषयज्ञानजनने

म०

अथानित्य एव सम्बन्धः तदा सम्बन्धिनां नाशे सम्बन्धस्य नष्टत्वान्निरर्थकः शब्दः स्यात् ।

अथ वा—वाच्यैरर्थैरेव सह सम्बन्धस्योत्पाद इष्यते, तदोत्पाद इष्यमाणेऽपि पूर्वमर्थेन सह सम्बन्धस्य विनष्टत्वात् अर्थसम्बन्धरहितात्मसु **शब्देषु स्वभावस्य** सम्बन्धविकलस्य **विपर्ययः** सम्बन्धयोगो न **युक्तः** । न हि नित्यस्य पूर्वापरैकस्वभावस्यान्यथात्वं युक्तम्, अन्यथा नित्यताहानिप्रसङ्गात् ।

अस्मन्मते तु—**विकल्पिते** कल्पनानिर्मिते सम्बन्धेऽयं स्वभावान्यत्वप्रसङ्ग**दोषो न** भवति । न हि कल्पनाक्लृप्तो धर्मः स्वभावं वस्तुतः स्पृशति ।

व्यञ्जकैः स्वैः कृतः कोऽर्थो व्यक्तास्तैस्ते यतो मताः ।
सम्बन्धस्य च वस्तुत्वे स्याद् भेदाद् बुद्धिचित्रता ॥ २३७ ॥

स्व०

परमपेक्षमाणास्ततः स्वभावातिशयं स्वीकुर्वन्ति । तेनास्य जन्याः । ज्ञेयरूपासादनात्तु ज्ञानवशेन कार्यातिशयवाचिना शब्देन विशेषख्यात्यर्थं व्यङ्ग्याः ख्याप्यन्ते । नैवं जातिसंबन्धादयः कथंचिदप्यनुपकार्यत्वादनुपकारिणा व्यक्ता युज्यन्ते ।

संबन्धस्य च वस्तुत्वे स्याद् भेदाद् बुद्धिचित्रता ॥ २३७ ॥

स चायं संबन्धो वस्तु भवन्नियमेन शब्दार्थाभ्यां भेदाभेदौ नातिवर्त्तते । रूपं हि वस्तु । तस्याऽतत्त्वमेवान्यत्वमित्युक्तम् । स चायमैन्द्रियः सन् स्वबुद्धौ तदन्यविवेकिनाऽप्रतिभासमानो रूपेण कथं तथा स्यात् । दृश्याऽविवेकाऽदर्शनयोर्विवेकसत्ताविपर्ययाश्रयत्वात् । अन्यथा स्थितेरभावप्रसङ्गात् ।

अतीन्द्रियत्वादप्रतिभासेऽपीन्द्रियादिष्विवादोष इति चेत् न । ततोऽप्रतिपत्तिप्रसङ्गात्, अप्रसिद्धस्याऽज्ञापकत्वात् । संनिधिमात्रेण ज्ञापनेऽव्युत्पन्नानामपि स्यात् । नाऽनुमानात् प्रतिपत्तिः, लिङ्गाभावात्, दृष्टान्तासिद्धेः, तत्राप्यतीन्द्रियत्वेन साधनापेक्षणात् । तुल्यमिन्द्रियादिष्वपीति चेत् न । तेषामन्यथानुमानात् । ज्ञानं हि केषुचित् सत्स्वपि व्यतिरेकान्वयवत्तन्मात्राऽसंभवं तद्व्यतिरिक्तापेक्षां च साधयति । ततः कार्यद्वारेणेन्द्रियसिद्धिः । नैवं संबन्धस्य । तस्याऽसिद्धौ तत्कार्यस्यैव ज्ञानस्याऽभावात् । न हि तत्र शब्दरूपमर्थो वा लिङ्गम्, तयोः सर्वत्र योग्यत्वात् विशेषप्रतीतिसमाश्रयस्याऽप्रत्यायनाद् अप्रतीतिरस्य । न ह्यसति संबन्धविशेषे सा युक्ता । तस्यां वा अनिमित्तायां तद्विशेषप्रतिनियमवदर्थप्रतिपादनमपि शब्दानामनिमित्तं किं नेष्यते ? तस्मात् तत्सदृशं लिङ्गं सर्वसंबन्धि । ततोऽविशेषेण गमयेत्ततोविशेषेणैव प्रतीतिः स्यात् सर्वस्य । सर्वस्य च तस्मात् संबन्धसिद्ध्याऽर्थप्रतीतेर्न कश्चित् संप्रदायमपेक्षेत ।

संप्रदायसहितस्य लिङ्गत्वमिति चेत् तत् किमिदानीमनया परम्परया ? स एव संप्रदायापेक्षोऽर्थज्ञापनं किं न करोति ? स च शब्दो यदभिप्रायैः प्रयुज्यमानो दृष्टोऽन्यथा न

म०

सम्बन्धस्य **नित्यत्वात् आश्रयस्य** वाच्यस्यापायेऽप्यनाशो **यदि जातेरिव** सम्मतः, तदा **नित्येषु** जातिसम्बन्धादिष्**वाश्रयस्य** वाच्यस्य वाचकस्य च **किं सामर्थ्य**मुपकारविशेषाधायकम् ? येन सामर्थ्येन स वाच्यादि**राश्रय इष्टः** । न ह्यनुपकार्यमाश्रितम्, अतिप्रसङ्गात् । नित्यस्य चोपकारासम्भवः, भेदाभेदकल्पनायामयुक्तत्वात् ।

अथ नित्यस्यापि जातिसम्बन्धादेराश्रयेणाभिव्यक्तिलक्षण उपकारः क्रियते । न चाभिव्यक्तिहेतुः कारकः, दीपादिवत् घटादेः इत्याह—**ज्ञानोत्पादनहेतूनां** दीपादीनां **सहकारिणां सम्बन्धात् तदुत्पादनयोग्यत्वेन** ज्ञानोत्पादनसमर्थत्वेनो**त्पत्तिर्घटादिष्वपि** भावेषु **युक्तिज्ञैर्न्यायविद्भिर्व्यक्तिरिष्यते ।** अन्यथा ज्ञानोत्पादनयोग्यस्य स्वभावस्यानुत्पत्तौ ज्ञानोत्पादनं न स्यात् ।

ताभ्यामभेदे तावेव नातोऽन्या वस्तुनो गतिः ।
भिन्नत्वाद् वस्तुरूपस्य सम्बन्धः कल्पनाकृतः ॥ २३८ ॥

स्व०

दृष्टो दर्शनादर्शनाभ्यां धूमादिवत् तत्प्रतीतिं जनयतीति । स एव संबन्धोऽविनाभावाख्यः । न चात्रान्यस्य सामर्थ्यं पश्यामो नापि सिद्ध्युपायम् ॥ २३७ ॥

अथ पुनर्न शब्दार्थयोरन्य एव संबन्धः ।

ताभ्यामभेदे तावेव नाऽतोऽन्या वस्तुनो गतिः ।

रूपभेदनिबन्धनत्वाद्व्यवस्थान्तरस्य तद्रूपं तदेव स्यात् । धर्मभेदस्तु परिकल्पितः स्यात् पूर्वोक्तक्रमेण । स चाविरुद्ध एव न वस्तुभेदः न च भेदाभेदौ मुक्त्वा वस्तुनोऽन्या गतिः, तस्य रूपलक्षणत्वाद्रूपस्य चैतद्विकल्पानतिवृत्तेः ।

अपि च

भिन्नत्वाद्वस्तुरूपस्य संबन्धः कल्पनाकृतः ॥ २३८ ॥

इत्युक्तं प्राक् । न हि श्लेषलक्षणः सबन्धोऽश्लिष्टेषु पदार्थेषु संभवति ॥ २३८ ॥

म०

नित्यानां जातिसम्बन्धादीनाम**विकारिणां** कुतश्चि**दविशेषे** विशेषासम्भवे **स्वैर्व्यञ्जकै**-राश्रयाभिमतैः **कोऽर्थः** स्वभावान्यथात्वादिः **कृतः**? न कश्चित् । **यतो**ऽर्थात् कृतात् **तैर्व्यञ्जकैस्ते** जात्यादयो **व्यक्ता मताः** ।

किञ्च—यदि **सम्बन्धस्य** वस्तुत्वम्, तदा **वस्तुत्वे** सति भेदोऽभेदो वाभ्युपगन्तव्यः । तत्र **भेदात् बुद्धेश्चित्रता स्यात्** । वाच्यवाचकौ सम्बन्धश्चेति त्रितयं दृश्येत, न चेक्ष्यते । अथ द्वितीयः पक्षः, तदा **ताभ्यामभेदे** सम्बन्धस्य **तौ** वाच्यवाचका**वेव** स्याताम्, न तु सम्बन्धो नाम कश्चित् । अथ सम्बन्धो न भिन्नः, नाप्यभिन्नः । **अतो** भेदाभेदाभ्या**मन्या वस्तुनो गतिर्ना**स्ति । अन्योन्यव्यवच्छेदात्मकत्वादनयो राश्यन्तरासम्भवान्नान्यः प्रकारोऽस्ति वस्तुन. ।

तस्माद्—**भिन्नत्वाद् वस्तुनोः** सम्बन्धिनोः **रूपस्य सम्बन्धः** श्लेषलक्षणः **कल्पनया कृतो** न वास्तवः । अन्यथा **सद् द्रव्यं** सम्बन्धाख्यं **पराधीनं** सम्बन्धायत्तं **कथं** स्यात् ? कथं वा भिन्नयोः सम्बन्धिनोः श्लेषलक्षणः सम्बन्धः, परस्परममिश्रस्वभावत्वात् सर्वस्य । तथापि सम्बन्धेऽति-प्रसङ्गात् ।

किञ्च—अयं सम्बन्धो वर्त्तमानो वर्णेषु पदादिषु वा वर्त्तेत । तत्र **वर्णाः सन्तो निरर्थकाः**। प्रत्येकं तेषामर्थप्रतिपादकत्वाभावात् । नानाप्रयोक्तृप्रयुक्तेभ्योऽर्थाप्रतिपत्तेश्च, व्यतिक्रमप्रयुक्ते-भ्यश्च सरो रस इत्यादिभ्यस्तुल्या स्यात् प्रतिपत्तिः । तत्समुदायस्य चासम्भवः, क्रमेणोपलम्भात् । न च समुदायो नाम समुदायिभ्यो भिन्नः, अनुपलम्भबाधितत्वात् । तेषां च वाचकत्वादेकस्मादपि

सद् द्रव्यं स्यात् पराधीनं सम्बन्धोऽन्यस्य वा कथम् ।
वर्णा निरर्थकाः सन्तः
पदादि परिकल्पितम् ॥ २३९ ॥
अवस्तुनि कथं वृत्तिः सम्बन्धस्यास्य वस्तुनः ।

स्व०

न चार्थान्तरमेषां संबन्धो यस्मात्

सद् द्रव्यं स्यात् पराधीनं संबन्धोऽन्यस्य वा कथम् ।

न हि सिद्धं सत् परमपेक्षते । नानपेक्षः स्वतन्त्रः संबन्धः । द्रव्यमिति च स्वभाव उच्यते । स कथं परभावस्य श्लेषः स्यात् ? न हि स्वभावान्तरसत्तयाऽन्यः श्लिष्टो नाम । मा भूदश्लिष्टेन, तु स्यादिति चेत् न तस्यैव ताभ्यां श्लेषाऽसिद्धेः । स एवासिद्धो यस्तौ श्लेषयेत् । तदयमतिप्रसङ्गो यद्यर्थावर्थान्तरेण श्लिष्येते विशेषाभावात् ।

किंच

वर्णा निरर्थकाः सन्तः पदादि परिकल्पितम् ॥ २३९ ॥

अवस्तुनि कथं वृत्तिः संबन्धस्यास्य वस्तुनः ।

वाचको हि वाचनाङ्गेन तद्वान् स्यात् । सन्तोऽप्यवाचका वर्णाः । तन्न तेषु वाच्यवाचकसंबन्धः । तद्वृत्तौ स्वरूपहानिप्रसङ्गात् ।

क्रमविशेषेण वाचका वर्णा इति चेत् न । क्रमस्यानर्थान्तरत्वेनाभेदकत्वात् । तद्रूपस्य क्रमान्तरेऽप्यविशेषात् तुल्या स्यात् प्रतिपत्तिः । अर्थान्तरत्वमपि क्रमस्य निषेत्स्यामः । तदसति वर्णानां वाचकत्वे पदादि वाचकं स्यात् । तच्च न किंचित् व्यतिरेकाऽव्यतिरेकविरोधात् ।

तस्मादिन्द्रियविज्ञानविशेषानुबन्धी सभागवासनोपादानविकल्पप्रतिभासविभ्रमः पदम्, वाक्यं चैकावभासि मिथ्यैव, एकानेकत्वायोगात् ।

न ह्येकम्, अनेकया बुद्ध्या क्रमेण ग्रहणायोगात् । न च तदेकया ग्राह्यम्, वर्णानुक्रमग्रहणात् । एकवर्णग्रहणकाले चानेकबुद्धिव्यतिक्रमात् । क्षणिकत्वाद्बुद्धीनाम् क्षणस्यैकपरमाणुव्य-

म०

प्रतीतिः स्यात् । प्रत्येकं न चेद् वाचकाः समुदितेभ्योऽपि तेभ्यो न स्यात् प्रतीतिः तदाप्यन्यस्याभावात् ।

अथ क्रमेण वर्णेषु गृहीतेषु तत्संस्कारसहायेनाध्यक्षेण गृहीतादन्त्यवर्णादर्थप्रतीतिः । तत् किमन्त्य एव वर्णो वाचकः नान्ये ? तथा चेद् व्यर्थं तेषामुच्चारणम् । सर्वेषु प्रतीतेष्वर्थप्रतीतिरिति चेत् किमन्त्यवर्णग्राहिकया बुद्ध्या सर्वत्र ग्रहणम् ? अन्यान्यबुद्ध्यैव चेत् ताः किं बुद्धयोऽन्त्यवर्णबुद्धिकाले भवन्ति, येन तदार्थप्रतीतिरुच्यते ? अन्यान्यकाल एवेति चेत् यदि ताभिर्वाचका वर्णा गृह्यन्ते, एकैकवर्णग्रहणेऽप्यर्थप्रतीतिः स्यात् । वाचकेषु सर्वेषु गृहीतेषु प्रतीतिरिति चेत् तदा तु न प्रत्येकं वाचकः, तदतिरिक्तश्च समुदायो नास्ति ।

अपौरुषेयतापीष्टा कर्तॄणामस्मृतेः किल ॥ २४० ॥
सन्त्यस्याप्यनुवक्तार इति धिग् व्यापकं तमः ।

स्व०

तिक्रमकालत्वात् । आधिक्ये विभागवतः पर्यवसानायोगात् । अनेकाणुव्यत्ययनिमेषतुल्यकालत्वादन्त्यवर्णपरिसमाप्तेः । यथानुभवं स्मरणात् स्मृतिरपि तत्कालैव । अनुभवस्मरणानुक्रमयोर्विशेषानुपलक्षणत्वाच्च ।

नाप्यनेकं पदादि, अभेदप्रतिभासनाद्बुद्धेः, तदनेकत्वस्य निषेत्स्यमानत्वाच्च ।

तन्न वस्तु, तस्यैतद्विकल्पानतिक्रमात् । वस्तु च संबन्धः । स कथं तदाश्रयः स्यात्, आश्रयणीयाऽयोगात् । अनाश्रितो ह्येवं स्यात् । तथाचासंबद्ध : ।

तस्मान्न स्वाभाविकः शब्दार्थयो संबन्धः । तदभिप्रायप्रयोगादुत्पन्नोऽभिव्यक्तो वा शब्दोऽतदव्यभिचारीति तत्त्वमस्य संबन्धः । सा चोत्पत्तिरभिव्यक्तिर्वाव्यभिचाराश्रयः पौरुषेयीति पौरुषेय एव संबन्धः । तद्द्वारेण चार्थप्रत्यायने न नियमः शब्दानामित्यपौरुषेयत्वेऽपि स एव विप्रलम्भः ।

अपौरुषेयताऽपीष्टा कर्तॄणामस्मृतेः किल ॥ २४० ॥

याऽपीयमपौरुषेयता वेदवाक्यानां कर्त्तुरस्मरणाद्वर्ण्यते

सन्त्यस्याप्यनुवक्तार इति धिग्व्यापकं तमः ।

तस्यैव तावदीदृशं प्रज्ञास्खलितं कथं वृत्तमिति सविस्मयानुकम्पं नश्चेतः । तदपरेऽप्यनुवदन्तीति निर्दयाक्रान्तभुवनं धिग् व्यापकं तमः । कः प्राणिनो हितेप्साविप्रलब्धस्यापराधः ? तथा हि स्मरन्ति सौगताः मन्त्राणां कर्तॄनष्टकादीन् । हिरण्यगर्भं च काणादाः । तेषां स मिथ्यावाद इति चेत् क इदानीमेवं पौरुषेयोऽन्योऽपि ? कुमारसंभवादिष्वात्मानमन्यं वा प्रणेतारमुपदिशन्तो यदेवं प्रतिव्युह्येरन् । तत्र प्रतिवहनेऽभ्युपेतबाधेति चेत् नन्विदमेवाभ्युपगमाङ्गगमिति कस्य केन बाधा ? तत् परस्यापि तुल्यमेव । तस्येष्टत्वाददोष इति चेत् कुतोऽस्येयमिष्टिरप्रामाणिका प्रागासीत् ? अकस्माद्ग्राही चायं किं पुनः क्वचित् साधनमपेक्षते, यत् पौरुषेयचिन्तयाऽऽत्मानमायासयति ? तत एवेष्टेरनभ्युपेतबाधायां तदन्यस्यापि तुल्यमित्यनुपालम्भः । अनतिशयदर्शी चायं वाक्येष्वेवंप्रकाराणामपौरुषेयत्वसाधनानां कार्यधर्माणां वा क्वचिदतिशयमभ्युपेतीत्यप्रत्ययैवास्य वृत्तिः । दृश्यन्ते च विच्छिन्नक्रियासंप्रदायाः कृतकाश्च । तान् यत्नवन्त उपलभन्त इति चेत् न । नियमाभावात् । अन्यत्राऽनुपलम्भस्य वा परोपदेशादप्रत्ययादनिश्चयार्हत्वात् । स्वयं कृतानामप्यपह्नोतृदर्शनात् निष्ठागमनस्याशक्यत्वात् ।

म०

प्रत्येकं समर्थाः स्थितिबीजादयोऽङ्कुरजनने, न च केवला जनयन्तीति चेत् ये समर्थाः, न तेषां क्षणिकत्वात् पृथग्भाव इत्यसमानम् । समुदिता एव तु समर्थाः । न त्वेवं वर्णानां क्वापि समुदायः, क्रमोपलभ्यत्वात् । तदा चेद् प्रतिपादका अवाचका एव । पूर्ववर्णग्रहणसंस्कारेऽपि किमन्त्यवर्णबुद्धौ सर्वे प्रतिभान्ति न वा ? न तावदुपलभ्यन्ते । ततस्तदुपदर्शनमपि

यथायमन्यतोऽश्रुत्वा नेमं वर्णपदक्रमम् ॥ २४१ ॥

वक्तुं समर्थः पुरुषस्तथान्योऽपीति कश्चन ।

अन्यो वा रचितो ग्रन्थः सम्प्रदायाद् ऋते परैः ॥ २४२ ॥

स्व०

यथाऽयमन्तोऽश्रुत्वा नेमं वर्णपदक्रमम् ॥ २४१ ॥

वक्तुं समर्थः पुरुषस्तथाऽन्योपीति कश्चन ।

तस्यापि तदेवोत्तरम् । एवमपौरुषेयत्वेऽपि किमिदानीं पौरुषेयमित्यादि ।

तथाहि

अन्यो वा रचितो ग्रन्थः संप्रदायादृते परैः ॥ २४२ ॥

दृष्टः कोऽभिहितो येन सोऽप्येवं नानुमीयते ।

न खलु किंचिदन्यदपौरुषेयत्वाश्रयोऽन्यत्रेदानीन्तनानामनुपदेशपाठाऽशक्तेः । सान्यत्राप्येकेन रचिते ग्रन्थेऽन्यस्य तुल्या । तदनुसारिणा सर्वस्तथानुमेयः, न वा कश्चित् । तस्य तथाऽनिष्टत्वादित्यादावप्युक्तम्—इष्टेस्तदाश्रयत्वादित्यादि ।

म०

व्यर्थम् । सर्वेषु क्रमात् प्रतीतेषु स्मृतिः समुदायविषया भवतीति चेत् किं वर्णानां समुदायोऽस्ति, प्रतीतो वा, यः स्मर्यते केवलं कल्प्यते । कल्पितस्य वाचकत्वाभ्युपगमे न विवादः । तस्मान्न वर्णे सम्बन्धवृत्तिः ।

पदवाक्यादिषु तर्हि स्यादिति चेत् न हि क्रमोच्चारितेभ्यो वर्णेभ्यो व्यतिरिक्तं **पदादि**कमुपलभ्यते । केवलं कल्पनाबुद्ध्या क्रमोच्चारितानां वर्णानां समुदायः **कल्पितः** पदम् । पदानां च समुदायः कल्पितो वाक्यमुच्यते । तच्च कल्पितत्वादवस्तु । **अवस्तुनि सम्बन्धस्यास्य वस्तुनः कथं वृत्तिः** ? न हि शशविषाणस्य नीलादिर्धर्मो युक्तः । तदेवं न सम्बन्धो नित्योऽनित्यो वा युक्त इति स्थितम ।

वेदवाक्यानाम**पौरुषेयतापि** केनचि**न्मीमांसकप्रवरेणेष्टा, कर्तृणामस्मृतेः** लिङ्गात् **किल** । अक्षमायां किल-शब्दः । **अस्याप्यर्थस्य** न्यायाद् दूरमायातस्या**नुवक्तारः** पण्डितम्मन्याः **सन्ति** । तस्यैव तावदीदृशं प्रज्ञास्खलितं कथं वृत्तमिति सविस्मयानुकम्पं नश्चेतः । तदप्यपरेऽनुवदन्तीति निर्दयाक्रान्तभुवनम् । **धिग्व्यापकं तमः** । तथा हि—कर्तुः स्मरणमसिद्धम् स्मरन्ति **सौगता** मन्त्राणां कर्तॄन् अष्टकादीन्, काणादाश्च विधातारम् । मिथ्या तत्स्मरणं चेत् कुमारसम्भवादेरपि **कालिदासा**दिकर्तृस्मरणं मिथ्येति तदप्यपौरुषेयम् । तत्रैकं स्मरणमप्रमाणमन्यच्चान्यथेति नात्र विभागकारणम् । बहूनां सम्प्रतिपत्तिविप्रतिपत्तयश्च न प्रमाणेतरलक्षणे संवादसत्त्वेन सिध्यतः । ततश्चास्मृतकर्तृकमित्यशक्यनिश्चयम्, सन्दिग्धविपक्षव्यावृत्तिकत्वात् ।

दृष्टः कोऽभिहितो येन सोऽप्येवं नानुमीयते ।
यज्जातीयो यतः सिद्धः सोऽविशिष्टोऽग्निकाष्ठवत् ॥ २४३ ॥

अदृष्टहेतुरप्यन्यस्तद्भवः सम्प्रतीयते ।
तत्राप्रदर्श्यं ये भेदं कार्यसामान्यदर्शनात् ॥ २४४ ॥

स्व०

अपि च

यज्जातीयो यतः सिद्धः स तस्माद[1]**ग्निकाष्ठवत् ॥ २४३ ॥**

अदृष्टहेतुरन्योप्यविशिष्टः संप्रतीयते ।[2]

नाऽदर्शनाद्धेतोरहेतुको नाम । अदृष्टहेतवोऽपि हि भावास्तदन्यैः स्वभावाभेदमननुभवन्तस्तथाविधाः समुन्नीयन्ते । हेतुभूतनिवृत्तावपि तद्रूपमनिवृत्तम् । कार्यधर्मव्यतिक्रमान्न ततः स्यादिति न कश्चित्तथा वचनीयः, रूपविशेषो वा तथा दर्शनीयो य एनं हेतुमनुविदध्यात् येनेष्टाऽनिष्टयोरिष्टविपर्ययो न स्यात् । स्वभावनिवृत्तेश्च हेतोरभेदेन भावानां भेदः स्यादाकस्मिक इति न क्वचिद्विनिवर्त्तेत । तस्माद् यः स्वभावो यज्जन्मा दृष्टः सोन्यत्राप्यविभज्यमानः स्वात्मना तत्कार्यधर्मतां नातिवर्त्ततेऽग्नीन्धनवत् ।

तत्राप्रदर्श्य ये भेदं कार्यसामान्यदर्शनात् ॥ २४४ ॥

हेतवः प्रवितन्यन्ते सर्वे ते व्यभिचारिणः ।

यथाऽद्योपि पथिककृतोऽग्निर्ज्वालान्तरपूर्वको नारणिनिर्मथनपूर्वकः, पथिकाग्नित्वादनन्तराग्निवदिति । कथं पुनः पथिकाग्नेर्व्यभिचारः ? ज्वालोद्भवसामर्थ्यं ह्याश्रित्य दहनस्य हेत्वन्तरं प्रतिक्षिप्यते । यदि हि विना ज्वालया स्यादन्यत्रापि स्यादिति । तत्र ज्वालेतरजन्मनोरबाध्यबाधकत्वे ज्वालाप्रभवत्वमन्यथाऽपि स्यादिति धर्मयोरेकत्रार्थे संभवात् स पथिकाग्निरन्यो वाऽर्थ एकप्रतिनियतो न स्यादित्याशङ्क्यते व्यभिचारः । सोप्यन्योन्यव्यतिरेकी

म०

यदापि वेदानधीयानो **यथायमिदानीन्तनो** माणवकोऽन्यत उपाध्यायाद**श्रुत्वा इममुच्यमानं वर्णपदयोः क्रममानुपूर्वी**विशिष्टां वेदाख्यां **वक्तुमसमर्थः** वेदकपाठकत्वात्, **तथाऽन्य** उपाध्यायस्तदुपाध्यायोऽपीत्यनादिरेषु क्रम इति **कश्चन मीमांसकः** । सर्वस्यैव वेदपाठः परोपदेशादिति नित्यतैव वेदानाम् ।

तत्राप्याह—**अन्यो वा** वेदादितरः काव्यादिर्ग्रन्थो **रचितः** कविप्रभृतिभिः **सम्प्रदायाद् ऋते** उपदेशाद् विना **परैरध्येतृभिरभिहितः को दृष्टः** ? न कश्चित् । **येन** परोपदेशे सत्यशक्याध्ययनत्वेन **सोऽपि** काव्यादिरेवं नित्यं **नानुमीयते** । तत्रापि हेतुरयं सिद्ध एव । अथ पुरुषेण, तत्करणाविरोधात् सन्दिग्धव्यतिरेकताऽस्य हेतोः, तदा वेदेऽपि दुष्टत्वमस्याः कथं निवार्यम् ?

1. मनोरथः सोविशिष्टोऽग्निकाष्ठवत्
2. मनोरथः अदृष्टहेतुरप्यन्यस्तद्भवः सम्प्रतीयते

हेतवः प्रवितन्यन्ते सर्वे ते व्यभिचारिणः ।

स्व०

धर्मद्वयावतारो वस्तुसामान्येऽविरुद्ध इत्युच्यते, नावस्थाभेदिनि विशेषे । निष्कलस्यात्मनस्तदतत्त्वविरोधात् । न च ज्वालेतरजन्मनोर्बाध्यबाधकता पथिकाग्नौ, तस्य ज्वालाव्यतिरेकेणासंभवाभावात् । एवंभूतः पथिकाग्निर्ज्वालाप्रभव इति स्यात्, न सर्वः, तत्र विशेषप्रतिक्षेपस्य कर्त्तुमशक्यत्वात्, संभवद्विशेषस्य च तादवस्थानियमात् । यदपि विना ज्वालया स्यादन्यत्रापि स्यादिति । भवत्येव, यया सामग्र्या संभवति, सा यदि स्यात्, अस्याः संभवं प्रदर्श्य तदभावं दर्शयेत् तत्र वा ज्वालाम्, स्यादेतत् ।

तस्मान्नैकस्य परपूर्वमध्ययनं सर्वस्य तथाभावं साधयति । तस्यान्यथा संभवाभावात् । तथाविधस्य तु तत्क्रियाप्रतिभारहितस्य तथा स्यादिति तथाभूतमेवं वाच्यं स्यात् । तदविशेषेणसंभवद्विशेषमुच्यमानं छायां न पुष्णाति । कथं विशेषसंभवो यावता तेषामपि पुरुषाणामशक्तिरेव, इदानीन्तनपुरुषवत् ? अत्रापि न शक्तिपुरुषत्वयोः किंचिद्विरोधदर्शनमिति न विरुद्धविधिरनुपलब्धिप्रयोगो गमकः । न ह्यतीन्द्रियेषु विरोधगतिरस्तीत्युक्तम् । न चायं पूर्वप्रयोगाद् भिद्यते ।

यदि पुरुषाः शक्ताः स्युरिदानीन्तनानामपीति विशेषासंभवे एतत् स्यात् । स च दुःसाधः । यत्रैकस्याशक्तिस्तत्र सर्वपुरुषाणामित्यपि पूर्ववत् व्यभिचारि । भारतादिषु इदानीन्तनानामशक्तावपि कस्यचिच्छक्तिसिद्धेः ।

तस्मात् कारणानि विवेचयतोऽर्थेष्वपि तदतत्प्रतिभवेषु स्वभावभेदो दर्शनीयः । तदभावे सर्वस्तदात्मा न वा कश्चित् । न चात्र लौकिकवैदिकयोः स्वभावभेदमुत्पश्यामः। असति तस्मिंस्तयोः सामान्यस्यैव दृष्टेरेकस्य कंचिद्धर्मं विवेचयंस्तत्स्वभावसंभविना तेनाशङ्क्य व्यभिचारवादः क्रियते ।

ननु वेदेतरयोस्तत्त्वान्यत्वलक्षणोऽस्त्येव विशेषः । सत्यमस्ति । न केवलं तयोरेव किं तर्हि डिण्डिकपुराणेतरयोरपि । न स्वप्रक्रियाभेददीपनो नामभेदः पुरुषकृतिं बाधते, अन्यत्रापि प्रसङ्गात् । यदि तादृशीं रचनां पुरुषाः कर्त्तुं न शक्नुयुः कृतां वा कृतसंकेतो विवेचयेद्व्यक्तमपौरुषेयो वेदः । ननु न शक्नुवन्त्येव पुरुषा मन्त्रान् कर्त्तुम् । एतदुत्तरत्र विचारयिष्यामः ।

अपि च न मन्त्रो नामान्यदेव किंचित् । किं तर्हि सत्यतपः प्रभाववतां समीहितार्थसाधनं वचनम् । तदद्यत्वेऽपि पुरुषेषु दृश्यत एव, यथास्वं सत्याधिष्ठानबलाद्विषदहनादिसंस्तम्भनदर्शनात्, शबराणां च केषांचिदद्यापि मन्त्रकरणात्, अवैदिकानां च बौद्धादीनां मन्त्रकल्पानां

म०

अपि च—**यज्जातीयो** यद्द्रव्यसमानजातीयो यः पदार्थो **यतो** हेतोः सिद्धः, अन्वयव्यतिरेकाभ्यां निश्चितः, **स** तज्जातीयत्वेनाविशिष्टो **अन्योऽदृष्टहेतुरपि** तद्धेतुकत्वेन **सम्प्रतीयते**। किमिव ? **अग्निकाष्ठवत्**। काष्ठकार्यत्वेन वह्नेर्निश्चितत्वात् वह्निदर्शनाददृष्टमपि काष्ठमनुमीयते । न च वैदिकपौरुषेयवाक्यानां कश्चिद् भेदः, सर्वेषां दुर्भणत्वादीनां मन्त्रादिसामर्थ्यानां च साधारणत्वात् ।

सर्वथाऽनादिता सिध्येदेवं नापुरुषाश्रयः ॥ २४५ ॥

स्व०

दर्शनात् । तेषां च पुरुषकृत : । तत्राप्यपौरुषेयत्वे कथमपौरुषेयमवितथम्? तथा हि बौद्धेतर-योर्मन्त्रकल्पयोर्हिसामैथुनात्मदर्शनादयोऽनभ्युदयहेतवोऽन्यथा च वर्ण्यन्ते । तत्कथमेकत्र विरुद्धाभिधायि द्वयं सत्यं स्यात् ? तत्रार्थान्तरकल्पने तदन्यत्रापि तुल्यमित्यर्थाऽनिर्णयात् क्वचिदप्रतिपत्तिः । तथा च सदप्यनुपयोगमपौरुषेयम् । बौद्धादीनाममन्त्रत्वे तदन्यत्रापि कोशपानं स्यात् करणीयम् । विषकर्मादिकृतो बौद्धा अपि दृश्यन्ते । तत्रामन्त्रत्वमपि विप्रतिषिद्धम् । मुद्रामण्डलध्यानैरप्यनक्षरैः कर्माणि क्रियन्ते । न च तान्यपौरुषेयाणि नित्यानि युज्यन्ते । तेषां क्रियासंभवेऽक्षररचनायां कः प्रतिघातः पुरुषाणाम् ? तस्मान्न किंचिदशक्यक्रियमेषाम् ।

कथमिदानीं सत्यप्रभवौ मन्त्रकल्पौ परस्परविरोधिनौ ? न वै सर्वत्र तौ सत्यप्रभवौ । प्रभावयुक्तपुरुषप्रतिज्ञालक्षणावपि तौ स्तः । स प्रभावो गतिसिद्धिविशेषाभ्यामपि स्यात् ।

यदि पौरुषेया मन्त्राः सर्वे पुरुषाः किं न मन्त्रकारिणः? तत्क्रियासाधनवैकल्यात् । यदि तादृशैः सत्यतपःप्रभृतिभिर्युक्ता स्युः कुर्वन्त्येव ।

अपि च काव्यानि पुरुषः करोतीति सर्वः पुरुषः काव्यकृत् स्यात् । अकरणे नैव कश्चित्तद्वदित्यपूर्वैषा वाचो युक्तिः ।

सत्यं मन्त्रक्रियासाधनविकला मन्त्रान्न कुर्वन्ति । तत्तु कस्यचित् साकल्यं न पश्यामः, पुरुषाणां समानधर्मत्वात् । उक्तमत्र—न मन्त्रो नामान्यदेव किंचित् सत्यादिमतां वचनसमयादिति। तानि च क्वचित् पुरुषेषु दृश्यन्ते । सर्वपुरुषास्तद्रहिता इत्यपि तत्संभवविरोधाभावादनिर्णयः । न चाप्रत्यक्षस्वभावेषु अनुपलब्धिर्निश्चयहेतुः। न च स्मृतिमतिप्रतिबोधसत्यशक्तयः सर्वपुरुषभाविन्य तत्साधनसंप्रदायभेदवद् गुणान्तरसाधनान्यपि स्युः । नापि सन्नपि सर्वो द्रष्टुं शक्तः । अतः एवादृष्टस्यानपह्नवः । नापि पुरुषेषूत्पित्सोः कस्यचिद्गुणस्य प्रतिरोद्धा, बाध्यादृष्टेर्बाध्यबाधकभावासिद्धेः ।

एतेन सर्वज्ञानप्रतिषेधादयोऽपि निर्णीतोत्तराः । तत्राप्येवंभूतो यादृशोऽयमसंभवन् तत्साधनसंप्रदायो न इति न्यायो नादृष्टज्ञापकः, अतत्स्वभाव इत्यपि, सतामपि कार्यानारम्भसंभवात् । स्वभावविप्रकर्षेण द्रष्टुमशक्यत्वाच्च ।

तस्मादध्ययनमध्ययनान्तरपूर्वकमध्ययनादिति भारताध्ययनेऽपि भावाद्व्यभिचारि ।

म०

इदानीं वेदकरणसमर्थपुरुषादर्शनं **भारतादिष्वपि** समानम् । ततो सत्यवान्तरभेदे भेदाद्धेतूपन्यासो न युक्तः । सति तु वस्तुतः **तत्र** साधनीकृते वस्तुन्यवान्तरभेदे **भेदमप्रदर्श्य कार्यसामान्यस्य** विजातीयव्यावृत्तिमात्रस्य **दर्शनात् ये हेतवः**—यद्वेदाध्ययनं तद्वेदाध्ययनपूर्वकम्, न करणपूर्वकम्; यथा यः पथिकाग्निः स ज्वालापूर्वको नारणिनिर्मथनपूर्वकः इत्यादयः **प्रवितन्यते** विस्तार्यन्ते- **सर्वे ते** व्यभिचारिणोऽनैकान्तिकाः । न हि वेदाध्ययनमित्येवाध्ययनपूर्वकं कृत्वा करणपूर्वकस्याप्यध्ययनस्योपपत्तेः, अरणिनिर्मथनस्य च वह्नेर्भावाविरोधात् ।

तस्मादपौरुषेयत्वे स्यादन्योऽप्यनराश्रयः ।

म्लेच्छादिव्यवहाराणां नास्तिक्यवचसामपि ॥ २४६ ॥

स्व०

ननु वेदेन विशेषणाददोषः । कः पुनरतिशयो वेदाध्ययनस्य यदन्यथाऽध्येतुं न शक्यते? न हि विशेषणमविरुद्धं विपक्षेणास्माद्धेतुं व्यावर्त्तयति, अविरुद्धयोरेकत्र संभवात् । इदानीन्तनानामनध्ययनादिति चेत् उक्तोत्तरमेतत् । अदर्शनादिति चेत् इदमपि प्रतिव्यूढम् । नाप्यदर्शनमात्रमभावं गमयतीति व्यभिचार एव । तस्मान्न विशेषणमतिशयभागित्यनुपात्तसमम् ।

यत्किंचिद्वेदाध्ययनं सर्वं तदध्ययनान्तरपूर्वकमित्यपि व्याप्तिने सिध्यति । सर्वस्य तथाभावाऽसिद्धेः । यादृशं तु यन्निमित्तं दृष्टं तत्तथेति स्यात् । दृष्टे विशेषे तन्निमित्ततया तत्त्यागेन सामान्यग्रहणं व्यभिचार्येव हुताशनसिद्धौ पाण्डुद्रव्यत्ववत् ।

एतेन वचनादयो रागादिसाधने प्रत्युक्ताः ।

अस्तु वेदमध्ययनपूर्वकतासाधनम्

सर्वथाऽनादिता सिध्येदेवं नाऽपुरुषाश्रयः ॥ २४५ ॥

तस्मादपौरुषेयत्वे स्यादन्योऽप्यनराश्रयः ।

पुरुषा एव हि स्वयमभ्यूह्य परतो वाऽधीयते । नैषामव्यापृतकरणानां स्वयं शब्दा ध्वनन्ति, येनाऽपौरुषेयाः स्युः । अपि स्युरपौरुषेया यदि पुरुषाणामादिः स्यात् । तदाप्यन्यपूर्वकत्वं न सिध्यति, अध्यापयितुरभावात् । तत् प्रथमोऽध्येता कर्त्तेव स्यात् । तदयमनादिः पूर्वपूर्वदर्शनप्रवृत्तौ डिम्भकपांशुक्रीडादिवत् पुरुषव्यवहार इति स्यात् नाऽपौरुषेय एव ।

अनादित्वादपौरुषेयत्वे बहुतरमिदानीमपौरुषेयम् । तथा च

म्लेच्छादिव्यवहाराणां नास्तिक्यवचसामपि ॥ २४६ ॥

अनादित्वात्तथाभावः पूर्वसंस्कारसन्ततेः ।

म०

भवतु वा । **एवं** वेदाध्ययनमध्ययनपूर्वतासाधनम्, तथापि **सर्वथाऽनादिता** वेदाध्ययनस्य **सिध्येत्**, डिम्भकपांशुक्रीडादीनामिव । **नापुरुषाश्रयः** पुरुषाश्रयणाभावस्तु न सिध्येत् । डिम्भकपांशुक्रीडादयो हि दर्शनपूर्वका अनादयश्च । न चापौरुषेयाः, डिम्भकैरेवं क्रियमाणत्वात् । एवं शब्दा अप्यध्येतृभिरेव क्रियन्ते, न तु स्वयमात्मानं ध्वनयन्ति येनापौरुषेयाः स्युः । अनादिस्तादृक् करणक्रमः, पुरुषपरम्पराया अनादेरागतत्वात् ॥ २३२-२४५ ॥

अथानादित्वादेवापौरुषेयता इत्याह—**तस्मादनादित्वादपौरुषेयत्वे** साध्ये **स्यादन्योऽप्यपौरुषेयोऽनराश्रय** इति प्रसङ्गः ।

तमेवाह—**म्लेच्छादेर्व्यवहाराणां** मातृविवाहमुक्तिप्रापणमारणादीनां, **नास्तिक्यवचसामपि** परलोककर्मफलाद्यपवादिनाम**नादित्वात् तथाभावो**ऽपौरुषेयत्वं स्यात् ।

अनादित्वाद् तथाभावः
पूर्वसंस्कारसन्ततेः ।
तादृशेऽपौरुषेयत्वे कः सिद्धेऽपि गुणो भवेत् ॥ २४७ ॥

अर्थसंस्कारभेदानां दर्शनात् संशयः पुनः ।

स्व०

म्लेच्छव्यवहारा अपि केचिन्मातृविवाहादयो मदनोत्सवादयश्चानादयो नास्तिक्यवचांसि चाऽपूर्वपरलोकाद्यपवादीनि । न हि तान्यनाहितसंस्काराः परैः प्रवर्त्तयन्ति । स्वप्रतिभारचितसमयानामपि यथाश्रुतार्थविकल्पसंहारेणैव प्रवृत्तेस्तत् किंचित् कुतश्चिदागतमित्येकस्योपदेष्टुः प्रबन्धेनाभावाद् अपरपूर्वकमित्युच्यते प्रागेव यथादर्शनप्रवृत्तयः सम्यग्मिथ्याप्रवृत्तयो लोकव्यवहाराः ।

नन्वादिकल्पिकेष्वदृष्टा एव व्यवहाराः पश्चात् प्रवृत्ता इष्यन्ते न । तेषामप्यन्यसंस्काराहितानां यथाप्रत्ययं प्रबोधात् ।

भवतु सर्वेषामपौरुषेयत्वमिति चेत्

तादृशेऽपौरुषेयत्वे कः सिद्धेऽपि गुणो भवेत् ॥ २४७ ॥

काममविसंवादकमित्यपौरुषेयत्वमिष्टम् । तद्विसंवादकानामपि केषांचिदनादित्वादस्तीति किमपौरुषेयत्वेन ?

सति वा वेदवाक्यानामपौरुषेयत्वे

अर्थसंस्कारभेदानां दर्शनात् संशयः पुनः ।

यद्यपौरुषेयत्वेऽपि प्रतिनियतामेव तदर्थप्रतिभां जनयेदाश्वासनं स्यात् । यथेष्टं तु समारोपापवादाभ्यां नैरुक्तमीमांसकादयो वेदवाक्यानि विशंसन्तो दृश्यन्ते । न च तेऽर्थास्तेषां न संघटन्ते । समयप्राधान्यादर्थनिवेशस्यैकस्यापि वाक्यस्यानेकविकल्पसंभवात् । प्रकृतिप्रत्ययानामनेकार्थपाठात् । रूढेरप्येकान्तेनाननुमतेः, अरूढशब्दबाहुल्यात्, तदर्थस्य पुरुषोपदेशापेक्षणात्, तदुपदेशस्य तदिच्छावृत्तेरनिर्णय एव वेदवाक्यार्थेषु ।

म०

यदि पौरुषेयाः, कथमनादयः इत्याह—**पूर्वसंस्कारा**दनादेः **सन्ततेः** सन्तानेन प्रवृत्तेः । अथानादित्वात् म्लेच्छादिव्यवहाराणाञ्चापौरुषेयतास्तु इत्याह—**तादृशे** म्लेच्छादिव्यवहारसाधारणे**ऽपौरुषेयत्वे सिद्धेऽपि को गुणो**ऽविसंवादकलक्षणो **भवद्** । पौरुषेयवाक्यानां विसंवादादर्शनादपौरुषेयत्वमिष्टम् । स च तस्मिन्नपि सति म्लेच्छादिव्यवहाराणामिव दुष्परिहरः ॥ २४६-२४७ ॥

अथ वेदवाक्यानामेवानादित्वादपौरुषेयत्वम् तदा **अर्थस्य संस्कारो** व्याख्यानं तस्य **भेदानां** विकल्पानां प्रकृतिप्रत्ययानेकार्थत्वात् रूढेर्निरुक्तादिभ्यश्च यथाप्रतिभं पुंसां **दर्शनात् संशयो**ऽर्थनिश्चयाभावः ।

अन्याविशेषाद् वर्णानां साधने कि फलं भवेत् ॥ २४८ ॥
वाक्यं भिन्नं न वर्णेभ्यो विद्यतेऽनुपलम्भतः ।
अनेकावयवात्मत्वे पृथक् तेषां निरर्थता ॥ २४९ ॥

स्व०

अपि चायमपौरुषेयत्वं साधयन् वर्णानां वा साधयेद्वाक्यानां वा ? तत्र

अन्याऽविशेषाद्वाक्यानां साधने किं फलं भवेत् ॥ २४८ ॥

न हि लोकवेदयोर्नाना वर्णाः । भेदेऽपि च प्रत्यभिज्ञानाविशेषात् तत एकत्वासिद्धिप्रसङ्गात् । भेदानुपलक्षणाच्च वैदिकवर्णासिद्धिः । प्रत्यभिज्ञानादप्रतिपत्तिप्रसङ्गात्, अनभ्युपगमाच्च । तेषां चापौरुषेयत्वसाधने ते तुल्याः सर्वत्रेति किमनेन परिशेषितम् । तथा च सर्वो व्यवहारोऽपौरुषेयो न च सर्वोऽवितथ इति व्यर्थः परिश्रमः ॥ २४८ ॥

अथ वाक्यमपौरुषेयमिष्टम्

वाक्यं न भिन्नं वर्णेभ्यो विद्यतेऽनुपलम्भनात् ।

न हि वयं देवदत्तादिपदवाक्येषु दकारादिप्रतिभासं मुक्त्वाऽन्यं प्रतिभासं बुद्धेः पश्यामो द्वितीयवर्णप्रतिभासवत् । न चाप्रतिभासमानं ग्रहणे ग्राह्यतयेष्टमस्त्यन्यद्वेति शक्यमवसातुम् आकारान्तरवत् । अन्याऽसंभवि कार्यं गमकमिति चेत् स्यादेतद्यदि तेषु वर्णेषु सत्स्वपि तत्कार्यं न स्यात् । न भवति, तेषामविशेषेऽपि पदवाक्यान्तरेष्वभावादिति चेत् न । तेषामविशेषासिद्धेः । अविशेषः प्रत्यभिज्ञानात् सिद्ध इति चेत् न । तस्य व्यभिचारात्, अनिदर्शनत्वाच्च । वर्णाऽविशेषेऽपि वाक्यभेदात् प्रतिपत्तिभेदः कार्यभेदः स्यात् । सा च वाक्यात् । तच्चातीन्द्रियमिति कुतः स्यात् ? सन्निधानमात्रेण जननेऽव्युत्पन्नस्याऽपि स्यात् ।

तस्माद्वाक्यं न नाम किंचिदर्थान्तरं वर्णेभ्यो यस्यापौरुषेयत्वं साध्येत । तदभावाद्वेदाऽविशिष्टवर्णाऽपौरुषेयत्वमपि प्रथमपक्षे प्रत्युक्तम् ।

अपि च—अस्तु नामार्थान्तरं वाक्यम् । तदनेकावयवात्मकं वा स्यादनवयवं वा ?

अनेकावयवात्मत्वे पृथक्तेषां निरर्थता ॥ २४९ ॥

म०

कस्य चापौरुषेयत्वमिष्टम्—किं वर्णानाम्, उत पदवाक्यानाम् ? इत्याह **अन्यैर्लौ**किकै-र्वर्णैर्वैदिकानां **वर्णानामविशेषात्** प्रत्यभिज्ञायमानत्वेनैकत्वादपौरुषेयत्वस्य **साधने किं फलं भवेत्** ? तथात्वे लौकिकानामर्थव्यभिचारात् ॥ २४८ ॥

वाक्यं पदं च **वर्णेभ्यो भिन्नं न विद्यते, अनुपलम्भात्** । तत् कथमस्यापौरुषेयत्वं साध्यम् ? अभिन्नं चेत्, **तदानेकावयवात्मत्वे** वाक्यस्य **तेषामवयवानां पृथक्** प्रत्येकं **निरर्थक**तेति पदात्मकमनर्थकमेव स्यात् । ततश्चा**तद्रूपे** वाचकरूपे **ताद्रूप्यं** वाचकत्वं **कल्पितं** कल्पनाबुद्धिनिर्मितं माणवकादाविव **सिंहतादि** । ततः पौरुषेयमेव वाचकत्वं स्यादिति प्रस्तुतक्षतिः ।

अतद्रूपे च ताद्रूप्यं कल्पितं सिंहतादिवत् ।
प्रत्येकं सार्थकत्वेऽपि मिथ्यानेकत्वकल्पना ।। २५० ।।

एकावयवगत्या च वाक्यार्थप्रतिपद् भवेत् ।
सकृच्छ्रुतौ च सर्वेषां कालभेदो न युज्यते ।। २५१ ।।

स्व०

तेऽपि तस्य बहवोऽवयवाः पृथक् प्रकृत्या यद्यनर्थकाः ।

अतद्रूपे च ताद्रूप्यं कल्पितं सिंहतादिवत् ।

अर्थवानेवात्मा वाक्यम् । ते चावयवाः स्वयमनर्थकाः । तेषु स आत्मा कल्पनासमारोपितः स्यात् सिंहतादिवत् माणवकादिष्विति पौरुषेय एव ।

अथ मा भूदेष दोष इति प्रत्येकं तेऽवयवाः सार्थका इष्यन्ते ।

प्रत्येकं सार्थकत्वेऽपि मिथ्यानेकत्वकल्पना ।। २५० ।।

एकावयवगत्या च वाक्यार्थप्रतिपद् भवेत् ।

परिसमाप्तार्थं हि शब्दरूपं वाक्यम् । ते चावयवाः तथाविधाः पृथक् पृथगिति प्रत्येकं ते वाक्यम् । तथा च नानेकावयवं वाक्यम् । एकावयवप्रतिपत्त्या च वाक्यार्थप्रतिपत्तेरवयवान्तरापेक्षा कालक्षेपश्च न स्यात् । तस्य निष्कलात्मनः क्षणेन प्रतिपत्तेरेकज्ञानोत्पत्तौ निःशेषावगमात् । अन्यथा चैकत्वविरोधात् ।

सकृच्छ्रुतौ च सर्वेषां कालभेदो न युज्यते ।। २५१ ।।

मा भूदवयवान्तराऽप्रतीक्षणेनैकस्मादेवावयवाद्वाक्यार्थसिद्धेरनेकावयवत्वहानिर्वाक्यस्येति सकृत् सर्वावयवानां श्रवणमिष्यते । तदापि कालक्षेपो न युक्त एव, एकावयवप्रतिपत्तिकाल एव सर्वेषां श्रवणात् । क्रमश्रवणे च पृथगर्थवतामेकस्मादेव तदर्थसिद्धेरन्यस्य वैयर्थ्यात् । सकृच्छ्रुतौ च पृथगर्थेष्वदृष्टसामर्थ्यानामर्थवत्ता च न सिध्यति । सहितेष्वर्थदर्शनाददोष इति

म०

अथ प्रत्येकमवयवानां सार्थकत्वम्, तदा—**प्रत्येकं सार्थकत्वेऽपि मिथ्यानेकत्व**स्यानेकावयवात्मकस्य **कल्पना**, एकस्मादर्थप्रतीतेः ।। २४९-२५० ।।

तथैकस्यावयवस्य गत्या वाक्यार्थस्य प्रतिपत् प्रतीतिर्**भवेत्**, एकस्यापि वाचकत्वात् । तत्समुदायो वाचक इति चेत् स किं तेभ्यो भिन्नः, स च प्रत्युक्तः । अवयवा मिलिताः समुदाय इति चेत् स च न सम्भवत्येव । तद् यदि प्रत्येकं वाचकत्वमेव तदैषां प्रत्येकं वाचकत्वे चैकस्मादपि स्यादर्थप्रतीतिः ।

अथ एकावयवगत्याऽर्थप्रतिपत्तेरवयवान्तरवैफल्यदोषात् सर्वावयवानां सकृच्छ्रुतिरिष्यते तदा **सर्वेषा**मवयवानां **सकृच्छ्रुतौ** चाभिमतायामजयवश्रवणस्य **कालभेदो न युज्यते**, दृश्यते च ।। २५१ ।।

एकत्वेऽपि ह्यभिन्नस्य क्रमशो गत्यसम्भवात् ।
अनित्यं यत्नसम्भूतं पौरुषेयं कथं न तत् ॥ २५२ ॥

नित्योपलब्धिर्नित्यत्वेऽप्यनावरणसम्भवात् ।
अश्रुतिर्विकलत्वाच्चेत् कस्यचित् सहकारिणः ॥ २५३ ॥

स्व०

चेत् न । पृथगसतो रूपस्य संघातेऽप्यसंभवात्, अर्थान्तरानुत्पत्तेश्च । शब्दोत्पत्तिवादिनस्तावदयमदोष एव, पृथगसमर्थानामप्यवयवानामुपकारविशेषादतिशयवतां कार्यविशेषोपयोगात्।प्रत्येकं त्ववयवेषु समर्थेषु व्यर्था स्यादन्यकल्पना ॥ २५१ ॥

अथ पुनरेकमेवानवयवं वाक्यम्।तत्र

एकत्वेऽपि ह्यभिन्नस्य क्रमशो गत्यसंभवात् ।

कालभेद एव न युज्यते । न ह्येकस्य क्रमेण प्रतिपत्तिर्युक्ता गृहीतागृहीतयोरभेदात्, गृहीतागृहीताभावात् । क्रमेण च वाक्यप्रतिपत्तिर्दृष्टा, सर्ववाक्यव्यवहारश्रवणस्मरणकालस्यानेकक्षणनिमेषानुक्रमपरिसमाप्तेः । वर्णरूपाऽसंस्पर्शिनश्च शब्दात्मनोऽप्रतिभासनात्, वर्णानुक्रमप्रतीतेः । तदविशेषेऽप्यनुक्रमकृतत्वाद्वाक्यभेदस्यानुक्रमवती वाक्यप्रतीतिः । वर्णानुक्रमापकारानपेक्षणे तैर्यथाकथंचित् प्रयुक्तैरपि यत् किंचिद्वाक्यं प्रतीयेत, विना वा वर्णैस्तैरनुक्रमवद्भिरक्रमस्योपकारायोगाद्, अक्रमेण च व्याहर्तुमशक्यत्वात्, गत्यन्तराभावाच्च नैव वाक्ये वर्णाः सन्ति ।

तदेकमेव शब्दरूपं व्यञ्जकानुक्रमवशादनुक्रमवद्वर्णविभागवच्च प्रतिभातीति चेत् अनुक्रमवता व्यञ्जकेनाक्रमस्य व्यक्तिः प्रत्युक्ता, व्यक्ताव्यक्तविरोधात्। अवर्णभागे च वाक्ये सकलश्राविणोऽसकलवाक्यगतिर्न स्यादेकस्य सकलाभावात् । सकलश्रुतिर्न वा कस्यचित् ।

समस्तवर्णसंस्कारवत्यान्त्यया बुद्ध्या वाक्यावधारणमित्यपि मिथ्या, तस्यावर्णरूपसंस्पर्शिनः कस्यचित् कदाचिदप्रतिपत्तेः, वर्णानां चाक्रमेणाप्रतिपत्तेः कुतो क्रममेकबुद्धिग्राह्यं वाक्यं नाम ? न चान्त्यवर्णप्रतिपत्तेरूर्ध्वमन्यमसकलं शब्दात्मानमुपलक्षयामः ।

म०

अथानवयवमेकं वर्णेभ्यो स्फोटरूपं वाक्यम्, तच्च क्रमवद्भिर्नियतानुपूर्वीकैर्ध्वनिभिः क्रमेण व्यज्यते । व्यक्त्यनक्रमेणैव क्रमवत् प्रतीयते, तद्रूपाविभागेन नादरूपाणां वर्णानां ग्रहणात् वर्णविभागवच्च लक्ष्यते । वस्तुतस्तथारहितमपीति केचित् ।

तदेकत्वेऽपि **ह्यभिन्नस्यानवयवस्य** स्फोटरूपस्य वाक्यस्य प्रथमध्वनिनापि व्यक्तत्वात् **क्रमशो गतेः** प्रतीतेर**सम्भवात्** सकृत्प्रतीतिप्रसङ्गः । यदि प्रथमव्यक्तौ न प्रतीतिः अपरास्वपि न स्यात्, तदेकव्यञ्जकत्वाद् व्यक्तीनाम् ।

किञ्च—वाक्यं तन्नित्यम्, अनित्यं वा स्यात् । **यद्यनित्यम्, पौरुषेयं कथं न तत् ? यत्नसम्भवात्** घटादिवत् ॥ २५२ ॥

काममन्यप्रतीक्षाऽस्तु नियमस्तु विरुध्यते।
सर्वत्रानुपलम्भः स्यात् तेषामव्यापिता यदि ॥ २५४ ॥

स्व०

नापि स्वयमप्ययं वक्ता विभावयति । केवलम् एवं यदि स्यात् साधु मे स्यादिति कल्याणकामतो मूढमतिरन्त्यायां बुद्धौ समाप्तकलः शब्दो भातीति स्वप्नायते । न हि स्मर्यमाणयोरपि पदवाक्ययोर्वर्णाः क्रमविशेषमन्तरेण विभाव्यन्ते । अक्रमायां बुद्धौ पौर्वापर्याभावात् तेषां तत्कृतः पदवाक्यभेदानां भेदो न स्यात् ।

नाप्यवर्णक्रममन्यत् शब्दरूपं पश्याम इत्युक्तम् । सति वा तदनित्यं वा स्यान्नित्यं वा ? यदि

अनित्यं यत्नसंभूतं पौरुषेयं कथं न तत् ॥ २५२ ॥

अवश्यं ह्यनित्यमुत्पत्तिमत् कुतश्चिद् भवति । तथा ह्याकस्मिकत्वे सत्यस्य देशादिनियमो न स्यादित्युक्तम् । तच्च यत्नप्रेरिताऽविगुणकरणानां दृष्टमन्यथा नेति कारणधर्मदर्शनात् पुरुषव्यापार एव कारणम् । अतः पौरुषेयं स्यात् ॥ २५२ ॥

नित्योपलब्धिर्नित्यत्वेऽप्यनावरणसंभवात् ।

अथ तच्छब्दरूपं नित्यं स्यादुपलभ्यस्वभावं च । स तस्य स्वभावः कदाचिन्नापैतीति नित्यमुपलभ्येत । एवं हि स नित्यः स्यात् यदि न कुतश्चिदपि सामर्थ्यात् प्रच्यवेत् । ज्ञानजननसामर्थ्यस्य तदात्मकत्वात् । अर्थान्तरस्य च प्रागेव निषिद्धत्वात् ।

नापि तस्योपलभ्यात्मनः किंचिदुपलम्भावरणं संभवति । तस्य सतोऽपि तदात्मानमखण्डयतः सामर्थ्यतिरस्कारायोगात् । न हि तत्रातिशयमनुत्पादयन् किंचित्करो नाम। अकिंचित्करश्च कः कस्यावरणमन्यद्वेति निर्लोठितप्रायमेतत् ।

कुड्यादयो घटादीनां कमतिशयमुत्पादयन्ति, खण्डयन्ति वा येनावरणमिष्यन्ते ? न ब्रूमस्ते किंचिदतिशाययन्ति । अपि तु न सर्वे घटक्षणाः सर्वस्येन्द्रियविज्ञानहेतवः । परस्परसहितास्तु विषयेन्द्रियाऽऽलोकाः परस्परतो विशिष्टक्षणान्तरोत्पादात् विज्ञानहेतवः, अनुपकार्यस्याऽपेक्षाऽयोगात् । शक्तस्वभावस्य नित्यं जननमजननं वाऽन्यस्य सर्वदा स्यादित्युक्तम् । ते चाव्यवहिताः प्रतिघातिनाऽन्येनान्योन्यस्योपकारिणः, अव्यवधानदेशयोग्यतासहकारित्वात् तेषामन्योन्यातिशयोत्पत्तेः । व्यवधाने हेत्वभावात् समर्थक्षणान्तरानुत्पत्तेर्ज्ञानानुत्पत्तिः । तस्मात् पूर्वोत्पन्नसमर्थनिरोधात्, सति च कुड्येऽन्यस्योत्पित्सोः कारणाभावेनाऽनुत्पत्तेः कारणवैकल्यात् ज्ञानानुत्पत्तिरिति कुड्यादय आवरणमुच्यन्ते । न पुनः प्राग्योग्यस्य प्रतिबन्धात् तस्य स्वभावादप्रच्युतेः ।

म०

नित्यत्वेऽप्युपलब्धिर्नित्या भवेत् । वाक्यानाम**नावरणसम्भवात्** आवरणायोगात् । यदि नित्यं कदाचिदुपलभ्यते, तदा तस्यानावृतस्वभावता ऽभ्युपगन्तव्या । तादृशं नित्यमुपलभ्येताभिमतकाल इव । आवृतस्वभावे तु सर्वदाऽनुपलम्भः स्यात् । तस्मात् कालभेदेनोपलभ्यानुपलभ्यस्वभावत्वादेकस्य नाशादन्यस्योदय इति स्यात् तथा च नित्यत्वक्षतिः ।

सर्वेषामुपलम्भः स्यात् युगपद् व्यापिता यदि ।
संस्कृतस्योपलम्भे च कः संस्कर्त्ताऽविकारिणः ।। २५५ ।।

स्व०

अथवा संभवत्यपि भावानां क्षणिकानामन्योन्योपकारः, अचिन्त्यत्वाद्धेतुप्रत्ययसामर्थ्यस्याऽसर्वविदा। तेन यदिन्द्रियविषयमध्यस्थितमावरणं तत् तौ विज्ञानोत्पत्तिवैगुण्यतारतम्यभेदेनातिशाययेदपि, आवरणभेदेन शब्दादौ श्रुतिमान्द्यपाटवदर्शनात्। अन्यथा क्वचिदप्यकिंचित्करस्य सन्निधानस्याप्यसन्निधानतुल्यत्वात्तस्येदमित्युपसंहारो विकल्पनिर्मित एव स्यात्, न वस्त्वाश्रयः। न च समारोपाऽनुविधायिन्योऽर्थक्रियाः।न हि माणवको दहनोपचारादाधीयते पाके । तस्मात् सत्यामपि विकल्पनायामतत्परावृत्तयो भावाः यथास्वभाववृत्तय एव स्युः। तत् सत्यप्यावरणे ज्ञापयेयुरेवेन्द्रियादयः।न च तथा। तस्मात् तेनाऽऽधेयविशेषा इति गम्यन्ते। न खल्वेवं नित्यानां शब्दानां कस्मिंश्चित् सत्यतिशयहानिरुत्पत्तिर्वा। तद्यदि तेषां ज्ञानजननः स्वभावः सर्वस्य सर्वदा सर्वविषयाणि ज्ञानानि सकृज्जनयेयुः। नो चेन्न कदाचित् कस्यचित् किंचिदित्येकान्त एषः।

अश्रुतिर्विकलत्वाच्चेत् कस्यचित् सहकारिणः ।। २५३ ।।

स्यादेतत्—नावरणान्नित्यं सर्वे शब्दा न श्रूयन्तेऽपि तु किंचित्तेषां प्रतिपत्तौ सहकारि प्रतिनियतमस्ति। तत् कदाचिद्भवतीति तत्कृतमेषां कदाचित् क्वचिच्छ्रवणमिति ।। २५३ ।।

काममन्यप्रतीक्षास्तु नियमस्तु विरुध्यते ।

न वै वयं कारणानां सहकारीणि प्रतिक्षिपामः। किं त्वपेक्षन्त एव कारणानि तदवस्थोपकारिणम्, ततो लभ्यस्यातिशयस्य कार्योपयोगात्। तथा शब्दोऽपि यदि किंचिदपेक्ष्य कार्यं

म०

एकस्वभाव एव शब्दः, परं **कस्यचित् सहकारिणो** ज्ञानजनकस्य **वैकल्यादश्रुतिरिति चेत्।**

काममन्यस्य सहकारिण उपकारस्य **प्रतीक्षा**पेक्षण**मस्तु, नियमः** पूर्वापरैकस्वभावतावरणं तु शब्दानां **विरुध्यते**। न ह्येकस्वभावः परमपेक्षते चेति क्षमम्, उपकारकस्यापेक्षणीयत्वात्, उपकारान्तरस्य च स्वभावान्तरलक्षणत्वात्।

अपि च शब्दा अव्यापिनः, व्यापिनो वा स्युः। तत्र **यद्यव्यापिता, तेषां सर्वत्र** देशेऽ**नुपलम्भः स्यात्**। न ह्येकदेशस्थितः शैलः सर्वत्रोपलभ्यते। योग्यतातिशयलाभाद् व्यञ्जकेभ्यो दृश्यत एवेति चेत् एवं तर्हि सर्वैः सर्वदेशस्थैरुपलभ्येत ।। २५४ ।।

तथा व्यापिता यदि **सर्वेषां** शब्दानां **युगपदुपलम्भः स्यात्**, व्यापित्वात् सर्वेषां सर्वत्र भावात्।

अथ व्यापित्वेऽपि य एवाभिव्यक्त्या **संस्कृतः** स एवोपलभ्यते, नेतरः। **संस्कृतस्य चोपलम्भे च** स्वीक्रियमाणे नित्यत्वाद**विकारिणः कः संस्कर्ता** नाम? न ह्यनुपकुर्वन् संस्कर्ता, अनुपकार्यो वा संस्कार्यः ।। २५५ ।।

इन्द्रियस्य स्यात् संस्कारः श्रृणुयान्निखिलं च तत् ।
संस्कारभेदभिन्नत्वादेकार्थनियमो यदि ॥ २५६ ॥

स्व०

कुर्यात्, करोतु। पूर्वस्वभावनियत इत्येतन्न स्यात्, तस्य प्रच्युतेः, अपेक्षाच्च स्वभावान्तरप्रतिलम्भात्। न ह्यनुपकार्यपेक्ष्यते इत्युक्तमेतत्। तदुपकारस्य चार्थान्तरत्वे तस्येति सम्बन्धाऽभावादयोऽप्युक्ताः। तस्य चाज्ञेयत्वं उपकारादेव ज्ञानोत्पत्तेः।

तस्मादेष शब्दो नेन्द्रियं न सन्निकर्षं नात्मानमन्यद्वा किंचित् ज्ञानोत्पत्तिसमाश्रयं स्वज्ञानजननेऽपेक्षते, सर्वस्य तत्राऽकिंचित्करत्वात्।

अपि चैते शब्दा व्यापिनो वा स्युरव्यापिनो वा ?

सर्वत्रानुपलम्भः स्यात्तेषामव्यापिता यदि ॥ २५४ ॥

कथमेकदेशवर्तिनं तच्छून्यदेशस्थित उपलभेत ? अप्राप्तग्रहणपक्षेऽदोष इति चेत् न। तत्रापि योग्यदेशस्थितितारतम्यापेक्षणादयस्कान्तादिवत्। अन्यथा स्पष्टाऽस्पष्टश्रुतिभेदो न स्यात्। सति चोपलम्भप्रत्यये सर्वत्र देशे तुल्यमुपलभ्येरन्। तस्मान्नाऽव्यापिनः ॥ २५४ ॥

सर्वेषामुपलम्भः स्याद्युगपद्व्यापिता यदि ।

न हि कश्चिच्छब्दः क्वचिन्नास्तीति सर्वे युगपदुपलभेरन्। सर्वदेशस्थितैश्च योग्येन्द्रियत्वाद्विषयसन्निधानादप्रतिबन्धाच्च।

संस्कृतस्योपलम्भे च कः संस्कर्त्ताऽविकारिणः ॥ २५५ ॥

स्यादेतत्—सन्नपि न सर्वः शब्द उपलभ्यते सर्वेण संस्कृतस्य संस्कृतेनैवोपलम्भादिति। तत्र न संस्कृतस्योपलम्भोऽनाधेयविकारस्य संस्कारायोगात् ॥ २५५ ॥

इन्द्रिये स्याद्धि संस्कारः[1] श्रृणुयान्निखिलं च तत् ।

तत्र यदि संस्कृतेनोपलम्भ इत्यसंस्कृतेन्द्रियो नोपलभेत। यस्य संस्कार इन्द्रियस्य कृतः स सर्वशब्दान् युगपत् श्रृणुयादिति प्रसङ्गोऽनिवृत्त एव।

म०

अथेन्द्रियमनित्यत्वात् संस्कार्यम्, ततः संस्कृत एव पश्यति नान्य इति विभागः सत्यम्। **इन्द्रियस्य स्यात् संस्कारः**, किन्तु तदिन्द्रियं **निखिलं च** शब्दग्रामं शृणुयात्, न त्वेकशब्दम्।

संस्कारस्य शब्दविषयस्य **भेदात्** प्रतिनियमाद् **भिन्नत्वादि**न्द्रियसंस्काराणामेकस्मिन्नर्थे शब्दे **नियमः** श्रुतिर्यदीष्यते तदानेकशब्दसंघाते कलकले श्रुतिरनेकेषां शब्दानां कथं संस्कारप्रतिनियमादिन्द्रियं नानेकशब्दग्राहि स्यात्।

---

1. मनोरथः इन्द्रियस्य स्यात् संस्कारः।

अनेकशब्दसंघाते श्रुतिः कलकले कथम् ।
ध्वनयः केवलं तत्र श्रूयन्ते चेन्न वाचकाः ॥ २५७ ॥

ध्वनिभ्यो भिन्नमस्तीति श्रद्धेयमतिबह्विदम् ।
स्थितेष्वन्येषु शब्देषु श्रूयते वाचकः कथम् ॥ २५८ ॥

स्व०

संस्कारभेदाद्भिन्नत्वादेकार्थनियमो यदि ॥ २५६ ॥

अनेकशब्दसंघाते श्रुतिः कलकले कथम् ।

अथापि स्यात्—प्रतिनियताः संस्काराः शब्दानाम् । तत्र केनचित् संस्कृतमिन्द्रियं कस्यचिदेव ग्राहकमिति न युगपत् सर्वशब्दश्रुतिरिति । संस्कारविशेषात् श्रुतिनियमे इन्द्रियाणामनेकशब्दसंघातस्य कलकलस्य श्रुतिर्न स्यात् । न ह्येकः शब्द कलकलो नाम भिन्नस्वाभावानां युगपच्छ्रवणात् । स्वभावभेदाश्रयत्वाच्च भेदव्यवस्थितेः । लघुवृत्तेः सकृच्छ्रुतिर्भ्रान्तिरिति चेत् वंशादिस्वरधारायां गमकावयवोपसंहारात् संकुला प्रतिपत्तिः स्यात्।वक्ष्यते चात्र प्रतिषेधः । तस्मादेकगतिशक्तिप्रतिनियमादिन्द्रियस्याऽनेकात्मा कलकलो न श्रूयेत ।

ध्वनयः केवलं तत्र श्रूयन्ते चेन्न वाचकाः ॥ २५७ ॥

न वै कलकले वर्णपदवाक्यानि श्रूयन्ते । ध्वनीनामेव केवलानां श्रवणात् । वाचके च प्रतिनियतशक्तीन्द्रियं न ध्वनिषु । तत्र

ध्वनिभ्यो भिन्नमस्तीति श्रद्धेयमतिबह्विदम् ।

न हि वयं ध्वनिं शब्दं च वाचकं पृथग्रूपमुपलक्षयामः । एकमेवैकदा वर्णानुक्रमश्रवणे शब्दात्मानं व्यवस्यामः । तत् कथं व्यवसायपूर्वकं व्यवहारमध्यवस्यन्तः प्रवर्त्तयामः । तस्माद् ध्वनिविशेष एवायं वर्णाद्याख्यः ।

अपि च

स्थितेष्वन्येषु शब्देषु श्रूयते वाचकः कथम् ॥ २५८ ॥

म०

अथ **तत्र** कलकले **ध्वनयः** शब्दाव्यञ्जकाः **केवलं श्रूयन्ते, न वाचकाः** शब्दाः ॥२५६-२५७॥

ध्वनिभ्यः श्रूयमाणेभ्यो **भिन्नं** शब्दरूपमस्तीति यत्किञ्चिदिद**मतिश्रद्धेयम्** । श्रद्धावशाद् यद्येतदङ्गीक्रियते, न तु प्रमाणबलात् ।

किञ्च—कलकले ध्वनिमात्रं यदि श्रूयते, न शब्दः, तदा बहूनां व्याहर्तॄणां तूष्णीम्भावादन्येष्वप्येषु **शब्देषु स्थितेषु** एकस्मिन् पुरुषे व्याहरति कथं **वाचकः श्रूयते** ? कलकल इव ध्वनिमात्रश्रुतिस्तदापि स्यात् । अथ वाचकस्योपलब्धिप्रत्ययभावादुपलब्धिः तदा कलकलेऽपि स्याद्, विशेषाभावात् ॥ २५८ ॥

कथं वा शक्तिनियमाद् भिन्नध्वनिगतिर्भवेत् ।
ध्वनयः सम्मता यैस्ते दोषैः कैरप्यवाचकाः ॥ २५९ ॥

स्व०

न ध्वनिरतो भिन्नरूपस्तेन सह पृथग्वा। न हि प्रत्यक्षेऽर्थे परोपदेशो गरीयान् । तदयं स्थितेष्वन्येषु व्याहर्तृषु केवलमेव शब्दं श्रृण्वंस्तदुपलम्भप्रत्ययानां तदन्यनिष्पादने सामर्थ्याभावं प्रत्येति । यदि समर्थाः स्युस्तत्साधितं तदुपलभ्येत ।

तत्स्वभावा एव प्रत्ययाः कथं कलकलेऽर्थान्तरमारभेरन् ? न हि कारणाभेदे कार्यभेदो युक्तः, भेदस्याऽहेतुकत्वप्रसङ्गादित्युक्तम् । न च कलकले वाचका न श्रूयन्ते, पदवाक्यविच्छेदानामुपलक्षणात् ॥ २५८ ॥

कथं वा शक्तिनियमाद्भिन्नध्वनिगतिर्भवेत् ।

तानि प्रतिनियतशक्तीन्यपीन्द्रियाणि नानारूपान् प्रतिशब्दनियतान् ध्वनीन् श्रृण्वन्ति, न त्वेवं शब्दानिति कः शब्देष्वेषां निर्वेदः ?

यदुक्तम्— न ध्वनयो भेदेन वाचकेभ्यः सिद्धा इति । कथं न सिद्धाः ? वचनादर्थप्रतिपत्तेः । न हि ध्वनिभागादल्पीयसी प्रतीतिः । न च सोऽन्यं समेति । तदियं समस्तपदवाक्यरूपसाध्याऽर्थप्रतीतिरसमस्तभागेषु ध्वनिषु न संभवतीति सिद्धमक्रमसत्त्वं शब्दरूपं क्रमवद्भागश्च ध्वनिरिति ।

तन्न । अक्रमस्य क्रमवद्वर्णव्यतिरेकिणः प्रागेव निषिद्धत्वात् । अतिप्रसङ्गश्चैवम्—कर्मभागानां पूर्वेणाऽपरस्याप्रतिसंधानात्, एकांशाच्चाप्रतिपत्तेस्तद्व्यतिरेकी हस्तसंज्ञादिषु प्रतिपत्तिहेतुः समस्तरूपः कर्मात्माऽप्यभ्युपगम्यः स्यात् शब्दवदेव । क्रमभाविन एव तु यथास्वं करणप्रयोगात् भिन्ना वर्णभागाः, कर्मभागा वा क्रमेण विकल्पविषया यथासंकेतमर्थप्रतीतिं जनयन्तीति न्याय्यम् ।

किं च

ध्वनयः सम्मता यैस्ते दोषैः कैरप्यवाचकाः ॥ २५९ ॥

म०

यदि चेन्द्रियाणां संस्कारविशेषाच्छब्दविशेषोपलब्धिप्रतिनियमः, तदा **शक्तिनियमादि**न्द्रियाणां **कथं भिन्नध्वनिगतिर्भवेत्** ? शब्दविशेषवद् ध्वनिविशेषस्यैव ग्राहकमिन्द्रियं स्यात्, तत् कथं कलकलध्वनिप्रतीतिः ?

किञ्च—**यैः कैरपि दोषैर्ध्वनयोऽवाचकाः सम्मताः**, ते दोषा व्यज्यमानेऽपि वाचकेऽस्मिन् **कथं न भवन्ति** । तथा हि—यथा प्रत्येकमवाचकत्वाद्, वाचकत्वे वा ध्वन्यन्तरवैफल्यात् साहित्याभावाच्च ध्वनयोऽवाचकाः । तथा ध्वनिभिः प्रत्येकं वाचकानभिव्यक्तेरभिव्यक्तौ वा ध्वन्यन्तरे वैफल्यात् साहित्याभावाच्च नाभिव्यज्येत शब्दः । अनभिव्यक्तश्च कमर्थं प्रतिपादयेत् ?

ध्वनिभिर्व्यज्यमानेऽस्मिन् वाचकेऽपि कथं न ते ।
वर्णानुपूर्वी वाक्यं चेन्न वर्णानामभेदतः ॥ २६० ॥

स्व०

ध्वनिभिर्व्यज्यमानेऽस्मिन् वाचकेऽपि कथं न ते ।

क्रमोत्पादिभिर्ध्वनिभागैर्व्यक्तः किल वाचको वक्ति । तमपि ते नैव सकृत् प्रकाशयन्ति, क्रमभावात् । नाप्येक एव भागः, तदन्यवैयर्थ्यप्रसङ्गात्, एकवर्णभागकाले च समस्तरूपानुपलक्षणात् । तदयमप्रतिसंहितसकलोपलम्भो ध्वनिवदुपलम्भसाकल्यसंनिधानसाध्यमर्थं कथं साधयेत् ? को हि विशेषोऽत्यन्तानुपलम्भे सदसदतोरुपलम्भसाध्येष्वर्थेषु ? न च संनिधानमात्रेण साधनः, व्यक्त्यपेक्षणात् । सा चेयं क्रमभाविनी सदसतोस्तुल्योपयोगेति ध्वनिभिरशक्यसाधनं कार्यं तत्रापि तथेत्यलमन्येन । तस्मान्न वर्णेषु नापि वाक्येऽपौरुषेयता ।

वर्णानुपूर्वी वाक्यं चेत् न वर्णानामभेदतः ॥ २६० ॥

नार्थान्तरमेव शब्दरूपं वाक्यमपौरुषेयम् । किं तर्हि ? वर्णानुक्रमलक्षणं हि नो वाक्यम् । तदपौरुषेयं साध्यमिति चेत् न । वर्णानामानुपूर्व्या अभेदात् । नेयमर्थान्तरं वर्णेभ्यः, दृश्यायां विभागोपलम्भप्रसङ्गात् । अदृश्यायां ततोऽप्रतिपत्तेः, लिङ्गाभावात् । भेदवत्याश्चानुपूर्व्या अभावे वर्णमात्रमशिष्टं सर्वत्रेति पूर्ववत् प्रसङ्गः ॥ २६० ॥

तेषां च न व्यवस्थानं क्रमान्तरविरोधतः ।

यद्यकृतकानुपूर्वी वर्णानाम्, ते च न बहवः समानजातीयाः येन केचिद्व्यवस्थितक्रमाः स्युः, अन्ये यथेष्टपरावृत्तयः । किं तर्हि ? एक एव त्रैलोक्येऽकारस्तथा गकारः । तदाग्निरित्येव स्यान्न गगनमिति, अकारगकारयोः पूर्वापरभावस्य व्यवस्थितत्वात् । कृतकानामपि हेतुपरिणामनियमवतामशक्यः क्रमविपर्ययः कर्त्तुं यथा बीजाङ्कुरपत्रादीनाम्, ऋतुसंवत्सरादीनां च । किं पुनरचलिताऽवस्थाभावानामकृतकानां कथंचित् स्थितानाम्, पूर्वावस्थात्यागमन्तरेणान्यथाभावाऽयोगात् । त्यागे वा विनाशप्रसङ्गात् । विशेषेण नित्यायामानुपूर्व्याम् । तदेतत् प्रतिपदं वर्णान्यत्वे पूर्वोत्पादात्, वर्णबाहुल्याद्वा स्यात् । तच्चाऽनभिमतम् ।

म०

वर्णानामानुपूर्वी परिपाटिविशेषो **वाक्यम्** । तच्चोपलभ्यत एवेति **चेत् न, वर्णानामानुपूर्व्याया अभेदतः** । न हि वर्णेभ्यो भिन्ना आनुपूर्वी प्रतीतिविषयः । ततश्च वर्णा एव वाक्यमिति स्यात् । तेषां च लोकवेदयोर्न विशेष इति सर्वत्र प्रामाण्यम्, अथाप्रामाण्यम् वा स्यात् ॥ २५९-२६० ॥

अथ विशेषानुपूर्वीका वर्णा एव वेदवाक्यम्, नेतरः इत्याह—**तेषां च** वर्णानां **न व्यवस्थानं** क्रमनियमः । **क्रमान्तरस्य** लौकिकस्य **विरोधतः** । तथा हि वर्णवदानुपूर्वी नित्या । न च वर्णा बहवः सन्ति, समानजातीया वा, एकत्वाद् वर्णस्य । ततश्चाग्निरित्येवाकारगकारनकाराणामानु-

तेषां च न व्यवस्थानं क्रमान्तरविरोधतः ।
देशकालक्रमाभावो व्याप्तिनित्यत्ववर्णनात् ॥ २६१ ॥

अनित्याव्यापितायां च दोषः प्रागेव कीर्तितः ।
व्यक्तिक्रमोऽपि वाक्यं न नित्यव्यक्तिनिराकृतेः ॥ २६२ ॥

स्व०

अपि च

देशकालक्रमाभावो व्याप्तिनित्यत्ववर्णनात् ॥ २६१ ॥

सा चेयमानुपूर्वी वर्णानां देशकृता वा स्याद्यथा पिपीलिकानां पङ्क्तौ, कालकृता वा यथा बीजाङ्कुरादीनाम्। सा द्विविधाऽपि वर्णेषु न संभवति, व्याप्तेर्नित्यत्वाच्च । अन्योन्यदेशपरिहारेण वृत्तिर्हि देशपौर्वापर्यम्। तत्सर्वस्य सर्वेण तुल्यदेशत्वाद्वर्णेषु न संभवति, वातातपवदात्मादिवच्च । तथा कालपरिहारेण वृत्तिः कालपौर्वापर्यम् । यदैको नास्ति तदान्यस्य भावात् । तदपि नित्येषु न संभवति । सर्वदा सर्वस्य भावात्। न चान्या गतिरस्ति । तत्कथं वर्णपौर्वापर्यं वाक्यं यदपौरुषेयं साध्येत? ॥ २६१ ॥

अनित्याऽव्यापितायां च दोषः प्रागेव कीर्त्तितः ।

अथ मा भूदयं दोष इत्यनित्यान्, अव्यापिनश्च वर्णानिच्छेत् । तावपि पक्षौ प्रागेव निराकृतावित्यपरिहारः ।

व्यक्तिक्रमोऽपि वाक्यं न नित्यव्यक्तिनिराकृतेः ॥ २६२ ॥

न वर्णानां रूपानुपूर्वी वाक्यम् । किं तर्हि ? तद्व्यक्तेः । सा यथास्वं वर्णाभिव्यक्तिप्रत्ययक्रमाद्भवन्ती क्रमयोगिनीति तदानुपूर्वी वाक्यमित्यपि मिथ्या, तस्या नित्येषु प्रागेव निषिद्धत्वात् । कार्यताविशेष एव साक्षाच्छक्त्युपधानेन ज्ञानजननासमर्थानां व्यक्तिरित्याख्यातमेतत् ॥ २६२ ॥

म०

पूर्वीविशिष्टः स्यात्, नगमित्यन्यथा न भवेत् । कृतकानामपि बीजाङ्कुरपत्रादीनामृतुसंवत्सरादीनां विशिष्टानुपूर्वी नान्यथा भवति, किं पुनर्नित्यानाम् ?

सा चेयमानुपूर्वी वर्णानां **देश**कृता वा पिपीलिकानामिव पंक्तौ स्यात्, **काल**कृता वा बीजाङ्कुरादीनामिव । द्वयोरपि **देशकालक्रमयोरभावः** । वर्णानां **व्याप्तिनित्यत्वयोर्वर्णनाद्** अन्योन्यदेशपरिहारेण । वृत्तिर्हि देशपौर्वापर्यम्, तच्च सर्वगानामसम्भवी । तथान्योन्यकालपरिहारेण वृत्तिः कालपौर्वापर्यं च नित्यानामसम्भवि ॥ २६१ ॥

अथानुपूर्वीसमर्थनार्थमनित्यता व्यापितेष्यते । **अनित्याव्यापितायां च दोषः प्रागेव**[1] उक्तः।

---

1. PV 3.252.

व्यापारादेव तत्सिद्धेः करणानां च कार्यता।
स्वज्ञानेनान्यधीहेतुः सिद्धेऽर्थे व्यञ्जको मतः ॥ २६३ ॥

स्व०

व्यापारादेव तत्सिद्धेः करणानां च कार्यता।

यत् खलु रूपं यत एवोपलभ्यते, तस्य तदुपलब्धिनान्तरीयकामुपलब्धिमेवाश्रित्य लोकः कार्यतां प्रज्ञापयति। सा वर्णेऽप्यस्ति। सैव चान्यत्रापि। तदाश्रयो न विशेषः। तत् कथं तुल्येऽभ्युपगमनिबन्धने न वर्णाः कार्याः ?

न चैतदुपलब्ध्याश्रया कार्यतास्थितिः। किन्तर्हि यत्सत्येव भवतीति सत्ताश्रया। सा सत्ता कुतः सिद्धा, येन कार्यतां साधयेत् ? न ह्यसिद्धायामस्यामेवं भवतीति। तस्मात् सत्तासिद्धिस्तत्साधनी। सा चोपलब्धिरेव।

सत्यमेवं यदि तस्य प्राङ्न सत्ता सिद्धा स्यात्। सा हि सत्तासिद्धिः कार्यसिद्धिपूर्विका। ननु तद्रूपमसिद्धमेव यत् तथाभूतविज्ञानाव्यवधानोपयोगि। सिद्धमेव तदन्यवैकल्यान्नोपयुक्तमिति चेत् कथमिदानीमुपयुक्तानुपयुक्तयोरभेदः ? नापि भेदः शब्दस्वभावा संस्पर्शी, तस्यैवातिशयस्योपयोगसिद्धेस्तस्याकारणत्वप्रसङ्गात्। यस्यैव भावे साध्यसिद्धिः तदेव हि तत्रोपयोगि युक्तम्। तदतिशयोपयोगेऽप्यस्य तद्वत्प्रसङ्गः।

तस्मादतिशेत एवाऽव्यवहितसामर्थ्योपयोगोऽवस्थाभेदस्तदन्यम्। अनतिशयस्यापेक्षा प्रागेव निरस्ता।

स च करणव्यापारादेव सिद्ध इति सर्वकार्यतुल्यधर्मा। तस्य तादृशस्य व्यक्तौ सर्वं व्यङ्ग्यम्, न वा किञ्चिदपि, अविशेषात्।

तथाहि

स्वज्ञानेनान्यधीहेतुः सिद्धेऽर्थे व्यञ्जको मतः ॥ २६३ ॥

यथा दीपोऽन्यथा वापि को विशेषोऽस्य कारकात्।

स्वप्रतिपत्तिद्वारेणान्यप्रतिपत्तिहेतुर्लोके व्यञ्जकः सिद्धो दीपादिवत्, स चेत् प्राक् सिद्धः स्यात्। समानजातीयोपादानलक्षणसिद्धेनं तस्यैवातिशयस्य ज्ञानहेतोः, तस्य तत्सामग्रीप्रत्ययत्वात्।

म०

अनित्यत्वे पौरुषेयता, अव्यापित्वे च सर्वत्रोपलब्धिश्च न स्यात्। इति नित्यव्यापिनामपि शब्दानां व्यक्तेरभिव्यक्तेः प्रतिनियतदेशकालायाः **क्रमो वाक्यं न युक्तः, नित्यस्य व्यक्तिनिराकृतेः** ज्ञानोत्पादनहेतूनाम्[1] इत्यादिना ॥ २६२ ॥

---

1. PV 3.235.

यथा दीपोऽन्यथा वापि को विशेषोऽस्य कारकात् ।
करणानां समग्राणां व्यापारादुपलब्धितः ।। २६४ ।।

स्व०

ये पुनरसिद्धोपलम्भकाः कारका एव, कुलालादिवत् घटादौ ।

प्रत्यभिज्ञानादयोपि सिद्धिहेतवो न हेतुलक्षणम् पुष्णन्ति ।

यदपि किञ्चदुत्तरा अकारप्रतीतिः अप्रतीतेः पूर्वाऽभिन्नविषया तद्वदित्यादि, तदपि न स्वलक्षणयोरभेदसाधने समर्थम्, तत्स्वभावाऽसिद्धेः ।

सामान्येन वचने भिन्नविषयत्वस्याप्यविरोधः । एक विषययोश्च प्रतीत्योः पूर्वापरभावायोगात् । सन्निहितासन्निहितकारणत्वेनोत्पादानुत्पादात् । सन्निधानेऽप्यनुत्पन्नस्यातत्कारणत्वात् तयोर्भिन्नाखिलकारणत्वम् । तत्रैकाभेदेऽपि शक्तस्याप्रतीक्षणात् युक्तिविरुद्धं पूर्वापरयोः प्रतीत्योरेकविषयत्वम् । प्रतीतिप्रतिभासस्वभावभेदेऽपि नामसाम्यादेकविषयत्वमप्ययुक्तम्, घटादिष्वपि प्रसङ्गात् । तत्र दृष्टविरोधादसाधनत्वमिति चेत् इहापि विरोधाभावः केन सिद्धः ? यावत् तथाभिधेयतार्थभेदेन व्याप्तो न साध्यते तावत् सन्दिग्धो व्यतिरेकः । प्रतिकरणभेदं च भिन्नस्वभावः शब्दः श्रुतौ निविशमानो यदैकः साध्यते किन्न घटादयः ? तत्रापि शक्यमेवं व्यञ्जकभेदात् प्रतिभासभेद इति प्रत्यवस्थातुम् ।

करणानां समग्राणां व्यापाराद्युपलब्धितः ।। २६४ ।।

नियमेन च कार्यत्वं व्यञ्जके तदसम्भवात् ।

न हि कदाचिदव्यापृतेषु करणेषु शब्दानुपलब्धिः । न चावश्यं व्यञ्जकव्यापारोऽर्थमुपलम्भयति, क्वचित् प्रकाशेऽपि घटाद्यनुपलब्धेः ।

सेयं नियमेनोपलब्धिस्तद्व्यापाराच्छब्दस्य तदुद्भवे स्याद् । अकर्तुर्व्यापारेपि तत्सिध्ययौगात् व्यापिनित्यत्वादुपलम्भ इति चेत् न, क इदानीं घटादिषु समाश्वासः ? तेषां तथाऽनिष्टेरिति चेत् शब्दः किमिष्टः तत्समानधर्मा ? न चास्य कश्चिदतिशय इत्युक्तम् । प्रतिषिद्धे च व्यापिनित्यते ।

म०

तस्मात् **करणानां व्यापारादेव तेषां** वर्णानां **सिद्धेः कार्यतैषां** युक्ता, न व्यङ्ग्यता ।

किञ्च—**सिद्धे** विद्यमानेऽर्थे **स्वज्ञानेन** कारणेनान्यस्य ज्ञानहेतुर्व्यञ्जको मतः । **प्रदीपो घटस्य यथा ।**

अन्यथा वापीति यदि व्यङ्ग्यः प्राक् सिद्धो न भवेत्, तदास्य व्यञ्जकस्य **कारकाद्धेतोः को विशेषः**? न कश्चित् । अपूर्वप्रतिपत्तिहेतुत्वाविशेषात् ।

तथा—**करणानां समग्राणां व्यापारात् नियमेनोपलब्धितश्च कार्यत्वमेव** । वर्णानां **व्यञ्जके** दीपादौ **तस्य** व्यङ्ग्योपलब्धिनियमस्यासम्भवात् । न हि दीप इत्येव घटप्रतीतिः, करणसामग्र्यं तु कार्यमवश्यं भावयतीति करणसामग्र्ये नियतोपलम्भस्य कार्यतैव ।

नियमेन च कार्यत्वं व्यञ्जके तदसम्भवात् ।
तद्रूपावरणानां च व्यक्तिस्ते विगमो यदि ॥ २६५ ॥

अभावे करणग्रामसामर्थ्यं किं नु तद्भवेत् ।
शब्दाविशेषादन्येषामपि व्यक्तिः प्रसज्यते ॥ २६६ ॥

स्व०

घटादीनां व्यञ्जकान्तरसंभवाददोषः। प्रकाशो ह्येषां व्यञ्जकः सिद्धः । कुलालादीनां व्यञ्जकत्वे तादृशा एव स्फुरन्ति अतिशेरते च ततो व्यञ्जकातिशयात् कारका एव उपकारकस्य गत्यन्तराभावात् ।

तदेतत् शब्देष्वपि तुल्यम् । तत्रापीन्द्रिययोग्यदेशतादिभ्यः कारणानामतिशयात् घटादिकारकधर्मस्य च करणेषु दृष्टेः । तस्यैव प्रदीपादेर्विषयान्तरस्य च कस्यचित् व्यञ्जकान्तराभावात् । तत्कारणानि तेषां व्यञ्जकानि स्युः । तस्मान्न व्यक्तिः शब्दस्य । भवन्ती वा करणेभ्योतिशयवत्ता वा शब्दस्य व्यक्तिः, आवरणविगमः, विज्ञानं वा, गत्यन्तराभावात् । तत्र नातिशयोत्पत्तिरनित्यताप्रसङ्गात् । तस्याः पूर्वापररूपहान्युपजननलक्षणत्वात् ।

अथ

तद्रूपावरणानां च व्यक्तिस्ते विगमो यदि ॥२६५ ॥

अभावे करणग्रामसामर्थ्यं किं न तद् भवेत् ।

न ह्यावरणस्याकिञ्चित्कराणि समर्थानि नाम । विगमश्चाभावः । न चाभावः कार्य इति निवेदितमेतत् । नापि शब्दस्य नित्यस्य किञ्चिदावरणम्, असामर्थ्यादिति उक्तम् । तस्मान्नावरणे करणोपक्षेपः । नाप्येषामसामर्थ्यं तद्व्यापाराभावे शब्दानुपलब्धेः । अतो युक्तमेते यच्छब्दान् कुर्युः ।

अन्यथा

शब्दाऽविशेषादन्येषामपि व्यक्तिः प्रसज्यते ॥ २६६ ॥

म०

तेषां वर्णानां **रूपस्य** स्तिमितवायवीयावयवसंयोगरूपाणा**मावरणानां** प्रयत्नप्रेरितेन वायुना **विगमो** यदि **व्यक्तिस्ते मीमांस**कस्येष्टा, तदा पूर्वावस्थात्यागे नातिशयो न व्यक्तिः अनित्यत्वासक्तेः ॥ २६३-२६५ ॥

उपलम्भावरणविगमो वा शब्दालम्बनं ज्ञानं वा व्यक्तिः स्यादिति अत्राह— कार्यं व्यक्तिरशक्या, यस्मादावरणविगमे**ऽभावे** नीरूपे **करणग्रामस्य किं नु तत् सामर्थ्यं भवेत्** ? क्वचित् कर्त्तव्ये सामर्थ्यं स्यात्, न तु कर्त्तव्याभावे। यदि समस्तकार्यत्वसम्भवेऽपि **शब्दानां** न कार्यता,

तथाभ्युपगमे सर्वकारणानां निरर्थता ।
साधनं प्रत्यभिज्ञानं सत्प्रयोगादि यन्मतम् ॥ २६७ ॥

स्व०

तथाभ्युपगमे सर्वकारणानां[1] निरर्थता ।

यदि सर्वकारणसमानधर्मण्यपि कारणनि व्यञ्जकानि न किञ्चिदिदानीं कार्यं स्यात् । चैतद्युक्तं सर्वकारणानामानर्थक्यप्रसङ्गात् । वस्तुनोऽनाधेयविशेषत्वात् । आवरणाभावस्याऽकार्यत्वात् । वस्तुवदेव ज्ञानस्यापि सिद्धत्वात् । ज्ञानं प्रति कारकत्वे कस्यचित्तथाभूतानामन्येषामपि तथाभावप्रसङ्गेन सर्वस्य कार्यताप्रसङ्गात् ।

तस्मादयं कारकाभिमतोऽर्थकलापो न व्यक्तो, न क्रियायामिति व्यर्थ एव स्यात् । तथा चेदमनुपकार्योपकारकं निरीहं जगत् स्यात् ।

शब्दनित्यत्वे च

साधनं प्रत्यभिज्ञानं सत्प्रयोगादि यन्मतम् ॥२६७॥

अनुदाहरणं सर्वभावानां क्षणभङ्गतः ।

क्षणभङ्गिनो हि सर्वभावा विनाशस्याकारणत्वादित्युक्तम्, वक्ष्यते च। उत्पत्तिमन्तश्च परतः, सत्तायाः आकस्मिकत्वायोगात् । तन्नेदं प्रत्यभिज्ञानं सत्प्रयोगादिकं क्वचिदन्वेति स्थिरैकरूपे । अपरापरस्वभावपरावृत्तिष्वेव दीपादिषु दृष्टमिति विरुद्धमेव न। अभिन्नजन्मनः साधर्म्यविप्रलम्भात् भ्रान्त्या दीपादिषु भावात् । अभिन्नजन्मेति केनावष्टम्भेनोच्यते ? तस्यैवाभेदस्य सर्वत्र पौर्वापर्येण चिन्त्यत्वात्। तथा भेदस्यापीति चेत् तेनैव संशयोस्तु । न च संशयितात् सिद्धिः । विवेकादर्शनादेकत्वमिति चेत् न । ज्ञानपौर्वापर्येण सदसत्त्वसिद्धेः स्वभावविवेकसंभवात्। यद्यपराणि ज्ञानानि प्राक् संनिहितकारणानि पूर्वज्ञानवज्जातान्येव स्युः । अजातानि तु कारणवैकल्यं सूचयन्ति । समर्थस्य जननाद् । असमर्थस्यापि पुनः सामर्थ्याप्रतिलम्भात् । प्रतिलम्भे वा स्थैर्यायोगात् ।

तदयं सत्प्रयोग इत्यपि जननमेव, प्रयोक्तुः सामर्थ्यात्, स्वयं समर्थे तस्यानुपयोगात् । प्रयोग इत्यपीष्टसाधनसमर्थोत्पादनमेव । समानजातीयोपादानापेक्षमनपेक्षं वा वास्यादिप्रयोगवत् कर्मादिप्रयोगवच्च कथ्यते ।

म०

तदा **शब्दादविशेषादन्यव्यापारान्तरादुपलभ्यमानत्वनियमेनान्येषां घटादीनामपि व्यक्तिः प्रसज्येत,** कार्यता न स्यात् ॥ २६६ ॥

तथाभ्युपगमे च **सर्वेषां कारकाणां** व्यञ्जकाभिमतानां **निरर्थकता** । उत्पादकं हि कारणमिष्यते, न तु व्यञ्जकं शब्दानामिव ।

---

1. मनोरथः कारकाणां ।

अनुदाहरणं सर्वभावनां क्षणभङ्गतः ।
दूष्यः कुहेतुरन्योऽपि
बुद्धेरपुरुषाश्रये ॥ २६८ ॥

बाधाभ्युपेतप्रत्यक्षप्रतीतानुमितैः समम्
आनुपूर्व्याश्च वर्णेभ्यो भेदः स्फोटेन चिन्तितः ।ः २६९ ॥

स्व०

योऽपि मन्यते समक्षे प्रत्यभिज्ञानं प्रत्यक्षमेव । ततः प्रत्यक्षादेव स्थैर्यसिद्धिरिति तदप्युत्तरत्र निषेत्स्यामः ।

दूष्यः कुहेतुरन्योऽपि

नैव कश्चिद्धर्मो यः समानजातीयमन्वेति, सर्वधर्माणामेतदवस्थत्वात् । सर्वस्थैर्यप्रतिज्ञायाश्च यथाभिधानं युक्तिविरोधादन्येऽपि नित्यहेतवो वाच्यदोषाः ।

बुद्धेरपुरुषाश्रये ॥ २६८ ॥

बाधाभ्युपेतप्रत्यक्षप्रतीतानुमितैः समम् ।

यदि व्यक्तिर्बुद्धिस्तदानुपूर्वी वाक्यम् । तस्या अपौरुषेयत्वप्रसाधने बुद्धीनां पुरुषगुणत्वाभ्युपगमात् समयोऽस्य बाध्यते ।

प्रत्यक्षं खल्वप्येतद् यद् इमा बुद्धयः पुरुषसंख्यानेभ्यः पुरुषगुणेभ्यो वा मनस्कारादिभ्यो भवन्तीति । न च कार्यता नामान्या भावाभावविशेषाभ्याम् । स च भावः प्रत्यक्षः । अभावोप्यनुपलब्धिलक्षणः प्रत्यक्षसामर्थ्यसिद्ध इति वक्ष्यामः । तत एव पुरुषकार्यता बुद्धीनामनुमेयान्वयव्यतिरेकलिङ्गत्वादस्याः ।

किं च

अनुपूर्व्याश्च वर्णेभ्यो भेदः स्फोटेन चिन्तितः ॥ २६९ ॥

कल्पनारोपिता सा स्यात् कथं वाऽपुरुषाश्रया ।

म०

यच्च नित्यत्वसिद्धये वर्णानां **प्रत्यभिज्ञानं सत्प्रयोगः** आदिशब्दादुच्चार्यमाणत्वादि, **साधनं मतं**, सन्नेव हि प्रयुज्यते, यथा वास्यादि च्छिदायाम् । ततः प्रयोगात् प्रयोगेऽपि विद्यमानत्वाद् वर्णा नित्या एव। तद**नुदाहरणं** दृष्टान्तविकलम्, **सर्वेषां भावानां क्षणभङ्गतः** ।

अनयैव दिशा परैरुच्यमानः **कुहेतुरन्योऽपि दूष्यः** ।

अथ बुद्धिरभिव्यक्तिर्वर्णानाम्, सा च क्रमवती वाक्यमिष्टम्, तदा वाक्यस्यापौरुषेयत्वेनेष्टत्वाद् बुद्धिरपौरुषेयी स्यात् । तत्र **बुद्धेरपुरुषाश्रये** पुरुषानाश्रयणे **बाधा** । कैः इत्याह—**अभ्युपेतप्रत्यक्षप्रतीतानुमितैः समम्** एककालमेव बुद्धेरपुरुषाश्रयत्वस्याभ्युपेतेन पुरुषगुणत्वाभ्युपगमेन

कल्पनारोपिता सा स्यात् कथं वाऽपुरुषाश्रया।
सत्तामात्रानुबन्धित्वात् नाशस्यानित्यता ध्वनेः ॥ २७० ॥

अग्नेरर्थान्तरोत्पत्तौ भवेत् काष्ठस्य दर्शनम्।
अविनाशात् स एवास्य विनाश इति चेत् कथम् ॥ २७१ ॥

स्व०

वर्णव्यतिरेकाऽऽनुपूर्वी स्फोटविचारानुक्रमेणैव प्रतिविहिता। नापि सा वर्णस्वभावा वस्तुस्वभावस्य चैतद्विकल्पानतिक्रमात्। अतद्रूपेषु तद्रूपसामारोपप्रतिभासिन्याः बुद्धेरयं विभ्रमः स्यादानुपूर्वीति। सा च कथमपौरुषेयी बुद्धिविठपनप्रत्युपस्थानात्।अपि चात्यन्तिकस्य कस्यचित् स्वभावस्याभावात् भवता ध्वनिना नात्यन्तिकेन भवितव्यम्। स चाहेतुकोऽन्यहेतुको वा नित्यं भवेत् न च पुरुषव्यापारात्। तस्मात् पौरुषेयः।

कथमिदं गम्यते अनात्यन्तिको ध्वनिरन्यो वा भाव इति ?

सत्तामात्रानुबन्धित्वान्नाशस्याऽनित्यता ध्वनेः ॥ २७० ॥

न हि नाशो भावानां कुतश्चिद्भवति। तद्भावस्वभावो भवेत्, भावस्यैव स्वहेतुभ्यः तद्धर्मणो भावात्। न च भावविशेषस्वभावः, तस्य निषेत्स्यमानत्वात्। तस्माद्भावमात्रः स्वभावः स्यात्। तेन शब्दोऽन्यो वा सत्ताभाजनः सर्व एव भावोऽनात्यन्तिक इति सिद्धं भवति ॥ २७० ॥

म०

प्रत्यक्षप्रतीतेन च पुरुषकार्यत्वेन, तत्प्रयत्नकार्यत्वेन वा कादाचित्कत्वानुमितेन कार्यत्वेन च बाधा।

वर्णानामानुपूर्वी वाक्यं स्याद् इत्याह—**वर्णेभ्य आनुपूर्व्या भेदश्च स्फोटेन** चिन्तितेन एकत्वेऽपि ह्यभिन्नस्य क्रमशः[1]इत्यादिना **चिन्तितः**। न हि वर्णेभ्यो व्यतिरिक्ता आनुपूर्वी काचिदुपलभ्यते। अभेदपक्षे च सरो रस इत्यादौ प्रतिपत्तेर्भेदाभावप्रसङ्गः, प्रकारान्तरस्य चाभावः ॥ २६७-२६९ ॥

तस्माद् वस्तुभूतानुपूर्व्या योगात् **कल्पनारोपिता सा स्यात्**। तथा चापुरुषाश्रया कथमुच्यते।

कथं पुनरवगम्यते ध्वनिरवश्यमनित्यः इत्याह—**सत्तामात्रानुबन्धित्वान्नाशस्य ध्वनेरनित्यता** न खल्वसतामन्यस्मान्नाशोत्पत्तिः, स्वहेतोरेव तु विनश्वरस्वभावतयोत्पन्ना भावा विनश्यन्ति। विनाशो हि क्रियमाणो भावाद् व्यतिरिक्तो वा भवेत्। अव्यतिरेकपक्षे भाव एव क्रियत इति स्यात्। तच्चाशक्यक्रियम्, उत्पन्नत्वात् ॥ २७० ॥

---

1. PV 3.252.

अन्योऽन्यस्य विनाशोऽस्तु काष्ठं कस्मान्न दृश्यते।
तत्परिग्रहतश्चेन्न तेनानावरणं यतः ॥ २७२ ॥

स्व०

न सिद्धम्, तस्यैव नाशस्यापरजन्मासिद्धेः तथाह्यग्निना काष्ठं दण्डेन घट इति विनाशहेतवो भावानां दृश्यन्ते। अन्वयव्यतिरेकानुविधानं हेतुहेतुमतोर्लक्षणमाहुः। न पूर्वस्य स्वरसनिरोधेऽन्यस्य विशिष्टप्रत्ययाश्रयेण विकृतस्योत्पत्तेः।

अस्तु वाग्निः काष्ठविनाशहेतुः। स विनाशोऽग्निजन्मा किं काष्ठमेवाहोस्विदर्थान्तरम्?

अग्नेरर्थान्तरोत्पत्तौ भवेत् काष्ठस्य दर्शनम्।

अविनाशात्

किमित्यर्थान्तरादर्थान्तरजन्मनि काष्ठमभूतं नाम, न दृश्यते वा? अतिप्रसङ्गो ह्येवं स्यात्।

स एवास्य विनाश इति चेत्

यदि स एवार्थोऽग्निजन्मा भावस्तदिदमभूतत्वान्न दृश्यत इति। भवतु तस्येदं नामाऽभाव इति।

तथापि

कथम् ॥ २७१ ॥

अन्योऽन्यस्य विनाशः

न हि कस्यचिदर्थस्य नामकरणमात्रेण काष्ठं न दृश्यत इत्युक्तम्, न चान्योऽन्यस्य विनाशोऽतिप्रसङ्गात्, विशेषाभावात्तस्यार्थान्तरत्वेन वस्तुभूतस्य तदन्येभ्यः। काष्ठेऽग्निकृतः स्वभावो विनाशो न सर्व इति चेत् काष्ठ इति कः संबन्धः? आश्रयाश्रयिसंबन्धश्चेत् न। तस्य निषेत्स्यमानत्वात्। जन्यजनकभावश्चेत् अग्नेरिति किम्? काष्ठादेव भावात्। तदपेक्षादुत्पत्तेरदोष इति चेत् अनतिशयलाभिनः कापेक्षा? लाभे वा अपरकाष्ठजन्म स्यात्। पूर्वं त्वप्रच्युतिकारणं तथैव दृश्येत। ततएवाग्नेः पूर्वविनाश इति चेत् कः पूर्वेणास्य संबन्ध इति स एव प्रसङ्गोऽपर्यवसानश्च।

म०

व्यतिरेकेऽप्यग्नेः सकाशात् **अर्थान्तरस्य** विनाशाख्यस्योत्पत्तौ **काष्ठस्य दर्शनं भवेद्, अविनाशात्।**

स एवाग्निजन्माऽर्थो**ऽस्य विनाश**स्तेनादर्शनमिति **चेत्** कथमन्योऽर्थोऽन्यस्य विनाशो युक्तः। एवं ह्यतिप्रसङ्गः स्यात्। काष्ठेऽग्निकृतः स्वभावः, विनाशो न सर्व इति चेत् काष्ठविनाशयोः कः सम्बन्धः? नाश्रयाश्रयिभावः। निषेत्स्यमानत्वात्। कार्यकारणभावश्चेत् अग्नेरपि स विनाशः स्यात्, तस्यापि कार्यत्वात्। तस्मान्न भावान्तरमर्थस्य नाशः। अस्तु वा नाशः, **काष्ठं** चेद् अप्रच्युतप्राचीनस्वभावं **कस्मान्न दृश्यते**?

विनाशस्य विनाशित्वम्
स्यादुत्पत्तेस्ततः पुनः ।
काष्ठस्य दर्शनम्
हन्तृघाते चैत्रापुनर्भवः ॥ २७३ ॥

स्व०

तदवश्यं विनाशसंबन्धयोग्यमुत्तरमतिशयं प्रत्युपकुर्वाणोऽग्निरपूर्वमेव जनयतीति पूर्वं तदवस्थं दृश्येत । काष्ठविनाश इति च काष्ठाभाव उच्यते । न चाभावः कार्यस्तत्कारी वा कारक एवेत्यनपेक्षणीय इत्युक्तम् । स्वभावाभावस्य ततो भेदे निवर्त्तमानस्य भावस्य स्वभाव एव समर्थितः स्यादिति कथमभूतो नाम ।

तस्मान्नान्योन्यस्य विनाशः ।

अस्तु काष्ठं कस्मान्न दृश्यते ।

कोऽयमर्थान्तरभावकाष्ठदर्शनयोर्विरोधः ?

तत्परिग्रहतश्चेन्न तेनाऽनावरणं यतः ॥ २७२ ॥

यदि तेनार्थान्तरेण परिगृहीतमिति काष्ठं न दृश्येत, तत्काष्ठस्यावरणमित्यापन्नम् । न चैतद्युक्तम्, आवरणं हि दर्शनं बध्नीयान्नाभिघातादीनि द्रव्यसामर्थ्यानि । सर्वप्रतिबन्धे च नन्वनेनैव द्रव्यं विनाशितं स्यात्, सर्वशक्तिप्रच्यावनात्, पुनस्तत्राप्यग्नाविव प्रसङ्गाद् अनवस्था । अप्रच्युतेषु चास्याभिघातसामर्थ्यादिषु सता वा तेनान्येन किं विनाशितम् ?

म०

ननु योऽसावर्थान्तरस्वभावो वह्निकृतः स काष्ठस्य नाशो नाशरूपतया प्रतीतेः । विनाशश्चाभावः, यश्चाभावः स काष्ठविरोधिरूप एव क्रियते । न चायमर्थान्तरत्वाद् घटवद् विरोधिरूपतया कर्तुमशक्यः । न हि घटवदर्थान्तरत्वात् धूमोऽग्निकार्यो न भवति । तस्माद् यथार्थान्तररूपोऽपि धूमोऽग्निना क्रियते । तथा विरोधिरूपोऽपि विनाशीक्रियेत । ययोश्च परस्परपरिहारेण विरोधः, तयोरेकभाव एवापरस्परस्यादर्शनमिति कथमग्निकृतस्यार्थान्तरस्य विनाशसंज्ञितस्य विरोधिनो भावे काष्ठस्य दर्शनमुच्यते ?

अत्रोच्यते—योऽसावर्थान्तरस्वभावो नाशस्तेन सह काष्ठस्य को विरोधः ? यदि सहानवस्थानलक्षणः, सम्भाव्यत एव, तद्भावयोर्निवर्त्यनिवर्त्तकभावदर्शनादग्निशीतयोरिव । किन्तु भावान्तरस्य यदि काष्ठविनाशकत्वम्, स च नाशः किमर्थान्तरनिवृत्तिः ? अर्थान्तरत्वे तुल्यः प्रसङ्गः । निवृत्तिश्च निःस्वभावा, न तत्र हेतुव्यापार इति वक्ष्यते । परस्परपरिहारस्थितिलक्षणश्चेद् विरोधः, एवमप्यतिप्रसङ्गः । यथा काष्ठाद् भिन्नमभिमतपदार्थान्तरम्, तथान्यदपि घटादिकमिति तदपि काष्ठस्य विनाशः स्यात् ।

ननु य एव काष्ठस्य नाशरूपतया विरोधिरूपतया च स्वहेतुभिः क्रियते स एव नाशः, न तु यः कश्चिदर्थं इति कथमतिप्रसक्तिः ? तदप्ययुक्तम् । परस्परपरिहारेण हि विरोधी नाश इष्टः, स च परस्परपरिहारोऽभिमतपदार्थवद् घटादीनामपीति न विशेषः । अथ य एव काष्ठ-

यथात्राप्येवमिति चेत् हन्तुर्नामरणत्वतः ।
अनन्यत्वे विनाशस्य स्यान्नाशः काष्ठमेव तु ॥ २७४ ॥

स्व०

यदि चाग्निसमुद्भवस्य विनाशाख्यस्यार्थस्य परिग्रहात् काष्ठं न दृष्टम्

विनाशस्य विनाशित्वं स्यादुत्पत्तेस्ततः पुनः ।

काष्ठस्य दर्शनं

अवश्यं ह्युत्पत्तिमता विनाशेन विनष्टव्यम् । तस्मिन् विनष्टे पुनः काष्ठादीनामुन्मज्जनं स्यात् ।

हन्तृघाते चैत्रापुनर्भवः ॥ २७३ ॥

यथाऽत्राप्येवमिति चेत् हन्तुर्नाऽमरणत्वतः ।

विनाशस्य विनाशेऽपि न वस्तुनः प्रत्यापत्तिः । न हि हन्तरि हते तद्धतः प्रत्युज्जीवतीति चेत् न। हन्तुस्तद्घातहेतुत्वात् । न ब्रूमो विनाशहेतोरग्निदण्डादेर्निवृत्तौ भावेन भवितव्यमिति । किं तर्हि भावाभावस्यात्यन्तानुपलब्धिलक्षणस्य । तन्निवृत्तौ काऽन्या गतिः स्वभावस्थितेः ? हन्ता हि चैत्रस्य न नाशकल्पः । किं तर्हि? दण्डादिकल्पः । नाशकल्पं ह्यस्य मरणं तन्निवृत्तौ स्यादेवास्य पुनर्भावः ।

अनन्यत्वेऽपि नाशस्य स्यान्नाशः काष्ठमेव तु ॥ २७४ ॥

म०

निवृत्तिरूपः स एव तन्नाशः, नान्यः । किमिदं निवृत्तिरूपत्वं काष्ठादन्यत्वम्, निवृत्तिमात्रात्मकत्वं वा ? अन्यत्वं चेत्, तदितरस्यापि समानम् । निवृत्तिमात्रात्मकत्वं च भावान्तरस्यायुक्तम्, स्वभावाविशेषवत्त्वात्। यदुत्पत्तौ यन्निवृत्तिः स विरोधी नाशश्चेति चेत् अन्या तर्हि विनाशान्निवृत्तिः । तत्र च समानः सर्व एव प्रसङ्गः । तस्मात् काष्ठं स्वरसनिरोधितया निवर्त्ततेऽग्निकाष्ठादिसामग्र्यास्त्वङ्गारादिकं जायत इति युक्तम् । अर्थान्तरस्वभावे तु सति नाशे काष्ठं कस्मान्न दृश्यत इत्यनिवार्यः प्रसङ्गः ।

तेन विनाशाख्येन भावान्तरेण **परिग्रहतो**ऽवष्टब्धत्वात् काष्ठादर्शनमिति **चेत् न तेन भावान्तरेण काष्ठास्यानावरणं यतस्ततः** काष्ठस्यापरिग्रहः ॥२७२॥

न हि नाशो वस्त्वावरणम्, अविनाशित्वप्रसङ्गात् । न च पूर्वापरैकस्वभावस्यावरणं युक्तमित्युक्तम् ।

किञ्च—भावान्तरभूतस्य नाशस्य यद्युत्पत्तिरिष्यते, तदोत्पत्तिलिङ्गात् **विनाशित्वं नाशस्य स्यात्**, घटादिवत् । **ततः** काष्ठनाशस्य नाशात् **पुनः काष्ठदर्शनं** भवेत् ।

ननु चैत्रस्य **हन्तुर्व्याघाते कृते चैत्रस्य पुनर्भवो नास्ति यथा**, तथात्रापि काष्ठनाशनिवृत्त्या न काष्ठपुनर्भाव इति **चेत् न हन्तुरमरणत्वतः** । न हि हन्ता मरणं चैत्रस्य, किन्त्वन्य एवेन्द्रि-

तस्य तत्त्वादहेतुत्वं नातोऽन्या विद्यते गतिः ।
अहेतुत्वेऽपि नाशस्य नित्यत्वाद् भावनाशयोः ॥ २७५ ॥

सहभावप्रसङ्गश्चेदसतो नित्यता कुतः ।
असत्त्वेऽभावनाशित्वप्रसङ्गोऽपि न युज्यते ॥ २७६ ॥

स्व०

तस्य सत्त्वादहेतुत्वं नातोऽन्या विद्यते गतिः ।

अनर्थान्तरभूतो विनाश काष्ठात् । तदेव तद्भवति । तच्च प्रागेवास्तीति किमत्र सामर्थ्यं वह्न्यादीनाम् ? तस्मात्तदनुपकारात्तेन नापेक्ष्यन्ते कथंचित्, नाप्यस्येदमिति संबन्धमर्हति, तस्योपकारनिबन्धनत्वात् । अन्यथाऽतिप्रसङ्गः स्यात् ।

पारम्पर्येणोपकारेऽप्यवश्यमयं विकल्पोऽन्वेति । स किमुपकारोऽर्थान्तरमाहोस्वित्तदेवेति तदर्थान्तरत्वेऽपि तस्येति पुनरुपकारकत्वादिपर्यनुयोगस्तदवस्थः । तथाऽनन्यत्वेऽपि । तस्मात् सतो रूपस्य तत्त्वान्यत्वाव्यतिक्रमात् । उपकारोत्पादनस्य च रूपनिष्पादनलक्षणत्वात् । तदतत्क्रियाविकलो न कर्त्तेवेति न कस्यचिद्धेतुरहेतुश्च नापेक्षते । तस्मात् स्वयमयं भावस्तत्स्वभाव इति सिद्धम् ।

अहेतुत्वेऽपि नाशस्य नित्यत्वाद् भावनाशयोः ॥ २७५ ॥

सहभावप्रसङ्गश्चेदसतो नित्यता कुतः ।

स्यादेतद्—यस्यापि विनाशोऽहेतुकः सोऽवश्यं नित्य इति भावस्तदभावलक्षणो विनाशश्च सह स्यातामिति न । तस्य नित्यानित्यधर्मायोगात् । न ह्यसत्ययं विकल्पः संभवति । तयोर्वस्तुधर्मत्वात् । विनाशस्य चाकिंचित्त्वात् ।भवतो हि केनचित् सहभावः स्यात्। न च विनाशो भवति । तस्माददोषः ।

असत्त्वे भावनाशित्वप्रसङ्गोऽपि न युज्यते ॥ २७६ ॥

यस्माद् भावस्य नाशेन[1] न विनाशनमिष्यते ।

म०

यायुर्निरोधः येन हन्तृमरणे न चैत्रपुनरुज्जीवनप्रसङ्गः । यदि त्विन्द्रियादिनिरोधनिवृत्तिः स्यात्, स्यादेवोज्जीवनम् । तच्च त्वन्मते प्राप्तम्, निरोधस्योत्पत्तिभावयोरिष्टत्वात् ।

अथ न भावाद्भिन्नो नाशः, किं तर्हि अभिन्नः । **अनन्यत्वे विनाशस्य नाशः काष्ठमेव तु स्यात्, तस्य** काष्ठस्याग्निसन्निधानात् प्रागेव **सत्त्वादहेतुत्वं** नाशकाभिमतस्य । **नातो** भेदाभेदप्रकारा**दन्या गति**रुत्पत्तिमतोऽस्ति। द्विधापि च नाशहेत्वयोगः ।

---

1. मनोरथः नाशेन यस्माद् भावस्य ।

नाशेन यस्माद् भावस्य न विनाशनमिष्यते।
नश्यन् भावोऽपरापेक्ष इति तज्ज्ञापनाय सा ॥ २७७ ॥

अवस्था हेतुरुक्तास्या भेदमारोप्य चेतसा।
स्वतोऽपि भावेऽभावस्य विकल्पश्चेदयं समः ॥ २७८ ॥

स्व०

कथमसन् विनाशो भावं नाशयेदतोऽविनाशी भावः स्यादित्यप्रसङ्ग एव। विनाशाद् भावनाशाऽनभ्युपगमात्। यो हि विनाश इति किञ्चिन्नेत्याह स कथं ततो भावनाशमिच्छेत्?

कथमिदानीमसति नाशे भावो नष्टो नाम? नाऽसद्विनाशा नष्टा गण्यन्ते प्रत्युत्पन्नावस्थायाम्। न हि यो येनाऽतद्वान् स तेन तथा व्यपदिश्यते, प्रतीयते वा। यथाऽश्वो विषाणेन। न वै विनाशो नास्त्येव। स तु नास्ति यो भावस्य भवेत्। भाव एव क्षणस्थितिधर्मा विनाशः। तमस्य स्वभावमुत्तरकालं विभावयन्तो नाशोऽस्य भूत इति यथाप्रतीति व्यपदिश्यन्तीत्युक्तम्। न हि भावस्य किञ्चित् कदाचिद् भवति। स एव केवलं स्वहेतुभ्यस्तथाभूतो भवति। तन्न केनचिद् भवता स नष्टः। किं तर्हि स्वभाव एवास्य येन स नष्टो नाम।

कथं तर्हीदानीमहेतुको विनाशो भवतीत्युच्यते?

नश्यन् भावोऽपरापेक्ष इति तज्ज्ञापनाय सा ॥ २७७ ॥

अवस्थाहेतुरुक्तास्या भेदमारोप्य चेतसा।

न जातो भावो परस्मान्नाशं प्रतिलभेत, तथाभूतस्यैव स्वयं जातेरित्यपरापेक्षधर्मप्रतिषेधार्थं तत्स्वभावज्ञापनेनार्थान्तरमिव धर्मिणो धर्मं चेतसा विभज्य तन्मात्रजिज्ञासायां स्वभाव एव तथोच्यते। तदेतन्मन्दबुद्धयः क्वचित्तथादर्शनाद् घोषमात्रविप्रलब्धा नाशं गुणम्, तस्य च भावमारोप्य सहेतुकमहेतुकं वा प्रतिष्ठिततत्त्वया भावचिन्तयाऽऽत्मानमाकुलयन्ति।

स्वतोऽपि भावेऽभावस्य विकल्पश्चेदयं समः ॥ २७८ ॥

म०

अहेतुत्वेऽपि नाशस्य नित्यत्वादाकाशादिवत् **भावनाशयोरन्योन्याभावस्वभावयोः सहभावप्रसङ्गश्चेत्** ननु नाशस्यासतो नीरूपत्वान्नित्यता **कुतः**? वस्तु हि नित्यमनित्यं वा स्यात्। यत्तु न किञ्चित् तत् कथमुच्यताम्।

अतश्चानित्यत्वादसत्त्वे नाशस्याभावनाशित्वस्य **प्रसङ्गोऽपि न युज्यते। यस्माद् भावस्य** काष्ठादेर्नाशेन हेतुना **नाशनं नेष्यते**। यदि हि नाशेन नाशः क्रियते इतीष्यते, तदा नाशाभावे वस्तुनाशो न स्यात्, किन्तु स्वहेतुत एव भावा एकक्षणस्थितिधर्माण उत्पन्ना द्वितीये क्षणे न भवन्ति, न तु नाम कश्चिद् भवति, यस्य नित्यत्वानित्यत्वयोर्दोषावकाशः।

कथं तर्हीदानीमहेतुको नाशो भवतीत्युच्यते इत्याह—**नश्यन् भाव** एव क्षणस्थितिधर्मतया स्वहेतोरुत्पत्तेर्द्वितीये क्षणे भवन्नपरापेक्षः कारणान्तरनिरपेक्ष **इति तस्य** कारणान्तरानपेक्षना-

न तस्य किञ्चिद् भवति न भवत्येव केवलम् ।
भावे ह्येष विकल्पः स्याद् विधेर्वस्त्वनुरोधतः ॥ २७९ ॥

स्व०

नन्वपरभावित्वेऽपि विनाशस्य स्वत एव भावस्य भवताऽयं तत्त्वान्यत्वविकल्पस्तुल्यः । तदा किमर्थान्तरभावे भावो न दृश्यते । अनर्थान्तरत्वेपि तदेव तद्भवति । तन्न किंचिदस्य जातमिति कथं विनष्टो नाम ?

नन्वत्र

न तस्य किंचिद्भवति न भवत्येव केवलम् ।

इत्युक्तम् ।

न ह्ययं विनाशोऽन्यो वा कश्चिद्भावस्य भवतीत्याह । किं तर्हि स एव भावो न भवति । यदि हि कस्यचिद्भावं ब्रूयान्न भावोऽनेन निर्वर्त्तितः स्यात् । तथा च भावनिवृत्तौ प्रस्तुताया-मप्रस्तुतमेवोक्तं स्यात् । न हि कस्यचिद्भावेन भावो न भूतो नाम । तदा न भूतो यदि स्वयं न भवेत् । न भवतीति च प्रसज्यप्रतिषेध एष न पर्युदासः । अन्यथेहापि कस्यचिद्भावे न प्रतिषे-धपर्युदासयो रूपभेदः स्यात् । उभयत्रापि विधेः प्राधान्यात् । एवं चाप्रतिषेधात् कस्यचित् पर्युदा-सोऽपि क्वचिन्न स्यात् । यदि हि किंचिन्निवर्त्तेत यदा तद्व्यतिरेकि संस्पृश्येत तत्पर्युदासेन । तच्च नास्ति, सर्वत्र निवृत्तिर्भवतीत्युक्ते कस्यचिद्भावस्यैव प्रतीतेः । तथाऽनेनार्थान्तरभाव एवोक्तः स्यात् । न तयोः परस्परं विवेकः । अविवेके च पर्युदासः तदेवं व्यतिरेकाऽभावादन्वयोऽपि न स्यात्, तस्यैकस्वभावस्थितिलक्षणत्वात् । तत्स्थितिश्च तदन्यव्यतिरेके सति स्यात् । स च नास्तीत्यप्रवृत्तिनिवृत्तिकं जगत् स्यात् । तस्माद्यस्य नाशो भवतीत्युच्यते स स्वयमेव न भवतीत्युक्तं स्यात् । न वै घोषसाम्याद्विषयान्तरदृष्टो विधिः सर्वत्र योजनामर्हति । न हि गर्दभ इति नामकरणा-द्वालेयधर्मा मनुष्येऽपि योज्याः । तथा न चैत्रस्य पुत्रो भवतीत्यत्र दृष्टो विधिर्विनाशेऽपि, विरोधात् । एवं चाभिधानेऽपि प्रयोजनमावेदितमेव ।

अतो

भावे ह्येष विकल्पः स्याद्विधेर्वस्त्वनुरोधतः ॥ २७९ ॥

म०

शित्वस्य **ज्ञापनाय सा** भावानामवस्थाहेतुरुक्ता । अहेतुको विनाशो भवति इत्यादिवचसैवास्या **अवस्थाया** धर्मिणः सकाशात् भेदान्तरप्रतिक्षेपेण **चेतसा** विकल्पकेन **भेदमारोप्य** । न तु वस्तुतो नाशो नाम कश्चित् भावाद् भिन्नस्वभावो भवति ।

स्वतोऽप्यभावस्य भावेऽन्यत्वान्यत्वविकल्पः समश्चेत् । तथा हि—यदि भावाद् भिन्नोऽप्य-भावो ज्ञातो भावः किमिति न दृश्यते, अभेदे तु भाव एव नाश इति कथं नष्टः ? ॥२७८॥

अत्राह—**न तस्य** भावस्य **किञ्चिद्** विनाशोऽन्यो वा **भवति** । किं तर्हि **स एव केवलं न भवति**, व्यवहर्त्तव्यैकरूपत्वात् तस्य । तत्र च भेदाभेदविकल्पानवतारः ।

न भावो भवतीत्युक्तमभावो भवतीति न।
अपेक्ष्येत परः कार्यं यदि विद्येत किञ्चन ॥ २८० ॥

स्व०

भावोऽवश्यं भवन्तमपेक्षते । स च स्वभाव एव, निःस्वभावस्य क्वचिद्व्यापारे समावेशाभावात् । व्यापार इति हि तथाभूतस्वभावोत्पत्तिः। सा निःस्वभावस्य कथं स्यात् ? कथमिदानीं भवत्यभावः शशविषाणमित्यादिव्यवहारः ? न वै शशविषाणं किञ्चिद्भवतीत्युच्यतेऽपि त्वेवमस्य न भवतीति भावप्रतिषेध एव क्रियते ।

अपि च व्यवहर्त्तारः एतदेवं व्यापारवदिव समारोप्यादर्शयन्ति प्रकरणेन केनचित् । न तु तथा। सर्वार्थविवेचनं हि तत्र तत्त्वम्। न कस्यचित् समावेशः। न खल्वेवं विनाशः, वस्तुनि तदभावात् । असावपि यदि वक्तृभिरेवं ख्याप्यते न तु स्वयं तथा, तदा न भवतीतीष्टमेतत्। तस्मात् स्वयं भवन् स्वभावो विकल्पं नातिवर्त्तते तत्त्वमन्यत्वमिति ॥ २७९ ॥

अतत्त्वमेव स्वभावस्यान्यत्वमिति । न हि रूपरसयोरप्यन्यदेव परस्परमन्यत्वम्। स्वभावाप्रतिबन्धोऽन्यत्वमिति चेत् कोऽयं प्रतिबन्धो नाम येन स च न स्यात्, नान्यस्वभावश्च । जन्मेति चेत् सर्वकारणानां परस्परमवाच्यता स्यात् । तथा च सर्वः सर्वस्य कथञ्चिदुपयोगीति न कश्चित् कुतश्चिदन्यः स्यात् । एवं चाऽवाच्यतेत्यपि कार्यकारणभाव एव शब्दान्तरेणोक्तः स्यान्नार्थभेदः । स्वभावाऽननुगमं त्वन्यत्वं ब्रूमः। स स्वभाववतां परस्परमस्त्येवेत्यन्यत्वमेव । न च तज्जन्मलक्षणात् स्वभावप्रतिबन्धादन्यः प्रतिबन्धो नाम, अनायत्तस्य व्यभिचाराविरोधात् । ततो धर्मभेदाच्चान्यत्वम् ।

ज्ञानकृतः प्रतिबन्ध इति चेत् स्यादेतत्—यत्प्रतिपत्तिनान्तरीयकं यज्ज्ञानं तद्गतो नियमेन तत्प्रतिभासनात् तदतद्रूपमप्यवाच्यमिति न । तस्य निःस्वभावत्वात् स्वयम्। स एव हि तस्य स्वभावो यः प्रतिभाति । स्वभावत्वे तद्वत् प्रतिभासनप्रसङ्गात् । अप्रतिभासमानस्य च दृश्यस्याभावात् । अदृश्यत्वेऽपि न तद्रूपं ज्ञानमिति कस्य किमायत्ता प्रतीतिः । न च यद्यदायत्तप्रतीतिकं तस्य स्वभावप्रतिभास एव नश्यति । प्रकाशायत्तप्रतीतीनामिव नीलादीनाम् । का वा तस्यार्थस्य प्रत्यासत्तिस्तत्र यत्तस्मिन्ननात्मरूपे प्रतीयमाने स स्वयं प्रत्युपतिष्ठते ।

म०

हि यस्माद् **भावे विकल्प एष** भेदाभेदात्मकः **स्यात्, विधेर्वस्त्वनुरोधतः**। नाशस्तु प्रसज्यप्रतिषेधरूपो निःस्वभावत्वाद् भेदाभेदविकल्पाक्षमः। यदि च प्रसज्यप्रतिषेधेऽपि वस्त्वन्तरविधिः, तदा पर्युदासान्न भिद्येत। उभयत्रापि विधेः प्राधान्यात्। पर्युदासो वा न सिध्येत्, एकनिवृत्तावपरविधाने स स्यात्, निवृत्त्यसिद्धौ तु कथं युक्तः ? ॥ २७९ ॥

यदा च भावनिवृत्तिर्विनाशार्थः, तदा **अभावो भवति** इत्यादिवाक्येन **भावो न भवतीत्युक्तम्**, अभावस्य भावायोगात्। अतश्च हेतुरपि नाशस्य न कश्चित् यस्मात् **परः** कारणाभिमतोऽ**पेक्ष्येत यदि किञ्चन कार्यं विद्येत**। अन्यथा **यदकिञ्चित्करं वस्तु तत् केनचित् किमपेक्ष्यते** ?

यदकिञ्चित्करं वस्तु किं केनचिदपेक्ष्यते ।
एतेनाहेतुकत्वेऽपि ह्यभूत्वा नाशभावतः ॥ २८१ ॥

स्व०

अतिप्रसङ्गो ह्येवं स्यात् । प्रतीयमानस्य तदुपादानतेति चेत् कोऽयमुपादानार्थः ? न कार्यकारणभावोऽनभ्युपगमात् । अभ्युपगमे वा न कार्यकारणे नियमेनाऽन्योन्यप्रतीतिप्रत्युपस्थापने । प्रतीतेरेव तन्नान्तरीयकता प्रत्यासत्तिरिति चेत् ननु सैवाऽसति प्रतिबन्धे न युक्तेत्युच्यते । न चाकार्यकारणयोःकश्चित् प्रतिबन्ध इति चोक्तम् । यत्प्रतिपत्तिनान्तरीयकं यज्ज्ञानमित्यपि तज्ज्ञाने सति स्यात् । न हि यो विज्ञाने स्वरूपेणास्वरूपासंसर्गेण न भासते तस्य किंचिज्ज्ञानम् । तदभावान्न सिध्यत्यवाच्यतालक्षणमर्थरूपस्य । तद्भवता वस्तुतस्तत्त्वान्यत्वभाजा भवितव्यम् ।

यस्य तु विनश्यतो भावस्य न किंचिद्भवति तेन

न भावो भवतीत्युक्तमभावो भवतीत्यपि[1] ।

यदप्ययं भावस्याऽभावो भवतीत्याह तदपि भावो न भवतीत्येवोक्तं भवति । एवं हि स निर्वर्त्तितो भवति, प्रतिषेधे विधेरसंभवात् । तत एवास्य विनाशे न कश्चिद्धेतुः ।

तथाहि—

अपेक्ष्येत परः कार्यं यदि विद्येत किञ्चन ॥ २८० ॥

यदकिंचित्करं वस्तु किं केनचिदपेक्ष्यते ।

सति हि कार्ये कारकं भवति । न च नश्यतो भावस्य किंचित् कार्यमित्युक्तम् । तस्माद्यो नाम नाशहेतुः स भावे न किंचित् करोतीत्यकिंचित्करो नापेक्षणीयः । तत्कथमिदानीमनुत्पन्नातिशयस्तदवस्थ एव भावो नष्टो नाम ?

म०

एतेन नाशस्य निःस्वभावत्वकथने**नाहेतुकत्वेऽपि** सत्य**भूत्वा** नाशस्य **भावतः** ॥ २८०-२८१ ॥

सत्तानाशित्वदोषस्य प्रसञ्जनं घटादाविव **प्रत्याख्यातम्** । न **ह्यभावो** नाम कश्चिद् भवति, यस्याभूत्वा भावात् सत्वं नाशित्वं वा स्यात् ।

ननु **यथा** जन्मिनां बुद्ध्यादीनां मध्ये **केषाञ्चिदेव** घटादीनां **प्रतिघः** स्वदेशे वस्त्वन्तरोत्पत्तिव्याघात **इष्टः** न बुद्ध्यादीनाम्, तथा **यदि** सतामुत्पत्तिमतामेव **नाशः स्वभावः** स्यात्, **नानुत्पत्तिमतां** शब्दाकाशादीनाम् । **तदा** कथमुक्तम्-सत्तामात्रानुबन्धित्वात् नाशस्यानित्यता ध्वनेः[2] इति ?

---

1. मनोरथः भवतीति न ।
2. PV 3.270.

सत्तानाशित्वदोषस्य प्रत्याख्यातं प्रसञ्जनम् ।
यथा केषाञ्चिदेवेष्टः प्रतिघो जन्मिनां यथा ॥ २८२ ॥

नाशः स्वभावो भावानां नानुत्पत्तिमतां यदि ।
स्वभावनियमाद्धेतोः स्वभावनियमः फले ॥ २८३ ॥

स्व०

नन्वतिशयोत्पत्तावपि स एव तस्यातिशय उत्पन्न इति कथं स नष्टो नाम ? तेन नायं तदवस्थो नष्टो नाम । येन स्वयं न भवति तेन नष्टो नार्थान्तरोत्पादादित्युक्तम् । न ह्यतिशयोत्पत्त्या स्वयं न भूतो नाम । अभावस्य सर्वातिशयोपाख्यानिवृत्त्या सर्वभावधर्मविवेकलक्षणत्वात् । भावस्य चोत्पत्तिसमावेशलक्षणत्वात् । तस्मान्नाऽभावे कस्यचिद्भावोपक्षेपोऽन्यस्य ।

एतेनाऽहेतुकत्वेऽपि ह्यभूत्वा नाशभावतः ॥ २८१ ॥

सत्तानाशित्वदोषस्य प्रत्याख्यातं प्रसञ्जनम् ।

योऽपि मन्यते—अहेतुकेऽपि विनाशेऽभूत्वाऽस्य भावात् सत्ता, अनित्यत्वं च दुर्निवारम् । अभूत्वा भवन्नहेतुको भवतीत्यपि विरुद्धमिति—सोप्यनेनैव प्रत्याख्यातः । कस्यचिद्भावानभ्युपगमात् ।

यथा केषांचिदेवेष्टः प्रतिघो जन्मिनां तथा[1] ॥ २८२ ॥

नाशः स्वभावो भावानां नानुत्पत्तिमतां यदि ।

अथापि स्याद् भवतु नाम स्वभाव एष भावानां य इमे क्षणस्थितिधर्माणः । स तूत्पत्तिमतामेव भविष्यति ।

न हि स्वभाव इति सर्वः सर्वस्य स्वभावो भवति । प्रतिघात्मतावत् ।

सत्यमेतत् । तथाऽपि

स्वभावनियमाद्धेतोः स्वभावनियमः फले ॥ २८३ ॥

नानित्ये रूपभेदोऽस्ति भेदकानामभावतः ।

म०

अत्राह—**हेतोः स्वभावस्य** विशिष्टकार्योत्पादनयोग्यतया **नियमात् फले** कार्ये **स्वभावस्य** प्रतिघाप्रतिघादे**र्नियमः** । ततो नित्यत्वाभिमतानाञ्च हेतुमन्तरेण स्वभावनियमायोगात् हेतुरेष्टव्यः । कृतके पुनरनित्ये वा भावे **रूपस्य** नश्वरानश्वरस्य **भेदो नास्ति** । कस्माद् ? इत्याह—नित्यानित्यस्वभावतया कृतकस्य **भेदकानां** हेतू**नामभावतः** । न हि कश्चिदेव हेतुर-

---

1. मनोरथः यथा ।

नानित्ये रूपभेदोऽस्ति भेदकानामभावतः ।
प्रत्याख्येयाऽत एवैषां सम्बन्धस्यापि नित्यता ॥ २८४ ॥

सम्बन्धदोषैः प्रागुक्तैः शब्दशक्तिश्च दूषिता ।
नाऽपौरुषेयमित्येव यथार्थज्ञानसाधनम् ॥ २८५ ॥

स्व०

न वै प्रतिघोऽन्यो वा स्वभावोऽकस्मात् प्रतिनियमवान् । यादृशी तु स्वहेतोः शक्तिस्थितिस्तादृशं फलं भवतीति हेतुस्वभावनियमात् फलस्वभावनियमः । आकस्मिकत्वेऽप्यस्योक्तो दोषः। प्रतिघातमताहेतुस्वभावप्रतिनियमवन्न । नश्वरजनने प्रतिनियमस्वभावं भावं पश्यामो येन तज्जन्मा तथा स्यान्नान्यः, सर्वाकारजन्मनां विनाशदर्शनात् ।

नन्विदमप्यनिश्चेयमेव––सर्वाकारजन्मानो नश्यन्तीति तासामनिःशेषदर्शनात् । विचित्रशक्तयो हि सामग्र्यो दृश्यन्ते । तत्र काचित् स्यादपि याऽनश्वरात्मानं जनयेत् । न, ज्ञेयाधिकारात् । ये कदाचित् क्वचित् केनचिज्ज्ञाताः सन्तो न ज्ञायन्ते, तेषां सत्त्वानुबन्धी नाश इति ब्रूमः । त एव कृतका अनित्याः साध्यन्ते । न ह्ययं संभवोऽस्ति यत्ते ज्ञानजननस्वभावाः पुनरनष्टा न जनयेयुः, अपेक्षेरन् वा परं तज्जननस्वभावस्य निष्पत्तेः । न च तेष्वनपेक्षेषु कस्यचित् कदाचित् क्वचिज्ज्ञानात्। ज्ञानमात्रक्रियायामप्यसामर्थ्ये वस्त्वेव न स्यात्। तथा हि तल्लक्षणं वस्त्विति वक्ष्यामः । तस्य च विनाशाव्यभिचारात् स सत्तानुबन्धी ।

प्रत्याख्येयाऽत एवैषां संबन्धस्यापि नित्यता ॥ २८४ ॥

अत एव यथोक्ताद्वस्तुमात्रानुबन्धित्वाद्विनाशस्य शब्दवत् संबन्धनित्यतापि प्रत्याख्येया ॥ २८४ ॥

या च शब्दशक्तिर्योग्यताख्याऽर्थप्रतिपत्त्याश्रयो **जैमिनीयैर्वर्ण्यते**, साऽर्थान्तरमेव न भवति। तथा हि योग्यतेति रूपातिशय एव भावानामित्यावेदितं प्राक् ।

अस्तु वार्थान्तरं तथापि

संबन्धदोषैः प्रागुक्तैः शब्दशक्तिश्च दूषिता ।

उक्तो हि संबन्धार्थान्तरवादेऽनेकप्रकारो दोषः । तेनैव सा शब्दाशक्तिर्दूषितेति न पुनरुच्यते ।

म०

नित्यं जनयति, नापरः। सर्वेषां कृतकानामर्थक्रियाकारित्वात्, तस्य चानित्यताव्याप्तेः । **अतः** सर्वभावक्षणिकत्वसाधकात् प्रमाणा**देवेषां** शब्दानामर्थ**सम्बन्धस्यापि नित्यता प्रत्याख्येया**, सम्बन्धस्य वस्तुत्वे क्षणिकत्वात् ॥ २८२-२८४ ॥

या च **शब्दशक्ति**र्योग्यताख्याऽर्थप्रतिपत्त्याश्रयो वर्ण्यते, सा च शब्दाद् व्यतिरिक्तैवेति तद्वदनित्या । अथ भिन्ना, तादृशी च सम्बन्धदोषैः सम्बन्धिनामनित्यत्वान्न सम्बन्धेऽस्ति नित्यता[1] इत्यादिना **प्रागुक्तैर्दूषितेति** न पुनरुच्यते ।

---

1. PV 3.232.

दृष्टोऽन्यथापि वह्न्यादिरदुष्टः पुरुषागसा ।
न ज्ञानहेतुतैव स्यात् तस्मिन्नकृतके मते ॥ २८६ ॥

नित्येभ्यो वस्तुसामर्थ्यात् न हि जन्मास्ति कस्यचित् ।

स्व०

अपि च—

नाऽपौरुषेयमित्येव यथार्थज्ञानसाधनम् ॥ २८५ ॥

दृष्टोऽन्यथाऽपि वह्न्यादिरदुष्टः पुरुषागसा ।

भवन्तु नामापौरुषेयाः वैदिकाः शब्दास्तथापि संभाव्यमेषामयथार्थज्ञानहेतुत्वम् । न हि पुरुषदोषोपधानादेवार्थेषु ज्ञानविभ्रमः, तद्रहितानामपि प्रदीपादीनां नीलोत्पलादिषु वितथज्ञान-जननात् । तदिमे शब्दाः संस्कारनिरपेक्षाः प्रकृत्या चार्थेषु प्रतिभासहेतवः स्युः स्वभावविशेषाद्व-ह्न्यादिवत्, वितथव्यक्तयश्च नियमेनैव । नियमकारणाभावादयुक्तमिति चेत् अवितथव्यक्ति-नियमे किं कारणम् ? तस्माद्यथार्थव्यक्तिनियमवत् प्रकृत्याऽयथार्थव्यक्तिनियमः किं न कल्प्यते ? अथवा वह्न्यादिवदेवार्थेषूभयज्ञानहेतुत्वं स्यात् । न ह्यपौरुषेयाअपि वह्न्यादय एकत्र यथार्थ-ज्ञानहेतवोऽपि सर्वत्र तथा भवन्तीति।तथा शब्दानामप्यपौरुषेयत्वेऽप्युभयं स्यादिति ।

भवतु वह्न्यादीनां कृतकत्वाद्यथाप्रत्ययमन्यत्राऽन्यथात्वम्, न पुनर्नित्येषु शब्देष्वेतदस्ति । नन्वेवंविधोऽन्यत्राप्यस्त्येव धर्मस्तेषामपि संकेतबलादन्यथावृत्तेः कार्यजननस्वभावस्थितौ चैषां समयादेरपेक्षणीयस्याभावात् ततः प्रतीतिरर्थेषु सर्वस्य सर्वदा स्यात् । न चास्ति । तस्मान्न शब्दः स्थितस्वभाव इति ।

अपि च

न ज्ञानहेतुतैव स्यात् तस्मिन्नकृतके मते ॥ २८६ ॥

नित्येभ्यो वस्तुसामर्थ्यान्न हि जन्मास्ति कस्यचित् ।

यद्यकृतकः शब्दः न तस्मादर्थेषु प्रतीतिरेव स्यात् । प्रतीतिजन्मेतरकालयोस्तुल्यरूपस्य प्रती-तिजन्मनि सामर्थ्यसंभावनाऽयोगात् ।एवमयं जनको नैवम् इति विवेचनीयस्य रूपभेदस्याऽभा-वात् । न तादृशोऽस्याऽजनकस्तादृश एव जनको युक्तः । अन्यापेक्षापि निषिद्धैव । तस्मान्न नित्यानां क्वचित् विज्ञानजननसामर्थ्यम्, कदाचिदजनने नित्यमजननप्रसङ्गात्, कार्यसातत्या-दर्शनाच्च न ते कथंचित् कर्त्तार इत्युक्तप्रायम् ।

म०

न तावदपौरुषेयं वचनमस्तीत्युक्तम् । भवतु वा, तथापि **नापौरुषेयमित्येव** वचनं **यथार्थ**-स्याविसंवादिनो **ज्ञानस्य साधनम्** यस्मात् **पुरुषस्यागसा** दोषेणा**दुष्टोऽपि** वह्न्यादिर्नीलोत्पला-**दावन्यथा** अपरार्थज्ञानहेतु**र्दृष्टः** । किञ्च—**तस्मिन्** शब्दे **कृतके मते ज्ञानहेतुतैव न स्यात्** ॥ २८५-२८६ ॥

विकल्पवासनोद्भूताः समारोपितगोचराः ॥ २८७ ॥

जायन्ते बुद्धयस्तत्र केवलं नार्थगोचराः।
मिथ्यात्वं कृतकेष्वेव दृष्टमित्यकृतं वचः ॥ २८८ ॥

स्व०

या अप्येताः नित्याभिमतेष्वाकाशादिषु प्रतिपत्तयस्ता अपि न तत्स्वभावभाविन्यः। तथा हि—

विकल्पवासनोद्भूताः समारोपितगोचराः ॥ २८७ ॥

जायन्ते बुद्धयस्तत्र केवलं नार्थगोचराः।

स्वलक्षणविषया हि बुद्धिर्नियमेन तद्योग्यतोपस्थापनाऽनुविधायिनीति तस्मिन् सत्यस्याः कारणे योग्यता भवत्येव । तद्यदि नित्यानां पदार्थानां स्वलक्षणे कस्यचित् ज्ञानं स्यात्, सर्वस्य सर्वदा स्यात् । कार्यविशेषा हि व्यक्तयः कथंचित् कस्यचिदुपयुज्यमानास्तदुपजननयोग्याऽतिशयप्रतिलम्भहेतुं वस्तुविशेषमपेक्षन्त इति युक्तम् । तथाऽकार्यविशेषो नित्यो भावः केनचिद् गृह्यमाणः तत्कारणापेक्षो यदि ग्रहणमस्य जनयेत् युक्तं यत्तेनैव गृह्येत । तच्च स्थितस्वभावत्वान्न संभवतीति सर्वेण समं गृह्येत न वा केनचिदिति सन् केनचिद् दृष्टो न नित्यः कश्चिदतीन्द्रियः स्यात् । न चैतदस्ति । तस्मादर्थसामर्थ्यानपेक्षाः समारोपितगोचराः आन्तरमेवोपादानं विकल्पवासनाप्रबोधमाश्रित्य बाह्यार्थशून्या भ्रान्तय एवाऽऽकाशादिषु सर्वस्य भवन्तीति । तस्मान्नापरावृत्तिधर्माणः शब्दाः। तत्त्वे वा कुत एतदवितथार्थप्रतीतय एवेति । न हि अग्निर्हिमस्य भेषजम् (तैत्ति० सं० ७. ४. १८. २) इत्यादिषु शीतप्रतिघातसामर्थ्यं लोकप्रसिद्धमग्नेः ख्याप्यत इति सर्वं तथा भवति। लोकस्य स्वेच्छाकृतसङ्केतानुव्यवहारात् किमयं लोकः स्वसङ्केतमनुविदधदेवं प्रत्येत्याहोस्विच्छब्दस्वभावस्थितेः इति संदेहः। लोकेच्छयाऽपि परावर्त्यमानाः शब्दाः पुनरन्यत्रान्यथा दृश्यन्त इति लोकप्रसिद्ध्यनुविधानेऽपि संभवत्येषामन्यथाभावः । तस्मात् कस्यचिदवैपरीत्यदर्शनेऽपि सर्वेषां तथाभावो न सिध्यति ।

अकृतकस्वभावत्वेऽपि ह्येषां कश्चिन्मिथ्यार्थनियतोऽपि स्यादिति स्वभावापरिज्ञानात् सर्वत्र संशयः स्यात्।

मिथ्यात्वं कृतकेष्वेव दृष्टमित्यकृतं वचः ॥ २८८ ॥

म०

न हि नित्येभ्यो वस्तुसामर्थ्यात् कार्यजन्माशक्तेः **कस्यचित्** ज्ञानस्य, अन्यस्य वा जन्मास्ति, क्रमाक्रमयोर्व्यापकयोर्नित्यान्निवृत्तेः, तद्व्याप्यस्य सामर्थ्यस्याभावात् ।

तस्मात् तत्रानित्यात्मन्युच्चरिते शब्देऽनाद्यन्तेन विकल्पेन चित्तसन्ततावारोपिताया **वासनाया** विकल्पिका **बुद्धयो जायन्ते समारोपितगोचराः** कल्पितार्थविषयाः, **नार्थगोचरा** न स्वलक्षणविषयाः। तथार्थत्वे शब्दप्रमाणान्तरवैफल्यस्योक्तेः ।

ननु **मिथ्यात्वमर्थशून्यत्वं कृतकेष्वेव** वाक्येषु **दृष्टमित्यकृतं वचः सत्यार्थं** यदि स्यात्, तदा

सत्यार्थं व्यतिरेकस्य विरोधिव्यापनाद् यदि ।
हेतावसम्भवेऽनुक्ते भावस्तस्यापि शङ्क्यते ॥ २८९ ॥

विरुद्धानां पदार्थानामपि व्यापकदर्शनात् ।
नासत्तासिद्धिरित्युक्तं सर्वतोऽनुपलम्भनात् ॥ २९० ॥

स्व०

सत्यार्थं व्यतिरेकस्य विरोधिव्यापनाद्यदि ।

अथ यन्मिथ्यार्थं वचनं तदखिलं कृतकमिति हेतुव्यतिरेकेण साध्यव्यतिरेकस्य व्याप्तेरन्यत्राऽसंभवादकृतकं सत्यार्थमिति स्याद्विनाऽप्यन्वयेन। यो हि येनाऽव्याप्तस्तत्र तद्व्यतिरेक आशङ्क्येत। न च विरुद्धयोरेकत्र संभवोस्ति। असंभवे च विजातीयस्य गत्यन्तराभावादिष्टार्थसिद्धेः, तत्साधकत्वाच्च लिङ्गस्य व्यर्थमन्वयदर्शनम्, व्यतिरेकमात्रेणैव सिद्धेरिति। सत्यमेतद्यदि विपक्षयोर्व्याप्यव्यापकभावः सिध्येत्।

स तु न सिद्धो यस्मात्—

हेतावसंभवेऽनुक्ते भावस्तस्यापि शङ्क्यते ॥ २८९ ॥

विरुद्धानां पदार्थानामपि व्यापकदर्शनात्।

यदि हेतोः साध्यविपक्षेऽभावः सिध्येत्तदा साध्यव्यतिरेकं हेतुव्यतिरेको व्याप्नुयात्। न च तत्र तस्याऽसंभवे प्रमाणं पश्यामः। न चाविरुद्धविधिः प्रतिषेधसाधनो युक्तोऽतिप्रसङ्गात्। न चैकत्र दृष्टस्यान्यत्रासंभव एव, पृथग्विरुद्धसहभाविनामपि दर्शनात्, अनित्यत्ववत् प्रयत्नानन्तरीयकेतरयोः। न च तथाविधस्याऽदर्शनादसत्त्वमेव।

यस्मात्

नाऽसत्तासिद्धिरित्युक्तं सर्वतोऽनुपलम्भनात् ॥ २९० ॥

असिद्धायामसत्तायां सन्दिग्धा व्यतिरेकिता।

म०

को दोषः ? कस्मादेवमित्याह परः—अकृतकत्वस्य साधनस्य **विरोधिना** कृतकत्वेन साध्यविपर्ययस्य मिथ्यात्वस्य **व्यापनात्**।

अत्राह—विपक्षान्मिथ्यात्वादकृतकस्य हेतो**रसम्भवे**ऽसम्भवनिमित्ते **हेतौ** बाधकप्रमाणे**ऽनुक्ते तस्या**कृतकत्वस्यापि मिथ्यात्वे विपक्षे **भावः शंक्यते**, बाधकप्रमाणदर्शनात् ॥ २८२-२८९ ॥

ननु मिथ्यात्वं कृतकेषु दृष्टं, तदकृतकेषु विरोधिषु कथं स्याद् ? इत्याह-**विरुद्धानामपि** हि व्याप्यानां **पदार्थानामे**कस्य **व्यापकस्य दर्शनात्**। यथा प्रयत्नानन्तरीयकत्वयोरेकेन कृतकत्वेनानित्यत्वेन वा व्याप्तिः।

असिद्धायामसत्तायां सन्दिग्धा व्यतिरेकिता ।
अन्वयो व्यतिरेको वा सत्त्वं वा साध्यधर्मिणि ॥ २९१ ॥

तन्निश्चयफलैर्ज्ञानैः सिद्ध्यन्ति यदि साधनम् ।

स्व०

न ह्ययं पुरुषमात्रकः सर्वं द्रष्टुं समर्थो येनास्य दर्शननिवृत्त्या न तथा स्यात् । यस्य हि ज्ञानं ज्ञेयसत्तां न व्यभिचरति स एवं ब्रुवाणः शोभेत—अदर्शनान्नास्तीति । तदिमे स्वभावदेशकालविप्रकर्षेण सन्तोऽप्यनुपलक्ष्याः स्युः । तथा हि कोऽत्यन्तपरोक्षेऽर्थे संवादनमितरद्वा सर्वदर्शी वचनस्याकृतकस्येतरस्य वा विभावयितुं समर्थः । प्रतिपादितं चैतत् । क्वचित्तथादृष्टानामप्यर्थानां पुनः कथंचिदन्यथाभावः । यथा क्वचिद्देशे मधुराणि निम्बफलानि संस्कारविशेषादामलकीफलानि च । न चेदानीमतद्दर्शिना तानि प्रतिक्षिप्तव्यान्येवेति । तस्मादकृतकं च स्यान्मिथ्यार्थं चेति न विरोधं पश्यामः ।

न हीयमनुपलब्धिरदृश्यात्मस्वभावसाधिकेत्युक्तम् । तेन यत् किंचिन्मिथ्यार्थं तत्सर्वं पौरुषेयमित्यनिश्चयादव्याप्तिः ।

तथा हि—

अन्वयो व्यतिरेको वा सत्त्वं वा साध्यधर्मिणि ॥ २९१ ॥

तन्निश्चयफलैर्ज्ञानैः सिध्यन्ति यदि साधनम् ।

तथा चोक्तम्—य एव तूभयनिश्चितवाची स साधनं दूषणं वा । नान्यतरप्रसिद्धः संदिग्धवाची, पुनः साधनापेक्षत्वात् इति । को ह्यदृष्टविरोधस्य संभवं प्रत्याचक्षीत तदयं व्यतिरेकः संशयादसाधनम् ।

म०

किञ्च—**सर्वतो** विपक्षाद्धेतोरसत्ताया **अनुपलम्भात्** प्रतिबन्धमन्तरेण न **सिद्धिरित्युक्तं** प्राक्—नचादर्शनमात्रेण विपक्षेऽव्यभिचारिता[1] इत्यादिना ॥ २९० ॥

असिद्धायां वा असत्तायां विपक्षाद् **व्यतिरेकिता सन्दिग्धा** ।

कस्मात् पुनर्व्यतिरेकनिश्चयापेक्षा ? न हि साधनतयोपात्तो धर्म इत्येव साधनम् किं तर्हि **अन्वयः** सपक्षे, **व्यतिरेको** विपक्षात्, **साध्यधर्मिणि सत्त्वं वा तन्निश्चयफलै**रन्वयादिनिश्चयप्रयोजनै**र्ज्ञानैः** प्रमाणात्मभि**र्यदि सिध्यन्ति**, तदा **साधनं** भवति, निश्चितत्रैरूप्यस्यैव हेतुत्वात् ।

यदपि व्यतिरेकी हेतुरित्युक्तम्, तच्चायुक्तमित्याह—**यत्र** धर्मिणि **साध्यविपक्षस्य** मिथ्यात्वस्य साधनाविपक्षव्यतिरेकाद् **व्यतिरेकिता वर्ण्यते**—यत् कृतकं न भवति तन्मिथ्यार्थं च न भवतीति । **स एव** साध्यसाधनविपर्ययनिवृत्तिदर्शनविषयो धर्मी **सपक्षः स्यादस्या**कृतकत्वस्य हेतोः। विपर्ययनिषेधेन विधेरेव प्रतिपादनात् । यत्र च साध्यसाधनसत्त्वनिश्चयः स एव पक्षः । **अतः सर्वो हेतुरन्वयी**, न केवलव्यतिरेकी ।

---

1. PV 3.13

यत्र साध्यविपक्षस्य वर्ण्यते व्यतिरेकिता ॥ २९२ ॥

स एवास्य सपक्षः स्यात् सर्वो हेतुरतोन्वयी ।
समयत्वे हि मन्त्राणां कस्यचित् कार्यसाधनम् ॥ २९३ ॥

स्व०

अपि च

यत्र साध्यविपक्षस्य वर्ण्यते व्यतिरेकिता ॥ २९२ ॥

स एवास्य सपक्षः स्यात् सर्वो हेतुरतोन्वयी ।

यत् किंचिन्मिथ्यार्थं तत् सर्वं पौरुषेयमिति हेतुविपक्षेण साध्यविपक्षस्य व्याप्तिस्तदभावेऽभावसिद्धौ स्यात्। तदभावे भवतस्तेन व्याप्त्ययोगात् । यैव च विजातीययोर्व्यावृत्तिसिद्धिः सैवान्वयस्थितिः, विपक्षव्यवच्छेदलक्षणत्वात् साध्यस्य। प्रतिषेधद्वयाच्च विधिसिद्धेरिति काऽनन्वयाऽव्यतिरेकव्याप्तिसिद्धिः ? तन्न कश्चिद्धेतुरनन्वयो नाम। एकव्यवच्छेदस्य विजातीयसिद्धिनान्तरीयकत्वात् ।अनित्यनिरात्मतादिव्यवच्छेदेऽपि तथा स्यात्। न, व्यतिरेकव्यवच्छेदस्य भावरूपत्वात् ।न भावरूपव्यवच्छेदे भावानुषङ्गः।अभावव्यवच्छेदस्तु नियमेन भावोपस्थापनः। भावाभावयोरन्योन्यविवेकरूपत्वात्। अभावरूपस्तु व्यतिरेकः।स व्यतिरिच्यमानो भावमुपस्थापयति ।

नैवं नैरात्म्यादयः, स्वभावविशेषात्, क्रियाभोगाधिष्ठानाऽस्वतन्त्रो ह्यात्मा निरात्मा। तत्स्वातन्त्र्यलक्षणत्वादात्मनः। तद्रूपं नैरात्म्यं नात्मनिवृत्तिमात्रम्, अन्यथा निरुपाख्ये कृतकत्वाद्ययोगात् न ततो नैरात्म्यसिद्धिः स्यात्। आत्मव्यवच्छेदेन निरात्मनो भावस्य परामर्शाददोष इति चेत् पर्युदासे वस्तुसंस्पर्शात्तदेव वस्तुरूपं नैरात्म्यमायातम्।

यस्यापि नाऽभावरूपो व्यतिरेकस्तस्य भावरूपव्यवच्छेदे न भावसिद्धिः स्यादिति नान्वयानुषङ्गस्तथा नैरात्म्येऽपि न भावसिद्धिः स्यात्। यथा नेदं निरात्मकं जीवच्छरीरं प्राणादिमत्त्वादिति विपक्षयोर्व्याप्यव्यापकभावचिन्तायामप्राणादिमत्त्वएव नैरात्म्यं दृष्टम्, तदभावे च नास्तीति स्वयं न भवदपि प्राणादीनां नात्मनि सिद्धिमुपस्थापयति। तथा साध्येऽपि प्राणादिभिर्व्युदस्यमानं स्यात् केवलम्। नैरात्म्येऽभावात् प्राणादयस्तन्निरसनाः नात्मोपस्थापनास्तत्र भावाऽसिद्धेः। न च नैरात्म्यनिवृत्त्यात्मसिद्धिर्विपक्षव्यतिरेकदर्शनेऽपि प्रसङ्गात्। तन्न विपर्ययव्याप्तिर्व्यतिरेकासिद्धौ। तत्सिद्धिरेव चान्वयसिद्धिः। असिद्धौ वा तद्व्यतिरेकनिवृत्तिसिद्धावपि तदसिद्धिरिति साध्येऽपि प्रसङ्गः। तन्नाऽनन्वया व्यतिरेकव्याप्तिः।

म०

ननु पक्षस्य वेदस्य कथं सपक्षता, सपक्षलक्षणायोगात् ? एवं तर्हि सर्वः पक्षः सपक्षः स्यात्। भवत्येव किमन्येनेति चेत् अन्यस्यापि लाक्षणिकं तत् कथं त्यज्यताम् ?

किञ्च–किञ्चित्कार्यकारिणो मन्त्रा अपौरुषेयाश्चेति व्याहतम्। तथा हि–**कस्यचित्** सत्यतपःप्रभावतः पुंसः **समयत्वे** संकेतत्वे **मन्त्राणाम**भ्युपगम्यमाने **कार्यस्य** मन्त्रप्रयोगनिष्पाद्यत्वेनष्टस्य **साधनं** सिद्धिः स्यात्। केनचिच्छक्तिविशेषवता मत्प्रणीतं मन्त्रमेवः प्रयुञ्जानस्यायमर्थः सेत्स्यति इति समयस्य कृतत्वात् सिद्धिः स्यात्,कविसमयादिवत् काव्यपाठकस्यार्थसिद्धिः ॥ २९३ ॥

अथापि भावशक्तिः स्यादन्यथाप्यविशेषतः ।
क्रमस्यार्थान्तरत्वं च पूर्वमेव निराकृतम् ॥ २९४ ॥

स्व०

मिथ्यार्थतायास्तु पौरुषेयत्वेन व्याप्त्याऽपौरुषेयान्निवृत्तावपि न सत्यार्थत्वं प्रकारान्तरसंभवात् । द्वैराश्येन शब्दानामेतत्स्यादेकनिवृत्तौ गत्यन्तराभावात् । ते त्वनर्थका अपि स्युरिति नेष्टसिद्धिः ।

अर्थप्रतीतेर्नानर्थका इति चेत् न । एष पुरुषव्यापारः स्यात् । अर्थान्तरविकल्पवत् । यथा तदर्थत्वेऽपि भरतोर्वश्यादिचरितादिकमर्थमन्येऽन्यथा व्याचक्षते। तदनुसारेण केषांचित् प्रतीतिः। तथाऽयमनर्थकेष्वप्यर्थविकल्पः पुरुषकृतः स्यात्, न शब्दस्वभावकृतः, पुरुषोपदेशापेक्षणादर्थान्तरवदेव। न हि प्रकृत्या प्रकाशनास्तमपेक्षन्ते वह्न्यादयः। पुरुषस्तु स्वसमयव्यापारमाचक्षाणः उपदिशतीति न्याय्यम्। पुरुषसमितनिसर्गसिद्धयोरुपदेशापेक्षणाविशेषात्, अन्यविशेषाभावाच्चैको नैसर्गिकोऽन्यस्तु पौरुषेय इति दुरवसानम् ।

अस्ति विशेषः प्रमाणसंवाद इति चेत् एतदुत्तरत्र निषेत्स्यामः—नास्त्यत्यन्तपरोक्षेऽर्थे प्रमाणान्तरवृत्तिः इति । समानधर्मणोरर्थयोः प्रमाणसंवादमात्रविशेषादेकत्राऽपौरुषेयत्वे बहुतरमिदानीमपौरुषेयम् । सन्ति पुरुषकृतान्यपि वाक्यानि कानिचिदेवंविधानीति तेष्वपि प्रसङ्गः। तद्वदेषामप्यभिमतार्थवत्ता पौरुषेयी च स्यात् प्रमाणानुरोधिनी च ।

अपि चेदं मन्त्रा अपौरुषेयाश्चेति व्याहतं पश्यामः । तथा हि

समयत्वे हि मन्त्राणां कस्यचित् कार्यसाधनम् ॥ २९३ ॥

युक्तम् । यद्येते मन्त्राः कस्यचित् समयः—यथा मत्प्रणीतमेतदभिमतार्थोपनिबन्धनं वाक्यमेवं नियुञ्जानमनेनाऽर्थेन योजयामीति—परार्थपरतानुरोधेनाऽन्यतो वा कुतश्चिद्धेतोः कृतः स्यात् । तदा मन्त्रप्रयोगात् कदाचिदर्थनिष्पत्तियुक्ता, कविसमयादिव तत्पाठकानाम् ॥ २९३ ॥

अथापि भावशक्तिः स्यादन्यत्राप्य[1]विशेषतः ।

म०

अथापि भावशक्तिः स्वभावशक्तिः सादृश्यपौरुषेयाणां **स्यात्**, ययाभिमतसिद्धिः । एवं तर्ह्य**न्यथा** प्रयुक्तेऽपि मन्त्रे स्यादभिमतम्, **अविशेषतो** वर्णात्मकस्य मन्त्रस्य ।

वर्णानां क्रमविशेषो मन्त्रः ततस्तद्ग्रहणेन फलमिति चेत् **क्रमस्य** वर्णेभ्योऽ**र्थान्तरत्वञ्च पूर्वमेव निराकृतम्**—वर्णानुपूर्वी वाक्यश्चेद्[2] इत्यत्रान्तरे ॥ २९४ ॥

अस्तु वा क्रमः, तस्य नित्यत्वात् **तदर्थस्य** तन्निष्पाद्यस्यार्थस्य **नित्यं सिद्धिः स्यात्** । न ह्यविकले कारणे कार्यक्षेपो युक्तः । अथ प्रयोगविधानाद्यपेक्षास्ति । साप्ययुक्ता, **अपेक्षणे** कस्यचित् सहकारिणोऽ**सामर्थ्यं** स्वभावतः स्यात्, समर्थस्यान्यापेक्षा योगात् । अपेक्षणीयात् समर्थस्वभावोत्पत्तौ तु स्यादपेक्षा ।

---

1. मनोरथः अन्यथाप्य° ।
2. PV 3.260.

नित्यं तदर्थसिद्धिः स्यादसामर्थ्यमपेक्षणे ।
सर्वस्य साधनं ते स्युर्भावशक्तिर्यदीदृशी ॥ २९५ ॥

प्रयोक्तृभेदापेक्षा च नासंस्कार्यस्य युज्यते ।

स्व०

न वै पुरुषसमयात् मन्त्रेभ्योऽर्थसिद्धिः। किं तर्हि भावस्वभाव एष यदिमे कथंचिन्नियुक्ताः फलदास्तर्हि रूपं वर्णानां सर्वत्राविशिष्टमिति यथाकथंचित् प्रयुक्तादपि फलं स्यात् । वर्णा एव हि मन्त्रो नान्यत् किंचित्।

क्रमो मन्त्र इति चेत्

क्रमस्यार्थान्तरत्वं च पूर्वमेव निराकृतम् ॥ २९४ ॥

न वर्णव्यतिरिक्तोऽन्यः क्रम इति निवेदितमेतत् । अव्यतिरेके च वर्णा एव मन्त्रास्ते चाऽविशिष्टाः सर्वत्रेति सर्वथा फलदाः स्युः । उपप्लवस्त्वल्पीयसोऽपि क्रमस्य भ्रंशाद् दृष्टः । कस्यचिदनुष्ठानाद्देवतासंनिधेः, असाकल्येन विरोधनाच्च । सर्वभ्रंशे तु कस्यचिदेव समयस्याननुष्ठानादसन्निधेर्नार्थानर्था ॥ २९४ ॥

किंच—क्रमस्यानर्थान्तरत्वेऽर्थान्तरत्वे वा वर्णात्मनस्तत्क्रमात्मनो वा मन्त्रस्यार्थहेतोरकृतकत्वान्नित्यस्य नित्यं सन्निधानमिति ।

नित्यं तदर्थसिद्धिः स्यात्

यतो हि भावशक्तेः फलोत्पत्तिः सा अविकलेति न फलवैकल्यं स्यात् । न हि कारणसाकल्ये कार्यवैकल्यं युक्तम्। तस्याकारणत्वप्रसङ्गात्।

न केवलान्मन्त्रप्रयोगादिष्टसिद्धिस्तस्य विधानापेक्षत्वादिति चेत्

असामर्थ्यमपेक्षणे ।

यदि हि मन्त्राः विधानादन्यतो वा कंचित् स्वभावातिशयमासादयेयुः स तत्र समर्थोऽपेक्ष्यः स्यात् । न च नित्येष्वेतदस्तीत्युक्तम् । तत् किमयमसमर्थोऽपेक्ष्यत इत्यनपेक्ष्यत इत्यनपेक्षाः सदा कुर्युः। न वा कदाचिदनतिशयात् ।

सर्वस्य साधनं ते स्युर्भावशक्तिर्यदीदृशी ॥ २९५ ॥

प्रयोक्तृभेदापेक्षा च नाऽसंस्कार्यस्य युज्यते ।

म०

किञ्च—मन्त्राणां **भावशक्तिर्यदीदृशी** कार्यविशेषसाधिका, तदा **सर्वस्य** यजमानस्य इतरस्य च ते मन्त्रा अभिमतार्थसिद्धेः **साधनं स्युः** । न हि कार्यकारिता तेषां कांश्चिदेव प्रति नेतरान्, साधारणत्वाद् भावस्वभावस्य ॥ २९५ ॥

अथ प्रयोक्तुर्विशेषमपेक्ष्य फलप्रायाः । तच्चासत्, **प्रयोक्तुर्भेदो** यजमानत्वम्, **तदपेक्षा** च नित्यस्य **परैरसंस्कार्यस्य न युज्यते ।**

संस्कार्यस्यापि भावस्य वस्तुभेदो हि भेदकः ॥ २९६ ॥

प्रयोक्तृभेदान्नियमः शक्तौ न समये भवेत् ।
अनाधेयविशेषाणां किं कुर्वाणः प्रयोजकः ॥ २९७ ॥

प्रयोगो यद्यभिव्यक्तिः सा प्रागेव निराकृता ।

स्व०

यदि भावशक्त्यैव मन्त्राः सिद्धिप्रदाः, न ते कंचित् परिहरेयुर्यजमानमन्यं वा । न ह्यन्यं प्रति स्वभावोऽतद्भावो भवति । तस्य तेनाऽनपकर्षणात् अन्येन चानुत्कर्षणात् । केनचित् सह कार्यकारणभावाऽयोगात् प्रत्यासत्तिविप्रकर्षाभावात् । अत एवास्याऽसंस्कार्यत्वात् प्रयोक्तापि नास्ति । यतः प्रयोक्ता फलकमश्नुवीत ।

संस्कार्यस्यापि भावस्य वस्तुभेदो हि भेदकः ॥ २९६ ॥

प्रयोक्तृभेदान्नियमः शक्तौ न समये भवेत् ।

आधेयविशेषा ह्यनित्या भावास्तद्धेतोः स्वभावभेदे ततः समासादितातिशयत्वादन्यत्राऽन्यथा स्युः, नाऽभेदे कारणाविशेषे कार्याविशेषात् । विशेषे तस्याहेतुकत्वप्रसङ्गादित्युक्तप्रायम् । तदिमे मन्त्राः स्वभावातिशयात् फलदायिनः कार्या अपि न शूद्रादिप्रयोगेऽप्यन्यथा स्युः, शूद्रविप्राभिधानयोः पुरुषयोः स्वभावाभेदात् । न हि पुरुषेच्छानुविधायिनो नामव्यवहारभेदात् स्वभावभेदानुबन्धिनामर्थानामन्यथात्वमस्ति ।

तयोर्जातिभेद इति चेत् स खल्वाकृतिगुणशक्तिभेदे दृष्टो गवाश्ववत् । अनुपदेशं चैनं लोकः प्रतिपद्यते । न तद्वदनयोः कंचिदपि गुणं विनियतं पश्यामः । अपश्यन्तश्च कथं भेदं प्रतिपद्येमहि ।

योऽप्ययं नामभेदान्वयो लोके प्रतीतिभेदः, सोऽसत्यपि जातिभेदे व्यापारविषानुष्ठानात् अन्वयाच्च स्यात् । वैद्यवणिग्व्यपदेशादिवत् ।

तदिमेऽविशिष्टेन प्रयुज्यमाना मन्त्रास्ततोऽविशिष्टमेव स्वभावमासादयन्ति । तेनाविशेषेण फलदाः स्युः । यदा तु समयादेभ्यः फलं तदाऽयमदोषः, समयकारस्य रुचेः फलोत्पत्तिनियमात् । स्वभाववृत्तयो हि भावास्तन्मुखेन प्रसङ्गमर्हन्ति । न पुरुषेच्छावृत्तयस्तेषां यथाकथंचिद्वृत्तेः ।

यदपि प्रयोक्ता फलमश्नुत इति प्रयोगं हि समीहितार्थयोग्यस्योत्पादनम्, सन्तानपरिणमनं वा पश्यामः । तदुभयं विशेषजन्मनि स्याद् । अन्यथा

म०

संस्कार्यस्यापि भावस्य वस्तुनः संस्कर्तुं भेदो हि भेदको भवितुमर्हति । न तु ब्राह्मणशूद्रादीनां वस्तुतो जातिभेदः कश्चिदस्ति, व्यवहारमात्रत्वात् तस्य । ततश्च **प्रयोक्तुर्भेदादपि** मन्त्राणां **शक्तौ नियमो न** संभवति । ननूपलभ्यते नियता मन्त्राणां शक्तिः । सत्यमुपलभ्यते, किन्तु सा पुरुषकृते **समयेऽभ्युपगम्यमाने भवेत्,** न त्वकृतत्वे । यो हि ब्राह्मण इति प्रसिद्धः तस्यैवायं विधिप्रयुक्तो मन्त्रः फलप्रदः,नेतरस्येति कर्त्रा पुरुषेण शक्तिविशेषवता समितत्वान्मन्त्रस्य ।

किञ्च—नित्यानामनाधेयाविशेषाणां प्रयोक्ता पुरुष **किं कुर्वाणः प्रयोजक** इष्टः ? अनुपकारकस्य प्रयोजकत्वे सर्वस्य तथात्वप्रसङ्गात् ॥ २९७ ॥

व्यक्तिश्च बुद्धिः सा यस्मात् स फलैर्यदि युज्जते ॥ २९८ ॥

स्याच्छ्रोतुः फलसम्बन्धो वक्ता हि व्यक्तिकारणम् ।
अनभिव्यक्तशब्दानां करणानां प्रयोजनम् ॥ २९९ ॥

मनोजपो वा व्यर्थः स्याच्छब्दो हि श्रोत्रगोचरः ।

स्व०

अनाधेयविशेषाणां किं कुर्वाणः प्रयोजकः ॥ २९७ ॥

येन ततः कश्चित् फलमश्नुतेऽन्यो न ॥ २९७ ॥

प्रयोगो यद्यभिव्यक्तिः सा प्रागेव निराकृता ।

न हि नित्यानां काचिदभिव्यक्तिरित्युक्तं यतोऽभिव्यञ्जकः प्रयोक्ता स्यात् ।

व्यक्तिश्च बुद्धिः सा यस्मात् स फलैर्यदि युज्यते ॥ २९८ ॥

स्याच्छ्रोतुः फलसंबन्धो वक्ता हि व्यक्तिकारणम् ।

न हि शब्दस्यान्यतः स्वरूपपरिणामो व्यक्तिः । नाप्यावरणविगमनम् । किन्तु तद्विषया प्रतीतिः । अश्रूयमाणेऽव्यक्तव्यपदेशात् । तत्र यदि बुद्धिहेतुर्वक्ता स्यात्तत तुल्यं श्रोतर्यपीति सोऽपि फलं वक्तृवदश्नुवीत । न हि वक्तुः कश्चिदन्यस्तद्भावोऽन्यत्र तद्बुद्धिहेतुत्वात् । परोपाधिबुद्धिः श्रोतुर्न वक्तुरिति विशेष इति चेत् कः पुनरुपयोगो वक्तुः श्रोतरि येनोपाधिरिष्यते । ततः शब्दश्रुतिरिति चेत् ननु तदेवेदं पर्यनुयुज्यते कथं तत इत्यसंबन्धात् ? विषयोपनयनादयमस्य श्रावकः स्यात् । तच्च न शक्यम्, तस्य कथंचिदप्यपरिणामात् । इन्द्रियसंस्कारादयोप्युक्ताः । मां श्रावयति, अहं श्रावयामीति तयोः प्रत्ययाद् वक्तृश्रोतृभेद इति चेत् अनुपकार्योपकारकाद् भ्रान्तिमात्रात्तद्भावेऽतिप्रसङ्गोऽन्यत्रापि भ्रान्त्या प्रत्ययदर्शनात् । सर्वथोपकाराभावे च तथा प्रत्ययो न युक्तः । सर्वेषां परस्परमेवं प्रसङ्गात् । भ्रान्तिरपि कुतश्चिदुपकारे सति कयाचित् प्रत्यासत्त्यान्यत्र भवति । साऽप्यत्यन्ताऽनुपकारे न स्यात् ।

म०

यद्यभिव्यक्तिः प्रयोग उच्यते, साऽभिव्यक्तिर्नित्यानां **प्रागेव** सामान्यप्रस्तावे **निराकृता** । न हि स्वरूपपरिणाम आवरणविगमो वा सा नित्यानां घटते । बुद्धिः कदाचित् सम्भाव्यते, तदा तद्**व्यक्तिश्च बुद्धिरुच्येत** । **सा यस्माद्** वक्तुर्भवति **फलेन युज्यते यदि**, तदा नातिप्रसङ्गः ॥ २९८ ॥

नन्वेवमपि **श्रोतुः फलसम्बन्धः** स्यात्, न वक्तुरेव । **वक्ता हि व्यक्तेर्ज्ञानस्य कारणमिति** फले युज्यते । तच्च ज्ञानहेतुत्वं श्रोतुरप्यस्त्येव ।

किञ्च—**अनभिव्यक्तो**ऽनिवेदितः **शब्दो** यैस्तेषां **करणादीनां प्रयोजनं** प्रयोगो यदा तदा ताल्वादिकरणप्रस्पन्दमात्रयोपांशुजपः क्रियते, न तु व्यक्तमुच्यते ॥ २९९ ॥

पारम्पर्येण तज्जत्वात् तद्व्यक्तिः सापि चेन्मतिः ॥ ३००॥

तेऽपि तथा स्युस्तदर्था चेदसिद्धं कल्पनान्वयात् ।

स्वसामान्यस्वभावानामेकभावविवक्षया ॥ ३०१ ॥

स्व०

तस्माद्वक्तृश्रोत्रोर्व्यक्तिहेतुत्वेऽपि विशेषाभावात्तुल्यः फलसंबन्धः स्यात् ।

अपि च

अनभिव्यक्तशब्दानां करणानां प्रयोजनम् ॥ २९९ ॥

मनोजपो वा व्यर्थः स्यात् शब्दो हि श्रोत्रगोचरः ।

श्रोत्रग्रहणलक्षणः शब्दः तदतिक्रमेऽतिप्रसङ्गात् ।

नन्वेवं सामान्येऽपि प्रसङ्गः । न ब्रूमः शब्द एवेति । शब्दस्त्ववश्यं तल्लक्षणः, लक्षणान्तराभावात् । तत्र यदि शब्दात्मनां मन्त्राणामभिव्यक्तिहेतुः प्रयोक्ता, अनभिव्यक्तश्रुतिविषयाणां करणानां प्रयोक्ता जापी न मन्त्रफलेन युज्यते । नापि मनसा जपन् । नहि तदा श्रोत्रेण कंचिदर्थं विभावयामः । न चाऽशब्दात्मा मन्त्रः ।

पारम्पर्येण तज्जत्वात् तद्व्यक्तिः साऽपि चेन्मतिः ॥ ३०० ॥

न हि मनसा ध्यायतोऽपि मन्त्राभासा बुद्धिः शब्दश्रवणादृते । ततः शब्दप्रभवात् सापि शब्दव्यक्तिरेव । अनस्थैवं स्यात्—शब्दार्थविकल्पानामपि परम्परया प्रसूतिरस्तीति ॥ ३०० ॥

तेऽपि तथास्युस्तदर्था चेदसिद्धं कल्पनान्वयात् ।

न ब्रूमः—सर्वा शब्दप्रभवा बुद्धिस्तद्व्यक्तिरिति । या तु तद्विषया सा तस्य व्यक्तिरिति । मनोविकल्पस्य तद्विषयत्वमसिद्धम् । न हि स्वलक्षणे विकल्पानां वृत्तिरिति निवेदयिष्यामः ।

ते हि यथास्वमान्तरात् विकल्पवासनाप्रबोधादनपेक्षितबाह्यार्थोपनिधयो भवन्ति, बाह्याऽपायाऽनागमेऽपि भावात् न हि यो यस्य सत्तोपधानं नापेक्षते स तस्य हेतुः । अहेतुश्च कथं विषयः ? तस्मान्न मनोविकल्पः शब्दव्यक्तिर्यतस्तद्वान् प्रयोक्ता स्यात् ।

तत्प्रसूता तद्विषया बुद्धिस्तद्व्यक्तिः, तदाश्रयः प्रयोक्तेत्यत्राप्युक्तम्—श्रोतर्यपि प्रसङ्ग इति ।

म०

यदा च तामपि विना मनोमात्रेण **मनोजपो वा** क्रियते, तदा द्वावपि जपाविमौ **व्यर्थौ स्या**ताम् । **शब्दो** हि **श्रोत्रगोचर** उच्यते, न च जपयोरनयोः श्रोत्रगोचरः कश्चिदस्ति ।

ननु याऽप्युपांशुमनोजपकाले शब्दाभासा धीः **सापि मतिः पारम्पर्येण तज्जत्वात्** तस्य **व्यक्तिरिति चेत्** यद्येवम्, शब्दविकल्पवदर्थविकल्पा अपि तत्प्रभवा इति **तेऽपि तथा** शब्दव्यक्तयः **स्युः** । परः न केवलाच्छब्दप्रभवत्वात् तद्व्यक्तिः, किन्तु **तदर्था** शब्दविषया सतीति **चेत्** न चार्थविकल्पः शब्दविषयः । शब्दविकल्पस्य शब्दविषयत्व**मसिद्धम्, कल्पनाया** वाच्यवाचकयोजनाया **अन्वयात्** सम्बन्धात् । न च कल्पना वस्तुविषयेति कथ्यते ।

उक्तेः समयकाराणामविरोधो न वस्तुनि ।
आनुपूर्व्यामसत्यां स्यात् सरो रस इति श्रुतौ ॥३०२॥

न कार्यभेद इति चेद् अस्ति सा पुरुषाश्रया ।
यो यद्वर्णसमुत्थानज्ञानजाज्ज्ञानतो ध्वनिः ॥ ३०३ ॥

स्व०

तज्ज्ञाने च प्रयोगे शब्दः पुरुषे व्याप्रियते, तस्य ज्ञानजननात् । न पुरुषः शब्दे तदात्मन्यनुपकारात् । अथ च पुरुषः शब्दानां प्रयोक्तेत्यलौकिकोऽयं व्यवहारः ।

सर्वथा शब्दस्वभावानां मन्त्राणां प्रयोगात् फलावाप्तौ व्यर्थो मनोजपः, विकल्पस्य शब्दरूपासंस्पर्शात् ।

स्वसामान्यस्वभावानामेकभावविवक्षया ॥ ३०१ ॥

उक्तेः समयकाराणामविरोधो न वस्तुनि ।

समयकारस्तु स्वलक्षणमिन्द्रियविषयं सामान्यलक्षणं च विकल्पप्रतिभासं यथाव्यवहारं संवृत्या संकलय्य समयमारोपयेत् । यथासमयं चार्थं निष्पादयेदिति न मनोजपादौ दोषः । वस्तुस्वभावात्तु फलावाप्तावतत्स्वभावसंस्पर्शो न स्यात् ॥

यदुक्तं न वर्णेभ्योऽन्या काचिदानुपूर्वीति तत्र

आनुपूर्व्यामसत्यां स्यात् सरो रस इति श्रुतौ ॥ ३०२ ॥

न कार्यभेद इति चेत्

न हि सरो रस इत्यादिपदेषु कश्चिद्वर्णभेदः । न च वर्णव्यतिरिक्तमन्यद्यतः कार्यभेदः स्यात् । भिन्नाञ्च तयोः प्रतिमां पश्यामः । आनुपूर्वीमेव चातुल्याम् । न च कारणाभेदे कार्यभेदो युक्तः । तस्मादस्ति सा भेदवती यतोऽयं प्रतीतिभेदः ।

सत्यम् ।

अस्ति सा पुरुषाश्रया ।

म०

अस्माकं तु मते **स्वसामान्यस्वभावानां** शब्दस्वलक्षणसामान्यलक्षणानां प्रत्यक्षविकल्पबुद्धिविषयाणामेकत्वाध्यवसायवशा**देकभावस्यै**कत्वस्य **विवक्षया समयकाराणां** समयकर्त्तृभिः शक्तिमत्पुम्भिर्मन्त्राणा**मुक्तेरविरोधः** । उपांशुजपमनोजपयोर्वैफल्यविरोधाभावो दृश्यविकल्प्यावेकाध्यवसायादेककार्यकारित्वेनाधिष्ठितत्वात् तत् कुरुतः । ये तु वस्तुभूतं मन्त्रमिच्छन्ति तेषां विरोध एव । तदाह—**न वस्तुनि** विरोधाभावः । न ह्युपांशुजपादिविषयो वस्तु, कल्पितत्वात् ।

अथ त्वन्मतेऽपि **आनुपूर्व्यां** वर्णव्यतिरिक्तायाम**सत्यां सरो रस इति** प्रसिद्धानुलोमविलोमक्रियायां **श्रुतौ कार्यस्य** स्वज्ञानस्य **भेदो न** स्यादिति **चेत् अस्त्य**स्मन्मते **सा** आनुपूर्वी **पुरुषाश्रया** पुरुषकृता प्रतिपदं भिन्ना । ततो न ज्ञानभेदप्रसङ्गः ।

जायते तदुपाधिः स श्रुत्या समवसीयते ।
तज्ज्ञानजनितज्ञानः स श्रुतावपटुश्रुतिः ॥३०४॥

अपेक्ष्य तत्स्मृतिं पश्चात् स्मृतिमाधत्त आत्मनि ।
इत्येषा पौरुषेय्येव तद्धेतुग्राहिचेतसाम् ॥३०५॥

कार्यकारणता वर्णेष्वानुपूर्वीति कथ्यते ।
अन्यदेव ततो रूपं तद्वर्णानां पदे पदे ॥ ३०६ ॥

स्व०

तथा हि—

यो यद्वर्णसमुत्थानज्ञानजात् ज्ञानतो ध्वनिः ॥ ३०३ ॥

जायते तदुपाधिः स श्रुत्या समवसीयते ।
तज्ज्ञानजनितज्ञानः स श्रुतावपटुश्रुतिः ॥ ३०४ ॥

अपेक्ष्य तत्स्मृतिं पश्चादाधत्ते स्मृतिमात्मनि ।
इत्येषा पौरुषेय्येव तद्धेतुग्राहिचेतसाम् ॥ ३०५ ॥

कार्यकारणता वर्णेष्वानुपूर्वीति कथ्यते ।

चित्तसमुत्थाना हि वाग्विज्ञप्तिर्वर्णपदवाक्याभिधाना । तत्र सकारसमुत्थापनचेतसा समनन्तरप्रत्ययेन अकारोत्थापनचित्तमुत्पाद्यते । तथा रेफाकारविसर्जनीयोत्थापनानि पूर्वपूर्वप्रत्ययानि । तदिमेऽन्यान्यहेतवो वर्णाः स्वकारणानुपूर्विजन्मानः । श्रुतिकालेऽपि यदा मन्दचारिणः पूर्ववर्णज्ञानसहकारिप्रत्ययापेक्षाः स्वज्ञानं जनयन्ति, तदा पूर्ववर्णस्मरणापेक्षा एव स्मृतिमुपलीयन्ते । स एव वर्णानां भिन्नकार्यकारणभावप्रत्ययनिवृत्तिधर्मा भिन्ननिवर्त्तनधर्मा च स्वभावः पुरुषसंस्कारभेदभिन्नः क्रम इत्युच्यते ।

अन्यदेव ततो रूपं तद्वर्णानां पदं पदम्[1] ॥ ३०६ ॥

म०

तथा हि—यो ध्वनिर्जायते तद्वर्णसमुत्थो ज्ञानतः। यश्चासौ वर्णश्च यद्वर्णस्तस्य समुत्थानं कारणं तच्च तत् ज्ञानं च यद्वर्णसमुत्थानज्ञानं तस्माज्जातं यद्वर्णसमुत्थानज्ञानजं तस्मात् ज्ञानम् । अतः अयमर्थः—आद्यस्य वर्णस्य यत्समुत्थापकं विवक्षात्मकं ज्ञानं तेन समनन्तरप्रत्ययेन सता द्वितीयवर्णसमुत्थापकं ज्ञानं जन्यते, तेन च द्वितीयो वर्णः।एवं द्वितीयवर्णसमुत्थापकात् ज्ञानात् तृतीयवर्णोत्थापकज्ञानोत्पत्तौ तृतीयवर्णोत्पत्तिरिति कारणक्रमाद् वर्णोत्पत्तिक्रम उक्तः । पुनः कार्यक्रमेण क्रमं दर्शयितुमाह—स उत्तरो वर्णस्तदुपाधिः पूर्ववर्णविशेषणः, तदनन्तर इत्यर्थः ।

---

1. मनोरथः पदे पदे ।

कर्तृसंस्कारतो भिन्नं सहितं कार्यभेदकृत् ।
सा चानुपूर्वी वर्णानां प्रवृत्ता रचनाकृतः ॥ ३०७ ॥

इच्छाविरुद्धसिद्धीनां स्थितक्रमविरोधतः ।
कार्यकारणतासिद्धेः पुम्भ्यो वर्णक्रमस्य च ॥ ३०८ ॥

स्व०

कर्तृसंस्कारतो भिन्नं सहितं कार्यभेदकृत् ।

तस्मान्न खल्वेक एव पदेषु वर्णानां स्वभावः, कर्तृचित्तसंस्कारभेदेन भेदात्।स च परस्पर-सहितः कार्यभेदहेतुः ।

सा चानुपूर्वी वर्णानां प्रवृत्ता रचनाकृतः ॥ ३०७ ॥

इच्छाऽविरुद्धसिद्धीनां स्थितक्रमविरोधतः ।

कार्यकारणभूतप्रत्ययोत्पन्नस्वभावविशेषो वर्णानामानुपूर्वीत्युक्तम् । सा च पुरुषवितर्क-विचारकृतेति न स्थितक्रमा वर्णाः, इच्छाऽविरुद्धसिद्धक्रमत्वात् । कर्मविशेषानुक्रमवत् । न हि स्थितक्रमाणां देशकालयोर्हिमवद्विन्ध्यमलयादीनां बीजाङ्कुरादीनां च स्वेच्छया क्रमरचना शक्यते कर्तुम् ।

तत एव पुरुषधर्मसंख्याते विकल्पानुक्रमे सति भावात्, असति चाऽभावात्

कार्यकारणतासिद्धेः पुंसां वर्णक्रमस्य च ॥ ३०८ ॥

सर्वो वर्णक्रमः पुंभ्यो दहनेन्धनयुक्तितः ।[1]

म०

श्रुत्या श्रवणज्ञानेन ग्राह्यवर्णकार्येण श्रोतृसन्तानवर्तिना **समवसीयते** । क्रमोत्पन्ना वर्णाः स्वस्व-जनितज्ञानैरसहभाविन एव गृह्यन्ते ।

ननु क्रमभाविनां सहदर्शनाभावात् कथं पूर्ववर्णोपाधिग्रहणम् इत्याह—**तस्य** पूर्ववर्णस्य **ज्ञानेन** ग्राहकेणोत्तरवर्णसहकारिणा **जनितं** ग्राहकं **ज्ञानं** यस्मिन् **स** तज्ज्ञानजनित उत्तरो वर्णः मन्दमुच्चार्यमाणत्वात् **श्रुतौ** श्रवणज्ञानेऽपटुश्रुतिर्मन्दचारिश्रवणज्ञानः । **तस्य** पूर्ववर्णस्य **स्मृतिमपेक्ष्यात्मनि स्मृतिं** पूर्ववर्णानन्तरत्वेनाधत्ते । यस्मात् पूर्ववर्णानन्तरत्वेनोत्तरः स्मर्यते, तस्मात्, तदनन्तर एवासौ गृहीत इत्यर्थः ।

इति एवमुक्तेन क्रमेण **वर्णेषु** क्रमभाविषु **तद्धेतुचेतसां** वर्णोत्थापकचेतसां वक्तृसन्तान-वर्तिनाम्,**तद्ग्राहिचेतसां** वर्णग्राहकचेतसां श्रोतृसन्तानवर्तिनां **कार्यकारणतैषा** यथायोगं वर्णा-पेक्षा क्रमवती कारणता कार्यता **चानुपूर्वी कथ्यते** । सा च पुरुषनिर्वर्त्यत्वात् **पौरुषेय्येव** ।

यतो न नित्यत्वम्, **ततोऽन्यदेव वर्णानां तद्रूपं पदे** पदे प्रतिपदमेकाध्यवसायविषयत्वेऽपि **कर्तृसंस्कारतो** वर्णसमुत्थापकचित्तशक्तिभेदाज्जातं **भिन्नम्** । क्रमेण चानुभूय स्मृत्या **सहितं** स्मृतं सत् **कार्यभेदकृद**र्थप्रतिपत्तिविशेषकारि ।

---

1. मनोरथः: युक्तिवत् ।

सर्वो वर्णक्रमः पुम्भ्यो दहनेन्धनयुक्तिवत् ।
असाधारणता सिद्धा मन्त्राख्यक्रमकारिणाम् ॥ ३०९ ॥

पुंसां ज्ञानप्रभावाभ्यामन्येषां तदभावतः ।

स्व०

सतीन्धने दाहवृत्तेरसत्यभावाददृष्टेन्धनोऽपि दहनो नाऽनिन्धनस्तस्य देशकालनियमाऽयोगात् । नियमे च तस्यैवेन्धनत्वाद्दहनोपादानलक्षणत्वादिन्धनस्य । तथाऽयमपि वर्णानुक्रमः पुरुषविकल्पं यदि नापेक्षेत निरालम्बनः स्वयं प्रकाशेत । यत्नेऽपि न शक्येत। तत्प्रभवात् क्वचिच्छक्तो सर्वस्तथा स्यात्, विशेषाभावात् । तद्भावभाविनस्तद्विशिष्टस्य वा तत्कृतो सर्वत्र कार्यकारणभावश्च निराकृतः स्यात्, अन्वयव्यतिरेकलक्षणत्वात्तस्य । लक्षणान्तरं वा वक्तव्यम् । सर्वेऽपि घटादयो भावाः कृत्रिमाः अकृत्रिमाः प्रसजन्ति । तत्राप्येवं विकल्पनायाः संभवात्,विशेषाभावाच्च । तानपि हि परक्रियादर्शनरूपकानथान्यः करोत्यविदितकर्त्तारश्च केचिदिति सर्वेषां केषांचिद्वा क्रियाभिनिवेशोऽस्तु। तस्मात् सर्वैवेयं वर्णानुपूर्वी प्रसिद्धकार्यकारणभाववस्तुधर्माऽनतिक्रमात् पुरुषकृता।

अत एव

असाधारणता सिद्धा मन्त्राख्यक्रमकारिणाम् ॥ ३०९ ॥

पुंसां ज्ञानप्रभावाभ्यामन्येषां तदभावतः ।

अयं क्रमो वर्णानां विषनिर्घातादिसमर्थो नान्य इति यद्यन्योऽपि जानीयात् तं तथैव प्रतिपद्येत । न चैवम् । तस्मादयमनुक्रमः स्वभावतोऽपि कार्यकृत् कैश्चिदेव विज्ञात इत्यस्ति परोक्षार्थदर्शी पुरुषः । न हि—अयमर्थः नायमिति शक्यमुन्नेतुम् असंकीर्णस्य लिङ्गविशेषस्यासिद्धेः ।

म०

सा च वर्णानामानुपूर्वी तद्धेतुग्राहिचेतसां **रचनाकृतः** पुरुषात् **प्रवृत्तेति** न स्थितक्रमा वर्णाः पुरुषेच्छया **विरुद्धसिद्धीनां** वर्णानां **स्थितस्य क्रमस्य विरोधात्** । न हि स्थितक्रमाणां हिमवद्विन्ध्यमलयानामिच्छया विपरीतक्रमः शक्यः । वर्णास्त्विच्छया विपर्यस्यन्ते, विकल्पक्रमानुविधायित्वाच्च ।

तद्वत् कल्पितोऽप्यर्थो न प्रमाणम्, **कार्यकारणतायाः सिद्धेः** । **सर्वो** वैदिकोऽन्यश्च **वर्णक्रमः पुम्भ्यो भवतीत्यवधारणम्** । **दहनेन्धनयुक्तिवत्** । यथैकस्य दहनस्य इन्धनपूर्वकत्वदृष्ट्या सर्वोऽग्निरिन्धनपूर्वं इति न्यायः ।

अत एव च **मन्त्राख्यवर्णक्रमकारिणां पुंसां ज्ञानप्रभावाभ्यां** पुरुषान्तरैः **सहासाधारणता** समानता **सिद्धा, अन्येषां तयोर्ज्ञानप्रभावयोरभावतः** ।

ननु तन्त्रज्ञा रथ्यापुरुषा अपि मन्त्रं किञ्चित् कार्यसमर्थं प्रणयन्तो दृश्यन्ते, ततो मन्त्रकरणान्नातिशयसिद्धिः इत्याह—**येऽपि केचित्** साधारणा **मन्त्रविदो** मन्त्रशास्त्रज्ञाः **कांश्चन मन्त्रान् विषादिशमनान् कुर्वते, तेषां प्रभोर्मन्त्रप्रणेतुरतिशयितशक्तेः स प्रभावः** सामर्थ्यं **तदुक्तस्य न्यायस्य समयानुष्ठानादेर्युक्तितः** । आराधितस्य प्रभोः प्रभावादीदृक्शक्तिलाभ इत्यर्थः ।

येऽपि तन्त्रविदः केचिद् मन्त्रान् कांश्चन कुर्वते ॥ ३१० ॥

प्रभोः प्रभावस्तेषां स तदुक्तन्यायवृत्तितः ।
कृतकाः पौरुषेयाश्च मन्त्रा वाच्याः फलेप्सुना ॥ ३११ ॥

स्व०

प्रत्यक्षयोरप्यनुपदिष्टयोर्मन्त्रामन्त्रयोरपरिज्ञानात्। उपदेशेऽपि कथंचित् स्वभावविवेकाप्रतीतेरन्यत्र कार्यसंवादात्। तस्य च करणात् प्राग्द्रष्टुमशक्यत्वात्।

न चायमनुक्रमः स्वभावतः कारकः, कस्यचिदाशु सिद्धेः। अन्यस्य चिरादपरस्य व्रतचरणाद्यपेक्षणात्। एकस्मादपि कर्मणः कयोश्चिदर्थानर्थसंदर्शनात्। वहतामपि मन्त्राणां पुनः क्वचिद्विसंवादात्। न ह्ययं प्रकारः स्वभावे युक्तः, स्वभावस्य सर्वत्राऽविशेषात्। पुरुषस्तु स्वेच्छावृत्तिः सत्त्वसभागतादिवशात्, सेवाविशेषाद्वा कंचिदनुग्रह्णाति, नापरमिति युक्तम्।

व्रतचर्याभ्रंशादिना धर्माऽधर्मोपचये धर्माऽधर्मात्मनोर्वा प्रकृत्या सिद्ध्यसिद्धी इति चेत् न। धर्मविरुद्धानामपि क्रौर्यस्तेयमैथुनहीनकर्मादिबहुलानां व्रतानां डाकिनीभगिनीतन्त्रादिषु दर्शनात्। तैश्च सिद्धिविशेषात्। न चैवंविधो धर्मस्वभाव इति च यथावसरं निवेदयिष्यामः। मैत्रीशौचधर्मपरायणानां च तन्निमित्तमेव कस्याश्चित् सिद्धेरसिद्धेः, विपर्यये च पुनः सिद्धेः। न चैकरूपात् कर्मणः स तद्विरोधी धर्मो युक्तो अधर्मश्च।

कथमिदानीं धर्मफलमिष्टमधर्मात्मनो व्रतादेरश्नुते? न वै तस्यैव तदिष्टं फलं व्रतादेर्विपाकोऽपि तु पूर्वस्य कर्मणः। ब्रह्महत्यादेशानुष्ठानात् ग्रामप्रतिलम्भवत्। तस्य त्वधर्मात्मनो व्रतस्यागामि फलमनिष्टम्। स तु मन्त्रादिप्रयोगस्तस्येष्टफलस्य कर्मणः कथंचिदुपकारात् पाचकः, चित्रत्वादुपकारकशक्तेः। पुरुषविशेषाश्रयविपाकधर्मा स धर्मस्तेन कृतः स तथा तदाराधनेन फलतीति। तत्प्रयोगोपकारविपाकधर्मणः कृतत्वात्तत्फलस्य कर्मणः। विनापि पुरुषेण तदुपकारात् फलमिति चेत् न। पुरुषाकारस्वभावचर्याधिमुक्तिवैयर्थ्यप्रसङ्गात्। तस्याप्युपकारत्वे सिद्धः पुरुषविशेषोऽसाधारणगुणः, तदधिमुक्तेरेव हि विषयकर्मादिकरणात्।

तस्मान्न मन्त्राः पुरुषप्रणीता अपि तदुपयोगनिरपेक्षाः स्वभावेन फलदाः।

येऽपि तन्त्रविदः केचिन्मन्त्रान् कांश्चन कुर्वते ॥३१०॥

प्रभुप्रभावस्तेषां स तदुक्तन्यायवृत्तितः।

म०

तस्मात् **कृतकाः पौरुषेयाश्च मन्त्राः वाच्याः फलेप्सुना** सर्वेण, येन पुरुषाः शक्तिविशेषवन्तो मन्त्रान् प्रणेतुमीशते। **अनेनैव** मन्त्रादिप्रणयनं प्रति **पुंसामशक्तिसाधनं** यत् किमपि **मीमांसकै**रिष्टं **तन्निराकृतं** बोद्धव्यम्।

एतदेव स्फुटयितुमाह—**बुद्धीन्द्रियोक्तिपुंस्त्वादिसाधनं** शक्तिविशेषनिराकरणं **यत्तु वर्ण्यते** तत् **प्रमाणाभमनैकान्तिकम्**। न हि बुद्धिमत एकस्य शक्तिविशेषो न दृष्ट इत्यन्यस्यापि तथा। अभ्यासाधीनो हि प्रकर्षो गुणेषु तदभिलाषादभ्यासोऽपि सम्भवी। दृश्यते च प्रज्ञादिगुणानामतिशयितः प्रकर्ष इति बुद्धिमत्त्वाद्यसाधनम्। **न हि शेषवतो लिङ्गात् यथार्थानुमेयस्य गतिर्भवितुमर्हति।**

अशक्तिसाधनं पुंसामनेनैव निराकृतम् ।
बुद्धीन्द्रियोक्तिपुंस्त्वादिसाधनं यत्तु वर्ण्यते ॥ ३१२ ॥

प्रमाणाभं यथार्थास्ति न हि शेषवतो गतिः ।
अर्थोऽयं नायमर्थो न इति शब्दा वदन्ति न ॥ ३१३ ॥

रथ्यापुरुषा अपि केचन तन्त्रज्ञाः स्वयंकृतैर्मन्त्रैः किंचित् कर्म कुर्वन्ति । तथान्योऽप्यनतिशयश्च स्यात् कर्ता च मन्त्राणामिति । न, तेषां प्रभाववतैवाधिष्ठानात् । तत्कृतं हि ते समयमनुपालयन्तस्तदुपदेशेन च वर्त्तमानाः समर्थाः, तत्समयोपदेशनिरपेक्षाणामसामर्थ्यात् । तत्रापि तदाकारध्यानादेरेव प्रयोगात् । तस्मात्तदधिष्ठानमेव तत्तादृशमित्युन्नेयम् ।

अपि च—सोऽपि तादृशः प्रभाववानेवाऽनन्यसाधारणशक्तित्वादिति पुरुषविशेष एव समर्थितः ।

कृतकाः पौरुषेयाश्च वाच्याः मन्त्राः फलेप्सुना ॥३११॥

न ह्यकृतकानां प्रयोगः संभवति । न चाप्रयुक्तेभ्यः फलमिति प्रयोगात् फलमिच्छता कृतका मन्त्रा वाच्याः, पौरुषेयाश्च, पुरुषाधिष्ठानमन्तरेणान्यतोऽसंभवत्फलानां फलदर्शनात् । कृतसमयकाव्यादिवत् ॥३११॥

अशक्तिसाधनं पुंसामनेनैव निराकृतम् ।

प्रतिपादिता हि पुरुषकृतास्तदधिष्ठानाच्च फलदा मन्त्राः । तदस्ति कश्चिदतिशयवान् स इति । तत्प्रतिक्षेपसाधनान्यपि प्रतिव्यूढानि ।

बुद्धीन्द्रियोक्तिपुंस्त्वादिसाधनं यत्तु वर्ण्यते ॥३१२॥

प्रमाणाभं यथार्थास्ति न हि शेषवतो गतिः ।

यत्तु बुद्धीन्द्रियवचनयोगात् पुंस्त्वादिति पुरुषातिशयप्रतिक्षेपसाधनं तत्त्वगमकमेव, प्रतिक्षेपसामान्यसाधनयोरसंभवात् । न ह्यतीन्द्रियेष्वतद्दर्शिनः प्रतिक्षेपः संभवति । सतामप्येषामज्ञानात् । अत एव विरोधासिद्धेः । अविरोधिना च सह संभवाऽविरोधादित्यप्युक्तम् । नापीतरसामान्यसिद्धिर्विशेषाऽसंभवस्य ज्ञातुमशक्यत्वात् । ईदृशेषु चानुपलब्धेर्हेतुत्वप्रतिक्षेपात् । पुंस्त्वादिसाम्येऽपि कस्यचिद्विशेषस्य दर्शनात् । संभवद्विशेषे च साम्याऽसिद्धिरित्युक्तम् । तस्माच्छेषवदनुमानमेतत्, व्यतिरेकस्य संदेहादसमर्थमदर्शनेऽपि विपक्षवृत्तेः ॥

अपि चैवंवादिनो **जैमिनीयाः** स्वमेव वादं स्ववाचा विधुरयन्ति । तथा हि

म०

अपि च—पुरुषातिशयमनिच्छतां **जैमिनीयानां** महद् दुःश्लिष्टम् । तथा हि—**अयमर्थोऽस्य शब्दस्य, अयं न नः**—इति न तावच्छब्दाः स्वयं **वदन्ति** ॥ ३००-३१३ ॥

तस्मात् **पुरुषैरयमर्थः कल्प्यः** । **ते च रागादियुक्ता** नावधारणपटवः ।

कल्प्योऽयमर्थः पुरुषैस्ते च रागादिसंयुताः ।
तत्रैकस्तत्त्वविन्नान्य इति भेदश्च किंकृतः ॥ ३१४ ॥

तद्वत पुंस्त्वे कथमपि ज्ञानी कश्चित् कथं न वः ।
यस्य प्रमाणमविसंवादि वचनं सोऽर्थविद् यदि ॥ ३१५ ॥

स्व०

अयमर्थो नायमर्थ इति स्वयं शब्दा वदन्ति न[1] ॥३१३॥

कल्प्योऽयमर्थः पुरुषैस्ते च रागादिसंयुताः ।
तत्रैकस्तत्त्वविन्नान्य इति भेदश्च कि कृतः ॥३१४॥

तद्वत् पुंस्त्वे कथमपि ज्ञानी कश्चित् कथं न वः ।

न खल्वेते वैदिकाः शब्दा एवं विक्रोशन्ति—एते भवन्तो ब्राह्मणा अयमस्माकमर्थो ग्राह्यो नान्य इति । केवलमभिव्यक्तार्थविशेषसंसर्गाः श्रुतिमभिपतन्ति । तत्रैकः पुरुषः कंचिदर्थं कल्पयत्यन्योऽपरम् । न च शब्दानां कश्चित् स्वभावप्रतिनियमो येनैकमर्थमनुरुन्धते नाऽपरम् । केवलं समयवशात्तं तमाविशन्तो दृश्यन्ते । तेषामविदितार्थनियमानामत्यक्षावेशादविद्वानेव दोषोपप्लुतः कश्चित्तत्त्वं व्याचष्टे नापर इति न न्याय्यम् ।

अथ कुतश्चिदतिशयाद् बुद्धीन्द्रियादीनां स एव वेत्ति नापरः । तस्य कुतोऽयमतीन्द्रियज्ञानातिशयः ? तथान्योऽपि द्रष्टा देशकालस्वभावविप्रकृष्टानामर्थानां किमसंभवी दृष्टः । न हि तत्प्रतिक्षेपसाधनानि कानिचिद्यानि नैनं उपलीयन्ते । यथायं तत्साधनसंभवेऽप्यस्य विशेषस्तथान्यस्यापि स्यादित्यनभिनिवेशो युक्तः ।

यस्य प्रमाणसंवादि[2]वचनं सोऽर्थविद्यदि ॥३१५॥

नह्यत्यन्तपरोक्षेषु प्रमाणस्यास्ति संभवः ।

स्यादेतत्—न वयं पुरुषप्रामाण्यात् कस्यचिद्व्याख्यानमभिनिविष्टाः । किं तर्हि प्रमाणसंवादात् । बहुष्वपि व्याख्यातृषु यः प्रमाणं प्रत्यक्षादिकं संस्यन्दयति सोऽनुमन्यते । तन्न ?

म०

अथ रागिष्वपि कश्चिज्जैमिन्यादिर्जानात्येव।तत्रैकस्तत्त्वविद् अन्यो नेति भेदश्च किंकृत एषः ? रागित्वाविशेषात् सर्व एवाज्ञः प्राप्तः, न वा कश्चित् ॥ ३१४ ॥

अथ पुरुषत्वसाम्येऽपि जैमिन्यादिरतीन्द्रियार्थदर्शित्वाद् वैदिकशब्दानामतीन्द्रियार्थसम्बन्धवेत्ता कल्प्यते, तदा पुंस्त्वे सत्यपि कश्चिदन्योऽपि ज्ञानी ज्ञानातिशयवान् कथमप्यभ्यासादिना तद्वज्जैमिन्यादिवत् कथं वो मीमांसकानां नाभिमतः ?

---

1. मनोरथः अर्थोऽयं नायमर्थो न इति शब्दा वदन्ति न ।
2. मनोरथः प्रमाणमविसंवादि ।

न ह्यत्यन्तपरोक्षेषु प्रमाणस्यास्ति सम्भवः ।
यस्य प्रमाणसंवादि वचनं तत्कृतं वचः ।। ३१६ ।।

स आगम इति प्राप्तं निरर्थाऽपौरुषेयता ।
यद्यत्यन्तपरोक्षेऽर्थेऽनागमज्ञानसम्भवः ।। ३१७ ।।

स्व०

अतीन्द्रियेष्वदृष्टादिषु प्रमाणान्तराऽवृत्तेः । तदसंभवादेव ह्यागमस्तत्प्रतीत्यर्थमुपयाच्यते । अन्यथा सत्यपि तस्मिन् प्रमाणान्तरावृत्तावप्रतिपत्तेः । ततश्च केवलादर्थप्रतिपत्तेरसाधनमेवागमः स्यात् । केवलाद्यन्यतोऽप्यतीन्द्रियेष्वप्रतिपत्तिरिति चेत् कथमतीन्द्रियश्च नाम प्रत्यक्षादिविषयश्च? ते पुनः स्वविषयेऽप्यागममपेक्ष्यैव साधकाश्चेत्, अनागमो धूमादेरग्न्यादिप्रत्ययो न स्यात् । न वै प्रवृत्ते आगमे प्रमाणान्तरमन्विष्यते । किं तर्हि सैवागमप्रवृत्तिर्न जायत इति चेत् स्वयं समर्थस्य प्रसाधनेऽस्य तदागमोपधानं कमतिशयं पुष्णाति ? असमर्थं त्वागमप्रवृत्तिमपि नैव साधयिष्यति । सा चातीन्द्रियार्थसंबद्धाऽऽगमप्रवृत्तिरतीन्द्रिया कथमन्येन सिद्धा ?

अन्यच्चैवमागमलक्षणं स्यात् । तथा हि—

यस्य प्रमाणसंवादिवचनं तत्कृतं वचः ।।३१६।।

स आगम इति प्राप्तं निरर्थाऽपौरुषेयता ।

तुल्येऽप्यागमवादे प्रमाणबलादस्यागमस्य क्वचिदागमत्वे प्रमाणसंवादो वचनानामागमलक्षणं स्यात् । नापुरुषक्रिया, तस्याः सर्वार्थेषु तुल्यत्वेऽपि प्रमाणाबाधनात् प्रतिपत्तेस्तद्भावेऽप्यन्यत्र प्रमाणाऽसंवादादित्यनिष्टत्वात् ।

किं च

यद्यत्यन्तपरोक्षेऽर्थे नागमज्ञानसंभवः ।।३१७।।

अतीन्द्रियार्थवित् कश्चिदस्तीत्यभिमतं भवेत् ।

म०

स्यादेतत् । न वयं पुरुषप्रामाण्याद् व्याख्यानमनुमन्यामहे, किन्तु **यस्य प्रमाणमविसंवादि वचनं** सोऽर्थविद् वेदार्थज्ञाता यदीष्यते नन्वत्यन्तपरोक्षेषु वेदार्थेषु **प्रमाणस्य सम्भवो** न हि कस्यचिदस्ति।तत् कथं संवादादर्थविद् व्यवस्थाप्यते ?

अपि च—**यस्य प्रमाणसंवादि वचनम्**,स यदि व्याख्याता, तदा संवाद आगमलक्षणम् इति, **तेन संस्कृतं वच आगम इति प्राप्तमिति निरर्थाऽपौरुषेयता** वेदानां कल्पिता ।

तथा **यद्यत्यन्तपरोक्षेऽर्थे** स्वर्गसम्बन्धादौ जैमिन्यादेर**नागम**स्यागमनिरपेक्षस्य **ज्ञानस्य सम्भवः**, तदाऽ**तीन्द्रियार्थ**दर्शी **कश्चिदस्तीत्यभिमतं भवेत्** । ततस्तत्प्रतिक्षेपो न युक्तः ।

यदि तु न कश्चिदतीन्द्रियार्थदर्शी, तदा **स्वयं रागादिमान् पुमान् वेदस्यार्थं न वेत्ति, न चान्यतः**, अन्यस्यापि रागादिमत्त्वेऽज्ञानत्वात् ।। ३१८ ।।

अतीन्द्रियार्थवित् कश्चिदस्तीत्यभिमतं भवेत् ।
स्वयं रागादिमान्नार्थं वेत्ति वेदस्य नान्यतः ॥ ३१८ ॥

न वेदयति वेदोऽपि वेदार्थस्य कुतो गतिः ।
तेनाग्निहोत्रं जुहुयात् स्वर्गकाम इति श्रुतौ ॥ ३१९ ॥

स्व०

यद्यागमानपेक्षं ज्ञानयाथातथ्यं पुरुषस्येष्यते परोक्षेऽर्थे—सन्ति पुरुषा अतीन्द्रियार्थदृश इतीष्टं स्यात् । प्रत्यक्षपूर्वकाणां प्रमाणानामतद्दर्शनेऽसंभवात् । प्रत्यक्षावृत्तेर्हि तेषु प्रमाणान्तरस्याऽसंभवात् । अतदालम्बनप्रतीतये प्रमाणमागमः । प्रमाणान्तरवृत्तिस्तु प्रत्यक्षमन्वाकर्षयतीति न पुरुषातिशयोऽनिवार्यः स्यात् । तस्मान्नास्त्यतीन्द्रियेषु प्रमाणान्तरवृत्तिः ।

अत एवागमस्यार्थविशेषवृत्तेरपरिज्ञानादयं **जैमिनिरन्यो वा**

स्वयं रागादिमान्नार्थं वेत्ति वेदस्य नान्यतः ॥३१८॥

न वेदयति वेदोऽपि वेदार्थस्य कुतो गतिः ।

सर्व एव हि पुरुषोऽनतिक्रान्तदोषविप्लवस्तमतीन्द्रियमर्थविशेषप्रतिनियमं व्याख्यां वा स्वयं न वेत्ति नाप्येनमन्यो वेदयति, तस्यापि तुल्यप्रसङ्गात् । न ह्यन्धेनाकृष्यमाणोन्धः पन्थानं प्रतिपद्यते । नापि वेदः स्वार्थं विवृणोति, उपदेशवैयर्थ्यप्रसङ्गात् । तदयमपरिज्ञातार्थः शब्दगडुरेवं शल्यभूतोऽसद्दर्शनस्नायूपनिबद्धो दुरुद्धरो दुःखमासादयति ॥

तेनाग्निहोत्रं जुहुयात् स्वर्गकाम इति श्रुतौ ॥३१९॥

खादेच्छ्वमांसमित्येष नार्थं इत्यत्र का प्रमा ।

क्वचिदप्यर्थे प्रत्यासत्तिविप्रकर्षरहितस्य "अग्निहोत्रं जुहुयात् स्वर्गकामः" ((मैत्री० ६.३६) इत्यादिवाक्यस्य भूतविशेषे यथाभिमतं घृतादि प्रक्षिपेत् इत्ययमर्थो न पुनः श्वमासं खादेत् इति नातिशयं पश्यामः ।

म०

वेदोऽपि स्वार्थं न वेदयति, ततश्च **कुतो वेदार्थस्य गतिः** ? न कुतश्चिदिति पुरुषा एव यथाप्रतिभं कल्पयेयुः ।

तेन अग्निहोत्रं जुहुयात् स्वर्गकामः[1] इति **श्रुतौ** वेदवाक्ये **श्वमांसं खादेत् इत्येष नार्थं इत्यत्र का प्रमा**? इत्यपि कल्पयितुं शक्यत्वात् ।

अग्निर्दाहादिसमर्थः, तस्मिन् घृतादिप्रक्षेपश्च हवनमिति **प्रसिद्धो लोकवादः।** ततो नान्यार्थकल्पनेति **चेत् तत्र** लोके रागादिमति **कोऽतीन्द्रियार्थदृगस्ति, येनानेकार्थेष्वनेकार्थाभिधानयोग्येषु शब्देष्वयमभिमतोऽर्थो विवेचितो** वाच्यतया, विशेषेणव्यवस्थापितः । यदि दाहकद्रव्ये घृतप्रक्षेपस्य

---

1. *Maitri* 6.36.

खादेत् श्वमांसमित्येष नार्थं इत्यत्र का प्रमा।
प्रसिद्धो लोकवादश्चेत् तत्र कोऽतीन्द्रियार्थदृक् ॥ ३२० ॥

अनेकार्थेषु शब्देषु येनार्थोऽयं विवेचितः।

स्व०

नन्वयं सर्वत्र समानः प्रसङ्गः परोक्षदेशिकानां वचनानामर्थं यथाभिप्रायमिदानीन्तनाः समनुयन्ति आहोस्विद्विपर्ययमिति। न, उपदेष्टुः स्वाभिप्रायप्रकाशनेन संप्रदायसंभवात्। न ह्ययमदेशिकानां संभवति। लोकप्रत्यायनाभिप्रायश्च ब्रुवाणो लोकसंकेतप्रसिद्धिमनुपालयतीति ततोऽपि तदर्थसिद्धिः स्यात्। नाऽपौरुषेयाणां शब्दानाम्, तत्र कस्यचित् समीहाभावात्।

अपि च—न्यायमेवानुपलपन्तः पण्डिता हेयोपादेयतदाश्रयेषु संघटन्ते, न प्रवादेनेति न समानः प्रसङ्गः। तच्च यथावसरं प्रतिपादयिष्यामः।

ननु कश्चिल्लोकसंनिवेशादिरयुक्तिविषयोपि संभावनीयपुरुषवचनादर्थः प्रतिपद्यते। न, अप्रत्ययात्। न हि क्वचिदस्खलित इति सर्वं तथा, व्यभिचारदर्शनात्, तत्प्रवृत्तेरविसंवादेन व्याप्त्यसिद्धेश्च। अगत्या चेदमागमलक्षणमिष्टम्। नातोऽर्थनिश्चयः। तन्न प्रमाणमागम इत्यप्युक्तम्।

अपौरुषेयाणां शब्दानामर्थज्ञानं न संप्रदायान्न युक्तेर्न लोकादिति तत्राऽप्रतिपत्तिर्न्याय्या।

प्रसिद्धो लोकवादश्चेत्

प्रतिपत्तिहेतुः

तत्र कोऽतीन्द्रियार्थदृक् ॥३२०॥

अनेकार्थेषु शब्देषु येनार्थोऽयं विवेचितः।

न ह्ययं लोकव्यवहारोऽपौरुषेयाच्छब्दार्थसंबन्धात्। किं तर्हि समयात् स्वशास्त्रकारसमयात् पाणिनीयादिव्यवहारवदुपदेशापेक्षणात्। न ह्यपौरुषेये तस्मिन्नुपदेशो युक्तः,तस्य केनचिदज्ञानात्, अतीन्द्रियत्वात्। ऐन्द्रियकत्वे स्वयं प्रतिपत्तिप्रसङ्गात्। रूपादिवत्। उपदेशे च पुरुषाणां स्वतन्त्राणां यथातत्त्वमुपदेशेनाऽविसंवादस्याऽसिद्धेरनाश्वासः।

म०

स्वर्गेण सम्बन्धः, श्वमांसभक्षणेन च नास्तीति केनापि दृष्टं स्यात्, स्यादयमर्थविवेकः। तद्दर्शी तु रागादिमत्त्वात् कश्चिन्नेष्ट इति नास्ति विपरीतकल्पनानिरासः।

न च लोकप्रसिद्धानुसाराद् वेदार्थव्यवस्था। तथा हि—**स्वर्गोर्वश्यादिशब्दश्चारूढार्थवाचको दृष्टः**। मनुष्यातिशायिपुरुषविशेषनिकेतोऽतिमानुषसुखाधिष्ठानो नानोपकरणः स्वर्गः। तत्स्थाऽप्सरा उर्वशीति प्रसिद्धो लोकवादः। तमुल्लंध्य—दुःखेनासम्भिन्ना निरतिशया प्रीतिः स्वर्गः, उर्वशी चारणिः पात्री वा—इत्यप्रसिद्धार्थकल्पनेति। **शब्दान्तरेष्वग्निहोत्रादिषु तादृक्षु** सर्वार्थयोग्येषु **तादृश्येवाप्रसिद्धार्थैव कल्पनास्तु**, न्यायस्य तुल्यत्वात्।

स्वर्गोर्वश्यादिशब्दश्च दृष्टोऽरूढार्थवाचकः ॥ ३२१ ॥

शब्दान्तरेषु तादृक्षु तादृश्येवास्तु कल्पना ।

स्व०

वेदवद्व्याख्यानमप्यनाद्यपौरुषेयं संप्रदायाऽविच्छेदादागतं ततोऽर्थसिद्धिरिति चेत् तस्यापि शब्दात्मके तुल्यः पर्यनुयोगः—कथमस्यार्थो वेदितव्य इति । पुरुषो हि स्वयं समितानां शब्दानामर्थं शृङ्गग्राहिकयाऽपि तावदबुधं बोधयेदित्यस्ति पौरुषेयाणामर्थगतौ उपायः। पौरुषेयस्तु शब्दो नैवं करोति । न चास्य कश्चित् क्वचित् संबन्धनियमं ज्ञातुमीश इत्यप्रतिपत्तिरेव तदर्थस्य ।

अपि च वेदस्तद्व्याख्यानं वा पुरुषेण पुरुषायोपदिश्यमानमनष्टसंप्रदायमेवानुवर्त्तत इत्यत्रापि समयः शरणम् । आगमभ्रंशकारिणामाहोपुरुषिकया, तद्दर्शनविद्वेषेण वा, तत्प्रतिपन्नखलीकाराय धूर्तव्यसनेन, अन्यतो वा कुतश्चित् कारणादन्यथारचनादर्शनात् ।

अपि चात्र भवान् स्वमेव मुखवर्णं स्ववादानुरागान्नूनं विस्मृतवान्, पुरुषो रागादिभिरुपप्लुतोऽनृतमपि ब्रूयादिति नास्य वचनं प्रमाणम् इति । तदिहापि किं न प्रत्यवेक्ष्यते संभवति, न वेति ? स एवोपदिशन्नुपप्लवाद्वेदं वेदार्थं वान्यथाऽप्युपदिशेदिति । श्रूयन्ते हि कैश्चित् पुरुषैरुत्सन्नोद्धृतानि शाखान्तराणीदानीमपि कानिचिद्विरलाध्येतृकाणि । तद्वत् प्रचुरा ध्येतृकाणामपि कस्मिंश्चित् काले कथंचित् संहारसंभवात् । पुनः संभावितपुरुषप्रत्ययात् प्रचुरतोपगमसंभावनासंभवात् । तेषां च पुनः प्रतानयितृणां कदाचिदधीतविस्मृताध्ययनानामन्येषां वा संभावनाभ्रंशभयादिनाऽन्यथोपदेशसंभवात् । तत्प्रत्ययाच्च तद्भक्तानामविचारेण प्रतिपत्तेर्बहुष्वध्येतृषु संभावितात् पुरुषात् बहुलं प्रतिपत्तिदर्शनात् । ततोऽपि कथंचिद्विप्रलम्भसंभवात् ।

किं च परिमितव्याख्यातृषु पुरुषपरम्परामेव चात्र भवतामपि शृणुमः । तत्र कश्चिद् द्विष्टाज्ञधूर्त्तानामन्यतमः स्यादपीत्यनाश्वासः ।

तस्मान्नापौरुषेयाद्व्याख्यानात्, नापि सामयिकाल्लोकव्यवहाराद्वेदार्थसिद्धिः । असामयिकत्वेऽपि नानार्थानां शब्दानां व्यवहारे दर्शनात् कस्यचिदप्रसिद्धार्थस्याप्रसिद्धस्य वा पुनः व्युत्पत्तिदर्शनेन सर्वत्र तदाशङ्कानिवृत्तेः । सर्वेषां यथार्थनियोगेऽप्यवैगुण्येन यथासमयं प्रतीतिजननात्, इष्टानिष्टयोरविशेषात् । अविशिष्टानां सर्वार्थेष्वेकमर्थमत्यक्षसंयोगमनत्यक्षदर्शिनि पुरुषसामान्ये को विवेचयेद्यतो लोकात् प्रतीतिः स्यात् ।

अपि च—स्वयमप्ययं न सर्वत्र प्रसिद्धिमनुसरति । यस्मात्

स्वर्गोर्वश्यादिशब्दश्च दृष्टोऽरूढार्थवाचकः ॥३२१॥

अनेनैव निर्वर्ण्यमानः मनुष्यातिशायिपुरुषविशेषनिकेतोऽतिमानुषसुखाधिष्ठानो नानोपकरणः स्वर्गः । तन्निवासिन्यप्सरा उर्वशीनामेति लोकवादः । तमनादृत्यान्यामेवार्थकल्पनामयं कुर्वाणः शब्दान्तरेषु कथं प्रसिद्धिं प्रमाणयेत् ।

म०

किञ्च— **प्रसिद्धिश्च नृणां वाव** एव, न त्वन्यथा काचित् । **स च** पुरुषप्रवर्तितत्वात् **प्रमाणं नेष्यते** भवता ॥ ३२२ ॥

प्रसिद्धिश्च नृणां वादः प्रमाणं स च नेष्यते ॥ ३२२ ॥

ततश्च भूयोऽर्थगतिः किमेतद् द्विष्ठकामितम् ।
अथ प्रसिद्धिमुल्लंघ्य कल्पने न निबन्धनम् ॥ ३२३ ॥

स्व०

तत्राविरोधादभ्युपगम इति चेत्, न। अत्राप्यतीन्द्रिये विरोधाऽसिद्धेः। अन्यत्राप्यविरोधस्य दुरन्वयत्वात्। विरुद्धामप्यग्निहोत्रात् स्वर्गावाप्तिं मान्द्यादयं न लक्षयेदपि। विरोधाविरोधौ च बाधकसाधकप्रमाणवृत्ती। ते चात्यक्षे नाभिमते। तत् कथं तद्वशात् तत्प्रतीतिः?

न च वचनवृत्तिरेवाऽविरोधोऽन्यत्रापि प्रसङ्गात्। अपौरुषेय आगमस्तस्य प्रवादादर्थसिद्धिः। तत्र पुनर्विरोधचिन्तायामनाश्वास आगमे स्यात्। सत्यपि तस्मिन्नतथाभावादर्थस्याप्रमाणवृत्तेरन्यस्यापि शङ्कनीयत्वात्।

यदुक्तम्—अग्निहोत्रं जुहुयात् स्वर्गकामः (मैत्री० ६.३६) इत्यत्र श्वमांसभक्षणचोदनाविकल्पो भवत्विति—स न भवति प्रदेशान्तरेषु तथार्थस्य वचनात्। न, तस्यार्था परिज्ञानात्, प्रदेशान्तरेष्वपि तथाविधार्थकल्पनाया अनिवार्यत्वात्। यदि हिं क्वचिद्विदितार्थोऽयमपौरुषेयः शब्दराशिः स्यात्तदा ततोऽर्थप्रतीतिः स्यात्। ते तु बाहुल्येऽप्यन्धा एव सर्व इति यथेष्टं प्रणीयन्ते।

तस्मात्

शब्दान्तरेषु तादृक्षु तादृश्येवास्ति कल्पना।

यादृशी—अग्निहोत्रं जुहुयात् स्वर्गकामः (मैत्री० ६.३६) इत्यस्य वाक्यस्य।

अपि च

प्रसिद्धिश्च नृणां वादः प्रमाणं स च नेष्यते ॥३२२॥

ततश्च भूयोर्थगतिः किमेतद् द्विष्ठकामितम्।

न प्रसिद्धिर्नामान्या, अन्यत्र जनप्रवादात्। ते च सर्वे जना रागाद्यविद्यापरिगतत्वादसंभवनीययाथातथ्यवचनाः। तदेषां प्रवादो न प्रमाणम्। न हि कस्यचिदपि सम्यक्प्रतिपत्तेरभावे बाहुल्यमर्थवद्भवति। पारसीकमातृमैथुनाचारवत्। तेषामेव पुरुषाणां वचनात् पुनः परोक्षार्थप्रतिपत्तिरिति तदेव कथं युगपद् द्वेष्यं च काम्यं च?

अथ प्रसिद्धिमुल्लङ्घ्य कल्पने न निबन्धनम् ॥३२३॥

प्रसिद्धेरप्रमाणत्वात् तद्ग्रहे किं निबन्धनम्।

म०

भूयः पुनस्ततो जनवादादर्थस्य गतिरिति किमेतत् द्विष्ठकामितम्। लोकवादोऽप्रमाणत्वात् द्विष्ठः सम्प्रति काम्यते इति व्यक्तो विरोधः। अथ लोकस्य प्रसिद्धिमुल्लंघ्य श्वमांसभक्षणाद्यर्थकल्पने न निबन्धनमस्ति ॥ ३२३ ॥

ननु प्रसिद्धेरप्रमाणत्वात् तस्या ग्रहे किं निबन्धनं विचारकस्य? न किञ्चित्।

प्रसिद्धेरप्रमाणत्वात् तद्ग्रहे किं निबन्धनम् ।
उत्पादिता प्रसिद्ध्यैव शंका शब्दार्थनिश्चये ।। ३२४ ।।

यस्मान्नानार्थवृत्तित्वं शब्दानां तत्र दृश्यते ।
अन्यथासम्भवाभावात् नानाशक्तेः स्वयं ध्वनेः ।।३२५।।

अवश्यं शंकया भाव्यं नियामकमपश्यताम् ।
एष स्थाणुरयं मार्ग इति वक्तीति कश्चन ।। ३२६ ।।

स्व०

प्राप्तप्रतिलोमनेनाऽन्यत्र प्रवृत्तिर्गुणदोषदर्शनेन युक्तेति प्रसिद्धेरन्वय इति चेत् न। प्राप्तेः प्रमाणवृत्तिलक्षणत्वात्। यत् किंचन ग्रहणं हि प्रसिद्धिमप्रमाणयतस्तन्मुखेन प्रतीतिः। न्याय्यात् प्राप्तिप्रतिषेधात्तुल्यां स्वपरविकल्पयोरुभयथापि वृत्तिरिति कः प्रसिद्धावनुरोधः ?

अपि चेयम्

उत्पादिता प्रसिद्ध्यैव शङ्का शब्दार्थनिश्चये ।।३२४।।

यस्मान्नानार्थवृत्तित्वं शब्दानां तत्र दृश्यते ।

न प्रसिद्धेरेकार्थनिश्चयः शब्दानाम्, तत एव शङ्कोत्पत्तेः। नानार्था हि शब्दा लोके दृश्यन्ते। लोकवादश्च प्रतीतिः। अत एव नानार्थतेति ततोऽर्थनियमो न युक्तः।

अन्यथाऽसंभवाभावान्नानाशक्तेःस्वयं ध्वनेः ।।३२५।।

अवश्यं शङ्कया भाव्यं नियामकमपश्यताम् ।

अन्तरश्लोकः ।।

तस्मादविदितार्थविभागेषु शब्देष्वेकमर्थमत्यक्षसंयोगमनालम्बनसमारोपं विनिश्चित्य व्याचक्षाणो **जैमिनि**स्तद्व्याजेन स्वमेव मतमाहेति न तीर्थकरान्तरादस्य विशेषं पश्यामः। तथा हि—तदर्थवचनव्यापारशून्यस्य तत्समारोपेणाभिधानं न स्ववचनमतिशेते। तत्कारिणा केवलं मिथ्या विनीततैवात्मनः समुद्द्योतिता स्यात्। तथा हि

एष स्थाणुरयं मार्ग इति वक्तीति कश्चन ।।३२६।।

म०

किञ्च—**प्रसिद्ध्यै शब्दार्थनिश्चये** विपरीतार्थकल्पनायाः **शङ्कोत्पादिता । यस्मान्नानार्थवृत्तित्वं शब्दानां** गवाक्षप्रभृतीनां **तत्र** प्रसिद्धौ **दृश्यते** ।

तथा—**नानाशक्तेरनेकार्थप्रतिपादनयोग्यस्य ध्वनेः स्वयमात्मनाऽन्यथासम्भवस्य** एकार्थप्रतिपादनयोग्यतासम्भवस्या**सम्भवात्** ।। ३२४-३२५ ।।

अवश्यमर्थान्तरशङ्कया भाव्यम्। कथम् इत्याह—**नियामकमपश्यता**मनेकार्थस्य **शब्द**स्य एकवृत्तिनियमकारणमपश्यतां पुंसाम्।

अन्यः स्वयं ब्रवीमीति तयोर्भेदः परीक्ष्यताम् ।
सर्वत्र योग्यस्यैकार्थद्योतने नियमः कुतः ।। ३२७ ।।

ज्ञाता वातीन्द्रियाः केन विवक्षावचनाद् ऋते ।
विवक्षानियमे हेतुः संकेतस्तत्प्रकाशनः ।। ३२८ ।।

स्व०

अन्यः स्वयं ब्रवीमीति तयोर्भेदः परीक्ष्यताम् ।

निरभिप्रायव्यापारवचने स्थाणौ समारोप्योपदिशतः स्वतन्त्रस्य वा स्वयं वचनोपगमे च न कश्चिद्विशेषोऽन्यत्र जडस्य प्रतिपत्तिमान्द्यात् ।

अपि चैकार्थनियमे सति एनं **जैमिनिर्जा**नीयात् । स एव शब्दस्य

सर्वत्र योग्यस्यैकार्थद्योतने नियमः कुतः ।।३२७।।

न हि शब्दस्य कश्चिदर्थः स्वभावनियतः, सर्वत्र योग्यत्वात् । अयोग्यत्वे च तदप्रच्युतेरविधेयस्य पुरुषाणां क्वचिदुपनयनापनयनासंभवात् ।

ज्ञाता वातीन्द्रियाः केन विवक्षावचनादृते ।

पुरुषप्रणीते हि शब्दे कयाचिद्विवक्षया स तां कदाचित् क्वचिन्निवेदयेदपीति विवक्षापूर्वकाणां शब्दानामर्थनियमः प्रतीयेतापि । अपौरुषेये तु विद्यमानोप्यर्थनियमः कथं विज्ञेयः ? स्वभावभेदस्याभावात् । सति वा प्रत्यक्षस्य स्वयं प्रतीतिप्रसङ्गात् । अप्रत्यक्षेऽपि केनचित् ज्ञातुमशक्यत्वात् । न चास्ति कश्चिद्विशेषः । सर्वशब्दा हि सर्वार्थप्रत्यासत्तिविप्रकर्षरहिताः ।

तत्स्तेषाम्

विवक्षा नियमे हेतुः संकेतस्तत्प्रकाशनः ।।३२८।।

अपौरुषेये सा नास्ति तस्य सैकार्थता कुतः ।

म०

किञ्च—स्वयमर्थप्रतिपादनशून्येनैतानभिमतार्थद्योतकत्वेन प्रतिपादयन् कर्तुर्न भिद्यते । तस्याप्येवं व्यापारत्वात् । यथा केनचित् **कश्चन** पन्थानं पृष्ट आह—नाहं जाने, किन्तु **स्थाणु**रेष **वक्ति अयं मार्गः** इति।**अन्यः** पुनः प्रत्याह—अहं **स्वयं ब्रवीमि** अयं मार्गः इति। **तयोरेवं** वादिनोः प्रतिपादकत्वस्य **भेदः परीक्ष्यताम्** । एको निरभिप्रायवचनं वक्तृत्वेन व्यपदिशति,अन्यस्तु **न**—इति वचनवैदग्ध्यमेवानयोर्भिद्यते, नोपदेशप्रवृत्तिनिवृत्ती । तथा स्वयमर्थं प्रतिपादयतोऽपि वेदार्थविशेषाभिधायिनोऽभिदधत् कर्त्तेव वाचकतायाः ।

अथ तदर्थप्रतिपादने योग्या एव शब्दाः । नन्वेवं **सर्वत्रार्थे योग्यस्य** शब्दस्य **एकार्थद्योतने नियमः कुतो** जातः ? पुरुषश्चेन्नियामको न भवति ।। ३२६-३२७ ।।

स्यादेतत् । प्रतिनियता एवार्थास्तेषाम्, न ते पुरुषेण नियम्यन्ते । एवमपि **ज्ञाता वा अतीन्द्रियाः** प्रतिनियता अर्थाः **केन** पुरुषेण रागादिमता, **विवक्षायाः** प्रकाशकात् **वचनात्** प्रतिपाद-

अपौरुषेये सा नास्ति तस्य संकार्थता कुतः।
स्वभावनियमेऽन्यत्र न योज्येत तथा पुनः ॥ ३२९ ॥

संकेतश्च निरर्थः स्याद् व्यक्तौ च नियमः कुतः ।
यत्र स्वातन्त्र्यमिच्छाया नियमो नाम तत्र कः ॥ ३३० ॥

विवक्षया हि शब्दोऽर्थे नियम्यते, न स्वभावतः, तस्य क्वचिदप्रतिबन्धेन सर्वत्र तुल्यत्वात्। यत्रापि प्रतिबन्धस्तदभिधाननियमाभावात्, सर्वशब्दैः करणानामभिधानप्रसङ्गात्। तस्माद्विवक्षाप्रकाशनायाऽभिप्रायनिवेदनलक्षणः संकेतः क्रियते। अपौरुषेये तु न विवक्षा, न संकेतः, कस्यचिदभिप्रायाभावादिति न नियमो न तज्ज्ञानम्।

स्वभावनियमेऽन्यत्र न योज्येत तथा पुनः ॥३२९॥

यदि संकेतनिरपेक्षः स्वभावत एवार्थेषु शब्दः, न नियमः स्यात्। उक्तमत्राऽप्रतिबन्धादनियम इति ॥३२९॥

अपि च स्वाभाविके वाच्यवाचकभावे न पुर्नविवक्षया

यथेष्टं न नियुज्येत संकेतश्च निरर्थकः।[1]

स्यात्। न हि स्वभावभेद इन्द्रियगम्यः स्वप्रतीतौ परिभाषादिकमपेक्षते नीलादिभेदवत्। तदपेक्षप्रतीतयस्तु न वस्तुस्वभावाः। किं तर्हि सामयिकाः राजचिह्नादिवत्। यश्च सामयिकः स स्वभावनियतो युक्तस्तस्येच्छावृत्तेः। अत एव संकेतात् स स्वभावविशेषस्य व्यक्तौ नियमः कुतः? स्वेच्छावृत्तिः संकेतः। स इहैव कर्त्तुं शक्यते नान्यत्रेति नोपरोधोऽस्ति। स च पुरुषैः स्वेच्छया क्रियमाणस्तमेव स्वभावं व्यनक्ति नान्यमिति न नियमोऽस्ति।

यत्र स्वातन्त्र्यमिच्छायाः नियमो नाम तत्र कः ॥३३०॥

द्योतयेत्तेन संकेतो नेष्टामेवास्य योग्यताम्।
इत्यन्तरश्लोकः।

म०

नादृते ? न हि वेदेषु कस्यचिद् विवक्षास्ति। तदवगतिमन्तरेण च **प्रतिनियतार्थता न शक्या** बोद्धुम्। न हि शब्दाः स्वयं स्वार्थनियमं कथयन्ति संकेतमन्तरेण। न च स **पौरुषेयः। न चार्थ**नियमावगमं विना संकेतकरणम्, अर्थनियमप्रतीतिश्च विना संकेतं नास्तीति **व्यक्त**मितरेतराश्रयत्वम्।

अपि च—**विवक्षार्थस्य नियमे हेतुः संकेतः** तत्प्रकाशनोऽर्थनियमबोधनः। **अपौरुषेये च वेदे सा** विवक्षा **नास्ति,** पुरुषप्रयोज्यत्वात् तस्याः। ततस्तत्प्रसाध्या **सा एकार्थता वेदस्य कुतः?**

---

1. मनोरथः संकेतश्च निरर्थः स्यात् व्यक्तौ च नियमः कुतः।

द्योतयेत् तेन संकेतो नेष्टामेवास्य योग्यताम्।
यस्मात् किलेदृशं सत्यं यथाग्निः शीतनोदनः ॥ ३३१ ॥

वाक्यं वेदैकदेशत्वादन्यदप्यपरो ब्रवीत् ।
रसवत् तुल्यरूपत्वादेकभाण्डे च पाकवत् ॥ ३३२ ॥

स्व०

यस्मात् किलेदृशं सत्यं यथाग्निः शीतनोदनः ॥३३१॥

वाक्यं वेदैकदेशत्वादन्यदप्यपरोऽब्रवीत् ।

अन्यस्त्वपौरुषेयभागलक्षणं परित्यज्यान्यथा प्रामाण्यं वेदस्य साधयितुकामः प्राह—अवितथानि वेदवाक्यानि यत्राप्रतिपत्तिः,वेदैकदेशत्वात् । यथा "अग्निर्हिमस्य भेषजम् (तैत्ति० सं. ७.४.१८.२) इत्यादि वाक्यमिति।

तस्येदम्

रसवत्तुल्यरूपत्वादेकभाण्डे च पाकवत् ॥३३२॥

शेषवद्व्यभिचारित्वात् क्षिप्तं न्यायविदेदृशम् ।

स्वयमीदृशमाचार्येणानुमानं **नैयायिकानां** यच्छेषवदनुमानं तस्य व्यभिचारमुद्भावयता यथातुल्यरूपतया फलानां तुल्यरससाधनवदेकस्थाल्यन्तर्गमात् दृष्टवददृष्टतन्दुलपाकसाधनवच्चासाधनमुक्तम्। तदसाधनत्वे न्यायश्च पूर्वमेवोक्तः। उक्तं चेदमागमलक्षणमस्माभिः। तत्तु सर्वस्य शक्यविचारस्य विषयस्य यथास्वं प्रमाणे न विविधप्रतिषेधसिद्धौ नान्तरीयकत्वाभावेऽपि शब्दानामर्थेषु वरं संशयितस्य वृत्तिस्तत्र कदाचिदविसंवादस्य संभवात्। न त्वन्यत्र दृष्टप्रमाणोपरोधस्य पुरुषस्य प्रिवृत्तिरिति।

यः पुनः प्राकृतविषयस्य वह्नेः शीतप्रतिघातसामर्थ्यस्याभिधानं सत्यार्थमुपदर्श्य सर्वं सत्यार्थमाह शास्त्रं शक्यपरिच्छेदेऽपि विषये प्रमाणाविरोधाद् बहुतरमयुक्तमपि

म०

अथ स्वभावतः शब्दाः क्वचिदर्थे नियताः तदा **स्वभावनियमेऽन्यत्रार्थे** वाचकत्वेन **तया विवक्षया न योज्येत पुनः**। न हि स्वभावेन प्रतिनियतविषयोऽन्यथा कर्तुं शक्यते। **संकेतश्च निरर्थः स्यात्** स्वभावप्रतिनियमे सति। न हि चक्षुरिन्द्रियं रूपग्रहणप्रतिनियतं तत्र सङ्केतमपेक्षते। सङ्केताद् वाचकताया **व्यक्ताविष्यमाणायां नियमः कुतः**? अयमेवास्य शब्दस्यार्थः इति नियमो न युज्यते पुरुषाधीनसङ्केतापेक्षायाम्।

तथा हि— **यत्र पुरुषस्य स्वातन्त्र्यमिच्छायाः तत्र नियमो नाम कः** सङ्गतः? **तेनेच्छाधीनत्वेन संकेतो नेष्टामेव योग्यतामुद्द्योतयेत्**। अनभिमतापि व्यञ्जयेदित्यर्थः। तदेवम्—अपौरुषेयत्वमागमलक्षणं ब्रुवाणा **मीमांसकाः** प्रतिक्षिप्ताः।

शेषवद् व्यभिचारित्वात् क्षिप्तं न्यायविदेदृशम् ।
नित्यस्य पुंसः कर्तृत्वं नित्यान् भावानतीन्द्रियान् ॥३३३॥

ऐन्द्रियान् विषमं हेतुं भावानां विषमां स्थितिम् ।
निर्वृत्तिं च प्रमाणाभ्यामन्यद् वा व्यस्तगोचरम् ॥३३४॥

विरुद्धमागमापेक्षेणानुमानेन वा वदत् ।
विरोधमसमाधाय शास्त्रार्थं चाप्रदर्श्य सः ॥ ३३५ ॥

स्व०

नित्यस्य पुंसः कर्त्तृत्वं नित्यान्भावानतीन्द्रियान् ॥३३३॥

ऐन्द्रियान् विषमं हेतुं भावानां विषमां स्थितिम् ।
निर्वृत्तिं च प्रमाणाभ्यामन्यद्वा व्यस्तगोचरम् ॥३३४॥

विरुद्धमागमापेक्षेणानुमानेन वा वदत् ।
विरोधमसमाधाय शास्त्रार्थं चाप्रदर्श्य सः ॥३३५॥

सत्यार्थं प्रतिजानानो जयेद्धाष्टर्येन बन्धकीम् ।

अप्रच्युताऽनुत्पन्नपूर्वाऽपररूपः पुमान् कर्त्ता क्रमेण कर्मणां कर्मफलानां च भोक्ता समवायिकारणाधिष्ठानभावादिनेत्याह वेदः। तच्चायुक्तमित्यावेदितप्रायम्। नित्यत्वं च केषांचिद्भावानामक्षणिकस्य वस्तुधर्मातिक्रमादयुक्तम्। अप्रत्यक्षाण्येव सामान्यादीनि प्रत्यक्षाणि। जन्मस्थितिनिवृत्तीश्च विषमाः पदार्थानाम्। अनाधेयविशेषस्य प्रागकर्त्तुः परापेक्षया जनकत्वम्। निष्पत्तेरकार्यरूपस्याश्रयवशेन स्थानम्। कारणाच्च विनाश इत्यादिकमन्यदपि प्रत्यक्षानुमानाभ्यां प्रसिद्धविपर्ययमागमाश्रयेण चानुमानेन बाधितमग्निहोत्रादेः पापशोधनसामर्थ्यादिकम्। तस्यैवंवादिनो वेदस्य सर्वस्य शास्त्रशरीरे प्रमाणविरोधप्रतिसमाधाय संबन्धानुगुणोपायपुरुषार्थाभिधानानि च शास्त्रधर्मान-

म०

सम्प्रति **वृद्धमीमांसकानां** मतं दूषयितुमुत्थापयति—**यथा वैदिकं वाक्यम् अग्निर्हिमस्य भेषजम् इति सत्यम्, शीतनोदनत्वेन** वह्नेः प्रमाणसिद्धत्वात्।तथान्यदपि वाक्यम्—अग्निष्टोमेन जुहुयात् स्वर्गकामः इत्यादि **वेदैकदेशत्वात्** सत्यमित्यप**रो मीमांसकोऽब्रवीदुक्तवान्। किल शब्दोऽक्षमायाम्।**

ईदृशमनुमानं शेषवदनैकान्तिकं व्यभिचारित्वान्न्यायविदा आचार्यदिग्नागेन प्रतिक्षिप्तम्। रसवत् तुल्यरूपत्वात् स्वादितफलेन **तुल्यरूपत्वात्** फलान्तरस्य तादृग्रसानुमानवत्। **एकभाण्डान्तर्गतत्वात् दृष्टपाकतण्डुलानुमानवत्।** न ह्येतादृशस्य हेतोः साध्यप्रतिबन्धोऽस्ति विपर्ययबाधकप्रमाणादिति विपञ्चितं प्राक्[1]।

---

1. Cf. PV 3.14.

सत्यार्थं प्रतिजानानो जयेद् धाष्ट्र्येन बन्धकीम् ।
सिध्येत् प्रमाणं यद्येवम् अप्रमाणमथेह किम् ॥ ३३६ ॥

न ह्येकं नास्ति सत्यार्थं पुरुषे बहुभाषिणि ।
नायं स्वभावः कार्यं वा वस्तूनां वक्तरि ध्वनिः ॥३३७॥

स्व०

प्रदर्श्यात्यन्तप्रसिद्धविषयसत्याभिधानमात्रेण प्रज्ञाप्रकर्षदुरवगाहगहनेऽपि निरत्ययितां साधयितुकामो बन्धकीमपि प्रागल्भ्येन विजयते ।

काचित् किल बन्धकी स्वयं स्वामिना विप्रतिपत्तिस्थाने दृष्टोपालब्धा । सा तं प्रत्युवाच—पश्यत मातः पुरुषस्य वैपरीत्यं मयि धर्मपत्न्यां प्रत्ययमकृत्वात्मीययोर्नेत्राभिधानयोर्जलबुद्बुदयोः करोति । तेन जरत्काणेन ग्रामकाष्ठहारकेण प्रार्थितापि न संगता । रूपगुणानुरागेण किल मन्त्रिमुख्यदारकं कामयेऽहमिति ।

एवं जातीयकमेतदपि वह्नेः शीतप्रतीकारवचनेन दृष्टप्रमाणविरोधस्याप्यत्यन्तपरोक्षेऽर्थेऽविसंवादानुमानम् ।

सिध्येत् प्रमाणं यद्येवमप्रमाणमथेह किं ॥३३६॥

न ह्येकं नास्ति सत्यार्थं पुरुषे बहुभाषिणि ।

यथेदमतिदुष्करमत्यन्तसत्याभिधानं तथात्यन्तासत्याभिधानमपि । तत्रैकस्य वचनस्य कथंचित् संवादेनाऽवशिष्टस्य तद्वचनराशेस्तथाभावे न कश्चित् पुरुषोऽनाप्तः स्यात् ।

अपि च

नायं स्वभावः कार्यं वा वस्तूनां वक्तरि ध्वनिः ॥३३७॥

न च तद्व्यतिरिक्तस्य विद्यतेऽव्यभिचारिता ।

न तावदेतद्वचनं वाच्यानां स्वभावो नाप्येषां कार्यम्, तदभावेऽपि वक्तुर्विवक्षामात्रेण भावात् । न चान्यः कश्चित् कस्यचिदव्यभिचारी । व्यभिचारे च ततोन्यथापि तत्संभवात् तत्भावात्तत्प्रतीतिरयुक्ता ।

म०

दृश्यते च बहुतरविषये विसंवादो वेदस्य। कथमेकसत्यतया सर्वत्र तथात्वम् ? तथा च—परैरनाधेयविशेषस्य **पुंस** आत्मनः क्रमजन्मषु कर्मादिसु **कर्तृत्वं वद**च्छास्त्रम्। तथा **नित्यान् भावान्** दिक्कालाकाशादीनर्थक्रियारहितान् सतो वदत्, वस्तुतो**ऽतीन्द्रियान्** गुणकर्मसामान्यादीन् **ऐन्द्रियान्** प्रत्यक्षान् वदत्, तथा **भावानां विषमं हेतुं** प्रागजनकं वदत्, तथा **विषमां स्थितिं** निष्पन्नानां भावानामाश्रयवशेन स्थितिं वदत् **निवृत्तिञ्च** विषमां स्वतो नश्वरस्वभावानामन्यकृतां निवृत्तिं वदत् **अन्यद्वा** वस्तु **व्यस्तगोचरं प्रमाणाभ्यां** प्रत्यक्षानुमानाभ्यां निरस्तावकाशं वदत्, **आगमापेक्षेणा**गमसिद्धलिङ्गत्रैरूप्ये**णानुमानेन च विरुद्ध**मग्निहोत्रस्नानादेः पापशमनं वदत् । न हि रागादिप्रभवो धर्मस्तदपनयनमन्तरेण स्नानादेर्निवृत्तिमर्हति । एवंविधविसंवादभाजमर्थं वदत् शास्त्रं **विरोधं** प्रामाणिक**मसमाधाय** अपरिहृत्य प्रवृत्तिकामोचितं **शास्त्रार्थ**मनुगुणोपायं

न च तद्व्यतिरिक्तस्य विद्यतेऽव्यभिचारिता ।
प्रवृत्तिर्वाचकानां च वाच्यदृष्टिकृतेति चेत् ॥३३८॥

परस्परविरुद्धार्था कथमेकत्र सा भवेत् ।
वस्तुभिर्नागमास्तेन कथञ्चिन्नान्तरीयकाः ॥३३९॥

प्रतिपत्तुर्न सिध्यन्ति कुतस्तेभ्योऽर्थनिश्चयः ।
तस्मान्न तन्निवृत्त्यापि भावाभावः प्रसिध्यति ॥३४०॥

स्व०

प्रवृत्तिर्वाचकानां च वाच्यदृष्टिकृतेति चेत् ॥३३८॥

स्यादेतत् कार्यमेव वचनं वाचकस्य वाच्यदर्शनवृत्तेः।

एवं सति

परस्परविरुद्धार्था कथमेकत्र सा भवेत् ।

यद्येष प्रतिनियमो वाच्यं वस्त्वन्तरेण शब्दो न प्रवर्त्तत इति। भिन्नेषु प्रवादेष्वेकत्र वस्तुनि विरुद्धस्वभावोपसंहारेण वचनवृत्तिर्न स्यात्। नह्ययं संभवोऽस्ति एकः शब्दो निष्पर्यायं नित्यश्च स्यादनित्यश्चेति।

वस्तुभिर्नागमास्तेन कथंचिन्नान्तरीयकाः ॥३३९॥

प्रतिपत्तुर्न सिध्यन्ति कुतस्तेभ्योऽर्थनिश्चयः।

आगमं प्रमाणं तदादर्शितार्थप्रतिपत्तयेऽज्ञो जनः समन्वेषते। समधिगतयाथातथ्यानामुपदेशानपेक्षणाद्, अज्ञस्य अतीन्द्रियगुणपुरुषविवेचनेऽसामर्थ्यात् वचनानां समीहितार्थसत्तामन्तरेणाऽपि वृत्तिं पश्यतो भवितव्यमेवादृष्टव्यभिचारवचसामपि पुरुषाणां वाचि शङ्कया—किं यथार्थं नेति। तेन न युक्तमनेन कस्यचिद्वचनेन किंचिन्निश्चेतुम्।

तस्मान्न निवृत्त्यापि भावाऽभावः प्रसिध्यति ॥३४०॥

म०

पुरुषार्थलक्षणञ्चाप्रवर्श्य स **जरन्मीमांसक** एकदेशसंवाददर्शनात् **सत्यार्थं प्रतिजानानो धाष्टर्येन बन्धकीं** साक्षाद् दृष्टव्यलीकां स्वपतिं स्वशीलप्रामाण्योद्भावनेन भ्रान्तमावेदयन्तीं **जयेत्**।

किञ्च-**यद्येवम्** दृष्टैकदेशसंवादस्यावयवत्वादन्यदपि **प्रमाणं सिध्येत्, अथेह** न्याये **किमप्रमाणं** शास्त्रं भविष्यति ? ॥३२८-३३६॥

न हि बहुभाषिणि पुरुषे सत्यार्थमेकं वचो **नास्ति**, किन्त्वस्त्येव। तेनैव दृष्टान्तेन तद्वचनं प्रमाणं स्यात्।

नायं ध्वनिर्वस्तूनां स्वभावः कार्यं वा यस्माद् **वक्तरि** ध्वनिर्भवति। न हि वस्तुनः स्वभावोऽन्यत्र धर्मिणि वर्तते, कार्यं वाऽन्यतो भवितुमर्हति ॥३३७॥

न च तद्व्यतिरिक्तस्य कार्यस्वभावाभ्यामपरस्या**व्यभिचारिता विद्यत इति** निवेदितम्।

स्यादेतद्। **वाचकानां** शब्दानां **प्रवृत्तिर्वाच्यदृष्टिकृता** अभिधेयदर्शनागता। ततः परम्परया तत्कार्यत्वैषामिति **चेत्**। एवं तर्हि **सा** शब्दप्रवृत्ति**रेकत्र** वस्तुनि **परस्परविरुद्धार्था कथं भवेत्** ?

तेनासन्निश्चयफलाऽनुपलब्धिर्न सिध्यति ।

स्व०

यदुक्तं सर्वविषयत्वादागमस्य सति वस्तुन्यविसंवादेनास्य वृत्तेस्तन्निवृत्तिलक्षणानुपलब्धिरभावं साधयतीति । तदस्य सर्वविषयत्वेऽपि वस्त्वन्तरेणावृत्तौ स्यात् । तच्च नास्ति । ततः प्रतिपत्तुमस्याऽसिद्धिरित्युक्तम् ॥३४०॥

तेनासन्निश्चयफलानुपलब्धिर्न सिध्यति ॥३४० ॥

तस्मान्न प्रमाणत्रयनिवृत्तावपि विप्रकृष्टेष्वभावनिश्चयः ॥
वेदप्रामाण्यं कस्यचित् कर्त्तृवादः स्नाने धर्मेच्छा जातिवादावलेपः ।
सन्तापारम्भः प‌ापहानाय चेति ध्वस्तप्रज्ञाने पञ्चलिङ्गानि जाड्ये ॥
प्रमाणवार्त्तिके प्रथमः परिच्छेदः ॥छ॥ लेखकपाठकयोः शुभम् ॥

म०

यदि यथावस्त्वेव शब्दः तदा वस्तुत एकरूपेण शब्दे नित्यः किमयमनित्यो वा इत्यादि शब्दसन्दर्भो न भवेत् । तेन प्रतिबन्धाभावेन वस्तुभिः सह नान्तरीयका आगमा प्रतिपत्तुरर्थं शब्दात् प्रतिपद्यमानस्य कथञ्चिन्न सिध्यन्ति । तत् कुतस्तेभ्य आगमार्थनिश्चयः ? ॥३३८॥

यस्मात् प्रवर्त्तमानादागमान्नास्त्यर्थसिद्धिस्तस्मात् तस्यागमस्य निवृत्त्यापि भावस्याभावो न सिध्यति । तेन प्रमाणत्रयनिवृत्तिलक्षणाप्यनुपलब्धिरर्थानामसन्निश्चयफला न सिध्यति । ततो युक्तमुक्तम्—सदसन्निश्चयफला नेति स्याद् वाऽप्रमाणता[1] इति । सद्व्यवहारप्रतिषेधे तु प्रमाणमेव । दृश्यानुपलब्धिस्तु सद्व्यवहारप्रतिषेधेऽसद्व्यवहारसाधने चाधिकृते व्यवस्थितेत्यवस्थितम् ॥३४०॥

इत्याचार्यमनोरथनन्दिकृतायां
प्रमाणवार्त्तिकवृत्तौ तृतीयः
स्वार्थानुमानपरिच्छेदः

---

1. PV 3.200.

परार्थानुमाननामा

चतुर्थः परिच्छेदः

परस्य प्रतिपाद्यत्वात् अदृष्टोऽपि स्वयं परैः।
दृष्टसाधनमित्येके तत्क्षेपायात्मदृग्वचः ॥ १ ॥

अनुमाविषये नेष्टं परीक्षितपरिग्रहात्।
वाचः प्रामाण्यमस्मिन् हि नानुमानं प्रवर्तते ॥ २ ॥

स्वार्थानुमानं व्याख्याय परार्थानुमानं व्याख्यातुमाह। तत्र परार्थानुमानं स्वदृष्टार्थप्रकाशनम् इत्याचार्यीयलक्षणम्। स्वेन दृष्टः स्वदृष्टः, स्वदृष्टश्चासावर्थश्चेति त्रिरूपो हेतुः। तस्य प्रकाशनं वचनं अनुमानहेतुत्वादित्यर्थः।

ननु त्रिरूपलिङ्गाख्यानम् इत्येवास्तु, किं स्वदृष्टग्रहणेन इति शङ्कायां परमतनिरासार्थतामस्य दर्शयितुमाह—**परस्य** परार्थानुमानेन **प्रतिपाद्यत्वात्** साधनवादिना **स्वयमदृष्टोऽपि** प्रमाणेन **परैः** प्रतिवादिभिरागमाद् **दृष्टसाधनं** लिङ्ग**मित्येके सांख्याः**। ते हि सुखादीनामुत्पत्तिमत्त्वाद- नित्यादचेतनत्वं रूपादीनामिव बौद्धं प्रत्याहुः। न ह्यसत उत्पत्तिमत्त्वं ततश्च निरन्वयविनाशो- ऽनित्यत्वं हेतुः **सांख्य**सिद्धः। बौद्धस्य पुनरागमात् सिद्धः। तावतैव हेतुरिति मन्यते। **तस्य** परमतस्य **क्षेपाय** प्रतिषेधायात्म**दृग्वचः** स्वदृष्टवचनं सूत्रे न प्रतिवादिमात्रसिद्धस्य हेतुत्वम् किन्तूभयसिद्ध- स्यैवेत्यर्थः ॥१॥

न चागमात् प्रतिवादिनोऽपि साधनसिद्धिर्युक्तेति वक्तुमाह—**अनुमा**नस्य वस्तुबलप्रवृत्तस्य **विषये** यस्मादनुमानज्ञानमुत्पद्यते। स च त्रिरूपो हेतुः। तत्र प्रतिपाद्ये **वाच** आगमात्मिकायाः **प्रामाण्यं नेष्ट**मर्थप्रतिबन्धाभावादित्युक्तम्।

किञ्च—प्रमाणान्तरसंवादात् **परीक्षितस्य** प्रमाणोपपन्नस्यागमार्थस्य **परिग्रहात्** स्वीकारान्नेष्टं वचनप्रामाण्यम्। यदि वचनमित्येव प्रमाणम्, तदा प्रतिज्ञापदादेव साध्यस्य सिद्धेर्निष्फलं हेतु- दृष्टान्तादिवचनं स्यात्। प्रमाणान्तरसंवादापेक्षा च न भवेत्। संवादज्ञानस्यैवार्थभावाभावानु- विधायित्वात् तस्मिन्नागमार्थेऽप्रामाण्यम्। वचनस्य तु विपर्ययात्। यदि त्वागम इत्येव प्रमाणम्, तदा प्रमाणान्तरसंवादापेक्षा न स्यात्। **हि** यस्मात् **अस्मिन्ना**गमार्थे प्रमाणप्रतिपादितत्वान्निश्चिते- **ऽनुमानं न प्रवर्त्तते**। यदि ह्यागमार्थः सन्दिह्येत, तदा तन्निश्चयार्था प्रमाणान्तरवृत्तिरपेक्ष्येत ॥२॥

यदि **चागमस्य** सुखादिचैतन्यप्रतिपादकस्य **बाधनाय साधनस्योत्पत्तिमत्त्वादेः सांख्येन परं बौद्धं प्रत्युक्तिः**, ततः कारणात् **स** आगमोऽप्रमाणम्। तदा न हि प्रमाणस्य बाधो युक्तः। तत आगमा-

बाधनायागमस्योक्तेः साधनस्य परं प्रति ।
सोऽप्रमाणं तदाऽसिद्धं तत्सिद्धमखिलं ततः ॥ ३ ॥

तदागमवतः सिद्धं यदि कस्य क आगमः ।
बाध्यमानः प्रमाणेन स सिद्धः कथमागमः ॥ ४ ॥

तद्विरुद्धाभ्युपगमस्तेनैव च कथं भवेत् ।
तदन्योपगमे तस्य त्यागांगस्याप्रमाणता॥ ५ ॥

तत् कस्मात् साधनं नोक्तं स्वप्रतीतिर्यदुद्भवा ।
युक्त्या ययागमो ग्राह्यः परस्यापि च सा न किम् ॥ ६ ॥

प्रामाण्यात् **तेनागमेन** साक्षात्पारम्पर्याभ्यां **सिद्ध**मुत्पत्तिमत्त्वादि साध्यं चाचैतन्य**मखिलमिदम-सिद्धम्** ॥३॥

स च सुखाद्युत्पत्तिमत्त्वप्रतिपादक आगमश्च **तदागमः तद्वत**स्तत्सम्बन्धिनो बौद्धस्य **सिद्ध**-मुत्पत्तिमत्त्वादिलिङ्गमिति चेत् **कस्य** पुरुषस्य **क आगमः** सम्बन्धी? न तावदवयववत् आगमोऽपि पुरुषस्य सहजसम्बन्धेन सम्बद्धः। नापि युक्त्युपपन्नतयोपाधिना प्रत्यक्षानुमानवत् सम्बन्धः। तथा हि—**प्रमाणेनो**त्पत्तिमत्त्वादिलिङ्गजेनानुमानेनागमप्रतिपादितस्य सुखादिचैतन्यस्य बाधनात् **बाध्यमान आगमः** हेतुः। **स कथमागमसिद्धः** येन युक्तिसंवादोपाधिनापि पुरुषेण सम्बन्धमनुभवेत्? ॥४॥

स्यादेतत्। सुखादीनामचैतन्यं तेनैवागमेन प्रदेशान्तरे दर्शितम्। अतोऽबाध्यत्वात् प्रमाणाद-स्मात् साधनविधिर्युक्तः इत्याह—**तस्मा**च्चैतन्यात् प्रतिपादिताद् **विरुद्ध**स्याचैतन्यस्या**भ्युपगमस्तेन** चैतन्यप्रतिपादके**नैव** चागमेन **कथं भवेत्**? सम्भवे वा विरुद्धार्थाभिधायित्वेनाप्रमाणादागमाद्धेतु-सिद्धिरयुक्तैव आगमप्रतीतेनोत्पत्तिमत्त्वादिना। **तस्**मादागमोक्तचैतन्या**दन्य**स्याचैतन्य**स्योपगमे** स्वीकारे वा प्रतिवादिना क्रियमाणे **तस्या**गमस्य **त्यागांगस्याप्रमाणता**ऽभ्युपगता स्यात्। यदैवा-गमाप्रामाण्यस्य बाधके हेतावाद्रियते तदैव तत्र संशयितः। न चाप्रमाणाद्धेतुसिद्धिः ॥५॥

किञ्च—अयं वादी तावत् स्वयमप्रतीतमेवाचैतन्यं परस्मै प्रतिपादयति। न च साधनमन्त-रेणैव प्रतीतिः। ततः प्रतिपादयितुः **स्वस्य प्रतीति**श्चैतन्यविषया, यस्मात् साधनादुद्भवो यस्याः सा **यदुद्भवा। तत्साधनं**स्वागमादिकं**कस्मात्** प्रतिपाद्यं प्रति **नोक्तम्**? स्वयं प्रतिपन्नसामर्थ्यमेव साधनं वक्तुमुचितम्। तथा निर्युक्तिकस्यागमस्याप्रामाण्यात् **यया युक्त्यो**पपन्न आगमः साधनत्वेन **ग्राह्यो** वादिना **सा** युक्तिः **परस्य** प्रतिपाद्य**स्यापि किं न** साधनं येन तत्परित्यज्यान्यदप्रमाणसिद्ध-मुत्पत्त्याद्युच्यते? ॥६॥

अथ योगबलजेन प्रत्यक्षेण सुखादीनामचैतन्यं प्रतीतम्, न तदन्यथा प्रतिपादयितुं परस्य शक्यत इति परोपगतं साधनमुच्यते।

ननु तथापि नाकस्मिको बुद्धिसुखाद्यचैतन्यविषयस्य निश्चयः, तत्साक्षात्कारिप्रत्यक्षत-त्साधनयोगानुष्ठानयोः साध्यसाधनभावावधारणं चावश्यकर्त्तव्यम्। तन्निश्चयमन्तरेण योगानुष्ठा-नायोगात्। तथा च—**प्राकृतस्यार्वाग्दर्शनस्य सतो यैः साधनैः** सुखाचैतन्यादिविषयं तद्ग्राहि प्रत्यक्ष-

प्राकृतस्य सतः प्राग् यैः प्रतिपत्त्यक्षसम्भवो ।
साधनैः साधनान्यर्थशक्तिज्ञानेऽस्य तान्यलम् ॥ ७ ॥

विच्छिन्नानुगमा येऽपि सामान्येनाप्यगोचराः ।
साध्यसाधनचिन्तास्ति न तेष्वर्थेषु काचन ॥ ८ ॥

पुंसामभिप्रायवशात् तत्त्वातत्त्वव्यवस्थितौ ।
लुप्तौ हेतुतदाभासौ तस्य वस्त्वसमाश्रयात् ॥ ९ ॥

सन्नर्थो ज्ञानसापेक्षो नासन् ज्ञानेन साधकः ।
सतोऽपि वस्त्वसंश्लिष्टाऽसंगत्या सदृशी गतिः ॥ १० ॥

लिङ्गं स्वभावः कार्यं वा दृश्यादर्शनमेव वा ।

तत्साधनयोः सम्बन्धं च निश्चित्य प्रवृत्तस्योपाये **प्रतिपत्तु**रनुष्ठानस्य, तत्फलस्याक्षस्य प्रत्यक्षस्याचैतन्यादिविषयग्राहिणः **सम्भवौ** भवतः, **तानि साधनान्यर्थ**स्योपायाभ्यासस्य **शक्ते**रचैतन्यग्राहिप्रत्यक्षजनिकाया **ज्ञाने** कर्त्तव्ये**ऽस्य** प्रतिपाद्यस्या**लं** समर्थानि । ततस्तान्येव साधनान्युच्यन्ताम्, किं स्वयमदृष्टसाध्यप्रतिपादनसामर्थ्येनोत्पत्तिमत्त्वादिनोक्तेन ? ॥७॥

स्यादेतत् । प्रत्यक्षस्याचैतन्यादिविषयस्य योगाद्यभ्यासेन सह साध्यसाधनसम्बन्धो विप्रकृष्टत्वात् सामान्याकारेणापि न प्रतीयते । ततोऽस्यानुपदर्शनमित्याह—**येऽपि विच्छिन्नो** विप्रकृष्टो**ऽनुगमः** सम्बन्धो येषां ते प्रत्यक्षतदुपायादयः**सामान्येना**विशेषाकारेणा**प्यगोचराः**, **तेष्वर्थेषु** इदं साधनमिदं साध्यम् इति च **साध्यसाधनचिन्ता काचन नास्ति** । ततोऽर्वाग्दर्शनस्याबुद्धिविषयीकृतयो रूपयोरुपायोपेययोरेकत्रानुष्ठानादपरत्र निष्पादनमिति कुतः ? ॥८॥

किञ्च—अप्रमाणकादागमादिच्छामात्रेण प्रतिपाद्यो हेतुं कुर्वन् पुनरिच्छया तमेव परिहरन् हेतुतदाभासयोरिच्छाधीनतां स्वीकुर्यादित्याख्यातुमाह—**पुंसामभिप्रायवशा**दिच्छानुरोधात् **तत्त्वातत्त्वयो**र्हेतुतदाभासत्वयो**र्व्यवस्थिता**विष्यमाणायां हेतुतदाभासौ लुप्तौ स्याताम्, अव्यवस्थितत्वात् । **तस्य** पुरुषाभिप्रायस्य **वस्त्वसंश्रयाद्** यथावस्तुप्रवृत्तिनियमाभावात् ॥९॥

अपि च—**सन्नर्थो ज्ञानसापेक्षः** साध्यसाधकः प्रतीतः, यथा—धूमादिः । **नासन्नर्थो ज्ञानेन** प्रतीतिमात्रेण **साधकः** साध्यस्य, यथा—कल्पितो धूमः । अथाचैतन्यं वस्तुतो ऽस्त्येव तद्, यथाकथञ्चित् परस्मै प्रतिपादनीयम् । अतः पराभ्युपगतो हेतुः क्रियते इत्याह—**सतोऽप्य**चैतन्यस्य **वस्त्वसंश्लिष्टा** वस्तुभूतलिङ्गाप्रतिबद्धा **गति**रस**ङ्गत्या**ऽसतः प्रतीत्या **सदृशी**, सम्यक् प्रतीतत्वाभावात् । अन्ये तु—असद्गत्या दोषवत्प्रतीत्या सदृशीति व्याचक्षते, तेषां सतोऽप्यवस्तुकृता प्रतिपत्तिरसत्प्रतिपत्तिं नातिशेते । अप्रत्ययत्वादिति विनिश्चयग्रन्थेन सह एकवाक्यता न स्यात् ॥१०॥

किञ्च—**लिङ्गं** साध्यार्थ**सम्बद्धम्**, नान्यत्, व्यभिचारात् । तच्च **स्वभावः कार्यं दृश्यादर्शनम**नुपलब्धिरेवान्यस्य प्रतिबन्धाभावादित्युक्तम् । तदुत्पत्त्यादिकं यदि त्रिषु हेतुष्वन्तर्भूतम्, तदा **वस्तुतः** परमार्थतः **सिद्धं** प्रतिपाद्यस्य **किं** कस्मा**दात्मनः सांख्य**स्य वादिनोऽसिद्धम् ? उत्पत्तिमत्त्वा-

सम्बद्धं वस्तुतस्सिद्ध तदसिद्धं किमात्मनः ॥ ११ ॥

परेणाप्यन्यतो गन्तुमयुक्तम्

परकल्पितैः ।

प्रसङ्गो द्वयसम्बन्धादेकापायेऽन्यहानये ॥ १२ ॥

तदर्थग्रहणं शब्दकल्पनारोपितात्मनाम् ।

अलिङ्गत्वप्रसिद्ध्यर्थमर्थादर्थस्य सिद्धितः ॥ १३ ॥

कल्पनागमयोः कर्तुरिच्छामात्रानुवृत्तितः ।

वस्तुनश्चान्यथाभावात् तत्कृता व्यभिचारिणः ॥ १४ ॥

दिस्वभावहेतुः स्यात्, स च धर्मिग्राहकात् प्रमाणादन्यतो वा शिंशपात्ववत् कृतकत्वादिवदर्थान् प्रतिवादिन इव वादिनोऽपि सिध्येत् ॥११॥

अथ त्रिविधे हेतौ नान्तर्भवति उत्पत्त्यादि, तदा **परेण** प्रतिवादिनापि त्रिविधाद्धेतोर**न्यतो** हेतोरचैतन्यं **गन्तुं** प्रत्येतुम**युक्तम्**। यदि पराभ्युपगमसिद्धमसाधनम्, तदा प्रसङ्गहेतुरहेतुः स्याद् इत्याह—**परकल्पितैः** साधनैः **प्रसङ्गः** क्रियते, यथा सामान्यस्य परोपगतानेकवृत्तित्वाद् अनेकत्वमापाद्यते न त्वयं पारमार्थिको हेतुः त्रैरूप्याभावात्। यद्ययं न हेतुः, तदा किमर्थमुच्यते इत्याह—**द्वयोः** साध्यसाधनयोः **सम्बन्धाद्** व्याप्यव्यापकभावात् स्फारितादे**कस्य** साध्यस्यापाये**ऽन्यस्य** साधनस्य **हानये**। यथा चानेकं सामान्यं तस्मान्नानेकवृत्तीति विपर्ययप्रयोगे साध्याभावे साधनाभावः कथ्यते। प्रसङ्गविपर्ययोऽत्र मौलो हेतुः, साध्यसाधनव्याप्तिग्राहकप्रमाणस्मारकस्तु प्रसङ्गे प्रयोग इत्यर्थः। भिन्नदेशकालादिष्वनेकासु व्यक्तिषु वृत्तस्य तदतद्देशत्वादिविरुद्धधर्माध्यासादनेकत्वसिद्धेरनेकवृत्तत्वानेकत्वयोर्व्याप्तिसिद्धिर्बोद्धव्या ॥१२॥

उक्तं स्वदृष्टग्रहणस्य साफल्यम् ॥

अर्थग्रहणस्येदानीं वक्तव्यम्। स्वदृष्टार्थप्रकाशनम् इत्यत्र सूत्रे यदुपात्तं **तदर्थग्रहणं शब्देन कल्पनया चारोपित आत्मा येषां** पक्षसपक्षान्यतरत्वादीनां तेषाम**लिङ्गत्वप्रसिद्ध्यर्थं** बोद्धव्यम्। कस्मात् पुनः कल्पितस्यालिङ्गत्वम् इत्याह— **अर्थाद्** वस्तुभूताल्लिङ्गा**दर्थस्य** साध्यस्य **सिद्धितः** ॥१३॥

कल्पनाया आगमस्य शब्दस्य च **कर्तुः** पुरुषस्ये**च्छामात्र**स्या**नुवृत्तितो**ऽनुरोधात्। **वस्तुनश्चान्यथाभावात्** कर्तुरिच्छानुवृत्तेस्ताभ्यां शब्दकल्पनाभ्यां **कृता** हेतवो **व्यभिचारिणो**ऽनैकान्तिकाः ॥१४॥

उक्तमर्थग्रहणप्रयोजनम् ॥

स्वदृष्टार्थप्रकाशनशब्देन त्रिरूपलिङ्गवचनमिष्टम्, न पक्षवचनमपीति वक्तव्यम्। यदि साक्षात् पारम्पर्येण वा पक्षवचनं साध्यप्रतिपत्तावुपयुज्यते तदोच्येत, किन्त्वेतन्नास्ति इत्याह— साक्षात् तावत् **पक्षाभिधानस्य हेत्वाभिधानस्य** च प्रतिपाद्ये**ऽर्थे शक्तिर्न** विद्यते । किं कारणम् इत्याह—**अर्थाद्** वचनप्रतिपाद्यादर्थस्य साध्यस्य **गतेर्न** वचनात्। **तेन** साक्षादर्थप्रतिपादकत्वाभावेन **तयोः** पक्षहेत्वभिधानयोः **स्वतः** स्वरूपेण **साधनसंस्थितिः** साधनत्वव्यवस्था **नास्ति** ॥१५॥

अर्थादर्थगतेः शक्तिः पक्षहेत्वभिधानयोः ।
नार्थे तेन तयोर्नास्ति स्वतः साधनसंस्थितिः ।। १५ ।।

तत् पक्षवचनं वक्तुरभिप्रायनिवेदने ।
प्रमाणं संशयोत्पत्तेस्ततः साक्षान्न साधनम् ।। १६ ।।

साध्यस्यैवाभिधानेन पारम्पर्येण नाप्यलम् ।
शक्तस्य सूचकं हेतुवचोऽशक्तमपि स्वयम् ।। १७ ।।

हेत्वर्थविषयत्वेन तदशक्तोक्तिरीरिता ।
शक्तिस्तस्यापि चेद्धेतुवचनस्य प्रवर्त्तनात् ।। १८ ।।

तत्संशयेन जिज्ञासोर्भवेत् प्रकरणाश्रयः ।
विपक्षोपगमेऽप्येतत् तुल्यमित्यनवस्थितिः ।। १९ ।।

यतश्च पक्षवचनं साक्षादर्थे न प्रमाणम्, **तत्** तस्मात् **पक्षवचनं वक्तुरभिप्रायनिवेदने प्रमाणं** शब्दप्रामाण्यमा**चार्यस्य** वदतोऽभिमतमिति बोद्धव्यम् । तत्पक्षवचनात् साध्येऽर्थे **संशयोत्पत्ते**रनिश्चयान्न **साक्षात् साधन**मर्थस्य तत् ।।१६।।

परम्परया साध्यसाधनात् प्रमाणं पक्षवचनं वक्तुरभिप्रायनिवेदने प्रमाणं तर्हि स्याद् इत्याह—**पराम्पर्येणापि** पक्षवचन**मलं** समर्थं **न** साध्यसिद्धौ, **साध्यस्यैव** केवलस्या**भिधाना**त् । न हि पक्षवचसा साधकं किञ्चिदुच्यते, साध्यमात्रस्यैवाभिधानात् । त्रिरूपस्य **हेतोर्वचो** वचनं तु **स्वयं** साक्षात् सिद्धाव**शक्तमपि शक्तस्य** त्रिरूपलिङ्गस्य **सूचकं** प्रतिपादकमिति साधनमुचितम् ।।१७।।

नन्वा**चार्यस्य** पक्षवचनमसाधनत्वेनेष्टमिति कथं ज्ञायते इत्याह—**हेतोरर्थः** साध्यः स **विषयो**ऽस्येति हेत्वर्थविषयः तत्त्वेन साध्यार्थोपदर्शकत्वेन **तस्य** पक्षवचनस्य साध्यसाधनं प्रत्य**शक्तस्योक्तिरीरिता** निर्दिष्टाऽऽ**चार्येण**—तत्रानुमेयनिर्देशो हेत्वर्थविषयो मतः इत्यनेन ग्रन्थेन । ततो ज्ञायते पक्षवचनमसाधनमिष्ट**माचार्य**स्येति ।

ननु **तस्य** पक्षवचन**स्यापि** साध्यसिद्धौ **शक्ति**रस्ति, तत्साधकस्य **हेतुवचनस्य प्रवर्त्तनात्** ? न ह्यनुद्दिष्टेऽर्थे साधनप्रस्तावः, ततः साधनप्रस्तावनाहेतुत्वेन पक्षवचनस्य साधकत्वमस्तीति **चेत्** एवं **तस्य** साध्य**संशयेन** जिज्ञासा, तस्यां च सत्यां साधनमुच्यत इति **जिज्ञासोः** पुंसः संशयो जिज्ञासा च **प्रकरण**स्य साधनप्रस्ताव**स्याश्रयो** निमित्तमिति **भवेत्** साधनं पक्षवचनवत् ।

ननु संशयजिज्ञासे प्रतिवादिप्रवर्त्तिते, पक्षवचनं तु वादिप्रवर्त्तितम् । तत् कथं तत्समुदायस्य साधनस्य वादिना निर्देशसम्भवः इत्याह—एवं तर्हि **विपक्ष**स्य साध्यविरुद्धस्य धर्म**स्योपगमे** पराभिप्रायेण नित्यशब्द इति साध्यनिर्देशकृते पार्श्वस्थानां तथा संशयनिरासार्थम्—यत्कृतकं तदनित्यं यथा घटः कृतकश्च शब्दः इति पुनर्वादिनैवोच्यते । तदा नित्यत्वप्रतिज्ञायास्तदनित्यत्वाव्यभिचारिकृतकत्वहेतुप्रवर्त्तकत्वं **तुल्य**मिति नित्यत्वप्रतिज्ञाप्यनित्यप्रतिज्ञावत् साधनं स्या**दित्यनवस्थितिः** साधनावयवानाम् ।।१८–१९।।

अन्तरङ्गं तु सामर्थ्यं त्रिषु रूपेषु संस्थितम् ।
तत्र स्मृतिसमाधानं तद्वचस्येव संस्थितम् ॥ २० ॥

अख्यापिते हि विषये हेतुवृत्तेरसम्भवात् ।
विषयख्यापनादेव सिद्धौ चेत् तस्य शक्तता ॥ २१ ॥

उक्तमत्र
विनाऽप्यस्मात् कृतकः शब्द ईदृशाः ।
सर्वेऽनित्या इति प्रोक्तेऽप्यर्थात् तन्नाशधीर्भवेत् ॥ २२ ॥

अनुक्तावपि पक्षस्य सिद्धेरप्रतिबन्धतः ।
त्रिष्वन्यतमरूपस्यैवानुक्तिर्न्यूनतोदिता ॥ २३ ॥

साध्योक्ति वा प्रतिज्ञां स वदन् दोषैर्न युज्यते ।
साधनाधिकृतेरेव हेत्वाभासाप्रसङ्गतः ॥ २४ ॥

अविशेषोक्तिरप्येकजातीये संशयावहा ।

यतश्च पक्षवचनस्य साध्यसिद्धौ साक्षात् पारम्पर्येण वा सामर्थ्यं नास्ति, ततः **अन्तरङ्गं सामर्थ्यम्**। **तु**-शब्दोऽवधारणे भिन्नक्रमश्चेति **त्रिष्वेव** पक्षधर्मतादिषु **रूपेषु संस्थितम्**। **तत्र** त्रिरूपलिङ्गे साध्यसाधनशक्ति**स्मृतेः समाधान**मारोपणं **तद्वचसि** त्रिरूपलिङ्गप्रतिपादकवचन **एव संस्थितम्**। अतस्तदेव पारम्पर्येण साध्यसिद्धेरङ्गत्वात् प्रमाणम्, न पक्षवचनम् ॥२०॥

ननु **अख्यापिते**ऽप्रतिपादिते साधनस्य **विषये** साध्ये **हेतोर्वृत्तेरेव ह्यसम्भवात् तस्य** पक्षवचनस्य **विषयख्यापनादेव** साध्यस्य **सिद्धौ** पारम्पर्येण **शक्तते**ति **चेत्** ॥२१॥

उक्तमत्र संशयजिज्ञासयोरपि साधनप्रवर्त्तकत्वात् साधनत्वप्रसङ्ग इति।

किञ्च—**अस्मात्** पक्षवचनाद् **विनापि कृतकः शब्दः**। **ईदृशा** ये कृतकास्ते **सर्वेऽनित्या इति** पक्षधर्मताव्याप्तिवचने **प्रोक्तेऽप्यर्थात् तस्य** शब्दस्य **नाशधीर्भवेत्**। अनित्यत्वाव्यभिचारि कृतकत्वं शब्दे वर्त्तमानमनित्यतां तत्र गमयत्येवेति निष्फलं पक्षवचनम् ॥२२॥

तस्मात् **पक्षस्यानुक्तावपि** साध्य**सिद्धेरप्रतिबन्धतः** अविरोधात् **त्रिषु** पक्षधर्मतादिषु रूपे**ष्वन्यतमस्य** एक**स्यानुक्तिर्न्यूनतोदिता** साधनदोषः, न तु पक्षाद्यवचनम् ॥२३॥

यदि च प्रतिज्ञा साधनमिष्यते, तदा साध्यनिर्देशः प्रतिज्ञा इति प्रतिज्ञालक्षणमतिव्यापि स्यात्। असिद्धस्य हेतोर्दृष्टान्तस्य चासिद्धस्य साध्यत्वं साधनत्वञ्चास्तीति प्रतिज्ञार्थः स्यात्। यस्य तु मते प्रतिज्ञा न साधनम्, **साध्योक्ति** साध्यनिर्देशं **प्रतिज्ञां वदन्**नन्तरोक्त**दोषैर्न युज्यते, साधनाधिकृतेः** साधनत्वेनाधिकारादेव प्रतिज्ञार्थस्य हेत्वाभासेष्वप्रसङ्गतः ॥२४॥

यस्माद् **अविशेषोक्तिः** सामान्याभिधानम**प्येकजातीये संशयावहा** तत्त्वार्थशङ्कोपाधिका, न सर्वत्रेति न्यायः। ततोऽसाधनमेव साध्यं प्रतिज्ञा, न त्वसिद्धहेतुदृष्टान्तादिकम्, तस्य साधनत्वेनेष्टत्वात्। **अन्यथा** यद्येवं नाभ्युपगम्यते, तदा **सर्वस्याः साध्योक्तेर्घटं** करोतीत्यादेः **प्रतिज्ञात्वं प्रसज्यते**।

अन्यथा सर्वसाध्योक्तेः प्रतिज्ञात्वं प्रसज्यते ॥ २५ ॥

सिद्धोक्तेः साधनत्वाच्च परस्यापि न दुष्यति ।
इदानीं साध्यनिर्देशः साधनावयवः कथम् ॥ २६ ॥

साभासोक्त्याद्युपक्षेपपरिहारविडम्बना ।
असम्बद्धा तथा ह्येष न न्याय्य इति वर्णितम् ॥ २७ ॥

गम्यार्थत्वेऽपि साध्योक्तेरसम्मोहाय लक्षणम् ।
तच्चतुर्लक्षणं रूपनिपातेषु स्वयं-पदैः ॥ २८ ॥

ज्ञापकहेत्वधिकारात् तत्साध्यस्यैव प्रतिज्ञात्वम्, न कारकहेतुसाध्यस्येति चेत् यद्येवम्, असाधनभूतसाध्यनिर्देशः प्रतिज्ञा, न साधननिर्देश इति सिद्धम् ॥२५॥

स्यादेतत्—**परस्यापि सिद्धोक्तेः** सिद्धार्थप्रतिपादकत्वात्, **साधनत्वाच्च** प्रतिज्ञात्वमिष्टम्, अतो हेत्वाभासादि प्रतिज्ञात्वप्रसङ्गेन **न दुष्यति**। हेत्वाभासाद्यसिद्धत्वादसाधनम्, असाधनत्वाच्च न प्रतिज्ञा। **इदानी**मस्मिन्नभ्युपगमे **साध्यनिर्देशो**ऽसिद्धत्वात् **साधनावयवः कथम्**? न हि प्रतिज्ञार्थः सिद्धः, तदर्थमेव साधनोपन्यासात्। असिद्धश्च न साधनम्, हेत्वाभासवत् ॥२६॥

या च स्वयूथ्यानां पूर्वपक्षपरिहारोक्तः—पक्षवचनं साधनम्, साभासार्थत्वादिति चेत् न। प्रत्यक्षेण अनेकान्तात् प्रत्यक्षं साभासमपि न कस्यचित् प्रमाणस्य साधनम्। वचनात्मत्वे सति साभासत्वात् साधनत्वमिति चेत् न दूषणेनानेकान्तात्। दूषणं साभासवचनात्मत्वेऽपि न साधनम्[1] इति सापि **साभासोक्ति**रादिर्यस्य तौ साभासोक्त्यादी **उपक्षेपपरिहारौ** तावेव **विडम्बना**ऽयुक्ततया। अत एवाह—**असम्बद्धा**। तथा हि—साभासत्वस्य विपर्यये बाधकप्रमाणभावादेवाहेतुत्वासम्बन्धः पूर्वपक्षः। ततस्तमनुमत्य प्रत्यक्षेणानेकान्ततापादनमशोभनम्। पुनर्वचनात्मत्वं विशेषणं परोक्तमप्रतिक्षिप्य दूषणाभासेनानेकान्ततापादनं चायुक्तम्। तदेव हि हेतोर्विशेषणमुपयुक्तम, यद्विपक्षाद्धेतुं व्यावर्तयति। न च वचनात्मत्वासाधनत्वयोः कश्चिद्विरोधः, येनासाधनाद् वचनात्मत्वनिवृत्तेर्विशेषणसाफल्यं स्यात्। **तथाह्येष** विपक्षादव्यावर्त्तकहेतुविशेषणोपन्यासो **न न्याय्य इति वर्णितं** प्राक्। वेदनित्यता सिद्ध्यर्थमध्ययनपूर्वकमित्युक्ते **भारता**ध्ययनेनानेकान्ततामापादितां प्रतिषेद्धुं वेदाध्ययनत्वे सतीति विशेषणं **मीमांसके**नोपन्यस्तम्, तदपि करण (कृति) पूर्वकं **भारताध्ययन**वद् स्याद्, न कश्चिद् विरोधः। ततो विपक्षादव्यावर्त्तकं विशेषणमयुक्तमित्युक्तं प्राक् ॥२७॥

ननु यदि पक्षवचनमसाधनं सामर्थ्यागम्याभिधेयञ्च, तदा**चार्येण** पक्षलक्षणं कृतं किमर्थम् इत्याह—साध्यव्याप्तपक्षवचनसामर्थ्यात् **गम्यार्थत्वेऽपि साध्योक्तेः** पक्षवचनस्य **लक्षण**मुक्त**मसंमोहाय** विप्रतिपत्तिनिराकरणेन साध्यप्रतिपत्त्यर्थम्। तथा ह्यात्मार्थत्वं साध्यमपि **सांख्या** असाध्यमाचक्षते। परार्थत्वमसाध्यमपि साध्यमिति सन्ति विप्रतिपत्तयः। **तच्च** साध्यं **चतुर्लक्षण**मुक्तम्—स्वरूपेणैव निर्देश्यः स्वयमिष्टोऽनिराकृतः पक्षः इत्यत्र लक्षणचतुष्टयप्रतिपादकै **रूपनिपातेषु स्वयं-पदै**र्यथाक्रमम् ॥२८॥

असिद्धस्यासाधनस्यार्थोक्तस्य वाद्यभ्युपगतस्य ग्रहः। असिद्धस्वभावत्वात् साध्यस्य न सिद्धस्य ग्रहणम्। ततः सिद्धं चाक्षुषत्वादि रूपादेर्न साध्यम्, निपातैवकारकरणेनासाधनस्य ग्रहणम्। ततश्चा-

---

1. Cf. न्यायमुखटीका।

असिद्धासाधनार्थोक्तवाद्यभ्युपगतग्रहः ।
अनुक्तोऽपीच्छया व्याप्तः साध्य आत्मार्थवन्मतः ॥ २९ ॥

सर्वान्येष्टनिवृत्तावप्याशङ्कास्थानवारणम् ।
वृत्तौ स्वयं-श्रुतेनाह कृता चैषा तदर्थिका ॥ ३० ॥

विशेषस्तद्व्यपेक्षत्वात् कथितो धर्मधर्मिणोः ।
अनुक्तावपि वाञ्छाया भवेत् प्रकरणाद् गतिः ॥ ३१ ॥

अनन्वयोऽपि दृष्टान्ते दोषस्तस्य यथोदितम् ।
आत्मा परश्चेत् सोऽसिद्धः इति तत्रेष्टघातकृत् ॥ ३२ ॥

क्षुषत्वाद्यसिद्धमपि साधनत्वेन शब्देऽभिधीयमानं न साध्यम् । इष्टशब्देनार्थोक्तस्यापि ग्रहणम् । ततोऽनुक्तमप्यात्मार्थत्वं संघातत्वाच्चक्षुरादेः सांख्यस्य साध्यं स्वयंशब्देन वाद्यभ्युपगतस्य ग्रहणम् । ततः शास्त्राभ्युपगतस्याकाशगुणत्वादेः शब्दे धर्मिणि वादिना नित्यत्वे साधयितुमारब्धे साध्यता ।

अल्पवक्तव्यतयाऽर्थोक्तस्य तावत् साध्यतां समर्थयितुमाह—वादिनो**ऽनुक्तोऽपीच्छया व्याप्तः साध्यो मतः आत्मार्थवत्** । यथा—आत्मास्ति न वा इति विवादे तत्साधनार्थं सांख्येन परार्थाश्चक्षुरादयः संघातत्वात् शयनासनाद्यङ्गवत्—इत्युक्तस्य साधनस्यात्मार्थत्वमनुक्तमपि साध्यम्, इच्छाविषयत्वात् ॥२९॥

नन्विष्टशब्देनानिष्टस्य सर्वस्य निरासात् शास्त्रोपगतस्यापि वाद्यनिष्ठस्यासाध्यत्वं सिद्धम् । तन्निष्फलं स्वयं-पदम् इत्याह—व्यवच्छेदफलत्वाच्छब्दानामिष्टशब्दात् **सर्वस्य** वादिनो**ऽन्येन** शास्त्रादिना **इष्टस्य निवृत्तौ** सिद्धायाम**पि** शास्त्रेणेष्टं वादिनोऽपीष्टमेवेति **शङ्कास्थानस्य** विप्रतिपत्तिविषयस्य **वारणं** फलं **स्वयं-श्रुतेनाचार्यो वृत्तावाह** । स्वयमिति शास्त्रानपेक्षमभ्युपगमं दर्शयति । **एषा** स्वयं-श्रुति**स्तदर्थिका** विप्रतिपत्तिनिराकरणा**र्था कृता** ॥३०॥

य एवेच्छया विषयीकृतः स **विशेषो धर्मधर्मिणोः** सम्बन्धी **व्यपेक्षत्वात्** । इच्छारचितात् सम्बन्धात् साध्यत्वेन कथितः । चक्षुरादीनां संहतविषयं पारार्थ्यमिति धर्मस्य विशेषः साध्यः । परार्थस्य साध्यत्वात् परार्थाः सन्तश्चक्षुरादयो संहतार्था इति धर्मिणो विशेषः साध्यः । चक्षुरादयोऽनेकाणुसञ्चयात्मिकाः, क्रमेणैककालं च संहताः । ज्ञानादि तु कालभेदेनानेकत्वात् संहतानि । तेषां परार्थानां सतामसंहतविषयत्वमेवेच्छाविषयत्वात् साध्यम् । आत्मनः सर्वकालमेकत्वेनासंहतत्वात् । कथं पुनरात्मार्थत्वस्यानुक्तौ तद्विषयाया वाञ्छायाः प्रतीतिः इत्याह—**वाञ्छाया अनुक्तावपि** मुख्यं शब्देन **प्रकरणाद्**—आत्मास्ति नास्ति इति संशये सति तत्साधनोपन्यासप्रस्तावाद् **गतिः** प्रतीतिर्भवेत् ॥३१॥

आत्मार्थत्वस्य विवादे को दोषः इत्याह—**तस्ये**च्छाविषयस्यात्मार्थत्वस्य साध्य**स्यानन्वयो दृष्टान्ते दोषः** । अपि-शब्दाद् वक्ष्यमाण इष्टविघातश्च । **यथोदितमाचार्यवसुबन्धुना**—परार्थाश्चक्षुरादयः इत्यत्र **परश्चेदात्मा** विवक्षितः **सोऽसिद्धो** दृष्टान्तः **इति** । **तत्रा**न्वये सती**ष्टविघातकृत्** साधनम्, इष्टात्मार्थत्वविपर्ययेणान्वयात् तत्साधकत्वात् ॥३२॥

अथात्मार्थत्वं न साध्यमित्याह—**यस्या**त्मनोऽर्थस्य **विवादे**ऽस्ति नास्तीति सन्देहे **न** साधनं न्यस्तमुपन्यस्तं **तच्चेन्न साध्यते किमिदानीं साध्यं** स्यात् ? **अन्यथा** विवादविषयो यदि न साध्यं

साधनं यद्विवादे न न्यस्तं तच्चेन्न साध्यते ।
किं साध्यमन्यथानिष्टं भवेद् वैफल्यमेव वा ॥ ३३ ॥

सद्वितीयप्रयोगेषु निरन्वयविरुद्धते ।
एतेन कथिते
साध्यं सामान्येनाथ सम्मतम् ॥ ३४ ॥

तदेवार्थान्तराभावाद् देहानाप्तौ न सिध्यति ।
वाच्यशून्यं प्रलपतां तदेतज्जाड्यवर्णितम् ॥ ३५ ॥

तुल्यं नाशेऽपि चेच्छब्दघटभेदेन कल्पने ।

तद**निष्टं** विपर्ययसिद्धिः स्यात् । यथा व्युत्पन्नसर्वशब्दवादिनं प्रत्यव्युत्पन्नसंज्ञाशब्दादिना तदर्थवत्त्वसिद्ध्यर्थं साधनमुच्यते—संज्ञिसम्बन्धात् प्रागर्थवच्छब्दरूपं विभक्तिदर्शनात् तदन्यशब्दवदिति। अत्र गच्छतीति गौः इत्येकार्थसमवायात् क्रियोपलक्षितेन बाह्यसामान्येनार्थवान् गोशब्दः सिद्धो व्युत्पन्नवादिनः।

ननु स्वरूपमात्रेणार्थेनार्थवान् । अर्थमात्रजं च साध्यत्वेनोद्दिष्टम्, न तु **स्वरूपेणार्थेनार्थवत्त्वम्**। ततो दृष्टान्ते विभक्त्यन्तस्य वाक्यार्थवत्त्वेन व्याप्तिसिद्धेर्देवदत्तो देवदत्त इति वाक्यार्थवत्त्वं स्वरूपार्थवत्त्वे **विरुद्धं** सिध्यति ।

अथ वा—इष्टस्य साध्यत्वाभावे परार्थाश्चक्षुरादयः संहतत्वाद् इत्यत्रात्मार्थत्वस्यासंहतापारार्थ्यस्यासाध्यत्वात् ज्ञानहेतुत्वेन संहतपारार्थ्यस्य बौद्धेनापीष्टे **साधनवैफल्यमेव वा** स्यात् ॥३३॥

एतेन साध्यत्वेनेष्टस्यानन्वयदोषदर्शनेन **सद्वितीयप्रयोगेषु चार्वाक**कृतेषु यथा—अभिव्यक्तचैतन्यशरीरलक्षणपुरुषसद्वितीयो घटः, अनुत्पन्नत्वात्, कुड्यवद् इति शरीरमेवाभिव्यक्तचैतन्यं, पुरुषो नात्मा कश्चित् परलोकी । तेन सद्वितीयत्वं घटस्य साध्यत इति प्रयोगफलम् । तत्र च **निरन्वयविरुद्धते** कथिते । तथा हि—अभिव्यक्तचैतन्यदेहलक्षणपुरुषेण सद्वितीयत्वं साध्यम् । तेन च कुड्येऽन्वयो न दृष्ट इति निरन्वयता । घटस्य तु कुड्येऽन्वयो दृष्ट इति तेन सद्वितीयत्वसाधनात् विरुद्धता स्यात् ।

अथ सामान्येन विशेषमनुल्लिख्य सद्वितीयत्वं **साध्यम्**, कुड्ये सद्वितीयत्वमात्रेणान्वयात् एवमपि **तत्सामान्यमेव न सिध्यति** प्रतिवादिनः, घटादभिव्यक्तचैतन्यस्वभावतया**ऽर्थान्तराभावात्** अर्थान्तरत्वासम्भवात् । **देह**स्या**नाप्ता**वर्थान्तरत्वेनासिद्धौ द्वयोर्भिन्नयोरन्यतरसद्वितीयत्वं सामान्यं स्यात् । न हि घटः स्वरूपेणैवान्यतरसद्वितीयः, देहं तु नाभिव्यक्तचैतन्यलक्षणपुरुषमिच्छति प्रतिवादीति भेदाभावात् तेनापि नान्यतरसद्वितीयत्वसिद्धिः ।

यतश्च न घटस्य स्वरूपेणैव सद्वितीयत्वसम्भवः भेदाधिष्ठानत्वात् तस्य, नापि देहेनान्वयाभावात्, ततो **वाच्यशून्य**त्वमर्थशून्यत्वमन्यतरसद्वितीयत्वं **प्रलपतां** परलोकापवादिनां **तदेतद**न्यतरसद्वितीयत्वसाध्यवचनं **जाड्य**स्य **वर्णितं** चेष्टितम् ॥३४-३५॥

नाशेऽपि साध्ये **शब्दघटयोः** साध्यदृष्टान्तधर्मिणोः सम्बन्धितया **भेदेन कल्पने** शब्दसम्बन्धिनो नाशस्य घटेऽन्वयाभावादसाध्यत्वम्, घटसम्बन्धिनश्च शब्दे ऽसम्भवादसाध्यतेति तुल्यमिदमिति

न सिद्धेन विनाशेन तद्वतः साधनाद् ध्वनेः ॥ ३६ ॥

तथार्थान्तरभावे स्यात् तद्वान् कुम्भोऽप्य-
नित्यता ।
विशिष्टा ध्वनिनान्वेति नो चेन्नायोगवारणात् ॥ ३७ ॥

द्विविधो हि व्यवच्छेदो वियोगापरयोगयोः ।
व्यवच्छेदादयोगे तु वार्ये नानन्वयागमः ॥ ३८ ॥

सामान्यमेव तत्साध्यं न च सिद्धप्रसाधनम् ।
विशिष्टं धर्मिणा तच्च न निरन्वयदोषवत् ॥ ३९ ॥

एतेन धर्मिधर्माभ्यां विशिष्टौ धर्मधर्मिणौ ।
प्रत्याख्यातः निराकुर्वन् धर्मिण्येवमसाधनात् ॥ ४० ॥

चेत् न तुल्यम् । **विनाशेन** प्रध्वंसलक्षणेन **सिद्धेन** निश्चितेन **ध्वनेस्तद्वतो** विनाशवतः **साधनाद्** विनाशसामान्यं साध्यं सिद्धं केवलम्, तद्वत्ता शब्दस्य न सिद्धेति साध्यते ॥३६॥

यथा विनाशे सामान्येन सिद्धे सत्यसिद्धस्तद्वान् शब्दः साध्यते, **तथा अर्थान्तरभावे**ऽभिव्यक्तचैतन्यस्वभावतया देहस्य घटाद् वैजात्ये सिद्धे सति **तद्वान् कुम्भोऽपि** सिध्येत् । न चैतत् प्रतिवादिना बोधयितुं शक्यते, तेनाचैतन्यस्य भूतव्यतिरिक्तस्यैव स्वीकारात् । यदि पुनरचेतनस्वभावतया घटजातीयेनैव देहेन सद्वितीयत्वं घटस्य साध्यते, तदा सिध्यत्येव; तथाविधस्य सद्वितीयत्वस्य सिद्धत्वाद् विनाशवत् । किन्तु वादिनो नेष्टसिद्धिः, देहस्य चेतनस्वभावतयाऽसिद्धेः ।

अथ **ध्वनिना** स्वसम्बन्धितया **विशिष्टाऽनित्यता** दृष्टान्तं **नान्वेतीति चेत्** नानन्वयदोषः । विशेषणे**नायोग**स्यासम्बन्धस्य **वारणात्** ॥३७॥

द्विविधो हि व्यवच्छेदो विशेषणेन दृष्टो **वियोगापरयोगयो**रयोगान्ययोगयोर्**व्यवच्छेदात्** । यथा चैत्रो धनुर्धरः, पार्थो धनुर्धर इति । तत्र धर्मिणा विशेषणे**नायोगे वार्ये** नित्यताया **नानन्वयागमो**ऽनन्वयापत्तिर्न भवति । शब्दो नित्यो न वा—इत्ययोगः शङ्कितो विशेषणेन व्यावर्त्यते—शब्दो नित्य इति । एवंविधा चानित्यता नान्यसम्बन्धेन विरुध्यत इति नानन्वयो दृष्टान्ते ॥३८॥

उक्तार्थसंग्रहमाह—**तद**नित्यतादि **सामान्यमेव साध्यम्**, न विशेषः, येनानन्वयदोषः स्यात् । नन्वनित्यतादि सामान्यं सिद्धमेव, क्वचित् साधने वैयर्थ्यम् इत्याह—**न च सिद्धस्य** क्वचित् सत्तामात्रेणानित्यत्वस्य **प्रसाधनम्** । धर्मिण्ययोगव्यवच्छेदस्यासिद्धस्य प्रसाधनात् । **न च धर्मिणा**ऽयोगव्यवच्छेदतो **विशिष्टम्, तच्च** नित्यतादि दृष्टान्ते **निरन्वयदोषवत्** । न च अयोगव्यवच्छेदेन, धर्मिविशेषितस्य धर्म्यन्तरसम्बन्धाविरोधात् ॥३९॥

एतेनेष्टस्य साध्यत्ववचनेन **धर्मिधर्माभ्यां विशिष्टौ धर्मधर्मिणा**वनन्वयान्**निराकुर्वन् चार्वाकः**, यथा—न शब्दानित्यत्ववान् शब्दो नानित्यशब्दवान् वा शब्दः इति, न हि शब्दा नित्यत्वेनानित्यशब्देन वा क्वचिद् घटादौ दृष्टान्ते कृतकत्वस्यान्वयोऽस्ति, तत इष्टविपर्यासनाद् विरुद्धं कृतकत्वमिति, स एवं वदन् **प्रत्याख्यातः** । कथम् इत्याह—**धर्मिणि** शब्दे **एवं** धर्मिविशिष्टस्य धर्मस्य धर्माविशिष्टस्य वा धर्मिणो**ऽसाधनाद**नित्यत्वमात्रस्य शब्दे साध्यत्वेनेष्टत्वात् । अन्यथाऽनित्यशब्दवति

समुदायापवादो हि न धर्मिणि विरुध्यते ।
साध्यं यतस्तथा नेष्टं साध्यो धर्मोऽत्र केवलः ।। ४१ ।।

एकस्य धर्मिणः शास्त्रे नानाधर्मस्थितावपि ।
साध्यः स्यादात्मनैवेष्ट इत्युपात्ता स्वयं-श्रुतिः ।। ४२ ।।

शास्त्राभ्युपगमादेव सर्वादानात् प्रबाधने ।
तत्रैकस्यापि दोषः स्याद् यदि हेतुप्रतिज्ञयोः ।। ४३ ।।

शब्दनाशे प्रसाध्ये स्याद् गन्धभूगुणताक्षतेः ।
हेतुर्विरुद्धोऽप्रकृतेर्नो चेदन्यत्र सा समा ।। ४४ ।।

शब्दे सिद्धेऽपि शब्दो नानित्यः स्यात् । यदि धर्ममात्रं साध्यम् तदा समुदायः साध्यो न स्यात्, हेतोस्तदपवादो विरुद्धस्य न स्याद् इत्याह—धर्ममात्रस्य धर्मिसाध्यत्वात् समुदाय एव साध्यः, **हि** यस्मात् तस्माद् विरुद्धस्य हेतोरिष्टस**मुदायापवादो न विरुध्यते** । ननु समुदायस्य साध्यत्वेऽनन्वयदोष इष्टविघातो वा स्याद् इत्याह—तथा धर्मिधर्मसमुदायोऽन्यधर्मिसम्बन्धितया **साध्यं यतो नेष्टम्** तस्मान्नानन्वयो विरुद्धता वा । तथा हि—**अत्र** शब्दादौ धर्मिणि **धर्मो**ऽनित्यतादिः **केवलः साध्य** इष्टः । तस्य चान्वयोऽस्तीति न दोषः ।।४०-४१।।

उक्तमिष्टग्रहणस्य प्रयोजनम् ।।

स्वयं-शब्दस्येदानीं वक्तुमाह—**एकस्य** शब्दादेर्धर्मिणः **शास्त्रे नानाधर्मा**णाममूर्त्तत्वानित्यताकाशगुणत्वादीनां **स्थिताव**भ्युपगमे**ऽपि** वादिना **आत्मनैव** साधनोपन्यासकाले साधयितु**मिष्टो** धर्मः **साध्यः** स्यात्, नान्य इति **स्वयं-श्रुतिराचार्येणोपात्ता** ।।४२।।

यदि पुनः **शास्त्रेणाभ्युपगमादेव सर्वे**षां धर्माणा**मादानात्** परिग्रहाद् वादिना **तत्र** तेषु मध्ये **एकस्यापि** धर्मस्योपन्यस्तहेतुना **बाधने हेतुप्रतिज्ञयो**र्विरुद्धता**दोष** उच्यते ।।४३।।

यथा शब्दे शास्त्रेष्टमाकाशाश्रयत्वं बाधमानस्य वादीष्टमनित्यत्वं साधयतोऽपि कृतकत्वस्य विरुद्धत्वं प्रतिज्ञाविरोधो वाऽभिधीयते । कृतकं हि क्षणिकम्, न च क्षणिकमुत्पादानन्तरं क्षणमप्यस्ति, ततः कृतकत्वमाकाशाश्रयत्वबाधनम् ।

तथा कृतकत्वात् **शब्दस्य नाशे साध्य**माने **गन्ध**स्य कृतकत्वान्नश्वरस्य **भूगुणतायाः** पृथिव्याश्रिततायाः शास्त्रेष्टायाश्च **क्षतेः** विपर्यासनात् **हेतुः** प्रयत्नानन्तरीयकत्वादि**र्विरुद्धः** स्यात् । प्रतिज्ञा विरुद्धा स्यात् । उपात्तो हेतुः वादिनानिष्टं शास्त्रेष्टं बाधत इत्येव यदि विरुद्धः, तदा गन्धभूगुणता बाधमानस्य कृतकत्वस्य शब्दे विरुद्धता स्यात्, शास्त्रेष्टबाधकताया अविशेषात् ।

अथ गन्धभूगुणताया साध्यत्वेना**प्रकृतेर**प्रस्तुते तद्बाधनेऽपि शब्दे कृतकत्वं **विरुद्धं नो चेत् सा** प्रकृतिर**न्यत्रा**काशगुणत्वे**ऽपि समा** । न हि वादिना आकाशगुणत्वं साधयितुमिष्टम्, किन्त्वनित्यत्वम् । अतोऽप्रकृतस्यास्य बाधने न विरुद्धः स्याद्धेतुः ।।४४।।

अथवाकाशगुणत्वादो **धर्मी** शब्द **प्रकृतः**। **तत्र शास्त्रार्थ**स्याकाशगुणत्वादेः साधनम्, **तद्बाधने** च विरुद्धता हेतोः । भूगुणत्वे तु गन्धो धर्म्यप्रकृत इति तद्बाधनेऽपि न विरोधः । **नैष** परिहारः, तथा हि—न वादीष्टविपर्यासनेन दोष उक्तः, किन्तु शास्त्रार्थविरोधेन । तथा च प्रकृतत्वमनुपयुक्तम् ।

श्रथात्र धर्मी प्रकृतस्तत्र शास्त्रार्थबाधनम् ।
श्रथ वादीष्टतां ब्रूयाद् धर्मिधर्मादिसाधनैः ॥ ४५ ॥

कैश्चित् प्रकरणैरिच्छा भवेत् सा गम्यते च तैः ।
बलात् तवेच्छेयमिति व्यक्तमीश्वरचेष्टितम् ॥ ४६ ॥

वदन्नकार्यलिङ्गां तां व्यभिचारेण बाध्यते ।
श्रनान्तरीयके चार्थे बाधितेऽन्यस्य का क्षति ॥ ४७ ॥

उक्तं च नागमापेक्षमनुमानं स्वगोचरे ।
सिद्धं तेन सुसिद्धं तन्न तदा शास्त्रमीक्ष्यते ॥ ४८ ॥

वादत्यागस्तदा स्याच्चेन्न तदानभ्युपायतः ।
उपायो ह्यभ्युपायेऽयमनङ्गं स तदापि सन् ॥ ४९ ॥

श्रथ वाद्यनिष्टतया प्रकृतत्वं तच्चाकाशगुणत्वयोः समानम् । श्रथाकाशगुणत्वस्य **वादीष्टतां** परो **ब्रूयात् धर्मिधर्मादिसाधनैः** । साध्यधर्मिधर्मत्वात् तदेकदेशत्वाद् वाऽऽकाशगुणत्वमिष्टं वादिनो नित्यत्ववदिति ॥४५॥

ननु **कैश्चित् प्रकरणै** र्विवादादिभिरिच्छा वानिः कस्मिंश्चिद् धर्मे **भवेत्** । **तैरेव** च प्रकरणैः **सा** इच्छा **गम्य**ते परेणापि । न तु तस्य धर्मिणो धर्म इत येव वादिनेष्यते । ततो धर्मिधर्मत्वादिसन्दिग्ध-विपक्षव्यतिरेकित्वात् शेषवत्, स्वयमनिच्छतश्च वादिन : साधनस्य **बलात् तवेच्छेयमिति** यदुच्यते, **व्यक्त**मिद**मीश्वरचेष्टित**मित्युपहसति ॥४६॥

किञ्च—**तामिच्छामकार्यलिङ्गजां** कार्येतरलिङ्गामनुमेयत्वेन **वदन्** परो **व्यभिचारेण बाध्यते** । न ह्यन्योऽकार्योऽन्यं न व्यभिचरतीति नियमोऽस्ति ।

श्रपि च—साध्यस्यानित्यत्व **स्यानन्तरीयकेऽर्थे** श्राकाशगुणत्वादौ **बाधितत्वेऽप्यन्यस्य** साध्यस्य **का क्षतिः** ? न ह्यनित्यत्वमाकाशगुणत्वनान्तरीयकं येन तदभावे तदपि न स्यात् । कृतकत्वं त्व-नित्यत्वतयाऽव्यभिचारीति तस्मान्नानुमानमनैकान्तिकम् ॥४७॥

श्रनुमाविषये नेष्टं ... वाचः प्रामाण्यम्[1] इत्यादि**नोक्तं** प्राक् । वस्तुबलप्रवृत्त**मनुमानं नागमापेक्षं स्वस्य गोचरे** साध्य इति । तस्मात् **तेन** वस्तुबल प्रवृत्तेनागमानपेक्षिणानुमानेन यत् **सिद्धं सुसिद्धं तत्**,, **तदा** च न **शास्त्रमीक्ष्यते** । बाधितं न वेति वस्तुबलप्रवृत्तानुमानेन तदपेक्षाभावात्, तदानुमाकाले शास्त्रस्यानाश्रयणात् ॥४८॥

वादत्यागः स्याच्चेत् न वादत्यागः सिसाधयिषितैकधर्मादपरस्य शास्त्राभ्युपेतस्य **तदा** साधनोप-न्यासकाले साध्यतया**ऽनभ्युपायतो**ऽस्वीकारात् । ननु शास्त्राभ्युपगमाद् यदा वादः क्रियते तदा शास्त्रार्थबाधनात् वादत्यागः स्यादेव इत्याह—शास्त्रस्या**भ्युपाये**ऽयं विचार **उपायः** । ततस्**तदा** विचारकाले **सन्नप्य**भ्युपगमो**ऽनङ्गं** शास्त्रार्थग्रहणे गृहीतस्य त्यागः स्यात् । न विचारात् प्राग् ग्रहणमभ्युपगमान्न्याय्यम् ॥४९॥

कदा तर्हि शास्त्रेण बाधेष्यते इत्याह—शास्त्रोपदर्शिते **विषयद्वये** प्रत्यक्षपरोक्षे रूपनैरात्म्यादौ **तदा** प्रमाणप्रवृत्त्या विशुद्धे निर्णीते सति पश्चादत्यन्तपरोक्षे स्वर्गादौ **शास्त्रेण** शास्त्राश्रयणेनानुमानं

1. PV 4.2.

तदा विशुद्धे विषयद्वये शास्त्रपरिग्रहम् ।
चिकीर्षोः स हि कालः स्यात् तदा शास्त्रेण बाधनम् ॥ ५० ॥

तद्विरोधेन चिन्तायास्तत्सिद्धार्थेष्वयोगतः ।
तृतीयस्थानसंक्रान्तौ न्याय्यः शास्त्रपरिग्रहः ॥ ५१ ॥

तत्रापि साध्यधर्मस्य नान्तरीयकबाधनम् ।
परिहार्यं न चान्येषामनवस्थाप्रसङ्गतः ॥ ५२ ॥

केनेयं सर्वचिन्तासु शास्त्रं ग्राह्यमिति स्थितिः ।
कृतेदानीमसिद्धान्तैर्ग्राह्यो धूमेन नानलः ॥ ५३ ॥

रिक्तस्य जन्तोर्जातस्य गुणदोषमपश्यतः ।
विलब्धा बत केनेमो सिद्धान्तविषमग्रहाः ॥ ५४ ॥

चिकीर्षो. सतः **स हि कालो**ऽभ्युपगम्य यदि शास्त्रबाधो न भवेत् । अतस्त**दा शास्त्रेण बाधनं** साध्यसाधनादेरिष्यते ॥५०॥

तदापि कस्माच्छास्त्रबाधेष्यते इत्याह—**तस्य** शास्त्रस्य **विरोधेन तत्सिद्धेष्वर्थेषु** लिङ्गादिष्वसिद्धकल्पेषु गमक**चिन्ताया अयोगतः**। यस्मात् प्रत्यक्षपरोक्षार्थयोर्नागमाधिकारः तस्मात् **तृतीयस्थाने**ऽतीन्द्रिये विषये विचार**संक्रान्तौ शास्त्रपरिग्रहो न्याय्यः**, प्रकारान्तराभावात् ॥५१॥

तत्र शास्त्रपरिग्रहेऽपि तदा साधयितुमारब्धस्य **साध्यधर्मस्य नान्तरीयकं** सम्बद्धम्, यथा क्षणिकत्वस्य नैरात्म्यम्, तस्य **बाधनं परिहार्यम्** । वस्तुतस्तादात्म्यादनयोर्नैरात्म्यबाधने क्षणिकत्वबाधनप्रसङ्गात् । **न त्वन्येषां** साध्यस्याकारणाव्यापकभूतानां धर्माणां बाधनं परिहार्यम्, **अनवस्थाप्रसङ्गतः** । न हि शास्त्रदर्शितसम्भवधर्मव्याप्तिर्लिङ्गस्य दृष्टान्ते दर्शयितुं शक्यते, येन कश्चिदागमाश्रयो हेतुरवतिष्ठेत ॥५२॥

ननु शास्त्रमनपेक्ष्य न वादः कर्त्तव्य इति वस्तुबलप्रवृत्तानुमानेऽपि शास्त्रापेक्षा इत्याह—**सर्वासु** परोक्षात्यन्तपरोक्षार्थ**चिन्तासु शास्त्रं ग्राह्यमिति केनेयं स्थितिः कृता**? नैतदनुमन्यन्ते विद्वांसः। **इदानी**मविदुषामस्मिन्नभ्युपगमे **असिद्धान्तैः** सिद्धान्तविशेषाश्रयरहितैर्गोपालकादिभि**र्धूमेन** लिङ्गेन **नानलो ग्राह्यः** ॥५३॥

न चं कस्यचित् सिद्धान्तसम्बन्धो युक्तः। तथा हि—सम्बन्धो भवन् सहजो वा भवेद्, औपाधिको वा। द्वयमपि निषेद्धुमाह—**रिक्तस्य** तुच्छस्य सिद्धान्तरहितस्य **जन्तोर्जातस्य**। अनेन सहजसम्बन्धाभावनिमित्तमुक्तम्। **गुणदोषं** प्रामाण्याप्रामाण्यनिबन्ध**नमपश्यतः**। अनेनौपाधिकसम्बन्धनिमित्ताभाव उक्तः। **केना**नर्थपटीयसा **सिद्धान्ता** एव **विषमग्रहा** दुष्परिहारत्वा**दिमे विलब्धा बत**, येषु स्वामित्वेन जन्तवो व्यवहरन्ति। न हि कर्णनासमिव सिद्धान्तः प्राणिसहजः। नापि दोषोर्जितगुणोपपन्नः प्रमाणमिव विचारात् प्राक् सिद्धान्तः सिद्धः येन समर्थविषयः स्यात् ॥५४॥

किञ्च—**यदि साधन एकत्र सर्वं शास्त्रं** शास्त्रार्थ **निदर्शने** दृष्टान्ते वादी **दर्शयेत्**, तदा तत्

यदि साधन एकत्र सर्वं शास्त्रं निदर्शने ।
दर्शयेत् साधनं स्यादित्येषा लोकोत्तरा स्थितिः ॥ ५५ ॥

असम्बद्धस्य धर्मस्य किमसिद्धो न सिध्यति ।
हेतुस्तत्साधनायोक्तः किं दुष्टस्तत्र सिध्यति ॥ ५६ ॥

धर्माननुपनीयैव दृष्टान्ते धर्मिणोऽखिलान् ।
वाग्धूमादेर्जनोऽन्वेति चैतन्यदहनादिकम् ॥ ५७ ॥

स्वभावं कारणं चार्थो व्यभिचारेण साधयन् ।
कस्यचिद् वादबाधायां स्वभावान्न निवर्तते ॥ ५८ ॥

प्रपद्यमानश्चान्यस्तं नान्तरीयकमीप्सितैः ।
साध्यार्थैर्हेतुना तेन कथमप्रतिपादितः ॥ ५९ ॥

उक्तोऽनुक्तोऽपि वा हेतुर्विरोद्धा वादिनोऽत्र किम् ।
न हि तस्योक्तिदोषेण स जातः शास्त्रबाधनः ॥ ६० ॥

साधनं स्यात्, न त्वेकस्य शास्त्रदर्शितधर्मस्यान्वये। एतच्च न क्वचित् साधने कर्तुं शक्यमिति **लोका**तिक्रान्ता **स्थितिरेषा** ॥५५॥

अपि च—**असम्बद्धस्य** साधयितुमप्रवृत्तस्य **धर्मस्या**काशगुणत्वादेः, कृतकत्वाद्धेतोर्विपर्यास-ना**दसिद्धौ** सत्यां सिसाधयिषितं हेतुव्यापकमनित्यत्वं **किं न सिध्यति** ? न हि व्यापकमन्तरेण व्याप्यं भवति। **हेतुस्तस्य** व्यापकस्य **साधनायोक्तः** किं दुष्टः, तत्र स्वसाध्ये **सिध्यति** साध्यप्रतिपादनम् ? साध्यव्यापारस्तच्चेदस्ति कथं दुष्टः ? ॥५६॥

शास्त्रार्थबाधनेऽभिमतस्यापि न सिद्धिरिति चेत् आह—**धर्मिणो धर्मान्** शास्त्रदर्शिता**नखिलान्** हेतुव्यापकत्वेना**नुपनीया**प्रदर्श्य **वाग्धूमादेर्हेतोश्चैतन्यदहनादिकं** यथाक्रमं स्वसन्तानवन्महानसवच्च **जनो**ऽन्वेति प्रतिपद्यते ॥५७॥

किञ्च—**स्वभावं** व्यापकं वृक्षत्वादि, **कारणं** वह्न्यादि च, **अर्थो** व्याप्यः शिंशपादिः, कार्यं धूमादि **व्यभिचारेणा**विनाभावित्वात् **साधयन् कस्यचित्** शास्त्रपराधीनस्य वादिनो **वादस्य बाधायां स्वभावात्** व्यापककारणगमका**न्न निवर्त्तते**। ततः शास्त्रेषु धर्मान्तरव्याहृतावपि हेतुः साध्यीकृतं स्वसम्बद्धमर्थं प्रतिपादयति ॥५८॥

ततश्च **साध्यैरर्थैरीप्सितै**राप्तुं प्रत्येतुमिष्टै**र्नान्तरीय**कमविनाभावितं **तं** हेतुं **प्रपद्यमानः** प्रति-पद्यमानो**ऽन्यः** प्रतिवादी **कथं तेन** हेतुना**ऽप्रतिपादितः** ? साध्यनान्तरीकतया क्वचिद्धर्मिणि साधन-प्रतीतिरेव हि **साध्यप्रतीतिः** सा चास्ति प्रतिवादिनः ॥५९॥

किञ्च—हेतुना यः शास्त्रार्थो बाध्यते, किं तस्मिन् साध्ये वादिना हेतुरसाधूक्तः, आहोस्वित् तत्र साध्ये हेतुरुच्यताम् मा वा, वस्तुतस्तद्बाधकोऽसौ हेतुरिति दुष्टता। तत्राद्यपक्षे भवत्येव दोषो यद्येवमिष्यते।

बाधकस्याभिधानाच्चेद् दोषो यदि वदेन्न सः।
किन्न बाधेत सोऽकुर्वन्नयुक्तं केन दुष्यति ॥ ६१ ॥

अन्येषु हेत्वाभासेषु स्वेष्टस्यैवाप्रसाधनात्।
दुष्येद् व्यर्थाभिधानेन नात्र तस्य प्रसाधनात् ॥ ६२ ॥

यदि किञ्चित् क्वचिच्छास्त्रे न युक्तं प्रतिषिध्यते।
ब्रुवाणो युक्तमप्यन्यदिति राजकुलस्थितिः ॥ ६३ ॥

सर्वानर्थान् समीकृत्य वक्तुं शक्यं न साधनम्।
सर्वत्र तेनोत्सन्नेयं साध्यसाधनसंस्थितिः ॥ ६४ ॥

विरुद्धयोरेकधर्मिण्ययोगादस्तु बाधनम्।
विरुद्धैकान्तिके नात्र तद्वदस्ति विरोधिता ॥ ६५ ॥

अथ **उक्तोऽनुक्तोऽपि वा हेतुः** वस्तुत एव तस्य **विरोद्धा** प्रतिघातकः, तदा **अत्र** शास्त्रार्थबाधने **वादिनः किं** दूषणम्? न किञ्चित्। **हि** यस्मात् तस्य वादिन **उक्तिदोषेण स** कृतकत्वादिहेतुः शास्त्रस्य **शास्त्रार्थ**स्याकाशगुणत्वादेः बाधनो बाधको न **जातः** ॥६०॥

शास्त्रार्थ**बाधकस्य** हेतोर**भिधानाद्** वादिनोऽपि **दोषश्चेत्, यदि** तं हेतुं **न वदेत्** स वादी, तदा **किम**सौ हेतुः शास्त्रार्थं **न बाधेत**? वस्तुतस्तद्विरोधित्वादवश्यं बाधते। ततश्च स वाद्य**कुर्वन्नयुक्तं केन** कारणेन **दुष्यति** पराजितः स्यात् ॥६१॥

ननु यदि दुष्टहेतुवचनेऽपि न वादिनो दुष्टता, तदा सिद्धादिवचनेऽपि न दोषः स्याद् इत्याह— **अन्येष्व**सिद्धादिषु **हेत्वाभासेषु** वा**द्युक्तेषु स्वेष्टस्य** वादीष्ट**स्यैवाप्रसाधनाद्** वादी दुष्येत्, **व्यर्थ**स्य साध्यसाधनानुपयुक्तस्य साधनस्याभिधानात्। **अत्र** कृतकत्वे तु वाद्युक्ते वाञ्छितस्यानित्यत्वस्य **प्रसाधनान्न** वादी दुष्यति। शास्त्रार्थे **तु**वाद्यनिष्टे बाध्यमाने शास्त्रमेव दुष्टं भविष्यति ॥६२॥

यद्यपि स्वेष्टस्य तेन साधनम् तथापि शास्त्रार्थस्य बाधनमिति दुष्ट एव इत्याह—**क्वचिद्** **वैशेषिकादिशास्त्रे** निर्दिष्टं यदि **किञ्चि**दाकाशगुणत्वादि बाध्यमानत्वा**दयुक्तम्**। तावता**न्यद**नित्यत्वादियुक्तमपि कृतकत्वहेतुना **ब्रुवाणः** प्रतिपादयन् **प्रतिषिध्यते** शास्त्रार्थबाधनात् विरोधोपन्यासेनेति व्यक्तमियं **राजकुलस्थितिः**, राजशासनस्यैव बलप्रवृत्तस्य युक्तायुक्तविचारणाबहिर्भावात् ॥६३॥

किञ्च—**सर्वान्** शास्त्रदृष्टा**नर्थान्** साध्यत्वेन **समीकृत्य** किञ्चित् **साधनं वक्तुमशक्यम्**, दृष्टान्ते शास्त्रदृष्टाखिलधर्मव्याप्त्यनुपलम्भात्। **तेन** कारणेन **सर्वत्र** धर्मिणि **साध्यसाधनयोः संस्थिति**र्व्यवस्थे**यमुत्सन्ना** स्यात् ॥६४॥

यदि तर्ह्याकाशगुणत्वाभावे ऽप्यनित्यत्वं सिध्यदबाध्यं शब्दे, तदा श्रवणत्वादिहेतुना नित्यत्वमपि साधनमबाध्यं स्याद्। इत्याह—**विरुद्धयो**र्नित्यत्वानित्यत्वयो**रेकत्र** शब्दे **धर्मिण्ययोगाद्** **विरुद्धैकान्तिके** विरुद्धाव्यभिचारिणि श्रावणत्वादौ नित्यत्वसाधके **बाधनमस्तु**। न ह्येकत्र धर्मिणि विरुद्धौ धर्मौ भवितुमर्हतः। **तद्वन्नि**त्यत्वानित्यत्वयोरिवा**त्रा**नयोः प्रकृताप्रकृतयोरनित्यत्वाकाशगुणत्वाभावयो**र्विरोधिता नास्ति**। ततः कृतकत्वाच्छब्देऽनित्यत्वसिद्धावाकाशगुणत्वाभावो न बाध्यते ॥६५॥

अबाध्यबाधकत्वेऽपि तयोः शास्त्रार्थविप्लवात् ।
असम्बद्धेऽपि बाधा चेत् स्यात् सर्वं सर्वबाधनम् ॥ ६६ ॥

सम्बन्धस्तेन तत्रैव बाधनादस्ति चेदसत् ।
हेतोः सर्वस्य चिन्त्यत्वात् स्वसाध्ये गुणदोषयोः ॥६७॥

नान्तरीयकता साध्ये सम्बन्धः सेह नेक्ष्यते ।
केवलं शास्त्रपीडेति दोषः सान्यकृते समा ॥ ६८ ॥

शास्त्राभ्युपगमात् साध्यः शास्त्रदृष्टोऽखिलो यदि ।
प्रतिज्ञा सिद्धदृष्टान्तहेतुवादः प्रसज्यते ॥ ६९ ॥

उक्तयोः साधनत्वेन नो चेदीप्सितवादतः ।
न्यायप्राप्तं न साध्यत्वं वचनाद् विनिवर्त्तते ॥ ७० ॥

स्यादेतत् । प्रकृताप्रकृतयोरनित्यत्वाकाशगुणत्वाभावयोः परस्परं **बाध्यबाधकत्वाभावे**ऽप्येकस्मिन्ननित्यत्वे कृतकत्वात् सिध्यति शब्दे धर्मिणि **शास्त्रार्थस्य** शास्त्राभ्युपगतस्याकाशगुणत्वस्य **विप्लवात्** कारणाद् **असम्बद्धे** अप्रकृताकाशगुणत्वसम्बन्धरहितेऽनित्यत्वेऽपि बाधा भवतीति **चेत्** एवं तर्हि प्रयत्नानन्तरीयकत्वाद् गन्धे पृथिवीगुणत्वबाधने **सर्वं** कृतकत्वादि **सर्वस्या**नित्यत्वादेः साध्यस्य **बाधनं स्यात्** शब्दादौ धर्मिण्यप्रकृतशास्त्रार्थबाधनस्य तुल्यत्वात् ॥६६॥

अथ तत्र शब्द **एव** धर्मिणि आकाशगुणत्वस्य सत्त्वात् **सम्बन्धोऽस्ति, तेन** कृतकत्वात् तस्यैव **बाधनाद्** विरोधः । पृथिवीगुणत्वं तु शब्दे धर्मिण्यसम्बद्धम् । ततस्तद्बाधनेऽपि शब्दे कृतकत्वमविरुद्धमिति **चेत् असदेतत् सर्वस्य हेतोः स्वसाध्ये** प्रकृते **गुणदोषयोश्चिन्त्यत्वात्** । यत् पुनरप्रकृतं धर्मिसम्बद्धमपि, न तत् साध्यम्, तद्बाधनेऽपि न काचित् क्षतिः ॥६७॥

किञ्च—धर्मिणि सत्तामात्रम् न सम्बन्धः किन्तु **साध्ये नान्तरीयकता** साध्याविनाभावित्वं **सम्बन्ध** उच्यते। **सा** साध्यनान्तरीयकता **इह** प्रकृताकाशगुणत्वबाधने सति **नेक्ष्यते**। यद्यपि सत्त्वनान्तरीयकमाकाशगुणत्वं शब्दे स्यात् न बाध्येत, **केवलं** शास्त्राभ्युपगतधर्मबाधना**च्छास्त्रपीडेति दोषः** । सा च कृतकत्वादनित्यत्वसिद्धौ दृश्यते शास्त्रपीडा **अन्येन** प्रयत्नानन्तरीयकत्वादिना गन्धे पृथिवीगुणत्वबाधनेऽपि समेति कृतकत्वं शब्दे विरुद्धं स्यात् । ॥६८॥

यदप्याहुरा**चार्यीयाः**—शास्त्रमभ्युपगम्य यदा वादः क्रियते, तदा शास्त्रदृष्टस्य सकलस्य धर्मस्य साध्यता इति, अत्राह—**शास्त्राभ्युपगमाच्छास्त्रदृष्टोऽखिलो** धर्मो **यदि साध्य** इष्यते, तदा सिद्धयोः शास्त्रोद्दिष्टयो**र्हेतुदृष्टान्तयोर्वादः प्रतिज्ञा** साध्यं **प्रसज्यते**, शास्त्रे दृष्टस्यासिद्धस्य साध्यत्वात् ॥६९॥

स्यादेतत् । किन्तु वादि**नेप्सितस्य** साध्यत्वेन **वादतः** स्वयम् साध्यत्वेनेप्सितः पक्षो विरुद्धत्वान्निराकृतः इत्यादिकात् **साधनत्वेनोक्तयो**रसिद्धहेतुदृष्टान्तयोः साध्यता नो चेत् नन्वसिद्धस्य शास्त्राभ्युपगतस्य **साध्यत्वं न्यायप्राप्तं वचनमात्रा**दीप्सित**साध्यत्वं** प्रतिपादकत्वान्न विनिवर्त्तते ॥७०॥

अनीप्सितमसाध्यं चेद् वादिनान्योऽप्यनीप्सितः ।
धर्मोऽसाध्यस्तदाऽसाध्यं बाधमानं विरोधि किम् ॥ ७१ ॥

पक्षलक्षणबाह्यार्थः स्वयं-शब्दोऽप्यनर्थकः ।
शास्त्रेष्विच्छाप्रवृत्त्यर्थो यदि शङ्काकुतोन्वियम् ॥ ७२ ॥

सोऽनिषिद्धः प्रमाणेन गृह्णन् केन निवार्यते ।
निषिद्धश्चेत् प्रमाणेन वाचा केन प्रवर्त्यते ॥ ७३ ॥

पूर्वमप्येष सिद्धान्तं स्वेच्छयैव गृहीतवान् ।
किञ्चिदन्यं स तु पुनर्ग्रहीतुं लभते न किम् ॥ ७४ ॥

दृष्टेर्विप्रतिपत्तीनामत्राकार्षीत् स्वयं-श्रुतिम् ।
इष्टाक्षतिमसाध्यत्वमनवस्थां च दर्शयन् ॥ ७५ ॥

समयाहितभेदस्य परिहारेण धर्मिणः ।

शास्त्राभ्युपगमेऽपि **वादिनाऽनीप्सितमसाध्यं चेत्**? एवं तर्ह्याकाशगुणत्वादिरपि धर्मो वादिना साध्यत्वे**नानीप्सितोऽसाध्यः** स्यात् । तदा तदसाध्यमाकाशमगुणत्वं **बाधमानं** कृतकत्वं **किं** कस्माद् **विरोधि** ? ॥७१॥

किञ्च—यदि शास्त्राभ्युपगतत्वं पक्षलक्षणम्, तदा **स्वयं-शब्दोऽपि पक्षलक्षणबाह्यार्थो** भिन्नाभिधेयो**ऽनर्थकः** स्यात् । शास्त्राभ्युपगमे शास्त्रेष्टस्य साध्यताप्राप्तौ वादीष्टमात्रं साध्यम्, नान्यदिति हि स्वयं-शब्दस्य प्रयोजनम् । शास्त्रेष्टमात्रस्य तु साध्यत्वे निष्फलमेव तत् । **शास्त्रेष्विच्छया प्रवृत्त्यर्थः** स्वयंशब्दो **यदि** कथयति, स्वयं-शब्दमन्तरेण शास्त्रमिच्छया न ग्रहीतव्यमिति **शङ्केयं कुतो** नु हेतोर्जाता, येन तन्निवृत्त्यर्था स्वयं-श्रुतिर्वर्ण्यते? ॥७२॥

स वादी **प्रमाणेन** शास्त्रार्थबाधकेना**निषिद्धः गृह्णन्** केन निवार्यते ? न केनचित् । यतः स्वयं-ग्रहणं शास्त्रं ग्राहयत् सफलं स्यात् । **प्रमाणेन चे**च्छास्त्रार्थबाधकेन **निषिद्धो** वादी **वाचा** स्वयं-शब्देन शास्त्राभ्युपगमे **केन** लक्षणकर्त्रा प्रवर्त्यते ? न केनचित् ॥७३॥

किञ्च—**एष** वादी **पूर्वमपि स्वेच्छयैव सिद्धान्तं** कणादादिप्रणीतं **गृहीतवान्**, न त्वन्य**पुराणा**-दिबलात् । **स** कथमिच्छया शास्त्रोद्दिष्टं **किञ्चिद्** धर्म-व्यभिचारदर्शनादिना शास्त्रेषु सफलधर्म-कलापसाध्यत्वादन्यं सिद्धान्तमाकाशगुणत्वरहितानित्यतादिकं **ग्रहीतुं किन्न लभते** ? इच्छाधीनत्वे नियमायोगात् । तस्मात् स्वयं-ग्रहणं शास्त्रेच्छाप्रकृत्यर्थमित्युक्तम् ॥७४॥

नन्विष्टस्यापि स्वेच्छयैव साध्यतापरिग्रहः सिद्ध इति व्यर्थं स्वयं-ग्रहणम् इत्याह—शास्त्रकार-स्येष्टं साध्यमिति **विप्रतिपत्तीनां दृष्टेस्त**न्निराकरणार्थम**त्र** पक्षलक्षणे **स्वयं-श्रुतिमाचार्योऽकार्षीत्** । शास्त्रेष्वाकाशगुणत्वासिद्धावपि वादीष्ट**स्याक्षतिं** शास्त्रेष्ट**स्यासाध्यत्वं** शास्त्रेष्टधर्मान्तरासिद्धौ हेतुबलप्रसिद्धसाध्यबाधने गन्धे भूगुणताबाधायां शब्दे कृतकत्वमनित्यत्वसाधनं विरुद्धं स्यादित्यादि-**कामनवस्थां च** परस्य **दर्शयन्नाचार्यः** स्वयं-श्रुतिमकार्षीदिति पूर्वेण सम्बन्धः ॥७५॥

समयेन सिद्धान्तेना**हित** आरोपितो **भेदो** विशेष आकाशगुणत्वादिर्यस्य तस्य **धर्मिणः परिहारे**-

प्रसिद्धस्य गृहीत्यर्थी जगादन्यः स्वयं-श्रुतिम् ।। ७६ ।।

विचारप्रस्तुतेरेव प्रसिद्धः सिद्ध ग्राश्रयः ।
स्वेच्छाकल्पितभेदेषु पदार्थेष्वविवादतः ।। ७७ ।।

ग्रसाध्यतामथ प्राह सिद्धादेशेन धर्मिणः ।
स्वरूपेणैव निर्देश्य इत्यनेनैव तद् गतम् ।। ७८ ।।

सिद्धसाधनरूपेण निर्देशस्य हि सम्भवे ।
साध्यत्वेनैव निर्देश्य इतीदं फलवद् भवेत् ।। ७९ ।।

ग्रनुमानस्य सामान्यविषयत्वं च वर्णितम् ।
इहैवं न ह्यनुक्तेऽपि किञ्चित् पक्षे विरुध्यते ।। ८० ।।

कुर्याच्चेद् धर्मिणं साध्यं ततः किं तन्न शक्यते ।
कस्माद्धेत्वन्वयाभावान्न च दोषस्तयोरपि ।। ८१ ।।

णागमनिरपेक्षप्रमाणबलात् **प्रसिद्धस्य** धर्मिणः शब्दमात्रादेर्गृ**हीतिरित्यर्थः** प्रयोजनं यस्यास्तां **स्वयं-श्रुतिमन्यो जगाद्**। स्वयंप्रसिद्धो धर्मी कार्यः, नागमसिद्ध इत्यर्थः ।।७६।।

ग्रत्राह—धर्मिणि साध्यधर्मस्य भावाभाव**विचारप्रस्तुतेरे**वागममनपेक्ष्य **प्रसिद्ध आश्रयो** धर्मी **सिद्धः स्वेच्छया कल्पितो भेदो** विशेषो येषां तेषु **पदार्थेष्वविवादतो** विवादाभावात्। न हि कल्पितभेदे धर्मिणि कश्चित् प्रेक्षावान् कस्यचिद् धर्मस्य साधनं बाधनं वेहते। किन्तु प्रमाणप्रतीते वस्तुनि। ग्रतस्तदर्थमपि स्वयं-ग्रहणमनुपयुक्तम् ।।७७।।

अथ सिद्धादेशेन प्रसिद्धार्थवाचकेन स्वयं-शब्देन **धर्मिणोऽसाध्यतां प्राह**,यथा—ग्रस्ति प्रधानं भेदानामनुपदर्शनादिति। इदमप्ययुक्तम्, यस्मात् स्वरूपेण साध्यत्**वेनैव निर्देश्य इत्यनेन** पक्षलक्षणावय**वेनैव च तद्** धर्मिणः सिद्धस्यासाध्यत्वं **गतं** प्रतीतम् ।।७८।।

तथा हि—स्वयमिष्टोऽनिराकृतः पक्षः इत्यनेन **सिद्धस्य** सिद्धरूपेण निर्देशस्य धर्मवचनस्यासिद्धस्यापि **साधनरूपेण निर्देशस्या**सिद्धवचनस्य पक्षत्व**सम्भवे** हि तत्प्रतिषेधं विदधत् **साध्यत्वेनैव निर्देश्य इतीदं फलवद् भवेत्**। साध्यस्यैव निर्देशः पक्ष इति सिद्धस्य धर्मिणोऽसिद्धस्य च साधनत्वेनोक्तस्य निरासः ।।७९।।

किञ्च—**अनुमानस्य समान्यविषयत्वं** स्वया**मा**चार्येण **वर्णितम्**। यदि च धर्मी पक्षः तदा तस्य स्वलक्षणत्वात् सामान्यविषयता व्याहन्येत। किञ्च—**इह** पक्षलक्षण **एवमु**क्तक्रमेणा**नुक्तेऽपि** स्वयं-शब्दे सिद्धधर्म्यसिद्धसाधनव्यवच्छेदार्थे **किञ्चित् पक्षे** प्रतिपाद्ये **न विरुध्यते** ।।८०।।

नन्वनुक्ते स्वयं-शब्दे पक्षलक्षणं **धर्मिणं साध्यं कुर्यादि**ति दोषः, **ततो** धर्मिणः पक्षत्वप्रसङ्गात् **किं** दूषणम् तद्धर्मिपक्षत्वं कर्तुं **न शक्यत** इति ग्रशक्यतादूषणम्। **कस्मात्** कारणाद् धर्मी पक्षो भवितुं **नार्हति**? धर्मिणः साध्यत्वेनासिद्धतायां **हेतोरभावात्**, विशेषस्य धर्मिणो दृष्टान्तेऽसम्भवात्। **अन्वयाभावाच्च** धर्मी पक्षः कर्तुं न शक्यते।

नन्वयं **दोषस्तयोर्**हेतुदृष्टान्तयोः, न तु पक्षस्य। तथा हि—साधनवाक्यस्य पक्षा**वुत्तरेऽवयवे**

उत्तरावयवापेक्षो न दोषः पक्ष इष्यते ।
तथा हेत्वादिदोषोऽपि पक्षदोषः प्रसज्यते ॥ ८२ ॥

सर्वैः पक्षस्य बाधातस्तस्मात् तन्मात्रसङ्गिनः ।
पक्षदोषा मता नान्ये प्रत्यक्षादिविरोधवत् ॥ ८३ ॥

हेत्वादिलक्षणैर्बाध्यं मुक्त्वा पक्षस्य लक्षणम् ।
उच्यते परिहारार्थमव्याप्तिव्यतिरेकयोः ॥ ८४ ॥

स्वयन्निपातरूपाख्या व्यतिरेकस्य बाधिकाः ।
सहानिराकृतेनेष्टश्रुतिरव्याप्तिबाधनी ॥ ८५ ॥

साध्याभ्युपगमः पक्षलक्षणं तेष्वपक्षता ।
निराकृते बाधनतः शेषेऽलक्षणवृत्तितः ॥ ८६ ॥

हेतुदृष्टान्तादिकेऽपेक्षा यस्यासौ **दोषः पक्षे नेष्यते**, हेतुदृष्टान्तसम्बन्धित्वात् तस्य। यदि तूत्तरावयवापेक्षोऽपि पक्षस्य बाधनात् **पक्षदोष** उच्यते, तथा सति **हेत्वादिदोषोऽपि पक्षदोषः प्रसज्यते** ॥८१-८२॥

सर्वैर्हेत्वादिदोषैः **पक्षस्य बाधात् तस्मात् तन्मात्रसङ्गिनः** पक्षमात्रसम्बद्धा दोषाः **पक्षदोषा मताः । नान्ये**ऽवयवान्तरापेक्षाः,**प्रत्यक्षादिविरोधवत्** । यथा प्रत्यक्षादिबाधितत्वमवयवान्तरानपेक्षं पक्षदोषः ॥८३॥

तस्माद् **हेत्वादीनां लक्षणैर्बाध्यं** परिहर्त्तव्यं दोषमन्वयविरोधादिकं **मुक्त्वा** पक्षमात्रानुषङ्गिणोर**व्याप्तिव्यतिरेकयोः परिहारार्थं पक्षलक्षणमुच्यते** व्यतिरेक आधिक्यमभिव्याप्तिरित्यर्थः ॥८४॥

तत्र येन पदेन यद् दूषणं परिह्रियते तदाह—**स्वयं च निपातं च** एवं **रूपं** स्वरूपं **चाख्या** श्रुतयः **सहानिराकृतेन** पदेन **व्यतिरेकस्या**तिव्याप्ते**र्बाधिकाः**। स्वयं-शब्देन शास्त्रेष्टस्य, निपातेनासिद्धस्यापि साधनत्वेनोक्तस्य, स्वरूपशब्देन सिद्धस्य, निराकृतशब्देन प्रत्यक्षादिनिराकृतस्य पक्षत्वं सक्तं निषिध्यते। **इष्टश्रुतिरव्याप्तेर्बाधनी**। इष्टशब्दे ह्यक्रियमाणे निर्दिष्टमेव साध्यं साध्यं स्यात्, न प्रकरणापन्नमिष्टम् ॥८५॥

यदि स्वयंनिपातरूपाख्या व्यतिरेकस्य बाधिकाः **प्रमाणसमुच्चय**लक्षणे निर्दिष्टाः, तदा **नयायमुखे**–साध्यत्वेनेप्सितः पक्षो विरुद्धार्थानिराकृतः इति पक्षलक्षणे ता न सन्तीति कथं तेनाव्याप्तिव्यतिरेकयोः परिहारः इत्याह—

साध्याभ्युपगमः पक्ष इति **पक्षलक्षण**मवतिष्ठते। तथा च तेषु शास्त्रेष्टादिषु पञ्चसु व्यावर्त्येषु मध्ये निराकृते प्रत्यक्षादिबाधिते बाधनतोऽपक्षता विरुद्धार्था। निराकृतस्य पक्षविधानात्। शेषे शास्त्रेष्टे वादिनाऽनिष्टे साधने च सिद्धे साधयितुमिष्ट एषिष्यमाणे सिद्धे च साध्यविपरीते प्रस्तुते चोक्तमात्रे **लक्षण**स्य साध्यत्वेनेप्सितत्व**स्यावृत्तितो** पक्षता सिद्धेति परिपूर्णमिदमपि लक्षणम् ॥८६॥

स्वयमिष्टाभिधानेन गतार्थेऽप्यवधारणे ।
कृत्यान्तेनाभिसम्बन्धादुक्तं कालान्तरच्छिदे ॥ ८७ ॥

इहानङ्गमिषेर्निष्ठा तेनेप्सितपदे पुनः ।
अङ्गमेव तयाऽसिद्धहेत्वादि प्रतिषिध्यते ॥ ८८ ॥

अवाचकत्वाच्चायुक्तं तेनेष्टं स्वयमात्मना ।
अनपेक्ष्याखिलं शास्त्रं तद्वादीष्टस्य साध्यता ॥ ८९ ॥

तेनानभीष्टसंसृष्टस्येष्टस्यापि हि बाधने ।
यथासाध्यमबाधातः पक्षहेतू न दुष्यतः ॥ ९० ॥

अनिषिद्धः प्रमाणाभ्यां स चोपगम इष्यते ।
सन्दिग्धे हेतुवचनाद् व्यस्तो हेतोरनाश्रयः ॥ ९१ ॥

ननु यथा सत्यर्थेभ्यो वर्त्तमाने कुविधानादीप्सितशब्दो वर्त्तमानमिच्छामाह, तथेष्टशब्दोऽपि तत्र एषिष्यमाणे पक्षत्वमप्रसक्तमेव । तत् किं **प्रमाणसमुच्चय**लक्षणेऽवधारणं कृतम् इत्याह—**स्वयमिष्ट** इत्यनयोः पदयोर**भिधानेनावधारणे** निपात**ार्थे गते** प्रतीतेऽपि **कृत्यान्तेन** निर्देश्य-शब्देन सर्वकालसम्बन्धयोग्याभिधायिना**ऽभिसम्बन्धादि**ष्टशब्दस्यावर्त्तमानकालेच्छाविषयस्यापि पक्षत्वं स्यात् । यथा— आगतो देवदत्तो द्रष्टव्य इति । यदा आगमिष्यति तदा द्रक्ष्यत इत्यर्थः । अतो वर्तमानकालात् **कालान्तर**स्य भविष्यदादेः साध्ये साध्येच्छाविषयस्य **छिदे** प्रतिषेधार्थमुक्तम्—अवधारणं स्वरूपेणैवेति ॥८७॥

यस्मात् कृत्यान्तेनाभिसम्बन्धात् कालसामान्यवृत्तिरिह **प्रमाणसमुच्चय**लक्षणे **निष्ठा** वर्त्तमानसाध्यत्वेष्टिप्रतिपादनमत्यन**ङ्ग**महेतुः । **न्यायमुखे** तेन कृत्यान्तेन सम्बन्धाभावे**नेप्सितपदे पुनरङ्गमेव** निष्ठा । वर्त्तमानसाध्येच्छाबोधने **तया** वर्त्तमानसाध्येच्छाबोधिकया**ऽसिद्धहेत्वाद्य**पीष्यमाणं साध्यत्वेन **प्रतिषिध्यते** । तस्मान्न धर्मिणः साध्यताप्रतिक्षेपार्थं स्वयं-ग्रहणम् । सिद्धत्वेनैव तत्परिहारस्य लब्धत्वात् । नापि शास्त्रेष्विच्छाप्रवृत्त्यर्थम्, इच्छामात्रेणैव तद्ग्रहणस्य सिद्धत्वादित्युक्तम् ॥८८॥

अवाचकत्वाच्चायुक्तं तदर्थं स्वयं-ग्रहणम् । न हि स्वयं-शब्दः स्वेच्छया शास्त्रं ग्राह्यम् इत्येतदर्थवाचकः, किन्तु वादिन एव वाचकः । **तेन** तद्वाचकत्वेन **स्वयं**-वादिना**ऽऽत्मना शास्त्रमखिलमनपेक्ष्य यदिष्टं तस्य वादीष्टस्य साध्यते**ष्यते, न शास्त्रेष्टस्येत्युपसंहारः ॥८९॥

तेन कारणेन वादिनो**ऽनभीष्टे**नाकाशगुणत्वेन **संसृष्टस्येष्टस्या**नित्यत्व**स्यापि हि बाधने**ऽभीधीयमाने **पक्षहेतू न दुष्यतः** । किं कारणम् इत्याह—**यथासाध्यमबाधातः** । न हि वादिनाऽऽकाशगुणत्वैकार्थसमवाय्यनित्यत्वं साधयितुमिष्टम् येनास्य बाधः स्यात्, किन्त्वनित्यत्वमात्रम् । न चास्य प्रत्यक्षादिबाधास्ति । हेतोर्वा तदपेक्षया विरुद्धतादिकम् । तदेवम्—स्वयं निपातरूपाख्या व्यतिरेकस्य बाधिकाः सहानिराकृतेन इति व्याख्यातम् ॥९०॥

अनिराकृतपदं व्याख्यातुमाह—**स चोक्त**लक्षणः साध्य**स्योपगमः** पक्षः । **प्रमाणाभ्यां** प्रत्यक्षा-

अनुमानस्य भेदेन सा बाधोक्ता चतुर्विधा।
तत्राभ्युपायः कार्याङ्गं स्वभावाङ्गं जगत्स्थितिः ॥ ९२ ॥

आत्मापरोधाभिमतो भूतनिश्चययुक्तवाक् ।
आप्तः स्ववचनं शास्त्रं चैकमुक्तं समत्वतः ॥ ९३ ॥

यथात्मनोऽप्रमाणत्वे वचनं न प्रवर्त्तते ।
शास्त्रसिद्धे तथा नार्थे विचारस्तदनाश्रये ॥ ९४ ॥

तत्प्रस्तावाश्रयत्वे हि शास्त्रं बाधकमित्यमुम् ।
वक्तुमर्थं स्ववाचास्य सहोक्तिः साम्यदृष्टये ॥ ९५ ॥

उदाहरणमप्यत्र सदृशं तेन वर्णितम् ।
प्रमाणानामभावे हि शास्त्रवाचोरयोगतः ॥ ९६ ॥

नुमानाभ्यामनिषिद्ध इष्यते। कस्माद् इत्याह—**सन्दिग्धेऽर्थे** साधकबाधकप्रमाणविषये **हेतोर्वचनाद् व्यस्तः** प्रमाणप्रतिक्षिप्तो **हेतोरनाश्रयो** विषयः ॥९१॥

यदि द्विविधौ पक्षबाधौ तदा प्रत्यक्षानुमानाप्तैः प्रसिद्धेनेति कथ**माचार्येण** चतुर्विधा सा दर्शिता इत्याह—**अनुमानस्य भेदेन** त्रैविध्येन, प्रत्यक्षेण चैकेन सह **सा बाधा चतुर्विधोक्ता। तत्र** तेषु बाधकेष्**वभ्युपाय** आप्तस्ववचने **कार्यमङ्गं जगतः स्थितिर्**व्यवहृतिः प्रसिद्धिः **स्वभावोऽङ्गं** हेतुः ॥९२॥

कस्मात् पुनराप्तवचनं स्ववचनं चाभ्युपाय उच्यते इत्याह—**आत्मापरोधाभिमतो भूतस्या**र्थस्य **निश्चयेन युक्ता** प्रयुक्ता **वाग्** यस्य स **आप्त** उच्यते। एवं परम्परयाऽर्थकार्यत्वेन **स्ववचनं शास्त्रं च समत्वतो**ऽभ्युपाय इति समस्य कार्यलिङ्ग**मेकमुक्तम्** ॥९३॥

किञ्च—वक्तु**रात्मनोऽप्रमाणत्वे** प्रामाण्यनिमित्ताभावात् **वचन**प्रामाण्यं **न प्रवर्त्तते**। न ह्यसत्यार्थेन वचनेन परः प्रतिपादयितुं शक्यते, विसंवादनाश्रयस्य वचनादर्थापत्तेः। ततो **यथा** प्रतिपादयितुः प्रामाण्य एव सति वचनं प्रवर्त्तते, **तथा शास्त्रसिद्धेऽर्थे तस्य** शास्त्रप्रामाण्य**स्यानाश्रयेण न विचारः**प्रवर्त्तते। प्रमाणविषयो लब्धः साक्षादस्यैव प्रमाणस्य शास्त्रस्यात्यन्तपरोक्षार्थे विचारः प्रस्तूयते प्रेक्षैः, नान्यस्य। ततः शास्त्रस्ववचनयोः प्रामाण्येऽभ्युपगतेऽपि साम्यमुक्तम् ॥९४॥

साम्यमेव पुनः किमर्थमुपदर्शितम् इत्याह—**हि** यस्मात् **तत्प्रस्ताव**स्य विचारप्रक्रम**स्याश्रयत्वे**ऽधिकरणत्वे सति **शास्त्रं** सिद्धे धर्मिणि शास्त्रं प्रतिज्ञार्थविरुद्ध**बाधकम्**, न वस्तुबलप्रवृत्तानुमान**मित्यमुमर्थं वक्तुमस्य** शास्त्रस्य **स्ववाचा साम्यस्य दृष्टये** दर्शनार्थं **सहोक्ति**रनयोरभ्युपायतानिर्देशे। स्ववचनमपि ह्युच्चारणसामर्थ्यादुपगतप्रामाण्यं सिद्धे धर्मिणि विचारप्रक्रमे प्रतिज्ञार्थविषयबाधकं बाधकं दृष्टम्, न वस्तुबलप्रवृत्तानुमानेन इदमनयोः साम्यदर्शनप्रयोजनम् ॥९५॥

अत्र शास्त्रवचनयोः व्याघाते**नाचार्येणोदाहरणमपि सदृश**मभिन्नं **वर्णितम्**। यथा न सन्ति प्रमाणानि प्रमेयार्थानि इति। कथं पुनरत्र शास्त्रार्थस्ववचनाभ्यां व्याघातः इत्याह—**प्रमाणानामभावे हि शास्त्रवाचोरयोगतः**। अनुपपत्तेः प्रमाणसम्भवे हि शास्त्रवचनयोः परप्रतिपादनार्थमुक्तिर्युक्ता। तस्मादुच्चारणसामर्थ्यादभ्युपगतप्रामाण्यात् प्रयोगवचनादेव प्रमाणाभावप्रतिज्ञा बाध्यते ॥९६॥

स्ववाग्विरोधे विस्पष्टमुदाहरणमागमे ।
दिङ्मात्रदर्शनम् तत्र प्रेत्यधर्मोऽसुखप्रदः ॥ ९७ ॥

शास्त्रिणोऽप्यतदालम्बे विरुद्धोक्तौ तु वस्तुनि ।
न बाधा प्रतिबन्धः स्यात् तुल्यकक्षतया तयोः ॥ ९८ ॥

यथा स्ववाचि तच्चास्य तदा स्ववचनात्मकम् ।
तयोः प्रमाणं यस्यास्ति तत् स्यादन्यस्य बाधकम् ॥ ९९ ॥

प्रतिज्ञामनुमानं वा प्रतिज्ञाऽपेतयुक्तिका ।
तुल्यकक्षा यथार्थं वा बाधेत कथमन्यथा ॥ १०० ॥

प्रामाण्यमागमानां च प्रागेव विनिवारितम् ।
अभ्युपायविचारेषु तस्माद् दोषोऽयमिष्यते ॥ १०१ ॥

एतच्चो**दाहरणम् स्ववाग्विरोधे** स्ववचनव्याहतौ **विस्पष्टम्**। तथा हि—प्रमाणाभावप्रतिज्ञावचनोच्चारणसामर्थ्याभ्युपगतप्रामाण्येन वचनेनैव बाध्यते। **आगमे** शास्त्रे पुनरुदाहरणस्य **दिङमात्रदर्शन**मुपलक्षणमात्रमेतत्। न तु मुख्यमुदाहरणम्। प्रमाणस्य धर्मिण आगमसिद्धत्वाभावात्। इदं पुनर्मुख्यमुदाहरणम्। आगमे **प्रेत्य** परलोके **धर्मोऽसुखप्रदः**। आगमसिद्धे धर्मिणि धर्मे सामान्येऽसुखप्रदत्वस्य विशेषस्य सुखप्रदत्वेन विरुद्धेनागमसिद्धेन बाधनात् ॥९७॥

किन्तु **शास्त्रिणो**ऽभ्युपगतशास्त्रस्या**तदालम्बे** शास्त्रासिद्धे प्रमाणसिद्धे **वस्तुनि** धर्मिणि शास्त्रप्रतिज्ञा**विरुद्धस्य** धमस्यो**क्तौ न** सा **बाधा**। यथा **मीमांसकस्य** गृहीतशास्त्रस्य प्रत्यक्षसिद्धे **शब्दे** धर्मिणि कृतकत्वादनित्यत्वोक्तावपि शास्त्रप्रतिज्ञातेन नित्यत्वेन न बाधा। यदि बाधा, किं तर्हि भवति इत्याह—**प्रतिबन्धः स्यात्**। कस्माद् इत्याह—**तयोः तुल्यकक्षत्**वात्, समबलत्वात्। **यथा** माता मे बन्ध्या च इति स्ववाचि तुल्यकक्षत्वात् पदयोः परस्परं प्रतिबन्ध : ॥९८॥

ननु स्ववचनयोस्तुल्यकक्षत्वाद् युक्तः प्रतिबन्धः, आगमस्ववचनयोस्तुल्यबलतैव कथम् इत्याह **तच्च** शास्त्रं नित्यत्वप्रतिज्ञातस्य वादिनः **तदा** प्रसिद्धे धर्मिणि शास्त्रविरुद्धप्रतिज्ञासमये स्वोपगमस्वीकृतप्रमाणत्वात् **स्ववचनात्मकं** जातं वचनं शास्त्रं च स्वयमभ्युपगतप्रामाण्ययुक्तं तुल्यकक्षम्। यथा **स्ववाचि** माता मे बन्ध्या इति वचनमात्रयोः प्रतिबन्धोऽन्योन्यं **तयोः** शास्त्रवचनयोर्विरुद्धार्थाभिधायिनोर्मध्ये **यस्य प्रमाण**मनुवर्त्तकमस्ति **तत्** प्रमाणवत् **अन्यस्या**प्रमाणकस्य **बाधकं** भवति, यथा—अनित्यत्वं नित्यत्वस्य शब्दे ॥९९॥

अन्यथा यदि प्रमाणसिद्धे धर्मिणि प्रमाणाननुगृहीतयोः परस्परं बाधा, प्रमाणाभावे केनेतरस्य नाबाधेतीष्यते, तदा प्रतिज्ञाविपरीता शास्त्रवचनाख्या**ऽपेतयुक्तिका प्रतिज्ञा** प्रामाण्याभ्युपगमात् **तुल्यकक्षा** सती कथं **बाधेत** ? **यथा** शब्दे नित्यत्वप्रतिज्ञा शास्त्रोक्ता अनित्यत्व**प्रतिज्ञां** विद्यमानम**नुमानं वा यथार्थं** वस्तुभूतकृतकत्वलिङ्गसमुत्थं नित्यत्वप्रतिज्ञया। **कथं बाधितं स्याद्**, अनित्यत्वात् ॥१००॥

तस्मात् कार्यलिङ्गत्वादनुमाना**दबहिर्भूतोऽप्यभ्युपायो विषयस्य भेदो** नानात्वं तद्दर्शनार्थमनुमानात् **पृथक् कृतः**। अनुमानं सर्वत्र बाधकम्, शास्त्रं तु शास्त्राश्रये धर्मिणीति बाधकत्वविषयभेदोप-

तस्माद् विषयभेदस्य दर्शनार्थं पृथक् कृतः ।
अनुमानाबहिर्भूतोऽप्यभ्युपायः प्रबाधनात् ॥ १०२ ॥

अन्यथाऽतिप्रसङ्गः स्याद् व्यर्थता वा पृथक्कृतेः ।
भेदो वाङ्मात्रवचने प्रतिबन्धः स्ववाच्यपि ॥ १०३ ॥

तेनाभ्युपगमाच्छास्त्रं प्रमाणं सर्ववस्तुषु ।
बाधकम् यदि नेच्छेत् स बाधकं किं पुनर्भवेत् ॥ १०४ ॥

स्ववाग्विरोधेऽभेदः स्यात् स्ववाक्शास्त्रविरोधयोः ।
पुरुषेच्छाकृता चास्य परिपूर्णा प्रमाणता ॥ १०५ ॥

तस्मात् प्रसिद्धेष्वर्थेषु शास्त्रत्यागेऽपि न क्षतिः ।

दर्शनं पृथक्करणफलम् । कथं ज्ञायते—अनुमानाबहिर्भूतं शास्त्रम् इत्याह—स्वसिद्धे धर्मिणि स्वोपगमविरुद्धस्य धर्मस्य **प्रबाधनात्** । न ह्यप्रमाणं बाधकम् । प्रमाणं चाप्रत्यक्षत्वात् अनुमानमेव ॥१०१–१०२॥

अन्यथा यदि विषयभेदोपदर्शनफल पृथक्करणं नेष्यते, तदा प्रभेददर्शनार्थं वक्तव्यम् । तथा च कार्यस्वभावानुपलम्भानां प्रभेदो यावत्सम्भवं वाच्य **इत्यतिप्रसङ्गः स्यात्** ।

अथ सदपि भेदान्तरं नोच्यते, तदाऽनुमानाच्छास्त्रस्य**पृथक्कृतेर्व्यर्थता वा** स्यात्, प्रभेदवचनस्याविवक्षितत्वात् सामान्यवचनस्यानुमानेनैव सिद्धत्वात् । यदि विषयभेदोपदर्शनार्थमनुमानात् पृथग्वचनं शास्त्रस्य, तदाभ्युपगमात् स्ववचनमा**चार्येण** किमर्थं पृथक्कृतं **न्यायमुखे**, यथा—सर्वमुक्तं मृषेति, तथा **औलूक्यस्य** नित्यः शब्दः इति ?

अत्राह—**स्ववाच्यपि भेदः** स्ववचनस्यापि शास्त्रात् पृथक्करणम् अप्रमाणकं **वचनं वाङ्मात्रं** तस्मिन् **प्रतिबन्धः** । उच्चारणसामर्थ्यादभ्युपगतप्रामाण्यं स्ववचनम् । अन्यथोच्चारणमेव न स्यात् । सत्यार्थता च प्रामाण्यम् । तन्मृषार्थतया वाच्यया निषेध्यत इति तुल्यकक्षतया प्रतिबन्ध एवानयोः, न बाधा । तदेनं वाक्यं स्वार्थं प्रतिबध्नाति, वाक्यान्तरनिर्दिष्टं वस्तु शास्त्रमित्यनयोर्भेद इत्युक्तम् ॥१०३॥

स्यादेतत् । शास्त्रस्य **तेन** वादिना**भ्युपगमात् सर्वत्र वस्तुषु** धर्मिषु शास्त्रसिद्धे वस्तुबलप्रवृत्ते प्रमाणनिश्चितेषु च **शास्त्रं प्रमाणं** सत् **बाधकमेव** स्यात्।विपरीतप्रतिज्ञाया न प्रतिबन्धकम् । तत् कथं प्रमाणीकृतशास्त्रस्य **मीमांसकस्य** शब्दे प्रत्यक्षसिद्धे कृतकत्वादनित्यत्वप्रतिज्ञायाः साध्यमानायाः शास्त्रेण प्रतिबन्धो न बाधेत्युक्तम् ? **अथ स** वादी यदि शास्त्रं प्रमाणं **नेच्छेत्**, तदा **किं पुनर्**धर्मस्यासुखप्रदत्वस्य **बाधायां** प्रमाणं **भवेत्**? न ह्यप्रमाणं क्वचित् प्रमाणीकृतशास्त्रस्य शब्दे प्रत्यक्षसिद्धे भवितुमर्हति ॥१०४॥

धर्मस्य सुखप्रदत्वेन निर्देशादसुखप्रदत्वे साध्ये स्ववचनविरोध एवेति चेत् एवं तर्हि **स्ववाग्विरोधे**ऽभ्युपगम्यमाने **स्ववाक्-शास्त्रविरोधयोरभेद** एव **स्यात्**, द्वयोरभ्युपगमसिद्धप्रमाणत्वात् । **पुरुषेच्छाकृता चास्य** शास्त्रस्य **परिपूर्णा** प्रमाणतेत्युपहसति । सत्यप्यागमस्ववचनयोरभ्युपगमाहितप्रामाण्यादभेदे भेददर्शननिमित्तं चोक्तम् ॥१०५॥

यस्माच्छास्त्रं तत्सिद्ध एव धर्मिणि लिङ्गे च बाधकम्, न तु प्रमाणसिद्धेऽपि, **तस्मात्** प्रत्यक्षा-

परोक्षेष्वागमानिष्टो न चिन्तैव प्रवर्त्तते ।। १०६ ।।

विरोधोद्भावनप्राया परीक्षाप्यत्र तद्यथा ।
अधर्ममूलं रागादि स्नानं चाधर्मनाशनम् ।। १०७ ।।

शास्त्रं यत्सिद्धया युक्त्या स्ववाचा च न बाध्यते ।
दृष्टेऽदृष्टेऽपि तद्ग्राह्यमिति चिन्ता प्रवर्त्यते ।। १०८ ।।

अर्थेष्वप्रतिषिद्धत्वात् पुरुषेच्छानुरोधिनः ।
इष्टशब्दाभिधेयस्याप्तोऽत्राक्षतवाग् जनः ।। १०९ ।।

उक्तः प्रसिद्धशब्देन धर्मस्तद्व्यवहारजः ।
प्रत्यक्षादिमिता मानश्रुत्यारोपेण सूचिताः ।। ११० ।।

नुमानाभ्यां **प्रसिद्धेषु** धर्मिलिङ्गसाध्यसम्बन्धादिषु सत्सु **शास्त्रत्यागेऽपि न क्षतिः**। यथा शब्दकृतत्वानित्यत्वसम्बन्धादिषु **प्रमाणसिद्धेषु** शास्त्रस्याकाशगुणत्वप्रतिपादकस्य त्यागेऽपि नानिष्टम्। **परोक्षेषु** धर्माधर्मादिषु पुन**रागमस्य** प्रमाणत्वेना**निष्टौ चिन्तैव न प्रवर्त्तते**। न ह्यसिद्धे धर्मिणि विचारः ।।१०६।।

ननु शास्त्रं चेन्न प्रमाणम्, कथं तत्सिद्धे धर्मिणि लिङ्गादौ वा विचार इत्याह—**अत्र** शास्त्रे **परीक्षापि** या क्रियते सा पूर्वापराभ्यां **विरोधोद्भावनप्राया**, न वास्तवी। **तद्यथा—अधर्मस्य मूलं रागादि** इति। क्वचिदुक्तम् **स्नानं चाधर्मनाशनम्** इत्यत्रोच्यमानं विरुणद्धि। रागादयो हि पापनिदानम् न च निदानाविरोधे निदानिनो बाधा। तत् कथं रागाद्यविरोधि स्नानं पापविरोधि स्यात्। अप्रमाणे शास्त्रे विरोधोद्भावनप्रायापि चिन्ता कस्मात् प्रवर्त्यते इति चेत् दानादिचेतनानां प्रवृत्तेर्महानुशंसाश्रवणात्, हिंसादिचेतनानां महापापश्रवणाच्च, अपेक्षितफलेषु दानादिष्वयं पुरुषः प्रवृत्तिकामो नागमप्रामाण्यमनाश्रित्यासितुं समर्थः ।।१०७।।

ततो **यच्छास्त्रं दृष्टे** प्रमाणे विषये युक्त्या प्रत्यक्षाद्याख्यया **न बाध्यते, अदृष्टे** प्रमाणविषये च **स्ववाचा**ऽऽगमाश्रयेणानुमानेन न बाध्यते, तत्प्रमाणत्वेनादृष्टे विषये प्रवृत्तिकामस्य **ग्राह्यम्**, न तु यत्किञ्चिदित्यनेन प्रयोजनेन शास्त्रे विरोधोद्भावनप्राया **चिन्ता प्रवर्त्यते** ।।१०८।।

शास्त्रस्ववचनविरोधौ व्याख्यातौ ।।

प्रतीतिबाधां व्याख्यातुमाह—**इष्टशब्दाभिधेय**त्वस्याभिमतवाच्यत्वस्य **पुरुषेच्छानुरोधिनः** पुरुषेच्छाधीनस्या**र्थेष्वप्रतिषिद्धत्वात्**। न हि पुरुषेच्छायामपि शशी चन्द्रशब्दं वाचकतया न स्वीकरोति। ततश्चात्रेष्टशब्दाभिधेयत्वे विषये **आप्तो** व्यवहर्त्ता **जनोऽक्षतवाग**प्रतिषिद्धेष्ट**वचनः**। अनेन शब्देनायमर्थो मयाभिधातव्य इति कल्पनाविषयत्वमिष्टशब्दाभिधेयत्वम्। तत्र च पुरुषस्यारोपेण स्वेच्छाधीना वचनप्रवृत्तिः। तस्मादिष्टशब्दाभिधेयत्वबाधः पक्षीक्रियमाणस्तेनैव स्वसंवेदन**सिद्धेन बाध्यते** ।।१०९।।

चन्द्रश्चन्द्र इत्यादिशब्द**व्यवहाराज्जातो धर्मः** कल्पनाविषयो योग्यताख्य **आचार्येण प्रसिद्धशब्देन** तद्यथा शाब्दसिद्धेन इत्यादिनो**क्तः**। शाब्दी प्रसिद्धिर्व्यवहारः शाब्दप्रसिद्धिः, तद्भवो विषयः

तदाश्रयभुवामिच्छानुरोधादनिषेधिनाम् ।
कृतानामकृतानां च योग्यं विश्वं स्वभावतः ॥ १११ ॥

अर्थमात्रानुरोधिन्या भाविन्या भूतयापि वा ।
बाध्यते प्रतिरुन्धानः शब्दयोग्यतयातया ॥ ११२ ॥

तद्योग्यताबलादेव वस्तुतो घटितो ध्वनिः ।
सर्वोऽस्यामप्रतीतेऽपि तस्मिंस्तत्सिद्धता ततः ॥ ११३ ॥

असाधारणता न स्यात् बाधाहेतोरिहान्यथा ।
तन्निषेधोऽनुमानात् स्याच्छब्दार्थेऽनक्षवृत्तितः ॥११४॥

असाधारणता तत्र हेतूनां यत्र नान्वयि ।
सत्त्वमित्यप्युदाहारो हेतोरेवं कुतो मतः ॥ ११५ ॥

शाब्दप्रसिद्धः, तेन बाधेत्यर्थः। न केवलमिहैव, **प्रत्यक्षादि**बाधास्वपि **मानश्रु**तो मेयस्या**रोपेण** प्रत्यक्षादिभ्यामनुमानागमाभ्यां **मितार्था** एव विरोधिनो वाचकत्वे पक्षस्य **सूचिताः** ॥११०॥

न हि प्रत्यक्षानुमाने पुरुषचित्तवर्त्तिनी आगमश्च बाध्यमाने धर्मिणि सम्भवन्ति । तदुपलब्धतद्धर्माः सन्तो युज्यन्ते बाधकाः, तस्मात् **तस्य** लोक**स्याश्रयेण भुवां** भवतां शब्दानां व्यावहारिकाणां **इच्छानुरोधा**दर्थेषु वाचकत्वप्रवृत्तेः कारणात् क्वचिदपि विषये**ऽनिषेधिनां** निषेधरहितानां **कृतानां** संकेतितानाम**कृतानाम**संकेतितानां च **विश्व**मिदं वाच्यत्वेन **स्वभावा**देव **योग्यम्** ॥१११॥

यतश्चेष्टशब्दाभिधेयत्वयोग्यता सर्वत्र सम्भवति, अतो विशेषानपेक्षणाद् **अर्थमात्रानुरोधिन्या तया शब्दयोग्यतया** भाविसंकेतापेक्षया **भाविन्या**, अतीतसंकेतापेक्षया **भूतयापि वा** व्यवस्थितया तामेव योग्यतां **प्रतिरुन्धानः**, यथा—अचन्द्रः शशी सत्त्वादिति **बाध्यते** ॥११२॥

योग्यताबलादेव वस्तुतः सामर्थ्यात् **सर्वः** संकेदितोऽसंकेतितश्च **ध्वनिरस्यां** योग्यतायां **घटितः** सम्बद्धः साक्षाद् वाचकत्वेन **तस्मिन्** शब्दे**ऽप्रतीतेऽपि** वस्तुनि अप्रातिकूल्यलक्षणस्य योग्यत्वस्य सर्वदा स्थितेः। यत एवम् **ततस्तस्या** योग्यतायाः **शब्दप्रसिद्धताचार्येणो**क्ता। यद् यत्र समर्थम् तदसम्मुखीभावेऽपि तत् तेन व्यपदिश्यते, यथा—पाचक इति। समर्थं च वस्त्विष्टशब्दाभिधेयत्व इति कृत्वा शाब्दप्रसिद्धिरिति ॥११३॥

अन्यथा यदि शब्दोऽसम्मुखीभवन्नपि योग्यतायां न सम्बद्धः **तदेह** शब्दयोग्यताप्रतिषेधे कर्त्तव्ये **बाधाहेतोः** अचन्द्रः शशी सत्त्वाद् इत्यादे**रसाधारणतो**क्ता **न स्यात्**। सर्वस्य चन्द्रशब्दयोग्यत्वे सपक्षाभावात्मत्वसाधारणं स्यात्, **नान्यथा। शब्दार्थे** योग्यतालक्षणे कल्पिते**ऽनक्षवृत्तितः** अक्षवृत्त्यभावात् प्रत्यक्षबाधकमिति **तस्या** योग्यताया **निषेधोऽनुमानात् स्यात्** ॥११४॥

तत्र योग्यताप्रतिषेधे कर्त्तव्ये सर्वेषां **हेतूनां** सपक्षाभावा**दसाधारणता**। कथमेतद् इत्याह—**यत्र** साध्ये **सत्त्वम**पि लिङ्गं सर्ववस्तुव्यापि **नाऽन्वयि** साधारणं भवति, तत्रान्यस्य का कथेति हेतो, कृतकत्वस्यो**दाहार आचार्यस्यै**वम्फलः सर्वहेत्वसाधारणत्वप्रतिपादनप्रयोजनो **मतः** ॥११५॥

कथं गम्यते सर्वेषां शब्दानां सर्वत्रार्थे सिद्धिः इत्याह—सङ्केतमन्तरेण वाचकादृष्टेः **संकेतसंश्रयाः**

संकेतसंश्रयाः शब्दाः स चेच्छामात्रसंश्रयः ।
नासिद्धिः शब्दसिद्धानामिति शाब्दप्रसिद्धिवाक् ॥ ११६ ॥

अनुमानप्रसिद्धेषु विरुद्धाव्यभिचारिणः ।
अभावं दर्शयत्येवं प्रतीतेरनुमात्वतः ॥ ११७ ॥

अथ वा ब्रुवतो लोकस्यानुमाऽभाव उच्यते ।
किं तेन भिन्नविषया प्रतीतिरनुमानतः ॥ ११८ ॥

तेनानुमानाद् वस्तूनां सदसत्तानुरोधिनः ।
भिन्नस्यातद्वशा वृत्तिस्तदिच्छाजेति सूचितम् ॥ ११९ ॥

चन्द्रतां शशिनोऽनिच्छन् कां प्रतीतिं स वाञ्छति ।
इति तं प्रत्यदृष्टान्तं तदसाधारणं मतम् ॥ १२० ॥

शब्दाः । स च संकेतः पुरुषे**च्छामात्रसंश्रयः**, तदतिरिक्तस्यापेक्षणीयस्याभावात् । तस्मा**च्छब्दसिद्धानाम**भिधेयत्वादीनां क्वचिदप्यर्थे **नासिद्धिः** इति हेतोः **शाब्दप्रसिद्धि**राचार्यस्य ॥११६॥

एतच्च शाब्दप्रसिद्धिवचनं वस्तुबलप्रवृत्तेना**नुमानेन प्रसिद्धेष्व**र्थेषु विपरीतधर्मोपस्थापकस्य **विरुद्धाव्यभिचारिणः** साधनान्तरस्या**भावं दर्शयति** । कस्माद् इत्याह—**एवमी**दृश्याः शब्दसिद्धाया योग्यतायाः **प्रतीतेः** स्वभावलिङ्गसमुत्थत्वात् **अनुमात्वतः** । यथा शब्दसिद्धा योग्यताऽनुमानसिद्धा-इति बाध्या सत्त्वादिहेतुना, तथा अन्योऽपि वस्तुबलप्रवृत्तानुमानविषयः, समानत्वात् न्यायस्येत्यर्थः ॥११७॥

अथ वा—अचन्द्रः शशी सत्त्वाद् इति विप्रतिपद्यमानं प्रतिपत्प्रतिपादनार्थं **लोकस्य ब्रुवतः** शाब्दप्रसिद्धेनासाधारणत्वाद**नुमानाभाव आचार्येणोच्यते** । पारमार्थिकस्य बाध्यत्वस्याभावात् कल्पितं निषेध्यम् । तच्च पुरुषेच्छामात्राधीनत्वात् सर्वत्र सम्भवतीति सर्वस्य चन्द्रशब्दयोग्यतायोगान्न कश्चिदचन्द्रः पक्षोऽस्ति यत्र वर्त्तमानसत्त्वमसाधारणतां जह्यात् । एवं दर्शिते **किं** भवतीति चेत् **तेना**नुमानाभावाभिधायिना शब्दसिद्धा प्रतीतिर्वस्तुबलप्रवृत्ता**नुमानतो भिन्नविषयो**क्ता भवति । वस्तुविषयं ह्यनुमानं कल्पितगोचरान्तरा शाब्दी प्रतीतिरित्यर्थः ॥११८॥

तेन विषयभेदेन **वस्तूनां सदसत्तानु**रोधिनो**ऽनुमानात् भिन्नस्य** कल्पितस्यार्थस्य शब्दयोग्यत्वस्य **वृत्तिरतद्वशा** वस्त्वनायत्ता **तस्य** पुरुष**स्येच्छाजेति सूचितं** भवति ॥११९॥

किञ्च—**शशिनः** सर्वजनसिद्धां व्यावहारिकीं **चन्द्रतां** चन्द्रशब्दवाच्यतां **अनिच्छन्** परः **कामन्यां प्रतीतिं स** वाञ्छति, यया वाच्यतासिद्धिः क्वचित् स्यात् ? मता च परमार्थिकी वाच्यताप्रतीतिर्न क्वचिदस्ति, वस्तुतः सर्वस्यावाच्यताप्रदर्शनात् । कल्पितवाच्यताप्रतीतिस्तु पुरुषेच्छामात्रप्रभवत्वात् सर्वत्राव्याहतैव । अतः सर्वस्य चन्द्रशब्दवाच्यतायोगात् सपक्षो नास्**तीति** तं चन्द्रतापलापिनं वादिनं **प्रति** सत्त्वं लिङ्ग**मदृष्टान्तमसाधारण**मुक्त**माचार्येण** । न तु चन्द्रस्येकस्यान्यत्रासम्भवात् सपक्षविपक्षयोरभावादसाधारणत्वमभिप्रेतमाचार्यस्य—अचन्द्रत्वे साध्ये घटादेः सपक्षस्य सत्त्वम्, चन्द्रस्तु विपक्षो मा भूत् । तथापि हेतुनिवृत्तिरस्मादव्याहतैव, असतोऽपि हेतुनिवृत्तेः साधनात् ॥१२०॥

नोदाहरणमेवैकमधिकृत्येदमुच्यते ।
लक्षणत्वात् तथा वृक्षो धात्रीत्युक्तौ च बाधनात् ॥ १२१ ॥

अत्रापि लोके दृष्टत्वात् कर्पूररजतादिषु ।
समयाद् वर्तमानस्य काऽसाधारणतापि वा ॥ १२२ ॥

यदि तस्य क्वचित् सिध्येत् सिद्धं वस्तुबलेन तत् ।
प्रतीतिसिद्धोपगमेऽशशिन्यप्यनिवारणम् ॥ १२३ ॥

तस्य वस्तुनि सिद्धस्य शशिन्यप्यनिवारणम् ।
तद्वस्त्वभावे शशिनि वारणेऽपि न दुष्यति ॥ १२४ ॥

तस्मादवस्तुनियतसंकेतबलभाविनाम् ।
योग्याः पदार्था धर्माणामिच्छाया अनिरोधनात् ॥ १२५ ॥

अपि च —अचन्द्रः शशी सत्त्वादित्ये**कमेवोदाहरणमधिकृत्येदं** शब्दवाच्यत्वप्रतिक्षेपहेतोरसाधारणत्वं **नोच्यते, लक्षणत्वात्** । लक्षणेन हि लक्ष्यं व्याप्तं दर्शनीयम् । न च द्वितीयचन्द्रभावेनासाधारणतोक्तिरुदाहरणान्तरं व्याप्नोति । यथा वा चन्द्रतायाः प्रतीत्या बाधेष्यते, **तथा धात्री वृक्षः** सत्त्वात् घटादिवदित्युदाहरणो**क्तौ** सर्वलोकसिद्धया पुरुषेच्छाधीनया घटादावपि वृक्षशब्दयोग्यताप्रतीत्या सपक्षाभावेनासाधारणत्वाद् वृक्षशब्दवाच्यत्वाभावस्य साधनात् । यथोक्तमेवासाधारण**त्वमाचार्यस्येष्टम्** ॥१२१॥

यदप्युच्यते—द्वितीयस्य चन्द्रस्याभावादसाधारणता इति, तत्राह—**लोके कर्पूररजतादिषु** गाधिकवाचिकादीनां **समयाद् वर्तमानस्य दृष्टत्वादत्र** अचन्द्रः शशी सत्त्वाद् इत्युदाहरणे हेतो**रसाधारणतापि का वा, यदि द्वितीयचन्द्रो न भवेत्?** एवमसाधारणता स्याद् वस्तुत्वस्य ॥१२२॥

स्यादेतत् । तत्समयादपि वर्त्तमास्य चन्द्रत्वादेर्न शब्दवाच्यता, ततो यथा न वह्निशब्दवाच्यता कर्पूरस्य, तथा चन्द्रशब्दवाच्यता च न स्यादित्यसाधारणतैव इत्याह—**तस्यै**वंवादिनः सत्यपि सामयिके चन्द्रे **क्वचिद**र्थविशेषे चन्द्रशब्दवाच्यत्वं **यदि सिध्येत्** न तु सर्वत्र कर्पूररजतादौ, तदा **तच्च**न्द्रशब्दवाच्यत्वं **वस्तुबलेन सिद्धं** स्यात्, न त्वेवं दृश्यते । सर्वस्य कर्पूरादेश्च शब्दाभिधेयत्वदर्शनात् ।

अथ यत्रैव कल्प्यते चन्द्रत्वम्, तदेव तच्छब्दवाच्यं प्रतीयत इति तथाप्युपगम्यते, तदा सामयिके चन्द्रत्वे क्वापि **प्रतीत्या सिद्धस्य** चन्द्रशब्दवाच्यत्व**स्योपगमेऽशशिन्यपि** तच्छब्दवाच्य**स्यानिवारणम्** ॥१२३॥

शुक्लतादिके निमित्तभूते **वस्तुनि तस्य** चन्द्रशब्दाभिधेयत्वस्य **सिद्धस्य शशिन्यपि** निमित्तसद्भावा**दनिवारणम्** । तस्य निमित्तभूतस्य **वस्तुनः** शशिन्यभावे तु चन्द्रशब्दवाच्यत्वस्य वस्तुत्वा**द्धेतोर्वारणेऽपि न** किञ्चिद् **दुष्यति**, निभित्ताभावे नैमित्तिकाभावस्येष्टत्वात् । सामियिकं तु सर्वत्राशक्यवारणमिति तच्छब्दयोग्यताप्यबाध्या ॥१२४॥

तस्मा**दवस्तुनियतो** वस्तुन्यनियत इच्छाधीनत्वात् **संकेतः**, तस्य **बलाद् भाविनां धर्माणां** वाच्यत्वादीनां **पदार्थाः** सर्वे धर्मित्वेन **योग्याः** । इच्छातः पुंसः केनचिद् वाच्यत्वाद्युत्थापिकाया **इच्छाया अनिरोधात्** ॥१२५॥

तां योग्यतां विरुन्धानं संकेताप्रतिषेधजा ।
प्रतिहन्ति प्रतीत्याख्या योग्यताविषयेऽनुमा ॥ १२६ ॥

शब्दानामर्थनियमः संकेतानुविधायिनाम् ।
नेत्यनेनोक्तमत्रैषां प्रतिषेधो विरुध्यते ॥ १२७ ॥

नैमित्तिक्याः श्रुतेरर्थमर्थं वा पारमार्थिकम् ।
शब्दानां प्रतिरुन्धानोऽबाधनार्हो हि वर्णितः ॥ १२८ ॥]

तस्माद् विषयभेदस्य दर्शनाय पृथक्कृता ।
अनुमानाबहिर्भूता प्रतीतिरपि पूर्ववत् ॥ १२९ ॥

सिद्धयोः पृथगाख्याने दर्शयंश्च प्रयोजनम् ।
एते सहेतुके प्राह नानुमाध्यक्षबाधने ॥ १३० ॥

तामिष्टशब्दाभिधेयत्वयोग्यतां पदार्थानां सत्त्वादिकाद्धेतो**र्विरुन्धानं** प्रतिक्षिपन्तं वादिनं **प्रतीत्याख्या** प्रतीतिसंज्ञिताऽ**नुमा प्रतिहन्ति** । **संकेताप्रतिषेधजेति** स्वभावलिङ्गजत्वमाह। इच्छाधीनत्वात् योग्यताविषये विपरीतधर्मोपस्थानमाह । प्रयोगः पुनः—यः पुरुषेच्छानुविधायी स सर्वत्र सम्भवी, तद्यथा विकल्पः। पुरुषेच्छानुविधायि चार्थेष्विष्टशब्दाभिधेयत्वम् इति ॥१२६॥

अनेन चेष्टशब्दाभिधेयत्वयोग्यताप्रतिषेधनेन दर्शितेन **शब्दानां संकेतानुविधायिनामर्थनियमः** प्रतिनियतवाचकत्वं **नेत्युक्तं** भवति। ततोऽ**त्र** स्वेच्छाकल्पितेऽर्थे **एषां** शब्दानां वाचकत्वस्य **प्रतिषेधः** सत्त्वादिहेतोः क्रियमाणो **विरुध्यते** ॥१२७॥

यद्येवम् तदा क्वचिदर्थे निषेधं कुर्वता शब्दो बाध्यः स्यात्। ततश्च गुणादिकं निमित्तभूतं गुणादिशब्दानां गुणगुणिसम्बन्धादिपारमार्थिकमर्थं गुणिशब्दादीनां निषेधन् बाध्यः स्याद् इत्याह येन कल्पितमर्थं शब्दानां बाधमानः प्रतिक्षिप्यते न तु गुणादिकम्, तेन **नैमित्तिक्या** वस्तुभूतगुणादिनिमित्तवत्याः **श्रुतेरर्थं** गुणादिकं **पारमार्थिकमर्थं** गुणिगुणादिसम्बन्धं **शब्दानां** गुण्यादिवाचिनां **प्रतिरुन्धानोऽबाधनार्हो** बाधां नार्हतीत्युक्तो भवति ॥१२८॥

यस्माच्च सांकेतिकार्थनिराकरणे प्रतीतिबाधा, **तस्मात्** स्वभावलिङ्गजत्वेना**नुमानादबहिर्भूता प्रतीतिरपि** तस्मात् **पृथक्कृता**। किमर्थम् इत्याह—**विषयस्य भेदः** कल्पिताकल्पितत्वं तस्य **दर्शनाय** कल्पितार्थविषया प्रतीतिः, वस्तुविषयं त्वनुमानमित्यर्थः। **पूर्ववदिति**। यथा आगमस्ववचनेऽभ्युपगतप्रामाण्ये प्रत्यक्षत्वादनुमानान्तर्गतेऽपि विषयभेददर्शनाय पृथग्दर्शिते—वस्तुबलप्रवृत्तेऽनुमानम्, सर्वविषयविचारे त्वागमस्ववचने अधिकृते, तथा प्रतीत्यनुमाने अपि भिन्नविषये इत्यर्थः ॥१२९॥

अनुमानबाधायामन्तर्भावादनयोरभ्युगमप्रतीतिबाधयोः **सिद्धयोरपि पृथगाख्याने** विषयभेदलक्षणं **प्रयोजनं दर्शयन्नाचार्य एते** अभ्युपगमप्रतीतिबाधे **सहेतुके प्राह**। न सन्ति प्रमाणानि प्रमेयार्थानीति प्रतिज्ञामात्रेण इत्यत्र प्रतिज्ञामात्रं शास्त्रस्ववचनयोः सिद्धयोरप्रामाण्यप्रतिज्ञाबाधकमुक्तम्। अतोऽप्यसाधारणत्वादनुमानाभावे शाब्दप्रसिद्धेनापोद्यते, न सपक्ष इति। अत्र शाब्दप्रसिद्धेन शशिनश्चन्द्रत्वेनाचन्द्रत्वप्रतिज्ञाया बाधनमुक्तम्। **अनुमाध्यक्षबाधने** तु न सहेतुके प्राह—अश्रावणः शब्दो, नित्यो घट इति । तस्माद् विषयभेदोपलक्षणार्थं सहेतुत्वाहेतुत्वदर्शनम्। प्रत्यक्षानुमानबाधे सर्वविषये। अभ्युपगमप्रतीतिबाधे तु नियतविषये इत्यर्थः ॥१३०॥

अत्राप्यध्यक्षबाधायां नानारूपतया ध्वनौ ।
प्रसिद्धस्य श्रुतौ
रूपं यदेव प्रतिभासते ॥ १३१ ॥

अद्वयं शबलाभासस्यादृष्टेर्बुद्धिजन्मनः ।
तदर्थार्थोक्तिरस्येव क्षेपेऽध्यक्षेण बाधनम् ॥ १३२ ॥

तदेव रूपं तत्रार्थः शेषं व्यावृत्तिलक्षणम् ।
अवस्तुभूतं सामान्यमतस्तन्नाक्षगोचरः ॥ १३३ ॥

तेन सामान्यधर्माणामप्रत्यक्षत्वसिद्धितः ।
प्रतिक्षेपेऽप्यबाधेति श्रावणोक्त्या प्रकाशितम् ॥ १३४ ॥

सर्वथाऽवाच्यरूपत्वात् सिद्ध्या तस्य समाश्रयात् ।
बाधनात् तद्बलेनोक्तः श्रावणेनाक्षगोचरः ॥ १३५ ॥

उक्ता प्रतीतिबाधा ॥

प्रत्यक्षबाधा वक्तव्या । न केवलं शब्दप्रसिद्धे व्यवहारधर्मप्रसिद्धौ तत्प्रतिरोद्धा बाध्यते, किन्तु **अत्राप्यध्यक्षबाधायां** व्यावहारिककल्पनावशात् **नानारूपतया** लोके **प्रसिद्धस्य** ख्यातस्य **ध्वनौ श्रुतौ** श्रवणज्ञाने **यदेव रूपमद्वयं** धर्मादिद्वयशून्यं **प्रतिभासते शबलाभासस्य** नानाकारस्य **बुद्धिजन्मनोऽदृष्टेः**। यदि नानाकारता शब्दस्य वास्तवी स्यात्, तथैव श्रुतिज्ञाने प्रतिभासेत। **तदर्था** तत्प्रतिपादनफला **चार्थस्य** प्रत्यक्षानुमानार्थप्रसिद्धेन निराकृत इत्यत्रार्थो**क्तिरर्थग्रहणमस्याध्यक्ष**-सिद्धस्यैव रूपस्य **क्षेपेऽध्यक्षेण बाधन**मिष्टम् ॥१३१-१३२॥

तत्र श्रुतिज्ञाने भासमानं **तद्रूपमर्थः** स्वलक्षणम् । तदतिरिक्तं **शेषं** धर्मिधर्मादि **व्यावृत्तिलक्षण**-मन्यव्यवच्छेदस्वभाव**मवस्तुभूतं** सर्वत्र सम्भवात् **सामान्यं** च। **अतो**ऽवस्तुत्वादे**स्तद्** गुणजात्यादि **नाक्षगोचरः** ॥१३३॥

तेनावस्तुत्वेन कारणेन **सामान्यधर्माणां** प्रमेयत्वादीना**मप्रत्यक्षत्वस्य सिद्धितः**। केनचिद् वादिना प्रत्यक्षसिद्धितः **प्रतिक्षेपेऽपि** क्रियमाणे न बाध्यबाधकभाव इत्यश्रावण इत्यत्र **श्रावणोक्त्या** निषेध्यदर्शिकया **प्रकाशितम्**। स्वलक्षणबाधने प्रत्यक्षबाधेत्यर्थः ॥१३४॥

एवं तर्हि शब्दस्वलक्षणं नास्तीत्येव कस्मान्नोच्यते? किं श्रावणत्वं मुख्यं निषेध्य युक्तिः? इत्याह—स्वलक्षणस्य **सर्वथा** केनचिच्छब्दे**नावाच्यत्वात्** मुख्यमभिधानं नास्त्येव। अथ सामान्यवृत्तिरपि स्वलक्षणशब्दोऽध्यवसायानुरोधात् स्वलक्षणमुपलक्षयति । एवं श्रावणशब्दोऽपीन्द्रियग्राह्यतोपलक्षणं शब्दस्वलक्षणमुपलक्षयिष्यतीति न कश्चिद् विशेषः।

अथ वा—अस्त्येव श्रावणशब्देनाभिधाने प्रयोजनमित्याह। श्रोत्रेन्द्रियविषयस्य या सिद्धिस्तथाभावः, तया **सिद्ध्या तस्ये**न्द्रियज्ञानस्य **समाश्रया**च्छब्दस्य स्वरूपव्यवस्थित्या हेतुना तेन व्यपदेश इन्द्रियज्ञान**बलेन** शब्दस्वरूपावस्थितः। तथाभिधानमित्यर्थः ॥

सर्वत्र वादिनो धर्मो यः स्वसाध्यतयेप्सितः ।
तद्धर्मवति बाधा स्यान्नान्यधर्मेण धर्मिणि ।। १३६ ।।

अन्यथास्योपरोधः को बाधितेऽन्यत्र धर्मिणि ।
गतार्थे लक्षणेनास्मिन् स्वधर्मिवचनं पुनः ।। १३७ ।।

बाधायां धर्मिणोऽपि स्याद् बाधेत्यस्य प्रसिद्धये ।
आश्रयस्य विरोधेन तदाश्रितविरोधनात् ।। १३८ ।।

अन्यथैवंविधो धर्मः साध्य इत्यभिधानतः ।
तद्बाधामेव मन्येत स्वधर्मिग्रहणं ततः ।। १३९ ।।

नन्वेतदप्यर्थसिद्धं सत्यं केचित्तु धर्मिणः ।
केवलस्योपरोधेऽपि दोषवत्तामुपागताः ।। १४० ।।

किञ्च—तस्येन्द्रियज्ञानस्य बलेन शब्दस्वलक्षणविपर्ययभावस्य बाधनात् कारणात् **श्रावणेनाक्षगोचरः** स्वलक्षणमुक्तः। नित्यो घटः इत्यनुमाने नित्यत्वविषयेण कृतकत्वलिङ्गभुवा बाधितः पक्षः। स चासकृद्दर्शित एवेति नेह विपञ्चितः ।।१३५।।

इदानीं प्रत्यक्षानुमानाप्तप्रसिद्धेन स्वधर्मिणीति स्वधर्मिग्रहणस्य साफल्यमाख्यातुमाह—**सर्वत्र** वादकाले साध्यकाले वा **वादिनः स्वसाध्यतया यो धर्म ईप्सितः तद्धर्मवति** धर्मिणि **बाधा स्यात्**। यथा श्रावणत्ववति शब्दे बाधिते बाधा पक्षस्य। न तु वादीष्टाद् धर्मा**दन्येन धर्मेण** धर्मवति **धर्मिणि** बाधिते बाधा पक्षस्य स्यादिति धर्मिग्रहणप्रयोजनम्, यथाकाशगुणत्ववति शब्दे बाधितेन पक्षबाधा ।।१३६।।

अन्यथा यद्येवं नेष्यते, तदा**न्यत्र** धर्मे **धर्मिणि बाधितेऽस्य** प्रकृतधर्मविशिष्टस्य धर्मिणः **क उपरोधो** बाधा? ननु स्वरूपेणैव निर्देश्यः स्वयमिष्टोऽनिराकृतः पक्षः इति पक्षलक्षणेनैवानिष्टधर्मवतो धर्मिणो बाधा न पक्षबाधेति लभ्यत एव? इत्याह—पक्षस्य **लक्षणेनास्मिन्** वादीष्टधर्मवति धर्मिणि बाध्यत्वेन **गतार्थे पुनः स्वधर्मिवचनं** यत्कृतम् ।।१३७।।

धर्मिणोऽपि बाधायां धर्मस्य बाधने पक्ष**बाधा** यथा स्या**दित्यस्यार्थस्य प्रसिद्धये** क्वचि**दाश्रयस्य** धर्मिणो **विरोधेन** प्रतिक्षेपेण **तदाश्रितस्य विरोधनात्** धर्मद्वारेण धर्मिद्वारेण वा समुदायबाधायां पक्षबाधेत्यर्थः ।।१३८।।

अन्यथा धर्मिद्वारेण समुदायबाधायाः संग्रहार्थं स्वधर्मिग्रहणं यदि न क्रियते, **तदैवंविधः** साध्यत्वेनैवेष्टो **धर्मः साध्य इत्यभिधानतः तस्य** धर्ममात्रस्यै**व बाधां मन्येत** प्रतिपत्ता, न तु धर्मिबाधामपि। **तत** उभयसंग्रहार्थं **स्वधर्मिग्रहणमाचार्यस्य** ।।१३९।।

नन्वेतदुभयसंग्रहण**मप्यर्थतः** सामर्थ्यतः **सिद्धम्**। न हि केवलो धर्मोऽस्ति, क्वचित् तद्बाधने तद्विशिष्टस्य धर्मिणोऽपि बाधनात् समुदायबाधैवैषितव्या। सा च धर्मिद्वारेण वा भवतु, धर्मद्वारेण वा, न कश्चिद् विशेष इत्यर्थः।

अत्राह—**सत्यमेतत्, केचित्तु** वादिनो **धर्मिणः केवलस्योपरोधे** साध्यधर्मस्याबाधायामपि पक्षस्य **दोषवत्तामुपागताः** प्रतिपन्नाः ।।१४०।।

यथा परैरनुत्पाद्यापूर्वरूपं न खादिकम् ।
सकृच्छब्दाद्यहेतुत्वादित्युक्ते प्राह दूषकः ॥ १४१ ॥

तद्वद् वस्तुस्वभावोऽसन् धर्मी व्योमादिरित्यपि ।
नैवमिष्टस्य साध्यस्य बाधा काचन विद्यते ॥ १४२ ॥

द्वयस्यापि हि साध्यत्वे साध्यधर्मोपरोधि यत् ।
बाधनं धर्मिणस्तत्र बाधेत्येतेन वर्णितम् ॥ १४३ ॥

तथैव धर्मिणोऽप्यत्र साध्यत्वात् केवलस्य न ।
यद्येवमत्र बाधा स्यात्
नान्यानुत्पाद्यशक्तिकः ॥ १४४ ॥

सकृच्छब्दाद्यहेतुत्वात् सुखादिरिति पूर्ववत् ।
विरोधिता भवेदत्र हेतुरैकान्तिको यदि ॥ १४५ ॥

यथा परैः सहकारिभि**रनुत्पाद्यापूर्वरूपं न खादिक**माकाशदिक्कालादि न भवति, अपि तूत्पाद्यापूर्वरूपमेव भवति। **सकृदे**ककालं तदुत्पाद्यस्य कार्यकलापस्य **शब्दादेरहेतुत्वाद**विशिष्टैकरूपात् कारणात् सकृत् सर्वकार्योत्पत्तिप्रसङ्गादिति वादि**नोक्ते दूषकः** प्रति**वाद्याह** ॥१४१॥

तद्वद् यथानुत्पाद्यापूर्वरूप आकाशादिर्न भवति तथा **वस्तुस्वभावो धर्मी** व्योमादि**रसन्नित्यपि** स्यात्। अर्थक्रियाऽसमर्थस्य वस्तुत्वाभावादिति धर्मिणः केवलस्य बाधनम्, न धर्मस्य। **एवं** धर्मिबाधने**ऽपीष्टस्य साध्यस्य काचन बाधा न विद्यते** हेतोर्वाऽसिद्धिः, असत्यपि कार्यानुत्पादस्य व्यवच्छेदस्य सिद्धेः ॥१४२॥

ततः, **द्वयस्य** धर्मिधर्मसमुदाय**स्यापि हि साध्यत्वे** सति यत्र **धर्मिणो बाधनं साध्यधर्मोपरोधि, तत्र** पक्ष**बाधा** युक्ते**त्येतेन** स्वधर्मिग्रहणेन **वर्णितम्**। न हि साध्यधर्ममात्रसाधनार्थं कश्चित् साधनमन्वेषते, तस्य जगति क्वचित् सत्तायां विवादाभावात् तथा निश्चये प्रवृत्त्ययोगाच्च। किन्तु धर्मिविशेषनिष्ठं साध्यमिष्टम् ॥१४३॥

तत्र यथा धर्मिविशिष्टस्य साध्यत्वं धर्मस्य, **तथैव** साध्यत्वविशिष्टत्वेन **धर्मिणोऽपि साध्यत्वात् केवलस्य** धर्मस्य **न** क्वचित् साध्यता। ततो न केवलस्य धर्मिणो बाधने पक्षबाधा।

यदि साध्यधर्मोपरोधिनि धर्मिणि बाधिते पक्षबाधेष्यते, **एवं** सत्य**त्र** हेतौ **सांख्यं** प्रति बौद्धेनोक्ते धर्मिबाधाद्वारेण धर्म**बाधा स्यात्**।

तद्यथा **सुखादिः** सुखदुःखमोहात्मकं प्रधानं **नान्ये**न सहकारिणा**ऽनुत्पाद्यशक्तिको**ऽनाधेयसामर्थ्यः **सकृच्छब्दा**दीनां कार्याणा**महेतुत्वादिति**। अत्र **पूर्ववत्** परैरनुत्पाद्येत्यादिप्रयोगवत्वाच्च सुखाद्यात्मकस्य नित्यत्वस्य बाधनात् सुखादौ धर्मिणि बाधिते तद्धर्मस्य नित्यत्वस्य विरोधने विपर्ययसाधने बाधा स्यात्। अनित्यस्वभावो हि सुखादिः साधयितुमिष्टः। सुखादिस्वभावभूतनित्यत्वबाधने च सुखादिरेव बाधित इति धर्मोपरोधिनि धर्मिणि बाधिते पक्षबाधा स्यात्। अत्राह—**भवेदत्र** हेतौ पक्षबाधा। **यदि** न सकृच्छब्दाद्यनुत्पादादिति **हेतुः** साध्यस्य, वस्तुभूतसुखाद्यनित्यत्वस्य विपर्यये सुखादिधर्म्यभावादनित्यत्वाभावे**ऽनैकान्तिको** व्यभिचारी भवेत् ॥१४४–१४५॥

क्रमक्रियानित्यतयोरविरोधाद् विपक्षतः।
व्यावृत्तेः संशयान्नायं शेषवद् भेद इष्यते ॥ १४६ ॥

स्वयमिष्टो यतो धर्मः साध्यस्तस्मात् तदाश्रयः।
बाध्यो न केवलो नान्यसंश्रयो वेति सूचितम् ॥ १४७ ॥

स्वयं श्रुत्यान्यधर्माणां बाधा बाधेति कथ्यते।
तथा स्वधर्मिणान्यस्यधर्मिणोऽपीति कथ्यते ॥ १४८ ॥

सर्वसाधनदोषेण पक्ष एवोपरुध्यते।
तथापि पक्षदोषत्वं प्रतिज्ञामात्रभाविनः ॥ १४९ ॥

यावता या च **क्रमक्रिया** हेतुः, या च साध्या **नित्यता**, तयो**रविरोधात्** अवस्तुभूत (धर्मि) सुखादिधर्मानित्यत्वे विपरीते साध्ये वस्तुभूतसुखादिधर्मानित्यत्वं **विपक्षः**, ततो हेतोः क्रमकरण-**व्यावृत्तेः संशयान्नायं** विरुद्धो हेतुः **शेषवद्**भेदोऽनैकान्तिक विशेषस्त्विष्यते। सति च विरुद्धत्वे धर्मिबाधाद्वारेण धर्मबाधा स्यात् ॥१४६॥

यतः कारणात् **स्वयं** वादिनेष्टो **धर्मः साध्यः**, **तस्मात्** साध्यधर्म**स्याश्रयो** यः स एव **बाध्यः**, **केवलो न** बाध्यः। यथा वस्तुभूताकाशबाधायामपि नित्यैकरूपत्वाभावस्य साध्यधर्मस्य न क्षतिः। साध्यधर्मादन्यस्य च धर्म**स्याश्रयो न** बाध्यः—इति स्वयं-शब्देन **सूचितम्**। यथाऽनित्यत्वे साध्ये शब्दे आकाशगुणत्वाश्रयत्वेन बाधायामपि न दोषः ॥१४७॥

तस्मात् **स्वयं-श्रुत्या** साध्याद् धर्मा**दन्येषां धर्माणां** यथा **बाधा** या सा **बाधेति कथ्यते तथा स्वधर्मिणा** स्वधर्मिवचनेन साध्या**दन्यस्य** धर्मस्य **धर्मिणो** बाधा **बाधेति कथ्यते** ॥१४८॥

तथा अपरेऽपि पक्षाभासाः सन्ति ते कस्मान्नोच्यन्ते।? तथा हि—अप्रसिद्धविशेष्यः कश्चित् पक्षः, यथा विभुरात्मा। आत्मन एव बौद्धस्यासिद्धत्वात्। कश्चिद् प्रसिद्धविशेषणः, यथा विनाशी शब्दः। सांख्यं प्रति तस्य विनाशासिद्धेः। कश्चिदप्रसिद्धोभयः,यथा समवायिकारणमात्मा। बौद्ध-स्योभयासिद्धेरिति।

नन्वसिद्धोऽप्यात्मा पक्षो भविष्यति, तल्लक्षणयोगात्। न ह्यसिद्धस्य पक्षता निरस्ता। आश्रया-सिद्धत्वाद्धेतोर्न पक्ष इति चेत् न। साधनदोषोऽयं न पक्षदोषः। तथा शब्देऽनित्यत्वं विशेषणमसिद्ध-मिति गुण एवायम्, न पक्षदोषः। अद्धिस्यैव साध्यत्वात्। अथ विपर्ययसिद्ध्याऽसिद्धमुच्यते। तथापि मूढस्य विपर्ययसिद्धावपि नायं पक्षदोषः। विरोधो नाम हेतुदोष एवायम्। प्रमाणेन च विपर्ययसिद्धौ प्रमाणबाधितत्वमेव पक्षदोषोऽस्तु, अलमप्रसिद्धविशेषणत्वाभिधानेन। अप्रसिद्धोभयस्य तूभय-दोषाच्च सर्वेऽमी हेतुदोषा एवेति किं पक्षदोषा वक्तव्याः?

अथ **सर्वेण साधनस्य दोषेण**सिद्धत्वादिना **पक्ष एवोपरुध्यते**, तेन पक्षदोषा असिद्धविशेष्यादयो-ऽभिधीयन्ते। यद्यपि पक्षोपरोधफलाः सर्वे दोषाः, तथापि **प्रतिज्ञामात्रेण भवन**शीलस्य दोषस्य **पक्ष-दोषत्वमुक्त**मिष्टम् ॥१४९॥

उत्तरावयवापेक्षो यो दोषः सोऽनुबध्यते ।
तेनेत्युक्तमतो पक्षदोषोऽसिद्धाश्रयादिकः ॥ १५० ॥

धर्मिधर्मविशेषाणां स्वरूपस्य च धर्मिणः ।
बाधा साध्याङ्गभूतानामनेनैवोपदर्शिता ॥ १५१ ॥

तत्रोदाहृतिदिङ्मात्रमुच्यतेऽर्थस्य दृष्टये ।
द्रव्यलक्षणयुक्तोऽन्यः संयोगेऽर्थोऽस्ति दृष्टिभाक् ॥ १५२ ॥

अदृश्यस्य विशिष्टस्य प्रतिज्ञा निष्प्रयोजना ।
इष्टो ह्यवयवी कार्यं दृष्ट्वाऽदृश्येष्वसम्भवि ॥१५३ ॥

अविशिष्टस्य चान्यस्य साधने सिद्धसाधनम् ।

यस्मात् साक्षात् **उत्तरो**ऽवयवो हेतुदृष्टान्तादिस्त**दपेक्षो** यो दोषः **स तेन** हेत्वादिना**नुबध्यते** आत्मनि सम्बध्यते **इयुक्तं** प्राक्—उत्तरावयवापेक्षो न दोषः पक्ष इष्यते[1] इत्यादिना । **अतोऽसिद्धाश्रयादिक** आश्रयासिद्धत्वादिरुत्तरावयवापेक्षो न पक्षदोषो मतः ॥१५०॥

नन्वश्रावणः शब्दो नित्यो घटः—नानुमानं प्रमाणम् । अचन्द्रः शशीत्युदाहरणैरेभिर्धर्मस्वरूपनिराकरणेन बाधा दर्शिता । यथाप्रतिज्ञातधर्ममात्रस्य विपरीतधर्मोपस्थापनेन निराकरणात् धर्मिविशेषस्य धर्मविशेषस्य धर्मिस्वरूपस्य च बाधनेन पक्षबाधास्ति । सा कथमवगन्तव्या इत्याह—**धर्मिधर्मयोर्विशेषाणां,** व्यक्तिभेदापेक्षया बहुवचनम् । **धर्मिणः स्वरूपस्य च** सर्वेषामेषां **साध्यं प्रत्यङ्गभूतानां बाधा । अनेनैव** धर्मस्वरूपनिराकरणपरेणोदाहरणेन साध्यते । पक्षलक्षणत्वाद् **बाधोपदर्शिता** ॥१५१॥

तत्राश्रावणः शब्द इत्या**दिषूदाहरणदिङ्मात्रमुच्यते** ।साध्याङ्गभूतस्य सर्वस्यैव बाधा भवती**त्यर्थस्य दृष्टये** दर्शनार्थम् । तत्र परस्यावयवेभ्योऽवयविनो गुरुत्वादिगुणयोगिनोऽन्यत्वेऽभिमते यदोच्यते नान्योऽवयव्यवयवेभ्यस्तुलानतिविशेषाग्रहणादिति । एतद्धर्मविशेषनिराकरणेनोदाहरणं बोद्धव्यम् । तथा हि—नात्रान्यत्वमात्रं निषेद्धुमिष्टम्, तथात्वे धर्मस्वरूपनिराकरणोदाहरणमेतत् स्यात् । तस्मादन्यत्वस्य साध्यधर्मस्य नान्तरीयका गौरवादयो विशेषा निराकर्तुमिष्टाः । तथा च धर्मविशेषोदाहरणमेव तत् । तथा हि—परैरेकस्यावयवस्यान्यान्यावयव**संयोगे** सति **तदन्योऽर्थो**ऽवयविसंज्ञितो **द्रव्यस्य लक्षणेन** क्रियावद् गुणवत् समवायिकारणं चेत्यनेन **युक्तो दृष्टिभाक्** दृश्यो**ऽस्ती**तीष्टमेव ॥१५२॥

अन्यथा **अदृश्यस्य** संव्यवहाराविषयस्य द्रव्यलक्षणेन **विशिष्ट**सामान्यमात्रस्यास्तित्व**प्रतिज्ञा निष्प्रयोजना** भवेत् । तथा हि—परमाणुष्व**दृश्ये**ष्वदर्शनावरणप्रतिघातादि**कार्यसम्भवि दृष्ट्वा**ऽवयवी चेष्टः, तस्मिन् दर्शनादिकार्ययोगात् ॥१५३॥

यदि पुनरनिन्द्रियग्राह्यत्वं द्रव्यलक्षणेनाविशिष्टम्, तदवयवि द्रव्यं साध्यते । तदा**ऽविशिष्टस्यान्यस्य च साधने** बौद्धस्य न काचित् क्षतिरिति **सिद्धसाधनं** स्यात् । तस्माद् दृश्यो द्रव्यगुणवान् भावोऽवयवीति साध्यम् । ततश्चास्यावयविनो **गुरुत्वं** गुणः, **अधोगतिश्च** कर्म **यदि स्याताम्,** तदा मृदादिखण्डयोः सहतोलितयोर्यावती **तुलानतिर्गौ**रववशाद् दृष्टा, ततोऽधिका तुलानतिः स्यात् ।

---

1. PV. 4.82.

गुरुत्वाधोगती स्यातां यद्यस्य स्यात् तुलानतिः ॥ १५४ ॥

तन्निर्गुणक्रियस्तस्मात् समवायि न कारणम् ।
तत एव न दृश्योऽसावदृष्टेः कार्यरूपयोः ॥ १५५ ॥

तद्बाधान्यविशेषस्य नान्तरीयकभाविनः ।
आसूक्ष्माद् द्रव्यमालायास्तोल्यत्वाबंशुपातवत् ॥ १५६ ॥

द्रव्यान्तरगुरुत्वस्य गतिर्नेत्यपरोऽब्रवीत् ।
तस्य क्रमेण संयुक्ते पांशुराशौ सकृद् युते ॥ १५७ ॥

भेदः स्याद् गौरवे तस्मात् पृथक् सह च तोलिते ।
सुवर्णमाषकादीनां संख्यासाम्यं न युज्यते ॥ १५८ ॥

तयोर्मृदादिखण्डयोः संयोगे सति द्रव्यान्तरमुत्पद्यते, तदा तयोः पूर्वावस्थितयोः पूर्वावस्थितं गौरवं तदोत्पन्नस्य च द्रव्यस्याधिकगौरवविशेषात् तुलानतिविशेषो दृश्येत । न चैवम्, तस्मान्न तत्र कार्य-द्रव्यसम्भव इत्यवयवी निर्गुणो निश्क्रियश्च स्यात् ॥१५४॥

तस्मान्निर्गुणक्रियत्वात् गुणकर्मणोर्न **समवायि कारण**मवयवी। **तत एव** द्रव्यलक्षणयोगान्न तस्यावरणादि **कार्यं स्वरूपं** वा किञ्चिद् दृश्यते, अदर्शनाच्च न दृश्योऽवयवी ॥१५५॥

तत् तस्मादसाववयविनो **बाधाऽन्यस्य विशेषस्य** गौरवाधोगत्यादे**र्नान्तरीयकभाविनः** साध्यान्य-त्वाविनाभाविनो बाधेति धर्मविशेषनिराकरणे निर्देशो युक्तः ।

आसूक्ष्माद् द्व्यणुकादारभ्य **द्रव्यमालायाः** स्थूलावयविपर्यन्ताया**स्तोल्यत्वात्** तद् द्रव्यमाला-वर्त्तिनः स्थूलस्य द्रव्यान्तरस्य न गतिर्भवति, तुलाया**मंशुपातवत्** । कर्पासभारपतितस्यांशोरेकस्य यथा गुरुत्वं सदपि न प्रतीयते, तथा द्रव्यमालावर्त्तिनः स्थूलद्रव्यस्य इ**त्यपरोऽब्रवीत्** ।

तस्यैवंवादिनो मते **क्रमेण** सूक्ष्मावयवसंयोगाभिवृद्धिपरिपाट्या **संयुक्ते** स्थूलावयवितां गते **पांशुराशा**ववयवसंयोगाभिवृद्धिक्रममनपेक्ष्य **सकृदेक**कालं **युक्ते** स्थूलावयवितां गते **भेदो गौरवे स्यात्** । तथा हि—द्व्यणुकादिक्रमेण कार्यद्रव्यसंयोगपरम्परया च द्रव्यमुत्पद्यते । तत्रानेकद्रव्यभार-सद्भावात् महद् गौरवं भवेत् । यत्र त्वेक एव सकृत् पांशुराशिः संयोगाज्जायते, तत्रैकस्य द्रव्य-स्याल्पीयोगौरवं भवति, न चास्त्येतत् ।

किञ्च—तस्माद् गौरवभेदात् **पृथक्** प्रत्येकं माषकादौ **तोलिते** पिण्डावस्थयोः **सह चा**परैर्माषका-दिभिस्तोलिते **सुवर्णमाषकादि**भिन्नायाः **संख्यायाः साम्यं न युज्यते** । माषकावयवानां विनाशे तत्संख्यानां गौरवाणां च नाशादेकं सुवर्णमित्येव स्यात् । दृश्यते च प्रत्येकं माषकादीनां तुलाया यावती संख्या, तावत्येव सहतोलितानामपि ॥१५६–१५८॥

अथ रक्तिकायाश्चतुर्थो भागः **सर्षपः**, तस्मादारभ्य **आमहाराशेः** स्थूलावयविनं यावत् क्रम-वृद्धिमतां कार्याणां **मालाया उत्तरोत्तरवृद्धिमद् गौरवं** सदपि **नोपलभ्यत** इति यद्युच्यते ।

तदा आसर्षपात् सर्षपादारभ्य द्व्यणुकं यावत् पूर्वं पूर्वं **गौरवं** तद् **दुर्लक्षितमनल्पक**मिति सुतरामनुपलभ्यं स्यात् । सर्षपादुत्तरं तु गौरवं स्वयमेव दुर्लक्षमिष्टमिति **कार्यद्रव्यगौरवानुपलक्षणात्**

सर्षपादा महाराशेरुत्तरोत्तरवृद्धिमत् ।
गौरवं कार्यमालाया यदि नैवोपलभ्यते ।। १५९ ।।

आ सर्षपाद् गौरवं तु दुर्लक्षितमनल्पकम् ।
तोल्यं तत्कारणं कार्यगौरवानुपलक्षणात् ।। १६० ।।

नन्वदृष्टोंऽशुवत् सोऽर्थो न च तत्कार्यमीक्ष्यते ।
गुरुत्वागतिवत् सर्वतद्गुणानुपलक्षणात् ।। १६१ ।।

माषकादेरनाधिक्यम्
अनतिः सोपलक्षणम् ।
यथास्वमक्षेणादृष्टे रूपादावधिकाधिके ।। १६२ ।।

अभ्युपायः स्ववागाद्यबाधायाः सम्भवेन तु ।
उदाहरणमप्यन्यदिशा गम्यं यथोक्तया ।। १६३ ।।

तस्य कार्यद्रव्यस्य **कारणं** परमाणवः पारिशेष्यात् **तोल्यं** स्यात् । न च परमाणूनां गुरुत्वादिगुणोपलम्भोऽस्ति । तदनुपलक्षणेन च नावयविनः परमाणूनां वोपलम्भोऽस्तीति सर्वथार्थानामप्रतिपत्तिः स्यात् ।।१६०।।

ननु गुरुत्वाप्रतीतावपि अंशुः प्रतीयते । तद्वदवयव्यादिकमपि प्रत्येष्यते इत्याह—**न च** गुरुत्वानुपलक्षणे**ऽप्यंशु**रिव **सोऽर्थो**ऽवयव्या**दिरीक्ष्यते** । न च **तत्कार्यं** गौरवावरणादिरीक्ष्यते । तस्मादप्रत्यक्षतैव सर्वथा स्यात् ।

किञ्च—**गुरुत्वादिगुणागतिवत् सर्वेषां** रूपादीनामधिकानां **तस्य** द्रव्यस्य **गुणानामनुपलक्षणाद**वयवेभ्यो **माषकादे**रवयविनो**रनाधिक्यम्** । यदि ह्यवयवेभ्योऽधिकम्, तदा गुरुत्वादिवद् रूपादिवत् अवयवेषु वर्धमानेषु वर्धमानं दृश्येत ।

ननु तुलानतिविशेषाग्रहणात् इत्युक्त**माचार्येण** । तत् किं रूपादिग्रहणाभाव उच्यते इत्याह—**अनति**राचार्येण या निर्दिष्टा **सोपलक्षण**मात्रम्, न तु नियमः । अनतिः क्वोपलक्षणम् इत्याह—**रूपादौ** द्रव्याभिवृद्ध्या**धिकाधिके यथास्वं** यस्य यदात्मीयं ग्राहकं ते**नाक्षेणे**न्द्रियज्ञाने**नादृष्टेः** । यद्रूपादिविषयं यदिन्द्रियप्रत्यक्षम् तदेव तस्य धर्मिविशेषस्य पक्षबाधकमित्यर्थः । तस्माद् गुणक्रियावद् दृश्यावयव्यभाव एवेति धर्मविशेषवाग्द्वारेणोदाहरणमुक्तम् ।।१६१–१६२।।

अभ्युपायोऽभ्युपगमः**स्ववागादि**र्यस्य तेना**बाधायाः सम्भवेन त्वन्यदप्युदाहरणम्** । धर्मिविशेषनिराकरणेन धर्मिस्वरूपनिराकरणेन **यथोक्तया**ऽन्योदाहरण**दिशा गम्यम्** ।।१६३।।

तत्र परेणावयविनः सकाशादवयवानामन्यत्वे प्रतिज्ञाते यदुच्यते—नान्येऽवयवा अवयविनः, अप्रत्यक्षत्वप्रसङ्गाद् इति, तद्धर्मिविशेषनिराकरणोदाहरणम् । तथा हि—अवयवानां भेदमिच्छन् प्रत्यक्षतामपीच्छति । अन्यत्वे च निराकृते प्रत्यक्षतायाश्च निरासात् । अवयवानां धर्मिविशेषनिराकरणोदाहरणत्वं व्यक्तम् । अभ्युपगम एव चात्र बाधकः । अवयवादर्शने द्रव्यादर्शनस्वीकारात् । गुणव्यतिरिक्तं द्रव्यमस्तीति परेणोक्ते यदोच्यते—नास्ति द्रव्यम्, गुणद्रव्याणां द्रव्याद्रव्यत्वप्रसङ्गात्, तद् धर्मिस्वरूपनिराकरणोदाहरणम् ।

त्रिकालविषयत्वात् तु कृत्यानामतथात्मकम् ।
तथा परं प्रति न्यस्तं साध्यं नेष्टं तदापि तत् ॥ १६४ ॥

प्रत्ययनाधिकारे तु सर्वासिद्धावरोधिनी ।
यस्मात् साध्यश्रुतिर्नेष्टं विशेषमवलम्बते ॥ १६५ ॥

तेनाप्रसिद्धदृष्टान्तहेतूदाहरणं कृतम् ।
अन्यथा शशशृङ्गादौ सर्वासिद्धेऽपि साध्यता ॥ १६६ ॥

सर्वस्य चाप्रसिद्धत्वात् कथञ्चित् तेन न क्षमाः ।
कर्मादिभेदोपक्षेपपरिहारविवेचने ॥ १६७ ॥

तथा हि—धर्मिण एव द्रव्यस्य स्वरूपमात्रं निराक्रियते। गुणद्रव्याणामन्योन्यं भेदः स्वीकृतः गुणोऽपि द्रव्यं स्यात्, द्रव्यं च गुणः। भेदाविशेषादित्यभ्युपायस्य बाधकत्वम्।

ननु साध्यनिर्देशः प्रतिज्ञा इति पक्षलक्षणं **नैयायिकानाम्**। तत्र को दोषः ? असिद्धहेतुदृष्टान्तस्यापि पक्षत्वप्रसङ्ग इत्युक्तम्। ननु साध्यत इति साध्यम्। हेतुदृष्टान्तौ तु साधयिष्यते। ततो नानयोः पक्षत्वप्रसङ्गः इत्याह—**कृत्यानां** प्रत्ययानां कालसामान्यविहितत्वेन **त्रिकालविषयत्वात्** साध्यशब्देन कृत्यान्तेन न साध्यमात्रस्य ग्रहणम्, साधयिष्यमाणस्यापि ग्रहणात्। तथा च—नित्यः शब्दोऽमूर्तत्वात् बुद्धिवद् इत्यादिप्रयोगे तदा वादकाले तद्धेतुदृष्टान्तादि**कमतथात्मकं** वस्तुतोऽतत्स्वभावात्मकम्। **परं प्रति तथा** तद्रूपत्वेन **न्यस्त**मुपन्यस्तं वादिनां यत्नतः **साध्यम्**। यद्यपि शब्दे मूर्त्तत्वं नास्ति, **अनिष्टं** च साध्यत्वेन, तथापि हेतुदृष्टान्तयोरुपन्यासादवश्यं साध्यम्। साध्यनिर्देशश्च प्रतिज्ञेति प्रतिज्ञात्वं च दुर्वारम् ॥१६४॥

प्रत्यायनस्य ज्ञापकस्य हेतो**रधिकारे** तु साधनस्य **सर्वस्या**भ्युपगमहेतुदृष्टान्तादे**रसिद्धावरोधः** संग्रहः तद्वती, **यस्मात् साध्यश्रुतिरिष्टं विशेषं न** साध्यत्वे**नावलम्बते** परिगृह्णाति ॥१६५॥

येन प्रत्यायनाधिकारे साधनस्यासिद्धस्य पक्षत्वप्रसङ्गः, **तेनाप्रसिद्धा**भ्यां **दृष्टान्तहेतु**भ्यां प्रतिज्ञाप्रसङ्गा**दुदाहरणं कृतं** प्राक्—तथा चासिद्धदृष्टान्तहेतुवादः प्रसज्यते इत्यनेन। **अन्यथा** यदि साधनमसिद्धं विवक्षितं न स्यात् तदा **शशशृङ्गादावपि सर्वस्यासिद्धस्य** पक्षत्वप्रसङ्गः ॥१६६॥

ननु साध्यं कर्म, कर्मणि कृत्यविधानात्। कर्म चेप्सिततमम्, तच्च क्रियाप्यमात्रम्। पयसोदनं भुक्तम् इत्यत्र क्रियाप्यत्वेऽप्यनीप्सिततमत्वात् पयः करणम्। ततः साधनीयत्वेऽपि वादिनोऽनीप्सिततमत्वात् हेतुदृष्टान्तादिकं न प्रतिज्ञा भविष्यति। तथा चतुर्विधः सिद्धान्तः—सर्वतन्त्रसिद्धान्तः, प्रतितन्त्रसिद्धान्तः, अधिकरणसिद्धान्तः, अभ्युपगमसिद्धान्तश्च। तत्राभ्युपगमसिद्धान्तत्वं शास्त्रदृष्टस्येति तदाश्रयेण साध्यस्य निर्देशः प्रतिज्ञा, न हेतुदृष्टान्तादेः पक्षत्वप्रसङ्गः ? इत्याह—**सर्वस्य** प्रतिज्ञाहेतुदृष्टान्तादे**श्चाप्रसिद्धत्वात्** साधयितुमीप्सिततमत्वेनाभ्युपगमात् कर्मत्वम्। कर्म च साध्यं प्रतिज्ञेति प्रतिज्ञात्वप्रसङ्गो दुर्वारः। अभ्युपगमश्च यथा नित्यत्वे, तथा मूर्त्तत्वादावपि। शास्त्राभ्युपगमयोश्च भेदः प्रागुक्तः। **तेन** कर्मत्वाविशेषेण साध्यं कर्म साधनं करणमिति **कर्मादिभेदस्योपक्षेपे**णोपन्यासेन **परिहारविवेचने** साध्यविशेषावगमापने **कथञ्चिन्न क्षमाः** ॥१६७॥

प्रागसिद्धस्वभावत्वात् साध्योऽवयव इत्यसत् ।
तुल्या सिद्धान्तता ते हि येनोपगमलक्षणाः ॥ १६८ ॥

समुदायस्य साध्यत्वेऽप्यन्योन्यस्य विशेषणम् ।
साध्यं द्वयं तदाऽसिद्धं हेतुदृष्टान्तलक्षणम् ॥ १६९ ॥

असम्भवात् साध्यशब्दो धर्मिवृत्तिर्यदीष्यते ।
शास्त्रेणालं यथायोगं लोक एव प्रवर्त्तताम् ॥ १७० ॥

साधनाख्यानसामर्थ्यात् तदर्थे साध्यता मता ।

यदप्युच्यते—यः **साध्योऽवयवः**, तस्य निर्देशः प्रतिज्ञा, ततो हेत्वादेः सिद्धस्यावयवस्य न प्रतिज्ञात्वमिति **तदप्यसत् ।**

किञ्च—लक्षणवचनात् **प्राक्** साध्यासाध्ययोर**सिद्धस्वभावत्वात्** । लक्षणेन हि साध्यता प्रतिपत्तव्या, त्रिकालविषयत्वात् । कृत्यप्रत्ययस्य साधयिष्यमाणेऽपि साध्य इति साधनं च साध्यं स्यात् । **सिद्धान्तता** हेतुदृष्टान्तादेरपि **तुल्या । ते हि** प्रतितन्त्रादिसिद्धान्ता **येन** कारणेन **उपगमलक्षणा** अभ्युपगमस्वभावाः । यथा हि नित्यत्वमप्युपगम्यते, तथाऽमूर्त्तत्वादिकमपीति न विशेषः ॥१६८॥

किञ्च—साध्यो धर्मः, धर्मी, द्वयं वा स्यात् । यदि धर्मः, तदा साध्यसाधर्म्यात् तद्धर्मभावी दृष्टान्त उदाहरणमिति दृष्टान्तलक्षणं विरुध्यते । न हि साध्यधर्मस्यानित्यत्वादेर्धर्म उत्पत्तिमत्त्वादिः, किन्तु शब्दस्य ततः साध्यधर्मेण साधर्म्यात् दृष्टान्तस्य तद्धर्मभावित्वं साध्यधर्मोत्पत्तिमत्त्वादिभाववत्त्वं नास्ति ।

अथ धर्मी साध्यः, तदा उदाहरणसाधर्म्यात् साध्यसाधनं हेतुरिति हेतुलक्षणं न युज्यते । न हि शब्दो धर्मसिद्धः, येन तत्साधनात् साध्यसाधनो हेतुः स्यात् ।

अथोभयं साध्यम्, तदोभयपक्षभाविदोषप्रसङ्गः । समुदायस्यासिद्धत्वात् स एव साध्यः? इत्याह—**समुदायस्य साध्यत्वे**ऽपीष्यमाणे**ऽन्योन्यस्य** परस्परं **विशेषणं** वक्तव्यम्—धर्मविशिष्टो धर्मिविशिष्टो वा साध्यः, यथा—शब्दविशिष्टमनित्यमिति । तथा च **द्वयं साध्यं** स्यात् । तदा द्वयसाध्यत्वाभ्युपगमे तु **हेतुदृष्टान्तयोर्लक्षणमसिद्धं** स्यात् । न हि धर्मिधर्मविशिष्टेन धर्मेणानित्यशब्दसम्बन्धिना उत्पत्तिमत्त्वादिना घटादेः साधर्म्यमस्ति, येन दृष्टान्तता भवेत् । तथा धर्मविशिष्टे धर्मिणि प्रागनुमानाद्धेतुरपि न कस्यचित् सिद्ध इति हेतुलक्षणं च न स्यात् ॥१६९॥

यथोत्पत्तिमत्त्वादेः समुदायधर्मत्व**ासम्भवाद्** धर्मिधर्मत्वसम्भवाच्च **साध्यशब्दो यदि धर्मिवृत्ति**रुपचारा**दिष्यते**, तदा **शास्त्रेण** दुर्विहिते**नालम् । लोक एव** यथाक्रमं **यथायोगं** यस्य यादृशं लक्षणं युक्तं तदवधार्य प्रतिज्ञाहेत्वादिषु **प्रवर्त्तताम्** । यत्तु पक्षो धर्मी, अवयवे समुदायोपचाराद् इत्यस्माभिरुच्यते, तत् सर्वधर्मिधर्मप्रतिषेधार्थम्, उपचारयोग्यपरिग्रहार्थम् । तस्मादयुक्तं परस्य प्रतिज्ञालक्षणम् ॥१७०॥

किञ्च—सर्ववाक्यानामवधारणफलत्वात् साध्यनिर्देश एव प्रतिज्ञेति पूर्वपदावधारणं वा स्यात्, साध्यनिर्देशः प्रतिज्ञैवेत्युत्तरपदावधारणं वा स्यात् ।

तत्र प्रथमपक्षे सिद्धनिवृत्त्याऽसिद्धपरिग्रहः प्रयोजनम्, तच्चान्यथापि लभ्यते । तथा हि—सिद्धे-

हेत्वादिवचनैर्व्याप्तेरनाशंक्यं च साधनम् ॥ १७१ ॥

पूर्वावधारणे तेन प्रतिज्ञालक्षणाभिधा ।
व्यर्था व्याप्तिफला सोक्तिः सामर्थ्याद् गम्यते ततः ॥ १७२ ॥

विरुद्धतेष्टासम्बन्धोऽनुपकारसहास्थिती ।
एवं सर्वाङ्गदोषाणां प्रतिज्ञादोषता भवेत् ॥ १७३ ॥

पक्षदोषः परापेक्षो नेति च प्रतिपादितम् ।
इष्टासम्भव्यसिद्धश्च स एव स्यान्निराकृतः ॥ १७४ ॥

अनित्यत्वसहेतुत्वे शब्द एवं प्रकीर्त्तयेत् ।

ऽपि साधनोपन्यासोऽनुपयुक्त इति **साधनाख्यानसामर्थ्यात् तस्याः** प्रतिज्ञाया **अर्थे** सिद्धे **साध्यता मता** प्रतीता प्रतिज्ञालक्षणं विनापि ।

न चासिद्धे हेतुदृष्टान्तादिके प्रतिज्ञार्थप्रसंगः । तथा हि—**हेत्वादिवचनैः** पृथग्लक्षणप्रतिपादकै- **र्व्याप्तेर्**विषयीकृतत्वात् **साधनं** हेतुदृष्टान्तम् असिद्धं च प्रतिज्ञार्थे वाऽ**नाशङ्क्यम्** ॥१७१॥

तेनातिप्रसङ्गाभावेन **पूर्व**स्य पदस्या**वधारणे प्रतिज्ञालक्षणाभिधा व्यर्था** । **ततः** पारिशेष्यात् **सामर्थ्यात्** साध्यनिर्देशः प्रतिज्ञैवेत्ययोगव्यवच्छेदफलमुत्तरपदावधारणं स्यात् । तथा चासिद्धहेतु- दृष्टान्तादावपि प्रतिज्ञात्वं दुर्वारम् । असिद्धस्य साधनाङ्गस्य कथमपि प्रतिज्ञात्वायोगताविरहात् ॥१७२॥

निरस्तं प्रतिज्ञालक्षणम् ॥

परस्य प्रतिज्ञाभासलक्षणं सम्प्रति निराकरणीयम् । हेतुप्रतिज्ञयोर्व्याघातः प्रतिज्ञादोषो मतः । यथा—नित्यः शब्दः, सर्वस्य नित्यत्वात् । यदि सर्वमनित्यम्, तदा शब्दस्यापि सर्वत्रान्तर्भात् कुतो नित्यता ? अथ शब्दो नित्यः, कथं सर्वस्यानित्यतेति प्रतिज्ञाहेत्वोर्विरोधात् प्रतिज्ञाविरुद्धतादोषः ।

विरुद्धता चेष्टस्य साध्यधर्मस्य धर्मिण्य**सम्बन्धो** नाम । स च विचार्यमाणो हेतुना साध्यधर्मस्या- **नुपकारो** निश्चायनं वा स्यात्, धर्मिणि साध्येन **सहास्थितिर्वा** स्यात् । तत्र यदि हेतोः साध्ये प्रतिज्ञा- दोष उच्यते **एवं** सति **सर्वेषामङ्गस्य** हेतो**र्दोषाणां प्रतिज्ञादोषता भवेत्**, सर्वैं हेतुदोषैः प्रतिज्ञाया एव व्याहननात् ॥१७३॥

प्रतिज्ञामात्रभागी च **पक्षदोषः परापेक्षः** साधनादिसापेक्षः, **न** दोष **इति च प्रतिपादितं** प्राक्— उत्तरावयवापेक्षो न दोषः पक्ष इष्यते इत्यादिना । अथ सहास्थितिस्वभावो विरोधः **तदेष्टे** पक्षेऽ- **ऽसम्भवी** हेतुदोष एवायम्, न पक्षदोषः । अथ तेन हेतुना प्रतिज्ञार्थनिराकरणात् प्रतिज्ञाविरोधः पक्षदोष एव, तच्चायुक्तम् । तथा हि—साध्यधर्मो धर्मि**ण्येवं निराकृतः स्यात्** ॥१७४॥

यदि **शब्दे** धर्मिण्य**नित्यत्वेन** धर्मेण **सहेतुत्वे** प्रतिपाद्ये **एवं** सर्वस्यानित्यत्वादि **प्रकीर्त्तयेत्** न चेदृशं वादिनो विवक्षितम्, सर्वस्य परस्यानित्यत्वात्, शब्दो नित्य इति विवक्षितत्वात् । तथा च सामान्यविशेषभावाद् विरोधभावः ।

दृष्टान्ताख्यानतोऽन्यत् किमस्त्यत्रार्थानुदर्शनम् ॥ १७५ ॥

विशेषभिन्नमाख्याय सामान्यस्यानुवर्तने ।
न तद्व्याप्तिः फलं वा किं सामान्येनानुवर्तने ॥ १७६ ॥

स्यान्निराकरणं शब्दे स्थितेनैवेत्यतोऽब्रवीत् ।
विरुद्धविषयेऽन्यस्मिन् वदन्नाहान्यतां श्रुतेः ॥ १७७ ॥

स च भेदाप्रतिक्षेपात् सामान्यानां न विद्यते ।
वृक्षो न शिंशपैवेति यथा प्रकरणे क्वचित् ॥ १७८ ॥

सर्वश्रुतेरेकवृत्तिनिषेधः स्यान्न चेयता ।

भवतु वा शब्दे नित्यत्वनिराकरणं विवक्षितम्, तथापि प्रमाणबाधैवापक्षतेति न प्रतिज्ञाविरोधो नाम पक्षदोषः। तस्माद्धेत्वर्थतानुपपत्तेः सर्वस्यानित्यत्वाद् इत्यत्र वैधर्म्येण **दृष्टान्ताख्यानतोऽन्यदर्थानुदर्शनं किमस्ति** ? वैधर्म्यदृष्टान्त एव सुशिक्षितैरित्थमाख्यातः ।।१७५।।

सर्वस्य नित्यत्वे व्याप्तिदर्शनार्थं यदि पुनर्वैधर्म्यदृष्टान्तोपदर्शनमेतन्न भवति तदा **विशेषेण** शब्दे **भिन्नं** नित्यत्व**माख्याय** सर्वस्यानित्यत्वाद् इति व्यापित्वात् **सामान्यस्या**नित्यत्वस्**यानुवर्त्तने** क्रियमाणे **तस्या**नित्यत्वस्य **व्याप्ति**रशेषपदार्थग्रहो **न** भवति। यथा कौण्डिन्यस्य तक्रदानं विहितं ब्राह्मणेभ्यः सामान्येन विहितदधिदानेन न बाध्यते, प्रकल्प्यापवादविषयमुत्सर्गस्य प्रवृत्तेः। तथा शब्दे नित्यत्वस्य विशेषविहितस्य सर्वानित्यत्वेन सामान्यविहितेन बाधाशङ्का नास्तीति कथं प्रतिज्ञा-हेत्वोर्विरोधः ? यदि शब्दव्यतिरिक्तस्य सर्वस्यानित्यत्वमिष्टं न स्यात्, तदा सर्वस्यानित्यत्वादिति **सामान्येनानुवर्तने किंफलं** स्यात् ? नित्यः शब्दः शब्दस्यानित्यत्वादित्येव वाच्यम्। एवं विरोधस्य वक्तव्यत्वात् शब्द एवोदाहरणं भविष्यतीति चेत् नानुन्मत्त एवं ब्रूयात्। यद्यात्मनोऽनित्यत्वं हेतुः सिद्धः, कथं तद्विरुद्धं साध्यम् ? तत्रैव प्रतिजानीयात्। अथासिद्धः, तदा हेतुदोष एवासौ, न प्रतिज्ञा-दोषः। तस्मान्नास्ति शब्दे नित्यत्वम्। अतः स्वविरोधिनमपि निराकर्तुमशक्तम् ।।।१७६।।

अत **एवाचार्यः शब्दे स्थितेनै**वानित्यत्वेन **निराकरणं** नित्यत्वस्य स्यादित्य**ब्रवीत्**। तदा च स्यादत्र प्रतिज्ञार्थस्य निराकरणम्।

यदि नित्यः शब्दः सर्वस्यानित्यत्वा*द्* इति वैधर्म्यदृष्टान्तोपदर्शनमेतत्, यथा नित्यत्वविशिष्टः शब्द इति, तदा हेतुनिर्देशो न स्याद् ? इत्याह—असर्वश्च शब्द इत्युपनयाद् हेतुर्वक्तव्यः।

तथा हि—नित्यत्वस्य **विरुद्धं** शब्दादन्**यस्मिन् वदन्** सर्वस्माद**न्यतां श्रुतेः** शब्दस्**याह**। **स च** सर्वस्माद् भेदोऽसर्वलक्षणः शब्दस्य न विद्यते **सामान्यानां** व्यापिनां **भेदस्याप्रतिक्षेपात्** स्वीकारात् निःशेषार्थसंगृहीत्वात् सर्वशब्दो न किञ्चित् परिहरति।

ननु सामान्यानां विशेषप्रतिक्षेपो दृश्यत एव, यथा—किं शिंशपैव वृक्षो न वा ? इति प्रश्ने कथ्यते—न शिंशपैव वृक्षः। तदा शिंशपावृक्षत्वप्रतिक्षेपो भवत्येव। असदेतत्। न हि तत्र शिंशपा-वृक्षत्वं निषिध्यते, किन्तु शिंशपैव वृक्षः इति नियमः प्रतिक्षिप्यते, तदितरस्यापि वृक्षत्वात्।

यथा च **क्वचित् प्रकरणे** शिंशपामात्रवृक्षत्वप्रश्नहेतौ यथा— **वृक्षो न शिंशपैव' इति** शिंशपा-मात्रवृक्षत्वनिषेध इष्टः। तथा निःशेषवस्तुसंग्रहिकायाः **सर्वश्रुतेरे**कत्र शब्दमात्र**वृत्तिनिषेधः। स्यात्।**

सोऽसवः सर्वभेदानामतत्त्वे तदसम्भवात् ।।१७९ ।।

ज्ञाप्यज्ञापकयोर्भेदात् धर्मिणो हेतुभाविनः ।
असिद्धेर्ज्ञापकत्वस्य धर्म्यसिद्धः स्वसाधने ।। १८० ।।

धर्मधर्मिविवेकस्य सर्वभावेष्वसिद्धितः ।
सर्वत्र दोषस्तुल्यश्चेन्न संवृत्त्या विशेषतः ।। १८१ ।।

परमार्थविचारेषु तथाभूताप्रसिद्धितः ।
तत्त्वान्यत्वं पदार्थेषु सांवृतेषु निषिध्यते ।। १८२ ।।

अनुमानानुमेयार्थव्यवहारस्थितिस्त्वियम् ।

न चेयता स शब्दोऽ**सर्वः**, सर्वान्तर्गमात् **तस्य** प्रत्येकं **सर्वेषां भेदानां** विशेषाणा**मतत्वे** सर्वत्वे **तस्य**-सर्वस्या**सम्भवात्** ।।१७७–१७९।।

अथ पारिभाषिकं सर्वत्वं शब्दादितरत्वं तथाऽसर्वत्वं शब्दे प्रसिद्धमेवेति चेत्? तदयुक्तम्; एवं हि सर्वत्वमेव सर्वशब्देनोक्तं स्यात् । तथाऽप्रसिद्धतैव । तथाहि—**ज्ञाप्यज्ञापकयोर्भेदात्** कारणात् साध्याभिन्नं साधनं वक्तव्यम् । ततो **धर्मिणो हेतुत्वेन भाविनो** हेतोर्भविष्यतो नित्यत्वेन साध्यत्वात् **ज्ञापकस्यासिद्धेः** कारणात् **धर्मी** साध्यत्वात् **स्वस्य साधनेऽसिद्धः** । असिद्धं हि साध्यम्, सिद्धञ्च साधनम्, अनयोः कथमैकात्म्यम्? ।।१८०।।

ननु शब्दत्वं सिद्धमेव, नित्यवत्तया तु तदसिद्धं साध्यते । न च तथैव तत्साधनम्, शब्दत्वमात्रेण साधनत्वात् । तत् कथं धर्मी स्वसाधने सिद्ध उच्यते? अयमभिप्रायः—न शब्दत्वमित्येव गमकत्वम्, किन्तु साध्यव्याप्तम् । तस्य चासाधारणत्वेन नान्यत्र व्याप्त्युपलम्भः । ततश्चान्यत्रानित्यत्वनियमात् शाब्दे शब्दत्वं नित्यताव्याप्तं सद्धेतुर्वक्तव्यः । तथा च, य एव साध्यः स एव हेतुरिति साध्यसिद्धिः, हेत्वसिद्धिश्चेति युक्तमुक्तम्—'धर्म्यसिद्धः स्वसाधने' इति ।

नन्वेवं सति **सर्वत्र भावेषु धर्म**योः साध्यसाधनयो**र्धर्मिण**श्च **विवेकस्य** भेदस्या**सिद्धितः सर्वत्र तुल्यो दोषः** । न हि शब्दादन्यत् नित्यत्वम्, कृतकत्वं वा । अनित्यत्वासिद्धौ च यथा नित्यः साध्यः, तथा तदात्मवान् कृतकोऽपि शब्दोऽसिद्ध एवेति **चेत्** नैष दोषः **संवृत्या** भिन्नव्यावृत्तिविषयया साध्यसाधनधर्मिणो **विशेषतो** भेदात् । यथास्वं विकल्पैः संकेतवासनानुगमनियमितैकैकवृत्तिमात्रविषयार्थैः शब्दत्वकृतकत्वनित्यत्वाद्यसंकीर्णान्येव धर्मिसाधनसाध्यतया व्यवस्थाप्यन्त इति न दोषः ।।१८१।।

यदि धर्मधर्मिविवेकोऽस्त्येव, तदा तत्त्वान्यत्वप्रतिषेधः कथं कृतः? इत्याह—सांवृतेषु कल्पनाविषयेषु धर्मिधर्मादिषु **तत्त्वान्यत्वं परमार्थ**स्य तत्त्वस्य **विचारेषु निषिध्यते**, **तथाभूत**स्य यथाकल्पनं परस्परतो भिन्नस्य धर्मिधर्मादेः प्रमाणेना**प्रसिद्धितः** । न तु सांवृतोऽपि तेषां भेदाभावः । न चेयता कल्पिते धर्मिणि कल्पितात् साधनात् कल्पितस्य साध्यस्य सिद्धिरित्यनुमानादवस्तुप्रतीत्यभावप्रसङ्गः । अशब्दव्यावृत्त्या निश्चितस्य वस्तुन एव धर्मित्वात् । एवं कृतकत्वानित्यत्वाभ्यां निश्चितस्य तस्यैव साधनत्वात् साध्यत्वाच्चेत्युक्तेः । अन्योन्यस्य तेषां भेदः पुनः कल्पित एव ।।१८२।।

अतोऽनुमानहेतुत्वाद**नुमानस्य** लिङ्गस्या**नुमेयार्थ**स्य, अनयोरुपलक्षणत्वात् धर्मिणश्च **व्यवहार**-

भेदं प्रत्ययसंसिद्धमवलम्ब्य च कल्प्यते ॥ १८३ ॥

यथास्वं भेदनिष्ठेषु प्रत्ययेषु विवेकिनः ।
धर्मी धर्माश्च भासन्ते व्यवहारस्तदाश्रयः ॥ १८४ ॥

व्यवहारोपनीतोऽत्र स एवाश्लिष्टभेदधीः ।
साध्यः साधनतां नीतस्तेनासिद्धः प्रकाशितः ॥ १८५ ॥

भेदसामान्ययोर्धर्मभेदादंगांगिता ततः ।
यथाऽनित्यः प्रयत्नोत्थः प्रयत्नोत्थतया ध्वनिः ॥ १८६ ॥

पक्षाङ्गत्वेऽप्यबाधत्वान्नासिद्धिर्भिन्नधर्मिणि ।
यथाश्वो न विषाणित्वादेष पिण्डो विषाणवान् ॥ १८७ ॥

स्थितिस्त्वियम् अनित्यः कृतकत्वात् इत्यादौ क्रियमाणा तेषां परस्परतो **भेदं प्रत्ययेन** विकल्पकेनैकव्यावृत्तिमात्रविषयेण **संसिद्धं** निश्चितम् **अवलम्ब्याश्रित्य च कल्प्यते** ॥१८३॥

तथा हि—**यथास्वं** यस्य य आत्मीयो ग्राह्यो **भेदो** व्यावृत्तिः, **तन्निष्ठेषु** विकल्पेषु **विवेकिनो धर्मी धर्माश्च** साध्यसाधनादयो **भासन्ते । तदाश्रयो** विकल्पगोचराश्रयो धर्मिधर्मादिभेदस्य **व्यवहारः** प्रवर्त्तते ॥१८४॥

एवं तर्हि नित्यः शब्दोऽसर्वत्वात् इत्यत्रापि व्यावृत्तिभेदादेव साध्यसाधनभावो भविष्यति इत्याह—**अत्र** प्रयोगे **स शब्द एव साध्योऽश्लिष्टभेदधी**रसंस्पृष्टान्यादृशबुद्धिः द्वाभ्यामपि शब्दाभ्यामेकस्या व्यावृत्तेः प्रतिपादनात् **व्यवहारेण** व्यावृत्तिसमाश्रये**णोपनीतः** प्रत्युपस्थापितो येन कारणेन **साधनतां नीतः, तेनासिद्धः प्रकाशितः** ॥१८५॥

ननु संस्कृतशब्दोऽनित्यः संस्कृतत्वादिति प्रतिज्ञार्थैकदेशस्य यथा हेतुत्वम्, तथा नित्यः शब्दः शब्दत्वादित्यस्यापि स्याद् इत्याह—साध्यधर्मिमात्रनिष्ठत्वात् सर्वधर्मगोचरत्वाच्च **भेदसामान्ययोर्धर्मभेदाद्** व्यावृत्तिभेदात् । साध्यधर्मो हि साध्यधर्मिनिष्ठत्वेन सजातीयाद् विजातीयाच्च व्यावृत्तत्वाद् विशेषः । साधनधर्मस्तु विजातीयमात्रव्यावृत्तत्वेन सामान्यम् । **ततो** भेदसामान्यभावेन **भेदादङ्गाङ्गिता** हेतुसाध्यता युक्ता । विशेषः साध्यः, सामान्यं हेतुरिति कुतः प्रतिज्ञार्थैकदेशता ? यथा **अनित्यः प्रयत्नोत्थो ध्वनिः** इति प्रतिज्ञा, **प्रयत्नोत्थतयेति** हेतुः । शब्दः पुनरभिन्नविषयो हेतुः साध्यश्चेति प्रतिज्ञार्थैकदेशत्वम् ॥१८६॥

प्रयत्नान्तरीयकत्वस्य धर्मिविशेषणत्वात् प्रतिज्ञार्थैकदेशत्वमस्त्येव इत्याह—**पक्षाङ्गत्वे** विशेषणत्वे**ऽपि** नास्त्येव तावत् साधनस्य पक्षाङ्गत्वम्, विशेषसाध्यत्वात् । भवतु वा, तथापि **नासिद्धस्य** । तेन विशेषणेन **भिन्ने** विशेषिते **धर्मिणि** धर्म्यन्तरव्यावृत्ते प्रयत्नानन्तरीयकत्वस्याविरोधा**दबाधत्वात्** धर्मिणं विशेषयदपि प्रयत्नोत्थत्वं शब्दे प्रसिद्धमेव । **यथा** बहुषु पिण्डेषु दृश्यमानेषु किमयमश्वो न वा इति संशयोऽभिधीयते । **विषाणवानेष पिण्डो** धर्मी, **नाश्वो** विषाणित्वादिति विषाणित्वं धर्मिणं विशेषयदपि प्रमाणप्रतीतत्वान्नासिद्धो हेतुः ॥१८७॥

साध्यकालाङ्गता वा न निवृत्तेरुपलक्ष्य तत् ।
विशेषोऽपि प्रतिज्ञार्थो धर्मभेदान्न युज्यते ।। १८८ ।।

पक्षधर्मप्रभेदेन सुखग्रहणसिद्धये ।
हेतुप्रकरणार्थस्य सूत्रसंक्षेप उच्यते ।। १८९ ।।

अयोगं योगमपरैरत्यन्तायोगमेव च ।
व्यवच्छिनत्ति धर्मस्य निपातो व्यतिरेचकः ।। १९० ।।

विशेषणविशेष्याभ्यां क्रियया च सहोदितः ।

अथ वा—विशेषणस्य प्रयत्नोत्थत्वादेस्तच्छब्दरूपं विशेष्यत्वेनोपलक्ष्यानुमानात् प्रागेव निवृत्तेः **साध्यकाले**ऽनुमेयप्रतीते कालेऽ**ङ्गता** विशेषणता **ना**स्त्येव । अप्रतीतं ह्यनुमानात् प्रत्येतव्यम्, प्रयत्नोत्थत्वादिति च प्रतीतम् । न च तत्र विवादः । ततो धर्मिमात्रोपलक्षणं तत् । यथा काको देवदत्तगृहोपलक्षणत्वान्न कार्योपयोगी । यद्यपि विशिष्टे धर्मिणि प्रतिज्ञार्थैकदेशत्वं हेतोः, तथा नित्यः शब्द श्रावणत्वाद् इति शब्दस्वभावभूतस्य श्रावणत्वस्य शब्दत्ववत् प्रतिज्ञार्थैकदेशता स्यात्, नासाधारणता ? इत्याह—न केवलं विषाणित्वादि**र्विशेषः**, श्रावणत्वादि**रपि प्रतिज्ञार्थैकदेशो न युज्यते, धर्मस्य** व्यावृत्ते**र्भेदात्** । श्रावणत्वं श्रवणग्राह्यता, अश्रावणव्यावृत्तिः । तच्च शब्देऽपि क्वचित् कञ्चित्पुरुषमपेक्ष्य भवति । अशब्दव्यावृत्तिस्तु शब्दत्वम्, तच्च सर्वत्रास्ति । ततो व्यावृत्तिभेदात् शब्दे सिद्धस्य श्रावणत्वस्यान्यत्राननुवृत्तेरसाधारणतैव युक्तेत्युक्तं सपरिकरं पक्षलक्षणम् ।।१८८।।

इतिपक्षलक्षणम् ।।

हेतुलक्षणमिदानीं वक्तव्यम् । तत्र हेतुलक्षणमेव तत्र यः सन् सजातीये इत्यादिकं युक्तं वक्तुम् । सपक्षे सन्नसन् द्वेधा पक्षधर्मः पुनस्त्रिधा इत्यादिना नवधा पक्षधर्मप्रभेदस्तु कस्मादुक्तः । इत्याह—**पक्षधर्म**स्य नवधा **प्रभेदेन हेतुप्रकरणार्थस्य** हेतुहेत्वाभासलक्षणात्मकस्य **सुखेन ग्रहणस्य सिद्धये** तदर्थवाचकानां **सूत्राणां संक्षेप**तः संग्रह उच्यते—सपक्षे सन् इत्यादिना ।।१८९।।

यदि पक्षस्य धर्मो हेतुः तदा तद्विशेषणापेक्षस्य धर्मस्यान्यत्र धर्मिण्यननुवृत्तेरसाधारणता स्यात् । अथ पक्षेण न विशिष्यते तदा न पक्षधर्मो हेतुःस्यात् । असदेतत् । न ह्यन्ययोगव्यवच्छेदेनैव विशेषणम्, अन्यथापि सम्भवादिति दर्शयितुमाह—**निपात** एवकारो **व्यतिरेचकः** नियामकः क्वचिद् धर्मस्य विशेषण**योगं** व्यवच्छिनत्ति, क्वचिद**परैर्**विशेष्यादन्यैर्योगं व्यवच्छिनत्ति, क्वचि**दत्यन्तायोगं व्यवच्छिनत्ति** ।।१९०।।

ननु निपातो न स्वयं वाचकः, किन्तु द्योतकः । तदस्य कथमयमर्थप्रभेदः इत्याह—द्योतकत्वादेव निपातो **विशेषणेन सहोदितो** योगस्य व्यवच्छेदकः, **विशेष्येण सहो**क्तोऽन्ययोगस्य, **क्रियया च** सहोक्तोऽत्यन्तायोगस्येति विशेषणादिपदवाच्य एवायोगव्यवच्छेदादिस्तत्सहोक्तनिपातद्योत्य इत्यर्थः ।

भवतु तावन्निपातप्रयोगे व्यवच्छेदविशेषस्य प्रतीतिः, पक्ष इत्यादौ तु कथम् इत्याह—**अप्रयोगे**-

विवक्षातोऽप्रयोगेऽपि सर्वोऽर्थोऽयं प्रतीयते ॥ १९१ ॥

व्यवच्छेदफलं वाक्यं यतश्चैत्रो धनुर्धरः ।
पार्थो धनुर्धरो नीलं सरोजमिति वा यथा ॥ १९२ ॥

प्रतियोगिव्यवच्छेदस्तत्राप्यर्थेषु गम्यते ।
तथा प्रसिद्धेः सामर्थ्याद् विवक्षानुगमाद् ध्वनेः ॥ १९३ ॥

ऽपि निपातस्य वक्तु**र्विवक्षातः सर्वोऽय**मयोगव्यवच्छेदा**दिरर्थः प्रतीयते**। यतः व्यवच्छेदफलं वाक्यम् इत्युक्तं प्राक्। वाक्यञ्चोपलक्षणम्, पदमपि व्यवच्छेदफलम्। न हि घटेनोदकमानयेति प्रतिपदमनवधारणेऽघटेनानयनप्रतिषेधः। पक्ष इत्यादौ तु कथम् इत्याह—अप्रयोगेऽपि निपातस्य वक्तुर्विवक्षातः सर्वोऽयमयोगव्यवच्छेदोऽनुदकानयनप्रतिषेधः, अनानयननिवृत्तिर्वा शक्योपदर्शना ॥१९१॥

अयोगव्यवच्छेदादीनामुदाहरणमाह—यथा **चैत्रो धनुर्धरः पार्थो धनुर्धरः नीलं सरोजमिति**। चैत्रे धनुर्धरत्वसन्देहाद् विशेषणेनायोगमात्रं व्यवच्छिद्यते। पार्थे धनुर्धरत्वं प्रसिद्धमेव। किन्तु तादृशमन्यस्यापि किमस्तीति सन्देहेऽन्ययोग**व्यवच्छेदफलं** विशेषणम्। न खलु सर्वमेव नीलं सरोजम् येनायोगव्यवच्छेदः स्यात्, नापि सरोजमेव नीलम्, येनान्ययोगव्यवच्छेदो भवेत्, किन्तु नीलं सरोजं सम्भवति न वा—इत्यन्यायोगसंदेहे विशेषणेन स एव व्यवच्छिद्यते।

ननु भवतु तावच्चैत्रो धनुर्धर एव, पार्थ एव धनुर्धरः, सरोजं नीलं सम्भवत्येवेति निपातप्रयोगे विवक्षावशात् विशेषणादिपदानामेव वा व्यवच्छेदप्रतिपादकत्वादप्रयोगेऽपि निपातस्य चैत्रो धनुर्धरः इत्यादिप्रयोगेषु योगव्यवच्छेदादीनां प्रतीतिः। पक्षधर्म इत्यत्र पुनः पक्षो विशेषणम्, धर्मो विशेष्यः। तद् यदि पक्षस्यैव धर्म इति विशेषणेन सह निपात उच्यते, अप्रयोगेऽपि वा विशेषणस्य तदर्थवृत्तितेष्यते । उभयथाप्यन्ययोगव्यवच्छेदप्रतिपादकत्वमेव स्यात्।

अथ धर्म एव विशेष्यो निपातसहचरः तदर्थवृत्तिर्वेष्टः, तदाऽयोगव्यवच्छेदो लभ्यत एव। परं विशेषणसहितोऽन्ययोगं व्यवच्छिनत्तीत्युक्तेर्विरुध्यते। अत्रोच्यते—बाह्यो निपातः श्रूयमाणोऽपि विशेष्यादिभिः सह वक्तृविवक्षावशाद् गम्यमानो वाऽयोगव्यवच्छेदको भवतीति दृष्टान्तप्रदर्शनार्थमुक्तम्। तथैव चैत्रो धनुर्धर इत्याद्युदाहरणप्रदर्शनात्, व्यवच्छेदफलं वाक्यम् इत्युक्तेश्च। समासे तु विशेषणमेवायोगादिव्यवच्छेदकं विवक्षावशादिष्टम्, अयोगव्यवच्छेदेन विशेषणादित्युक्तेः। पक्षधर्म इति पक्षशब्दोऽयोगव्यवच्छेदकः। पक्षासम्बद्धो न भवतीत्यर्थः । चाक्षुषं रूपमिति चाक्षुषत्वस्य रूपे विवादाभावात। शब्दादीनां विशेषणेन व्यवच्छेदः क्रियते—नीलोत्पलमिति। उत्पले नीलत्वनियमाभावात् परेष्वभावादयोगान्ययोगयोर्व्यवच्छेदाभावात् नीलशब्देनात्यन्तासम्भवमात्रं व्यवच्छिद्यते। इति न कश्चिद्विरोधः॥१९२॥

ननु यथा पार्थ एव धनुर्धरः इति विशेषणस्य सन्निधानात् निपातस्य विशेष्यान्तरव्यवच्छेदः, तथा विशेषणसन्निधानादवधारणस्य चैत्रो धनुर्धर एवेति गुणान्तरव्यवच्छेदः स्याद्। इत्याह—**तत्र** विशेषणादि**ष्वर्थेषु** व्यवच्छेदे**ऽपि** क्रियमाणे प्रकरणाद् बुद्धिविषयीकृतस्य **प्रतियोगिन** एव **व्यवच्छेदो** विशेषणेन गम्यते, नान्यस्य। **तथा प्रसिद्धेः** प्रतियोगिन एव बुद्धिस्थीकृत्य विशेषणेन व्यवच्छेदः, नेतरस्येति लोकप्रसिद्धेः। **विवक्षाया अनुगमात् ध्वने**र्व्यवच्छेदादौ **सामर्थ्या**न्नाविवक्षितव्यवच्छेद: ॥१९३॥

तदयोगव्यवच्छेदाद् धर्मी धर्मविशेषणम् ।
तद्विशिष्टतया धर्मो न निरन्वयदोषभाक् ॥ १९४ ॥

स्वभावकार्यसिद्ध्यर्थं द्वौ द्वौ हेतुविपर्ययौ ।
विवादाद् भेदसामान्ये शेषो व्यावृत्तिसाधनः ॥ १९५ ॥

न हि स्वभावादन्येन व्याप्तिर्गम्यस्य कारणे ।
सम्भवाद् व्यभिचारस्य द्विधावृतिफलं ततः ॥ १९६ ॥

यत एवायोगव्यवच्छेदोऽप्यस्ति, तत् तस्माद् **धर्मो** पक्षो **धर्मस्यायोगव्यवच्छेदाद् विशेषणं**, धर्मिणो नाधर्मो हेतुरित्यर्थः। अयोगव्यवच्छेदात् **तेन धर्मिणा विशिष्टतया धर्मो निरन्वयदोषभाग्** न भवति ॥१९४॥

सपक्षे घटादौ सन् शब्दानित्यत्वे साध्ये कृतकत्वं हेतुः। असन् सपक्षे व्योमादौ शब्दानित्यत्वे साध्ये कृतकत्वं हेतुः। सपक्षे द्वेधा-सन्नसंश्च। शब्दानित्यत्वे साध्ये यत्नजत्वं हेतुः, सपक्षे सन् विद्युदादौ चासन्। पुनस्त्रिधा—सपक्षे सन्, असन्, सदसंश्च। शब्दस्य यत्नजत्वे साध्ये सपक्षे घटादावनित्यत्वं हेतुः सन्। शब्दानित्यत्वे साध्ये यत्नजत्वं हेतुरसन् विद्युदादौ सपक्षे। शब्दे यत्नजत्वे साध्ये नित्यत्वं हेतुः सपक्षे विद्युदादौ सन्, व्योमादौ चासन्। एवं प्रत्येकमसपक्षेऽपि सन्, असन्, द्वेधा चेति योज्यम्। शब्दनित्यत्वे साध्ये प्रमेयत्वं हेतुः, असपक्षे घटादौ सन्। शब्दनित्यत्वे साध्ये श्रावणत्वं हेतुः, असपक्षेऽसन्। शब्दनित्यत्वे साध्ये स्पर्शवत्त्वं हेतुः, असपक्षे घटादावसन्। बुद्ध्यादौ सन्निति द्विधा पक्षधर्मनिर्देशः। किमर्थं हेतुप्रकरणे नवधा पक्षधर्मनिर्देशः ?

सम्यग्हेतोरसिद्धविरुद्धानैकान्तिकहेत्वाभासा एव युक्तनिर्देशा इत्याह—**स्वभावकार्य**योरेव हेतुत्वेन **सिद्ध्यर्थं** तत्र **द्वौ** शब्दे नित्यत्वसिद्ध्यर्थं कृतकत्वप्रयत्नान्तरीयकत्वाख्यौ हेतू निर्दिष्टौ। तथा शब्द एव नित्यत्वसाधने **द्वौ हेतुविपर्ययौ** विरुद्धौ हेतुभावे चोक्तौ। यथा हि सम्यग्हेतोः स्वसाध्ये व्याप्यकार्यतया प्रतिबद्धस्य गमकत्वम्, तथा साध्यविपर्यये व्याप्यकार्यतया प्रतिबद्धस्यैव तद्गमकत्वेन विरुद्धता, नान्यस्येत्यर्थः। व्यतिरेकी अन्वयी च हेतुरिति परेषां **विवादात्** तत्प्रतिषेधार्थं **भेदसामान्ये**ऽसाधारणसाधारणे श्रावणत्वप्रमेयत्वे निर्दिष्टे। यदि विपक्षे नास्तीति सात्मकत्वे साध्ये प्राणादिमत्त्वं हेतुः, तदा श्रावणत्वमपि स्यात्, न चैवम्। तस्मान्न व्यतिरेकी हेतुः। यदि च केवलान्वयिनो दर्शनमात्राध्यवसिताव्यभिचारस्य हेतुत्वम्, तदा प्रमेयत्वस्याकाशादौ दर्शनादव्यभिचारनिश्चये सति शब्दे नित्यत्वगमकत्वं स्यात्, न चैवम्। ततो न केवलान्वयी हेतुः। **शेषो**ऽप्रयत्नोत्थः शब्दो नित्यत्वात्, नित्यः शब्दोऽस्पर्शवत्त्वात्, प्रयत्नानन्तरीयः शब्दो नित्यत्वात्—इति हेतुत्रयं विपक्षाद्धेतो**र्व्यावृत्तिसाधनः**।

यदिहि सपक्षे दर्शनमात्रेण गमकत्वम्, तदैते हेतवः प्राप्ताः। सर्वेषां सपक्षे सत्त्वात्। तस्मान्नान्वयसम्बन्धमात्रेण गमकत्वम् किन्तु विपक्षाद् व्यतिरेकनिश्चये। न चास्ति व्यतिरेकनिश्चयः। प्रधानं हेतुत्वनिबन्धनमित्यर्थः ॥१९५॥

कथं पुनर्ज्ञायते—स्वभावहेतुः कृतकत्वम्, कार्यहेतुः प्रयत्नानन्तरीयकम्। इत्याह—**न हि स्वभावाद्धेतोरन्येन** हेतुना **गम्यस्य** साध्यस्य **व्याप्तिः**। यत्र यत्रानित्यत्वं तत्र कृतकत्वमिति दृश्यते

प्रयत्नानन्तरं ज्ञानं प्राक् सतो नियमेन न।
तस्यावृत्यक्षशब्देषु सर्वथाऽनुपयोगतः ॥ १९७ ॥

कदाचिन्निरपेक्षस्य कार्याकृतिविरोधतः।
कादाचित्कफलं सिद्धं तल्लिङ्गं ज्ञानमीदृशम् ॥ १९८ ॥

एतावतैव सिद्धेऽपि स्वभावस्य पृथक् कृतिः।
कार्येण सह निर्देशे मा ज्ञासीत् सर्वमीदृशम् ॥ १९९ ॥

व्युत्पत्त्यर्था च हेतूक्तिरुक्तार्थानुमितौ कृता।
अत्र प्रभेद आख्यातः लक्षणं तु न भिद्यते ॥ २०० ॥

तेनात्र कार्यलिङ्गेन स्वभावोऽप्येकदेशभाक्।
सदृशोदाहृतिश्चातः प्रयत्नाद् व्यक्तिजन्मनः ॥ २०१ ॥

च व्याप्तिः। तस्मात् स्वभावहेतुरेव। नावश्यं कारणानि कार्यवन्ति भवन्तीति **कारणे** कार्यस्य **व्यभिचारसम्भवात्**, कार्यं कारणव्यापकं न भवति। तत्र सपक्षे द्विधावृत्तिभावाभावात् प्रयत्ना-नन्तरीयकत्वं फलं कार्यहेतुः, प्रयत्नकार्यस्य तथाभिधानात् ॥१९६॥

ननु प्रयत्नजेन ज्ञानेनानित्यः शब्दोऽनुमेय इष्टः, शब्दाश्च नित्या एव, तद्विषयज्ञानोत्पादादिना यत्नेन ते व्यज्यन्ते। तत् कथं कार्यहेतूदाहरणमिदम्। इत्याह—प्रयत्नात् **प्राक् सतः** शब्दस्य **नियमेन प्रयत्नानन्तरं ज्ञानं न** युज्यते। प्रयत्नं विनापि कदाचिदुपलभ्येत। न च प्रयत्नव्यज्यता शब्दानां युक्ता, **तस्य** प्रयत्नस्य **आवृता**वुपलम्भावरणे शब्दविषयज्ञानजनके श्रोत्रे **शब्देषु** च विषयेषु **सर्वथा**ऽकिञ्चित्करत्वेना**नुपयोगत** इत्युक्तं प्राक् ॥१९७॥

किञ्च—सहकारिभिरनाधेयातिशयत्वं नित्यस्य **कदाचित्** प्रयत्नकाले **कार्यस्य ज्ञानस्याकृतिविरोधतः** कारणात् तच्छ्रुतिविषयं **ज्ञानं कादाचित्क**स्यानित्यस्य शब्दस्य **फलं** लिङ्गं कार्य**मीदृशं** नियमेन प्रयत्नानन्तरभावि सिद्धम् ॥१९८॥

एतावता प्रयत्नानन्तरीयकत्वेनैव स्वभावहेतुनिर्देशेऽपि **सिद्धे** प्रयत्नानन्तरमुत्पादस्याभिव्यक्तेश्च तथाभिधानात्'। तथापि **स्वभावस्य** कृतकत्वस्य हेतोर्या **पृथक्कृतिः** सा **कार्येण सह** श्लेषेण **निर्देशे मा ज्ञासीत्** प्रतिपत्ता, **सर्वं** स्वभावहेतु**मीदृशं** सपक्षे द्विधावृत्तिं, कृतकत्वादेः विपर्ययव्याप्तिसम्भवात् ॥१९९॥

किञ्च—**अनुमितौ** स्वार्थानुमाने **हेतूक्तिरुक्तार्था**ऽभिहितलक्षणापि प्रतिपत्तॄणां **व्युत्पत्त्यर्था** च परार्थानुमाने **कृता**। **अत्र च प्रभेद आख्यातः**। **लक्षणं** पुनर्हेतोर्न **भिद्यते**। तथाविधलक्षणहेतुवचनस्य परार्थानुमानत्वात् ॥२००॥

तेन प्रयत्नानन्तरीयकत्वेन **कार्यलिङ्गेन** श्लेषनिर्देशात् स्वभावहेतुधर्मभाजां **स्वभावोऽपि** सपक्षै**कदेशभाक्** भवति इत्युक्तो भवति। **अत** एव कार्यस्वभावतया **सदृशस्य** प्रयत्नानन्तरीयकत्वस्**योदाहृतिराचार्येण** कृता, **प्रयत्नाद् व्यक्तेर्जन्मन**श्च भावात्। यदा प्रयत्नाद् व्यक्तिस्तदा कार्यहेतुः, यदा जन्म तदा स्वभावहेतुः ॥२०१॥

यन्नान्तरीयका सत्ता यो वात्मन्यविभागवान् ।
स तेनाव्यभिचारी स्यादित्यर्थं तत्प्रभेदनम् ॥ २०२ ॥

संयोग्यादिषु येष्वस्ति प्रतिबन्धो न तादृशः ।
न ते हेतव इत्युक्तं व्यभिचारस्य सम्भवात् ॥ २०३ ॥

सति वा प्रतिबन्धेऽस्तु स एव गतिसाधनः ।
नियमो ह्यविनाभावो नियतश्च न साधनम् ॥ २०४ ॥

ऐकान्तिकत्वं व्यावृत्तेरविनाभाव उच्यते ।
तच्च नाप्रतिबद्धेषु तत एवान्वयस्थितिः ॥ २०५ ॥

स्वात्मत्वे हेतुभावे वा सिद्धे हि व्यतिरेकिता ।
सिध्येदतोऽविशेषे न व्यतिरेको न वान्वयः ॥ २०६ ॥

कार्यस्वभावयोः प्रभेदनिर्देशस्य किं फलम् । इत्याह—**यन्नान्तरीयका सत्ता** भेदे सति यमन्तरेण हेतुर्न भवति, **यो वा स्व** आत्मीयः साध्याद**विभागवान्** आत्मा स्वभावः, **स तेन** कारणेन व्यापकेन वा**ऽव्यभिचारी** व्यभिचाररहितः स्यात् । नान्य **इत्यर्थ**मेतत्प्रयोजनम् **तयोः** कार्यस्वभावयोः **प्रभेदनम्** ॥२०२॥

एवं च सति **संयोगि** समवायि एकार्थसमवायि आकाशादिषु पराभिमतेषु हेतुषु **येषु प्रतिबन्धः तादृश**स्तादात्म्यतदुत्पत्तिलक्षणो **नास्ति, न ते हेतव इत्युक्तं** भवति । अतदात्मनोऽतदुत्पत्तेश्च साध्य**व्यभिचारस्य सम्भावत्** ॥२०३॥

अथ संयोग्यादिषु तदुत्पत्तिप्रतिबन्धोऽस्ति, तदा **सति प्रतिबन्धे स एव गतिसाधनः** साध्यप्रतिपत्तिहेतुरस्तु, निष्फला संयोग्यादिकल्पना । **नियमो** नियतत्वं **हि** साधनस्य साक्षाद**विनाभाव** उच्यते । स च तादात्म्यतदुपत्तिभ्याम्, नान्यथा । च तद्विकलत्वात् **साध्ये नियतः न स साधनम्** । यथा संयोगित्वेऽपि स वह्निर्धूमस्येति । स्वभावकार्यसिद्ध्यर्थं द्वौ द्वौ हेतुविपर्ययौ[1] इति व्याख्यातम् ॥२०४॥

विवादाद् भेदसामान्ये इति व्याख्यातव्यम् । स्यात् प्राणादिमत्त्वं हेतुर्यदि विपक्षाद्धेतुव्यतिरेकः स्यात् । स एव तु न सिध्यति इत्याह—विपक्षाद् भेदो **व्यावृत्ते**र्बाधकप्रमाणनिश्चितत्वात् **ऐकान्तिकत्वमविनाभाव** उच्यते । **तच्च** व्यावृत्तेरैकान्तिकत्वं स्वसाध्या**प्रतिबद्धेषु** प्राणादिषु **नास्ति** । यदि ह्यात्मनि प्रतिबद्धाः प्राणादयः, तदात्मनिवृत्तौ निवृत्ता विपक्षाद् गम्येरन् । अन्यथा तु पक्ष एव सन्देहः—किममी आत्माभावेऽपि वर्त्तन्ते, उत नेति । यथा च प्रतिबन्धनाद् व्यतिरेकनिश्चयः, तथा **ततः** प्रतिबन्धादेवा**न्वयस्य स्थितिः** , न तु सहदर्शनमात्रेण ॥२०५॥

तस्मात् साध्यस्य **स्वात्मत्वे** हेतुस्वभावात्मकत्वे **हेतुभावे वा सिद्धे** सति तदभावे नियमेन व्यतिरेकात्, विपक्षाद् व्यापककारणव्यतिरेके स्वभावकार्यहेत्वोर्व्य**तिरेकिता सिध्येत्**, नान्यथेति न्याय एषः । यतः प्रतिबन्धेनैवान्वयव्यतिरेकसिद्धिः **अतोऽविशेषे** साधारणे हेतौ **नान्वयः न वा व्यतिरेकः** सिध्यति ॥२०६॥

---

1. PV 4.195.

अदृष्टिमात्रमादाय केवलं व्यतिरेकिता ।
उक्तोऽनैकान्तिकस्तस्मादन्यथा गमको भवेत् ॥ २०७ ॥

प्राणाद्यभावो नैरात्म्यव्यापीति विनिवर्त्तने ।
आत्मनो विनिवर्त्तेत प्राणादिर्यदि तच्च न ॥ २०८ ॥

अन्यस्य विनिवृत्त्यान्यविनिवृत्तेरयोगतः ।
तदात्मा तत्प्रसूतिश्चेत् नतद्
आत्मोपलम्भने ॥ २०९ ॥

तस्योपलब्धावगतावगतौ च प्रसिध्यति ।
ते चात्यन्तपरोक्षस्य दृष्ट्यदृष्टी न सिध्यतः ॥ २१० ॥

अन्यत्रादृष्टरूपस्य घटादौ नेति वा कुतः ।
अज्ञातव्यतिरेकस्य व्यावृत्तेर्व्यापिता कुतः ॥ २११ ॥

एवं तर्हि सपक्षविपक्षव्यतिरेकाभ्यां व्यावृत्तेर्विशेषः कथमा**चार्येणो**क्तः । इत्याह—**अदृष्टिमात्रं** बाधकप्रमाणरहित**मादाय** पराभिप्रायेण सपक्षाद् **व्यतिरेकितोक्ता** । तस्यादर्शनमात्रेण व्यतिरेका-निश्चयादनैकान्तिक **आचार्येणो**क्तः । **अन्यथा** विपक्षाद् व्यतिरेकनिश्चये **गमको हेतुर्भवेत्** । ततश्चानैकाकान्तिकवर्गे न प्रक्षिप्येत ॥२०७॥

ननु साध्यनिवृत्तौ नियमेन साधनं निवर्त्तेत इति साध्याभावः साधनाभावेन व्याप्तः। ततश्च **प्राणादेः** साधनस्या**भावो नैरात्म्य**स्य सात्मकत्वसाध्याभावस्य **व्यापी**ति हेतो**रात्मनो** घटादेर्विपक्षाद् विनिवर्त्तने सति **प्राणादिर्विनिवर्त्तेते** । न ह्यन्यथा साधनाभावः साध्याभावस्य च व्यापको भवति। ततो यत्र प्राणादिभावनिवृत्तिः, तत्र सात्मकत्वाभावनिवृत्तिरपीति यद्युच्यते, **तच्च न** युक्तम् ॥२०८॥

अन्यस्य कारणस्यात्मनो **विनिवृत्त्या** प्राणादेर्**विनिवृत्तेरयोगतः** । तादात्म्यतदुत्पत्तावेव हि साध्यनिवृत्तौ साधननिवृत्तिर्युक्ता, तत्स्वभावत्वात्, तदायत्तत्वाच्च । सति च साध्यसाधनयोर्नियमेन निवर्त्यनिवर्तकभावे साध्याभावः साधनाभावेन व्याप्यते । प्राणादिस्तस्यात्मन **आत्मा** स्वभावः, **तस्मात् प्रसूतिर्वास्येति चेत् नैतदस्ति** युक्तम् । तथा हि—**आत्मन उपलम्भने** सति **तस्य** प्राणादे**रुपलब्धौ** सत्यामात्मनोऽ**गतौ** प्रणादे**रगतौ** च सत्यां कार्यकारणभावः **प्रसिध्यति** । **ते च दृष्ट्यदृष्टी** कार्यकारणभावसाधने—**अत्यन्तपरोक्षस्या**त्मनो **न सिध्यतः** । अत्यन्तपरोक्षस्य कथम-दृष्टिरपि न सिध्यतीति चेत् अभावसाधिका दृश्यानुपलब्धिर्न सिध्यत्येव । अदृष्टिमात्रं तु नाभाव-साधकम् । ततः प्राणादेरात्मना सह प्रतिबन्धासिद्धेर्नात्मनिवृत्त्या प्राणादिनिवृत्तिसिद्धिः ॥२०९-२१०॥

किञ्च—आत्मनो**ऽन्यत्र** जीवच्छरीरे**ऽदृष्टरूपस्य घटादौ न** सत्त्वमिति यदुच्यते, **तत्कुतः** सिद्धम्? दृश्यानुपलब्ध्या ह्यभावसिद्धिः, न चादृष्टचरे तत्सम्भवः । **अज्ञातो व्यतिरे**को भावो यस्य तस्यात्मनो या **व्यावृत्ति**र्घटादौ, तस्याः प्राणादिनिवृत्त्या **व्यापिता** व्यापनं **कुतः** सम्भवि येन जीवच्छरीरे प्राणादिनिवृत्त्यभावात् सात्मकत्वनिवृत्त्यभावे सत्यात्मसिद्धिः स्यात् ॥२११॥

प्राणादेश्च क्वचिद् दृष्ट्या सत्त्वासत्त्वं प्रतीयते।
तथात्मा यदि दृश्येत सत्त्वासत्त्वं प्रतीयते ॥ २१२ ॥

यस्य हेतोरभावेन घटे प्राणो न दृश्यते ।
देहेऽपि यद्यसौ न स्याद् युक्तो देहे न सम्भवः ॥ २१३ ॥

भिन्नेऽपि किञ्चित् साधर्म्याद् यदि तत्त्वं प्रतीयते ।
प्रमेयत्वाद् घटादीनां सात्मत्वं किन्न मीयते ॥ २१४ ॥

अनिष्टेश्चेत् प्रमाणं हि सर्वेष्टीनां निबन्धनम् ।
भावाभावव्यवस्थां कः कर्तुं तेन विना प्रभुः ॥ २१५ ॥

स्मृतीच्छायत्नजः प्राणनिमेषादिस्तदुद्भवः ।
विषयेन्द्रियचित्तेभ्यः

ननु यथा घटादौ प्राणाद्यभावनिश्चयः, तथात्माभावनिश्चयोऽपि किं न भवति। इत्याह— **प्राणादेः क्वचिज्**जीवच्छरीरे **दृष्ट्या सत्त्वं** प्रतीयते। मृतदेहे चोपलब्धिलक्षणप्राप्तस्यास्यादृष्ट्याऽ**सत्त्वं प्रतीयते। तथा** यदि क्वचिद् **देहे आत्मा दृश्येत,** तदा तत्र **सत्त्वम**स्य **प्रतीयते**। अन्यत्रोपलभ्यस्वरूपस्यास्यानुपलब्धे**रसत्त्वं** प्रतीयते। न चात्मोपलब्धिरस्ति क्वचिदिति न तदभावनिश्चयः ॥२१२॥

यदप्युच्यते—यदि न सात्मकं जीवच्छरीरम्, तदास्य प्राणादिविरहप्रसङ्गो नैरात्म्याद् घटवदिति प्रसङ्गसाधनम्। तच्चायुक्तं दर्शयितुमाह—**यस्य** बुद्धिदेहातिशयप्रयत्नादे**र्हेतोरभावेन घटे प्राणो न दृश्यते देहेऽपि यद्यसौ** बुद्धिदेहातिशयप्रयत्नादि**र्न स्यात्** तदा **देहेऽपि** हेतुविरहात् प्राणादे**र्न सम्भवो युक्तः**, यथा मृतशरीरे। जीवदेहे तु बुद्ध्यादिसद्भावादेव प्राणादेरुचितः सम्भव इति नात्माभावे तदभावप्रसङ्गः सङ्गतः ॥२१३॥

अथ घटजीवच्छरीरादादीनां नैरात्म्येन यथा साधर्म्यम्, तथा प्राणादिरहिततयापि स्यात्। न च भवति। तस्मान्निरात्मके घटादौ प्राणादिरदृष्टो यत्र वर्त्तते तत्र सात्मकत्वं साधयति। इत्याह—घट**भिन्नेऽपि** जीवद्देहे **किञ्चिन्**मात्रेण निरात्मकत्वेन **साधर्म्यात् यदि तत्त्वं** प्राणादिविरहिततया घटसदृशत्वं **प्रतीयते,** तदा **प्रमेयत्वा**द्धेतो**र्घटादीनां** जीवच्छरी**रसात्मकत्वं किन्न मीयते**? ॥२१४॥

अनिष्टेश्चेत् ननु **प्रमाणं हि सर्वेष्टीनां निबन्धनम्**। तद्वशेनार्थान्न स्थितेः। **तेन** प्रमाणेन **विना भावाभावयोर्व्यवस्थां कर्तुं कः प्रभुः**? यदि च किञ्चित् साधर्म्यमात्रात् साधनं साध्यसाधकम् तदा प्रमेयत्वाद् घस्यापि सात्मकत्वसाधनादनिष्टिरनुपयुक्ता ॥२१५॥

यदि तर्हि नात्मा प्राणादेर्हेतुः, कस्तर्हि भविष्यति इत्याह—यथायोगं **स्मृतीच्छाप्रयत्नेभ्यो जातः प्राणनिमेषादिः** समाहितस्य निरुद्धवायोः समाधिव्युत्थितस्य स्मरणात् प्राणवृत्तिः, गाढप्रहारादिभिर्व्याहतप्राणस्य इच्छाप्रयत्नाभ्यां प्राणप्रवृत्तिः, स्वस्थस्य साद्गुण्यात् निमेषादेरिच्छाप्रयत्नजत्वं व्यक्तम्। **तेषां** च स्मृतीच्छायत्नाना**मुद्भवो विषयेन्द्रियचित्तेभ्यो** यथायोगम्। क्वचिद् विषयाद् बदरादे रसनास्रावादिहेतो रसादिस्मृतिर्भवति, इन्द्रियाद्वा विलादेरपटुज्ञानहेतोः प्रदीपमण्डलादिस्मरणं भवति, बुद्धेरेवातद्विषयस्यातीतानुकूलतादिस्मृतिरुद्भवति।

ताः स्वजातिसमुद्भवाः ॥ २१६ ॥

अन्योन्यप्रत्ययापेक्षा अन्वयव्यतिरेकभाक् ।
एतावत्यात्मभावोऽयमनवस्थान्यकल्पने ॥ २१७ ॥

श्रावणत्वेन तत् तुल्यं प्राणादि व्यभिचारतः ।
न तस्य व्यभिचारित्वाद् व्यतिरेकेऽपि चेत् कथम् ॥ २१८ ॥

नासाध्यादेव विश्लेषस्तस्य नन्वेवमुच्यते ।
साध्येऽनुवृत्त्यभावोऽर्थात् तस्यान्यत्राप्यसौ समः ॥ २१९ ॥

असाध्यादेव विच्छेद इति साध्येऽस्तितोच्यते ।
अर्थापत्त्याऽत एवोक्तमेकेनोभयदर्शनम् ॥ २२० ॥

ननु षट् प्रवृत्तिबुद्धय एवात्मजाः, प्रवृत्तिबुद्धिजाश्च स्मृत्यादयः, तद्भवाश्च प्राणादय इति परम्पराऽऽत्महेतुका एव । इत्याह—**ताः** षड् बुद्धयः **अन्योन्यप्रत्ययापेक्षा** यस्य य आत्मीयः प्रत्ययः सहकारिकारणमिन्द्रियादि तस्मिन्नपेक्षाऽऽयतिर्यासां तास्तथा सत्यः **स्वजातिसमुद्भवाः** समनन्तरप्रभवाः । न तु परम्परयाप्यात्मापेक्षिण्य इत्यर्थः । **एतावति** कारणकलापे**ऽयमात्मभावः** षडायतनं गृहीतो**ऽन्वयव्यतिरेकभाक्** प्रतिबद्धः, कारणत्वेन ततो**ऽन्यस्य कल्पनेऽनवस्था** कारणानाम् । तस्मान्नादृष्टसामर्थ्यस्यात्मनो निवृत्तौ प्राणादिनिवृत्तिर्युक्ता । ॥२१६-२१७॥

किञ्च—**तत् प्राणादि** साधनं **श्रावणत्वेन** हेतुना **व्यभिचारतो**ऽनैकान्तिकत्वात् **तुल्यम्** । नैतदस्ति, **तस्य** श्रावणत्वस्य विपक्षाद् बहुलं **व्यतिरेकेऽपि** व्यतिरेकस्य **व्यभिचारित्वात्** । न हि श्रावणत्वमनित्येभ्यः प्रायो व्यावृत्तमित्यनित्यत्वव्यतिरेकाव्यभिचारि शक्यमवसातुम् । पक्ष एवानित्येन सहकार्यविरोधात् । प्राणादि तु नियमेन विपक्षाद् व्यतिरेकाव्यभिचारीति न युक्तं श्रावणत्वेन तुल्यमि**ति चेत्** पृच्छत्याचार्यः—प्राणादिश्रावणत्वेनातुल्यं **कथ**मिति ॥२१८॥

इतर आह—**तस्य** श्रावणत्वस्या**साध्याद्** विपक्षा**देव न विश्लेषो** व्यावृत्तिः, किन्तु सपक्षादपि । प्राणादेस्तु सर्वस्य जीवच्छरीरस्य सात्मत्वेन साध्यत्वात् सपक्ष एव नास्तीति कथं ततो व्यावृत्तिरिति ?

अत्राह—**नन्वेवमसाध्यादेव** श्रावणत्वस्य न विश्लेष इत्याख्याने **साध्ये** साध्यवति सपक्षे**ऽनुवृत्तेरन्वयस्याभावोऽर्थादुक्तः** स्यात् । यो हि विपक्षमात्रादव्यावृत्तः, स सपक्षादपि व्यावृत्तेरन्वयरहित उक्तो भवति । तथा च प्राणादे**रसौ** सपक्षानुवृत्त्यभावः समः । न हि प्राणादिसपक्षे क्वचित् सिद्धम्, सर्वस्य जीवच्छरीरस्य पक्षत्वात् ॥२१९॥

असाध्याद् विपक्षा**देव** साधनस्य **विच्छेदो** व्यावृत्तिरित्यभिधाने**नार्थापत्त्या** सामर्थ्येन **साध्ये** सपक्षे**ऽस्तितोच्यते** । यदि तु सपक्षादपि व्यावृत्तिः, तदा विपक्षादेव व्यावृत्तिरित्यसङ्गतम्, यतो विपक्षादेव व्यावृत्तिरिति आक्षिप्तान्वय एव भवति । **अत एवाचार्येण एकेन** व्यतिरेकेणान्वयेन वा नियमवता दृष्टेनो**भयदर्शनमुक्तम्**, अर्थापत्त्याऽन्यतरेणोभयदर्शनादिति ॥२२०॥

यस्मादैकान्तिको व्यतिरेक आक्षिप्तान्वय एव भवति, **अतः ईदृग्** विपक्षे व्यतिरेको**ऽव्यभिचार**

ईदृगव्यभिचारोऽतोऽनन्वयिषु न सिध्यति ।
प्रतिषेधनिषेधश्च विधानात् कीदृशोऽपरः ॥ २२१ ॥

निवृत्तिर्नासतः साध्यादसाध्येष्वेव नो ततः ।
नेति सैव निवृत्तिः किं निवृत्तेरसतो मता ॥ २२२ ॥

निवृत्त्यभावस्तु विधिर्वस्तुभावोऽसतोऽपि सन् ।
वस्त्वभावस्तु नास्तीति पश्य बान्ध्यविजृम्भितम् ॥ २२३ ॥

निवृत्तिर्यदि तस्मिन्न हेतोर्वृत्तिः किमिष्यते ।
सापि न प्रतिषेधोऽयं निवृत्तिः किं निषिध्यते ॥ २२४ ॥

विधानं प्रतिषेधं च मुक्त्वा शाब्दोऽस्ति नापरः ।
व्यवहारः स चासत्सु नेति प्राप्तात्र मूकता ॥ २२५ ॥

अनन्वयिषु हेतुषु **न सिध्यति**। य एव साध्येनान्वितो हेतुः तस्यैव विपक्षादेव व्यतिरेकः। यदि तु सत्यपि साध्ये हेत्वभावः, तदा सपक्षादपि व्यतिरेकात् कथं विपक्षादेव निवृत्तिः ?

किञ्च—प्राणादेः सपक्षे **प्रतिषेध**स्य निवृत्ते**र्निषेधो विधानादपरः कीदृशः**? प्रतिषेधनिषेधो हि विधिरेव, परस्परपरिहारेणावस्थितेः। ततः प्राणादेः सपक्षान्निवृत्तिर्नास्तीत्यर्थाद् वृत्तिरेवोक्ता स्यादिति न व्यतिरेकित्वम् ॥२२१॥

स्यादेवम्, यदि सपक्षो भवति। किन्तु सात्मकत्वे साध्ये सपक्षो नास्तीत्य**सतः साध्यात्** सपक्षात् प्राणादे**र्निवृत्तिर्नास्ति**। **ततोऽसाध्येषु** विपक्षे**ष्वेव नो** वृत्तिरिति व्यतिरेकित्वमिष्टम्। एवं तर्हि सपक्षा**दसतो** हेतो**र्निवृत्ते**र्**निवृत्ति**रस्माकमस्तित्वेन येष्टा **सैव किन्नेति** भवतो **मता**? यदि ह्यसन् निवृत्तेर्नाधिकरणम्, तदा निवृत्तिः कथं भविष्यति? ॥२२२॥

किञ्च—**असतोऽपि** सपक्षाद्धेतु**निवृत्ते**र्नीरूपाया **अभावस्तु विधिर्वस्तुभावो** हेतुसम्भवः **सन्नि**-ष्यते। यद्यसति सपक्ष हेतुनिवृत्तिर्नास्ति, तदा हेतुरेवास्तीत्युक्तं स्यात्। **वस्तुनो** हेतोर**भावस्तु** निवृत्तिशब्दवाच्यो **नास्तीति** पश्य **बान्ध्यविजृम्भितं** परेषाम्। असत्यसत्त्वमविरुद्धम्, विरुद्धं तु सत्यमित्यर्थः ॥२२३॥

अपि च— **हेतो**स्त**स्मिन्न**सति सपक्षे **निवृत्तिर्यदि** नास्ति, तदा **किं वृत्तिरिष्यते**? विधिनिषेधयोरन्योन्यव्यवच्छेदात्मत्वादेकप्रतिषेधस्य तदपरविधिनान्तरीयकत्वात्। ततश्चान्वयव्यतिरेकित्वात् प्राणादिर्न व्यतिरेकी। **सा** वृत्ति**रपि** नासति सपक्षे इति चेत् ननु वृत्तिनिषेधः **प्रतिषेधोऽयं** निवृत्त्यात्मकः। ततश्चासतो वृत्तिनिवृत्तेरधिकरणत्वात् तस्मि**न्निवृत्तिः किं निषिध्यते**? सत्यां च निवृत्तौ श्रावणत्ववदसाधारणं प्राणादि स्यात् ॥२२४॥

अथाधिकरणतया अपादानतया वा सतः प्रतीतिर्नास्तीति न तस्मान्निवृत्तिरित्युच्यते। एतदर्थं हि **विधानं प्रतिषेधं च मुक्त्वाऽपरः शाब्दो** व्यवहारो **नास्ति**; तयोरेव शब्दप्रतिपाद्यत्वात्। **स च**

सतां च न निषेधोऽस्ति सोऽसत्सु च न विद्यते ।
जगत्यनेन न्यायेन नञर्थः प्रलयं गतः ॥ २२६ ॥

देशकालनिषेधश्चेद् यथास्ति स निषिध्यते
न तथा न यथा सोऽस्ति तथापि न निषिध्यते ॥ २२७ ॥

तस्मादाश्रित्य शब्दार्थं भावाभावसमाश्रयम् ।
अबाह्याश्रयमत्रेष्टं सर्वं विधिनिषेधनम् ॥ २२८ ॥

ताभ्यां स धर्मो सम्बद्धः ख्यात्यभवेऽपि तादृशः ।
शब्दप्रवृत्तेरस्तीति सोऽपीष्टो व्यवहारभाक् ॥ २२९ ॥

अन्यथा स्यात् पदार्थानां विधानप्रतिषेधने ।
एकधर्मस्य सर्वात्मविधानप्रतिषेधनम् ॥ २३० ॥

विधिप्रतिषेध**व्यवहारोऽसत्सु नास्तीति अत्रासत्सु मूकतैव प्राप्ता**। तथा हि असति विधिव्यवहारस्तावन्नास्त्येव, प्रतिषेधोऽपि त्वन्मते नास्तीति युक्तं मूकत्वम् ॥२२५॥

किञ्च—**सतां च** पदार्थानां **न निषेधोऽस्ति**, विद्यमानत्वात्। **स** प्रतिषे**धोऽसत्सु** न त्वदभिप्रायाद् **विद्यते**। **अनेन न्यायेन नञोऽर्थः** प्रतिषेधो जगति विषये **प्रलयं गतः** ॥२२६॥

क्वचित् सतामेवार्थानामन्ययो**र्देशकालयो**र्नञादिना **निषेध** इष्ट**श्चेत् यथा** यद्देशकालसम्बद्धत्वेन **सो**ऽर्थो **नास्ति तथा निषिध्यते**, त्वदभिप्रायादतो निषेधायोगात्। **यथा चास्ति स तथापि न निषिध्यते**, सत्त्वात् ॥२२७॥

तस्माच्छब्दस्यार्थमारोपितबहीरूपमन्यव्यवच्छे**दमबाह्याश्रयं** बाह्यविषयरहितं य एव **भावाभावयो**र्विधिप्रतिषेधविकल्पप्रतिपाद्ययोः **समाश्रयस्तमाश्रित्य** व्यवहारे **सर्वं विधिनिषेधनमिष्टम्** ॥२२८॥

यदि वस्तु शब्दविकल्पाभ्यां विषयीक्रियते, सर्वथा प्रतीतेः शब्दप्रमाणान्तरवैफल्यप्रसङ्गः। ततोऽन्यापोह एव विधिनिषेधसम्बन्धयोर्विषयः। तथा शब्दात् सत्त्वासत्त्वाभ्यां वस्तुनः प्रतीतौ विधिनिषेधयोरवैफल्यप्रसङ्गः। तस्मात् भावाभावासाधारणोऽन्वयव्यवच्छेदो विधिप्रतिषेधाभ्यां सम्बध्यत इति ताभ्यां विधिप्रतिषेधाभ्यां **स** शब्दार्थो **धर्मो सम्बद्धः, ख्याते**र्वस्तुतो**ऽभावेऽपि तादृशो** विधिप्रतिप्रतिषेधसम्बद्धस्यार्थस्य। न हि शब्दार्थ एव कश्चित्, बाह्याबाह्यार्थयोरयोगात्, तदितरस्य चाभावादित्युक्तेः कुत एव विधिनिषेधाभ्यां तस्य सम्बन्धः स्यात्? तथा**पि स** विधिः प्रतिषेधश्च **शब्दप्रवृत्तेरस्तीति व्यवहारभागिष्टः**। शब्दो हि प्रवर्त्तमानो विधिप्रतिषेधव्यवहारं वस्तुतोऽसन्तमप्यविद्याभ्यासतो वासनावशादुपदर्शयतीति तदनुरोधात् सन्नुच्यते ॥२२९॥

अन्यथा यद्येवं नेष्यते तदा **पदार्थानां विधानप्रतिषेधने**ऽभ्युपगम्यमाने यदि धर्मा धर्मिणो भिन्नाः **तदैकस्य धर्मस्य** विधाने प्रतिषेधने वा कृते **सर्वेषां** धर्माणां धर्म्यात्मभूतानां **विधानप्रतिषेधनं स्यात्** ॥२३०॥

तेषां धर्माणामेकधर्मिस्वभावत्वे**नानानात्मतयै**कस्वभावत**यैक**स्य धर्मस्य विधिः प्रतिषेधो वा सर्वस्य भवेत्। धर्मिणः सकाशाद् धर्माणां **भेदे**ऽभ्युपगम्यमाने **एकस्मिन् धर्मिणि** धर्माणां **विधान-**

अनानात्मतया
भेदे नानाविधिनिषेधवत् ।
एकधर्मिण्यसंहारो विधानप्रतिषेधयोः ॥ २३१ ॥

एकधर्मिणमुद्दिश्य नानाधर्मसमाश्रयम् ।
विधावेकस्य तद्भाजामिवान्येषामुपेक्षकम् ॥ २३२ ॥

निषेधे तद्विविक्तं च तदन्येषामपेक्षकम् ।
व्यवहारमसत्यार्थं प्रकल्पयति धीर्यथा ॥ २३३ ॥

तं तथैवाविकल्पार्थभेदाश्रयमुपागताः ।
अनादिवासनोद्भूतं बाधन्तेऽर्थं न लौकिकम् ॥ २३४ ॥

तत्फलोऽतत्फलश्चार्थो भिन्न एकस्ततस्ततः ।
तैस्तैरुपप्लवैर्नीतः सञ्चयापचयैरिव ॥ २३५ ॥

अतद्वानपि सम्बन्धात् कुतश्चिदुपनीयते ।
दृष्टिं भेदाश्रयैस्तेऽपि तस्मादज्ञातविप्लवाः ॥ २३६ ॥

प्रतिषेधयोरसंहारः सामानाधिकरण्यं न स्यात्, **नानाविधिनिषेधवत्** । स्वतन्त्रानेकपदार्थविधिनिषेधाविव नैकत्र वस्तुनि सामान्याधिकरण्यभाजौ ॥२३१ ॥

अस्मन्मते तु शब्दार्थं **धर्मिणमेकं नानाधर्मसमाश्रयमेकस्य** धर्मस्य **विधौ** क्रियमाणे **तद्भाजामेक**-धर्मसम्बद्धमिवान्येषां विधिप्रतिषेधाभ्यामपरामृष्टानां धर्माणा**मुपेक्षकम्** । तथैकधर्मस्य **निषेधे** क्रियमाणे एकं धर्मिणं नानाधर्मसमाश्रयणं **तेन** निषिध्यमानेन धर्मेण **विविक्तमेव तदन्येषां** निषिध्यमानधर्मेतरेषां धर्माणा**मपेक्ष**कमुद्दिश्य **यथा** कल्पिका **धीर्व्यवहारं** परमार्थतो**ऽसत्यार्थं कल्पयति** ॥२३२-२३३॥

तथैव कल्पनानतिक्रमेण **तं** व्यवहारम**र्थभेदाश्रयम**न्यव्यावृत्तिविषयम**नादिवासनाया उद्भूतम्** । **यथा** तत्त्वेन विकल्**पोपगताः** प्रतिपन्ना व्यवहर्त्तारो **लौकिकं** बौद्धमर्थं शब्दप्रतिपादितं **न बाधन्ते**, व्यवहारोच्छेदप्रसङ्गात् ॥२३४॥

कथं पुनर्धर्मभेदो व्यवह्रियते इत्याह—**अर्थः** शब्दादि**स्तत्फलः** श्रोत्रविज्ञानादिहेतु**रतत्फलश्**चक्षुर्विज्ञानाद्यहेतुः, **ततो** गन्धादेः श्रोत्रज्ञानाहेतोः, **ततो** रूपादिकाच्चक्षुर्विज्ञानहेतो**र्भिन्नो** व्यावृत्तस्तत्तद्व्यावृत्तिविशिष्टतया कल्पितधर्मिधर्मनानात्वः परामर्थत **एकस्तैस्तैरुपप्लवैः** कल्पितधर्मभेदविधिनिषेधयोर्गोचरैर्विकल्पैर्यथाक्रमं धर्मिधर्माणां **नीतः** प्रापितः सञ्चयोऽपचयश्च **यैस्तैरिव** । यथाध्यवसायं वस्तुतः **भेदाश्रयै**र्व्यावृत्तिविषयै**रतद्वान्** धर्मभेदेन तत्सञ्चयापचयाभ्यां रहितो**ऽपि** शब्दादि**दृष्टिं** प्रतीतिव्यवहारमुपनीयते । विकल्पास्तावद् वासनावशात् तथोपदर्शयन्ति । व्यवहर्त्तारस्तु कस्माद् विमृश्य न निवर्त्तन्ते इत्याह—अर्थे तेषां व्यावृत्त्याश्रयेण कल्पितधर्माणां **कुतश्चित् सम्बन्धात्** तदर्थक्रियाप्राप्तेः परितोषादर्थक्रियार्थिनां व्यवहारिणां धर्मभेदाद् यथार्थत्वेन विमर्शादादर इति **ते** व्यवहर्त्तारो**ऽप्यज्ञातविप्लवा** धर्मभेदविधिप्रतिषेधव्यवहारस्येति यथार्थमेव तत् मन्यन्त इति ।

सत्तासाधनवृत्तेश्च सन्दिग्धः स्यादसन्न सः ।
असत्त्वं चाभ्युपगमादप्रमाणं न युज्यते ॥ २३७ ॥

असतो व्यतिरेकेऽपि सपक्षाद् विनिवर्त्तनम् ।
सन्दिग्धं तस्य सन्देहाद् विपक्षाद् विनिवर्त्तनम् ॥ २३८ ॥

एकत्र नियमे सिद्धे सिध्यत्यन्यनिवर्त्तनम् ।
द्वैराश्ये सति दृष्टेषु स्याददृष्टेऽपि संशयः ॥ २३९ ॥

अव्यक्तिव्यापिनोऽप्यर्थाः सन्ति तज्जातिभाविनः ।
क्वचिन्न नियमोऽदृष्ट्या पार्थिवालोहलेख्यवत् ॥ २४० ॥

तस्मात् परमार्थतोऽसत्येव धर्मिणि विधिप्रतिषेधव्यवहारात् असतोऽपि सपक्षाद् विपक्षाद् वा हेतुनिवृत्तिः सन्दिग्धा ॥२३५-२३६ ॥

किञ्च—प्राणादेः सपक्षो नास्तीति ततो न व्यतिरेकः इति यदुच्यते, तदसङ्गतम् इत्याह—आत्मनः **सत्तायां साधनस्य** प्राणा**देर्वृत्तेः** कारणात् वादिप्रतिवादिनोरात्मा **सन्दिग्धः स्यात्**। न ह्यसत्तया निश्चितेऽर्थे कश्चित् साधनमाह। प्रतिवादी च तत्साधनं शृण्वन् कथमसन्दिग्धो नाम? आत्मसन्देहाच्च सपक्षो **नासन्**, तत् कथमुच्यते—समक्षासत्त्वात् न ततो व्यावृत्त इति व्यतिरेकी प्राणादिः स्यादेतत्। प्रतिवादिनः सात्मत्वेन कस्याश्चिदनिष्टेः सपक्षाभाव उच्यते।

ननु पराभ्युपगमं प्रमाणम् अप्रमाणं वा। प्रमाणं चेत् नैरात्म्यमेव तर्हि सिद्धम्। अलमात्मसाधनोपन्यासप्रयासेन। **अथाप्रमाणम्**, पर**स्याभ्युपगमात्** अप्रमाणकात् सपक्षा**सत्त्वं च न युज्यते** ॥२३७ ॥

तस्माद् **असतः सपक्षा**द्धेतो**र्व्यतिरेके**ऽप्युपगम्यमाने प्राणादेः **सपक्षाद् विनिवर्त्तनं सन्दिग्धम्, तस्य** सपक्ष**सन्देहात्**। यदि सपक्षाभावोऽसन्दिग्धः, एवं हेतुव्यावृत्तिभावोऽप्यसन्दिग्धः स्यात्। तत्सन्देहे तस्यापि सन्देहः। सपक्षाद् व्यावृत्तिसन्देहे **विपक्षाद् विनिवर्त्तनं** प्राणादेः सन्दिग्धम् ॥२३८॥

कथम् इत्याह—**एकत्र** सपक्षे सत्त्वस्य **नियमे सिद्धे** सति **अन्यतो** विपक्षान्नि**वर्त्तनं सिध्यति**। यो हि पक्ष एव भवति, स नियमाद् विपक्षे न भवति। यदि तु विपक्षेऽपि स्यात्, सपक्षे सत्तानियमो व्याहन्येत।

ननु सात्मकत्वानात्मकत्वाभ्यां द्वैराश्यं भावानाम्। तत्र निरात्मकेषु घटादिषु दृष्टः प्राणादिरर्थात् सात्मकेषु व्यवतिष्ठत इति प्राणादेरतो युक्तं सात्मकत्वानुमानम्। इत्याह—**द्वैराश्ये सति** भावानां घटादिषु निरात्मकेषु **दृष्टेषु** बहुलं प्राणादाव**दृष्टेऽपि** देशादिविप्रकृष्टेषु प्राणादिसत्ता**संशयः**। कदाचित् क्वचिन्निरात्मका अपि प्राणादियुक्ताः स्युः, बाधकाभावात् ॥२३९॥

तथा हि—तस्यामेकस्यां **जातौ** सम्भ**विनोऽप्यर्था** धर्मा **अव्यक्तिव्यापिनो** निःशेषतद्व्यक्त्यसम्भविनः सन्ति। ततः **क्वचिद्** घटादौ निरात्मके प्राणादिर्नास्तीत्य**दृष्ट्या**दर्शनमात्रेण समस्तेषु निरात्मकेषु **न** प्राणाद्यभावस्य **नियमः**। बहुषु पार्थिवेषु काष्ठपाषाणादिषु लोहलेख्यत्वदर्शनेऽपि पार्थिव एव वज्रे**ऽलोहलेख्यवत्**, अलोहलेख्यस्येव नासम्भवस्य नियमः ॥२४०॥

भावे विरोधस्यादृष्टेः कः सन्देहं निवारयेत् ।
क्वचिद् विनियमात् कोऽन्यस्तत्कार्यात्मतया स च ॥ २४१ ॥

नरात्म्यादपि तेनास्य सन्दिग्धं विनिवर्तनम् ।
अस्तु नाम तथाप्यात्मा नानैरात्म्यात् प्रसिध्यति ॥ २४२ ॥

येनासौ व्यतिरेकस्य नाभावं भावमिच्छति ।
यथा नाव्यतिरेकेऽपि प्राणादिर्न सपक्षतः ॥ २४३ ॥

सपक्षाव्यतिरेकी चेद्धेतुर्हेतुरतोन्वयी ।
नान्वय्यव्यतिरेकी चेदनैरात्म्यं न सात्मकम् ॥ २४४ ॥

यन्नान्तरीयकः स्वात्मा यस्य सिद्धः प्रवृत्तिषु ।
निवर्त्तकः स एवातः प्रवृत्तौ च प्रवर्तकः ॥ २४५ ॥

निरात्मकत्वेन सह प्राणादे**र्विरोधस्यादृष्टे**र्निरात्मकेष्वपि भावेषु प्राणादे**र्भावे** सत्तायां **कः सन्देहं निवारयेत्** ? न हि प्राणादेर्नैरात्म्येन सहानवस्थानलक्षणो विरोधः, क्वचिन्निवर्त्यनिवर्त्तकभावानुपलब्धेः । नाप्यन्योन्यपरिहारस्थितिलक्षणः, परस्परव्यवच्छेदात्मकत्वाभावात् ।

स्यादेतत् । नैरात्म्यविरुद्धेनात्मना व्याप्तत्वात् प्राणादेः परम्परया नैरात्म्येन विरोधः इत्याह—**तस्या**त्मनः **कार्यतया आत्मतया** प्राणादेः **क्वचि**दात्मनि **विनियमा**न्नियतत्वात् **कोऽन्यः** परम्परया विरोधश्चोक्तः स्यात् । तादात्म्यतदुत्पत्तिभ्यामेव केनचित् किञ्चिद् व्याप्यते नान्यथा ॥२४१॥

न चात्मनोऽत्यन्तपरोक्षतया ते सिध्यतः । तत् कथं तन्निमित्तकविरोधस्थितिः ? **तेन** साक्षात् परम्परया च विरोधाभावेन **नैरात्म्याद्** विपक्षादपि-शब्दात् न केवलं सपक्षाद् **अस्य** प्राणादे**र्निवर्त्तनं सन्दिग्धम्** । सन्दिग्धान्वयव्यतिरेकः प्राणादिरित्यर्थः ।

नास्ति तावदुक्तक्रमेण नैरात्म्यात् प्राणादिनिवृत्तिः । **अस्तु नामा**ङ्गीकारात् **तथापि** जीवच्छरीरे**ऽनैरात्म्यान्नै**रात्म्याभावात् प्राणादिमत्त्वसाधिता**दात्मा न सिध्यति** ॥२४२॥

यत्र विरुद्धयोरेकाभावादन्यतरस्यावश्यं सिद्धिर्भवत्येवेत्याह—**येन** कारणेना**सौ** वादी **व्यतिरेकस्याभावं भाव**मन्वयं **नेच्छति**, **यथा** प्राणादिरसतः **सपक्षतः**, **अव्यतिरेके** व्यतिरेकाभावे**ऽपि न** सपक्षे सत्त्वेनेष्टः, तथा नैरात्म्यनिवृत्तावपि आत्मभावो जीवच्छरीरे न स्यात् ॥२४३॥

तस्मात् **सपक्षाव्यतिरेकी** प्राणादिर्नैरात्म्ये निवर्त्तमानः सत्तामात्मनो गमयन् **हेतुश्चे**दिष्टः, तदा**ऽत एव** न्यायात् प्राणादि**हेतुरन्वयी** स्यात् । सपक्षात् प्राणादेर्निवृत्त्यभाव एव भावः, स चान्वयः । सपक्षा**दव्यतिरेकी** व्यतिरेकरहितः प्राणादि**र्नान्वयी चेदि**ष्यते, तदा तद्व**दनैरात्म्यं** नैरात्म्यरहितं शरीरं **न सात्मकं** स्यात् ॥२४४॥

किञ्च—**यस्य स्वात्मा** स्वभावो **यन्नान्तरीयकः** यदन्वयव्यतिरेकानुविधायी प्रतिबन्धकस्य वह्न्यादेः **प्रवृत्तिषु** विधिषु **सिद्धः स एव** निवर्त्तमानः तस्यानुविहितान्वयव्यतिरेकस्य **निवर्त्तकः** । **अतः** प्रवृत्तिविषयत्वात् **प्रवृत्तौ** स्वसत्तायां च तस्यावश्यं प्रवृत्तेः कर्त्ता हेतुर्भवति । यथा धूमो दहननान्तरीयकतया सिद्धो दहननिवृत्तिप्रवृत्तिभ्यां निवर्त्तते प्रवर्त्तते च ॥२४५॥

नान्तरीयकता सा च साधनं सपेक्षते ।
कार्यदृष्टिरदृष्टिश्च कार्यकारणता हि सा ॥ २४६ ॥

अर्थान्तरस्य तद्भावे भावानियमतोऽगतिः ।
अभावासम्भवात् तेषामभावे नित्यभाविनः ॥ २४७ ॥

कार्यस्वभावभेदानां कारणेभ्यः समुद्भवात् ।
तैर्विना भवतोऽन्यस्मात् तज्जं रूपं कथं भवेत् ॥ २४८ ॥

सामग्रीशक्तिभेदाद्धि वस्तूनां विश्वरूपता ।
सा चेन्न भेदिका प्राप्तमेकरूपमिदं जगत् ॥ २४९ ॥

भेदकाभेदकत्वे स्याद् व्याहता भिन्नरूपता ।
एकस्य नानारूपत्वे द्वे रूपे पावकेतरौ ॥ २५० ॥

सा च नान्तरीयकता साधनं निश्चायकं मान**मपेक्षते**, गमकत्वहेत्वधिकारे निश्चितगमकत्वनिबन्धस्याहेतुत्वात् । साधनं च **कार्ये** कारणान्वयवति **दृष्टिः**, तद्व्यतिरेकवति **चादृष्टिः** । न तु सपक्षविपक्षयोर्दर्शनादर्शनमात्रकम् । **हि** यस्मात् तत्कार्यदृष्ट्यदृष्टी **कार्यकारणता** । कारणभावाभावप्रयुक्ते कार्यभावाभावदर्शने कार्यकारणतोक्ता अन्यनिश्चयोपायतादर्शनार्थम् ॥२४६॥

ततश्च अकारणस्या**र्थान्तरस्या**त्मनस्तस्य प्राणा**देर्भावे भावानियमतो**ऽवश्यम्भावाभावात् **अगति**रप्रतीतिः ।

नन्वात्मान्वयव्यतिरेकानुविधानात् प्राणादय आत्मानं तत्कार्यतयाऽनुमापयिष्यन्ति इत्याह— तस्यात्मनो **नित्यभाविनः**सर्वकालस्थायिनः कदाचि**दभावे** सति **तेषां** प्राणादीना**मभावस्यासम्भवात्** । यदि व्यतिरेकमन्तरेणान्वयमात्रादात्मकार्यता प्राणादीनाम्, तदा कालाकालादिकार्यतापि स्यात् । तस्यास्तत्समानत्वात् । ततश्च तानप्यनुमापयेयुः । कालादिनिवृत्तिश्च प्राणादिनिवृत्त्या व्याप्येत । ततो यत्र प्राणादिनिवृत्तिरस्ति तत्र कालादिनिवृत्तिरपि स्यात् । एवं व्याप्यसद्भावात् । न च कालरहितः कश्चिदस्ति ॥२४७॥

किञ्च—**कार्यस्वभावभेदानां** यथास्वं **कारणेभ्यः समुद्भवात्** कारणाद् केवलादन्वयात् कार्यकारणभावेऽपि कार्यभावाङ्गीकारात् तैः कारणै**र्विना भवतः** कार्यस्य **रूपं तज्जं कथं भवेत्** ? न हि वह्निजं युक्तं प्रत्येकं व्यभिचारादेर्हेतुत्वप्रसङ्गात् ॥२४८॥

सामग्रीणां शक्तिभेदाद्धि वस्तूनां कार्याणां **विश्वरूपता** नानात्मता । सामग्री **चेत्** स्वभेदेन कार्याणां **न भेदिका, जगदिदमेकरूपं प्राप्तम्** ॥२४९॥

ननु कारणानि कार्यमात्राणि जनयन्ति, न तेषां परस्परतो भेदमपि । ततो धूमः पावकादिव शक्रमूर्ध्नोऽपि जायेत । इत्याह—अस्याः सामग्र्या **भेदक**त्वे भिन्नत्वे भिन्नसामग्रीकार्यविलक्षणकार्यजनकत्वे, **अभेदकत्वे** च सामग्र्यन्तरकार्यजनकत्वेऽभ्युपगम्यमाने एकस्याः सामग्र्या **भिन्नरूपता** नानात्मताऽभ्युपगता स्यात्, सा च **व्याहता** । तथा हि—धूमाग्न्यादिसामग्री सामग्र्यन्तरकार्यविलक्षणं जनयन्ती तस्य भेदिका प्रतीता । यदि च सामग्र्यन्तरकार्यं च सा जनयेत्, तदा भेदिका च

तत् तस्या जननं रूपमन्यस्य यदि सैव सा ।
न तस्या जननं रूपं तदस्याः सम्भवेत् कथम् ।। २५१ ।।

ततः स्वभावौ नियतावन्योन्यं हेतुकार्ययोः ।
तस्मात् स्वदृष्टाविव तद् दृष्टे कार्येऽपि गम्यते ।। २५२ ।।

एकं कथमनेकस्मात् क्लेदवद् दुग्धवारिणः ।
द्रवशक्तेः यतः क्लेदः सा त्वेकैव द्वयोरपि ।। २५३ ।।

भिन्नाभिन्नः किमस्यात्मा भिन्नोऽथ द्रवता कथम् ।
अभिन्नेत्युच्यते बुद्धेस्तद्रूपाया अभेदतः ।। २५४ ।।

स्यात् । तथा **चैकस्य** शक्रमुर्ध्नो **नानारूपत्वे द्वे रूपे पावकेतरौ** स्याताम् । धूमजनकत्वाद् वह्नित्वम् विलक्षणरूपत्वाच्चावह्निरूपत्वम् । न चैते एकस्य युक्ते, रूपभेदलक्षणत्वाद् वस्तुभेदस्य ।।२५०।।

तत् तस्मात् **तस्याः** शक्रमूर्धादिसामग्र्या **जननं** धूमोत्पादकं **रूपं यदि** विद्यते, तदा **सैव** दहनात्मिकैव **सा** शक्रमूर्धादिसामग्री, अग्निधूमयोरन्वयव्यतिरेकदर्शनात्—स एवाग्निर्यो धूमजनकः, स एव धूमो योऽग्निजन्य इति निश्चितत्वात् ।

अथ **तस्या** शक्रमूर्धादिसामग्र्या **जननं रूपं** **नास्तीति**, तदा **तद्** धूमाख्यं वह्निजन्य**मस्याः कथं सम्भवेत्** । न ह्यधूमहेतोर्धूमजन्म युक्तम्; यतो धूमजनक एव वह्निः, वह्निजन्यश्च धूमः ।।२५१।।

ततो हेतुकार्ययोरग्निधूमाद्योः **स्वभावौ नियतौ**, **अन्योन्यं** तज्जनकत्वतद्भावित्वाभ्याम् । **तस्मात्** कारणकार्ययोर्नियमादव्यभिचारहेतोः यथा **स्वस्य** कारणात्मनो वह्नेः**दृष्टौ तत्** कारणत्वं गम्यते, तद्वत् साक्षाद् दर्शनाद् **कार्येऽपि** धूमे **दृष्टे** तत्कारणे परोक्षमनुमानबुद्ध्या गम्यते । साक्षात् परम्परया वा तदुत्पन्नेन ज्ञानेन प्रतीयमानस्य व्यभिचारभावात् ।।२५२।।

पर आह—न यद्येकमेकस्मादेव भवति, **तदेकं** कार्यं **कथमनेकस्माद्** भवति ? उदाहरणमाह—**क्लेदवत्** तण्डुलाद्यवयवशैथिल्यमिव, दुग्धाद् वारिणश्च । अग्निसहकारि दुग्धं वारि च स्वयं पृथक् तण्डुलादेर्विक्लित्ति जनयद् दृश्यते ।

सिद्धान्ती आह—अयुक्तमेतत् । अन्यो हि दुग्धेन जनितः क्लेदः ,अन्यश्च वारिणा, रसवीर्यपरिणामाकारभेदात् । तत् कथमेकस्मादनेकोत्पादः ?

अथ सत्यप्यवान्तरभेदे विजातीयव्यावृत्त्या क्लेद एक उच्यते, तदा दुग्धवारिणो**र्यतो** यस्या **द्रव्यजनिकायाः शक्तेः क्लेदो** जायते, **सा** शक्तिस्**तु द्वयोरपि** विजातीयव्यावृत्ते**रेकैव**। तत् कथमनेकस्मादेकोत्पत्तिः? ।। २५३ ।।

पर आह—यदि दुग्धस्य क्लेदजनशक्त्यात्मतया वारिणा सहाभेद इष्यते, तदा **भिन्नाभिन्नो-ऽस्यात्मा किम**भ्युपगन्तव्यः, शक्त्यात्मतयाऽभेदात्, आकारभेदाच्च भेदात् ?

उतरमाह—न भिन्नाभिन्न आत्मा, किन्तु **भिन्न** एव ।

कथं तर्हि द्वयोरपि **द्रवता**ऽभिन्ना क्लेदहेतुरित्युच्यते ? द्रवत्वस्याभेदात् अभेदोक्तिर्भेदोक्त्या विरुध्यते ।

तद्वद् भेदेऽपि दहनो दहनप्रत्ययाश्रयः ।
येनांशेनादधद् धूमं तेनांशेन तथा गतिः ॥ २५५ ॥

दहनप्रत्ययाङ्गादेवान्यापेक्षात् समुद्भवात् ।
धूमोऽतद्व्यभिचारीति तद्वत् कार्यं तथापरम् ॥ २५६ ॥

धूमेन्धनविकाराङ्गतापदे दहनस्थितेः ।
अनग्निश्चेदधूमोऽसौ स धूमश्चेत् स पावकः ॥ २५७ ॥

नान्तरीयकता ज्ञेया यथास्वं हेतुवपेक्षया ।
स्वभावस्य यथोक्तं प्राग् विनाशकृतकत्वयोः ॥ २५८ ॥

यदि नाम स्वस्वभावस्थितत्वाद् भावानां भेद एव पारमार्थिकः, तथापि केचिद् भावा भिन्ना अपि स्वहेतुबलायातस्वरूपविशेषात् एककार्यकृत इति **बुद्धे**र्विकल्पिकाया**स्तद्रूपाया** एकप्रत्यवमर्शाकाराया **अभेदतः** कारणात् द्रवताक्लेदहेतु**रभिन्नेत्युच्यते**, तदेकव्यावृत्तिविषयस्यावसायस्यानुरोधात् । एकव्यवहारो न पारमार्थिक इत्यर्थः ॥२५४॥

तद्वत् क्षीरोदकवत् अवान्तर**भेदे** सत्य**पि दहनो येनांशेन** स्वभावेन स्वरूपोष्णस्पर्शाद्यात्मकेनाग्निव्यावृत्तेन **दहन** इति **प्रत्यय**स्य व्यवहारस्या**श्रयो** विषयो, येन स्वभावेन **धूममादधत्** जनयन् धूमाश्रयो भवति, **तेन** धूमाश्रयत्वेन कारणेन धूमाल्लिङ्गाद् दहनो हेतुः । **तथा**ऽनग्निव्यावृत्तित्वेन **गम्यते** ॥२५५॥

तथा हि—**दहनप्रत्ययस्याङ्ग**न्निमित्ता**देवा**ग्निलक्षणा**दन्यापेक्षा**दार्द्रेन्धनादिसहायात् **समुद्भवा**दुत्पत्तेः कारणात् **धूमोऽतद्व्यभिचारीति तद्वत्** धूमवत् **अपरम**पि **कार्यं** तथा स्वकारणाव्यभिचारीति बोद्धव्यम् ॥२५६॥

किं पुनर्धूमो वह्निं न व्भिचरतीत्याह—धूमस्येन्धनविकारादेरङ्गं हेतुस्तस्य भावो **धूमेन्धनविकाराङ्गता** तस्याः **पदे** आश्रयवस्तुनि **दहनस्थिते**रग्निताव्यवहाराच्छक्रमूर्धा**ऽनग्नि**र्धूमेन्धनविकारकारी **न चेदि**ष्यते, ततो जायमानः पदार्थो**ऽसौ** दृश्यमानो**ऽधूमो** वाष्पादिरेव । न ह्यग्निजन्योनग्निर्भवति । सर्वथा साम्यात् **सधूमश्चे**दिष्यते तर्हि **स** वाल्मीकः **पावक** एव, धूमजनकस्यैव पावकत्वात् । देशकालस्वभावप्रतीतिनियमो हि भावानां नाकस्मिकः, तथात्वेऽतिप्रसङ्गात् । न च नानाहेतुकः प्रत्येकः, व्यभिचारेऽहेतुत्वप्रङ्गात् । तस्मान्नियतहेतुकः ।

यदि चान्वयव्यतिरेकाभ्यामुपलब्धाग्निकारणभावो धूमः शक्रमूर्ध्नो जायते, तदा वह्निरेव शक्रमूर्द्धा । अथानग्निस्तथा दृश्यमानत्वात्, तथा सोऽपि न धूमः, वास्यादिरिव । आकारसाम्यात् तु धूमाभः । तस्मात् कार्यकारणभावस्य नान्तरीयकतेति स्थितम् ॥२५७॥

स्वभावस्य च हेतो**र्नान्तरीयकता** साध्या अविनाभाविता **ज्ञेया । यथास्वं** यस्य स्वभावहेतोर्य आत्मीयस्तादात्म्यसाधको **हेतुः** साधनं तस्या**पेक्षया । यथा प्रागुक्तं विनाशकृतकत्वयो**स्तादात्म्यसाधनम् । अवश्यं हि कृतकानां विनाशः । न चार्थसापेक्षाणामवश्यम्भावः । ततः स्वभावत एव कृतकानां नश्वराणां विनाशं प्रत्यनपेक्षित्वादिति दर्शितम् । तदेव स्वभावकार्ययोरव्यभिचारित्वाद्धेतुत्वम् । न च प्राणादेरात्मकार्यत्वं सिद्धमिति कथं हेतुता ? ॥२५८॥

अहेतुत्वगतिन्यायः सर्वोऽयं व्यतिरेकिणः ।
अभ्यूह्यः श्रावणत्वोक्तेः कृतायाः साम्यदृष्टये ॥ २५९ ॥

हेतुस्वभावनिवृत्त्यैवार्थनिवृत्तिवर्णनात् ।
सिद्धोदाहरणेत्युक्तानुपलब्धिः पृथग् न तु ॥२६० ॥

तत्राप्यदृश्यात् पुरुषात् प्राणादेरनिवर्तनात् ।
सन्देहहेतुताख्यात्या दृश्येऽर्थे सेति सूचितम् ॥ २६१ ॥

अनङ्गीकृतवस्त्वंशो निषेधः साध्यतेऽनया ।
वस्तुन्यपि तु पूर्वाभ्यां पर्युदासो विधानतः ॥ २६२ ॥

तत्रोपलभ्येष्वस्तित्वमुपलब्धेर्न चापरम् ।
इत्यज्ञज्ञापनायैकानुपाख्योदाहृतिर्मता ॥ २६३ ॥

नन्वयं प्राणादेरुक्तो दोषकलाप **आचार्येणे**ष्ट इति कथं गम्यते इत्याह—सर्वस्यासाधारणस्य दोषदुष्टत्वेन **साम्यदृष्टये** तुल्यतोपदर्शनाया**चार्येण श्रावणत्व**स्यासाधारणस्य **योक्तिः कृता**, तस्या **एवायं व्यतिरेकिणः** प्राणादेरन्यस्य च हेतो**रहेतुत्वगतिन्यायः सर्वोऽभ्यूह्यः** ॥२५९॥

ननु यथा स्वभावकार्यसिद्ध्यर्थं द्वौ हेतू उक्तौ, तथा अनुपलब्धिरपि वक्तुं युक्ता, हेतुत्वात् । स्वभावानुपलब्धिस्तावत् तादात्म्यप्रतिबन्धात् स्वभावहेतोर्न भिद्यत इति स्वभावहेतुनिर्देशादेव निर्दिष्टा । कारणव्यापकानुपलब्धिभ्याञ्च निषेध्यानुपलब्धिरेव प्रतिपाद्यत इति न ते अपि स्वभावानुपलब्धेर्भिद्येते । उदाहरणं तर्हि कस्मान्नोक्तम् इत्याह—त्रिविधाप्यनुपलब्धिर्विपक्षा**द्धेतोः** कारणस्य **स्वभावस्य** व्यापकस्य **निवृत्त्यैवार्थस्य** कार्यस्य व्याप्यस्य च **निवृत्तेर्वर्णनात् सिद्धोदाहरणेति न पृथगुक्ता** स्वभा**वानुपलब्धिः** कारणव्यापकाभावसाधिका । तयोरनुपलब्धिस्तु कार्यव्याप्याभावसाधनीति त्रिविधानुपलम्भोदाहरणं सिद्धम् ॥२६०॥

उपलब्धिलक्षणप्राप्तविषयत्वमनुपलब्धेर्विशेषणं कथं सिद्धम् इति चेदाह—**प्राणादे**र्हेतोर**दृश्यात् पुरुषा**दात्मनोऽ**निवृत्ते**र्निवृत्त्यसिद्धे जीवच्छरीरे **सन्देहहेतु**तया **आख्यात्या** कथनेन तत्रानुपलब्धावपि **दृश्येऽर्थे** याऽनुपलब्धिः **सा** भावसाधिका, नान्येति **सूचितमाचार्येण** । यदि त्वनुपलब्धिरित्येव प्रमाणम्, तदाऽऽत्मनि प्राणादेर्निवृत्तिः सिध्येत् । ततश्च जीवच्छरीरे वर्त्तमानमात्मानं गमयेदिति न सन्देहहेतुः स्यात् ॥२६१॥

ननु यथा व्यवच्छेदविषयाऽनुपलब्धिः, तथा कार्यस्वभावावपीति अनुपलब्धिरेवैको हेतुः स्याद् इत्याह—**अनया**नुपलब्ध्या न केवलं **वस्तुनि**, अवस्तु**न्यपि निषेधः** केवलो**ऽनङ्गीकृतवस्त्वंशः** कारणव्यापकानुपलब्धिभ्यां वस्तुव्यवच्छेदमात्रम्, अभावव्यवहारश्च **साध्यते** । यथा प्रदेशे धर्मिणि घटाभावः । **पूर्वाभ्यां** कार्यस्वभावाभ्यां त्वन्यव्यवच्छेदे नैकस्य **विधानतः पर्युदासः** साध्यते, यथा—अनग्निव्यवच्छेदेनाग्निः, नित्यत्वव्यवच्छेदेनानित्यत्वम् ॥२६२॥

ननु स्वभावानुपलब्धौ कथं तादात्म्यं प्रतिबन्धः इत्याह—**तत्रोपलभ्येषु** भावेषु विचार्यमाण**मस्तित्वमुपलब्धेरपरं** न भवति । यदि ह्युपलब्धिः कर्मधर्मः, तदोपलभ्यमानतास्तित्वम् । अथ

विषयासत्त्वतस्तत्र विषयि प्रतिषिध्यते ।
ज्ञानाभिधानसंदेहं यथा दाहादपावकः ॥ २६४ ॥

तथान्या नोपलभ्येषु नास्तितानुपलम्भनात् ।
तज्ज्ञानशब्दाः साध्यन्ते तद्भावात् तन्निबन्धनाः ॥ २६५ ॥

सिद्धो हि व्यवहारोऽयं दृश्यादृष्टावसन्निति ।
तस्याः सिद्धावसन्दिग्धौ तत्कार्यत्वेऽपि धीध्वनी ॥ २६६ ॥

विद्यमानेऽपि विषये मोहादत्राननुब्रुवन् ।
केवलं सिद्धसाधर्म्यात् स्मार्यते समयं परः ॥ २६७ ॥

कर्तृधर्मो ज्ञानम्, तदा तदन्वयव्यतिरेकानुविधानाद् भावसत्ताव्यवस्थानस्योपचारात् सैव सत्ता। यथा चोपलब्धिरेव सत्ता, तथाऽनुपलब्धिरेवासत्तेति तादात्म्यमनयोः सम्बन्धः।

एवं तर्ह्यनुपलब्धिरेवाभावसिद्धिरित्यलं लिङ्गिलिङ्गभावेन इत्याह—अभावः सिद्धत्वान्न साधनार्हः। तस्मादभावं पश्यतोऽप्यव्यवहरतोऽज्ञस्य मूढस्य **ज्ञापनाय** अभावव्यवहाराय **एका** स्वभावानुपलम्**भोदाहृतिर्मता** सा चानुपल**ब्धिरनुपाख्या** वस्तुतोऽभावात्मिका ॥२६३॥

यद्यभावः स्वभावानुपलब्ध्या न साध्यते, किं तर्हि साध्यते इत्याह—**तत्र** स्वभावानुपलम्भे **विषयासत्त्वतो** ज्ञानाभिधानसन्देहानां विषयस्यासत्त्वतः कारणाद् **विषयि प्रतिषिध्यते**। किं तद् विषयि? इत्याह—**ज्ञानमभिधानं सन्देह**श्च ज्ञानाभिधानसंदेहम्। सदिति ज्ञानम्। सदित्यभिधानम्। अस्ति न वेति सन्देहश्चानुपलब्धिलक्षणादभावान्निषिध्यते। सत्त्वविषया हि सज्ज्ञानादयः, तदभावे निषिध्यन्त इति न्याय्यम्।

दृष्टान्तमाह—यथा गुञ्जादौ वह्नित्वसन्देहे कश्चिदाह—पावकोऽयमिति। दाहादिनिमित्तो हि वह्नित्वव्यवहारः, तदभावात् प्रतिषिद्धः ॥२६४॥

यथोपलब्धे**रन्या नास्तिता**, तथो**पलभ्येषू**पलब्धिलक्षणप्राप्ते**ष्वनुपलम्भादन्या** नास्तिता **न** भवति। किन्त्वनुपलब्धिरेव नास्तित्वम्। तस्मात् **तन्निबन्धना** अनुपलब्धिनिमित्ताः **तज्ज्ञानाभि**धानव्यवहाराः **तस्या**नुपलम्भनस्य **भावात् साध्यन्ते** ॥२६५॥

यद्यनुपलम्भेन निमित्तेन नैमित्तिकोऽसत् ज्ञानादि साध्यते, तदा निमित्ते सति नैमित्तिकभावनियमाभावात् सत्यनुपलम्भेऽसज्ज्ञानादिव्यवहार ऐकान्तिको न स्याद् इत्याह—सर्वस्यैव हि **दृश्यादृष्टावसन्निति व्यवहारोऽयं** निमित्तान्तरनिरपेक्षः **सिद्धः। तस्या** दृश्यादृष्टे **सिद्धौ** सत्याम् असदिति **धीध्वनी कार्यत्वेऽप्यसन्दिग्धौ** नियतप्रवर्त्तनौ **सिद्धौ**। यद्यपि कार्यं न करणेन नियतभावम्, तथापि यदि क्वचिद् भावव्यवहारः प्रवर्त्यते, तदानुपलब्धिभावनिमित्तत्वादन्यत्राप्यनुपलब्धौ सत्यां स प्रवर्त्तनीय इत्यर्थः ॥२६६॥

अभावव्यवहारस्य **विषये** दृश्यादर्शने**ऽविद्यमानेऽपि** केवलं **मोहाद**सत्ज्ञानशब्दव्यवहारा**ननुब्रुवन्** नानुवदन् **परो**ऽसद्व्यवहारविषयतया **सिद्धे**न घटेन दृष्टान्तेन दृश्यादर्शनवत्तायाः **साधर्म्यात् समयं** व्यवहारं **स्मार्यते**। पूर्वमपि त्वया दृश्यादर्शनमात्रकोऽसद्व्यवहारः प्रवर्त्तितः, तत्सद्भावादिहापि प्रवर्त्तय—इति परः प्रतिपाद्यते ॥२६७॥

कार्यकारणता यद्वत् साध्यते दृष्ट्यदृष्टितः ।
कार्यादिशब्दा हि तयोर्व्यवहाराय कल्पिताः ।। २६८ ।।

कारणात् कार्यसंसिद्धिः स्वभावान्तर्गमादियम् ।
हेतुप्रभेदाख्याने न दर्शितोदाहृतिः पृथक् ।। २६९ ।।

एकोपलम्भानुभवादिदं नोपलभे इति ।
बुद्धेरुपलभे वेति कल्पिकायाः समुद्भवः ।। २७० ।।

विशेषो गम्यतेऽर्थानां विशिष्टादेव वेदनात् ।
तथाभूतात्मसम्पत्तिर्भेदधीहेतुरस्य च ।। २७१ ।।

तस्मात् स्वतो धियोर्भेदसिद्धिस्ताभ्यां तदर्थयोः ।
अन्यथा ह्यनवस्थातो भेदः सिध्येन्न कस्यचित् ।। २७२ ।।

विशिष्टरूपानुभवादन्यथान्यनिराक्रिया ।
तद्विशिष्टोपलम्भोऽतः तस्याप्यनुपलम्भनम् ।। २७३ ।।

दृष्टान्तमाह—**कार्यकारणता दृष्ट्यदृष्टितो** दर्शनादर्शनाभ्यामन्वयव्यतिरेकग्राहकाभ्यां **यद्वत् साध्यते**। न हि वस्तुतो दर्शनादर्शनाभ्यामन्या कार्यकारणता। किन्तु **तयो**र्दर्शनादर्शनयोर्हि संक्षेपेण **व्यवहाराय कार्यादिशब्दाः कल्पिताः** ।।२६८।।

ततश्च **कारणात्** दृश्यादर्शनात् असज्ज्ञानशब्दव्यवहार**कार्य**योग्यतासं**सिद्धिः स्वभाव**हेता**वन्तर्गमान्न** हेत्वन्तरम्। तेनेयं स्वभावानुपलब्धिर्**हेतूनां प्रभेदस्याख्याने** क्रियमाणे स्वभावहेतुनैव **दर्शितोदाहृतिर्न पृथक् निर्दिष्टा** ।।२६९।।

भवतु तावद् दृश्यानुपलब्धेरसद्व्यवहारयोग्यतासिद्धिः, सैव तु कथं सिध्यति इत्याह—एकज्ञानसंसर्गिण **एकस्य** प्रदेशस्**योपलम्भानुभवात्** स्वसंवेदनादनन्तरं घटादि **नोपलभ्यते। इदं** प्रदेशादभ्**युपलभ्यत इति कल्पिकाया बुद्धेः** स्ववेदनविषयीकृतविधिप्रतिषेधानुकारिण्याः **समुद्भवो** भवतीति स्वसंवेदनादेवानुपलम्भसिद्धिः ।।२७०।।

भवतु ज्ञानं स्वसंवेदनविषययोर्ज्ञानयोः, अन्योन्यभेदस्तु केन ज्ञायते इत्याह—**अर्थानां विशेषो**ऽन्योन्यं भेदो **गम्यते, विशिष्ट**प्रतिनियताकारा**देव वेदनात्**। अस्य संवेदनस्य तयो**र्भेदा**नियताकारत्वं तस्य, **धियः** संवेदनस्य तु साधनं **तथाभूता** प्रतिनियताकारा परनिरपेक्षप्रका**शात्मसम्पत्ति**रपरोक्षता ।।२७१।।

तस्माद् धियो भेदस्य स्वतः प्रतिनियतात् अपरोक्षप्रकाशात् स्वरूपत एव **सिद्धिः। ताभ्यां** भिन्नतया सिद्धाभ्यां **तयोरर्थयोः** सारूप्यजनकयोर्भेदसिद्धिः। **अन्यथा** यद्येवं नेष्यते, तदा अपराभ्यां भेदसिद्धिर्वक्तव्या। तयोश्च भेदसिद्धौ भेदग्राहकता युक्तेति तद्भेदग्राहकमपरं द्वयमेष्टव्यम्। एवमपरापरापेक्षाय**मनवस्थातः न कस्यचिद् भेदः सिध्येत्** ।।२७२।।

अतो **विशिष्टस्य** नियतस्य **रूपस्यानुभवादन्यथान्यस्य निराक्रिया** न भवति। **अतस्तस्मात्** प्रतिषेध्याद् **विशिष्टस्य** भिन्नस्य प्रदेशाद**रुपलम्भस्तस्य** प्रतिषेध्य**स्याप्यनुपलम्भनम्** ।।२७३।।

तस्मादनुपलम्भोऽयं स्वयं प्रत्यक्षतो गतः ।
स्वमात्रवृत्तेर्गमकस्तदभावव्यवस्थितेः ॥ २७४ ॥

अन्यथार्थस्य नास्तित्वं गम्यतेऽनुपलम्भतः ।
उपलम्भस्य नास्तित्वमन्येनेत्यनवस्थितिः ॥ २७५ ॥

अदृश्ये निश्चयायोगात् स्थितिरन्यत्र बाध्यते ।
यथाऽलिङ्गोऽन्यसत्त्वेषु विकल्पादिर्न सिध्यति ॥ २७६ ॥

अनिश्चयफला ह्येषा नालं व्यावृत्तिसाधने ।
आद्याधिक्रियते हेतोर्निश्चितैनैव साधने ॥ २७७ ॥

तस्याः स्वयं प्रयोगेषु स्वरूपं वा प्रयुज्यते ।
अर्थबाधनरूपं वा भावे भावादभावतः ॥ २७८ ॥

तस्मादयं ज्ञानात्मका**नुपलम्भः स्वयम**त्मना **प्रत्यक्षतः** स्वसंवेदनाद् **गतः** प्रतीतः सन् **स्वमात्रवृत्ते**रात्ममात्रप्रतीतायास्**तस्या**नुपलभ्यमानस्या**भावव्यवस्थितेर्गमकः**। अनुपलम्भो हि निमित्तम्, विषयो वा भावव्यवहारस्येत्युभयथापि स्वसत्तामात्रेणाभावव्यवहारहेतुः ॥२७४॥

अन्यथा यदि स्वतो नानुपलम्भसिद्धिः, तदाऽ**र्थस्य नास्तित्वमनुपलम्भस्ततो गम्यते । उपलम्भस्य नास्तित्व**मनुपलब्धिर**न्येना**नुपलम्भेन गम्यते, सोऽप्यनुपलम्भान्तरेणेति अपेक्षाया**मनवस्थितिः** स्यात् ॥२७५॥

भवतु तावद् दृश्येष्वनुपलब्धावभावप्रतीतिः ,अदृश्ये पुनः कथम् इत्याह—**अन्यत्र** दृश्यानुपलब्धौ सत्या**मदृश्ये** विषये भाव**निश्चयायोगात्** सद्व्यवहारस्य **स्थितिर्बाध्यते**, उपलम्भपूर्वकत्वात् तस्याः । **यथाऽन्येषु सत्त्वेषु** प्राणिषु रागादिविषयो **विकल्पः**, परचित्तज्ञाना**दि**रादिना, **अलिङ्गो** लिङ्गरहितः सद्व्यवहारविषयत्वेन **न सिध्यति** ॥२७६॥

किं पुनरदृश्यानुपलब्धौ सत्यामपि न सिध्यति इत्याह—**एषा हि** सत्यप्यर्थे सम्भवती अभावस्या**निश्चयफला** । तस्माद् **व्यावृत्ते**रभावस्य **साधने नालं** शक्ता ।

आद्या दृश्यानुपलब्धिः पुनर्व्या**वृत्तिसाधनेऽधिक्रियते** । कस्माद् इत्याह—**हेतो**र्विपक्षात् कारणव्यापकानुपलब्धिभ्यां व्यावृत्ते**र्निश्चितेनैव** साध्यार्थ**साधने**ऽधिकारात् । न हि विपक्षादनिश्चितव्यावृत्तिको हेतुर्गमकः । न हि कारणव्यापकानुपलब्धिभ्यामन्यो व्यावृत्तिसाधनः कारणविरुद्धोपलम्भादिष्वपि कारणाभावादभावः प्रतिपाद्यः ॥२७७॥

तस्या अनुपलब्धेः **प्रयोगेषु स्वयं** शब्दप्रतिपादितं **वा स्वरूपं प्रयुज्यते**, यथा स्वभावकारणव्यापकानुपलब्ध्यादिषु । निषेध्यस्या**र्थस्य बाधनं** विरुद्धं **वा** प्रयुज्यते, यथा स्वभावकारणव्यापकविरुद्धोपलब्ध्यादिषु प्रयुज्यत इत्याह—अविकलकारणतया शीतस्य **भावे** सत्तायां सत्यां दहनस्य भावात् । **अभावतो** निवृत्तेः । यथा शीताभावसाधने सहानवस्थानविरुद्धो वह्निः प्रयुज्यते—नात्र शीतस्पर्शो वह्नेरिति ॥२७८॥

अन्योन्यभेदसिद्धेर्वा ध्रुवभावविनाशवत् ।
प्रमाणान्तरबाधाद् वा सापेक्षध्रुवभाववत् ॥ २७९ ॥

हेत्वन्तरसमुत्थस्य सन्निधौ नियतः कुतः ।
भावहेतुभवत्वे किं पारम्पर्यपरिश्रमैः ॥ २८० ॥

नाशनं जनयित्वान्यं स हेतुस्तस्य नाशकः ।
तमेव नश्वरं भावं जनयेद् यदि किं भवेत् ॥ २८१ ॥

आत्मोपकारकः कः स्यात् तस्य सिद्धात्मनः सतः ।
नात्मोपकारकः कः स्यात् तेन यः समपेक्ष्यते ॥ २८२ ॥

निषेध्यविधीयमानयोरन्योन्यस्याभावात्मतया **भेदसिद्धेर्वा**ऽर्थबाधनरूपं प्रयुज्यते **ध्रुवभावविनाशवत्** । नित्यत्वानित्यत्वयोरन्योन्याभावात्मकत्वेन भेदसिद्धौ परस्परपरिहारस्थितिलक्षणतया विरुद्धं विनाशित्वं नित्यत्वबाधने प्रयुज्यते, यथा—नित्यः शब्दो विनाशित्वात् । स चायं परस्परपरिहारस्थितिविरुद्धः क्वचित् साक्षाद् वा प्रयुज्यते, यथा—नित्यत्वस्य विनाशित्वम् । क्वचिद् धर्मान्तरविरोधग्राहिणा, **प्रमाणान्तरेण** परम्परया **बाधनात्** । अबाधितविरुद्धभावो वा प्रयुज्यते । **सापेक्षध्रुवभावित्ववत्** । यथा सापेक्ष ध्रुवभावयोः साक्षाद् विरोधाभावेऽपि ध्रुवभावित्वस्य यद् व्यापकं तेन विरुद्धं सापेक्षत्वम्, व्याप्यव्यापकयोश्च वस्तुतस्तादात्म्यादयो यद्व्यापके विरुध्यन्ते स तद्व्याप्येनापीति प्रमाणान्तरबाधनादेवावधृतविरुद्धभावं सापेक्षत्वं ध्रुवभावित्वबाधने प्रयुज्यते, यथा—न ध्रुवभावी कृतकस्य विनाशो हेत्वन्तरसापेक्षत्वादिति॥२७९॥

कस्मात् पुनर्हेत्वन्तरसापेक्षो न ध्रुवभावी इत्याह—उत्पादकाद्धेतोर्**हेत्वन्तरसमुत्थस्य** धर्मस्य **सन्निधौ** सन्निधाने **नियतः** कुतः ? यथा कारणान्तरसापेक्षस्य वाससि नावश्यम्भावनियमो रागस्य ।

स्यादेतत् । भावहेतुरेवानित्यत्वाख्यं धर्मं भावनाशकं जनयति तेन नश्वरस्वभावनियतो भावः इत्याह—**भावहेतुभवत्वे** नित्यत्वाख्यस्य धर्मस्य भावनाशकस्येष्यमाणे **पारम्पर्ये परिश्रमैरे**भिः स्वीकृतैः **किं** प्रयोजनम् ? ॥२८०॥

तथा हि—**स** भाव**हेतुरन्यम**नित्यत्वाख्यं धर्मं भाव**नाशनं जनयित्वा तस्या**भावस्य **नाशक** इष्यते परम्परया । **यदि** तु **तमेव नश्वरं भावं** साक्षाद् भावहेतु**र्जनयेत्**, तदा **किं** दूषणं **भवेत्** ? न किञ्चित् ॥२८१॥

अपि च—यो यावाननित्यत्वाख्यो धर्म आत्मा भावस्य, स किमुपकारकः सन् विनाशको भावस्य, उतानुपकारक एव ? तत्राद्ये पक्षे **सिद्धात्मनो** भावस्य **सतः** सर्वतो निराशंसस्य **क** आत्मा नित्याख्यो धर्मोऽन्यो वा **उपकारकः स्यात्**? अथ द्वितीयः पक्षः तदा **नात्मा उपकारकः** स्यात् **तेन** भावेन **यो** नाशकत्वेन **समपेक्ष्येत** । उपकारक एव ह्यपेक्ष्यते, अनुपकारकत्वे का तस्यापेक्षा नाशकता वा ? ॥२८२॥

अथ नाशहेत्वयोगात् अनपेक्ष्य एव भावो नश्वरतायाम्, तदा **अनपेक्षश्च** नाशे **भावः किं** कस्मात् **कदाचनातथाभूतो** अनश्वरस्वभावः । सर्वदैव नश्वरस्वभावताऽस्य युक्ता । **यथा** त्वन्मते **स एव** कृतको भाव **उद्भूतनाशक** उन्मुखनाशकानित्यत्वस्वभावो नाशकाले **क्षेपभाग**चिरविनाशी **इष्टः**, तथोत्पादानन्तरं नश्वरस्वभावतया विनश्येदिति । क्षणक्षयिस्वभावा भावाः स्वहेतोरेव जायन्ते ।

अनपेक्षश्च किं भावोऽतथाभूतः कदाचन ।
यथा न क्षेपभागिष्टः स एवोद्भूतनाशकः ॥ २८३ ॥

क्षणमप्यनपेक्षत्वे भावो भावस्य नेति चेत् ।
भावो हि स तथा भूतोऽभावे भावस्तथा कथम् ॥ २८४ ॥

येऽपरापेक्षतद्भावास्तद्भावनियता हि ते ।
असम्भवद्विबन्धा च सामग्री कार्यकर्मणि ॥ २८५ ॥

विनाशं प्रत्य**नपेक्षत्वे भावस्य** यथा द्वितीये क्षणे **भावो** नास्ति, तथा प्रथमेऽपि क्षणे न स्यादिति **क्षणमपि** भावस्य **भावो न** स्यादिति **चेत्** अयुक्तमेतत् । **हि** यस्मात् **स भावस्तथा** नश्वरस्वभाव इष्यते । यदा तु भाव एव नास्ति, तदा भावेऽभावस्य भाव**स्तथा** नश्वरः **कथमु**च्यते? ततो लब्ध-जन्मतो भावस्य क्षणान्तराननुवृत्तेर्नश्वरता ॥२८३—२८४॥

तस्माद् **ये भावा अनपेक्षतद्भावाः** परापेक्षां विना सम्भवद्धर्मविशेषसम्भवाः **ते तस्य भावे** धर्मस्य **नियताः** । कारण**सामग्रीव असम्भवद्विबन्धा** विबन्धकारणरहिता **कार्यस्य कर्मणि** क्रियायां नियता । परनिरपेक्षाश्च भावाः स्वनाश इति क्षणिकाः सर्वसंस्काराः इत्यकम्प्यः सौगतः सिंहनादः ॥२८५॥

न यदिह तन्न न्याय्यं तेनोदितेन च किं फलम् ।
यदि बहुशस्तस्यावृत्तौ गुणः कथं कस्य कः ॥
यदि परमसौ व्याख्येयार्थग्रहस्य विरोधिनी ।
विवृतिरचनामात्रे तस्मात् कृतोऽत्र मयादरः ॥

इत्याचार्यश्रीमनोरथनन्दिकृतायां
प्रमाणवार्त्तिकवृत्तौ चतुर्थः
परिच्छेदः
समाप्तं चेदं प्रमाणवार्त्तिकम्

प्रमाणवार्त्तिककारिकार्धसूची

अकार्यकृतितत्कारि- ३।१११
अक्रमेण ग्रहादन्ते २।४८८
अक्षयित्वं च दोषाणां १।१४५
अक्षवद् रूपरसवद् १।५०
अक्षीणशक्तिः संस्कार- १।२००
अक्ष्णोर्यथैक आलोको २।२६५
अख्यापिते हि विषये ४।२१
अगतीनां किमाधारैः १।७०
अगुणग्राहिणोऽपि स्यात् १।१५७
अगृहीत्वोत्तरं ज्ञानं १।५१५
अग्निस्वभावः शक्रस्य ३।३६
अग्नेरर्थान्तरोत्पत्तौ ३।२७१
अग्रहादेकबुद्धिः स्यात् २।२२८
अग्राहकः स्यात् सर्वस्य २।२७२
अग्राह्यं न हि तेजोऽस्ति २।५२८
अग्राह्यग्राहकत्वाच्चेद् २।२७२
अङ्गमेव तयाऽसिद्ध–४।८८
अचेतनत्वान्नान्यस्माद् १।५०
अज्ञातव्यतिरेकस्य ४।२११
अज्ञातस्य स्वयं ज्ञानात् २।१६
अज्ञातार्थप्रकाशो वा १।७
अज्ञानमुक्ता तृणैब १।१९१
अज्ञोपदेशकरणे १।३२
अञ्जनादेरिव व्यक्तेः ३।१४८
अणूनां स विशेषश्च २।१९६
अतत्कारिविवेकेन ३।१११
अतत्कार्यपरावृत्तिः ३।१४०
अतत्कार्यर्थिभेदेन ३।८३
अतत्समानताव्यक्ती १।२०
अतस्स्वभावोऽनुभवो २।२७५
अतदात्मनि तादात्म्य- २।३६१
अतद्रूपे च ताद्रूप्यं ३।२५०
अतद्वानपि सम्बन्धात् ४।२३६
अताद्रूप्ये न भेदोऽपि २।३१३
अतिप्रसङ्गात् कर्मापि ३।१५९
अतिप्रसङ्गात् यद् दृष्टम् १।३८
अतीतमपदृष्टान्तम् २।१८०
अतीताजातयोर्वापि ३।२०८
अतीतादिविकल्पानां २।५१९
अतीतानागतं वाच्यम् १।१८
अतीतानागतेऽप्यर्थे २।३४
अतीतार्थग्रहे सिद्धे २।३७१
अतीन्द्रियाणामर्थानाम् २।९२
अतीन्द्रियार्थवित् कश्चिद् ३।३१८
अतो न रूपं घट इति १।१०३
अतो लक्षणशून्यत्वाद् २।२१५
अत्यन्तभेदाभेदौ तु ३।१७६
अत्यासन्ने च सुव्यक्तं २।४१३
अत्र प्रभेद आख्यातः ४।२००
अत्रापि लोके दृष्टत्वात् ४।१२२
अत्राप्यध्यक्षबाधायां ४।१३१
अथ कस्माद् द्वयाधीन- २।१९१
अथ नोत्पद्यते तस्माद् २।४५२
अथ प्रसिद्धिमुल्लङ्घ्य ३।३२३
अथ बुद्धेस्तदाभावात् १।२६७
अथ वादीष्टतां ब्रूयात् ४।४५
अथ वा ब्रुवतो लोकस्य ४।११८
अथ सोऽनुभवः क्वास्य २।३२१
अथ स्वरूपं सा तर्हि २।४४७
अथ हेतुर्यथाभावं १।११३
अथात्मरूपं नो वेत्ति २।४४४
अथात्र धर्मी प्रकृतः ४।४५
अथानग्निस्वभावोऽसौ ३।३६
अथापि तपसः शक्त्या १।२७८
अथापि भावशक्तिः स्यात् ३।२९४
अथार्थस्यैव कश्चित् स २।४६५
अथाशक्तं कदाचिच्चेद् २।२१
अथास्त्यतिशयः कश्चित् ३।१८३
अर्थैकायतनत्वेऽपि २।१९७
अदर्शनाज्जगत्यस्मिन् २।३६२
अदुःखोत्पादहेतुत्वम् १।२०५
अदूषितेऽस्य विषये १।२२४
अदृश्यस्य विशिष्टस्य ४।१५३
अदृश्ये निश्चयायोगात् ४।२७६
अदृष्टग्रहणेऽन्धादेः २।२३९
अदृष्टदृष्टयोऽन्येन २।४६८
अदृष्टनाशादगतिः १।२६५
अदृष्टपूर्वमस्तीति १।१६८

अदृष्टहेतुरप्यन्यः ३।२४४
अदृष्टावरणात् स्यात् चेत् २।३४३
अदृष्टिमात्रमादाय ४।२०७
अदृष्टिर्मन्दनेत्रस्य १।८४
अदृष्टेः प्रतिषेधाच्च ३।११०
अदृष्टैकार्थयोगादेः २।४५५
अदेहरागादृष्टेश्च १।१८९
अदोषश्च तदन्योऽपि १।१५०
अद्वयं शबलाभासस्य ४।१३२
अधर्ममूलं रागादि ४।१०७
अधूमहेतोर्धूमस्य ३।३७
अनक्षजत्वसिद्ध्यर्थम् २।२८९
अनग्निजन्यो धूमः स्यात् २।३९५
अनग्निश्चेदधूमोऽसौ ४।२५७
अनङ्गीकृतवस्त्वंशो ४।२६२
अनन्यत्वेऽन्वयाभावात् ३।१५२
अनन्यत्वे विनाशस्य ३।२७४
अनन्यभाक् स एवार्थः ३।१७२
अनन्यसत्त्वनेयस्य १।८२
अनन्यहेतुता तुल्या २।१५८
अनन्वयाद् विशेषाणाम् २।१२८
अनन्वयी धियोऽभेदात् २।१६८
अनन्वयोऽपि दृष्टान्ते ४।३२
अनन्वयो हि भेदानां ३।१८८
अनपेक्षश्च किं भावो ४।२८३
अनपेक्षितबाह्यार्थं ३।६६
अनपेक्षितबाह्यार्था २।१८५
अनपेक्षितसाधर्म्य- २।३६३
अनपेक्ष्य न चेच्छक्तम् २।१८६
अनपेक्ष्य यदा कार्यं १।१६५
अनपेक्ष्याखिलं शास्त्रं ४।८९
अनभिव्यक्तशब्दानां ३।२९९
अनयोः सम्प्रतिबद्धाः १।२२२
अनर्थाकारशंका स्याद् २।३७१
अनर्थान्तरहेतुत्वेऽपि १।९७
अनात्मभूतो भेदोऽस्य २।३०३
अनादित्वात् तथाभावः ३।२४७
अनादिवासनोद्भूतं ४।२३४
अनादिवासनोद्भूत- ३।२०५
अनाधेयविशेषाणां ३।२९७
अनानन्तर्यतो मोहो २।१०६
अनानात्मतया भेदे ४।२३१
अनान्तरीयके चार्थे ४।४७
अनाश्रयात् सदसतोः १।६५
अनाश्रयान्निवृत्ते स्यात् १।११६
अनित्यं यत्नसम्भूतं ३।२५२
अनित्यता श्रुतिस्तेन २।१११
अनित्यत्वसहेतुत्वे ४।१७५
अनित्यत्वेन योऽवाच्यः १।२०५
अनित्यत्वे यथा कार्यं ३।१९३
अनित्यात् प्राह तेनैव १।२५६
अनित्यादेश्च चैतन्यम् १।१९
अनित्याव्यापितायां च ३।२६२
अनिराकरणे तेषाम् ३।११६
अनिवृत्तिप्रसङ्गश्च १।५३
अनिश्चयकरं प्रोक्तं १।११८; २।९४
अनिश्चयफला ह्येषा ४।२७७
अनिषिद्धः प्रमाणाभ्यां ४।९१
अनिष्टादावसन्धानं २।३४५
अनिष्टेश्चेत् प्रमाणं हि ४।२१५
अनीप्सितमसाध्यं चेत् ४।७१
अनुक्तावपि पक्षस्य ४।२३
अनुक्तावपि वाञ्छायाः ४।३१
अनुक्तोऽपीच्छया व्याप्तः ४।२९
अनुदाहरणं सर्व- ३।२६८
अनुमानं च जात्यादौ २।१५४
अनुमानप्रसिद्धेषु ४।११७
अनुमानस्य भेदेन ४।९२
अनुमानस्य सामान्य- ४।८०
अनुमानादनित्यादेः २।१०१
अनुमानानुमेयार्थ- ४।१८३
अनुमानाबहिर्भूता ४।१२९
अनुमानाबहिर्भूतो ४।१०२
अनुमानाश्रयो लिङ्गम् १।२८७
अनुमाविषये नेष्टं ४।२
अनुयान्तीममर्था शम् २।१७०
अनेकत्वेऽणुशो भिन्ने २।४१०
अनेकमपि यद्येकम् ३।१०३
अनेकया तद्ग्रहणे २।४९१
अनेकशब्दसंघाते ३।२५७
अनेकान्तोऽप्रमेयत्वे २।६५
अनेकार्थाभिसम्बन्धे ३।२२९
अनेकार्थेषु शब्देषु ३।३२१
अनेकावयवात्मत्वे ३।२४९
अनेन देहपुरुषौ २।५२७
अनैकान्तिकता कार्ये ३।८
अनैमित्तिकतापत्तेः ३।१६०
अन्तरंगं तु सामर्थ्यं ४।२०
अन्यः स्वभेदाज्ज्ञानस्य २।३०५
अन्यः स्वयं ब्रवीमीति ३।३२७

अन्यत्रगतचित्तोऽपि २।१७५
अन्यत्र नान्यसिद्धिश्चेद् २।८०
अन्यत्र वर्तमानस्य ३।१५३
अन्यत्रात्मीयतायां वा १।२४७
अन्यत्रादृष्टरूपस्य ४।२११
अन्यत्रादृष्ट्यपेक्षत्वात् २।१७२
अन्यत्रापि समानं तद् २।१३५
अन्यत्वे तदसम्बद्ध २।२७
अन्यत् संवृतिसत् प्रोक्तम् २।३
अन्यथा कुम्भकारेण १।१५
अन्यथातिप्रसङ्गः स्यात् ४।१०३
अन्यथा धर्मिणः सिद्धौ ३।४७
अन्यथा व्यभिचारि स्यात् ३।६
अन्यथार्थस्य नास्तित्वं ४।२७५
अन्यथा शशशृंगादौ ४।१६६
अन्यथासम्भवाभावात् ३।३२५
अन्यथा सर्वसाध्योक्तेः ४।२५
अन्यथा स्यात् पदार्थानां ४।२३०
अन्यथास्योपरोधः को ४।१३७
अन्यथा ह्यतथारूपं २।३८०
अन्यथा ह्यनवस्थातो ४।२७२
अन्यथा ह्याद्यमेवैकं २।३८७
अन्यथैकनिवृत्त्यान्य- ३।२४
अन्यथैकस्य धर्मस्य २।८७
अन्यथैकस्य भावस्य २।३५८
अन्यथैकेन शब्देन ३।५१
अन्यथैवंविधो धर्मः ४।१३९
अन्यथैवावभासन्ते २।३५५
अन्यदेव ततो रूपं २।३०६
अन्यस्मरणभोगादि- १।२७१
अन्यस्य विनिवृत्त्यान्य- ४।२०८
अन्यस्यान्यत्वहानेश्च २।३५९
अन्यार्थाशक्तिविगुणे १।११४, २।५२१
अन्याविशेषाद् वर्णानां ३।२४८
अन्येन वा यदि ब्रूयात् ३।६३
अन्येषु सत्स्वदृश्ये च २।७२
अन्येषु हेत्वाभासेषु ४।६२
अन्यैरकार्यभेदस्य २।२४२
अन्योऽक्षबुद्धिहेतुश्चेत् २।१८८
अन्योन्यं वा तयोर्भेदः ३।१७७
अन्योन्यप्रत्ययापेक्षा ४।२१७
अन्योन्यभेदसिद्धेर्वा ४।२७९
अन्योन्यस्य विनाशोऽस्तु ३।२७२
अन्योन्यावरणात् तेषाम् २।४१४
अन्योन्याश्रयमित्येक- ३।११४
अन्यो वा रचितो ग्रन्थः ३।२४२
अन्योऽस्यां रूपसंक्रान्त्या २।४८१
अन्वयव्यतिरेकाद् यो ३।३८
अन्वयव्यतिरेकौ वा ३।१३६
अन्वयाच्चानुमानं यद् २।२३७
अन्वयो व्यतिरेको वा ३।२९१
अपरामृष्टतद्भेदे ३।१९०
अपवादश्चतुर्थोऽत्र २।२१३
अपि चाध्यक्षताऽभावे २।४६१
अपि चासद्गुणारोपः १।२४८
अपि चेदं यदाभाति २।४३८
अपि प्रवर्तेत पुमान् ३।९३
अपुनर्भावतः किञ्चित् १।५८
अपेक्षातश्च भावानां ३।३५
अपेक्ष्य तत्स्मृतिं पश्चात् ३।३०५
अपेक्ष्येत परः कार्यं ३।२८०
अपौरुषेयं मिथ्यार्थं ३।२२६
अपौरुषेयं सत्यार्थम् ३।२२५
अपौरुषेयतापीष्टा ३।२४०
अपौरुषेयतायाश्च ३।२३०
अपौरुषेये सा नास्ति ३।३२९
अप्रकाशात्मनोः साम्याद् २।४७८
अप्रत्यक्षां धियं प्राहुः २।४४८
अप्रवृत्तिः प्रमाणानाम् ३।३
अप्रवृत्तिरसम्बन्धे २।१८
अप्रामाण्ये च सामान्य- २।७३
अबाधकमसिद्धाव- १।२०
अबाध्यबाधकत्वेऽपि ४।६६
अबाह्याश्रयमत्रेष्टं ४।२२८
अभावं दर्शयत्येवं ४।११७
अभावप्रतिपत्तौ स्याद् २।७४
अभावादक्षबुद्धीनां २।३९२
अभावान्नास्त्यनुष्ठानम् १।३१
अभावासम्भवात् तेषाम् ४।२४७
अभावे करणग्राम- ३।२६६
अभावे निर्विकल्पस्य २।१८३
अभावेऽर्थबलाज्जातेः २।६६
अभावे विनिवृत्तिश्चेद् २।६७
अभिन्नप्रतिभासा धीः ३।१०७
अभिन्नवेदनस्यैक्यं २।२७८
अभिन्ना इव चाभान्ति ३।७८
अभिन्नाभे विभिन्ने चेत् २।२७९
अभिन्नेत्युच्यते बुद्धेः ४।२५४
अभिप्रायाविसंवादाद् २।५६
अभिलापद्वयं नित्यं २।५३७

अभिलापाच्च भेदेन १।९३
अभूतानपि पश्यन्ति २।२८२
अभूतान् षोडशाकारान् १।२७३
अभेदन्यवहारश्च ३।१३६
अभेदिन इवाभान्ति ३।६९
अभेदे तु विरुध्येते ३।१७५
अभ्यासजाः प्रवर्तन्ते १।१२६
अभ्यासान्न यदृच्छातो १।१४९
अभ्यासेन विशेषेऽपि १।१२२
अभ्युपायः स्ववागाद्य- ४।१६३
अभ्युपायविचारेषु ४।१०१
अभ्युपायेऽपि भेदेन २।३४३
अभ्यूह्यः श्रावणत्वोक्तेः ४।२५९
अयथाभिनिवेशेन २।५५
अयमप्ययमेवेति ३।११९
अयमेवं न वेत्यन्य- ३।२२०
अयुक्तं न च संस्काराद् २।११५
अयोगं योगमपरैः ४।१९०
अरूपत्वान्न संयोगः २।२०५
अरूपो रूपवत्त्वेन ३।१२८
अर्थं पूर्वं च विज्ञानं २।५३७
अर्थकार्यतया ज्ञान- २।३८२
अर्थक्रियायां केशादिः २।१
अर्थक्रियानुरोधेन २।५८
अर्थक्रियासमर्थं यत् २।३
अर्थक्रियासमर्थस्य ३।२११
अर्थग्रहः कथं सत्यम् २।३५३
अर्थग्रहे सुखादीनां २।२६१
अर्थज्ञापनहेतुर्हि ३।२२७
अर्थबाधनरूपं वा ४।२७८
अर्थभ्रान्तिरपीष्येत २।३१
अर्थमात्रानुरोधिन्या ४।११२
अर्थरूपतया तत्त्वेन २।३२
अर्थसंकलनाश्लेषां २।३८६
अर्थसंवेदनं तावत् २।५११
अर्थसंस्कारभेदानां ३।२४८
अर्थसामर्थ्यदृष्टेश्चेद् २।१७
अर्थसारूप्यमालम्बः २।४६०
अर्थस्थितेस्तदात्मत्वात् २।३५०
अर्थस्य तत्संवित्तेश्च २।५००
अर्थस्याभिन्नरूपत्वाद् २।४००
अर्था ज्ञाननिविष्टास्ते ३।७८
अर्थात्मा स्वात्मभूतो हि २।२६७
अर्थादर्थगतेः शक्तिः ४।१५
अर्थानर्थौ न येन स्तः २।४१५
अर्थानां यच्च सामान्यम् २।३०
अर्थान्तरनिमित्ते वा ३।३२
अर्थान्तरनिमित्तो हि ३।३३
अर्थान्तरस्य तद्भावे ४।२४७
अर्थान्तरानपेक्षत्वात् ३।७
अर्थान्तराभिसम्बन्धाद् २।१९५
अर्थापत्त्या त एवोक्तम् ४।२२०
अर्थापत्त्या द्वितीयेऽपि ३।२८
अर्थाभेदेन च विना ३।१४०
अर्थार्थिप्रत्ययौ पश्चात् २।५०९
अर्थाश्रयेणोद्भवतः २।४०१
अर्थास्तदन्यविश्लेष- ३।६८
अर्थेन घटयत्येनां २।३०५
अर्थेष्वप्रतिषिद्धत्वात् ४।१०९
अर्थैरतः स शब्दानां ३।२३३
अर्थैरेव सहोत्पादे ३।२३३
अर्थोऽयं नायमर्थो नः ३।३१३
अलातदृष्टिवद् भाव- २।१३५
अलाभे मत्तकासिन्याः १।२३५
अलिङ्गत्वप्रसिद्ध्यर्थम् ४।१३
अलिङ्गाश्च कथं तेषां ३।२००
अवश्यं शङ्कया भाव्यं ३।३२६
अवश्यम्भावनियमः ३।३२
अवस्तुनि कथं वृत्तिः ३।२४०
अवस्तुभूतं सामान्यम् ४।१३३
अवस्था वीतरागाणां १।१९५
अवस्थाऽहेतुरुक्तास्याः ३।२७८
अवस्थितावक्रमायां २।४८६
अवाचकत्वाच्चायुक्तं ४।८९
अविकल्पकमेकं च २।२८८
अविकृत्य हि यद् वस्तु १।६३
अविच्छिन्ना न भासेत २।२५६
अविच्छिन्नाभता न स्याद् २।४९२
अविज्ञानस्य विज्ञाना- १।१६६
अविधाय निषिध्यान्यत् ३।११७
अविनाभावनियमात् ३।१
अविनाभावनियमो ३।३१
अविनाशप्रसङ्गः सः १।६६
अविनाशात् स एवास्य ३।२७१
अविनिर्भागवर्त्तित्वाद् १।१६२
अविभागोऽपि बुद्ध्यात्म- २।३५४
अविरक्तश्च तृष्णावान् १।२५६
अविरोधात् क्रमेणापि १।१०८
अविशिष्टस्य चान्यस्य ४।१५४
अविशेषो विशिष्टानाम् १।८९

अविशषणमेव स्याद् २।११३
अविशेषादणुत्वाच्च १।८८
अविशेषान्न सामान्यम् ३।७५
अविशेषेण तत्कार्यं- ३।१४२
अविशेषोक्तिरप्येक- ४।२५
अविसंवादनं शाब्दे १।३
अवृक्षव्यतिरेकेण ३।११४
अवेदकाः परस्यापि २।२५०
अवेद्यवेदकाकारा २।३३०
अव्यक्तिव्यापिनोऽप्यर्थाः ४।२४०
अव्यापृतेन्द्रियस्यान्य- २।१३२
अशक्तं सर्वमिति चेत् २।४
अशक्तिसाधनं पुंसाम् ३।३१२
अशक्यत्वाच्च तृष्णायां १।२७६
अशुभा पृथ्वीकृत्स्ना- २।२८४
अशक्यदर्शनस्तं हि २।२२०
अशक्यसमयं तद्वद् २।१८२
अशक्यसमयो ह्यात्मा २।२४९
अशेषहानमभ्यासाद् १।१४४
अश्रुतिर्विकलत्वाच्चेत् ३।२५३
असंविदिततत्त्वा च २।२१८
असंस्कार्यतया पुम्भिः ३।२३१
असज्ज्ञानफला काचित् ३।३
असतः प्रागसामर्थ्यात् २।२४६
असतो व्यतिरेकेऽपि ४।२३८
असत्वं चाभ्युपगमाद् ४।२३७
असत्त्वेऽभावनाशित्व- ३।२७६
असत्सु सत्सु चैतेषु २।२५३
असन्धिरीदृशं तेन १।१२१
असमारोपविषये ३।५७
असमीक्षिततत्वार्थो ३।८५
असम्बद्धस्य किं स्थाणोः १।२४
असम्बद्धस्य धर्मस्य ४।५६
असम्बद्धा तथा ह्येष ४।२७
असम्बन्धश्च जातीनां २।४४
असम्बन्धान्न भावस्य २।११४
असम्बन्धान्न सामान्यं ३।१५९
असम्बन्धिनि नामादौ २।१२
असम्बन्धेऽपि बाधा चेत् ४।६६
असम्भवद्विबन्धा च ४।२८५
असम्भवाद् विना तेषाम् २।२१८
असम्भवाद् विपक्षस्य १।२७५
असम्भवात् साध्यशब्दो ४।१७०
असाधारणता तत्र ४।११५
असाधारणता न स्यात् ४।११४
असाधारणता सिद्धा ३।३०९
असाध्यतामथ प्राह ४।७८
असाध्यादेव विच्छेद ४।२२०
असामर्थ्याच्च तद्धेतोः ३।१९६
असामर्थ्यादतो हेतुः १।१८५
असिद्धविपरीतार्थ- ३।१५
असिद्धायामसत्तायां ३।२९१
असिद्धार्थः प्रमाणेन १।४८
असिद्धावपि शब्दस्य १।२१
असिद्धासाधनार्थोक्त- ४।२९
असिद्धेर्ज्ञापकत्वस्य ४।१८०
असिद्धोऽभ्यास इति चेत् १।३६
असुखे सुखसंज्ञस्य १।१८८
अस्ति चानुभवस्तस्याः २।१७७
अस्ति चेन्निर्विकल्पं च २।१८४
अस्तीयमपि या त्वन्तः २।३६२
अस्तु नाम तथाप्येषाम् २।२२९
अस्तु नाम तथाप्यात्मा ४।२४२
अस्तूपकारको वा पि १।५२
अस्त्येव वस्तु नान्वेति ३।१८१
अस्त्येष विदुषां वादो २।३९८
अस्मृतेः कस्यचित् तेन १।२७२
अस्येदमिति सम्बन्धे २।१२९
अहेतुत्वगतिन्यायः ४।२५९
अहेतुत्वाद् विनाशस्य ३।१९४
अहेतुत्वेऽपि नाशस्य ३।२७५
अहेतुरूपविकलान् ३।१२१

आकारः स च नार्थस्य २।३७५
आकारः स च नार्थेऽस्ति २।१६७
आक्षिप्तेऽविनिवृत्तीष्टेः १।१९५
आगमस्य तथाभाव- १।२५९
आत्मग्रहैकयोनित्वात् १।२१३
आत्मदर्शनबीजस्य १।१४३
आत्मनि ज्ञानजनने २।२१, २।५१६
आत्मनि सति परसंज्ञा १।२२१
आत्मनो विनिवर्त्तेत ४।२०८
आत्मन्यपि विरागश्चेत् १।२३९
आत्ममूर्च्चेतनादीनां ३।२२
आत्मविज्ञानजनने २।५२०
आत्मस्नेहवतो दुःख- १।८२
आत्मात्मीयग्रहकृतः १।१३७
आत्मानुभूतं प्रत्यक्षं २।५४०
आत्मानुभूतिः सा सिद्धा २।५४०
आत्मान्तरसमारोपाद् १।१९७

आत्मा परश्चेत् सोऽसिद्धः ४।३२
आत्मापि न तदा तस्य १।२५८
आत्मा स तस्यानुभवः २।३२६
आत्मीयबुद्धिहान्यात्र १।२२९
आत्मीयमेव यो नेच्छेद् १।२५७
आत्मीयस्नेहबीजं तु १।२३८
आत्मैकत्रापि वास्तीति ३।१६५
आत्मोपकारकः कः स्यात् ४।२८२
आत्मोपरोधाभिमतो ४।९३
आद्यस्याल्पोऽप्यसंहार्यः १।५९
आद्याधिक्रियते हेतोः ४।२७७
आद्यानुभयरूपत्वे २।३८५
आधिपत्यं तु कुर्वीत २।२६४
आधिपत्यं विशिष्टानां १।१५२
आनन्तर्याच्च कर्मापि १।१९२
आ नाशकागमात् स्थानम् १।६७
आनुपूर्व्याश्च वर्णेभ्यो ३।२६९
आनुपूर्व्यामसत्यां स्यात् ३।३०२
आन्त्यं पूर्वस्थितादूर्ध्वं २।४८७
आप्तः स्ववचनं शास्त्रं ४।९३
आप्तवादाविसंवाद- ३।२१४, ३।२१७
आयुःक्षयाद् वा दोषे तु १।६०
आलम्बमानस्यान्यस्य २।४५१
आलोकाक्षमनस्काराद् २।४०६
आलोकेन च मन्देन २।४०९
आलोचनाक्षसम्बन्धः २।३१०
आविकारं च कायस्य १।१६४
आश्रयस्य विरोधेन ४।१३८
आश्रयालम्बनाभ्यास- २।४४९
आ सर्षपाद् गौरवं तु ४।१६०
आसूक्ष्माद् द्रव्यमालायाः ४।१५६
आहुः प्रतिक्षणं भेदम् २।४२२
आहुर्बालाविकल्पे च २।१४१

इच्छामात्रानुरोधित्वाद् २।३७३
इच्छाऽविरुद्धसिद्धीनां ३।३०८
इच्छेत् प्रेम कथं प्रेम्णः १।२३७
इतरेतरभेदोऽस्य ३।७२
इति चेद् भिन्नजातीय- २।१३४
इति तं प्रत्यदृष्टान्तं ४।१२०
इति नामैकभावः स्यात् २।२२१
इति प्रकाशरूपा नः२।४८१
इति वर्णेऽपि रूपादौ २।४९७
इति सा योग्यता मानम् २।३६६
इतीयं त्रिविधोक्तापि ३।३०
इत्यज्ञज्ञापनायैका- ४।२६३
इत्यतत्कार्यविश्लेषस्य २।१६२
इत्यतीतैककालानां ३।१०
इत्यर्थसंवित् संवेष्टा २।३४९
इत्यर्थस्य धियः सिद्धिः २।४७५
इत्येषा पौरुषेय्येव ३।३०५
इदं दीपप्रभादीनाम् १।७६
इदं दृष्टं श्रुतं वेदम् २।३२४
इदं वस्तुबलायातं २।२०९
इदमेव किमुक्तं स्यात् २।३३३
इदानीं साध्यनिर्देशः ४।२६
इन्द्रियस्य स्यात् संस्कारः ३।२५६
इन्द्रियादौ पृथग्भूतम् १।२५०
इमां तु युक्तिमन्विच्छन् १।१९०
इयं सर्वत्र संयोज्या २।३६५
इष्टं विरुद्धकार्येऽपि ३।६
इष्टशब्दाभिधेयस्य ४।१०९
इष्टश्चेद् बुद्धिभेदोऽस्तु १।९२
इष्टसिद्धिरसिद्धिर्वा १।१२
इष्टाक्षतिमसाध्यत्वम् ४।७५
इष्टानिष्टावभासिन्यः २।३४५
इष्टासम्भव्यसिद्धश्च ४।१७४
इष्टोऽनिष्टोऽपि वा तेन २।३४०
इष्टोऽयमर्थः प्रत्येतुं ३।२१९
इष्टो ह्यवयवी कार्ये ४।१५३
इहानङ्गमिषेर्निष्ठा ४।८८
इहैवं न ह्यनुक्तेऽपि ४।८०

ईदृगव्यभिचारोऽतो ४।२२१

उक्तं च नागमापेक्षं ४।४८
उक्तं स्वभावचिन्तायाम् २।३५१
उक्तः प्रसिद्धशब्देन ४।११०
उक्तमत्र विनाप्यस्माद् ४।२२
उक्तयोः साधनत्वेम ४।७०
उक्ताःस्ते सञ्चितास्ते हि २।१९५
उक्तेः समयकाराणाम् ३।३०२
उक्तोऽनुक्तोऽपि वा हेतुः ४।६०
उक्तोऽनैकान्तिकस्तस्माद् ४।२०७
उक्तो मार्गस्तदभ्यासाद् १।२०७
उक्त्यादेः सर्ववित्प्रेत्य २।९२
उच्यते तेन तेभ्योऽस्य ३।९६
उच्यते परिहारार्थम् ४।८४
उच्यते साध्यसिद्ध्यर्थं ३।१८७
उत्खातमूलां कुरुत १।२५९

उत्खातमूला स्मृतिरपि २।५१८
उत्तरावयवापेक्षो ४।८२, ४।१५०
उत्पादिता प्रसिद्ध्यैव ३।३२४
उत्पित्सुदोषनिर्घाताद् १।२८०
उदाहरणमप्यत्र ४।९६
उदाहरणमप्यन्य- ४।१६३
उपकार्योपकारित्वं २।१५३
उपकुर्यादसंश्लिष्यन् २।४८७
उपघातोऽस्ति भङ्गेऽस्याः १।४१
उपचारात् तदिष्टं चेद् २।३५
उपचारो न सर्वत्र १।९६
उपदेशतथाभाव- १।२८५
उपप्लवश्च सामान्य- ३।१७०
उपभोगाश्रयत्वेन १।२२९
उपलम्भस्य नास्तित्वम् ४।२७५
उपलम्भान्तरङ्गेषु १।२५१
उपात्तभेदे साध्येऽस्मिन् ३।१८९
उपादानं न तत् तस्य १।६३
उपादानाविकारेण १।६२
उपाधिभेदापेक्षो वा ३।१८६
उपायस्यापरिज्ञानाद् १।१४६
उपायाभ्यास एवायं १।१४०
उपायो ह्यभ्युपायेऽयम् ४।४९

एकं कथमनेकस्माद् ४।२५३
एकं स्यादपि सामग्र्योः २।५३६
एककार्येषु भावेषु ३।१३७
एकत्र तत्सतोऽन्यत्र ३।१५१
एकत्र दृष्टो भेदो हि २।१२६
एकत्र नियमे सिद्धे ४।२३९
एकत्र प्रतिषिद्धत्वाद् २।२११
एकत्वाद् वस्तुरूपस्य ३।१३५
एकत्वान्मनसोऽन्यस्मिन् २।५२४
एकत्वेनाभिधाज्ञानैः ३।८२
एकत्वेऽपि बहुव्यक्तिः १।१०६
एकत्वेऽपि ह्यभिन्नस्य ३।२५२
एकत्वेऽर्थस्य बाह्यस्य २।४१०
एकधर्मस्य सर्वात्म- ४।२३०
एकधर्मिणमुद्दिश्य ४।२३२
एकधर्मिण्यसंहारो ४।२३१
एकधीहेतुभावेन ३।१०९
एकप्रत्यवमर्शस्य ३।१०९
एकप्रत्यवमर्शाख्ये ३।११९
एकप्रत्यवमर्शार्थ- ३।७३
एकमाविर्भवद् दृष्टं २।२७६
एकमेवाप्रमेयत्वाद् २।६४
एकयाऽनेकविज्ञाने १।१०८
एकवस्तुसहायाश्चेद् ३।१०१
एकवृत्तेरनेकोऽपि ३।१४३
एकसामग्र्यधीनस्य ३।९
एकस्मिन् कर्मणोऽयोगात् १।८६
एकस्य कार्यमन्यस्य ३।१६४
एकस्य चावृतौ सर्वस्य १।८७
एकस्य धर्मिणः शास्त्रे ४।४२
एकस्य नानारूपत्वे ४।२५०
एकस्यापि न वैकल्ये १।११२
एकस्यार्थस्वभावस्य ३।४३
एकस्यैव कुतो रूपम् २।२३५
एकाकारमतिग्राह्ये २।५०८
एकाकारविशेषेण २।३७९
एकाकारोत्तरं ज्ञानं २।३८०
एकाण्वत्ययकालश्च २।४९६
एकापाये फलाभावाद् ३।१६६
एकाभावाद् विना बीजं १।२७५
एकार्थत्वे द्वयं व्यर्थम् २।३१४
एकार्थत्वेऽपि बुद्धीनां २।२३४
एकार्थप्रतिभासिन्या ३।६८
एकार्थश्लेषविच्छेदे ३।१२९
एकार्थाभिनिवेशात्मा २।३७७
एकार्थाश्रयिणा वेद्याः २।२५०
एकावयवगत्या च ३।२५१
एकैकेनाभिसम्बन्धे २।३७७
एकैव चेत् क्रियैकः स्यात् २।५२६
एकोपकारके ग्राह्ये ३।५५
एकोपलम्भानुभवाद् ४।२७०
एतत्साङ्ख्यपशोः कोऽन्यः १।१६७
एतावतैव सिद्धेऽपि ४।१९९
एतावत्यात्मभावोऽयम् ४।२१७
एतावदेव च जगत् १।२४४
एतावन्निश्चयफलम् २।१००
एतेन कथिते साध्यं ४।३४
एतेन कल्पनान्यस्तो २।९७
एतेन कापिलादीनाम् १।१९
एतेन तुल्यकालान्य- २।१७८
एतेन तद्विरुद्धार्थ- २।९०
एतेन धर्मिधर्माभ्यां ४।४०
एतेन भूतधर्मत्वं १।१६०
एतेन यः समक्षेऽर्थे २।५०३
एतेन व्यभिचारित्वम् ३।१९५
एतेन शेषं व्याख्यातं २।३१३

एतेन सन्निपातादेः १।७८
एतेन समयाभोगा- २।६
एतेन समवायश्च १।७१
एतेनानात्मवित्पक्षे २।४४८
एतेनावरणादीनाम् १।८९
एतेनाहेतुकत्वेऽपि ३।२८१
एतेनैव यदह्रीकाः ३।१८१
एते सहेतुके प्राह ४।१३०
एवं सर्वाङ्गदोषाणां ४।१८३
एवमिन्द्रियजेऽपि स्याद् २।१४३
एवमेतन्न खल्वेवम् २।४२४
एवम्प्रकारा सर्वैव २।३१९
एष स्थाणुरयं मार्गः ३।३२६
एषा प्रकृतिरस्यास्तन्- १।२०९

ऐकान्तिकत्वं व्यावृत्तेः ४।२०५
ऐक्यं च हेतुफलयोः १।२७०
ऐन्द्रियान् विषमं हेतुः ३।३३४

औदासीन्यं तु सर्वत्र १।२५३
औलूक्यस्य यथा बौद्धेन १।२१
औष्ण्यस्य तारतम्येऽपि १।१७४

कथं ता भिन्नधीग्राह्याः ३।१०८
कथं प्रतीतिर्लिङ्गं हि २।४७४
कथं वात्रयवी ग्राह्यः २।२२५
कथं वा शक्तिनियमाद् ३।२५९
कथं वा सूतहेमादि- १।९०
कथञ्चिदपि विज्ञाने २।४८
कथञ्चिन्नोपकार्यत्वात् १।११
कथमन्यापोहविषयम् ३।४८
कदाचिदन्यसन्ताने २।२९८
कदाचिदुपलम्भात् तद् १।१७८
कदाचिन्निरपेक्षस्य ४।१९८
करणानां समग्राणां ३।२६४
कर्तुं शक्याविकारेण १।६२
कर्तृभोक्तृत्वहानिः स्यात् १।२७१
कर्तृसंस्कारतो भिन्नं ३।३०७
कर्मणां तापसं क्लेशात् १।२७७
कर्मण्यैन्द्रियमन्यद् वा २।२४१
कर्मादिभेदोपक्षेप- ४।१६७
कल्पनागमयोः कर्तुः ४।१४
कल्पनारोपिता सा स्यात् ३।२७०
कल्प्योऽयमर्थः पुरुषैः ३।३१४
कश्चिन्निमित्तमक्षाणाम् १।४२
कश्चिद् बहिःस्थितानेव २।२६८
कश्चिद् भाग इति प्रोक्तो ३।१२६
कस्माद्धेत्वन्वयाभावाद् ४।८१
कस्माद् वानुभवे नास्ति ३।४३८
कस्यचित् किञ्चिदेवान्त- २।३३६
कस्यचिद् वादबाधायां ४।५८
कादाचित्कतया सिद्धा १।१८१
कादाचित्कफलं सिद्धं ४।१९८
काममन्यप्रतीक्षाऽस्तु ३।२५४
कामशोकभयोन्माद- २।२८२
कायवाग्बुद्धिवैगुण्यं १।१४४
कारणं हीयते सापि १।२४८
कारणात् कार्यसंसिद्धिः ४।२६९
कारणारोपतः कश्चिद् २।१५२
कारणे वर्धमाने च १।१५३
कारणेऽविकले तस्मिन् १।२२६
कार्यसंविद् यदेवेदं २।३२०
कार्यं चेत् तदनेकं स्याद् २।४३
कार्यं धूमो हुतभुजः ३।३४
कार्यं स्वभावैर्यावद्भिः ३।२
कार्यं ह्यनेकहेतुत्वे २।२४८
कार्यकारणतानेन २।२७३
कार्यकारणता यद्वत् ४।२६८
कार्यकारणता वर्णेषु ३।३०६
कार्यकारणतासिद्धेः ३।३०८
कार्यकारणभावाद्वा ३।३१
कार्यकारणसामग्र्यां २।४६२
कार्यश्च तासां प्राप्तोऽसौ ३।१०६
कार्यस्वभावभेदानां ४।२४८
कार्यादिशब्दा हि तयोः ४।२६८
कार्यानुत्पादतोऽन्येषु १।१८०
कार्येण सह निर्देशे ४।१९९
कार्ये दृष्टिरदृष्टिश्च ४।२४६
कार्ये तु कारकाज्ञानम् ३।२०२
कालेन व्यज्यते भेदात् १।८१
का वा सदोषता दृष्टा १।२२६
काश्चित् तास्वक्रमाभासाः २।१९९
काष्ठपारदहेमादेः १।१२६
काष्ठस्य दर्शनं हन्तृ- ३।२७३
किं तेन भिन्नविषया ४।११८
किं न बाधेत सोऽकुर्वन् ४।६१
किं नाक्रमग्रहस्तुल्य- २।१९८
किं वैन्द्रियं यदक्षाणां २।२९६
किं साध्यमन्यथानिष्टं ४।३३
किं सामर्थ्यं सुखादीनां २।२५९

किं स्यात् सा चित्रतैकस्याम् २।२१०
किञ्चित् परित्यजेत् सौख्यम् १।२३४
किञ्चिद् विपर्ययादग्निः १।५८
किंञ्चिदन्यं स तु पुनः ४।७४
किमासीत् तस्य यन्नास्ति १।३८
कीटसंख्यापरिज्ञानम् १।३३
कुर्याच्चेद्धर्मिणं साध्यं ४।८१
कुर्यादृतेऽपि तद्रूप- ३।१४३
कुर्यादशक्ते शक्ते वा २।३८
कुलालादिविवेकेन २।३८३
कृतकाः पौरुषेयाश्च ३।३११
कृतानामकृतानां च ४।१११
कृता वृद्धैरतत्कार्य- ३।१३८
कृतेदानीमसिद्धान्तैः ४।५३
कृत्यान्तेनाभिसम्बन्धाद् ४।८७
कृपात्मकत्वमभ्यासाद् १।१३३
कृपादिबुद्धयस्तासाम् १।१२८
कृपावैराग्यबोधादेः १।१३२
कृपा स्वबीजप्रभवा १।१३१
केचिदिन्द्रियजत्वादेः २।१४१
केनेयं सर्वचिन्तासु ४।५३
केवलं शास्त्रपीडेति ४।६८
केवलं तत्र तिमिरम् २।२९३
केवलं लोकबुद्ध्यैव २।२१९
केवलं सिद्धसाधर्म्यात् ४।२६७
केवलस्येति चेच्चित्त- १।११६
केवलस्योपरोधेऽपि ४।१४०
केवलान्नार्थधर्मात् कः २।४६९
केशगोलकदीपादौ २।५०४
केशादयो न सामान्यम् २।७
कैश्चित् प्रकरणैरिच्छा ४।४६
को वा विरोधो बहवः २।२२३
को नामान्यो विबध्नीयाद् २।५१६
कोऽन्यो भागो न दृष्टः स्याद् ३।४३
क्रमक्रियाऽनित्यतयोः ४।१४६
क्रमवन्तः कथं ते स्युः १।११०
क्रमस्यार्थान्तरत्वं च ३।२९४
क्रमाद् भवन्ती धीः कायात् १।४५
क्रमाद् भवन्ति तान्यस्य २।४२२
क्रमेणानुभवोत्पादे २।५१०
क्रमेणापि न शक्तं स्यात् २।५२६
क्रमेणोभयहेतुश्चेत् २।१८८
क्रियतेऽविद्यमानापि २।३५७
क्रियते व्यवहारार्थम् २।१६०
क्रियाकर्मव्यवस्थायाः २।४३१
क्रियाकरणयोरैक्य- २।३१८
क्रियायाः कर्मनियमः २।३०४
क्रियायामक्रियायां च १।२७०
क्रिया साधनमित्येव २।३०१
क्रियोपकारापेक्षस्य ३।१६१
क्लेशात् कुतश्चिद्धीयेत १।२७९
क्वचित् तदपरिज्ञानम् २।१०४
क्वचित् सामान्यविषयम् ३।४८
क्वचिद् विनियमात् कोऽन्यः ४।२४१
क्वचिन्न नियमो दृष्ट्या ४।२४०
क्वचिन्नान्यत्र सैवास्तु ३।१६३
क्वचिन्निवेशनायार्थे ३।१२२
क्षणमप्यनपेक्षत्वे ४।२८४
क्षणिकत्वादतीतस्य २।२४०
क्षयादसृक्स्रुतोऽप्यन्ये १।१५६

खस्य स्वभावः खत्वं वा ३।६७
खादेत् श्वमांसमित्येव ३।३२०
ख्यातैकार्थाभिधानेऽपि १।१०१
ख्याप्येते विदुषां वाच्यो ३।२७

गच्छन्त्यभ्यस्यतस्तत्र १।१३९
गतार्थे लक्षणेनास्मिन् ४।१३७
गतिप्रतीत्योः करणानि १।२६४
गतिरप्यन्यथा दृष्टा २।५६
गतिश्चेत् पररूपेण २।५५
गत्यागती न दृष्टे चेत् १।८४
गमकानुगसामान्य- २।६१
गमयेदग्निनिर्भासाम् २।३९६
गम्यः स्वभावस्तस्यायं ३।१९३
गम्यार्थत्वेऽपि साध्योक्तेः ४।२८
गवाख्यपरिशिष्टाङ्ग- २।१५०
गिरां मिथ्यात्वहेतूनां ३।२२५
गिरां सत्यत्वहेतूनां ३।२२६
गिरामपौरुषेयत्वे ३।२२७
गिरामेकार्थनियमे ३।२२९
गुणदर्शनसम्भूतम् १।२४५
गुणदर्शी परितृष्यन् १।२२०
गुणद्रव्याविशेषः स्यात् १।१९८
गुणप्रधानाधिगमः २।२२६
गुणादिभेदग्रहणात् २।२२९
गुणादिष्विव कल्प्यार्थे १।९४
गुरुत्वाधोगती स्याताम् ४।१५४
गुरुत्वागतिवत् सर्व- ४।१६१
गृहीतग्रहणान्नेष्टं १।५

गृहीत्वा सङ्कलय्यैतत् २।१४५
गृह्येत केवलं तस्य २।२५८
गृह्यते सोऽस्य जनको १।२०९
गेहो यद्यपि संयोगः २।१५५
गोमानित्येव मर्त्येन ३।२५
गौरवं कार्यमालायाः ४।१५९
गौरवाशक्तिवैफल्याद् ३।१३८
ग्राहकाकारसंख्याता २।३६७
ग्राहकात्माऽपरार्थत्वात् २।३४७
ग्राह्यग्राहकताभावाद् २।२७३
ग्राह्यग्राहकसंवित्ति- २।३५४
ग्राह्यताया न खल्वन्यद् २।५२९
ग्राह्यतालक्षणादन्यः २।५३०
ग्राह्यताशक्तिहानिः स्यात् २।५२९
ग्राह्यलक्षणचिन्तेयम् २।५३२
ग्राह्यानाह न तस्यापि २।२६८
ग्राह्योपादानसंवित्ती २।५३१

घटादिष्वपि युक्तिज्ञैः ३।२३६
घटादेः करणात् सिध्येद् १।१५
घटोत्क्षेपणसामान्य- २।६
घटनं यच्च भावानाम् २।४९८

चक्रभ्रान्तिं दगाधत्ते २।१४०
चक्षुरादौ यथा रूप- ३।१४१
चक्षुषार्थावभासेऽपि २।१३१
चन्द्रतां शशिनोऽनिच्छन् ४।१२०
चिकीर्षोः स हि कालः स्यात् ४।५०
चित्ताच्चेत् तत एवास्तु १।१२०
चित्तान्तरस्य सन्धाने १।४७
चित्तेनाहितवैगुण्याद् २।५२२
चित्रं तदेकमिति चेत् २।२००
चित्रावभासेष्वर्थेषु २।२०८
चिन्त्येते स्वात्मना भेदः ३।१८०
चेतः शरीरयोरेवम् १।६४
चेतसो ग्राह्यता सैव २।५३४
चोदितो दधि खादेति ३।१८३
च्युतेषु सघृणा बुद्धिः १।२३१

जगत्यनेन न्यायेन ४।२२६
जनकत्वेन पूर्वेषां २।४१७
जनयन्त्यप्यतत्कारि- ३।११२
जन्मना सहभावश्चेत् १।१९०
जन्म वात्ममनोयोग- २।५२५
जन्मिनो यस्य ते न स्तो १।८३
जलवत् सूतवद्धेम्नि १।८५
जहाति पूर्वं नाधारम् ३।१५३
जातिप्रसङ्गोऽभावस्य २।२७
जातिभेदाः प्रकल्प्यन्ते ३।४२
जातिश्चेद् गेह एकोऽपि २।१५६
जातो नामाश्रयोऽन्योन्यः २।२३५
जात्यन्तरे प्रसिद्धस्य १।१७
जायते तदुपाधिः सः ३।३०४
जायन्ते कल्पनास्तत्र २।१७६
जायन्ते बुद्धयस्तत्र ३।२८८
जिज्ञापयिषुरर्थं तं ३।६३
ज्ञातत्वेनापरिच्छिन्नम् २।४६७
ज्ञाता वातीन्द्रियाः केन ३।३२८
ज्ञानं नादृष्टसम्बन्धं २।३८७
ज्ञानं व्यक्तिर्न सा व्यक्ते- २।४४०
ज्ञानं स्यात् कस्यचित् किञ्चित् १।१६६
ज्ञानकार्येषु जातिर्वा २।४७
ज्ञानमात्रार्थकरणे २।५०
ज्ञानमिन्द्रियभेदेन २।३९९
ज्ञानरूपतयार्थत्वात् २।८
ज्ञानरूपतयार्थत्वे २।९
ज्ञानवान् मृग्यते कश्चित् १।३२
ज्ञानशब्दप्रदीपानाम् २।४१७
ज्ञानस्य हेतुरर्थोऽपि २।३५२
ज्ञानस्याभेदिनौ भिन्नौ २।२१२
ज्ञानादव्यतिरिक्तं वा ३।७१
ज्ञानादव्यतिरेकित्वम् २।३९१
ज्ञानाद्यर्थक्रियां तांस्तां ३।९८
ज्ञानान्तरस्यानुदयो २।५२४
ज्ञानान्तरेणानुभवो २।५१३
ज्ञानान्यपि तथा भेदे २।१६२
ज्ञानाभिधानसन्देहं ४।२६४
ज्ञानोत्पादनसामर्थ्य- १।४९
ज्ञानोत्पादनहेतूनां ३।२३५
ज्ञानाभिधानैर्मिथ्यार्थो ३।७९
ज्ञाप्यज्ञापकयोर्भेदात् ४।१८०
ज्ञेयत्वेन ग्रहाद् दोषो २।७
ज्ञेयानित्यतया तस्याः १।१०
ज्वरादिशमने काश्चित् ३।७४

तं तथैव समाश्रित्य ३।८६
तं तथैवाविकल्पार्थं ४।२३४
तं तस्याः प्रतियती धीः ३।१२२
तं व्यनक्तीति कथ्येत २।४१९
त एव तेषां सामान्य- ३।७९

तच्चतुर्लक्षणं रूप- ४।२८
तच्च नाप्रतिबद्धेषु ४।२०५
तच्च नेन्द्रियशक्त्यादौ २।७४
तच्च सामान्यविज्ञानम् २।२३
तच्च हेतौ स्वभावे वा २।१००
तच्चाक्षमर्थो धीः पूर्वो २।४६१
तच्चाक्षव्यपदेशेऽस्ति २।१९२
तच्चानुभयविज्ञानेन २।३७९
तच्चाभियोगवान् वक्तुम् १।२८५
तच्चेदनङ्गं केनेयम् २।२०४
तच्छक्तिभेदाः ख्याप्यन्ते १।१०४
तच्छेषवदसामर्थ्याद् ३।११
तज्जा तत्प्रतिभासा वा २।४५१
तज्जे कर्मणि शक्ताः स्युः १।२८१
तज्ज्ञानजनितज्ञानः ३।३०४
तज्ज्ञानमित्यदोषोऽयम् २।५३
तज्ज्ञानशब्दाः साध्यन्ते ४।२६५
तज्ज्ञानैरुपकार्यत्वात् १।४३
ततः कालान्तरेऽपि स्यात् २।१८७
ततः स्वभावौ नियतौ ४।२५२
तत एव च नात्मीय- १।२४७
तत एव न दृश्योऽसौ ४।१५५
तत एवास्य लिङ्गात् प्राक् २।४७४
ततश्च भूयोऽर्थगतिः ३।३२३
ततो धियां विनियमो २।३३६
ततोऽनेकक्रदेकोऽपि ३।८३
ततोऽन्यग्रहणेऽप्यस्य २।२४४
ततोऽन्यापोहनिष्ठत्वाद् २।१६४
ततोऽन्यापोहविषया ३।११३
ततो लिङ्गस्वभावोऽत्र २।१९३
तत्कर्मफलमित्यस्माद् १।२८०
तत् कस्मात् साधनं नोक्तं ४।६
तत्कारिणामतत्कारि- ३।९५
तत् कार्यं कारणं चोक्तम् ३।१७२
तत् किं सिताद्यभिव्यक्तेः २।४३९
तत्तद्विरुद्धाद्यगति- ३।३०
तत् तस्य कारणं प्राहुः १।१८४
तत् तस्या जननं रूपम् ४।२५१
तत् तुल्यं चेन्न रागादेः १।१७६
तत्तुल्यं विक्रियावच्चेत् २।२९६
तत् तेनाप्यत्र तद्रूपं २।२४८
तत्त्यागाप्तिफलाः सर्वाः ३।१७३
तत्त्वान्यत्वं पदार्थेषु ४।१८२
तत्त्वारोपे विपर्यासः २।१२१
तत् पक्षवचनं वक्तुः ४।१६
तत्परिग्रहतश्चेन्न ३।२७२
तत् प्रमाणान्तरं मेयः २।७७
तत्प्रस्तावाश्रयत्वे हि ४।९५
तत्प्रागप्यसमर्थानाम् १।२११
तत्फलो तत्फलश्चार्थो ४।२३५
तत्र प्रमाणं संवादि २।२८६
तत्र बुद्धिर्यदाकारा २।२२४
तत्र बुद्धेः परिच्छेदा २।३६४
तत्र सूक्ष्मादिभावेन २।५३३
तत्र स्मृतिसमाधानं ४।२०
तत्रानर्थक्रिया योग्या ३।९४
तत्रानुभवमात्रेण २।३०२
तत्रात्मविषये माने २।३६५
तत्रात्यक्षं द्वयं पञ्चसु २।४७२
तत्रापि चान्यव्यावृत्तिः ३।५९
तत्रापि धूमाभासा धीः २।३९६
तत्रापि व्यापको धर्मो २।९८
तत्रापि साध्यधर्मस्य ४।५२
तत्राप्यदृश्यात् पुरुषात् ४।२६१
तत्राप्यदृष्टमाश्रित्य २।४१३
तत्राप्यनुभवात्मत्वात् २।३६६
तत्राप्रदर्श्य ये भेदं ३।२४४
तत्राभ्युपातः कार्याङ्गं ४।९२
तत्रावयवरूपं चेत् २।२०२
तत्रैककार्योऽनेकोऽपि ३।८२
तत्राविरक्तस्तद्दोषे १।२४५
तत्रैकदृष्ट्या नान्यत्र ३।२१
तत्रैकमेव दृश्येत २।४१४
तत्रैकस्तत्त्वविन्नान्यः ३।३१४
तत्रैकस्यापि दोषः स्याद् ४।४३
तत्रैकस्याप्यभावेन २।२१३
तत्रैव तद्विरुद्धार्थ- १।२७३
तत्रोदाहृतिदिङ्मात्रम् ४।१५२
तत्रोपयुक्तशक्तीनाम् १।१२४
तत्रोपलभ्येष्वस्तित्वम् ४।२६३
तत्संकेताग्रहस्तत्र २।१७५
तत्संवेदनभावस्य २।३२२
तत्संशयेन जिज्ञासोः ४।१९
तत् सजात्यनपेक्षाणाम् १।४०
तत्समानफलाऽहेतु- १।१०२
तत्साधनायेत्यर्थेषु ३।९३
तत्साध्यफलवाञ्छावान् ३।१८०
तत्सारूप्यतदुत्पत्ती २।३२३
तत्सुखादि किमज्ञानं २।२५१

तत्स्यादालोकभेदाच्चेत् २।४०८
तत्स्वभावग्रहाद् या धीः ३।७६
तत्स्वरूपावभासिन्या २।१८१
तथाऽकारणमेतत् स्यात् १।१८३
तथा कृतव्यवस्थेयं २।३३१
तथात्मा यदि दृश्येत ४।२१२
तथा द्विरूपतायां वा २।४१
तथानपेक्ष्य समयम् २।१८५
तथानुभवरूपत्वात् २।४३६
तथानुभूतस्मरणम् २।२९२
तथान्यत्रापि सम्भाव्यं ३।२०
तथान्या नोपलभ्येषु ४।२६५
तथा परं प्रति न्यस्तं ४।१६४
तथापि न विरागोऽत्र १।२२७
तथापि पक्षदोषत्वं ४।१४९
तथाप्यन्योन्यहेतुत्वम् १।४४
तथा प्रसिद्धेः सामर्थ्याद् ४।१९३
तथाभूतात्मसंपत्तिः ४।२७१
तथा भेदाविशेषेऽपि ३।१७४
तथाभ्युपगमे बुद्धः २।४८०
तथाभ्युपगमे सर्वं- ३।२६७
तथार्थान्तराभावे ४।३७
तथार्थो धीमनस्कारौ २।४६३
तथावभासमानस्य २।३५२
तथा वस्त्वेव वस्तूनाम् २।९६
तथाविधाया अन्यत्र २।१३
तथा स्वधर्मिणान्यस्य ४।१४८
तथा हि नीलाद्याकार- २।५१२
तथा हि मूलमभ्यासः १।१३२
तथा हि सम्यग्लक्ष्यन्ते २।५०३
तथा हेतुर्न तस्यैव ३।२०७
तथा हेत्वादिदोषोऽपि ४।८२
तथा ह्यलिङ्गमाबालम् २।१०५
तथा ह्याश्रित्य पितरं २।४०२
तथेष्टत्वाददोषोऽर्थं- २।१०
तथेहापीति चेन्नाग्नेः १।१७४
तथैव दर्शनात् तेषाम् २।३५६
तथैव धर्मिणाप्यत्र ४।१४४
तथोत्पत्तेः सहेतुत्वात् १।६९
तदङ्गभावहेतुत्व- १।१११८
तदज्ञानस्य विज्ञानं २।२६४
तदतद्रूपिणो भावाः २।२५१
तदतुल्यक्रियाकालः २।२४५
तदत्यन्तविमूढार्थम् २।९९
तददृष्टं कथं नाम २।३४४
तदनात्यन्तिकं हेतोः १।१९२
तदन्यपरिहारेण ३।९६
तदन्यस्यापि हेतुत्वे २।३६८
तदन्योपगमे तस्य ४।५
तदप्रसिद्धावर्थस्य २।४७६
तदभावः प्रतीयत ३।२०३
तदभावे च तन्नेति ३।२६
तदभावे स्वयम्भावस्य ३।३९
तदभेदेऽपि भेदोऽयं २।३१७
तदयोगव्यवच्छेदाद् ४।१९४
तदयोग्यतयाऽरूपं २।५०
तदर्थग्रहणं शब्दः ४।१३
तदर्थवेदनं केन २।३२०
तदर्थाभासतैवास्य २।३४७
तदर्थार्थोक्तिरस्यैव ४।१३२
तदवश्यं ततो जातम् २।७०
तदसत् परमार्थेन ३।७०
तदसिद्धौ तथास्यैव २।१०३
तदा कदाचित् सम्बद्धस्य ३।१००
तदागमवतः सिद्धं ४।४
तदात्मा तत्प्रसूतिश्चेत् ४।२०९
तदान्यसंविदो भावात् २।३३२
तदा य आत्मानुभवः २।३३९
तदार्थो ज्ञानमिति च २।४४६
तदा विशुद्धे विषय- ४।५०
तदाश्रयभुवामिच्छा- ४।१११
तदाश्रयेण सम्बन्धी २।६०
तदा स्वलक्षणं नास्ति ३।९२
तदिष्टौ वा प्रतिज्ञानं २।४६६
तदुत्तरोत्तरो यत्नः १।१२७
तदुत्पादनयोग्यत्वेन ३।२३६
तदुपप्लवभावे च २।२१४
तदुपादाय शब्दश्च १।१६१
तदुपाधिसमाख्याने २।११४
तदुपेक्षिततत्त्वार्थैः २।२१९
तदेकं वस्तु किं तासां ३।१०२
तदेकमुपकुर्युस्ताः ३।१०६
तदेकव्यवहारश्चेत् २।३७८
तदेकानियमाज्ज्ञानम् २।१९६
तदेव रूपं तत्रार्थः ४।१३३
तदेवार्थान्तराभावाद् ४।३५
तद्गतावेव शब्देभ्यो ३।१२६
तद्देशिनश्च व्याप्नोति ३।१५५
तद्धर्मवति बाधा स्याद् ४।१३६
तद्धीवद् ग्रहणप्राप्तेः १।४९

तद्धेतुत्वेन तुल्येऽपि २।३७०
तद्धेतुत्वेन सर्वत्र १।२६
तद्धेतुवृत्तिलाभाय १।११७
तद्धेतुस्तादृशो नास्ति १।१११
तद्धेत्वोः स्थितशक्तित्वात् १।१२९
तद्बाधान्यविशेषस्य ४।१५६
तद्बाधामेव मन्येत ४।१३९
तद्बुद्धिवर्तिनो भावान् ३।१२०
तद्भावनाजं प्रत्यक्षम् २।२८६
तद्भावहेतुभावौ हि ३।२७
तद्भावभावाद् वश्यत्वात् १।५३
तद्भावादर्थसिद्धौ तु १।१८
तद्भूतभिन्नात्मतया १।१४३
तद्भेदाश्रयिणी चेयं २।२१४
तद्भेदेऽपि ह्यतद्रूप- २।३१२
तद्भेदे भिद्यमानानां ३।१२५
तद्भेदोन्नीतभेदा सा २।२३१
तद्योग्यताबलादेव ४।११३
तद्योग्यवासनागर्भे २।३९७
तद्रूपं सर्वतो भिन्नं ३।९१
तद्रूपाध्यवसायाच्च २।८३
तद्रूपारोपगत्यान्य- २।१६९
तद्रूपावञ्चकत्वेऽपि २।८३
तद्रूपावरणानां च ३।२६५
तद्वता योजना नास्ति २।१४६
तद्वतानिश्चयो न स्यात् ३।१०१
तद्वत् पुंस्त्वे कथमपि ३।३१५
तद्वत् प्रमाणं भगवान् १।९
तद्वदप्यर्हतश्चित्तम् १।४७
तद्वद्दोषस्य साम्याच्चेद् ३।९५
तद्वद् भेदेऽपि दहनो ४।२५५
तद्वद् वस्तुस्वभावोऽसन् ४।१४२
तद्वशात्तद्व्यवस्थानाद् २।३०८
तद्वस्त्वभावे शशिनि ४।१२४
तद्विरुद्धनिमित्तस्य ३।५
तद्विरुद्धाभ्युपगमः ४।५
तद्विरुद्धोपलब्धौ स्याद् ३।२०५
तद्विरोधेन चिन्तायाः ४।५१
तद्विशिष्टतया धर्मो ४।१९४
तद्विशिष्टोपलम्भोऽतः ४।२७३
तद्विशेषावगाहार्थैः २।२८
तद् व्यङ्ग्यं योग्यतायाश्च ३।१४७
तद्व्यवच्छेदविषयं ३।५६
तद्व्यवस्थाश्रयत्वेन २।३१५
तनुत्वं तेजसोऽप्येतद् २।४१२
तनुत्वान्मूर्तमपि तु १।८५
तन्तुसंस्कारसम्भूतं २।१५१
तन्त्वाख्यां वर्तयेद् कार्ये २।१५२
तन्न केवलसामान्या- २।१९
तन्नात्यन्तपरोक्षेषु २।९४
तन्नान्तरीयकं चित्तम् १।८०
तन्नार्थरूपता तस्य २।३२२
तन्निर्गुणक्रियस्तस्मात् ४।१५५
तन्निर्ह्रासातिशयवद् १।१७१
तन्निश्चयप्रमाणं वा २।६५
तन्निश्चयफलैर्ज्ञानैः ३।२९२
तन्निषेधोऽनुमानात् स्यात् ४।११४
तन्मात्रव्यापिनः साध्यस्य ३।१९१
तन्मूलाश्च मलाः सर्वे १।२१५
तमनेकात्मकं भावम् २।३४४
तमेव नश्वरं भावं ४।२८१
तया संवृतनानात्वाः ३।६९
तयैवानुभवे दृष्टं २।१७८
तयोः प्रमाणं यस्यास्ति ४।९९
तयोः सम्बन्धमाश्रित्य २।३२५
तयोरदृष्टिर्विषये १।२२५
तयोरपि भवेद् भेदो ३।१७७
तयोरसमरूपत्वाद् १।१५९
तयोरात्मनि सम्बन्धाद् ३।५३
तयोरिति न सम्बन्धो २।४२
तयोरेव हि सम्बन्धो २।१२९
तयोरेव हि सामर्थ्यम् १।२६३
तयोश्च धातुसाम्यादेः १।७७
तल्लाघवाच्चेत् तत्तुल्यम् २।२५६
तल्लिङ्गापेक्षणान्नो चेत् २।१२२
तस्माच्चक्षुश्च रूपं च २।१९०
तस्मात् त आन्तरा एव २।२७४
तस्मात् तत्कारणाबाधी १।२४९
तस्मात् तत्कार्यतापीष्टा ३।१४१
तस्मात् तदेव तस्यापि २।२१३
तस्मात् तन्मात्रसम्बद्धः ३।२३
तस्मात् तस्याविकल्पेऽपि २।३००
तस्मात् पृथगशक्तेषु १।३०
तस्मात् प्रमाणं तायो वा १।१४८
तस्मात् प्रमेयद्वित्वेन २।६३
तस्मात् प्रमेयाधिगतेः २।३०६
तस्मात् प्रमेये बाह्येऽपि २।३४६
तस्मात् प्रसिद्धेष्वर्थेषु ४।१०६

तस्मात् संकेतकालेऽपि २।१७१
तस्मात् संविद् यथाहेतु २।४१६
तस्मात् स तेषामुत्पन्नः १।१२७
तस्मात् समानतैवास्मिन् २।४३
तस्मात् सर्वस्य भावस्य १।७३
तस्मात् सर्वः परोक्षोऽर्थः २।६१
तस्मात् सुखादयोऽर्थानाम् २।२६६
तस्मात् स्थित्याश्रयो बुद्धेः १।४२
तस्मात् स्वतो धियोर्भेद- ४।२७२
तस्मात् स्वदृष्टाविव तत् ४।२५२
तस्मात् स्वशब्देनोक्तापि २।८९
तस्मात् स्वस्यैव संस्कारम् १।८०
तस्माददोष इति चेत् २।४३७
तस्मादनर्थास्कन्दिन्यो २।११७
तस्मादनादिसन्तान- १।२५८
तस्मादनुपलम्भोऽयं ४।२७४
तस्मादनुमितिर्बुद्धेः २।४६९
तस्मादनुष्ठेयगतम् १।३३
तस्मादनेकमेकस्मात् १।१८०
तस्मादपोहविषयम् ३।४७
तस्मादपौरुषेयत्वे ३।२४६
तस्मादरूपा रूपाणाम् २।२८
तस्मादर्थक्रियासिद्धेः २।५४
तस्मादर्थस्य दुर्वारम् २।३९१
तस्मादर्थावभासोऽसौ २।४५३
तस्मादवस्तुनियत- ४।१२५
तस्मादाश्रित्य शब्दार्थं ४।२२८
तस्मादिन्द्रियविज्ञाना- २।२४३
तस्माद्जात्यादितद्योगाः २।१७३
तस्माद् दृष्टस्य भावस्य ३।४५
तस्माद् द्विरूपमस्त्येकं २।३३७
तस्माद् बुद्धिनिवेश्यार्थः २।३४९
तस्माद् भूतमभूतं वा २।२८५
तस्माद् यतोऽयं तस्यापि २।४८४
तस्याद् यतो यतोऽर्थानां ३।४१
तस्माद् यतोऽस्यात्मभेदाद् २।३०४
तस्माद् वस्तुनि बोद्धव्ये २।८४
तस्माद् विशेषविषया २।१२७
तस्माद् विशेषो यो येन ३।४२
तस्माद् विषयभेदस्य ४।१०२, ४।०२९
तस्माद् विषयभेदोऽपि २।३५१
तस्माद् वैधर्म्यदृष्टान्ते ३।२६
तस्माद् स्वदृष्टाविव तद् ४।२५२
तस्मान्न तन्निवृत्त्यापि ३।३४०
तस्मान्न प्रत्यभिज्ञानाद् २।५०५
तस्मान्न हेतुवैकल्यात् १।१२१
तस्मान्नार्थेषु न ज्ञाने २।२११
तस्मान्नैकत्वदृष्ट्यापि १।२५०
तस्मान्मिथ्याविकल्पोऽयं ३।७२
तस्मिन् निवृत्ते प्रकृतिम् १।२५३
तस्मिन् भावानुपादाने ३।२०६
तस्य केनचिदंशेन २।४०१
तस्य क्रमेण संयुक्ते ४।१५७
तस्य तद्बाह्यरूपत्वे २।४०४
तस्य भेदः कुतो बुद्धेः २।४७०
तस्य वस्तुनि सिद्धस्य ४।१२४
तस्य शक्तिरशक्तिर्वा २।२२
तस्य संशयहेतुत्वाद् ३।१४
तस्य सत्त्वादहेतुत्वं ३।२७५
तस्य स्पष्टावभासित्वं २।४९९
तस्य स्वतन्त्रं ग्रहणम् २।५९
तस्य स्वपररूपाभ्याम् २।५४
तस्य हेतुरतो हेतुः १।४६
तस्यां यद्रूपमा- ३।७७
तस्यां रूपावभासोऽयं २।२९
तस्याः सिद्धावसन्दिग्धौ ४।२६६
तस्याः स्वयं प्रयोगेषु ४।२७८
तस्या अभिप्रायवशात् ३।७०
तस्या एव यथा बुद्धेः २।२५४
तस्यागतौ च संकेत- २।१६६
तस्यादृष्टात्मरूपस्य २।६०
तस्यादौ देहवैगुण्यात् १।१३०
तस्यानित्यादिरूपं च १।१३५
तस्यानिवृत्तिरिति चेत् १।५७
तस्यापि केवलस्य प्राग् २।४०
तस्यापि तुल्यचोद्यत्वाद् २।३२७
तस्याभावे तु स भवन् ३।३४
तस्याभिधाने श्रुतिभिः २।१६६
तस्यार्थरूपता सिद्धा २।४२३
तस्यार्थरूपेणाकारौ २।३८१
तस्याविशेषे बाह्यस्य २।२७०
तस्यावृत्यक्षशब्देषु ४।१९७
तस्याश्चार्थान्तिरे वेद्ये २।३३०
तस्यास्तत्सङ्गमोत्पत्तेः २।१८७
तस्यैव चान्यव्यावृत्त्या ३।८८
तस्यैव विनिवृत्त्यर्थम् २।१०७
तस्यैव व्यभिचारादौ १।२२
तस्योपलब्धावगतौ ४।२१०
तांस्तानर्थानुपादाय २।२७६
तां ग्राह्यलक्षणप्राप्ताम् २।५१५

तां योग्यतां विरुन्धानं ४।१२६
तादात्म्यादात्मवित् तस्य २।३६४
तादृशामेव चित्तानाम् १।१०९
तादृशेऽपौरुषेयत्वे ३।२४७
तादृशोऽनुपलब्धेश्चेद् २।९३
तादृश्येव सदर्थानाम् २।३९
तापादिष्विव रागादेः १।१५४
ताभिर्विनापि प्रत्येकं ३।१०३
ताभ्यामभेदे तावेव ३।२३८
ताभ्यां तदन्यदेव स्याद् २।४२
ताभ्यां स धर्मी सम्बद्धः ४।२२९
तायः स्वदृष्टमार्गोक्तिः १।१४७
तायात् तत्वस्थिराशेष- १।२८२
तारतम्यं च बुद्धौ स्यात् २।२७०
तारतम्यं पृथिव्यादौ १।१७३
तारतम्यानुभविनो १।१७५
तावद् दुःखितमारोप्य १।१९४
तावन्त एव शब्दाश्च ३।५०
तासां क्षेत्रादिभेदेऽपि ३।७५
तासां समानजातीये २।५०२
तासामन्यतमापेक्ष्यं ३।१०५
तिरस्कृतानां पटुना २।२८०
तिष्ठत्यविकले याति १।१६३
तिष्ठत्यात्मा न तस्यातो ३।१६९
तिष्ठन्त्येव पराधीनाः १।२०१
तुल्यं तत्कारणं कार्य- ४।१६०
तुल्यं नाशेऽपि चेच्छब्द- ४।३६
तुल्यः प्रसङ्गस्तत्रापि १।६७
तुल्यः प्रसङ्गोऽपि तयोः १।५५
तुल्यकक्षा यथार्थं वा ४।१००
तुल्या दृष्टिरदृष्टिर्वा २।४०९
तुल्यार्थाकारकालत्वेन २।२०३
तुल्या सिद्धान्तता ते हि ४।१६८
तुल्ये भेदे यया जातिः ३।१६२
तृतीयस्थानसंक्रान्तौ ४।५१
ते कल्पिता रूपभेदाद् २।२३२
ते क्वचित् प्रतिहन्यन्ते १।१७५
ते चात्यन्तपरोक्षस्य ४।२१०
ते चेतने स्वयं कर्म १।२६४
तेन तेऽजनकाः प्रोक्ताः ३।१७१
तेन सामान्यधर्माणाम् ४।१३४
तेनाग्निहोत्रं जुहुयात् ३।३१९
तेनात्मनापि भेदे हि ३।१६७
तेनात्माभिनिवेशो १।२२१
तेनात्र कार्यलिङ्गेन ४।२०१
तेनाद्यहेतौ न द्वेषः १।१९९
तेनानभीष्टसंसृष्टस्य ४।९०
तेनानुमानाद् वस्तूनां ४।११९
तेनान्यापोहविषयाः ३।१३४
तेनान्यापोहविषये ३।६४
तेनान्यापोहविषयो ३।८०
तेनाप्रसिद्धदृष्टान्त- ४।१६६
तेनायं न परोपकार इति १।२
तेनार्थानुभवख्यातिः २।२६७
तेनासन्निश्चयफला ३।३४०
तेनाभ्युपगमाच्छास्त्रं ४।१०४
तेनेच्छातः प्रवर्त्तेरन् २।१७६
तेनेत्युक्तमतोऽपक्ष- ४।१५०
तेनैकस्यां न तीव्रः स्याद् १।१५६
तेनैकेनापि सामर्थ्यं ३।१०४
तेनैव ज्ञातसम्बन्धे ३।२८
तेनैवापरमार्थोऽसौ ३।१२८
तेऽपि तथा स्युस्तदर्था ३।३०१
तेषां च न व्यवस्थानं ३।२६१
तेषां प्रत्यक्षमेव स्याद् ३।१४२
तेषां व्यक्तिष्वपूर्वासु ३।१५१
तेषामतः स्वसंवित्तिः २।२४९
तेषामपि तथाभावे २।८
तेषामवृक्षाः संकेते३।११५
तैक्ष्ण्यादीनां यथा नास्ति १।१८२
तैर्विना भवतोऽन्यस्माद् ४।२४८
तैलाभ्यङ्गाग्निदाहादेः १।२६१
तैस्तन्तुभिरियं शाटी २।१५१
तैस्तैरुपप्लवैर्नीत- ४।२३५
त्यक्त्वेमां ह्लेपणीं दृष्टिम् १।२०७
त्यजत्यसौ यथात्मानम् १।२४०
त्याज्योपादेयभेदे हि १।२४२
त्रिकालविषयत्वात् तु ४।१६४
त्रिविधं कल्पनाज्ञानम् २।२८८
त्रिष्वन्यतमरूपस्य ४।२३
त्रिहेतोर्नोद्भवः कर्म- १।२७४
त्र्येकसंख्यानिरासो वा २।६४

दधानं तच्च तामात्म- २।३०७
दयया श्रेय आचष्टे १।२८४
दयापरार्थतन्त्रत्वम् १।२८४
दयालुत्वात् परार्थं च १।१४८
दयावान् दुःखहानार्थम् १।१३४
दर्शनं नीलनिर्भासम् २।३३५
दर्शनात् प्रत्यभिज्ञानं २।२३६

दर्शनान्येव भिन्नानि २।२३८
दर्शनोपाधिरहितस्य २।३३५
दर्शयेत् साधनं स्यादि- ४।५५
दहनप्रत्ययाङ्गादेव ४।२५६
दाराः षण्णगरीत्यादौ ३।६७
दिङ्मात्रदर्शनं तत्र ४।९७
दीपमात्रेण धीभावाद् २।४०७
दीर्घादिग्रहणं न स्याद् २।४८५
दुःखं संसारिणः स्कन्धाः १।१४९
दुःखं हेतुवशत्वाच्च १।१७९
दुःखज्ञानेऽविरुद्धस्य १।१९६
दुःखभावनयाप्येष १।२२८
दुःखभावनया स्याच्चेद् १।२४०
दुःखसन्तानसंस्पर्श- १।१९८
दुःखस्य वेदनं किन्तु २।४५८
दुःखस्य शस्तं नैरात्म्य- १।१४२
दुःखस्योत्पादहेतुत्वं १।२०४
दुःखेः विपर्यासमतिः १।८३
दुःखोपकारान्न भवेद् १।२३३
दुर्लभत्वात् प्रमाणानां ३।२२०
दुर्लभत्वात् समाधातु :१।६०
दुष्येद् व्यर्थाभिधानेन ४।६२
दूरं पश्यतु वा मा वा १।३५
दूरासन्नादिभेदेन २।४०८
दूरे यथा वा मरुषु २।३५६
दूष्यः कुहेतुरन्योऽपि ३।२६८
दृश्यः संयोग इति चेत् १।९१
दृश्यदर्शनयोर्येन २।३२५
दृश्यम् पृथगशक्तानाम् १।९०
दृश्यस्य दर्शनाभाव- ३।२०३
दृश्यस्य दर्शनाभावाद् २।८८
दृश्यात्मनोरभावार्था- ३।४
दृश्ये गवादौ जात्यादेः २।२३७
दृश्येत रक्ते चैकस्मिन् १।८७
दृष्टं जन्म सुखादीनां २।२५२
दृष्टं बुद्धेर्न चान्यस्य १।२६६
दृष्टं संवेद्यमानं तत् २।३९०
दृष्टं सुखादेर्बुद्धेर्वा २।२५३
दृष्टः कोऽभिहितो येन ३।२४३
दृष्टयोरेव सारूप्य- २।४४५
दृष्टसाधनमित्येके ४।१
दृष्टस्मृतिमपेक्षेत २।२९८
दृष्टाख्या तत्र चेत् सिद्धम् २।४४३
दृष्टा च शक्तिः पूर्वेषाम् १।११९
दृष्टा तद्वेदनं केन २।५१३
दृष्टादृष्टार्थयोरस्य ३।२१६
दृष्टान्ताख्यानतोऽन्यत् किम् ४।१७५
दृष्टान्तान्तरसाध्यत्वम् २।४७५
दृष्टा यथा वौषधयो ३।७४
दृष्टाद्युक्तिरदृष्टेश्च ३।२०
दृष्टाऽविरुद्धधर्मोक्तिः २।८६
दृष्टां शक्तिः मता सा चेत् २।१७
दृष्टिं भेदाश्रयैस्तेऽपि ४।२३६
दृष्टे तद्भावसिद्धिश्चेत् २।१२०
दृष्टे तस्मिन्नदृष्टाश्च ३।५५
दृष्टेऽदृष्टेऽपि तद् ग्राह्यम् ४।१०८
दृष्टेविप्रतिपत्तीनां ४।७५
दृष्टोऽन्यथापि वह्न्यादिः ३।२८६
दृष्ट्या वा ज्ञातसम्बन्धं २।४४१
देशकालक्रमाभावो ३।२६१
देशकालनिषेधश्चेद् ४।२२७
देशभ्रान्तिश्च न ज्ञाने २।१३
देशादिभेदाद् दृश्यन्ते ३।२१
देहेऽपि यद्यसौ न स्याद् ४।२१३
दोषवत्यपि सद्भावात् १।२४६
दोषवत् साधनं ज्ञेयम् १।२२
दोषा स्वबीजसन्तानाः १।२६९
दोषा न कर्मणो दुष्टः १।२८१
दोषोद्भवा प्रकृत्या सा २।३६३
दोषोऽयं सकृदुत्पन्ना- २।४८९
द्योतयेत् तेन संकेतः ३।३३१
द्रवशक्तेः यतः क्लेदः ४।२५३
द्रव्यलक्षणयुक्तोऽन्यः ४।१५२
द्रव्यान्तरगुरुत्वस्य ४।१५७
द्वयस्यापि हि साध्यत्वे ४।१४३
द्वयक्षयार्थे यत्ने च १।२७६
द्वयोः रःसृष्टयोर्दृष्टौ २।४४२
द्वयोरेकाभिधानेऽपि ३।६०
द्वितीयं व्यतिरिच्येत २।३८५
द्वितीयस्य तृतीयेन २।३८१
द्विविधो हि व्यवच्छेदो ४।३८
द्विर्द्विरेकं च भासेत २।५३८
द्वेषस्य दुःखयोनित्वाद् १।२५२
द्वैराश्ये सति दृष्टेषु ४।२३९
द्वैरूप्यं सहसंवित्ति- २।३९८
द्वैरूप्यसाधनेनापि २।४२६

धर्मः पक्षसपक्षान्य- २।९७
धर्मधर्मिविवेकस्य ४।१८१

धर्मभेदाभ्युपगमाद् २।३१८
धर्मानिनुपनीयैव ४।५७
धर्मिधर्मविशेषाणां ४।१५१
धर्मिधर्मव्यवस्थानं ३।८५
धर्मी धर्मश्च भासन्ते ४।१८४
धर्मैः स नियमो न स्यात् २।३१६
धर्मोपकारशक्तीनां ३।५४
धर्मो वस्त्वाश्रयासिद्धिः ३।२१३
धर्मो विरुद्धोऽभावस्य ३।१९२
धर्मोऽसाध्यस्तदासाध्यं ४।७१
धारणप्रेरणक्षोभ- १।२६६
धियं नानुभवेत् कश्चिद् २।५१७
धियं वस्तुपृथग्भाव- ३।११२
धियः स्वयं च न स्थानं २।४८८
धियाऽतद्रूपया ज्ञाने २।४२७
धियो नीलादिरूपत्वे २।४३३
धियोऽनीलादिरूपत्वे २।४३३
धियोर्युगपदुत्पत्तौ २।२६२
धूमहेतुस्वभावो हि ३।३७
धूमेन्धनविकाराङ्ग- ४।२५७
धूमोऽतद्व्यभिचारीति ४।२५६
ध्वनयः केवलं तत्र ३।२५७
ध्वनयः सम्मता यैस्ते ३।२५९
ध्वनिभिर्व्यज्यमानेऽस्मिन् ३।२६०
ध्वनिभ्यो भिन्नमस्तीति ३।२५८

न कश्चिदर्थः सिद्धः स्यात् ३।१८९
न काठिन्यवदुत्पत्तिः १।२१८
न किञ्चिदेकमेकस्मात् २।५३६
न कार्यभेद इति चेद् ३।३०३
न गृह्यत इति प्रोक्तम् २।४५३
न ग्राह्यग्राहकाकार- २।२१५
न ग्राह्यतान्या जननात् २।५२८
न च केनचिदंशेन २।४३५
न च तद्व्यतिरिक्तस्य ३।३३८
न च नास्तीति वचनात् ३।१७
न च सर्वात्मना साम्यम् २।४३५
न चात्मनि विना प्रेम्णा १।२०४
न चादर्शनमात्रेण ३।१३
न चानुदितसम्बन्धः २।१३२
न चानुभवमात्रेण २।४२५
न चापि शब्दो द्वयकृद् ३।१२७
न चार्थज्ञानसंवित्त्योः २।५०७
न चासन्निहितार्थास्ति २।५१८
न चास्त्यात्मनि निर्दोषे १।२२३
न चित्रधीसङ्कलनम् २।२०६
न चेद् भेदेऽपि रागादि- १।१७२
न चैकया द्वयज्ञानम् २।२५७
न चैवं लङ्घनादेव १।१२९
न जातिर्जातिमद् व्यक्ति- २।२५
न ज्ञानहेतुतैव स्यात् ३।२८६
न तत्र गम्यते कश्चिद् ३।१२७
न तथा न यथा सोऽस्ति ४।२२७
न तदालम्बनं ज्ञानं २।४५९
न तद् वस्त्वभिधेयत्वात् २।११
न तद्व्याप्तिः फलं वा किं ४।१७६
न तस्मादृभिन्नमस्त्यन्यद् २।१२६
न तस्य किञ्चिद् भवति ३।२७९
न तस्य व्यभिचारित्वाद् ४।२१८
न तस्या जननं रूपम् ४।२५१
न तस्यानुभवः सैव २।३२४
न ते हेतव इत्युक्तं ४।२०३
न तैर्विना दुःखहेतुः १।२२७
न दीर्घग्राहिका सा च २।४९१
न दोषैर्विगुणो देहो १।५६
न निवृत्तिं विहायास्ति ३।१६३
नन्वदृष्टोंऽशुवत् सोऽर्थो ४।१६१
नन्वेतदप्यर्थसिद्धं ४।१४०
न प्रत्यक्षपरोक्षाभ्याम् २।६३
न प्रत्यक्षानुवृत्तित्वात् २।२९०
न प्रत्ययोऽनुयंस्तच्च २।२९२
न बाधा प्रतिबन्धः स्यात् ४।९८
न बाधा यत्नवत्त्वेऽपि १।२१३, ३।२२२
न भावे सर्वभावानां ३।१३९
न भावो भवतीत्युक्तम् ३।२८०
नमः समन्तभद्राय १।१
न याति न च तत्रासीद् ३।१५२
न युक्तं साधनं गोत्वाद् १।१७
न युक्तानुमितिः पाण्डु- १।१४
न वा विशेषविषयं २।११८
न विकल्पानुबद्धस्य २।२८३
न विकाराद् विकारेण १।१५३
न विचित्रस्य चित्राभाः २।२३२
न विशेषेषु शब्दानाम् २।१२७
न वेदयति वेदोऽपि ३।३१९
न वैराग्यं तदाप्यस्य १।२५२
नश्यन् भावोऽपरापेक्ष- ३।२७७
न श्रुतिः कल्पना वास्ति ३।९१
न सङ्केतं न सामान्य- २।४५
न स कश्चित् पृथिव्यादेः १।३९

न सम्भवति साप्यत्र ३।१४५
न सर्वधर्मः सर्वेषाम् १।१५१
न सर्वेषामनेकान्ताद् १।१५७
न स शक्यस्ततोऽन्येन ३।४२
न साध्यः समुदायः स्यात् ३।२१०
न सिद्धेन विनाशेन ४।३६
न सोऽभिधीयते शब्दैः २।२३३
न स्थितिः साप्ययुक्तैव ३।१४६
न स्यात् कारणतायां वा २।३९५
न स्यात् तत्परिहारेण ३।११७
न स्यात् प्रवृत्तिरर्थेषु ३।२०८
न स्युस्तेषामसामर्थ्ये १।२६७
न हि गोप्रत्ययस्यास्ति १।१७३
न हि गोप्रत्ययो दृष्टः २।२२५
न हि तत् तस्य कार्यं यत् १।११३
न हि तस्योक्तिदोषेण ४।६०
न हि दुःखाद्यसंवेद्यं २।४५८
न हि संवेदनं युक्तम् २।२५९
न हि संवेदनं शुद्धं २।५११
न हि सत्यन्तरङ्गेऽर्थे २।२६१
न हि स्नेहगुणात् स्नेहः १।२२५
न हि स्वभावादन्येन ४।१९६
न ह्यत्यन्तपरोक्षेषु ३।३१६
न ह्यपश्यन्नहमिति १।२०३
न ह्यर्थाभासि च ज्ञानम् २।५०८
न ह्येकं नास्ति सत्यार्थं ३।३३७
न ह्येकान्तेन तद् दुःखं १।२३३
नाकारणमधिष्ठाता १।१७९
नाकारयति चान्योऽर्थः २।४२०
नाक्रमात् क्रमिणो भावः १।४५
ताक्षग्राह्येऽस्ति शब्दानां २।४९९
नाक्षयः प्राणिधर्मत्वाद् १।२१७
नाक्षात् सर्वाक्षबुद्धीनां २।४९४
नाक्षेप्तुमपरं कर्म १।१९६
नात्मोपकारकः कः स्यात् ४।२८२
नाध्यक्षमिति चेदेष २।४५४
नानर्थ्येव सुभाषितैः परिगतो १।२
नानात्वाच्चैकविज्ञान- ३।१०२
नानार्था क्रमवत्येका २।२०३
नानार्थैका भवेत् तस्मात् २।२०७
नानित्ये रूपभेदोऽस्ति ३।२८४
नानुत्पादव्ययवतो २।४६५
तानुभूतोऽनुभव इत्य- २।४३७
नानेकत्वस्य तुल्यत्वात् १।१०६
नानेकरूपो वाच्योऽसौ २।१०२
नानेकशक्त्यभावेऽपि २।५३५
नानेकहेतुरिति चेत् १।१०७
नानोपाध्युपकाराङ्ग- ३।५२
नान्तरीयकता ज्ञेया ४।२५८
नान्तरीयकताऽभावात् ३।२१३
नान्तरीयकता सा च ४।२४६
नान्तरीयकता साध्ये ४।६८
नान्यत्र भ्रान्तिसाम्येऽपि ३।८१
नान्यास्यानित्यता भावात् २।१०२
नान्योऽनुभाव्यस्तेनास्ति २।३२७
नान्वयव्यव्यतिरेकी चेद् ४।२४४
नापेक्षातिशयेऽप्यस्य ३।१६२
नापेक्षेत पुनर्यत्नम् १।१२५
नापेक्षेतान्यथा साम्यं २।५२३
नापैत्यभिन्नं तद् रूपं ३।१६५
नापौरुषेयमित्येव ३।२८५
नाप्रसिद्धस्य लिङ्गत्वं २।४६३
नामादिकं निषिद्धं प्राङ २।३७३
नामादिवचने वक्तृ- २।११
नामुक्तिः पूर्वसंस्कार- १।१९९
नायं स्वभावः कार्यं वा ३।३३७
नार्थसिद्धिस्ततस्ते हि ३।२१४
नार्थाद् भावस्तथाभावात् २।३७५
नार्थे तेन तयोर्नास्ति ४।१५
नार्थोऽसंवेदनः कश्चिद् २।३९०
नालं प्ररोढुमत्यन्तम् १।२११
नालं बीजादिसंसिद्धो १।२६०
नावस्तुरूपं तस्यैव २।८०
नाशः स्वभावो भावानां ३।२८३
नाशनं जनयित्वान्यं ४।२८१
नाशस्य सत्यबाधोऽसौ १।६८
नाशंक्या एव सिद्धास्ते ३।१८६
नाशेन यस्माद् भावस्य ३।२७७
नाश्ववानिति मर्त्येन ३।२४
नाश्वास इति चेल्लिङ्गम् २।६९
नासत्तासिद्धिरित्युक्तं ३।२९०
नासाध्यादेव विश्लेषः ४।२१९
नासिद्धिः शब्दसिद्धानाम् ४।११६
नासिद्धे भावधर्मोऽस्ति ३।१९१
नास्ति स ख्याप्यते न्यायः ३।१७
नास्त्येकसमुदायोऽस्माद् १।८८
नास्तित्वं केन गम्येत २।८७
नित्यं तदर्थसिद्धिः स्याद् ३।२९५
नित्यं तन्मात्रविज्ञाने ३।१००
नित्यं तमाहुर्विद्वांसः १।२०६
नित्यं प्रमाणं नैवास्ति १।१०

नित्यं सत्त्वमसत्त्वं वा १।१८२, ३।३५
नित्यत्वाच्च यदि व्यक्तिः २।२०
नित्यत्वादपि किं तस्य २।२२
नित्यत्वादाश्रयापाये ३।२३४
नित्यमात्मनि सम्बन्धे २।३७६
नित्यस्य निरपेक्षत्वात् १।२६९
नित्यस्य पुंसः कर्तृत्वं ३।३३३
नित्यस्यानुपकार्यत्वात् ३।१४४, ३।२३२
नित्यस्याव्यतिरेकित्वात् १।२५
नित्यादुत्पत्तिविश्लेषाद् १।११
नित्यानां प्रतिषेधेन १।१८५
नित्येभ्यो वस्तुसामर्थ्यात् ३।२८७
नित्येष्वाश्रयसामर्थ्यं ३।२३५
नित्योपलब्धिर्नित्यत्वे ३।२५३
निदर्शनं तदेवेति २।११९
निदर्शनत्वात् सिद्धस्य २।११९
निमित्तं तत्स्वभावो वा २।८४
निमित्तयोर्विरुद्धत्वा- ३।५
निमित्तोपगमादिष्टम् १।१२९
नियमं यदि न ब्रूयात् २।३९२
नियमः स कुतः पश्चात् २।५२७
नियमेन च कार्यत्वं ३।२६५
नियमेनात्मनि स्निह्यन् १।२२२
नियमो ह्यविनाभावः ४।२०४
निराकृते बाधनतः ४।८६
निरुपद्रवभूतार्थं- १।२१२, ३।२२२
निरोधधर्मकं सर्वम् १।२८७
निर्दोषं द्वयमप्येवं १।२२८
निर्दोषविषयः स्नेहो १।२४३
निर्ह्रासातिशयात् पुष्टौ १।२६८
निर्ह्रासातिशयापत्तिः १।५४
निवर्तकः स एवातः ४।२४५
निवर्तते व्यापकस्य २।१९३
निवर्तयेत् कारणं वा ३।२३
निवृत्तसर्वानुभव- १।२३६
निवृत्तिं च प्रमाणाभ्याम् ३।३३४
निवृत्तिर्न निवर्तेत २।२९७
निवृत्तिर्नासितः साध्याद् ४।२२२
निवृत्तिर्यदि तस्मिन्न ४।२२४
निवृत्तेऽप्यनले काष्ठ- १।५७
निवृत्तेर्निःस्वभावत्वात् ३।१६९
निवृत्त्यभावस्तु विधिः ४।२२३
निवेशनं च यो यस्माद् ३।१२४
निश्चयारोपमनसोः ३।४९
निश्चितात्मा स्वरूपेण २।३४१
निश्चीयते निविष्टोऽसौ २।३४८
निषिद्धश्चेत् प्रमाणेन ४।७३
निषेधान्न पृथिव्यादि- १।१६१
निषेधे तद्विविक्तं च ४।२३३
निषेधे यापि तस्यैव २।८६
निष्पन्नः करुणोत्कर्षः १।१३३
निष्पत्तेः प्रथमं भावाद् १।१४१
निष्पत्तेरपराधीनम् २।२६
निष्पादितक्रिये कञ्चिद् २।२४१
निःस्वभावतयाऽवाच्यं २।३२
नीलद्विचन्द्रादिधियाम् २।२९४
नीलादिप्रतिभासश्च २।२०१
नीलादिरूपस्तस्यासौ २।३२८
नीलादिरूपेण धियम् २।३८६
नीलादिश्चित्रविज्ञाने २।२२०
नीलादीनि निरस्यान्यत् २।२०२
नीलादेरनुभूताख्या २।४३२
नीलादेर्नत्रविज्ञाने ३।१०४
नीलाद्यनुभवात् ख्यातः २।३२८
नीलाद्यप्रतिघातान्न २।१६
नीलाद्याकारलेशो यः २।२३
नीलाद्याभासभेदित्वाद् २।३७२
नेति सैव निवृत्तिः किं ४।२२२
नेत्यनेनोक्तमत्रैषां ४।१२७
नेत्येके व्यतिरेकोऽस्य १।१४५
नेष्टं प्रामाण्यमेतेषां २।३१०
नेष्टो विषयभेदोऽपि २।३१४
नैकं चित्रपतङ्गादि २।२००
नैकं स्वभावं चित्रं हि २।२०१
नैकप्राणेऽप्यनेकार्थ- १।१०७
नैमित्तिक्याः श्रुतेरर्थम् ४।१२८
नैरात्म्यादपि तेनास्य ४।२४२
नैरात्म्ये तु यथालाभम् १।२३५
नैवमिष्टस्य साध्यस्य ४।१४२
नैव वाच्यमुपादान- २।३३
नैषापि कल्पना ज्ञाने २।४१९
नोक्तोत्तरत्वाद् दृष्टत्वाद् २।५२
नो चेद् भ्रान्तिनिमित्तेन ३।४४
नोदाहरणमेवैकम् ४।१२१
नोदेति दुःखमिति चेत् २।४५७
नोपकारस्ततस्तासां ३।५४
नोपदानं विरुद्धस्य २।२६३
न्यायप्राप्तं न साध्यत्वं ४।७०

पक्षदोषः परापेक्षो ४।१७४

पक्षदोषा मता नान्ये ४।८३
पक्षधर्मप्रभेदेन ४।१८९
पक्षधर्मस्तदंशेन ३।१
पक्षलक्षणबाह्यार्थः ४।७२
पक्षाङ्गत्वेऽप्यबाधत्वाद् ४।१८७
पञ्चभिर्व्यवधानेऽपि २।१३६
पटस्तन्तुष्विहेत्यादि- २।१४९
पटादिरूपस्यैकत्वे २।२२२
पदं संकेतभेदस्य ३।६१
पदार्थशब्दः कं हेतुम् २।१५८
परचित्तानुमानं च २।४७७
परतश्चेत् समर्थस्य १।११५
परतो भावनाशश्चेद् १।७२
परमार्थविचारेषु ४।१८२
परमार्थावताराय ३।८६
पररूपं स्वरूपेण ३।६८
पररूपेऽप्रकाशायाम् २।४४०
परमार्थैकतानत्वे ३।२०७
परस्परविरुद्धार्था ३।३३९
परस्परविशिष्टानाम् २।४१
परस्य प्रतिपाद्यत्वात् ४।१
परस्यापि न सा बुद्धिः ३।९९
परानुभूतवत् सर्वा- २।५३९
परापरप्रार्थनातो १।२४९
परार्थज्ञानघटनम् १।२८३
परार्थवृत्तेः खड्गादेः १।१४०
परिच्छदोऽन्तरन्योऽयं २।२१२
परिहार्यं न चान्येषाम् ४।५२
परिणामो यथैकस्य १।४०
परीक्षाधिक्रितं वाक्यं ३।२१५
परेणाप्यन्यतो गन्तुम् ४।१२
परोक्षेष्वागमानिष्टौ ४।१०६
परोक्षोपेयतद्धेतोः १।१३४
पर्यायेणाथ कर्तृत्वं ३।१७६
पश्चाद् भावान्न हेतुत्वं ३।३३
पश्यतोऽन्याक्षदृश्येऽर्थे २।४०५
पश्यन् परिच्छिनत्त्येव २।१०५
पश्येत् स्फुटास्फुटं रूपम् २।४१५
पाचकादिष्वभिन्नेन ३।१५७
पाण्यादिकम्पे सर्वस्य १।८६
पारम्पर्येण तज्जत्वात् ३।३००
पारम्पर्येण हेतुश्चेद् २।२९५
पार्थो धनुर्धरो नीलं ४।१९२
पित्रोस्तदेकस्याकारं २।३६९
पुरुषातिशयापेक्षं ३।२१९
पुरुषेच्छाकृता चास्य ४।१०५
पुंसः सिताद्यभिव्यक्ति- २।४३९
पुंसां ज्ञानप्रभावाभ्यां ३।३१०
पुंसामभिप्रायवशाद् ४।९
पुनरावृत्तिरित्युक्तौ १।१४२
पुनर्यत्नमपेक्षेते १।१२३
पुनर्विकल्पयन् किञ्चित् २।१२५
पूर्वमप्येष सिद्धान्तं ४।७४
पूर्वस्वजातिहेतुत्वे १।११०
पूर्वा धीः सैव चेन्न स्यात् २।५१४
पूर्वानुभूतग्रहणे २।२३९
पूर्वानुभूतस्मरणाद् २।५०६
पूर्वापरपरामर्शं- २।१७४
पूर्वापरार्थभासित्वात् २।५३८
पूर्वावधारणे तेन ४।१७२
पृथक् पृथक् च बुद्धीनां २।४९२
पृथक् पृथक् च सामर्थ्ये २।२५८
पृथक् पृथगशक्तानाम् १।२९
प्रकाशमानस्तादात्म्यात् २।३२९
प्रकाशिता कथं वा स्यात् २।४७८
प्रकृत्यैवेति गदितं २।५३५
प्रज्ञादेर्भवतो देह- १।७५
प्रतिक्षणमपूर्वस्य १।४६
प्रतिक्षणविनाशे हि १।६९
प्रतिक्षेपेऽप्यबाधास्ति ४।१३४
प्रतिज्ञामनुमानं वा ४।१००
प्रतिज्ञाऽसिद्धदृष्टान्त- ४।६९
प्रतिपत्तुर्न सिध्यन्ति ३।३४०
प्रतिपत्तेरभिन्नत्वात् ३।१४९
प्रतिबन्धात् तदाभास- २।८२
प्रतिभाः प्रतिसन्धत्ते २।१०९
प्रतिभासद्वयाभावात् २।१४८
प्रतिभासभिदां धत्ते २।४१६
प्रतिभासभिदामर्थे २।३९९
प्रतिभासाविशेषश्च २।१३८
प्रतिभासस्य नानात्व- २।५१०
प्रतिभासो धिया भिन्नः ३।१०७
प्रतियोगिव्यवच्छेदः ४।१९३
प्रतिषेधनिषेधश्च ४।२२१
प्रतिषेधस्तु सर्वत्र २।८५
प्रतिहन्ति प्रतीत्याख्या ४।१२६
प्रतीतभेदेऽप्यध्यक्षा २।५०५
प्रतीतिसिद्धोपगमे ४।१२३
प्रत्यक्षं कल्पनापोढम् २।१२३
प्रत्यक्षं पूर्वमपि तत् १।२४१

प्रत्यक्षप्रतिवेद्यत्वम् २।३२६
प्रत्यक्षप्रत्ययार्थत्वाद् २।२४
प्रत्यक्षमेव सर्वस्य १।२३०
प्रत्यक्षां च धियं दृष्ट्वा २।४७६
प्रत्यक्षादिमिता मान- ४।११०
प्रत्यक्षाधिगतो हेतुः २।४७०
प्रत्यक्षास्तद्विविक्तं च २।४५०
प्रत्यक्षेण गृहीतेऽपि ३।५८
प्रत्यक्षेणानुमानेन ३।२१६
प्रत्यक्षेतरयोरैक्याद् २।१२१
प्रत्यभिज्ञानसंख्यातां २।२३८
प्रत्याख्यातं पृथक्त्वे हि ३।६४
प्रत्याख्यातौ निराकुर्वन् ४।४०
प्रत्याख्येयाऽत्र एवैषां ३।२८४
प्रत्यात्मवेद्यः सर्वेषाम् २।१२३
प्रत्यायनाधिकारे तु ४।१६५
प्रत्यासत्तिरभावेन२।३५
प्रत्यासत्तिर्विना जात्या २।४७
प्रत्युक्तं लाघवं चात्र २।११९८
प्रत्युत्पन्नात् तु यो दुःखाद् १।२५१
प्रत्येकं सार्थकत्वेऽपि ३।२५०
प्रत्येकमपि सामर्थ्ये १।१०५
प्रत्येकमविचित्रत्वाद् २।२०६
प्रत्येकमुपघातेऽपि १।४१
प्रधानार्थाविसंवादाद् ३।२१८
प्रपत्ता तदतद्धेतून् ३।१२०
प्रपद्यमानश्चान्यस्तं ४।५९
प्रभास्वरमिदं चित्तम् १।२१०
प्रभोः प्रभावस्तेषां स ३।३११
प्रमाणं दूरदर्शी चेत् १।३५
प्रमाणं संशयोत्पत्तेः ४।१६
प्रमाणतत्वसिद्ध्यर्थम् १।२८६
प्रमाणमन्यत्तद्बुद्धिः २।७६
प्रमाणमपि काचित् स्याद् ३।२०१
प्रमाणमविसंवादात् २।६९
प्रमाणमविसवादि १।३
प्रमाणानामनेकस्य २।७८
प्रमाणानामभावे हि ४।९६
प्रमाणान्तरबाधा चेत् ३।१९
प्रमाणान्तरबाधाद् वा ४।२७९
प्रमाणाभं यथार्थास्ति ३।३१३
प्रमाणोक्तिर्निषेधे या २।९१
प्रमेयत्वाद् घटादीनां ४।२१४
प्रमेयनियमे वर्णा- २।७६
प्रयत्नानन्तरं ज्ञानं ४।१९७
प्रयोक्तृभेदान्नियमः ३।२९७
प्रयोक्तृभेदापेक्षा च ३।२९६
प्रयोगः केवलं भिन्नः २।९०
प्रयोगदर्शनाद् वास्य १।२८६
प्रयोगो यद्यभिव्यक्तिः ३।२९८
प्रलपन्ति प्रतिक्षिप्तं ३।१८२
प्रवर्त्तितव्यं नेत्युक्ता ३।१९९
प्रवाहे वित्तिभेदानां २।२८०
प्रवृत्तिर्वाचिकानां च ३।३३८
प्रवृत्तेर्बुद्धिपूर्वत्वात् ३।१९८
प्रवृत्तेस्तत्प्रधानत्वात् १।५
प्रसङ्गो द्वयसम्बन्धाद् ४।१२
प्रसिद्धश्च नृणां वादः ३।३२२
प्रसिद्धस्य गृहीत्यर्थो ४।७६
प्रसिद्धस्य श्रुतौ रूपं ४।१३१
प्रसिद्धेरप्रमाणत्वात् ३।३२४
प्रसिद्धो लोकवादश्चेत् ३।३२०
प्रहाणिरिच्छाद्वेषादेः १।२२४
प्राकृतस्य सतः प्राग् यैः ४।७
प्राक् कथं दर्शनेनास्य २।४४५
प्राक् पश्चादप्यभावश्चेत् २।११२
प्रागसिद्धस्वभावत्वात् ४।१६८
प्रागुक्तं योगिनां ज्ञानम् २।२८१
प्रागेवास्य च योग्यत्वे ३।१४७
प्राग्गुरोर्लाघवात् पश्चाद् १।२६१
प्राग्भावः सर्वहेतूनाम् २।२४६
प्राग्भूत्वा ह्यभवन् भावो २।११०
प्राणादेश्च क्वचिद् दृष्ट्या ४।२१२
प्राणाद्यभावो नैरात्म्य- ४।२०८
प्राणानां भिन्नदेशत्वात् १।१११
प्राणापानेन्द्रियधियाम् १।३७
प्राप्तं संवेदनं सर्व- २।४३०
प्राप्तं सामान्यविज्ञानं १।८
प्राप्ता का संविदन्यास्ति २।४२९
प्राप्तो गोत्वादिना तद्वान् ३।१५०
प्रामाण्यं च परोक्षार्थ- १।३१
प्रामाण्यं तत्र शब्दस्य १।४
प्रामाण्यं व्यवहारेण १।७
प्रामाण्यमागमानां च ४।१०१
प्रामाण्यमेव नान्यत्र २।१०१
प्रायः प्राकृतसक्तिरप्रतिबल- १।२
प्रत्यभाववदक्षैस्तत् २।७३
प्रेरणाकर्षणे वायोः १।५४

फलं कथञ्चित् तज्जन्यम् १।२७८
फलवैचित्र्यदृष्टेश्च १।२७७
फलस्य हेतोर्हानार्थम् १।१३६

बन्धमोक्षावप्यवाच्ये १।२०६
बलात् तवेच्छेयमिति ४।४६
बहवः क्षणिकाः प्राणाः १।१०९
बहिर्मुखं च तज्ज्ञानं २।४२८
बहुशो बहुधोपायं १।१३८
बाधकं यदि नेच्छेत् सः ४।१०४
बाधकस्याभिधानाच्चेत् ४।६१
बाधकेऽसति सन्न्याये २।५०१
बाधकोत्पत्तिसामर्थ्य- १।२१२
बाधनं धर्मिणस्तत्र ४।१४३
बाधनात् तद्बलेनोक्तः ४।१३५
बाधनायागमस्योक्तेः ४।३
बाधाभ्युपेतप्रत्यक्ष- ३।२६९
बाधायां धर्मिणोऽपि स्यात् ४।१३८
बाधा साध्याङ्गभूतानाम् ४।१५१
बाध्यते प्रतिरुन्धानः ४।११२
बाध्यबाधकभावः कः २।९३
बाध्यमानः प्रमाणेन ४।४
बाध्यो न केवलो नान्य- ४।१४७
बाहुल्येऽपीति चेत् तस्य ३।१९५
बाह्यः सन्निहितोऽप्यर्थः २।५१७
बाह्यशक्तिव्यवच्छेद- २।१६३
बाह्यार्थप्रतिभासायाः २।१४
बाह्यार्थाश्रयिणी यापि २।३९३
बीजादंकुरजन्माग्नेः २।३९३
बुद्धयोऽर्थे प्रवर्तन्ते २।१०८
बुद्धावभासमानस्य ३।१३४
बुद्धिः सरूपा तद्विच्चेत् २।४३०
बुद्धिर्यत्रार्थसामर्थ्याद् २।५९
बुद्धिव्यापारभेदेन १।७५
बुद्धिश्च क्षणिका तस्मात् २।४९६
बुद्धीनां शक्तिनियमाद् २।५०१
बुद्धीन्द्रियोक्तिपुंस्त्वादि ३।३१२
बुद्धीराश्रित्य कल्प्येत २।३९४
बुद्धेः प्रयुज्यते शब्दः ३।१२३
बुद्धेरगत्याभिहिता ३।२१७
बुद्धेरपि तदस्तीति २।५३१
बुद्धेरस्खलिता वृत्तिः २।३६
बुद्धेरुपलभे वेति ४।२७०
बुद्धेर्हेतुस्तथेदं चेत् १।२८
बुद्धेश्च ग्राहिका वित्तिः २।४२८
बुद्धेश्च पाटवाद्धेतोः १।१३९
बुद्धेस्तेषामसामर्थ्ये १।२६८
बुद्ध्या वा नान्यविषयः ३।५१
बोधार्थत्वाद् गमेर्बाह्य- १।२८३
ब्रुवाणो युक्तमप्यन्यद् ४।६३

भवेन्नानाफलः शब्दः ३।१३१
भवेयुः कारणं बुद्धेः २।२२३
भावधर्मत्वहानिश्चेत् २।५३
भावनापरिनिष्पत्तौ २।२८५
भावस्य भिन्नाभिमतेषु २।३१९
भावस्यानुपलब्धस्य ३।२०४
भावस्वभावभूतायाम् २।१०६
भावहेतुभवत्वे किं ४।२८०
भावादेवास्य तद्भावे १।६
भावाभावव्यवस्थां कः ४।२१५
भावा येन निरूप्यन्ते २।३६०
भासमानं स्वरूपेण २।४५९
भावे विरोधस्यादृष्टेः ४।२४१
भावे ह्येष विकल्पः स्याद् ३।२७९
भावोपादानमात्रे तु ३।१८८
भावो हि स तथाभूतो ४।२८४
भाव्यं तेनात्मना येन २।३०२
भिन्नं धर्ममिवाचष्टे १।१००
भिन्नकालं कथं ग्राह्यम् २।२४७
भिन्नत्वाद् वस्तुरूपस्य ३।२३८
भिन्नमर्थमिवान्वेति ३।६०
भिन्नस्यातद्वशा वृत्तिः ४।११९
भिन्नात्मार्थः कथं ग्राह्यः २।३७८
भिन्नाभः सितदुःखादिः २।२७९
भिन्नाभिन्नः किमस्यात्मा ४।२५४
भिन्नावभासिनोग्रह्यिं २।२६९
भिन्नाविशेषा जनकाः ३।१७१
भिन्ने कर्मण्यभिन्नस्य २।३०३
भिन्ने ज्ञानस्य सर्वस्य २।४६०
भिन्नेऽप्यस्मिन्नभिन्नस्य २।४११
भिन्नेऽपि किञ्चित् साधर्म्याद् ४।२१४
भिन्नोऽभिन्नोऽपि वा धर्मः २।९५
भूतं पश्यंश्च तद्दर्शी २।४०४
भूतचेतनयोर्भिन्न- १।१६४
भूतात्मताऽनतिक्रान्तः १।१७०
भूतानां प्राणिताभेदे १।१७१
भूतोक्तिः साधनापेक्षा १।९
भूम्यादिस्तस्य संस्कारे १।२७
भेदं केनचिदंशेन २।४०२

भेदं प्रत्यसंसिद्धम् ४।१८३
भेदः सामान्यमित्येतद् ३।१७८
भेदः सामान्यसंसृष्टो ३।८९
भेदः स्याद् गौरवे तस्मात् ४।१५८
भेद एव तथा च स्याद् ३।१७८
भेदकाभेदकत्वे स्याद् ४।२५०
भेदश्च भ्रान्तिविज्ञानैः २।३८९
भेदश्चासमितो ग्राह्यः २।१८९
भेदसंहारवादस्य ३।१८५
भेदसामान्ययोर्भेद- ४।१८६
भेदसामान्ययोर्यद्वत् ३।१७९
भेदस्ततोऽयं बौद्धेऽर्थे ३।८८
भेदालक्षणविभ्रान्तं २।४९८
भेदानां बहुभेदानां ३।९०
भेदान्तरप्रतिक्षेपा- ३।६१
भेदान्न हेतुः कर्मास्य ३।१५८
भेदाभेदव्यवस्थैवम् २।२७७
भेदेन प्रतिपद्येत ३।१२१
भेदेनाननुभूतेऽस्मिन् २।४२४
भेदेऽपि नियताः केचित् ३।७३
भेदेऽपि यत्र तज्ज्ञानं २।१६१
भेदे हि कारकं किञ्चिद् ३।१७४
भेदोऽपि तेन नैवं चेद् ३।१६८
भेदोऽप्यस्त्यक्रियातश्चेत् ३।१७५
भेदोऽयमीदृशो जाति- १।१०३
भेदोऽयमेव सर्वत्र ३।६२
भेदो वाङ्मात्रवचनं ४।१०३
भ्रान्तिः सा नादिकालीन- २।२९
भ्रान्तेरपश्यतो भेदं २।१०४
भ्रान्तेर्निश्चीयते नेति ३।४५
भ्रान्त्या संकलनं ज्योतिः २।३८२

मणिप्रदीपप्रभयोः २।५७
मतो यद्युपचारोऽत्र १।९५
मदादिशक्तेरिव चेद् १।१६२
मनसो युगपद्वृत्तेः २।१३३
मनोजपो वा व्यर्थः स्यात् ३।३००
मनोज्ञानक्रमोत्पत्तिः २।५२३
मनोऽन्यमपि गृह्णाति २।२४३
मनो व्युत्पन्नसंकेतम् २।१४३
मन्त्राद्युपप्लुताक्षाणां २।३५५
मन्दं तदपि तेजः स्यात् २।४१२
मन्दत्वात् करुणायाश्च १।२००
मयूरचन्द्रकाकारं २।४०३
मानं द्विविधं विषय- २।१
मानसं तदपीत्येके २।२९४
मान्द्यपाटवभेदेन २।४११
मा भूद् गौरवमेवास्य १।२६२
मार्गे चेत् सहजाहानेः १।२०२
मालां ज्ञानविदां कोऽयं २।५१४
मालादौ च महत्त्वादिः २।१५७
मालाबहुत्वे तच्छब्दः २।१५६
माषकारेणाधियम् ४।१६२
मिथ्याज्ञानतदुद्भूत- १।२६२
मिथ्याज्ञानाविशेषेऽपि २।५७
मिथ्यात्वं कृतकेष्वेव ३।२८८
मिथ्याध्यारोपहानार्थम् १।११९४
मिथ्यावभासिनो ह्येते २।१७०
मिथ्याविकल्पेन विना १।२८२
मिथ्योपलब्धिरज्ञानम् १।२१६
मुख्यं यदस्खलज्ज्ञानम् २।१५३
मुख्यमित्येव च कुतः १।९६
मुख्याविशिष्टविज्ञान- २।१५७
मुख्यो गौणश्च भावेषु २।१५९
मुक्त्वा तं प्रतिपद्येत २।२५५
मुक्त्वाध्यक्षस्मृताकारां २।२७५
मुक्त्वा न कार्यमपरं २।४७१
मुक्तिमागममात्रेण १।२६०
मुक्तिस्तु शून्यतादृष्टेः १।२५५
मृते विषादिसंहारात् १।६१
मृते शमीकृते दोषे १।५६
मोहश्च मूलं दोषाणाम् १।१९८
मोहादयः सम्भवन्ति १।७९
मोहाविरोधान्मैत्र्यादेः १।२१४
मोहो निदानं दोषाणां ३।२२४
म्लेच्छादिव्यवहाराणां ३।२४६

यः पश्यत्यात्मानं १।२१९
यः प्रमाणमसाविष्टः १।३४
यच्च रूपं तयोर्दृष्टम् २।७१
यच्च वस्तुबलाज्ज्ञानम् २।४५
यज्जातीयो यतः सिद्धः ३।२४३
यज्ज्ञानमित्यभिप्रायात् १।८
यतः कदाचित् सिद्धास्य २।७०
यतः स्वभावोऽस्य यथा २।३४६
यतस्तथास्थिते हेतौ १।१३६
यतोऽपि प्राणिनः काम- १।१८७
यत्तज्ज्ञानं परोऽप्येतान् २।४५०
यत् तस्य जनकं रूपम् ३।१७०
यत् तस्यामप्रकाशायाम् २।४४७

यत्नेऽप्यात्मीयवैराग्यम् १।२३८
यत्र नाम भवत्यस्माद् ३।१९७
यत्र रूढ्याऽसदर्थोऽपि २।३७
यत्र साध्यविपक्षस्य ३।२९२
यत्र स्वातन्त्र्यमिच्छायाः ३।३३०
यत्रासौ वर्तते भावः ३।१५४
यत्रास्ति वस्तुसम्बन्धो ३।८१
यथाकथञ्चित् तस्यार्थ- २।३५३
यथा केषाञ्चिदेवेष्टः ३।२८२
यथाग्निरहिमे साध्ये २।९५
यथाचोदनमाख्याश्च २।१०९
यथा जलादेराधारः १।६८
यथा तत्कारणं वस्तु १।२३
यथा तथाऽयथार्थत्वे २।५८
यथात्मनोऽप्रमाणत्वे ४।९४
यथात्राप्येवमिति चेत् ३।२७४
यथा दण्डिनि जात्यादेः २।१४६
यथा दीपोऽन्यथा वापि ३।२६४
यथा न क्षेपभागिष्टः ४।२८३
यथा नाव्यतिरेकेऽपि ४।२४३
यथाऽनित्यः प्रयत्नोत्थः ४।१८६
यथा निवशते सोऽर्थः २।३५०
यथा नीलादिरूपत्वात् २।४३६
यथानुदर्शनं चेयं २।३५७
यथा परैरनुत्पाद्या- ४।१४१
यथा प्रकाशोऽभिमतः २।३२९
यथाप्रतीति कथितः ३।८४
यथा प्रदीपयोर्दीप- २।४८३
यथा फलस्य हेतूनाम् २।३०९
यथा भावेऽप्यभावाख्यां २।३८
यथाऽभेदाविशेषेऽपि ३।१७३
यथा यथार्थाश्चिन्त्यन्ते २।२०९
यथायमन्यतोऽश्रुत्वा ३।२४१
यथाऽलिङ्गोऽन्यसत्त्वेषु ४।२७६
यथा वस्त्वेव वस्तूनाम् २।९६
यथा विशेषेण विना १।२८
यथा श्रुतादिसंस्कारः १।८१
यथाश्वो न विषाणित्वाद् ४।१८७
यथासमितसिद्ध्यर्थम् २।१८९
यथा साध्यमबाधातः ४।९०
यथास्वं भेदनिष्ठेषु ४।१८४
यथास्वभक्षेणादृष्टे ४।१६२
यथास्वम्प्रत्ययापेक्षाद् २।२१७
यथा स्ववाचि तच्चास्य ४।९९
यथैवाहारकालादेः २।३६९
यथैवेयं परोक्षार्थ- २।२९१
यथोक्तविपरीतं यत् २।५१
यदकिञ्चित्करं वस्तु ३।२८१
यदङ्गभावेनोपात्तम् २।२२७
यदन्त्यं भेदकं तस्याः २।३११
यदप्यन्वयि विज्ञानं २।१४७
यदप्रमाणताभावे २।९९
यदवस्थो मतो रागी १।१५८
यदा तत्कारणे केन १।२३
यदा तदा न सञ्चोद्य- २।३३२
यदा निष्पन्नतद्भाव- २।३३८
यदान्यत् तेन स व्याप्तः ३।१३२
यदा संवेदनात्मत्वं २।४३४..
यदा सविषयं ज्ञानं २।३३९
यदि किञ्चित् क्वच्छिास्त्रे ४।६३
यदि ज्ञानेऽपरिच्छिन्ने २।४६७
यदि तस्य क्वचित् सिध्येत् ४।१२३
यदि नामेन्द्रियाणां स्याद् २।४८
यदि बाह्यं न विद्येत २।३४२
यदि बाह्योऽनुभूयेत २।३३३
यदि बुद्धिस्तदाकारा २।३३४
यदि भावाश्रयं ज्ञानम् २।५२
यदि भ्रान्तिनिवृत्त्यर्थं ३।५६
यदि वस्तुनि वस्तूनाम् २।३३
यदि सर्वो गुणग्राही १।१५८
यदि साधन एकत्र ४।५५
यदीदं स्वयमर्थानाम् २।२१०
यदीष्टमपरं क्लेशात् १।२७९
यदीष्टाकार आत्मा स्याद् २।३४०
यदेवमप्रतीतं तत् २।४७३
यदेव साधनं बाले २।१४४
यद्यगत्या स्वरूपस्य २।३४२
यद्यत्यन्तपरोक्षेऽर्थे ३।३१७
यद् यथाभासते ज्ञानं २।२२१
यद् यथा वाचकत्वेन ३।६६
यद्यदृष्टिफलं तच्च ३।१६
यद्यदृष्टौ निवृत्तिः स्यात् ३।१८
यद्यप्यक्षैर्विना बुद्धिः १।४४
यद्यप्यस्ति सितत्वादि २।२३३
यद्यप्येकत्र दोषेण १।२४१
यद्येककालिकोऽनेकः १।११२
यद्येकात्मतयानेकः ३।१६४
यद्येवमत्र बाधा स्यात् ४।१४४
यद्रूपं दृश्यतां यातं १।१६८

यद्रूपं शाबलेयस्य ३।१३९
यद्विशेषावसायेऽस्ति ३।५८
यन्न निश्चीयते रूपम् ३।५७
यन्नान्तरीयका सत्ता ४।२०२
यन्नान्तरीयकः स्वात्मा ४।२४५
यन्निष्ठास्त इमे शब्दाः २।३०
यमात्मानं पुरस्कृत्य ३।१७९
यस्माच्च तुल्यजातीय- १।१२८
यस्मात् किलेदृशं सत्यं ३।३३१
यस्मात् साध्यश्रुतिर्नेष्टं ४।१६५
यस्मादतिशयाज्ज्ञानम् २।३८४
यस्मादेकमनेकं च २।३६०
यस्माद् देशविशेषस्य १।१८६
यस्माद् द्वयोरेकगतौ २।४४२
यस्माद् यथानिविष्टोऽसौ २।३४८
यस्मान्नानार्थवृत्तित्वं ३।३२५
यस्य प्रमाणसंवादि ३।३१६
यस्य प्रमाणविसंवादि ३।३१५
यस्य रागादयस्तस्य १।१६०
यस्य हेतोरभावेन ४।२१३
यस्यात्मा वल्लभस्तस्य १।२३६
यस्यादर्शनमात्रेण ३।१४
यस्यापि नानोपाधेर्धीः ३।५२
यस्याप्रमाणं साऽवाच्यो २।८९
यस्याभावः क्रियेतासौ २।११६
यस्याभिधानतो वस्तु ३।१३०
यस्यार्थस्य निपातेन २।२५५
यस्योभयान्तव्यवधि- २।१११
या काचिद् भावविषया ३।१९७
या च सम्बन्धिनो धर्माद् २।६२
यादृश्याक्षेपिका साऽऽसीत् १।४३
याप्यभेदानुगा बुद्धिः २।४६
यावच्चात्मनि न प्रेम्णो १।१९३
यावन्तोंऽशसमारोपाः ३।५०
युक्ताङ्गुलीति सर्वेषाम् १।१०१
युक्त्यागमाभ्यां विमृशन् १।१३५
युक्त्या ययागमो ग्राह्यः ४।६
युगपद् बुद्ध्यदृष्टेश्चेद् २।५०२
येनांशेनादधद् धूमं ४।२५५
येनासौ व्यतिरेकस्य ४।२४३
येऽपरापेक्षतद्भावाः ४।२८५
येऽपि तन्त्रिविदः केचित् ३।३१०
येषां च योगिनोऽन्यस्य २।४५६
येषां वस्तुवशा वाचः ३।६५
येषु सत्सु भवत्येव १।२६
यैवाहमिति धीः सैव १।२०३
योग्याः पदार्था धर्मिणाम् ४।१२५
योऽग्रहः सङ्गतेऽप्यर्थे २।११३९
योजनाद् वर्णसामान्ये २।७९
यो यथा रूढित सिद्धः २।१५९
यो यद्वर्णसमुत्थान- ३।३०३
यो यस्य विषयाभासः २।४२९
यो हि भावो यथाभूतो २।८१

रसरूपादियोगश्च १।९२
रसवत् तुल्यरूपत्वाद् २।३३२
रागप्रतिघयोर्बाधा १।२१४
रागादिवृद्धिः पुष्ट्यादेः १।७७
रागाद्यनियमोऽपूर्व- १।१६९
रागी विषमदोषोऽपि १।१५५
रिक्तस्य जन्तोर्जातस्य ४।५४
रूपं रूपमितीक्षेत २।१७७
रूपदर्शनतो जातो २।४७२
रूपदर्शनवैगुण्या- २।२६५
रूपमेकमनेकं च ३।८७
रूपवत्त्वान्न जातीनां २।४९
रूपादयो घटस्येति १।१०४
रूपादिः स्त्र्यादिभेदोऽक्ष्णा २।२६०
रूपादिबुद्धेः किं जातं २।५३३
रूपादिरिव गृह्येत २।१८१
रूपादिवददोषश्चेत् १।१५१
रूपादिवद् विकल्पस्य १।१६५
रूपादिवन्न नियमः १।१७६
रूपादिशक्तिभेदानाम् १।१०२
रूपादीन् पञ्चविषयान् २।४७१
रूपादेश्चेतसश्चैवम् २।५३२
रूपाभावादभावस्य ३।१८५
रूपाभेदं च पश्यन्ती २।३५९

लक्षणं स च तत्त्वं न २।२१६
लक्षणत्वात् तथा वृक्षो ४।१२१
लक्ष्यते न तु नीलाभे २।५१२
लक्ष्येते प्रतिभासौ द्वौ २।५०७
लिङ्गं वा तत्र विच्छिन्नं ३।१३०
लिङ्गं सैव ननु ज्ञानं २।४६४
लिङ्गं स्वभावः कार्यं वा ४।११
लिङ्गलिङ्गिधियोरेवं २।८२
लुप्तौ हेतुतदाभासौ ४।९

वक्तुं समर्थः पुरुषः ३।२४२

वक्तुमर्थं स्ववाचास्य ४।९५
वक्तृव्यापारविषयो १।४
वज्रोपलादिरप्यर्थः २।४२१
वदन्नकार्यलिङ्गं तां ४।४७
वर्णः स्यादक्रमोऽदीर्घः २।४८६
वर्णाकृत्यक्षराकार- २।१४७
वर्णा निरर्थकाः सन्तः ३।२३९
वर्णानुपूर्वी वाक्यं चेत् ३।२६०
वस्तुग्रहेऽनुमानाच्च ३।४६
वस्तुधर्मतयैवार्थाः २।१६१
वस्तुधर्मस्य संस्पर्शो ३।१३३
वस्तुधर्मो दयोत्पत्तिः १।११९७
वस्तुनश्चान्यथाभावात् ४।१४
वस्तुन्यपि तु पूर्वाभ्यां ४।२६२
वस्तुप्रासादमालादि- २।१५५
वस्तुभिर्नागमास्तेन ३।३३९
वस्तुभेदाश्रयाच्चार्थे ३।११३
वस्तुभेदे प्रसिद्धस्य १।१४
वस्तुमात्रानुबन्धित्वाद् २।४४
वस्तुस्वरूपे सिद्धेयम् १।२०
वस्तूनां विद्यते तस्मात् २।१६३
वस्त्वभावस्तु नास्तीति ४।२२३
वस्त्वेव चिन्त्यते ह्यत्र ३।२११
वह्न्यादिवद् घटादीनाम् १।५२
वाक्यं भिन्नं न वर्णेभ्यो ३।२४९
वाक्यं वेदैकदेशत्वाद् ३।३३२
वाग्धूमादेर्जनोऽन्वेति ४।५७
वाचः कस्याश्चिदित्येषा ३।२०९
वाचः प्रामाण्यमस्मिन् हि ४।२
वाच्यं केनोद्भवः साम्याद् १।१५५
वाच्यमक्षणिकत्वे स्याद् २।२४०
वाच्यशून्यं प्रलपतां ४।३५
वाच्यश्च हेतुभिन्नानां ३।२३०
वादत्यागस्तदा स्याच्चेत् ४।४९
वासीचन्दनकल्पानां १।२५४
विकल्पप्रतिबिम्बेषु २।१६४
विकल्पयन्नेकमर्थम् २।२०७
विकल्पवासनोद्भूताः ३।२८७
विकल्पव्यवधानेन २।१३४
विकल्पिका ऽतत्कार्यर्थि- ३।७६
विकल्पेन न सामान्य- २।७५
विकल्प्यविषयत्वाच्च १।१७७
विकारः स्यात् पुनर्भावः १।५९
विकारदर्शनात् सिद्धम् १।११९
विकारयति धीरेव १।७८
विकारहेतोर्विगमे १।६१
विचारप्रस्तुतेरेव ४।७७
विचार्यमाणे प्रस्तावो २।२९५
विच्छिन्नं पश्यतोऽप्यक्षैः २।५००
विच्छिन्नं शृण्वतोऽप्यस्य २।४९३
विच्छिन्नानुगमा येऽपि ४।८
विच्छिन्नाप्यन्यया बुद्धिः २।४९७
विच्छिन्नामेति तच्चित्तं २।१३७
विच्छिन्ने दर्शने चाक्षाद् २।४९४
विच्छेदं सूचयन्नेकम् ३।१३१
विजातीनामनारम्भाद् २।२०५
विज्ञप्तिर्वितथाकारा २।२१७
विज्ञप्तिहेतुर्विषयः २।३३८
विज्ञानं शक्तिनियमात् १।११४
विज्ञानव्यतिरिक्तस्य २।१४
विज्ञानशक्तिसम्बद्धाद् १।१६७
विज्ञानाभासभेदो हि २।१३०
विज्ञानोत्पत्तियोग्यत्वाय ३।१४६
विदन्ति तुल्यानुभवाः २।४५६
विद्यमानेऽपि बाह्येऽर्थे २।३४१
विद्यमानेऽपि लिङ्गे तां २।४७३
विद्यमानेऽपि विषये ४।२६७
विद्यायाः प्रतिपक्षत्वाद् १।२१५
विधानं प्रतिषेधं च ४।२२५
विधावेकस्य तद्भाजो ४।२३२
विधूतकल्पनाजालं २।२८१
विधूतकल्पनाजाल- १।१
विनार्थेन सुखादीनां २।२६०
विनाशस्य विनाशित्वम् ३।२७३
विपक्षेऽदृष्टिमात्रेण ३।१२
विपक्षैर्बाध्यते चित्ते १।१३१
विपक्षोपगमेऽप्येतत् ४।१९
विपर्ययः पुनः कस्माद् ३।१५७
विभक्तलक्षणग्राह्य- २।३३१
विमूढो लघुवृत्तेर्वा २।१३३
विरक्तजन्मादृष्टेरि- १।१८८
विरक्तो नैव तत्रापि १।२४२
विरुद्धं तच्च सोपायम् २।९१
विरुद्धं सैव वा लिङ्म् २।६७
विरुद्धकार्ययोः सिद्धिः ३।४
विरुद्धतेष्टासम्बन्धो ४।१७३
विरुद्धमागमापेक्षेण ३।३३५
विरुद्धयोरेकधर्मिण्योः ४।६५
विरुद्धविषयेऽन्यस्मिन् ४।१७७
विरुद्धस्य च भावस्य ३।२०४

विरुद्धानां पदार्थानाम् ३।२९०
विरुद्धैकान्तिके नात्र ४।६५
विरोधः शून्यतादृष्टेः १।२१७
विरोधमसमाधाय ३।३३५
विरोधिता भवेदत्र ४।१४५
विरोधोद्भावनप्राया ४।१०७
विलब्धा बत केनामी ४।५४
विवक्षातोऽप्रयोगेऽपि ४।१९१
विवक्षानियमे हेतुः ३।३२८
विवक्षापरतन्त्रत्वाद् १।११८, २।२२७
विवादाद् भेदसामान्ये ४।१९५
विवेकिनी न चास्पष्ट- २।४२५
विवेकीनि निरस्यान्य- २।२२२
विशदप्रतिभासस्य २।१३०
विशिष्टं धर्मिणा तच्च ४।३९
विशिष्टरूपानुभवाद् ४।२७३
विशिष्टसुखसङ्गात् स्यात् १।२३४
विशिष्टा ध्वनिनान्वेति ४।३७
विशेषः सोऽन्यदृष्टावपि २।४६८
विशेषणं विशेष्यं च २।१४५
विशेषणविशेष्याभ्यां ४।१९१
विशेषदृष्टेरेकत्रि- २।७८
विशेषदृष्टेर्लिङ्गस्य २।७७
विशेषप्रत्यभिज्ञानम् २।११८
विशेषभिन्नमाख्याय ४।१७६
विशेषस्तद्व्यपेक्षत्वात् ४।३१
विशेषस्य व्यवच्छेद- ३।१९
विशेषस्यास्वभावत्वात् १।१२५
विशेषेऽपि च दोषाणाम् १।१५२
विशेषो गम्यतेऽर्थानां ४।२७१
विशेषो नैव वर्धेत १।१२३
विशेषोऽपि प्रतिज्ञार्थो ४।१८८
विषयख्यापनादेव ४।२९
विषयग्रहणं धर्मो १।२०८
विषयत्वं तदंशेन २।३७०
विषयस्य कथं व्यक्तिः २।४७९
विषयस्य ततोऽन्यत्वं २।३८८
विषयाकारभेदाच्च १।६
विषयानियमादन्य- २।७९
विषयान्तरसञ्चारो २।५२०
विषयान्तरसञ्चारे २।५३९
विषयासत्त्वतस्तत्र ४।२६४
विषयेन्द्रियचित्तेभ्यः ४।२१६
विषयेन्द्रियमात्रेण २।४८४
विषयेन्द्रियसम्पाता- २।४५७
विषयो यश्च शब्दानां २।१२८
विसंवादात् तदर्थं च २।३००
विस्मृतत्वाददोषश्चेत् २।१२०
वृक्षो न शिंशपैवेति ४।१७८
वृक्षोऽयमिति संकेतः ३।११८
वृत्तिमान् प्रतिबध्नाति १।२३९
वृत्तिराधेयता व्यक्तिः ३।१४४
वृत्तेर्दृश्यपरामर्शेन २।२३६
वृत्तौ स्वयंश्रुतेनाह ४।३०
वेत्ति चेति न पूर्वोक्ता- २।१२५
वेदकाः स्वात्मनश्चैषाम् २।२६६
वैश्वरूप्याद् धियामेव २।२०४
वैषम्यजेन दुःखेन १।१५४
व्यक्तं सत्तादिवन्नो चेत् ३।१६१
व्यक्तयो नानुयन्त्यन्यद् ३।७१
व्यक्तावप्येष वर्णानां २।४९०
व्यक्तावननुभूतायां २।४६४
व्यक्तिः कुतोऽसतां ज्ञानाद् २।४१८
व्यक्तिक्रमोऽपि वाक्यं न ३।२६२
व्यक्तिग्रहे च तच्छब्द- २।४९
व्यक्तिश्च बुद्धिः सा यस्मात् ३।२९८
व्यक्तिहेत्वप्रसिद्धिः स्यात् २।५४१
व्यक्तेरन्याथवाऽनन्या ३।१५०
व्यक्तेर्व्यक्त्यन्तरव्यक्तौ २।४४१
व्यक्तोऽनाकारयन् ज्ञानं २।४२०
व्यक्तौ व्यज्येत सर्वोऽर्थः २।४१८
व्यक्त्यसिद्धावपि व्यक्तं २।५४१
व्यक्त्यैवैकत्र सा व्यक्ता ३।१५५
व्यंग्यव्यञ्जकभेदेन २।४८३
व्यञ्जकस्य च जातीनां ३।१४९
व्यञ्जकस्याप्रतीतौ न ३।१५६
व्यञ्जकैः स्वैः कृतः कोऽर्थो ३।२३७
व्यतिरिक्तं तदाकारं २।३७६
व्यतिरेकीव यच्चापि १।९९
व्यतिरेकीव यज्ज्ञाने २।१६५
व्यतिरेकेऽपि तद्धेतुः १।६६
व्यतिरेक्यपि हेतुः स्यात् ३।१८
व्यनक्ति चित्तसन्तानो २।३९७
व्यभिचारान्न वातादि- १।१५०
व्यभिचारिविपक्षेण ३।१६
व्यर्था व्याप्तिफला सोक्तिः ४।१७२
व्यर्थोऽन्यथा प्रयोगः स्यात् ३।१२३
व्यवच्छिनत्ति धर्मस्य ४।१९०
व्यवच्छिन्नाः कथं ज्ञाताः ३।११६

व्यवच्छेदफलं वाक्यम् ४।१९२
व्यवच्छेदादयोगे तु ४।३८
व्यवच्छेदोऽस्ति चेदस्य ३।९७
व्यवधानादिभावेऽपि २।६६
व्यवस्थितत्वं जात्यादेः १।७१
व्यवस्यन्तीक्षणादेव २।१०७
व्यवहारः स चासत्सु ४।२२५
व्यवहारमसत्यार्थं ४।२३३
व्यवहारादौ प्रवृत्तेश्च २।६८
व्यवहारेऽपि तेनायम् ३।११८
व्यवहारोपनीतेषु ३।१२४
व्यवहारोपनीतोऽत्र ४।१८५
व्याख्येयोऽत्र विरोधो यः १।२१६
व्यापारादेव तत्सिद्धेः ३।२६३
व्यापारोपाधिकं सर्वं २।२१६
व्याप्तिप्रदर्शनाद्धेतोः १।२८७
व्याप्यस्य स्वनिवृत्तिश्चेद् २।९८
व्यावृत्तमिव निस्तत्त्वं ३।७७
व्यावृत्तिर्वस्तु भवति ३।१२९
व्यावृत्तेः संशयान्नायं ४।१४६
व्यावृत्ते सर्वतस्तस्मिन् २।१०८
व्यावृत्तौ प्रत्ययापेक्षम् १।२१०
व्युत्पत्त्यर्था च हेतूक्तिः ४।२००

शक्तस्य सूचकं हेतु- ४।१७
शक्तिक्षये पूर्वधियो २।५२१
शक्तिप्रवृत्त्या न विना ३।१०
शक्तिरर्थान्तरं वस्तु १।१६३
शक्तिर्हेतुस्ततो नान्यो २।४०६
शक्तिसिद्धिः समूहेऽपि ३।१०५
शक्तिस्तद्देशजननं ३।१४५
शक्तिस्तस्यापि चेद्धेतु- ४।१८
शतधा विप्रकीर्णेऽपि १।१६९
शनैर्यत्नेन वैगुण्ये १।१३०
शब्दज्ञाने विकल्पेन १।९४
शब्दनाशे प्रसाध्ये स्याद् ४।४४
शब्दप्रवृत्तेरस्तीति ४।२२९
शब्दयोर्न तयोर्वाच्ये ३।६२
शब्दस्यान्यनिमित्तानां २।२
शब्दस्यान्वयिनः कार्यम् २।१६८
शब्दाः संकेतितं प्राहुः ३।९२
शब्दात् तदपि नार्थात्मा २।१६५
शब्दादीनामनेकत्वात् २।२३०
शब्दानां प्रतिरुन्धानो ४।१२८
शब्दानामर्थनियमः ४।१२७
शब्दानामिति किं तत्र ३।९७
शब्दान्तरेषु तादृक्षु ३।३२२
शब्दार्थः कल्पनाज्ञान- ३।२१२
शब्दार्थग्राहि यद् यत्र २।२८७
शब्दार्थस्त्रिविधो धर्मी ३।२०६
शब्दार्थापह्नवे साध्ये ३।२०९
शब्दार्थोऽर्थः स एवेति २।१६९
शब्दाविशेषादन्येषाम् ३।२६६
शब्दाश्च निश्चयाश्चैव ३।५९
शब्दाश्च बुद्धयश्चैव ३।१३५
शब्देभ्यो यादृशी बुद्धिः २।३९
शब्देषु युक्तः सम्बन्धे ३।२३४
शब्देषु वाच्यभेदिन्यो २।११७
शब्दोऽर्थांशं कमाहेति २।१६७
शरीरात् सकृदुत्पन्ना १।११५
शरीराद् यदि तज्जन्म १।१२०
शस्त्रौषधाभिसम्बन्धा १।२४
शार्दूलशोणितादीनाम् १।७९
शास्त्रं यत्सिद्धया युक्त्या ४।१०८
शास्त्रसिद्धे तथा नार्थे ४।९४
शास्त्राधिकारेऽसम्बद्धाः ३।१९९
शास्त्राभ्युपगमात् साध्यः ४।६९
शास्त्राभ्युपगमादेव ४।४३
शास्त्रिणोऽप्यतदालम्बे ४।१८
शास्त्रेगालं यथायोगं ४।१७०
शास्त्रेष्विच्छाप्रवृत्त्यर्थौ ४।७२
शीघ्रवृत्तेरलातादेः २।१४०
शुक्तौ वा रजताकारो ३।४४
शुद्धे मनोविकल्पे च २।१३८
शृङ्गं गवीति लोके स्यात् २।१५०
शेषवद् व्यभिचारित्वाद् ३।३३३
शोधितं तिमिरेणास्य २।४०५
श्रावणत्वेन तत्तुल्यं ४।२१८
श्रुतयो निविशन्ते सद्- २।३४
श्रुतिस्तन्मात्रजिज्ञासोः १।१००
श्रुतौ सम्बध्यतेऽपोहो २।१७२
श्रुत्यन्तरनिमित्तत्वात् ३।१५८
श्रोत्रादिचित्तानीदानीं २।२३४

षण्ढस्य रूपे वैरूप्ये ३।२१२
षष्ठीवचनभेदादि ३।६५
षष्ठ्याद्ययोगादिति चेत् २।११२

संकेतश्च निरर्थः स्यात् ३।३३०
संकेतसंश्रयान्यार्थ- २।२९०

संकेतसंश्रया शब्दाः ४।११६
संकेतस्मरणापेक्षम् २।१८६
संकेतस्मरणोपायम् २।१७४
संकेतात् तदभिव्यक्तौ ३।२२८
संकेतान्वयिनी रूढिः २।१६०
संकेतासम्भवस्तस्माद् ३।११५
संकेतेन विना सार्थ- २।४६
संकेतोपायविगमाद् २।५४२
संख्यादितद्वतः शब्दैः १।९९
संख्यादियोगिनः शब्दाः १।९०
संख्यासंयोगकर्मादेः १।९३
संयुज्यतेऽन्यव्यावृत्तौ २।१७३
संयोगाच्चेत् समानोऽत्र १।९१
संयोग्यादिषु येष्वस्ति ४।२०३
संयोज्य प्रत्यभिज्ञानं ३।९९
संवित्तिनियमो नास्ति २।३८९
संवेदनं न यद्रूपं २।२७४
संवेदनस्य तादात्म्ये २।४२३
संवेद्यं स्यात् समानार्थम् २।३२३
संसर्गादविभागश्चेद् २।२७७
संसारित्वादनिर्मोक्षो १।११३
संसृज्यन्ते न भिद्यन्ते ३।८७
संस्कारदुःखतां मत्वा १।२५४
संस्कारभेदभिन्नत्वाद् ३।२५६
संकाराच्चेदताद्रूप्ये २।३१७
संस्कारोपगमे मुख्यं ३।२३१
संस्कार्यस्यापि भावस्य ३।२९६
संस्कृतस्योपलम्भे च ३।२५५
संस्वेदजाद्या जायन्ते १।३९
संहतावप्यसामर्थ्यम् १।२९
संहतौ हेतुता तेषाम् १।३०
संहृत्य सर्वतश्चिन्ताम् २।१२४
स आगम इति प्राप्तं ३।३१७
स इदानीं कथं बाह्यः २।२७१
स एव दधि सोऽन्यत्र ३।१८४
स एव यदि धीहेतुः २।४०७
स एव योज्यते शब्दैः २।१३१
स एव सर्वभावेषु १।९५
स एवानुपलम्भः किं ३।२२
स एवायमिति ज्ञानं २।५०६
स एवास्य सपक्षः स्यात् ३।२९३
सकृच्छब्दाद्यहेतुत्वाद् ४।१४१, ४।१४५
सकृच्छ्रुतौ च सर्वेषाम् ३।२५१
सकृत् सङ्गतसर्वार्थेषु २।१३६
सकृत् संवेद्यमानस्य २।३८८
सकृत् सर्वप्रतीत्यर्थं ३।१४२
सकृत् सर्वस्य जनयेद् २।४२१
सकृद्ग्रहावभासः किम् २।१९७
सकृद्भावश्च सर्वासां २।२४२
सकृद्यत्नोद्भवाद् व्यर्थः २।४९०
सकृद्विजातीयजातावपि २।५२२
सक्त्यान्योत्पत्तिवैगुण्याद् २।१३९
सङ्केतासम्भवस्तस्माद् ३।११५
स च क्रमादनेकाणु- २।४९५
स च ज्ञातोऽथ वाज्ञातो २।४६६
स च नान्वेति योऽन्वेति ३।१६७
स च प्रकाशस्तद्रूपः २।४७९
स च भेदोऽप्रतिक्षेपात् ४।१७८
स च सर्वः पदार्थानाम् ३।८०
स चायमन्यव्यावृत्त्या ३।१२५
स चार्थाकाररहितः २।३७४
स चेन्द्रियादौ न त्वेवम् १।२४६
सजातिनिरपेक्षाणाम् १।३७
सजातिवासनाभेद- १।१५०
सञ्चारकरणाभावाद् २।५१९
सञ्चितः समुदायः सः २।१९४
स तथैवेति सा दोष- १।२३२
सतश्चेदाश्रयो नास्याः १।६५
सतां च न निषेधोऽस्ति ४।२२६
सति वा प्रतिबन्धे स्तु ४।२०४
सति स्वधीग्रहे तस्माद् २।५३४
स तेनाव्यभिचारी स्याद् ४।२०२
सतोऽपि वस्त्वसंश्लिष्टा ४।१०
सत्कायदृष्टेर्विगमाद् १।२०१
सत्कायदृष्टिरन्यत्र ३।२२४
सत्तानाशित्वदोषस्य ३।२८२
सत्तामात्रानुबन्धित्वात् ३।२७०
सत्तायां तेन साध्यायां ३।१९०
सत्तासम्बन्धयोर्द्वौ व्याद् २।११३
सत्तासाधनवृत्तेश्च ४।२३७
सत्तास्वकरणाश्लेष- २।११५
सत्तास्वभावो हेतुश्चेत् ३।१८७
सत्तोपकारिणी यस्य १।५१
सत्यं कथं स्युराकाराः २।३५८
सत्यान्तरेऽप्युपादाने २।२६३
सत्यार्थं प्रतिजानानो ३।३३६
सत्यार्थं व्यतिरेकस्य ३।२८९
सत्येव यस्मिन् यज्जन्म १।१८३
सत्त्वमित्यप्युदाहारो ४।११५
सदसत्पक्षभेदेन ३।२१०

सदसन्निश्चयफला ३।२००
सदृशासदृशत्वाच्च २।२
सदृशोदाहृतिश्चातः ४।२०१
सदोषतापि चेत् तस्य १।२४४
सद् द्रव्यं स्यात् पराधीनं ३।२३९
सद्वितीयप्रयोगेषु ४।३४
सन्त्यस्याप्यनुवक्तारः ३।२४१
सन्दिग्धं तस्य सन्देहाद् ४।२३८
सन्दिग्धे हेतुवचनाद् ४।९१
सन्देहहेतुताख्यात्या ४।२६१
सन्धीयमानं चान्येन २।१२२
सन्नर्थो ज्ञानसापेक्षो ४।१०
सन्निधानात् तथैकस्य ३।२५
सन्निवेशग्रहायोगाद् २।२३०
सन्निवेशादि तद्युक्तं १।१३
सपक्षाव्यतिरेकी चेद् ४।२४४
स पारमार्थिको भावो ३।१६६
सभागजातेः प्राक् सिद्धिः १।१९१
सभागहेतुविरहाद् १।१७७
समयत्वे हि मन्त्राणां ३।२९३
समयाद् वर्तमानस्य ४।१२२
समयापेक्षिणी नार्थं २।२९१
समयाहितभेदस्य ४।७६
समवायाग्रहादक्षेः २।१४९
समवायादिसम्बन्ध- १।२३१
समवायाद्यभावेऽपि १।२३२
समवृत्तौ च तुल्यत्वात् २।५२५
समानत्वेऽपि तस्यैव २।१४८
समानभिन्नाद्याकारैः ३।९०
समारोपविवेकेऽस्य ३।४९
समीक्ष्य गमकत्वं हि २।१९२
स मुख्यस्तत्र तत्साम्याद् २।३७
समुदायस्य साध्यत्वे ४।१६९
समुदायापवादो हि ४।४१
सम्पश्यन्ति प्रदीपादेः २।४०३
सम्पूर्णाङ्गो न गृह्येत २।२२६
सम्बद्धं वस्तुतः सिद्धं ४।११
सम्बद्धानुगुणोपायं ३।२१५
सम्बध्यते कल्पनया २।२६
सम्बन्धदोषैः प्रागुक्तैः ३।२८५
सम्बन्धस्तेन तस्यैव ४।६७
सम्बन्धस्य च वस्तुत्वे ३।२३७
सम्बन्धस्य मनोबुद्धौ २।४७७
सम्बन्धानभ्युपगमात् २।११६
सम्बन्धापौरुषेयत्वे ३।२२८
सम्बन्धिनामनित्यत्वाद् ३।२३२
सम्बन्धिभेदाद् भेदोक्ति- १।१६
सम्बन्धे प्रतिपक्षस्य १।२१८
सम्भवाद् व्यभिचारस्य ४।१९६
सम्भाव्यव्यभिचारित्वात् ३।१३
सरूपं दर्शनं यस्य २।४४३
सरूपयन्ति तत् केन २।३२१
सर्पादिभ्रान्तिवच्चास्याः २।२९७
सर्वः समानरागः स्याद् १।१७०
सर्वं तदर्थमर्थाच्चेत् २।४००
सर्वं तथैव हेतोर्हि २।१८४
सर्वग्रहो ह्यपोहे तु ३।४६
सर्वज्ञानार्थवत्त्वाच्चेत् २।१५
सर्वतो विनिवृत्तस्य २।२३१
सर्वत्र चात्मस्नेहस्य १।१८७
सर्वत्र तेनोत्सन्नेयं ४।६४
सर्वत्र दृश्येताभेदाद् ३।१५६
सर्वत्र दोषस्तुल्यश्चेत् ४।१८१
सर्वत्र भावाद् व्यावृत्तेः ३।१३७
सर्वत्र योग्यस्यैकार्थ- ३।३२७
सर्वत्र रागः सदृशः१।१७२
सर्वत्र वादिनो धर्मो ४।१३६
सर्वत्र व्यपदेशो हि २।१५४
सर्वत्र समरूपत्वाद् २।१०
सर्वत्रानुपलम्भः स्यात् ३।२५४
सर्वथात्मग्रहः स्नेहम् १।२३७
सर्वथानादिता सिध्येद् ३।२४५
सर्वथान्यो न गृह्णीयाद् २।४५५
सर्वथाऽवाच्यरूपत्वात् ४।१३५
सर्वदा सर्वबुद्धीनां १।१७८
सर्वमेव हि विज्ञानम् २।३६८
सर्वश्रुतेरेकवृत्ति- ४।१७९
सर्वसाधनदोषेण ४।१४९
सर्वसामान्यहेतुत्वाद् २।३१२
सर्वस्य चाप्रसिद्धत्वात् ४।१६७
सर्वस्य साधनं ते स्युः ३।२९५
सर्वस्योभयरूपत्वे ३।१८२
सर्वात्मत्वे च सर्वेषां ३।१८४
सर्वात्मनापि सम्बद्धं २।३१६
सर्वात्मनोपकार्यस्य ३।५३
सर्वानर्थान् समीकृत्य ४।६४
सर्वान्त्योऽपि हि वर्णात्मा २।४९५
सर्वान्येष्टनिवृत्तावपि ४।३०
सर्वार्थग्रहणे तस्माद् २।१९९

सर्वासां दोषजातीनां ३।२२३
सर्वेऽनित्या इति प्रोक्ते ४।२२
सर्वे भावाः स्वभावेन ३।४०
सर्वेषां नाशहेतूनाम् ३।१९६
सर्वेषां सविपक्षत्वात् ३।२२१
सर्वेषामपि कार्याणां २।३८३
सर्वेषामुपयोगेऽपि २।३११
सर्वेषामुपलम्भः स्यात् ३।२५५
सवः पक्षस्य बाधातः ४।८३
सर्वो वर्णक्रमः पुम्भ्यो ३।३०९
सर्वोऽस्यामप्रतीतेऽपि ४।११३
सर्षपादा महाराशेः ४।१५९
स विनश्येद् विनाप्यन्यैः १।७२
सव्यापारमिवाभाति २।३०८
सहकारात् सहस्थानम् १।६४
सहकारी भवेदर्थः २।२४५
सहभावप्रसङ्गश्चेद् ३।२७६
सहानिराकृतेनेष्ट- ४।८५
सहेतुः सप्तमी तस्मात् १।५१
साक्षाच्च ज्ञानजनने २।१९१
साक्षान्न योज्यते कस्माद् ३।९४
साक्षान्न ह्यन्यथा बुद्धेः २।५३०
सा च तस्यात्मभूतैव २।३०७
सा च नः प्रत्ययोत्पत्तिः १।२५५
सा चातत्कार्यविश्लेषः ३।११०
सा चानित्या न जातिः स्यात् २।३७२
सा चानुपूर्वी वर्णानां ३।३०७
सा चेन्न भेदिका प्राप्तम् ४।२४९
सात्मत्वेनानपायत्वाद् १।२१९
सात्मीभावात् तदभ्यासाद् ३।२२१
सात्म्येऽपि दोषभावश्चेद् १।२०८
सादृश्यं ननु धीः कार्यं ३।१०८
सादृश्येऽपि हि धीरन्या २।४८२
साधनं करुणाभ्यासात् १।३६
साधनं न हि तत् तस्य २।३०१
साधनं प्रत्यभिज्ञानं ३।२६७
साधनं यद्विवादेन ४।३३
साधनाख्यानसामर्थ्यात् ४।१७१
साधनाधिकृतेरेव ४।२४
साधनानामसामर्थ्यात् १।१२४
साधनेऽन्यत्र तत्कार्य- २।३०६
साधनैः साधनान्यर्थ- ४।७
साधर्म्यदर्शनाल्लोके २।३६१.
सा धीर्निर्विषया प्राप्ता २।४५२
साध्यं द्वयं तदा सिद्धं ४।१६९
साध्यं यतस्तथा नेष्टं ४।४१
साध्यः साधनतां नीतः ४।१८५
साध्यः स्यादात्मनैवेष्टः ४।४२
साध्यकालाङ्गता वा न ४।१८८
साध्यते तद्विपक्षोऽपि १।१३७
साध्यत्वेनैव निर्देश्यः ४।७९
साध्यसाधनचिन्तास्ति ४।८
साध्यसाधनताभावः २।३१५
साध्यसाधनसंकल्पे ३।८९
साध्यस्यैवाभिधानेन ४।१७
साध्याभ्युपगमः पक्ष- ४।८६
साध्यार्थेहेतुना तेन ४।५९
साध्येनानुगमात् कार्ये १।१६
साध्येऽनुवृत्त्यभावोऽर्थात् ४।२१९
साध्योक्ति वा प्रतिज्ञां वा ४।२४
सा निर्विकल्पोभयथा २।२९९
सानुमानं परोक्षाणाम् २।६२
सापि तद्रूपनिर्भासा २।३९४
सापि न प्रतिषेधोऽयं ४।२२४
सापेक्षाणां हि भावानां ३।१९४
सा बाह्यादन्यतो वेति २।३३४
सा बीजं सर्वसक्तीनाम् १।२४३
सा भवेच्छाप्त्यनाप्तीच्छोः १।१८६
साभासोक्त्याद्युपक्षेप- ४।२७
सामग्रीफलशक्तीनां ३।८
सामग्रीशक्तिभेदाद्धि ४।२४९
सा मतिर्नामपर्यन्त- २।१३७
सामर्थ्ये करणोत्पत्तेः १।२६५
सामर्थ्यादर्शनात् तत्र २।४६२
सामानाधिकरण्यं च ३।८४
सामानाधिकरण्यं स्यात् ३।१३२
सामान्यं त्रिविधं तच्च २।५१
सामान्यं पाचकत्वादि ३।१६०
सामान्यग्रहणाच्छब्दाद् २।१९
सामान्यबुद्धिश्चावश्यं २।१९४
सामान्यबुद्धौ सामान्येन २।३१
सामान्यमात्रग्रहणात् २।४०
सामान्यमात्रग्रहणे २।१९०
सामान्यमेव तत्साध्यं ४।३९
सामान्यलक्षणेऽदृष्टेः २।५
सामान्यवाचिनः शब्दाः २।१८३
सामान्यविषया केश- २।९
सामान्यस्याविकार्यस्य ३।१४८
सामान्याश्रयसंसिद्धौ २।१०३
साम्यादक्षधियामुतकम् २।१४४

सा योग्यतेति च प्रोक्तं २।३६७
सारूप्यमपि नेच्छेद्यः २।४४६
सारूप्यात् तत् किमन्यत् स्यात् २।३८४
सारूप्याद् भ्रान्तितो वृत्तिः २।१२
सारूप्याद् वेदनाख्या च २।४४४
सार्थे सतीन्द्रिये योग्ये २।२५२
साऽविद्या तत्र तत्स्नेहः ३।२२३
सा सत्ता स च सम्बन्धो २।११५
सास्ति सर्वत्र चेद् बुद्धेः २।५
सिंहे माणवके तद्वद् २।३६
सिद्धं च परचैतन्य- २।६८
सिद्धं तत् केन तस्मिन् हि २।१८०
सिद्धं तत् स्वत एवास्य २।४३४
सिद्धं तेन सुसिद्धं तद् ४।४८
सिद्धं पृथक् चेत् कार्यत्वम् २।२५
सिद्धं यादृगधिष्ठातृ- १।१३
सिद्धः केनासहस्थानाद् २।८८
सिद्धः स्वभावो गमको ३।१९२
सिद्धयोः पृथगाख्याने ४।१३०
सिद्धसाधनरूपेण ४।७९
सिद्धानुमादिवचनं २।२८९
सिद्धान्यथा तुल्यधर्मा २।४८०
सिद्धिं प्रमाणैर्वदताम् २।८५
सिद्धे प्रत्यक्षभावात्म- २।४५४
सिद्धौ हि व्यवहारोऽयं ४।२६६
सिद्धोक्तेः साधनत्वाच्च ४।२६
सिद्धोऽन्त्राप्यथ वा ध्वंसो २।११०
सिद्धोदाहरणेत्युक्ता ४।२६०
सिध्येत् प्रमाणं यद्येवम् ३।३३६
सिध्येदतो विशेषे न ४।२०६
सिध्येदसाधनत्वेऽस्य २।२७८
सुखदुःखविदौ स्याताम् २।२६२
सुखदुःखादिभेदश्च २।२५४
सुखदुःखाभिलाषादि- २।४४९
सुखाद्यभिन्नरूपत्वाद् २।२६९
सुखाद्यभावेऽप्यर्थाच्च २।२५७
सुखाद्यात्मतया बुद्धेः २।२७१
सुखी भवेयं दुःखी वा १।२०२
सुप्तस्य जाग्रतो वापि २।२९९
सुवर्णमाषकादीनां ४।१५८
सूक्ताभ्यासविवर्धितव्यसन- १।२
सूपलक्षेण भेदेन २।५०९
सैव तावत् कथं बुद्धिः २।२०८
सैवेष्टार्थवती केन २।१७
सैवैकरूपाच्छब्दादेः २।२४
सोऽनिषिद्धः प्रमाणेन ४।७३
सोऽप्रमाणं तदासिद्धं ४।३
सो मुक्तः क्लेशकर्मभ्याम् १।२५७
सो विकल्पः स्वविषयो २।१८२
सो सर्वः सर्वभेदानाम् ४।१७९
स्थाने स्वयं न नश्येत् सा २।४८९
स्थितिमान् नाश्रयः सर्वः १।७३
स्थितेष्वन्येषु शब्देषु ३।२५८
स्थितोऽपि चक्षुषा रूपम् २।१२४
स्थित्यावेधकमन्यच्च १।५५
स्थित्वा प्रवृत्तिः संस्थान- १।१२
स्थिरं सुखं ममाहं च १।२७२
स्नेहः सदोष इति चेद् १।२२३
स्नेहात् सुखेषु तृष्यति १।२२०
स्पर्शस्य रूपहेतुत्वाद् १।१८४
स्पष्टाभं निर्विकल्पं च २।२८४
स्पष्टावभासां प्रत्यक्षां २।५०४
स्मर्यते चोभयाकारस्य २।३३७
स्मृतश्चेिदृग्विधं ज्ञानम् २।३७४
स्मृतिर्भवेदतीते च २।१७९
स्मृतीच्छायत्नजः प्राण- ४।२१६
स्मृतेरप्यात्मवित् सिद्धा २।४८५
स्याच्चान्यधीपरिच्छेदा- २।१७९
स्याच्छ्रोतुः फलसम्बन्धो ३।२९९
स्यात् ततोऽपि विशेषोऽस्य १।७६
स्यात् सत्यं हि तत्रेति ३।१३३
स्यादनर्थान्तरार्थत्वे १।९८
स्यादाधारो जलादीनाम् १।७०
स्यान्निराकरणं शब्दे ४।१७७
स्वं च रूपं न सा वेत्ति २।४२७
स्वज्ञानेनान्यधीहेतुः ३।२६३
स्वतोऽपि भावेऽभावस्य ३।२७८
स्वतो वस्त्वन्तराभेदाद् २।२२८
स्वत्वधीः केन वार्येत १।२३०
स्वनिमित्ताद् स्वभावाद् वा २।७१
स्वप्नेऽपि स्मर्यते स्मार्तं २।२८३
स्वप्रतीतिफलेनान्या- २।१७१
स्वभावं कारणं चार्थो ४।५८
स्वभावकार्यसिद्ध्यर्थं ४।१९५
स्वभावज्ञापकाज्ञानस्य ३।२०१
स्वभावनियमाद् हेतोः ३।२८३
स्वभावनियमेऽन्यत्र ३।३२९
स्वभावपरभावाभ्यां ३।४०
स्वभावपरिणामेन १।२७
स्वभावभूततद्रूप- २।४३२

स्वभावभेदेन विना १।२५
स्वभावस्तस्य तद्धेतुः ३।३८
स्वभावस्य यथोक्तं प्राक् ४।२५८
स्वभावातिक्रमो मा भूत् १।१२२
स्वभावानुपलम्भश्च ३।२०२
स्वभावेऽप्यविनाभावो ३।३९
स्वभावे स्वनिमित्ते वा २।७२
स्वभावोऽप्यभेदे तु ३।१६८
स्वमात्रवृत्तेर्गमकः ४।२७४
स्वयं न नश्वरात्मा चेत् १।७४
स्वयंनिपातरूपाख्याः ४।८५
स्वयम्प्रकाशमानार्थः२।४८२
स्वयं रागादिमान्नार्थं ३।३१८
स्वयं विनश्वरात्मा चेत् १।७४
स्वयंश्रुत्यान्यधर्माणां ४।१४८
स्वयं सोऽनुभवस्तस्याः २।४३१
स्वयमिष्टाभिधानेन ४।८७
स्वयमिष्टो यतो धर्मः ४।१४७
स्वरूपं च न शब्दार्थः २।२८७
स्वरूपभूताभासस्य २।४२६
स्वरूपेणैव निर्देश्यः ४।७८
स्वर्गोर्वश्यादिशब्दश्च ३।३२१
स्वलक्षणे च प्रत्यक्षम् २।७५
स्ववाग्विरोधेऽभेदः स्यात् ४।१०५
स्ववाग्विरोधे विस्पष्टम् ४।९७
स्वसाध्ये कार्यभावाभ्यां ३।१९८
स्वसामान्यस्वभावानाम् ३।३०१
स्वस्मादचलतः स्थानाद् ३।१५४
स्वात्मत्वे हेतुभावे वा ४।२०६
स्वार्थान्वियार्थापेक्षैव २।४४
स्वेच्छाकल्पितभेदेषु ४।७८

हन्ति सानुचरां तृष्णां १।२७४
हीनस्थानगतिर्जन्म १।२६३

हेतवः प्रवितन्यन्ते ३।२४५
हेतावसम्भवेऽनुक्ते ३।२८९
हेतुः स्वभावे भावोऽपि ३।२
हेतुज्ञानं प्रमाणाभं ३।१२
हेतुत्वमेव युक्तिज्ञाः २।२४७
हेतुत्वे च समस्तानाम् १।१०५
हेतुधर्मानुमानेन ३।९
हेतुना यः समग्रेण ३।७
हेतुना योऽसमग्रेण ३।११
हेतुप्रकरणार्थस्य ४।१८९
हेतुप्रभेदाख्याने न ४।२६९
हेतुभावाद् ऋते नान्या २।२२४
हेतुमत्त्वाद् विरुद्धस्य १।१४६
हेतुरूपग्रहो लोके २।३०९
हेतुर्देहान्तरोत्पत्तौ १।११७
हेतुर्युक्तोपलम्भस्य ३।२९
हेतुर्विरुद्धोऽप्रकृतेः ४।४४
हेतुर्विरोधि नैरात्म्य- १।१३८
हेतुस्तज्जा तथाभूते २।८१
हेतुस्तत्साधनायोक्तः ४।५६
हेतुस्वभावज्ञानेन १।१४७
हेतुस्वभावनिवृत्त्यैव ४।२६०
हेतुस्वभावाभावोऽतः ३।२९
हेतोः प्रहाणं त्रिगुणं १।१४१
हेतोः सर्वस्य चिन्त्यत्वात् ४।६७
हेतोर्वैकल्यतस्तच्चेत् १।४८
हेतोस्त्रिष्वपि रूपेषु ३।१५
हेत्वन्तरसमुत्थस्य ४।२८०
हेत्वन्तरानुमानं स्याद् १।१८१
हेत्वर्थविषयत्वेन ४।१८
हेत्वादिलक्षणैर्बाध्यं ४।८४
हेत्वादिवचनैर्व्याप्तेः ४।१७१
हेयोपादेयतत्त्वस्य १।३४, ३।२१८
ह्रस्वद्वयोच्चारणेऽपि २।४९३

मनोरथनन्दिवृत्त्यन्तःपाति-उद्धरणसूची

उद्धरणम्	ग्रन्थः, ग्रन्थकारो वा
अग्निहोत्रं जुहुयात् स्वर्गकामः	(श्रुतिः)
अधिकरणसिद्धान्तन्यायः	(न्या० सू० १.१.३०)
अनित्याव्यापिनः सर्वदेशकालवर्त्ति	(?)
अन्योन्यानुविधायित्वं कायमनसोः	(भगवान्)
अपोहः शब्दलिङ्गाभ्यां प्रतिपाद्यते	(दिङ्नागः)
अविद्याहेतुकाः सर्वे क्लेशाः	(भगवान्)
अस्त्यात्मा, मोक्षश्चास्य दीक्षाविधिना	(दिगम्बराः)
अस्थानमेतद् यद् द्वे चित्ते युगपत्	(भगवान्)
आत्मा मन्तव्यो निदिध्यासितव्यः	(बृ० उ० ४.५.६)
आश्रयालम्बनाकारकालद्रव्यसमतादिभिः	(?)
कल्पना स्वसंवित्ताविष्टा	(प्र०समु० १.७)
कल्पितस्यानुपलब्धिर्धर्मः	(दिङ्नागः)
तत्र यः सन् सजातीये	(दिङ्नागः)
तत्रानुमेयनिर्देशो हेत्वर्थ-	(दिङ्नागः)
तत्रानेकार्थजन्यत्वात्	(प्र० समु० १.४)
तथा चासिद्धदृष्टान्तहेतुवादः	(दिङ्नागः)
तद्यथा शाब्दसिद्धेन	(दिङ्नागः)
तुलानतिविशेषाग्रहणात्	(दिङ्नागः)
न सन्ति प्रमाणानि प्रमेयार्थानि	(दिङ्नागः)
नीलसमङ्गी पुरुषो नीलं जानाति	(वि० का०पा०)
पक्षवचनं साधनम्	(न्या० मु० टी०)
परश्चेदात्मा विवक्षितः सो सिद्धो	(वसुबन्धुः)
परमाणवः प्रत्येकमतीन्द्रियत्वात्	(न्या०सू०वा०भा० ४.२.१४)
परार्थानुमानं स्वदृष्टार्थप्रकाशनम्	(दिङ्नागः)
परार्थाश्चक्षुरादयः	(वसुबन्धुः)
परार्थाश्चक्षुरादयः सङ्घातत्वात्	(सांख्यीयं वचनम्)
यत्र किञ्चिदुदयात्मकं तत् सर्वं	(म०व० १.७.१६)
यदुभयं वक्तव्यं विरुद्धानैकान्तिक-	(न्यायमुख०)
यद्यदर्शनमात्रेण दृष्टेभ्यः प्रतिषेधः	(दिङ्नागः)
याः काश्चन लोकव्यवहारोपपत्तयः, सर्वास्ताः	(?)
रूपं भिक्षवो नित्यम्, अनित्यं वा ?	(म०निं० ३.९.५.५)
विरक्तजन्मादृष्टेः	(न्या०सू० ३.१.२५)
शास्त्रमभ्युपगम्य यदा वादः क्रियते	(आचार्यीयाः)
शून्याः परप्रवादाः	(?)
सञ्चितालम्बनाः पञ्चविज्ञानकायाः	(?)
सत्कायदृष्टिर्दोषनिदानम्	(भगवान्)
सपक्षे सन्नसन् द्वेधा पक्षधर्मः	(दिङ्नागः)

उद्धरणम्	ग्रन्थः, ग्रन्थकारो वा
सपक्षे सन्नसन्नित्येवमादिष्वपि यथा	(दिङ्नागः)
साध्यत्वेनेप्सितः पक्षो	(न्यायमुखम्)
साध्यनिर्देशः प्रतिज्ञा	(दिङ्नागः)
सामान्यं व्यक्त्यन्तरानुयायि न व्यक्तिः	(?)
स्वरूपेणैव निर्देश्य स्वयमिष्टो	(दिङ्नागः)
स्वयंनिपातरूपाद्या	(प्र० समु०)